Wie es dazu kam

Am Anfang war es ein Freizeitvergnügen. Der Jugendliche vertrieb sich mit dem Lesen eines Kriminalromans an einem verregneten Nachmittag die Zeit, der Student die langen Bahnfahrten zwischen der westfälischen Heimat und dem Studienort München und auch schon einmal einen Abend, an dem das Geld zu einem Theater- oder Kinobesuch nicht gereicht hatte (die Ausleihe der Unibibliothek war kostenlos), der junge Journalist manche öde Stunde des Reisens, des Wartens oder auch des einsamen Essens im Restaurant.

Aber in diesem Beruf bleibt auf die Dauer kaum etwas ein Hobby. Irgendwann, wenn die Kenntnis intim geworden ist (oder doch wenigstens scheint), beginnt jeder Journalist – eine Art Berufskrankheit – diese Kenntnisse samt den dazugehörigen Meinungen und Vorurteilen weiterzugeben. Ich begann Mitte der sechziger Jahre für die Frankfurter Allgemeine Zeitung zu schreiben, bald auch über Phänomene, die mit dem Kriminalroman zu tun hatten. Am 19. März 1966 zum Beispiel, als sich in Deutschland die versammelte linke Intelligentsia über ihr – typischerweise – vom Film bestimmtes Bild des Fleming-Helden James Bond 007 erregte, erschien in der Tiefdruckbeilage der FAZ meine etwas differenziertere Analyse, die Figur und Autor gegen manchen unberechtigten Vorwurf in Schutz nahm: immerhin drei Jahre, bevor Umberto Eco sich auf ähnliche Weise mit der Sache befaßte.[1]

Eins kam zum anderen: Ich begann, regelmäßig Krimi-Kritiken zu schreiben, für die FAZ, für den Südwestfunk, Radio Bremen, »Brigitte«. Dann kam, im Sommer 1983, ein Redakteur von SF 3 auf die Idee, ob es nicht sinnvoll wäre, dem Hörer zusätzlich zu den Einzelkritiken etwas wie einen Leitfaden anzubieten: Autorenporträts zum Beispiel, oder knappe Übersichten über Entwicklungen, Trends, Moden und Richtungen. Aus dieser Frage entstand eine Reihe mit dem Titel »Krimi-Kompaß«, die SF 3 in lockerer Folge rund drei Jahre lang ausgestrahlt hat.

Von da an war der Schritt zum Buch nicht mehr weit, aber recht beschwerlich. Nachdem der Lektor eines großen deutschen Verlages in einem Gespräch am Rande der Frankfurter Buchmesse 1984 sein Interesse bekundet hatte, begann ich zu schreiben, zunächst in eher gemächlichem Tempo. Meine Schätzung war, daß das Manuskript eines Buches, wie es mir vorschwebte, 350 bis 400 Schreibmaschinenseiten umfassen würde; auf dieser Basis erfolgte die Einigung mit dem Verlag. Als der vereinbarte Ablieferungstermin nahte, waren ziemlich genau 350 Seiten geschrieben. Aber das Buch war nicht einmal zur Hälfte fertig. Zu diesem Zeitpunkt und in dieser Situation zeigte sich der Verlag großzügig. Er schob nicht nur den Ablieferungstermin des Manuskripts um einige Monate hinaus; er zeigte sich auch damit einverstanden, daß der Umfang des Buches auf mehr als das Doppelte des ursprünglich ins Auge gefaßten anstieg.

Allerdings setzte er den Autor unter Druck, indem er ihm plötzlich einen neuen Titel präsentierte, der den Anspruch einigermaßen vergrößerte. Aus »Gangster, Opfer, Detektive. Eine (Typen-)Geschichte des Kriminalromans« wurde plötzlich »Thriller-Handbuch. Das Who-is-who der Kriminalliteratur«; während des Schreibens verschoben sich die Maßstäbe. Während der ursprünglich geplante Titel »Gangster, Opfer, Detektive« fröhlich auf seiner Subjektivität hätte bestehen können und mit dieser Subjektivität selbst größere Lücken zu entschuldigen vorhatte, mußte das neue Buch über alle wichtigeren Autoren in angemessenem Umfang und mit angemessener Kompetenz berichten, wenn es sich nicht von vornherein der Arroganz und der Täuschung des Lesers zeihen lassen wollte. Das bedeutete eine Menge Nachsitzen in bestimmten Abteilungen der Krimi-Geschichte, viel Neues, zum Teil erstmaliges Lesen, intensives Studium von Autoren, die ich nie gemocht und auch bei der Arbeit an diesem Buch nicht schätzen gelernt habe.

Ich habe mich dieser Hosenbodenarbeit des gezielten Lesens mit großer Intensität, wenngleich sich zunehmend abschwächender Begeisterung unterzogen. Eine bedeutsame Revision der in mehr als dreißig Jahren angelesenen Maßstäbe und Vorurteile fand nicht statt. Aber die wichtigsten Lücken wurden geschlossen.

Im Mai 1986 schloß ich die Arbeit am »Thriller-Handbuch« ab. Monatelang lag das Manuskript, auf mehr als 800 Seiten angewachsen, im Lektorat. Als es, gegen Jahresende, zu mir zurückkam, war es kaum wiederzuerkennen. Nicht nur hatte ein verhinderter Oberlehrer versucht, dem Schüler Schmidt seine stilistischen Eigenheiten und, mag ja sein, Marotten auszutreiben. Das Lektorat hatte auch versucht, meine Meinungen da umzubiegen, wo sie dem Herausgeber nicht gefielen. Im Extremfall wurde aus schwarz weiß; ein Kapitel hatte der Verlag ganz kassiert und durch ein von einem anonymen Ghostwriter geschriebenes ersetzt, das die Autorin in den höchsten Tönen lobte.

Als ich mich von meiner Verblüffung erholt hatte, teilte ich dem Verlag mit, daß mein Manuskript entweder so in Druck gehe, wie ich es geschrieben hatte – oder aber gar nicht. Es kam noch einmal zu Friedensverhandlungen. Ein Emissär reiste nach Düsseldorf; gemeinsam gingen wir, eine halbe Woche lang, das Manuskript noch einmal durch. Über die eine oder andere Formulierung einigten wir uns. Meine Meinungen und Urteile ließ ich mir nicht abhandeln. Gleichwohl schieden wir mit einem Kompromiß, mit dem beide Seiten zufrieden schienen, den allerdings der Herausgeber noch sanktionieren mußte. Doch statt seines Plazet kam die Nachricht, daß der Verlag das von ihm in Auftrag gegebene Manuskript nun endgültig nicht drucken wolle, dem Autor aber freistelle, sich einen anderen Verleger zu suchen.

Auf geringen Umwegen kam das Manuskript zum Ullstein Verlag, der sich sehr daran interessiert daran zeigte; mag sein, daß die Texte – wie jemand beim ursprünglich vorgesehenen Verlag anmerkte – im Unterbewußtsein tatsächlich für den Ullstein Verlag konzipiert waren, dessen Krimireihen-Konzept dem Ansatz meines Buch vergleichsweise nahe steht.

Das Manuskript war also am rechten Platz. Blieb nur noch ein Problem: Das Manuskript war nun immerhin zwei, in Partien sogar drei Jahre alt; so, wie es war, konnte es kaum in Druck gehen. Ein Buch wie dieses wird vom Liegen vielleicht nicht sofort ranzig. Aber die Krimibranche ist recht schnellebig, speziell in den achtziger Jahren ist relativ viel geschehen; neue Namen, neue Entwicklungen sind aufgetaucht. Also hieß es: zurück auf die Schulbank, noch einmal Hunderte von Büchern lesen, das eine oder andere Kapitel neu schreiben, andere ergänzen, hie und da einen Nachtrag anfügen. Ich hoffe sehr, daß darunter die stilistische Einheitlichkeit des Buches nicht gelitten hat.

Natürlich sind bei der neuerlichen Überarbeitung des Manuskripts auch noch ein paar Lücken geschlossen worden, die es als »Thriller-Handbuch« noch gehabt hätte. So stehen Autor und Leser vor dem paradoxen Ergebnis, daß ein Buch, das nun wieder stolz auf seine Subjektivität verweisen kann, im Grunde mehr Handbuch ist, als es das »Handbuch«, als das es geplant war, je gewesen wäre. Trotzdem möchte ich den Leser warnen. Komplett ist dieses Buch auch nach dreijähriger Arbeit keineswegs. Jeder intensive Krimi-Leser, vom regelrechten Krimi-Fan ganz zu schweigen, wird in »Gangster, Opfer, Detektive« Lücken entdecken, die ihm unverzeihlich erscheinen, Autoren – oder Titel – vermissen, die er besonders schätzt.

Für solche – denkbaren – Lücken gibt es zwei Gründe: meine subjektiv wohlerwogene Meinung, daß ein spezieller Autor nicht wichtig genug sei, den ohnehin nicht eben geringen Umfang dieses Buches weiter aufzublähen, oder aber meine Unkenntnis (eine keineswegs völlig auszuschließende Möglichkeit). Denn so intensiv ich das Feld des Kriminalromans in den letzten Jahren auch beackert habe: daß ich den einen oder anderen Autor, der nach allen nur denkbaren Maßstäben Anspruch auf Berücksichtigung in diesem Rahmen hätte, einfach nicht kenne, kann ich nicht vollkommen ausschließen.

Die Kriminalliteratur ist überall in den letzten Jahren derart ins Kraut geschossen, daß ein einzelner den totalen Überblick einfach nicht haben kann. Daß es kein gepflegter Park sein würde, sondern durchaus ein Wald, in den mich mein Gang durch die Geschichte und Gegenwart des Kriminalromans führen würde, war mir klar, als ich dieses Buch zu schreiben begann. Daß es eine Expedition durch einen – weitgehend unerforschten – Urwald sein würde, für den Karten und brauchbare Reiseführer hierzulande nicht zur Verfügung stehen,[2] ist mir erst beim Schreiben aufgegangen. Und wenn ich auch immer wieder zum Ausgangspunkt zurückgefunden habe, so halte ich es doch für möglich, daß ich mich auf manchen Tagesmärschen ganz hübsch verfranst habe.

Natürlich ist das, was ich hier vorlege, keine »Weltgeschichte des Kriminalromans«, sondern allenfalls eine Geschichte des Krimis in der westlichen Welt, mit starker Betonung der angelsächsischen und der deutschen Komponente. Die Entwicklung in China, Japan oder im sozialistischen Sowjetblock kommt überhaupt nicht vor. Das hat damit zu tun, daß ich mich nicht von den Zufallsinformationen abhängig machen wollte, die wir über das Krimigenre in jenem Teil der Welt erhalten: den Anthologien etwa, die Ellery Queen mit Kriminalgeschichten aus China oder Japan gefüllt hat, dem einen oder anderen Roman, der per Übersetzung durch die Maschen des Eisernen Vorhangs schlüpfte. Da mir nicht klar war, welchen Stellenwert solche Einzelphänomene für das Gesamtbild haben, verzichtete ich lieber auf die Informationen, die sie liefern.

Grundsätzlich habe ich mich auf fremde Urteile nicht verlassen. Die Art, wie etwa Armin Arnold und Josef Schmidt in *Reclams Kriminalromanführer* Meinungen über Bücher übernehmen, die sie nicht gelesen haben, aber hätten lesen können, erscheint mir unseriös und wenig sinnvoll. Das bedeutet aber auch, daß ich im wesentlichen auf das angewiesen war, was mir der deutsche Krimi-Buchmarkt offerierte. Natürlich habe ich das eine oder andere Buch im angelsächsischen Original gelesen. Doch im Grunde geht dieses Buch von dem aus, was ins Deutsche übersetzt und auf dem deutschen Buchmarkt greifbar ist (oder wenigstens irgendwann in den letzten zwanzig Jahren einmal war).

Daß ich dennoch die Buchtitel im Original zitiere, mag eine Marotte sein. Bei der ersten Erwähnung eines Buches ist jeweils in Klammern der Titel der deutschen Ausgabe angegeben; die Jahreszahl hinter dem deutschen Titel bezieht sich allerdings nicht auf das Erscheinen der Übersetzung, sondern nennt das Erscheinungsjahr der Originalausgabe (soweit das feststellbar war). In Einzelfällen bin ich über das selbstgewählte System selbst nicht glücklich. Einen finnischen Titel beispielsweise würde ich normalerweise nicht zitieren. Aber nach reiflicher Überlegung schien es mir wenig sinnvoll, ein an sich gutes System wegen einiger fragwürdiger Einzelfälle zu durchlöchern. So ist es auch bei finnischen, dänischen oder spanischen Titeln beim Original geblieben.

Bei Irrtümern bitte ich um Nachsicht (ein Buch dieses Umfanges und dieser Faktenfülle ist wohl gänzlich fehlerfrei kaum möglich) – und um Hinweise. Sollte es, was Verlag und Autor hoffen, eine zweite Auflage geben, werden etwaige Fehler korrigiert.

Düsseldorf, im April 1988

Anmerkung: Aus Gründen der Übersichtlichkeit wurde auf das fortlaufende Zitiersystem verzichtet. Im Text wiederholte Anmerkungsziffern verweisen auf die bereits zitierte Quelle, nicht numerierte Zitate stammen aus der zuletzt genannten Quelle. Zitate aus den Romantexten werden nur mit dem Titel des Buches ausgewiesen.

[1] *Umberto Eco:* Le strutture narrative in Fleming (Die Erzählstrukturen bei Ian Fleming.) Aus: L'analisi del racconto. Abgedruckt in *Jochen Vogt:* Der Kriminalroman. München 1971, Bd. I., S. 250ff.

[2] *Reclams Kriminalromanführer*, zum Beispiel, ist nicht nur nach den zehn Jahren seit seinem Erscheinen völlig überholt, sondern wies von Beginn an so viele Lücken und Irrtümer auf, daß er als Handbuch so gut wie unbrauchbar ist; und das witzige, kenntnisreiche *Bloody Murder* (›Am Anfang war der Mord‹) von Julian Symons ist nicht nur noch älter (1972), sondern auch so eklektizistisch, daß es zwar eine vorzügliche Lektüre, aber keinen guten Wegweiser abgibt.

Das Genre
im Kreuzverhör

Hintertreppe oder Dichtung:

Was zum Teufel ist ein Kriminalroman?

Dieses Buch handelt von dem, was Millionen von Menschen lesen und was alle Welt zu kennen glaubt: dem Kriminalroman. So mögen es viele für eine dumme Frage halten, wenn man sich zunächst einmal dieser Materie definitorisch versichert: Was eigentlich ist ein Kriminalroman?

Aber so einfach, wie es scheinen mag, ist die Frage – wie sich zeigen wird – zufriedenstellend nicht zu beantworten, und je mehr Experten man befragt, desto schillernder und verzwickter wird der Sachverhalt. Für die Brockhaus-Enzyklopädie, für uns so etwas wie die Summe des öffentlichen Bewußtseins, ist die Sache noch verhältnismäßig klar. Die Detektivgeschichte, der Detektivroman, heißt es da: das sei die »Erzählung vom verbrecherischen Handeln«. Ein Nachsatz erläutert. »Eine Sonderform ist die Detektivgeschichte (kurz Krimi)«.

Schon hier wäre es angebracht, daß wir uns kurz vergewissern: Handeln wir im folgenden vom Kriminalroman oder vom »Krimi« (der ja nach dieser Definition nur ein anderes Wort für den Detektivroman wäre)? Nein: Obwohl gewiß viele, die meisten, der von uns behandelten oder erwähnten Bücher Detektivromane sein werden – beschränken wollen wir uns auf den Detektivroman nicht. Wo blieben denn dann, um nur einige Beispiele zu erwähnen, die Romane der Patricia Highsmith oder Margaret Millar, die dem Krimi in den letzten Jahrzehnten neue Wege wiesen, wo die Agentenromane von Ian Fleming, John le Carré, Len Deighton oder Ted Allbeury, die dem Detektiv-Genre auf keinen Fall zu subsumieren sind?

Gero von Wilperts ›Sachwörterbuch der Literatur‹ gibt sich naturgemäß mit einer so simplen Definition wie das Konversationslexikon nicht zufrieden. Bei ihm muß das Verbrechen »im Hinblick auf psychologischen Anstoß, Ausführung, Entdeckung und Aburteilung des Verbrechers behandelt werden«[1], wenn das literarische Produkt den Anspruch auf die Gattungsbezeichnung »Kriminalroman« haben soll. Entsprechend gewichtig sind die Namen, die Gero von Wilpert als Autoren von Kriminalromanen benennt: Schiller (*Der Verbrecher aus verlorener Ehre*), Kleist (*Michael Kohlhaas*), E. T. A. Hoffmann (*Das Fräulein von Scudéri*), Fontane (*Unterm Birnbaum*), Dostojewski (›Schuld und Sühne‹), Gerhart Hauptmann (*Phantom*), im 20. Jahrhundert Ricarda Huch (*Der Fall Deruga*) und Werner Bergengruen (*Der Großtyrann und das Gericht*); nicht einmal Edgar Allan Poe, der schwarze Romantiker aus Amerika, kommt vor in dieser erlauchten Ahnengalerie.

Werden wir also Kleists »Kohlhaas« analysieren oder Dostojewskis ›Schuld und Sühne‹? Keineswegs. Dieses Buch handelt nicht von dem, was in Leder gebunden und mit Goldschnitt verziert in den Bücherschränken und Bibliotheken steht, sondern von dem, was als Serie mit schwarzem oder rotem, gelbem oder blauem Schutzumschlag erscheint, selten gesammelt, dafür aber überall gelesen wird: in der Straßenbahn und im Flugzeug, am Badestrand und nachts im Bett vor dem Einschlafen (und da vermutlich besonders häufig und mit besonderem Vergnügen, das sich ergibt aus der Diskrepanz zwischen dem Geschehen im Buch und der Haltung des Lesers, aus dem Widerspruch zwischen dem entspannten Zustand des Lesenden und der Spannung, die das Gelesene vermittelt). Brauchen wir also eine neue, andere Definition?

Der Detektivroman jedenfalls wird im ›Sachwörterbuch der Literatur‹ wie im Brockhaus verstanden als »neuere, spezifisch angloamerikanische Abart des Kriminalromans«, freilich mit deutlichen Minuszeichen. Denn in ihm, so Wilpert, trete »die psychologische Erklärung des Verbrechens« zurück »hinter der ausführlichen Schilderung seiner Aufklärung, der Aufhellung eines fiktiven, anfangs offensichtlich unerklärbar erscheinenden und für den Leser bis zum Schluß geheimnisumwitterten Tatbestandes durch den Detektiv mit Hilfe von Indizien und logischen Schlußfolgerungen«[2]. Da für Gero von Wilpert »die durch Einbuße an innerem Gehalt erkaufte Erhöhung der rein stofflichen Spannung trotz oft geschickter Erzähltechnik das Absinken zu billiger Unterhaltungsliteratur« bedingt, darf es niemanden verwundern, wenn für Wilpert nur »wenige literarisch anspruchsvolle Detektivromane« existieren. Überraschender schon erscheint es, wenn er auf dem Sektor des Kriminalromans – »neben den wegen ihrer willkürlich-zufälligen und auf Überraschungseffekte berechneten Tatsachenverknüpfung dichterisch wertlosen und nur durch stoffliche Spannung die Abenteuerlust weiter Kreise befriedigenden Werken der Hintertreppen- und Schundliteratur« – eine Reihe »künstlerisch bedeutender Kriminalromane großer Dichter« findet, »denen das rein Stoffliche willkommenen Anlaß zu einem

Einblick in die Seele des zum Verbrechen getriebenen Menschen und die soziale Bedingtheit seines Handelns bot«.

Das verächtliche Herabschauen auf eine Literatur, die – worüber noch zu diskutieren sein wird – »weiten Kreisen« nichts als »stoffliche Spannung« oder vorwiegend doch unterhaltsamen Nervenkitzel liefert, ist für die seriöse Literaturwissenschaft nicht gänzlich untypisch. Noch immer gilt der Kriminalroman, sofern er den engen Kriterien der Wilperts nicht genügt, als eine in sich mindere Gattung, wo nicht gar als »Hintertreppen- und Schundliteratur«. »Das Lesen von Detektivromanen gehört zu den Dingen, die man zwar gerne tut, von denen man aber nicht gern spricht«, befindet der Berliner Germanist Richard Alewyn. »Man kann seinen Ruf kaum wirksamer gefährden, als indem man sich ernsthaft damit befaßt, zumindest in deutschen Landen. Anstößig ist seine Popularität, und für anstößig gilt sein Thema«.[3]

Auch Alewyn, der sich von der Anstößigkeit des Themas nicht abschrecken ließ, macht die uns bereits wohlbekannte Unterscheidung in Kriminalromane und Detektivromane. Doch er macht eindeutig klar: »Der Unterschied ist nicht eine Frage des Niveaus« – und kehrt den Spieß sogar um: »Es gibt auch schlechte Detektivromane – wenn auch kaum so geist- und seelenlose, wie es Kriminalromane gibt –, und es gibt gewiß Kriminalromane höchsten Ranges wie Dostojewskis ›Schuld und Sühne‹ oder William Faulkners ›Knight's Gambit‹«.

Alewyn, der »die Verwechslung des Detektivromans mit dem Kriminalroman (Koseform ›Krimi‹)« auch vom »aufgeklärteren Teil der öffentlichen Meinung« für bedauerlich und leidig hält, gewinnt aus der strikten Unterscheidung von Kriminal- und Detektivroman eine mindestens auf den ersten Blick frappierende Definition für den Detektivroman. Für ihn besteht die Schwierigkeit zunächst darin, »daß der Kriminalroman sich überhaupt nicht abgrenzen läßt. Denn welches epische Werk der Weltliteratur bis an die Schwelle der modernen Zeit käme ohne heldische oder schurkische Bluttaten aus? Der Kriminalroman hat überhaupt keine definierbare Grenze – außer gegenüber dem Detektivroman. Denn so nebelhaft die Konturen des Kriminalromans, so scharf sind die des Detektivromans. Das ist nicht eine Sache des Stoffs, sondern der Form«.

Anhand des ersten Kriminalfalls der Weltgeschichte, des Mordes von Kain an Abel, erläutert Alewyn seine These. Man könne die Geschichte erzählen, wie es die Bibel getan hat: »Und es begab sich, da sie auf dem Felde waren, erhob sich Kain wider seinen Bruder Abel und schlug ihn tot«: eine typische Kriminalgeschichte. Man könne aber auch beim Erzählen von hinten her beginnen, die Auffindung der Leiche an den Anfang stellen und ihr die Frage nach dem Tathergang und nach dem Täter folgen lassen: das typische Verfahren der Detektivgeschichte. Alewyns Fazit: »Der Unterschied der beiden Erzählungen liegt also nicht im Gegenstand – beide behandeln einen Mord –, sondern in der Form: Der Kriminalroman erzählt die Geschichte eines Verbrechens, der Detektivroman die Geschichte der Aufklärung eines Verbrechens«.

Vergleichbar argumentiert auch Ernst Bloch, für den das »Unerzählte, Vor-Geschichtehafte« das eigentliche Charakteristikum der Detektivgeschichte ist und sie »sogar weit vom Detektiv, unverwechselbar« macht: »Vor ihrem ersten Wort, vor dem ersten Kapitel geschah etwas, niemand weiß es, scheinbar auch der Erzähler nicht. Ein dunkler Punkt ist also noch unerkannter da, von dem her und zu dem hin sich die ganze Wagenladung der folgenden Ereignisse in Bewegung setzt, eine Untat, meist eine mörderische, steht vor Anfang. In allen anderen Erzählformen entwickeln sich die Taten wie Untaten vor einem durchaus anwesenden Leser, hier dagegen ist er bei einer Untat, einer den Tag scheuenden, obzwar besonders fertig ins Haus gelieferten, nicht dabei gewesen, sie liegt im Rücken der Geschichte, muß ans Licht gebracht werden, und dies Herausbringende ist selber und allein das Thema. Das dunkel Geschehene wird auch in keiner Vorhandlung dargestellt, eben weil es überhaupt noch nicht darstellbar ist, außer durch Ausgrabung, durch Indizien, welche sich rekonstruieren lassen«.[4]

Doch sind wir damit in Fragen der Definition, der Unterscheidung von Kriminalroman und Detektivroman wirklich weitergekommen? Helmut Heißenbüttel, der Blochs These von der »Rekonstruktion des Unerzählten« durchaus übernimmt, wendet sie ohne viel Federlesens auf den Kriminalroman an, indem er einfach entscheidet: »Der Kriminalroman, so wie er sich historisch entwickelt hat und wie er heute eine bestimmte und nicht wegzudiskutierende Rolle spielt, ist immer ein Detektivroman. Ihm zugrunde liegt ein festes Schema, das zunächst drei Faktoren enthält: die Leiche, den Detektiv und die Verdächtigen«.[5]

Alles schön und gut – aber: Was ist mit einem Bankraub-Krimi von Richard Stark, Dick Francis' Kidnapping-Roman ›Die Gefahr‹ (*The Danger*; 1982), den Psychogrammen der Patricia Highsmith und selbst vielen Romanen von Ross Macdonald, bei denen zwar der Detektiv im Zentrum steht, der Mord aber durchweg erst im weiteren Verlauf der Handlung erfolgt, die sachte anhebt mit einer Nachforschung, die häufig eine Kleinigkeit betrifft: das Verschwinden eines nicht einmal besonders wertvollen Gegenstandes, das Ausreißen eines Jugendlichen, der mit seinem Elternhaus nichts mehr zu tun haben will? Wir sehen schon: Für unser Thema greifen auch die Definitionen von Alewyn, Bloch und Heißenbüttel zu kurz, so scharfsinnig sie auch sein mögen. Der Kriminalroman, wie wir ihn in den folgenden Kapiteln verstehen wollen, läßt sich nicht auf die Spielart des Detektivromans beschränken, der wiederum vom Schema »Aufklärung eines Verbrechens« nicht hundertprozentig abgedeckt wird; es gibt auch Detektivromane, die ihre Spannung im wesentlichen aus der Frage beziehen, ob der Detektiv – die Detektive – in der Lage sind, ein bevorstehendes, dem Erzähler wie dem Leser bekanntes Verbrechen zu verhindern (Beispiel: die Haupthandlung in Sjöwall/Wahlöös letztem Kriminalroman ›Die Terroristen‹).

Vielleicht wäre es für unsere Zwecke ohnehin nützlich, einen Begriff einzuführen, den wir bisher bewußt außen vor ließen: den des Thrillers. Der Begriff, abgeleitet von dem englischen Wort »thrill«, das im Deutschen mit Schauer oder Erbeben, auch Nervenkitzel, zu übersetzen ist, deckt ein vergleichsweise weites Feld des »Spannungsromans« ab – jedenfalls, solange er nicht mit dem Attribut »psychologisch« gekoppelt ist; in diesem Fall steht er für eine besonders raffinierte Untergruppe des Kriminalromans: Romane, wie sie etwa die Amerikanerin Patricia Highsmith schreibt.

Der Literaturwissenschaftler Peter Nusser hat den Thriller folgendermaßen definiert: »Im Thriller ist das Verbrechen nicht festgeschrieben; es reicht vom Raubüberfall bis zum Massenmord. Zugleich erscheint das Verbrechen nicht als bereits begangenes. Der Leser erlebt unmittelbar, als Zeuge, seine Ausführung oder nimmt an seiner Vorbereitung teil. Als geplantes Verbrechen, das unter Umständen eine Reihe bereits begangener Verbrechen fortsetzt, wird es zur Bedrohung und löst Reaktionen des Helden bzw. der ingroup aus. Ist der Mord im Detektivroman ein abgeschlossenes Ereignis, das es zu verstehen gilt, so wird das Verbrechen im Thriller in actu (als Planung oder Ausführung) gezeigt. Damit erhält es eine ganz andere Funktion als im Detektivroman. Es ist nicht Rätsel, sondern Ereignis, gegen das man sich wehren kann und muß«.[6]

Selbst wenn wir uns diese Definition zu eigen machen würden – sie bringt uns wenig, da sie den Detektivroman, der ja durchaus eines unserer zentralen Themen sein soll, ausschließt. Nussers Definition ist für uns freilich auch aus einem anderen Grund nicht sehr zufriedenstellend: Sie sieht den Thriller letztlich als eine eo ipso mindere Art von Literatur, die sich an vergleichsweise niedere Instinkte im Leser wende. Da spielen wir einfach nicht mit.

So bleibt uns nichts anderes übrig, als mit dem Generalnenner des

Kriminalromans vorliebzunehmen. Doch versuchen wir, ehe wir aufgeben, noch eine weitere Definition. Sie stammt von dem Germanisten Richard Gerber. Wie der Schriftsteller Helmut Heißenbüttel ist auch Gerber der Ansicht, daß die sorgfältige Unterscheidung zwischen Kriminal- und Detektivgeschichte sinnlos sei, nennt für diese Meinung allerdings einen anderen Grund: weil »im üblichen Sprachgebrauch dieser Unterschied kaum gemacht wird«. Niemand, argumentiert Gerber ganz zu Recht, würde einem Freund nach der Lektüre von Dostojewskis ›Schuld und Sühne‹ erzählen, er habe eben »einen ganz tollen Kriminalroman gelesen«, und wenn ein Literaturtheoretiker der bekannten Schlager-Mimi, die ohne einen Krimi nie ins Bett geht, dieses Buch als Kriminalroman empfehlen würde, würde er ein Fiasko erleben: »Entweder Mimi schläft nach der ersten Seite ein, oder Mimi legt Dostojewski weg, läßt Petersburg Petersburg sein und nimmt sich James Bond vom Nachttisch: ›Liebesgrüße aus Moskau‹«.

»›Schuld und Sühne‹«, so der Autor, »ist kein Kriminalroman. ›Schuld und Sühne‹ ist Verbrechensdichtung.« Auch der Kriminalroman handle selbstverständlich vom Verbrechen. Aber er ist »nicht einfach ein Roman, der ein Verbrechen schildert, sondern ein Roman, der das Verbrechen auf eine ganz bestimmte Art behandelt, beschränkt behandelt. Die Beschränkung der Dimension ist das Entscheidende«. Etwas später wird Gerber noch deutlicher: »Der Kriminalroman ist kastrierte Verbrechensdichtung«[7].

Das klingt nicht eben so, als ob Gerber die Gattung liebe, der er bescheinigt, daß sich ihr »Hauptinteresse darauf konzentriert, wie ein Sleuth« – ein Spürhund also – »oder mehrere einen oder mehrere Verbrecher zur Strecke bringen«. Schon der Vorgang der Aufdeckung bekommt aus dieser Sicht etwas Inhumanes: »Etwas ist verborgen und ärgert uns. Niemand kann es finden. Da hebt einer einen Stein hoch, und darunter sehen wir das Gesuchte, das Ungeziefer. Der Rest ist uninteressant. Wir streuen Gift, oder wir treten es tot, oder wir nehmen Besen und Schaufel und kehren es weg«. Daraus ergibt sich für Gerber eine eindeutige Schlußfolgerung: Der Kriminalroman ist »seinem Wesen nach minderwertig und (wird) immer minderwertig bleiben«.

Denn »die Verbrechensdichtung forscht nach dem Ursprung, der Wirkung und dem Sinn des Verbrechens und damit nach der Tragik der menschlichen Existenz. Der Kriminalroman aber lebt vom Motiv der Jagd«, in der speziellen Form einer Menschenjagd. Der Leser kommt also »in den Genuß des einzigartigen Vergnügens, von Gesetzes wegen Menschen zu hetzen, am liebsten bis zum Galgen oder an noch andere schlimmere Orte hin. Warum der Verbrecher Verbrecher ist, ist uninteressant. Der Verbrecher ist böse, gemein, denn wenn er nicht böse und gemein wäre, wäre er nicht Verbrecher. Je besser ich jeden Verbrecher hetze und erledige, um so tugendhafter bin ich selbst«; Pogromstimmung ist angesagt.

Daß das einen Teil der Gattung trifft, wird man zugeben müssen. Daß es noch kürzer greift als schon unsere früheren Definitionsversuche, liegt auf der Hand. Doch wir haben wiederum ein wichtiges, wenn auch nicht entscheidendes Charakteristikum des Kriminalromans gewonnen: Das Motiv der Jagd gehört zweifellos zu seinen Kennzeichen.

Wovon also handeln wir: von Verbrechensaufklärung oder doch auch vom Verbrechen selber? Von der Tragik menschlicher Existenz oder von der gefährlichen, inhumanen, heuchlerischen Menschenjagd? Die Antwort kann nur ein entschlossenes Sowohlalsauch sein. Nicht einmal Auswüchse des Kriminalromans, die bei Autoren wie Mickey Spillane oder Carter Brown unzweifelhaft ins Menschenverachtende, Faschistoide hinüberspielen, bleiben ausgeschlossen; zum Panorama des Kriminalromans gehören auch seine negativen Seiten. Das ganze Spektrum wollen wir abbilden, so farbig wie möglich.

1 *Gero von Wilpert:* Sachwörterbuch der Literatur, Stuttgart 1969. S. 412.

2 ebd., S. 157.

3 *Richard Alewyn:* Anatomie des Detektivromans, in *J. Vogt*: Der Kriminalroman, 2 Bd., München 1971, S. 372ff. – Eine besonders aparte Variante der Betrachtung des Kriminalromans von oben herab liefert der marxistische Philosoph Ernest Mandel in seiner – wenig empfehlenswerten – Sozialgeschichte des Kriminalromans, *Ein schöner Mord* (Frankfurt/Main 1987). Er eröffnet das Vorwort mit dem »Geständnis«: »Krimis lese ich gern«, um diese Neigung gleich in den nächsten Sätzen als eskapistisch zu desavouieren. Offenbar sorge die Lektüre von Kriminalromanen »für Entspannung. Wenn man einen Kriminalroman liest, denkt man an nichts anderes; hat man ihn durch, denkt man gewöhnlich nicht mehr über ihn nach«. Und so gerät unser Philosoph in einen tiefen Zwiespalt: »Bin ich nun also lediglich ein Opfer bürgerlicher Ideologie, wenn ich mich mit Millionen anderer mitreißen lasse und für ein schlichtes Laster eine komplizierte Rationalisierung konstruiere?« (S. 9/10) Bei der Beantwortung dieser Frage können wir Ernest Mandel leider nicht helfen.

4 *Ernst Bloch:* Philosophische Ansicht des Detektivromans, in *J. Vogt*: Der Kriminalroman, S. 322ff.

5 *Helmut Heißenbüttel:* Spielregeln des Kriminalromans, in *J. Vogt*: Der Kriminalroman, S. 356ff.

6 *Peter Nusser:* Der Kriminalroman, Stuttgart 1980, S. 55.

7 *Richard Gerber:* Verbrechensdichtung und Kriminalroman, in *J. Vogt*: Der Kriminalroman, S. 404ff.

Von Ödipus zu Sherlock Holmes:

Entstehung und Entwicklung des Kriminalromans

Wie die Geschichte von Kain und Abel zeigt, ist das Verbrechen praktisch so alt wie die Menschheit. Da diese Geschichte aufgeschrieben wurde (wenn auch vermutlich erst geraume Zeit später), hat also auch der Kriminalroman – in welcher Definition auch immer – ziemlich tiefe Wurzeln. Wer zu graben beginnt, wird sogar für die klassische Detektivgeschichte immer wieder einmal ein Beispiel in der Literaturgeschichte finden.

Da ist – als berühmteste aller frühen Detektivgeschichten – die Geschichte des Ödipus, wie sie der griechische Dramatiker Sophokles um die Mitte des 5. Jahrhunderts vor Christus auf die Bühne gebracht hat. Ödipus, König von Theben, befragt das delphische Orakel nach den Ursachen der Pest, unter der seine Stadt leidet, und erfährt, daß die Pest die Strafe für ein Verbrechen sei, das niemals gesühnt wurde: des Ödipus Vorgänger Laios ist vor Jahren an einem Kreuzweg von einem Fremden erschlagen worden. Ödipus betätigt sich als Detektiv. Er befragt Zeugen und findet allmählich die Wahrheit heraus. Es ist eine – vor allem für den Detektiv – ziemlich scheußliche Wahrheit. Denn nicht nur hat Ödipus, der später des toten Laios Witwe geheiratet hat, den König selbst getötet; der Tote war auch sein – des Ödipus – Vater, da Laios einst aus Furcht vor der Prophezeiung, der Sohn werde den Vater töten und die Mutter heiraten, den Sohn als Säugling im Gebirge hatte aussetzen lassen, wo er wie durch ein Wunder überlebte.

Sophokles' Geschichte vom Ödipus, der sein eigenes, ihm unbewußtes Verbrechen herausfand und sich selbst mit der eigenhändigen Blendung bestrafte, genügt sämtlichen nur denkbaren Definitionen des Kriminal- wie des Detektivromans; sie ist auch Verbrechensdichtung großen Stiles, da es dem Autor – bei allem offensichtlichen Vergnügen an der detektivischen Technik – weniger auf den analytischen Prozeß als auf die Einsicht in die Tragik der menschlichen Existenz ankam.

Den Ruhm, der erste Detektiv der Literaturgeschichte gewesen zu sein, teilt Ödipus mit dem biblischen König Daniel, der gleich in zwei bekannten Fällen als detektivischer Aufklärer tätig wurde.

Fall 1 ist der berühmte Fall der »Susanna im Bade«. Zwei alte Lüstlinge, ausgerechnet Richter, überraschten das unschuldige Mädchen nackt und versuchten es zu erpressen, ihnen zu Willen zu sein. Denn wenn es sich weigere, so drohten sie ihm, würden sie bezeugen, es mit einem (flüchtigen) Mann in flagranti erwischt zu haben – ein Tatbestand, auf den in jener biblischen Gesellschaft die Todesstrafe stand. Susanna weigerte sich standhaft und kam vor Gericht; das Zeugnis der meineidigen Richter widerlegte der argwöhnische Daniel, indem er die Zeugen getrennt verhörte und ihnen Fragen stellte, mit denen sie nicht gerechnet und die sie folglich nicht abgesprochen hatten; so kamen ihr falsches Zeugnis und Susannas Unschuld ans Tageslicht.

Im zweiten Fall – der chronologisch wohl der frühere ist – geht es um eine religiöse Frage, die Daniel in eine kriminalistische überführt. Einem Götzen wurden allabendlich Speisen und andere Geschenke dargebracht; die Tatsache, daß die Geschenke am nächsten Morgen verschwunden waren, wurde von den Priestern des Götzen als Beweis seiner Existenz ausgegeben. Daniel aber weigerte sich, das Ammenmärchen zu glauben, und bewies, daß seine Zweifel berechtigt waren. Heimlich streute er in der Nacht Asche auf den Tempelboden rund ums Götzenbild, so daß am nächsten Morgen die Fußspuren derer sichtbar waren, welche sich die für den Götzen bestimmten Geschenke angeeignet hatten; die Götzenpriester – denn sie waren es gewesen – wurden als Betrüger entlarvt.

Das sind hübsche Anekdoten. Aber für die Kriminalgeschichte und erst recht für die Geschichte des Kriminalromans blieben sie folgenlos. Die Geschichte des Kriminalromans beginnt nicht mit dem biblischen Altertum und nicht mit der griechischen Antike, auch nicht mit der Römerzeit oder mit dem Mittelalter. Der Kriminalroman als ein auch quantitativ zählbares Ereignis ist ein Phänomen der Neuzeit, und allenfalls um das genaue Datum seiner Geburt streiten sich die Experten.

Das Problem löst sich einfach, wenn wir – Ehre, wem Ehre gebührt – den Chinesen den Vortritt lassen, die dem Westen offenbar auch bei der Erfindung des Kriminalromans und nicht nur bei der des Porzellans und des Pulvers den Rang abgelaufen haben. 1669 erschien in China P'u Sunglings Novellensammlung *Liao Chai Chih I*, in der mit der Erzählung ›Ein chinesischer Salomo‹ die wohl erste Detektiverzählung der Weltliteratur steht; im 18. Jahrhundert kam der chinesische Roman *Dee Gong An* heraus, der als der erste Detektivroman der Weltliteratur bezeichnet wird. Doch diese Lösung wäre rein akademisch; das Problem der Vaterschaft und der Initialzündung für die ganze Gattung ist mit dieser Anerkennung nicht gelöst, da die Erzählung erst 1880 in Europa bekannt wurde, der Roman aber sogar erst nach dem Zweiten Weltkrieg. Der Einfluß beider Werke auf die im 19. Jahrhundert üppig ins Kraut schießende neue Literaturgattung ist also gleich null.

So bleibt die Frage, welchem von drei abendländischen Ereignissen (oder Ereignisbündeln) man die Auslösefunktion für die Gattung zuschreiben soll (oder vielleicht eher: will?). Das früheste dieser Ereignisse ist die Veröffentlichung einer zwanzigbändigen Sammlung von Rechtsfällen im Jahrzehnt zwischen 1734 und 1743 durch den Pariser Rechtsanwalt Francois Gayot de Pitaval: *Causes célèbres et intéressantes, avec les jugements qui les onts décidées* (zu der vierbändigen deutschen Übersetzung, nicht zu verwechseln mit dem »Neuen Pitaval« der Juristen Hitzig und Häring, erschienen 1842, schrieb Schiller das Vorwort). Wieweit man die Erzählungen des deutschen Jura-Professors August Gottlieb Meißner, deren erste 1778 erschienen, und William Godwins Roman *Things As They Are; or The Adventures of Caleb Williams* von 1794 wenigstens als Vorläufer des Kriminalgenres ansehen kann, ist eine Frage nach der Zuverlässigkeit der Quellen; selbst Armin Arnold und Josef Schmidt, welche das Erscheinen der Meißnerschen Erzählungen und von Godwins Roman zu den »wichtigsten Daten aus der Literaturgeschichte des Kriminalromans«[1] zählen, scheinen sich bei dieser Einordnung nicht auf eigene Kenntnisse, sondern auf die Mitteilung von W. Promies im Nachwort zu Chr. H. Spieß' ›Biographien der Wahnsinnigen‹ (Neuwied/Berlin 1966) zu verlassen.

Als Initiator des modernen Kriminalromans taugt der eine offenbar so wenig wie der andere – eher schon ein Anonymus, der 1827 ein dreibändiges Werk publizierte: *Richmond: Scenes in the Life of a Bow Street Runner* (wobei man wissen muß, daß ein Bow Street Runner ein Mitglied jener Polizeitruppe war, die Henry Fielding, der Autor von »Tom Jones« seit 1753 zur Unterstützung der Richter und zum Schutz der Öffentlichkeit in Dienst gestellt hatte).

Wenn sie nicht die »Gothic Novels« aus der zweiten Hälfte des 19. Jahrhunderts, von Horace Walpoles *The Castle of Otranto* bis zu Wilkie Collins' *The Woman in White* oder *The Moonstone* als auslösende Momente ansehen, neigen die meisten Literaturwissenschaftler freilich dazu, die Geburt der Kriminalgeschichte mit dem Erscheinen von Edgar Allan Poes Erzählung *The Murders in the Rue Morgue* im Jahre 1841 zu datieren. Als Alternative halten sie allenfalls das Jahr 1887 bereit. Es ist das Erscheinungsjahr von Arthur Conan Doyles Roman *A Study in Scarlet* (›Studie in Scharlachrot‹), mit dem Sherlock Holmes, der Prototyp aller künftigen Detektive, und sein Assistent und Erzähler Dr. Watson zum ersten Mal auf der literarischen Bühne erscheinen. »Wann immer man die Anfänge des Detektivromans ansetzt, mit Conan Doyle oder mit Edgar Allan Poe oder mit dem Schauerroman des späten 18. Jahrhunderts, älter als 80 oder 130 oder 180 Jahre ist seine Geschichte nicht«,[2] schrieb Richard Alewyn 1968; man braucht also nur knapp 20 Jahre dazuzurechnen, um auf das heutige Alter des Kriminalromans zu kommen.

Woran aber mag es liegen, daß eine Gattung, die – so sollte man meinen – zu allen Zeiten ihres Erfolgs hätte sicher sein können, so spät erst auf der Bildfläche der Literaturgeschichte erscheint? Die einleuchtendste Erklärung dafür hat Ernst Bloch gefunden. Bloch sieht das Aufkommen der neuen literarischen Gattung nicht, wie gelegentlich zu lesen, in wirtschaftlichen oder sozialen Veränderungen begründet, dem Beginn des Maschinenzeitalters, der Massengesellschaft und der Notwendigkeit neuer literarischer (oder vielleicht auch: außerliterarischer) Reize. Bloch erklärt die Geburt des Kriminalromans (Detektivromans) ebenso schlicht wie plausibel mit der Einführung neuer, liberaler Rechtsordnungen in Europa und Amerika im Gefolge der Französischen Revolution und der amerikanischen Unabhängigkeit.

Die Detektivgeschichte, die Beschreibung der Sammlung von Verbrechensspuren und Indizien, entstand nach Bloch, »weil erst das *Indizienverfahren* zureichende Hinweise verlangt, bereits für einen Haftbefehl, gar erst vor Gericht, und damit zum kriminalistisch Aufdeckenden, mit dem Detektiv im Vordergrund, erst den *Auftrag* gab. Zeichen jeder Art, Bodenspuren, unechte Alibis und die Schlüsse aus alldem sind nun so wichtig geworden wie selbst das alte, oft viel zu breite Cui bono. Vor Mitte des achtzehnten Jahrhunderts gab es aber überhaupt kein Indizienverfahren, sicher kein durchdachtes; nur mehrere Tatzeugen, vor allem das Geständnis, das regina probationis hieß, waren überführungsfähig, nichts sonst. Da mehrere Tatzeugen sehr selten zur Hand waren, wurde, um die regina probationis erscheinen zu lassen, die Folter eingesetzt, und ihre peinliche Frage war die einzig raffinierte in Karls V. Halsgerichtsordnung. Damit der Inkulpat durch Schmerz ›unvorsichtig‹ gemacht werde und so Dinge sage, mit zerrissenem Lügennetz kraft ebenso zerrissener Glieder, die außer dem Täter und dem Richter niemand wissen konnte. Der Effekt war jene unausdenkliche Grausamkeit, wertlose Schulderpressung, gegen die sich die Aufklärung aus menschlichen wie logischen Gründen wandte. Seitdem also sind Indizien nötig, und sie müssen herbeigebracht werden; auf ihnen basiert in den allermeisten Fällen die Beweisaufnahme vor Geschworenen und Gericht«[3].

Wem diese Erklärung für das Entstehen der Gattung Detektiv- (gleich Kriminal-)Roman zu prosaisch ist, dient Gilbert Keith Chesterton, als Erzähler von Detektivgeschichten freilich parteiisch, mit einer wesentlich poetischeren. Für Chesterton ist die Detektivgeschichte »die früheste und einzige Form volkstümlicher Literatur, in der sich ein gewisser Sinn für die Poesie des modernen Lebens geltend macht«[4]. Die neue Vorstellung von der Großstadt, die sich im frühen 19. Jahrhundert entwickelte, habe »ihre ›Ilias‹ in der Detektivgeschichte gefunden. Niemandem kann entgangen sein, daß in diesen Geschichten der Held oder Forscher fast so einsam und frei durch London wandert wie ein Märchenprinz durchs Elfenland, daß im Verlauf der unberechenbaren Reise jeder Omnibus die Urfarben eines Zauberschiffes annimmt. Die Lichter der Stadt beginnen wie unzählige Koboldsaugen zu glühen, weil sie ein, sei es auch rohes, Geheimnis hüten, das der Autor zwar kennt, der Leser aber nicht«. Aber noch etwas ist Chesterton aufgefallen: »Während es die ständige Neigung unseres alten Adam ist, gegen so etwas Umfassendes und Zwangsläufiges wie die Zivilisation zu revoltieren, Lossagung und Aufruhr zu predigen, bringt die romantisierende Erzählung polizeilicher Aktivität in gewissem Sinn die Tatsache ins Bewußtsein, daß die Zivilisation selbst die sensationellste Lossagung und die romantische Rebellion ist. Indem sie von den nimmermüden Schildwachen berichtet, die die Vorposten der Gesellschaft schützen, will sie uns daran erinnern, daß wir wie in einem Militärlager leben, im Kriegszustand mit einer chaotischen Welt, und daß die Verbrecher, Kinder des Chaos, nichts anderes sind als Verräter in unseren eigenen Mauern«.

Doch die Lichter der Großstadt glühten überall, in Berlin wie in Rom, in Paris wie in London, und die verbrecherischen »Kinder des Chaos« waren hier wie dort am Werk. Gibt es vielleicht zusätzliche Gründe dafür, daß das Aufblühen der Detektivgeschichte und des Kriminalromans nicht in Berlin und in Rom (und vergleichsweise schwach nur in Paris) erfolgte? Kann es sein, »daß die Ausbreitung des Detektivromans in den angelsächsischen Ländern durch bestimmte soziale Verhältnisse begünstigt wurde«[2], wie Richard Alewyn vermutet? Alewyn ist sich über die Antwort nicht völlig sicher. Aber er stellt wenigstens die Frage: »Könnte es sein, daß eine Romanspezies, die sich das Abreißen ehrbarer Fassaden und die Entdeckung der sprichwörtlichen Gerippe im Wandschrank angesehener Familien zur Aufgabe gemacht hat, ihr Gedeihen der Doppelbödigkeit der viktorianischen Moral verdankt, und daß sie darum in den angelsächsischen Ländern so gut gediehen ist?«

Vermutlich könnten wir auf das Fragezeichen auch verzichten, ohne uns allzu großer Leichtfertigkeit schuldig zu machen, und auch die Tatsache, daß sich das Schwergewicht der Fortentwicklung der Gattung in den zwanziger Jahren des 20. Jahrhunderts von England in die Vereinigten Staaten von Amerika verlagert hat, steht dieser These nicht entgegen.

Denn in gewissem Sinne hat die amerikanische Gesellschaft viktorianische Normen und Verhaltensweisen ins 20. Jahrhundert hinübergerettet. Sie legt – mindestens in ihrem großbürgerlichen Teil, in dem beispielsweise die Kriminalromane von Ross Macdonald spielen – großen Wert auf die Aufrechterhaltung einer Fassade von Wohlanständigkeit und auf einen Benimm-Kodex, der in Mitteleuropa längst suspekt geworden ist (oder es jedenfalls in den sechziger und siebziger Jahren war), und aus dem Auseinanderfallen von sozialer Außenfront und tatsächlicher Existenz entstehen jene Konflikte, die der neue – harte – amerikanische Kriminalroman schildert.

Wir haben in den letzten Zeilen einen kühnen Satz getan: mitten hinein ins Kampfgetümmel, das zwischen den Anhängern zweier Schulen entbrannt ist. Die Mitgliedschaft im Fanklub der einen Schule scheint die Anhängerschaft bei der Gegenseite auszuschließen; Doppelmitgliedschaften jedenfalls sind äußerst selten. Natürlich hält jede der beiden Schulen sich selbst für die einzig richtige, die andere aber für minderwertig; es geht, mit anderen Worten, fast zu wie bei einem Glaubensstreit in der Frage, welche der beiden angelsächsischen Krimi-Schulen die klassische schlechthin ist: die englische oder die amerikanische.

»Wie die Welt selber wird auch der Kriminalroman von den Engländern beherrscht«, schrieb Bertolt Brecht. »Der Kodex des englischen Kriminalromans ist der reichste und geschlossenste. Er erfreut sich der strengsten Regeln, und sie sind in guten essayistischen Arbeiten niedergelegt. Die Amerikaner haben weit schwächere Schemata und machen sich, vom englischen Standpunkt aus, der Originalitätshascherei schuldig. Ihre Morde geschehen am laufenden Band und haben Epidemiecharakter. Gelegentlich sinken ihre Romane zum Thriller herunter, das heißt, der Thrill ist kein spiritueller mehr, sondern nur noch ein nervenmäßiger«.[5]

Doch diese Meinung, man sieht es unschwer aus dem politischen Zusammenhang, ist schon etwas älter und wohl auch veraltet, selbst wenn ihr Alewyn sekundiert: »Damit ist es erlaubt, die um 1930 in Amerika von Dashiell Hammett und Raymond Chandler begründete Neuerung der ›hard-boiled‹ oder ›action novel‹, aus der sich seit dem letzten Kriege der Spionage- und Agentenroman à la James Bond abgezweigt hat, als eine Bastardform zu kennzeichnen«.[2]

Ganz abgesehen davon, daß die Vorväterschaft am Agentenroman so eindeutig nicht ist – es gibt schließlich eine englische Tradition des Spionageromans, die über Eric Ambler und John Buchan bis Erskine Childers und damit bis zum Beginn des 20. Jahrhunderts zurückreicht –, fragt man sich ernsthaft, ob die Erlaubnis zur Kennzeichnung des amerikanischen Kriminalromans als minderwertig so einfach zu haben ist, wie Alewyn glaubt. Er selbst beschreibt den Vorgang, der zur Erneuerung des Kriminalromans durch Hammett und Chandler führte, zwar durchaus richtig: »Diese Schule verwarf den traditionellen Detektivroman als zu artifiziell und zu zimperlich und unternahm es, ihm durch handgreiflichen Kontakt mit dem ›wirklichen Leben‹ neues Blut zuzuführen«. Auch Alewyns weitere Beschreibung ist noch halbwegs korrekt: »Sie stattete ihre Detektive statt mit Herz und Hirn mit Faust und Colt aus, glich ihre Sprache und ihre Umgangsformen denen ihrer Gegenspieler an, versetzte sie in die rauhe Wirklichkeit der Unter- und Halbwelt und rückte sie den Mördern physisch auf den Leib. Als Täter aber wählte sie wirkliche Gangster«.

Für Alewyn spielt sich damit »ein massierter Teil von Gewalttat geheimnislos vor den Augen des Lesers ab«. Die Spannung von Frage und Antwort verkümmere; an ihre Stelle trete »das tätliche Suchen und Finden«. Das Schlimmste aber sei »das Ausbleiben des Verfremdungseffekts«: »daß in Gangsterkreisen gestohlen und geschmuggelt, gehehlt und gehurt, geschlagen und zu guter Letzt auch getötet wird, kann niemanden überraschen, am wenigsten einen Professionellen, zu dessen Alltag dies gehört«.[2]

Die Frage, die hier aufbricht, ist eine der Grundfragen der Gattung: Was ist ein Krimi? Handelt es sich bei ihm um ein intellektuelles Rätsel, wie es noch Brecht zu postulieren scheint: »Der Kriminalroman handelt vom logischen Denken und verlangt vom Leser logisches Denken. Er steht dem Kreuzworträtsel nahe, was das betrifft«[5]? Oder kommt Helmut Heißenbüttel der Sache näher, wenn er formuliert: »Der Kriminalroman ist eine Exempelgeschichte, die nach einem bestimmten Schema etwas einübt«[6]? Oder haben letztlich doch jene recht, die im Kriminalroman den realistischen, sozialkritischen Roman schlechthin sehen: eine Literatur, die nicht nur ein Surrogat von Wirklichkeit erschafft (wie Brecht meinte), sondern Wirklichkeit realistisch abbildet, natürlich nicht total, sondern im kleinen Ausschnitt – aber innerhalb dieses Ausschnitts so realistisch wie möglich.

Raymond Chandler, der dem Kollegen Hammett nachgerühmt hat, er habe »den Mord aus der venezianischen Vase gezogen, in der er so lange gegrünt und geblüht hatte, und ihn an die Straße gepflanzt«[7], kritisierte andererseits die Autoren des Rätselkrimis als unrealistisch und verlogen: »Die klassische Detektivstory hat nichts dazugelernt und nichts vergessen. Es ist die Story, die man fast jede Woche in den großen Illustrierten findet, mit hübschen Zeichnungen und dem gebührenden Respekt vor jungfräulicher Liebe und redlich erworbenen Luxusgütern. Vielleicht ist das Tempo ein bißchen rascher geworden und der Dialog ein bißchen gewandter. Man trinkt mehr Daiquiris und Stingers und weniger guten alten Port; es gibt mehr Kleider aus ›Vogue‹ und Kulissen aus ›House Beautiful‹, mehr Chic, aber nicht mehr Wahrheit«.

Die Wahrheit aber ist, daß das Verbrechen, das die soziale Ordnung und die Sicherheit eines jeden einzelnen bedroht, nicht der Habsuchtsmord ist, den der lebenslustige Neffe an der millionenschweren Erbtante begeht, deren natürliches Ableben er nicht erwarten kann, oder die Eifersuchtstat des betrogenen Ehemannes an seiner Frau und ihrem Liebhaber. Es ist die Korruption, die das öffentliche Leben durchwuchert wie Krebs, die Ausbeutung der vielen Machtlosen durch die wenigen, welche die wirtschaftliche und politische Macht besitzen – und die, wo der Luxus nicht mehr redlich zu verdienen ist, zu allerlei kriminellen Machenschaften greifen, um ihn dennoch und in verstärktem Maße erwerben und genießen zu können. Es sind die Verbrechen, die Menschen begehen, die sich als Ehrenmänner – wo nicht gar öffentliche Wohltäter – getarnt haben, und ihnen die Maske herunterzureißen, sind nicht erst die »hartgesottenen« Amerikaner aufgebrochen; schon Conan Doyles Sherlock Holmes kämpft gegen den unangreifbaren Superverbrecher Professor Moriarty (und dem Opfer von kriminellen Machenschaften, die von der staatlichen Obrigkeit ausgehen, gilt – wie die Ereignisse von *A Study in Scarlet* zeigen – zumindest sein Mitgefühl). Insofern ist es gar nicht so unerhört, wenn Chandler den Kosmos des realistischen Kriminalromans folgendermaßen schildert: »Der Realist der Mord-Geschichte beschreibt eine Welt, in der Gangster ganze Nationen regieren können und Städte sogar manchmal regieren, in der Hotels, Apartmenthäuser und berühmte Restaurants sich im Besitz von Männern befinden, die ihr Geld mit Bordellen gemacht haben, in der ein Filmstar Zuträger einer Bande sein kann und der nette Mann von gegenüber Boss eines Glücksspielsyndikats ist; eine Welt, in der ein Richter, der den ganzen Keller voll von geschmuggeltem Alkohol hat, einen Menschen ins Gefängnis schicken kann, weil er vielleicht einen Flachmann in der Tasche hatte, in der sich vielleicht der Bürgermeister Ihrer eigenen Heimatstadt längst mit dem Mord als einer regulären Methode, zu Geld zu kommen, abgefunden hat, in der kein Mensch mehr sicher durch eine dunkle Straße gehen kann, weil Recht ein Ding ist, das wir zwar dauernd im Munde führen, aber in die Praxis nicht einführen wollen; eine Welt, in der Sie Zeuge eines Überfalls bei hellichtem Tag werden und sehen können, wer es war, sich aber lieber sofort in der Menge verdrücken, als daß Sie irgendwem etwas davon erzählten, weil die Verbrecher vielleicht Freunde mit langen Pistolen haben oder weil ihre Zeugenaussage der Polizei vielleicht gar nicht gefällt und weil in jedem Fall der Winkeladvokat von Verteidiger die Möglichkeit hat, Sie in einer öffentlichen Gerichtsverhandlung zu beschimpfen und fertigzumachen, vor einer Jury von ausgesuchten Schwachköpfen, und ohne daß der parteiische Richter anders als nur gelegentlich und obenhin in die Sache eingreift«.[7]

Natürlich entspricht eine solche Welt nicht den klassischen Spielregeln, die sich der Kriminalroman vor Hammett und Chandler selbst gegeben zu haben schien. Für Alewyn ist es selbstverständlich und eine der Grundregeln des Detektivromans, »daß seine Personen stets einem geschlossenen Kreis angehören. Sie sind Teilnehmer einer Party, Passagiere eines Schiffs, Honoratioren einer Kleinstadt, Bewohner eines Dorfs, Mitglieder einer Sekte, Angestellte einer Firma, das Lehrerkollegium eines Colleges, Angehörige eines Haushalts – Menschen, die sich in der Regel lange und gut zu kennen glauben und alle am gleichen Ort versammelt sind«[2]. Der Amerikaner S. S. van Dine alias Willard Huntington Wright fordert in seinen ›Zwanzig Regeln für das Schreiben von Detektivromanen‹ sogar kategorisch: »Geheimbünde, Camorras, Mafias usw. haben keinen Platz in einer Detektivgeschichte. Ein faszinierender und wahrhaftig schöner Mord wird durch solch kumulative Verantwortung unwiderruflich verdorben. Sicherlich sollte dem Mörder in einem Detektivroman eine echte Chance gegeben werden; aber es geht zu weit, ihm den Rückhalt einer Geheimgesellschaft zu verschaffen. Kein erstklassiger Mörder mit Selbstachtung würde solche Bedingungen wünschen«.[8]

Da spukt natürlich des Engländers Thomas de Quincey Vorstellung aus dem 19. Jahrhundert vom »Mord, als schöne Kunst betrachtet« herum, allerdings unter Mißachtung der Tatsache, daß de Quinceys berühmter Aufsatz eine Satire ist. Den Landsmann Chandler trifft van Dines Zynismus ohnehin nicht. Für Chandler ist es »nicht gerade komisch, wenn ein Mensch getötet wird, aber es ist manchmal urkomisch, um wie geringer Dinge willen er getötet wird und daß sein Tod die Scheidemünze dessen ist, was wir Zivilisation nennen«[7]. Eine vergleichbare Ansicht hatten wir schon einmal: bei G. K. Chesterton, der mit Father Brown, einem katholischen Geistlichen, einen der ungewöhnlichsten Detektive schuf. Aber da hatte die Ansicht vom Kriminalroman als Literatur der neuzeitlichen Zivilisation noch einen unbestreitbar optimistischen Unterton, von dem bei Chandler und seinem Vorbild und Vorläufer Hammett keine Rede mehr sein kann.

1 *Armin Arnold/Josef Schmidt:* Reclams Kriminalromanführer. Stuttgart 1978, S. 43.
2 *Richard Alewyn:* Anatomie des Detektivromans, in *J. Vogt*: Der Kriminalroman, München 1971, S. 372ff.
3 *Ernst Bloch:* Philosophische Ansicht des Detektivromans, in *J. Vogt*: Der Kriminalroman, S. 322ff.
4 *Gilbert Keith Chesterton:* Verteidigung von Detektivgeschichten, in *J. Vogt*: Der Kriminalroman, S. 95ff.
5 *Bertolt Brecht:* Über die Popularität des Kriminalromans, in *J. Vogt*: Der Kriminalroman, S. 315ff.
6 *Helmut Heißenbüttel:* Spielregeln des Kriminalromans, in *J. Vogt*: Der Kriminalroman, S. 356ff.
7 *Raymond Chandler:* Die simple Kunst des Mordes, Zürich 1975, S. 318ff.
8 *S. S. van Dine:* Zwanzig Regeln für das Schreiben von Detektivgeschichten, in *J. Vogt*: Der Kriminalroman, S. 143ff.

Meistens Mord
oder:
Wovon Kriminalromane handeln

Für Ernst Bloch hat der Kriminalroman nur eine Voraussetzung – und die ist vage: »Etwas ist nicht geheuer, damit fängt das an«.[1] Aber für praktisch alle anderen Experten ist dieses nicht Geheure, Ungeheuerliche immer dasselbe: eine Leiche, ein Mord. Brecht redet gar nicht ausdrücklich darüber; er setzt bei seinen theoretischen Überlegungen zur Popularität der Gattung einfach voraus, daß ein Mord stattgefunden hat, der die Handlung auslöst. Helmut Heißenbüttel dagegen weiß nach der Lektüre von einigen hundert Kriminalromanen: »Der Kriminalroman ist nicht eine Erzählung, die von verbrecherischen Taten schlechthin berichtet. Die wenigen Beispiele, die von Diebstählen, Schmuggeleien, Hochstapeleien oder ähnlichem erzählen, sind beiläufig«.[2] Und er fährt fort: »Der Ermordete, der entweder vor Beginn der Erzählung oder auf den ersten Seiten sein Ende findet, bringt alles in Gang. Die Leiche ist gleichsam der Hebel, der der Story den Anstoß liefert«. Auch für den Germanisten Alewyn ist die Sache klar: Der Detektivroman hat »immer – noch viel ausschließlicher als der Kriminalroman – mit Mord zu tun«[3]. Und der Regelverfasser van Dine weiß sogar einen Grund dafür anzuführen, weshalb ein Kriminalroman ohne Mord nicht auskommt. Regel Nr. 7 der van Dineschen ›Zwanzig Regeln für das Schreiben von Detektivgeschichten‹ lautet: »Im Detektivroman *muß* es einfach eine Leiche geben, und je toter sie ist, desto besser. Ein kleineres Verbrechen als

Mord reicht einfach nicht aus. Dreihundert Seiten sind zuviel Aufhebens für etwas Geringeres. Schließlich müssen des Lesers Mühe und Energieaufwand belohnt werden«.[4]

Das leuchtet ein, und die meisten Autoren halten sich an diese blutige Regel. Wenn eines Tages – und dieser Tag wird gewiß nicht mehr lange auf sich warten lassen – ein Doktorant oder sonstiger Wißbegieriger die Spezifika eines repräsentativen Querschnitts von Kriminal- und vor allem von Detektivromanen in einen Computer eingibt, wird sich vermutlich herausstellen, daß um die 90 Prozent aller Detektivgeschichten einen Mord zum Auslöser haben oder aber auf einen Mord hinauslaufen; möglicherweise wird der Mord – wie in vielen Kriminalromanen von Ross Macdonald – auch in einer historischen Schicht aufgestöbert, über die zu Beginn der Geschichte viel Gras gewachsen ist, weil das Verbrechen in einer früheren Generation, jedenfalls vor Jahrzehnten schon, geschah.

Mord also muß sein – ist es da sinnlos, vielleicht sogar naiv, an dieser Stelle schon nach dem Motiv zu fragen? Schließlich gibt es Mordmotive offensichtlich wie Sand am Meer, und die Wirklichkeit liefert täglich ein paar neue, bis hin zu jenem Mörder, der Menschen erschoß, um sich in den Besitz ihres Autos zu bringen, das er dann wieder für einen Banküberfall benutzte, bei dem er als Einschüchterungsmittel keine Schußwaffe, sondern einen schweren Hammer benutzte.

Immerhin: Sinnlose Morde kommen in der Kriminalliteratur, die ja darauf aus ist, eine logische Kette vom Opfer zum Täter herzustellen, kaum vor, und selbst sexuelle Morde sind vergleichsweise selten; sie sind, da die Verknüpfung von Opfer und Täter zwar persönlich, aber meistens zufallsbedingt ist, durch analytische Logik nicht aufzuklären und gehören deshalb zu den Gattungs-Tabus (wobei Ausnahmen allenfalls die Regel bestätigen).

Doch im Grunde läßt sich die Masse der Motive auf zwei Grundmotive zurückführen. Gemordet wird entweder aus Liebe (wozu natürlich vor allem enttäuschte Liebe und Eifersucht zählen) oder aus Habgier; Sex und Geld sind nicht nur die Antriebskräfte des Lebens generell, sie sind auch die Antriebskräfte einer jeden Krimi-Handlung. Vermutlich überwiegt von den beiden Antrieben der finanzielle den erotischen quantitativ bei weitem; mit Geld schließlich kann man in einer materialistischen Welt alles kaufen, auch Erotik, zuweilen sogar Liebe. Dennoch ist der Anteil der – enttäuschten – Liebe an den Mordmotiven des Kriminalromans nicht eben klein; daß die (der) Geliebte, wenn man ihn (sie) denn schon selbst nicht haben kann, auch dem Rivalen nicht gegönnt wird, ist eine Binsenweisheit. Am explosivsten wird die Krimi-Atmosphäre immer dann, wenn erotische und finanzielle Motive sich hoffnungslos mischen; Geld macht einerseits sinnlich, andererseits beseitigt es Hemmungen.

Aber selbst wenn wir den Anteil der Mordfälle an den Initialzündungen von Kriminalromanen mit 90 Prozent bewußt hoch ansetzen, bleibt ein Anteil, der – als Ausnahme von der Regel – unsere Aufmerksamkeit erfordert. Was sind das für andere Verbrechen, die als groß, erheblich, ungeheuerlich genug angesehen werden, daß sie des Schreibe- und Leseaufwands wert erscheinen?

Heißenbüttels Hochstapeleien darf man getrost vergessen; sie sind nun wirklich unerheblich, außer in leichten Gaunerkomödien. Auch Schmuggel ist untypisch – sofern es sich um die goldene Rolex am Handgelenk (oder auch eine Handvoll von ihnen) handelt; selbst Diamantenschmuggel ist als solcher ziemlich uninteressant und wird im allgemeinen erst zu einem Thema, wenn er mit dem Diebstahl von Steinen in Millionenwert gekoppelt ist. Grundsätzlich wird der Schmuggel erst da interessant, wo er durch die Art des Geschmuggelten eine außerordentliche soziale Schädlichkeit entwickelt oder aber Auslöser ist für schwerste soziale Konflikte. Ein historisches Beispiel gibt die Zeit des Alkoholverbots im Amerika der zwanziger Jahre, ein aktuelles der internationale Rauschgiftschmuggel der Gegenwart. Das eine wie das andere haben ihre spezielle Unterabteilung in der Kriminalliteratur erhalten. Das ist wenig verwunderlich angesichts der Dimensionen, die der kriminelle Kampf um den Alkoholmarkt, verbunden mit öffentlicher Korruption, seinerzeit zum Beispiel in Chicago angenommen hat; und der ungeheuerlichen Menschenverachtung und Menschenvernichtung, die mit den riesigen Geschäften des internationalen Rauschgiftschmuggels heutzutage einhergehen. In beiden Fällen wird der Mord eher zur Nebensache; was ist – ganz ohne Zynismus – ein toter Zöllner, Schmuggler, Rauschgiftpolizist gegen die vielen namenlosen Opfer, die der tödliche Stoff fordert, wenn er sein Ziel erreicht und der Schmuggel im großen Rahmen nicht unterbunden wird?

Auch beim Diebstahl als Krimithema ist ein gewisser Mindestumfang der angestrebten Beute die Grundvoraussetzung. Zwar hat der Däne Poul Ørum einen Kriminalroman (›Am kritischen Punkt‹) geschrieben, in dessen Zentrum vergleichsweise kleine Ladendiebstähle stehen. Aber das kann allenfalls als die Ausnahme von der Ausnahme durchgehen, als Beleg dafür, daß grundsätzlich natürlich jedes Thema für einen Kriminalroman in Frage kommt, im Zweifel sogar die Frage nach dem

›Lösegeld für einen Hund‹, wie Patricia Highsmith mit ihrem gleichnamigen Roman bewiesen hat.

Doch normalerweise handelt es sich da, wo der Diebstahl zum zentralen Krimithema wird, entweder um den Diebstahl besonders prestigeträchtiger Objekte – einer legendären Krone, eines berühmten Diamanten, eines Kunstwerks von unschätzbarem Wert – oder aber um besonders komplizierte und raffinierte Einbruchsmethoden; für gewöhnlich fällt beides zusammen. Geschildert werden Bankeinbrüche oder Einbrüche in sehr exponierte Kunstausstellungen, die durchweg auf das ingeniöseste gesichert sind. Natürlich verweilt die Darstellung in solchen Fällen besonders intensiv bei den Tätern – und fast immer tut sie das mit Sympathie. Schließlich richtet der Dieb (und besonders ein Dieb, der nichts anderes stiehlt als den Diamanten des unendlich reichen Maharadschas oder den Stolz eines Museums), sofern er ohne Gewalt vorgeht, einen vergleichsweise geringen Schaden an, und überdies kann man ihm einen gewissen Kunstverstand und große handwerklich-technische Fähigkeiten nicht absprechen; so ist mindestens beim Leser grundsätzlich eine leichte Enttäuschung vorhanden, wenn ein solcher Edel-Verbrecher am Ende um den Lohn seiner Mühen betrogen wird (wie das, leider, in den meisten Diebstahlkrimis letztendlich der Fall ist, da die Autoren glauben, sich nach dem Leitsatz richten zu müssen, wonach Verbrechen sich nicht auszahle).

Das wichtigste aller Kapitalverbrechen neben dem Mord fehlt in Heißenbüttels Aufzählung, vermutlich, weil es erst in jüngster Zeit in den Blickpunkt des Interesses gerückt ist. Es handelt sich um Menschenraub, um Kidnapping, das ja nicht nur zu politischen Zwecken benutzt wird, zur Erpressung irgendwelcher Zugeständnisse, sondern auch zu simplem kriminellem Gelderwerb. Zu Recht steht die Strafbarkeit dieses Verbrechens in praktisch allen zivilisierten Ländern auf einer Ebene mit der Strafbarkeit des Mordes. Die moralische Verwerflichkeit des Menschenraubs wird eher noch höher eingeschätzt, weil die Handhabung dieses Verbrechens eine eindeutig sadistische Ader der ausführenden Verbrecher voraussetzt: Seine Erfolgschancen steigen in dem Maße, in dem er die Angst der Erpreßten, meist Angehörige des direkten Kidnapping-Opfers, um Leben und Unversehrtheit des Entführten brutal ausnutzt. Da dieses Verbrechen in den letzten Jahren spürbar zugenommen hat (oder wenigstens doch der Öffentlichkeit bewußter geworden ist als jemals zuvor), findet man es auch entsprechend häufiger im neueren Kriminalroman. Für den Autor freilich bietet es weniger Möglichkeiten als der klassische Mordfall. Die Spannung entsteht vordringlich durch die

Frage, ob das Opfer seinen Peinigern ohne größere physische und psychische Schäden entkommt (und erst in zweiter Linie durch die Frage nach der Entlarvung und Ergreifung des Täters) – und mehr als zwei Möglichkeiten gibt es nicht: Entweder die Befreiung des Opfers gelingt, oder sie gelingt nicht. Naturgemäß kommt die zweite Möglichkeit relativ selten vor. Da das Krimigenre grundsätzlich darauf angelegt ist, daß sich am Ende einer Handlung die Spannung positiv auflöst, eine Art Happyend erreicht wird, darf ein Kidnappingfall im Grunde nicht negativ enden, eine Gattungsregel, welche die Ungewißheit über den letztlichen Ausgang des Falles in vergleichsweise engen Grenzen hält. Dennoch ist erstaunlich, was phantasievolle Autoren gerade auf dem Gebiet des Kidnapping-Krimis in den letzten Jahren erreicht haben – von Donald E. Westlakes *Jimmy the Kid*, in dem das minderjährige Entführungsopfer nicht nur die Gangster, sondern auch die eigenen ungeliebten Verwandten übertölpelt und mit dem erpreßten Geld seine eigene Existenz aufbaut, bis zu Dick Francis' ›Die Gefahr‹, der neben außerordentlicher Spannung vor allem ungeheure Sympathie für die Opfer und starken Widerwillen gegen die Täter erzeugt, die ihre Opfer notwendigerweise einer seelischen Folter unterziehen, von der sich der Unbeteiligte nur schwer eine Vorstellung machen kann.

Tatsächlich ist das Kidnapping-Opfer (und generell das Opfer einer Erpressung) das einzige Opfer, mit dem sich der Leser eines Kriminalromans ohne Schwierigkeiten identifizieren kann. Da das normale Opfer eines Kriminalromans ein Toter ist und da dieses Opfer in der überwiegenden Mehrzahl der Fälle bereits tot ist, wenn die Handlung anhebt, ist die Identifikation mit ihm für den Leser so gut wie ausgeschlossen. Die Leiche ist im Kriminalroman, wie wir in früheren Abschnitten gesehen haben, nicht mehr als der Hebel, mit dessen Hilfe die Handlung vom Fleck bewegt wird, und entsprechend wird sie behandelt. Wer sollte sich mit einem Hebel schon identifizieren wollen?

Im Grunde gibt es nur eine Ausnahme – und das ist der Fall, in dem der Autor den Leser wissen läßt, daß der Ermordete sein Schicksal mehr als verdient hat; ein Fall also, in dem der Täter entweder in Notwehr oder in Notwehrexzeß handelte, nicht mehr ein noch aus wußte, vom vorangegangenen kriminellen Verhalten des Opfers in seiner ganzen menschlichen Existenz und psychischen Substanz so angegriffen war, daß das Verlangen nach Abrechnung oder Rache mindestens verständlich erscheint. Das Verfahren ist fast so alt wie die ganze Gattung; gleich bei Conan Doyle beherrscht es einige der wenigen Sherlock-Holmes-Romane, den ersten, *A Study in Scarlet*, wie den letzten, *The Valley of Fear*.

In der letzten Konsequenz vermag die Umwälzung der Schuld vom Täter auf das Opfer zum merkwürdigsten aller Lösungsversuche eines Kriminalromans führen: zur Erklärung einer sonst unerklärbaren Tat als – moralisch berechtigten – Gruppenmord an einem Menschen, der zuvor zahllose Menschen zugrunde gerichtet hat, ohne daß staatliche Justiz ihn zur Verantwortung ziehen konnte. In diesem Fall – von Agatha Christie zum Beispiel in ›Mord im Orientexpreß‹ beschrieben – werden, wie Helmut Heißenbüttel erkannt hat, »Leiche und Täter identisch. Denn die Gruppe ist, im Gegensatz zur realen Rechtsprechung, niemals fähig, schuldig zu werden. Die Schuld fällt dann rein auf die Leiche zurück«[2].

Auch ohne eine solche extreme und immer auch äußerst fragwürdige Verknüpfung von Leiche und Mörder besteht im Kriminalroman eine sehr direkte, unmittelbare Beziehung zwischen Täter und Opfer. Im täglichen Leben mag es vorkommen, daß ein Amokläufer Menschen umbringt, die er nie zuvor gesehen hat, ein Sexualverbrecher eine Frau ermordet, die zufällig des Weges kommt. Im Kriminalroman ist das aus einsehbaren Gründen kaum möglich. Wo kein erkennbares Motiv und im Grunde auch kein Indiz ist, hat der Detektiv mit der Möglichkeit einer logischen Lösung auch jedes Recht verloren. In sehr, sehr seltenen Fällen zwar können die Beziehungen zwischen Täter und Opfer erst um viele Ecken herum erklärt werden. Doch vorhanden sind sie. Nach dem dritten Sexualmord findet der Detektiv heraus, daß alle Ermordeten, ansonsten sehr unterschiedliche Frauen, in vergleichbaren gesellschaftlichen Umständen lebten und diese Lebensumstände wiederum denen einer vierten Person ähneln, die mit einem der Verdächtigen Kontakt hat; so kommt er dem Täter auf die Spur. Oder er stellt – unwahrscheinlich genug, aber gelesen habe ich es irgendwo – fest, daß alle Mordopfer dieselben Initialen tragen, der Mörder also offenbar ein ganz bestimmtes Opfer im Visier hat, sein Motiv aber durch die zusätzlichen Morde verschleiert.

Doch grundsätzlich gilt für den Kriminalroman, was wir schon im vorigen Kapitel formuliert haben: daß der Täter aus einer kleinen, überschaubaren Gruppe kommen muß, die dem Leser hübsch übersichtlich präsentiert wird. S. S. van Dine sagt es so: »Der Täter« – Regel 10 – »muß eine Person sein, die in der Geschichte eine mehr oder weniger bedeutende Rolle gespielt hat – eine Person also, die dem Leser vertraut ist und für die er sich interessiert«.[4] Und unzweifelhaft hat Alewyn recht mit seiner These: »Gewiß ist nur einer schuldig, aber bis dieser ermittelt ist, lautet das Prinzip: Jeder ist verdächtig... Gilt für das Gericht das

Prinzip: Jedermann ist für unschuldig anzusehen, solange nicht seine Schuld erwiesen worden ist, so gilt für die Ermittlung das Umgekehrte: Jedermann ist verdächtig, solange nicht seine Unschuld nachgewiesen ist, oder wie Simenons Maigret es cartesianisch formuliert: ›Wir haben die Pflicht, an allem zu zweifeln.‹ Aber das Bedenkliche ist, daß die Personen des Romans das gleiche denken. Zwar ist es jedem von ihnen gleich wenig zuzutrauen, aber da es trotzdem einer gewesen sein muß, ist es auch jedem gleich viel zuzutrauen«.[3]

In dieses Dunkel des Mißtrauens und der Unaufgeklärtheit bringt einer Licht: der Detektiv. Aber das ist nun wirklich ein Kapitel für sich.

[1] *Ernst Bloch:* Philosophische Ansicht des Detektivromans, in *J. Vogt*: Der Kriminalroman, München 1971, S. 322ff.
[2] *Helmut Heißenbüttel:* Spielregeln des Kriminalromans. In *J. Vogt*: Der Kriminalroman, München 1971, S. 356ff.
[3] *Richard Alewyn:* Anatomie des Detektivromans, in *J. Vogt*: Der Kriminalroman, S. 372ff.
[4] *S. S. van Dine:* Zwanzig Regeln für das Schreiben von Detektivgeschichten, in *J. Vogt*: Der Kriminalroman, S. 142ff.

Ein »bürgerlich getarnter Erzengel« oder einfach ein Held:

Ansichten über den Detektiv

Im Grunde, schmeicheln nicht wenige Theoretiker dem Lesepublikum, sei es ja der intelligente, mitdenkende Leser, der im Kriminalroman die Fragen stelle. Aber natürlich gibt es da ein Problem (wenn auch nur ein ganz kleines): Der Leser ist nun einmal in die Kriminalhandlung nicht involviert; er bleibt außen vor, und kann seine Fragen zwar sich selbst, nicht aber den Verdächtigen, den Zeugen oder den sonstwie an einer Krimihandlung Beteiligten stellen. Auch Laboruntersuchungen einzuleiten und auszuwerten, Alibis zu überprüfen oder Fingerabdrücke zu vergleichen ist ihm schlechterdings unmöglich. Und weil das so ist, meint Richard Alewyn, »braucht der Leser einen Vertreter innerhalb der Erzählung«[1]. Im Detektivroman sei diese Aufgabe »einer Person übertragen, die keine andere Funktion hat: dem Detektiv«. Das Wort leitet sich vom Lateinischen her, von dem Verbum »detegere«, für das Stowassers lateinisches Wörterbuch im Deutschen zunächst die Bedeutung »abdekken«, dann aber auch »aufdecken, enthüllen, entblößen« angibt, schließlich, metaphysisch, »aufdecken, offenbaren, verraten« – und zwar »culpam« (eine Schuld) oder »insidias« (Nachstellungen); der Detektiv hat also schon von der etymologischen Bedeutung seiner Berufsbezeichnung her jene beiden Funktionen, die ihm die Geschichte der Kriminalliteratur dann tatsächlich herausgebildet hat: das Aufdeckende und das Schützende.

Der Detektiv ist also, nach Alewyn, »der Sachwalter des fragenden Lesers innerhalb der Erzählung. Er gehört daher so wenig wie der Leser dem Personenkreis an, in dem das Verbrechen geschehen ist. Er tritt vielmehr von außen herein, sei es, daß er sich rein zufällig am Tatort befindet, sei es, daß er nach der Tat zu Hilfe gerufen worden ist. Er ist – wie der Leser – mit keiner der wichtigeren Personen bekannt, insbesondere nicht mit dem Opfer oder dem Täter. Während jede der anderen Personen zwar gewiß nicht alles, aber doch irgend etwas weiß, was zur Aufklärung beiträgt, ist er der einzige, der – wie der Leser – am Anfang nichts weiß, am Ende allerdings auch der erste, der mehr weiß als alle anderen, ausgenommen den Täter«.

Das klingt plausibel und trifft auch für die meisten Kriminal- (oder Detektiv-)Romane zu. Aber so ganz hält sich die Praxis natürlich nicht an solche theoretisierenden Vorschriften. Die Ergebnisse müssen bei solchen Regelverstößen nicht unbedingt schlechter sein, im Gegenteil; die Kriminalromane des Briten Dick Francis zum Beispiel, die ihre Detektive grundsätzlich unter den von einem Verbrechen Betroffenen finden, gehören zu den absoluten Meisterleistungen der jüngeren Kriminalliteratur.

Richard Alewyns Definition des Detektivs ist vergleichsweise profan: Er ist der Mann, der – als Stellvertreter des Lesers – die Fragen stellt und durch beharrliches Fragen und logisches Denken Licht in das Dunkel bringt, das der Mord (wenn wir ihn denn cum grano salis als auslösendes Moment des Kriminalromans gelten lassen wollen) gebracht hat. Nicht wenige Philosophen des Kriminalromans freilich schreiben dem Detektiv wesentlich höhere Positionen zu. Für Siegfried Kracauer macht der »Anspruch der ratio auf Autonomie« den Detektiv »zum Widerspiel Gottes selber. Das Immanente, das die Transzendenz verleugnet, setzt sich an ihre Stelle, und es ist nur der ästhetische Ausdruck solcher Verzerrung, wenn dem Detektiv der Schein der Allwissenheit und Allgegenwärtigkeit verliehen wird, wenn er als Vorsehung Begebenheiten zu löblichem Ende verhindern oder herbeiführen darf. Er ist aber nicht im antikischen Sinn Gott kraft der Vollkommenheit seiner Gestalt oder der unableitbaren Macht seines Wesens, sondern dies: daß er das Gestaltete enträtselt, ohne es gefaßt zu haben, und alle Wesenszüge durch intellektuelle Ableitung bezwingt, stempelt ihn zum Lenker hier«.[2] Es ist dies freilich keine absolute, sondern eine relative Gott-Ähnlichkeit: »Dieser Detektiv-Gott ist ein Gott in einer Welt nur, die Gott verlassen hat und darum nicht eigentlich ist, er beherrscht das Wesenlose und waltet über Funktionen, denen es an Trägern gebricht. In der Wirklichkeit hätte die Gottspielerei ihr Ende, die ratio verlöre in ihr die Scheinmacht, die Diebstahl ist, und der Detektiv erwiese sich als degenerierter Nachkömmling des Laplaceschen Geistes, doch gewiß nicht als Göttersohn«.

Die ganze scheinbare Apotheose, die in dieser Definition des Detektivs zu stecken scheint und die in dem Satz gipfelt »Indessen, Gott zu sein, ist auch nicht sein Hauptberuf«, ist von Kracauer durchaus kritisch gemeint. »Ist der Detektiv in der durchrationalisierten Gesellschaft der Repräsentant des absoluten Prinzips, so ist er zugleich die einzig mögliche Entsprechung jener Gestalten, die an der Grenze des Gesetzes oder jenseits seiner Grenze die Beziehung zum Absoluten erwirken; da er das entstellte Unbedingte personifiziert, muß er die Personen entstellen, die zum Unbedingten sich verhalten. Ein säkularisierter Priester, nimmt er Verbrechern die Beichte ab, um die niemand sonst erfährt – es sei denn der Biograph seiner Taten –, wird zum Mitwisser von Geheimnissen, die er zu wahren versteht, ohne daß sie sich in ihm bewahrten. Nicht etwa im Dienst der Gerechtigkeit oder als Mittler, der Absolution erteilt, empfängt er das Anvertraute; zur Selbstglorifizierung der ratio vielmehr, die das Opfer an sich reißt, das sie nicht weiterzugeben vermag. Ihr zum Ruhme zelebriert er im Hotelvestibül seine Messen, die gespenstischer sind als die schwarzen, weil sie der Verehrung des Indifferenten gelten, dem es selbst der Positivität des Teufels gebricht.«

Und als ob das der Vorwürfe noch nicht genug sei: »Damit das ihm verschwundene Magische noch auffindbar sei, teilt der Detektiv-Roman die Rolle des Scheines ihm zu. Als Wundermann in hoher spitzer Mütze und einem Sternenmantel: so läßt man den Detektiv auf die Menge wirken, und er selbst spielt wohl als Runenwisser sich auf. Das Magische wird hier zum Scherz entwertet, zur Lehre des Vorhofes, die dem äußeren Kreis genügen mag, während der innere durch den zerrissenen Zauberschleier in die Mysterien der ratio dringt«.

Das sind große Worte, die uns gebührend verwirren. Aber wir fragen uns doch, ob wir sie für uns und unseren Untersuchungsgegenstand wirklich akzeptieren sollen. Der Kriminalroman nämlich hat sich im 20. Jahrhundert rapide weiterentwickelt und mit ihm natürlich auch seine Figuren, speziell die Detektive. Nicht wenige Analysen aber, selbst wenn sie aus der Zeit nach dem Zweiten Weltkrieg stammen, scheinen sich auf Materialien zu stützen, die über den Beginn des 20. Jahrhunderts kaum hinausreichen. So mag Kracauers Analyse für gewisse frühe Detektive, für Sherlock Holmes über Father Brown bis zu Agatha Christies Hercule Poirot, den mit den »kleinen grauen Zellen«, durchaus zutreffen. Die Detektive bei Hammett und Chandler, Ross Macdonald oder Simenon, den Sjöwall/Wahlöös oder van de Wetering – für uns erst die eigentliche Ausprägung des Detektivs – werden von Kracauers Analyse kaum berührt, geschweige denn getroffen.

Zitieren wir als Kronzeugen Helmut Heißenbüttel, der seine frühere Auffassung, daß der Detektiv »als eine theologische Figur, als eine Art bürgerlich getarnten Erzengels« zu interpretieren sei, mit den Jahren revidierte: »Heute meine ich, daß eine solche Interpretation das Problem zu sehr vereinfacht. Gewiß hat der Detektiv etwas von einem solchen ›Abgesandten‹, gewiß ist der Detektivroman eher im Erzählraum einer säkularisierten Legenden- und Allegorienliteratur angesiedelt als in der Nachbarschaft des realistischen, psychologischen oder nachrealistischen Romans. Dennoch läßt sich die Rekonstruktion der Spur im Tatort nicht als ein Akt theologischer Einsicht deuten«.[3]

Vielleicht sollten wir es überhaupt genug sein lassen der philosophischen Spekulationen über das tiefere Wesen des Detektivs und uns eher mit seinen konkreten Erscheinungsformen befassen. Grundsätzlich tritt der Detektiv in zwei Erscheinungsformen auf. Dem Typus, »der im rauhen bis rüden Einsatz so lange Gegner zusammendrischt (und natürlich zwischendurch auch selber zusammengedroschen wird), bis er heraushat, wer es gewesen ist«, steht der andere gegenüber, »der durch eine Mischung aus Faktenermittlung und kombinatorischer Rätselei das zunächst Verworrene und Undurchschaubare in plausible Zusammenhänge bringt und durchschaubar macht«[3]. Der eine ist der jüngere Bruder des anderen, der rauhe sozusagen der amerikanisch-moderne Abkömmling des dandyhaften älteren, der vor allem in England zu Hause war, wo er in Schlössern, Colleges und Pfarrhöfen residierte.

Den Kombinierer in Reinkultur gibt es in zwei Ausprägungen – und beide sind, gelinde gesagt, ein wenig merkwürdig: als männlichen Eierkopf und als schrullige Jungfer. Die Eierköpfe heißen Sherlock Holmes (Arthur Conan Doyle) oder Hercule Poirot (Agatha Christie), Lord Peter Wimsey (Dorothy Sayers) oder Dr. Gideon Fell (John Dickson Carr), Father Brown (Gilbert Keith Chesterton) oder Gervase Fen

(Edmund Crispin), die alten Jungfern Miß Marple (Christie) oder Miß Hildegarde Withers (Stuart Palmer), Nurse Sarah Keate (Mignon G. Eberhart) oder Nurse Hilda Adams (Mary Roberts Rinehart, die sich auf altjüngferliche Detektivinnen kapriziert). Die Herren dieser Spezies sind vornehmlich in England zu Hause, während die Damen mehrheitlich in den USA ansässig sind, vielleicht ein Hinweis darauf, daß die wirtschaftliche Macht in den USA sich vielfach in den Händen alter Damen akkumuliert hat. So gut wie nur in Amerika zu Hause ist die Spezies der vor allem prügelnden und schießenden Detektive, die – sofern sie in Reinkultur auftreten – sämtlich zu den Brechmitteln gerechnet werden müssen, allen voran faschistoide Typen wie Mike Hammer (Mickey Spillane) oder Danny Boyd (Carter Brown). Doch zum Glück sind die meisten Detektive weder reine Hirn- noch reine Faust-Typen, sondern eine mehr oder weniger wohlgelungene Mischung aus beidem.

So, wie die Verbrechensaufklärung in der staatlichen Praxis organisiert ist, liegt die Mordaufklärung überall, in den Vereinigten Staaten wie in der Bundesrepublik, in den Händen der Polizei. Dem hat der Kriminalroman im 20. Jahrhundert zunehmend Rechnung getragen. Einige der wichtigsten Detektive der Kriminalliteratur haben Beamtenstatus: Kommissare Maigret (Georges Simenon) und Van der Valk (Nicolas Freeling), auch exotische Außenseiter wie der indische Inspektor Ghote (H. R. F. Keating) oder der australische Napoleon Bonaparte, sprich: Bony (Arthur W. Upfield). Immer mehr auch sind ganze Polizeiteams bei der Arbeit: bei Ed McBain etwa (das »87. Polizeirevier« einer amerikanischen Millionenstadt, die New York täuschend ähnlich ist), bei den Schweden Maj Sjöwall und Per Wahlöö (die schwedische Reichsmordkommission mit dem Kommissar Martin Beck als wichtigstem Sympathieträger), bei Janwillem van de Wetering (dessen Amsterdamer Polizisten-Duo De Gier und Grijpstra freilich die Verkörperung eines modernen Polizeiteams allenfalls insofern darstellt, als daß die beiden sich menschlich vorzüglich ergänzen).

Doch – anders als im Fernsehen, wo die Polizeiserien wie Pilze aus dem Boden sprießen – bildet der Polizeidetektiv in der Kriminalliteratur lediglich die Ausnahme, welche die Regel bestätigt. Der gar nicht geheime Liebling der Gattung ist unzweifelhaft der Privatdetektiv, der in schätzungsweise 90 Prozent aller Kriminalromane und Detektivgeschichten das Fragen hat – ein etwas verwunderlicher Sachverhalt angesichts der Tatsache, daß das Image des Privatdetektivs als Beruf in der Realität nicht eben berauschend ist. Sogar die Autoren selbst geben das zu. »Der Privatdetektiv«, schreibt Raymond Chandler, »ist im wirklichen Leben entweder ein ehemaliger Polizist, der einen Haufen harter, praktischer Erfahrung hat und den Verstand einer Schildkröte, oder er ist ein schäbiger kleiner Mietling, der herumrennt und ausfindig zu machen versucht, wo irgendwelche Leute hingezogen sind«[4].

So freilich taucht der Privatdetektiv im Kriminalroman nur selten auf, am wenigsten in Chandlers eigenen Romanen. Auch wenn unser Kronzeuge Alewyn die Heldenrolle des Detektivs strikt verneint, so ist die Realität der Gattung doch eine andere. »Er ist der Held; er ist schlechthin alles«, sagt Chandler über seine eigene Detektivfigur mit Namen Philip Marlowe, und selbst Kollegen, die Chandlers Aussagen ansonsten nicht so ohne weiteres unterschreiben würden, haben sich bei der Gestaltung ihrer Detektive an dieses Maß gehalten und möglichst weiße Ritter der Neuzeit geschaffen, ehrenwerte Beschützer der Unschuld, Feinde des Bösen und Vorkämpfer für das Gute.

Die Geschichte der Gattung ist auch die Geschichte des Privatdetektivs. Wenn wir davon ausgehen, daß die Geschichte des Kriminalromans mit Edgar Allan Poes Erzählung ›Die Morde in der Rue Morgue‹ beginnt, ist gleich der erste aller literarischen Detektive ein Privatier. Wo die Polizei mit ihren Methoden versagt, löst Auguste Dupin mit seinem überlegenen Intellekt den berühmten Doppelmord, den kein Mensch, sondern ein wildgewordener Menschenaffe begangen hat.

Im Laufe der Zeit hat das Bild des Privatdetektivs in der Krimi-Literatur die unterschiedlichsten Ausprägungen erfahren. Die frühen Detektive, von der Mitte des 19. Jahrhunderts bis über die Jahrhundertwende hinaus, entsprachen eher dem Bild des Dandys, das in Arthur Conan Doyles Sherlock Holmes kulminierte.[5] Der (Privat-)Detektiv Holmes, der durchaus ein Gegenstück zum Privat-Gelehrten alter Schule ist, steht im Grunde außerhalb gesellschaftlicher Regeln. Er schnupft Kokain und injiziert sich Morphium, um die Langeweile des menschlichen Daseins besser zu ertragen, ist ein Virtuose auf der Violine und legt seinen Hochmut über die weniger klugen Durchschnittsmenschen selbst gegenüber seinem Assistenten und Chronisten Watson nie ganz ab. Für die Schmutzarbeit hat Holmes seine Leute, die ihm jenes Material sammeln, auf dem seine Arbeit aufbaut. Es ist nicht nur Denkarbeit, sondern die Laborarbeit eines – wenn auch unorthodoxen – Wissenschaftlers. Mikroskop und chemische Analyse sind Holmes wichtiger als die Erforschung menschlicher Motive. Mit Sherlock Holmes tritt der Detektiv ins wissenschaftliche Zeitalter ein; anhand ihrer Tatspuren, nicht anhand ihrer sozialen Zusammenhänge und psychologischen Hintergründe löst der Privatdetektiv Sherlock Holmes seine Fälle.

Vor allem im englischen Kriminalroman hat das Holmessche Vorbild des Dandy-Detektivs lange nachgewirkt. Wie Poes Dupin und Conan Doyles Holmes betreiben auch viele ihrer englischen Nachfolger das Aufklären von Verbrechen eher als Hobby denn als Arbeit (denn der feine Mann jener Zeit arbeitet nicht, jedenfalls nicht des Geldes wegen; er hat sein Kapitaleinkommen). Das gilt für Dorothy Sayers' Helden, Lord Peter Wimsey, ebenso wie für die Detektive der Agatha Christie, den kleinen, kahlköpfigen Belgier Hercule Poirot, der nichts als ein menschliches Gefäß für »kleine graue Gehirnzellen« ist, und die skurrile Miss Marple, die durch ihre unstillbare Neugier immer wieder in verzwickte Mordgeschichten hinein und durch brillante Kombinationen und raffinierte Hypothesen wieder herauskommt.

Erst in Amerika freilich wurde aus dem Detektiv als Privatier der Privatdetektiv im strengen Sinn: der Mann (inzwischen auch häufiger die Frau, siehe das Kapitel über »Marlowes Töchter«), der ausschließlich für die Verbrechensaufklärung da ist und aus dieser Tätigkeit auch seinen Lebensunterhalt bestreitet. Doch auch in der amerikanischen Detektivliteratur ist der »private eye« nicht nur jener kleine Mann im Trenchcoat, der herumgeht und Fragen stellt, zusammengeschlagen wird, zurückschlägt und nach langer, beschwerlicher Wanderschaft eine Lösung findet, mit der niemand so recht glücklich sein kann, er selbst am allerwenigsten. Das Bild des Dandy-Detektivs lebt auch in den Vereinigten Staaten von Nordamerika. Der dicke Nero Wolfe wäre hier in erster Linie zu nennen, ein Mann, dem das Aufklären von Verbrechen wenig mehr ist als eine unliebsame Unterbrechung seiner beiden Hobbys: der Orchideenzucht und der Kochkunst und Feinschmeckerei. Fürs Grobe hat Autor Rex Stout dem schwergewichtigen Wolfe eine Art Laufjungen an die Hand gegeben: Das Fußwerk erledigt Archie Goodwin, seines Zeichens Assistent und Sekretär – und wo Goodwins Kräfte allein nicht ausreichen, um Material zu beschaffen und Leute zu beschatten, müssen auch schon einmal angemietete Aushilfskräfte einspringen: Detektivpersonal, wie es heute auf den gelben Seiten eines jeden Großstadttelefonbuchs zwischen »Design« und »Devotionalien« zu finden ist.

Für Gotteslohn freilich oder zur Befriedigung des eigenen Ego, wie die frühen Dandy-Detektive, arbeitet Nero Wolfe keineswegs. Er ist sogar ziemlich teuer, muß teuer sein, um sein herrschaftliches Haus, sein Personal und seine teuren Hobbys bezahlen zu können. Allerdings bietet er für sein Honorar grundsätzlich den Gegenwert des Erfolgs (freilich: welcher literarische Detektiv täte das nicht?).

Ähnliches wie für Nero Wolfe gilt auch für Erle Stanley Gardners

Perry Mason, der sich allerdings ganz handgreiflich in seine Fälle einmischt, üblicherweise vor Gericht. Denn Perry Mason ist Anwalt; seine Spezialität ist das Lösen der schwierigsten Fälle während eines Plädoyers, jedenfalls während einer Gerichtsverhandlung, bei der er seine unschuldigen Klienten gegen den Vorwurf des Mordes verteidigt. Was für Nero Wolfe der gute Archie Goodwin, ist für Mason Della Street; der Sekretärin und rechten Hand des Detektiv-Anwalts geht in Fragen des detektivischen Tagesgeschäfts ein gewisser Paul Drake zur Hand, der in jenem Gebäude, in dem Perry Mason seine Anwaltspraxis hat, ein normales Detektivbüro betreibt.

Gardners Drake steht, sozial und beruflich, auf einer Stufe mit jenen Privatdetektiven, die – nicht zuletzt auf dem Umweg über Hollywoods Filme – das literarische Bild des Berufsstandes für Generationen geprägt haben: Chandlers Philip Marlowe, Dashiell Hammetts Sam Spade, Ross Macdonalds Lew Archer. Sie sind allesamt einsame Wölfe, ohne Kinder und unbeweibt – und an der kalifornischen Küste zu Hause. Schwer zu sagen, weshalb die wichtigsten Detektive der amerikanischen Kriminalliteratur, jedenfalls für lange Zeit, nicht in den Verbrechenszentren New York oder Chicago ihre billig möblierten Büros betreiben, an den Haustüren der Reichen und Armen klingeln und ihre Fragen stellen, als würfen sie Steine ins Wasser; die Druckwellen breiten sich in konzentrischen Kreisen aus und scheuchen Individuen auf, die sich vorher nicht gerührt hatten. Vielleicht liegt diese Vorliebe fürs sonnige Kalifornien einfach daran, daß die Autoren – die natürlich über das schrieben, was sich vor ihrer Haustür abspielte und was ihnen vertraut war – lieber in La Jolla oder Santa Barbara wohnten als in Brooklyn oder Cicero. Vielleicht aber erschien ihnen auch die kalifornische Gesellschaft bereits typischer für die amerikanische Realität als die Metropolen des Ostens; die Gegensätze zwischen Arm und Reich, aus der sich die kriminellen Spannungen wie von selbst ergaben, waren hier offensichtlich noch größer als anderswo in der amerikanischen Gesellschaft.

Erfunden – oder sagen wir vielleicht richtiger: literarisch durchgesetzt – hat den neuen Typ des Detektivs, dem schon bald das Etikett des »tough guy« und des »hard-boiled dick«, des hartgesottenen Burschen, angeheftet wurde, nicht Raymond Chandler, der sein größter Theoretiker wurde. Dieses Verdienst gebührt Dashiell Hammett, der in seinen jungen Jahren einige Zeit lang Detektiv bei der berühmten Firma Pinkerton war, bevor er in den zwanziger Jahren zu schreiben begann und die Gattung revolutionierte. Chandler hat Hammett, zu Recht, nachgerühmt, er habe »den Mord zu der Sorte Menschen zurückgebracht, die mit wirklichen Gründen morden, nicht nur um dem Autor eine Leiche zu liefern, und mit realistischen Gegenständen, nicht mit handgearbeiteten Duellpistolen, Curare und tropischen Fischen«[4]. Ein Detektiv, der unter solchen Menschen einen Mord aufklären wollte, konnte nicht leben, sprechen und sich bewegen wie Sherlock Holmes, Hercule Poirot oder Nero Wolfe; er mußte einer wie sie sein, wie sie denken und ihre Sprache sprechen (oder wenigstens doch verstehen).

Doch etwas unterscheidet den Detektiv Sam Spade, der nur in drei Kriminalerzählungen und einem der fünf Romane Hammetts, dem »Malteser Falken«, auftritt und doch Krimi-Geschichte machte, von seiner durch und durch korrupten Umgebung: seine absolute Ehrlichkeit. Spade ist – wie Marlowe, Archer und andere Privatdetektive, die im Laufe der Zeit in seine berühmten Fußstapfen treten – nicht korrupt und nicht korrumpierbar, nicht einmal durch Liebe oder Erotik. Vor die Frage gestellt, ob sie arm, allein und ehrlich weiterleben oder aber eine schöne Frau und einen Sack voll Dollar um den Preis eines schlechten Gewissens erringen wollen (und diese Frage stellt sich den Detektiven Hammetts, Chandlers und Macdonalds immer wieder), entscheiden sie sich ohne langes Zögern gegen die Dollar, gegen die verführerische, aber falsche Beziehung, und für ihr gutes Gewissen. Vielleicht liegt es daran, daß sie alle wissen, was Macdonald zu einem Krimititel gemacht hat: »Geld kostet zuviel«.

Dieses »gute Gewissen« freilich ist kein soziales Gewissen. Marlowe, schreibt Chandler in einem Brief aus dem Jahre 1945, »hat so viel soziales Gewissen wie ein Droschkengaul. Er hat ein persönliches Gewissen, was eine ganz andere Sache ist«. Und drei Sätze weiter ist über des Detektivs politische Ansichten zu lesen: »Marlowe interessiert sich einen Dreck dafür, wer Präsident ist; ich ebenso, weil ich weiß, es wird ein Politiker sein«.[6]

Der Detektiv der Hammett, Chandler, Macdonald und ihrer Nachfolger ist etwas wie ein bewußter Gegenentwurf, der ironischerweise seine Geburtsstätte in einem Groschenheft hatte: dem Magazin »Black Mask«. »Daraus«, notiert Ross Macdonald, »ging eine neue Art von Detektivheld hervor, der klassenlose, ruhelose Mann der amerikanischen Demokratie, der die Sprache der Straße redete«. Dieser neue Detektivheld besitzt nach Macdonald »die Tugenden eines Pioniers und folgt dessen Ehrenkodex. Eingedenk seiner Sünden im städtischen Inferno nimmt er all seinen Mut zusammen und stemmt sich gegen den Niedergang. Er spielt um den höchsten möglichen Einsatz, Liebe und Geld, und am Ende verliert er fast alles«.[7]

Konkret beschrieben ist mit dieser Aussage Hammetts Spade (in ›Der Malteser Falke‹), als er entdeckt, daß die Frau, die ihn zu lieben vorgibt, die Drahtzieherin und Hauptschuldige der ganzen mörderischen Affäre ist. Doch natürlich beschreibt Macdonald damit auch seinen eigenen Privatdetektiv Lew Archer, der – wie Patricia Highsmith von Chandlers Marlowe gesagt hat[8] – als »Parzival« durch an die zwanzig Romane geht. Während rings um ihn das Geld zum Maßstab aller Dinge wird, bleibt Lew Archer absolut uninfiziert. Geld ist nur insofern wichtig, als man es zum Bezahlen der lebensnotwendigen Dinge (und eines gewissen Mindestkomforts) nun einmal braucht.

Die Ein-Mann-Detektei Archer hat ihre festen Honorarsätze, und ihre Tarife werden gelegentlich der inflationären Entwicklung angepaßt. Während Archer um 1950 mit 50 Dollar Tageshonorar plus Spesen zufrieden war, muß man ihm 1970 das Doppelte bezahlen. Mit diesen Honoraren – selten genug, daß in einem Kriminalroman davon geredet wird, was der Detektiv verdient, meistens ist nur die Rede von dem Geld, um das sich die Verbrecher balgen – kauft man Archers professionelle Hilfe, seine Kenntnisse, seinen Mut, auch seine Loyalität, nicht etwa seine Meinung und sein Wohlverhalten – und seine Moral schon gleich gar nicht.

Reich kann man auf diese Weise natürlich nicht werden, und so beschreibt auch Chandler denn seinen Helden als einen »relativ armen Mann«. Er nimmt »von keinem Menschen schmutziges Geld und von keinem Menschen eine Beleidigung hin, ohne sie gebührend und leidenschaftslos zu vergelten. Er ist ein einsamer Mann, und sein Stolz ist, daß Sie seinen Stolz respektieren, sonst würde es Ihnen leid tun, ihn kennengelernt zu haben. Die Story ist das Abenteuer dieses Mannes auf der Suche nach der verborgenen Wahrheit, und es wäre kein Abenteuer, widerführe es nicht einem Mann, der fürs Abenteuer geschaffen ist«.[4]

Wie aber steht es um das Liebesleben eines solchen Mannes (denn ungeachtet des dritten Gesetzes in Mr. van Dines ›Zwanzig Regeln für das Schreiben von Detektivgeschichten‹, wonach es im Detektivroman keine Liebesgeschichte geben dürfe, sind Detektive wie Marlowe oder Archer natürlich keine Herren ohne Unterleib). Chandler selbst behauptet von sich, daß ihn das Privatleben seines Detektivs wenig schere. Er meint aber, Marlowe sei »weder Eunuch noch Satyr«; so sicher er sei, daß Marlowe »keinem unschuldigen Mädchen ein Haar krümmen würde«, so gut könne er sich denken, »er könnte sehr wohl eine Herzogin verführen«[4]. Aber da schätzt er seinen Helden gewiß falsch ein. Marlowe ist, Herzoginnen hin, unschuldige Mädchen her (oder doch wohl eher umgekehrt), vergleichweise prüde – prüder jedenfalls als die Privatdetektive Hammetts oder als Macdonalds Archer, nicht zu reden von anderen, jüngeren Exemplaren der Gattung, welche die sexuelle Revolution durchaus mitgemacht haben: Robert B. Parkers gewalttätig-freundlicher Spenser zum Beispiel oder des anderen MacDonald, John D., Travis McGee im schönen Florida, den grundsätzlich eine Liebesaffäre mit einer in den Fall verwickelten Frau beflügelt. Ehrenmänner in eroticis freilich sind diese »private eyes« allesamt – und das aus einem guten Grund. Wenn einer, sagt wiederum der eloquente Chandler, »in einer Beziehung ein Mann von Ehre ist, dann ist er das in allen Dingen«[4].

Warum freilich solche Ausbünde von Humanität und Ehrenhaftigkeit ausgerechnet den längst nicht mehr feinen, von keinerlei Gottähnlichkeit verklärten Beruf des Privatdetektivs ausüben, weiß nicht einmal Chandler: »Wenn Sie mich fragen, warum er (Marlowe) Privatdetektiv ist, so kann ich Ihnen da keine Antwort geben. Offenbar gibt es Zeiten, wo er's lieber nicht wäre, wie es auch Zeiten gibt, wo ich fast alles andere lieber wäre als Schriftsteller. Der Privatdetektiv im Roman ist eine Phantasieschöpfung, die nur handelt und spricht wie ein wirklicher Mensch. Er kann in jeder Hinsicht vollkommen realistisch sein – bis auf die eine, daß ein solcher Mann im Leben, wie wir es kennen, kein Privatdetektiv wäre«.[9]

Interessant ist bei alledem, wie sich im Laufe der Zeit mit der Veränderung der Position des Detektivs in der Handlung auch die Erzählhaltung der Autoren geändert hat. Tatsächlich hat eine jede Art von Detektivgeschichte ihren speziellen Typ von Erzähler.

Gleich die ersten Detektivgeschichten sind in der Ich-Form erzählt. Aber der Ich-Erzähler ist nicht ihr Held; er ist auch nicht der Detektiv. Bei Edgar Allan Poe legt ein Freund des Detektivs dem Leser die Geschichte vor: »Während meines Aufenthalts in Paris, welcher sich über den Frühling und einen Teil des Sommers 18.. erstreckte, machte ich die Bekanntschaft eines Monsieur C. Auguste Dupin«[10], – des Mannes also, der die Morde in der Rue Morgue und auch das Geheimnis der Marie Rogêt aufklären wird.

Das Schema wird später sowohl von Arthur Conan Doyle als auch von Gaston Leroux für seinen Roman ›Das gelbe Zimmer‹ übernommen, der folgendermaßen beginnt: »Nicht ohne eine gewisse Erregung beginne ich die seltsamen Abenteuer Joseph Rouletabilles hier zu erzählen. Er hatte sich das so dringend verbeten, daß ich schon gänzlich daran verzweifelte, jemals eine der merkwürdigsten Detektivgeschichten der letzten fünfzehn Jahre veröffentlichen zu können. Ich glaube, das Publikum hätte nie die ganze Wahrheit über die erstaunliche Affäre des Gelben Zimmers erfahren, wenn nicht kürzlich ein Abendblatt die schreckliche Geschichte wieder aufgerührt hätte, die Joseph Rouletabille so gern vergessen hätte«.[11]

Bei Poe wie bei Leroux ist die Erzählung durch einen Dritten wenig mehr als ein in der Literaturgeschichte üblicher und hier von der Logik der Sache her sich anbietender Kunstgriff; es geht nicht gut an, den Superdetektiv seine Geschichte selbst erzählen zu lassen. Bei Arthur Conan Doyle wird daraus jedoch ein ganzes Programm. Der Übermensch Sherlock Holmes bekommt in dem ehemaligen Militärarzt Dr. Watson, der dem Leser die Geschichten erzählt, einen Gegenpol, der für den Verlauf der Geschichte und ihr inneres Gleichgewicht beinahe ebenso wichtig ist wie der Detektiv selbst. Watson nämlich spielt nicht nur den Erzähler und Herausgeber der Sherlock Holmes-Romane. Er ist, gegenüber dem überlegenen Denker Holmes, gleichsam die Verkörperung des gesunden Menschenverstandes, des Mannes wie du und ich, der als Leser – obgleich ihm (wenn auch oft nur scheinbar) dieselben Informationen vorliegen wie dem Detektiv – dennoch nicht in der Lage ist, die Indizien nach Art des Sherlock Holmes zu verknüpfen und die vertrackten Fälle zu lösen. Die Identifikationsfigur des Lesers heißt in diesem Fall nicht Holmes, sondern Watson; durch die Erfindung des Assistenten, der nicht klüger ist als er selbst, erspart der kluge Conan Doyle dem Leser ein Minderwertigkeitsgefühl.

Natürlich ändert sich die Erzählerperspektive in dem Augenblick, in dem der Detektiv von den frühen Höhen seiner Gottähnlichkeit herunterkommt. Die englische Krimi-Schule des 20. Jahrhunderts, von Margery Allingham bis Edgar Wallace, Agatha Christie bis Dorothy Sayers, benötigt für ihre Detektive keinen Gegenpol, folglich auch keinen Ich-Erzähler; praktisch alle ihre Romane sind in der dritten Person erzählt. Die wenigen Ausnahmen hängen durchweg mit dem kriminellen Plot der Geschichten zusammen – so in Agatha Christies ›Alibi‹ (*The Murder of Roger Ackroyd*), in dem sich der Ich-Erzähler schließlich als Mörder entpuppt, der den gesamten Hergang der Handlung gefälscht hat, um sich eine blütenreine Weste und ein unwiderlegbares Alibi zu verschaffen (ein Verfahren, über dessen Zuverlässigkeit wir an dieser Stelle nicht streiten wollen).

Das Erzählen in der vorgeblich neutralen dritten Person wird von den Autoren der amerikanischen »Hard-boiled School« aufgegeben. Bei Dashiell Hammett scheint noch kein System in der Zuteilung der Erzählerperspektive zu liegen. *Red Harvest*, *The Dain Curse* und *The Thin*

Man, der erste, zweite und letzte seiner fünf Romane, sind in der ersten Person erzählt, *The Maltese Falcon* und *The Glass Key*, der zweite und dritte, in der neutraleren dritten. Bei Raymond Chandler ist die Erzählerperspektive keine offene Frage mehr, und seitdem wird in den (Privat)-Detektivromanen der amerikanischen Schule, ob bei Ross Macdonald oder John D. MacDonald, Robert B. Parker oder Loren D. Estleman, auch bei Mickey Spillane oder Carter Brown in der ersten Person erzählt: vom Detektiv. Da der Detektiv in dieser Art von Romanen nicht mehr teilnahmslos außen vor bleibt, wie eine Art Roboter, welcher Indizien sammelt und zwei und zwei addiert sowie das Ergebnis ausspuckt, da er vielmehr zutiefst involviert wird in die Handlung durch Beziehungen zu den Beteiligten (die ihn zu verführen oder zu bestechen, aufzuhalten oder umzubringen suchen), ist es nur logisch, daß der Leser die gesamte Geschichte aus seiner Perspektive erlebt, die Handlung und ihre Charaktere durch seine Augen sieht, zuweilen auch durch seine unscharfe, verzeichnende Brille; eine Perspektive, die Ross Macdonald in seinem ersten, noch unter seinem richtigen Namen Kenneth Millar erschienenen Agentenkrimi *The Dark Tunnel* ganz wörtlich nimmt, indem er gleich zu Beginn der Haupthandlung die Brille des äußerst kurzsichtigen Helden zerbrechen läßt, so daß er bis kurz vor Schluß buchstäblich nicht durchblickt.

Natürlich bedeutet die Übergabe der Erzählerposition an den jeweiligen Helden auch die Aushändigung eines deutlichen Sympathievorschusses, die – was nicht einmal erstaunlich ist – auf den Privatdetektiv, den einsamen Wolf, beschränkt bleibt und praktisch nie auf die Polizei übertragen wird; selbst in den Fällen, in denen kein Polizeiteam die Aufklärungsarbeit leistet, sondern ein einzelner, in seinem Charakter dem Bild des Privatdetektivs angenäherter Beamter (wie Simenons Inspektor Maigret oder Nicolas Freelings Van der Valk), wird ihm die Rolle des Ich-Erzählers vorenthalten; nur der Gangster als Held darf – zum Beispiel in den Romanen des Amerikaners Richard Stark alias Donald Westlake – als Ich-Erzähler sich selbst sympathisch machen.

Aus ganz anderen Gründen verweigert der psychologische Thriller à la Patricia Highsmith und Boileau/Narcejac das Erzählen in der ersten Person. Er strebt eine scheinbare Objektivität an, die durch eine bestimmte Perspektive nur verfälscht werden könnte und die eine so subjektive Verlagerung der Sympathie, wie sie durch einen Ich-Erzähler erreicht wird, nur aus Gründen benutzt, die denen der Agatha Christie in ›Alibi‹ ähnlich sind. In diesen Fällen wird die grundsätzlich mit einem Sympathievorschuß versehene Figur des Ich-Erzählers durch seinen eigenen Tonfall desavouiert, und er wird als Schleimer, Scheinheiliger oder Lügner entlarvt – eine Erzähltechnik, die wiederum einige Amerikaner besonders virtuos beherrschen, beispielsweise Jim Thompson (›Der Mörder in mir‹, ›Nach Einbruch der Dunkelheit‹) und James M. Cain (›Wenn der Postmann zweimal klingelt‹).

[1] *Richard Alewyn:* Anatomie des Detektivromans, in *J. Vogt*: Der Kriminalroman, München 1971, S. 372ff.
[2] *Siegfried Kracauer:* Detektiv, in *J. Vogt*: Der Kriminalroman, S. 343ff.
[3] *Helmut Heißenbüttel:* Spielregeln des Kriminalromans, in *J. Vogt*: Der Kriminalroman, S. 356ff.
[4] *Raymond Chandler:* Die simple Kunst des Mordes, Zürich 1975, S. 318ff.
[5] Dem Dandy-Detektiv entspricht im 19. Jahrhundert durchaus der Dandy-Verbrecher, der wiederum mit dem Künstler-Dandy korrespondiert. Vergl. dazu: Karl Heinz Bohrers Aufsatz »Die Subversion des Ästhetizismus«, in *K. H. Bohrer*: Die Ästhetik des Schreckens, Frankfurt/Berlin/Wien 1983, S. 21ff.
[6] Raymond Chandler in einem Brief an Dale Warren am 7. 1. 1945, in *R. Chandler*: Die simple Kunst des Mordes, S. 269/70.
[7] *Ross Macdonald:* »The Writer As Detektive Hero«, in *R. Macdonald*: On Crime Writing, Santa Barbara 1973, S. 9ff.
[8] *Patricia Highsmith:* Parzival in Los Angeles, in *F. Cavigelli/F. Senn* (Hrsg.): Über Patricia Highsmith, Zürich 1980, S. 81ff.
[9] Raymond Chandler in einem Brief an D. J. Ibberson am 19. 4. 1951, in *R. Chandler*: Die simple Kunst des Mordes, S. 290.
[10] *Edgar Allan Poe:* Die Morde in der Rue Morgue, in: Werke I, aus dem Amerikanischen von Arno Schmidt und Hans Wollschläger, Olten/Freiburg 1966.
[11] *Gaston Leroux:* Das Geheimnis des gelben Zimmers. Aus dem Französischen von Klaus Walther. Diogenes Verlag, Zürich 1982.

Verschlossen und verriegelt oder: Wo mordet sich's am besten?

»Was siehst du da unten?« fragte der ältere schwarze Teufel. »Ich sehe eine friedliche Provinzstadt, bewohnt von freundlichen Bürgern, die ehrlichen Beschäftigungen nachgehen«, sagte der junge graue Teufel enttäuscht. »Falsch«, erwiderte der andere lächelnd. »Völlig falsch.«

Was die Werbetexter des Rowohlt Verlags für die Rückseite von John Binghams Roman *Brock* geschrieben haben, bezeichnet eine der beiden typischen Kulissen des Kriminalromans. Die andere findet sich von Ullsteins Textern beschrieben auf der Rückseite des Umschlages von Loren D. Estlemans ›Detroit Blues‹:

»Detroit – die Stadt mit den großen sozialen Spannungen.
Detroit – die Stadt, in der der amerikanische Traum zum Alptraum wurde.
Detroit – ein Krebsgeschwür der westlichen Zivilisation.
In dieser Stadt lebt der Privatdetektiv Amos Walker und versucht, sein Leben zu fristen.«

Die ländliche Idylle und der Dschungel der Großstadt, der kleine Ort, in dem alles friedlich erscheint, aber in Wahrheit nichts so ist, wie es dem flüchtigen Blick von außen erscheinen soll, und die offensichtlich feindliche Welt jener modernen Millionenstädte, in der allein schon die Enge und das dichte Beieinander einen Aggressionsstau erzeugen, der in der Krimi-Handlung mörderisch explodiert: Das waren von Anfang an die beiden bevorzugten Gegensatz-Landschaften für den Kriminalroman.

Aber natürlich ist auch jede andere Landschaft als Krimikulisse möglich.

»Mitternacht war längst vorbei – wir saßen auf dem Sonnendeck der ›Busted Flash‹; über uns wölbte sich der sternenbesäte Aprilhimmel. Wir sprachen ruhig miteinander, von Zeit zu Zeit lauschten wir in die Nacht hinaus. Die Bootsrümpfe knarrten und ächzten, kleine Wellen klatschten gegen die Poller, die Ventilatoren und Stromaggregate. Lenzpumpen surrten und tuckerten auf den Fischerbooten und Vergnügungsyachten um uns herum«: ein friedlicher Abend am Golf von Mexiko in Florida, wo die reiche Schickeria zu Hause ist, ein typischer Anfang für den Amerikaner John D. MacDonald, hier von ›Mord in Karmesinrot‹.

»Erschöpft und hustend lag ich auf einem Ellbogen und spie einen Mundvoll Gras und Schlamm aus. Das Pferd, das ich geritten hatte, hob sein Gewicht von meinem Knöchel, rappelte sich unordentlich auf und zog in einem gefühllosen Galopp davon. Ich wartete, daß die Dinge sich beruhigten: keuchender Brustkorb, vom Aufprall noch vibrierende Knochen, sich erholender Gleichgewichtssinn nach einem Salto im Dreißigmeilentempo und ein paar Purzelbäumen. Harmlos. Nichts gebrochen. Nur ein Sturz mehr«; Dick Francis' Roman ›Reflex‹ beginnt auf dem Rennplatz und spielt weitgehend dort, wie alle Geschichten des englischen Autors, der einmal professioneller Jockey war.

»Der Lake Otway lag im Sterben. Bald sollte von ihm nichts weiter übrig sein als flache Bänke eisenhart getrockneten Lehms. Vom Vorwerk der großen Schafzuchtfarm, auf einer niedrigen Klippe am Südrand dieses Sees, lief ein einziger Telefondraht fünfzig Meilen weit über noch jungfräuliches Land bis zum Stammsitz der ›Porchester-Farm‹, wo der Eigentümer, Mr. Wallace, wohnte. Er besaß über eine halbe Million

Morgen Land, auf dem seine sechzigtausend Schafe weideten, betreut von zwanzig bis fünfundzwanzig Männern unter dem Verwalter Richard Martyr«; natürlich birgt auch der See in der australischen Wildnis, mit deren Beschreibung Arthur W. Upfields ›Der sterbende See‹ einsetzt, ein kriminelles Geheimnis: Wo zwanzig Männer – und, nicht zu vergessen, zwei Frauen – zusammen sind, ist ebenso Krimi-Land wie dort, wo Millionen sich auf die Füße treten.

»Sie lasen beide etwa zur gleichen Zeit die gleiche Meldung in der ›Times of India‹. Doch die sorgsam abgeschlossene und verriegelte Luxuswohnung in dem großen, neuen, gelben Häuserblock auf dem Cumballa Hill lag ungefähr drei Meilen entfernt von der muffigen, verstaubten Kammer, die Inspektor Ganesh Ghote vom CID Bombay als Büro diente«; der extreme Gegensatz zwischen Arm und Reich, den indischen Klassen und Kasten, gehört zu den spezifischen Mitteln, mit denen der Brite H. R. F. Keating – hier in ›Inspektor Ghote reist erster Klasse‹ – die Spannung in seinen Romanen um den indischen Polizeidetektiv erzeugt.

»Sie waren hinter ihm her, so wie er es erwartet hatte. Tief unten auf dem Pfad konnte er das Licht der Scheinwerfer sehen. Der erste Lastwagen hatte am Rande der *donga* angehalten, der zweite quälte sich noch die Steigung hinauf. Hinter ihm waren der Ausläufer, der sich ganz bis zum Kamm des Hügels hinzog, und, gerade jenseits des Kamms, der Stacheldrahtzaun. Er wußte, daß es hinter dem Zaun nichts gab, was er auf dieser Seite kannte – keine Hügel, kein Farmland, keine Ebene in der Ferne – überhaupt nichts«; Wessel Ebersohns Beschreibung einer südafrikanischen Landschaft aus der Perspektive eines verfolgten Schwarzen zu Beginn des Romans ›Hängt ihn auf, er ist doch schwarz‹ (*A Lonely Place to Die*) ist bereits die perfekte Kulisse für ein Gewaltverbrechen: Ödnis, Dunkelheit, Stacheldraht.

Tatsächlich gehört die klassische Krimi-Kulisse – Nebel an der Londoner Themse, der einzige Laut das Schlagen der Turmuhr von Big Ben um Mitternacht – schon lange der Vergangenheit an. Nicht erst seit die hartgesottenen Amerikaner den Mord über den großen Teich nach Kalifornien holten, ist der Kriminalroman ein Weltbürger geworden. Heute kann er überall spielen – sogar in Duisburg-Ruhrort oder auf der Insel Sylt, in München-Bogenhausen und in der Lüneburger Heide. Tatsächlich scheint, wie der Erfolg des neuen deutschen Kriminalromans erweist, ein gewisser Reiz für den Leser darin zu liegen, daß er sich auskennt in der Region, in der die neuen Detektive auf Verbrecherfang gehen. Dazu mag beitragen, daß die Reisedistanzen – in Stunden ausgedrückt – geschrumpft sind und vieles bekannt ist, was der vorigen Generation hinten fern in der Türkei erschien; da scheint es schon keinen Unterschied mehr zu machen, ob die Toten an der französischen Riviera, in einem walisischen Dorf, am Berliner Wannsee oder auf Mallorca herumliegen (wo der Brite Roderic Jeffries eine ganze Krimi-Serie spielen läßt).

Für Helmut Heißenbüttel erweist sich »die topographische Verflechtung« der Handlung »bis heute als eins der hervorragenden Charakteristika der Gattung«. Er gibt allerdings zu bedenken, »daß es sich dabei nicht um Schilderung von Orten und Gegenden im Sinne der seriösen Literatur handelt. Interieur und Landschaft werden nicht um ihrer selbst willen sprachlich verwandelt, erscheinen nicht in der Sprache als sie selbst. Wenn ich bei Hammett unverwechselbar etwas über die Topographie von San Francisco erfahre, bei Chandler über die von Abbruchvierteln und Luxusstraßen in Los Angeles, bei Gardner etwas über Landsitze und Motels in Kalifornien, bei F. R. Lockridge und Margaret Scherf über bestimmte, ausgeschnittene Stadtteile von New York, bei Margot Neville über Sydney, bei Arthur W. Upfield über australische Kleinstädte und Farmhöfe, immer ist dieses Vertrautwerden mit Schauplätzen ein Vertrautwerden mit Tatorten. Ich erfahre, nicht in sprachlicher Verwandlung, sondern in der Summierung von Fakten zur Physiognomie des Tatortes, etwas über die Örtlichkeit. Die Rekonstruktion der Spur des Unerzählten geschieht mit Hilfe der topographischen Durchdringung. Der Schauplatz, der sich als Tatort identifiziert, erscheint nicht als Landschaft im malerischen oder romantischen Sinne. Er erscheint als typologischer Lebensraum«.[1]

Diese Entdeckung hat als erster Walter Benjamin gemacht, der sie an den frühen Werken der Kriminalliteratur exemplifizierte: »Vom Möbelstil der zweiten Hälfte des 19. Jahrhunderts gibt die einzige zulängliche Darstellung und Analysis gleichzeitig eine gewisse Art von Kriminalromanen, in deren dynamischem Zentrum der Schrecken der Wohnung steht. Die Anordnung der Möbel ist zugleich der Lageplan der tödlichen Fallen, und die Zimmerflucht schreibt dem Opfer die Fluchtbahn vor... Dieser Charakter der bürgerlichen Wohnung, die nach dem namenlosen Mörder zittert wie eine geile Greisin nach dem Galan, ist von einigen Autoren durchdrungen worden, die als ›Kriminalschriftsteller‹ – vielleicht auch, weil in ihren Schriften sich ein Stück des bürgerlichen Pandämoniums ausprägt – um ihre gerechten Ehren gekommen sind«.[2]

Ob Benjamins und Heißenbüttels Beobachtung, so richtig sie für den Kriminalroman bis hin zu Hammett und Chandler sein mag, auch für den neueren Kriminalroman noch ihre Richtigkeit hat, erscheint eher zweifelhaft. Mit der Beschreibung einer Ölpest, mit der Ross Mcdonald – 1950, in *The Drowning Pool* (›Unter Wasser stirbt man nicht‹, auch unter dem Titel: ›Kein Öl für Mrs. Slocum‹), hatte er noch gemeint, der Ozean könne nie berührt werden von der Zerstörungswut des Menschen – 1973 seinen Roman *Sleeping Beauty* (›Dornröschen war ein schönes Kind‹) anheben läßt, kommt der Kriminalroman in eine neue Phase seines Verhältnisses zur Landschaft. Wenn Robert B. Parker seinen Kriminalroman ›Finale im Herbst‹ im Jahre 1981 mit dem lakonischen Satz »Die Stadtsanierer hatten wieder zugeschlagen« beginnt und diesem Satz eine Beschreibung der Sanierungsarbeiten folgen läßt, die seinen Detektiv aus dem Stadtzentrum an die Peripherie von Boston verdrängen, läßt sich in dieser Stadtlandschaftsbeschreibung kaum noch eine Tatortskizze erkennen – es sei denn, daß als Tatort die gesamte moderne, sich verändernde Stadt angesehen wird. Natürlich ist Parkers Beschreibung weder malerisch noch romantisch; sie versucht, heutige Umwelt mit sprachlichen Mitteln sichtbar zu machen.

Bei nicht wenigen neuen Kriminalromanen, von Desmond Bagleys ›Die geheimnisvolle Botschaft‹, dessen Handlung sich bis in die Geschichte der Azteken-Kultur in Mexiko zurückbewegt, bis zu Lydia Tews' *Sie sind ein schlechter Bulle, gnädige Frau*, in dem eine deutsche Kommissarin auf der schwäbischen Alb einen Mord in der alternativen Szene aufklärt, kann der Leser den Eindruck gewinnen, die Krimi-Handlung sei im Grunde nicht mehr das eigentliche Anliegen des Romans; vielmehr sei der Kriminalroman zum Transportmittel für etwas anderes geworden. Dieses andere kann ebensogut eine politische Botschaft wie die Nachricht von einer faszinierenden Kultur sein – und daß mit dieser Zweckentfremdung des Kriminalromans notwendigerweise ein Spannungsabfall verbunden ist, darf nicht gefolgert werden: Die Spannung ist, auch in einem solchen Fall, vor allem davon abhängig, wie gut ein Autor sein Handwerk beherrscht, wie gut er also Plots konstruieren und wie brillant er schreiben kann.

Im durchschnittlichen Kriminalroman freilich, vor allem dem der klassischen englischen Spielart, ist die Landschaft ohnedies uninteressant; der Raum, in dem sich die Handlung – und speziell das Verbrechen, der Mord – abspielt, ist nur als Rätselkulisse wichtig, den Kästchen eines Kreuzworträtsels vergleichbar. »Die Figuren des Detektivromans«, befindet der deutsche Literaturwissenschaftler Peter Nusser, »bewegen sich in Räumen bzw. zwischen Gegenständen, deren Gestaltung von den Erfordernissen der angestrebten Unterhaltungseffekte (Rätselspannung und Verunsicherung des Lesers) bestimmt wird«[3].

Danach trägt die Darstellung der Räume »im Detektivroman dazu bei, den Mordfall zu verrätseln. Das Eisenbahnabteil eines fahrenden Zuges, das Flugzeug, das von der Welt abgeschnittene Landhaus, der exklusive Londoner Club, das College, die Insel usw. bieten nicht nur eine unter Umständen reizvolle Kulisse, sie stellen als isolierte Räume... den Detektiv (und den Leser) vor allem vor das besondere Problem, den Mörder unter den anwesenden Figuren zu suchen«. Selbstverständlich setzt eine solche Sicht auf die Dinge einen ganz bestimmten, gewissermaßen keimfreien Typ von Kriminalroman voraus. Nicht zufällig rekrutieren sich die von Nusser beschriebenen Tatorte ausschließlich aus dem Werk von Agatha Christie und Dorothy Sayers; bei Chandler und Simenon, dem Italiener Giorgio Scerbanenco oder den Schweden Sjöwall/Wahlöö finden sich völlig andere Tatorte. Sjöwall/Wahlöö machen sich in einem Roman mit dem Titel ›Verschlossen und verriegelt‹ ausdrücklich lustig über das Problem des »verschlossenen Raumes«, das einer ganzen Untergattung des Detektivromans die Spannung bringt und von Nusser folgendermaßen beschrieben wird: »Eine Sonderform der Verrätselung, ihre ins Extrem getriebene Ausprägung, bietet der ›geschlossene Raum‹. Man versteht darunter den von innen abgesperrten Ort, an den der Mörder eigentlich nicht gelangen kann und an dem die Leiche trotzdem gefunden wird. Dies spricht aller Logik Hohn und läßt sich doch erklären«.[3] Tatsächlich ist das Problem des geschlossenen Raumes das älteste Rätselschema der ganzen Gattung. Schon Edgar Allan Poe benutzt es in seiner Erzählung von den »Morden in der Rue Morgue«, und brillanter als in Gaston Leroux' ›Das Geheimnis des gelben Zimmers‹ (*Le mystère de la chambre jaune*) aus dem Jahre 1908 ist das Problem auch später nur selten variiert worden.

Die Kriminaltheoretiker bieten sieben Lösungen für das »locked room«-Rätsel an, von denen einige darauf beruhen, daß der im verschlossenen Raum aufgefundene Tote sich selbst umgebracht hat, andere darauf, daß er von außen ermordet wurde – bei Chesterton beispielsweise dadurch, daß man das Opfer ans offene Fenster lockte und dann von außen trickreich erwürgte. Besonders törichte Lösungen arbeiten mit sinnvollen Apparaturen, die sich feste Angewohnheiten des Opfers zunutze machen – so etwa Agatha Christies ›Auch Pünktlichkeit kann töten‹ (über den schon Raymond Chandler sich verächtlich ausgelassen hat).

Die meisten Probleme des geschlossenen Raumes sind unecht und getürkt; der Mörder hat, um sich für die scheinbare Mordzeit ein Alibi zu verschaffen, die Mordzeit gefälscht (etwa durch Geräusche, die anscheinend nur der längst Tote verursacht haben kann), und die Aufgabe des Detektivs ist es dann, die wahre Mordzeit zu ermitteln und dadurch das scheinbare Alibi des Täters wertlos zu machen. In jedem Fall ist das Problem des verschlossenen Raumes ein Scheinproblem; wer es als eine der Bedeutsamkeiten des Kriminalromans feiert, demonstriert schlagend, wie hoch er die gesamte Gattung einschätzt.

[1] *Helmut Heißenbüttel:* Spielregeln des Kriminalromans, in *J. Vogt*: Der Kriminalroman, München 1971, S. 356ff.
[2] *Walter Benjamin:* Einbahnstraße. Zitiert nach *H. Heißenbüttel* in *J. Vogt*: Der Kriminalroman, a.a.O.
[3] *Peter Nusser:* Der Kriminalroman. Stuttgart 1980, S. 50

Fluch der Entspannung
oder:
Warum liest die Mimi einen Krimi?

»Ohne Zweifel trägt der Kriminalroman alle Merkmale eines blühenden Literaturzweiges zur Schau«.[1] Was bei Bertolt Brecht noch ganz ohne ideologische Häme einfach festgestellt wird, führt beim Genossen Ernst Kaemmel bereits zu einem leichten Schaudern: »Die große Verbreitung dieser Literatur zeigt, daß wir es hier nicht allein mit einem literarischen, sondern vor allem mit einem gesellschaftlichen Problem zu tun haben«[2]; gut kombiniert, Watson!

Kaemmel untermauert sein Erschrecken mit soliden Zahlen. »Nach der Darstellung der Encyclopaedia Britannica (1946), Stichwort ›Mystery Stories‹, sind an Detektivromanen in England und in den USA von 1841 bis 1920 etwa 1300 Titel und von 1920 bis 1940 etwa 8000 Titel erschienen; für die Zeit von 1940 bis 1960 wird die Zahl der erschienenen Detektivromane nach ›Publishers Weekly‹ auf 15000 bis 16000 Titel geschätzt. Die Auflageziffern der einzelnen Titel erreichen überdies nahezu unglaubwürdige Höhen. Die Gesamtverbreitung der Detektivromane des Autors Ellery Queen wurde bis 1950 auf rund 20 Millionen Exemplare geschätzt, die Autorin Agatha Christie soll mit 50 Detektivromanen 100 Millionen Exemplare erreicht haben. Der amerikanische Autor Erle Stanley Gardner, ein früherer Rechtsanwalt, hatte Ende der vierziger Jahre in den billigen Taschenausgaben seiner Detektivromane eine Auflagenhöhe von 10 Millionen Exemplaren; von den regulären

Ausgaben seiner Romane wurden damals etwa 6 bis 7 Millionen Stück jährlich abgesetzt«.

Das sozialistische Erschrecken über dieses »Kind des Kapitalismus«, von dem Kaemmel kühn prophezeit, daß es »mit seinem« – des Kapitalismus – »Untergang eines Tages ebenfalls verschwinden« werde, mag verständlich sein. Doch unterscheidet sich das Unbehagen des DDR-Wissenschaftlers Kaemmel kaum von der Reaktion vieler seiner westlichen Kollegen. Richard Gerbers Diktum, wonach »der Kriminalroman seinem Wesen nach minderwertig ist und immer minderwertig sein wird«[3], hat sich, so oder ähnlich, in den Köpfen vieler Menschen festgesetzt, freilich durchweg Angehöriger der »gebildeten Stände«. Schon Ernst Bloch schränkt ein: »Und gibt es Leute, die Unter den Linden von ihm (dem Kriminalroman, J. S.) nicht gegrüßt sein wollen, so paßt das lediglich zu den Gebildeten, die nicht alle werden und die nicht einmal ins Varieté gehen«[4]. Diesen Gebildeten, die nach Alewyn zwar Kriminalromane lesen, aber öffentlich leugnen, daß sie es tun, stehen freilich immer mehr prominente Menschen gegenüber, die aus ihrer Zuneigung zum Kriminalroman keinen Hehl machen und immer wieder zitiert werden, um die Attraktivität der Gattung nicht nur für die breiten Massen, sondern auch für die Very Important Persons zu belegen. Politiker wie Bismarck, Adenauer oder Churchill werden als Krimifans genannt, Philosophen wie Ernst Bloch und Romano Guardini – was läßt so unterschiedliche Charaktere ebenso zum Kriminalroman greifen wie die mindestens im Westen Deutschlands fast sprichwörtlich gewordene Mimi des Schlagerliedes, die ohne ihren Krimi nie ins Bett geht?

Wenn wir Bertolt Brecht folgen, müssen wir bei der Untersuchung der Gründe für die Popularität der Gattung »dem Hunger des Lesers nach abenteuerlichen Geschehnissen, einfacher Spannung und so weiter... breiten Raum gewähren«[1]. Brecht hält das für ebensowenig negativ wie wir: »Es bereitet schon Genuß, Menschen *handelnd* zu sehen, Handlungen mit faktischen, ohne weiteres feststellbaren Folgen mitzuerleben. Die Menschen des Kriminalromans hinterlassen nicht nur Spuren in den Seelen ihrer Mitmenschen, sondern auch in ihren Körpern und auch in der Gartenerde vor dem Bibliothekszimmer. Der literarische Roman und das wirkliche Leben stehen hier auf der einen Seite, der Kriminalroman, ein besonderer Ausschnitt des wirklichen Lebens, auf der anderen«.[1]

Dem Eierkopf Brecht, der sein größtes Vergnügen dem Denken verdankt, reicht die pure Handlungsspannung allerdings nicht aus. »Der intellektuelle Genuß« kommt für ihn »zustande bei der Denkaufgabe, die der Kriminalroman dem Detektiv und dem Leser stellt«. Für Brecht ist »die ganze Konzeptionsweise der Kriminalromanschreiber von der Wissenschaft beeinflußt«, und deshalb kommt für ihn – »bei aller Primitivität« – der Kriminalroman »den Bedürfnissen des Menschen eines wissenschaftlichen Zeitalters sogar noch mehr entgegen, als die Werke der Avantgarde es tun«. Denn, so Brecht weiter: »Wir bekommen im Kriminalroman jeweils ausgezirkelte Lebensabschnitte vorgesetzt, isolierte, abgesteckte kleine Komplexe von Geschehnissen, in denen die Kausalität befriedigend funktioniert... Wir ziehen Vergnügen aus der Art, wie der Kriminalromanschreiber uns zu vernünftigen Urteilen bringt, indem er uns zwingt, unsere Vorurteile aufzugeben. Er muß dazu die Kunst der Verführung beherrschen. Er muß die in den Mord verwikkelten Personen ebenso mit unsympathischen als mit attraktiven Zügen ausrüsten. Er muß unsere Vorurteile provozieren«.

Als wesentliche Begründung dafür, »warum die intellektuellen Operationen, die uns der Kriminalroman ermöglicht, in unserer Zeit so überaus populär sind«, dient Brecht die kühne, gewiß nicht unbestreitbare These: *»Wir machen unsere Erfahrungen im Leben in katastrophaler Form.* (Hervorhebungen immer im Original. J. S.) Aus Katastrophen haben wir die Art und Weise, wie unser gesellschaftliches Zusammensein funktioniert, zu erschließen. Zu den Krisen, Depressionen, Revolutionen und Kriegen müssen wir, denkend, die ›inside story‹ erschließen. Wir fühlen schon beim Lesen der Zeitungen (aber auch der Rechnungen, Entlassungsbriefe, Gestellungsbefehle und so weiter), daß irgendwer irgendwas gemacht haben muß, damit die offenbare Katastrophe eintrat. Hinter den Ereignissen, die uns gemeldet werden, vermuten wir andere Geschehnisse, die uns nicht gemeldet werden. Es sind dies die *eigentlichen* Geschehnisse. Nur wenn wir sie wüßten, verstünden wir... Diese Grundsituation, in der die Intellektuellen sich befinden, daß sie Objekte und nicht Subjekte der Geschichte sind, bildet das Denken aus, das sie im Kriminalroman genußvoll bestätigen können«.[1]

Selbst wenn wir diese Erklärung für Brecht selbst und einige andere Intellektuelle akzeptieren – als allgemeine Erklärung für die Attraktivität des Kriminalromans ist uns das zu dünnblütig und hinten herum gedacht.

Das A und O dessen, was den Leser anzieht, ist letztlich wohl doch die Spannung. Aber was für eine Art von Spannung ist gemeint? »Es gibt«, meint Ernst Bloch, »eine roh erzeugte, blutige, auf die es aber hier gar nicht ankommt. Obwohl auf Blut und Leichen gebaut, macht sich keine gute Detektivgeschichte mit diesen Reizen wichtig. Sie sind lediglich An laß für eine sozusagen rein intellektuelle Bewegung, eine vor geschriebenem Vexierbild, einzig auf das Raten nach dem Täter gerichtet. Nur das reißt hinein, gibt Erholung durch scheinbares Gegenteil, nämlich durch ein Wettrennen des Lesers mit dem Detektiv nach dem wahrscheinlich richtigen Tip. Die Suche selber ist hier isoliert dargestellt, weshalb nicht die schlechtesten Leser, um kühler mitzumachen, die letzten Seiten zuerst lesen. Dann ist der Wer bekannt, aber das Wie seines Findens tritt, bei gut gemachten Sachen, desto betonter hervor«.[4]

Ganz so rein und sauber, aufs Geistige beschränkt, sehen es nicht alle, die um eine Erklärung der Rezeption und Wirkung des Kriminalromans bemüht sind. Wir wollen hier gewiß nicht denen das Wort reden, die an der Gattung kein gutes Haar lassen, die sie für »literarisch wertlos, abstumpfend und geschmacksverrohend« halten, ihr nachsagen, »diese Literatur wirke moralisch zersetzend, reize zum Verbrechen an usw.« – so, die Argumente der Gegner resümierend, um ihnen entgegentreten zu können, der Psychologe Harry Proll schon 1938[5].

Proll sieht »die ganze Literaturgattung von ungeheurem Umfang mit einem kindlich einfachen Grundschema« auskommen, »das mit einer Anzahl von Einzelzügen ausgestattet ist, die sich ebenfalls immer wiederholen, und die offensichtlich sich dazu eignen, einen Massenverkauf dieser Bücher zu sichern. Was dabei auffällt, ist, daß dieses Schema alle die tiefgreifenden Ereignisse der letzten Jahrzehnte unverändert überstanden hat, daß es weder durch den Weltkrieg, durch Revolutionen, durch technische Umwälzungen oder was auch immer nennenswert beeinflußt worden ist«. Obwohl diese Beobachtungen von der Kenntnis jener Umwälzungen, die durch die amerikanische »Hard-boiled«-Schule erzeugt wurden, noch nicht beleckt sind, bleiben Prolls Rückschlüsse auch nach annähernd fünfzig Jahren relevant, jedenfalls in ihrer Erkenntnis, »daß die ›Erfinder‹ der Kriminalromane und all ihre Epigonen einen ungewöhnlichen psychologischen Scharfsinn bewiesen haben für das, was der durchschnittliche Mensch der Masse, und zwar der Mensch in der bürgerlichen Gesellschaft, ersehnt, wie der Held beschaffen sein soll, mit dem er sich identifizieren möchte, wogegen er rebelliert, wovor er Angst hat«.

Andere Exegeten finden andere Gründe zur Verteidigung des Genres und zur Erklärung seines Publikumserfolgs: »Man neigt zu der Feststellung, daß der Kriminalroman wohl eine Art Ventil darstelle, durch das gewisse uralte menschliche Instinkte und Triebkräfte harmlos und gefahrlos abreagiert werden könnten. Die Geschichte der Menschheit zeigt ja, daß der blutige Kampf um die Selbsterhaltung, das Verbrechen, die

Jagd, zu den uralten Begleiterscheinungen des menschlichen Lebens gehören, daß Schuld und Sühne ewige Motive sind und daß das Ringen um die Rätselhaftigkeit der Welt und vor allem des Todes seit urdenklichen Zeiten die Menschheit beschäftigt hat. Diese Urtriebe aber sind immer noch vorhanden; sie leben in jedem Menschen in einer mehr oder minder ausgeprägten Form weiter. Zu ihrer Befriedigung scheint nun der Kriminalroman beizutragen, der diese Urprobleme widerspiegelt, der alten Sehnsucht der Menschen nach Aufspürung und Auflösung der Welträtsel entgegenkommt und dadurch dem Bedürfnis breiter Massen weitgehend entspricht«.[6]

Doch diese Sicht erscheint anderen wiederum zu positiv. »Sicherlich«, schreibt Peter Nusser, »können durch den vom Detektivroman veranschaulichten allseitigen Verdacht auch projektive Mechanismen ausgelöst werden. Verbrecherische Impulse, die der Leser bei sich selbst verleugnen möchte, lassen sich auf Figuren des Romans übertragen, wobei freilich im Detektivroman der bloße Verdacht darüber, wer der Täter sein könnte, eine solche Projektion erschwert«[7]. Die Beunruhigung und Verunsicherung des Lesers, so Nusser weiter, würden »durch die Problemlösungen umgehend zurückgenommen. Mit dem nach der Überführung des Verbrechers wiederhergestellten, störungsfreien Zustand gewinnt der Leser seine Gewißheit zurück, in einer gerechten, funktionierenden, zumindest aber reparablen Welt zu leben«.

Eine solche Betrachtungsweise freilich trifft nur auf jene keimfreien, traditionellen englischen Detektivromane zu, auf die Theoretiker wie Nusser die Gattung per Definition beschränkt haben. Den Kriminalromanen der harten amerikanischen Schule ist der Glaube an eine »gerechte, funktionierende, zumindest aber reparable« Welt gründlich vergangen, und auch der Leser wird nicht dazu verleitet, sich Illusionen zu machen.

Der Schluß von Raymond Chandlers Roman ›Das hohe Fenster‹ (*The High Window*) aus dem Jahre 1942 ist in mancher Hinsicht typisch für die Desillusionierung, welche die Krimis der neuen, realistischen Richtung betreiben. Der Detektiv hat den Fall gelöst, er feiert auf seine Weise: »Es war dunkel draußen. Ich ging nach Hause und zog meine alten Hauskleider an und stellte die Schachfiguren auf und mischte einen Drink und spielte einen neuen Capablanca nach. Er hatte neunundfünfzig Züge. Schönes, kaltes, gefühlloses Schach, es war fast unheimlich in seiner schweigenden Unversöhnlichkeit.

Als ich fertig gespielt hatte, lauschte ich eine Zeitlang am offenen Fenster und roch die Nacht. Dann trug ich mein Glas in die Küche hinaus und spülte es aus und füllte es mit Eiswasser und stand vor dem Spülstein, ich trank es aus und sah mein Gesicht im Spiegel an.

›Du und Capablanca‹, sagte ich.‹«[8]

Da ist nun wirklich nichts heil oder wenigstens repariert und deshalb im Lot. Im Gegenteil: Die Welt ist heillos versehrt, und die Arbeit des Detektivs, die ein Minimum an Gerechtigkeit hergestellt hat, ist eben keine Schachaufgabe, kalt, gefühllos, aber schön, die nach neunundfünfzig Zügen mit einer sauberen Lösung zu Ende geht. Ganz nebenbei demontiert Chandlers Schluß auch Kracauers Räsonnements über den Detektiv als Hohepriester einer absolut gesetzten Ratio und »Wundermann in hoher spitzer Mütze und Sternenmantel« (von dem wir in einem früheren Kapitel gesprochen haben); tatsächlich ist kaum ein literarischer Held sich seiner eigenen Unzulänglichkeit so bewußt wie der Detektiv des neueren amerikanischen Kriminalromans.

Neunundzwanzig Jahre nach dem Erscheinen von Raymond Chandlers ›Das hohe Fenster‹ beendete Ross Macdonald seinen Roman ›Der Untergrundmann‹ (*The Underground Man*) folgendermaßen: »Ehe der Abend hereinbrach, fuhren Jean, Ronny und ich zur Stadt hinaus.

›Es ist vorbei‹, sagte ich.

Ronny sagte: ›Das ist gut.‹

Seine Mutter seufzte.

Ich hoffte, daß es vorbei war. Ich hoffte, Ronnys Leben würde sich nicht zurückwenden zum Tod seines Vaters hin, so wie das Leben seines Vaters sich zurückgedreht hatte in einem immer kleiner werdenden Kreis. Ich wünschte dem Jungen ein heilsames Versagen seines Gedächtnisses.

Als spüre Jean meine Gedanken, streckte sie den Arm hinter ihm aus und berührte mit ihren kalten Fingern meinen Nacken. Wir kamen an den dampfenden Resten des Feuers vorbei und fuhren weiter durch den Regen nach Süden.«[9]

Gewiß: Da sind Bilder und Vokabeln der Katharsis, vom Süden, der immer ein Bild der Erwartung gewesen ist, über den Regen, der allen Dreck abwäscht, bis zur Hoffnung. Hoffnung – aber eben nicht mehr, keine Sicherheit, eher Beunruhigung; schließlich wissen die Leser Ross Macdonalds nur zu gut, daß der soziale Frieden trügerisch ist und die Sünden der Väter sich an ihren Kindern rächen und zuweilen gar an den Enkeln.

Aber die Entwicklung verläuft rasch, und elf Jahre nach dem »Untergrundmann«, 1982, riskiert Robert B. Parker in ›Einen Dollar für die Unschuld‹ (*Ceremony*) einen Schluß, der noch ein Jahrzehnt vorher undenkbar gewesen wäre. Der Detektiv Spenser, von den Eltern einer von zu Hause ausgebüxten Minderjährigen zu ihrer Suche engagiert, hat das Mädchen mit Gewalt aus den Fängen einer Zuhälterbande entrissen, die es auf den Strich geschickt hatte. Doch Spenser hat das Mädchen, das ihr Elternhaus ankotzte und das überhaupt nur ein Interesse hatte, Männer nämlich, nicht nach Hause zurückgebracht, sondern ihm einen Job in einem Edelpuff verschafft, wo wenigstens seine Gesundheit und sein Leben einigermaßen garantiert sind. Die einzige Chance, die der Held ihr geben kann, ist, »ihren Körper seltener für mehr Geld zu verkaufen«. Doch glücklich ist er über diese Lösung keineswegs. Im Bett bespricht er sie mit seiner Freundin:

»Susan legte den Kopf an meine Schultern. Ich machte mit der freien Hand das Licht aus.

›Glaubst du, daß sie bei der Utley bleibt?‹ fragte Susan schläfrig.

›Ja.‹

›Glaubst du, daß es die Eltern sehr trifft, wenn sie es erfahren?‹

›Sie sollten es möglichst nicht erfahren. Natürlich würden sie Betroffenheit mimen, aber ich glaube, in Wirklichkeit wären sie erleichtert. Wir werden uns eine schöne Geschichte für sie ausdenken.‹

›Glaubst du, daß mir die Leute vom Ministerium für diesen Einsatz Extrapunkte geben würden?‹ Ihre Stimme hatte diesen flüchtig verwehenden Ton wie immer kurz vor dem Einschlafen.

›Ich glaube eher, daß sie einen Sack Steine heranschleppen und sich im Kreis um dich aufstellen würden.‹

›Vielleicht zu Recht.‹

›Ja, aber wer würde den ersten Stein werfen?‹

Susan kuschelte sich dichter an mich und drückte ihre Nase gegen meine Brust. Ich machte die Augen zu und spürte, wie sich die Dunkelheit schwer auf uns legte.

›Spenser?‹ Susans Stimme war ganz fern.

›Ja.‹

›Glaubst du, daß wir das Richtige tun?‹

›Wenn ich das wüßte‹, sagte ich, und auch meine Stimme war schon weit weg, ›könnte ich den ersten Stein werfen.‹«[10]

Eine heile Welt? Eher wohl das Gegenteil. Und selbst die Reparaturen versuchen gar nicht mehr die Sanierung des Ganzen, sondern gerade noch eines winzigen Details. Sie betreiben, sozusagen, die Politik des geringsten Übels, und denen, die so handeln, ist weiß Gott nicht wohl dabei. Nicht nur, daß die Gesellschaft ihnen keinen Beifall zollt, wenn sie versuchen, für ein einzelnes Individuum, ihren »Nächsten«, im biblischen Sinn, zu retten, was zu retten ist – und das ist in diesem Fall wenig genug –; auch ihr eigenes Gewissen vermag ihnen nur schwach und vage zu sagen, was recht ist. Aber etwas anderes als diese Stimme des eigenen Gewissens ist ihnen eben nicht geblieben.

Eine Ahnung davon verunsichert sogar den konservativen Theoretiker: »Daß eine die Ordnung wiederherstellende Problemlösung vom Leser insgeheim auch während seiner zeitweiligen Beunruhigung immer schon erwartet werden kann, liegt nicht nur in der Konsequenz der schematischen Form des typischen Detektivromans, sondern wird auch dadurch erreicht, daß das ›Problem‹ auf eine rein technische Frage reduziert wird, die mit Scharfsinn zu lösen ist. Wo diese Problemreduktion aufgegeben wird – wie etwa bei Boileau/Narcejac – bleibt ein Rest der Unruhe beim Leser auch nach der Lektüre erhalten«.[7]

Für Boileau/Narcejac, die ja ebenso Theoretiker wie Praktiker des Kriminalromans sind, stellt sich das Problem allerdings etwas anders. Sie fühlten, »daß es möglich wäre, den Problemroman zu erneuern, unter der Bedingung, daß die Polizisten, die Verdächtigen, die Indizien, der gesamte traditionelle Inhalt daraus verbannt würden. Die Spannung kostet diesen Preis. Aber welche Spannung? Wenn man Spannung erregt, indem man den Rhythmus der Erzählung künstlich verlangsamt, das heißt, indem man den Eintritt eines erwarteten und befürchteten Ereignisses unnatürlich lange hinausschiebt, so bedient man sich nur eines simplen Tricks, ... der den Leser nicht täuscht. An dieser plumpen Spannung war uns nicht gelegen. Uns reizt im Gegenteil eine andere Art von Spannung, die an die Person selbst und nicht mehr an die Episode gebunden war«.[11]

Abgelehnt also wird von den französischen Autoren eine künstliche und mit Tricks erzeugte Spannung; für sie ist Spannung »zunächst eine Fühlweise und der Detektivroman ein unersetzliches Ausdrucksmittel«. Doch Boileau/Narcejac gehen noch einen Schritt weiter. Sie kommen zu der Auffassung, »daß man, um Geheimnis und Klärung unauflöslich zu vereinen, um aus dem Detektivroman einen wirklich verhexten Roman zu machen, den Roman des Opfers schreiben mußte. Man ist aber noch kein Opfer, weil man verfolgt und direkt bedroht wird. Ein Opfer ist man erst, wenn man in Ereignisse verwickelt wird, deren definitive Bedeutung man nicht auszuschöpfen vermag, wenn das Reale eine Falle wird, das Alltägliche aus der Ordnung gerät. Man ist ein Opfer, weil man vergebens nach der Wahrheit sucht, und zwar weil die, auf die man stößt, nicht die rechte Wahrheit ist und so fort, und man irre wird, je mehr man nachdenkt. *Der Detektivroman muß, anstatt den Triumph der Logik zu bezeichnen, nun den Bankrott des Denkens zelebrieren*; und gerade deshalb ist sein Held das Opfer«.

Vielleicht die besten Beispiele für diese neue Art weniger des Detektiv- als vielmehr des Kriminalromans, dem der Detektiv als Aufklärer völlig fehlt, stammen von der Amerikanerin Patricia Highsmith, die vor allem für viele deutsche Autorenkollegen ein überragendes Vorbild geworden ist. Gerade im neuen deutschen Kriminalroman, der in den letzten eineinhalb Jahrzehnten eine nicht nur quantitative Blüte erlebte, ohne allerdings das Niveau der weltbesten Krimi-Autoren völlig zu erreichen, wählten relativ viele Autoren wie Boileau/Narcejac oder Patricia Highsmith ihren Erzählstandpunkt »nicht nach dem Verbrechen, sondern vor dem Verbrechen« und änderten damit nicht nur die Perspektive, sondern auch die Haltung zu Verbrechen, Täter und Opfer.

Es erscheint fraglich, ob die Mehrzahl der Leser diese Wandlung von Erzählhaltung und Perspektive, die Umlenkung des Blicks vom Aufklärer auf die Täter/Opfer wirklich akzeptiert; viele scheinen sie eher widerwillig und notgedrungen mitzuvollziehen. Patricia Highsmith, auf Krimitagungen von ihren deutschen Kollegen hochgerühmt, scheint in erster Linie eine Autorin für Autoren zu sein, und den ersten Platz in der Beliebtheitsskala, die durch die Verkaufsziffern ausgedrückt wird, nehmen in der Bundesrepublik Deutschland wie in der ganzen Welt nach wie vor jene Romane ein, die einen Detektiv bei der Aufklärungsarbeit zeigen, sei er nun freischaffend oder beamtet.

Sind wir nun klüger geworden und weitergekommen, wissen wir genauer, weshalb Agatha Christie und Erle Stanley Gardner zu Umsatzmillionären wurden, weshalb die Menschen – und wie viele behaupten, die gebildeten und intellektuellen besonders gern – Kriminalromane lesen?

Wir wagen nicht zu behaupten, wir wüßten es. Unsere Antwort bleibt vage – auch wenn sie eindeutig zu sein scheint. Die Menschen lesen Kriminalromane, wie alles, was sie freiwillig lesen, zum Vergnügen, zu ihrer Spannung und Entspannung. Und spannend ist für jeden etwas anderes. Den einen schlagen Rätselspiele à la Christie oder John Dickson Carr in Bann. Den anderen faszinieren die verschlungenen Schneisen, die Ross Macdonalds Detektiv in das Dickicht der kalifornischen Gesellschaft schlägt. Der dritte entzückt sich an der Art und Weise, wie Simenons Maigret gewissermaßen in die Gedankenwelt des Täters zu schlüpfen weiß. Ja, es soll sogar Leser geben, die einen der besten Werbesprüche der Branche nachvollziehen können: »Es ist unmöglich, von Edgar Wallace nicht gefesselt zu sein«.

[1] *Bertolt Brecht:* Über die Popularität des Kriminalromans, aus B. B., Gesammelte Werke, Bd. 19, Schriften zur Literatur und Kunst II, Frankfurt/Main 1969, S. 450ff.

[2] *Ernst Kaemmel:* Literatur unterm Tisch. Der Detektivroman und sein gesellschaftlicher Auftrag. Aus Neue deutsche Literatur 10, 1962. Zitiert nach *J. Vogt*: Der Kriminalroman, München 1971, S. 516ff.

[3] *Richard Gerber:* Verbrechensdichtung und Kriminalroman, in *J. Vogt*: Der Kriminalroman, S. 404ff.

[4] *Ernst Bloch:* Philosophische Ansicht des Kriminalromans, in *J. Vogt*: Der Kriminalroman, S. 322ff.

[5] *Harry Proll:* Zur Wirkung der Kriminalromane. Aus: Zeitschrift für politische Psychologie und Sexualökonomie. Zitiert nach *J. Vogt*: Der Kriminalroman, S. 500ff.

[6] *Rudolf Röder:* Zur Frage des Kriminalromans. Aus: Bücherei und Bildung 2, 1950, S. 679ff.

[7] *Peter Nusser:* Der Kriminalroman. Stuttgart 1980. S. 159ff.

[8] *Raymond Chandler:* Das hohe Fenster. Aus dem Amerikanischen von Urs Widmer. Diogenes Verlag, Zürich 1975.

[9] *Ross Macdonald:* Der Untergrundmann. Aus dem Amerikanischen von Hubert Deymann. Rowohlt Verlag, Reinbek 1975.

[10] *Robert B. Parker:* Einen Dollar für die Unschuld. Aus dem Amerikanischen von Ute Tanner. Ullstein Verlag, Frankfurt/Berlin/Wien 1983.

[11] *Pierre Boileau/Thomas Narcejac:* Der Detektivroman (Le roman policier). Neuwied/Berlin 1967, S. 154ff.

Die Klassiker und ihre Erben

Die großen Kombinierer:

Von Edgar Allan Poe zu Arthur Conan Doyle

In vielen gelehrten Literaturgeschichten sind Friedrich von Schiller, Heinrich von Kleist und E. T. A. Hoffmann als Urväter der Kriminalgeschichte angegeben: der Krimi – eine deutsche Erfindung. In gewissem Sinn ist das nicht falsch. Sowohl *Der Verbrecher aus verlorener Ehre* (1786) als auch *Michael Kohlhaas* (1810) und *Das Fräulein von Scudéri* (1819) erzählen von verbrecherischen Handlungen, E. T. A. Hoffmanns *Das Fräulein von Scudéri* sogar in Form einer Detektivgeschichte, welche den Täter der Überfälle und Morde im »Zeitalter Ludwigs des Vierzehnten« Schritt für Schritt offenbart. Doch keine dieser Erzählungen hat irgendwelche Folgen gezeitigt, keine hat Mode gemacht und andere Schriftsteller dazu bewogen, ihre Erzählmethode zu übernehmen und auszubauen. Es blieb einem Amerikaner vorbehalten, zum Ahnherrn der Gattung Detektiv- und Kriminalroman zu werden.

Im April 1841 erschien in »Graham's Magazine« in Philadelphia eine Erzählung, die als die erste wirkliche Detektiv-Story der Literaturgeschichte zu gelten hat: *The Murders in the Rue Morgue* (›Die Morde in der Rue Morgue‹). Ein poetisches Motto ist ihr vorausgestellt: »Welch' Lied die Sirenen sangen oder welchen Namen Achill annahm, da er sich unter Frauen verbarg, sind wohl verwirrende Fragen, doch liegen sie nicht jenseits aller Mutmaßung«; eine eigenartig neue Tonart wird gleich mit diesem Motto angeschlagen. Ihm folgt eine längere, theoretisierende Einleitung, ehe die eigentliche Erzählhandlung beginnt; die Erzählung von ungefähr 50 Druckseiten Umfang kommt nur sehr umständlich zum Thema. Ihr Autor ist zwar ein Redakteur von »Graham's Magazine«, aber keineswegs irgendwer; er heißt Edgar Allan Poe und gilt als eine der großen Dichterfiguren der schwarzen Romantik außerhalb von Europa.

Das auslösende Moment in Poes Geschichte ist ein brutaler Doppelmord. In einem von innen verschlossenen Zimmer werden zwei Damen, Mutter und Tochter, umgebracht; die eine der beiden Leichen ist mit schier übermenschlicher Kraft in den Kamin hineingezwängt worden. Unmittelbar nach dem Mord, der durch die Schreie der Opfer augenblicklich entdeckt wird, hört man im Innern der Wohnung »zwei Stimmen in lautem und ärgerlichem Streite – die eine schroff und barsch, die andere weit schriller – eine sehr fremdartige Stimme«.

Gleich zu Beginn der Krimi-Historie also eines jener Rätsel, die fortan die Gattung bestimmen werden: das Geheimnis des Mordes im – von innen – verschlossenen Raum. Meistens ist dieser Raum nur scheinbar verschlossen oder zur Tatzeit jedenfalls nicht verschlossen gewesen. Bei Poe jedoch ist die Verriegelung echt. Das Geheimnis löst ein sehr scharfsinniger junger Mann aus »hervorragender, ja illustrer Familie« auf eine äußerst verblüffende Weise. C. Auguste Dupin, der das Vorbild abgibt für ganze Generationen ihm nachfolgender Detektive, legt dar – und beweist –, daß die scheinbar unerklärliche Tat unmöglich von einem Menschen begangen worden sein kann. Sinn ergibt sie nur als Gewaltakt einer wilden Bestie: eines Menschenaffen nämlich mit ungeheuren Kräften. Tatsächlich war das Tier seinem Besitzer, einem Matrosen, der es aus Borneo mitgebracht hatte, ausgebüxt; die beiden Stimmen, sehr schrill und fremdartig die eine, waren die von Tier und Tierhalter, der sein Vieh ausschalt und zurückholte.

Natürlich geht es Poe gar nicht um die realistische Darstellung des Mordfalls. Wichtig ist ihm die Schilderung einer Denkmethode, mit der sich Rätselnüsse dieser vertrackten Art knacken lassen, und so entwikkelt sich ein Verfahren, das über Jahrzehnte hinweg für den Detektivroman bestimmend bleibt.

Zu diesem Verfahren schreibt Poe selbst in der Einleitung seiner Erzählung: »Wie sich der starke Mensch begeistert seiner körperlichen Fähigkeiten freut, indem er an allen solchen Übungen Gefallen hat, die seine Muskeln zum Einsatz bringen, so entzückt den Analytiker jene geistige Wirkungskraft, die entwirrt. Er zieht Genuß aus noch den banalsten Verrichtungen, bringen sie nur seine Gaben recht ins Spiel. Er findet Gefallen an Denkaufgaben, an Rätseln, an Hieroglyphen, und bei ihrer aller Lösung legt er einen Grad von Scharfsinn an den Tag, welcher dem gemeinen Begreifen außernatürlich erscheint. Seine Ergebnisse, erbracht wohl ganz im Wesen und Geiste der Methode, haben in Wahrheit durchaus den Hauch von Intuition an sich. Beträchtlich gestärkt wird die Fähigkeit des Wieder-Auflösens möglicherweise von mathematischen Studien und vorzüglich von deren bedeutendstem Zweige, welcher zu Unrecht und lediglich in Betracht seiner rückschlüssigen Verfahrensweise als Analyse – und zwar ganz wie *par excellence* – bezeichnet wird«.

Rückschlüsse, Deduktionen sind die bevorzugte Methode von Poes Detektiv (wie auch seiner späteren Nachfolger). Was nicht sein kann, wird Schritt für Schritt ausgeschlossen, bis nur noch eine mögliche Lösung übrig bleibt – und mag sie den simplen Durchschnittsverstand zunächst auch noch so unwahrscheinlich anmuten. Während die Polizei bei ihren Versuchen, die Morde in der Rue Morgue aufzuklären, in den »weit verbreiteten Irrtum verfallen ist, das Ungewöhnliche mit dem Abstrusen zu verwechseln«, ertastet sich die analytische Methode des Detektivs »gerade anhand dieser Abweichungen vom platt Gewöhnlichen« ihren Weg zum Auffinden der Wahrheit. Mit den Worten von Auguste Dupin: »In der Tat steht die Leichtigkeit, mit der ich zur Lösung des Geheimnisses gelangen werde – oder bereits gelangt bin –, im direkten Verhältnis zu seiner anscheinenden Unlösbarkeit in den Augen der Polizei«.

So laut er freilich innerhalb der Geschichte die Reklametrommel für die analytischen Fähigkeiten seines Helden schlug, so wenig neigte Poe dazu, diese Fähigkeiten zu überschätzen. »Was ist«, schrieb er einem Freund, »denn zum Beispiel bei der Entwirrung des Gewebes in *Murders in the Rue Morgue* genial, wenn man selbst (als Autor) dieses Gewebe gesponnen hat, eben um es dann entwirren zu können?«[1]

Bis 1845 hat Poe noch drei weitere Geschichten publiziert, die als Detektiverzählungen gelten können. Anderthalb Jahre nach den »Morden in der Rue Morgue« – und vom Autor selbst im Untertitel als eine Fortsetzung zu ihnen bezeichnet – erschien, beginnend in der November-Nummer, in »Snowden's Lady's Companion« in drei Folgen ›Das Geheimnis der Marie Rogêt‹ (*The Mystery of Marie Rogêt*). Am 21. und 28. Juni 1843 veröffentlichte der »Dollar Newspaper« in zwei Folgen die Erzählung ›Der Goldkäfer‹ (*The Gold Bug*); zwei Jahre später folgte, in dem Almanach »The Gift«, die letzte der vier Detektivgeschichten Poes, ›Der stibitzte Brief‹ (*The Purloined Letter*).

In zwei dieser drei Geschichten, nämlich in ›Das Geheimnis der Marie Rogêt‹ und in ›Der stibitzte Brief‹, ist der Detektiv derselbe wie in der Story vom Affenmord: jener C. Auguste Dupin, den seinerzeit in »Graham's Lady's and Gentleman's Magazine« ein als Ich-Erzähler fungierender Freund in die Handlung eingeführt hatte. Poe hatte seinen Helden, so vermutet die Forschung, einer historischen Figur nachgezeichnet, die er kurz zuvor als Rezensent eines Buches über berühmte französische Persönlichkeiten kennengelernt hatte, und sogar den richtigen Familiennamen des Mannes benutzt: des Advokaten André Marie Jean Jacques Dupin, den seine scharfsinnigen Plädoyers bekannt gemacht hatten und der seit 1832 Präsident der französischen Deputiertenkammer war. In beiden Erzählungen fungiert wiederum der ungenannte Freund als Ich-Erzähler – und beide spielen wiederum in Paris. Letzteres ist vor allem im Falle des »Geheimnis der Marie Rogêt« einigermaßen verwunderlich. Denn diese Geschichte ist der Wirklichkeit eines echten Mordfalles in New York nachgebildet, der noch nicht aufgeklärt war, als Poe seine Erzählung publizierte, der sich aber später ähnlich entwickelte, wie Poe ihn vorausahnend entworfen hatte.

Als einzige der vier Poeschen Detektiverzählungen fällt die Geschichte vom »Goldkäfer« aus dem Rahmen. Auch sie hat einen Ich-Erzähler, der die kombinatorischen Fähigkeiten des eigentlichen Helden ins rechte Licht rückt. Aber sie nimmt kein grausiges Verbrechen zum Anlaß der Ermittlungen (obwohl sie letzten Endes an eines gerät), und sie spielt in Amerika.

Die Ansiedlung der Handlung in den USA freilich hat einen bestimmten Grund. Poe, ständig in Geldschwierigkeiten, reichte die Erzählung, die bereits für 52 Dollar an »Graham's Magazine« verkauft war, bei einem Wettbewerb des »Dollar Newspaper« ein, nachdem er erfahren hatte, daß der erste Preis dieses Wettbewerbs 100 Dollar waren. Er gewann den Wettbewerb und die 100 Dollar: das höchste Honorar, das er je für eine Erzählung erhielt. Die Geschichte wurde rasch zur erfolgreichsten Erzählung Poes. Bereits 1844, ein Jahr also nach dem Abdruck im »Dollar Newspaper«, beziffert Poe selbst ihre Auflage gegenüber einem Biographen mit 300000 Exemplaren.

›Der Goldkäfer‹ ist die Geschichte von der Auffindung eines Piratenschatzes, und ihre detektivisch-analytischen Aspekte bestehen in der Entzifferung des Lageplanes, der nicht nur mit Geheimtinte auf ein durch Zufall aufgefundenes Pergament geschrieben, sondern auch in einem Zahlencode verfaßt ist, den der Held der Geschichte, ein Südstaaten-Gentleman namens Legrand, zu knacken weiß. Kritiker haben Poe mehrere eher sachliche als kombinatorische Fehler in der Geschichte nachgewiesen, vom Abspülen des verdreckten Pergaments mit Wasser, das auch die Geheimtinte zerstört hätte, bis zur durch das linke statt das rechte Auge eines Totenkopfes gezogenen Fallinie, durch die unmöglich die von Poe beschriebene Abweichung der Grabestelle vom tatsächlichen Schatzort habe zustandekommen können. Auch die von ihm – aus »Ree's Cyclopaedia« – übernommene Häufigkeitstabelle der Buchstaben in der englischen Sprache sei falsch gewesen und habe zum vom Autor gewünschten Ergebnis nicht führen können. Aber derart kleinliche Kritik hat auch später den Erfolg eines Kriminalromans nicht verhindern können, wenn die übrigen Ingredienzien, vor allem das Spannungsmoment, stimmten. Und bei Poe stimmte alles, bis hin zur Zeit, die offensichtlich reif war für Geschichten dieser Art.

Noch zu Poes Lebzeiten – er starb 1849, vermutlich am Delirium tremens – erschienen die ersten Übersetzungen seiner Detektivgeschichten in französischer Sprache. 1845 erscheint in der »Revue Britannique« eine Übertragung von ›Der Goldkäfer‹. 1846 publizieren gleich zwei Pariser Zeitungen – ohne Poes Autorenschaft auch nur zu erwähnen – Bearbeitungen von ›Die Morde in der Rue Morgue‹; im Juni »La Quotidienne«, im Oktober »Le Commerce«. Doch die ganze Popularität Poes wird erst sichtbar, als Emile Gaboriau um das Jahr 1860 ›Die Morde in der Rue Morgue‹ in einem vorzüglich nachgemachten Roman plagiiert, der gleichsam zum Stammvater des französischen Detektivromans wird – mit Gaboriau selbst als erstem Klassiker der neuen Gattung.

Geboren 1832 in Saujon, verdingte sich Gaboriau zunächst als Sekretär bei Paul Féval, dem neben Alexandre Dumas populärsten französischen Romancier seiner Zeit. Für Féval recherchierte Gaboriau in den Gefängnissen und bei Gericht – ein Kapital, das reiche Zinsen trug, als Gaboriau sich 1859 selbständig machte und, zunächst in Groschenheften, eigene Romane publizierte.

Eine wichtige Rolle in der Entwicklung der Gattung spielt Gaboriaus achter Roman ›Die Affäre Lerouge‹ (*L'affaire Lerouge*), 1866 erschienen. In ihm überführt der Polizeiinspektor Tabaret einen verlogenen Aristokraten der Ermordung der Witwe Lerouge, die nahe der Place D'Italie erwürgt aufgefunden wird (Gaboriau hatte den Fall, der die Pariser Polizei vor ein schwieriges Problem stellte, für eine Zeitung recherchiert und hielt sich auch im Roman akribisch an die Tatsachen). In einer Nebenrolle tritt bereits der »Polizeidetektiv« Lecoq auf, der in späteren Büchern Gaboriaus ins Zentrum der Handlung tritt und zum ersten wichtigen »Polizeidetektiv« der Weltliteratur wird.

Schon Gaboriaus nächster Roman *Le crime d'Orcival* (›Das Verbrechen von Orcival‹) verhalf der Zeitschrift »Petit Journal« zu einer Auflage von 400000 Exemplaren. Zwei Jahre später erscheint das Buch, das dem Serienhelden Lecoq – der im Laufe der Zeit immer mehr Eigeninitiative entwickelt hat und deshalb bald Probleme mit seinen Vorgesetzten bekommt – schon im Titel ein bleibendes Denkmal setzt: *Monsieur Lecoq* (›Herr Lecoq‹). Der Roman schildert eine ziemlich verzwickte Geschichte aus der Zeit der Französischen Revolution. In einer Vorstadtspelunke werden drei Strolche von einem schäbig gekleideten

Mann erschossen, den die Polizei bei einer Razzia festnimmt. Der Mann plädiert auf Notwehr, und Zeugen bestätigen diese Aussage. Die Polizei will die Untersuchung einstellen, als dem jungen Polizisten Lecoq einiges spanisch vorkommt. Gegen den Widerstand seiner Vorgesetzten übernimmt er den Fall und klärt ihn auf. Der Mörder der Ganoven ist ein Herzog, der vor Gericht gestellt, aber freigesprochen wird; er hat einerseits den Mord an jener Frau gerächt, die seine einzige Liebe gewesen ist, andererseits seine intrigante Gattin in jener Kneipe vor der Gewalt ihrer eigenen Komplizen geschützt (zugegeben: die Geschichte ist ziemlich kompliziert).

Gaboriau wird nur 41 Jahre alt; er stirbt bereits 1873. Aber er reicht den Staffelstab der Kriminalgeschichte weiter an einen Autor, der sie dann endgültig etabliert: Von Arthur Conan Doyle, dem englischen Erfinder des Sherlock Holmes, weiß man, daß er von Gaboriau viel gelernt und einiges davon für die Gestaltung seines eigenen Detektivs verwandt hat.

In Frankreich führt der fünf Jahre vor Gaboriaus Tod in Paris geborene Gaston Leroux erst einige Jahrzehnte später Gaboriaus Arbeit weiter. Leroux studiert Jura, wird Journalist, erbt ein Vermögen und verspielt es. Er wohnt und stirbt in einer Villa in Nizza, schreibt ungefähr 50 Romane und soll, wie Arnold und Schmidt berichten, jedesmal »einen Schuß aus dem Fenster seines Arbeitszimmers abgegeben haben«, wenn er »wieder ein Werk abgeschlossen hatte«[2]. Leroux' Roman ›Das Phantom der Oper‹ (*Le fantome de l'Opéra*) rühmt Walter Benjamin als »einen der großen Romane des 19. Jahrhunderts« (obwohl das Buch, in seinem Charakter tatsächlich ein Werk des Fin de Siècle, erst 1910 veröffentlicht wurde). Doch in die Geschichte des Kriminalromans ist Leroux eher mit den Büchern um die Figuren des »guten Verbrechers« Chéri-Bibi und des Detektivs Rouletabille eingegangen, der in Leroux' – neben dem »Phantom der Oper« – berühmtesten Roman ›Das Geheimnis des gelben Zimmers‹ zum ersten Mal auftaucht.

Rouletabille ist kein Polizist, sondern ein Privatier, allerdings kein reicher Dandy wie noch Poes Auguste Dupin und dann wieder Sherlock Holmes, sondern ein hart arbeitender Zeitungsreporter. »Sein frischer Kopf war kugelrund, und aus diesem Grunde, denke ich, hatten ihm seine Kollegen von der Presse jenen Beinamen gegeben, den er immer behalten sollte: Rouletabille, Rollkugel«.

Schon als 16jähriger wird Joseph Josephin, so Rouletabilles Geburtsname, bei einer Zeitung angestellt, weil er »den linken Fuß der zerstükkelten Frau in der Rue Oberkampft entdeckt« hat. »Es dauerte nicht lange, so war der neue Mitarbeiter mit dem bartlosen Kindergesicht bei der ganzen Redaktion ungemein beliebt geworden, denn er war gegen jedermann gefällig und mit einem gesunden Humor begabt, der selbst den Griesgrämigsten erheiterte und alle Neider entwaffnete. Im Advokatencafé, wo die Tagesreporter damals zusammenzukommen pflegten, ehe sie sich aufs Gericht oder zur Polizeipräfektur begaben, um ihr tägliches Verbrechen zu holen, kam er bald in den Ruf eines Allerweltskerls, der es fertigbrachte, sogar bis ins Allerheiligste des obersten Polizeichefs zu dringen«.

Im »Geheimnis des gelben Zimmers« löst Rouletabille ein ähnliches Rätsel, wie es Poe in den »Morden in der Rue Morgue« konzipiert hatte. In ihrem Zimmer im Schlosse Glandier, dessen einziges Fenster vergittert, dessen Tür von innen verriegelt ist, wird die Tochter des Schloßherrn gewürgt und anscheinend mit einem schweren Gegenstand geschlagen; im Verlauf der Untersuchungen gibt es einen Toten (während Mathilde Stangerson, die zunächst Überfallene, nicht tot ist). Was die Polizei nicht schafft, gelingt Rouletabille. Er überführt den Bösewicht des vertrackten Falles – den Gaston Leroux in der Absicht angerichtet hat, Poes Rue Morgue-Morde an Rätselhaftigkeit zu übertreffen –, läßt ihn aber entwischen, weil dieser Mörder im nächsten Roman, ›Das Parfüm der Dame in Schwarz‹ (*Le parfum de la dame au noir; 1909*), erneut benötigt wird. Sein Schicksal ist, wie das der überfallenen Mathilde Stangerson, mit dem des Detektivs eng verbunden; die beiden sind Rouletabilles Eltern, und deshalb kann der Held den Verbrecher auch diesmal nicht der irdischen Gerechtigkeit zuführen; doch löst der Bösewicht das Problem dadurch, daß er Gift schluckt und freiwillig aus dem Leben scheidet.

Rouletabille kommt in insgesamt acht Romanen von Gaston Leroux vor. Aus dem Fall des Parfüms der Dame in Schwarz reist der Detektiv nach Rußland, wo er dem Zar aus der Klemme hilft (*Rouletabille chez le Tsar*; 1913). Weitere Abenteuer verbringt er als Kriegsberichterstatter auf dem Balkan, wo er in dem Roman ›Das schwarze Schloß‹ (*Le château noir*) die schöne Bulgarin Ivana kennenlernt, die er am Ende des Romans ›Die dunklen Nächte des Rouletabille‹ (*Les étranges noces de Rouletabille*; beide 1916) nach vielen Aufregungen und kriminellen Abenteuern schließlich heiratet. Die frühen Romane von Leroux, ›Das Geheimnis des gelben Zimmers‹ zumal, sind exakt so gebaut wie die Poeschen Vorbilder. Ein Bewunderer als Ich-Erzähler erspart es dem Detektivhelden, seine kühnen Analysen, Deduktionen und auch Taten selbst zu leben, und stellt gleichzeitig die Fragen, die auch den Leser ankommen. In den späteren Rouletabille-Romanen dagegen ist die indirekte Darstellung aufgegeben; sie sind in der dritten Person aus der Perspektive eines allwissenden Erzählers geschrieben, der die Fragen des Lesers an die Handlung als rhetorische Fragen in den Handlungsverlauf einflicht.

Auch in England haben mittlerweile einige Autoren die Anregungen aufgenommen, die Poe von Amerika aus gab. Ein gutes Jahrzehnt nach der Veröffentlichung von ›Die Morde in der Rue Morgue‹ publiziert Charles Dickens, dessen literarisches Werk voll ist von kriminellen Handlungen und Verbrechen, den Roman *Bleak House* (›Bleakhaus‹; 1852). In einem der vielen Handlungsstränge des Romans ermordet eine vornehme Lady einen Anwalt, der ihr angedroht hat, das Geheimnis eines früheren Seitensprungs ihrem Gatten mitzuteilen, und der Polizeidetektiv Bucket klärt den Fall auf. Bucket ist ein eher unsympathischer und keineswegs mit scharfem analytischem Verstand begabter Mensch; vielleicht fiel sein Erfolg beim Publikum deshalb so bescheiden aus. *Bleak House* ist auch nicht eigentlich ein Kriminalroman – und das Buch, das Dickens als Kriminalroman geplant hatte, ist nie fertig geworden; der Autor starb, 1870, nach sechs Kapiteln von *The Mystery of Edwin Drood* (›Das Geheimnis des Edwin Drood‹).

So kommt der Ruhm, der erste englische Krimiautor gewesen zu sein, dem ehrenwerten Rechtsanwalt Wilkie Collins zu, der zeitweise mit Dickens zusammengearbeitet hat. Collins' wohl berühmtester Roman, *The Woman in White* (›Die Frau in Weiß‹; 1860), gehört dem Krimigenre allenfalls ganz am Rande an; es handelt sich um eine »gothic novel«, einen »Schauerroman«, in dem die Nebel wabern, die Geister spuken und die Schufte schuften, was das Zeug hält.

Doch Collins hat – 1868 – auch einen richtigen Kriminalroman geschrieben und dafür nicht geringes Lob von T. S. Eliot geerntet, der den »Monddiamant« (*The Moonstone*), eine 500-Seiten-Schwarte, »the first, the longest, and the best of modern English detective novels«[3] genannt hat. Die Handlung nimmt ihren Ausgang in Indien, wo der englische Kolonialoffizier Herncastle einen berühmten Diamanten stiehlt, der früher einmal die Stirn einer Götterfigur geschmückt hatte. Drei Inder versuchen, den ihnen heiligen Stein, den Herncastle nach seinem (natürlichen) Tod einer jungen Dame vermacht hat, nach Indien zurückzuholen; ein halbes Dutzend mehr oder weniger geldgieriger Briten möchte das Kleinod ebenfalls in seinen Besitz bringen. Verschiedene Handlungsstränge werden von unterschiedlichen Personen erzählt, und Sergeant Cuff, ein Beamter von Scotland Yard, hat es mit einem verzwickten Fall zu tun, dessen Diebstähle und Morde zusätzlich kompliziert werden durch Handlungen, die in Trance begangen werden oder – von Verliebten verübt – die Aktionen eines Beteiligten vertuschen sollen. Cuff ist nicht eben ein Adonis, aber auch nicht unsympathisch: ein älterer, hagerer, grauer Mann mit scharfgeschnittenem Gesicht, dessen exzentrische Neigung der Rosenzucht gilt. So weist Cuff von der Physiognomie und der Ausgefallenheit seiner Neigungen mit Maßen voraus auf eine Figur, die rund zwei Jahrzehnte später das Image der Gattung prägen wird wie keine andere: den Sherlock Holmes des schottischen Arztes Arthur Conan Doyle, der in dem – aus Geldmangel geschriebenen – Roman *A Study in Scarlet* (deutscher Titel: ›Späte Rache‹, auch: ›Studie in Scharlachrot‹) 1887 das Licht der Welt erblickte.

Arthur Conan Doyle, Sohn eines Malers, wurde am 22. Mai 1859 in Edinburgh geboren. Er besuchte ein Jesuitencollege in Stonyhurst und, nach der Abschlußprüfung, das Jesuitengymnasium in Feldkirch (Österreich), ehe er in seiner Heimatstadt Medizin studierte. Zu seiner frühesten Lektüre gehörten, wie Arnold und Schmidt berichten[4], die Erzählungen von Edgar Allan Poe und Bret Harte, die auch Doyles erste literarische Produkte – die Novelle *The Mystery of Sasassa Valley* erschien im Oktober 1879 im »Chamber's Journal« – beeinflußten.

Noch bevor Doyle 1881 sein Arztpatent erhielt (die Promotion folgte vier Jahre später), fuhr er ein Jahr als Chirurg auf einem Walfänger in der Arktis. In Southsea bei Portsmouth eröffnete Doyle eine Praxis, die jedoch keinen großen Erfolg hatte. So begann Doyle, inzwischen verheiratet, wieder mit dem Schreiben, diesmal weniger aus literarischen als aus finanziellen Interessen. 1887 erschien dann sein erster Roman *A Study in Scarlet*. Auf dessen dritter Seite taucht der Name Sherlock Holmes zum ersten Mal auf; vier Seiten weiter wird uns der junge Mann selbst vorgeführt, in ein chemisches Experiment vertieft, das einen Stoff isolieren soll, der nur auf Hämoglobin und auf sonst gar nichts reagiert, also Blutspuren zuverlässig nachweisen soll.

Arthur Conan Doyle kann beim Schreiben von *A Study in Scarlet* eigentlich noch nicht daran gedacht haben, daß sein Detektivheld einmal eine Serienfigur werden würde, die erste in der Geschichte der Gattung, deren Existenz ihm durch die Lektüre der Romane von Wilkie Collins und Emilie Gaboriau bekannt war. Doch, merkwürdig genug: Bereits im zweiten Kapitel des Buches befindet sich ein »Überblick über Sherlock Holmes' Kenntnisse« in Listenform, ganz so, als solle etwas für die

Zukunft ein für alle Mal festgehalten werden. Diese Liste sieht folgendermaßen aus:

»Überblick über Sherlock Holmes' Kenntnisse:

1. Literatur: Null.
2. Philosophie: Null.
3. Astronomie: Null.
4. Politik: Schwach.
5. Botanik: Unterschiedlich. Umfassende Kenntnisse in Toxikologie. Eigentliche Pflanzenkunde: Null.
6. Geologie: In bestimmten Zweigen große praktische Erfahrung. Unterscheidet auf einen Blick die verschiedenen Erdarten. Nach der Rückkehr von Spaziergängen kann er von den verschiedenen Spritzflecken auf seinen Hosen sagen, aus welchen Vierteln Londons sie stammen.
7. Chemie: Umfassende Kenntnisse.
8. Anatomie: Gründliche, aber unsystematische Kenntnisse.
9. Kriminalgeschichte: Erstaunlich umfassende Kenntnisse. Er scheint jede Greueltat, die in unserem Jahrhundert verübt wurde, bis in alle Einzelheiten zu kennen.
10. Guter Geigenspieler.
11. Ausgezeichneter Boxer und Fechter.«

Hinzuzufügen wäre, daß an Sherlock Holmes ein vorzüglicher Schauspieler verlorengegangen ist. Der Detektiv ist ein Meister der Maske und der Verkleidung; er liebt es, sich als ein anderer, möglichst von minderer sozialer Stellung, in den Umkreis Verdächtiger einzuschmuggeln und so Informationen zu erhalten, die ihm als Detektiv verborgen bleiben würden. Holmes ist, wie seine Qualitäten als Geigenspieler bereits vermuten lassen, Musikliebhaber; seine besondere Zuneigung gilt Richard Wagner, dessen Opern er in Covent Garden anzuhören pflegt, wann immer seine Fälle ihm die Zeit lassen. Holmes ist Pfeifenraucher, freilich auch härteren Drogen nicht abgeneigt. In den Pausen zwischen seinen Fällen pflegt er der langweiligen Realität auf den Wolken eines Morphiumrausches zu entfliegen; der Dandy Holmes bewegt sich – wie viele literarische und real existierende Dandys seiner Zeit – außerhalb der gesellschaftlichen Normen: Was kriminell ist, entscheidet er selbst.

Wie auch fast alle späteren Sherlock-Holmes-Geschichten, wird *A Study in Scarlet* von Dr. John H. Watson erzählt, einem jungen Militärarzt, der in Indien gedient hat und in Afghanistan verwundet wurde. Ein gemeinsamer Bekannter vermittelt die Bekanntschaft mit Holmes, der, wie Watson, jemanden sucht, mit dem er eine große Wohnung teilen könnte. Die beiden Junggesellen ziehen zusammen, und es entwickelt sich eine Freundschaft, in der Holmes der tonangebende Teil ist. Watson, von Holmes in späteren Jahren grundsätzlich als »mein Freund und Kollege« vorgestellt, ist nicht nur Holmes' Biograph, sondern auch etwas wie Holmes' geistiger Sparringspartner und Reflexionswand; seine Fragen und Widersprüche, sein Unverstand, lassen Holmes seine Gedanken und Intuitionen, seine Analysen, Deduktionen und Kombinationen um so luzider erklären. Zugleich hat Watson eine für das Gleichgewicht der Geschichte und das Selbstbewußtsein des Lesers wichtige Funktion. Watson ist in der Handlung die Figur, mit der sich der Leser identifizieren kann. Während ihm Holmes als eine Art intellektueller Übermensch vorgestellt wird, gegenüber dem sich der Leser fast blöd vorkommen muß, richtet Dr. Watson den frustrierten Leser wieder auf; wenn dieser keineswegs dumme Mann bei gleicher Kenntnis der Sachverhalte und Indizien außerstande ist, jene genialischen Ableitungen zu treffen, die Sherlock Holmes offenbar ohne jede gedankliche Schwierigkeit vollzieht, muß sich auch der Leser nicht schämen, der ebenfalls auf (oder knapp unter) Watsons Niveau bleibt.

Später hat Doyle, der 1902 geadelt wurde, gelegentlich auch versucht, die Perspektive zu wechseln. Erzählungen wie ›Kardinal Mazarins Diamant‹ (1903) und ›Der letzte Fall‹ (1914) – mit der letzteren wagt sich Sir Arthur Conan Doyle auf das Gebiet der noch jungen Spionage-Geschichte, natürlich mit antideutschem Effekt – sind in der neutralen dritten Person geschrieben, und in der Erzählung ›Der bleiche Soldat‹ (1903) darf sogar Holmes selbst erzählen, wie er das Verschwinden des jungen Godfrey Emsworth aufklärt. Natürlich ist Doyle klug genug, den Helden mit Selbstironie nicht sparen zu lassen. Aber so ganz funktioniert das Verfahren gleichwohl nicht, und so hat es Doyle bei einigen wenigen Fällen der Abweichung von der üblichen Erzählperspektive bewenden lassen.

Nach der Veröffentlichung von *A Study in Scarlet* dauerte es fast drei Jahre, bis Doyles nächste Sherlock-Holmes-Geschichte erschien. »Lippincott's Magazine« in Philadelphia bestellte einen weiteren, nicht zu langen Sherlock-Holmes-Roman, der im Februar 1890 erschien: *The Sign of Four* (›Das Zeichen der Vier‹). Doch berühmt machte Doyle und seinen Detektiv erst der Abdruck der Erzählung *A Scandal in Bohemia* (›Ein Skandal in Böhmen‹) in der neuen Londoner Zeitschrift »Strand« im Juli 1891. Doyle wollte ursprünglich sechs Sherlock-Holmes-Erzählungen schreiben, ließ sich aber von der Großzügigkeit des Honorars zum Doppelten seiner Planung verleiten. Im Februar 1892 stockte er das erste Dutzend Erzählungen um ein weiteres Dutzend auf, nachdem seine – wie ihm schien, größenwahnsinnige – Honorarforderung von 1000 Pfund für zwölf Geschichten ohne weiteres akzeptiert worden war.

Damit freilich sollte Schluß sein. In der letzten Erzählung der zweiten Serie versuchte Doyle, seinen Helden ein für alle Mal aus der Welt zu schaffen. Ein Fall führt Holmes – wie den Autor zuvor eine Erholungsreise – zu den Reichenbach-Wasserfällen bei Meiringen in der Schweiz; Sherlock Holmes stürzt den Fall herunter und bleibt verschollen; er ist offenbar ums Leben gekommen.

Vielleicht hatte Doyle bei seinem Mordplan für Sherlock Holmes von Beginn an die Absicht, sich ein Hintertürchen offen zu halten; schließlich hat er Holmes' Leiche nie herausgerückt. Jedenfalls erschien, gleichsam aus dem »Nachlaß«, zwischen August 1901 und April 1902, in Fortsetzungen im »Strand« der dritte und heute wohl berühmteste der Doyleschen Sherlock-Holmes-Romane, ›Der Hund von Baskerville‹ (*The Hound of the Baskervilles*), und 1903 ließ Doyle Sherlock Holmes ganz offiziell von den Toten wiederauferstehen; ein 30000-Dollar-Angebot aus den USA, vom »Strand« um ein erkleckliches Sümmchen aufgestockt, hatte seine literarisch-moralischen Bedenken (die Holmes-Geschichten verdunkelten Doyles Ruhm als Verfasser historischer Romane, an dem ihm viel mehr gelegen war, beträchtlich) verstummen lassen. Bis zu Doyles Tod im Jahre 1930 erschienen 32 weitere Sherlock-Holmes-Erzählungen und der Roman *The Valley of Fear* (›Das Tal des Grauens‹; 1915), so daß insgesamt 56 Erzählungen und 4 Romane mit dem berühmtesten aller Detektive aus Doyles Feder vorliegen.[5] Doch war Doyles Produktion von Sherlock-Holmes-Geschichten bis zum Ausbruch des Ersten Weltkriegs im wesentlichen beendet; er hatte mit diesen Erzählungen und ihren Hauptfiguren genug Geld verdient und konnte es sich einfach leisten, für den Rest seines Lebens auf sie zu verzichten.

Die Frage, ob die eigentliche Popularität von Holmes und die größere literarische Leistung seines Erfinders in den 56 Holmes-Erzählungen oder doch eher in den vier Holmes-Romanen Doyles zu finden ist, läßt sich nicht leicht beantworten. Natürlich ist in den Romanen die Personencharakterisierung reicher, die Handlungsführung trickreicher; zwischen den Punkten A und B, dem Mord und seiner Aufklärung durch den Detektiv, liegt in den Romanen eine größere Distanz, die der Autor zu Umwegen und trickreichen Ablenkungen weidlich nutzt. Doch ob dabei für die literarische Spannung wesentlich mehr herauskommt, darf bezweifelt werden. Nicht zufällig benötigt Arthur Conan Doyle in zwei der vier Romane, *A Study in Scarlet* und *The Valley of Fear*, etwas wie einen Roman im Roman, um die Vorgeschichte der Fälle zu erzählen, die Holmes in seiner Londoner Wohnung in der berühmten Baker Street 221 b löst, deren Wurzeln aber in beiden Fällen weit in den Wilden Westen Amerikas zurückreichen.

Die detektivische Methode von Holmes bleibt ohnehin in den Erzählungen wie in den Romanen gleich – und sie ähnelt auffällig der des C. Auguste Dupin in Edgar Allan Poes Erzählungen. Er gehe, erklärt Holmes in der Erzählung ›Der bleiche Soldat‹, gewöhnlich von folgender Maxime aus: »Wenn man alles ausgeschaltet hat, was unmöglich ist, bleibt am Ende etwas übrig, das die Wahrheit enthalten muß, mag es auch noch so unwahrscheinlich sein. Natürlich kann es auch mehrere Erklärungen geben, in welchem Fall man jede solange testen muß, bis eine von ihnen genug Beweiskraft erlangt«. Und in der Erzählung ›Der Mord im Boscombe-Tal‹ präzisiert er, ganz im Sinne Poes und fast mit den Worten Dupins: »Absonderliches dient fast unweigerlich als Hinweis. Je weniger eigenartig und je gewöhnlicher ein Verbrechen ist, desto schwieriger ist es zu enträtseln«.

Solcher Rückgriff auf Vorhandenes schmälert Doyles literarische Leistung nicht im mindesten. Auch liegt diese Leistung nicht allein darin, einen vorgefundenen Idealtypus weiterzuentwickeln und zu popularisieren, ohne dessen analytisches Niveau aufzugeben. Die eigentliche Leistung des Arthur Conan Doyle ist die Adaption einer romantischen Figur an die Gegenwart, die Verankerung des Detektivs in seiner eigenen Zeit. Mit Holmes tritt der Detektiv ins wissenschaftliche Zeitalter. Er benutzt nicht mehr allein seine analytischen Fähigkeiten und seine geistige Intuition, sondern vor allem auch die Hilfsmittel, die ihm die moderne Wissenschaft zur Verfügung stellt. Fingerabdruck, Mikroskop und chemische Analyse werden wichtiger als die Erforschung menschlicher Motive. Aus ihren Spuren, nicht aus ihren sozialen Zusammenhängen und psychologischen Hintergründen, werden bei Arthur Conan Doyle und durch Sherlock Holmes Verbrechen rekonstruiert und Fälle gelöst.

Für den realistischen Roman mag das eine Sackgasse gewesen sein. Aber daß diese Sackgasse über Jahrzehnte hin die Richtung markierte, in die sich der Kriminal- und der Detektivroman entwickelten, bedarf keiner Diskussion; wir werden es im nächsten Kapitel sehen.

[1] E. A. Poe am 9. August 1846 in einem Brief an Philip Pendleton Cook, zit. nach *E. A. Poe*: Werke I, Walter Verlag, Olten/Freiburg 1966, S. 1037.
[2] *A. Arnold/J. Schmidt:* Reclams Kriminalromanführer, Stuttgart 1978, S. 227.
[3] Zit. nach Arnold/Schmidt, S. 117.
[4] ebd., S. 140
[5] Die Figur des Sherlock Holmes hat sich im Laufe der Zeit von ihrem Schöpfer so losgelöst, daß auch andere Autoren sie, zum Teil leicht ironisiert, aufgriffen. Einige Sherlock-Holmes-Erzählungen hat Doyles Sohn Adrian Conan Doyle, aus zweiter Ehe mit D. Jean Lecki, verfaßt; Julian Symons' Roman »Sherlock in der Klemme« nimmt weniger die äußeren Umrisse der Figur, als deren berühmtes Image auf, um es für eine moderne Detektivgeschichte à la Conan Doyle zu nutzen.

Ausgewählte Bibliographie:

Edgar Allan Poe: *Die Morde in der Rue Morgue*, *Das Geheimnis der Marie Rogêt*, *Der Goldkäfer*, *Der stibitzte Brief*. Aus dem Amerikanischen von Hans Wollschläger, in Werke I, Walter Verlag Freiburg/Olten 1966.
Emile Gaboriau: *Die Affäre Lerouge* – Fischer Verlag, Frankfurt. *Monsieur Lecoq* – Heyne Verlag, München.
Gaston Leroux: *Das Geheimnis des gelben Zimmers* – Diogenes Verlag, Zürich. *Das schwarze Schloß*; *Die dunklen Nächte des Rouletabille* – beide Heyne Verlag, München.
Wilkie Collins: *Der Monddiamant* – Deutscher Taschenbuch Verlag, München. *Ein schauerliches fremdes Bett* (Erzählungen) – Diogenes Verlag, Zürich.
Arthur Conan Doyle: *Studie in Scharlachrot* (als *Späte Rache* auch bei Scherz); *Im Zeichen der Vier*; *Der Hund von Baskerville*; *Das Tal der Furcht* (als *Das Tal des Grauens* bei Scherz) – sämtlich Ullstein Verlag, Berlin.
Anthologien mit Sherlock-Holmes-Erzählungen in verschiedenen deutschen Taschenbuchausgaben, unter anderem bei Ullstein und Scherz.

Die englische Häkelschule:

Agatha Christie, Dorothy Sayers und ihre – auch männlichen – Schwestern im Geiste

Gemessen an der verkauften Auflage ist der erfolgreichste Krimi-Autor aller Zeiten eine Frau: Agatha Christie, geboren als Mary Clarissa Miller am 15. September 1890 in Torquay, gestorben am 12. Januar 1976 in Wallingford in der Grafschaft Oxfordshire. Ihr Kriminalschauspiel *The Mousetrap* (›Die Mausefalle‹) wurde mehr als zwanzig Jahre lang Abend für Abend auf einer Londoner Bühne gespielt und hält damit den absoluten Langstreckenrekord für Theaterstücke. Mit ungefähr 80 – zwischen 1920 und Mitte der siebziger Jahre geschriebenen – Kriminalromanen kommt sie auf eine Weltauflage von ungefähr 500 Millionen Exemplaren. Für ihre Anhänger – und die sind Legion – gilt Agatha Christie als die Meisterin des Kriminalromans schlechthin: beinahe als Synonym für die Gattung selbst.

Agatha Christies Mordfälle spielen im alten Theben, 2000 Jahre vor Christi Geburt (›Rächende Geister‹; *Death Comes as the End*), auf einem ägyptischen Schiff (›Der Tod auf dem Nil‹; *Death on the Nile*), in orientalischen Hotelzimmern (›Sie kamen nach Bagdad‹; *They Came to Baghdad*) und in einem Abteil des auf dem Balkan eingeschneiten Orientexpreß (›Mord im Orientexpreß‹; *Murder on the Orient Express*). Es mag sein, daß die Autorin die Anregung für einen Teil dieser Schauplätze ihrer (zweiten) Ehe mit dem Archäologen Max Mallowan verdankt, den sie 1930 heiratete, einige Zeit nach einer mysteriösen Affäre, bei der die schon berühmte Autorin (anscheinend) ihr Gedächtnis verlor, verschwand und von der Polizei gesucht wurde.

Doch in der Regel spielen die Kriminalhandlungen der Christie in der englischen Provinz. Zwischen Spitzendeckchen und schweren Samtportieren versuchen sie auch in der Mitte des 20. Jahrhunderts immer noch so zu tun, als lebten nicht nur ihre Opfer, Mörder und Detektive, sondern auch ihre Leser im Zeitalter der Königin Viktoria. Fast durchweg ist das Milieu nach Gutsherrenart. Die Romane der Christie spielen unter angenehm versnobten Leuten der oberen Mittelklasse, unter ihnen Opfer und Mörder, die eigentlich immer austauschbar sind. Das Problem heißt grundsätzlich: Wer tat es, und das Rätsel wird im Grunde nie vom Motiv her gelöst, sondern immer nur durch die Indizien. Denn ein Motiv haben in den Mordfällen der Christie in der Regel alle oder doch viele – wenn auch nicht immer so viele wie im Fall vom ›Mord im Orientexpreß‹, in dem eine ganze Schlafwagenbesatzung gemeinsam einen Bösewicht umbringt, der jedem von ihnen, zum Teil Jahre vorher, übel mitgespielt hat, ohne daß die Justiz den Übeltäter für seine schweren Vergehen hätte belangen können.

Das Motiv der Selbstjustiz ist auch anderen Christie-Krimis nicht fremd. In ›Zehn kleine Negerlein‹ (*Ten Little Niggers*) zum Beispiel, verleben die zehn Titelhelden ein mörderisches Wochenende auf einer einsamen Insel, und einer nach dem anderen beißt ins Gras. Am Schluß stellt sich nicht nur heraus, daß das sechste – oder war es das siebte? – Opfer (es hat sich zunächst natürlich nur totgestellt) der Mörder aller anderen ist und daß er alle, sich selbst eingeschlossen, für ein Verbrechen strafen wollte, das zuvor durch eine Gesetzes- oder Beweislücke geschlüpft war: der Richter als Mörder, der Mörder als Richter.

Die eigentliche Frage ist denn auch selten, wer einen plausiblen Grund für einen Mord gehabt hätte. Die Frage, die sich Agatha Christies Detektiven stellt, heißt immer: Wer hatte die Gelegenheit, den Mord zu begehen? Aufgabe des Detektivs ist es, das Alibi eines der Verdächtigen zu durchlöchern, das die Autorin von vornherein als falsches präpariert hat. Das Problem des scheinbar von innen verschlossenen Raumes steht im Mittelpunkt vieler Romane der Christie; auch der Mord praktisch unter den Augen der Öffentlichkeit, auf einer Party oder im Flugzeug ist eines ihrer Lieblingsmotive.

Meistens erweist sich die Mordzeit als gefälscht. Zuweilen ist der Tathergang anders, als dem Leser mit Raffinesse suggeriert wird. In ›Tod in den Wolken‹ (*Death in the Clouds*) etwa veranlaßt die Autorin den Leser zu der Annahme, der kleine Giftpfeil, der das Opfer zweifelsohne getötet hat, müsse aus einer beträchtlichen Entfernung mit einer Art Blasrohr abgeschossen worden sein. Die Christie legt dem Leser eine Liste jener Gegenstände vor, welche die Flugreisenden bei sich hatten; praktisch jeder hat etwas als Blasrohr Verwendbares im Handgepäck. Am Ende freilich stellt sich heraus, daß der Mörder seinem Opfer den Pfeil aus nächster Nähe in den Nacken gedrückt hat, als er auf dem Weg zur Toilette an ihm vorbeikam; die lange Liste mit dem Gepäck der Mordverdächtigen lenkt nur geschickt vom Kern der Sache ab.

»Der gute englische Kriminalroman«, postuliert Brecht, »ist vor allem fair. Er zeigt moralische Stärke. To play the game ist Ehrensache. Der Leser wird nicht getäuscht, alles Material wird ihm unterbreitet, bevor der Detektiv das Rätsel löst. Er wird instandgesetzt, die Lösung selber in Angriff zu nehmen«.[1]

Just das ist bei vielen Fällen der Christie die große Frage. Ein berühmter Streitfall ist *The Murder of Roger Ackroyd*, in Deutschland unter dem Titel ›Alibi‹ im Buchhandel. Agatha Christie läßt die gesamte Handlung von einem Arzt erzählen, der im vorletzten Kapitel selbst als Mörder entlarvt wird; seine Darstellung diente von Anbeginn zu nichts anderem als zur Verschleierung des Falles und zur Herstellung eines falschen Alibis – ein wenig faires Verfahren. Die Kollegin und Konkurrentin Dorothy Sayers allerdings nimmt die ›Alibi‹-Autorin in Schutz: »Zu Bedenken ist jedoch, daß der Erzähler der Geschichte nicht notwendigerweise mit dem Autor identisch ist. In *The Murder of Roger Ackroyd* wird die Geschichte vom *fidus achates* des Detektivs oder (um den modernen Ausdruck zu benutzen) von seinem Watson erzählt. Durch einen Schluß vom Besonderen aufs Allgemeine werden wir zu der Annahme verleitet, daß alle Watsons gute Menschen seien, da ja das ursprüngliche Vorbild,

Dr. Watson, gut war. Der erste Mensch sündigte und gab die Schuld seinem Weibe; aber es wäre ein Irrtum anzunehmen, daß alle Männer, wenn sie sündigen, ihren Frauen die Schuld geben – obwohl das häufig genug geschieht... Daher müssen wir trotz eines ersten schuldlosen Watson die Möglichkeit eines schuldigen einräumen; und wenn der Watson in ›Roger Ackroyd‹ sich als der Mörder herausstellt, hat der Leser nicht das Recht, der Autorin böse zu sein – denn sie stand nur für die Watson-Funktion des Mannes ein, nicht für seine moralische Qualität«.[2] Das mag man, vor allem unter Kollegen, so sehen können; es scheint mir aber arg spitzfindig gedacht.

Denn normalerweise bedient sich auch Agatha Christie der traditionellen Watson-Figur des Ich-Erzählers in einer Weise, die nicht nur auf seine Funktion in der Geschichte Wert legt, sondern auch seine moralische Qualifikation nicht in Zweifel zieht. In den meisten Fällen kommen ihre Detektive zwar ohne einen eigenen Historiographen aus. Doch ihrer wichtigsten Detektivfigur, dem kleinen eierköpfigen Belgier Hercule Poirot, gesellt die Autorin gelegentlich einen Adlatus zu, der wie ein direkter Abkömmling des Doyleschen Dr. Watson anmutet: den Ex-Militär »Hauptmann Hastings«, der in Südamerika eine Ranch hat, den aber der erste Weg zu seinem bewunderten Meister führt, wenn er in England zu tun hat. Natürlich käme Hastings, der – wie er im Vorwort zu ›Die Morde des Herrn ABC‹ (*The ABC Murders*) mitteilt –, die Gewohnheit hat, »ausschließlich Vorfälle und Schauplätze zu schildern, die ich persönlich erlebt habe«, nie auf die Idee, die Tatsachen zu seinen Gunsten umzulügen. Seine ehrpusselige Einfalt ist, wie bei Arthur Conan Doyle die des Dr. Watson, zu keinem anderen Zwecke da als zur Steigerung der Figur des Detektivs, der als tatsächlich gottähnliches Wesen vorgeführt wird, jedenfalls in seinen intellektuellen Fähigkeiten: Er sieht alles, hört alles und weiß schließlich alles, dank seiner überragenden kombinatorisch-analytischen Fähigkeiten.

Poirot taucht gleich in Agatha Christies erstem Kriminalroman *The Mysterious Affair at Styles* (›Das fehlende Glied in der Kette‹) auf; angeblich war er zunächst als eine Karikatur auf den allwissenden Detektiv geplant. In diesem ersten Poirot-Abenteuer gibt der Erzähler Hastings, auch er also von Beginn an dabei, noch keine Beschreibung des äußeren Erscheinungsbildes des Detektivs. Lediglich seine Arbeitsmethode wird gleich bei der ersten Begegnung mit ihm beschrieben: »Wir werden die Vorfälle nach und nach in die richtige Reihenfolge bringen, und wenn wir alles korrekt eingeordnet haben, werden wir versuchen, das Wichtigste zu behalten und das Unwichtige zu eliminieren«. Das Allerwichtigste freilich ist, daß kein Glied in der analytischen Kette fehlt: »Wir müssen es finden, wir müssen weitersuchen, denn selbst die kleinste, unwichtig erscheinende Einzelheit mag von ausschlaggebender Bedeutung sein. Wehe dem Detektiv, der sagt: ›Ach was, vergessen wir diese unwichtige Einzelheit‹.«

Nur ganz wenige Äußerlichkeiten finden Erwähnung: der Schnurrbart, den Poirot ausdauernd bürstet, bevor er sein Domizil verläßt – folglich ist er eitel; der geraderückende Griff an die Krawatte seines Besuchers – Poirot ist offensichtlich ein Ordnungsfanatiker, beinahe ein Pedant.

Mit der Zeit freilich erhält Poirot Gesicht und Figur. Er ist klein und fast plump, sein Kopf kahl und birnenförmig – gewiß kein schöner, nicht einmal ein imposanter Mann. Aber sein Äußeres ist auch ganz unwichtig. Von Bedeutung sind lediglich die »kleinen grauen Zellen« im Gehirn, die den im Ersten Weltkrieg von Belgien auf die britische Insel geratenen Detektiv zu messerscharfer Logik befähigen; Poirot entgeht kein noch so raffinierter Verbrecher, und kein Mordplan ist so fein gesponnen, daß ihn Poirot nicht doch durchschaute.

Wenn der Vorname Hercule 1920 noch satirisch gemeint gewesen sein sollte, so wird er mit der Zeit durchaus zu einem Programm. Herausgefordert von einem gewissen Dr. Burton, dem die Diskrepanz zwischen der »adretten kleinen Gestalt« des Detektivs und seinem pompösen Vornamen auffällt, beschließt Poirot schließlich, zwölf Arbeiten zu tun, die den sprichwörtlichen Arbeiten des antiken Helden an Schwierigkeiten durchaus ebenbürtig sein sollen (wenn auch auf eher geistigem Gebiet). ›Die Arbeiten des Herkules‹ *(The Labours of Hercules)* von 1947, ein Dutzend durch eine Rahmenhandlung verbundene Erzählungen, beschreiben des modernen Hercule Abenteuer mit dem nemeischen Löwen, den Ställen des Augias und den Äpfeln der Hesperiden – und zwar keineswegs parodistisch, sondern allen Ernstes.

Im Laufe vieler Bücher erhält Poirot, der bei seiner Wohnungseinrichtung chromglitzernde, rechteckige Moderne bevorzugt, eine regelrechte Biographie. In den späten dreißiger Jahren färbt sich der älter gewordene Poirot – wir wissen um seine Eitelkeit – die Haare, und schließlich läßt ihn seine Erfinderin sogar sterben. Das Buch mit Poirots Tod, ›Vorhang‹ *(Curtain)*, wurde in den vierziger Jahren geschrieben, aber erst 1975 veröffentlicht, erst kurz vor Agatha Christies eigenem Tod.

Hercule Poirot ist die beherrschende der Christieschen Detektivfiguren. Doch eine weitere hat Poirots Popularität erreicht, wenn nicht sogar übertroffen: Miss Jane Marple, seit 1930 in einem runden Dutzend Christie-Romanen als Detektivin wirkend. In ›Mord im Pfarrhaus‹ *(Murder at the Vicarage)* wird Miss Marple beschrieben als »eine weißhaarige alte Dame von freundschaftlichem und anziehendem Wesen« und hervorragender Beobachtungsgabe; doch wenige Seiten weiter nennt eine junge Frau sie eine »bissige alte Katze«.

Die Dame, die so unterschiedlich beurteilt wird, wohnt nicht weit von London in einem kleinen Ort mit Namen St. Mary Mead; der Ort besteht – wie in ›Mord im Spiegel‹ *(The Mirror Crack'd from Side to Side)* zu lesen ist – aus Kirche und Pfarrhaus und einer kleinen »Ansammlung von Queen-Anne-Häusern und georgianischen Villen, zu denen auch ihr Haus gehörte«. So idyllisch diese Umgebung auch sein mag: unentwegt stolpert Miss Marple über Leichen, die auf unnatürliche Weise, durch Einwirkung von Gewalt, vom Leben zum Tode gekommen sind – und sei es, daß Miss Marples Freundin, die alte Mrs. McGillicuddy (in ›16 Uhr 50 ab Paddington‹; *4.50 from Paddington*) vom fahrenden Zug aus einen Mord beobachtet, der im Gegenzug auf dem Nachbargleis verübt wird und zu dem erst einmal die Leiche fehlt.

Jane Marple ist gewiß nicht so intellektuell wie Hercule Poirot. Aber sie ist kaum weniger erfolgreich. Ihrer sprichwörtlichen Neugier hält auf Dauer kein Geheimnis stand, und was ihr an kleinen grauen Zellen fehlen mag, ersetzt sie eben durch weibliche Intuition und zähe Beharrlichkeit, die sie eher einem anderen kleinen Haustier als der schon erwähnten Katze ähnlich sein läßt: einem Terrier.

Von der Realität freilich ist Miss Marple gewiß ebenso weit entfernt wie ihr belgischer Kollege. Der erfolgreichsten Kriminalschriftstellerin der Welt geht es bei ihren Fällen – ob mit Hercule Poirot, Miss Marple oder, hin und wieder, auch einem anderen Detektiv – am wenigsten um Wirklichkeitsnähe. Wenn die von Brecht festgestellte Nähe zum Kreuzworträtsel für eine bestimmte Art des literarischen Krimis gegeben ist, dann bei Agatha Christie. Im Prinzip sind Agatha Christies rund achtzig Romane und fünf Hände voll Kurzgeschichten nach immer derselben Masche fast maschinell gehäkelt. Die Probleme ähneln sich, die Fragen bleiben sich gleich: Wer, unter einer ganzen Handvoll von Verdächtigen, hatte die Möglichkeit, die Tat zu begehen; zuzutrauen wäre es allen. Alibis müssen geknackt werden – und sei es mit so unwahrscheinlichen Konstruktionen wie in ›Pünktlichkeit kann töten‹, wo das Opfer über die Jahre hinweg pünktlich auf die Sekunde zu einer bestimmten Tageszeit dieselbe Position einnimmt, so daß man es mit einer sinnvoll konstruierten Mordmaschine mit Zeitschaltung im verschlossenen Raum ermorden kann. Selbst die Mordmotive bleiben sich gleich: Geldgier oder Eifersucht, gelegentlich auch Rachsucht – und häufig treten als Täter Angehörige der jungen Generation auf, die auf ihr Erbteil nicht warten können; für Agatha Christie sind die früheren Zeiten immer besser als die gegenwärtigen, und deshalb spielen ihre Romane immer in einer Welt von gestern, im Grunde im 19. Jahrhundert, auch wenn die Kalender das 20. Jahrhundert anzeigen.

Schwer zu sagen, worauf der einzigartige Erfolg dieser Schriftstellerin beruht. Sollte er am Ende gerade darauf zurückzuführen sein: auf die idyllische Gestrigkeit der landschaftlichen Kulissen, die Überschaubarkeit der Themen, die Ähnlichkeit der Konstruktionen, die weltfremde Skurrilität der Detektivfiguren, die sanfte Ruhe der heilen Welt, die sich sofort wieder ausbreitet, wenn die Klärung des Falles das Loch im sozialen Gewebe kunstgeflickt hat? Für mich gehört Agatha Christie nicht in die Ehrengalerie der wirklich bedeutenden Kriminal-Autoren. Aber das ist, zugegebenermaßen, eine subjektive Meinung.

Agatha Christie schrieb ihre Detektivgeschichten, soweit bekannt ist, mit gutem Gewissen. Ihre größte Konkurrentin um den inoffiziellen Titel einer Königin der englischen Kriminalgeschichte dagegen hat die Gattung als solche zeitlebens nicht ernst genommen. »Die höchsten Höhen literarischer Vollendung erreicht sie (die Detektivgeschichte, J. S.) nie und kann sie, ihrer Voraussetzung nach, auch gar nicht erreichen«[3], schrieb Dorothy Sayers im Vorwort zu ihrem ersten »Omnibus of Crime«. Denn Detektivgeschichten seien halt bloß »Unterhaltungsliteratur«, nicht »Ausdrucksliteratur«, und Dorothy Sayers wollte Ausdrucksliteratur schreiben; ihre Detektivgeschichten schrieb sie vor allem, um Geld zu verdienen. Denn besser als in einem Werbebüro Reklamesprüche zu drechseln – wozu sie (der Roman ›Mord braucht Reklame‹; *Murder Must Advertise* zeigt ihre intimen Kenntnisse der Werbebranche) jahrelang gezwungen war – war das Schreiben von Detektivromanen auf jeden Fall.

Vermutlich ist dieser Zwiespalt der Dorothy Leigh Sayers in ihrer Biographie angelegt. Geboren am 13. Juni 1893 als Pfarrerstochter in Exford, hat sie die tiefe Religiosität, in der sie aufwuchs, nie ganz abgelegt. Ihre ersten schriftstellerischen Arbeiten waren religiöse Lyrik, ihre letzten religiöse Versdramen. Aber im übrigen war sie »eine exzentrische Person, deren Leben einerseits viktorianischen Puritanismus und andererseits die moderne Frauenemanzipation widerspiegelt«[4]. Als eine der ersten Frauen überhaupt studierte sie in Oxford und legte dort, 1915, ihr Romanistikexamen ab. »Ein illegitimes Kind (1924 geboren) hielt sie dagegen zeitlebens geheim. 1926 heiratete sie einen Taugenichts«[4], den Captain Oswald Atherton Fleming.

1923 erschien Dorothy Sayers' erster Detektivroman: *Whose Body?* (auf Deutsch sowohl unter dem Titel ›Ein Toter zuwenig‹ als auch ›Der Tote in der Badewanne‹ erschienen). Weitere 19 Kriminalromane und -erzählungen folgten in den 16 Jahren bis 1939. Dann hatten die Kriminalromane so viel eingebracht, daß Dorothy Sayers es sich leisten konnte, die Beschäftigung mit dem literarischen Mord aufzugeben und das zu tun, was ihr wirklich am Herzen lag. Ihre Tragik war, daß sie nur als Krimiautorin wirklich Erstklassiges zu leisten imstande war – wenn auch nur im Rahmen ihrer eigenen Vorgaben.

In *Whose Body?* klärt ein gewisser Lord Peter Wimsey, zweiter Sohn des 15. Herzogs von Denver, einen Mord an einem reichen jüdischen Geschäftsmann auf, den der Mörder, ein prominenter Arzt, ziemlich skurril zu verschleiern versucht hat. Der Mediziner, Chefarzt der Chirurgie eines großen Londoner Krankenhauses, mogelt das Opfer, das ihm vor Jahrzehnten als Ehemann vorgezogen worden war, unter die Übungsleichen in seiner Anatomie; damit keine Leiche zuviel vorhanden ist, legt er zu nachtschlafender Zeit eine frische Leiche aus der Anatomie – durch ein offen stehendes Fenster – in die Badewanne eines Nachbarhauses (was die Polizei natürlich nicht wenig verwirrt).

Lord Peter, drei Jahre älter als die Autorin, scheint von Beginn an als Serienfigur konzipiert worden zu sein. Denn *Whose Body?* hebt, noch vor der Kriminalhandlung, mit einer ausführlichen biographischen Notiz über den Detektivhelden an, die so gut wie keine Frage über ihn offen läßt. Wie die Sayers selbst hat auch Lord Peter in Oxford studiert; sein Examen in neuerer Geschichte bestand er 1912 mit summa cum laude. Seine Clubs sind »Marlborough« und »Egotist«, später wird mindestens noch der »Bellona-Club« dazukommen. Wenn er sich in London aufhält, ist er – samt Butler Bunter, der ihm auch bei der Lösung der Fälle, vor allem als Fotograf, zur Hand geht – unter der Adresse Piccadilly 110 A zu erreichen; ansonsten residiert er in Bredon Hall, Duke's Denver, Norfolk. Neben der Kriminologie, der sein Hauptinteresse gilt, betreibt Lord Peter das Cricket-Spiel, die Musik und das Sammeln kostbarer alter Bücher als Hobby; die Dandy-Tradition, die Poe für seinen Detektiv erfunden und Arthur Conan Doyle für Sherlock Holmes übernommen hat, setzt er gleichsam auf allerhöchstem Niveau fort, mit einer Selbstironie freilich auch, die nicht völlig frei von snobistischem Narzismus ist.

Nach den üblichen erotischen Jugendsünden geriet er als Offizier in den Ersten Weltkrieg, wurde zum Major befördert und erhielt den

Kriegsverdienstorden »für irgendein waghalsiges Geheimdienstunternehmen hinter den deutschen Linien. 1918 wurde er bei Caudry in einem Bombentrichter verschüttet, was einen bösen Nervenzusammenbruch zur Folge hatte, der ihm zwei Jahre lang immer wieder zu schaffen machte«.

Danach »legte er sich eine undurchdringliche Frivolität und eine dilettantische Pose zu und wurde zum vollendeten Clown. Da er reich war, konnte er tun und lassen, was er wollte« – und das tat er wohl auch, bis er darauf kam, daß Kriminalfälle ihn nicht nur interessierten, sondern auch herausforderten (und daß er eine besondere Begabung hatte, sie zu lösen).

Lord Peter Wimsey ist ein – von Londons reicher Damenwelt umschwärmter – Junggeselle; das Vergnügen, ihn zu verheiraten, macht sich Dorothy Sayers erst in ihrem letzten Roman *Busman's Honeymoon* (›Lord Peters Hochzeitsfahrt‹; 1937). Er heiratet gewissermaßen eine Kollegin: die Kriminalschriftstellerin Harriet Vane, die Wimseys Engagement in dem Roman ›Starkes Gift‹ *(Strong Poison)* 1930 bei einer Mordanklage von jedem Verdacht befreit hatte. In einer postum veröffentlichten Erzählung haben die Wimseys drei prächtige Söhne, und wenn sie nicht gestorben sind, leben sie heute noch.

Unter den englischen Krimiautoren gilt Dorothy Sayers nicht nur als die intellektuellste, sondern auch als die beste Stilistin – ein Prädikat, das ihr gewiß zukommt. Ihre Fälle und Plots sind raffiniert gedrechselt, und ihre Sprache ist es auch. Aber es ist auch etwas artifiziell Überzogenes in den Handlungen wie in der Sprache, das gelegentlich die Grenzen unfreiwilliger Komik streift. Beschreibungen und Dialoge sind von einer gravitätischen Umständlichkeit – wie es sich halt in jenen feinen Kreisen gehört, in denen die Geschichten der Dorothy Sayers ausschließlich spielen. Der Amerikaner Raymond Chandler, der Dorothy Sayers als intellektuelle Wortführerin des traditionellen englischen Detektivromans und folglich als seine eigentliche Widersacherin angesehen zu haben scheint, hat sich verschiedentlich ebenso kritisch wie ironisch und scharfsinnig zu ihr geäußert. Außer den »besten Latein- und Griechisch-Zitaten«[5] fand Chandler bei Dorothy Sayers »die langsam dämmernde Erkenntnis, daß ihr Typus von Detektivstory ein steriles Formelrezept darstellte, das nicht einmal seinen eigenen Gegebenheiten gerecht werden konnte. Es war zweitrangige Literatur, weil sie nicht von den Dingen handelte, aus denen Literatur ersten Ranges entstehen könnte. Wenn sie ansetzte, von wirklichen Menschen zu handeln (und die konnte sie durchaus beschreiben – ihre Nebenfiguren beweisen das), mußten sie alsbald lauter unwirkliche Dinge tun, nur um das vom Plan geforderte künstliche Muster zu erfüllen. Wenn sie aber unwirkliche Dinge taten, hörten sie selber auf, wirklich zu sein. Sie wurden Marionetten, Liebende aus Pappe, Schurken aus Papiermaché und Detektive von ebenso erlauchter wie lächerlicher Behaglichkeit«.[3] Den Grund für die Uneigentlichkeit der Sayersschen Kriminalgeschichten, der der Autorin nicht verborgen geblieben sei, sieht Chandler nicht etwa in der Beschränktheit, sondern gerade in der Kompliziertheit der Sayersschen Psyche: »Sie konnte und wollte ihren Gestalten nun einmal nicht ihren eigenen Kopf lassen und ihr daraus wachsendes eigenes Geheimnis. Dazu hätte es eines viel simpleren und direkteren Geistes bedurft als des ihren.«[3]

Doch im Grunde begnügte sich, wie Chandler ebenfalls wußte, Dorothy Sayers mit weniger, als ihr möglich gewesen wäre. »Dorothy Sayers«, schrieb Chandler in einem Brief an eine Freundin, »hat versucht, den Sprung vom Kriminalroman zum Gesellschaftsroman zu tun und dabei den Kriminalroman mit hinüberzunehmen. Sie wollte mit ihrem gesamten Gepäck umziehen, von den Leuten, die zwar eine Handlung ersinnen, aber nicht schreiben können, zu den Leuten, bei denen es mit dem Schreiben zwar klappt, mit der Handlung aber nur allzu oft hapert. Sie hat es in Wirklichkeit nicht geschafft, weil der Gesellschaftsroman, den sie ins Auge faßte, an sich eine zu leichte Sache war, als daß man Bedeutendes daraus hätte machen können. Es war nur der Austausch des einen Genres populärer Trivialliteratur durch ein anderes.«[6]

Das sind harte, vielleicht zu harte Worte, die aber im Kern die Wahrheit treffen. Letzten Endes hat sich der Leser auch bei Dorothy Sayers mit einer hübsch verputzten Fassade zu begnügen, dem ironisch präparierten Small talk der feinen Leute und derer, die bei ihnen abgeguckt haben und so sein möchten wie die Adligen und Reichen: »Du lieber Himmel, William! Sehen Sie sich diesen Wein mal an! Riechen Sie daran! Kosten Sie! Korken? Ja, ich würde sagen, das ist Korken. Mein Gott! Wohin ist es mit diesem Klub nur gekommen!«

So versnobt wie am Schluß des Romans *The Unpleasantness at the Bellona Club* (›Ärger im Bellona Club‹) von 1928 geht es in den meisten Romanen der Dorothy Sayers zu – und wie hier ist die Selbstironie nur schwach spürbar.

Die Sayers, die möglicherweise das Zeug gehabt hätte, den traditionellen englischen Detektivroman zu revolutionieren, begnügt sich damit, dünne Bretter zu bohren. Sie begnügt sich mit verschnörkelten Handlungen, unrealistischen Figuren, einer zierlich gedrechselten, bewußt humorigen Sprache – sowie fragwürdigen Methoden bei der Erzeugung von Spannung. Im Extremfall ist nicht einmal die Fairneß der Information gegenüber dem Leser gewahrt. In dem Roman *Have His Carcase* (›Zur fraglichen Stunde‹) von 1932, in dem Harriet Vane im Urlaub in einen Mordfall gerät, den sie und Lord Peter alsdann gemeinsam aufklären, bleibt die wichtigste Information dem Leser vorenthalten; erst nach mehr als 400 engbedruckten Taschenbuchseiten wird klar, daß das Mordopfer an der Bluterkrankheit gelitten hat, sein Blut also nicht nach den üblichen Regeln geronnen ist. Damit läßt sich die das ganze Buch über angenommene, an einer normalen Blutgerinnung errechnete Tatzeit nicht mehr aufrechterhalten, und alle hübsch konstruierten Alibis werden wertlos. Die Lösung ist nur noch ein Klacks. Aber der Leser fühlt sich, wie auch in vielen Romanen der Christie, schlicht getäuscht und erkennt die sorgsam zurechtgeschminkten Probleme als das, was sie in Wahrheit sind: als Scheinprobleme.

Immerhin sind in diesem Buch, beiseite gesprochen, die Ärzte, von denen Frau Sayers generell wenig zu halten scheint, nur für eine falsche Diagnose und nicht auch für den Mord selbst verantwortlich. Tatsächlich sind die Ärzte – wie sonst nur noch die Anwälte – unter den Tätern der Dorothy Sayers weit überrepräsentiert. Nicht nur ist in *Whose Body?* der Täter ein – eifersüchtiger, rachsüchtiger – Arzt. Auch in ›Ärger im Bellona-Club‹ wird ein Arzt als Mörder entlarvt. Er hat freilich aus anderen Motiven gehandelt: Dr. Penberthy benötigt Geld, wie die Mehrzahl aller weniger ehrenwerten Mörder auch.

Wer diese beiden Bücher als erste Kostproben des Sayersschen Œuvres und vielleicht gar noch hintereinander liest, wird hinfort keinem Mediziner in einem Buch der Sayers noch über den Weg trauen. Obwohl natürlich zuzugeben ist, daß in diesen und anderen Sayers-Romanen durchaus auch positive oder wenigstens doch normale Medizinerfiguren vorkommen. Andererseits muß man natürlich anerkennen, daß Ärzte und Chemiker die richtigen Täter für die komplizierten chemischen Morde sind, die bei Dorothy Sayers eine zentrale Rolle spielen. Der Maler Lathom jedenfalls erscheint – im Briefroman *The Documents in the Case* (›Die Akte Harrison‹), der ohne den Detektiv Peter Wimsey auskommt – irgendwie nicht die richtige Art von Täter zu sein, um mit dem schwierigen Pilzgift Muskarin einen Mord zu begehen, den selbst die mißtrauischen Polizeiärzte zunächst nicht als solchen erkennen. Aber da, mit der ärztlichen Fehldiagnose, sind wir schon wieder bei dem Thema, das wir glücklich abgeschlossen zu haben glaubten.

Der traditionelle englische Detektivroman, nach unserem Verständnis ein recht blutleeres, unrealistisches Rätselspiel, nach der Einschätzung vieler Exegeten vor allem aus dem Bereich der Literaturwissenschaft der klassische Kriminalroman schlechthin, besteht natürlich nicht nur aus Christie und Sayers, den beiden Leitfiguren des Genres. Er ist nicht einmal nur auf England oder die britischen Inseln beschränkt, auch nicht auf die, zeitweise zumindest, beinahe weltumfassenden Grenzen des Britischen Empires. Selbst im Lande des harten, realistischen Kriminalromans, den USA, hat der englische Detektivroman seine Liebhaber gefunden – und zwar nicht etwa nur unter den Lesern, sondern auch unter den Autoren. Die wichtigsten unter ihnen freilich sind männlichen Geschlechts und sollen in einem eigenen Kapitel behandelt werden. Doch mindestens Mary Roberts Rinehart (1876–1958) aus Philadelphia verdient an dieser Stelle Erwähnung.

Mary Roberts Rinehart war Krankenschwester und mit einem Arzt verheiratet; da es der Familie nicht gut ging, begann sie kurz nach der Jahrhundertwende zu schreiben. 1908 erschien ihr erster Roman, *The Circular Staircase* (›Die Wendeltreppe‹), der mehrfach dramatisiert und als Schauspiel ein großer Erfolg wurde. Nicht wenige von Rineharts Romanen reflektieren das Milieu, aus dem sie kommt; in *The After House* (›Teufel an Bord‹; 1914) zum Beispiel erzählt ein junger Arzt, der keine Anstellung in seinem Beruf findet und auf einem Vergnügungsschiff als Matrose anheuert, die kriminelle Handlung. In mehreren Romanen ist die Detektivin eine junge Krankenschwesteer, die immer wieder in mysteriöse Verbrechen hineinstolpert (weshalb ihre Autorin sie von vornherein mit einem Spitznamen ausstattet, der von der berühmtesten Detektei der Kriminalgeschichte abgeleitet ist). Gleich im ersten der Hilda-Adams-Romane, *Miss Pinkerton* (›Keine Spur‹; 1932), geschieht in einem Haushalt, der die Krankenschwester engagiert hat, ein Doppelmord: Erst wird ein junger Mann erschossen, dann seine alte Tante mit einer Dosis Strychnin in der Arzneispritze vergiftet; für Hilda Adams weiß Gott Grund genug, sich einzumischen. In *Haunted Lady* (›Die alte Dame‹; 1942) wird Hilda von der Polizei zu einer steinreichen 72jährigen geschickt, die sie vor einem Mordanschlag schützen soll. Als die alte Dame trotz aller Vorsichtsmaßnahmen getötet wird, findet Hilda wenigstens heraus, wer es war – und gibt dem Mörder die Chance, sich selbst zu richten.

Grundsätzlich wird bei Mary Roberts Rinehart eine Idylle vorgeführt, die durch den Einbruch des Bösen gefährdet ist und nach der Entlarvung des Täters geheilt scheint, und nicht nur im Fall Hilda Adams sind die eigentlichen Helden hübsche, junge, zuweilen auch etwas naive Damen, die nach abenteuerlichen Erlebnissen aus Schwierigkeiten wieder herausfinden, in die sie sich durch ihre Leichtgläubigkeit selbst gebracht haben.

Wir sind mit Mary Roberts Rinehart freilich ein wenig vom geraden Weg abgewichen, der uns bei einigen weiteren englischen Vertreterinnen hätte vorbeiführen sollen, genaugenommen einem Terzett: Margery Allingham, Ngaio Marsh und P. D. James, die nach Ansicht der »Times« im traditionellen Detektivroman wie die Königinnen regieren.

Unter ihnen ist Ngaio Marsh, 1899 in Christchurch, Neuseeland, geboren (und im Frühjahr 1982 gestorben), die älteste. Nur fünf Jahre jünger ist die in London geborene (1966 gestorbene) Margery Louise Allingham, während P. D. James (die eigentlich Phyllis White heißt, aber unter ihrem Mädchennamen schreibt) beinahe noch zur jüngeren Generation zählt; sie ist 1920 in Oxford geboren. Die große Liebe von Edith Ngaio Marsh galt zeitlebens dem Theater, und so versuchte sie sich zu Hause erst einmal als Schauspielerin und Dramatikerin. 1928 kam sie nach England, wo 1934 ihr erster von rund dreißig Kriminalromanen erschien: *A Man Lay Dead* (›Das Todesspiel‹). Kurz vor dem Zweiten Weltkrieg kehrte Ngaio Marsh nach Neuseeland zurück, und seit den fünfziger Jahren teilte sie ihre Zeit zwischen Neuseeland und England, wie sie auch ihre Zeit zwischen ihren beiden Hobbys teilte: Theater und Kriminalroman.

Sowohl ihre Lebensumstände als auch ihre Neigungen haben deutliche Spuren im Werk von Ngaio Marsh hinterlassen. Die meisten ihrer Geschichten spielen in England, mit dem eleganten, intelligenten Chefinspektor Alleyn von Scotland Yard als Helden. Doch gelegentlich überschreitet Alleyn die engen Grenzen, die ihm die britische Insel setzt. In *When in Rome* (›Sterben inbegriffen‹; 1970) geht Alleyn in der italienischen Hauptstadt auf Betrüger- und Mörderjagd, und Reclams Kriminalromanführer weiß zu berichten, daß Alleyn »während des Zweiten Weltkriegs« auch »zwei Fälle in Neuseeland«[7] löst. Doch scheint es sich dabei um eine Fehlinformation zu handeln. Denn in einem der beiden Romane, die Reclams Autoren nennen – *Colour Scheme* (›Bei Gefahr Rot‹, 1943); der andere Titel wird mit *Died in the Wool* und dem Entstehungsjahr 1945 angegeben – kommt Alleyn nicht vor; den Detektiv gibt der einheimische Sergeant Webley ab. Als Kuriosum sei vermerkt, daß in Alleyns Fall der Apfel nicht weit vom Stammbaum fällt. In dem 1977 entstandenen *Last Ditch* (›Feines Ohr für falsche Töne‹) betätigt sich, neben seinem Vater, auch Alleyn jr. als Detektiv. Ricky Alleyn, der eben sein Lehrerexamen bestanden hat und auf dem Lande eigentlich einen Roman schreiben möchte, gerät aus amourösen Gründen in eine Kriminalaffäre, die mit einem scheinbaren Reitunfall beginnt – für Ricky Anlaß, auf eigene Faust Nachforschungen anzustellen und damit erst recht die Pferde scheu zu machen.

Nicht wenige von Ngaio Marshs Romanen spielen in der Welt des Theaters. In *Photo-Finish* (›Applaus bis zum bitteren Ende‹; 1980) wird eine berühmte Primadonna auf ihrem Landgut mit einem Stilett erstochen. In *Opening Night* (›Donnerstag Premiere‹; 1951) gerät eine ehrgeizige junge Schauspielerin unter Mordverdacht, als der Star, dessen zweite Besetzung sie sein sollte, unmittelbar vor der Premiere umgebracht wird. In *Overture to Death* (›Ouvertüre zum Tod‹; 1939) gerät eine Amateuraufführung auf dem Lande mehr als durcheinander, als man die begleitende Pianistin im vollbesetzten Gemeindesaal erschießt, mittels einer sehr sinnreichen, sehr raffinierten Selbstschußanlage im Klavier, die den Schuß aus der Colt-Automatik in dem Augenblick auslöst, als das Opfer seinen Fuß auf das Pedal des Klaviers setzt.

Nicht alle Morde bei Ngaio Marsh werden auf eine so komplizierte Weise ausgeführt. Aber natürlich bewegt sich die Autorin weitgehend auf den Bahnen, welche die Klassiker und nach ihnen Agatha Christie vorgezeichnet haben – mit dem entscheidenden Unterschied allerdings, daß ihr Detektiv ein Polizeibeamter ist: ein Schritt auf dem Weg zur Wirklichkeit, die in die englischen Dorf- und Vorstadtkulissen, in denen Ngaio Marsh ihre Handlungen anzusiedeln pflegt, immer wieder einmal hereinschaut.

Selbst die politische Wirklichkeit, die der englische Detektivroman üblicherweise sorgsam ignoriert, findet gelegentlich Eingang ins Spätwerk der 1966 geadelten Autorin: In *Black As He's Painted* (›Schwarz wie die Nacht‹; 1974) muß sich Inspektor Alleyn in einer schwarzafrikanischen Botschaft mit einem Attentat herumschlagen, das dem auf Staatsbesuch in London weilenden Präsidenten dieses Staates zu gelten scheint, tatsächlich aber den Botschafter erwischt – Verwechslung oder Absicht? Daß Alleyn den Fall klären kann, verdankt er nicht zuletzt einer kleinen Katze mit Namen Lucy Luckett; unter den sympathischen Figuren des Buches ist Lucy die sympathischste.

Margery Allingham ist durch eine Reihe von Kriminalromanen mit dem Helden Albert Campion bekanntgeworden, der im Laufe der Zeit eine gewisse Veränderung erfährt. Er taucht 1929, in *The Crime at Black*

Dudley, zum ersten Mal auf, und wird 1930, in *Mystery Mile*, zum Helden einer abenteuerlichen Handlung, bei der sich ein amerikanischer Richter, auf der Flucht vor den Nachstellungen eines Verbrechersyndikats in London dem Schutz von Campion anvertraut, der selbst noch nicht der seriöse Detektiv späterer Jahre, sondern ein halbkrimineller Abenteurer ist. Von Beginn an freilich ist Campion zu höherem bestimmt. Wie Dorothy Sayers' Detektiv Lord Peter, der ihm zehn Lebensjahre voraushat (Campion ist im Jahre 1900 geboren), stammt Albert Campion aus dem englischen Hochadel; doch verwendet er »seinen richtigen Namen und Titel nie«. In den frühen fünfziger Jahren beschreibt ihn die Autorin – in *The Tiger in the Smoke* (›Die Spur des Tigers‹; 1952) – als einen »freundlichen, intelligenten und einfallsreichen Menschen«, im Aussehen »ein älterer Engländer, typisch für seine Herkunft und seine Zeit«. Leute seines Schlages, so belehrt uns die Allingham aus der Perspektive einer ihrer Figuren, »waren entweder äußerst tapfer oder äußerst belesen, oder aber lediglich imstande, chinesische Drucke zu beurteilen oder Gardenien zu züchten«. Kein Zweifel, daß für Campion – die Ähnlichkeit seines Namens mit dem Wort Champion ist alles andere als ein Zufall – das erstere gilt, obwohl ihm durchaus auch zuzutrauen wäre, daß er die Qualität und den Wert eines fernöstlichen Kunstwerks einzuschätzen versteht.

Reclams Kriminalromanführer bescheinigt den späten Romanen der Margery Allingham, es handle sich bei ihnen um »gehobene Lektüre für die bessere Gesellschaft«; »der Dialog nimmt überhand, die Handlung tritt zurück«[8]. Doch tatsächlich ist auch noch in vergleichsweise späten Romanen Margery Allinghams Neigung zu mysteriösen Plots und abenteuerlichen Handlungen spürbar, und die Einbeziehung des organisierten Verbrechens, die schon in ihrem Frühwerk zu beobachten ist, bleibt bestehen.

Gewisse Unwahrscheinlichkeiten sind in Kauf zu nehmen. So gerät in *The Tiger in the Smoke* – worin ein berüchtigter Gewaltverbrecher hinter einem Schatz herjagt, den sein vorgesetzter Offizier während des Krieges bei einer Geheimdienstaktion im eigenen Familienbesitz an der französischen Küste versteckt hat – durch blinden Zufall ausgerechnet derjenige in die Gewalt der Gangster und damit in den Besitz der zur Bergung des Schatzes nötigen Informationen, dem dieser Schatz auch rechtmäßig zusteht: ein Kunstgriff, der vom Leser eine Menge Vertrauen in die Allmacht der Vorsehung oder viel Nachsicht mit der Phantasie der Autorin verlangt.

Die Romane der Margery Allingham, nicht ganz so keimfrei und lebensfern wie die von Agatha Christie, sind beim deutschen Lesepublikum in jüngster Zeit ein wenig aus der Mode geraten – nicht unbedingt ein Grund zum Trauern.

Die neue »Königin« – um noch einmal die »Sunday Times« zu zitieren – heißt, mindestens jenseits des Kanals, ohnehin P. D. James. Daß ihr die Krone zufiel, ist eine ganz natürliche Sache und hat hauptsächlich mit dem Lebensalter zu tun; nach dem Tode von Dorothy Sayers, Agatha Christie und Ngaio Marsh benötigte das Genre einfach eine neue lebende Queen.

Phyllis D. James publiziert erst seit den frühen sechziger Jahren; vorher war sie in der Krankenhausverwaltung und – nach dem Tod ihres Mannes, eines Arztes – in der Kriminalabteilung des britischen Innenministeriums tätig. Beides sind Milieus, die sie in ihren Romanen geschickt benutzt. In *Death of an Expert Witness* (›Tod eines Sachverständigen‹; 1977) ereignet sich der zentrale Mord ausgerechnet in einem kriminologischen Institut. In *Shroud for a Nightingale* (›Tod im weißen Häubchen‹; 1971) geht das Gespenst des Mordes in einem Krankenhaus um. In *The Black Tower* (›Der schwarze Turm‹; 1975) gerät der Held in einem privaten Sanatorium in eine Mordgeschichte.

Der Held ist in allen Romanen von P. D. James ein beamteter Detektiv: Inspektor Adam Dalgliesh, »Scotland Yards Wunderknabe«, wie es in *Unnatural Causes* (›Ein unverhofftes Geständnis‹; 1967) von ihm heißt. Die Autorin freilich läßt ihre Leser nicht im unklaren darüber, daß diese Erfolge weniger auf Genius als auf harte Arbeit zurückzuführen sind: »Die meisten ranghöheren Beamten arbeiteten bereits vierzehn Stunden am Tag.« Und Dalgliesh wird in seine Fälle durchweg persönlich und direkt involviert, sei es, daß die »Ermittlungen auf eine Menschenjagd hinauslaufen, wie sie ihm am meisten zuwider war und wie sie seinem Wesen am wenigsten entsprach«, oder sei es, daß er sich eines Angriffs auf seine Person mit letzten Kräften erwehren kann. Das Ende von ›Der schwarze Turm‹ findet Dalgliesh, den zu Beginn des Buches eine ärztliche Fehldiagnose (er habe Leukämie, war ihm eröffnet worden) schwer getroffen hatte, erneut im Krankenhaus, ernsthaft verletzt, im Kampf mit einem durchgedrehten Mörder. Und am Ende von ›Ein unverhofftes Geständnis‹ benötigen zumindest seine Hände eine intensive medizinische Behandlung, die nicht einmal mehr den Briefbogen zerreißen können, auf dem ihm die Frau, die er hatte heiraten wollen, mitteilt, daß sie es sich anders überlegt hat.

Verglichen mit jenen Autorinnen, denen die Öffentlichkeit vor P. D.

James die Krone einer »Queen of Crime« verliehen hat, ist die neue Königin eine demokratische Autorin. Stilistisch erinnert sie an eine im Tonfall ernüchterte Dorothy Sayers. Ihr Held ist näher bei den Polizeidetektiven Simenons, Freelings und selbst der Sjöwall/Wahlöös als bei den Dandy-Detektiven der traditionellen englischen Krimi-Schule, und von so unwahrscheinlichen, verzwickten Fall-Lösungen wie in ›Ein unverhofftes Geständnis‹ hat sich P. D. James in späteren Büchern immerhin etwas entfernt zugunsten realistischerer Plots. Weshalb bleiben wir ihren Romanen gegenüber trotzdem recht reserviert? Weil sie in Milieus spielen, die allzu skurril und »typisch englisch« sind? Weil die Autorin allzu umstandskrämerisch ihre kriminalistischen Haken schlägt? Weil das alte Häkelmuster letztlich doch überall durchschimmert?

Andererseits: Das Häkelmuster allein kann es nicht sein; das benutzt schließlich auch Martha Grimes in ihren Romanen um den Scotland Yard-(Ober-)Inspektor Richard Jury. Der »Columbus Sunday Dispatch« meint sogar, Martha Grimes schreibe »in der Tradition von Agatha Christie und Dorothy L. Sayers«, weshalb »ihr Buch alle Anhänger des klassischen britischen Detektivromans entzücken«[9] werde. Aber das stimmt nicht so ganz, weil Mrs. Grimes die bewährten Muster durchaus ironisch benutzt – was ihr möglicherweise deshalb relativ leicht fällt, weil sie nicht nur keine Engländerin, sondern Amerikanerin ist und außerdem in der Theorie des Schreibens sich auskennt; in Pittsburgh geboren, lehrt Martha Grimes heute Creative Writing und Literatur am Montgomery College in Takoma Park im Staat Maryland. Ihre Bücher allerdings spielen in einem Bilderbuch-England, das idyllisch genannt werden könnte, wenn dort nicht so grauenhafte Mordtaten stattfänden. In *The Man with a Load of Mischief* (›Inspektor Jury schläft außer Haus‹; 1981) findet man in einem verschneiten Dörfchen zwei gräßlich zugerichtete Leichen, und der Inspektor und sein privater, vornehmer Adlatus Melrose Plant, eine Figur, die Holmes' Dr. Watson wie aus dem Gesicht geschnitten ist, haben die Auswahl unter einer stattlichen Anzahl mehr als skurriler Typen, vom schwulen Antiquitätenhändler über den vertrottelten Pfarrer und eine nymphomane Sekretärin bis hin zum verkrachten Krimiautor. Ähnlich bunt sind Typenpalette und Handlung in *The Old Fox Deceiv'd* (›Inspektor Jury spielt Domino‹; 1982); der Roman spielt in der Nacht vor dem Dreikönigsfest, in der schon Shakespeares Dramenfiguren recht ausgelassen zu sein pflegten, in einem kleinen Fischerdorf, in dem gruselig der Nebel wabert und eine schöne Unbekannte ermordet wird; eine neue Aufgabe für Inspektor Jury und seinen Watson. Es sei

»das reinste Vergnügen, diese Kriminalgeschichte vom klassischen Anfang bis zu ihrem ebenso klassischen Ende zu lesen«, behauptet eine auf der Umschlagrückseite der deutschen Ausgabe abgedruckte Rezension des »New Yorker«, der wir nicht widersprechen möchten.

[1] *Bertolt Brecht:* Über die Popularität des Kriminalromans, in: Gesammelte Werke, Bd. 19, Frankfurt/Main 1969, S. 450ff.
[2] *Dorothy Sayers:* Aristoteles über Detektivliteratur, in: *J. Vogt* Der Kriminalroman, München 1971, S. 123ff.
[3] Zitiert nach: *Raymond Chandler*: Die simple Kunst des Mordes, Zürich 1975, S. 318ff.
[4] *A. Arnold/J. Schmidt:* Reclams Kriminalromanführer, Stuttgart 1978, S. 302.
[5] In einem Brief an Alex Barris, am 16. April 1949, in *R. Chandler*: Die simple Kunst des Mordes, Zürich 1975, S. 61.
[6] In einem Brief an Bernice Baumgarten, am 21. April 1949, in *R. Chandler*: Die simple Kunst des Mordes, Zurück 1975, S. 61/62.
[7] *A. Arnold/J. Schmidt:* Reclams Kriminalromanführer, Stuttgart 1978, S. 248.
[8] ebd., S. 52.
[9] Zitiert nach dem Vorwort der deutschen Ausgabe von »Inspektor Jury spielt Domino«, Rowohlt Verlag, Reinbek 1987, S. 2.

Ausgewählte Bibliographie

Agatha Christie: *Zehn kleine Negerlein*; *Mord im Pfarrhaus*; *Die Arbeiten des Herkules*; *Der Tod auf dem Nil*; *16 Uhr 50 ab Paddington*; *Rächende Geister*; *Der Wachsblumenstrauß*; sämtlich Scherz Verlag, München. *Alibi*; *Nikotin*; *Tod in den Wolken* – sämtlich Goldmann Verlag, München.
Dorothy Sayers: *Der Glockenschlag*; *Fünf falsche Fährten*; *Aufruhr in Oxford*; *Ein Toter zuwenig*; *Die Akte Harrison*; *Starkes Gift*; *Zur fraglichen Stunde*; *Ärger im Bellona-Club* – sämtlich Rowohlt Verlag, Reinbek. *Feuerwerk*; *Der Mann, der Bescheid wußte*; *Lord Peters schwerster Fall* – sämtlich Scherz Verlag, München. *Mord braucht Reklame*, Goldmann Verlag, München.
Mary Roberts Rinehart: *Schönes böses Biest*; *Die alte Dame*; *Das Abgründige in Judith* – Scherz Verlag, München. *Keine Spur*; *Teufel an Bord*; *Dunkle Wasser des Verderbens* – Ullstein Verlag, Berlin.
Ngaio Marsh: *Sterben inbegriffen*; *Feines Ohr für falsche Töne*; *Donnerstag Premiere*; *Applaus bis zum bitteren Ende*; *Der Tod eines Schneemanns*, *Zwischen Sarg und Grube*; *Schwarz wie die Nacht* – sämtlich Scherz Verlag, München. – *Tod im Lift*; *Bei Gefahr Rot*; *Das Schloß des Mr. Oberon*; *Mylord mordet nicht*; *Ouvertüre zum Tod*; *Der Tod und der tanzende Diener*; *Tod im Pub*; *Mord vor dem Haus*; *Das Todesspiel* – sämtlich Goldmann Verlag, München.
Margery Allingham: *Die Spur des Tigers*; *Süße Gefahr*; *Das Haus am Golfplatz*; *Achten Sie auf die Dame* – sämtlich Goldmann Verlag, München.
P. D. James: *Eine Seele von Mörder*; *Tod im weißen Häubchen*; *Ein reizender Job für eine Frau*; *Ein unverhofftes Geständnis*; *Tod eines Sachverständigen*; *Der schwarze Turm* – sämtlich Rowohlt Verlag, Reinbek.
Martha Grimes: *Inspektor Jury schläft außer Haus*; *Inspektor Jury spielt Domino* – Rowohlt Verlag, Reinbek.

Die Superdetektive der USA:

Vom Charlie Chan des Earl Derr Biggers bis Ellery Queen

Wenn wir Edgar Allan Poe als ihren Vater anerkennen (und weder Gaboriau noch Collins noch Conan Doyle), so ist die Gattung kurz vor der Mitte des 19. Jahrhunderts in den USA geboren worden. Natürlich hat die Gesellschaft, die sie hervorbrachte, in der zweiten Hälfte des 19. Jahrhunderts die Lust an der Detektivgeschichte nicht verloren. Im Gegenteil: Detektivgeschichten wurden in den USA gegen Ende des 19. Jahrhunderts eifrig gelesen. Nur die literarische Weiterentwicklung der Gattung erfolgte anderswo.

Die amerikanische Detektivgeschichte nach Edgar Allan Poe: das ist zunächst einmal eine Angelegenheit des raschen, flachen Konsums, wo nicht gar des billigen Schunds und der reinen Kolportage. Schon Poes Dupin-Erzählungen waren in Magazinen veröffentlicht worden. Aber es waren doch Magazine von einigem Niveau und von literarischem Anspruch gewesen. Ihre Nachfolger steigerten die Auflage und senkten das Niveau. Die »Penny Magazines« und die »Pulps« (von »pulp« gleich »Brei«: jener Masse, aus der Papier entsteht) kamen auf. Sie produzierten Unterhaltungsliteratur für den täglichen Bedarf der Massen, und unter den literarischen Gattungen, die den Bedarf befriedigten, war auch und in zunehmender Quantität die Detektivgeschichte. 1860 erschienen – ein Zeichen nicht nur für inflationären Geldverfall, sondern auch für wiederum leicht gestiegenen Anspruch – die ersten »Dime Novels‹, Zeitschriftenromane, die für einen »Dime«, zehn Cent, zu haben waren. In ihnen erblickten die ersten Seriendetektive der USA und vielleicht der Literaturgeschichte das Licht der Welt: Old Sleuth und Nick Carter[1].

Nach der Jahrhundertwende wurden die »Penny Magazines« und »Dime Novels« von den »Pulps« abgelöst. Eines dieser neuen Magazine war »The Black Mask«, dessen Autoren von der Mitte der zwanziger Jahre an die Gattung revolutionieren sollten. Doch zunächst einmal druckten die »Pulps« und druckte auch »Black Mask« vorwiegend Detektivgeschichten im klassischen englischen Stil, die als vornehmer galten als das Nick-Carter-Zeug. Dabei war man keineswegs auf Importe angewiesen. Denn auch zwischen New York und Los Angeles gab es genügend Autoren, die sich dem klassischen englischen Krimi-Stil verschrieben hatten.

Wohl der erste, der aus der Masse der amerikanischen Krimiautoren dieses Jahrhunderts positiv herausragte, war (neben Mary Roberts Rinehart, die wir im vorigen Kapitel behandelt haben) der 1884 in Warren, Ohio, geborene Earl Derr Biggers, der nach einem Studium in Harvard Journalist wurde. 1913 erschien sein erster Kriminalroman: *Seven Keys to Baldpate*. Anhaltende Berühmtheit freilich errang Biggers erst Mitte der zwanziger Jahre, als – beginnend mit *The House Without a Key* (›Das Haus ohne Schlüssel‹; 1925) – insgesamt sechs Romane mit der Figur des chinesischen Detektivs Charlie Chan entstanden. In der Figur des Detektivs sind Exotik und Tradition in eine kühne Balance gebracht. Charlie Chan ist Detektivinspektor in Honululu auf Hawaii; zu seiner Familie gehören nicht weniger als elf Kinder. Charlie, resümiert Reclams Kriminalromanführer, »spricht Englisch so, wie man es von einem Chinesen erwartet«, »kennt seinen Konfuzius auswendig und gibt jederzeit witzigweise Sprüche von sich«[2]. In *The House Without a Key* löste der gemütliche Dicke mit dem raschen Verstand den Mordfall eines reichen Unternehmers mit dunklen Geschäften auf eine nicht immer ganz logische Weise, und auch in späteren Romanen wie *Behind That Curtain* (›Hinter jenem Vorhang‹; 1928) oder *Charlie Chan Carries On* (›Charlie Chan macht weiter‹; 1930) sind die Lösungen etwas überraschend. Der Leser der achtziger Jahre kann die Popularität des Charlie Chan nur sehr bedingt nachvollziehen, so gelungen die Figur auch ist, die mit Biggers' letztem Charlie-Chan-Roman *Keeper of the Keys* (›Charlie Chan vor verschlossenen Türen‹; 1932) keineswegs zur Ruhe kam. Denn längst hatte der Film den chinesischen Detektiv entdeckt. Mehrere Darsteller spielten Charlie Chan in fast vier Dutzend Filmen. Charlie wurde zum Helden von Hörspiel- und später von Fernsehserien, und nach dem Zweiten Weltkrieg avancierte er zum Agenten des FBI. Vom ungebrochenen Ruhm des Charlie Chan kündet noch heute das »Charlie Chan Mystery Magazine«, das Leo Margulis erst 1974 gründete; das Magazin bringt »in jeder Nummer neben einer Anzahl von Kurzgeschichten über andere Themen einen (jeweils von einem anderen Autor verfaßten) Kurzroman über Charlie Chan«[2].

Praktisch parallel zu Charlie Chan wurde ein anderer, sehr viel konservativerer Detektiv in den USA überaus populär: der Philo Vance des 1888 in Charlottesville, Virginia, geborenen Willard Huntington Wright, dessen Autoren-Pseudonym S. S. van Dine lautete. Nach einem Studium in Harvard, München und Paris hatte Wright als Kunstkritiker der »Los Angeles Times« begonnen und aus Vergnügen Kriminalromane gelesen und gesammelt. Ein Gerücht besagt, Wright habe, als ihn zwischen 1923 und 1925 ein Herzfehler ans Bett fesselte, fast ausschließlich Kriminalromane gelesen, und sich von ihnen zur Figur seines Snobdetektivs Philo Vance inspirieren lassen, der in *The Benson Murder Case* (›Mordakte Benson‹; 1926) zum ersten Mal auftrat. Als Privatier und Dandy begleitet der reiche, hochgebildete Gentleman-Detektiv den Staatsanwalt Markham und den nicht eben hellen Polizeisergeanten Heath in New York bei ihren Fällen. Aus dem, was die Beamten an Spuren zusammentragen, zieht Philo Vance, der dem in der Ich-Form erzählenden Autor van Dine nach Vorbild von Conan Doyle als Dr. Watson dient, seine genialen Schlüsse, die den Fall lösen. Zwischen 1926 und 1939, Wrights Todesjahr, löst Philo Vance auf diese Weise insgesamt zwölf Fälle, deren Originaltitel sämtlich auf die Floskel »Murder Case« enden, so zum Beispiel *The Canary Murder Case* (›Mordakte Kanarienvogel‹; 1927); *The Dragon Murder Case* (›Mordakte Drachensee‹; 1933) und *The Garden Murder Case* (›Mordakte Swift‹; 1937). Van Dines letzter Philo-Vance-Roman *The Winter Murder Case* (1939) ist nur noch in einer Kurzfassung[3] fertiggeworden.

Im Grunde gehört John Dickson Carr bereits einer anderen Generation von Autoren an als Earl Derr Biggers und S. S. van Dine, die beide noch im ausgehenden 19. Jahrhundert verwurzelt sind. Dickson Carr nämlich (der auch unter dem Pseudonym Carter Dickson geschrieben hat, Sohn eines Rechtanwalts, ist 1906[4] geboren. Allerdings ist sein Erstling nur fünf bzw. vier Jahre nach den ersten Auftritten von Charlie Chan und Philo Vance erschienen. Nach dem Studium verbrachte Carr ein Jahr in Paris, und unmittelbar nach dem Erscheinen seines ersten Kriminalromans, *It Walks by Night*, heiratete er und ließ sich in England nieder, wo auch die meisten seiner Krimihandlungen spielen. Selbst Romane, die in New York beginnen – wie *The Nine Wrong Answers* (›Wer die Antwort schuldig bleibt‹; 1952) –, verlagern den Schauplatz rasch nach England; kein Problem im Zeitalter der großen Ozeanliner (und erst recht nicht im Luftfahrtzeitalter).

Carr, der 1958 in die USA zurückkehrte und 1977 starb, war ein fleißiger Autor. Er hat über 80 Kriminalromane geschrieben, in deren 30 populärsten ein Dr. Gideon Fell die kompliziertesten Verbrechen aufklärt. Fell – so eine Auskunft über ihn in *The Problem of the Wire Cage* (›Mord am Netz‹; 1939) – »ist eine Art Privatdetektiv – nur daß er bloß jene Fälle übernimmt, bei denen jeder andere Kopf versagt«. Eine junge Frau beschreibt sein Aussehen als das eines »Weihnachtsmannes, nachdem er sich den Bart abrasiert hat«; Carr selbst soll bei dieser Figur an den Autor Gilbert Keith Chesterton, Erfinder des »Pater Brown«, gedacht haben.

Der Roman ›Mord am Netz‹ ist in gewisser Weise typisch für Carrs Methode, einen Fall zu konstruieren. Das Opfer ist auf einem von einem Drahtgitter eingefaßten Tennisplatz mit Aschenbelag umgebracht worden; als einzige Fußspuren sind die des Ermordeten (er wurde erwürgt) und die einer jungen Frau sichtbar, die in Verdacht gerät, es aber wohl nicht gewesen sein kann. Wenn aber nicht sie – wer dann?

Ein Motiv hatten viele: nicht nur die junge Frau, die dabei war, ihre Verlobung mit dem Mordopfer zu lösen. Ihr neuer Freund käme ebenso in Frage wie die langjährige Geliebte des Toten, die nicht nur der bevorstehenden Ehe wegen auf der Palme war, sondern mehr noch deshalb, weil der Ermordete sie mit einer dritten Frau betrogen hatte. Mit besonderem Fleiß präpariert Carr eine absurde Spur: Der Freund dieser dritten Frau ist Artist; ist er vielleicht übers Tennisnetz geturnt und, nach vollbrachtem Würgermord, wieder zurück?

Am Ende war es dann nicht der sprichwörtliche Gärtner, sondern ein Mann im Rollstuhl: der Onkel des Toten, der seinem ungeliebten Neffen die schöne und charaktervolle Braut nicht gönnte. Und das Problem der Fußspur wird einfach hinweggezaubert. Der Rollstuhlfahrer ist gar nicht am Netz gewesen. Er hat das Opfer ganz naiv gebeten, bei seiner Ermordung mitzuhelfen, das heißt: sich selbst eine lange Schnur um den Hals zu legen unter dem Vorwand, er wolle ihn als Modell für einen zu konstruierenden Tennisroboter benutzen; danach war die Sache ein Kinderspiel, mit einer Hand zu erledigen.

So hanebüchen wie in ›Mord am Netz‹ sind Carrs Fälle zugegebenermaßen nicht immer konstruiert. Aber wenn nicht die Morde selbst, so sind doch die Umstände so skurril und abenteuerlich ausgedacht, daß jede Ähnlichkeit mit dem wirklichen Leben unwahrscheinlich wäre – so in *Patrick Butler for the Defense* (›Der Zauberer‹; 1956), worin ein genialer Strafverteidiger, freilich nicht vor Gericht, die Ermordung eines Orientalen in einem Anwaltsbüro aufklärt, nicht zuletzt dank der Tatsache, daß der einzige Zeuge den vom Ermordeten geflüsterten Namen des Täters aufgrund dessen starkem Akzent für das französische Wort für »Handschuh« hielt.

Erwähnenswert sind zwei historische Projekte Carrs. Zusammen mit Arthur Conan Doyles jüngstem Sohn Adrian, mit dem Carr während seiner englischen Jahre befreundet war, schrieb Carr einige neue Sherlock-Holmes-Geschichten: *More Exploits of Sherlock Holmes* (1954).

Und in seinem späten Roman *The Hungry Goblin* (1972) läßt er den »Monddiamant«-Autor Wilkie Collins als Detektiv auftreten.

Verglichen mit Carr ist sein amerikanischer Landsmann Stuart Palmer geradezu ein Ausbund an Realismus. Palmer, geboren 1905 in Baraboo, Wisconsin, studierte in Chicago und an der University of Wisconsin; bevor er mit dem Schreiben von Kriminalromanen begann, schlug er sich als Matrose, Taxifahrer und Journalist durch. Bis zu seinem Tode im Jahre 1968 schrieb Palmer rund zwei Dutzend Kriminalromane (und dreimal so viele Filmskripte).

In den meisten der Palmerschen Romane werden die Fälle von einer gewissen Miß Hildegarde Withers gelöst, die mit dem besten Mann der New Yorker Polizei befreundet ist und deshalb auch zu den Untersuchungsergebnissen der Polizei Zugang hat; ihr Status ist gewissermaßen ein halboffizieller (und gelegentlich wird sie auch in die Rolle eines Hilfssheriffs hineinmanövriert). In *The Puzzle of the Red Stallion* (›Das Geheimnis des roten Hengstes‹; 1935) wird Miss Withers als »eine kantige, spröde dreinblickende Lehrerin ungewissen Alters« beschrieben, die – Pluspunkt für sie – »Katzen lieber mochte als Hunde« und »das ruhige Lehrerinnendasein den aufregenden Abenteuern in angewandter Kriminalistik vorzog, in die sie durch das Schicksal und eine langjährige Freundschaft mit einem Inspektor der Center Street so oft hineingeschlittert war«. Hildegarde Withers ist eine resolute, burschikose Frau: streng, aber gerecht zu ihren Schülern, ohne Respekt vor Vorgesetzten und öffentlichen Autoritäten; sie nimmt grundsätzlich nur das als gegeben hin, das sich einwandfrei beweisen läßt. In *Murder on the Blackboard* (›Der Schuh der schönen Lehrerin‹; 1932) löst sie mit einigermaßen unkonventionellen Methoden – am Ende stellt sie dem Mörder eine Falle, die für ihren krank im Bett liegenden Polizistenfreund nicht ganz ungefährlich ist – einen Mordfall in ihrer eigenen Schule, bei dem ebenfalls das Mordopfer, eine Musiklehrerin, einen Hinweis auf den Täter hinterlassen hat: eine verschlüsselte Botschaft an der Tafel im Klassenzimmer, zwei Noten, die für die Initialen des Mörders standen.

Mag man solchen Plots auch eher skeptisch gegenüberstehen, so wird man doch durch einen Humor entschädigt, mit dem der Autor sich selbst und die Klugheit seiner Figuren, ja: die ganze Gattung, auf den Arm zu nehmen weiß. Im »Rätsel des roten Hengstes« scheint das wichtigste Indiz lange eine zerbissene Bruyèrepfeife zu sein, die Miß Withers neben der Leiche der schönen, reichen Violet Feverel im New Yorker Central Park findet und aus der sie sich manches scheinbar Fallentscheidende über die Person und die Lebensumstände des Täters zusammenreimt: Gebißträger in wohlsituierten Umständen, vielgereist usw. Doch schließlich, der Mörder ist längst überführt, und der Tag seiner Hinrichtung im Zuchthaus Sing-Sing ist anberaumt, stellt sich heraus, daß die Pfeife nicht dem Mörder gehört, sondern dem Polizeiarzt; sie war ihm aus der Tasche gefallen, als er – bevor Miß Withers überhaupt zum Tatort kam – die Leiche untersucht hatte. Mit kleinen ironischen Schlenkern dieser Art sorgt Palmer gelegentlich dafür, daß seine Heldin für den Leser nicht allzusehr in die höheren Sphären entgleitet.

Sowohl Carrs als auch Palmers Erstlinge sind 1930 erschienen. Ein Jahr vorher hatte der letzte unserer Detektive in diesem Abschnitt sein literarisches Debut: Ellery Queen. Bei ihm scheint es sich um einen Autor zu handeln, der sich selbst als Superdetektiv darstellt. Aber tatsächlich läuft es genau anders herum: Der Superdetektiv Ellery Queen steht mit seinem Namen auch für den Autor ein, genauer: für die Autoren; hinter dem Pseudonym Ellery Queen verbirgt sich das Autorentandem Frederick Dannay (1905–1982) und Manfred Bennington Lee (1905– 1971), deren Geburtsnamen wiederum anders lauten. Als Team schrieben Dannay und Lee bis zum Tode des letzteren einige Dutzende von Ellery Queen-Romanen. Doch damit nicht genug: Außer dem Autoren-Duo nutzten das Pseudonym Ellery Queen noch eine Reihe weiterer Schriftsteller, die vor allem in den sechziger Jahren, als Dannays und Lees Phantasie offenbar nachzulassen begann, Kriminalromane um den Superdetektiv schrieben (so daß man bei flüchtigem Hinsehen nie genau weiß, was für eine Art von Ellery Queen-Roman man in der Hand hält).

Die Geburt des Detektivs Ellery Queen findet statt in dem Roman *The Roman Hat Mystery* (›Schön ist ein Zylinderhut‹, auch: ›Der Hut des Toten‹; 1929). Der Detektiv klärt einen Giftmord in einem ausverkauften Broadway-Theater auf, und auf die Spur des Mörders bringt ihn nicht ein konkreter Hinweis, sondern der Umstand, daß etwas fehlt: der Zylinder des Mordopfers (in jenen Tagen trugen feine Leute, wenn sie ins Theater gingen, zum Abendanzug auf jeden Fall auch einen Zylinder).

Queen betreibt das Aufklären von Verbrechen sozusagen semiprofessionell. Er ist kein Berufsdetektiv, sondern ein Kriminalschriftsteller, und daß er in die Fälle hineingezogen wird, hängt vor allem mit seinem Vater zusammen, dem alten Herrn Queen, der Detektivinspektor bei der New Yorker Mordkommission ist: ein solider Beamter, der von der Genialität seines Sohnes profitiert. Schon in *The Roman Hat Mystery* wird Queen senior, Richard mit Vornamen, beschrieben als ein »kleiner, ausgetrockneter Herr, dem Freundlichkeit und Güte auf der Stirn geschrieben standen. Seine ein wenig gebückte Haltung und der Zug von Nachdenklichkeit stimmten zusammen mit dem dichten grauen Haar, dem Schnurrbart, den verschleierten grauen Augen und den zarten Händen«. Inspektor Queen ist eine alterslose Figur. Auch gut vierzig Jahre nach dem Zylinderhut-Fall, im letzten Queen-Roman des Duos Dannay/Lee, mit dem Titel *A Fine and Private Place* (›Mord im 9. Monat‹; 1971), ist er noch in Amt und Würden bei der New Yorker Polizei; die Pensionsgrenze müßte er eigentlich schon seit Jahrzehnten hinter sich haben.

Eine Beschreibung, die der seines Vaters ähnlich käme, findet sich mindestens in *The Roman Hat Mystery* von Ellery nicht. Ellery, der häufig als »lächelnd« abgebildet wird und sich mit einer flapsig-kessen Bemerkung über die Mittelmäßigkeit der Polizei einführt, charakterisiert sich aus seinen Schlüssen und Deduktionen; als »geistiger Mensch« ist er über die realen Dinge dieser Welt offenbar erhaben.

Ellery Queen betreibt das Detektivspiel als reine Rätselaufgabe: ein Faktum, das bei den frühen Queen-Romanen schon im Titel sichtbar wird, die alle auf das Wort »Mystery« (Rätsel, Geheimnis) enden, nachdem das »Geheimnis« möglichst mit einem fremden Land gekoppelt wurde. So folgen auf *The Roman Hat Mystery* unter anderem: *The French Powder Mystery* (›Das Geheimnis des Lippenstifts‹; 1930), *The Dutch Shoe Mystery* (›Mörder im Hospital‹; 1931), *The Greek Coffin Mystery* (›Besuch in der Nacht‹) und *The Egyptian Cross Mystery* (›Das ägyptische Kreuz‹; beide 1932). Allen Geheimnissen kommt Ellery Queen, mit Assistenz seines Vaters, durch Scharfblick und Scharfsinn auf die Spur.

Dabei bleibt die Operationsbasis der Queens nicht nur auf New York beschränkt. *The Siamese Twin Mystery* (›Das Rätsel der siamesischen Zwillinge‹; 1933) lösen Ellery und Richard Queen auf einer Ferienreise durch den amerikanischen Westen, als sie ein gefährlicher Waldbrand in das einsame Haus eines Chirurgen führt, der bald nach der Ankunft der Queens ermordet wird: von einem der Gäste oder einem Familienangehörigen? In *The Spanish Cape Mystery* (›Frauen um John Marco‹; 1935) tritt Ellery ausnahmsweise einmal ohne seinen Vater auf, weil er mit einem befreundeten Richter an die neuenglische Küste in Ferien gefahren ist; der rätselhafte Mordfall wartet dort bereits auf den Helden, als er eintrifft. In beiden Fällen sind es, wie bei der Sache mit dem Zylinder, fast absurde Fakten, die Ellery auf die Spur der Mörder und zur Lösung des Rätsels führen. In der Bergfestung hält der tote Chirurg eine durchgerissene Spielkarte in der Hand, die einen Hinweis auf den Mörder gibt;

am spanischen Kap ist es die Tatsache, daß der von vielen gehaßte Tote nackt gefunden wird, die Ellery den entscheidenden Hinweis liefert.

Zuweilen freilich sind die Hinweise bis ins Absurde verrätselt. In *Cat of Many Tails* (›Die indische Seidenschnur‹; 1949), einem Werk aus Dannay/Lees mittlerer Periode, führt die Tatsache, daß sämtliche Opfer eines anscheinend wahnsinnigen Massenmörders, vor dem New York zittert, in der Klinik eines bestimmten Arztes geboren sind, Ellery zu der – im Endeffekt richtigen – Vermutung, daß die Lösung des Rätsels in den Lebensumständen jenes Arztes zu finden sei. Im Spätwerk *The Last Woman in His Life* (›Seine letzte Frau‹, auch: ›Die letzte Frau seines Lebens‹; 1970) ruft das sterbende Mordopfer den bei ihm zu Gast befindlichen Ellery an und raunt ihm am Telefon das Wörtchen »home« zu, das Ellery lange mißversteht, ehe er darauf kommt, daß der Mörder keine der (Ex-)Frauen des Toten ist, sondern ein homosexueller Jugendfreund. Auch die Lösung des letzten Ellery Queen-Falles in *A Fine and Private Place* ist mehr als nur etwas um die Ecke gedacht: Der Mörder selbst versieht seine Tat mit vielen Hinweisen, die alle um die Zahl 9 kreisen; als Ellery herausfindet, daß alle Neunen bis auf eine getürkt sind, hat er auch den bis dahin nicht sonderlich aufgefallenen Täter.

Wie und was aber ist Ellery Queen – außer genial, natürlich? In *The Vanishing Corpse* (›Sanatorium des Todes‹; 1941) wird die Beschreibung, welche die frühen Bücher nicht bringen, nachgeliefert. Danach hat Ellery »ein gutgeschnittenes, offenes Gesicht«, »breite Schultern«, »bemerkenswert scharfe graue Augen«, »gute Zähne« und ein »nettes Lächeln«. Die Autoren bringen ihn, ausnahmsweise, auch in eine scheinbar ins amouröse sich entwickelnde Beziehung zu einer jungen Dame, der temperamentvollen, schusseligen Nikki, die selbst gern Kriminalromane schreiben möchte und bei Ellery immer die Plots klaut. Doch am Ende des Buches, als sie auf seinen Heiratsantrag wartet, bekommt die Werbung einen Schuß ins Komische. Denn Ellery fragt sie nur: »Wollen Sie meine ...« – »Ja? Ja, Ellery?« – »Wollen Sie meine Sekretärin werden?«, ein Job, den Nikki beim nächsten Abenteuer Ellerys – *The Penthouse Mystery* (›Leichen sind schweres Gepäck‹; 1941) – auch ausübt, freilich so genialisch, daß sie Ellery mehr Arbeit macht, als sie selbst leistet.

Freilich: Wenn wir Klaus-Dieter Walkhoff-Jordan[5] glauben wollen (und weshalb sollten wir das nicht?) stammen diese beiden Ellery Queen-Romane nicht von Dannay und Lee, sondern von einem dritten, nicht ausfindig zu machenden Autor, der offenbar in der mannigfach interpretierbaren Unbeweibtheit Ellerys und seiner engen Vaterbindung eine Gefahr für die Figur sah, andererseits aber Ellerys Verbindung mit einem weiblichen Wesen auch nicht zu eng gestalten durfte, wenn er die Erfinder der Figur in ihren Charakterzeichnungen Ellerys nicht einschränken wollte (was gewiß nicht zulässig war). Doch um die damit aufgeworfene Frage, wie es denn um Ellerys Liebesleben stehe (das ein Sexualleben zu nennen wir uns nie getrauen würden), zuverlässig zu beantworten, bedürften wir intimerer Kenntnisse über den Detektiv, als wir sie aus Dannay/Lees Büchern haben – oder aber eine Kühnheit der Schlußfolgerung, die wir Ellery selbst überlassen wollen.

[1] Diese frühere Detektivfigur eines Nick Carter hat mit dem Geheimagenten gleichen Namens, der in den sechziger Jahren in einer amerikanischen Buchserie auftaucht, die auch in Deutschland als Ullstein-Ausgabe recht erfolgreich war, so gut wie nichts zu tun.

[2] *A. Arnold/J. Schmidt:* Reclams Kriminalromanführer, Stuttgart 1978, S. 73.

[3] Arnold/Schmidt berichten – »Reclams Kriminalromanführer«, S. 136/137 –, daß Wright-van Dine seine Romane in drei Stufen geschrieben habe: Eine Kurzfassung von 10000 Wörtern sei in einem zweiten Durchgang im Umfang verdreifacht und in einem dritten Arbeitsschritt auf 60000 Wörter gebracht worden: »*The Winter Murder Case* gedieh nur noch bis zur zweiten Version.«

[4] Klaus-Dieter Walkhoff-Jordan gibt 1905 als Geburtsjahr an.

[5] *K.-D. Walkhoff-Jordan:* Bibliographie der Kriminalliteratur, Ullstein Verlag, Berlin 1985, S. 392ff.

Ausgewählte Bibliographie

Earl Derr Biggers: *Das Haus ohne Schlüssel*; *Der chinesische Papagei*; *Hinter jenem Vorhang*; *Charlie Chan und das schwarze Kamel*; *Charlie Chan macht weiter*; *Charlie Chan vor verschlossenen Türen* – sämtlich Heyne Verlag, München.

S. S. van Dine: *Mordakte Benson*; *Der Fall der Margaret Odell*; *Mordakte Green*; *Mordakte Bischof*; *Mordakte Skarabäus*; *Mordakte Drachensee*; *Mordakte Scotchterrier*; *Mordakte Casino*; *Mordakte Kanarienvogel*; *Mordakte Swift* – sämtlich Heyne Verlag, München.

John Dickson Carr: *Roulett der Rächer*; *Der magische Stein*; *Der Zauberer*; *Wer die Antwort schuldig bleibt* – Scherz Verlag, München. – *Mord am Netz*; *Schatten der Vergangenheit*; *Die Voodoo-Königin* – Ullstein Verlag, Berlin.

Stuart Palmer: *Der Schuh der schönen Lehrerin*; *Das Geheimnis des roten Hengstes* – Heyne Verlag, München. – *Der blaue Chrysler*; *Der kleine Pfefferbaum* – Goldmann Verlag, München.

Ellery Queen: *Schön ist ein Zylinderhut*; *Das Geheimnis des Lippenstifts*; *Das Rätsel der siamesischen Zwillinge*; *Das Rätsel der chinesischen Mandarine*; *Die indische Seidenschnur*; *Frauen um John Marco*; *Die letzte Frau seines Lebens*; *Mord im 9. Monat* – sämtlich Ullstein Verlag, Berlin. – *Mit drei Beinen im Grab*; *Die trennende Tür*; *Im Griff des Killers*; *Die letzte Rechnung schickt der Tod*; *Das Haus auf halber Strecke*; *Die Drachenzähne*; *Seine letzte Frau* – sämtlich Scherz Verlag, München.

Die hartgesottenen Amerikaner (I):

Dashiell Hammett und Raymond Chandler, die Klassiker

Die neue Zeitrechnung des amerikanischen Kriminalromans beginnt nicht mit Dashiell Hammett. Obwohl man Hammett »zu Recht als denjenigen nennt, der die in der Ich-Form erzählte *hard-boiled*-Detektivgeschichte entwickelt und bekannt gemacht hat, ihr Schöpfer war er nicht. Diese Auszeichnung kommt einem stillen Groschenheftautor namens Carroll John Daly zu, der mit Three-Gun Terry Mack den ersten bekannten Vertreter des harten Privatdetektivs schuf«[1]. Mack, der ständig drei Revolver mit sich herumschleppt (zwei großkalibrige Fünfundvierziger und einen Fünfundzwanziger als Reserve), taucht zum ersten Mal in Dalys Kurzgeschichte *Three Gun Terry* in der »Black Mask«-Ausgabe vom 15. Mai 1923 auf – viereinhalb Monate, bevor Hammetts erster Detektiv, der namenlose »Continental Op« seine Premiere feierte. William F. Nolan beschreibt Terry Mack, der später auch der Held von Dalys drittem Roman *The Man in the Shadows* (1928) wurde, als »markig und ungebildet, er schießt schnell und Gesetze gelten nicht für ihn. Bei Daly sind *toughness* und Ungebildetheit immer miteinander gekoppelt«[1]. Das gilt gewiß auch für die zweite von Dalys Detektivfiguren, obwohl sie gegenüber Drei-Pistolen-Terry bereits einen Fortschritt ins Kultivierte darstellte: Race Williams, geboren nur zwei Wochen nach Terry Mack wiederum im Magazin »Black Mask« (1. Juni 1923), dreißig Jahre alt, einsachtzig groß, 165 Pfund schwer, braunhaarig, schwarzäugig; »er bewundert eine kluge Frau und respektiert eine gute, wenn er eine findet«[2].

Wieweit Dalys Detektive Einfluß auf Hammett gehabt haben, ist unter Hammetts Biographen umstritten. Nolan bezweifelt, daß »Dalys pseudorealistische, unkultivierte Schreibweise irgendeinen Einfluß auf die Op-Geschichten ausgeübt hat«[1], widmet Daly innerhalb seiner Hammett-Biographie aber immerhin knapp fünf Seiten, mit der Begründung, man müsse »Carroll John Daly kennen, um den einzigartigen Durchbruch würdigen zu können, der Hammett gelang, der den gleichen Stoff benutzte, in dessen Prosa ebenso der *tough guy* die entscheidende Rolle spielt«.

Diane Johnson dagegen, die in ihrer Hammett-Biographie Daly nur kurz erwähnt, konzediert für Hammett immerhin »ein gewisses Interesse am Werk von Carroll John Daly«[3] und einen starken Zwiespalt gegenüber jenen Detektivgeschichten, die er bis dahin in der »Black Mask«

und vergleichbaren Magazinen gelesen hatte: »Einerseits hatte er das Gefühl, daß er besseres Zeug als das schreiben könnte, und andererseits, daß es etwas hatte, sich um etwas bemühte«.

Dashiell Hammett bemühte sich ebenfalls, nicht zuletzt, weil er Geld brauchte. Sein erster Detektiv erscheint in einer der Oktobernummern von »The Black Mask« des Jahres 1923. Aber schon vorher hatte Hammett, vorwiegend unter dem Pseudonym Peter Collinson, ein gutes Dutzend anderer Kriminalgeschichten in Magazinen wie »Brief Stories« (und auch schon in »The Black Mask«) publiziert. Mit einiger Sicherheit kannte Hammett Dalys Detektive Terry Mack und Race Williams, als er seinen eigenen Detektiv, den namenlosen Mann von der Continental-Detektivagentur erfand. Und natürlich kannte er die vielen klassisch-englischen Detektive, die in den amerikanischen Magazinen ihr Unwesen trieben. Da er die Wirklichkeit kannte, hatte er sich mit diesen Märchenfiguren nie anfreunden können. Diane Johnson beschreibt sein Verhältnis zu ihnen folgendermaßen: »Aber Detektivgeschichten im alten Stil hatten immer lächerlich auf ihn gewirkt: der kluge Spürhund, der selten sein Zimmer verläßt und aufgrund esoterischer Hinweise den Mörder errät. Hammett hatte in zu vielen kalten Einfahrten gewartet und war zu oft überrascht worden, und er wußte, wie oft ein Detektiv völlig aufgeschmissen war, wenn er herauszufinden suchte, wer was getan hatte. Und er wußte, daß Detektive keine Müßiggänger der Oberklasse mit Orchideen-Gewächshäusern und einem schönen Leben waren, sondern schlechtbezahlte Kulis. Er wußte auch noch ein paar Dinge mehr, von denen er meinte, er könne sie zur Literatur der Detektivgeschichte beitragen. Es war nicht so sehr, daß er wußte, wie man bestimmte Dinge anfaßte, denn er war schließlich nicht sehr lange Detektiv gewesen – sondern daß er wußte, was es hieß, Detektiv zu sein.«[3]

Hammett, geboren 1894 auf einer kleinen Tabakfarm in der Nähe von Baltimore, wo der Vater – der später auch als Handelsvertreter und kleiner Angestellter arbeitete – dem Großvater bei der Bewirtschaftung der Farm zur Hand ging, war zweimal Detektiv bei der Pinkerton-Agentur: vor und nach seinem Dienst in der amerikanischen Armee gegen Ende des Ersten Weltkriegs. Vom Krieg hatte er nicht viel gesehen. Unmittelbar nach dem Ende der militärischen Ausbildung war er schwer krank geworden. Eine Grippe war in eine Tuberkulose übergegangen (wie sie zuvor auch Hammetts Mutter gehabt hatte); so verbrachte er seine Militärzeit und noch eine ganze Zeit danach vorwiegend im Lazarett, ohne daß er die Krankheit und ihre Folgen jemals wieder ganz losgeworden wäre.

Schon 1915 war er Pinkerton-Detektiv gewesen und dabei auch in Arbeitskämpfen von den Fabrik- und Minenbesitzern gegen ihre aufständischen (und zuweilen militanten) Arbeiter eingesetzt worden. Das war eine Erfahrung, die Hammett nicht besonders gefiel. Denn er erkannte, daß »die Handlungen der Wächter und der Bewachten, des Detektivs und dessen, dem er nachpirscht, Reflexe eines einzigen Empfindens sind, in der Randzone, in der Mörder und Diebe leben. Er erkannte, daß er sich, bei seinem jetzigen Tätigkeitsfeld, selbst in dieser Randzone aufhielt oder aufhalten könnte und daß man das gemäß einer Art von Treueeid, den er und andere Pinkerton-Leute ablegten, auch von ihm erwartete«.[4]

Gewiß haben diese frühen Erfahrungen Hammetts mit Kapital und Staatsmacht seine spätere politische Haltung, seine Hinwendung zur Kommunistischen Partei und seine Unbeugsamkeit vor dem Ausschuß für antiamerikanische Umtriebe des Senators McCarthy entscheidend beeinflußt. Doch so genau hat er das wohl erst später erkannt. Denn immerhin verpflichtete sich Hammett 1921, nach der Armee und dem Lazarett, ein zweites Mal bei Pinkerton. Er war damals in San Francisco, hatte geheiratet und wurde zum ersten Mal Vater – und er geriet an einige spektakuläre Fälle: den des fetten Komikers Fatty Arbuckle zum Beispiel, der ein Showgirl (oder eine Prostituierte?) bei einer Party vergewaltigt und so verletzt haben sollte, daß es starb; den eines Goldraubs auf einem Schiff, wo Pinkerton-Detektive – und vielleicht sogar Hammett – die Beute schließlich in raffinierten Verstecken wiederfanden, unmittelbar vor der Rückfahrt des Schiffes nach Australien, die Hammett sonst hätte mitmachen sollen.

Vielleicht wäre Hammett noch lange Pinkerton-Detektiv geblieben und niemals Schriftsteller geworden, wenn ihn nicht ein erneuter Ausbruch seiner Krankheit gezwungen hätte, seinen Beruf aufzugeben. Er fand Teilzeitbeschäftigungen, vornehmlich in der Werbung – und von Werbetexten bis zu kurzen Geschichten war es nur noch ein kleiner Schritt. Wie die meisten Autoren schrieb er über Sachen, von denen er etwas verstand, und zwei Dinge mögen da glücklich zusammengekommen sein: Hammetts Pinkerton-Erfahrung und die neue Lust an realistischen Detektivgeschichten, die die »Pulps« bei ihren Leser verbreiteten und die Hammett selbst mit der Zeit kräftig förderte.

Im Oktober 1922 erschien die erste von Hammetts Geschichten, *The Parthian Shot*, in der Zeitschrift »The Smart Set«. Schon drei Monate später schrieb er zum ersten Mal für »The Black Mask«, das führende unter vielen Magazinen seiner Art, und ein Jahr nach seinem literarischen Debüt kam die namenlose erste von Hammetts Detektivfiguren heraus, der Mann von »Continental's«, dessen Ethos die Geschichte ›Wie Couffingnal ausgeräumt wurde‹ aus dem Jahre 1925 folgendermaßen beschreibt: »Ich lasse nun fünfundzwanzig- bis dreißigtausend ehrlich verdiente Dollars sausen, weil ich gern Detektiv bin, weil ich die Arbeit mag. Und wenn man eine Arbeit mag, versucht man, sie so gut wie möglich zu tun. Sonst hätte sie keinen Sinn. Aber das ist nun wieder mein Problem. Etwas anderes kann ich nicht; etwas anderes macht mir keinen Spaß; ich will nicht, daß mir etwas anderes Spaß macht. Das können Sie gegen keine noch so hohe Summe Geldes aufwiegen.« Ein paar Zeilen weiter erzählt Hammetts Detektiv der Verbrecherin, die ihn bestechen möchte: »Sie glauben, ich sei ein Mann, und Sie seien eine Frau. Das ist falsch. Ich bin ein Menschenjäger, und Sie sind ein Wild, das vor mir flieht. Daran ist nichts Menschliches. Genausogut könnten Sie von einem Jagdhund erwarten, daß er mit dem Fuchs, den er gerade gefangen hat, ›Dichterquartett‹ spielt.«

In den gut fünf Jahren zwischen Ende 1922 und Anfang 1928 – Hammett betrieb weiterhin seinen Teilzeitjob als Werbetexter, und seine Krankheit wurde so schlimm, daß seine Ärzte ihn für arbeitsunfähig hielten – schrieb Hammett an die vierzig Kriminalerzählungen, die er zwar so gut wie möglich zu machen versuchte, von denen er aber nicht allzuviel hielt; ihm lag mehr an seinen Gedichten und Buchrezensionen. In einer dieser Rezensionen – über *Everyman's Genius* von Mary Austin – steht etwas wie sein künstlerisches Glaubensbekenntnis jener Jahre: »Das ewige Problem des schöpferisch Tätigen besteht, auf welchem Gebiet auch immer, darin, sein ganzes Fühlen und Denken, jede seiner Fähigkeiten, auf die Aufgabe, in der er gerade steckt, zu richten. In dem Maße, in dem ihm das gelingt – entsprechendes geistiges Rüstzeug vorausgesetzt –, bringt er hervor, was wir gemeinhin ein geniales Werk nennen. Gelingt ihm das nicht, muß er sich auf sein Talent, seine handwerklichen Fähigkeiten verlassen.«[5]

Hammetts eigene geniale Periode stand unmittelbar bevor. Doch er wurde im Grunde in sie hineingetrieben. Die Herausgeber der »Black Mask«, um höheres literarisches Prestige bemüht, wollten literarische Berühmtheiten als Autoren – und literarisch berühmt wird man im allgemeinen nicht mit Erzählungen, sondern nur mit einem Roman. Also schrieb Hammett einen Roman. Und als der Erfolg hatte, einen zweiten, dritten, vierten...

1929 kam – im renommierten Verlag von Alfred A. Knopf in New York – *Red Harvest* (›Rote Ernte‹; auch als: ›Bluternte‹) heraus, noch im gleichen Jahr folgte *The Dain Curse* (›Der Fluch des Hauses Dain‹). Ein Jahr später veröffentlichte Hammett sein wohl berühmtestes Buch, *The Maltese Falcon* (›Der Malteser Falke‹), ein weiteres Jahr später *The Glass Key* (›Der gläserne Schlüssel‹). Danach folgt immerhin eine Pause von drei Jahren, ehe er *The Thin Man* (›Der dünne Mann‹) schrieb. In den Pausen zwischen den Romanen hatte er einige seiner besten Erzählungen geschrieben: *Fly Paper* (›Fliegenpapier‹) 1929, *The Farewell Murder* (›Der Farewell-Mord‹). Doch nach ›Der dünne Mann‹ kam so gut wie nichts mehr: einige schwächliche Erzählungen, ein paar autobiographische Skizzen; der ganz große sechste Roman, den die literarische Welt jahrzehntelang von Hammett erwartete, wurde nie geschrieben und wohl nicht einmal ernsthaft in Angriff genommen. Hammett verstummte, fast dreißig Jahre vor seinem Tod am 10. Januar 1961 in New York.

Ob er sich ausgeschrieben und nichts mehr zu sagen hatte? Ob ihn, letzten Endes, seine schwache Gesundheit hinderte, mehr zu schreiben? Ob er sich selbst ruinierte durch Suff und unsolides Leben? Sicher ist, daß Hammett das Leben als Liebling der literarischen Salons von New York, der reichen Nichtstuer und der Showstars sehr genossen hat. Doch bis zum »Dünnen Mann« hatte er sich diesem Leben mindestens phasenweise entziehen können, wenn es an die Niederschrift eines Buches ging. Hammetts lebenslange Freundin, die Autorin Lillian Hellman – Hammetts Ehe war trotz zweier Kinder längst zerbrochen und auch geschieden – beschreibt, wie es war, als ›Der dünne Mann‹ zu Papier gebracht wurde: »Das Leben änderte sich: Die Trinkerei hörte auf, es gab keine Parties mehr. Die Zeit des Sich-Einschließens hatte begonnen, und nichts durfte ihn stören, bis das Buch fertig war. Ich hatte noch nie jemanden auf diese Weise arbeiten sehen: diese Sorgfalt mit jedem Wort, dieser Stolz allein auf eine säuberlich getippte Seite, seine Weigerung, zehn Tage oder zwei Wochen lang das Haus zu verlassen, aus Angst, ein Gedanke könnte verlorengehen.«[6]

Die Ergebnisse waren entsprechend, mindestens seit dem dritten Roman ›Der Malteser Falke‹, nach dem sich die Kritiker überschlugen vor Begeisterung. »Es gibt Autoren von Detektivgeschichten, und dann gibt es noch Dashiell Hammett«, schrieb beispielsweise Elrick B. Davis in der »Cleveland Press« und: »Auf der ganzen Welt fällt mir niemand ein, der ihm das Wasser reichen könnte.« Will Cuppy in der »Herald Tribune« teilt mit, es würde ihn »kein bißchen überraschen, wenn sich Mr. Hammett als *der* Große Amerikanische Kriminalschriftsteller erweisen würde«, und William Curtis stellt ihn, wie später viele Literaten, auf eine Stufe mit Ernest Hemingway und anderen führenden amerikanischen Schriftstellern: »Ich finde, Mr. Hammett hat etwas ebenso Bestimmtes zu sagen und zur Einführung von Neuem in der Entwicklung der amerikanischen Sprache einen ebenso entschiedenen Impetus beizutragen wie nur je einer, der heute schreibt.«[7]

Von Beginn an sah die Kritik, daß etwas grundsätzlich Neues sich ereignet hatte: »Charaktere, Handlung und die allgemeine Haltung des Autors sind frisch und neuartig und brillant«, schrieb Gilbert Seldes, der überdies meinte, sämtliche Detektive der Literatur seien »durch das Erscheinen von Sam Spade in einem Buch mit dem Titel ›Der Malteser Falke‹ in die Pfanne gehauen worden«. Dieser Spade, so heißt es weiter im New Yorker »Graphic«, sei »hartgesotten, unmoralisch, mit lockerer Faust und lockerem Mundwerk« begabt: »Nach den hochgeistigen Detektiv-Neigungen mit ihrem weibischen Benehmen, ihren künstlerischen Neigungen und ihren kunstvollen Deduktionen ist er so verblüffend wie ein wirklicher Mensch unter Schaufensterpuppen.«

Jahre später beschrieb der Kollege Raymond Chandler Hammetts bahnbrechende Leistung folgendermaßen: »Hammett zog den Mord aus der venezianischen Vase, in der er so lange gegrünt und geblüht hatte, und pflanzte ihn an die Straße; dort muß er nun zwar nicht ewig Wurzeln schlagen, aber es war doch ein guter Einfall, sich so weit wie möglich von Emily Posts Vorstellungen zu entfernen, wie eine wohlerzogene Debütantin einen Hühnerflügel benagt. Hammett schrieb zu Beginn (und fast bis zum Ende) für Leute, die eine harte, aggressive Einstellung zum Leben haben. Sie hatten keine Angst vor der Schattenseite des Daseins; sie lebten dort. Gewalttätigkeiten jagten ihnen keinen Schrecken ein; so etwas gab es auf ihrer Straße unten dauernd. Hammett brachte den Mord zu der Sorte von Menschen zurück, die mit wirklichen Gründen morden, nicht nur, um dem Autor eine Leiche zu liefern, und mit realistischen Gegenständen, nicht mit handgearbeiteten Duellpistolen, Curare und tropischen Fischen. Er brachte diese Menschen aufs Papier, wie sie waren, und er ließ sie in der Sprache reden und denken, für die ihnen unter solchen Umständen der Schnabel gewachsen war.«[8]

Mit all dem, so ist sich Chandler sicher, habe Hammett »die Detektivstory nicht etwa zerstört«. Er habe vielmehr »bewirkt, daß es ein reines Vergnügen sein kann, eine Detektivstory zu schreiben, und daß sie nicht ein ermüdendes Häkelwerk aus öden Indizien sein muß«.

Weshalb der Detektivroman mit dem Häkelwerk aus albernen Indizien nur nach der Schablone funktioniert, erklärt der Detektiv in Hammetts »Dünnem Mann« folgendermaßen: »Wenn Morde nach mathematischen Regeln begangen werden..., kannst du sie nach mathematischen Regeln aufklären. Die meisten werden es nicht.« Hammett aber wollte keine Schablone, und mit der Zeit lernte er, »die Figuren wie wirkliche Menschen reden und klingen zu lassen, die komplizierteste und andauerndste Handlung so zu beschreiben, daß der Leser sie förmlich vor sich sah. Und er wußte, wie er innerhalb der Grenzen, die er sich selbst gesteckt hatte, durch die Verwendung des Dialogs die komplexe psychologische Beschaffenheit seiner Charaktere andeuten konnte»[9].

Von diesen Charakteren sind vor allem die der Detektive von den Interpreten oft und gern mit ihrem Autor gleichgesetzt worden. Diese Identifizierung ist sicherlich falsch – auch wenn man zugeben muß, daß die Hammettschen Detektive die Entwicklung ihres Autors widerspiegeln. »Der Detektiv bei Continental's«, schreibt Diane Johnson, »hatte seine Arbeit gut gemacht, der Agentur ergeben und von dem Wunsch beseelt, seine Arbeit gut zu machen. Spade, der die neue Lebensanschauung des zunehmend wachsameren Hammett widerspiegelt, spielt schon ein bißchen sein eigenes Spiel«, und die beiden Detektive, die ihm und dem »Malteser Falken« noch folgen, Ned Beaumont im »Gläsernen Schlüssel« und Nick Charles im »Dünnen Mann«, sind noch um einiges komplizierter und differenzierter: Aufsteiger zwar, wie Hammett, in eine höhere Gesellschaftsschicht, doch selbstkritisch, ironisch und immer noch auf der Suche »nach dem Wert in den Werten, dem der Autorität innewohnenden Verdienst«[10].

Dabei wechselt Hammett immer mal wieder die Erzählperspektive – wie die Detektive selbst. Sam Spade, der für viele zum Hammettschen Detektiv schlechthin geworden ist, kommt tatsächlich nur in ›Der Malteser Falke‹ und wenigen Geschichten vor, Nick Charles nur in einem Roman und den aus ihm abgeleiteten Erzählungen, Ned Beaumont nur in ›Der gläserne Schlüssel‹, den viele Exegeten für Hammetts reifsten Roman halten. In den beiden frühen Romanen und über zwanzig Erzählungen herrscht der äußerlich wenig heroische – nämlich: kleine und dicke – »Continental Op«, dem einen Namen zu geben sich Hammett versagt hat.

Der Continental-Detektiv und dann wieder Nick Charles (im »Dünnen Mann«) erzählen ihre Abenteuer in der ersten Person selbst, während Ned Beaumont und Sam Spade, die als Hammetts persönlichste Detektivcharaktere gelten, sich mit einer Beschreibung ihrer Erlebnisse in der dritten Person begnügen müssen. Das hat unmittelbare Konsequenzen für die Figuren wie für die Romanhandlung. Der Leser sieht sowohl die Figuren als auch die Handlung von ›Der Malteser Falke‹ und ›Der gläserne Schlüssel‹ gleichsam von außen. Reflexionen der Helden unterbleiben, ihre Innenansicht ist ausgespart. Doch dieses Verfahren hat auch seine Vorzüge. Nicht nur wird die Handlung schnell und brisant. Sie wird auch klar und hart und konturenreich. Nichts wird durch erzählerische Flapsigkeiten verwischt oder verschmiert. Alles ist in ein grelles, realistisches Licht mit harten Schlagschatten getaucht.

Logischerweise trifft der Vorwurf der Brutalität und Blutrünstigkeit am ehesten die beiden in der dritten Person erzählten Bücher (obwohl die Verbrechen im »Malteser Falken« fast indirekt geschildert werden). Der Hauptvorwurf der Hammett-Gegner freilich ist nicht der der Brutalität, sondern der der Vulgarität – und der trifft alle seine Romane und Erzählungen gleichermaßen, gleitet aber von ihnen ab wie Wasser von einer Ölhaut.

Tatsächlich ist Hammett – der sein sprachliches Ideal in einem frühen Essay über Stil für die Werbezeitschrift »Western Advertising« als »Einfachheit und Klarheit« beschrieb, die nicht durch bloßes Kopieren der krausen Gedanken und Sätze des Mannes von der Straße gewonnen werden könnte, sondern nur durch »ein hohes Maß an (schriftstellerischem) Geschick« – einer der brillantesten Stilisten unter den amerikanischen Schriftstellern der dreißiger Jahre, vergleichbar durchaus mit Autoren wie Faulkner oder Hemingway, mit dessen lapidarem Sprachgestus viele Erzählungen Hammetts durchaus korrespondieren, nicht zuletzt die späte autobiographische Erzählung *Tulip* (›Tulip‹), die sich fast wie ein unbekannter Hemingway liest.

Völlig zu Recht rühmt Raymond Chandler: »Er hatte Stil, aber sein Publikum wußte es nicht, weil seine Feinheiten in einer Sprache daherkamen, der man sie einfach nicht zutraute. Die Leute waren der Ansicht, sie bekämen da ein gutes, solides Melodram, geschrieben in einer Sprache, von der sie sich einbildeten, daß sie sie selber sprächen. In gewissem Sinne stimmte das auch, aber es war doch noch einiges mehr daran. Alle Sprache beginnt mit der ›Sprache‹, mit der Rede speziell des einfachen Mannes, aber wenn sie sich zu einem Punkt entwickelt, wo sie ein literarisches Medium wird, sieht sie nur noch äußerlich wie eine Redens-Art aus ... In seinen Händen hatte dieser Stil keine Obertöne, hinterließ kein Echo, beschwor kein Bild jenseits des fernen Berges ... Er war als Stilist durchaus knapp, schroff, spröde und hartgesotten; aber er brachte immer wieder fertig, was überhaupt nur die allerbesten Schriftsteller schaffen. Er schrieb Szenen, bei denen man das Gefühl hatte, sie seien noch niemals je beschrieben worden.«[8]

Chandler freilich war, so vorzüglich er Hammett und seine schriftstellerische Leistung fand, mit den Ergebnissen immer noch nicht völlig zufrieden. Dem Autor, der sechs Jahre älter ist als Hammett, seine erste Erzählung aber erst publizierte, als Hammett seinen fünften Roman vorlegte, und seinen ersten Roman sechs Jahre, nachdem Hammett verstummt war, schwebte der ideale Kriminalroman vor. Allerdings war er sich »durchaus nicht im klaren darüber, ob das Ganze schlechterdings unmöglich sein soll und ob nicht doch irgendwann einmal, irgendwo, vielleicht nicht im Moment oder gar von mir, ein Roman geschrieben werden kann, der ganz offen ein Kriminalroman ist und die ganze Würze des Kriminalromans bewahrt, und der tatsächlich zugleich Charakter und Atmosphäre bietet, mit einem Oberton von Gewalttat und Furcht«[11].

Daß er selbst diesem Ideal bereits so nahe wie möglich gekommen sein könnte, hat er wohl nicht angenommen; die Selbstzweifel haben Chandler sein ganzes Leben lang nicht verlassen. Noch sechs Wochen vor seinem Tod (am 26. März 1959 im kalifornischen La Jolla) schrieb er an die »Mystery Writers of America«, die ihn zu ihrem Präsidenten gewählt hatten, daß ihm die Gründe für diese Ehrung dunkel erschienen: »Es ist wahr, ich habe den größten Teil meines Lebens über dem Versuch zugebracht, aus dem Kriminalroman etwas zu machen – ein wenig mehr vielleicht, als ihm ursprünglich zugedacht war –, aber ich bin mir ganz und gar nicht sicher, ob mir das auch gelungen ist.«[12]

Man wäre versucht, dieses Understatement für Koketterie zu halten, wenn nicht Menschen, die Chandler näher gekannt haben, ihn als äußerst schüchtern und verletzlich beschrieben. Die Autorin Dorothy Gardiner beispielsweise spricht von Chandlers großer Menschenscheu, »die er manchmal unter schroffen Manieren und ätzenden Bemerkungen verbarg – Verhaltensweisen, die ihm von Leuten, die ihn nicht kannten, als Bosheit ausgelegt wurden«[13].

Die Kollegin Patricia Highsmith sieht das entscheidende Ereignis für Chandlers persönliche und literarische Entwicklung in seiner Kindheit: »Er kam in Nebraska« – tatsächlich: am 23. Juli 1888 in Chicago, Illinois – »zur Welt; sein Vater verließ seine Mutter, als Raymond siebenjährig war. Es kam zur Scheidung, und Raymond fuhr mit seiner Mutter Florence nach England«[14], wo er in London wohnte und in Dulwich eine Public School besuchte, die – wie er selbst meinte – »unter gesellschaftlichem Aspekt zwar nicht ganz an Eton und Harrow heranreichte, aber doch sehr gute Bildung vermittelte«[15]. Die Scheidung der Eltern, das Zusammenleben mit der alleingelassenen Mutter und die englische Public School-Erziehung bedeuten für Chandlers Werk im wesentlichen zweierlei: »Chandler kam nie von diesem Parzival-Bild der Frauen los, er stellte sie sich oft hilflos und schutzbedürftig vor, auch dann, wenn sie es gar nicht waren; und er bewahrte seinen Schreibstil – schlank, stark und klar –, auch wenn er amerikanische Prosa und Dialoge schrieb.«[14]

Eine literarische Karriere war von der Familie weder geplant noch wurde sie zugelassen. »Als ich achtzehn Jahre alt war, fällten meine Mutter und mein reicher, aber etwas despotischer irischer Onkel die Entscheidung, ich solle in den Staatsdienst treten und die entsprechende Prüfung ablegen«[16] – was auch geschah. Sechs Monate lang arbeitete er im Marineministerium; dann lief er, zum Entsetzen von Mutter und Onkel, buchstäblich davon.

Als Chandler neunzehn Jahre alt war, hatte er – »an einem Sonntag, im Badezimmer« – sein erstes Gedicht geschrieben, und »ich hatte, um offen zu sein, die Voraussetzungen, ein recht guter zweitrangiger Dichter zu werden, aber das besagt nichts weiter, da ich die Sorte Verstand mitbekommen habe, mit dem man schlechthin alles recht gut zweitrangig werden kann, und zwar ohne viel Aufwand«[17].

Nach seinem Abgang vom Marineministerium verdient Chandler seinen Lebensunterhalt mit journalistischer Arbeit. Er hält sich eine Weile in Paris und in Deutschland auf, und 1912 kehrt er, 24jährig, in die USA zurück. Beim Ausbruch des Ersten Weltkriegs meldet er sich freiwillig zu den Canadian Gordon Highlanders. Er dient in Frankreich, und 1918 wechselt er zur britischen Luftwaffe über. Als er 1919 nach Kalifornien zurückkehrt, bringt er seine Mutter mit sich. Fünf Jahre später, nach dem Tod seiner Mutter, heiratet Chandler Pearl Cecily »Cissy« Bowen; für Patricia Highsmith hatte er damit »eine neue weibliche Bezugsperson gefunden, achtzehn Jahre älter als er«. Zu dem Zeitpunkt war Chandler bereits 32, und vielleicht hätte er nie eine Kriminalgeschichte geschrieben, wenn er nicht in seinem bürgerlichen Beruf gescheitert wäre. Über das, was er damals tat, gehen die Meinungen auseinander. Patricia Highsmith berichtet süffisant, er habe »als Buchhalter für das Dabney Oil Syndicate« gearbeitet, und »sein Benehmen bei der einen oder anderen Büroparty und dazu ein paar Wochenendaffären mit jungen Sekretärinnen brachten ihn um die Stelle«[14]. Doch die meisten seiner Biographen geben an, Chandler sei Direktor einer kleinen Gruppe unabhängiger Ölfirmen gewesen und habe seine Stellung während der Depression verloren, eine Darstellung, die Chandler selbst in seinen späten Briefen durchaus stützt (aber hätte er die für ihn ungünstigere tatsächlich zugegeben?).

Wie dem auch sei: »Mit der Depression war's damit zu Ende. Während ich im Auto die pazifische Küste rauf und runter fuhr, fing ich an, Schundmagazine zu lesen, einfach weil sie billig genug waren, daß man sie wegschmeißen konnte.«[18] Widerwillig ließ er sich beeindrucken von der Tatsache, »daß manches von dem Geschreibsel stilistisch Kraft besaß und ehrlich war, auch wenn es in reichlich roher Form dastand«. So gelangte er »zu der Ansicht, daß es gar nicht schlecht wäre, auf diesem Weg den Versuch zu machen, die Romanschriftstellerei zu erlernen und zugleich auch noch ein bißchen Geld dabei einzustreichen«.

1933 erschien Chandlers erste Erzählung *Blackmailers Don't Shoot* (›Erpresser schießen nicht‹) in der »Black Mask«; ein gutes Dutzend weiterer Geschichten, darunter *Spanish Blood* (›Spanisches Blut‹), *Killer in the Rain* (›Mord im Regen‹), *The Man Who liked Dogs* (›Der Mann, der Hunde liebte‹), *The King in Yellow* (›Der König in Gelb‹) und *Bay City Blues*, erschien während der nächsten fünf Jahre überwiegend in der »Black Mask«, zum Teil auch in dem Groschenheft »Dime Detective Monthly«.

1939 erschien, gleichzeitig bei Alfred A. Knopf in New York und bei Hamish Hamilton in London, Chandlers erster großer Roman *The Big Sleep* (›Der große Schlaf‹, in Deutschland auch: ›Tote schlafen fest‹), bei dem sich erwies, daß die Erzählungen im Grunde nur Vorarbeiten für die folgenden Romane waren. Skrupellos und äußerst geschickt schlachtete Chandler die Handlungen seiner Geschichten in der Folge für seine Romane aus – ein Vorgang, den er selbst sarkastisch als »cannibalizing« bezeichnete. Für *The Big Sleep* hat Philip Durham von der University of California in Los Angeles akribisch aufgelistet, wie Chandler beim Schreiben verfahren ist. »Für die Kapitel 1–3, 20 und 27–32« habe Chandler auf die Erzählung *The Curtain* (›Der Vorhang‹) zurückgegriffen, »für 4, 6–10 und 12–16 auf *Killer in The Rain*... Mit Ausnahme winziger Partien, die aus *Mandarin's Jade* und *Finger Man* bezogen wurden, kamen die Kapitel 5, 11, 17–19 und 21–26 neu hinzu. Zehn Kapitel also stammten aus *The Curtain*, elf aus *Killer in the Rain*, und elf brachten fast ganz neues Material. Die einundzwanzig entlehnten Kapitel wurden jedoch über ihre ursprüngliche Fassung in den Kurzgeschichten hinaus erheblich erweitert«[19].

Völlig falsch freilich wäre es, dieses Verfahren der Ausschlachtung als eine minderwertige Produktionsmethode zu charakterisieren. Chandler verschmolz Personen, veränderte Charaktere und Motive, baute Situationen aus und verflocht die unterschiedlichen Handlungsstränge auf das kunstvollste, mit einem Wort: er lieferte »Musterbeispiele technischen Könnens«[19].

Auch die meisten der sechs vollendeten Romane, die Chandler bis 1958 schrieb, profitieren von vorangegangenen Kurzgeschichten. *Farewell, my Lovely* (›Lebwohl, mein Liebling‹; 1940) benutzt die Erzählungen *The Man Who Liked Dogs*, *Try the Girl*, *Mandarin's Jade* und *Trouble Is My Business*. *The High Window* (›Das hohe Fenster‹; 1942) bedient sich bei *The King in Yellow*. *The Lady in the Lake* (›Die Tote im See‹, 1943, auch: ›Einer weiß mehr‹) schlachtet *Bay City Blues*, *No Crime in the Mountains* und die gleichnamige Erzählung vom Januar 1939 aus. *The Long Goodbye* (›Der lange Abschied‹; 1953) übernimmt eine Passage aus *The Curtain*.

In allen sieben Romanen – und auch in dem nicht einmal 20seitigen Romanfragment *The Poodle Springs Story* (›Die Poodle Springs Story‹), das in seinem Nachlaß gefunden wurde, agiert dieselbe Detektivfigur, die sich in den Erzählungen erst langsam herausbildet: Philip Marlowe, Inhaber einer Ein-Mann-Detektei in Los Angeles. Mehr als alle anderen Detektivfiguren der Literaturgeschichte, stärker noch als selbst Dashiell Hammetts Helden, hat dieser unscheinbare Philip Marlowe das Bild des modernen amerikanischen Detektivs geprägt: ein Mann, der »weit mehr damit befaßt ist, Menschen zu helfen als etwa Geld zu verdienen«[19].

Mit der Zeit hat sich die literarische Figur des Philip Marlowe fast wie ein menschliches Wesen entwickelt und beinahe so etwas wie eine Biographie bekommen, mit verschwimmenden, vagen Enden nach hinten und vorn. »Sein Geburtsdatum«, hat Chandler selbst einem Interessenten mitgeteilt[20], »ist ungewiß. Ich glaube, er hat irgendwo mal gesagt, daß er achtunddreißig Jahre alt wäre, aber das war schon vor einer ganzen Weile, und er ist bis heute nicht älter geworden. Damit werden Sie sich wohl oder übel abfinden müssen.« Der Brief datiert von 1951, und zwei Jahre später, in ›Der lange Abschied‹, ist Marlowe doch älter geworden – und zwar um vier Jahre; 1958, in Chandlers letztem Roman *Playback* (›Playback‹), hat Marlowe noch einmal eineinhalb Jahre zugelegt.

Die äußeren Umrisse der Marloweschen Existenz sind rasch referiert. Der Detektiv stammt aus einer kalifornischen Kleinstadt, ungefähr 50 Meilen nördlich von San Francisco, hat – immer laut Chandler – »offenbar keine lebenden Verwandten mehr« und studierte »ein paar Jahre auf dem College, entweder auf der University of Oregon in Eugene oder auf der State University in Corvallis, Oregon«. Er scheint dann »ein paar Erfahrungen als Ermittler für eine Versicherungsgesellschaft und später als Ermittler für die Staatsanwaltschaft von Los Angeles gesammelt zu haben«, ohne daß er deshalb als früherer Polizeibeamter zu betrachten wäre. Diesen Job verlor er, weil er »einmal ein bißchen zu tüchtig war«. Er ist »knapp über sechs Fuß groß«, hat dunkelbraunes Haar und braune Augen, und sein Autor glaubt »nicht, daß er hart aussieht. Er kann's nur sein«. Marlowe »kleidet sich so gut, wie man erwarten kann. Offenbar hat er nicht sehr viel Geld für Kleidung übrig, für anderes allerdings auch nicht«[20].

Da sind wir dann allerdings schon bei seinen Charaktereigenschaften. Denn wie Hammetts Detektive könnte auch Marlowe mindestens genügend Geld verdienen, wenn er nur ein bißchen korrupt wäre. Aber das ist er nicht. »Er nimmt«, sagt sein Erfinder über Marlowe, »von keinem Menschen schmutziges Geld und von keinem Menschen eine Beleidigung hin, ohne sie gebührend und leidenschaftslos zu vergelten. Er ist ein einsamer Mensch, und sein Stolz ist, daß Sie seinen Stolz respektieren, sonst würde es Ihnen bald leid tun, ihn kennengelernt zu haben«[8]. Das ist ein sperriger Typ, der sich wenig darum kümmert, was der Durchschnitt seiner Mitmenschen von ihm hält: »Wenn es Unreife bedeutet, sich gegen eine korrupte Gesellschaft aufzulehnen, dann ist Philip Marlowe äußerst unreif. Wenn es mangelhafte soziale Anpassung bedeutet, Schmutz zu sehen, wo Schmutz ist, dann hat sich Philip Marlowe mangelhaft sozial angepaßt. Natürlich ist er ein Versager, und er weiß das auch. Er ist ein Versager, weil er kein Geld hat.«[21]

Mindestens in Chandlers frühen Romanen hat Marlowe zwar amouröse Affären. Er erlebt aber keine wirklichen Liebesgeschichten – und das mag durchaus damit zu tun haben, daß Chandler ganz altmodisch der Ansicht ist, eine Liebesgeschichte des Detektivs schwäche die Kriminalhandlung. Dennoch bescheinigt er seinem Helden eine Einstellung gegenüber Frauen, wie jeder »einigermaßen kraftvolle und gesunde Mann« sie habe, »der nur zufällig nicht verheiratet ist und es vermutlich schon lange sein sollte«[20]. Am Ende seines literarischen Werkes bringt Chandler seinen »Freund Philip Marlowe« dann tatsächlich noch unter die Haube. Schon in *Playback* (›Playback‹), dem letzten Roman, den Chandler vollendete, deutet sich die Ehe des Helden an: Die Millionärin Linda Loring, deren Heiratsantrag Marlowe in ›Der lange Abschied‹ noch abschlägig beschieden hat, weil es »keine sechs Monate halten« würde, telefoniert aus Paris und erneuert ihren Antrag. Der Roman, unzweifelhaft Chandlers schwächster, endet ganz im Gegensatz zu Chandlers üblicher pessimistischer Final-Praxis mit dem optimistischen Satz »Die Luft war voller Musik«, und im Fragment *The Poodle Springs Story* findet man Marlowe tatsächlich verheiratet und an der Seite von Linda Loring. Das schäbige Büro in Los Angeles, »im fünften Stock eines Gebäudes, das sich nach Norden erstreckt« und keinen Platz für eine Sekretärin hätte, wohl aber für die Büroflasche Whisky (aus der Marlowe, »verglichen mit der Landklub-Gesellschaft in meiner Gegend nüchtern wie ein Diakon«, ab und an einen hilfreichen Schluck nimmt), ist aufgegeben. Im protzigen Fleetwood-Cabrio geht es in eine Luxusoase, deren Beschreibung sich liest wie die des Reiche-Leute-Ferienorts Palm Springs in Südkalifornien, in ein Haus, wie es Marlowe in früheren Abenteuern nur als engagierter Honorarempfänger oder in Erfüllung eines Auftrags betreten hätte: »Ein sehr schönes Haus, nur daß es förmlich nach Innenarchitekt stank.« Obwohl die Beschreibung sich leicht ironisch liest, scheint Chandler von dieser – ganz am Status des Hammett-Detektivs Nick Charles im »Dünnen Mann« orientierten – Phase Marlowes selbst nicht sonderlich angetan gewesen zu sein. In Briefen aus der Zeit, als er an *Poodle Springs* arbeitete, findet sich nicht nur der Satz, daß er, Chandler, nicht wisse, »ob die Ehe Bestand hat oder ob er ausbricht oder sich beschränken läßt«, da es ihr nicht passe, »daß er darauf besteht, an seinem Geschäft und an seiner bescheidenen Lebensweise festzuhalten«[22]. Chandler schreibt auch: »Ich glaube, ich habe ihm vielleicht das falsche Mädchen ausgesucht. In Wirklichkeit sollte ein Typ wie Marlowe nicht heiraten, weil er ein einsamer Mann ist, ein armer Mann, ein gefährlicher Mann und doch ein sympathischer Mann – und weil das alles irgendwie mit der Ehe doch nicht zusammenpaßt. Ich glaube, er wird immer ein ziemlich schäbiges Büro haben, ein einsames Haus, eine Anzahl Affären, aber keine feste Beziehung. Ich glaube, er wird immer zu ärgerlicher Stunde von ärgerlichen Menschen geweckt werden, um ärgerliche Aufträge zu erledigen.«[23] Und natürlich bleibt ihm immer »ein bißchen Ärger mit den Bullen. Marlowe wäre nicht Marlowe, wenn er mit Polizisten auf die Dauer klarkäme«[22].

In sämtlichen Romanen Chandlers – und in den meisten von Chandlers Kurzgeschichten – erzählt der Detektivheld seine Abenteuer selbst. Er erzählt sie in einer ungeheuer bilderreichen Sprache, die voller kühner Vergleiche ist, so kühn, daß er sich gelegentlich selbst über seine Neigung zum Vergleich mokiert, der im besten Fall freilich die Sache mit einer unvergleichlichen Prägnanz beschreibt. »Sie trug lange blonde Haare mit kurzen schwarzen Wurzeln«: Wer sähe bei dieser Charakterisierung die Kunstblondine nicht vor sich. »Nichts ist leerer als ein leerer Swimmingpool«; dieser Satz aus ›Der lange Abschied‹ hat es nicht nur Peter Handke angetan, der ihn in seinem Anti-Krimi ›Der Hausierer‹ unentwegt reproduziert.

Das Verdikt vom harten, dem Mann auf der Straße abgelauschten Tonfall, das Chandler ebenso anhängt wie Dashiell Hammett, ist in Chandlers Fall ohnehin unsinnig. Chandler schreibt nicht das Amerikanisch des Mannes auf der Straße, sondern einen sehr persönlich eingefärbten Kunstdialekt, eine Mischung aus dem Englischen, wie es auf seiner Public School gepflegt wurde, und dem Amerikanischen, das er nach eigener Bekundung »wie eine fremde Sprache lernen« mußte. »Und um es zu lernen, mußte ich's studieren und analysieren. Ergebnis: wenn ich Slang verwende, Umgangssprachliches, Gaunerjargon oder alle möglichen Arten von Vulgärsprache, dann tue ich das mit vollem Bedacht.«[24] Der Redaktion der Zeitschrift »American Monthly«, die ihn korrigiert hatte, teilt er zornig mit, »daß ich, wenn ich einen Infinitv spalte, ihn gottverdammtnochmal in der Absicht spalte, daß er gespalten bleibt, und daß, wenn ich die samtene Glätte meiner mehr oder weniger literarischen Syntax mit ein paar jähen Wendungen aus dem Kneipenjargon unterbreche, dies mit durchaus offenen Augen geschieht und kühl bis ans Herz hinan«[25].

Nicht einmal eine übergroße Neigung zu diesem »Kneipenjargon« ist zu konstatieren. Der Slang, schreibt er in einem Skizze gebliebenen Aufsatz über englischen und amerikanischen Stil, »in seinen besten Momenten einfach großartig, ist von Schriftstellern erfunden worden und wird schlichten Landstreichern und Ballspielern angedreht, und oft hat er einen falschen Klang, selbst wenn er frisch ist«[26].

Das Amerikanische, so weiter, habe »keinerlei Gespür für den unaufhörlichen Strom der Kultur«. Das wiederum sei »auf mangelnden Sinn für Geschichte zurückzuführen und auf klägliche Bildung, denn Amerikanisch ist eine Sprache, die sich in ihrer Haut nicht wohlfühlt, eine Sprache ohne Manieren oder Selbstkontrolle. Es hat eine zu große Vorliebe für den *faux naif*, worunter ich den Gebrauch eines Stils verstehe, wie er an sich nur von sehr beschränkten Leuten gesprochen würde. In der Hand eines Genies wie Hemingway mag das wirkungsvoll sein ... *Nicht* von einem Genie gehandhabt, ist es so platt wie eine Rotarier-Rede«.

Chandler hatte Bildung, Manieren und Selbstkontrolle, und so sprechen bei ihm nur sehr beschränkte Menschen eine sehr beschränkte Sprache – und Marlowe, der Ich-Erzähler aller Romane, ist nicht beschränkt, allerdings auch kein Intellektueller; »er redet, wie ein Mann seines Alters redet – das heißt, mit rauhem Witz, mit lebhaftem Sinn fürs Groteske, mit Abscheu vor Heuchelei und Verachtung für alles Kleinliche«[8].

Er, Marlowe, ist im Grunde der perfekte Gegenentwurf zur Welt rundherum, wie sie sich Chandler darstellt: der wölfischen, korrupten kalifornischen Gesellschaft, die der Autor mit zunehmend kritischeren Augen sah. Natürlich ist dieser Marlowe eine Phantasiegestalt, eine Märchenfigur, die sich aus der natürlichen Dramaturgie der Sache ergibt. Das eine bedingt das andere: der Schmutz der Umwelt die Reinheit der Figur. Denn »durch diese schäbigen Straßen muß ein Mann gehen, der selbst nicht schäbig ist, der eine reine Weste hat und keine Angst. Der Detektiv in dieser Art Story muß so ein Mann sein. Er ist der Held; er ist schlechthin alles. Er muß ein ganzer Mann sein und ein gewöhnlicher Mann – und zugleich doch ein ungewöhnlicher auch. Er muß, um einen ziemlich abgedroschenen Ausdruck zu gebrauchen, ein Mann von Ehre sein – aus Instinkt, aus innerster Notwendigkeit, ohne Gedanken daran, und gewiß ohne Worte darüber. Er muß der beste Mensch auf der Welt sein und ein Mensch, der gut genug ist für jede Welt«.[8]

So bewegt sich denn Philip Marlowe unverletzlich und unversehrt durch die Landhäuser der Reichen und die Slums der Armen. Er steht seinen Mann in Spielhöllen und auf Vorstadtstraßen, in den abgestandenen Zimmern billiger Motels und der schwülheißen Luft kostspieliger tropischer Treibhäuser, die nicht die seinen sind. Seine Moral hält, wenn auch nicht ganz ohne Mühe, den Angriffen schöner, lasziver Frauen ebenso stand wie den Attacken von Gangstern, brutalen mit schweren Revolvern, scheinbar sanften mit Koffern voller Geld. Und selbst im harten Polizeiverhör, beim »Dritten Grad«, wie es zum Beispiel im siebten Kapitel von ›Der lange Abschied‹ auf ihn angewendet wird, verliert Marlowe zwar Blut, aber niemals seine Würde und Selbstachtung.

Chandlers Romane und Geschichten erzählen »das Abenteuer dieses Mannes auf der Suche nach der verborgenen Wahrheit, und es wäre kein Abenteuer, widerführe es nicht einem Mann, der fürs Abenteuer geschaffen ist. Die Weite seines Bewußtseins wird Sie vielleicht etwas überraschen, aber sie gehört ganz legitim zu ihm, weil sie zu der Welt gehört, in der er lebt. Gäbe es genügend seinesgleichen, die Welt wäre ein Ort, so sicher, daß man darin leben könnte, und doch nicht so langweilig, daß es sich nicht mehr lohnte, darin zu leben«.[8]

Dem ist nichts hinzuzufügen.

[1] *William F. Nolan:* Dashiell Hammett. Eine Biographie. Ullstein Verlag, Berlin 1985, S. 49.
[2] Carroll John Daly zitiert nach: *W. F. Nolan*: Dashiell Hammett, S. 51/52.
[3] *Diane Johnson:* Dashiell Hammett. Eine Biographie. Deutsch von Nicholas Singl. Diogenes Verlag, Zürich 1985, S. 64.
[4] a. a. O., S. 37
[5] a. a. O., S. 73
[6] *Lillian Hellman:* Vorwort zu *Dashiell Hammett*: Fliegenpapier. Diogenes Verlag, Zürich 1976, S. 22.
[7] *William Curtis:* Rezension von »Der Malteser Falke« in: Town & Country, zitiert nach *D. Johnson*: Dashiell Hammett. S. 107. Von dort auch die anderen Pressezitate.
[8] *Raymond Chandler*: Die simple Kunst des Mordes. Diogenes Verlag, Zürich 1975, S. 318ff.
[9] *Diane Johnson:* Dashiell Hammett. S. 110.
[10] a. a. O., S. 113
[11] In einem Brief an Bernice Baumgarten am 21. April 1949. Zitiert nach *R. Chandler*: Die simple Kunst des Mordes. S. 62.
[12] Brief vom 7. Februar 1959. Zitiert nach *R. Chandler*: Die simple Kunst des Mordes. S. 47.
[13] Aus dem Vorwort von Dorothy Gardiner zu *R. Chandler*: Die simple Kunst des Mordes. S. 7.
[14] *Patricia Highsmith:* Parzival in Los Angeles, Besprechung von Frank McShanes Chandler-Biographie in »Times Literary Supplement« vom 18. Juni 1976, zit. nach *F. Cavigelli/F. Senn* (Hrsg.): Über Patricia Highsmith, Diogenes Verlag, Zürich 1980. S. 82ff.
[15] In einem Brief an Wesley Hartley vom 11. November. Zitiert nach *R. Chandler*: Die simple Kunst des Mordes. S. 18. – Sämtliche Briefzitate in diesem Kapitel stammen aus diesem Buch; die angegebenen Seitenzahlen beziehen sich darauf.
[16] Aus einem Brief an Leroy A. Wright vom 31. März 1957. S. 19.
[17] Notiz Chandlers für »Twentieth Century Author's Supplement«, zit. nach *R. Chandler*: Die simple Kunst des Mordes. S. 19.
[18] In einem Brief an seinen Londoner Verleger Hamish Hamilton vom 10. November 1950. S. 25.
[19] *Philip Durham:* Vorwort zu *R. Chandler*: Mord im Regen. Diogenes Verlag, Zürich 1976. S. 9ff.
[20] Brief an D. J. Ibberson vom 19. April 1951. S. 286ff.
[21] Brief an Mr. Inglis, Oktober 1951, S. 293.
[22] Brief an Roger Machell vom 14. Oktober 1958. S. 316.
[23] Brief an Maurice Guiness, vom 21. Februar 1959, S. 317.
[24] Brief an Alexis Barris vom 18. März 1949. S. 94.
[25] Brief an Edward Weeks vom 18. Januar 1948. S. 90.
[26] Aus Chandlers Arbeits-Notizbuch. Zit. nach *R. Chandler*: Die simple Kunst des Mordes. S. 95ff.

Dashiell Hammett: Romane: *Rote Ernte*; *Der Fluch des Hauses Dain*; *Der Malteser Falke*; *Der gläserne Schlüssel*; *Der dünne Mann*. Sämtlich Diogenes Verlag, Zürich. Erzählungen: *Fliegenpapier*; *Fracht für China*; *Das große Umlegen*; *Das Haus in der Turk Street*; *Das Dingsbums Küken* – sämtlich Diogenes Verlag, Zürich. Andere Ausgaben, zum Teil stark gekürzt, beim Ullstein Verlag, Berlin.
Raymond Chandler: Romane: *Der große Schlaf*; *Lebwohl, mein Liebling*; *Das hohe Fenster*; *Die kleine Schwester*; *Die Tote im See*; *Der lange Abschied*; *Playback* – sämtlich Diogenes Verlag, Zürich. Erzählungen: *Mord im Regen*; *König in Gelb*; *Erpresser schießen nicht*; *Gefahr ist mein Geschäft*; *Englischer Sommer* – sämtlich Diogenes Verlag, Zürich. Briefe und Essays: *Die simple Kunst des Mordes* – Diogenes Verlag, Zürich 1975. Andere Ausgaben der Romane und Erzählungen, zum Teil stark gekürzt, beim Ullstein Verlag, Berlin.

Die hartgesottenen Amerikaner (II):

Der Clan der MacD(d)onalds – die nicht miteinander verwandt sind

Als Raymond Chandler *The Moving Target* (›Reiche sterben auch nicht anders‹; 1949) von John Macdonald gelesen hatte, deuchte ihm zwar, »daß an dem Autor etwas dran ist«; »die Szenen sind gut disponiert, es steckt eine Menge Erfahrung hinter dieser Schreibweise«[1]. Aber im ganzen hinterließ das Buch bei Chandler doch eher einen Eindruck, der »ziemlich abstoßend ist«. Denn: »Es paßt da nichts richtig zueinander; wir haben einen Mann vor uns, der das primitive, auf Rohheit und Gewalt geeichte Kriminalromanpublikum sucht und zugleich doch klarstellen möchte, daß er persönlich ein hochliterarischer und von allen Künsten beleckter Typ ist.« Chandler konstatiert »Prätention in Ausdruck und Wortwahl«, »Geistreichelei« und »stilistischen Mißbrauch der Sprache«. Sein Resümee ist nahezu vernichtend: »Ich glaube, daß gewisse Schriftsteller geradezu unter dem Zwang stehen, in weithergeholten Ausdrücken zu schreiben, weil ihnen das einen gewissen Mangel an natürlichen, animalischen Gefühlen kompensieren hilft. Sie empfinden nichts, sie sind literarische Eunuchen, und deshalb ziehen sie sich auf eine schiefe Terminologie zurück, um ihre Distinktion zu beweisen.«[1]

Das harsche Urteil hat den literarischen Erfolg von Ross Macdonald (bei den nächsten Romanen wurde aus »John« erst »John Ross« und schlußendlich »Ross«) nicht verhindern können. Als Macdonald im Sommer 1983 in Santa Barbara starb, galt er vielmehr als legitimer Erbe

Chandlers, der den neuen Mann möglicherweise auch nur deshalb so hart anging, weil er den Konkurrenten spürte.

Immerhin trifft einer der Vorwürfe Chandlers ins Schwarze: der der Prätention. Auch ein Vierteljahrhundert nach *The Moving Target* neigte Macdonald dazu, seine Texte mindestens partiell mit Anspielungen, Vergleichen und Bildern zu überfrachten, deren Funktion für die Handlung nicht immer klar wird, und die Verliebtheit in die eigenen Wortdrechselkünste scheint, wie in Chandlers Texten, immer wieder einmal durch. Die Bilder, mit denen Macdonalds Rollenprosa durchsetzt ist, sind zahlreich und gewagt. Wirklich schief sind sie allerdings nie – und überdies besteht die Chance, daß der sprachliche Blumenreichtum weniger den Autor charakterisiert als seinen Helden und Ich-Erzähler, den Privatdetektiv Lew Archer, der so wenig mit Macdonald identisch ist wie Marlowe mit Chandler oder Sherlock Holmes mit Conan Doyle.

Prinzipiell hat sich Ross Macdonald seit *The Moving Target* nicht mehr verändert. Doch hat er sich über diese Anfänge hinaus gewaltig entwikkelt. *The Moving Target* war in gewisser Weise Macdonalds erstes Buch; es brachte die Geburt jenes Detektivs, der in Zukunft in fast allen Romanen und Geschichten Macdonalds auf Jagd gehen sollte, und eine für den Autor neue Erzählstruktur, sowie, nicht zuletzt, den neuen, endgültigen Autorennamen. Tatsächlich aber war der Autor von *The Moving Target* kein ganz heuriger Hase. Unter seinem Geburtsnamen Kenneth Millar hatte er schon eine Reihe von Büchern publiziert, ohne damit sonderliches Aufsehen zu erregen.

Kenneth Millar wurde 1915 im kalifornischen Los Gatos, in der Nähe von San Francisco, geboren, wuchs aber in Kanada auf. In den dreißiger Jahren reiste er durch Europa. 1938 heiratete er eine junge Kanadierin, die unter dem Namen Margaret Millar Kriminalromane zu schreiben begann. Kenneth Millar, im Brotberuf zunächst Lehrer, dann Dozent, im Zweiten Weltkrieg Funkoffizier bei der amerikanischen Pazifikflotte, wetteiferte in diesem Metier bald mit seiner Frau, hatte aber zunächst weniger Erfolg.

Kenneth Millars frühe literarische Produkte bedienen den Zeitgeist mit Patriotischem. *The Dark Tunnel* (1944), dessen Plot darauf aufgebaut ist, daß dem Helden und Ich-Erzähler in einem sehr frühen Stadium der Handlung die einzige Brille zerschlagen wird, so daß er hinfort nur noch unscharf sieht, erzählt vom Kampf gegen nazi-deutsche Bilderbuchspione im amerikanischen Mittelwesten. Die Klischees der Gattung werden kräftig ausgenutzt, antideutsche Ressentiments jedoch völlig vermieden, indem zwischen »nationalsozialistisch« und »deutsch« eine saubere Trennungslinie gezogen wird. Auch *Trouble Follows Me* (1946) ist ein Spionage-Krimi. Diesmal verwertet Millar seine pazifischen Erfahrungen im Kampf gegen die Japaner zu einer Geschichte, die sich von Hawaii nach Detroit und zurück zum Pazifik spielt und, wie *The Dark Tunnel*, mit einem Mystery-Effekt arbeitet, der dem Leser gegenüber nicht ganz aufrichtig ist. Beide Romane sind bislang nicht ins Deutsche übersetzt, und auch der folgende, *Blue City* (›Wettlauf mit dem Gestern‹; 1947), fand erst spät einen deutschen Verleger: ein Einer-gegen-eine-ganze-Stadt-Krimi auf den Spuren von Hammetts Erstling ›Rote Ernte‹.

Der Umbruch deutet sich an in *The Three Roads* (›Der Mörder im Spiegel‹; 1948), immer noch unter Millars richtigem Namen veröffentlicht. Wieder ist der Ausgangspunkt die Erfahrung des pazifischen Krieges, die für Macdonald-Millar offenbar so entscheidend war, daß sie immer wieder zur Basis seiner Romane wird: weniger das direkte Fronterlebnis als der soziale Umbruch, den die Mobilmachung und der Aufbruch nie geahnter Männerscharen in die weite Welt zur Folge hatten. In *The Three Roads* kehrt ein Marineoffizier mit einem psychischen Defekt aus dem Krieg zurück. Zu Hause angekommen, findet er seine junge Frau ermordet. Da die Polizei den Mörder nicht ermitteln kann, macht er sich selbst auf die Suche nach dem Täter und muß schließlich entdekken, daß er den Mord selbst begangen hat.

Schon der Titel des Romans spielt ganz bewußt auf den antiken Ödipus an, der seinen Vater an einer Wegkreuzung erschlug. Millar handelt zwar keinen klassischen Ödipus-Komplex ab, aber doch einen Fall wie aus dem Freudschen Lehrbuch. Der Held hat als kleiner Junge die Mutter beim Ehebruch ertappt und sich, als ihm sein Vater fälschlicherweise mitteilte, sie sei tot, die Schuld an ihrem Tode angelastet. Als er, noch unter dem Schock seiner Kriegserlebnisse, seine Frau in einer ganz ähnlichen Situation überrascht, vermischen sich in seinem Geist die beiden Szenen vollends; er hatte die Tat, unter der er schon seit seiner Jugend litt, nunmehr tatsächlich begangen. Verwickelt wird die Geschichte nicht nur dadurch, daß die im Unterbewußtsein vergrabenen Vorgänge durch mühsames »detecting« wieder an die Oberfläche gebracht werden müssen, sondern auch durch die Einmischung Dritter, die aus ihrer echten oder vermeintlichen Kenntnis der Zusammenhänge finanziellen Vorteil zu ziehen suchen.

Mit dieser Konstellation – eine sehr lange zurückliegende moralische Verfehlung, die nicht unbedingt auch eine Straftat sein muß, eitert nach Jahrzehnten aus dem Körper der Gesellschaft heraus und führt zu einer Kette von Gewalttaten – hat Millar-Macdonald seinen künftigen *Modus operandi* gefunden. Es fehlt nur noch die klassische Mittelpunktfigur des Detektivs, welche die Kriminalfälle lösen kann, ohne selbst in sie verwickelt zu sein.

Diese Detektivfigur schafft Millar – nunmehr Macdonald – in *The Moving Target*. Gemeinsam betreten der neue Autor und sein Held im Jahre 1949 die literarische Szene; sie trennen sich nur noch einmal, als Macdonald in *Meet Me at the Morgue* (›Triff mich in der Leichenhalle‹; 1953) versuchsweise einen anderen Detektiv ausprobiert.

Der Name Lew Archer (im Deutschen »Bogenschütze«) mag oder mag nicht eine Reverenz an Dashiell Hammett sein, in dessen »Malteser Falke« ein gewisser Miles Archer den Partner für den Detektiv Spade abgibt, bis er – sehr früh – bei der Beschattung eines Mannes erschossen wird. Konzipiert freilich ist Archer, wenn schon, eher nach dem Vorbild von Chandlers Marlowe, aus dessen großem Schatten er jedoch schon bald heraustritt. Wie Marlowe agiert Archer im Einzugsbereich von Los Angeles – wofür es vermutlich einen recht simplen Grund gibt: Mittlerweile sind die Millars in Santa Barbara nördlich von Los Angeles ansässig, und Millar hat seine Fabeln immer gern in einem Milieu angesiedelt, das er genau kannte.

Für Amerika liegt das Jahr 1949 mitten in einer neuen Gründerzeit. Der Zweite Weltkrieg hat das Land durcheinandergeschüttelt. Glücksritter versuchen wie in den Zeiten des Goldrush, im Handumdrehen ein Vermögen zu machen. Archer dagegen, der den Polizeidienst quittiert hat, weil er sich nicht korrumpieren lassen wollte, sucht sich eine bescheidene Existenz als »private eye« aufzubauen. Eine Weile hat er, schlecht und recht, von Scheidungsfällen gelebt; in *The Moving Target* holt ihn ein ehemaliger Staatsanwalt in seinen ersten großen Fall. Die Kidnapping-Geschichte mündet in einen Doppelmord, weil ausgerechnet Archers Gönner im Trüben zu fischen versucht.

Die Erfahrungen, die Archer aus diesem Fall gewinnt, braucht er in späteren Jahren nicht wesentlich zu revidieren. Die Menschen, stellt er fest, »werden verrückt nach Geld, wenn sie alle anderen Werte verloren haben«. Und: »Verbrechen ist ansteckend.« Auch daß die Person, welche einen Detektiv engagiert, nicht automatisch außer Verdacht ist, bleibt eine Erkenntnis, die Archers Wirken begleitet.

Archers Fälle beginnen immer ganz harmlos. In einige wenige stolpert er hinein, indem er, etwa am Rande einer Autostraße, eine Leiche findet (*Find a Victim*; ›Anderer Leute Leichen‹; 1954) oder mit einer jungen Frau anbändelt, die dann mit einem Röhrchen Schlaftabletten aus seiner Wohnung verschwindet und in der nächsten Phase als Kidnapping-Opfer gelten muß (*Sleeping Beauty*; ›Dornröschen war ein schönes Kind‹; 1973). Aber die meisten Fälle beginnen mit einem scheinbar ungefährlichen kleinen Auftrag. Archer soll eine verschwundene kostbare Vase wieder auftreiben (*The Goodbye Look*; ›Geld kostet zu viel‹; 1969), den Absender von Drohbriefen herausfinden (*The Drowning Pool*;›Kein Öl für Mrs. Slocum‹; 1950), die Unschuld einer des Diebstahls bezichtigten Krankenschwester beweisen (*The Ferguson Affair*; ›Akte Ferguson‹; 1960), ein durchgegangenes Dienstmädchen (*The Ivory Grin*; ›Ein Grinsen aus Elfenbein‹; 1952), eine streunende Tochter (*The Way Some People Die*; ›Tote ertrinken nicht‹; 1951), einen vor zwanzig Jahren verschwundenen Sohn (*The Galton Case*; ›Der Fall Galton‹; 1959) oder ein entführtes Kind (*The Underground Man*; ›Der Untergrundmann‹; 1971) wiederbeschaffen.

In allen Fällen werden daraus Arbeiten, die einem modernen Herkules gut anstünden: Varianten jenes Ausmistens, das der antike Heroe in den Ställen des Augias betrieb. Bei Herkules floß viel Wasser, bei Archer fließt immer einiges Blut; zwei bis drei Tote pro Fall sind die Regel. Doch ist es nicht der Detektiv, der Blut vergießt. Schon zu Beginn seiner Karriere ist Archer ein verhältnismäßig friedfertiger Mann, der nur in Selbstverteidigung zur Waffe greift und von Fausthieben als Mittel der Wahrheitsfindung wenig hält. Mit der Zeit aber werden auch die Situationen, in denen der Detektiv selbst in Gefahr gerät und sich zu verteidigen hat, immer weniger. Archer kämpft sich nicht ans Ende seiner Fälle; er fragt sich durch.

Ausnahmsweise stimmt das Bild von einem, der einen Stein ins Wasser wirft und beobachtet, wie der Einschlag immer weitere Kreise zieht. Archer erfährt hier ein Faktum und dort einen Namen, addiert eins zum anderen, fragt weiter, quetscht einen Zeugen nach dem anderen aus. Bedächtig, doch keineswegs langsam – denn seine Fälle, der Lösung in steigendem Tempo zutreibend wie ein Floß auf Stromschnellen, ziehen sich dank intensiver Detektivarbeit selten über mehr als 48 oder 72 Stunden – gräbt er Stollen und Schächte in die Vergangenheit, nicht selten zwanzig oder dreißig Jahre zurück.

Fast immer haben Macdonalds Fälle tiefe Wurzeln. Irgendwann einmal ist etwas geschehen, was dann vertuscht wurde: ein Ehebruch, ein Unfall, ein Mord, jedenfalls ein Vorfall, der – wäre er bekannt geworden oder würde er heute bekannt – die gesellschaftliche Position der Beteiligten gefährden würde. Widerstrebende Interessen stoßen aufeinander. Die einen suchen einen Besitzstand zu verteidigen, andere versuchen, sich wenigstens ein Stückchen aus dem Kuchen herauszuschneiden.

Zwei Methoden greifen ineinander. Die Versuche, mittels sexueller Macht oder Pression (sprich: Heirat) ans Ziel zu kommen, sind kaum weniger häufig als die nackte Gewaltanwendung. Sie sind auch häufig kaum weniger grausam und haben nicht selten ebenso verheerende Folgen.

Fast immer wird die Katastrophe ausgelöst durch ein Mitglied der herangewachsenen jüngeren Generation, dem der Zufall entweder die Kenntnis von der Schuld der Älteren oder aber die Entdeckung zuspielt, daß es sich mit der eigenen Identität anders verhält, als der gesellschaftliche Konsens behauptet. Moralischer Rigorismus beim Versuch, die Verhältnisse ins Lot zu bringen, die Schuld höchst eigenwillig zu sühnen und für sich selbst einen neuen Standpunkt zu finden, zeitigt häufig die schlimmsten Folgen – wenngleich es nur selten darauf hinausläuft, daß die auslösende Gewalttat von einem der ganz Jungen begangen wird (Ausnahme: *The Drowning Pool*). Denn im Gegensatz etwa zu Agatha Christie, die ihre listigen Morde mit Vorliebe gutaussehenden jungen Männern und Frauen in die Schuhe schiebt, setzt Macdonald große Hoffnungen in die junge Generation. Sie werde, hofft er verzweifelt, die von den Vätern (Müttern) und Großvätern verkorkste Welt halbwegs wieder in Ordnung bringen oder doch wenigstens die Sünden der Väter nicht wiederholen.

Daß die Welt überhaupt noch in Ordnung zu bringen ist, wird allerdings zunehmend zweifelhafter. In den 27 Jahren – bis zu Macdonalds letztem Roman *The Blue Hammer* (›Der blaue Hammer‹; 1976) –, in denen sich Lew Archers Wirken verfolgen läßt, sind Gesellschaft und Umwelt nicht gesundet, sondern stückweise weiter verfault. Selbst die Landschaft hat mittlerweile ihre Unschuld verloren. Sie ist nicht nur aufgeteilt in schöne Oasen für die Reichen und eine öde Wüstenei für die vielen anderen; das war sie schon, als Archer begann – und vorher bei Chandler und Hammett. Sie ist im Kern angegriffen und vergiftet. Als letzte Bastion fiel der Pazifische Ozean, von dem Macdonald in *The Drowning Pool*, 1950, noch meinte, er könne nie berührt werden von der Zerstörungswut des Menschen. 23 Jahre später beginnt *Sleeping Beauty* mit einer Ölpest, die eine leckgeschlagene Bohrinsel am schönsten Küstenabschnitt von Pacific Point verursacht; der Ozean ist noch verwundbarer geworden als das verschandelte Festland.

Macdonalds Optimismus bezieht sich auch gewiß nicht auf den Umweltschutz. Er bezieht sich auf die weitere Entwicklung einer Gesellschaft, die Ähnlichkeit mit dem Dschungel hat. Auffällig ist, daß das organisierte Verbrechen in Macdonalds Geschichten – im Vergleich mit denen Chandlers – ebenso abnimmt wie die Korruption der Behörden. Mit Bandenkriminalität, die aus ganz praktischen Gründen (der Ohnmacht des Einzelhelden gegenüber den Gangs) nie ein Kernstück des Macdonaldschen Œuvres gewesen ist, sondern die Fälle allenfalls von fern berührt hat (Ausnahme: *Black Money*; ›Geld zahlt nicht alles‹; 1966), hat Lew Archer immer weniger zu tun. Mit der Polizei aber, die er verließ, weil er sie zu korrupt fand, und mit der er in seinen frühen Fällen fast immer aneinandergeriet, arbeitet er zunehmend besser zusammen.

Das liegt nicht daran, daß Archer selbst seine moralischen Standards gesenkt hätte. In einer verrotteten Welt hält er, mit einer fast altmodischen Attitüde, die Fahne von Gerechtigkeit und Anstand hoch. Der Detektiv, meinte Chandler, sei immer ein Produkt von Übertreibung, und Archer macht da keine Ausnahme. Die Arbeitskraft des anscheinend alterslosen Mannes bleibt über fast dreißig Jahre hinweg ungebrochen. Während eines Falles scheint er Schlaf und Essen kaum zu benötigen; ein sparsamer Trinker ist er ohnehin.

Archer ist unbeweibt, genauer: geschieden; das Scheitern seiner Ehe hat Narben hinterlassen. Gebranntes Kind scheut das Feuer; die meisten seiner Verhältnisse zu Frauen bleiben platonisch. Er liebt sie von fern und oft fast väterlich, aus dem sicheren Wissen heraus, daß eine engere Bindung so gut wie ein flüchtiges sexuelles Abenteuer weder den Partnerinnen noch ihm selbst bekäme. In den letzten Romanen allerdings, in *Sleeping Beauty* und *The Blue Hammer*, lockert sich diese strenge Haltung, und Macdonald erlaubt seinem Helden kleinere Affären: eine Konzession wohl an den veränderten Publikumsgeschmack.

Während ringsum das Geld zum Wertmesser aller Dinge wird, bleibt Archer absolut uninfiziert. Er hat früh herausgefunden, daß Geld, das einem für Gefälligkeiten angeboten wird, viel zuviel kostet, nämlich die eigene Freiheit und Unabhängigkeit; entsprechend verhält er sich. Mit den festen Honorarsätzen, die seine Ein-Mann-Detektei in Rechnung stellt, kauft man Archers professionelle Hilfe, seine Kenntnisse, auch seine Loyalität – nicht aber seine Meinung und sein Wohlverhalten; kein Auftraggeber kann damit rechnen, daß Archer etwaige krumme Touren deckt.

Archer ist, wie Marlowe, ein freier, unabhängiger, integrer Mann, und er hält sich darauf einiges zugute. Dreißig Jahre im Geschäft haben ihn nicht kleinlaut, sondern selbstbewußt gemacht. Als er begann, meinte er zwar von sich, er sei nicht stolz (und begnügte sich mit dem Dienstboteneingang); später betont er, immer mal wieder, das Gegenteil. Aber er ist nicht nur frei, integer und stolz, nicht nur erfolgreich und loyal. Er ist vor allem ein gütiger Mann, begabt mit einer tiefen, unzerstörbaren Zuneigung zu den Menschen. Allerdings ist diese Güte, die nichts mit Schlappheit zu tun hat, unter der sprichwörtlichen rauhen Schale verborgen.

Teil der rauhen Schale ist ein freches Mundwerk, ohne daß Archer in den rüden Ton mancher Kollegen verfiele. Eine von Archers besten Eigenarten ist seine verbale Schlagfertigkeit. Macdonald hat seinen Helden mit einem lakonischen Witz ausgestattet, der in der Verknappung zuweilen schon Pintersche Qualitäten erreicht. Seine Dialoge sind von einer fabelhaften Präzision, welche die Sachverhalte genau umreißt (oder genial versteckt, wenn ihre Erfinder lügen). Sie ähneln einem meisterlichen Ping-Pong-Match, das mit der Zeit immer schneller und perfekter wird; dabei auch knapper und unprätentiöser.

So mag Ross Macdonald am ehesten von allen Kriminal-Autoren erreicht haben, was Chandler vorschwebte: jenen Roman, der die ganze Würze des Krimis bewahrt hat und der »zugleich Charakter und Atmosphäre bietet«, den Krimi als Höhepunkt und Vollendung der realistischen Literatur. Die Menschen, von denen Macdonald berichtet, sind weder Spielfiguren noch Phantome, sondern vielschichtige, komplexe Charaktere, deren Lebensechtheit zuweilen fast beängstigend ist. Die Schilderung ihrer gierigen, gewalttätigen, resignierten, verzweifelten Versuche, sich einen möglichst großen Fetzen vom angenehmen Leben und überquellenden Reichtum der kalifornischen Gesellschaft abzuzwacken, gehört ohne Zweifel zum Spannendsten und Erregendsten, was die Literatur der sechziger und siebziger Jahre zu bieten hatte.

Seit Ross Macdonalds Tod teilen sich John D. MacDonald und Gregory Mcdonald den Ruhm, der prominenteste M(a)cdonald zu sein – unter den Krimi-Autoren, versteht sich; mit der Hamburger-Kette kann natürlich kein Produzent geistiger Genüsse auch nur im entferntesten konkurrieren.

John D(ann) MacDonald, geboren am 24. Juli 1916 in Sharon, Pennsylvania, gestorben 1987 in Florida, Wirtschaftsstudium an den Universitäten von Pennsylvania, Syracuse und in Harvard, kam durch einen Zufall zur Literatur. Im Berufsleben eher gescheitert, trat MacDonald 1940 in die Armee ein, die ihn 1943 nach Indien schickte, wo er dem Office of Strategic Service (OSS), dem Geheimdienst, zugeteilt wurde. Seine Arbeit war so geheim, daß er sich entschloß, seiner Frau eine Kurzgeschichte über das Leben in Delhi zu schreiben anstelle der Briefe, die er ihr nicht schreiben durfte. Mrs. MacDonald verkaufte diese Geschichte, ohne lange zu fragen, an ein Magazin und präsentierte ihrem Mann bei seiner Rückkehr aus dem Krieg Belegexemplar und Honorar. MacDonald beschloß, es einmal mit dem Schreiben zu versuchen: »In den nächsten vier Monaten schrieb ich etwa 800000 unverkäufliche Worte. Es war die klassische Learning-by-doing-Methode. Hätte ich damit begonnen, einen Roman pro Jahr zu schreiben, hätte es zehn Jahre gedauert, bis ich das Handwerk gelernt hätte. So saß ich vier Monate wöchentlich achtzig Stunden an der Schreibmaschine, schrieb und lernte. Ungefähr fünfundzwanzig bis dreißig Kurzgeschichten zirkulierten ständig zwischen den Magazinen.«[2]

Fünf Monate später verkaufte er seine erste Detektivgeschichte an ein »Pulp«-Magazin, und bis zum Ende des Jahres 1946 waren es dreiundzwanzig; die Familie MacDonald konnte, mehr schlecht als recht, von den Honoraren leben, die John D. erschrieb. Er war ein fleißiger Autor, der keineswegs nur Dektektivgeschichten schrieb, und seinen Ausstoß kontinuierlich steigerte, bis er schließlich Anfang der fünfziger Jahre auf mehr als 100 Publikationen dieser Art pro Jahr kam. Das hätte so weitergehen können, wenn nicht das große Magazin-Sterben eingesetzt hätte; die »Pulps« wurden allmählich durch das neue Medium Taschenbuch verdrängt, und John D. MacDonald sattelte um: von kurz auf lang. Wieder erstaunt seine Produktivität. 1950 erscheint John D. MacDonalds erster Roman; bis 1964 folgen nicht weniger als 41 weitere.

Der große Durchbruch kam, als sich MacDonald von seinem Verlag überreden ließ, eine Serienfigur zu entwickeln. In dem Roman *The Deep Blue Goodby* (›Tausend blaue Tränen‹; 1964) löste Travis McGee seinen ersten Fall: nicht eigentlich ein Privatdetektiv, sondern ein Amateur, der sich in besonderen Fällen gegen Erfolgshonorar anheuern läßt, gestohlene oder sonstwie verlorengegangene Wertgegenstände wieder aufzutreiben, der aber in den späteren Romanen zunehmend persönlich in seine Fälle involviert wird.

Seit 1951 lebte die Familie MacDonald in Florida, und so ist Florida auch der Lebensraum von Travis McGee und der Ausgangspunkt seiner detektivischen Operationen. Als »einsamer Wolf« lebt er auf einem Segelboot, der »Busted Flush«, vor der Küste von Fort Myers, und sein Gefährt an Land ist ein zum Pickup umgebauter alter Rolls Royce; McGee ist in jeder Hinsicht ein Original. Obwohl er seine Abenteuer in der Ich-Form erzählt, hat MacDonald seinem Helden eine Art Dr. Watson beigegeben: den guten Freund Meyer, einen Wirtschaftsexperten, der gelegentlich als Reflexionswand für die philosophischen Überlegungen des Helden zu dienen hat und ihn wieder aufrichtet, wenn – was durchaus vorkommen kann – dessen Moral am Boden liegt.

Von Beginn an blieb der »farbige« Titel das Markenzeichen der Travis McGee-Romane. Auf *The Deep Blue Goodby* folgten noch im selben Jahr *The Quick Red Fox* (›Rote Lady schwarz auf weiß‹) und *A Purple Place for Dying* (›Tod in der Sonne‹). *Bright Orange for the Shroud* (das in der deutschen Übersetzung einen merkwürdigen Farbwechsel zu ›Giftgrün für Vivian‹ durchmachte) erschien 1965. In zwanzig Jahren kamen wenig mehr als ebenso viele Titel zusammen, darunter *Dress Her in Indigo* (›Der Hippie im Indigo-Dress‹; 1969), *The Turquoise Lament* (›Mord in Türkis‹; 1973), *The Dreadfull Lemon Sky* (›Der Tod wirft gelbe Schatten›; 1974), *The Empty Copper Sea* (›Der dunkelschwarze Betrug‹; 1978), *The Green Ripper* (›Der grüne Tod‹; 1979), *Free Fall in Crimson* (›Mord in Karmesinrot‹; 1981) und *Cinnamon Skin* (›Zimtbraune Haut‹; 1982).

Qualitativ steigert sich MacDonald kontinuierlich. Aber das Grundmuster ist im wesentlichen immer das gleiche. McGee, der endlich einmal gemütlich ausspannen möchte auf der »Busted Flush«, gerät bei den Nachforschungen, zu denen er sich überreden läßt, in eine Eskalation der Gewalt. In Einzelfällen fallen der Gewalt sogar jene Frauen zum Opfer, mit denen der Held ein ruhigeres Leben aufzubauen gewillt scheint, so in *The Green Ripper*, wo ein scheinbar sinnloser Mord die geliebte Gretel trifft, woraufhin Travis durchdreht und im paramilitärischen Camp einer merkwürdigen Sekte, in das die Spur führt, ein beträchtliches Blutbad anrichtet.

Das Camp der Sekte liegt weit weg von Florida, irgendwo im amerikanischen Westen. Wo Hammetts Detektive sich mit den Häuserschluchten San Franciscos begnügten, Chandlers Marlowe sein Territorium bis in die gebirgige Nachbarschaft von Los Angeles ausdehnte und Ross Macdonalds Archer bis in die Wüste von Nevada vorstieß, auch schon einmal in die Rockys, treiben den Detektiv der späten siebziger und der achtziger Jahre seine Fälle quer über den ganzen Kontinent. Das Leben ist weiträumiger geworden, das Verbrechen und die Verbrecher mobiler. In *Free Fall in Crimson* geht es von Florida nach Kalifornien und Oregon und wieder zurück; der *Cinnamon Skin*-Fall, dessen Ausgangspunkt das tödliche Attentat auf eine Nichte von Meyer ist, die auf der Hochzeitsreise mitsamt dem vom Onkel geliehenen Boot in die Luft gesprengt wird, spielt sich gleich von Fort Myers nach Texas hinüber.

Dabei werden die Bösewichter immer gewalttätiger. Wo sich die klassischen englischen Mörder schuldbewußt damit abfanden, daß sie überführt ihrer gerechten Strafe entgegengingen, versucht das kriminelle Pack, mit dem sich Travis McGee herumzuschlagen hat, nach der Aufdeckung seiner Untaten der Bestrafung mit allen Mitteln zu entkommen (oder auch: sich nach der Vereitelung eines Verbrechens zu rächen); so kommt es in den späten McGee-Romanen von John D. MacDonald durchweg zu einem Showdown nach Westernart: einer Szene, in der die Brutalität der Handlung noch einmal in einem besonders blutigen Akt kulminiert, aus dem der Detektiv nur verletzt hervorkommt, der Verbrecher aber durchweg als Leiche.

Die latente Gewalttätigkeit, gewiß ein Zeichen des heutigen Amerika, färbt letztlich auf den Helden ab. Er beginnt die Kampfhandlungen zwar nicht, sondern wehrt sich nur. Aber auf die Dauer entwickelt er – wie der Held von Robert B. Parker, von dem wir noch hören werden – eine fatale Neigung, seine Fälle mit jener Gewalt zu lösen, die ihm von der Gegenseite angetragen wird. Und das macht diesen Travis McGee um ein Gutteil problematischer, als es Chandlers Marlowe und Ross Macdonalds friedfertiger Archer sind.

Neben den gut zwanzig Travis McGee-Romanen hat John D. MacDonald mehr als doppelt so viele Kriminalromane ohne die Figur seines Serienhelden geschrieben, darunter *The Executioners* (›Ein Köder für die Bestie‹; 1958) und *Condominium* (1977). 1962 wurde John D. MacDonald zum Präsidenten der Mystery Writers of America gewählt; 1980 erhielt er den Ehrendoktor-Titel der Universität von Süd-Florida. Ganz so viele Bücher wie Agatha Christie oder Edgar Wallace hat er zwar nicht verkauft. Aber John D. MacDonalds Gesamtauflage von über 40 Millionen Exemplaren allein in den USA kann sich auch sehen lassen.

Es scheint, als könne dem wesentlich jüngeren Gregory Mcdonald in wesentlich kürzerer Zeit eine ähnliche Karriere gelingen. Mit nur zehn Kriminalromanen und innerhalb von einem Jahrzehnt ist Gregory Mcdonald in die erste Garnitur der amerikanischen Krimi-Autoren vorgestoßen, nicht zuletzt dank zweier Edgar-Preise und einer weiteren Edgar-Nominierung, die er für seine ersten drei Krimis erhielt.

Gregory Mcdonald ist 1937 in Shrewsbury in Massachusetts geboren; nach einem Studium in Harvard ging er 1966 als Reporter (später Redakteur für Literatur und Kunst) zum Boston Globe. Sein erster Kriminalroman *Fletch* (›Opfer sucht passenden Mörder‹, später als: ›Fletch‹) erschien 1974 und erregte gleich überdurchschnittliches Aufsehen durch eine ungewöhnliche Detektivfigur und einen neuen, ausgesprochenen zynischen Tonfall.

Der (Detektiv-)Held, von Beruf Journalist wie sein Erfinder, kommt auch in den meisten der späteren Bücher Mcdonalds vor; dem beamteten

Detektiv Flynn, unkonventionelles Mitglied der Bostoner Polizei, sind zwei Bücher gewidmet (*Flynn*, ›Nur Sterben ist schöner‹; 1977, und *The Buck Passes Flynn*, ›Flynn und der Dollarsegen‹; 1981).

Wie Ross Macdonalds Archer das Vorbild Hammett, so grüßt des jüngeren Mcdonald Detektivfigur Irwin Maurice Fletcher das Vorbild Archer; sein Name verweist auf die Herstellung jener Pfeile, die Ross Macdonalds Bogenschütze abschießt. Doch ansonsten sind keinerlei Beziehungen zwischen den beiden Figuren feststellbar. Archer ist gütig und integer, Fletch zynisch, amoralisch und nur auf seinen eigenen Vorteil versessen. Notfalls schickt er auch schon einmal ein Mädchen auf den Strich (in *Fletch's Fortune*, ›Fletch – Vermögen bringt Ärger‹; 1978), läßt sich – wenn auch nicht ernsthaft – als professioneller Killer anwerben, steigt mit der Frau seines Auftraggebers ins Bett und erpreßt einen Drogenabhängigen (alles gleich im ersten Buch ›Fletch‹).

Als Journalist gerät Fletch, weil er gelegentlich schlampig recherchiert, von einer Bredouille in die nächste – was ihn aber nicht weiter aufregt; er lebt wirklich nicht, um zu arbeiten, sondern arbeitet, wenn es denn nicht zu vermeiden ist, um zu leben. Wenn er Chancen sieht, an leichtverdientes Geld zu kommen, erweist sich Fletch als ziemlich erfinderisch, allerdings auch als wenig wählerisch in den Mitteln. Und obwohl er als Reporter, gelinde gesagt, recht unkonventionelle Methoden pflegt, so steht ihm dieser Beruf doch weit besser als jene Bücher, in denen er den Kunstkritiker spielen darf (*Confess, Fletch*, ›Mörder sucht passenden Sündenbock‹; 1976, später: ›Gestehen Sie, Fletch!‹) oder den Pressesprecher eines Präsidentschaftskandidaten abgibt (*Fletch and the Man Who*, ›Fletch und der Präsidentschaftskandidat‹; 1983) und den in Vietnam durchgedrehten Sohn des Kandidaten als Serienmörder entlarvt.

Irgendwie ist Fletch der personifizierte Manchester-Kapitalismus. Im Grunde interessiert ihn nichts anderes als der eigene Vorteil. Aber auf wunderbare Weise ordnen sich seine Bemühungen zu einem Muster, bei dem unter dem Strich das größere Wohl des gesellschaftlichen Ganzen herauskommt. Während er selbst, zuletzt an der Seite einer jungen Dame namens Moxie, die moralisch ebenso bedenkenlos ist wie er, einen möglichst großen Packen großer Dollarnoten für sich selbst aus dem allgemeinen Wirtschaftskreislauf abzuleiten sucht, stößt er immer wieder auf größere gesellschaftliche Schädlinge, die er düpiert, schädigt, entlarvt, gelegentlich sogar aus dem Verkehr zieht. Zwischen den klassischen Detektiven und jenen Krimihelden, die vom Beginn der Gattung an als Edelganoven ihr Schäfchen ins Trockene zu bringen suchten[3], nimmt Mcdonalds Fletch eine Mittelstellung ein. Er ist mit allen Wassern gewaschen – und gewiß das Gegenteil von dem, was sich ein verantwortungsvoller Vater als Ehemann für seine Lieblingstochter aussuchen würde. Doch gelingt es Mcdonald gleichwohl, Fletch die Sympathien des Lesers zu erhalten – nicht zuletzt deshalb, weil Fletch Herz zeigt, wo es angebracht ist (beispielsweise, indem er einen Mann, der sein Geschlecht umgewandelt hat, in der neuen, ihm gemäßen Existenz weiterleben läßt: so geschehen in *Fletch and Widow Bradley*, ›Fletch und die Witwe‹; 1984).

Das Beste, was Mcdonald für seinen amoralischen Helden tun kann, geschieht auf sprachlichem Gebiet. Fletchs Abenteuer, in der neutralen dritten Person, gleichwohl aber wie aus der Perspektive des Helden erzählt, entwickeln ihre Handlung selbst für amerikanische Kriminalromane ungewöhnlich rasch und direkt; als »schnellster Krimiautor der Welt« mag Gregory Mcdonald wohl gar den rasanten James Hadley Chase abgelöst haben. Die Texte bestehen aus viel Dialog, der auf eine fast schon brutale Art zur Sache kommt; daß sie jünger, neuer sind als die der großen Vorbilder Hammett & Co – an die sie bei weitem noch nicht heranreichen –, bemerkt der Leser auf den ersten Blick.

Mcdonald ist, kein Kalauer, der Autor für die Besucher der Fastfood-Ketten, der Diskotheken; er ist laut und lärmend und macht keine Umstände. Aber wo sonst findet man schon einen Kapitelanfang wie diesen (aus ›Fletch – Vermögen bringt Ärger‹): »Fletch hatte bereits sieben Ekken von zwei Kreditkarten mit Sägezähnen versehen und war auf diese Weise in über zwanzig Zimmer eingedrungen, als er erwischt wurde«? Keine Angst; Fletch geschieht nichts. Die Besitzerin des Zimmers, die ihn überrascht, ist eine schöne Kollegin, völlig betrunken; Fletch hat einige Mühe, sie zu entkleiden und ins Bett zu bringen, ehe er auf leisen Sohlen den Raum verläßt. Erotisch geschieht nichts; unter sexuellen Notständen pflegt Fletch nicht zu leiden, und mit bewußtlosen Damen treibt er's nicht.

Fast schon vergessen hinter all den jüngeren M(a)cdonalds ist jenes Mitglied der weiten Namensfamilie, dem Raymond Chandler bei einer Umfrage nach Krimi-Superlativen einst den »größten persönlichen Charme«[4] attestierte: Philip MacDonald, geboren 1896 in England.

Philip MacDonald hat in den dreißiger und vierziger Jahren in Hollywood für den Film gearbeitet und nebenher einige Kriminalromane im klassischen Stil verfaßt, mit altmodischen Helden, unter denen der Nobeldetektiv Colonel Gethryn der bekannteste ist. In Romanen wie *The List of Adrian Messenger* (›Die Totenliste‹; 1959) geht es um die Nachfolge eines alten schottischen Adelsgeschlechts, das durch geheimnisvolle Unfälle, die natürlich Morde sind, dezimiert wird – selbstverständlich mit negativem Ausgang für den Bösewicht. Daß Philip MacDonald und Gethryn gegen Lew Archer, Travis McGee und Irwin Maurice Fletcher einen schweren Stand haben: Wen wundert es?

[1] Raymond Chandler in einem Brief an James Sandoe vom 14. April 1959, in: Die simple Kunst des Mordes, Diogenes Verlag, Zürich, S. 59.
[2] Zitiert nach Martin Comparts Nachwort zu *John D. MacDonald*: Ein Köder für die Bestie, Ullstein Verlag, Berlin 1985, S. 172.
[3] Siehe auch das Kapitel »Der Gangster als Held«, S. 240ff. dieses Buches.
[4] R. Chandler auf eine Umfrage von Alexis Barris am 16. April 1949 in *Raymond Chandler*: Die simple Kunst des Mordes, S. 61.

Ausgewählte Bibliographie

Ross Macdonald: Romane: *Dornröschen war ein schönes Kind*; *Unter Wasser stirbt man nicht*; *Ein Grinsen aus Elfenbein*; *Die Küste der Barbaren*; *Der Fall Galton*; *Gänsehaut*; *Der blaue Hammer*; *Durchgebrannt*; *Geld kostet zuviel*; *Die Kehrseite des Dollars*; *Der Untergrundmann*; *Der Mörder im Spiegel* – sämtlich Diogenes Verlag, Zürich. *Die wahre Mrs. Wycherly*; *Geld zahlt nicht alles*; *Akte Ferguson* – Scherz Verlag, Bern/München. *Camping im Leichenwagen*; *Reiche sterben auch nicht anders*; *Anderer Leute Leichen*; *Triff mich in der Leichenhalle* – Rowohlt Verlag, Reinbek. Erzählungen: *Sämtliche Detektivstories* – Diogenes Verlag, Zürich.
John D. MacDonald: *Tausend blaue Tränen*; *Gold wirft blutige Schatten*; *Alptraum in Rosarot*; *Giftgrün für Vivian*; *Der Tod wirft gelbe Schatten*; *Der dunkelschwarze Betrug*; *Der grüne Tod*; *Mord in Karmesinrot*; *Das blutigrote Schweigen*; *Der Trick ist schmutziggrau*; *Mord in Türkis*; *Das Mädchen im braunen Paket*; *Der Hippie im Indigo-Dress*; *Gefangen im Silberregen*; *Tod in der Sonne* – sämtlich Heyne Verlag, München.
Nicht-McGees: *An einem Sonntag*; *Der letzte Ausweg*; *Die Insel-Haie* – Heyne Verlag, München. *Ein Köder für die Bestie* – Ullstein Verlag.
Gregory McDonald: *Opfer sucht passenden Mörder* (auch: *Fletch*); *Mörder sucht passenden Sündenbock*; *Nur Sterben ist schöner*; *Fletch – Vermögen bringt Ärger*; *Toby ist verschwunden*; *Fletch und die Witwe*; *Fletch und Moxie*; *Flynn und der Dollarsegen*; *Fletch und der Präsidentschaftskandidat*, *Fletch in Brasilien*; *Fletch siegt*; *Bombensicher*; *Safari für Fletch* – sämtlich Ullstein Verlag, Berlin.
Philip MacDonald: *Die Totenliste* – Heyne Verlag, München.

Die hartgesottenen Amerikaner (III):

Die Erben der Erben – Von Robert B. Parker bis Loren D. Estleman

Der Privatdetektiv als literarische Figur ist unter den mannigfachen Verkörperungen des amerikanischen Traums gewiß eine der liebenswertesten und populärsten. Aber nichtsdestoweniger hat er im Laufe der Jahrzehnte Höhen und Tiefen erlebt. Er ist durch Wellentäler geschritten und hat Zeiten durchgemacht, in denen er relativ wenig gefragt war und nur wenige wesentliche Autoren sein Banner hochhielten. In den fünfziger und sechziger Jahren waren das, neben den beiden MacD(d)onalds, vor allem zwei Autoren mit sehr ähnlich lautenden Namen: Fredric Brown und Howard Browne.

Fredric William Brown ist am 29. Oktober 1906 in Cincinnati, Ohio, geboren. Nach seinem Studium und einigen beruflichen Umwegen wurde er Korrektor beim »Milwaukee Journal«. In seiner Freizeit begann er zu schreiben. Nach einer Reihe von Kurzgeschichten erschien 1947 sein erster Roman *The Fabulous Clipjoint* (›Hunters erste Jagd‹), der auf Anhieb mit dem Edgar Allan Poe-Preis ausgezeichnet wurde und Brown, dank seines finanziellen Erfolgs, eine Schriftstellerkarriere ermöglichte. 1949 übersiedelte Brown, einer Halserkrankung wegen, nach Taos in New Mexico; zwei Jahre später ließ er sich in Tucson, Arizona, nieder, wo er bis zu seinem Tod am 11. März 1972 gelebt hat.

Gleich der erste Roman Browns präsentiert des Autors berühmteste Detektivfiguren: Ed und Am(brose) Hunter, Neffe und Onkel. In *The Fabulous Clipjoint* ist Ed Hunter 18 Jahre alt, als er mit der Ermordung seines Vaters konfrontiert wird, den man, erschlagen und ausgeraubt, in einer Nebenstraße findet. Was der Polizei nicht gelingt, schaffen Ed und Onkel Ambrose; gemeinsam klären sie den Mord an Eds Vater auf. Ambrose ist Rummelplatz-Artist, und der junge Ed schließt sich ihm an. Die beiden verlassen Chicago und fahren über Land. Doch das Verbrechen läßt sie nicht los. Kaum arbeiten sie auf einem Kirmesplatz, als auch dort ein Mord geschieht (*The Dead Ringer*, 1948; ›In den Straßen von Chicago‹, früher auch als ›Zwerge sterben halb so schwer‹); wieder begeben sich die beiden Amateure an die Aufklärungsarbeit, und wieder sind sie erfolgreicher als die Polizei, zu der Ed allerdings gute Beziehungen entwickelt. Zwischen 1947 und 1963 treten die beiden Hunters in sieben Detektivromanen von Fredric Brown auf, der in diesen Büchern dem jungen Ed eine Erziehung fürs Leben angedeihen läßt. Diese Erziehung ist nicht zuletzt gekennzeichnet durch eine permanente Enttäuschung, die Ed mit schönen jungen Frauen erlebt, in die er sich regelmäßig verliebt, um dann festzustellen, daß das geliebte Wesen nicht ganz das ist, was es zu sein vorgibt. Im fünften Band der Serie, *Compliments of a Fiend*, (›Die Detektive von Chicago‹; 1950) gründen Ed und Am Hunter eine Detektivagentur, die sie »Hunter & Hunter« nennen: irgendwie ein logischer Akt. Denn all das detektivische Talent für Gotteslohn zu verschleudern, wäre doch wirklich unamerikanisch gewesen.

Howard Browne ist zwei Jahre jünger als Fredric Brown (geboren am 15. April 1908 in Omaha, Nebraska); sein Start als Krimi-Autor erfolgt ungefähr in derselben Zeit wie der seines Namensvetters. Als 17jähriger kam Browne nach Chicago; als Tellerwäscher und Vertreter verdiente er zunächst seinen Unterhalt. Über das Schreiben von Kurzgeschichten geriet Browne, nunmehr bereits in den Dreißigern, hinter den Schreibtisch eines »Pulp«-Magazins; von 1941 bis 1956 war er Lektor bei verschiedenen Magazinen. »Kurz nachdem ich das Schreiben zu meinem Beruf gemacht hatte, entdeckte ich Raymond Chandlers Romane um Philip Marlowe, einen Privatdetektiv aus Los Angeles«, berichtet der Autor selbst. »Chandlers meisterhafte Beherrschung der englischen und amerikanischen Sprache – und da besteht ein Unterschied! –, seine Kunstfertigkeit bei der Handhabung von Beschreibungen, Stimmungen, dem Tempo und der Handlung, seine diamantharten Dialoge, umwerfenden Bilder und Metaphern... all dies und noch mehr hatte eine ungeheuerliche Wirkung auf mich. Also schickte ich mich an, meinen eigenen Privatdetektiv zu schaffen. Paul Pine. Ich beheimatete ihn in Chicago, damals und jetzt die farbigste und tatkräftigste Stadt der Vereinigten Staaten.«[1]

Paul Pine klärte seinen ersten Mordfall in dem Roman *Halo in Blood* (›Grüße in Blut‹; 1946). Während des nächsten Jahrzehnts entstanden mit *Halo for Satan* (1948 erschienen und nach dem Erfolg des ersten Paul Pine-Titels und eines weiteren Romans, *If You Have Tears*, 1947, angeblich binnen sechs Wochen in Tag- und Nachtschichten geschrieben), *Halo in Brass* (1949) und *The Taste of Ashes* (›Der Geschmack von Asche‹; 1957) drei weitere Bücher mit dem Detektiv Pine – und mindestens *The Taste of Ashes* gehört zu den ausgesprochenen Spitzenprodukten des Genres, auch wenn das Chandlersche Vorbild deutlich durchschimmert.

Die Grundkonstellation ist ein bißchen wie in Chandlers *The Big Sleep*. Eine reiche Familie mit zwei grundverschiedenen Töchtern hat offenbar einige »Leichen im Keller« und versucht mit allen Mitteln, ihr finsteres Geheimnis zu wahren. Über eine Erpressergeschichte, in der zu ermitteln er ablehnt, gerät Pine zum ersten Mal in Kontakt zur Familie Delastone, die das kleine Städtchen in der Nähe von Chicago fest im Griff hat. Doch richtig hinein in den Fall Delastone und ins Schlamassel gerät Pine erst, als er der Bitte einer Kollegenfrau nachkommt und sich auf die Suche nach ihrem Mann macht, der tatsächlich für die Delastones tätig geworden ist. Pine findet den Kollegen tot in seinem Hotelzimmer: offensichtlich ermordet. Doch die lokale Polizei legt den Todesfall als Selbstmord zu den Akten, auch wenn sie dazu die Todesumstände etwas manipulieren muß. Im Grunde will Pine gar nicht wissen, wer da weshalb und wogegen geschützt werden soll. Doch der schönen Witwe gelingt es, Pines professionelles Gewissen weichzuklopfen, und so ermittelt Pine auf eigene Faust weiter – gegen die Polizei und die lokalen Honoratioren, die ihm gemeinsam mit dem Mörder das Leben mehr als schwermachen. Der Knoten der Geschichte ist geschickt geschürzt, der Plot geradezu klassisch, und die Diktion ist von jener schmallippigen Prägnanz und Bildhaftigkeit, die man an den ganz Großen des Fachs geschätzt hat.

Während die MacD(d)onalds über die sechziger und siebziger Jahre hinweg die Ehre des »hard-boiled dick« aufrechterhielten, geriet das Genre als Ganzes in eine Flaute, aus der es sich erst um die Wende zu den achtziger Jahren wieder flottmachen konnte. Beinahe über Nacht erschienen zahlreiche neue Autoren mit neuen Helden auf der Bildfläche, die besten von ihnen rasch mit den Etiketten der Hammett-Chandler-Nachfolge beklebt; irgend jemand findet sich da immer, der einen Autor in die Ehrenlegion aufnimmt.

Nur auf den ersten Blick verwunderlich erscheint, daß ein Gutteil jener Autoren, die in den achtziger Jahren neue harte Detektive in die Asphaltdschungel der Großstädte – und vereinzelt auch schon in die westlichen Prärien – schicken, schon im Brotberuf theoretisierend mit Literatur befaßt ist; der Prozentsatz der Professoren – zumal für englische Sprache und Literatur – ist unter diesen neuen Detektivgeschichten-Autoren ungewöhnlich groß.

Zu ihnen gehört Max Byrd, Professor an der University of California, der einen gewissen Mike Haller, »Privatdetektiv, Spezialist für unauffindbare Personen«, geschaffen hat und ihn, in dem Roman *Fly Away, Jill* (›Schnee aus Übersee‹; 1981), auch schon einmal ins alte Europa schickt; James Crumley, Professor an der University of Texas in El Paso, der seine Detektive kreuz und quer durch die weiten Distanzen des amerikanischen Westens jagt, mal auf der Spur eines trunksüchtigen Autors (*The Last Good Kiss*, ›Der letzte echte Kuß‹; 1978), mal zur Verhinderung eines riesigen Landbetrugs und einer Umweltkatastrophe zum Schaden der Indianer (*Dancing Bear*; ›Kerle, Kanonen und Kokain‹; 1983); Stuart Kaminsky, Professor an der Northwestern University, dessen Detektiv Toby Peters mit Vorliebe barfuß durch Hollywoods Filmateliers latscht und dabei, mit den Worten des Cover-Lyrikers des Münchner Heyne Verlags, bei dem die deutschen Kaminsky-Ausgaben herauskommen, »unter berühmten Filmgrößen, der Polizei und Verbrechern Verwirrung stiftet«[2].

Doch auch jene Autoren, die sich nicht mit dem Professorentitel schmücken dürfen, haben ihre Vorbilder trefflich studiert. Der als Wunderkind der Branche gefeierte Max Allan Collins, auf den wir im Abschnitt über historische Krimis im Gewand der dreißiger Jahre ausführlicher eingehen wollen[3], hat zusammen mit James L. Traylor eine vielgerühmte Monographie über Mickey Spillane und seinen Holzhammerdetektiv Mike Hammer geschrieben[4], und dem wie Howard Browne aus Omaha, Nebraska, stammenden William J. Reynolds strömt die einschlägige literarische Belesenheit fast schon penetrant aus Beschreibungen und Dialogen; in den Romanen *The Nebraska Quotient* (›Nebraska in der Unterwelt‹; 1984) und *Moving Targets* (›Eiskalt in Omaha‹; 1986 - der Originaltitel ist selbst schon eine Anspielung auf Ross Macdonalds erstes Buch mit Lew Archer) gefällt sich der Held vor allem in gefährlichen Situationen mit ständigen Hinweisen auf die berühmten Vorbilder und Erwägungen, wie sie an seiner Stelle wohl reagiert hätten.

Das Arbeitsfeld des Detektivs, das bis in die sechziger Jahre auf die großen Städte, speziell New York, Chicago und die kalifornischen Metropolen, beschränkt war, hat sich in den achtziger Jahren auf die gesamten Vereinigten Staaten ausgedehnt. Aber natürlich gibt es auch in San Francisco und Los Angeles noch genügend »private eyes« – und zwar in den unterschiedlichsten Spielarten. Dave Brandstetter, der in den Romanen von Joseph Hansen für eine Versicherung ermittelt, ist in L. A. zu Hause und nicht, wie man annehmen sollte, in San Francisco; er ist nämlich schwul und etwas dandyhaft, nichtsdestoweniger aber sehr effizient.

Demgegenüber ist Jacob Ash, der Serienheld des 1946 in Los Angeles geborenen Arthur Lyons, ein harter Brocken im traditionellen Stil. Lyons, der in Santa Barbara studiert und seinen Bachelor of Arts gebaut hat, aber hauptberuflich in Palm Springs ein Restaurant betreibt, schickt seinen Helden seit der Mitte der siebziger Jahre mit Vorliebe in Fälle, die mindestens am Rande mit der organisierten Kriminalität zu tun haben. Gleich sein Erstling *The Dead Are Discreet* (›Tote sind diskret‹; 1974) handelt von Pornofilmen, Rauschgift und Schwarzen Messen – und natürlich auch von Mord; eine reiche junge Frau und ihr neuer Freund, ein zwielichtiger Filmregisseur, sind ziemlich bestialisch ermordet worden. In *The Killing Floor* (›Rendezvous am Schlachthof‹; 1976) entgeht der Detektiv, der in einem mit Mord verbrämten Fall von Wirtschaftskriminalität ermittelt, nur mit knapper Not dem Tod in der automatischen Schlachtanlage des im Titel erwähnten Instituts, und auch in *Dead Ringer* (›Die Freundin des Boxers‹; 1977) und *At the Hands of Another* (›Die falsche Stunde‹; 1983) lebt der Held, der sich schon in *The Killing Floor* nolens, volens mit der Mafia angelegt hat, gefährlich, da es grundsätzlich um eine Menge Geld geht und die involvierten Gangster keinen Spaß verstehen.

Tatsächlich wird das Verbrechen, das bei Chandler und Macdonald zwar seinen gesellschaftlichen Kontext hatte, aber letztlich doch ein privates blieb (schon um dem Detektiv eine Aufklärungschance zu lassen), in jüngster Zeit mehr und mehr ein kommerzielles Problem. Die Mafia und ihre etwas kleiner karierten Abarten haben nicht nur im Rauschgifthandel, dem Glücksspielgeschäft und der Prostitution ihre bewaffneten Fingerchen, sondern auch in wesentlich harmloser aussehenden Unternehmungen (wie Banken und Hotels), so daß ein Detektiv, der etwas auf sich hält, zunehmend stärker gezwungen ist, im Kampf gegen das organisierte Verbrechen selbst zu den harten Bandagen zu greifen. Das läßt sich besonders gut ablesen am Werk des vielleicht bedeutendsten der in den siebziger Jahren nach vorn gekommenen Autoren: Robert B. Parker.

Parker lebt nicht in Kalifornien und überhaupt nicht im Westen der USA, sondern im vermeintlich vornehmen Boston, und auch er ist ordentlicher Professor für englische und amerikanische Literatur an der Bostoner Universität, die für seinen ersten Kriminalroman *The Godwulf Manuscript* (›Spenser und das gestohlene Manuskript‹; 1973) auch den Schauplatz abgibt.

Auf Fotos macht Robert B. Parker den Eindruck eines ziemlich groben Klotzes; wer nicht weiß, wer er ist, möchte ihn für einen Freistilringer oder Möbelpacker halten. Doch der am 17. September 1932 in Springfield, Massachusetts, geborene Parker ist auch vor seiner Berufung auf den Lehrstuhl für Literatur nie mit körperlicher Arbeit in Berührung gekommen. Selbst die Station »Tellerwäscher« fehlt in seinem Lebenslauf; dafür war er Werbemann und Zeitschriftenredakteur.

Es mag da die berühmten beiden Seelen, ach, auch in Parkers Brust geben, ein bißchen von Dr. Jekyl und ein bißchen von Mr. Hyde, das

Feinsinnige und das Mörderische – natürlich höchst sublimiert; weshalb sonst schreibt einer wie er wohl Kriminalromane. Diesen Verdacht nährt nicht zuletzt Parkers Buch *Wilderness* (›Wildnis‹; 1979), in dem ein Schriftsteller, der Augenzeuge eines Mordes wird und sich gegen die Gangster, die den Augenzeugen beseitigen lassen wollen, zur Wehr setzt, schließlich solches Vergnügen am bewaffneten Kampf in den Wäldern von Maine bekommt, daß ihm selbst etwas mulmig wird vor der Wildnis seines Empfindens.

Ganz gewiß aber trifft der Verdacht auf zwei Seelen Parkers literarische Zentralfigur, den vornamenlosen Privatdetektiv Spenser, der seine Existenz natürlich nicht zuletzt der literarischen Bildung seines Erfinders verdankt. Entstanden nämlich ist Spenser ohne Zweifel in bewußter Anlehnung an Chandlers und Macdonalds großes Vorbild. Doch anders als Philip Marlowe und Lew Archer lebt Spenser nicht in Kalifornien, sondern dort, wo auch sein Autor zu Hause ist: im feinen neuenglischen Boston. Doch zuweilen hat man den Eindruck, als spiele dieses Boston Kalifornien: Gleich zwei der frühen Spenser-Romane Parkers beginnen mit dem Ausmalen eines sonnigen Sommertags. *God Save the Child* (›Kevins Weg ins andore Leben‹; 1974) hebt an mit einem Satz, mit dem auch jede Macdonald-Geschichte anfangen könnte: »Wenn ich mich in meinem Stuhl zurücklehnte und den Hals reckte, konnte ich durch das Fenster den Himmel sehen, einen tiefblauen, wolkenlosen Septemberhimmel.« Der Beginn von *Mortal Stakes* (›Endspiel gegen den Tod‹; 1975) variiert eine bekannte Liedzeile Ira Gershwins und zieht sie ironisch ins Triviale: »Sommerzeit – und das Leben war leicht für die ›Red Sox‹, denn sie hatten Marty Rabb, den besten Pitcher in der ganzen Liga«, der obersten amerikanischen Baseball-Liga, versteht sich, in der die Boston Red Sox für gewöhnlich eine gute, aber nicht überragende Rolle spielen.

Doch wesentlich schneller als bei Macdonald, dessen Archer an die fünfundzwanzig Jahre brauchte, bis er den Glauben an die Unzerstörbarkeit der Natur endgültig verlor, kommt für Spenser die Ernüchterung. Danach gibt es keine schönen Sommertage mehr zur Eröffnung, sondern graue Alltage, voll von Sozialkritik. »Aus der City«, setzt Parkers vierte Spenser-Geschichte *Promised Land* (›Leichte Beute für Profis‹; 1976) ein, »war ich regelrecht raussaniert worden«, und *Early Autumn* (›Finale im Herbst‹; 1981) macht es noch lakonischer: »Die Stadtsanierer hatten wieder zugeschlagen«; in seinem siebten Abenteuer bezieht Spenser, notgedrungen, sein drittes Büro – gegen Stadtplanung und Immobilienspekulation ist kein Kraut gewachsen.

So bewußt Parker seinen Helden den kalifornischen Vorbildern (und seine Romananfänge denen Macdonalds) in vieler Hinsicht ähnlich macht, so sehr stattet er Spenser mit einer eigenen Physiognomie und einem speziellen Charakter aus. Der Detektiv Spenser ist alles andere als ein Abklatsch von Marlowe oder Archer, eine Generation jünger und aus dem sonnigen, traditionslosen Kalifornien ins tristere, traditionsreiche Neuengland verpflanzt. Er hat seine eigenen Vorstellungen, Verhaltensweisen und Operationsmethoden, die auch, aber nicht nur, mit der anderen Umgebung und der zeitlichen Entwicklung – um nicht zu sagen: mit dem Zeitgeist – zu tun haben.

Daß Philip Marlowe sich an den Herd stellte und nach allen Regeln der Nouvelle Cuisine ein komplettes Dinner kochte: es ist so gut wie unvorstellbar. Lew Archer bekommt gerade nur in seinen letzten beiden Abenteuern ein halbwegs zufriedenstellendes Liebesleben zugestanden; über Jahrzehnte hinweg ist er der »einsame Wolf«, der die Frauen zwar beschützt und von ferne anbetet, vielleicht auch einmal eine kurze, platonische Affäre erlebt, im wesentlichen aber seine Kräfte spart für den harten Kampf gegen die Gangster und für die Gerechtigkeit.

Spenser ist da ganz anders. Er ist Feinschmecker und ein guter Koch (der seine Lebensmittel sorgsam einkauft). Anstelle der harten Sachen, welche die kalifornischen Detektive konsumieren, schätzt er zum Essen einen guten Wein und gegen den Durst ein anständiges Bier (er ist, um exakt zu sein, sogar ein Bier-Freak). Zwar lebt er allein, doch hat er seit seinem zweiten Abenteuer eine Freundin, mit der ihn eine Beziehung verbindet, die besser ist als manche Ehe. Freilich: Auch Ehen zerbrechen, und Spensers Beziehung zu Susan Silverman gerät in den achtziger Jahren in eine Krise. Die Dame, zunächst Schulpsychologin und in Spensers Fälle mindestens mental involviert, in manchen Fällen des Detektivs beste Hilfe durch ihre Art, über das Geschehen nachzudenken und ihm eine Perspektive zu verleihen, emanzipiert sich im Laufe der Zeit. Sie macht ihren Doktor, verläßt Boston, zunächst Richtung Washington, dann Richtung Kalifornien; die Romane *The Widening Gyre* (›Spenser und der Kandidat‹; 1983) und *Valediction* (›Spensers Abschied‹; 1984) bringen die allmähliche Loslösung Susans von Spenser und schließlich die Trennung. Es ist ein Vorgang, unter dem Spenser sehr leidet – und wenn er leidet, wird er bösartig; die Verbrecher haben es auszubaden. Wichtig freilich ist, daß Parker dem Detektiv zum ersten Mal eine völlig gleichwertige Partnerin an die Seite gestellt hat, weder eine untergeordnete Assistentin noch ein hilfloses Opfer, um das der Held schützend seine kräftigen Arme legen muß.

Von den kalifornischen Verwirrspielen mit tiefen Wurzeln in der Vergangenheit, wie sie Chandler und vor allem Macdonald betrieben, unterscheiden sich Spensers Fälle stark. Sie fangen zwar häufig genauso harmlos an: ein Kind ist von zu Hause weggelaufen (*Ceremony*, ›Einen Dollar für die Unschuld‹; 1982); ein Baseball-Spieler gerät in den Verdacht, gelegentlich einmal den Ausgang eines Spieles zu manipulieren (*Mortal Stakes*); eine Tänzerin ist ihrem Freund durchgebrannt und einer Sekte beigetreten (*Valediction*) – alles anscheinend nicht eben Situationen, aus denen Mord und Totschlag erwachsen könnten. Doch nur selten haben Parkers Fälle so viele Häute wie die von Chandler und Macdonald. Sie entwickeln sich relativ gradlinig auf eine durchweg blutige Auseinandersetzung hin, weisen danach aber, wenn die Auseinandersetzung mit den Gangstern längst gewonnen ist, häufig einen Haken auf, der sie zu schwierigen menschlichen, nicht kriminalistischen Problemen macht.

Natürlich beginnt Spenser seine Arbeit nicht anders als Archer auch: Er stellt Fragen. Doch während Archers Fragen weitere Fragen nach sich ziehen, gerät Spenser relativ rasch an und in den kriminellen Kern eines Falles. Verbrechen ist offensichtlich simpler geworden, einfallsloser und leichter aufzudecken. Es ist vor allem aber auch brutaler. Während in Chandlers und Macdonalds Fällen die Mörder ihre Spuren verwischen, indem sie Dritte vom Leben zum Tode befördern, und der Detektiv allenfalls einmal durch einen Schlag mit dem Sandsack auf den Hinterkopf vorübergehend außer Gefecht gesetzt wird, gehen in Parkers Romanen die Verbrecher, kaum daß Spenser bei ihnen ein bißchen auf den Busch geklopft hat, augenblicklich auf den Schnüffler los, der seine freche Nase in ihre lukrativen Angelegenheiten steckt. Zimperlich geht es dabei nicht zu. Im feinen Boston scheinen die Verbrecher wesentlich rüder und mordgieriger zu sein als an Kaliforniens Küste.

Spenser – und das ist die eine Seite seines Wesens – nimmt jede Herausforderung zur gewalttätigen Auseinandersetzung an. Er vermeidet nicht nur keinen Streit; er treibt jeden auf seine tödliche Spitze. In ihm steckt etwas von jenen amerikanischen Pionierfiguren, die sich im weiten Westen, fernab von Gesetz und staatlicher Ordnung, ihr Recht selber suchten, notfalls auch über einen Berg von Leichen hinweg. Spensers Jagdgründe befinden sich zwar in der zivilisierten Welt. Aber – so stellt es Autor Parker dar, nicht zuletzt auch in *Wilderness* – in der Bostoner Unterwelt schützen Recht und Gesetz nur den, der ihnen mit (Waffen)-Gewalt Geltung verschafft. Daraus hat Spenser für sich und seinen schwarzen Freund Hawk, der im Ernstfall ein ganzes Überfallkommando ersetzt, radikale Konsequenzen gezogen. Notfalls bahnen sie sich ihre Schneisen durch den Dschungel mit brutaler Gewalt, und wegen eines toten Gangsters haben sie kein schlechtes Gewissen.

Es ist ein verändertes Verbrechen, das veränderte Operationsmethoden der Aufklärer erfordert. Im klassischen englischen Detektivroman ist das Verbrechen gewissermaßen privates Eigentum. Der einzelne Mörder katapultiert sich, aus Habgier oder Eifersucht, aus der sozialen Gemeinschaft der Guten heraus. Noch bei Chandler und Macdonald werden die Mordfälle, die der Detektiv zu klären hat, vom organisierten Verbrechen allenfalls am Rande tangiert. Bei Parker dagegen ist die Kommerzialisierung des Verbrechens weit fortgeschritten. Noch im privatesten Akt, dem Ausreißen eines Kindes von zu Hause, hängt sogleich die Unterwelt. Was immer geschieht an krimineller Tätigkeit oder sozialer Verfehlung, wird sogleich zum Geldverdienen im großen Stil benutzt. Der Baseball-Star hat eine Ehefrau, die früher einmal als Prostituierte gearbeitet hat (*Mortal Stakes*), ein Mädchen hält es nicht mehr aus im spießigen, zerstrittenen Elternhaus (*Ceremony*), ein Junge wird zum Zankapfel seiner scheidungssüchtigen Eltern (*Early Autumn*): Jeder Fall mündet sogleich in die organisierte Kriminalität, auch wenn im Umkreis des Falles das Geld nicht gebündelt herumliegt und Gewinn nur dadurch gemacht werden kann, daß eine Minderjährige ihn in kleinen Scheinen vom Straßenstrich aufklaubt.

Zweifellos ist das Verbrechen nicht nur brutaler geworden, sondern auch schmieriger. Was Spenser in seiner blumigen Sprache dem Hauptganoven von *God Save the Child* als Verbrechen vorwirft, bestimmt auch die meisten anderen Fälle: »Prostitution, Rauschgifthandel, Sexshows und vielleicht auch Unzucht mit einer Ziege.« Und immer ist die gute Gesellschaft, das politische Establishment, mindestens als stiller Teilhaber mit im Geschäft; das macht die Aufklärung von Verbrechen auch nicht eben leichter.

Das entscheidend Neue gegenüber den klassischen Fällen von Chandler und Macdonald liegt darin, daß die Probleme bleiben, wenn die Kriminalfälle gelöst sind. Nichts ist gewonnen, wenn die Ganoven überführt sind, wenig nur, wenn Spenser sie mattgesetzt oder, nur halb in Notwehr, umgebracht hat. Natürlich ist es ein hartes Stück Arbeit, eine Sechzehnjährige aus den Klauen ihrer Zuhälter zu befreien. Aber was tut ein Detektiv nach gewonnenem Kampf, wenn das vermeintliche Opfer der Unterwelt partout nicht zurückmöchte ins traute Elternhaus, einmal weil Daddy ein Brechmittel ist, dann aber auch, weil die Beschäftigung in der Horizontalen das einzige ist, was ihm wirklich Spaß macht? In *Ceremony* lösen Spenser und Susan, noch vereint, das Problem ihrer minderjährigen Nymphomanin auf durchaus problematische Weise. In der festen Überzeugung, daß es auf jeden Fall auf den Strich zurückkehren wird, besorgt Spenser dem Mädchen einen Platz in einem Luxusbordell, damit es seinen Körper wenigstens etwas weniger häufig verkaufen muß und es in einer etwas sichereren und angenehmeren Atmosphäre tun kann (um den Begriff der »Würde« aus dem Spiel zu lassen).

Spenser hat dabei kein gutes Gefühl und ein ausgesprochen schlechtes Gewissen; das Buch – wie in einem früheren Kapitel beschrieben – endet mit der ausführlichen Darstellung seiner Skrupel.

Manchmal muß er sich arrangieren. In *The Widening Gyre* erpreßt der nichtsnutzige Sohn eines Unterweltbosses Politiker mit Pornofilmen ihrer Ehefrauen, und Spenser gelingt es lediglich, das schmutzige Material aus dem Verkehr zu ziehen, ehe es größeren Schaden anrichtet. Den eigentlich Schuldigen geschieht nichts, weil sie zu hoch angesiedelt sind in der Hierarchie des Verbrechens; nur ein paar Randfiguren müssen ins Gras beißen.

Gelegentlich hat der Held etwas mehr Glück. In *Early Autumn* darf er sich am Ende selbst ein wenig auf die Schulter klopfen. Aber auch hier muß er sich nach der Lösung des Kriminalfalls noch privat seines Schützlings annehmen. Der Fall des Jungen Paul, dem das schlechte Beispiel seiner Eltern und der Anblick der miesen Erwachsenenwelt schlechthin jede Freude am Leben genommen hatte, ist jedoch einfacher und positiver zu lösen als der des trägen Mädchens, dessen Interessen übers Bett nicht hinausreichen. Eine Art Überlebenskurs in den Wäldern von Maine, wo der Schriftstellerheld von *Wilderness* sich mit seinen Todfeinden herumgeschlagen hatte, mit Spenser als Trainingsleiter und Übervater, stellt die Weichen für Pauls Rückkehr ins Leben; der Detektiv wird zum selbsternannten Sozialarbeiter im Dienst einer besseren Gesellschaft (und gewinnt sich den Sohn, den er als leiblichen nie gehabt hat).

Bei solchen Gelegenheiten beweist der Grobian Spenser eine erstaunliche Fürsorge und Sensibilität: die andere Seite seines schwierigen, zwiespältigen Charakters. Der Mann, welcher der Unterwelt keinen Schlag und keinen Schuß schuldig bleibt, zeigt sich als Pädagoge von großer Einfühlung, wenn auch etwas altväterlich-autoritärem Habitus. Er versteht es, seine Schützlinge mitzureißen und zu motivieren, nicht zuletzt deshalb, weil sie spüren, daß hier jemand ganz für sie da ist: mit dem Herzen und mit seiner Zeit, nicht nur mit Geld und wohlfeilen Parolen. Diese Hingabe nicht nur an eine Aufgabe, sondern auch und vor allem an die ihm nahestehenden Menschen, macht denn auch den eigentlichen Charme des Detektivs Spenser aus – so bedenklich den kritischen

Leser seine gelegentlichen Rachefeldzüge gegen die Unterwelt des organisierten Verbrechens auch anmuten mögen.

Von allen Privatdetektiven des »harten« amerikanischen Kriminalromans ist Dan Fortune der friedfertigste. Seine Sanftmut hat einen ebenso simplen wie traurigen Hintergrund: Autor Michael Collins – mit richtigem Namen Dennis Lynds – hat seinen Helden mit nur einem Arm ausgestattet, was ihm körperliche Auseinandersetzungen von vornherein unmöglich macht. Was ihm körperlich fehlt, muß der Mann, dessen Name im Deutschen »Glück« bedeutet, auf andere Weise wettmachen: durch Klugheit, Zähigkeit und Integrität.

Collins/Lynds ist am 15. Januar 1924 in St. Louis, Missouri, geboren. Nach einem erfolgreichen Universitätsstudium (Bachelor und Master of Arts) wurde er gegen Ende des Krieges zur US-Army eingezogen und bei den Kämpfen in Europa hoch dekoriert. Jahrzehntelang redigierte er in New York chemische Zeitschriften und schrieb nebenbei Kriminalerzählungen für die Magazine von Ellery Queen und Alfred Hitchcock, ehe er nach Santa Barbara in Kalifornien übersiedelte und Ross Macdonalds Nachbar wurde. Der erste Band der Dan Fortune-Serie, *Act of Fear* (›Letzter Ausweg Mord‹), 1967 erschienen und im folgenden Jahr mit dem »Edgar« (Allan Poe-Preis der amerikanischen Kriminalschriftstellervereinigung) ausgezeichnet, ist Macdonald gewidmet, der Collins/Lynds schätzte und ihm zur Veröffentlichung des Buches verholfen hat.

Was ihn beim Schreiben antreibt, hat Collins/Lynds selbst folgendermaßen formuliert: »Ich hatte mir nicht vorgenommen, unbedingt Kriminalromane zu schreiben; eine ganze Serie plante ich schon gar nicht. Als ich 1967 mit ›Act of Fear‹ begann, entdeckte ich, daß die Kriminalliteratur, so wie sie von Hammett und Chandler entwickelt worden war, genau die literarische Form war, die ich für eben diese Geschichte, die ich erzählen wollte, brauchte. So fing ich damit an und benutze diese literarische Form auch heute noch. Die literarische Methode der Kriminalliteratur gibt mir die Möglichkeit, sehr genau aufzuzeigen, warum Gewalt in unserer Gesellschaft entsteht. Ich schreibe über Leute, die durch innere und äußere Kräfte zur Gewalttätigkeit getrieben werden; eben die Kräfte, die die Welt, in der sie leben, bestimmen. Es ist wirkliche Welt – unsere Welt... Was ich versuche, ist: durch die Wahrheit der Realität den Leser zu berühren, Spannung aus der Erkenntnis der Welt zu ziehen und zu unterhalten, indem ich realistische Menschen zeige und den Leser an ihren Erfahrungen teilnehmen lasse. Aber ich schreibe nicht in erster Linie, um zu unterhalten, sondern um herauszufinden, nach welchen Mechanismen unsere Welt funktioniert«.[5]

Mag auch sein Erfinder an der Westküste leben: der Detektiv Dan Fortune ist – wie die meisten seiner jüngeren Kollegen: Parkers Spenser, Estlemans Amos Walker, Fursts Roger Levin – im Osten zu Hause; er lebt in New York City. Und er lebt dort mehr schlecht als recht. Die Handlung von *Shadow of a Tiger* (›Schach mit dem blauen Chinesen‹; 1972) beginnt damit, daß Dan Fortune einen Ring seiner Freundin Martine Adair in die Pfandleihe bringt; »das einzige anständige Geschenk, das sie je von mir bekommen hatte«. Auch später geht es ihm finanziell nicht eben blendend. Denn wer engagiert schon einen Detektiv mit einem Arm, der überdies noch seine privaten Probleme hat und »ein halbes Jahr lang im Suff versackt«, nachdem eben diese Freundin ihn – zu Beginn von *The Silent Scream* (›Totale Gier‹; 1973) – verlassen und einen anderen geheiratet hat?

Doch Collins hat seinen Helden bewußt so ausgestattet, wie er nun einmal ist – und nicht etwa deshalb, um eine besonders »aparte« Variante des »hard-boiled dick« zu bekommen: »Die Kritiker sagen, ich machte Danny zu einem einarmigen Mann, um zu symbolisieren, daß er ein verwundeter Mensch ist. Wahrscheinlich stimmt das. Er ist ein verletzter Mensch – wie ich selber einer bin und wie die meisten von uns auf irgendeine Weise sind. Er ist ein Außenseiter, ein Beobachter, ein Denker mit einem Handikap... Ich wollte unter keinen Umständen einen weiteren Superman als Detektivhelden. Ich wollte niemanden, der ›oben‹ sitzt und mit allem fertig wird. Ich wollte einen Detektiv, der genauso verletzbar ist wie die meisten Menschen in dieser großen, harten Welt.«

Natürlich wird Fortune letzten Endes dann doch »mit allem fertig«. Aber er braucht dazu noch mehr Charakter, Zähigkeit und moralischen Mut als seine mit diesen Eigenschaften auch nicht eben gering begabten Vorbilder und Kollegen.

Collins sieht sich selbst als einen eher pessimistischen, sozialkritischen Autor – der als sein Vorbild eher Hammett als Chandler bezeichnet –, und das gibt seinen Kriminalfällen beinahe automatisch eine politische Dimension. In *The Blood-Red Dream* (›Blutzoll für falsche Träume‹; 1976) gerät Dan Fortune beim Versuch, das Verschwinden eines scheinbar harmlosen alten Mannes aufzuklären, in litauische Emigrantenkreise, deren Träume von einer Rückkehr in die von Kommunisten befreite alte Heimat ins Verbrecherische eskalieren. In *The Nightrunners* (›Pillen für schmutzige Geschäfte‹; 1978) vermischen sich politische und merkantile Interessen zu einer kriminellen Millionen-Schweinerei; ein scheinbar privater Anlaß – der ausgeflippte Bruder eines Pharma-Produzenten soll daran gehindert werden, noch mehr ungedeckte Schecks auszustellen – erweist sich als Vorwand für Rauschgiftschmuggel, Medikamentenverfälschung und die Unterstützung einer revolutionären Bewegung in Südamerika, die nicht so harmlos-humanitär ist, wie ihre US-amerikanischen Gönner glauben.

Vielleicht die größte Annäherung an eine völlig neue Dimension des Verbrechens ist Collins mit *Blue Death* (›Mord geht auf Spesen‹; 1975) gelungen, worin Dan Fortune einem Mann das Handwerk legt, der für scheinbar ehrsame Geschäftsleute, Manager eines großen internationalen Konzerns, das schmutzige Geschäft des Killens betreibt; Konkurrenten, Menschen, welche die Geschäfte des Konzerns stören, werden ohne ein Wimpernzucken aus dem Weg geräumt. Vorgeführt wird ein völlig neuer Typ von Verbrecher, nicht unähnlich dem Geheimagenten der Spionage-Thriller der James Bond-Nachfolge, nur ohne dessen staatliche Legitimation. Wie die Killer im Solde staatlicher Organisationen, ist er dem Töten gegenüber völlig abgestumpft und entwickelt nicht das geringste Schuldgefühl, einfach deshalb, weil er die Organisation, für die er arbeitet, absolut gesetzt hat (wie die Agenten Staat oder Vaterland); das Wohl des Konzerns heiligt jegliches Mittel, bis hin zum Mord. Das sprichwörtliche Bild vom Geschäftsmann, der »über Leichen« geht, ist in *Blue Death* auf die Spitze getrieben. Collins läßt keinen Zweifel daran, daß er die Fehler weniger beim Individuum sieht als beim System. Nur sitzt, Anlaß zu tiefem Pessimismus beim Detektiv Dan Fortune, am Ende nicht das System auf der Anklagebank, sondern der Handlanger, der es konsequent bediente. Dafür wird er auch des Dankes teilhaftig, den das System abstatten kann. Für die besten Verteidiger, die mit Geld zu haben sind, ist gesorgt.

Vielleicht das beste Bild für die Welt ist Collins in dem Roman *Freak* (›Freak‹) von 1983 gelungen. Dan Fortune ermittelt im Falle »einer Entführung, einer Erpressung und in vier oder fünf Morden« und hat es wiederum mit Tätern zu tun, denen ein Menschenleben weniger gilt als ein Fingerschnippen. Der Titel *Freak* (gleich Krüppel) scheint dem Mann mit nur einem Arm zu gelten, der sich geduldig durchfragt. Aber in Wahrheit gilt er den moralischen Krüppeln ringsum.

Unter den neuen Detektiven der achtziger Jahre paßt Loren D. Estlemans Amos Walker am besten in das traditionelle Muster des amerikanischen »tough guy«-Detektivs. Autor Estleman, geboren am 15. September 1952 in Ann Arbor, Michigan, versuchte sich nach dem Studium an der Eastern Michigan Universität zunächst als Karikaturist, später als Journalist und Mitarbeiter vieler Zeitungen in seinem Heimatstaat. Mitte der siebziger Jahre begann er, Western-Romane zu schreiben, 1980 kam sein erster Kriminalroman mit dem Detektiv Amos Walker heraus: *Motor City Blue* (›Detroit Blues‹), eine Story um das Geschäft mit Rauschgift und Pornographie, ausgelöst durch die aus einem Pensionat verschwundene Tochter eines Mafiabosses und einen von Killern umgebrachten schwarzen Gewerkschaftsführer.

Der Detektiv ist zäh, intelligent und integer, verfügt über eine kesse Lippe und eine schnoddrig-präzise Sprache, in der er wie die meisten seiner Kollegen seine Abenteuer selbst erzählt. Gleich in *Motor City Blue* wird Amos Walker schwer zusammengeschlagen, und das scheint ihm nun in jedem neuen Abenteuer zuzustoßen – in *Angel Eyes* (›Der Tod in Detroit‹; 1981) so gut wie in *The Midnight Man* (›Mitternacht in Detroit‹; 1982). Doch scheint er, wie Parkers Spenser, aus einem offenbar unzerbrechlichen Stoff gemacht, und so finden wir ihn jeweils schon bald wieder an der – erfolgreichen – Arbeit. In *The Midnight Man*, worin Amos Walker hinter einem farbigen Polizistenmörder her ist, ein Mordkomplott gegen den – schwarzen – Bürgermeister von Detroit verhindert und als Mörder schließlich einen rachsüchtigen weißen Menschenjäger entlarvt, gibt der Detektiv selbst, aus einer Ohnmacht auftauchend, folgende Selbstcharakterisierung ab: »Wie heißen Sie? Eine ziemlich einfache Frage, aber es konnte ein Trick dabei sein. Ach, zum Teufel, was konnte ich schon riskieren? Walker. Vorname? Amos, aber sagen Sie das nicht weiter. Größe? Etwa ein Meter achtzig, mindestens bevor heute abend. Gewicht? Neunzig Kilo. Augen? Zwei. Braun, wenn Sie es ganz genau nehmen. Haare? Auch braun, mit grauen Einsprengseln. Angehörige? Keine, es sei denn, Sie zählen meine Exfrau mit, die von meinen Unterhaltszahlungen mit einem arbeitslosen Künstler in Kalifornien lebt. Interessen? Alte Filme, Jazz und frühen Rock, guten Scotch und zu überleben. Nicht notwendigerweise in dieser Reihenfolge.« Film- und Jazzfan Walker spricht dem Scotch stärker zu, als es die Tradition des braven Detektivs der Marlowe-Linie erlaubt, gerät immer mal wieder mit der Polizei aneinander, mit der er gleichwohl auszukommen hat, wenn er seine Lizenz behalten möchte, und hat als beinahe einzigen Anlaufpunkt eine farbige Prostituierte, wenn man von einigen Informationsquellen bei der Presse absieht.

Doch früher oder später enden selbst solche Beziehungen. In *Every Brillant Eye* (›Das Sterben in Detroit‹; 1986) verschwindet Walkers alter

Freund Barry Stackpole, von Beruf Kriminalreporter, und Walkers Nachforschungen nach seinem Verbleib lösen einen mörderischen Kriminalfall aus; die Freundschaft geht dabei in die Brüche. Und in *Lady Yesterday* (›Lady Detroit‹; 1987) hat Walker die Dame Iris, mit der er in *The Midnight Man* noch ins Bett gegangen ist, plötzlich als Klientin. Iris, aus dem Gewerbe ausgestiegen und umgezogen in ein Frauenhaus für Prostituierte, die ins bürgerliche Leben zurückwollen, hat Amos Walker beauftragt, ihren Vater zu finden, von dem sie nur weiß, daß er Jazzmusiker war, als er auf Jamaica mit ihrer Mutter zusammenlebte. Der Ärger, den sich Walker rasch einhandelt, als er für Iris auf Vatersuche geht, scheint mit seinen Vaterschaftsrecherchen zusammenzuhängen, hat aber letztlich einen ganz anderen Grund: Amos ist über Iris, die vor Jahren eine Scheinehe mit einem damals noch kleinen Ganoven aus Kolumbien eingegangen ist, in eine Auseinandersetzung zwischen kolumbianischen und italienischen Ganoven über die Vorherrschaft auf dem Rauschgiftmarkt hineingeraten. Amos bringt den Fall zum guten bösen Ende. Er rettet Iris' Haut, findet ihren Vater (wenn auch tot), stutzt den Gangstern die Flügel und knüpft eine neue, vielversprechende Beziehung zu einem alten Freund; beim Schlußshowdown erhält er private Unterstützung von Lieutenant John Alderdyce, der seine eigenen Probleme mit sich und seinem Dezernat zugunsten von Amos Walker beendet, ehe sie – die Probleme – ihn in einem Meer aus Bier ertränken können.

Nicht zufällig spielen die Amos Walker-Romane in Detroit, der Stadt der Fordwerke, der amerikanischen Wirtschaftskrise und der schlimmsten Verslummung. Estleman selbst erläutert: »Ohne Detroit wäre Walker nicht möglich. Walker und Detroit haben viele Gemeinsamkeiten – allerdings fehlt der Stadt Walkers Selbstironie. Detroit fasziniert mich: Die Stadt wurde nicht von einem wahnsinnigen Architekten auf dem Reißbrett erträumt, sondern wuchs aus Notwendigkeit. Sie überlebte die Besetzung durch eine fremde Macht, Angriffe der Indianer, Aufstände, Arbeitskämpfe, die Gewaltherrschaft des Gangstertums während der Prohibition, die Bezeichnung ›Hauptstadt des Verbrechens‹, und wird hoffentlich auch die gegenwärtige Stadtverwaltung überleben. Wenn das Los Angeles Philip Marlowes zeigte, wie der amerikanische Traum in die falsche Richtung lief, dann zeigt Walkers Detroit, wie der amerikanische Traum zum Alptraum wird.«[6]

Und dieser Alptraum wird – in *The Midnight Man* – konkret so beschrieben: »Die meisten Straßenlaternen auf der unteren Eastside waren kaputt, was vom Ästhetischen her als Segen betrachtet werden konnte. Lagerhallen und Mietshäuser gammelten unter dem Dreck von Jahrzehnten dahin, die Fenster mit Brettern vernagelt, wie in dem Versuch, die Umwelt auszuschließen. Gelbe Mörtelbrühe suppte aus Ziegelwänden, auf denen mit schwarzer und giftgrüner Farbe aufgesprühte Obszönitäten standen. Räudige Köter mit Augen, in denen der Hunger glühte, scharrten in Abfallhaufen aus umgekippten Mülltonnen. Schmutzige Lumpenbündel, nur schwer als menschliche Gestalten zu erkennen, schnarchten in Hauseingängen, die Köpfe gegen die Türpfosten gelehnt und die Münder aufgerissen – zahnlose Löcher in stoppeligen Gesichtern. Als ich in die McDougall bog, erfaßte der Lichtkegel meiner Scheinwerfer eine fette Ratte, die auf einem Berg zerfledderter Plastikbeutel hockte. Ihre Knopfaugen phosphoreszierten rötlich. Mir wurde plötzlich bewußt, daß ich während der letzten fünf Minuten nur noch durch den Mund geatmet hatte.«

In solcher Umwelt entspringen die brutalen Verbrechen, von denen Estleman schreibt, einem unentwirrbaren Gemisch von privaten und politischen Motiven. Farbige Anarchisten bringen Menschen um, weil sie hoffen, daß Rassenkrawalle ihre Position stärken (*The Midnight Man*). Hohe Gewerkschaftsfunktionäre betrügen die kleinen Gewerkschaftsmitglieder um ihre Beiträge (*Angel Eyes*). Aber zur Explosion kommt es im Grunde erst, wenn sich menschliche Leidenschaften den merkantilen und politischen Interessen hinzugesellen. Im Zweifelsfall sind zwei kindlich blickende, himmelblaue Augen stärkerer Sprengstoff als selbst eine braune Haut.

Verglichen mit Estlemans Amos Walker wirken die meisten Detektivkollegen, die ungefähr gleichzeitig mit ihm in der amerikanischen Krimiliteratur auftauchen, ziemlich verspielt, nicht selten hart am Rande der Parodie. Bei einigen ist die männliche Attitüde ins Groteske übertrieben, bei anderen die Naivität und Unbedarftheit. Aber alle wissen genau, was sie tun. Ihre Autoren haben die großen Vorbilder genau studiert – und die meisten berufen sich nachdrücklich auf die Säulenheiligen der amerikanischen Krimitradition.

So beginnt Richard Hoyts Roman *Decoys* (›Lockente‹; 1980) mit folgender Passage: »Ich habe es wegen Sam Spade getan. Ich fühlte mich der Tradition dieser romantischen, unabhängigen Privatschnüffler verbunden. Hielt es ganz und gar für undenkbar, daß es einer schmutzigen weiblichen Konkurrenz gelingen könnte, den cleveren Privatdetektiv John Denson aufs Kreuz zu legen, wenn es wirklich hart auf hart kam. Klar, an der Bar bin ich der erste, der den Weibern aus vollem Herzen all diese neuen Berufe gönnt, Astronautinnen, Gehirnchirurginnen,

Supreme-Court-Richterinnen, oder weiß der Kuckuck, was sie noch alles werden wollen. Aber verflucht noch mal, das hier war doch ganz etwas anderes. Das war *mein* Metier! Und da kannte ich mich aus.«

Wie vor allem der groteske, komische, aber blutgierige Polit-Thriller *The Manna Enzym* (›Castros Coup‹; 1982) ausweist, ist Autor Hoyt ein – wenn auch amüsanter – Zyniker, der es liebt, mit dem Entsetzen Scherz zu treiben, notfalls auch auf Kosten des guten Geschmacks und der Humanität. Sein Detektiv Denson ist ein ehemaliger Journalist, und in seinem ersten Abenteuer, *Decoys*, läßt er sich von einer Frau herumkriegen, für sie die kriminellen Kohlen aus dem Feuer zu holen; in seinem zweiten – *30 for a Harry* (›Schweigegeld für Harry‹; 1981) – überführt Denson einen Zeitungsverleger, der Urheber von nicht weniger als fünf Morden war, um seiner Schwester ihren Anteil am Verlag abzuluchsen: das eine wie das andere eher persönlich motivierte Verbrechen.

Was Denson aus der Masse der neuen Detektive heraushebt (neben dem zuweilen etwas gewaltsamen Witz seines Autors), ist die Tatsache, daß sein Operationsfeld wieder die Westküste ist, allerdings weder Los Angeles noch San Francisco, sondern die Gegend um Seattle, hart an der kanadischen Grenze. Seattle ist eine kultivierte Stadt, und so ist auch Denson ein kultivierter Mann, Gemäldesammler und Weintrinker, kein Hartsäufer wie Amos Walker – und auch sonst beinahe gesellschaftsfähig.

Damit ist er natürlich eine Ausnahme. Zwei weitere Detektiv-Newcomer, denen wir die Ehre der Aufnahme in den Areopag der Gattung geben wollen, sind schon durch ihre jüdische Herkunft als Außenseiter gekennzeichnet: Alan Fursts Roger Levin und Howard Engels Benny Cooperman.

Roger Levin, um mit ihm zu beginnen, ist eher ein Nichtsnutz und lebt in New York, stammt aber vom Lande; »ich bin der letzte, der 1968 aus Great Neck herauskam«. Autor Furst beschreibt seinen Helden in *The Paris Drop* (›Die Paris-Falle‹; 1980) als einen »netten jüdischen Jungen, zumindest vom Aussehen: schwarze Locken, freundliche Augen, grau am Nachmittag, abends grün, runde einsachtzig groß und glücklich, wenn ich das Hemd ausziehen konnte«. 1980 ist Roger 32 Jahre alt und Eigentümer eines chinesischen Restaurants an der Lexington Avenue, das er freilich bald wieder los ist. Daß er in seiner Selbstcharakteristik das Attribut »nett« leicht einschränkt, hat etwas mit seinen verschiedenen Nebenberufen zu tun, »nichts direkt Gesetzwidriges«, wie er etwas beschönigend feststellt; »ich will mal sagen, es gibt da eine gewisse Grauzone«. Aber diese Grauzone umfaßt immerhin gelegentliche Hehlerei – »ich hebe für jemanden irgend etwas so lange auf, bis er es braucht, ... finde für einen Verkäufer einen Käufer« – und auch der Kleinhandel mit Rauschgift gehört zu den Geschäften, die Roger notfalls nicht ablehnt.

In *The Paris Drop* transportiert Levin für die Familie ein dickes Dollarbündel in die französische Hauptstadt, um es einer israelischen Untergrundorganisation zu übergeben. Doch bevor es dazu kommt, wird die Luft bleihaltig, und Roger beschließt, das Geld so lange zu behalten, bis er sicher sein kann, daß es auch in die richtigen Hände gelangt. Ist *The Paris Drop* eine total überdrehte Krimi-Groteske mit Slapstick-Einlagen, bringt Roger Levins nächstes Abenteuer *The Carribean Affair* (›Tödliche Karibik‹; 1981) einen ausgesprochen harten Tonfall von Sex and Crime ins Spiel; Levin und sein Autor Furst suchen offenbar noch nach einer eigenen Identität. Und es mag sein, daß sich der Ex-CIA-Agent Guyer, der in Fursts Roman *The Shadow Trade* (›Geschäfte im Schatten‹; 1983) eine zentrale Rolle spielt, letzten Endes als zukunftsträchtiger erweist als das Bengelchen Roger und seine flapsigen Sprüche.

Denn Guyer, Einsatzanalytiker für die CIA in Vietnam, im Juni 1977 als überflüssig aus dem Geheimdienst entlassen und seitdem Teilhaber einer Agentur, die sich mit jeder – auch illegaler – Beschaffung von Nachrichten befaßt, ist der Prototyp des Detektivs der achtziger Jahre, ein desillusionierter, nur in Grenzen moralischer Mann, der nur eines absolut nicht leiden kann: wenn jemand versucht, ihn zu täuschen und zu verladen. Roger Levin darf seine Geschichtchen selbst erzählen. Die Arbeit Guyers in der Welt der Computer, Minispione, Briefkastenfirmen und Geldwaschanlagen dagegen beschreibt Furst kühl und sachlich in der dritten Person; es scheint, als habe die Zukunft jenseits der klassischen Vorbilder, das Nach-Marlowesche und Nach-Archersche Zeitalter mit diesem Pragmatiker einer Welt, die zwischen staatlicher und kommerzieller Spionage kaum mehr unterscheidet, erst richtig begonnen.

Demgegenüber ist Benny Cooperman noch ein Detektiv alten Schlags, eine Art kleiner Bruder von Fursts Levin. Cooperman lebt auch nicht in den USA, aber so nahe dran, wie es nur möglich ist: in einer Kleinstadt auf der kanadischen Seite der Niagara-Fälle. Erfunden hat Benny Cooperman der Rundfunkredakteur Howard Engel, geboren in Toronto, aufgewachsen in der Kleinstadt St. Catherines, die wie Toronto in der Provinz Ontario liegt, seit 1967 fest angestellt bei der Canadian Broadcasting Corporation.

Der Autor schildert seinen Detektiv nicht gerade als ein As, eher als eine fast komische Figur. Verglichen mit seinem älteren Bruder, der als Arzt Geld macht, gilt Coopermans Jüngster in der Familie als Versager. Mühsam hält er sich mit Scheidungsfällen über Wasser, als ihm in *The Suicide Murders* (›Selbstmord ist auch keine Lösung‹; 1980) ein dicker Kriminalfall beschert wird, der wie ein Scheidungsfall beginnt. Eine reiche, attraktive Klientin möchte wissen, ob ihr Mann sie nach zwanzig Ehejahren hintergeht. Benny macht sich auf die Socken – und findet einen Toten. Selbstmord, sagt die Polizei: Ende des lukrativen Falles. Doch Benny ist anderer Ansicht, ermittelt weiter und löst nicht geringe kriminelle Energien aus.

Sowohl in *The Ransome Game* (›Erpresserspiel‹; 1981) als auch in *Murder on Location* (›Mord stand nicht im Drehbuch‹; 1982) wird der schüchterne, aber zähe und integre Benny Cooperman engagiert, um verschwundenen Personen hinterherzuforschen, und gerät in große Fälle mit mörderisch eskalierender Gewalt; das Muster, nach dem Howard Engel vorgeht, stammt sichtlich von Ross Macdonald. Aber es wird viel zu bewußt, selbstironisch und trickreich vorgeführt, als daß man Engel und seinem Detektiv böse sein könnte. Im Gegenteil: Unter den vielen Erben und Erbschleichern derer, die den amerikanischen Detektivroman und seine hartgesottenen Helden erfanden, gehört der Anti-Held Benny Cooperman zu den sympathischsten. Daß er Erfolg hat, versteht sich natürlich von selbst.

Literarisch gewichtiger freilich ist John Marshall Tanner, die Detektiv-Figur des in Kalifornien lebenden Stephen Greenleaf, auch wenn man nicht gleich mit der New York Times übereinstimmen muß, wonach Greenleafs Bücher die Maßstäbe erfüllen, »die man an Hammett und Chandler anlegt«. Unter den jüngeren amerikanischen Autoren des Genres ist Greenleaf aber gewiß der meistversprechende.

Greenleaf, 1942 in einem kleinen Ort im Staat Washington geboren und im Nachbarstaat Oregon sowie in Iowa im Mittelwesten aufgewachsen, ist ausnahmsweise kein Theoretiker; er hat zehn Jahre lang als Rechtsanwalt praktiziert, ehe er Ende der siebziger Jahre aus beruflicher Frustration zu schreiben begann: den Roman *Grave Error* (›Sarg drüber‹; 1979). In die Figur des Detektivs Tanner ist nicht nur einiges von Greenleafs Lebenserfahrungen, sondern auch von seinen Lebensumständen eingegangen; der Held hat den Status eines Anwalts, was ihm im Umgang mit der Polizei und vor allem dem Gericht gewisse Privilegien sichert. Zu großer Form sind Greenleaf und Tanner seit der Mitte der achtziger Jahre aufgelaufen, mit Titeln wie *Beyond Blame* (›John Tanner, Privatdetektiv‹; 1985) und *Toll Call* (›Peggys Geheimnisse‹; 1987).

Beyond Blame spielt in der Umgebung von San Francisco: auf der anderen Seite der Bucht, in Berkeley, wo eine der berühmtesten amerikanischen Universitäten zu Hause ist. Das Universitätsmilieu ist die unabdingbare Voraussetzung des Falles, mit dem Tanner konfrontiert ist: dem Mord an einer nicht mehr ganz jungen Frau, die von ihrem Mann, einem Professor, umgebracht worden sein soll. Die Polizei hat den Professor bereits am Kragen, und Tanner wird von den Eltern der Ermordeten aus einem recht ungewöhnlichen Grund engagiert. Er soll nicht etwa den Verdächtigen entlasten, sondern seine Täterschaft derart mit Beweisen untermauern, daß seine Verurteilung sicher ist. Der Professor gilt nämlich als einer der gerissensten Strafverteidiger im Lande, berühmt dafür, daß er auch Leute freibekommt, an deren Täterschaft es keinen Zweifel gibt – wohl aber an ihrer Schuldfähigkeit.

Greenleaf kennt das Milieu ganz genau. Er hat in den sechziger Jahren selbst in Berkeley studiert: in der Zeit der Blumenkinder und der Studentenrevolte, die in *Beyond Blame* noch sanft nachzittert. Aus den Kindern der Blumenkinder, der nächsten Generation, rekrutiert sich in Greenleafs Roman das Heer der minderjährigen Drogenabhängigen, und wenn Greenleaf auch nicht behauptet, daß das eine die Konsequenz des anderen sei, so bringt er seine Leser doch zumindest auf die Idee, über mögliche Zusammenhänge nachzudenken.

Als sein großes Vorbild hat Greenleaf selbst Ross Macdonald bezeichnet, »teilweise wegen der Zahl seiner Bücher, teilweise, weil er ein zeitgenössischer Autor ist, teilweise wegen des kalifornischen Hintergrunds, den die anderen genauso haben, er aber ein wenig mehr entwickelt«[7]. Tatsächlich malt Greenleaf den kalifornischen Hintergrund, die Lebensumstände seiner Figuren, mit epischer Breite aus; seine Romane, an denen er ungefähr ein Jahr lang schreibt, sind ja lang genug. Und wie Macdonald konstruiert er Geschichten, deren Wurzeln weit in die Vergangenheit seiner Protagonisten hinabreichen, mit mörderischen Konsequenzen für die Gegenwart.

In *Toll Call* fängt die Handlung beinahe so unmerklich an wie in Ross Macdonalds besten Romanen. Tanners Sekretärin Peggy erhält Anrufe von einem Unbekannten, der mit großem psychologischen Geschick tief in die Intimsphäre der jungen Frau vordringt. Ungebeten, ja gegen Peggys Willen, beschließt Tanner, den Anrufen ein Ende zu machen; seine Aktion führt zu einer Eskalation von Gewalt, im Endeffekt aber natürlich auch zu Peggys Befreiung, nicht nur von den haßgeliebten Anrufen, sondern auch von einer traumatischen Verletzung tief in der eigenen Kindheit – auch das ein Plot wie von Macdonald.

Vielleicht könnte man Greenleaf vorwerfen, daß seine Plots allzu kompliziert angelegt seien, seine Mordmotive recht ungewöhnlich, in *Beyond Blame* beispielsweise tief verborgen in den Fußangeln der amerikanischen Strafprozeßordnung. Doch das wäre ein Vorwurf, mit dem Greenleaf leben kann. Sein Held gehört gewiß zu den komplexesten Detektivfiguren der Gegenwart, Bücher wie *Beyond Blame* und *Toll Call* zur Spitze des Genres, dessen Renaissance zu den interessantesten Phänomenen der Kriminalliteratur gehört. Denn daß Figuren wie dieser John Marshall Tanner in der Tradition von Chandlers Marlowe und Macdonalds Lew Archer in ihren weißen Ritterrüstungen im Grunde Anachronismen sind, braucht man Autoren wie Greenleaf, Estleman oder Parker natürlich nicht zu sagen. Sie wissen es ohnehin.

[1] Zitiert in der Übersetzung von Uwe Anton aus dem Anhang der deutschen Ausgabe von ›Der Geschmack von Asche‹, Bastei-Lübbe, Bergisch-Gladbach, 1987, S. 292.
[2] Das Zitat, offenbar eine Standardausführung, findet sich auf der Rückseite vieler Heyne-Ausgaben von Kaminskys Romanen.
[3] Siehe das Kapitel »Kostüm und Kulisse (II)«, das sich mit der Lust an Kriminalromanen aus der Zeit der dreißiger und vierziger Jahre beschäftigt, anhand von Autoren wie Collins, Andrew Bergman und Stuart Kaminsky. Auf den Seiten 332ff.
[4] *Max Allan Collins/James L. Traylor:* One Lonely Knight. Mickey Spillane's Mike Hammer. Bowling Green, Ohio, 1984.
[5] Zitiert nach dem Nachwort von Martin Compart zu Michael Collins: ›Der Schlächter‹, Ullstein Verlag, Berlin 1982, S. 187ff.
[6] Zitiert nach Martin Comparts Nachwort zu Loren D. Estleman: ›Mitternacht in Detroit‹, Ullstein Verlag, Berlin 1985.
[7] Zitiert nach Uwe Antons Nachwort »Der Detektivroman als amerikanische Kunstform. Über Greenleaf und Tanner«, im Nachwort zur deutschen Ausgabe von Stephen Greenleafs Roman ›John Tanner, Privatdetektiv‹, Bastei-Lübbe, Bergisch-Gladbach 1987, S. 344.

Ausgewählte Bibliographie

Robert B. Parker: *Spenser und das gestohlene Manuskript*; *Kevins Weg ins andere Leben*; *Endspiel gegen den Tod*; *Leichte Beute für Profis*; *Kopfpreis für neun Mörder*; *Bodyguard für eine Bombe*; *Finale im Herbst*; *Licht auf Dunkelmänner*; *Einen Dollar für die Unschuld*; *Spenser und der Kandidat*; *Spensers Abschied*; *Spenser auf der Flucht*; *Wer zähmt April Kyle*? und (ohne den Detektiv Spenser) *Wildnis* – sämtlich Ullstein Verlag, Berlin.
Michael Collins: *Letzter Ausweg Mord*; *Ein Dolch für die Braut*; *Tochter des schwarzen Windes*; *Schach mit dem blauen Chinesen*; *Totale Gier*; *Mord geht auf Spesen*; *Blutzoll für falsche Träume*; *Pillen für schmutzige Geschäfte*; *Der Schlächter*; *Freak* – sämtlich Ullstein Verlag, Berlin.

Arthur Lyons: *Tote sind diskret*; *Rendezvous am Schlachthof*; *Die Freundin des Boxers*; *Die falsche Stunde* – sämtlich Bastei-Lübbe Verlag, Bergisch-Gladbach.
Fredric Brown: *Hunters erste Jagd*; *In den Straßen von Chicago*; *Die Detektive von Chicago* – Bastei-Lübbe Verlag, Bergisch-Gladbach.
Howard Browne: *In eigener Sache*; *Tödliche Schatten* (mit neuem Titel als *Der Geschmack von Asche* bei Bastei-Lübbe) – Goldmann Verlag, München.
Stephen Greenleaf: *Sarg drüber*; *Auf Doppelspur*; *Der erste Mann*; *Abgang eines Störenfrieds* – Droemer-Knaur Verlag, München; *John Tanner, Privatdetektiv*; *Peggys Geheimnisse* – Bastei-Lübbe Verlag, Bergisch-Gladbach.
Joseph Hansen: *Mondschein-Trucker*; *Verbrannte Finger*; *Jeder hat einen Feind* – Goldmann Verlag, München.
James Crumley: *Der letzte echte Kuß*; *Kerle, Kanonen und Kokain* – Goldmann Verlag, München.
William J. Reynolds: *Nebraska in der Unterwelt*; *Eiskalt in Omaha* – Rowohlt Verlag, Reinbek.
Richard Hoyt: *Lockente*; *Schweigegeld für Harry*; *Castros Coup*; *Trotzkis Rückkehr*; *Cool Runnings* (die letzten drei Titel keine Detektivromane, sondern Politthriller) – sämtlich Ullstein Verlag, Berlin.
Alan Furst: *Die Paris-Falle*; *Tödliche Karibik*; *Geschäfte im Schatten* – Ullstein Verlag, Berlin.
Max Byrd: *Schnee aus Übersee*; *Die Wurzeln des Übels* – Heyne Verlag, München.
Howard Engel: *Selbstmord ist keine Lösung*; *Erpresserspiel*; *Mord stand nicht im Drehbuch*; *Es kommt alles ans Licht*; *Ticket für einen Toten* – Rowohlt Verlag, Reinbek.
Loren D. Estleman: *Detroit Blues*; *Der Tod in Detroit*; *Mitternacht in Detroit*; *Die Straßen von Detroit*; *Lady Detroit* – Ullstein Verlag, Berlin. – *Das Sterben in Detroit* – Bastei-Lübbe Verlag, Bergisch-Gladbach. – Ohne den Detektiv Amos Walker: *Der Oklahoma-Punk*; *Kill Zone*; *Rosen für den Killer* (die letzten beiden Titel mit dem Profi-Killer Peter Macklin als Zentralfigur) – Ullstein Verlag, Berlin.

Marlowes Töchter:

Eine neue Generation von Detektivinnen tritt an

Natürlich ist der weibliche Detektiv keine Errungenschaft der Frauenbewegung. Schon 1930 erfand Agatha Christie die kauzige Miss Marple; beide, Autorin wie Figur, sind des Feminismus gänzlich unverdächtig. Doch Miss Marple ist, bei aller Popularität, nicht mehr als eine Fußnote der Krimi-Literatur, die eine Schwalbe, die noch keinen Frühling macht, die Ausnahme, die die Regel vom männlich-heldenhaften Detektiv bestätigt.

Die – wenn ich es richtig sehe – erste Detektivin, die wirklich den Männern Konkurrenz macht, indem sie sich die Mordaufklärung nicht mehr nur als Hobby, sondern als Broterwerb erwählt, ist eine gewisse Christie Opara, Zentralfigur in den Kriminalromanen der Amerikanerin Dorothy Uhnak, geboren 1933 in New York. In *The Bait* (›Mädchenmord mit Voranmeldung‹; 1968) löst Christie Opara ihren ersten Mordfall, indem sie sich einem Psychopathen als Köder anbietet: »Zierlich, fast ohne Busen, sehr schmalhüftig und langbeinig, das sommersprossige Gesicht ungeschminkt bis auf die Augen – sie war genau die gelangweilte, oberflächliche College-Studentin von ungefähr 21 Jahren, die sie darstellen sollte.« Tatsächlich ist Christie Opara Polizistin: Detective Nr. 4754 beim New York City Police Department – und damit in gewisser Weise eine Projektion ihrer Autorin, die nach ihrem Studium selbst Polizistin gewesen ist, bevor sie mit dem Schreiben begann.

Christie Opara, von der der Leser erfährt, daß ihr Mann Mike, ebenfalls Polizist, im Range eines Sergeants von einem jungen Rauschgiftsüchtigen ermordet worden ist (so zu lesen in Dorothy Uhnaks nächstem Opara-Roman *The Witness*, ›Die hartnäckige Zeugin‹; 1969) und daß sie einen – 1969 – sechsjährigen Sohn namens Mickey hat und mit ihm und der verwitweten Schwiegermutter, Nora, zusammenwohnt, tritt noch in mindestens zwei weiteren Fällen – eben *The Witness* und, ein Jahr später, *The Ledger* (›Was zu beweisen war‹; 1970) – als beamtete Detektivin an[1] und verschwindet dann praktisch folgenlos aus der Historie des Kriminalromans. Denn als Vorläuferin oder gar Vorbild jener Kommissarinnen, die im Gefolge von Richard Hey und seiner »Ledermacherin«[2] in den siebziger Jahren in Deutschland und vor allem in deutschen Fernsehserien auftauchen[3], mag man die New Yorker Polizistin nicht ansehen.

Die eigentliche Hochzeit für weibliche Detektive sind die frühen achtziger Jahre. Die Damen treten zwar nicht als geschlossene Phalanx, sondern als profilierte Einzelgängerinnen auf. Aber sie sind plötzlich so zahlreich, daß man sie ohne Übertreibung schon als kleine Gruppe sehen kann. Natürlich kommt der größte Teil dieser Gruppe aus dem Land, das die Frauenbewegung erfunden hat – und das wiederum hat Konsequenzen für den beruflichen Status der Damen. Da im amerikanischen Kriminalroman der achtziger Jahre generell wieder der Privatdetektiv die Szene regiert, arbeiten auch die neuen weiblichen Detektive durchweg als »private eyes«. Nicht bei allen aber steht als Berufsbezeichnung »Detektiv« im Ausweis. Tracy T. Baldwin, zum Beispiel, die Heldin in den Romanen von Shannon OCork, ist eine neugierige Fotografin, die eigentlich nichts anderes möchte als möglichst gute Bilder schießen (und mit ihnen, sehnlichster Wunsch, den Pulitzer-Preis gewinnen), die aber bei ihren Fotosafaris in und um New York immer wieder in die aufregendsten Mordfälle hineingerät und dann bis zum bitteren Ende an diesen Fällen klebenbleibt, der Bilder, nicht der Gerechtigkeit wegen.

Doch T. T. Baldwin vom Fotoblatt »New York Graphic« ist die Ausnahme; die Mehrzahl der neuen Detektivinnen betreibt ihren Job nicht nur hauptberuflich, sondern »free lance«, nach dem Vorbild des großen Philip Marlowe, als dessen Töchter, wenn nicht Enkelinnen man sie bezeichnen könnte. Wie Marlowe oder Lew Archer haben Kinsey Millhone, die Heldin der Romane von Sue Grafton, und V. I. Warshawski, die Protagonistin in Sara Paretskys *Indemnity Only* (›Schadenersatz‹; 1982) eine Detektivagentur mit eigenem Büro; Vic Warshawski, die ihre Vornamen auf der Bürotür wie auf den gelben Seiten des Branchentelefonbuchs lieber nicht ausdruckt, um nicht gleich als Frau identifiziert zu werden, in Chicago, Kinsey Millhone im kalifornischen Santa Teresa, nicht weit von Los Angeles. Sharon McCone, in San Francisco zu Hause und Heldin in den Romanen von Marcia Muller, ist zwar bei einer Rechtsberatungsfirma (mit Namen »All Souls«) angestellt, und auch Anna Lee, Zentralfigur von Liza Cody und einzige Engländerin im Geschäft, bezieht kein Honorar, sondern ein Gehalt (von der Firma »Brierly Security«). Im Grunde jedoch tun sie alle dieselbe Arbeit: Sie ermitteln in Fällen, die harmlos anfangen und ins Mörderische eskalieren.

Natürlich hat man die Damen im Detektivgeschäft nicht mit offenen Armen aufgenommen. Das Vorurteil, daß nur Männer in diesem Beruf Leistung bringen können, verfolgt Sharon McCone, Kinsey Millhone & Genossinnen bei allem, was sie tun. »Glauben Sie mir, ich will Sie wirklich nicht auf die Palme bringen«, sagt der Klient, der Vic Warshawski in ihren Fall von Millionenbetrug mit anschließenden Morden hineinzieht. »Aber Sie sind nun mal ein Mädchen, und es könnte eine harte Sache werden« (woraufhin Ms. Warshawski ihrem Klienten die Antwort gibt, sie sei eine Frau, und: »Ich kann gut auf mich aufpassen.«). Im Extremfall freilich kann es noch härter kommen. Die chauvinistischsten verbalen Attacken muß sich die Sportfotografin T. T. Baldwin, auch sie in einen ausgesprochenen Männerberuf eingebrochen, von ihren Kollegen gefallen lassen, etwa in der Art, wie Shannon OCork es in ihrem Erstling *Sports Freak* (›Sportsnarr‹; 1980) schildert: »Er hatte eklig gelacht und gesagt, aus mir würde sogar mit Haaren auf der Brust noch keine gute Fotografin. Ich sollte lieber heiraten und die lieben Kleinen knipsen, wenn ich denn schon unbedingt mit der Kamera herumfuchteln mußte.«

Natürlich nehmen Frauen wie T. T. Baldwin oder Kinsey Millhone solche Chauvi-Sprüche nicht ernst. Aber ihr Lachen, wenn sie denn überhaupt lachen, ist etwas gequält. Der Beruf, den sie sich ausgesucht haben, ist schwer genug, auch ohne männliche (oder auch weibliche) Vorurteile. Und wenn sie in ihm nicht ebensoviel leisten wie die Männer (oder besser: noch ein bißchen mehr), haben sie noch weniger zu beißen als Marlowe oder Archer an ihren schlechtesten Tagen.

Praktisch alle Detektivinnen der neuen Art leben von der Hand in den Mund. Der weibliche Snob-Detektiv à la Nero Wolfe ist noch nicht erfunden, und zum Jaguar oder gar zum Rolls Royce wie mancher Kollege hat es noch keine der Damen gebracht. (Anna Lee fährt einen kleinen Renault, Sharon McCone einen alten MG, Ms. Warshawski einen verbeulten Chevrolet.) Jeans und T-Shirt erachtet die Mehrzahl unserer Damen als durchaus angemessene Bekleidung; schließlich verkehren sie normalerweise nicht in jenen Millionärskreisen, in die Kinsey Millhone ihr dritter Fall, *C is for Corpse* (›C wie Callahan‹[4]; 1986) führt; da fühlt Kinsey sich denn auch noch in ihrem besten Ausgehstaat ziemlich unterangezogen.

Doch wichtiger als gute Kleidung und sozialer Status ist Kinsey Millhone und ihren Kolleginnen allemal ihre Unabhängigkeit. Sie leben ebenso allein, um nicht zu sagen: einsam, wie ihre männlichen Kollegen; feste Bindungen, gar eine Familie, läßt der Beruf – oder vielleicht auch nur die Vorstellung, die sich Autorinnen wie Publikum von ihm machen – offenbar nicht zu. So beschreibt sich Kinsey Millhone, die ihre Abenteuer, wie alle anderen amerikanischen Kolleginnen auch, aus ihrer Perspektive in der ersten Person Singular schildert, gleich im ersten Absatz ihres ersten Abenteuers *A is for Alibi* (›A wie Alibi‹; 1982) wie folgt: »Mein Name ist Kinsey Millhone. Ich bin Privatdetektiv mit einer Lizenz vom Staat Kalifornien. Ich bin zweiunddreißig Jahre alt, zweimal geschieden, keine Kinder... Ich bin ein netter Mensch und habe viele Freunde. Mein Apartment ist klein, aber ich wohne gern auf engem Raum... Ich habe keine Haustiere. Ich habe keine Zimmerpflanzen. Ich bin viel unterwegs, und da lasse ich nicht gern etwas zurück.« Abgesehen davon, daß Kinsey auch in den nächsten Büchern noch zweiunddreißig ist, wird dieses Grundschema einer Personenbeschreibung von Sue Grafton nur noch leicht variiert. In *B is for Burglar* (›B wie Bruch‹; 1985) erfahren wir zusätzlich, daß Kinsey mit zwanzig zur Polizeiakademie gegangen ist und ihre Abschlußprüfung am Santa Teresa Police Department gemacht hat. Doch der Job bei der Polizei hat sie enttäuscht: »Ich muß vage idealistische Ahnungen von Recht und Ordnung gehabt haben – die Guten gegen die Schlechten.« Damit war es wohl nichts, und deshalb hat Kinsey Millhone den Job dann wieder quittiert. »Zwei Jahre lang probierte ich ein ganzes Sortiment von Berufen aus, aber keiner hatte dieselbe Anziehungskraft.« Schließlich »kam ich zu einer kleinen Privatdetektivfirma, bei der ich zwei Jahre verbrachte, um das Geschäft zu erlernen. Danach eröffnete ich mein eigenes Büro, ordnungsgemäß eingetragen und zugelassen.« Das war fünf Jahre, bevor sich Kinsey bei ihrem B-Fall auf die Spur der angeblich nach Florida verzogenen Millionärin setzt, und wenn es richtig ist, daß sie in dieser Zeit nur einen einzigen Fall gehabt hat, bei dem Erzählenswertes geschah (nämlich den von *A is for Alibi*), dann mag es schon seine Richtigkeit haben mit der Bemerkung, die sich an die Personenbeschreibung des ersten Buches anschließt: »Abgesehen von den Gefahren meines Berufs war mein Leben immer alltäglich, ereignislos und gut.«

Richtig ist sicher: Die Bude rennt man den Detektivinnen nicht gerade ein, und fabelhafte Honorare beziehen sie auch nicht, wenn man sie ihnen nicht sogar ganz schuldig bleibt (was Sara Paretskys Warshawski immer mal wieder passiert). Daß sie nicht reich werden, liegt aber auch daran, daß sie selbst in finanziellen Dingen ein ausgesprochen altmodisches Geschäftsgebaren an den Tag legen und an Fällen, für die sie einen Vorschuß bekommen haben (wie Millhone in *C is for Corpse*), auch dann weiterarbeiten, wenn der Auftraggeber gestorben ist.

Daß die Damen allein leben, bedeutet nicht, daß sie sich wie Nonnen verhalten. Daß sie der Frauenbewegung ihr Leben verdanken, hat sie keineswegs dazu gebracht, den Männern prinzipiell ablehnend gegenüberzustehen. Wenn Warshawski in *Indemnity Only* in Frauenzirkeln verkehrt, dann lediglich, weil ein in ihren Fall verwickeltes, verschwundenes Mädchen in diesen Kreisen zu Hause war und die Detektivin sich von hier Informationen über seinen Aufenthalt erhofft. Marcia Mullers Sharon McCone beendet während ihres ersten Falles, *Ask the Cards a Question* (›Frag die Karten‹; 1982), ein eher problematisches Verhältnis zu einem Kollegen von der Polizei und geht im Verlauf ihres zweiten Falles, *Games to Keep the Dark Away* (›Das Geheimnis des toten Fischers‹; 1984), eine wesentlich zufriedenstellendere Beziehung zu einem Discjockey ein, die auch ihren dritten Fall, *There's Nothing to Be Afraid of* (›Nette Nachbarn‹; 1985), überlebt. Die Fotografin Theresa Tracy Baldwin wehrt in *Hell Bent for Heaven* (›Ohne Rücksicht auf Verluste‹; 1983), als sie in ein nach New York City verlegtes Super-Rodeo gerät, zwar die Avancen eines lesbischen Cowgirls – richtiger: der »First Lady des Rodeo« – ab (»Anscheinend mache ich mir nicht viel draus«), hat aber nicht die mindesten Bedenken, zu einem der männlichen Rodeo-

Stars in den Wohnwagen und auf die Matratze zu steigen: »Mein BH war aus roter Seide und vorne zu öffnen. Er fummelte nicht. Er wußte, wie es funktionierte.«

Aber sie lassen sich nicht einfach mitreißen und schon gar nicht verführen; sie bestimmen selbst, wo es langgeht. Ihre pragmatische, kompromißlose Haltung in Sachen Sex und Erotik beschreibt wohl Sue Grafton am besten, wenn sie Kinsey Millhone (in *C is for Corpse*) sagen läßt: »Ungefähr alle sechs oder acht Monate treffe ich auf einen Mann, der mich sexuell aus der Fassung bringt, aber zwischen diesen ›Seitensprüngen‹ lebe ich solo und unverheiratet, was meiner Ansicht nach keine besondere Leistung ist. Nach zwei erfolglosen Ehen bin ich in der Lage, die Augen offen und die Beine geschlossen zu halten.«

V. I. Warshawskis (bereits früher zitierte) Aussage, wonach sie ganz gut auf sich aufpassen könne, gilt generell auch für alle ihre Kolleginnen – und zwar nicht nur im Umgang mit Männern, die ihnen erotisch zu Leibe rücken möchten, sondern auch im Umgang mit Verdächtigen und letztlich sogar mit zu allem entschlossenen Mördern und anderen Gewalttätern. Die Damen sind zwar alles andere als Mannweiber. Aber gut trainiert sind sie allemal, wobei sie Jogging offenbar als Form der Leibesertüchtigung bevorzugen (nur Kinsey Millhone trifft man auch schon mal im Fitneßstudio beim Umgang mit Gewichten an).

Daß sie körperlich fit sind, ist allerdings die Minimalvoraussetzung. Denn bei ihren Abenteuern geht es nicht nur sehr strapaziös, sondern oft auch ausgesprochen gefährlich zu. Die von Kinsey Millhone beschworenen »Gefahren meines Berufes« schließen die Gefährdung von Gesundheit und Leben häufig ein. Auch die männlichen Kollegen, denen die Frauen nacheifern, müssen eine Menge einstecken. Aber mir will – ohne daß ich das auch statistisch untermauern könnte – fast scheinen, als passiere den Detektivinnen bei ihren Fällen grundsätzlich mehr; vielleicht sind sie aber lediglich nicht so schußfest und unverletzbar wie die männlichen Detektivhelden, die die erstaunlichsten Attacken auf ihre Gesundheit mit wenig mehr als Prellungen und blauen Flecken überstehen. Unsere Damen erwischt es fast bei jedem Einsatz – und meistens schwer. Vic Warshawski wird, zur Abschreckung, erst einmal so kräftig verprügelt, daß sie ärztliche Hilfe in Anspruch nehmen muß, ehe sie sich eine Schußwaffe besorgt, um sich gegen derartige Angriffe schützen zu können. Tracy Baldwin bezahlt Neugier und erstklassige Fotos fast immer mit Verletzungen, von denen unsereiner sich kaum wieder erholen würde. Kinsey Millhone wird nicht nur zusammengeschlagen, sondern auch mehr oder weniger schwer angeschossen. Sharon McCone verdankt es nur einem Irrtum des Täters (der sie für tot hält), daß sie das Ende von *Games to Keep the Dark Away* zwar im Krankenhaus, aber wenigstens noch lebend erreicht, und auch in England sind die Sitten rauh genug, daß Anna Lee hin und wieder einmal bedroht und auch tätlich angegriffen wird: Berufsrisiko.

Unsere Damen stecken allerdings nicht nur ein, sie teilen auch aus – und einige sind dabei kaum zimperlicher als ihre männlichen Kollegen. Und kaum weniger effektiv. Vic Warshawski, obwohl im Umgang mit einer Pistole schon seit Jahren nicht mehr geübt, beherrscht die Situation beim Showdown auch unter ungünstigen Umständen: »Die Sekunde, in der er sich abwandte, genügte mir, um nach einer Hechtrolle in die Zimmerecke wieder in den Besitz meiner Smith & Wesson zu gelangen. Als Masters erneut auf mich zielte, schoß ich ihn ins Knie«; so cool ist selbst die männliche Konkurrenz selten.

Im Finale von *A is for Alibi* steht Kinsey Millhone Aug in Aug dem Killer gegenüber: »Er hob den Deckel. Die Strahlen seiner Scheinwerfer leuchteten auf seiner goldenen Wange. Er blickte zu mir herüber. In seiner rechten Hand lag ein Schlachtermesser mit einer fünfundzwanzig Zentimeter langen Klinge.« Die Detektivin gibt sich abgebrüht: »Ich pustete ihn weg.« Aber ihre Handlung läßt sie nicht los. Gleich in die Personenbeschreibung im ersten Absatz des Buches hat sich die Feststellung eingeschlichen, daß sie »vorgestern jemand getötet« habe, und das liegt ihr »schwer auf der Seele«. Und am Ende des Buches sieht sie sich völlig um ihre Ruhe gebracht. Der Todesschuß »beunruhigt mich immer noch. Er hat mich dahin gebracht, wo Soldaten und Heckenschützen sind.« Natürlich wird sie sich erholen. »In ein bis zwei Wochen bin ich soweit, daß ich wieder arbeiten kann, aber ich werde nie mehr dieselbe sein.«

In *B is for Burglar* kämpft sie wieder um ihr Leben. Der weibliche Teil eines Mörderpaars versucht, sie mit dem Stiel einer Axt zu erschlagen, der männliche schießt auf sie mit einer Pistole. Doch als sie endlich die Waffe des Gegners selbst in die Hand bekommt, begnügt sie sich mit einer verbalen Drohung: »Ich mach dich kalt, wenn du nur eine Bewegung machst, Leonard. Ich hatte in der letzten Zeit eine Menge Übung, und ich werde sie dir genau zwischen die Augen bohren.« Leonard gibt auf. Ob Kinsey geschossen hätte, wenn er sie noch einmal angegriffen hätte, ist nicht leicht zu sagen; die Skrupel jedenfalls wären weit stärker gewesen als damals, als sie dem Mann mit dem Schlachtermesser gegenüberstand.

Der größere Rest unseres Detektivinnen-Quintetts wird mit der

Frage, ob sie gegebenenfalls auch kaltblütig töten würden, gar nicht erst konfrontiert. Die einzigen Schüsse, die Tracy Baldwin abgibt, sind die aus den Objektiven ihrer verschiedenen Nikon-Kameras, in England laufen Detektive ohnehin nicht mit schwerkalibrigen Ballermännern durch die Gegend, und Sharon McCone besitzt zwar eine Waffe, die sie in der Handtasche mit sich trägt; doch fällt ihr das Ding, als sie in *Games to Keep the Dark Away* endlich dem Mörder (der im speziellen Fall eine Mörderin ist) gegenübersteht, dummerweise aus der Hand, so daß sie es nicht benutzen kann und die Frage, ob sie die Pistole auch benutzen würde, sich gar nicht erst stellt.

In einem anderen ihrer Fälle (*There's Nothing to Be Afraid of*) legt Sharon ihre Pistole aus der Hand, als sie endlich dem Mörder, der selbst eher ein Opfer ist, gegenübersteht, und überredet ihn, gefährlich hoch in den Beleuchtungsanlagen eines alten Theaters, mit ihr auf den sicheren Boden zurückzukehren; gefährlich wird es da erst, als sich die von ihrem besorgten Freund alarmierten Hilfstruppen nähern.

Warum tun diese jungen Damen, was sie tun; warum begeben sie sich, nolens, volens, immer wieder in Gefahr? Bei Tracy Baldwin, der Fotografin, ist die Sache klar: Sie möchte möglichst gute Fotos machen und berühmt werden (der Pulitzer-Preis; wir sagten es schon). Bei den anderen ist die Sache nicht ganz so einfach. Da gibt es eine gewisse Familientradition: V. I. Warshawskis Vater war zwar kein »private eye«, aber Polizist; durch ihn ist die Tochter ganz unmerklich in Kontakt mit diesem Beruf gekommen. Bei Kinsey Millhone mag eine Spur von Abenteuerlust bei der Berufswahl im Spiel gewesen sein; kein anderer Job, haben wir erfahren, »hatte dieselbe Anziehungskraft«. Die Engländerin Anna Lee verrichtet, indem sie Aufträge von Marty Brierly erledigt und sich, vor allem wegen der Kosten, mit dessen Sekretärin Beryl herumschlägt, eine Arbeit, die so gut ist wie irgendeine andere (wenn auch vielleicht etwas aufregender und abwechslungsreicher). Und bei Sharon McCone, die sich nicht nur um fremde Menschen kümmert, sondern auch um fremde Katzen, habe ich mindestens das Gefühl, daß ihr Impetus nicht zuletzt ein sozialfürsorgerischer ist. Sie will Menschen helfen und setzt sich besonders für Minderheiten ein, in *There's Nothing to Be Afraid of* vor allem für Menschen aus Asien, die die politischen Zeitläufte nach San Francisco verschlagen haben.

Dieser Einsatz für die Benachteiligten und Entrechteten gehört allerdings von Anfang an zum Genre; er fügt dem Bild des Detektivs, der immer als Helfer und Vorkämpfer der sozialen Underdogs aufgetreten ist, keine prinzipiell neue Facette hinzu. In der Tat bewegt sich der De tektivroman aus weiblicher Feder und mit einem weiblichen Helden durchaus auf den vertrauten Pfaden. Er benutzt die alten Handlungsmuster, schürzt die Plots ganz nach der Art der berühmten Vorbilder. »Schon mit siebzehn«, so hat die Engländerin Liza Cody, die als Textildesignerin arbeitete, bevor sie zu schreiben begann, in einem Interview erklärt, »war Chandler ein großes Vorbild für mich. Dann habe ich mir vorgestellt, wie es wäre, wenn ein ganz gewöhnliches Mädchen als Privatdetektivin fungieren würde«[5]. Über die Verwandlung der Hauptfigur samt den unumgänglichen Anpassungen gehen die Romane Paretskys, Mullers, Graftons, OCorks und Codys denn auch nicht hinaus, und so müssen sie es sich gefallen lassen, mit den gleichen Maßstäben gemessen zu werden wie die Werke ihrer männlichen Kollegen.

Wirklich unsympathisch ist keine der Heldinnen, keines der Bücher. Die Figur, die ihre weiblichen Reize, einschließlich einer gewissen Naivität, am stärksten ausspielt und am gezieltesten einsetzt, ist die Fotografin Baldwin. Am männlichsten agiert Ms. Warshawski aus Chicago, die nicht zufällig ihre Vornamen als äußerlichste Tribute der Weiblichkeit unter den Tisch fallen läßt. Am langweiligsten erscheint mir, ganz subjektiv, die Engländerin Anna Lee; doch das hat möglicherweise mit dem Leben in England und mit der Tradition des englischen Detektivromans zu tun. Am spannendsten lesen sich die Abenteuer der Kinsey Millhone (auch wenn ich den Plot von Sue Graftons *C is for Corpse*, in dem der Magen einer Leiche in der Pathologie als Aufbewahrungsort für eine Pistole fungiert, die einen Mörder überführen könnte, hanebüchen finde). Am sympathischsten freilich ist mir Marcia Mullers Sharon McCone, vermutlich wegen ihres Einsatzes für die Underdogs und wegen der gemütlichen, etwas bohemehaften Lebensumstände, in die ihre Autorin sie hineingestellt hat. So gut wie die besten männlichen Kollegen – und ich meine nicht nur die Klassiker Hammett, Chandler und Ross Macdonald – ist keine unserer Autorinnen. Aber schließlich ist das ganze Untergenre ja noch nicht einmal zehn Jahre alt – und für dieses zarte Alter ist es schon sehr erwachsen.

[1] Reclams Kriminalromanführer spricht davon, daß Christie Opara lediglich in drei Romanen von Dorothy Uhnak auftritt, nennt aber selbst, neben der Autobiographie *Policewoman* (1964), noch zwei weitere Titel der Autorin: *Rogoff* (1967) und *Law and Order* (1973), eine böse Polizei-Familiensaga, die zwei Jahre nach dem Erscheinen der Originalausgabe unter dem Titel ›Gesetz und Ordnung‹ (Scherz) auch auf deutsch erschienen ist. Walkhoff-Jordan nennt einen weiteren Titel: *The Investigation* (›Das Geständnis‹; 1977).

[2] Siehe im Kapitel »Damen-Solo« im deutschen Teil dieses Buches, S. 576ff.

[3] Ein verspätetes, etwas unordentliches, sehr alternatives Exemplar dieser Gattin ist Pieke Biermanns Berliner Kommissarin aus dem Roman *Potsdamer Ableben* (Rotbuch-Krimi, Berlin 1987).

[4] Die Marotte der Autorin, die Abenteuer ihrer Heldin, jedenfalls im Buchtitel, am Alphabet zu orientieren, bringt vorerst nur die Übersetzer in Schwierigkeiten, könnte sich auf die Dauer aber auch auf ihre eigene Produktion verhängnisvoll auswirken. »X Is for Xylophone« mag ja noch angehen. Aber wofür steht Y? Yak? Yankee? Yeoman? Die Benutzung des Wortes »yatagan«, das im Englischen einen türkischen Krummdolch bezeichnet, gäbe zwar einen kriminalistischen Sinn und vielleicht sogar schon den Ansatz zu einer Geschichte, brächte aber den Kriminalroman unzweifelhaft dahin zurück, wo ihn Hammett gerade herausgeholt hat: zu den Luxusgütern einer unwirklichen Welt.

[5] Zitiert nach dem Nachwort von Doris Janhsen zur deutschen Ausgabe von L. Cody: ›Kopf kaputt‹, Berlin 1987, S. 190.

Ausgewählte Bibliographie

Dorothy Uhnak: *Mädchenmord mit Voranmeldung*; *Die hartnäckige Zeugin*; *Was zu beweisen war*; *Gesetz und Ordnung* – Scherz Verlag, München; *Das Geständnis* – Droemer-Knaur Verlag, München.

Liza Cody: *Video-Piraten*; *Schlechte Gesellschaft*; *Jäger-Latein*; *Kopf kaputt* – Ullstein Verlag, Berlin.

Sue Grafton: *A wie Alibi*; *B wie Bruch*; *C wie Callahan* – Ullstein Verlag, Berlin.

Shannon OCork: *Sportsnarr*; *Nicht nur Haie müssen sterben*; *Ohne Rücksicht auf Verluste* – Ullstein Verlag, Berlin.

Sara Paretsky: *Schadenersatz* – Serie Piper Spannung, München.

Marcia Muller: *Frag die Karten*; *Das Geheimnis des toten Fischers*; *Nette Nachbarn* – Goldmann Verlag, München.

Polizei, dein Freund und Helfer (I):

Das Gewicht des Menschen – Georges Simenon, Nicolas Freeling und ihre Kommissare

Die Geschichte der Polizei ist älter als die Geschichte des Detektivromans. Sie beginnt in Paris um die Mitte des 17., in London um die Mitte des 18. Jahrhunderts. In Paris war ein gewisser La Reynie schon 1667 zum ersten Polizeileutnant der Stadt ernannt worden. Um das Jahr 1750 gab es drei Inspektoren, die gemeinsam etwas wie die erste Pariser Detektivabteilung bildeten. Doch erst am 17. Februar 1800 gründete Napoleon die »Préféctur de police«, aus der 1812 die »Brigade de Sûreté« des Francois Vidocq wurde, eines ehemaligen, auf die Seite des Gesetzes übergewechselten Verbrechers.

Londons Detektive haben einen – literarisch – berühmten Vater. 1748 war Henry Fielding, Autor der ›Geschichte des Tom Jones, eines Findlings‹, Richter bei den Kriminalgerichten der Bow Street geworden, die schon seit geraumer Zeit bestanden. Fünf Jahre später stellte er eine Handvoll Männer an, die dem Gericht zur Hand gehen sollten und als »Bow Street Runners« berühmt wurden: die ersten Londoner Polizisten. Zu Beginn des 19. Jahrhunderts waren die »Bow Street Runners« auf eine gute Hundertschaft angewachsen. Sie trugen Zivil, unterstanden dem Gericht, übernahmen aber auch Aufträge, wie sie eher privaten Detektiven zukämen: die Bewachung von Banken beispielsweise. Da die »Bow Street Runners« von Amts wegen nur sehr niedrig entlohnt wurden, konnte es nicht ausbleiben, daß die Truppe mit der Zeit von der Korruption angefressen wurde. 1829 wurde die »Metropolitan Police«, die Londoner städtische Polizei, gegründet. Zehn Jahre später schaffte man die »Bow Street Runners« ab. An ihre Stelle trat, als eine zentrale Kriminalpolizei, Scotland Yard, benannt nach der Adresse dieser Polizeidienststelle.

So war es um die Mitte des 19. Jahrhunderts, als die Detektivgeschichte entstand, sowohl in London als auch in Paris, den bevorzugten Schauplätzen der Gattung, längst Aufgabe der Polizei, bei Gewaltverbrechen zu ermitteln und Mordfälle zu lösen. Tatsächlich ist ja auch die Polizei in allen frühen Kriminalgeschichten, von Edgar Allan Poe über Gaboriau und Wilkie Collins bis Arthur Conan Doyle, durchaus bei der Arbeit. Doch nur Emile Gaboriau, der freilich auch den Amateurdetektiv Tabaret zu Hilfe holt, als die Beamten der »Sûreté« mit den Herren Gévrol und Lecoq an der Spitze nicht weiterkommen, hat mit seinem Monsieur Lecoq einen »Polizeidetektiv« von höheren analytischen Qualitäten entwickelt, eine Figur, auf der sich eine Tradition des Polizisten hätte aufbauen lassen.

Doch grundsätzlich folgte die Gattung in ihren ersten Jahrzehnten dem Schema, das schon die Kriminalgeschichten des Edgar Allan Poe aufgebaut hatten: die stumpfsinnige Polizei war sozusagen fürs Grobe da, für die Verhaftung der überführten Täter und die ganz simplen Verbrechen. Die raffinierten, intelligenten Morde dagegen, die Fälle, in denen die Polizei versagte, klärte der private Detektiv mit seinem überlegenen Verstande und seiner genialen Gabe der Kombinatorik, ein bißchen Intuition nicht zu vergessen, schlüssig auf.

Auch wenn die Praxis grundsätzlich anders war, sah der traditionelle englische Detektivroman bis weit ins 20. Jahrhundert hinein prinzipiell keinen Anlaß, sein Schema zu ändern. Da der Detektivroman dieser Art ohnehin kein realistischer Roman war, sondern ein reines Denkspiel, durfte der Detektiv so praxis- und realitätsfern sein, wie er wollte – im Gegenteil: einen Amateur konnte man leichter mit jenen skurrilen Eigenschaften ausstatten, die (wenn schon nicht das Publikum, so doch) die Autoren an ihm bevorzugten; überdies brauchte er es mit den gesetzlichen Vorschriften nicht allzu genau zu nehmen, sondern konnte im Umgang mit den Verbrechern auch schon einmal fünfe gerade sein lassen, zum Vorteil oder Nachteil eines Delinquenten.

Das änderte sich grundsätzlich erst mit dem Aufkommen eines neuen, realistischen Typs von Kriminalroman, der in einem gewissen Sinn auch eine realistische Operationsmethode der Mordaufklärer nötig machte. Man hätte meinen sollen, daß die »harte« kalifornische Schule der Hammett & Co. als erstes den Privatdetektiv als zentrale Figur eines jeden Mordaufklärungsprozesses über Bord geworfen hätte. Doch tatsächlich hat sie ihn nicht verworfen, sondern nur reformiert und transformiert.

Die entscheidende Veränderung des Detektivhelden zum Polizeibeamten erfolgte in Europa: durch den französisch schreibenden Belgier Georges Simenon – freilich ohne den entscheidenden Schritt zu dem, was ein wirklich realistischer Detektivroman nötig gehabt hätte. Auch Simenons Detektiv, obwohl Polizist, orientiert sich im Grunde am alten Ideal der Gattung; der Einzelgänger Jules Maigret ist als Polizist nur verkleidet. Was im Angelsächsischen später »police procedural« heißen wird, der Polizeiroman, ist eine Entwicklung an Simenon und seinem Maigret vorbei. Natürlich hat Maigret eine Mannschaft hinter sich, auf die er zurückgreifen kann, wenn er Handlanger braucht. Doch im Grunde ist Maigrets Arbeit die des einsamen Wolfs und der von Hammetts Spade und Chandlers Marlowe nicht unähnlich. In einem Interview[1] hat Simenon selbst die Figur des Maigret folgendermaßen beschrieben: »Ein rundlicher, friedlicher Mann, der sich auch mehr auf seinen Instinkt als auf die Intelligenz, auf alle diese Fingerabdrücke und sonstigen Techniken der polizeilichen Ermittlung verläßt. Er wendet sie freilich an, weil er dazu verpflichtet ist, aber ohne allzu sehr an sie zu glauben«.

Der Autor Simenon ist ein Phänomen: jemand, der seine mehr als 200 Bücher in einem unglaublichen Tempo heruntergeschrieben hat und den doch jedermann als ernsthaften, seriösen Autor akzeptiert; nicht wenige halten ihn für einen der wichtigsten Autoren der Gegenwart (weit über den Kriminalroman hinaus) oder doch wenigstens für einen der bedeutendsten französischsprachigen Schriftsteller. Den Grund dafür, daß er so schnell – und dann auch immer relativ kurze Romane – schreibt, hat

Simenon selbst dem amerikanischen Literaturkritiker Cervell Collins erklärt. Beim Schreiben, so Simenon, identifiziere er sich mit jeder seiner Romanfiguren, und das Hineinschlüpfen in ihre Rolle werde »nahezu unerträglich nach fünf oder sechs Tagen. Das ist einer der Gründe, warum meine Romane so kurz sind; nach elf Tagen kann ich nicht mehr weitermachen – es ist unmöglich! Die Ursache ist physischer Natur. Ich bin erschöpft«.[2]

Simenon, geboren am 13. Februar 1903 im belgischen Lüttich, verläßt die Schule als 15jähriger, weil der Vater krank wird und Sohn Georges Geld verdienen muß; er versucht sich, ohne Erfolg, als Konditorlehrling und bei einer Buchhandlung. Ein Jahr später wird er Reporter bei der »Gazette de Liège«; nebenbei schreibt er Kurzgeschichten für Magazine. 1920 erscheint des 17jährigen erster Roman: *Au Pont des Arches*, wie – beinahe – alle künftigen in vierzehn Tagen niedergeschrieben. 1922 übersiedelt der junge Simenon nach Paris; er lebt ganz von der Schriftstellerei und schreibt in rasendem Tempo und unter vielen Pseudonymen Erzählungen und Romane für Groschenhefte.

Die Figur des Maigret entsteht Ende der zwanziger Jahre. Simenon benutzt den Namen des Kommissars zum ersten Mal in der Erzählung ›Nachtzug‹, die er 1929 schrieb und 1930 unter dem Pseudonym »Christian Brulls« veröffentlichte. Doch da war »Commissaire Maigret« noch eine Figur ohne jede Physiognomie und Persönlichkeit. Erfunden wurde die Figur im Grunde im September 1929, als Simenon mit seinem Boot »Ostrogoth« an der holländischen Nordseeküste unterwegs war und in Delfzijl, unweit von Emden, vor Anker lag. Simenons englischer Biograph Fenton Bresler schildert einen Spaziergang durch den Hafen und Delfzijl – und was dabei vor sich ging: »Unterwegs formte sich vor seinen Augen allmählich ein Bild seiner Hauptfigur: ein massiger, kräftiger Mann, zunächst in Simenons Vorstellung nur in den Konturen ausgebildet und noch nicht als individuelle Persönlichkeit erkennbar. Er rauchte wie er selbst Pfeife, trug als Kopfbedeckung eine Melone und hatte einen dicken Winterüberzieher mit Samtkragen an (die beiden letzteren Attribute ließ Simenon später weg, als sich die Pariser Polizeibeamten moderner zu kleiden begannen).«[3]

In wenigen Tagen entsteht *Pietr le Letton* (›Maigret und Pietr, der Lette‹), Simenons erster Maigret-Roman. Und schon in diesen wenigen Tagen ist das Bild Maigrets praktisch vollendet. Gleich das zweite Kapitel liefert eine komplette Beschreibung: »Nicht, daß er den Kriminalbeamten glich, wie sie in Karikaturen weithin dargestellt werden. Er trug weder einen Schnurrbart noch Schuhe mit dicken Sohlen. Seine Kleidung war aus recht feinem Tuch und gut geschnitten. Außerdem rasierte er sich jeden Morgen und hatte gepflegte Hände. Aber sein Körperbau war grobschlächtig. Er wirkte übergroß und knochig. Harte Muskeln zeichneten sich unter der Jacke ab und zerbeulten schnell seine neuesten Hosen. Er hatte vor allem eine ihm eigene Art, sich irgendwo hinzustellen, die selbst einigen seiner Kollegen mißfiel. Sie drückte mehr als nur Sicherheit aus und dennoch keineswegs Hochmut. Er trat auf wie ein geschlossener Block, und gleich hatte es den Anschein, als müsse sich alles an ihm brechen, ob er sich nun vorwärtsbewegte oder auf seinen etwas gespreizten Beinen stehenblieb. Die Pfeife war zwischen die Zähne genietet«. Ein Gesicht hat Maigret in ›Maigret und Pietr, der Lette‹ nicht; er wird es in 84 Romanen nicht bekommen, weil Simenon sich offenbar immer geweigert hat, sich vorzustellen, wie dieses Gesicht aussehen könnte.

In den folgenden Monaten entstehen neunzehn Maigret-Romane für den Verlag Fayard. Dann bricht Simenon die erfolgreiche Serie ab, kehrt jedoch in späteren Jahren immer wieder zur Maigret-Figur zurück. Tatsächlich ist ungefähr jedes zweite Buch, das Simenon nach ›Maigret und Pietr, der Lette‹ geschrieben hat, ein Maigret-Roman. Selbst in den zehn Jahren, als Simenon aus Gründen, die niemand so recht einleuchten, in Amerika wohnte (von 1945 bis 1955), hört er nicht auf »Maigrets« zu schreiben. Als Simenon 1972 beschließt, das Schreiben aufzugeben und die Berufsbezeichnung »Schriftsteller« aus seinem Paß tilgen läßt, ist ›Maigret und Monsieur Charles‹ sein letzter Roman; danach folgt nur noch Autobiographisches.

Natürlich wird das Bild, das Simenon in ›Maigret und Pietr, der Lette‹ von seinem Helden entwickelt, mit der Zeit farbig ausgemalt. Er bekommt, wie alle großen Detektivfiguren der Weltliteratur, eine regelrechte Biographie. Anscheinend 1908 nach einem abgebrochenen Medizinstudium in die Pariser Polizei eingetreten, macht er unaufhaltsam Karriere. Seit 1912 verheiratet mit Madame Louise, ist Maigret ein Jahr später, 26jährig, in *La première enquête de Maigret* (›Maigrets erste Untersuchung‹; 1948) »Kommissariatssekretär« in der Vorstadt; später wird er im Justizpalast am Quai des Orfèvres residieren und über eine ganze Handvoll von Kommissaren herrschen, seltsame Marotten wie die Liebe zu einem alten Kohleofen pflegend, »während alle anderen Räume der Kriminalpolizei längst ihre Zentralheizung hatten«.

»Maigret«, beschreibt Hans Altenhein, »wird immer schwerer an Vergangenheit werden. Ein Geruch von 19. Jahrhundert umgibt ihn. Nur zögernd bedient er sich der ›kleinen schwarzen Autos‹ der Kriminalpolizei, niemals fährt er selbst, sein Fernsehgerät zu Hause geniert ihn, die kleinen Restaurants mit ländlicher Küche, das Kino um die Ecke, die alten Quartiere von Paris sind seine wirkliche Welt. Maigret liebt das Bukett der ›kleinen‹ Weißweine, den Vorfrühling in den Straßen, den Schnee vor seinem Fenster, die Seine, die Bahnhöfe. Maigret liebt – trotz allem, was seine kritischen Leser vermuten – die Menschen nicht. Maigret, in späteren Jahren, wird auch reisen, in den Süden Frankreichs, in die USA. Aber sein Widerstreben überträgt sich förmlich auf den Leser«.[4]

Vermutlich kennt Maigret die Menschen zu gut, um sie lieben zu können. Aber wenn dem so sein sollte – was wir zunächst einfach als unbewiesene Behauptung stehen lassen möchten –, so bemüht er sich doch, sie zu verstehen. »Zum ersten Mal seit Gaboriau«, so meint Pierre Boileau, komme es in den Maigret-Romanen von Simenon »weniger auf das letzte Kapitel als auf die vorhergehenden an. Zum ersten Mal war die Antwort auf ›Wer?‹ nicht einfach ein Name, die Antwort auf ›Wie?‹ nicht einfach die Beschreibung eines Tathergangs, die Antwort auf ›Warum?‹ nicht einfach die Darstellung eines Motivs. Es war jetzt nicht mehr wichtig, einen Mörder zu identifizieren, sondern ihn zu verstehen; sein eigenes Problem zu lösen, nicht mehr das, das durch sein Verbrechen aufgeworfen würde, so unverständlich dies auch zu sein schien.«[5]

Das Verbrechen kommt für Maigret dadurch zustande, daß »allzu viele Leute nicht an ihrem Platz sind, sich zu einer Rolle zwingen, die nicht zu ihrer Statur paßt«. Bei der Aufklärung eines Verbrechens sucht Maigret weniger nach Spuren und Indizien. Er versetzt sich vielmehr in die Lage des Verbrechers, versucht förmlich, in dessen Gehirnwindungen zu kriechen. Da er aber den Verbrecher ja erst noch finden muß, sucht er die Anhaltspunkte beim Opfer. Jeder Fall beginnt damit, daß sich Maigret eingehend mit der Persönlichkeit und dem sozialen Umfeld des Opfers vertraut macht. »Ich werde den Mörder kennen, sobald ich das Opfer gut kenne«, erläutert Maigret in *Monsieur Gallet* (1931), dem Roman, den Fenton Bresler als Simenons ersten veröffentlichten Maigret-Roman bezeichnet (während in der Simenon-Literatur üblicherweise Einmütigkeit darüber herrscht, daß dieses Prädikat ›Maigret und Pietr, der Lette‹ zukommt). Akribisch studiert Maigret das jeweilige Milieu.

»Das Milieu«, meint der englische Krimi-Autor und Theoretiker Julian Symons, »ist immer präzise geschildert und vermittelt meist einen ganz persönlichen Eindruck von Paris, Antibes, einem Laden an der belgischen Grenze oder einer ›Guinguette‹ an der Seine. Das Wetter wird mit so viel Lebhaftigkeit und Behagen beschrieben, daß man das Gefühl hat, der Autor ertrinke tatsächlich im Regen, den er beschreibt, oder schwitze unter der sengenden Sonne. Simenons Aufnahme- und Wiedergabefähigkeit für körperliche Empfindungen dieser Art ist sicherlich größer als die der meisten zeitgenössischen Romanschriftsteller. Seine Personen wachsen ebenfalls aus diesem prächtigen Humus der Erfahrungen; sie passen in schläfriges wie kriminelles Stadtmilieu, passen zum Provinzialismus der Kleinstädte und zu der ständig gegenwärtigen Gefahr einer Hafenstadt wie Marseille. Sie beziehen Farbe und Überzeugungskraft aus der ihnen gemäßen Umgebung, und es scheint so, als kenne Simenon alle möglichen Menschentypen und könne ohne Schwierigkeiten in ihre Haut schlüpfen«.[6] (Tatsächlich sollte Simenon vor allem die Frauen ausgesprochen gut kennen; nach eigenen Bekundungen in Interviews hat er, um ihnen in seinen Büchern gerecht werden zu können, mit ungefähr 10000 Frauen geschlafen, darunter 8000 Prostituierten. Doch ausgerechnet die Frauen sind in Simenons Büchern eher schlecht getroffen; als Mensch, vermutet Bresler, sei Simenon ohnehin ein Fall für den Psychiater.)

Eine offene Frage – und von unterschiedlichen Exegeten und Betroffenen unterschiedlich beantwortet – ist, ob Simenon auch in die Haut seiner zentralen Figur, des Kommissars Jules Maigret geschlüpft sei, mit anderen Worten: wieviel von Simenon in der Maigret-Figur stecke. Simenon selbst hat in einem Interview mit Francis Lacassin gesagt, allmählich seien sich er und Maigret »ein bißchen ähnlich geworden. Ich könnte nicht sagen, ob er sich an mich oder ich mich an ihn angepaßt habe. Tatsache bleibt, daß wir ein paar Eigenheiten voneinander übernommen haben«.[1] Einer von Simenons Söhnen sieht in der Figur des Kommissars eher die Projektion der Idealvorstellungen seines Vaters: Simenon habe Maigret so gemacht, wie er immer gern habe sein wollen – ruhig und gelassen zum Beispiel.

Symons weist daraufhin, »daß Simenon nie zurücktritt und in der dritten Person schreibt. Alles, was geschieht, ist so, wie Maigret es sieht oder wie man es ihm berichtet«[6]. Simenon, von Bresler darauf hingewiesen, daß sein Detektiv im Gegensatz zum klassischen Vorbild des Sherlock Holmes keinen Dr. Watson habe, hat geantwortet, das brauche Maigret auch nicht; er habe ja ihn. In einem Memoirenbuch, das er Maigret untergeschoben hat (*Les mémoires de Maigret*, ›Maigrets Memoiren‹; 1950), hat Simenon spielerisch vollends die Fronten verwischt, indem er sich selbst in eine Erinnerung des eigenen Geschöpfes verwandelte: »Ich sehe Simenon noch vor mir, wie er am Tage nach dem Erscheinen seiner ersten beiden *Maigret* in mein Büro kam. Er wirkte noch selbstzufriedener und sicherer, wenn das überhaupt möglich war, als zuvor.« Und im Gespräch mit Maigret sagt dieser fiktive »Simenon«, der in diesem Buch als 24jähriger erscheint, ihn interessierten keine Berufskriminellen, sondern ausschließlich jene Täter, »die Menschen sind wie Sie und ich und die schließlich eines schönen Tages jemanden ermorden, ohne sich darauf vorbereitet zu haben«.

Dieses Interesse hielt über rund vierzig Jahre vor. Aber am Ende wird doch ein Nachlassen spürbar. Simenon-Biograph Bresler glaubt, man könne das nicht nur darauf zurückführen, daß das Schreiben Simenon – nach weit über 200 Büchern – ausgelaugt habe. Eine zunehmende Abneigung gegen die moderne Kriminologie, deren Methoden der Autor und sein Detektiv anzuwenden sich gezwungen sahen, habe eine nicht zu unterschätzende Rolle gespielt: »Sogar sein geliebter Maigret reizte ihn nicht mehr; die letzten Maigret-Romane sind mechanisch wie am Schnürchen gefertigte Produkte mit oft schlampig skizzierter Handlung und einer spürbaren Abneigung seitens des Autors gegen all den neuen ›technischen Krimskrams‹, dessen Handhabung oder Kenntnis für einen modernen Polizeibeamten unerläßlich ist.«[7] Wenn Maigret nicht längst den Dienst quittiert hätte, »würde er schleunigst seinen Rücktritt einreichen«, teilte Simenon der Öffentlichkeit in den späten siebziger Jahren in einem Interview mit – und diese Unlust am Dienst und den neuen Methoden ist deutlich spürbar in späten Romanen wie *Maigret et l'affaire Nahour* (›Maigret und der Fall Nahour‹; 1967) oder *Maigret se défend* (›Maigret verteidigt sich‹; 1964).

Doch unberührt von einigen schwächeren Büchern (nicht nur der Spätzeit) bleibt eine historische Leistung, die weniger darin besteht, daß Simenon der Polizei im Kriminalroman die ihr historisch gebührende Rolle verschafft hat – und nicht nur durch die Schaffung des einmaligen und einmalig humanen Kommissars. Simenons eigentliche Leistung besteht in etwas beinahe Metaphysischem. Denn, wie Georg Hensel festgestellt hat: »Simenon führt seine Leser zu dem Geständnis, daß es keine kriminellen Menschen gibt – nur kriminelle Handlungen«[8], begangen von Menschen wie du und ich und jedermann. Mag sein, daß das noch stärker zum Ausdruck kommt in jenen Non-Maigret-Kriminalromanen, von denen es fast ebenso viele gibt wie Maigret-Abenteuer. Wir werden uns, wohl oder übel, im Kapitel über den psychologischen Thriller, im Zusammenhang mit Patricia Highsmith und Margaret Millar, noch einmal mit Simenon befassen müssen.

Die größte Ähnlichkeit mit Maigret von allen Polizeidetektiven der Krimi-Geschichte hat ein Holländer: Simon »Piet« Van der Valk, Inspektor bei der Amsterdamer Kriminalpolizei, dem »Central Recherche Bureau«. Van der Valk erblickte 1962 in dem Roman *Love in Amsterdam* (›Liebe in Amsterdam‹) das Licht der Welt; sein Vater ist Nicolas Freeling, geboren 1927 in London, aufgewachsen in Frankreich, Universitätsstudium in Dublin, Irland. Daß Freeling als Koch in Amsterdam gearbeitet hat und mit der Polizei Schwierigkeiten bekam, weil er in dem Restaurant, in dem er arbeitete, ein paar Lebensmittel mitgehen ließ, mag eine bewußte Mystifikation sein. Der Autor erzählt die Geschichte im letzten Band der Van der Valk-Serie, *A Long Silence* (›Van der Valk muß schweigen‹; 1972), und sie liest sich wie eine Kompreßfassung von Simenons Maigret-Memoiren; Freeling entwirft ein Muster, das ihn und seinen Kommissar als legitimen Nachfolger von Simenon und Maigret ausweist.

In ›Liebe in Amsterdam‹ ist Van der Valk Inspektor bei der »Recherche« und hat ein paar kleine Ticks, die ihm sein Autor in den nächsten Abenteuern abgewöhnt. Er nennt den Hauptzeugen ständig »jongen« und macht »kleine nervöse Bewegungen. Eine davon war, daß er die Seite seiner Nase mit dem Zeigefinger rieb.« In einem seiner nächsten Abenteuer, *Gun Before Butter* (›Van der Valk und der Schmuggler‹; 1963), erfahren wir über Freelings Helden, daß er »als ein schwieriger Mensch bekannt« sei; »harte Worte über das holländische Spießertum und dessen Beschränktheit hatten Argwohn und Mißtrauen unter seinen Kollegen verbreitet und seiner Karriere geschadet.« Allerdings habe der Generalstaatsanwalt, »wenn auch bissig«, im Hinblick auf Van der Valk auch gesagt, »daß es nicht das schlechteste sei, einen Polizisten mit Phantasie zu haben« – und seitdem gebe es bei Van der Valks Vorgesetzten die Neigung, »über seinen Nonkonformismus ein wenig hinwegzusehen«.

Allerdings gibt es da eine gewisse Unstimmigkeit. Denn in ›Van der Valk und der Schmuggler‹, 1963 geschrieben, wird Van der Valk als Chefinspektor bezeichnet. Zwei Jahre später, in *Criminal Conversation* (›Van der Valk und der tote Maler‹; 1965), ist er wieder ein einfacher Inspektor, und der überkritische Leser fragt sich: Erlebt Van der Valk seine Abenteuer nicht in der Reihenfolge, in der sein Mentor sie publiziert, oder ist der Chefinspektor vielleicht zurückgestuft worden (und wenn letzteres: wegen seiner Phantasie oder wegen seines Nonkonformismus)?

Die ausführlichste Beschreibung Van der Valks findet sich in dem Abenteuer von '65, dem Fall des toten Malers. Sie wird geliefert vom Täter, einem prominenten Amsterdamer Arzt, dessen Niederschrift seiner Motive den gesamten zweiten Teil des Romans ausmacht (normalerweise pflegt Freeling in der neutralen dritten Person zu schreiben). Vom Autor erfahren wir in ›Van der Valk und der tote Maler‹ über den Inspektor, daß sein Vorgesetzter gut mit ihm auskomme, da er »kein sogenannter ›Gentleman‹« sei. In den Papieren des Dr. Hubert van der Post ist zu lesen, daß Van der Valk das Gesicht »eines intelligenten Affen« habe: »Es ist kantig und knochig. Die Kinnladen sind zu schwer, Ihre Zähne zu groß, Ihr Mund zu breit, und diese ungeheuren Falten zu beiden Seiten.« Insgesamt: »Wenn Ihre Stirn nicht so niedrig, Ihre Kinnladen nicht so ausgeprägt wären und Sie nicht dieses komödienhafte Grinsen hätten, wären Sie ganz passabel anzusehen.«

Die nervösen Ticks, wie gesagt, sind verschwunden. Aber ein paar schlechte Angewohnheiten hat Van der Valk immer noch, und sie weisen ihn als einen proletarischen Menschen aus. Van der Valk liebt es, »den Rock auszuziehen und sich die Hemdsärmel hochzukrempeln«, hat »ein kleptomanisches Verhältnis zu Gummis, Heftklammern und Bindfäden« und trägt, mutmaßt der vornehme van der Post, dunkle Baumwollhemden, »weil man an ihnen den Schmutz nicht so leicht sieht«. Van der Post unterstellt, Van der Valk habe »keine höhere Schule oder Universität« besucht, und »Leute mit dieser polytechnischen Politur« seien ihm »ziemlich verhaßt«. Andererseits begegne er ihnen mit einem »Riesenrespekt«.

Ferner sei Van der Valk »recht belesen«, habe »oberflächliche Kenntnisse von Poesie und Philosophie« sowie eine »beachtliche intellektuelle Neugier«. Schließlich stellt der Beobachter beim Inspektor die für einen Holländer »charakteristische Grobheit und Brutalität« fest – allerdings auch »holländische Tugenden: Stabilität, Ausdauer, Hartnäckigkeit« –, und als »bedauerlich« empfindet er eine »Vorliebe für Witze vom Niveau der Abortschmierereien«. Geradezu »neidisch« aber ist der von Van der Valk fair Gejagte auf einen »vorherrschenden Wesenszug« des Kommissars: »auf Ihren Kampfgeist, auf Ihren Mut«.

In deutschen Freeling-Rezensionen der sechziger Jahre taucht nicht selten die Bemerkung auf, seine Van der Valk-Romane seien »nichts für Prüde«. Tatsächlich sind Freelings Fälle durchtränkt mit Erotik und Sexualität, die auf eine für die Zeit ihrer Entstehung ungewöhnlich unverklemmte Weise dargestellt werden. Der Schmuggel von Pornographie – »Ein Tattergreis hat sein Auto in den Kanal fallen lassen. Als der Feuerwehrkran es herauszog, fand man sechstausend pornographische Magazine im Kofferraum« – ist Kleinkram, dem der Kommissar sich (in ›Van der Valk und der tote Maler‹) gern in Richtung Kapitalverbrechen entwindet. Auch obszöne Briefe, mit denen ein Unbekannter – in *Double*

Barrel (›Die volle Ladung‹; 1965) – vorwiegend junge Frauen erpreßt, werden erst interessant, wenn eine Leiche hinzukommt. Ungeniert konfrontiert Van der Valk – in ›Liebe in Amsterdam‹ – einen Tatverdächtigen mit der Tatsache, daß das weibliche Opfer unmittelbar vor ihrem Tode noch mit einem Mann verkehrt hatte, vielleicht mit seinem Mörder, der das Opfer – wenn es keine Hure war – in dem Fall sehr gut gekannt haben muß. »Hier in Amsterdam läßt die Liebe die Polizei nicht zur Ruhe kommen«: Van der Valks ironisches Schlußwort aus ›Liebe in Amsterdam‹ erweist sich als recht prophetisch.

Es sind unkonventionelle, oft brutale Morde mit verzwickten persönlichen Motiven, in die Freeling seinen Kommissar als Detektiv verwikkelt. In *Tsing-Boum* (›Tsching bumm!‹; 1969) wird eine ehemalige Krankenschwester, während sie sich zu Hause ihr Mittagessen zubereitet, mit sieben Schüssen aus einer Maschinenpistole bestialisch hingemetzelt. In *Over the High Side* (›Auch Iren irren irgendwann‹; 1971) wird ein älterer Herr mitten im Verkehrsgewühl der Amsterdamer Innenstadt unauffällig erstochen.

Van der Valk, mit einer adretten Französin namens Arlette glücklich verheiratet, doch für fremde weibliche Reize nicht grundsätzlich unempfindlich, löst solche Fälle ein wenig auf die Maigret-Art: durch Einfühlung in die Psyche von Opfer und Täter, durch Intuition, beharrliches Nachsetzen, Zähigkeit. In seinem ersten Fall sagt er noch seinem Hauptverdächtigen, er müsse ihm »das Fell abziehen, und das so rasch wie möglich. Ich muß herausfinden, was Sie wissen«. Später geht er behutsamer vor. Freilich: beim Teamwork sieht man Van der Valk nie. Wie Maigret gehört er dem Apparat zwar an, läßt sich von ihm aber nicht vereinnahmen und bedient sich seiner mit großer Zurückhaltung. Er bleibt ein einsamer Wolf und löst seine Fälle im Alleingang – auch wenn er jemanden, wie in dem mit einem »Edgar« ausgezeichneten *The King of the Rainy Country* (›Bluthund‹; 1966) – durch halb Europa hetzen muß und sich selbst in Lebensgefahr bringt.

Wie Maigret hat Van der Valk viel Verständnis für Menschen – und zwar nicht nur für ihre glatte Vorderseite, sondern auch für die Abgründe und Schluchten dahinter. Das mag damit zu tun haben, daß auch in Van der Valk etwas ist, was ihn zum Überschreiten der Konventionen verleitet. Viele seiner Mörder überführt er mit Methoden, die in keinem Polizeilehrbuch stehen, die aber auch nicht zum Handwerk des Law-and-Order-Polizisten gehören. Van der Valk ist ein Anti-Held, wie Maigret auch, aber eher noch menschlicher, noch komplexer (auch noch bewußter gestaltet), und schwierig, sehr schwierig, nicht nur für Kollegen,

Vorgesetzte und Frau Arlette, sondern schließlich wohl sogar für seinen Autor.

Am Ende muß Freeling seines Van der Valk überdrüssig gewesen sein (wenn er ihm nicht von Anfang an ein Limit gesetzt hat: zehn Jahre und nicht mehr). Denn im Jahre 1972, exakt zehn Jahre nach Van der Valks Erscheinen auf der literarisch-kriminellen Szene, bringt Freeling seinen Kommissar um (und anders als Conan Doyle mit seinem Sherlock Holmes läßt er sich kein Hintertürchen offen). In ›Van der Valk muß schweigen‹ schießt ein kleiner Bilderfälscher, dem der Kommissar auf die Spur gekommen ist, Van der Valk auf der Straße in Scheveningen zwei Kugeln aus einer Luger-Pistoler in den Leib; »das Lächeln seiner Frau, die lebhafte Erinnerung an den Duft von Mimosen, sekundenlang mit allen Sinnen eingefangen, sollten das letzte in seinem Leben sein, das und die Feuchtigkeit auf seinem Lodenmantel, die toten Blätter und ein nasser Lederhandschuh – die Gerüche Hollands«.

Bezeichnend für die Rolle der Polizei in Freelings Van der Valk-Romanen ist, daß auch der Mord an der zentralen Figur nicht eigentlich durch ein Polizeiteam aufgeklärt wird, sondern durch den persönlichen Einsatz von Van der Valks Witwe Arlette, die lange überlegt, ob sie ihren Mann blutig rächen soll, schließlich aber nur dem Schuldigen ihre Verachtung ins Gesicht sagt und dazu beiträgt, daß er vor Gericht kommt. Im Grunde sind die Van der Valk-Romane keine »Polizeiromane«, jedenfalls nicht in jenem strengen Sinn, den der Begriff des »police procedural« meint.

Zwei Jahre nach Van der Valks Tod erhält der holländische Kommissar einen Nachfolger. In *A Dressing of Diamond* (›Wie Diamant auf Wunden‹; 1974) läßt Freeling zum ersten Mal den Kommissar Henri Castang auftreten, den die damalige Verlagswerbung als »genau so unkonventionell wie Van der Valk« beschrieb, aber als »jünger, drahtiger, schärfer«.

Freeling hat Amsterdam und den deftig-morbiden Gerüchen Hollands Adieu gesagt. Henri Castang ist Franzose und arbeitet in einer vergleichsweise gesichtslosen, unidentifizierbaren Provinzstadt. »Mit seiner schmalen, drahtigen Figur«, beschreibt ihn Freeling im ersten der Castang-Romane, »dem wettergegerbten Gesicht, dem Tweedjakkett und der Cordhose hätte man ihn eher für einen ehemaligen Jockey als für einen Kriminalbeamten halten können. Er war Anfang Dreißig, hatte einen runden, mediterranen Schädel, krauses schwarzes Haar, das an den Schläfen schon leicht ergraute, scharfe, lebhafte Augen und immer fabelhaft geputzte Schuhe. Ein Reinlichkeitsfanatiker«, zum

Glück allerdings kein Saubermann, behauptet seine Frau Vera leicht resigniert.

Bei Madame Vera kommt das Van der Valk-Muster noch einmal durch. Wie sein holländischer Vorfahr ist auch der Franzose Castang mit einer Ausländerin verheiratet. Vera Castang ist aus der Tschechoslowakei nach Frankreich emigriert (was die Karriere ihres Mannes nicht eben fördert); als Künstlerin ist sie äußerst sensibel und somit ein hübsches Gegenstück zu ihrem vom Autor als »phantasielos« gekennzeichneten Mann, der Jura studiert hat, ehe er Polizist wurde.

In ›Wie Diamant auf Wunden‹ ist Vera infolge eines Sportunfalls querschnittsgelähmt und fährt im Rollstuhl. Aber schon in Castangs zweitem Abenteuer *What Are the Bugles Blowing For?* (›Reveille zum Tod‹; 1975) deutet sich eine leichte Besserung an. Nach der Geburt einer Tochter kann Vera »beinahe normal gehen; nur ein kaum merkliches Hinken ist zurückgeblieben« von ihrem Unfall am Stufenbarren und von der Rückgratverletzung; die Lähmung, so hatten die Psychiater vorher festgestellt, war ohnehin vorwiegend »hysterischen Ursprungs« und hatte mit Schuldgefühlen nach der Flucht aus der Heimat zu tun.

In ›Wie Diamant auf Wunden‹ bleibt die Figur des Inspektor Castang ziemlich blaß. Mit großem Engagement, aber ohne sonderliches Engagement löst er einen Kidnapping-Fall in seiner nächsten Umgebung; aus Rache war die kleine Tochter einer Jugendrichterin entführt worden, die mit Madame Vera befreundet ist. Statur gewinnt der neue »Detektiv« ausgerechnet mit einem Fall, mit dem ein Polizist eigentlich keine Lorbeeren ernten kann, weil außer dem Motiv des Täters von Anfang an alles klar ist.

In ›Reveille zum Tod‹ hat ein hoher Regierungsbeamter an einem heißen Sommertag seine Frau, seine siebzehnjährige Tochter und deren gemeinsamen Liebhaber umgebracht. Castang verhaftet den Täter und sichert die ersten Spuren. Doch viel ist nicht zu sichern. Nichts ist verwischt oder vertuscht; die Situation ist eindeutig. Alles scheint klar – zu klar, meinen Castang und sein Untersuchungsrichter. Ihre Befürchtung, der Täter könne sich letztlich auf Unzurechnungsfähigkeit herausreden wollen, verwandelt sich jedoch bald in das Bestreben, selbst Indizien dafür zu sammeln, daß der Mann im Augenblick der Tat nicht bei klarem Verstand gewesen sein kann. Doch alle Nachforschungen erbringen nichts, was den Täter vor dem Gesetz entlasten könnte.

Freeling präsentiert seinen Detektiv, wie den seligen Van der Valk, nicht als Supermann, sondern als einen normalen, wenn auch überdurchschnittlich sensiblen, charakterstarken, mitfühlenden Kriminalisten, dem dieser unkomplizierte, glasklare Fall an die Nieren geht, vermutlich gerade deshalb, weil er so konsequent und schnurgerade auf die Guillotine zuläuft. So wird Freelings Roman ein vehementes Plädoyer gegen die Todesstrafe. Indem er einen Prozeß der Selbstaufhebung und Selbstauslöschung beschreibt, den Selbstmord eines Mannes mit Hilfe des Staates und seiner Gesetze, ruft Freeling dazu auf, diese Gesetze zu überdenken. Das nächste Castang-Abenteuer, ›Sabine‹ (*Lake Isle*; 1976), ist dann wieder ein klassischer Whodunit-Kriminalroman. Die Titelfigur, eine einsam lebende alte Dame, bittet um Polizeischutz gegen ihren Adoptivsohn, den sie im Verdacht hat, er wolle sie allzu schnell beerben. Castang besucht Sabine auf ihrem Grundstück und findet manches merkwürdig, aber nichts bedrohlich; ein paar Tage später ist die alte Dame tot, erschlagen mit ihrem Bügeleisen.

An den durchreisenden Landstreicher oder Hippie, den ihm die ortsansässigen Kollegen – Castang ist aus der nächstgrößeren Stadt dazugekommen – als Mörder präsentieren wollen, mag der Inspektor nicht recht glauben. Zu reich ist die Auswahl von Tatverdächtigen mit einem ernstzunehmenden Motiv. Der Inspektor tut, was alle guten Detektive tun: Er stellt Fragen und hört und sieht sich gründlich um. Freeling zeichnet ein detailliertes Bild einer französischen Kleinstadt. Der Leser lernt die Herrschaftsstrukturen und die lokalen Hackordnungen kennen und darf Blicke werfen hinter manche gepflegte Fassade, hinter der es ungepflegt zugeht. Freeling legt einen realistisch-kritischen Schnitt durch die französische Provinzgesellschaft, mit unverhohlener Sympathie für die kleinen Leute. Sein Blick ist dabei nicht engstirnig auf die Lösung des Falls gerichtet. Der Roman interessiert sich für das Opfer wie für die Täter (den tatsächlichen und die potentiellen) – und nicht zuletzt für den beamteten Detektiv und die Machtstrukturen und Abhängigkeiten, in denen er arbeitet. Denn so frei wie ein Maigret oder gar ein Philip Marlowe ist ein Inspektor der französischen Provinz natürlich nicht.

Irgendwo freilich träumt Castang, wenn auch wohl nur unterbewußt, den Traum vom Detektiv als weißem Ritter und Helfer der Unschuld. Zehn Jahre, nachdem er Castang zum ersten Mal mit einem Verbrechen konfrontiert hat, beginnt Freeling den Roman *No Part in Your Death* ›Keine Schuld an ihrem Tod‹; 1984) mit einer Variation des Schlusses aus Raymond Chandlers ›Das hohe Fenster‹. Philip Marlowe hatte zu seinem Spiegelbild sarkastisch »Du und Capablanca« gesagt, und Castang, der sich beim Zähneputzen im Spiegel betrachtet, erinnert sich an dieses Zitat und assoziiert es mit Woody Allen: eine ziemlich komplizierte Assoziationskette, die sich über Woody und sein Theaterstück *Play it again,*

Sam zu Humphrey Bogart spannt, der Marlowe in der Verfilmung von Chandlers *The Big Sleep* unnachahmlich verkörpert hat. Wenn schon nicht die Detektive der Romane – die Autoren sind heutzutage durch die Bank mit einer ausgesprochen guten literarischen Bildung ausgestattet.

In ›Keine Schuld an ihrem Tod‹ gerät Castang gleich nacheinander in drei verschiedene Fälle. In München, wohin ihn die französische Polizei zum Informationsaustausch über internationale Terroristenbekämpfung geschickt hat (weil Castang, wie einst Van der Valk, deutsch spricht), wird der Polizist – mittlerweile zum Kommissar und in einen Schreibtischjob befördert, nachdem er »bei einer Schießerei schlimm zugerichtet wurde« – zum Katalysator für eine mörderische Familientragödie. Daheim wird Castang mit dem Verschwinden einer befreundeten jungen Frau konfrontiert, das sich als Unfall, vielleicht auch Selbstmord, entpuppt, und in England, wo Castang der einheimischen Polizei Amtshilfe leistet, klärt er den Mord an einem jungen französischen Paar mit einem lukrativen Waffenschmuggel als Hintergrund.

In allen drei Fällen sind die juristischen Schuldzuschreibungen nicht eindeutig. Aber natürlich gibt es moralisch Schuldige, und im Münchner Fall kann sich Castang selbst, so guten Willens er war, von einer gewissen Mitschuld nicht freisprechen. Freeling stößt mit diesem Buch tief in die Diskussion um Schuld und Sühne vor – oder versucht es doch wenigstens. Denn daß er auf diesem Gebiet Dostojewski nicht das Wasser reichen kann, muß nicht verschwiegen werden.

1 Interview mit Francis Lacassin in »Magazin littéraire« Nr. 107, Dez. 1975, zitiert nach: *C. Schmölders / C. Strich*: Über Simenon. Diogenes Verlag, Zürich 1978, S. 179 ff.
2 Zitiert nach *Fenton Bresler*: Georges Simenon, Ernst Kabel Verlag, Hamburg 1985, S. 342.
3 *a. a. O., S. 108.*
4 *Hans Altenhein*: Ein Traum von Maigret, in: Über Simenon, S. 113 ff.
5 *Pierre Boileau*: Etwas hat sich geändert im Kriminalroman, in: Über Simenon, S. 128 ff.
6 *Julian Symons*: Simenon und sein Maigret, in: Über Simenon, S. 121 ff.
7 *F. Bresler*: Georges Simenon, S. 345.
8 *Georg Hensel*: Simenon und sein Kommissar Maigret, in: Über Simenon, S. 149 ff.

Ausgewählte Bibliographie

Georges Simenon: *Maigret und Pietr, der Lette*; *Maigrets Memoiren*; *Maigrets erste Untersuchung*; *Hier irrt Maigret*; *Mein Freund Maigret*; *Maigret und der Minister*; *Maigret verteidigt sich*; *Maigret und der verstorbene Monsieur Gallet*; *Maigret in New York*; *Maigret als möblierter Herr* (und weitere zwei Dutzend Titel) – sämtlich bei Diogenes Verlag, Zürich.

Nicolas Freeling: *Liebe in Amsterdam*; *Van der Valk und der tote Maler*; *Tsching bumm!*; *Van der Valk muß schweigen* – Goldmann Verlag, München. *Van der Valk und der Schmuggler*; *Bluthund*; *Stumpfe Gewalt*; *Auch Iren irren irgendwann*; *Die volle Ladung* – Ullstein Verlag, Berlin. *Wie Diamant auf Wunden*; *Reveille zum Tod*; *Sabine* – Ullstein Verlag, Berlin. *Castangs Stadt*; *Keine Schuld an ihrem Tod* – Goldmann Verlag, München.

Polizei, dein Freund und Helfer (II):

Der »police procedural« oder Ed McBains 87. Polizeirevier und andere Bullenställe

Früher oder später mußte ein Autor, dem es um den perfekten Realismus im Kriminalroman ging (oder der auch einfach nur ein unabgenutztes, neues Muster suchte), statt eines einzelnen Polizisten alter Schule ein ganzes Polizeiteam bei der Arbeit zeigen. Verwunderlich ist eigentlich nur, daß es nicht früher, sondern ziemlich spät geschah. 1945, Simenons Maigret war immerhin schon 15 Jahre alt und hatte drei Dutzend Abenteuer hinter sich, schrieb der Amerikaner Lawrence Treat, der Buchstabentitel dieser Art liebte, den Roman *V As in Victim*, ein Buch, das offenbar nie ins Deutsche übersetzt wurde; der »police procedural« war geboren.

»Police procedural« meint, daß dem Leser gezeigt wird, wie die Polizei vorgeht: am Tatort, bei der Zeugenvernehmung, im Labor. Konsequenterweise steht im Mittelpunkt dieses Romantyps nicht der Mann mit der genialen Intuition, sondern eine komplette Mannschaft, bis hin zu den Labortechnikern und Polizeiärzten. In Treats *V As in Victim* ist neben einem untergeordneten Detektiv vor allem die Labortechnik der Star der Ermittlungsarbeit. Sie analysiert Autofarbe, Teer und Wundsekrete. Eine tote Katze wird seziert. So kommen die Detektive vom 21. Polizeibezirk einem Versicherungsschwindel auf die Spur, der zu mehreren Morden geführt hat.

Der »police procedural« dieser Art hat in der Folgezeit vor allem den Film und das Fernsehen erobert; Fernsehserien wie »Einsatz in Manhattan«, »Polizeirevier Hill Street«, »Die Straßen von San Francisco« oder »Quincey« (mit einem Polizeiarzt als Detektivhelden) zeugen von der Popularität des Genres. Die populärste Polizei-Serie zwischen Buchdeckeln ist zweifellos die mit dem 87. Polizeirevier, von der ein gewisser Ed McBain seit 1956 knapp drei Dutzend Bände veröffentlicht hat.

Ed McBain ist im Grunde ein Pseudonym für ein weiteres Pseudonym:

den Schriftsteller Evan Hunter, der als Salvatore A. Lombino am 15. Oktober 1926 in New York City geboren wurde. Nach dem Besuch des Hunter-College, das vermutlich bei seiner ersten Namensänderung Pate stand, und der Einberufung zur Marine im Zweiten Weltkrieg versuchte sich McBain-Hunter-Lombino als Berufsschullehrer, Maler, Pianist und Klubmanager, ehe er bei einer literarischen Agentur anheuerte und durch die Bekanntschaft mit Schriftstellern selbst zum Schreiben fand. 1952 erschien Hunters erster Roman, vier Jahre später McBains erster Krimi mit dem 87. Polizeirevier, *Cop Hater* (›Polizisten leben gefährlich‹; 1956).

Die Stadt, in der das 87. Polizeirevier zu Hause ist, heißt in den Romanen »Isola«, und gleich in den ersten Sätzen von *Cop Hater* taucht sie am Horizont auf: »Zuerst sieht man nur die Skyline der Stadt, wenn man von Norden kommt, vom Fluß her; es verschlägt einem den Atem; ein seltsames Gefühl von Ehrfurcht bei diesem Anblick von majestätischem Glanz überkommt einen.« Aber noch auf der ersten Buchseite wird dieses Gefühl der Ehrfurcht relativiert: »Ein funkelndes Nest ist die Stadt, von pulsierendem Leben erfüllt, erbaut aus kostbaren, leuchtenden Edelsteinen – aber alle diese Gebäude sind nur Dekoration. Mehr nicht.«

Die Frage, ob diese Stadt in Wahrheit New York sei, blieb lange unentschieden. Doch dann hat Ed McBain selbst sie definitiv beantwortet, indem er erklärte, er habe die Geschichten ums 87. Polizeirevier ursprünglich in New York spielen lassen wollen, »und ich wollte, daß es so realistisch und hart wie möglich wird. Nachdem ich eine Menge in New York recherchiert hatte und mit der Serie anfing, also mit der eigentlichen Schreibarbeit, bemerkte ich, daß ich einen Großteil meiner Zeit damit verbrachte, mit dem New York Police Department zu telefonieren, und ich dachte, da werden noch ernsthafte Probleme auf mich zukommen. Ich hatte einen Vertrag über drei Bücher und dachte mir, wenn das tatsächlich eine erfolgreiche Serie wird und nach diesen drei Büchern weitergeht, werde ich die Polizei alle fünf Minuten anrufen müssen. Also entschloß ich mich, eine imaginäre Stadt zu nehmen. Eine Menge Leute haben gesagt, daß Isola New York ist, aber eigentlich stimmt das nicht. Ich meine, es stimmt, und auch wieder nicht.«[1]

Sagen wir also, daß Isola in mancher Beziehung mit New York vergleichbar ist. Die Größe von Isola entspricht der von Manhattan, Lage und Klima sind sehr ähnlich – und die Probleme, vor allem mit rassischen Minderheiten, sind absolut dieselben. Es ist keine besonders feine, eher eine normale Gegend von Isola, in der McBains Revier liegt, und in dem frühen Roman *Killer's Payoff* (›Killers Lohn‹; 1958) wird es vom Autor folgendermaßen beschrieben: »Links und rechts vom Portal des Polizeireviers hingen zwei große grüne Glaskugeln, auf denen, allen sichtbar, die Ziffern 87 mit weißer Farbe aufgemalt waren. Sieben graue Steinstufen führten von der Straße zur Eingangstür. Genau dahinter thronte an seinem hohen Schreibtisch der wachhabende Sergeant und sah aus wie ein Racheengel. Ein Schildchen auf seinem Schreibtisch mahnte alle Besucher, sich hier anzumelden, bevor sie weitergingen.«

Die Abteilung des Reviers, mit der der Leser naturgemäß am meisten zu tun hat, liegt, über eine Metalltreppe erreichbar, im ersten Stock des Reviergebäudes: die »Kriminalabteilung«. Die Kriminalabteilung enthält am einen Ende die Zellen der kurzfristig Verhafteten; »der Dienstraum der Detectives war am anderen Ende und wurde durch eine Holzbarriere vom Korridor getrennt. Zwei Bänke bildeten das gesamte Mobiliar auf diesem Flur, von dem ein Schreibzimmer, die Herrentoilette und der Vernehmungsraum abgingen. Das Dienstzimmer der Detectives wurde von den uniformierten Polizisten des 87. Reviers manchmal ›Bullensilo‹ genannt. Diese Bezeichnung beruhte auf einem freundschaftlichen Neid, denn hier war es, wo die Detectives, die Elite, die Bullen des 87. Reviers ihre Geschäft abwickelten.«

Es sind diese Zivilbeamten, welche die Aufklärung eines jeden Kapitalverbrechens in McBains Krimis mit dem 87. Polizeirevier betreiben. Denn, wie der Autor in *Long Time No See* (›Lange nicht gesehen‹; 1977) erläutert: »In der Stadt, wo diese Männer angestellt waren, ist zwingend vorgeschrieben, daß Mitglieder der Mordkommission den Schauplatz eines Mordes aufsuchen, obwohl die nachfolgende Untersuchung von den Revierbeamten durchgeführt wird, die den Anruf entgegennahmen. In seltenen Ausnahmefällen steuern die Beamten von der Mordkommission tatsächlich eine Idee oder das Bruchstück einer Information als Hilfe zur Lösung eines Falles bei, das aber nur in ihrer Eigenschaft als speziell ausgebildete Überwacher und Berater. Meistens standen sie nur im Wege herum.«

So, wie McBain die Polizeiarbeit am Tatort beschreibt, ist es kein Wunder, wenn dort eine Menge Leute denen, die arbeiten, im Weg herumstehen. In *Sadie When She Died* (›Sadie im letzten Moment‹; 1972) geht das so vor sich: »Der Polizeifotograf vollführte einen makabren, kleinen Tanz um die Leiche. Blitzlichter flammten auf. Der Tod wurde im Schnellverfahren als Sofortbeweis auf Polaroidfilm festgehalten: rausziehen, fünfzehn Sekunden warten, aufreißen und das Bild daraufhin prüfen, ob die Dame trotz der Eile gut getroffen wurde, so gut wie eine Dame aussehen kann, wenn ihr die Gedärme aus dem Bauch auf den Teppich quellen. Zwei Beamte von der Mordkommission, Monoghan und Monroe, knurrten herum, weil man sie an einem kalten Dezemberabend, noch dazu zwei Wochen vor Weihnachten, von daheim weggeholt hatte. Im Erdgeschoß sprach Detective Bert Kling mit dem Fahrstuhlführer und dem Portier, um den genauen Zeitpunkt zu erkunden, an dem Mr. Gerald Fletcher im Taxi vorgefahren war, um das Apartmenthaus am Silvermine Oval zu betreten und mit dem Fahrstuhl zu seiner einst schönen Ehefrau Sarah hinaufzufahren, die jetzt auf dem Schlafzimmerteppich das Bild eines entsetzlichen Todes darbot. Während all dies geschah, hielt sich in der Küche des Apartments der Laborant Marshall Davies auf. Er traf eilig die letzten Vorbereitungen und wartete darauf, daß der Polizeiarzt endlich den Tod der Frau und die mutmaßliche Todesursache offiziell bekanntgeben werde (als ob es eines Genies bedurft hätte, um zu erkennen, daß ihr jemand mit einem Klappmesser den Leib aufgeschlitzt hatte). Erst zu diesem Zeitpunkt konnte Davies ins Schlafzimmer hinausgehen, um mit umsichtiger Sorgfalt das Messer zu entfernen, das aus den mit Blut und Schleim verschmierten Innereien der Frau herausragte. Nur so ließen sich vielleicht noch ein paar brauchbare Fingerabdrücke vom Griff der Mordwaffe abnehmen.«

Natürlich ist damit die Arbeit der Spurensicherung längst nicht am Ende – und die der Leute in den Labors hat noch nicht einmal angefangen. Zuweilen kommt aus dem Labor ja auch tatsächlich der entscheidende Hinweis auf den Täter. Aber zumeist müssen diese Hinweise doch ganz altmodisch durch Fuß- und Mund- und Kopfarbeit zusammengetragen werden: durch Zeugenbefragungen, treppauf, treppab, durch Beobachtung von Verdächtigen, Ziehen von Querverbindungen, Stöbern in Schul-, Universitäts- und anderen Archiven. Die Arbeit erhält zwar durch die wissenschaftlichen Methoden neue Hilfsmittel. Aber letztlich ist es doch der Einsatz der Polizisten vor Ort, der die Mehrzahl der Fälle klärt.

Die Stilprobe vom Aussehen der aufgeschlitzten Dame ist im Werk McBains kein exponierter Einzelfall. Isola ist eine ziemlich brutale Stadt, und die Leichen, mit denen die Detectives vom 87. Polizeirevier konfrontiert werden, sehen häufig recht ramponiert aus – gleichgültig, ob ihnen jemand den Bauch oder die Kehle aufgeschlitzt oder einige großkalibrige Kugeln ins Gedärm gejagt hat, von den halbverwesten Wasserleichen nicht zu reden. Rund ums 87. Polizeirevier explodieren ziemlich starke Leidenschaften, die nicht zuletzt auch aus den nationalen und rassischen Konstellationen im Stadtteil erwachsen. Banden von Puertoricanern und anderen ethnischen Minderheiten bekämpfen sich bis aufs Blut; zum rattenhaften Streben, den Schmelztiegel der großen Stadt unversehrt zu überstehen und im neuen Heimatland des Dollars und der Gewinnchancen für jedermann Karriere zu machen, kommen die privaten Leidenschaften, die im Klima von Isola rascher und gewaltsamer zu explodieren scheinen als anderswo.

Auf eine merkwürdige, fast schon zwanghafte Weise sind in den Romanen mit dem 87. Polizeirevier das Klima, die Jahreszeiten, Fest- und Wochentage mit dem Verbrechen verbunden. Gewiß: In vielen Fällen dient der Hinweis auf den Sonntag, an dem sonst jedermann sich ausruhen kann, oder auf das bevorstehende Weihnachtsfest zu nichts anderem als zu einem Anlaß für ein Loblied auf die »Bullen«, die bei jedem Wetter, zu jeder Tages- und Nachtzeit, an jedem Feiertag ihre Pflicht tun (und meistens sogar mehr als das). Aber nicht selten ist der Tod auf eine – für mich unangenehme – symbolische Weise mit der Jahreszeit oder dem Wetter verknüpft. »Niemand«, beginnt *Ten Plus One* (›Neun im Fadenkreuz‹; 1963), »denkt an einem strahlenden Frühlingstag an den Tod. Der Herbst ist die Zeit des Sterbens, nicht der Frühling. Der Herbst weckt düstere Gedanken, läßt makabre Phantasiebilder erstehen und ruft Todeswünsche herbei. Aber im Frühling... Im Frühling müßte das Sterben verboten werden.« Der Sommer allerdings ist zum Sterben offenbar auch nicht gut. »Der schlechte Witz«, heißt es in *Killer's Choice* (›Die zehn Gesichter der Annie Boone‹; 1958) über eine weibliche Leiche, »war die Rothaarige, die auf dem Boden des Ladens lag. Zu jeder Jahreszeit wäre sie ein schlechter Witz gewesen, aber besonders im Juni, wenn der Hochzeitsmonat die Fülle des Frühlings mit der Wärme des Sommers vermählte.« Einen Monat später wird es dann schon kritisch. *See Them Die* (›Heißer Sonntagmorgen‹; 1960) beginnt folgendermaßen: »Juli. Hitze. In der großen Stadt bedeuten die beiden Wörter ein und dasselbe. Im Bezirk des 87. Polizeireviers treiben sie es besonders heiß auf den Straßen, die Hitze und der Juli, diese verflixten Zwillinge, die nur dazu bestimmt zu sein scheinen, die Menschen zu quälen.« So werden Jahreszeit und Hitze zu den eigentlichen Anlässen, wenn nicht gar Motiven von Gewalttaten, wie denn auch äußerliche, jahreszeitlich bedingte Einflüsse alles wieder ins Lot bringen. »Vor dem Krankenhaus«, endet *The Pusher* (›Weißer Schnee für Fixer‹; 1956; später: ›Der Pusher‹), »läuteten die Kirchenglocken. Es war Weihnachten und die Welt wieder in Ordnung.«

In *Jigsaw* (›Schnapp-Schuß‹; 1970) entwickelt Ed McBain aus solchen Mystifikationen eine höchst problematische Theorie des Verbrechens.

»Die Kriminalbeamten des 87. Reviers«, heißt es da, »waren allesamt davon überzeugt, daß bei der Hälfte aller Verbrechen, die in der Stadt begangen wurden, das *wahre* Motiv der Spaß am Vergnügen war – schlicht und einfach der Spaß am Räuber-und-Gendarm-Spielen. Kein Gedanke an Gewinn oder Profit im Motiv, kein Gedanke an Leidenschaft, kein Gedanke an Feindseligkeit oder Rebellion: Es lief letztlich alles hinaus auf das schöne Spiel von Räuber und Gendarm.« Unverständlich bleibt McBains Beamten nach dieser Theorie, »warum ein Dieb einen so ungeheuren Aufwand an Zeit und Energie in die Planung und Ausführung eines Verbrechens (mit all seinen damit verbundenen Risiken) investiert, wenn er mit dem gleichen Aufwand an Zeit und Energie, in ein legales Unternehmen investiert, auf die Dauer vermutlich weit größere Resultate erzielen würde«. Natürlich scheint da das alte Schlagwort vom Verbrechen, das sich nicht bezahlt macht, durch und natürlich auch ein starker Glaube an die Kräfte des kapitalistischen Systems, in dem jeder Tellerwäscher Millionär werden kann. Aber vermutlich schätzen die Verbrecher aus den Slums ihre Chancen anders ein. Die Zeit und die Energie, die sie als einziges Kapital tatsächlich zu investieren haben, sind in der Wirklichkeit des Geschäftslebens nicht immer gefragt, und die einzige unternehmerische Tätigkeit, die ihnen vielleicht nicht bleibt, aber in den Sinn kommt, ist der Versuch, mit kriminellen Mitteln, Faust, Messer oder Pistole, ans fremde Geld zu kommen.

McBain freilich besteht darauf: »Nähme man dem Verbrechen das Amüsement, blieben die Gefängnisse der ganzen Welt gähnend leer. Wer kann schon Gauner begreifen? Polizisten bestimmt nicht.«

Trotzdem ist die Aufklärungsrate der Polizisten vom 87. Polizeirevier ganz beachtlich, und das muß wohl etwas mit ihren professionellen und menschlichen Qualitäten zu tun haben. Denn natürlich kann auch eine Romanserie, deren Held eine ganze Polizeitruppe ist, auf die Herausstellung einzelner Supermänner nicht verzichten.

Über die Jahre hin entwickelt McBain eine ganze Handvoll nicht unsympathischer Polizisten-Individuen. Dabei achtet er sorgsam darauf, daß er die positiven Eigenschaften aller zusammen nicht übertreibt und Strahlemänner, Durchschnittstypen und schwarze Schafe in einem vergleichsweise ausgewogenen Verhältnis bleiben.

Es gibt da ausgesprochene Mitläufer wie den Wachtmeister Richard Genero, der in dem Roman *Fuzz* (›Die Greifer‹; 1968) vorkommt. Genero ist nur »herangezogen worden, weil es an Personal fehlte (Verbrechensbekämpfung war immer eine schwierige Sache, besonders aber an Samstagen), und man hatte ihn auf den Posten gestellt, der am unwichtigsten schien«. Doch ausgerechnet auf Genero kommt der Mann zu, dem die Jagd gilt: »Der Hund zu seinen Füßen war für den Polizeieinsatz dressiert, und man hatte Genero ein paar Handzeichen und Kommandos gelehrt, ehe er zu seiner Wache auf der vierten Bank aufgebrochen war. Aber Genero fürchtete sich vor Hunden, besonders vor so großen, und die Vorstellung, daß er diesem Tier einen Greifbefehl gab und es ihn mißverstand und ihm vielleicht selber an die Kehle sprang statt dem jungen Mann, der jetzt vielleicht noch einen Meter entfernt war und rasch ausschritt und immer mal wieder über die Schulter zurückblickte – also, diese Vorstellung erfüllte Genero mit Zittern und Zagen.« So verzichtet Genero auf den Einsatz des Hundes, und natürlich vermasselt er alles. In seiner Aufregung zieht er den Dienstrevolver und schießt sich selbst ins Bein; so enden – sollte man meinen – Polizeikarrieren, noch ehe sie richtig angefangen haben. Doch weit gefehlt: Das Mißgeschick macht die Vorgesetzten auf den Übereifrigen aufmerksam, und Genero beginnt, Schritt für Schritt, die Karriereleiter hinaufzusteigen; so ist das Leben.

Neben den tölpelhaften gibt es beim 87. Polizeirevier die schlechten Polizisten; unter 16 Beamten, welche die Stammbesetzung ausmachen, muß das wohl so sein. Einer von ihnen ist Andy Parker. Parker kommt für gewöhnlich eine halbe Stunde zu spät zum Dienst, verschlampt Informationen, und ist ein ziemlich korruptes Schwein, dem es absolut nichts ausmacht, seine Position fur eine unbezahlte Nummer mit einer attraktiven Nutte auszunutzen (auch in Isola gibt es dafür eine Reihe von Strafrechtsparagraphen). Auch Ralph Corey, der »den Rang eines Sergeants bekleidete, weil er den unverschämten Dusel gehabt hatte, 1947 einen flüchtenden Bankräuber anzuschießen«, ist – wie McBain dem Leser in *Ax* (›Die Axt‹; 1964) mitteilt – ein ziemlich mieser Bulle. Er bietet »das Bild eines dicken, rotgesichtigen, gemeinen und schlechten Polypen, und in Coreys Fall stimmte das Bild mit der Wirklichkeit überein«. Allerdings beschmutzt er das Image der Kriminalabteilung des 87. Reviers nur unwesentlich. Einmal ist er ein Uniformierter – und dann muß er auch ziemlich bald ins Gras beißen; unser Autor verfügt über einen ausgeprägten Gerechtigkeitssinn.

Ein ganz anderer Typ ist Detective O'Brien. In *Ghosts* (›Mordgespenster‹; 1980) erfahren wir über ihn, daß »weder O'Briens Charakter noch sein Mut oder seine Tüchtigkeit« etwas zu wünschen übriglassen. Das Dumme ist nur, »daß er mit tödlicher Sicherheit stets in Situationen geriet, bei denen es sich nicht vermeiden ließ, daß er jemanden erschoß. O'Brien erschoß seine Opfer nicht aus Vergnügen. Im Gegenteil, er setzte alles daran, um seine Dienstwaffe nicht ziehen zu müssen. Aber man hatte den Eindruck, daß er Leute, die es darauf anlegten, erschossen zu werden, anzog wie ein Magnet.«

Mit O'Brien, der die Schießwütigen anlockt wie Honig die Bären, geht niemand vom 87. Revier gern an einen Fall heran. Aber natürlich ist es zuweilen auch ganz nützlich, wenn man einen Kollegen dabeihat, der nicht lange fackelt, ehe er schießt. In *So Long As You Both Shall Live* (›So lang ihr zwei noch lebt‹; 1976) erschießt Fat Ollie Weeks einen Kidnapper, bevor der seinem Opfer mit dem Skalpell die Kehle durchschneiden kann, während zwei weitere Kollegen wie erstarrt dabeistehen. Und erst später wird der Geretteten klar, »daß der Dicke der einzige war, der sie nicht liebte. Und sie nahm sich vor, niemals an Steve oder an Bert die Frage zu richten, warum sie nicht sofort geschossen und warum sie es Fat Ollie Weeks überlassen hatten, zwei Kugeln in den Mann hineinzupumpen, der dabei war, ihr die Kehle aufzuschlitzen.«

Die entführte, dem Tod um Haaresbreite von der Schippe gehüpfte Frau ist die Verlobte des Detectives Bert Kling, der so etwas wie der Pechvogel des Teams ist. Ein guter Polizist, zieht er das Pech privat förmlich an. Seine erste Braut wird »in einer Buchhandlung an der Culver Avenue erschossen«, wie uns in ›So lang ihr zwei noch lebt‹ der gestrenge Lieutenant Byrnes, der die Kriminalabteilung des 87. leitet, mitteilt; »da kam irgend so ein Verrückter herein, ballerte um sich und tötete außer Claire noch drei andere Leute«. Bert trägt schwer am Tod seiner Verlobten, die in seinen Armen gestorben ist, so schwer, daß seine beruflichen Leistungen darunter leiden. In *Doll* (›Puppe‹; 1965) dispensiert Leutnant Byrnes den Beamten vom Dienst, weil er für seine Kollegen zu einer Art Sicherheitsrisiko wird. Aber natürlich fängt er sich, und nach der Entführung und mörderischen Bedrohung seiner Frau Auguste, ausgerechnet in der Hochzeitsnacht, gerät er wieder in eine ähnliche Krise.

Vielleicht der normalste von der Truppe ist Cotton Hawes: ein weißer Protestant irischer Abstammung, der als der Frauenheld der Abteilung gilt. »Unglücklicherweise«, beschreibt ihn sein Autor in ›Die Axt‹, »war er einer der Polizisten, die wie Polizisten aussehen«. Nämlich so: »1,88 Meter groß und 177 Pfund schwer. Er hatte blaue Augen und ein eckiges, eingekerbtes Kinn. Sein Haar war rot, abgesehen von einer Strähne oberhalb der linken Schläfe, wo das Haar nach einem Messerstich merkwürdigerweise über der geheilten Wunde weiß nachgewachsen war.« Außerdem trägt Cotton Hawes, »selbst wenn er gut gelaunt war, einen arroganten Ausdruck« zur Schau. Aber er ist fleißig, effizient, charakterstark, einer der Besten im 87. Revier.

Einer der anderen Guten leidet unter einem total kahlen Schädel –

richtiger: unter den witzig gemeinten Vergleichen mit einem Fernsehhelden ähnlichen Aussehens, dem »Einsatz in Manhattan«-Kommissar mit der Vorliebe für Lollies. Noch mehr allerdings leidet er unter seinem Namen: Meyer Meyer. In ungezählten Varianten, mal lakonischer, mal über eineinhalb Druckseiten ausgebreitet, hat McBain seinen Lesern mitgeteilt, was es mit diesem Namen auf sich hat: »Er war« – ist in ›Lange nicht gesehen‹ zu lesen – »als Sohn eines jüdischen Schneiders Meyer in einer vorwiegend von Ungläubigen bewohnten Gegend geboren worden. Der alte Max Meyer war ein Mann mit Humor gewesen. Also nannte er seinen Sohn Meyer. Das ergab Meyer Meyer. Sehr komisch... Allmählich lernte er es, mit diesem Namen und all den Witzeleien, dummen Bemerkungen, Sticheleien und Kränkungen zu leben, die er nun einmal hervorrief. Seine Geduld ging ihm niemals aus. Weil aber doch etwas ausgehen mußte, taten es seine Haare. Mit dreißig Jahren war seine Platte so glatt wie die Schale einer Honigmelone.«

Der eigentliche Held der Serie ist der Detective 2. Grades Steve Carella, natürlich italienischer Abstammung. Steve ist ein ruhiger, nüchterner, sehr eleganter Mann, der mit einer Taubstummen verheiratet ist und mit ihr zwei Kinder hat, ein Zwillingspärchen, Mädchen und Junge. Wie O'Brien die Leichen scheint Carella die Kugeln anzuziehen. Beinahe ständig gerät er in Lebensgefahr. In ›Der Pusher‹ und *The Heckler* (›April, April‹; 1960) wird Carella von Pistolenschüssen außer Gefecht gesetzt. In ›Puppe‹ gerät er in die Gewalt einer rauschgiftsüchtigen Psychopathin, wird unter Drogen gesetzt und gilt, nachdem man eine verkohlte Leiche mit seiner Dienstmarke gefunden hat, bereits als tot. In *Killer's Wedge* (›Die lästige Witwe‹; 1959) besetzt eine zu allem entschlossene Rachsüchtige das Revier mit einem Revolver und einem Fläschchen Nitroglyzerin, um Carella dafür umzubringen, daß er ihren Mann, einen Verbrecher, hinter Gitter gebracht hat, wo er starb.

Geschickt schürt McBain über die Jahre hinweg das Interesse des Lesers an den persönlichen Schicksalen seiner Helden, die nie als Supermänner gezeichnet sind, sondern als Durchschnittsmänner mit Vorzügen und Schwächen. Mit der Zeit wachsen einem die Beamten des 87. Polizeireviers direkt ans Herz – und das genau ist die Absicht; Ed McBains Serie geht es beileibe nicht darum, der Polizei und ihrer Arbeit kritisch auf die Finger zu sehen. Eher schon möchte er seine Figuren und die Polizei generell dem Leser näherbringen, sympathisch machen. Schließlich gibt sie sich alle Mühe, den Bürger zu schützen und der Gerechtigkeit zum Siege zu verhelfen, getreu dem Motto (aus ›Schnapp-Schuß‹), wonach »in diesem schönen und demokratischen Land alle, der ehrbare Bürger wie der Missetäter, den gleichen gesetzlichen Schutz genießen«, und zwar »auch dann noch, wenn sie schon tot sind«. Im letzten Fall freilich haben sie davon relativ wenig.

Ob Ed McBain der alten Kameraden vom 87. Revier nach dreißig Jahren müde wurde oder ob er sich lediglich ein wenig Erholung von ihnen verschaffen wollte: jedenfalls kam 1986 der erste Band einer neuen Serie heraus: *Another Part of the City* (›Alarm in Chinatown‹). Wieder steht ein ganzes Revier im Mittelpunkt des Interesses: das fünfte. Mag sein, daß die Stadt mit dem 5. Polizeirevier sich langfristig wieder ins Imaginäre entwickelt. Aber auf den ersten Blick scheint sie sehr real: nicht schwer, das neue Revier auf dem Stadtplan Manhattans exakt einzutragen – »lag doch die Wache direkt im Zentrum von Chinatown, Ecke Elizabeth und Canal Street, eingezwängt zwischen einem China-Restaurant mit dem klangvollen Namen Y. S. und einem billigen Warenhaus. Dabei wurde das Gebiet des Fünften Reviers im Osten von der Allan Street und im Westen vom Broadway begrenzt, im Süden war der East River die Demarkationslinie und im Norden die Houston Street.« Die Handlung beginnt mit einem Überfall auf ein italienisches Restaurant, wo ein Killerkommando den Wirt erschießt – ein Verbrechen, in das die hohe Politik und das große Geld und ein bißchen auch der Zufall hineinspielen. Auf Anhieb machen die Detectives Hoffman und Reardon samt ihren Kollegen und Vorgesetzten nicht den Eindruck, als könnten sie Carella & Co. den Vorrang unserer Sympathie streitig machen. Aber die Serie ist ja noch jung; wer kann sagen, wie sie sich weiterentwickelt.

Der »police procedural« ist nicht natürlicherweise das Vehikel für Kritik an der Polizei und ihren Methoden. Gegenüber dem Privatdetektiv wird der Kommissar von vielen Autoren als der »modernere«, zeitgemäßere Held empfunden, das Polizeiteam aber als eine Möglichkeit, über die eine zentrale Polizistenfigur zusätzliche Sympathie- (und manchmal auch: Antipathie-)Träger in die Kriminalhandlung einzuführen. So versuchen die meisten Autoren, möglichst fair und unvoreingenommen, vielleicht sogar mit einer grundsätzlich positiven Einstellung, die Polizeiarbeit darzustellen; schließlich macht kein Autor gern die Figuren schlecht, die dem Leser als Serienhelden auf längere Zeit hinaus, vielleicht über Jahrzehnte hin, begegnen sollen.

In dieser nüchternen, distanzierten Art wird beispielsweise die Polizeiarbeit in Nat Hentoffs *Blues for Charlie Darwin* (›Was zum Henker wird aus dieser Stadt?‹; 1982) gesehen, der Redakteur der New Yorker »Village Voice« läßt den Leser die US-Metropole mit den Augen des Polizisten-Duos Green und MacKibbon als ein einziges blutiges Tollhaus sehen, das sie und ihre Kollegen, so gut es geht, menschlich zu halten versuchen. Auch James E. Martins *The 95 File* (›Zwei Schuß zu wenig‹; 1973) zeigt ein solches Polizisten-Paar, nüchtern, effektiv und besonnen, bei der Arbeit. Die beiden Detectives jagen einen Polizistenmörder, den sie natürlich auch zur Strecke bringen. Dabei leistet sich Martin, 1936 in Ohio geboren und einer der wenigen Krimiautoren, die vom Schreibtisch in den Polizeidienst überwechselten (der umgekehrte Weg ist normaler), seine Extravaganz eher in einer Nebenhandlung: Zwei leere Patronenhülsen in der Waffe des toten Kollegen, die eigentlich noch zwei Schuß hätte enthalten müssen, führen die Polizisten Ashton und Murdock auf die Spur eines Räubers, der in den Abendstunden Supermärkte und Tankstellen zu überfallen pflegt: die Frau des toten Polizisten.

Im Normalfall sind die Helden des Polizeiromans kleine, unauffällige Beamte, die mit Hingabe ihren Dienst tun, seltener – und im Zweifel eher in England als in den USA – hohe Tiere in der Hierarchie, die ihren Teams beruflich und sozial weit entwachsen sind. Eine ausgesprochene Ausnahme von dieser Regel ist der Detective Stuart Haydon in David L. Lindsays im texanischen Houston spielenden Kriminalroman *A Cold Mind* (›Der Tod und die Mädchen‹; 1983). Haydon nämlich ist ein Aristokrat unter den Polizeibeamten: aus der Art geschlagener Sohn einer reichen Familie, der nach dem Jurastudium nicht Anwalt wurde, sondern die Ochsentour einer Polizeikarriere auf sich nahm. Haydon ist mit einer Architektin verheiratet, wohnt in einer teuren Villa, die von einem mexikanischen Diener versorgt wird, fährt privat »einen königsblauen Jaguar Vanden Plas« und braucht einen Anwalt als Vermögensverwalter. Mit diesem Hintergrund und seinen charakterlichen und geistigen Qualitäten könnte Haydon durchaus Karriere machen, lehnt eine Beförderung in die Chefetage aber ab – nicht etwa aus Polizei-Ethos, weil er nahe dran bleiben möchte an der konkreten Arbeit des Polizisten, sondern aus einer gewissen Leere heraus. »Er hätte eigentlich anders sein müssen, eine gewisse Ausnahme unter den stereotypen, zynischen Polizeibeamten.« Aber das ist er nicht – vielleicht noch nicht.

Die Tendenz zu einer ausgesprochenen Law-and-Order-Haltung ist im Polizeiroman grundsätzlich immer vorhanden. Vergleichsweise selten allerdings nimmt sie gefährliche, faschistoide Formen an. So werden in den Maddox-Romanen von Elizabeth Linington, die eine Handvoll Polizisten von einem Revier in Los Angeles als Detective-Crew haben (z. B. *Something Wrong*, ›Einsatz für Maddox‹, 1967; *Policeman's Lot*,

›Vier Mörder für Maddox‹, 1968), die Ordnungshüter und Mordaufklärer nicht gerade als perfekte Gentlemen und nette Jungen geschildert, sondern als vergleichsweise rüpelhafte, autoritäre Burschen. Doch ihr Verhalten wird eher entschuldigt. Gehobelt muß nun einmal werden in diesem Job – und wo gehobelt wird, da fallen Späne, daran läßt sich nichts ändern.

Doch das heißt andererseits nicht, daß Kritik nicht stattfände. Und in den achtziger Jahren wird sie ganz vehement. Aber davon mehr im nächsten Kapitel.

[1] Aus einem Interview mit Ed McBain im Kriminalmagazin ».38 Special«, Ullstein Verlag, Berlin 1988, S. 21/22.

Ausgewählte Bibliographie

Ed McBain: *Polizisten leben gefährlich*; *Acht schwarze Pferde*; *Neugier macht Mörder*; *Kings Lösegeld*; *Mordgespenster*; *Späte Mädchen sterben früher*; *Killers Lohn*; *Die zehn Gesichter der Annie Boone*; *Clifford dankt Ihnen*; *Schwarze Hochzeit*; *Ich war's, ich war's*; *Schnapp-Schuß*; *Der Greifer*; *Das Unschuldslamm*; *Heißer Sonntagmorgen*; *Eine große Hand zum Gruß*; *Solange ihr zwei noch lebt*; *Sadie im letzten Moment*; *Lange nicht gesehen*; *Der Pusher*; *Alarm in Chinatown* – sämtlich Ullstein Verlag, Berlin.
Nat Hentoff: *Was zum Teufel wird aus dieser Stadt*; *Laß sie nicht aus den Augen* – Rowohlt Verlag, Reinbek.
James E. Martin: *Zwei Schuß zuwenig* – Rowohlt Verlag, Reinbek.
David E. Lindsay: *Der Tod und die Mädchen* – Goldmann Verlag, München.
Elizabeth Linington: *Einsatz für Maddox*; *Vier Mörder für Maddox* – Rowohlt Verlag, Reinbek.

Polizei, dein Freund und Helfer (III):

Die Psychopathen sind los – Von Joseph Wambaugh zu Charles Willeford und James Ellroy

Daß die Polizei im täglichen Leben den gesetzestreuen Bürger nicht nur schützt und das Gesetz nicht nur durchsetzt, sondern gelegentlich auch ziemlich locker handhabt (um nicht zu sagen: verbiegt), daß sie korrupt ist und mit Gangstern gemeinsame Sache macht, wenn nur genug dabei herausspringt: Das ist natürlich gerade in Amerika eine Erkenntnis, die älter ist als der »police procedural«. Diese Erkenntnis fand sich allerdings in der Kriminalliteratur lange Zeit nur im Detektivroman, der dem primitiven, brutalen, korrupten »Bullen« das strahlende Heldenbild des »private eye« entgegenstellte, bei dem sich Witwen und Waisen geborgen fühlen konnten. Daß der »police procedural« demgegenüber lange das Bild des »guten« Polizisten pflegte, darf nicht verwundern: Welcher Autor demontiert schon gern seine zentralen Figuren und begnügt sich mit negativen statt positiven Helden?

Die frühesten Beispiele für den Typ des »police procedural«, in denen der Polizei als ganzem am Zeuge geflickt wird, bemühen denn auch durchaus positive Helden, um sie gegen die Dummheit oder Korruption ihrer Umgebung auszuspielen. In den frühen sechziger Jahren präsentiert John Eugene Hasty in seinen Romanen *Angel with Dirty Wings* (›Ein Engel mit schmutzigen Flügeln‹; 1961) und *Some Mischief Still* (›Ärger mit der Polizei‹; 1962) als Helden einen Sergeanten, der außerhalb des Polizeiapparates und in gewisser Weise gegen ihn agiert. In *Some Mischief Still* findet Rick Gilles heraus, daß die Kollegen in einem Mordfall bis zuletzt eine falsche Spur verfolgen und die Indizien so präpariert haben, daß einem Unschuldigen die Hinrichtung in der Gaskammer droht. Obwohl es ein Polizist ist, der den Justizirrtum verhindert, liest sich Hastys Geschichte nicht als Hohelied auf die Polizei, die am Ende immer den richtigen Mörder findet, sondern als Dokument einer Gefährdung durch den Polizeiapparat. Das Muster erweist sich bis in die Gegenwart hinein als produktiv. Auch in den Polizeikrimis des Chicagoer Journalisten Bill Granger – *Public Murder* (›Frauenmord in Chicago‹; 1980) und *Priestly Murders* (›Priestermord in Chicago‹; 1984) – gibt es wenige gute und eine Menge ausgesprochen schlechte Polizisten; das Konto wird durch die hohe Moral und große Effizienz der guten halbwegs ausgeglichen.

Einer der frühesten polizeikritischen Romane, das Genre des »police procedural« eher sprengend, stammt von einer Frau, die uns bereits in anderem Zusammenhang begegnet ist: der 1933 geborenen Dorothy Uhnak, die vierzehn Jahre lang selbst der New Yorker Polizei angehorte.[1] Schon ihre Romane um die Ermittlungsbeamtin Opara zeugen von einem gewissen Mißtrauen in die Polizei, insofern, als das Detektivteam der Opara-Romane nicht innerhalb der normalen Polizeihierarchie angesiedelt ist, sondern eine Spezialtruppe darstellt, die »Ermittlungsabteilung der Staatsanwaltschaft«. Doch von wirklich abgrundtiefem Mißtrauen in den normalen New Yorker Polizeiapparat zeugt ein anderer Uhnak-Roman: *Law and Order* (›Recht und Ordnung‹; 1973). Das Buch schildert drei Generationen einer irisch-amerikanischen Polizistenfamilie; Großvater Brian, Vater Brian Thomas und Sohn Brian Patrick

O'Malley werden in unterschiedlichen Stationen ihrer Polizeikarrieren gezeigt. Der Großvater wird von einer farbigen Nutte, die er im Suff zu vergewaltigen sucht, erst kastriert und dann gekillt, von den Kollegen gegenüber der Öffentlichkeit aber zum Helden stilisiert. Der Sohn des Helden, fleißig und folgsam, heiratet die Tochter eines einflußreichen Mannes und macht Karriere im Apparat. Dessen Sohn wiederum, aus Vietnam mit einigen demokratisch-humanitären Flausen im Kopf zurückgekehrt, verliert bald sämtliche Illusionen und strebt nur noch die Karriereleiter hoch: »›Mit dreißig‹« – so seine letzte Verlautbarung und des Buches letzter Satz – »›möchte ich Captain sein‹, sagte Patrick.« Das aber geht nur, wenn er nach oben dienert und nach unten tritt, wenn er sich korrumpieren läßt und andere korrumpiert. Die New Yorker Polizei erscheint in diesem Roman als eine andere Mafia, von Iren statt von Italienern beherrscht, doch kaum weniger unmoralisch und brutal. Erpressung, Gewaltausübung bis hin zum Mord an den wenigen gesetzestreuen Polizisten, die den Sumpf von Korruption trockengelegt sehen möchten, prägen das Bild. Noch die große Säuberungsaktion, die der mittlere O'Malley zum Wohle seiner Karriere durchführt, arbeitet mit Lug, Trug und Erpressung; sie vertuscht die wahren Hintergründe, manipuliert die Tatsachen und verbiegt das Gesetz.

Knapp zwanzig Jahre später gestaltet Bob Leuci, auch ein Insider, der zwei Jahrzehnte lang dem New Yorker Polizeiapparat angehörte, dasselbe Thema – und wenn man sich den ganz normalen Wahnsinn der achtziger Jahre, die stärkere Sexualisierung vor allem, aus Leucis Roman *Doyle's Disciples* (›Doyles Jünger‹; 1984) wegdenkt, hat sich nicht viel geändert. Noch immer gewähren Polizisten in hohen Positionen den Gangstern, mittlerweile vor allem Rauschgifthändlern und Zuhältern, gegen ein angemessenes Entgelt ihren Schutz, und wer mitspielt, hat ein vergleichsweise leichtes Leben und macht Karriere, wer sich verweigert, wird schikaniert und kommt aufs Abstellgleis. Daß ein Killer unter den korrupten Polizisten aufzuräumen beginnt, erscheint fast nebensächlich. Wichtig ist, daß der Corpsgeist unter allen Umständen gewahrt bleibt. So quittiert der »gute Polizist« (was hier allerdings nur heißt: der am wenigsten schlechte) am Ende zwar seinen Dienst. Aber er ist nicht bereit, der neuen Antikorruptionseinheit gegen seine alten Kollegen zu helfen, weil deren Leiter ihm gegenüber von Polizisten gesprochen hat, »als ob sie minderwertige Leute seien«. Das sind sie nämlich nicht – nicht in einer Welt, die nur aus Dreck und Scheiße, Mord und Brutalität besteht, in der tagtäglich Dinge geschehen wie das, was der positive Held, auf den Leiter der Antikorruptionseinheit wartend, in der Zeitung sieht:

»Vier Straßenräuber in gebückter Haltung und mit Handschellen auf dem Rücken blickten auf Seite zwei in die Kamera eines Fotografen. Sie sahen wie Ungeheuer aus, wie Tiere von einem anderen Stern. Sie waren verhaftet worden, weil sie einen vierzehnjährigen Schüler mit Messerstichen ermordet hatten. Sie hatten ihn wegen seines Radios getötet. Sie hatten neunmal zugestochen, dann hatten sie auf dem U-Bahnsteig getanzt.«

In einer solchen Welt, in der die Psychopathen (die auch nur Opfer einer immer unbarmherzigeren Gesellschaftsordnung sind) tagtäglich für die grauenhaftesten Gewalttaten sorgen, kann die Polizei einfach nicht altmodisch brav bleiben; sie muß sich – dies die Meinung der wichtigsten Autoren von amerikanischen Polizeikrimis in den achtziger Jahren – den Psychopathen auf gleicher Ebene entgegenstellen, mit anderen Worten: selbst psychopathisch reagieren, wenn sie Erfolg haben will.

Der 1937 geborene, in Los Angeles ansässige Joseph Wambaugh beginnt zu Beginn der siebziger Jahre mit ausgesprochen polizeifrommen Büchern. Wambaughs Erstling, *The New Centurions* (›Nachtstreife‹; 1970) schildert nicht die Aufklärung eines einzelnen Falles; er versucht sich gleich an einem Gesamtpanorama der Polizeiarbeit in Los Angeles. Ausgehend vom Schicksal dreier junger Leute, die direkt von der Polizeischule kommen, einem Intellektuellen, einem Mexikaner mit Identitätsproblemen und einem Hasenfuß, der panische Angst vor Gewalt hat, beschreibt Wambaugh den dienstlichen Alltag: Umgang mit Dieben und Räubern, Nutten und Zuhältern, Rauschgiftsüchtigen und psychopathischen Mördern. Natürlich sind unter den geschilderten Polizisten nicht nur Unschuldsengel und so gut wie keine strahlenden Helden. Dennoch liest sich *The New Centurions* als Loblied auf die Polizei, die in einer Endzeitgesellschaft einen Rest von Ordnung aufrechterhält. Mit den Worten von Wambaughs Streifenpolizist Kilvinsky: »Heute verlieren diese Verbote an Einfluß, und sie werden im Namen der Freiheit abgeschafft, und wir von der Polizei können nicht das geringste unternehmen. Sobald die Leute einmal ein Verbot aus der Welt geschafft haben, schrecken sie auch zunehmend weniger davor zurück, andere Verbote aufzulösen. In der Regel müssen zuerst die Gesetze daran glauben, die so etwas wie Sitte und Anstand zum Inhalt haben, oder wie man das auch nennen will. Als nächstes werden gewisse geringfügige Vergehen straffrei, und so geht das weiter, bis keinerlei Einschränkungen mehr bestehen. Allerdings werden spätestens zu diesem Zeitpunkt diese sogenannten ›freien‹ Menschen wieder anfangen, eine Truppe zur Wahrung einer gewissen Ordnung aufzustellen, da sie nämlich schnell feststellen werden, daß die Freiheit etwas Häßliches und Beängstigendes ist, das nur in kleinen Dosen zu ertragen ist« – ein glasklares Plädoyer für »Law and Order«, das von der Fabel des Buches eindeutig unterstützt wird. Denn am Ende muß ausgerechnet der intellektuelle Polizist ins Gras beißen, weil er es nicht lernt, seiner Umwelt mit genügend Mißtrauen zu begegnen. Als man ihn zum zweiten Mal in den Bauch schießt, gibt es für Roy Fehler (ein »sprechender Name«?) keine Rettung mehr.

Dem Helden von Wambaughs zweitem Roman *The Blue Knight* (›Der müde Bulle‹; 1972) würde so etwas nie passieren. Bumper Morgan, vom Autor alles andere als sympathisch gezeichnet, ist nicht nur dick und dumm, sondern auch faul, egoistisch, korrupt und gerissen; auf seinen Vorteil versteht er sich. Um einen Ganoven festzusetzen, den er nicht leiden kann, übertritt dieser Bumper nicht nur die Dienstvorschriften, sondern leichten Herzens auch das Gesetz. Und sein Autor entschuldigt ihn dafür. Das Polizeirevier, die Polizeiarbeit, meint Wambaugh zu diesem Zeitpunkt, komme nicht aus ohne diese Bullen vom Typ Bumper, die notfalls auf eigene Faust Schieflagen bereinigen und derart für etwas wie höhere Gerechtigkeit sorgen. Was freilich geschieht, wenn sie sich mal irren; soll doch schon vorgekommen sein, oder?

In *The Onion Field* (›Tod im Zwiebelfeld‹; 1973) hat sich Wambaughs Haltung zur Polizei noch nicht wesentlich geändert. Auf den Spuren von Truman Capotes *In Cold Blood*[2] beschreibt das Buch zwischen Fiktionen und Fakten den Mord an einem Polizisten und die anschließende Gerichtsverhandlung. Es ist das nüchternste, (mit fast 600 Taschenbuchseiten) umfangreichste und wohl auch ernsthafteste Buch Wambaughs, der sich hernach geradezu in das Milieu zu verlieben scheint, das er als einen klebrigen Morast aus Geilheit, Stumpfsinn und Verkommenheit vor uns ausbreitet.

Die jüngsten Romane Wambaughs übertreffen sich in Schilderungen von Los Angeles–Hollywood als Babylon: die Polizei nicht einmal nur mittendrin, sondern beinahe sogar vorneweg; der Stumpfsinn als Dienstprogramm, die totale Frustration das vorprogrammierte Ergebnis.

The Black Marble (›Ein guter Polizist‹; 1978) ist eine breit ausgewalzte Satire auf das Leben einer Gesellschaft, die keine anderen Sorgen hat als ihre eigene Unterhaltung, und die sich infolgedessen ihre eigenen, grotesken Sorgen macht, vornehmlich solche, die sich aus Alkoholismus, Drogenkonsum und hemmungslosem Sex ergeben. Im Mittelpunkt der Romanhandlung stehen ein versoffener, weinerlicher Detektiv, der das Heimweh nach seiner russischen Jugend im Wodka ertränkt und in russisch-orthodoxen Kirchen beschwört, ein gestohlener Zwergschnauzer und ein verrückter Hundezüchter, der mit der Entführung eben dieses Zwergschnauzers und der Erpressung seiner spinnerten Besitzerin seine finanzielle Misere zu beenden hofft. Was bei Patricia Highsmith[3] den Stoff zu einer Tragödie abgibt, ist bei Wambaugh ein fies-groteskes Sittengemälde aus Blut und Sex, Sperma und Exkrementen, das zwischen Kritik und Faszination unentschieden schwankt: die Abbildung einer idiotischen Welt, die den Spießbürger im Autor wie im Leser ebenso exotisch-interessant anmutet, wie sie ihn abstößt – weshalb sonst 428 Taschenbuchseiten (in der deutschen Ausgabe) über einen Fall, der der Kriminalberichterstattung der Zeitungen nicht einmal eine Notiz auf der zehnten Seite wert wäre?

Dafür wartet *The Glitter Dome* (›Der Hollywood-Mord‹; 1981) wieder mit einem schlagzeilenträchtigen Verbrechen auf. In ein Polizei-Panorama nach Art der »New Centurions«, nur wesentlich verzerrter und kaputter, ist der Mordfall an einem Hollywood-Gewaltigen als Aufklärungsarbeit für die Detektive eingebaut. Unter den jungen, strammen Bullen, die sich im Umkreis von Hollywood die knackigsten Starlets unter die Nägel reißen, macht Albert Mackey eher eine mickrige Figur: ein magerer, unattraktiver Mitvierziger, der bei seinen sexuellen Abenteuern mit abgetakelten Flittchen und maßlos anspruchsvollen Filmnutten gleichermaßen impotent bleibt und selbst im – halb beruflich, halb aus privater Geilheit aufgesuchten – Massagesalon eine ejaculatio praecox hat, ein Versager in jeder Hinsicht. Sein Partner Martin Welborn aber, der im Vergleich der beiden Polizisten als der weitaus normalere erscheint, wird sich am Ende des Romans auf eine Weise, die nach Unfall aussieht, das Leben nehmen, offenbar, weil ihn seine Umgebung stärker ankotzt, als er auf die Dauer ertragen kann. Den Mordfall – in dem es um die Steigerung der allgemeinen Perversionen durch einen offenbar vom Ermordeten geplanten »Snuff-Film«[4] geht – klären die beiden unabhängig voneinander auf, wenn auch nur, um die Wahrheit letztlich zu vertuschen.

Prinzipiell ist *The Delta Star* (›Der Delta-Stern‹; 1983) nach demselben Strickmuster angefertigt. Über fast die Hälfte des Buchumfangs steht »Leery's Saloon« im Mittelpunkt der Handlung: eine üble Pinte, in der sich die Polizisten samt Groupies und sogar Polizeihunden den Frust ihrer Existenz von der Seele saufen. Was Wambaughs Personal begegnet, ist schmutzig bis mörderisch, und seine Reaktionen sind nicht viel besser; noch die sympathischeren der Polizisten äußern politische Ansichten, die sie in der SS als unanstößig hätten erscheinen lassen. Aber deutlich wird, daß das faschistoide Maulheldentum und das grobe Verhalten nur Selbstschutz ist, Reaktionen auf eine Umwelt, die total aus den Fugen geraten ist. So hat denn eine typische Unterhaltung an Leerys langer Theke folgenden Verlauf: »Dilford verkündete plötzlich ungefragt und aus heiterem Himmel: ›Die Selbstmordrate ist heutzutage wirklich erschreckend.‹ Dolly zog daraus ihrerseits sofort einen völlig unsinnigen Schluß: ›Mord ist in Amerika eine der hauptsächlichen Todesursachen bei Kindern.‹ Jane Wayne, die mit dem schrecklichen Tschechen an die Bar zurückgekehrt war, sagte: ›Daß Eltern es fertigbringen, ihre Kinder zu töten, ist das Unmenschlichste, was man sich vorstellen kann.‹ ›Kinderporno, Kindermord, Selbstmord‹, sagte Cecil Higgins und sah vom Boden seines Glases auf. ›Vielleicht ist das das Ende der Welt.‹«

Das ist es wohl: das Ende der Welt; so jedenfalls empfinden es der Autor und seine Figuren. Und sie reagieren darauf mit Stumpfsinn und Hohngelächter – der Autor allerdings mit einem unerwarteten Kunststück, indem er in der zweiten Hälfte des Romans aus Alkoholdünsten und Spermagerüchen eine fast klassische Detektivgeschichte entbindet: ein veritables Kunststück, das möglicherweise einen Hinweis gibt auf künftige Entwicklungen. Denn mit Wambaughs Romanen und denen des – Zufall oder nicht? – ebenfalls in Los Angeles lebenden James Ellroy sind die Möglichkeiten der Destruktion im zeitgenössischen Kriminalroman wohl ausgeschritten.

James Ellroy ist 1948 in Los Angeles geboren. In einem Interview mit Duane Tucker nach dem Erscheinen seines dritten Romans[5] hat Ellroy erzählt, sein Vater, ein Buchhalter in den Filmstudios von Hollywood, habe ihm schon als Dreijährigem das Lesen beigebracht; »Bücher wurden zu meinem Lebensinhalt; seitdem las ich nur noch«. Als Ellroy zehn war, wurde seine Mutter ermordet: »Ein Mann hatte sie in einer Bar aufgelesen und erdrosselt.« Sein Lesen »konzentrierte sich danach auf bestimmte Themenbereiche: Krimis und Tatsachenberichte über Verbrechen. Ich las sie kiloweise.« Das konnte natürlich nicht gutgehen: Schuleschwänzen, Prügeleien, kleine Diebstähle – Rauswurf aus der Schule. Der Vater glaubt, die Army könne den aus der Bahn Geworfenen wieder hinbiegen. Doch der haßt das Militär und ergreift die erste Chance, ihm zu entkommen: »Ich zog Nutzen aus dem Tod meines Vaters und täuschte einen Nervenzusammenbruch vor, der für eine vorzeitige Entlassung wegen Untauglichkeit sorgte.« Zurück in L. A. Drogen und Alkohol: »Fortan hatte ich zwei Lieblingsbeschäftigungen: voll zu werden und Krimis zu lesen.« Knapp zehn Jahre lang lebt er als Penner und handelt sich »zirka fünfzig Festnahmen wegen Trunkenheit, Betreten fremden Eigentums, Ladendiebstahls, ruhestörenden Lärms und ähnlicher Bagatelldelikte ein, die alle mit Alkohol in Zusammenhang standen«. Dann, ganz am Tiefpunkt, kommt die Wende: »Wegen einer Serie von Krankheiten, die auf Alkohol- und Drogenkonsum zurückzuführen waren, wäre ich Anfang '77 beinahe abgekratzt. Da ich mich fürs Leben oder für den Tod entscheiden mußte, wählte ich das Leben. Ich bin jetzt seit August 1977 trocken« (sagte er 1984). 1979 beginnt er zu schreiben, 1981 kommt *Brown's Requiem* (›Browns Grabgesang‹) heraus, Ellroys erster Roman.

Das Buch erzählt von einem deutschstämmigen Beethoven-Freak, der zu Beginn der Handlung seinen Unterhalt dadurch verdient, daß er armen Teufeln ihre Autos wieder abjagt, die sie auf Raten gekauft und nicht pünktlich abbezahlt haben. Durch Zufall gerät Fritz Brown, eine Art von Detektiv, in einen Kriminalfall, den er gänzlich gegen die Spielregeln spielt: ausschließlich zu seinen Gunsten statt zum Vorteil seines unsympathischen Klienten. Browns privater Rachefeldzug gegen die Gesellschaft kostet mehrere Menschen das Leben, macht ihn zum reichen Mann, bringt ihn aber auch um die große Liebe seines Lebens; die Frau, die Brown liebt, nennt ihn – zu Recht – einen Mörder und verläßt ihn; Brown flüchtet sich in eine merkwürdig irreale – jedenfalls aber gewaltlose – Traumwelt aus Musik und Phantastereien.

In Ellroys zweitem Roman *Clandestine* (›Heimlich‹; 1982), den er selbst als die »stark fiktionalisierte Interpretation« der Ermordung seiner Mutter bezeichnet hat, ist die Hauptperson bereits ein Uniformierter: der Streifenpolizist Fred Underhill, der die Lust am Golfspielen und seinen Job hintanstellt, um sich an die Fersen eines Frauenmörders zu heften, der eine blutige Spur durch Los Angeles zieht.

Ellroys Hauptwerk, auf fünf Bände geplant, beginnt mit dem Roman *Blood on the Moon* (›Blut auf dem Mond‹; 1984). Zentralfigur des Romans ist Sergeant Lloyd Hopkins, der beste – aber auch der verrückteste – Mann im Morddezernat der Polizei von Los Angeles. Hopkins hat die Stanford Universität, in welchem Fach auch immer, »summa cum laude« absolviert, ist natürlich beim Militär gewesen, aber immer noch ein Idealist, als er 1965 mit 23 Jahren zur Polizei kommt. Doch gleich bei seinem ersten Einsatz in einer bürgerkriegsähnlichen Situation geht alles schief. Hopkins gerät an einen Scharfmacher als Kommandeur, der die Probleme nicht löst, sondern sadistisch erst herbeiführt. Als Sergeant Richard Beller in einer Kirche ein Blutbad unter Farbigen anrichtet, erschießt ihn der junge Hopkins aus Gerechtigkeitsgefühl. Er schläft mit seiner Freundin Janice, treibt es im Auto mit einer farbigen Prostituierten und kehrt ein letztes Mal nach Hause zurück. Dort erzählt er seiner Mutter, »der stummen, frühzeitig gealterten Frau, seine ganze Lebensgeschichte, die mit der Tötung eines Mörders endet, der Unschuldige umgebracht hatte, und daß er jetzt mehr denn je das Leben unschuldiger Menschen schützen würde«.

Hopkins hält sich an sein Versprechen. Aber er tut es auf seine Weise, und sein Lebenswandel und sein Verhalten sind, gelinde gesagt, etwas unkonventionell. Als die Haupthandlung von *Blood on the Moon* einsetzt, Anfang der achtziger Jahre, ist Lloyd Hopkins anderthalb Jahrzehnte mit Janice verheiratet, und die beiden haben drei Töchter. Doch obwohl Hopkins Frau und vor allem Kinder aufrichtig liebt, ist die Ehe schlecht, und am Ende des Buches werden Frau und Kinder Hopkins verlassen haben, sehr gegen seinen Willen, aber absolut verständlich; seine Eskapaden als Mann und als Polizist lassen Janice kaum eine andere Wahl.

In *Blood on the Moon* jagt Hopkins, wie zuvor Underhill in *Clandestine*, einen wahnsinnigen Frauenmörder, den »Dichter«, einen Liebhaber des Unbedingten wie Hopkins selbst. Im nächsten Roman, *Because the Night* (›In der Tiefe der Nacht‹; 1984) ist Hopkins' Widersacher ein Psychiater, der sich seine Opfer auf der Behandlungscouch gefügig macht, seine Morde indirekt durch willenlose Helfer begeht und womöglich noch verrückter, gewiß aber gefährlicher ist als der Frauenmörder von *Clandestine*. Am Ende des Buches hat Hopkins, dem unterwegs wie selbstverständlich die schönsten Frauen zufallen (überwiegend allerdings Prostituierte), den wahnsinnigen Psychiater Dr. John Havilland zur Strecke gebracht, der – ein Luzifer, der sich für Gott hält – seine Patienten über die Schwelle zu treiben versucht, die sie »jenseits des Äußersten« führt. Doch einer der Hauptgehilfen des Doktors ist übriggeblieben, entkommen; ihn holt Hopkins sich zu Beginn des dritten Bandes der Serie, *Suicide Hill* (›Hügel der Selbstmörder‹; 1986).

Dabei freilich erleidet Hopkins einen Nervenkollaps; er muß in psychiatrische Behandlung, die die Empfehlung an das Dezernat erbringt, ihn schnellstmöglichst in den Ruhestand zu schicken. Der Seelenklempner attestiert Hopkins »eine obsessiv-compulsive Persönlichkeit«, »präadoleszente Selbstsüchtigkeit«, eine starke Neigung zu Gewalttaten und einen starken Sexualtrieb, »den er sich selbst gegenüber als ›Ausgleichsbemühungen‹ erklärt und rechtfertigt, der dazu diene, seine gewalttätigen Impulse abzulenken«, mit einem Wort: eine hochgradige Neurose.

So kämpft denn Hopkins das Buch über gegen mindestens dreierlei (wenn man das Bemühen um die Rückkehr seiner Familie nicht rechnet): den Amtsschimmel, der seinen erfolgreichsten Mann loswerden möchte, einen Captain, der in Hopkins sozusagen eine verwandte Seele bekämpft, und einige Kriminelle, die zwar eine recht blutige Ernte einbringen, im Grunde aber keine rechten Gegner für Hopkins sind, den Ellroy selbst zu einer gottähnlichen Figur hinaufstilisiert: nicht nur zum Rächer, sondern fast zum Bewahrer der Welt berufen und als solcher natürlich vom Gesetz nicht erreichbar; das höhere Recht ist ohnehin auf seiner Seite.

Natürlich läßt sich das alles von Ellroys Biographie her erklären, der frühen traumatischen Erfahrung der Ermordung der Mutter vor allem, die der Autor selbst nicht ohne Ironie ins Spiel bringt: »Wenn meine Mutter nicht ermordet worden wäre, wäre ich vielleicht Autor von Kinderbüchern à la Disney geworden.« Doch wieviel auch immer sich an Ellroys Büchern und ihrer Hauptfigur Lloyd Hopkins tiefenpsychologisch erklären mag: Es bleibt ein ungelöster Rest. Die Figur des Sergeanten Hopkins, auch die seiner Vorgänger, hat einen kühnen Zuschnitt; vermutlich ist ihr sogar das Attribut der Größe zuzugestehen. Aber es ist eine dunkle, böse, ebenso gefährliche wie gefährdete Größe, die ebenso nahe am Wahnsinn ist wie die Negativfiguren, die Hopkins durch ihren mephistophelischen Zuschnitt über das gemeine Volk erhöhen. Noch hält Hopkins sein Versprechen, für die Unschuldigen einzutreten und sie zu beschützen. Aber für sein Unterscheidungsvermögen von Gut und Böse, Schuld und Unschuld, kann auf Dauer niemand garantieren, am wenigsten der Autor, der die Schattenlinie im Denken und Handeln seines Helden stufenweise weiter hinauszuschieben scheint.

Vielleicht, daß Charles R. Willeford, geboren 1919 in Little Rock, Arkansas, zu ähnlicher Bedeutung gewachsen wäre, wenn er ein wenig mehr Zeit gehabt hätte. Doch der Literaturkritiker des »Miami Herald« begann erst mit 65, Kriminalromane zu schreiben, und ist, im Frühjahr 1988, bereits mit 69 Jahren gestorben; von seinen immerhin fünf Kriminalromanen sind zum Zeitpunkt seines Todes erst zwei ins Deutsche übersetzt.

Mit *Miami Blues* (›Miami Blues‹; 1984) hatte Willeford eine Polizeiserie begonnen, die wie die Fernsehabenteuer von »Miami Vice« in der Florida-Metropole spielt, auf Glanz und Glamour der Telepolizisten aber verzichtet. Sergeant Hoke Moseley, die Hauptfigur der ersten beiden Krimis von Willeford, ist ein ziemlich durchschnittlicher Polizist mit erheblichen privaten Problemen. Er fährt keinen Ferrari und trägt keine Maßanzüge; das einzige, was speziell für ihn angefertigt wurde, ist ein künstliches Gebiß, das zu allem Überfluß bei seinem ersten Abenteuer noch kaputtgeht.

Moseleys Ehe ist gescheitert; im zweiten Buch der Serie, *New Hope for the Dead* (›Auch die Toten dürfen hoffen‹; 1985), schickt ihm seine Frau die gemeinsamen minderjährigen Kinder auf den Hals: ein großes Problem für den ständig in finanziellen Engpässen steckenden Officer, der in einem billigen Hotel – zusätzlich – den Hausdetektiv spielen muß, um dort wenigstens eine billige Bleibe zu haben.

Es ist wohl sein Sinn für Realität, der Willeford seinen beamteten Helden ganz unheldisch zeichnen, seine Gegenspieler aber höchst phantasievoll und farbenprächtig herausputzen läßt. In den Gangstern, mit denen es Moseley zu tun hat, versammelt Willeford den ganzen Wahnsinn dieser Zeit und der amerikanischen Gesellschaft; in ihren verdrehten Köpfen spiegelt sich die Welt auf eine höchst befremdliche Weise – mit anderen Worten: Sie sind durchweg gefährliche Psychopathen. Der Gegensatz zwischen der Normalität von Moseley & Kollegen und ihren aus allen menschlichen Bindungen gefallenen Widersachern ist ein wesentlicher Reiz der Romane dieses Autors, der schon mit seinem zweiten Buch beachtliches Profil entwickelt und in den folgenden drei Bänden – *Sideswipe*; *Kiss Your Ass Goodbye* (beide 1987) und *The Way We Die Now* (1988) – den Branchengerüchten aus Amerika zufolge noch besser sein soll. Ironie des Schicksals: Zwei Wochen nach der Auslieferung des Buches mit dem Titel *The Way We Die Now* ist Charles Willeford, 69jährig, in Miami gestorben.

[1] Über Dorothy Uhnaks Romane um die Detektivin Christie Opara siehe das Kapitel »Marlowes Töchter«, auf den Seiten 165ff. dieses Buches.

[2] Capotes ›Kaltblütig‹ (New York 1965) gilt als Begründer einer neuen literarischen Spezies: des Fakten-Romans (True Crime-Literatur). Capote rekonstruiert einen echten Mordfall und versucht, die Motivation der Killer zu ergründen.

[3] In *A Dog's Ransom* schildert Patricia Highsmith die Entführung eines Pudels, für dessen Rückgabe die Kidnapper 1000 Dollar verlangen. In der mitleidslosen Umwelt von New York erwachsen aus dem Bagatellfall Spannungen und Brutalitäten, die mehrere Menschen aus der Bahn werfen.

[4] Unter einem »Snuff-Film« versteht man einen Pornostreifen, in dem die Brutalitäten bis hin zum Mord nicht vorgetäuscht, sondern echt sind. Nach Wambaughs Darstellung ist die Existenz solcher Filme bisher nicht erwiesen; der Polizei von Los Angeles jedenfalls sei die Sicherstellung einer »Snuff-Kopie« noch nicht gelungen.

[5] Das Interview ist abgedruckt als Nachwort zur deutschen Ausgabe von Ellroys Roman

›Browns Grabgesang‹, Ullstein Verlag, Berlin 1986, S. 279 ff.; die Zitate stammen sämtlich von dort.

Ausgewählte Bibliographie

Dorothy Uhnak: *Gesetz und Ordnung* – Scherz Verlag, München.
John Eugene Hasty: *Ein Engel mit schmutzigen Flügeln*; *Ärger mit der Polizei* – Rowohlt Verlag, Reinbek.
Bob Leuci: *Doyles Jünger* – Ullstein Verlag, Berlin.
Bill Granger: *Frauenmord in Chicago*; *Priestermord in Chicago* – Ullstein Verlag, Berlin.
Joseph Wambaugh: *Nachtstreife*; *Der müde Bulle*; *Tod im Zwiebelfeld*; *Die Chorknaben*; *Ein guter Polizist*; *Der Hollywood-Mord*; *Der Delta-Stern* – sämtlich Heyne Verlag, München.
James Ellroy: *Browns Grabgesang*; *Heimlich*; *Blut auf dem Mond*; *In der Tiefe der Nacht*; *Hügel der Selbstmörder* – sämtlich Ullstein Verlag, Berlin.
Charles Willeford: *Miami Blues*; *Auch die Toten dürfen hoffen* – Ullstein Verlag, Berlin.

Polizei, dein Freund und Helfer (IV):

Die Sjöwall/Wahlöös und Janwillem van de Wetering – Kritik und Gelächter

Daß man ausgerechnet Kriminalromane in Gemeinschaftsarbeit produzieren kann, erscheint unwahrscheinlich. Dennoch sind in der zweiten Hälfte des 20. Jahrhunderts mindestens zwei Teams von Krimiautoren weltberühmt geworden: die Franzosen Boileau/Narcejac[1] und die Schweden Sjöwall/Wahlöö.

Per Wahlöö, geboren am 5. August 1926 in Göteborg, war bereits als gestandener Spannungs-Romancier ausgewiesen, bevor er zusammen mit seiner Frau Maj Sjöwall (geboren am 25. September 1935 in Stockholm) jene Romanserie um Kommissar Martin Beck und seine Kollegen von der Stockholmer Reichsmordkommission zu schreiben begann, die den europäischen Kriminalroman veränderte. Wahlöö war nach dem Schulabschluß 1946 Journalist geworden und hatte für verschiedene schwedische Zeitungen gearbeitet; er hatte in den fünfziger Jahren Spanien bereist und war von der Regierung des Franco-Regimes ausgewiesen worden. Sein erster Roman *Hövdingen* (›Foul Play‹) erschien 1959 und erzählt von einem Mann, der einen Provinz-Fußballklub um jeden Preis in die Elite-Klasse puschen will. In rascher Folge kamen die

Romane *Vinden och regnet* (›Wind und Regen‹; 1961), *Lastbilen* (›Das Lastauto‹; 1962) und *Uppdraget* (›Libertad!‹; 1963) heraus; sie spielen – wie *Generalerna* (›Die Generale‹; 1965), Wahlöös wohl bestes Buch dieser Periode – in fiktiven spanisch-südamerikanischen Milieus und haben durchweg einen starken politischen Einschlag. Dagegen sind *Mord på 31: a våningen* (›Mord im 31. Stock‹; 1964) und *Stålsprånget* (›Unternehmen Stahlsprung‹; 1968) negative Utopien, in denen ein pervertierter, absoluter Sozialstaat die formierte Gesellschaft zu Tode pflegt und das Aufbegehren einzelner Individuen nicht nur unterdrückt, sondern wie ungeschehen macht.

Der bleibende Ruhm Wahlöös allerdings beruht auf jenen zehn Romanen, die er zusammen mit seiner Frau, der Lyrikerin Maj Sjöwall, geschrieben hat. Die Serie – besser wohl: der Zyklus –, von vornherein auf zehn Bände geplant (und gerade abgeschlossen, als Wahlöö 1975 starb), umfaßt eine Zeitspanne von exakt zehn Jahren, die Dekade zwischen 1965 und 1975. Sie zeigt ein Stockholmer Polizistenteam bei der Arbeit und könnte – bei aller gebotenen Vorsicht gegenüber einem so hochgreifenden Vergleich – für die Beschreibung der schwedischen Gesellschaft dieser Zeit dereinst als ähnlich repräsentativ gelten wie Balzacs *Comédie Humaine* für die Beschreibung des französischen Bürgertums um die Mitte des 19. Jahrhunderts.

In dieser Dekade hat sich die Einstellung der Autoren gegenüber der Gesellschaft und dem Staat, in dem sie leben, stark verändert (jedenfalls, soweit diese Einstellung in den Romanen Ausdruck findet). Schon in ihren Anfängen fehlt jener Enthusiasmus für die Polizeiarbeit und jener blinde Glaube an das prinzipielle Wohleingerichtetsein der Welt, der manche Durchschnittsprodukte des »police procedural« nahezu ungenießbar macht. Polizeiarbeit im schwedischen Wohlfahrtsstaat war für Maj Sjöwall und Per Wahlöö, wie der Schluß des ersten Buches des Zyklus, *Roseanna* (›Die Tote im Götakanal‹; 1965), zusammenfaßt, ein Job wie jeder andere.

Was die frühen Romane des schwedischen Gespanns so attraktiv macht, läßt sich mit dem Begriff des Realismus einigermaßen umreißen. Die Polizeiarbeit wird nicht verklärt, sondern nüchtern und zuweilen auch schon ernüchternd beschrieben. Die Polizisten sind keine Supermänner, und sie bilden keine verschworene Gemeinschaft, sondern sie sind Kollegen, die gegenseitige Unterstützung brauchen. Abneigungen werden kräftig gepflegt; Fehler sind unvermeidlich. Aber meistens kommen diese spezialisierten Fachleute am Ende doch ans Ziel, dank ihres redlichen Bemühens und mit Hilfe eines zunehmend schwerfälliger reagierenden Apparates, oft allerdings erst Jahre später oder nach zahlreichen Umwegen.

Ihre Fälle unterscheiden sich gewaltig von denen, die bei Agatha Christie oder selbst bei Chandler oder Ross Macdonald zur Lösung anstehen. Es sind durchweg jene »modernen«, gleichsam abstrakten Gewalttaten, bei denen zwischen Opfer und Täter eine unmittelbar persönliche, über die Tat hinausweisende Beziehung nicht oder kaum gegeben ist. Es sind Sexualmorde, Amokläufe, Tötungen im Affekt, auch Fälle, in denen Außenseiter der Gesellschaft blutige Rache nehmen an Menschen, die ihnen vorher übel mitgespielt haben. Unzweifelhaft ist in allen diesen Fällen das Verbrechen ein Symptom für die Krankheit der Gesellschaft (die durch die Überführung des Täters keineswegs geheilt wird), und das wiederum führt zu einem gewissen Verständnis der Jäger für die Gejagten. »Beinahe alle, denen wir bei unserer täglichen Arbeit begegnen, tun mir leid«, erklärt am Ende von *Den skrattande polisen* (›Endstation für neun‹; 1968) der Polizist Gunvald Larsson einem Kollegen. »Das sind meistens arme Würstchen, die in irgendwas reingeschlittert sind. Oft ist es nicht ihre Schuld, daß sie nichts begreifen und alles schiefgeht.«

Damals immerhin standen die Autoren der Polizei als sichtbarem Ausdruck staatlicher Gewalt mit wohlwollender Neutralität gegenüber. Doch mit jedem neuen Buch wurde das Bild von der schwedischen Polizei, von der politischen Führung, vom Staat und der Gesellschaft, der sich diese Führung verschrieben hatte, negativer und pessimistischer. Immer unverhohlener artikulierte sich bei Sjöwall/Wahlöö ein tiefes Unbehagen am schwedischen Sozialstaat, in dem immer mehr von Bürokraten reglementiert werde, der zu einem Dorado der Faulen und Untüchtigen entartet sei und dessen lähmendes, frustrierendes Klima sich konsequent umsetze in sinnlose Gewalttaten und sadistische Brutalitäten, die als Ventil der Langeweile zu gelten hätten.

Von diesen Vorwürfen ist die Polizei nicht ausgenommen, sondern, im Gegenteil, besonders stark betroffen. Wenigen demokratischen, sachverständigen, arbeitswütigen Polizeibeamten stehen bei Sjöwall und Wahlöö immer mehr autoritäre, dußlige, pflichtvergessene Polizisten gegenüber, die nur noch mit dem Gummiknüppel denken und zu jeder sachgerechten Polizeiarbeit unfähig sind. Typisch für diesen »Bullentyp« sind die Streifenpolizisten Kristiansson und Kvant, die in *Mannen på balkongen* (›Der Mann auf dem Balkon‹; 1967) noch relativ neutral geschildert werden. Sie stoßen auf einen psychopathischen Kindermörder und retten so einem kleinen Mädchen das Leben. Später werden sie geradezu zu Personifizierungen polizeilichen Stumpfsinns und Versagens.

Sie vermasseln, teils aus Faulheit, teils aus Aufgeblasenheit, jeden Einsatz, legen sich mit harmlosen Bürgern an, die sie eigentlich schützen sollten und ziehen den Schwanz ein, wenn sie wirklich einmal auf den Widerstand echter Verbrecher stoßen.

Die Unfähigkeit allerdings ist nicht auf die niederen Ränge beschränkt. Was die Streifenpolizisten und Konstabler im Kleinen anrichten, ist nur die Konsequenz dessen, was die Polizeiführung vorgegeben hat, indem sie, beispielsweise, politische Demonstrationen kriminalisierte, die Polizei bis an die Zähne bewaffnete und zu hartem Durchgreifen anhielt – ein Verfahren, das die Eskalation der Gewalt nach Ansicht von Sjöwall/Wahlöö nicht verhinderte, sondern geradezu provozierte. Unfähige, aber politisch anpassungsbereite Beamte rücken in Spitzenpositionen auf und behindern die wenigen Gerechten bei der Arbeit. So kann es geschehen, daß in *Det slutna rummet* (›Verschlossen und verriegelt‹; 1972), dem achten Band des Zyklus, die Arbeit der Polizei, der Eliteeinheit von Riksmordkommissionen eingeschlossen, praktisch nur noch aus einer Summe von Willkürakten und groben Ermittlungsfehlern besteht. »Gerechtigkeit« wird hergestellt durch die simple Tatsache, daß sich die Fehler in der Summe gegeneinander aufheben und Ganoven bestraft werden für Taten, die sie nicht begangen haben, während sie für Verbrechen, an denen sie schuldig sind, frei ausgehen; der Zynismus, auch der Autoren, erreicht seinen Höhepunkt. Nicht einmal die Verhinderung eines Bankraubs, über den sie vorher informiert sind und dessen Tatortskizze ihnen vorliegt, gelingt in diesem Buch; die Beamten kommen gar nicht auf die Idee, daß die Bank, die überfallen wird, nicht in Stockholm, sondern in Göteborg liegen könnte.

Dabei ist ›Verschlossen und verriegelt‹, was die Erfolglosigkeit und den Zynismus der Polizei angeht, noch nicht einmal der negative Höhepunkt des Zyklus. Im folgenden Roman, *Polismordaren* (›Der Polizistenmörder‹; 1974) ist die Polizei noch kaputter, ihre Bilanz noch trostloser. Die Skrupel umfassen jetzt nicht einmal mehr nur die gegenwärtige Polizeiarbeit, sondern sogar jene, die in den frühen Jahren neutral bis halbwegs wohlwollend geschildert wurde. Die Autoren rehabilitieren, ein einmaliger Fall in der Geschichte des Kriminalromans, nunmehr den Mörder ihres ersten Romans, der in ›Der Polizistenmörder‹ automatisch wieder in die Polizeimaschinerie gerät, als in seiner Umgebung ein Frauenmord passiert. Das geht zwar nicht so weit, daß sich die Unschuld des einschlägig Vorbestraften auch für den alten Götakanal-Fall herausstellt. Doch einer der Beamten stellte fest, daß der Mann damals in einem Rechtsstaat nie hätte verurteilt werden dürfen, weil die Beweiskette gegen ihn viel zu lückenhaft gewesen sei.

Derselbe Beamte, in neun Romanen von Sjöwall/Wahlöö einer der positiven Helden, quittiert am Ende des Buches den Dienst, weil »ich es einfach nicht länger aushalte, Polizeibeamter zu sein«. Als er »den Beruf des Polizeibeamten ergriff«, so Lennart Kollberg in seinem Gesuch um »fristlose Entlassung aus meinem Dienstverhältnis«, habe er sich »nie träumen lassen, daß er sich so wandeln würde, wie das geschehen ist, oder in die Richtung gehen würde, die später eingeschlagen wurde. Ich bin der Mann, der sich nach 27 Berufsjahren in solchem Maße seines Berufslebens schämt, daß mein Gewissen es mir verbietet, ihn noch länger auszuüben«. Lieber sortiert der »Systematiker« Kollberg im Armeemuseum historische Waffen – ein Job, den er im letzten Band des Zyklus, *Terroristerna* (›Die Terroristen‹; 1975) tatsächlich ausübt.

Bezeichnenderweise findet der Polizistenmord, der dem neunten Buch der Serie den Titel gibt, gar nicht statt, jedenfalls nicht im Sinne eines Mordes an einem Polizisten. Zwar stirbt ein Beamter bei einem Zusammenstoß zwischen einer Streifenwagenbesatzung und zwei jugendlichen Kriminellen. Aber sein Tod ist ein Unglücksfall; er stirbt an einigen Wespenstichen, die er sich zuzog, als er sich in einem Graben in Sicherheit brachte, während seine Kameraden eine Schießerei vom Zaune brachen. Der Fall des »Polizistenmörders«, bei dem eine Großfahndung einen harmlosen Kleinkriminellen wie einen Gewaltverbrecher durch ganz Schweden hetzt, kompliziert den eigentlichen Mordfall des Buches. Lustlos und mit Routinearbeit, noch unheroischer und illusionsloser als selbst in ›Verschlossen und verriegelt‹, löst die Mordkommission mit Kommissar Martin Beck an der Spitze den Fall eines Fabrikanten, der sich der unbequemen Geliebten entledigt und einen Sexualmord vortäuscht. Aus dem irren Gelächter, das der vorhergehende Roman angestimmt hatte, ist ein zynisches, resigniertes Grinsen geworden. Hin und wieder zeigen sich zwar Chancen für ein humanes, glücklicheres Zusammenleben, Ausblicke auf eine weniger triste Zukunft. Aber diese Chancen liegen sämtlich im Privaten: bei der Vorfreude auf einen Jagdausflug zweier Männer, die sich schätzengelernt haben, bei der Rückkehr nach Hause, wo eine Frau – mit der man nicht verheiratet ist – auf einen wartet und zur Feier des Tages ein neues Kochrezept ausprobiert hat. Im übrigen durchzieht tiefe Melancholie das Buch, das seine Spannung nicht aus der Erfüllung der gattungstypischen Muster bezieht (und gewiß nicht aus der Suche nach dem Täter), sondern aus der Intensität, mit der diese Muster atomisiert werden.

Danach sind ›Die Terroristen‹ eine gelinde Überraschung. Der Roman, mit mehr als 300 dichtbedruckten Taschenbuchseiten der umfangreichste Band der Serie überhaupt, scheint die Quersumme aller Lebens- und Schreiberfahrungen der Autoren ziehen zu wollen. Der Roman arbeitet nicht nur auf, was vorher liegengeblieben war. Er wirkt buchstäblich wie ein Testament: Per Wahlöös »Letter to the world«. Das Buch ist vielleicht das beste des ganzen Zyklus: souverän in der Konstruktion, der Handlungsführung und der Erfindung des Plots, ironisch und frech in den Dialogen, im ganzen erfüllt von jener Heiterkeit, die sich zuweilen einstellt, wenn die Talsohle der Verzweiflung durchschritten ist (und das war mit ›Verschlossen und verriegelt‹ und ›Der Polizistenmörder‹ offenbar der Fall).

Abgehandelt werden drei Fälle, von denen zwei schließlich ineinander münden. Der erste Fall ist ein simpler Mord von der Stange. Am gewaltsamen Tod eines Pornofilmproduzenten sind für Sjöwall/Wahlöö nur noch die Motive interessant, kaum auch das Drum und Dran der Tätersuche. So lösen sie den Fall unter genialer Mißachtung aller Spielregeln genau nach der Schablone. Der Mörder ist buchstäblich der Gärtner: kein böser, sondern ein verzweifelter Mann, weitaus sympathischer als der, den er umbrachte; der hatte die Tochter des alten Mannes, mittlerweile unrettbar verloren, an die Heroinspritze gebracht.

Eher noch stärker ist die Sympathie der Autoren für den zweiten Täter: ein Opfer wie der alte Mann. Rebecka Lind, ein einfaches, naives Mädchen hat von einem amerikanischen Vietnam-Deserteur ein Kind und kommt in Schwierigkeiten, als ihr Freund im Vertrauen auf seine Begnadigung in die USA zurückkehrt, dort ins Gefängnis gesteckt wird und stirbt. Unter grotesken Umständen war Rebecka Lind in ›Verschlossen und verriegelt‹ unter die Anklage eines Bankraubs geraten, aber freigesprochen worden. Für die Tat, die sie in ›Die Terroristen‹ wirklich begeht, kommt sie niemals vor Gericht; sie verschwindet in einer psychiatrischen Anstalt, wo sie Selbstmord begeht.

Unter den Augen der Polizei, über deren Unfähigkeit auch dieses letzte Buch der Sjöwall/Wahlöös beredte Klage führt, erschießt sie aus nächster Nähe den schwedischen Ministerpräsidenten, weil sie »all denen, die da sitzen und regieren und bestimmen, zeigen (will), daß sie die Leute nicht pausenlos betrügen können ... Damit sie vielleicht Angst bekommen und begreifen, daß das Volk nicht so gleichgültig dahinvegetiert, wie sie glauben.« Trotz solcher Erklärungen ist die Tat nicht eigentlich ein politischer Akt, sondern das dumpfe Aufbegehren einer gequälten Kreatur, welche die Autoren nicht rechtfertigen, aber verständlich machen

Demgegenüber erscheint der dritte Fall des Buches als Beispiel für das absolut Böse, Perverse, Unmenschliche: das professionell durchgeführte Attentat durch bestellte und bezahlte Killer, die im Auftrag eines nicht näher bezeichneten Staates einen amerikanischen Staatsgast in Schweden umbringen sollen. Ironischerweise, aber durchaus logisch, verhindert die Polizei ausgerechnet diesen raffinierten Anschlag. Denn die Profis sind berechenbar, handeln rational, streng logisch und konsequent, während die kriminellen Laien einfach reagieren, um sich schlagen, wenn Frustrationen und Belastungen zu groß werden. Dagegen aber helfen keine polizeilichen Präventivmaßnahmen.

Noch deutlicher als in den früheren Bänden des Zyklus wird in ›Die Terroristen‹, daß es sich bei Sjöwall/Wahlöös Kritik an der schwedischen Gesellschaft um eine Kritik von links handelt. Zwar hat das Polizistenteam, dessen Arbeit die Autoren über zehn Jahre hinweg verfolgt haben, keinen eindeutigen politischen Standort; es gibt in ihm »Linke« wie Konservative. Doch die Autoren machen zuletzt ganz deutlich, daß ihre Sympathien vor allem dem gehören, der den Polizeidienst quittiert hat, weil er sich mit dem Staat und der in seinem Namen ausgeübten Gewalt nicht mehr identifizieren konnte.

Das Lesevergnügen aber kommt über zehn Bände hinweg nicht durch solche Art von Ideologie zustande, sondern durch die Kunstfertigkeit, mit der uns die Figuren der Serie – Mörder und Opfer, Gejagte und Jäger, Gute, Böse und Indifferente – menschlich nähergebracht werden. So sehr Sjöwall/Wahlöö ihre kritische Sonde an die Unzulänglichkeiten und Fehler des schwedischen Gesellschaftssystems legen: Was ihre Bücher populär und ihre (Polizei-)Figuren sympathisch macht, ist die Anteilnahme, die dem Leser an der charakterlichen Entwicklung und am privaten Schicksal der Hauptakteure ermöglicht wird. Seit Simenons Maigret hat es in der gesamten Kriminalliteratur keine Polizistenfigur gegeben, die es an Menschlichkeit mit dem Kommissar der Sjöwall/Wahlöös, Martin Beck, aufnehmen könnte – und als Ansammlung von Charakteren sind die Mitglieder der Reichsmordkommission, die Beck in wechselnden Funktionen begleiten, absolut einzigartig.

Da ist Einar Rönn, »ein ruhiger, gemütlicher Typ aus Norrland«, dem sein Heimatakzent noch nach Jahren in Stockholm anhaftet, ständig erkältet, Brillenträger, alleinstehend, ein nüchterner, phantasieloser, zuverlässiger Mann. Da ist Frederik Melander, »einer der wenigen unersetzlichen Leute im Dezernat für Gewaltverbrechen«. Melander ist, wie in *Den vedervärdige mannen från Säffle* (›Das Ekel aus Säffle‹; 1971) nachzulesen ist, »der Mann mit dem legendären Gedächtnis. Ein Trauerkloß, aber ein außergewöhnlich begabter Detektiv. Gegen ihn kam die gesamte moderne Technik nicht an, denn Melander konnte im Verlauf weniger Minuten alles Wesentliche, das er über eine Person oder zu einem Thema gehört, gelesen oder gesehen hatte, zusammenfassen und es klar und übersichtlich und in verständlicher Form vortragen.« Da ist der Kriminalassistent Benny Skacke, der einmal Polizeipräsident werden möchte, aber deshalb kein schlechter Polizist ist, 30 Jahre alt und gerade im Begriff, sich zu einem Gewohnheitsmenschen zu entwickeln in dem Roman *Polis, polis, potatismos!* (›Und die Großen läßt man laufen‹; 1970). Ein Jahr zuvor, in *Brandbilen som försvann* (›Alarm in Sköldgatan‹; 1969), hätte er beinahe die Ergreifung des Täters vermasselt und den Tod eines Kollegen verschuldet; so wird er vorübergehend nach Malmö in die Provinz versetzt. Skacke ist sportlich, ehrgeizig und folglich überaus arbeitsfreudig; für eine detektivische Aufgabe läßt er notfalls sogar eine Verabredung mit einer neuen Freundin sausen. Seine Fehler geschehen aus Übereifer. Und da ist Åsa Torell, die einzige Frau im Team: schlank, attraktiv und mit gutem erotischem Appetit; sie geht zur Polizei, nachdem ihr Freund, der junge Polizist Åke Stenström, zusammen mit acht unbeteiligten Buspassagieren umgebracht wurde, als er – in ›Endstation für neun‹ – auf eigene Faust einen längst zu den Akten gelegten Fall klären wollte.

Die Besetzung der Kernmannschaft wechselt von Fall zu Fall, zumal die Fälle nicht nur in Stockholm spielen, sondern im ganzen Land. Doch der Kern des Kerns bleibt immer derselbe; den drei Beamten Martin Beck, Lennart Kollberg und Gunvald Larsson gilt die besondere Zuneigung der Autoren.

Von ihnen gehört Gunvald Larsson eigentlich zu jener Sorte von Polizisten, welche Sjöwall/Wahlöö nicht ganz geheuer ist. Sein Umgangston, auch unter den Kollegen, die ihn nicht lieben, seine Verläßlichkeit aber schätzen gelernt haben, ist rüde, und mit dem Grundgesetz unter dem Arm geht er nicht spazieren. Im Einsatz ist er der Erste, der eine versperrte Tür einrennt oder eintritt und mit gezückter Waffe in fremde Zimmer stürmt. Gunvald Larsson ist das schwarze Schaf einer reichen Familie, in jüngeren Jahren lange zur See gefahren; er kennt vieler Herren Länder und spricht ein halbes Dutzend Sprachen. Er ist ein großer, massiger Mann; zu Beginn der Serie einen Meter zweiundneunzig groß und in seiner besten Zeit neunzig Kilo schwer. Merkwürdigerweise legt er mit der Zeit nicht nur eine Menge Kilos zu (insgesamt futtert er sich einen runden halben Zentner an). Noch mit mehr als dreißig Jahren scheint er gewachsen zu sein. Denn in den letzten Büchern der Serie geben die Sjöwall/Wahlöös Gunvald Larssons Größe mit ein Meter sechsundneunzig an; sei es, daß sie sich nicht mehr erinnern konnten, wieviel sie ihm ursprünglich zugebilligt hatten, sei es, daß sie ihn noch ein wenig furchteinflößender machen wollten, als er vorher schon war

Larssons Gegenpol in der Reichsmordkommission ist der »linke« Lennart Kollberg, der gegenüber der Polizeiarbeit so kritisch ist wie kein anderer. Kollberg ist als einziger ausgesprochen glücklich verheiratet mit einer hübschen Frau; die beiden haben eine Tochter. 1971 ist er sechsundvierzig Jahre alt, hat kleine Gewichtsprobleme und beginnt zunehmend stärker unter seinem Beruf zu leiden, den er im vorletzten Band der Reihe ganz aufgibt. Kollberg hat eine Fallschirmjägerausbildung hinter sich und ist ein Meister in der Kunst der Selbstverteidigung; er haßt Schußwaffen ebenso wie die Politisierung der Polizei, die Unfähigkeit vieler seiner Kollegen und die falsche Kameraderie, mit der das Polizeikorps die eigenen Fehler vertuscht und die Schuld für seine Macken auf andere abschiebt.

Nicht zufällig ist Kollberg der einzige Freund, den der eigentliche Held des Zyklus unter den Kollegen hat Martin Beck, der sich in mehr als dreißig Jahren vom Streifenpolizisten zum Kriminalkommissar und schließlich zum Leiter der Mordkommission hochgedient hat, teilt »im großen und ganzen Lennart Kollbergs Ansichten über die Polizei in der Gesellschaft«, käme aber nie auf die Idee, deshalb den Dienst zu quittieren; er leidet nicht persönlich unter dem »kollektiven Verfall des Polizeikorps«. Doch pflichtbewußt, wie er ist, macht Martin Beck der Zustand der Polizei wenig glücklich; »das Wissen darum« – so in den »Terroristen« zu lesen – »hatte zur Folge, daß er sich oftmals als eine peinlich triste Person betrachtete und oft deprimiert war«. Auf die Frage nach den wichtigsten Eigenschaften eines guten Polizisten »würde er mit größter Wahrscheinlichkeit Systematik, gesunden Menschenverstand und Pflichttreue in der hier aufgeführten Reihenfolge genannt haben«. Martin Beck verfügt über Humor, Intelligenz und ein verbindliches Wesen; gelegentlich schließt er mit seinen Vorgesetzten jene Kompromisse, die Lennart Kollberg so verabscheut.

Bei seinen Abenteuern mit *Roseanna* und dem »Mann, der sich in Luft auflöste« lebt Beck, dessen Hobby das Lesen historischer Romane, bevorzugt über Seeschlachten und Seekriegstaktik, und das Bauen von Schiffsmodellen ist, in einer kaputten Ehe. Seine Frau und die Kinder, beide im Teenageralter, leiden unter Becks häufiger Abwesenheit und seiner beruflichen Beanspruchung; die Ehepartner haben sich nichts mehr zu sagen. In ›Und die Großen läßt man laufen‹ erfährt der Leser, daß zunächst die 17jährige Tochter Ingrid »mit Sack und Pack auszog, um mit ihrer Freundin zusammenzuziehen«. Anschließend nimmt Beck selbst sich eine eigene Wohnung, und in ›Verschlossen und verriegelt‹ findet er eine neue Lebensgefährtin: die lebenskluge, sachliche, robuste Rhea Nielsen aus der alternativen Szene (das heißt: in diesem Buch lernt er sie nur kennen; die Annäherung erfolgt erst im nächsten und vorletzten Band der Serie, während die Kollegen den »Polizistenmörder« jagen, den Rönn und Larsson fangen).

In ›Das Ekel aus Säffle‹ wird Martin Beck von einem Amokschützen, dem er sich entgegenstellt, schwer verwundet. In ›Verschlossen und verriegelt‹ tritt er, kaum genesen, etwas kürzer, und da er ja auch nicht richtig gesund ist, gelingt es dem Chef der Reichspolizei und seinem Polizeidirektor Malm, die Beförderung ihres besten Mannes an die Spitze der Mordkommission noch einmal zu verhindern. »Als das Gerücht von der vereitelten Beförderung ein paar Stunden später Martin Beck erreichte, sah er sich endlich einmal genötigt, einer Äußerung des Reichspolizeichefs zuzustimmen. Es war unleugbar ein selten vernünftiger Beschluß, zu dem dieser gekommen war«: er bewahrt Martin Beck, wenigstens für eine Weile, vor dem Abrutschen in die Bürokratie.

Ziemlich genau in der Zeit, in der Per Wahlöö seinen letzten Roman vollendete (und wenig später starb), schrieb der Mann, der mit einiger Berechtigung als sein Nachfolger gelten kann, den ersten von bislang neun Romanen mit einem Amsterdamer Polizeiteam als Helden; der Holländer Janwillem van de Wetering publizierte *Outsider in Amsterdam* (1975; deutsche Übersetzung unter dem selben Titel).

Van de Wetering ist 1931 als Sohn einer wohlhabenden Kaufmannsfamilie in Rotterdam geboren. Ende der vierziger Jahre, nach dem Zweiten Weltkrieg, hielt es der junge van de Wetering im Elternhaus und in Holland nicht mehr aus, und da die Familie »Interessen«, Besitz in Übersee, hatte, lag es nahe, Janwillem hinauszuschicken, damit er sich »die Hörner« abstoße. In Südafrika verbringt er, was er selbst als seine wilden Jahre bezeichnet. Er lebt in Südamerika und Australien. Dann treibt es ihn zu den Quellen abendländischer Weisheit. In London beginnt er mit Mitte zwanzig ein Studium der Philosophie. Allen Ernstes glaubt er, das Studium der großen europäischen Denker könne ihm helfen, die Fragen zu lösen, die er an das Leben hat: Woher, wohin, wozu? Ein Professor, gerührt vom Eifer des Studenten, gibt van de Wetering einen guten Rat. Allenfalls bei einem Meister des japanischen Zen-Buddhismus werde er finden, was er suche. Van de Wetering nimmt den Rat an. An einem heißen Sommermorgen des Jahres 1958 setzt ihn ein Taxi in Kioto vor einem Zen-Kloster ab. »Ich war allein, sechsundzwanzig Jahre alt, sauber angezogen, gewaschen und rasiert; ich wollte mich um eine Stelle als Mönch oder Laienbruder bewerben«, schreibt er fünfzehn Jahre später in seinem ersten Buch *De lege Spiegel* (›Der leere Spiegel‹; 1973). Meditierend, stöhnend, sucht er während der folgenden eineinhalb Jahre sein »koan«, seine Erleuchtung – und die läuft auf das hinaus, was ihm der Zen-Meister gleich zu Anfang gesagt hat: »Wenn du an das Ende des Weges kommst und vollkommene Einsicht findest, wirst du sehen, daß Erleuchtung ein Witz ist.« Mit dem nächsten Schiff verläßt van de Wetering Japan. Auf der Heimreise beschreibt er einen kleinen, ein paar Jahre dauernden Bogen, der ihn auch nach Kolumbien führt, wo er seine Frau Juanita kennenlernt. Doch schließlich zu Hause erwartet ihn ein echtes Problem: der Wehrdienst, dem er sich bislang durch seine Auslandsaufenthalte erfolgreich entzogen hat. »Die sagten mir«, erläutert er selbst, »ich hätte zwei Möglichkeiten: entweder im Kittchen brummen oder eine Art Wehrersatzdienst bei der Polizei, nach Feierabend, in meiner Freizeit.«

Van de Wetering wurde Freizeitpolizist. Neun Jahre lang ging er auf Streifendienst in Amsterdam, »richtig mit Uniform, Koppel und Dienstpistole – aber die habe ich nie benutzt«. Van de Wetering war nicht ungern Polizist. Aber als die Frage auftauchte (die Ersatzdienstzeit war längst abgelaufen), ob er nun ausscheiden wolle oder befördert werden und Karriere machen, fiel die Entscheidung nicht schwer. Der Freizeitpolizist ging zurück ins Import-Export-Geschäft.

Zum Krimiautor wurde er fast aus Versehen. Die Firma handelte damals recht häufig mit Franzosen, »und mit denen«, so van de Wetering, »kann man nur Geschäfte machen, wenn man ihre Sprache sehr gut spricht.« Van de Wetering sprach Französisch. Aber nicht gut genug. So gab ihm sein Bruder, zum Aufpolieren seiner Sprachkenntnisse, einige Bücher jenes Autors, den der Bruder für einen besonders großen Schriftsteller französischer Sprache hielt: Georges Simenon.

Es war allerdings nicht das positive Beispiel des großen Belgiers, das van de Wetering anspornte. Im Gegenteil: »Ich fand die Bücher wirklich nicht besonders. Ich dachte: Das kannst du auch – und sogar besser.« In sechs Wochen schrieb van de Wetering, in englischer Sprache, sein erstes Krimimanuskript und schickte es an einen der renommiertesten amerikanischen Verlage, die Houghton Mifflin Company in Boston, die es auf Anhieb akzeptierte. In rascher Folge erschienen in den nächsten drei Jahren nicht weniger als fünf Romane mit den Abenteuern des Brigadiers de Gier und seines ungleichen Partners, des Adjutanten Grijpstra; danach trat van de Wetering etwas kürzer.

Noch 1975 kam, ausnahmsweise zuerst bei einem holländischen Verlag, *Buitelkruid* (›Eine Tote gibt Auskunft‹) heraus; 1976 erschien *The Corpse on the Dike* (›Der Tote am Deich‹). 1977 werden wieder zwei van de Wetering-Krimis publiziert: *Death of a Hawker* (›Tod eines Straßenhändlers‹) und *The Japanese Corpse* (›Ticket nach Tokio‹). Im selben Jahr verlegt van de Wetering seinen Wohnsitz von Amsterdam ins amerikanische Maine, und das scheint literarische Konsequenzen zu haben. Das nächste Buch des Autors, *The Blonde Baboon* (›Der blonde Affe‹;1978) spielt zwar noch in Amsterdam. Doch beim übernächsten – *The Maine Massacre* (›Massaker in Maine‹; 1979) – verlagert van de Wetering das Geschehen nach Übersee, in die Nähe seines Wohnorts, des Örtchens Surry an der Atlantikküste, freilich mit dem Amsterdamer Polizeipersonal, das in den USA zu Besuch ist und dort dem Sheriff bei der Aufklärung eines Falles hilft, in den eine Bande von Motorrad-Rokkern heftig verwickelt ist.

Doch das amerikanische Milieu wird nicht zu einer festen Gewohnheit. Es bleibt bei einem einmaligen Ausflug in die USA, wie es – abgesehen von einer einzelnen Geschichte im Erzählungsband *De Kat van Brigadier de Gier* (›Die Katze von Brigadier de Gier‹; 1983) – bei einem einmaligen Ausflug ins japanische Milieu geblieben ist, das van de Wetering von seinem Aufenthalt im Zen-Kloster in Kioto vertraut war. In den folgenden Jahren verbringt der Autor jeweils mehrere Monate pro Jahr in Amsterdam, geht mit seinen alten Kollegen auf Streife, studiert die Akten interessanter Fälle und sorgt vor allem dafür, daß ihm nicht geschieht, was die holländische Kritik nach seiner Umsiedlung nach Maine und dem Erscheinen des amerikanischen de Gier-Abenteuers befürchtete: daß er den holländischen, den Amsterdamer Boden unter den Füßen verliert. Auf diese Weise entstehen die Erzählungen des Geschichtenbandes um de Giers Katze sowie zwei weitere Romane aus dem Amsterdamer Polizeimilieu: *The Mind-Murders* (›Ketchup, Karate und die Folgen‹; 1981) und *Streetbird* (›Der Commissaris fährt zur Kur‹; 1982). Zwischendurch schreibt van de Wetering den Roman, den er selbst für seinen besten hält: *The Butterfly Hunter* (›Der Schmetterlingsjäger‹; 1982); kein Polizeiroman und nur im weitesten Sinn ein Krimi: die Geschichte eines Mannes, der, skrupellos und amoralisch, hinter dem Glück und dem Reichtum herhetzt und doch nur seinen Tod findet. Es ist ein Buch, das voller Phantasie, vom Zen beeinflußtem Gelächter über die Sinnlosigkeit des Lebens und die Banalität der menschlichen Existenz steckt, und für van de Wetering mindestens insofern untypisch ist, als es als einziges seiner neueren Werke auf die Figuren des Amsterdamer Polizistenteams und die in der Realität angesiedelten Fälle verzichtet.

Im allgemeinen pflegt van de Wetering, der seinem ersten Polizeiroman ein Vorwort voranschickte, in dem es hieß: »Die Abenteuer, die ich (als Polizist) in der Innenstadt von Amsterdam erlebte, haben mich inspiriert, diese Geschichte zu schreiben«, an der Wirklichkeit entlangzuschreiben. Die Morde und anderen Verbrechen, die er beschreibt, haben sich so oder ähnlich wirklich ereignet, meistens ähnlich, da van de Wetering sie beim Schreiben verändert hat, bis sie in seine Geschichten paßten. Die Figuren sind aus Teilansichten tatsächlich existierender Menschen zusammengesetzt.

In einem gewissen Sinne ähneln van de Weterings Polizisten-Figuren denen der Sjöwall/Wahlöös. Sogar die Tölpel vom Dienst kommen vor: die Konstabel »Karate« und »Ketchup«, die, prügelfreudig und dumm, grundsätzlich das Falsche tun, allerdings nicht ganz so negativ gesehen werden wie ihre schwedischen Geistesverwandten Kvant und Kristiansson bei Sjöwall/Wahlöö. Van de Wetering hält gewisse Ähnlichkeiten zwischen seinem Personal und dem der Schweden für naturgegeben. Polizisten und ihre Arbeit seien halt überall in der Welt gleich – und überdies, meint der Autor, seien seine Bücher wesentlich komischer als die der Schweden, seine Figuren weniger ernst genommen: eine Folge des Einflusses, die der Zen-Buddhismus auf van de Wetering weiterhin hat.

Das zentrale Personal in van de Weterings Polizeiromanen bleibt immer dasselbe, schon deshalb, weil die Polizisten dem Leser so richtig ans Herz wachsen sollen (was sich direkt in Auflagenhöhe umsetzt). Fürs weibliche Element sorgt der hübsche Konstabel Asta, eine ständige Versuchung vor allem für die älteren Kollegen; in ›Der Commissaris fährt zur Kur‹ die noch attraktivere Adèle, die einen vergleichsweise hohen Rang hat und die Ermordung des schwarzen Zuhälterkönigs Luko Obrian aufklärt.

Den strebsamen Detektivnachwuchs vertritt der brave, zuverlässige Cardozo, dem die Kollegen immer die Laufarbeit anhängen, während der Brigadier Jurriaans eine etwas zweifelhafte Rolle spielt: ein Polizist, der das Recht in seine eigenen Hände nimmt, wo es nicht ausreicht, um der Gerechtigkeit, wie Jurriaans sie versteht, zum Sieg zu verhelfen, und der deshalb das Ende des Buches vom Luko Obrian-Mordfall nicht im Dienst erlebt, sondern als Exilant auf einer Antilleninsel; eigentlich hätte er sogar hinter Gitter gehört.

Der Kopf und das Herz des Teams ist der alte, gichtgeplagte Chef der

Amsterdamer Kriminalabteilung, der keinen Namen hat, sondern nur respektvoll der »Commissaris« genannt wird. Doch die eigentlichen Helden und Aufklärer der Fälle bilden ein Duo (das zuweilen sogar miteinander Musik macht): der dicke, ältliche Adjutant Grijpstra, den das Leben mit einer dicken, faulen und bigotten Frau geschlagen hat, von der er sich im Verlauf der Serie allmählich befreit, und der schnieke, junge, gutaussehende Brigadier de Gier, der Maßanzüge aus Jeansstoff trägt und Katzen beinahe mehr liebt als Frauen (und für die hat er eine Menge übrig).

Für den Commissaris hat van de Wetering Züge seines eigenen Vaters und seines japanischen Zen-Lehrers auf eine reale Person der Amsterdamer Polizei projiziert; herausgekommen ist ein weiser alter Philosoph, fast ganz ohne Leidenschaften und Begierden, doch mit großem Verständnis für alles, was Menschen – auch zur Zerstörung fremden Lebens und der eigenen Persönlichkeit – antreibt. Grijpstra sollte ursprünglich der »typische, etwas beschränkte Durchschnittspolizist werden, hat sich dann aber beim Schreiben selbständig gemacht« und unter der Hand recht positive Züge angenommen. De Gier war als Idealfigur geplant: das, was der Autor hätte sein wollen, wenn er seine Lebensaufgabe bei der Amsterdamer Polizei gesehen hätte. Aber im gleichen Maß wie Grijpstra aufgebaut wurde, hat sich de Gier mit der Zeit aufs allzu Menschliche reduziert. Der heldenhafte Glanz ist abgeblättert: das Leben hat seine Spuren an ihm hinterlassen. In den ersten Büchern hat de Gier eine feste Freundin, nach dem idealisierten Vorbild von van de Weterings Frau Juanita gezeichnet. Aber dann meinten Autor und Modell gleichermaßen, ein Held in festen Händen, das sei doch nichts, und so beschlossen sie, sie umzubringen. In ›Ticket nach Tokio‹ wird de Giers Freundin Esther von einem Lastwagen überfahren, als sie versucht, de Giers ausgerissenen Siamkater Olivier einzufangen, der bei dem Unfall ebenfalls ums Leben kommt. »Jeder sagt mir«, erzählt der Autor in einem Interview der »Frankfurter Allgemeinen Zeitung«, »es ist die rührendste Szene in allen meinen Büchern, und ich denke, die Leute haben recht.«

Esther findet in den folgenden Büchern nie eine reguläre Nachfolgerin. Aber eine neue Katze kommt ins Haus, im Grunde gegen de Giers Willen. Grijpstra schenkt ihm eine kleine Feld-Wald-Wiesen-Katze, Täbris genannt, die später ins Zentrum einer Erzählung rückt. Ein Gangster droht, das Tier abzuschlachten, wenn der Brigadier seine Nachforschungen nicht einstellt; da wird de Gier böse und bricht dem Burschen, seine Judo-Kenntnisse böse mißbrauchend, im nächtlichen Park eine ganze Reihe Knochen.

Amsterdam ist eine Stadt, die viel von ihrer Atmosphäre aus Hollands kolonialer Vergangenheit bezieht, und diese Atmosphäre prägt auch die Romane van de Weterings. Das menschliche Strandgut der Kolonialgeschichte, Westinder und Papuas, Chinesen und Molukker, stößt auf den neuen Untergrund der Drogenabhängigen, der »Provos«, Kraker und der alternativen Szene sowie, nicht zuletzt, auf das puritanische Bürgertum, und dieser Zusammenstoß ist hart; er bringt physisch und psychisch Verletzte und gelegentlich jene gewaltsam vom Leben zum Tode Gebrachten, die den netten, adretten Cardozo, das ungleiche Gespann de Gier und Grijpstra, den Commissaris und den Rest der Polizei in Bewegung halten.

Diese Morde werden entweder aus tiefer menschlicher Leidenschaft begangen, die im Erotischen wurzelt. Oder es stecken handfeste finanzielle Interessen hinter ihnen – freilich nicht mehr die Spekulation aufs Vermögen der Erbtante, sondern jenes Geld, das sich mit organisiertem Verbrechen verdienen läßt, sei es nun Rauschgifthandel, Prostitution, Glücksspiel oder die »White Collar«-Kriminalität des Wirtschaftsschwindels. In den frühen Romanen van de Weterings herrscht durchaus noch das klassische Whodunit-Muster vor. ›Der Tote am Deich‹, ›Eine Tote gibt Auskunft‹ oder ›Der blonde Affe‹ beziehen ihre Spannung nicht zuletzt aus der Frage nach dem Täter. Die beiden Auslands-Abenteuer, ›Ticket nach Tokio‹ und ›Massaker in Maine‹, sind mit »Action« vollgepackt, während sich in den späten Amsterdam-Krimis (und erst recht im ›Der Schmetterlingsjäger‹) das Interesse an den Tatumständen und den Spuren, auch am Abenteuerlichen, mehr und mehr verliert. Dafür werden die Menschen und ihre Verirrungen immer wichtiger. Wo Sjöwall/Wahlöö freilich für diese Verirrungen, für Mord und jede andere Art von Gewalttat, für die Selbstzerstörung durch Rauschgift und andere Drogen, das kapitalistische System verantwortlich machen, ist bei van de Wetering völlig unideologisch niemand schuldig als die menschliche Natur. Wo die Schweden Kritik üben, rettet sich der vom Zen-Buddhismus beeinflußte Holländer in Amerika ins große Gelächter, das die Bosheiten der Täter und die Versehrtheiten der Opfer ebenso einschließt wie die immer gravierender werdenden Fehler der Polizei. So ist das Leben, das van de Wetering beschreibt: bunt und geheimnisvoll, grausam und banal. Man tut gut, nicht ganz ernst zu nehmen, was einem zustößt. Aber so ganz locker klingt das Gelächter nicht immer. Zuweilen hat es einen hohlen Unterton.

[1] Zu Boileau/Narcejac vgl. das Kapitel »Ganz schön raffiniert« auf den Seiten 505ff. dieses Buches.

Ausgewählte Bibliographie

Per Wahlöö: *Foul Play*; *Wind und Regen*; *Das Lastauto*; *Libertad!*; *Mord im 31. Stockwerk*; *Die Generale*; *Unternehmen Stahlsprung* – sämtlich Rowohlt Verlag, Reinbek.
Maj Sjöwall/Per Wahlöö: *Die Tote im Götakanal*; *Der Mann, der sich in Luft auflöste*; *Der Mann auf dem Balkon*; *Endstation für neun*; *Alarm in Sköldgatan*; *Und die Großen läßt man laufen*; *Das Ekel aus Säffle*; *Verschlossen und verriegelt*; *Der Polizistenmörder*; *Die Terroristen* – sämtlich Rowohlt Verlag, Reinbek.
Janwillem van de Wetering: *Outsider in Amsterdam*; *Eine Tote gibt Auskunft*; *Der Tote am Deich*; *Tod eines Straßenhändlers*; *Ticket nach Tokio*; *Der blonde Affe*; *Massaker in Maine*; *Ketchup, Karate und die Folgen*; *Der Commissaris geht zur Kur*; *Der Schmetterlingsjäger*; *Die Katze von Brigadier de Gier* – sämtlich Rowohlt Verlag, Reinbek.

Der minimale Schrecken:

Die Thriller-Ladies Patricia Highsmith, Margaret Millar und Ruth Rendell (sowie die Non-Maigrets von Simenon)

Ein Teil des Œuvres von Patricia Highsmith bringt selbst jemanden in Verlegenheit, der den Kriminalroman so umfassend definiert hat und die Gattung so offen sieht wie wir. Denn neben einer fast klassischen, für die Highsmith gänzlich untypischen Detektivgeschichte wie *A Game for the Living* (›Ein Spiel für die Lebenden‹; 1958) mit einem Mord am Anfang und der Entlarvung des Täters am Ende, neben den vielen Verbrechens-Romanen, die sich vor allem um die Psychologie des Täters bemühen, neben der Serie der vier »Ripley«-Romane schließlich, die einen Mörder als Serienheld präsentieren, gibt es im Werk der Highsmith auch etliche Bücher, in denen kein Verbrechen geschicht (zumindest kein schwerwiegendes) und die man dennoch nicht gern aus der Gattung entlassen möchte.

Für gewöhnlich hilft sich die Kritik mit der Argumentation, die Highsmith habe sich, wenn schon nicht mit ihrem gesamten Werk, so doch mit Romanen wie *The Tremor of Forgery* (›Das Zittern des Fälschers‹; 1969) oder *Edith's Diary* (›Ediths Tagebuch‹; 1977) über die Grenzen der Gattung hinaus und in die »Literatur« begeben. Doch schon Helmut Heißenbüttel hat in seiner Besprechung von *A Dog's Ransom* (›Lösegeld für einen Hund‹; 1972), einem Buch, das dieser grenzüberschreitenden Art zuzurechnen wäre, die Frage gestellt – und negativ beantwortet –, was es denn bringe, »wenn man so Krimi und ›Literatur‹ gegeneinander ausspielt. Wo sollte denn das Höhere oder Literarische liegen, das der Krimi nicht hat? Ist es das Dichterische? Kunst gegen Trivialität? Das doch wohl nicht.«[1] Aber was ist es dann, was uns bei Patricia Highsmith im allgemeinen und bei einigen ihrer Bücher im besonderen fragen läßt, ob sie denn noch in das Regal paßt, in dem wir die Kriminalromane untergebracht haben? »Ihre Geschichten«, meint Heißenbüttel, »setzen einen Fall, in dem die herkömmliche kriminalistische oder auch gewaltsame Lösung ersetzt wird durch psychologische oder psychopathische Ambivalenz.« Und der große Kollege Graham Greene sieht in ihr »eher eine Dichterin der unbestimmbaren Beklemmung denn der nackten Angst. Angst ist lähmend und kann ermüden. Beklemmung hingegen zerrt sanft und stetig an den Nerven. Wir müssen lernen, damit zu leben.«[2] Der Schweizer Peter Ruedi, der die Autorin in ihrem Haus in dem Dörfchen Moncourt in der Nähe von Paris besucht hat, glaubt, sie lasse »symbolische Resonanzräume offen, in die der Leser seine eigenen unbewußten Ängste investieren kann«[3]. Überdies verböten die meisten ihrer Romane »Fragen nach der Vereinbarkeit von literarischer Werthöhe und spannender Unterhaltung: sie sind unauflösbar beides, und beides mit gleich legitimem Anspruch«. Peter Handke schließlich, hatte »beim Lesen ihrer Bücher, so verzweifelt und ohne Hoffnung diese auch sein mochten, das Gefühl, im Schutze einer großen Schriftstellerin zu sein«[4].

Das Werk der meisten Autoren, ob sie Kriminalromane schreiben oder was auch immer, läßt sich in ganz bestimmte Phasen unterteilen, in denen ihre Erzeugnisse gewisse gemeinsame Eigenschaften aufweisen. Nicht so das Œuvre von Patricia Highsmith, in dem von Beginn an und bis heute die verschiedensten Typen von Romanen und Geschichten nebeneinander entstehen – alle freilich ausgestattet mit jenem typischen Thrill, zu dessen Beschreibung wir eben eine Reihe namhafter Zeugen bemüht haben.

Geboren ist Patricia Highsmith am 21. Januar 1921 im texanischen Fort Worth, noch bevor die Nachbarstadt von Dallas zu einem modernen Babylon explodierte. Als die kleine Patricia zur Welt kommt, haben sich die Eltern bereits scheiden lassen; als Patricia drei Jahre alt ist, heiratet die Mutter einen gewissen Stanley Highsmith, einen – nach ihrer Darstellung – ungewöhnlich geduldigen und aufrichtigen Menschen, »dessen guten Charakter ich erst in meinen Jugendjahren schätzen lernte«[4]. Daß sie nicht Stanleys Tochter ist, hat sie selbst herausgefunden, ehe ihre Mutter es ihr vorsichtig mitzuteilen versuchte. Daß sie nicht einmal

Highsmith heißt, erfährt sie erst, nachdem sie unter dem Namen Highsmith ihr erstes Buch publiziert hat; ihre Mutter hatte sie in der Schule unter dem Namen Highsmith angemeldet, obwohl Stanley die angeheiratete Tochter nicht adoptiert hatte.

In Interviews erklärt die Autorin gelegentlich, weshalb sie ihre Mutter nicht liebe: »Erstens, weil sie mir meine Kindheit zu einer kleinen Hölle gemacht hat. Zweitens, weil sie selbst nie jemanden geliebt hat, weder meinen Vater noch meinen Stiefvater noch mich. Das letzte Mal, als ich sie in Texas besucht habe, in einem Motel, in dem alte, noch rüstige Leute ihren Lebensabend verbringen können, hat sie den Fernseher eingeschaltet.«[5] Psychologen werden aus solchen Kindheitserinnerungen mancherlei Rückschlüsse auf das Zustandekommen des mehr als unsentimentalen, desillusionierten Weltbildes der Patricia Highsmith ziehen können, die ihr Leben lang nie eine enge private Beziehung riskiert hat. Gewiß erklärt es ihre eigene Analyse des Chandlerschen Werkes als Produkt einer frühen Fixierung auf die Mutter, die sich ebenfalls nach kurzer Ehe vom Vater ihres Kindes hatte scheiden lassen.[6]

Nach einem Literatur-Studium an der New Yorker Columbia-Universität (Latein und Griechisch) fand Patricia Highsmith nur Arbeit als Autorin von Comics; »es war ein guter Job, und ich konnte mir das berühmte ›eigene Zimmer‹ leisten, auf das Virginia Woolf so viel Wert legte. Meines war bescheiden, ohne Badezimmer.«[5]

Patricia Highsmith beginnt, Gedichte zu schreiben, dann auch Romane. Die ersten beiden werden abgelehnt, nach ihrer eigenen Bekundung nicht zuletzt auch deshalb, weil sie allzu weitschweifig geschrieben waren; sie sind verlorengegangen. Auch ihr dritter Roman wird von sechs Verlagen abgelehnt und erst vom siebten gedruckt. Harper and Row in New York bringt *Strangers on a Train* (›Zwei Fremde im Zug‹; 1950) heraus: die Geschichte zweier Männer, die auf einer Bahnreise miteinander bekannt werden und beschließen, daß jeder für den anderen einen Mord begehen solle; da kein Motiv für die Morde vorhanden sei, könnten sie auch nicht aufgeklärt werden. Der Stoff gefällt Alfred Hitchcock, und Hitchcock erwirbt ihn für eine Verfilmung; Raymond Chandler wird als Drehbuchautor engagiert. Es ist genau die Art von Stoff, die Chandler nicht ausstehen kann, und seine Abneigung ist der Nachwelt überliefert. »Das Ganze ist ziemlich albern und eine rechte Plage«, schrieb er an seinen Londoner Verleger Hamish Hamilton, und in Chandlers Notizen zum Drehbuch ist zu lesen, er sei »selber halb verrückt geworden über dem Versuch, diese Szene zu entwerfen«, und zwar deshalb, weil man »beim Zusammennageln eines Filmrahmens unweigerlich und immer soviel Energie und Gedankenarbeit auf genau diesen Widerstreit wenden und wenden muß, den zwischen oberflächlicher Stimmigkeit und grundsätzlichem Schwachsinn«[7].

Tatsächlich ist die Grundidee des Buches reichlich absurd und schwer einsehbar: weshalb ein ganz vernünftiger junger Mann sich von einem Wahnsinnigen dazu überreden lassen sollte, einen Mord zu begehen, den er eigentlich gar nicht will.

Trotz der Aufmerksamkeit, welche Hitchcocks Film erregt, dauert es vier Jahre, bis ein zweiter Roman der Highsmith publiziert wird: *The Blunderer* (›Der Stümper‹; 1954). Doch danach geht es Schlag auf Schlag: alle ein, zwei Jahre ein neuer Titel. Auf *The Talented Mr. Ripley* (›Der talentierte Mr. Ripley‹; 1955) folgen *Deep Water* (›Tiefe Wasser‹, auch: ›Stille Wasser sind tief‹; 1957) und – nach einem Zwischenspiel mit dem nicht ins Deutsche übersetzten Kinderbuch *Miranda the Panda is on the Veranda* (1958) – *A Game for the Living* (›Ein Spiel für die Lebenden‹; 1958), *This Sweet Sickness* (›Der süße Wahn›; 1960), *The Cry of the Owl* (›Der Schrei der Eule‹; 1962), *The Two Faces of January* (›Die zwei Gesichter des Januars‹; 1964), *The Glass Cell* (›Die gläserne Zelle‹; 1964): durchweg Titel, die – wie der Highsmith-Fan Peter Handke festgestellt hat – wie Lyrikzeilen klingen und in Einzelfällen auch aus Gedichten stammen, aus Gedichten freilich der Lyrikerin Patricia Highsmith.

Doch die besten Bücher der Highsmith stehen noch aus. Nach *Those Who Walk Away* (›Venedig kann sehr kalt sein‹; 1967) schreibt sie, nach einer weiteren Zwei-Jahres-Pause, das Buch, das sie selbst wie viele ihrer Bewunderer für ihr bestes hält: *The Tremor of Forgery* (›Das Zittern des Fälschers‹; 1969). Es ist eines jener Highsmith-Bücher, in denen fast nichts geschieht – und ob unter den wenigen Geschehnissen des Romans ein Verbrechen ist, bleibt völlig offen. Der amerikanische Schriftsteller Howard Ingham ist von New York nach Tunis geflogen, wo er das Drehbuch für einen Film schreiben soll, der wenig später in Nordafrika gedreht werden soll. Doch schon nach wenigen Tagen erreicht Ingham die Nachricht, daß der Regisseur des geplanten Films gestorben ist; es wird also keinen Tunesien-Film mit dem Titel »Trio« geben, sein Drehbuch wird nicht benötigt, sein Aufenthalt in einem tunesischen Hotel ist nicht länger erforderlich. Dennoch reist Ingham nicht zurück. Wartend verbringt er seine Zeit in einer eigenartig gespannten Atmosphäre, untätig in der Hitze, trinkend, die Zeit verschlafend und mit Small talk sich vertreibend. Als ihm eines Nachts, in seinem versehentlich nicht abgeschlossenen Hotelzimmer, ein Mann in arabischer Kleidung entgegentritt, schleudert er ihm die Schreibmaschine an den Kopf; »die Maschine fiel krachend zu Boden, die Gestalt stieß einen Schrei aus, taumelte zurück und fiel auf die Terrasse«. Ingham kümmert sich nicht weiter um den abgewehrten Eindringling; doch hört er das Gerücht, ein alter Araber habe sich »den Kopf an irgend etwas gestoßen« und sei »umgefallen«; vermutlich sei er tot. Die unbestätigte Nachricht bohrt sich tief in Inghams Gewissen, ohne daß er versucht, der Sache auf den Grund zu gehen. Immer tiefer vergräbt er sich in seinen Grübeleien, Gefährdungen und Frustrationen. Auch seine Geliebte Ina, die ihn schließlich in Tunis aufsucht, nachdem ihn ihre Briefe lange hingehalten haben, kann ihn nicht aus seiner Versunkenheit reißen, die am Ende so plötzlich abzureißen scheint, wie sie über Ingham gekommen ist. »Seine Untätigkeit«, meint Julian Symons, »wird nicht erklärt, und es ist ein Zeichen von Patricia Highsmiths Talent, daß wir Inghams Verhalten so akzeptieren«[8], wie wir das tatsächlich tun.

Man muß nicht unbedingt auch Symons' Interpretation teilen, wonach ›Das Zittern des Fälschers‹ von »Schuld und Unschuld, von den Normen der Gesellschaft« handelt, die Figuren wie Ina und ein von Ingham OWL (für: Our Way of Living) getaufter Amerikaner repräsentieren; »sehr oft«, so Symons, »beschwören die Zentralfiguren bei Patricia Highsmith Gewalt herauf, nur um der Welt von Ina und OWL zu entkommen.«

Tatsächlich weigert sich die Highsmith geradezu, über Schuld und Unschuld zu urteilen und eine Sinngebung des Banalen vorzunehmen. Die Autorin beschreibt alltägliche Ereignisse, und der Schrecken, von dem sie berichtet, ist minimal und sitzt tief im Inneren ihrer Figuren. Natürlich hat er etwas mit der Art zu tun, in der sie die Welt, ihre eigene, enge Umgebung, sehen und erleben. Die Bücher der Highsmith fangen die Realität mit einem außerordentlich feinen Raster ein, und dieses Raster wird im Laufe der Handlung durchweg unmerklich und um eine Winzigkeit verschoben, so daß das Abbild der Realität, für die Figuren wie für die Leser, immer verschwommener und unschärfer, immer verwackelter erscheint.

Die Autorin dagegen schaut ihren Figuren – wie der Schneckenforscher in ihrer Erzählungssammlung *Eleven* (›Der Schneckenforscher‹; 1970) seinen Weichtieren – mit äußerster Gelassenheit zu. Da sie weiß (oder wenigstens zu wissen glaubt), daß den Menschen ohnehin nicht zu helfen ist, begnügt sie sich mit der genauesten Beobachtung und Beschreibung ihrer Handlungen und Reaktionen, Ängste und Hoffnungen, Obsessionen und fixen Ideen, Taten und Untaten. Aus der Vergeblichkeit aller Bemühungen entsteht nicht nur eine tiefe Trostlosigkeit, sondern auch eine groteske Komik, durch welche die Trostlosigkeit für den Leser ein wenig erträglicher wird.

Natürlich sieht sich Patricia Highsmith selbst auch nicht als Kriminalschriftstellerin im traditionellen Stil, »weil mich weder Spannung noch Geheimnis interessieren; und noch weniger die Bullen. Aber die Entwicklung eines Gelegenheitsverbrechers (was wir alle potentiell sind) fasziniert mich. Sein Motiv und seine Reaktionen sind es, die mich fesseln. Tatsächlich wird ein gewöhnlicher Mensch für mich interessant, sobald er sich seiner Instinkte bewußt wird. Das ist der Motor aller meiner Romane.«[9]

So beschreibt sie in *A Dog's Ransom*, wie aus einer absurden kriminellen Idee eine mörderische Tragödie wird und sich aus der Suche eines jungen Polizisten nach dem entführten Tier eine fixe Idee entwickelt. In *People Who Knock on the Door* (›Leute, die an die Tür klopfen‹; 1983) zeigt sie, wie puritanische Engstirnigkeit und religiöse Verbohrtheit eine Eskalation des Bösen bewirken; den bigotten Familienvater in einer amerikanischen Kleinstadt kostet die auf ihn zurückfallende Tyrannei selbst das Leben.

Unter den zentralen Figuren des Highsmithschen Werkes befindet sich allerdings eine, auf die sich das Etikett des Gelegenheitsverbrechers am Ende nur noch schwer kleben läßt. Denn nicht weniger als bislang viermal hat sich die Autorin in fünfundzwanzig Jahren mit den Taten eines gewissen Mr. Ripley beschäftigt, der inzwischen eine ganze Latte von Morden auf dem nicht vorhandenen Gewissen hat, von kleinen Vergehen wie Urkundenfälschung, Betrug und ähnlichen Belanglosigkeiten ganz abgesehen. Dem »talentierten Mr. Ripley«, der Mitte der fünfziger Jahre entstand, folgten im Jahrzehnt zwischen 1970 und 1980 in rascher Folge drei weitere Ripley-Romane: *Ripley Under Ground* (›Ripley Underground‹; 1970), *Ripley's Game* (›Ripleys Game‹; 1974) sowie *The Boy Who Followed Ripley* (›Der Junge, der Ripley folgte‹; 1980). Diese Bücher scheinen in Deutschland und in der angelsächsischen Welt einen unterschiedlichen Stellenwert zu haben. Während Julian Symons vom ersten Ripley-Roman als dem besten Buch der Autorin spricht, hält Peter Handke die Ripley-Romane für Patricia Highsmiths schwächste Arbeiten und begründet die Meinung damit, daß die vorgeplante Tat bei der Highsmith »seltsam unwirklich, marionettenhaft« wirke, während sie sonst »fast nie mit Vorsatz ausgeübt« werde; sie geschehe »in der Regel einfach so, wie sich Sätze aneinanderreihen – sie passiert, meist ohne Waffe, mit den bloßen Fäusten«[4].

Schwer zu sagen, was die Highsmith an der Figur des Ripley fasziniert, die sie in seinen ersten Abenteuern zum Mörder aus ganz gewöhnlichen Motiven macht (erst bereichert er sich; dann räumt er Leute aus dem Weg, die seiner neu angenommenen Existenz gefährlich werden könnten), in ›Ripleys Game‹ dann aber in den Kampf gegen die Mafia schickt (den Ripley natürlich glänzend besteht). Sie selbst hat ihre Affinität zu Ripley folgendermaßen erläutert: »Ripley interessiert mich, weil er Amerikaner ist. Ich kann mich irgendwie mit ihm identifizieren. Bis jetzt hat er eine ganze Menge Leute getötet – vielleicht sechs (wenn ich sie genau zählte) – ich bin nicht sicher. Trotzdem wohnt er weiterhin in einem anständigen Haus, er ist auch verheiratet. Äußerlich sieht er wie ein solider, beachtlicher Mann aus; er ist ein Streber.«[9] Wie alle Autoren von Serienfiguren mogelt Patricia Highsmith mit Ripleys Alter (und gibt das auch zu); sie hat die Absicht, die Figur nicht aufzugeben, »nicht bevor ich sterbe«.

Jahrzehntelang beklagten sich vor allem weibliche – und nicht einmal nur feministische – Kritiker darüber, daß die Frauen im Œuvre der Patricia Highsmith unterrepräsentiert und negativ dargestellt seien. Sie selbst versteht diese Kritik; »aber irgendwie lande ich immer wieder bei dem, was ich erwähnt habe: ich wähle einen Mann als Hauptperson, weil er von Frauen unabhängig ist – auch wenn er verheiratet ist. Irgendwie handeln Männer unabhängig – nach dem eigenen Gewissen«[5]. Außerdem hätten ihre Romane grundsätzlich mit gewalttätigen Aktivitäten zu tun, und »es ist irgendwie schwierig, Frauen damit in Zusammenhang zu bringen«.

In *Edith's Diary* (›Ediths Tagebuch‹; 1977) hat sie dann doch, zum ersten und bislang einzigen Mal in einem Roman, eine Frau zur zentralen Figur gemacht. Es ist wiederum ein Buch, in dem kein Verbrechen geschieht und das die Autorin selbst neben dem »Zittern des Fälschers« als ihr gelungenstes Werk einschätzt: die Geschichte einer Frau in einer amerikanischen Kleinstadt, die von ihrem Hausfrauendasein langsam umgebracht wird. »In Pennsylvania, wo ich gelebt habe, findet man Hunderte von Ediths. Sie sind von ihrem einzigen Kind enttäuscht und von ihrem Mann, der ihnen eine jüngere, moderne Frau vorgezogen hat, sitzengelassen worden. Sie fühlen sich reingelegt, wie Simone de Beauvoir sagen würde.«[9] Erstaunlicherweise hat Patricia Highsmith, die normalerweise politisch nur insofern schreibt, als ihre Romane ein abstrakt pessimistisches Bild einer Welt zeichnen, die sich in einer ungeheuren Schräglage befindet, auf diese Kleinstadt-Hausfrau im amerikanischen Mittelwesten ihre eigenen aktuellen, politischen Frustrationen projiziert: »Ediths Enttäuschung in bezug auf die politischen Ereignisse in den Vereinigten Staaten ist ein wenig auch meine Enttäuschung. Ich habe mich für die Linke eingesetzt zu einer Zeit, da noch Mut dazu gehörte, nämlich Ende der vierziger Jahre. Desgleichen meine Heldin. Mitten in der McCarthy-Ära und im Vietnamkrieg hat sie es gewagt, ›dagegen‹ zu sein. Aber die Watergate-Affäre hat uns beide definitiv angewidert. Allerdings hat bei Edith dann das Scheitern ihres Privatlebens ihre politische Ernüchterung in den Hintergrund gedrängt. Ich dagegen bin demokratisch geblieben, aber ohne Illusionen: die Vereinigten Staaten sind keine große Nation mehr, wenn wir auch noch nicht das Stadium Englands erreicht haben«.[9]

Vielleicht ist es gerade diese Illusionslosigkeit, die Patricia Highsmiths Schaffen vor allem kennzeichnet. Künstlerisch kulminiert dieses Schaffen vielleicht nicht einmal in den Romanen, sondern in den besten ihrer drei Dutzend Erzählungen, die in Bänden wie *The Animal-Lover's Book of Beastly Murder* (1975), *Slowly, Slowly in the Wind* (1979), in Deutschland in ›Kleine Geschichten für Weiberfeinde‹ (1979) und ›Nixen auf dem Golfplatz‹ (1985), zusammengefaßt sind. Doch auch in den besten ihrer Romane ist die Highsmith grandios. Sie liefert Innenansichten von verletzten, verstörten Menschen, die ganz sachte wegdriften aus ihrer sozialen Umwelt, in Situationen hinein, in denen das tatsächliche oder beabsichtigte Verbrechen als die normalste aller denkbaren Möglichkeiten erscheint. Der Schrecken, den sie mit solchen Geschichten verbreitet, ist sanft, aber nachhaltig. Denn sie zeigt, daß die Gefahr nicht draußen lauert, sondern tief drinnen: in jedermanns Psyche.

Nicht wenige Kriminalromane von Margaret Millar lesen sich so, als sei der Name der Autorin ein Pseudonym für die berühmtere Kollegin Patricia Highsmith. Das ist ein recht zweifelhaftes Lob. Denn es impliziert nicht nur eine überragende Qualität der Millarschen Bücher, sondern auch eine literarische Nachfolge, wo nicht gar ein Epigonentum, das tatsächlich nicht existiert. Margaret Millar, geboren 1915 in Kitchener in der kanadischen Provinz Ontario als Kind einer englisch-deutschen Einwandererfamilie, ist nicht nur sechs Jahre älter als Patricia Highsmith. Sie hat auch fast ein Jahrzehnt vor ihr begonnen, Kriminalromane zu schreiben und schon in den vierziger Jahren jenen Stil des Psychothrillers entwickelt, den die Highsmith erst in den fünfziger Jahren als die ihr gemäße Art des Schreibens entdeckt hat.

Bereits 1941 erscheint in Toronto Margaret Millars erster Kriminalroman *The Invisible Worm*, in dem sich der Psychiater Paul Prye als Detektiv betätigt. Schon im folgenden Jahr erscheinen zwei weitere Paul-

Prye-Romane (*The Weak-Eyed Bat*; *The Devil Loves Me*; beide 1942); keiner von ihnen ist bislang ins Deutsche übersetzt. Immerhin machen die Romane sie so bekannt, daß ihr Mann, der ebenfalls Detektivromane zu schreiben beginnt, sich einen neuen Namen suchen muß, um aus ihrem Schatten herauszutreten: aus Kenneth Millar wird 1949, als er seinen ersten Lew Archer-Roman publiziert, Ross Macdonald.

Zu dem Zeitpunkt sind die Millars – Margaret hat in Toronto klassische Philologie, Archäologie und Psychologie studiert und ein Diplom als Konzertpianistin erworben – längst von Toronto nach Santa Barbara in Kalifornien übergesiedelt; die Schauplätze der Romanhandlungen passen sich mit großem zeitlichem Abstand dem Umzug der Autorin an.

Die Romane aus der Mitte der vierziger Jahre spielen noch unangefochten in einer gutbürgerlichen kanadischen Welt, deren pastellfarbene Atmosphäre nur durch die Morde gestört wird, die sich in ihr ereignen. Figuren und Ereignisse erscheinen wie in Watte gepackt; alles ist weich, sanft und vornehm. In *Wall of Eyes* (1943) und *The Iron Gates* (›Das eiserne Tor‹; 1945) fungiert Inspektor Sands von der kanadischen Polizei zwar als Detektiv. Doch das Muster des Whodunit schimmert nur ganz schwach durch Geschichten, die vor allem aus der Psychologie der Figuren entwickelt werden, und der Detektiv spielt lediglich eine Nebenrolle.

Danach klafft eine breite Lücke im Werkverzeichnis der Margaret Millar; zehn Jahre lang scheint sie keinen erwähnenswerten Thriller geschrieben zu haben. 1955 erscheint *Beast in View* (›Liebe Mutter, es geht mir gut‹), zwei Jahre später kommt *An Air That Kills* (›Die Süßholzraspler‹; 1957) heraus: ein Buch, das den Ortswechsel der Autorin von Kanada nach Kalifornien literarisch verarbeitet. Der Roman handelt von einem Mann, der verschwindet und nach einer ganzen Weile tot aufgefunden wird; hinter dem vermeintlichen Selbstmord steckt ein raffiniert getarntes Mordkomplott.

Auch hier kommt der Schrecken gleichsam auf Filzpantoffeln daher. Die Mordgeschichte tarnt sich als Gesellschaftsroman (doch ohne den albernen Oberschicht-Snobappeal der Dorothy Sayers). Amerikanische Upper Middle Class wird mit Soziologengeschick und literarischer Genauigkeit beschrieben; vom »American way of life and death« erfährt man bei Margaret Millar mehr als aus vielen dicken soziologischen Wälzern. Freilich ist der literarische Gestus in den Millar-Romanen der sechziger Jahre – *A Stranger in My Grave* (›Ein Fremder liegt in meinem Grab‹; 1960), *The Fiend* (›Die Feindin‹; 1964) – zuweilen ein wenig überzogen, und die Machart ist etwas allzu »tricky«: ein Handikap, über das

Margaret Millar erst in den siebziger Jahren, dann aber mit Bravour hinwegkommt.

1970 erscheint *Beyond This Point Are Monsters* (›Von hier an wird's gefährlich‹); auf Samtpfoten pirscht sich die Autorin heran an eine Serie von Morden im Familienkreis, die zunächst wie Unfälle aussehen und um die es gar nicht zu gehen scheint. Eine junge Farmersfrau läßt, an der Grenze Kaliforniens zu Mexiko, ihren seit einem Jahr verschwundenen Mann für tot erklären und weckt mit diesem Prozeß schlafende Hunde auf. Im Sog des Prozesses kommen Dinge ans Tageslicht, die finsterer sind als jene, über die öffentlich verhandelt wird. Das Lieblingsthema des neuen kalifornischen Kriminalromans, die Familie als Quelle aller Psychosen und Verbrechen, erscheint buchstäblich in hellster Beleuchtung. Unter der Sonne von Südkalifornien, am Schnittpunkt von amerikanischem Reichtum und mexikanischer Armut, erscheinen die Gefühle wie ausgedörrt und die Menschen wie Verdurstende in der Wüste.

Auch die nächsten großen Romane der Margaret Millar spielen in diesem Milieu. In *Ask for Me Tomorrow* (›Fragt morgen nach mir‹; 1976) sucht der junge Rechtsanwalt Tom Aragon im Auftrag einer Klientin nach einem Mann, der seit fünf Jahren verschwunden ist. Doch der Lösung des Falles kommt nur näher, wer die Voraussetzungen der Suche anzuzweifeln beginnt (was dem Helden eher in den Kopf kommt als dem Leser). Virtuos handhabt die Millar eine Technik, die ansonsten für die Romane ihres Mannes typisch ist. Doch hier wird diese Technik umgekehrt. Wo üblicherweise im Detektivroman Verfolgung und Suche die Wahrheit ans Tageslicht bringen sollen, dienen sie hier der Verschleierung der Wahrheit – und so kann man, wenn man möchte, ›Fragt morgen nach mir‹ durchaus auch als geistvolle Auseinandersetzung mit jener Art von Kriminalroman lesen, wie sie Ross Macdonald so meisterhaft zu schreiben versteht.

Wie Ross Macdonald ist auch Margaret Millar keine überaus emsige Schreiberin, und so ist *The Murder of Miranda* (›Der Mord von Miranda‹; 1979) das letzte, was der deutsche Leser von Margaret Millar zu lesen bekommt. Die Hauptfigur Miranda – Tom Aragon taucht in einer vergleichsweise bescheidenen Nebenrolle auf – begeht keinen Mord. Der Mord wird vielmehr an Miranda, einer törichten, verarmten kalifornischen Witwe, begangen und erfolgt langsam und in kleinen Portionen, durch eine Gesellschaft, die in einer Umgebung, welche das Paradies sein könnte und in Wahrheit die Hölle ist: ein Dschungel harmlos grausamer Menschenbestien, die dem anderen nicht etwa deshalb feind sind, weil er ihnen den Lebensraum bestritte, sondern nur aus grenzenloser

Langeweile; das Bewußtsein fremden Leidens ist noch das einzige, was ein wenig Aufregung, Abwechslung und Spannung in das fade Leben bringt. Als Chronistin dieser Gesellschaft ist Margaret Millar unübertrefflich – und zumindest während der siebziger Jahre ist Frau Millar (im Gegensatz zur Katzen-Liebhaberin Highsmith eine Hunde-Freundin) immer besser geworden.

Nicht wenige Experten nennen in einem Atemzug mit Patricia Highsmith und Margaret Millar einen dritten Namen: den der 1930 geborenen Engländerin Ruth Rendell. Ich bezweifle, ob diese hohe Einschätzung von Ruth Rendell zu Recht besteht – jedenfalls, soweit sie jene Sorte Romane angeht, die der Gattung des psychologischen Thrillers zuzurechnen sind.

Begonnen hat Ruth Rendell 1964 mit einem vergleichsweise konventionellen Detektivroman: *From Doon with Death* (›Alles Liebe vom Tod‹). Am Rande einer Landstraße unweit der Ortschaft Kindsmarkham wird die hübsche Minna Marson erdrosselt aufgefunden, und die Polizisten Wexford und Burden finden bald heraus, daß ein geheimnisvoller »Doon«, den die Tote aus ihrer Studentenzeit gekannt haben muß und der ziemlich hymnische Widmungen in ausgefallenen Büchern hinterließ, vermutlich mit diesem Mordfall zu tun hat. Das Rätsel löst sich, als »Doons« Geheimnis aufgedeckt wird: Er ist kein Mann, sondern eine Frau; im Hintergrund des Mordfalls steht eine lesbische Liebe, die von der Autorin nicht diffamierend, sondern eher verständnisvoll geschildert wird.

Damit ist ein Muster vorgegeben, dem Ruth Rendell über zwei Jahrzehnte hin ausgesprochen gute Ergebnisse auf dem Gebiet des klassischen Kriminalromans abgewinnt. Die kleine Stadt Kingsmarkham mit ihren überschaubaren Dimensionen und ihren vordergründig friedlichen Häusern, hinter deren Mauern sich Tragödien abspielen, ein sympathisches, weitgehend gleichbleibendes Polizistenteam und als Täter überwiegend gesellschaftliche Außenseiter, die sich mit Gewalt erzwingen wollen, was sie sonst nicht bekommen: die Zuneigung einer geliebten Person, die finanzielle Absicherung einer Existenz, ein kleines Stück vom Kuchen des Lebens, auf das sie einen natürlichen Anspruch zu haben glauben.

Das Prinzip funktioniert ausgezeichnet in Romanen wie *Wolf to the Slaughter* (›Schweiß der Angst‹; 1967), *Murder Being Once Done* (›Die Tote im falschen Grab‹; 1972), *Some Lie and Some Die* (›Phantom in Rot‹; 1973) – und mit einem besonders guten Ergebnis in *Shake Hands*

For Ever (›Der Kuß der Schlange‹; 1975), wo ein Paar, das nur füreinander lebt, alles daransetzt, sich eine neue, bessere Existenz in Brasilien zu schaffen und dabei buchstäblich über Leichen geht (von denen die, welche den ganzen Fall auslöst und scheinbar unentwirrbar verwikkelt, in Wahrheit nicht die ist, als die sie präsentiert wird). In den siebziger Jahren beginnt Ruth Rendell dann, psychologische Thriller ohne Polizei und Mordaufklärung zu schreiben. Doch parallel dazu entstehen weiterhin traditionelle Detektivromane um den sympathischen Inspektor Wexford, der seinen Aktionsradius mit der Zeit etwas ausdehnen darf. Weil Wexford »der beste Ermittlungsbeamte ist, den ich kenne«, verschafft ihm sein Neffe Howard Fortune, Chief Superintendent von Scotland Yard (und auch an der Lösung einiger früherer Wexford-Fälle hilfreich beteiligt), in *The Speaker of Mandarin* (›Durch das Tor zum Himmlischen Frieden‹; 1983) schließlich sogar eine Dienstreise nach China, die prompt in einen Mordfall mündet, den der Inspektor daheim aufklärt.

Doch problematischer als jene durchweg überdurchschnittlichen Detektivgeschichten sind jene weitaus ehrgeizigeren psychologischen Thriller der Ruth Rendell, die ohne Polizei und Mordaufklärung, ohne das klassische Whodunit-Schema auszukommen suchen und die Spannung ganz aus dem Innenleben der Figuren ableiten. Dabei neigt Ruth Rendell zu Handlungskonstruktionen, die allzu viele Zufälle miteinander kombinieren und die Geschichten, im Positiven oder im Negativen, so glatt aufgehen lassen wie eine Rechenaufgabe.

Schon in dem Buch, auf dem sich Ruth Rendells Ruhm als Psychothriller-Autorin begründet – *A Demon in My View* (›Dämon hinter Spitzenstores‹; 1976) –, ist diese Häufung von Unwahrscheinlichkeiten, die am Ende auch ein glattes Happy-End ermöglicht, sichtbar. Der Triebtäter Arthur Johnson lebt in einer Londoner Vorstadt so lange halbwegs im reinen mit sich und seinen mörderischen Trieben, bis ein neuer Untermieter ins Haus kommt, der fast genauso heißt wie er selbst. Und dieser Anthony Johnson schreibt nicht nur eine Doktorarbeit über Triebtäter, sondern pflegt seinen Namen auch noch dergestalt abzukürzen, daß er auf Briefen nur als A. Johnson erscheint, überdies mit mißverständlicher Adresse. Anthony Johnson hat eine Liebesaffäre mit einer verheirateten Frau, deren Briefe Arthur Johnson verschwinden läßt, weil Anthony ihm sein Liebstes unwissentlich genommen hat: eine Schaufensterpuppe aus dem Gerümpel im Keller, mit deren »Ermordung« Arthur seine Mordlust abzureagieren pflegte. Nun legt er wieder Hand an lebendige Frauen, und am Ende wird er vom eifersüchtigen Ehemann erschossen, weil der ihn für den »anderen« Johnson hält, dessen Glück nunmehr nichts mehr im Wege steht.

In *The Killing Doll* (›Der Pakt‹; 1984) waltet ein ähnlich glattes Geschick, diesmal allerdings eher im Negativen. Ein junger Mann, 16jährig und sehr klein, stößt durch die Schullektüre auf Dr. Faustus und seinen Pakt mit dem Teufel; so versucht er es auch einmal mit dem Verkauf seiner Seele. Zwar sieht er selbst sehr bald ein, daß ein solcher Teufelspakt Unsinn ist. Aber seiner Schwester zuliebe, die fest daran glaubt, daß der Bruder übersinnliche Kräfte hat, spielt er die Rolle des Teufelspriesters eine Weile weiter – mit frappierenden Ergebnissen. Alles ordnet sich mörderisch so, daß dem jungen Mann die Annehmlichkeiten dieser Welt auf silbernem Tablett serviert werden: Reichtum, Liebe und so weiter. Wo es nicht von selbst geht, hilft die Schwester mit Wünschen und Taten ein wenig nach. Dafür erhält wiederum sie am Ende die gerechte Strafe. Sie läuft einem wahnsinnigen Triebtäter ins Messer; die Bösen eliminieren sich gegenseitig.

In *The Tree of Hands* (›Die Masken der Mütter‹; 1984) kommt zur Lust der Autorin, ihre Figuren wie Marionetten an Fäden tanzen zu lassen, eine ungute Neigung, Gerechtigkeit als Klassenjustiz zu üben. Das Schicksal – oder der Zufall – lenkt die Handlung derart, daß die Bösen (die gleichzeitig die Armen sind) bestraft und die Guten (die auch keine finanziellen Probleme haben) belohnt werden, offensichtlich zur Befriedigung der Autorin.

Die Schriftstellerin Brigitte Archdale verliert ihren kleinen Sohn durch eine heimtückische Krankheit. Ihre etwas psychopathische Mutter stiehlt ihr kurzentschlossen ein fremdes Kind von der Straße, das Brigitte mit zunächst fadenscheinigen Vorwänden, dann aus jäh erwachter Zuneigung für sich behält und als ihr eigenes aufzieht. Das Kind stammt von einem Flittchen, und so renkt sich mit der Zeit alles zum besten von Brigitte Archdale ein. Ein eifersüchtiger Freier erschießt nicht nur die Kindsmutter, sondern auch gleich den einzigen Menschen, von dem Brigitte und dem Wahlkind Gefahr drohen könnte (und weil unrecht Gut nur bei netten, mütterlichen Schriftstellerinnen gedeiht, darf sich auch ein kleiner Ganove in einer Nebenrolle nicht des geschickt ergaunerten Reichtums erfreuen).

So tut man Ruth Rendell zweifellos zuviel der Ehre an, wenn man sie mit Patricia Highsmith und Margaret Millar auf eine Stufe stellt. Sie schreibt gute traditionelle Detektivgeschichten. Doch ihre Psychothriller bleiben solange schwach, wie sie ihre Figuren wie Marionetten herumkommandiert und auf eine zweifelhafte Weise Schicksal spielt.

Weder Patricia Highsmith noch Margaret Millar haben den Psychothriller erfunden; allenfalls haben sie aus bereits vorgefundenen Ansätzen ein etwas festeres Muster entwickelt. Die Erfinderehre gebührt, wenn nicht tatsächlich schon Autoren wie Dostojewski oder Droste-Hülshoff (›Die Judenbuche‹; 1842), am ehesten wohl dem Belgier Georges Simenon, der nicht nur den Kommissar Maigret auf Erkundungsreise durch die menschliche Psyche gehen läßt[10], sondern ungefähr die Hälfte seines Werkes Geschichten gewidmet hat, die auf einen Detektiv verzichten, gleichwohl aber von einem Verbrechen oder wenigstens doch von den Abgründen der menschlichen Seele handeln.

In Simenon-Romanen wie *La veuve Couderc* (›Die Witwe Couderc‹; 1942) oder *Feux rouges* (›Schlußlichter‹; 1953 in den USA geschrieben), aber auch *Le nègre* (›Der Neger‹; 1957), *Les gens d'en face* (›Die Leute gegenüber‹; 1960) oder *A bout du rouleau* (›Weder ein noch aus‹; 1946) verwischt sich die Grenze zwischen Verbrechensbeschreibung und Alltagsschilderung in der psychologischen Studie von Menschen in extremen Situationen.

In einigen dieser Romane – und speziell im ersten Teil von ›Schlußlichter‹, der die unaufhaltsame Bewegung eines schwachen Charakters in die Trunkenheit schildert – arbeitet Simenon mit einem mikroskopisch kleinen Raster, das er mit hoher Kunstfertigkeit so sacht verschiebt, daß sich die Unschärfe des von seiner Hauptfigur wahrgenommenen Bildes der Realität nach und nach verändert, jedoch nur um winzige Nuancen. Zehn Jahre später wird Patricia Highsmith diese Methode des Schreibens aufnehmen und zur Perfektion führen. Simenon bleibt das Verdienst, schon eine ganze Weile vor der Highsmith den Weg gewiesen zu haben.

1 *H. Heißenbüttel:* Krimi oder Parabel, »Süddeutsche Zeitung« vom 14.11.1974. Zitiert nach *F. Cavigelli/F. Senn:* Über Patricia Highsmith. Diogenes Verlag, Zürich 1980, S. 133ff.

2 *Graham Greene:* Die Welt der Patricia Highsmith. In *Cavigelli/Senn:* Über Patricia Highsmith (nachfolgend abgekürzt: P. H.). S. 101ff.

3 *Peter Ruedi:* Die beiläufigen Tode der Patricia Highsmith, in »Die Weltwoche«, 21.4.1976.

4 *Peter Handke:* Die privaten Weltkriege der P. H., in »Der Spiegel«, Nr. 3, 1975. Zit. nach *Cavigelli/Senn:* »Über P. H.«, S. 147ff.

5 *Noelle Loriot:* Drei Tage mit P. H., in *Cavigelli/Senn:* Über P. H., S. 24ff.

6 Vergleiche den Abschnitt über Raymond Chandler im Kapitel »Die hartgesottenen Amerikaner« (I) auf Seite 113ff. dieses Buches.

7 R. Chandler: Brief an Hamish Hamilton vom 4.9.1950, sowie Chandlers Notizen zum

Drehbuch »Strangers on a Train«, datiert 1950, in *R. Chandler:* Die simple Kunst des Mordes, Diogenes Verlag, Zürich 1975, S. 162ff.

[8] *Julian Symons:* Verbrecher in der Gesellschaft, in »Über P. H.«, S. 120ff.

[9] Patricia Highsmith in einem Gespräch mit Holly-Jane Rahlens, in *Cavigelli/Senn:* Über P. H., S. 166ff.

[10] Vergleiche den Abschnitt über Simenons Maigret-Romane im Kapitel »Polizei, dein Freund und Helfer« auf Seite 174ff. dieses Buches.

Ausgewählte Bibliographie

Patricia Highsmith: *Zwei Fremde im Zug*; *Der talentierte Mr. Ripley*; *Tiefe Wasser*; *Ein Spiel für die Lebenden*; *Der süße Wahn*; *Der Schrei der Eule*; *Die zwei Gesichter des Januars*; *Die gläserne Zelle*; *Der Geschichtenerzähler*; *Venedig kann sehr kalt sein*; *Das Zittern des Fälschers*; *Ripley Underground*; *Lösegeld für einen Hund*; *Ripleys Game oder Regel ohne Ausnahme*; *Ediths Tagebuch*; *Leise, leise im Wind*; *Der Junge, der Ripley folgte*; *Leute, die an der Tür klopfen*; *Nixen auf dem Golfplatz* – sämtlich Diogenes Verlag, Zürich.

Margaret Millar: *Nymphen gehören ins Meer*; *Liebe Mutter, es geht mir gut*; *Die Feindin*; *Fragt morgen nach mir*; *Ein Fremder liegt in meinem Grab*; *Die Süßholzraspler*; *Von hier an wird's gefährlich*; *Der Mord von Miranda*; *Das eiserne Tor*; *Fast wie ein Engel* – sämtlich Diogenes Verlag, Zürich.

Ruth Rendell: *Alles Liebe vom Tod*; *Der Kuß der Schlange*; *Phantom in Rot*; *Der Tod fällt aus dem Rahmen*; *Schweiß der Angst* – Ullstein Verlag, Berlin.

Der Pakt; *Dämon hinter Spitzenstores*; *Flucht ist kein Entkommen*; *Durch das Tor zum himmlischen Frieden*; *Die Masken der Mütter* – Rowohlt Verlag, Reinbek.

Georges Simenon: *Die Witwe Couderc*; *Weder ein noch aus*; *Schlußlichter*; *Der Neger*; *Brief an meinen Richter*; *Die Zeugen* – Diogenes Verlag, Zürich.

Der Gangster als Held:

Von Hornungs Raffles und Leblancs Arsène Lupin zu Charteris' »Heiligem« und Richard Starks Parker

Die Ahnenreihe des Verbrechers, der zum literarischen Helden glorifiziert wird, ist ebenso lang und beinahe prominenter als die des heldenhaften Detektivs. Die staatliche und gesellschaftliche Ordnung der Welt, die Verteilung von Reichtum und Armut, wird nicht als derart ideal empfunden, daß nicht bewundert würde, wer versucht, das materielle Glück auch außerhalb der Legalität ein wenig zu seinen Gunsten zu korrigieren. Die volle Sympathie des Lesers genießt schon früh, wer sich gegen ein Unrecht zur Wehr setzt und gar zum Volkshelden avanciert, wer den Reichen nimmt und den Armen gibt, ob er nun Ali Baba heißt, Robin

Hood oder Schinderhannes. Der Gangster als Held hat infolgedessen eine lange literarische Tradition. Die ersten englischen Balladen um Robin Hood werden bereits im 15. Jahrhundert niedergeschrieben. Im spanischen Schelmenroman des 16. Jahrhunderts erlebt die Karriere des sympathischen Gauners einen ersten Höhepunkt und setzt sich in Frankreich mit dem »Gil Blas« des Alain-René Lesage und in Deutschland mit dem »Simplizissimus« des Hans Jakob Christoffel von Grimmelshausen fort und findet im aufrührerischen *Michael Kohlhaas* von Heinrich von Kleist seine prominenteste Ausformung. Als Serienheld allerdings ist der sympathische Gangster – wie der um einige Jahre ältere Seriendetektiv – ein Kind des späten 19. Jahrhunderts.

Als erster Seriengangster der Weltliteratur gilt ein gewisser Dr. Nikola des 1867 im australischen Adelaide geborenen, doch bald nach England übergesiedelten Guy Newell Boothby, der seinen negativen Helden 1895 in dem Roman *A Bid for Fortune, or Dr. Nikola's Vendetta* auf die Welt brachte, ihn bis 1901 noch durch vier weitere Romane spuken ließ und zwischendurch einen weiteren Gauner-Helden erfand: einen gewissen Simon Carne in *A Prince of Swindlers* (1900).

Prominent allerdings wurde ein anderer Gentleman-Ganove jener Zeit: Mr. A. J. Raffles, Cricket-Spieler und Amateur-Einbrecher, erfunden von Ernest William Hornung für den Erzählungsband *The Amateur Cracksman* (1899). Auch in der Biographie von Hornung, der 1866 in Middlesbrough im englischen Yorkshire geboren ist, spielt Australien eine gewisse Rolle. Als 18jähriger nämlich fuhr Hornung nach Australien, um seine schwache Gesundheit zu stärken. Ein paar Jahre später kehrte er nach England zurück, und es mag kein Zufall sein, daß er die Schwester von Arthur Conan Doyle heiratete, der in den späten achtziger Jahren des 19. Jahrhunderts seinen ersten Sherlock Holmes-Roman veröffentlicht hatte.[1]

Den ersten Raffles-Erzählungen von *The Amateur Cracksman* folgten zwei weitere Erzählungsbände – *The Black Mask* (1901) und *A Thief in the Night*[2] (1905) – sowie ein Roman: *Mr. Justice Raffles* (1909). Die vier Bücher machten ihren Helden zwar nicht ganz so berühmt wie den vom Schwager erfundenen Detektiv Holmes. Doch es reichte durchaus zu einer gewissen nationalen Prominenz, die den Namen Raffles zu einem Synonym machte für einen besonders gerissenen, wenngleich sanftmütigen Dieb. Bereits um die Jahrhundertwende eroberte Mr. Raffles in Eugene Presbreys Schauspiel *Raffles, the Amateur Cracksman* die Bühnen von London und New York. In den dreißiger Jahren ließ Barry Perowne mit Erlaubnis der Hornung-Erben die Raffles-Figur in zunächst acht Büchern wieder aufleben, und 1975 schrieb kein geringerer als Graham Greene eine neue Raffles-Komödie: *The Return of A. J. Raffles*.

Abgesehen davon, daß Raffles ein Doppelleben führt, erinnert vieles im Ambiente und im Verhalten des Helden sowie in der Erzählhaltung des Autors an Conan Doyle und Sherlock Holmes. Wie Sherlock Holmes, so hat auch A. J. Raffles seinen Assistenten und Ich-Erzähler, einen gewissen Bunny. Die beiden haben dieselbe gute Schule besucht; Bunny freilich ist ein paar Jahre jünger und hat schon zu Schulzeiten zu Raffles aufgeschaut, der der bewunderte Kapitän des Cricket-Teams der Schule war und seine Cricket-Karriere, als Amateur, auch im späteren Leben fortsetzt. In der Erzählung *The Ides of March* (›Die Iden des März‹) führt Hornung Raffles und Bunny in einer peinlichen Situation wieder zusammen. Bunny hat beim Bakkarat, unter anderem an Raffles, beträchtliche Summen verloren und über die Verluste ungedeckte Schecks ausgestellt; nun bittet er Raffles, nicht nur seinen eigenen Scheck nicht einzulösen, sondern ihm mit der Summe auszuhelfen, die er den anderen Mitspielern schuldet. Doch Raffles ist selbst pleite und kann Bunny nur helfen, wenn er das Geld durch einen Einbruch in ein Juweliergeschäft auf der Bond Street besorgt; Bunny, der zunächst vor dem Gedanken zurückschreckt, muß dabei Schmiere stehen.

So sehr Raffles auch in dieser Erzählung als eine Art Mini-Robin Hood eingeführt wird: Er ist keiner, der um der sozialen Gerechtigkeit wegen die Besitzverhältnisse korrigiert oder gegen die herkömmliche Ordnung Sturm läuft. Vielmehr ist er aus der Ordnung durchaus nach unten hinausgefallen: ein Mitglied der Upper Middle Class, das auf die schiefe Bahn gekommen ist, die alte Schule »entehrt« hat und dafür schließlich auch büßen muß; er stirbt im Burenkrieg und hat mit diesem Tod für Königin und Vaterland gewissermaßen die alte Ordnung wiederhergestellt.

Raffles stiehlt, weil er Geld braucht, das ihm weder sein vorzügliches Cricketspiel beschert, noch, in ausreichender Menge, sein Beruf als Lehrer. »Ein schlechterer Autor«, urteilt George Orwell, »hätte den Gentleman-Einbrecher als Lord oder mindestens als Baron auftreten lassen. Raffles aber stammt aus der oberen Mittelschicht und kommt in aristokratische Kreise nur wegen seines persönlichen Charmes... Bunny und er akzeptieren die Werte der ›Gesellschaft‹ widerspruchslos, und sie würden sich sofort in ihr ansiedeln, wenn sie nur endlich einträgliche Beute machten. Der Ruin, der sie ständig bedroht, ist eben deshalb so schlimm, weil sie nicht sicher ›dazu‹ gehören.«[3]

Im Grunde sind es kleine Werte, die Raffles an sich bringt: Juwelen meistens, die beim Verkauf auf dem Hehler-Markt nicht gerade ein Vermögen bringen. Und natürlich ist ein bißchen Nervenkitzel immer dabei; etwas Sportsgeist gehört ganz selbstverständlich dazu. In *Gentlemen and Players* (›Herren und Spieler‹) gerät Raffles, wegen seiner Cricket-Talente aufs Schloß eines Herzogs eher bestellt als eingeladen, in die räuberische Aktion von kriminellen Professionals. Entzückt beobachtet er, wie sie vorgehen, hilft bei der Verhaftung ihres Komplizen – und staubt am Ende genau das Geschmeide für sich ab, auf das er schon lange scharf war: ein Diamanten- und Perlen-Collier der Herzogin.

Raffles hat die herzögliche Einladung nur angenommen, weil er seinen Gastgeber bestehlen wollte – ein Gedanke, der den biederen Bunny zunächst entsetzt. Doch Raffles hat sich seinen privaten Ehrenkodex zurechtgezimmert. Wenn es eine richtige Einladung gewesen wäre, die dem Menschen Raffles gegolten hätte anstatt dem Cricket-Spieler, hätte er die Gesetze der Gastfreundschaft natürlich respektiert. So aber war der Herzog ebenso zu bestrafen wie die Herren vom Kriminologenklub (in der Geschichte *The Criminologist's Club*), die Raffles angesichts eines Dinners zu entlarven vorgehabt hatten. Raffles bestiehlt den Gastgeber, gewissermaßen zur Strafe und um sich reinzuwaschen. Denn den Tatort hat er, schon vorher, so präpariert, daß niemand ihn für diese Tat verdächtigen kann; schließlich saß er, während die Tat – scheinbar – geschah, friedlich mit den Herren Kriminologen beim Essen, in Diskussionen verwickelt über das Verbrechen im allgemeinen und seine eigenen unerkannten Schandtaten im besonderen.

Raffles' »Modus operandi« entspricht – in diesem wie anderen Fällen, dem mit der Silbertruhe (*The Chest of Silver*) beispielsweise – exakt jenem Schema, das in der Detektivgeschichte der Detektiv aufzuklären hat. Nur wird hier die Täuschung vom Helden nicht nachkonstruiert und aufgedeckt, sondern ursächlich hergestellt. Der Erzählvorgang allerdings ist beinahe derselbe. Wie Sherlock Holmes seinem Watson erklären muß, was der Mörder getan hat, muß Raffles immer wieder seinem Bunny erklären, wie er es angestellt hat, alle Welt in die Irre zu führen.

So ist auch das Cricket-Spiel, dessen Beherrschung die Persönlichkeit des Helden so raffiniert unterstreicht, letzten Endes vor allem Tarnung. Cricket, erzählt der Held seinem Adlatus in ›Herren und Spieler‹, sei »so lange gut genug, bis man etwas Besseres entdeckt hat. Als eine Quelle der Aufregung läßt es sich nicht mit anderen Dingen vergleichen, die du kennst, Bunny. Welche Befriedigung gewährt es denn, wenn man einen Spieler besiegt, dessen silberne Löffel man haben möchte? Andererseits, mit ein bißchen Ballspiel läßt sich eine gewisse Art niederer Schlauheit trainieren; denn immer nach dem schwachen Punkt der Gegner zu suchen, ist genau die Art geistige Gymnastik, die man braucht. Ja, vielleicht gibt es wirklich eine gewisse Verwandtschaft zwischen beiden. Aber ich würde das Cricket morgen über Bord werfen, Bunny, wenn es nicht für einen Mann von meinen Neigungen ein so herrlicher Schutz wäre.«

Neigungen, also doch? In ›Die Iden des März‹ erzählt Raffles Bunny, wie er zum Dieb geworden ist. In den Kolonien sei er gewesen, um Crikket zu spielen, und dort in eine »ziemliche Klemme« geraten, »und es war mein einziger Ausweg. Es sollte ja nur dieses eine Mal passieren, aber dann hatte ich Blut geleckt, und es war vorbei mit mir. Warum sollte ich denn arbeiten, wenn ich stehlen konnte? Warum ein langweiliges, mir nicht zusagendes Geschäft anfangen, wenn mir Aufregung, Romantik, Gefahr und Wohlstand gleichzeitig geboten wurden? Natürlich ist es furchtbar unrecht, aber wir können nicht alle Moralisten sein, und der Reichtum ist auf alle Fälle ungerecht verteilt.«

Die Formel »Warum sollte ich denn arbeiten, wenn ich stehlen konnte« ist seitdem zum Motto einer ganzen Untergattung des Kriminalromans geworden. Fast alle Krimihelden der Raffles-Nachfolge begründen ihr Tun mit dem Quantum an »Aufregung, Romantik und Gefahr«, das ihnen ihr illegales Handwerk liefert; nur den Wohlstand, den sie alle anstreben, erreichen sie nie, bestenfalls führen sie, wenn sie vorher arm waren, nach kriminellen Taten ein auskömmliches Leben. In Saus und Braus leben nur jene Luxuskriminellen, die auch ohne Diebereien und Betrügereien nicht wohin wüßten mit dem – ererbten – Geld.

Einer dieser Luxus-Gauner ist der nach Raffles älteste und berühmteste Verbrecher-Held: Monsieur Arsène Lupin, erfunden von dem Franzosen Maurice Leblanc für den Erzählungsband *Arsène Lupin: Gentleman Cambrioleur* (›Arsène Lupin – Der Gentleman-Gauner‹; 1907); der französische Geistesverwandte ist also acht Jahre jünger als der talentierte Mr. Raffles des E. W. Hornung.

Lupin beginnt als Chef einer Bande von Dieben, und von Anfang an steht das Vergnügen am Abenteuer über dem Ziel, sich zu bereichern. »Darauf kommt alles an, auf die Gefahr«, erläutert Lupin selbst dem Erzähler in Leblancs zweitem Lupin-Roman *Arsène Lupin contre Herlock Sholmes* (›Arsène Lupin kontra Herlock Sholmes‹; 1908). »Auf die ununterbrochene Empfindung der Gefahr. Man muß sie atmen wie die Luft, die man atmet, man muß sie um sich erkennen, sehen, wie sie sich bläht, schnaubt, lauert, sich nähert... Und inmitten des Sturms ruhig bleiben, sich nicht rühren! Sonst ist man verloren... Es gibt nur ein Gefühl, das diesem gleichkommt, das eines Rennfahrers während eines Rennens. Aber das Rennen dauert nur einen Morgen, und mein Rennen dauert das ganze Leben!«

Lupin macht sich einen Spaß daraus, den Ordnungskräften in aller Welt auf der Nase herumzutanzen; das Düpieren der Polizei betreibt er gewissermaßen als Leistungssport. In ›Arsène Lupin kontra Herlock Sholmes‹ legt er sich mit Conan Doyles berühmtem Detektiv an, dem er gleich auf gleich entgegentritt. In *813 – La double vie d'Arsène Lupin/ Les trois crimes d'Arsène Lupin* (›813 – Das Doppelleben des Arsène Lupin‹; 1910) avanciert Lupin sogar zum Chef der Pariser Sûreté und macht vier Jahre lang Jagd auf sich selbst, ehe man ihn entdeckt und, vorübergehend, ins Gefängnis wirft. Und genial, wie er als Verbrecher ist, bewährt er sich auch als Polizist: »Seit vier Jahren war Arsène Lupin Chef des Sicherheitsdienstes!!! Seit vier Jahren! Er war es tatsächlich, gesetzlich, mit allen Rechten, die dieser Titel verleiht, mit der Achtung seines Chefs, mit der Gunst der Regierung, der Bewunderung aller. Seit vier Jahren lag die Ruhe der Bewohner und die Verteidigung des Eigentums in Arsène Lupins Händen. Er wachte über die Erfüllung des Gesetzes. Er beschützte den Unschuldigen und verfolgte den Schuldigen. Und was für Dienste hatte er geleistet! Nie war die Ordnung weniger gestört, nie wurde ein Verbrechen sicherer und schneller aufgeklärt. Man erinnere sich an den Fall Denizou, den Diebstahl im Crédit Lyonnais, den Überfall auf den Orléans-Schnellzug, den Mord an Baron Dorf... so viele unvermutete und schlagende Triumphe, so viele jener wunderbaren Kunststücke, die man mit den berühmtesten Siegen der bekanntesten Kriminalbeamten vergleichen konnte.«

Die Siege freilich wechseln sich ab mit deprimierenden Niederlagen. Nicht nur als Chef der Polizei wird Lupin verhaftet und ins Gefängnis gesteckt. Bei seiner Auseinandersetzung mit Herlock Sholmes wird Lupin gleich mehrfach ergriffen (und bei der ersten dieser Verhaftungen erweist er seine Bärenkräfte; der Vegetarier Lupin, der aus Gründen der »Hygiene« weder Fleisch ißt noch Alkohol trinkt, sprengt das erste Paar Handschellen, das ihm die Schergen anlegen). In *Le bouchon de cristal* (›Der Kristallstöpsel oder Die Mißgeschicke des Arsène Lupin‹; 1912) erlebt der Held als Kämpfer gegen die Korruption von Politikern einen Rückschlag nach dem anderen, ehe er schließlich doch das Leben eines zum Tode verurteilten Freundes retten kann.

Um das eigene Leben ist Lupin weniger besorgt. ›813 – Das Doppelleben des Arsène Lupin‹ endet mit einem Kapitel, das »Selbstmord« überschrieben ist. Der Held, nachdem es ihm gelungen ist, dem deutschen Kaiser das Leben zu retten (nach dem er selbst ihm getrachtet hat) und von ihm einen Händedruck zu erhalten, springt auf Capri aus mörderischer Höhe von einer Klippe ins Meer und tritt, nachdem er auch dieses Abenteuer überlebt hat, in die Fremdenlegion ein: »Da mich das Meer nicht gewollt hat, oder vielmehr, da ich im letzten Augenblick das Meer nicht gewollt habe, werden wir jetzt sehen, ob die Kugeln der Marokkaner mitfühlender sind. Und außerdem ist das wirklich vornehmer... Dem Feind entgegen, Lupin, für Frankreich!...«

Die Verhaftungen und Persönlichkeitsveränderungen, die Masken und scheinbaren Tode gehören zum mystifizierenden Spiel, das Maurice Leblanc und Arsène Lupin mit ihren Lesern treiben. In rund dreißig Büchern trifft Lupin, von dem der Philosoph Jean-Paul Sartre gesagt hat, daß er ihn vergöttere, in vielen unterschiedlichen Rollen auf. Als Meister der Maske bleibt er zuweilen fast bis zum Ende eines Romans unerkennbar. Die Abenteuer von *Les huit coups de l'horloge* (›Die Uhr schlägt achtmal‹; 1922) erlebt er als Prinz Rénine, von dem der Herausgeber in einer vorangestellten Notiz sagt, er könne ihn von Arsène Lupin, der ihm die Geschichten erzählt habe, wegen der »Vorgänge, der Methode, die ihnen zugrunde liegt«, aber auch wegen des Charakters des Helden nicht unterscheiden.

Die hohe soziale Stellung, fingiert oder nicht (wer weiß das schon bei diesem Erzschwindler?), ist für Arsène Lupin gewiß charakteristisch, und mit der Zeit verliert der Gentleman-Gauner ohnehin den zweiten Bestandteil seiner Berufsbezeichnung. Unter dem Einfluß einer »guten« Geliebten wird aus dem Dieb aus Abenteuerlust und Spaß an der Gefahr mehr und mehr ein edler Helfer der Bedrängten und französischer Patriot im Kampf gegen das deutsche Kaiserreich, dann aber auch eine reine Science-fiction-Figur, die mit ihrem utopischen U-Boot, dem technischen Wunderwerk des ›Kristallstöpsels‹, überall dort auftaucht, wo unglückliche Menschen Hilfe benötigen im Kampf gegen übermächtige Schurken, die nicht selten deutscher Herkunft sind.

Leblanc und Lupin bewegen sich dabei auf einem weiten Feld zwischen klassischer Detektiverzählung, Parodie und Zukunftsspekulation à la Jules Verne. Prinz Rénine in ›Die Uhr schlägt achtmal‹ agiert wie ein Detektiv nach Holmesschem Vorbild. Der alte Druide in *L'île aux trente cercueils* (›Die Insel der dreißig Särge‹; 1920) – »gleichviel, ob wir ihn nun Don Luis Perenna oder Arsène Lupin nennen« – ist eine reine Märchenfigur: über die übliche Unglaubwürdigkeit des Superdetektivs hinausgetrieben ins Überdimensionale und überdimensional Gute, ein

Deus ex machina zur Bestrafung der Schurken und zur Errettung (und familiären Zusammenführung) der Guten.

Wie Holmes und Raffles in England ist Arsène Lupin in Frankreich eine unsterbliche literarische Figur geworden, so unsterblich, daß das zeitgenössische Autorenpaar Boileau/Narcejac in den siebziger Jahren beschloß, den Helden wiederzubeleben. Die vier Romane belassen Arsène Lupin in der versnobt-verstaubten Sphäre des Reichtums, der Vornehmheit und des Patriotismus seiner späteren Jahre. Sie spielen natürlich nicht in der Gegenwart, sondern zu Beginn des 20. Jahrhunderts. Noch gibt der Adel den Ton in der Gesellschaft an, im Pariser Théâtre Châtelet feiern die Ballets Russes und ihre Tänzerstars Tamara Karsawina und Waslaw Nijinsky Triumphe, die Automobile sind neu und luxuriös, und Ganoven im Frack machen auf öffentlichen Straßen Jagd auf junge Damen im Abendkleid, deren erste Sorge nach der Errettung durch den Helden die Wiederherstellung ihrer etwas in Unordnung geratenen Frisur ist.

Nach eigener Bekundung im Vorwort zu *La foudrière* (›Die Affäre Mareuse‹; 1974) gehören die Autoren zu jenen, die in ihrer Jugend von Arsène Lupins kühnen Taten begeistert waren. Mit ihren eigenen Lupin-Romanen wollten sie »eine Dankesschuld abtragen« und »Maurice Leblanc huldigen, dessen ungeheures Erzähltalent wir unterdessen entdeckt hatten«[4].

Der nächste Gentleman-Gangster trat noch zu Maurice Leblancs Lebzeiten auf den Plan; der Abwechslung halber kommt er wieder aus England. Sein Erfinder ist Leslie Charteris, der unter dem Namen Leslie Charles Bowyer Yin als Sohn eines chinesischen Arztes und einer Engländerin 1907 in Singapur geboren und dort auch aufgewachsen ist. Charteris kam nach England, um in Cambridge zu studieren, brach aber sein Studium schon nach kurzer Zeit ab, um Bücher zu schreiben. Im dritten seiner Romane – *Meet the Tiger* (›Begegnung mit dem Tiger‹; 1928) – schafft Charteris, gerade 21 Jahre alt, die Figur, die ihn berühmt macht: Simon Templar, »The Saint«.

Im Fernsehen hat der blasierte Roger Moore die Figur als einen bläßlichen Dandy mit blauem Blut gespielt: sehr schnieke, elegant und immer auf der Seite des Gesetzes. Ein Dandy ist auch die Figur, die Charteris geschaffen hat – aber das Gesetz ist eher gegen ihn, und er respektiert es nicht im mindesten.

In *The Saint in New York* (›Der Heilige in New York‹; 1935) übersendet Scotland Yard, das mit dem »Heiligen« bereits eine ganze Menge guter schlechter Erfahrungen gemacht hat, den Kollegen von der New Yorker Polizei sogar eine Art Steckbrief, in dem Simon Templar wie folgt beschrieben wird: »Alter 31, Größe 188 cm, Gewicht 79 kg, Augen blau, Haar schwarz, glatt zurückgekämmt. Narbe von Schußverletzung an der linken Schulter (Durchschuß); 20 cm lange Narbe am rechten Unterarm.« Unter »Besondere Merkmale« ist zu lesen: »Jederzeit makellos gekleidet. Verwöhnter Geschmack. Wohnt in den teuersten Hotels und ist Feinschmecker und Weinkenner. Trägt Feuerwaffe mit sich und ist ein überaus geschickter Messerwerfer. Spricht mehrere Sprachen fließend. Bekannt als der ›Heilige‹ wegen seiner Angewohnheit, am Tatort die Zeichnung eines Strichmännchens mit Heiligenschein zurückzulassen.«

In rund 60 »Saint«-Büchern, die nicht durchweg Romane, sondern auch Kurzgeschichten und Kurzromane enthalten, führt der »Heilige« einen privaten Feldzug gegen das Verbrechen, wie Scotland Yard vermerkt, »mit verbrecherischen Methoden«. Das bereits zitierte Schreiben an die New Yorker Polizei stellt schon fünf Jahre nach dem ersten Auftreten Templars eine beachtliche Liste seiner Aktivitäten zusammen. Polizeinotorisch ist er geworden, als er »auf eigene Faust die Wiederbeschaffung einer gewissen Anzahl von Goldbarren betrieb, die aus einer Bank in Chicago gestohlen und nach England gebracht worden waren«. Später »terrorisierte er mit Hilfe von vier Komplizen als Agent aus eigener Vollmacht Verbrecher, gegen die wir (also: Scotland Yard. J. S.) nicht genügend Beweismaterial hatten zusammenbringen können, um eine Verhaftung zu rechtfertigen. Wer er wirklich war, blieb während dieser Zeit ein Rätsel. Seine Tätigkeit richtet sich vornehmlich gegen Laster. Trug bei zur Festnahme und Überführung der Anführer einer mächtigen Bande von Rauschgifthändlern. Soll die Ermordung Henri Chastels, eines Mädchenhändlers, in Athen angestiftet haben. Gestand die Tötung Golters, eines Anarchisten, zwecks Vereitelung eines Attentats auf Kronprinz Rudolf während dessen Staatsbesuch in London«.

Auch unter den New Yorkern Verbrechern räumt der »Heilige« kräftig auf. Wo das Gesetz versagt (oder, zum Beispiel von einem korrupten Richter, absichtsvoll gebeugt wird), tritt »The Saint« auf den Plan, notfalls durchaus auch als Henker. »Der Tod ist meine Masche«, bekundet er am Ende des New York-Romans gegenüber seinem letzten Opfer. Wer so rigoros und selbstsicher über Leben und Tod entscheidet, läuft natürlich auch Gefahr, mißbraucht zu werden. Am Ende des New Yorker Abenteuers stellt sich heraus, daß der »Heilige« im speziellen Fall letztlich nur das genasführte Opfer eines verbrecherischen Superhirns gewesen ist, das Templars Neigung zur Selbstjustiz zum großen Aufräumen unter seinen Rivalen benutzt hat. Autor Charteris scheint das allerdings nicht sehr bedrückend zu finden; ganz offensichtlich heiligt bei ihm der gute Zweck – die Dezimierung der New Yorker Gangster – jedes böse Mittel.

Außer gelegentlichen Skrupeln fehlt Charteris' Helden nichts. Er ist reich (Scotland Yard schätzt sein Vermögen schon 1935 auf 500000 Pfund, nach damaligem Kurs 10 Millionen Mark), intelligent, charmant, und körperlich in Bestform. Mit der Waffe geht er ebenso skrupellos wie treffsicher um, und wenn er angreift, hat er durchweg das Moment der Überraschung auf seiner Seite. Templar ist ein Meister der Maske, ein vorzüglicher Athlet und Turner, ein geistesgegenwärtiger Bluffer – mit einem Wort: ein dreister Vogel, der immer das tut, was niemand von ihm erwartet (und sei es das, was er gerade eben angekündigt hat, so etwa in *She Was A Lady*, ›Der Heilige und die Dame Jill‹; 1931).

Da kann der Erfolg gar nicht ausbleiben, und »The Saint« genießt ihn permanent, gern und am liebsten in der Gesellschaft attraktiver junger Damen. Praktisch bei jedem Abenteuer gibt Charteris seinem Helden eine neue wohlgeformte Heroine an die Seite; gelegentlich gehört sie, mindestens zu Beginn der Handlung, zur Gegenseite und muß zur Strafe ins Gras beißen. Außer hübschen jungen Damen hat Simon Templar noch einige andere Hilfstruppen, doch in maßvoller Zahl; wenn man ihn als eine Art Räuberhauptmann ansieht, wird er etwas grantig. »Er denkt zweifellos, du gehörtest zu meiner Bande – mir wird immer wieder eine Bande angedichtet«, erzählt Templar der geheimnisvollen Loretta während der Seeabenteuer von *The Saint Overboard* (›Der Heilige über Bord‹; 1936); es geht dabei um den Schatz an Bord eines gesunkenen Schiffes, ein für große Tauchtiefen entwickeltes Forschungs-U-Boot, und einen verbrecherischen Deutschen, der das U-Boot in seine Gewalt bringt und auch den Heiligen, mal wieder, für seine Zwecke einzusetzen versucht, diesmal allerdings nicht durch Vortäuschung falscher Tatsachen, sondern ganz handfest durch Erpressung.

Im Grunde ist »The Saint« das letzte Exemplar seiner Gattung: ein uneigennütziger Gentleman alter Schule, allerdings mit sehr dehnbaren, fragwürdigen Moralbegriffen. In der veränderten Welt nach den beiden Weltkriegen sind edle Verbrecherfiguren, die aus reiner Abenteuerlust oder Enthusiasmus für die – wie auch immer verstandene – Gerechtigkeit auf Raubzüge und Strafexpeditionen gehen, nur noch schwer denkbar. Gänzlich ausgestorben sind sie aber nicht. Ungefähr um dieselbe Zeit, in der die Franzosen Boileau/Narcejac den alten Arsène Lupin wiederbeleben, erfindet der Amerikaner Brian Coffey eine neue Gangsterfigur, die stark an den alten Gentleman-Dieb erinnert: einen gewissen Michael Tucker, Millionenerbe in New York.

Tuckers Problem freilich ist, daß er an sein Millionenerbe nicht herankommt. Das Testament seiner toten Mutter enthält eine Klausel, wonach die Millionen dem Sohn erst ausgezahlt werden, wenn er die für ihre Verwaltung nötige Reife besitzt – und diese Reife hat der reiche Vater dem bereits 28jährigen Sohn vor Gericht bislang erfolgreich bestritten. So muß Tucker, der offiziell mit primitiver Kunst handelt, Kunstwerke aber viel zu gern hat, als daß er sich von ihnen trennen könnte, irgendwie Geld beschaffen – und es zu stehlen scheint ihm am einfachsten. Aber so ganz mit dem Herzen ist Tucker nicht dabei. »Für einen Sohn aus gutem Hause«, heißt es im zweiten von Coffeys Tucker-Romanen – *Surrounded* (›Mike Tucker auf Tauchstation‹; 1974) – gleich zu Beginn, »mochte es angehen, sich eine erfolgreiche Karriere als freiberuflicher Krimineller aufzubauen, sich aber im tiefsten Herzen mit diesem unkonventionellen Leben abzufinden, war etwas ganz anderes. Er wußte, daß er ein guter Dieb war und ein meisterhafter Planer, dennoch rechnete er immer damit, gefaßt zu werden.«

In ›Mike Tucker auf Tauchstation‹ raubt der Held, mit zwei Komplizen, eine Bankfiliale in einem Einkaufszentrum aus und erbeutet dabei, für sich, rund 70000 Dollar. In *Blood Risk* (›... alias Mike Tucker‹; 1973) überfallen Tucker und seine Leute sogar einen Geldtransport der Mafia. In *The Wall of Masks* (›Mike Tucker und der Maya-Fries‹; 1975) ist die Beute ein Kunstwerk aus Mexikos Maya-Vergangenheit, das über den Golf per Schiff in die Vereinigten Staaten geschmuggelt werden soll. Mit Vorliebe also legt sich Tucker seinerseits mit Ganoven an, ein Vorgehen, das zwar moralisch einiges für sich haben mag (oder doch wenigstens das Gewissen beruhigt), die Sache aber eher gefährlicher macht als in jenem Fall, in dem man anschließend nur die Polizei zum Gegner hat. In allen Fällen geht denn auch prompt etwas schief. Coffeys Tucker-Romane schildern vor allem die Kalamitäten, in die ein Verbrecher geraten kann. Zwar kommt Tucker im letzten Augenblick regelmäßig aus der Klemme heraus. Aber der alte Schwung ist hin und wird allenfalls im Privatleben mühsam konserviert.

Dieses Privatleben entspricht ungefähr dem, das Tucker führen könnte, wenn er die Verfügungsgewalt über sein Erbe erringen könnte: Neun-Zimmer-Wohnung im 10. Stock eines vornehmen Hauses an der New Yorker Park Avenue (mit eigener Sauna), als Geliebte – in einer eher offenen Beziehung, auf Zuneigung wie auf Sex gebaut – ein hübsches Starlet, das mit Fernsehwerbung gute Dollars macht. »Sie verdiente«, heißt es in ›Mike Tucker und der Maya-Fries‹, mit der Reklame für Gewürzgurken oder »ein Intimspray, das wie Limonade riecht« mehr Geld »als Tucker mit seinen kriminellen Unternehmungen«. Kein Wunder, daß der Held immer wieder überlegt, ob er nicht in der falschen Branche angeheuert hat. Denn, wie gesagt, der rechte Spaß ist nicht dabei; Tuckers kriminelle Unternehmungen sind, im Gegensatz zu denen von Raffles und Arsène Lupin, vor allem harte, eher schlecht bezahlte Arbeit.

Dabei hat Tucker Glück, daß ihm sein Autor überhaupt so viel Geld läßt, wie er ihm läßt. Denn in der gesamten angelsächsischen Kriminalliteratur gilt grundsätzlich eine Maxime, deren schwerer Schatten ganz allmählich erst nicht mehr auf jeden Ungerechten fällt: »Crime doesn't pay« – Verbrechen zahlt sich nicht aus, das ist immer noch der Leitsatz der Gattung.

Für den literarischen Umgang mit Gangstern bedeutet das, daß es im allgemeinen nicht angeht, daß ein Autor seinen Gangster-Helden die Früchte seiner illegalen Taten in Ruhe und vielleicht gar noch mit Genuß verzehren läßt. Früher oder später hat der Gangster, vor allem dann, wenn er kein Gentleman-Verbrecher mehr ist, für seine Übeltaten zu bezahlen. In diesem Sinne ist Rico, der Held in William Riley Burnetts Roman *Little Caesar* aus dem Jahre 1929 (die deutsche Ausgabe trägt denselben Titel), typisch für das Genre. Burnett beschreibt eine kriminelle Karriere wie aus dem Bilderbuch. Cesare Enrico Bandelli, aus Italien ins Chicago der zwanziger Jahre eingewandert, boxt und schießt sich entschlossen aus den unteren Etagen in die feineren Kreise der organisierten Unterwelt; wer ihm ins Gehege kommt, wird liquidiert. So schafft man sich Gegner. Einige Attentate überlebt Bandelli. Doch schließlich erwischt ihn eine Polizeikugel; falsche Freunde haben ihn verraten.

Jede Glorifizierung des Gangsters ist in diesem Fall sorgsam vermieden. Nichts Heldenhaftes ist um den kleinen Cäsaren der Unterwelt und nichts Tragisches an seinem Tod. Es ist eine logische Karriere, und Burnett beschreibt sie nüchtern und unpathetisch: wie man Erfolg hat im Wolfsleben – und was das kostet. Das Buch gilt als der Klassiker einer Sparte von Unterweltromanen, die während der zwanziger und dreißiger Jahre in den USA populär waren. In unseren Zusammenhang gehört er nur am Rande: als Beispiel für einen Romantyp, der die alten literarischen Muster entschlossen ins Harte und Realistische wendet; was Hammett zu Beginn der zwanziger Jahre mit dem traditionellen englischen Detektivroman gemacht hat, tat Burnett am Ende des Jahrzehnts mit dem Gangsterroman à la Hornung und Leblanc; er entglorifizierte den Verbrecherhelden und führte ihn zurück in die Wirklichkeit.

Der Verbrecherheld der jüngsten Zeit profitiert von Burnetts Tat. Er ist in beiden Welten zu Hause: in der romantischen Märchenwelt der Arsène Lupins wie in der nüchtern-trivialen Realität des Cesare Enrico Bandelli. Besonders typisch für diese Entwicklung sind die Figuren eines amerikanischen Autors, der – 1933 im New Yorker Stadtteil Bronx geboren – seine Bücher gleich unter mehreren Namen publiziert. Unter dem Namen Tucker Coe schreibt er Romane um den unehrenhaft entlassenen Polizisten Mitch Tobin, der das Pech anzieht wie Aas die Fliegen, deshalb aber noch lange kein Gangster ist und uns in diesem Zusammenhang nicht interessiert. Als Richard Stark und unter seinem richtigen Namen, Donald E(dwin) Westlake, schreibt er Bücher um Profigangster. Dabei hat sich Westlake für jeden der beiden Namen ein ganz bestimmtes Image aufgebaut. Stark ist zuständig für die harten, blutigen Sachen, Westlake eher für die komischen.

Der zentrale Held in Starks Büchern heißt Parker; den zu Parker passenden Vornamen hat, wie in *The Handle* (›Das Kasino vor der Küste‹; 1966) zu erfahren ist, nicht einmal das FBI herausgefunden, das ihn ansonsten auch unter einigen anderen Namen in seinen Akten führt. Parker, so erfährt der Leser in *The Seventh* (›Parker und der Amateur‹; 1966), »war ein Profi, Spezialist für bewaffnete Raubüberfälle auf Banken, Juweliergeschäfte oder Geldtransporte. Er arbeitete nur im Team, niemals allein, und war jetzt neunzehn Jahre in diesem Beruf. Meistens hatte er in dieser Zeit unter falschen Namen gelebt und sich eine Tarnexistenz aufgebaut, in der er von den Erträgen seiner Arbeit lebte; ein- oder zweimal im Jahr kam er hervor, um sein Kapital wieder aufzufüllen«.

Parker scheint nicht älter zu werden; jedenfalls findet sich die Formel, er sei seit neunzehn Jahren im Geschäft, in verschiedenen Stark-Romanen zwischen den frühen sechziger und den mittleren siebziger Jahren. Zur Tarnexistenz gehören langfristig Haus und Ehefrau (oder jedenfalls Partnerin); nachdem Parker eine Weile lang kurzlebige Affären als »ein kurze Zeit wirksames Gegengift gegen das Verlangen nach Arbeit« angesehen hat, tut er sich in *The Green Eagle Score* (›Unternehmen Grüner Schnee‹; 1967) mit der hübschen Claire zusammen, von der der Leser nicht wesentlich mehr erfährt, als daß sie gern einen

Bikini trägt und sonnenbadet, und ruht bei ihr von seinen gefahrvollen Unternehmungen aus.

Parker ist ein Dieb, kein Mörder, und einen Überfall, bei dem von vornherein klar ist, daß Menschen sterben müssen, lehnt er ab. Doch seiner Haut weiß er sich ebenso gut zu wehren wie sein Partner Grofield, der in vielen von Richard Starks Romanen die zweite Geige neben Parker spielt (und auch schon einmal allein die Hauptrolle übernimmt). Sein Selbstverteidigungscredo, nachzulesen in *The Score* (›Stadt im Würgegriff‹; 1964) lautet: »Der Gegenangriff sollte wenigstens so stark sein wie der Angriff. Will dich einer schlagen, schlag zurück. Will dich einer umbringen, bring ihn um.« Das gilt für das Wachpersonal so gut wie für rivalisierende Gangster, mit denen Parker und Grofield immer wieder einmal zusammenrasseln. Ein Profi wie Parker ist grundsätzlich bewaffnet und hat keine Skrupel, die Waffe auch zu benutzen; so säumen Tote seine verbrecherische Spur.

Das Romanschema ist bei Stark grundsätzlich ähnlich wie bei Coffey. Die Gangster – die freilich wesentlich härter und nüchterner geschildert sind, ohne jeden Rest von sozialem Prestige und Snobismus, deshalb aber nicht unsympathisch wirken – bereiten ihre Unternehmungen so gut wie möglich vor. Im Grunde dürfte bei den perfekt geplanten Coups, an denen sich Parker beteiligt, überhaupt nichts schiefgehen. Aber aus irgendeinem Grund laufen die Sachen praktisch immer schief, sei es, daß irgendein Dussel unter den beteiligten Gangstern durchdreht und aus Angst einen Fehler macht (wie, nach erfolgreichem Überfall auf einen Geldtransporter, der zweitklassige Fahrer Laufman in: *Slayground*, ›Ich bin die dritte Leiche links‹, 1971) oder sei es, daß im Hintergrund ein anderer, größerer Verbrecher die Fäden zieht und Parker und Grofield alle Hände voll zu tun haben, um am Leben zu bleiben und wenigstens ein bißchen von ihrem kriminellen Profit zu retten (wie in *Deadly Edge*, ›Ein wunder Punkt kann töten‹; 1971 oder in *Butcher's Moon*, ›Blutiger Mond‹; 1974). Immer wieder gerät der Profigangster Parker, der auf seine Weise absolut ehrlich ist, nie ein einem Kollegen gegebenes Wort brechen würde und Verträge mit fast schon altmodischer Pedanterie zu halten pflegt, in mörderische Gangsterfehden und von Rivalen raffiniert gebaute Fallen. Parker entkommt meistens unversehrt, Grofield erlebt das Ende vieler Romane nur mit schweren Schußverletzungen, scheint aber gutes Heilfleisch zu haben und rappelt sich immer wieder hoch. Die Spannung ist reine Action-Spannung; sie entsteht vor allem aus der Frage, wie die Teufelskerle – die allemal sympathischer sind als ihre Gegner – wohl diesmal dem Tod von der Schippe hüpfen werden.

Bei Stark gewinnen grundsätzlich die Helden – und immer mit knapper Not. Bei Westlake dagegen triumphiert am Ende durchweg jemand, der eigentlich keine Chance haben dürfte, der Unterlegene, das Opfer sein sollte. In Westlakes Romanen machen dumme, widrige Umstände alle genialen Pläne und alle Anstrengungen der eher kleinkarierten Ganoven auf das Idiotischste zunichte. In *Bank Shot* (›Fünf gegen eine Bank‹; 1972) kippt der von den Ganoven entführte Wohnwagen, dessen Bremsen offenbar schlecht angezogen sind, in dem Augenblick unrettbar von einem meernahen Parkplatz in die Tiefe, als das Unternehmen glücklich gelaufen scheint. Und in *Jimmy the Kid* (1974; die deutsche Ausgabe hat denselben Titel) übertölpelt das jugendliche Kidnapping-Opfer die ganze Bande, die ihn entführt hat, kehrt aber mit dem erbeuteten Geld nicht etwa ins Elternhaus zurück, sondern verschwindet auf Nimmerwiedersehen und baut sich mit dem ergaunerten Geld eine lukrative Existenz in der Computerbranche auf.

Tatsächlich versuchen Amerikas Krimi-Autoren mehr und mehr, das Bereicherungsverbot für ihre Gangsterhelden zu umgehen. Aber sie gehen dabei ein bißchen nach einem alten lateinischen Spruch vor: Quod licet Jovi, non licet bovi – was Jupiter zugestanden ist, darf noch längst nicht jeder gewöhnliche Ochse.

Es sind die außerordentlichen Autoren, die sich auch an die veränderten Spielregeln nicht halten. Patricia Highsmith hat mit dem talentierten Mr. Ripley[5] einen Mörder von großem persönlichen Charme, einen Helden erfunden, der sich über jegliche Konvention hinwegsetzt, während Eric Ambler – beispielsweise in *Dirty Story* (›Schmutzige Geschichte‹; 1967) – es sogar fertigbringt, schmuddlige Gangstertypen zu schaffen, die dem Leser fortdauernd unsympathisch bleiben, ohne daß sein Interesse an ihrem Schicksal im mindesten abnähme.

[1] Vergleiche das Kapitel über »Die großen Kombinierer« auf den S. 73ff. dieses Buches.

[2] Die im Zürcher Diogenes Verlag in den Jahren 1976 und 1988 erschienenen Erzählungsbände »Raffles – Der Dieb in der Nacht« und »Raffles – Der Amateur-Einbrecher« enthalten jeweils Geschichten aus allen drei Büchern mit Raffles-Geschichten; offenbar war zunächst nur der eine Band geplant.

[3] *George Orwell:* Raffles und Miss Blandish, in *E. W. Hornung:* Raffles – Der Dieb in der Nacht, Diogenes Verlag, Zürich 1976, S. 7ff.

[4] Zitiert nach dem Vorwort der deutschen Ausgabe: »Arsène Lupin: Die Affäre Mareuse«, Ullstein Verlag, Berlin 1976, S. 5.

[5] Vergleiche den Abschnitt über Ripley in den Highsmith-Passagen des Kapitels »Der minimale Schrecken« auf den Seiten 226ff. dieses Buches.

E. W. Hornung: *Raffles – Der Dieb in der Nacht*; *Raffles – Der Amateur-Einbrecher* – Diogenes Verlag, Zürich.
Leslie Charteris: *Kennen Sie den Heiligen?*; *Die Rache des Heiligen*; *Der Heilige und die Dame Jill*; *Der Heilige in New York*; *Der Heilige über Bord* – sämtlich Heyne Verlag, München.
Maurice Leblanc: *Arsène Lupin – Der Gentleman-Gauner*; *Die hohle Nadel oder Die Konkurrenten des Arsène Lupin*; *813 – Das Doppelleben des Arsène Lupin*; *Der Kristallstöpsel oder Die Mißgeschicke des Arsène Lupin*; *Die Gräfin von Cagliostro oder Die Jugend des Arsène Lupin*; *Arsène Lupin kontra Herlock Sholmes*; *Die Insel der dreißig Särge*; *Die Uhr schlägt achtmal* – sämtlich Diogenes Verlag, Zürich.
Brian Coffey: *... alias Mike Tucker*; *Mike Tucker auf Tauchstation*; *Mike Tucker und der Maya-Fries* – Rowohlt Verlag, Reinbek.
W. R. Burnett: *Little Caesar* – Diogenes Verlag, Zürich 1983.
Richard Stark: *Jetzt sind wir quitt*; *Die Gorillas*; *Stadt im Würgegriff*; *Das Kasino vor der Küste*; *Parker und der Amateur*; *Unternehmen grüner Schnee*; *Mädchenraub in Mexiko*; *Die Singdrossel*; *Ich bin die dritte Leiche links*; *Ein wunder Punkt kann töten*; *Zunder, Zaster und Zitronen*; *Harte Zeiten, weiche Knie*; *Blutiger Mond* – sämtlich Ullstein Verlag, Berlin.
Donald E. Westlake: *Ich will mein Geld*; *Räuber in Uniform*; *Fünf gegen eine Bank*; *Hilfe, man hält mich gefangen*; *Jimmy the Kid*; *Zwei sind zuviel*; *Ein Luftschloß wird gejagt* – sämtlich Ullstein Verlag, Berlin.
Arsène Lupin (Boileau/Narcejac): *Die Affäre Mareuse*; *Das Geheimnis von Eunerville*; *Arsène Lupins zweites Gesicht*; *Arsène Lupin sorgt für Gerechtigkeit* – Ullstein Verlag, Berlin.

Spezialisten
und Außenseiter

Die Snobs lassen bitten:

Rex Stout, Erle Stanley Gardner und ihre Detektive

Die frühen Detektive, von Edgar Allan Poes Auguste Dupin über Gaboriaus Monsieur Lecoq zu Conan Doyles Sherlock Holmes, betrieben die Aufklärung von Verbrechen nicht geschäftsmäßig, sondern als Privatiers: wie einer ein Hobby ausübt. Auch ihre Nachfahren in der klassisch englischen Linie, Hercule Poirot oder Lord Peter Wimsey zum Beispiel, betreiben nicht eigentlich eine Detektei. Das Detektivspiel zu festen Honorarsätzen kommt, in der Literatur, erst in den zwanziger Jahren in Amerika auf. Mit dem Auftreten von Hammetts Pinkerton-Detektiven, sachlichen, einfachen Männern aus dem Volk, die das Verhindern und Aufklären von Verbrechen als Job auffassen, gerät auch in den USA ein Typ von Detektiv ins Hintertreffen, der bis dahin den Erfolg gepachtet zu haben schien: der versnobte Gentleman-Detektiv à la Philo Vance.

Doch völlig ausgestorben ist dieser Detektivtyp auch in der Folgezeit nicht. Mindestens zwei Autoren und ihre wichtigsten Figuren erhalten die Erinnerung an die frühen Dandy- und Snob-Detektive bis in die Gegenwart. So verschieden Rex Stouts Nero Wolfe und Erle Stanley Gardners Perry Mason auch sein mögen: vom Rest der Detektivzunft trennt die beiden ein Hang zu Exklusivität und Luxus, teure Gewohnheiten und gute Manieren – und nicht zuletzt die Tatsache, daß sie es sich leisten (können), die anstrengende Fußarbeit, das Ablaufen der Schuhsohlen von Haustür zu Haustür, anderen zu überlassen.

Darüber hinaus sind die beiden Detektive ziemlich genau gleich alt und ähnlicher Herkunft. Perry Mason taucht 1933 in Gardners Roman *The Case of the Velvet Claws*[1] (›Perry Mason und der Engel mit Krallen‹) zum ersten Mal auf, Nero Wolfe ein Jahr später in Rex Todhunter Stouts Fortsetzungsgeschichte *Fer-de-Lance* (›Die Lanzenschlange‹). Doch damit sind die Ähnlichkeiten weitgehend erschöpft. Perry Mason ist Rechtsanwalt und löst seine Fälle in Los Angeles an der Westküste. Nero Wolfe würde, wenn überhaupt, vielleicht die Berufsbezeichnung des

Detektivs akzeptieren. Er lebt in einem teuren Haus in New York, mit eigenem Koch und eigenem Gärtner, der wiederum vor allem für die Orchideenzucht im eigenen Treibhaus im Dachgeschoß des Hauses da ist. Mr. Wolfe ist nämlich vor allem eines: ein begeisterter Orchideenzüchter.

Erle Stanley Gardner, der Erfinder Masons, lebte von 1889 bis 1970. Er stammte aus Malden, einem kleinen Ort in Massachusetts in New England, doch seine Familie zog bald nach Kalifornien. Erle Stanley Gardner studierte dort Jura und ließ sich 1911 als Rechtsanwalt nieder, ganz wie später sein Held Perry Mason. Anfang der zwanziger Jahre begann er, unter einem halben Dutzend Pseudonymen, für die »Black Mask« und andere »Pulp«-Magazines Detektivgeschichten zu schreiben. Doch der Erfolg stellte sich erst mit der Erfindung der Perry Mason-Figur ein. Danach gab Gardner den Beruf des Rechtsanwalts auf und lebte ganz der Schriftstellerei. Sein Werkverzeichnis umfaßt an die 120 Romane, ungefähr zwei Drittel davon haben den Rechtsanwalt Perry Mason als zentrale Detektivfigur.

Die Struktur der Perry Mason-Romane ergibt sich weitgehend aus dem Beruf ihres Helden. Da Perry Mason Strafverteidiger ist, geht es bei seinen Fällen durchweg um die Entlastung von Klienten, die schwerer Straftaten, meistens eines Mordes, beschuldigt werden. Da die Polizei sich unfähig zeigt, die wahren Täter zu fassen, muß Mason die Morde aufklären, um seine Klienten herauszupauken.

Dazu benötigt der elegante Zigarettenraucher und Hutträger Mason natürlich eine ganze Reihe von Hilfstruppen. Seine wichtigste Stütze, beinahe mehr als seine rechte Hand, ist die »vereidigte Sekretärin« Della Street, mit der den Rechtsanwalt ein eigentümliches Verhältnis verbindet. Die beiden sind nicht eigentlich ein Liebespaar. Aber ihr Verhältnis ist von großer Intimität und gewiß auch nicht unerotisch. Gelegentlich fällt, wenn auch eher scherzhaft, der Hinweis auf eine möglicherweise bevorstehende Ehe. Einen im Verlauf eines Falls in seinen Besitz geratenen Buick behält Perry Mason mit dem Hinweis, er benötige ihn, falls er jemals »Lust auf eine Hochzeitsreise bekommen sollte« (in *The Case of the Caretaker's Cat*, ›Die Pfotenspur‹; 1935). Doch im allgemeinen bleibt es zwischen Mason und Della bei gemeinsamen Dinners und Cocktails sowie, vor allem, gemeinsamer Arbeit. »In schwierigen Situationen«, heißt es in *The Case of the Silent Partner* (›Perry Mason und der stille Teilhaber‹; 1940), »zeigte es sich, daß sie aufeinander eingespielt waren wie ein gut abgestimmtes Fußball-Team.«

In Masons Vorzimmer hält Gertie Wache. Sie »hat Augen am ganzen Körper, macht aber immer ihr undurchdringliches Pokergesicht und denkt sich ihr Teil«, wie es in *The Case of the Mischievous Doll* (›Perry Mason und das Mädchen mit der Narbe‹; 1963) heißt. Gelegentlich verdankt Perry Mason ihrer Beobachtungsgabe wichtige Hinweise, noch ehe er den künftigen Klienten überhaupt gesehen hat. Das Zusammentragen von Fakten, ohne die der beste Detektiv nicht kombinieren und der beste Strafverteidiger nicht argumentieren kann, besorgt für Perry Mason ein gewisser Paul Drake, der im selben Gebäude, in dem auch Masons Anwaltspraxis liegt, ein Detektivbüro leitet. Als Gegenspieler, die von Mason immer wieder düpiert werden, treten auf: der Polizeileutnant Tragg und der Staatsanwalt Hamilton Burger; kein Wunder, daß ihre Gefühle gegenüber Mason nicht gerade die freundlichsten sind.

Mason selbst ist ein großer, schlaksiger Mann von eleganter Erscheinung mit verbindlichem Auftreten, das manchen Gegner und Zeugen in die Irre führt. Denn urplötzlich sieht sich ein solcher Zeuge »zwei stahlharten Augen gegenüber und erkannte zu spät, wie Mr. Mason mit wilder Kampfeslust durch die scharfen Pfeile seines beweglichen Geistes einen Meineidigen zur Strecke bringen konnte« (›Perry Mason und der stille Teilhaber‹). Für gewöhnlich nimmt Mason »eine gutmütige, großzügige Haltung« an; seine Arbeitsmethoden und seine Prozeßführung werden als nicht eben herkömmlich beschrieben. Seinen Gegnern erscheint er als »Kämpfernatur«.

Fast immer sind die Höhepunkte der Romane große Gerichtsszenen, in denen Masons Klient erst in die Klemme gerät und dann von seinem Anwalt triumphal aus dieser Klemme befreit wird. Fast immer im vorletzten Augenblick bringt Mason neue Fakten, Beweise und Schlußfolgerungen ans Licht, so wie der Zauberer ein Kaninchen aus dem Zylinder zieht.

Natürlich können ein Apparat, wie Mason ihn dirigiert, und ein Leben, wie Mason es führt, nicht billig sein, und so sind auch Masons Honorarsätze recht gepfeffert. »Sie müssen verstehen«, erklärt Mason einer Klientin in *The Case of the Lucky Loser* (›Perry Mason und der lachende Verlierer‹; 1957), »ich habe Gehälter zu zahlen, Steuern, Büromiete, und ich muß meine Bibliothek auf dem laufenden halten.« So kommt, schon in den fünfziger Jahren, ein Arbeitstag der Firma Mason den Kunden auf 500 Dollar. Doch wie sein Autor sich, als er noch Rechtsanwalt war, vorzugsweise für die Randgruppen einsetzte, ist auch Perry Mason, bei allem Snobismus, kein Anwalt nur für die Reichen; er hilft denen, die ihn brauchen. So läßt er sich in ›Die Pfotenspur‹ von der Tierliebe eines alten Mannes bewegen, seine Sache in einem Privatstreit zu übernehmen, der sich alsbald zu einer Mordgeschichte ausweitet, und am Ende ist es buchstäblich eine Perserkatze, für deren Rechte Mason sich einsetzt.

Masons Erfinder Erle Stanley Gardner[2] »hat niemals auch nur den Anspruch erhoben, mehr zu sein als ein rein kommerzieller Schreiber von Unterhaltungsliteratur; aber er mühte sich dennoch sehr, daß alle Details seiner oft kniffligen Handlungsknoten stimmten«[3]. Noch positiver als der Engländer Julian Symons hat es ein anderer, bedeutenderer Kollege Gardners ausgedrückt, Raymond Chandler. In einem Brief an Gardner bekennt er, er habe während einiger Erholungswochen am Big Bear Lake jede Nacht eine Perry Mason-Geschichte gelesen, »und ich fand sie alle wunderbar«. Und in einem anderen Brief an Gardner heißt es: »Wenn ein Buch, gleich welchen Genres, eine gewisse Intensität der künstlerischen Darstellung erreicht, wird es Literatur. Diese Intensität kann sich im Stil zeigen, in der Situation, in den Charakteren, im inneren Ton oder in der Idee, oder in einem halben Dutzend anderen Dingen. Sie kann auch in der Vollkommenheit der Kontrolle über den Handlungsverlauf bestehen, ähnlich der Kontrolle, die ein großer Werfer beim Baseball über den Ball hat. Diese Kontrolle haben Sie für mich mehr als alles andere und mehr als alle anderen... Jede Seite wirft den Kurvball nach dem Text. Ich nenne das eine Art Genialität... Perry Mason ist der vollkommene Detektiv, weil er die intellektuelle Einstellung des juristisch kühlen Verstandes und zugleich die Rastlosigkeit des Abenteurers besitzt, der nicht untätig zusehen will.«[4]

Das mag ein wenig übertrieben sein. Denn zuweilen sind Gardners kontrollierte Kurvenverläufe doch etwas trocken und leblos. Aber lesbar sind seine Bücher allemal.

Bei Rex Stout scheinen in dieser Hinsicht eher Zweifel angebracht. Während die frühen Nero Wolfe-Romane Stouts nicht nur bei Liebhabern, sondern auch bei Experten einen guten Ruf haben, fanden die späteren zunehmende Kritik. »Ihr Niedergang«, befindet Julian Symons, »wurde ganz offensichtlich gegen Ende der vierziger Jahre, in denen daneben auch noch einige von Stouts besten Werken wie *The Silent Speaker* (›Der Mord im Waldorf-Astoria‹; 1946) und *The Second Confession* (›Das zweite Geständnis‹; 1949) entstanden«[5]. Doch beginnen wir auch hier mit dem Anfang.

Stout, geboren 1886 in Noblesville, Indiana, kam erst spät zum Schreiben. »Er soll etwa dreißig verschiedene Berufe ausgeübt haben, bevor er mit einem von ihm erfundenen Schulsparkassensystem so viel Geld verdiente, daß er reisen konnte. Sein erstes Buch schrieb er Ende der zwanziger Jahre in Paris«[6], wie Chandler bereits über 40 Jahre alt.

Der Detektiv Nero Wolfe, den Stout bis zu seinem Tode[7] im Jahre 1975 über fünfzigmal auf Verbrecherjagd schickt, lebt in einem roten Backsteinhaus in der 35. Straße in New York. Zum Haushalt gehören der kleine, drahtige Assistent Archie Goodwin, der die Laufarbeit besorgt und die Geschichten aus seiner Perspektive erzählt, der Koch und Diener Fritz und der Orchideenexperte Theodore. Weibliche Wesen sind in diesem Haus nur als Klientinnen erwünscht; schon ein weibliches Wesen in der für die Hausreinigung zuständigen Putzkolonne bringt Wolfes Gemütszustand nachhaltig durcheinander.

Der Detektiv selbst ist ein Unikum. Er schätzt sich selbst ohne falsche Bescheidenheit als »besten Detektiv der Welt« ein, und wer weiß, wie er aussieht, weiß auch, daß er sich dieses Prädikat kaum durch körperliche Qualitäten verdient hat. Wolfe ist klein und so fett, daß er die Beine nicht übereinanderschlagen kann; er wiegt 120 Kilogramm. Die Niveauunterschiede in seinem eigenen Haus, das er nur ungern verläßt, bewältigt er mit einem eigens eingebauten Aufzug. Wolfes Leibesfülle ist allerdings kein Wunder angesichts der von ihm verzehrten Speisemengen und -qualitäten, über die Stout den Leser bereitwillig auf dem laufenden hält. Fünf Rühreier mit Toast müssen es schon sein bei einer kleinen Zwischenmahlzeit für den Dicken. Bei einer »Einsatzbesprechung« serviert Fritz – in *Please Pass the Guilt* (›Jedermanns Bombe‹; 1973) – »geschmortes Kalbsbries mit Hühnerquenelle (knappe Portionen wegen der unerwarteten Gäste), Sellerie-Champignon-Salat, Krabbenomelette (kleine Zugabe) und vier verschiedene Käsesorten«, die mit mehreren Flaschen Champagner der Marke »Dom Perignon« heruntergespült werden.

Kein Zweifel: Das ist ein teurer Haushalt, und so kann es der Leser dem guten Archie richtig nachfühlen, wenn er sich – am Anfang von *Too Many Clients* (›Zu viele Klienten‹; 1960) Sorgen macht, als Nero Wolfes Bankguthaben »den erschreckenden Tiefstand von 14194,62 Dollar erreicht«. Schließlich hat Nero Wolfe beachtliche Unkosten: »Da sind erstens die Gehälter von Theodore Horstmann, dem Orchideenhüter, Fritz Brenner, dem Küchenchef und Hausverwalter, und meiner Wenigkeit, dem Laufburschen und Mädchen für alles; und zweitens die Lebensmittelrechnungen inklusive der exotischen Gaumengenüsse, die Wolfe gelegentlich per Luftpost heranholt; und drittens die mannigfachen Bedürfnisse der Orchideen in den Plantagenräumen unterm Dach, von diversen Neuanschaffungen ganz zu schweigen; und viertens, fünftens, sechstens weitere Lappalien, deren Aufzählung ich mir hier erspare und mit denen sich unsere gesamten Monatsausgaben durchschnittlich auf über fünftausend Dollar belaufen«: 1960, als der Dollar noch etwas wert war.

So ist Nero Wolfe sehr zu seinem Leidwesen gelegentlich gezwungen, die Stunden der Ruhe und Muße zu unterbrechen, sich von Essen, Lesen und dem Betrachten seiner Orchideen zurückzuziehen und Geld mit Detektivarbeit zu verdienen. Doch bevor Wolfe an die Arbeit geht, läßt er Mitarbeiter und Klienten für gewöhnlich wissen, wie lästig ihm die Unterbrechung seiner Mußestunden ist. Als Archie Goodwin mit weiteren Hilfstruppen am Ende von *A Family Affair* (›Tödliche Zigarren‹; 1975) zu Wolfe kommt, um ihm zu berichten, daß der Fall gelöst ist, zieht er zunächst einmal »eine Show ab. Er las den Absatz in seinem Buch zu Ende, dann nahm er sich Zeit, um einen dünnen Goldstreifen, den er als Lesezeichen benutzt, zwischen die Seiten zu stecken, schließlich legte er das Buch hin und sagte ›Guten Morgen‹«.

Wie in der Sache mit dem Goldstreifen steckt auch in Wolfes sonstigen Lebensumständen ein Gutteil neureicher Protz, zum Teil geschaffen, um seine Umgebung zu beeindrucken. Immer wieder einmal weisen Stout und sein Ich-Erzähler Goodwin auf die Ausstattung des Büros hin, den roten Ledersessel etwa, der für die Besucher bestimmt ist, einen »dikken, fetten Globus«, den »großen Keraghan-Teppich«, der – wie Wolfe Klienten vorlügt – angeblich ein Geschenk des Schahs von Persien ist, den obligaten Orchideenstrauß in der Vase. In diesem Büro pflegt Wolfe, wenn der Fall einer Lösung zustrebt, gern die Beteiligten zusammenzutrommeln und den Schuldigen zu entlarven.

Für gewöhnlich rücken Wolfe und Goodwin »einem Verbrechen mit drei Begriffen zu Leibe – Gelegenheit, Mittel und Motiv. Man nimmt alle drei unter die Lupe und sucht sich das heraus, von dem man sich am meisten verspricht« (›Zu viele Klienten‹). Wenn auch diese gewiß nicht übermäßig inspirierte Methode versagt, »bleibt einem immer noch die Routine«. Daß solche Routine den literarischen Produkten nicht eben guttut, kann sich jeder leicht vorstellen. »Der Handlungsaufbau«, befindet Julian Symons, »ist nicht gerade die Stärke von Rex Stout, und Wolfes Schlußfolgerungen sind manchmal eigenwillig oder kommen lediglich aus dem Instinkt des Detektivs«[5].

Wer Wolfe schätzt, liebt im allgemeinen das Ambiente, in dem er sich bewegt, und den Charakter des dicken gemütlichen Mannes mit dem festen Stundenplan: »Punkt elf Uhr würde er«, berichtet Stout in der

Erzählung *The Next Witness* (›Der nächste Zeuge‹; 1956), »mit dem Aufzug ins Erdgeschoß fahren, wo er seine Büros hatte. Dann würde er dort das Faktotum Fritz mit einer Flasche Bier zu sich zitieren. Dann käme die Reihe an mich, seinen Sekretär Archie Goodwin...«

Die reinen Krimi-Geschichten sind nicht halb so gut wie die Figuren, die gegen Ende hin allerdings auch ein wenig oberflächlicher gezeichnet sind. Aber man kann eben nicht alles haben.

[1] Diese Datierung verläßt sich auf die Angabe in »Reclams Kriminalroman-Führer«. Der englische Experte Julian Symons gibt als Erscheinungsjahr des Romans 1932 an.
[2] Ungefähr ein Drittel seiner gesamten literarischen Produktion hat Gardner unter verschiedenen Pseudonymen verfaßt. Fast dreißig Romane tragen den Autorennamen A. A. Fair und berichten über den Privatdetektiv Donald Lam, der als Juniorpartner der dicken, geizigen, mehr als sechzigjährigen Bertha Cool fungiert und von ihr nach Kräften ausgenutzt wird. Lam fliegt grundsätzlich die erotische Aufmerksamkeit aller hübschen jungen Damen zu, die er im Verlauf eines Falles kennenlernt, vor allem die der hübschen Sekretärin Bernice Clinton. Bevor er zur Lösung eines Falles vorstößt, gerät er nicht selten selbst in Mordverdacht – was ihn natürlich zu doppelter Anstrengung bewegt. In mancher Hinsicht sind A. A. Fairs Detektivromane denen des Original-Gardner an Witz und kessem Pfiff überlegen. Aber in diesem Abschnitt haben sie nichts zu suchen (und als Belege für den harten amerikanischen Detektivroman stehen sie letztlich doch eher im zweiten Glied, ein gutes Stück hinter den Chandlers und Macdonalds wie auch den Parkers und Estlemans, die in den entsprechenden Abschnitten dieses Buches auf S. 113ff. behandelt sind).
[3] *Julian Symons:* Am Anfang war der Mord. Eine Geschichte des Kriminalromans. Goldmann Verlag, München 1972. S. 212ff.
[4] R. Chandler: Briefe an E. S. Gardner vom 9. 11. 1945 und 26. 1. 1946, in *R. Chandler:* Die simple Kunst des Mordes. Diogenes Verlag, Zürich 1975. S. 54/55.
[5] *J. Symons:* Am Anfang war der Mord. S. 125/126.
[6] *A. Arnold/J. Schmidt:* Reclams Kriminalromanführer. Stuttgart 1978, S. 323.
[7] Gut ein Jahrzehnt nach Stouts Tod ist der dicke Nero Wolfe von den Toten auferstanden. 1986 hat Robert Goldsborough, Chefredakteur der »Chicago Tribune« und Nero Wolfe-Fan von Jugend an, den Roman *Murder in E-Minor* (›Mord in e-Moll‹) geschrieben, der so tut, als sei gar nichts passiert. Der Dicke und sein Assistent Archie Goodwin lösen einen neuen Fall, und alles ist so wie immer. Milieu und Arbeitsweise der Detektive stimmen genau, und nicht nur in Wolfes Backsteinhaus in der 35. Straße, sondern in ganz New York scheint die Zeit stehengeblieben. Es ist wie das Wiedersehen mit alten Freunden: nicht aufregend, aber angenehm.

Ausgewählte Bibliographie

Erle Stanley Gardner: *Perry Mason und der Mord ohne Leiche*; *Perry Mason und die Katze mit dem Goldfisch*; *Perry Mason und der Scheidungsgrund*; *Perry Mason und das Mädchen mit der Narbe*; *Perry Mason und der lachende Verlierer*; *Perry Mason und der stille Teilhaber*; *Perry Mason und die alten Zeitungen*; *Perry Mason und die Unschuld vom Lande* – sämtlich Ullstein Verlag, Berlin.
Frühstück für eine Million; *Die seltsame Braut*; *Party der Unschuldsengel*; *Motten im*

Nerz; *Die Pfotenspur*; *Der nervöse Komplize*; *Katzen haben scharfe Krallen*; *Die falschen Würfel*; *Die einsame Erbin* – sämtlich Scherz Verlag, München.
Erle Stanley Gardner (A. A. Fair): *Ein pikanter Köder*; *Heiße Tage auf Hawaii*; *Goldaktien*; *Der zweite Buddha* – Goldmann Verlag, München.
Rex Stout: *Zu viele Klienten*; *Schwarze Orchideen*; *Tödliche Zigarren*; *Jedermanns Bombe*; *Kennzeichen wilde Rose* – Ullstein Verlag, Berlin.
Heikle Gäste; *Tod in zwei Raten*; *Verworrene Fäden* – Scherz Verlag, München.
Die rote Schatulle; *Nur über meine Leiche*; *Sogar in den besten Familien* – Heyne Verlag, München.
Wenn Licht ins Dunkel fällt; *Gift à la carte*; *Die Champagnerparty* – Goldmann Verlag, München.

When the saints go marchin' in:

Chesterton, Kemelman und ihre geistlichen Fahnder

Daß der Detektiv für manchen Exegeten die Rolle eines göttlichen Boten angenommen hat, der die Ordnung der durch das Verbrechen aus den Fugen geratenen Welt wiederherstellt, ja, »zum Widerspiel Gottes selber« (Siegfried Kracauer) wird, haben wir zu Beginn dieses Buches festgestellt.[1] Doch wäre es gewiß eine Fehlinterpretation, wenn wir daraus den Schluß zögen, daß einige Autoren ihre Detektive von vornherein in diese Rolle des göttlichen Abgesandten manövriert hätten, indem sie ihnen einen geistlichen Status verliehen. Für einen der Prominenteren im exklusiven Klub der geistlichen Detektive ließe sich eine solche Behauptung auf keinen Fall aufrechterhalten, da es sich bei ihm um einen jüdischen Rabbi handelt; dessen traditionelle Aufgabe aber ist es, wie der Schöpfer der Figur wissen läßt, »eher Richter und Ausleger des Rechts zu sein, denn religiöser Führer«[2]. Auch für den jüngsten jener geistlichen Detektivherren, denen wir uns in diesem Kapitel widmen wollen, ließe sich der Beweis einer etwaigen göttlichen Sendung nur schwer antreten, obwohl er immerhin im Dienst einer christlichen Kirche steht. Aber Cesare Paul »Tricky« Randollph, Reverend einer protestantischen Gemeinde in Chicago, ist ein so überaus weltlicher Kirchenmann, daß er selbst die Behauptung am ehesten dementieren würde, daß ihm eine quasi erzengelhafte Funktion von Berufs wegen zugewachsen sei. Bleibt einzig der erste und berühmteste aller geistlichen Detektive, Gilbert Keith Chestertons Pater Brown, dessen Detektivspiel durchaus mit einer höheren Sendung zu interpretieren wäre; doch würde der Pater, bescheiden wie er ist, die Idee einer direkten göttlichen Ermächtigung für seine kleine Person vermutlich mit großem Schrecken ablehnen.

Historisch ist Gilbert Keith Chesterton ein Zwischenglied zwischen den klassischen Autoren von Detektivgeschichten des 19. Jahrhunderts und ihren die Tradition fortsetzenden Nachfolgern (wie Agatha Christie). Als Sohn reicher Eltern 1874 in London geboren, studierte Chesterton in seiner Heimatstadt; nach dem Studium wurde er Journalist und Schriftsteller. »Obwohl er erst 1922 römisch-katholisch wurde, ist sein vielseitiges Werk als ein mit zunehmender Überzeugung geführter Kreuzzug im Dienste des Katholizismus auszulegen.«[3] Parallel zu philosophischen Schriften veröffentlichte Chesterton seit 1905 auch Kriminalgeschichten. 1911 erschien der erste Geschichtenband mit Abenteuern des Pater Brown: *The Innocence of Father Brown* (›Pater Brown und das blaue Kreuz‹). Bis 1935 (*The Scandal of Father Brown,* zum Teil enthalten in ›Pater Brown und das schlimmste Verbrechen der Welt‹) erschienen vier weitere Bände mit Pater Brown-Erzählungen, mit am Ende exakt 50 Stories; unter den großen Detektiven der Weltliteratur ist Pater Brown der einzige, der in keinem Roman vorkommt.

Schon 1901, zehn Jahre also vor der Geburt des Pater Brown, rühmte Chesterton den Detektiv als den wahren Helden der »neuen Vorstellungen von der Großstadt«, die »ihre ›Ilias‹ in der Detektivgeschichte gefunden« habe: »Wenn der Detektiv in einem Kriminalroman allein und mit fast wahnwitziger Furchtlosigkeit sich den Messern und Fäusten einer Diebsbande stellt, so hilft dies sicherlich, uns daran zu erinnern, daß dieser Agent sozialer Gerechtigkeit die eigentlich originelle und poetische Figur ist, während die Einbrecher und Wegelagerer nur als friedliche alte Konservative erscheinen, die in der altehrwürdigen Redlichkeit von Affen und Wölfen durchaus glücklich sind.«[4]

Nun ist es zweifellos nicht die »wahnwitzige Furchtlosigkeit«, die Chestertons Pater Brown aus der Masse der anderen Detektive heraushebt. »Es mag sonderbar anmuten«, wundert sich unser englischer Gewährsmann Julian Symons, »daß man einen Mann, der sich beim Einrollen seines Regenschirms ungeschickt anstellt und sich nicht einmal mit einer Rückfahrkarte auskennt, in die Reihe der Übermensch-Detektive einordnet«[5]. Doch Symons weiß: »Pater Brown gehört dennoch zu ihnen durch das Wissen, das ihm von Gott verliehen wurde.«

Natürlich sieht dem Pater, den Chesterton nach einem lebenden Menschen, dem Gemeindepfarrer John O'Connor von St. Cuthbert in Bradford, gezeichnet hat, die Intelligenz kaum jemand an. Chesterton – der in seinen Geschichten nicht eben viel Wert auf die Wiedergabe des äußeren Erscheinungsbildes seines Helden legt; wer es exakt wissen möchte, muß sich die Details aus vielen über das ganze Werk verstreuten Bemerkungen Chestertons zusammensuchen – beschreibt ihn als ausgesprochen klein, mit einem »strahlenden runden Gesicht«. Seine »soziale Würde« ist ihm »äußerst gleichgültig«, und so bietet er, wenn er (wie in der Erzählung *The Three Tools of Death* – ›Die drei Todeswerkzeuge‹) auf allen vieren einer Spur folgt, auch schon einmal »den Anblick eines Vierfüßlers mit höchst drolligem Menschenkopf«. Zu seinen Attributen gehört, neben dem unvermeidlichen Regenschirm, die Tabakspfeife. Aber zweifellos ist seine geistige Ausstattung Chesterton weit wichtiger.

Da findet sich zunächst ein unausrottbarer Glaube an die Vernunft. In *The Blue Cross* (›Das blaue Kreuz‹) entlarvt Pater Brown seinen verbrecherischen Gegenspieler Flambeau, der später zu seinem Freund wird, aufgrund der Tatsache, daß Flambeau (der sich als Priester verkleidet hat) im theologischen Gespräch die Vernunft angreift; »das tut kein echter Theologe«. Ob die scheinbar unanfechtbare Logik, mit der Pater Brown wie Auguste Dupin oder Sherlock Holmes Verbrechen aufklären, nicht eher auf dem Vorwissen des Autors beruht, der seinem Helden sonnenklar erscheinen lassen kann, was er selbst an Kompliziertem zusammengerührt hat, sollten wir vielleicht besser dahingestellt sein lassen. Aber unzweifelhaft wagen sich Chesterton und sein katholischer Detektiv, ausdrücklich und implizit, immer wieder an das Thema von Schuld und Sühne. Das Verbrechen ist ihnen sozusagen theologisch vertraut, oder, mit den Worten von Pater Brown: »Mich wundern die Werke der Hölle nie.« Das läßt ihn zuweilen fast abgestumpft, jedenfalls fatalistisch auf Taten reagieren, die anderen vor Grauen fast das Herz stillstehen lassen. Aber nie würde der kleine Geistliche mit dem runden, etwas unbedarften Gesicht sich dazu hinreißen lassen, einen Verbrecher zu verdammen. »Danken Sie Ihrem Glücksstern«, sagt Brown in der Geschichte *The Mirror of the Magistrate* (›Der Spiegel des Richters‹) zu einem Verdächtigen, »daß ein Priester barmherziger sein muß als ein Dichter. Großer Gott, wenn Sie wüßten, welch eine zermalmende, grausame Verachtung so ein Dichter für Leute Ihres Schlages hat! Sie würden sich vorkommen, als stünden Sie unter dem Niagarafall.«

Pater Brown hat, schon von Amts wegen, wenig Schwierigkeiten mit dem Verzeihen böser Taten, da er die Hölle als mächtig und den Menschen als verführbar ansieht, »die unzuverlässigste Maschine, die ich kenne«, wie es in der Erzählung *The Mistake of the Machine* (›Der Fehler in der Maschine‹) heißt. Aber das heißt nicht, daß es den Pater Brown nicht gelegentlich graust vor den Taten, zu denen Menschen fähig sind, und vor den Abgründen von Haß und Gier – gelegentlich auch von verblendeter Liebe –, die ihre Ursachen sind. »Es gibt wirklich«, erklärt er in der Erzählung *The Worst Crime in the World* (›Das schlimmste Verbrechen der Welt‹), »Menschen, die ihren Spaß mit dem Teufel teilen. Es macht ihnen nichts aus, daß kein anderer Mensch an diesem Spaß teilhaben kann, ja, daß ein anderer diesen Spaß nicht einmal ahnen darf. Der Spaß selbst genügt ihnen, wenn er nur böse und teuflisch genug ist.«

An solchen teuflischen Späßen ist bei Chesterton und Pater Brown kein Mangel. Aber im Gegenteil zu den einsam oder nur mit dem Teufel lachenden Bösewichtern in den Erzählungen Chestertons teilen Autor und Held ihr Vergnügen gern mit ihren Lesern, die sich von ihnen äußerst kultiviert unterhalten fühlen können. Zwar neige ich dazu, Julian Symons zuzustimmen: »Die Erzählungen von Chesterton sind für den täglichen Gebrauch vielleicht etwas schwer verdaulich. Man sollte davon nicht mehr als zwei oder drei hintereinander lesen.«[5] Doch verhält es sich mit diesen Erzählungen schließlich nicht anders als mit vielen guten Dingen, die zu Gift werden, wenn man sie im Übermaß genießt.

Mehr als ein halbes Jahrhundert lang blieb der Pater Brown des Gilbert Keith Chesterton einzigartig unter den Detektiven: der einzige Verbrechensaufklärer mit religiösen Weihen. Dann entschloß sich der Amerikaner Harry Kemelman, ihm einen Amtsbruder aus einer anderen großen Religion an die Seite zu stellen.

Kemelman, 1908 in Boston geboren, studierte an der Boston University und in Harvard; er arbeitete als Verkäufer und als Lehrer, ehe er – wie viele Autorenkollegen – eine Professur (am State College in Boston) erhielt. Rabbi David Small, der 1964 in dem Roman *Friday the Rabbi Slept Late* (›Am Freitag schlief der Rabbi lang‹) das Licht der Welt erblickte, ist im Grunde ein Retortenbaby; er wurde im Hörsaal gezeugt.

Wie er im Vorwort des Erzählungsbandes *The Nine Mile Walk* (›Quiz mit Kemelman‹; 1967) berichtet, lehrte Kemelman »Stilkunde für Fortgeschrittene« und versuchte, seinen Studenten »zu demonstrieren, daß Worte nicht in einem Vakuum existieren, sondern Bedeutungen haben, die ihren gewöhnlichen Begriffsinhalt überschreiten, und daß auch kurze Wortkombinationen eine Vielzahl von Auslegungen möglich machen können«[2]. Aus einem aus einer Zeitung entlehnten Satz – »Ein Fußmarsch von neun Meilen ist kein Spaß, schon gar nicht im Regen« – sollten die Studenten eine Geschichte entwickeln. Doch der einzige, der

Feuer fing, war der Lehrer. Zu Hause am Schreibtisch schrieb er eine Rohfassung, die er vierzehn Jahre später wieder aufgriff, vollendete und an »Ellery Queen's Mystery Magazine« schickte, das sie abdruckte: der Detektiv »Nicky Welt« war geboren. Nicky war ein klassischer Detektiv im Stile von Holmes und Pater Brown, und seine Fälle lösten sich im Rahmen von Kurzgeschichten: auf möglichst direktem Weg von Punkt A (Verbrechen) zu Punkt B (Aufklärung), wie bei Chesterton oder Conan Doyle.

Jahre später – Kemelman »war in einen Außenbezirk von New York gezogen« – begann sich der Autor »für die soziologische Situation der Juden in den Vorstädten zu interessieren«. Doch das – nichtkriminalistische – Romanmanuskript ›Der Bau des Tempels‹ wanderte von Verlag zu Verlag, bis sich ein Lektor schließlich an die Nicky Welt-Geschichten erinnerte und anregte, die soziologischen Beobachtungen über das Judentum in den amerikanischen Suburbs mit einer Kriminalhandlung zu verbinden.

Da ein Rabbi ohnehin eher Richter und Gelehrter ist als Vertreter Gottes oder religiöses Oberhaupt, dachte sich Kemelman: »Warum sollte ich meine Kriminalstories nicht mit einem Roman über eine jüdische Vorstadtgemeinde verquicken?« Und wie konnte man die traditionelle Rolle eines jüdischen Rabbi »besser zeigen als dadurch, daß ich ihn in einen Mordfall verwickelte und es ihm überließ, sich daraus zu befreien?«[2]

Und so geschah es.

Gleich in der vierten Zeile von ›Am Freitag schlief der Rabbi lang‹ wird »der junge Rabbi Small« dabei gezeigt, wie er sich zu einem Gottesdienst ankleidet. Ein paar Zeilen weiter findet sich die erste Beschreibung, äußere Merkmale und innere Verfassung gemeinsam: »Der Rabbi war jetzt für das Morgengebet bereit und schlenderte den Mittelgang auf und ab, nicht ungeduldig, eher wie ein Reisender, der zu früh auf den Bahnhof gekommen ist. Gesprächsfetzen drangen an sein Ohr: Geschäftliches, Familie und Kinder, Urlaubspläne, die Chancen einer Baseballmannschaft wurden erörtert. Nicht gerade passende Themen, wenn man beten will, dachte er, und wies sich sofort zurecht. War nicht übertriebene Frömmigkeit gleichfalls Sünde? Sollte der Mensch nicht die guten Dinge des Lebens genießen, die Freuden, die Familie, Arbeit und Ruhe nach der Arbeit schenken? Er war noch sehr jung, knapp dreißig, und selbstkritisch, so daß er ständig Fragen aufwarf und diese wiederum in Frage stellte«; letzteres natürlich die beste Voraussetzung für die Aufklärung von Verbrechen.

Das Verbrechen, das Rabbi Small in ›Am Freitag schlief der Rabbi lang‹ aufzuklären hat, geschieht unmittelbar vor seiner Haustür, und er selbst ist insofern in die Sache verwickelt, als die Polizei nicht nur einige seiner Gemeindemitglieder und den Hausmeister der Synagoge, sondern auch den Rabbi selbst zu den Verdächtigen zählt. So bleibt dem Rabbi fast gar nichts anderes übrig, als herauszufinden, wer die junge Elsbeth Bleech umgebracht hat, die auf dem Parkplatz der Synagoge in einem Auto erwürgt wurde. Rabbi Small bedient sich dabei der »talmudischen Logik« – und die sieht nicht so sehr viel anders aus als die gemeine Logik auch, sofern sie von genialen Literaturdetektiven betrieben wird: Man denkt das scheinbar Unmögliche logisch zu Ende und kommt so auf die einzig mögliche Lösung.

Im Grunde kann sich Rabbi Small das Detektivspielen gar nicht leisten. Denn er liegt, bereits im ersten von Kemelmans Romanen, in einem Dauerclinch mit einem einflußreichen Teil des Vorstands der jüdischen Gemeinde, der den jungen Rabbi – den die reichen jüdischen Geschäftsleute der neuenglischen Gemeinde Barnard's Crossing allzu selbstbewußt, gesetzestreu und kompromißlos finden – zu gern durch einen konzilianteren Geistlichen ersetzen möchte. Der Detektiv Small kommt dem Rabbi Small in dieser Auseinandersetzung mit der Gemeinde zu Hilfe. Da der Rabbi sich nicht nur als störrisch, sondern auch als ausgesprochen klug erweist, und es ihm immer wieder gelingt, seine Widersacher ins Unrecht zu setzen, kann man ihn nicht gut bei der nächsten Gelegenheit entlassen, so gern man das auch insgeheim möchte.

Trotzdem bricht der Streit, unter unterschiedlichen Aspekten, in jedem der bislang acht Rabbi Small-Romane Kemelmans aufs neue aus. Der Autor hat sich mit diesen Romanen, an einem Freitag beginnend, allmählich rund um die Woche geschrieben, für jeden Tag der Woche gibt es ein Buch – bis schließlich kein weiterer Wochentag für einen Titel mehr übrig war. Folgerichtig heißt der achte und bislang letzte der Kemelman-Romane etwas unbestimmt *Someday the Rabbi Will Leave* (›Eines Tages geht der Rabbi‹; 1985): eine Drohung, die mit dem letzten Satz des Buches in der Luft hängt, deren Ausführung freilich wenig wahrscheinlich erscheint, denn im Grunde hing des Rabbi Verbleiben in Barnard's Crossing immer schon an einem seidenen Faden.

Das Erscheinen der acht Bände hat sich über mehr als zwei Jahrzehnte hingezogen, von 1964 bis 1985, wobei die Bücher jeweils in Abständen von zwei bis drei Jahren erschienen. Zwischen dem vorletzten Band der Reihe – *Thursday the Rabbi Walked Out* (›Der Rabbi schoß am Donnerstag‹; 1978) – und dem bislang letzten liegt allerdings eine Lücke von sieben Jahren; es scheint, als habe Kemelman nicht recht gewußt, ob er die Reihe überhaupt weiterführen solle.

In all den Jahren hat Rabbi Small nicht nur spezifische Eigenarten und Lebensumstände erhalten, sondern eine regelrechte Biographie. Auch andere Detektivfiguren kommen nicht aus dem Nichts und entwickeln sich weiter. Aber irgendwann sind sie fast alle stehengeblieben und alterslos geworden: Sherlock Holmes wie Miss Marple, Philip Marlowe wie Lew Archer. Nicht so Rabbi David Small, der mit der Zeit auf eine höchst natürliche Weise gealtert ist. Nicht, daß seine Augen schlechter wurden; die waren von Beginn an nicht sehr gut. In *Saturday the Rabbi Went Hungry* (›Am Samstag aß der Rabbi nichts‹; 1966) werden sie als »dunkel« und »tiefliegend« beschrieben; sie »blickten nachdenklich hinter den Brillengläsern«. Tatsächlich ist Rabbi Small extrem kurzsichtig, und diese Kurzsichtigkeit führt in ›Der Rabbi schoß am Donnerstag‹ sogar zu der Erkenntnis, die den Mordfall lösen hilft.

Das Altern des Rabbi läßt sich vielmehr am besten an der Entwicklung seiner Familie ablesen. Bei seinem ersten Krimi-Abenteuer ist des Rabbi Familie noch klein, besteht nur aus ihm und seiner Frau Miriam, die in ›Am Samstag aß der Rabbi nichts‹ folgendermaßen geschildert wird: »Seine Frau war zierlich und lebhaft und trug einen üppigen blonden Haarschopf, der sie zu erdrücken schien. Sie hatte große blaue Augen und ein offenes Gesicht, das ohne das entschlossene kleine Kinn naiv gewirkt hätte.« Zu Beginn dieses zweiten Buches der Reihe ist Miriam schwanger; der Sohn Jonathan wird im Verlauf der Romanhandlung geboren. Sechs Jahre später, in ›Am Montag flog der Rabbi ab‹, erwartet Miriam erneut ein Kind; die Geburt der Tochter Hepsibah fällt allerdings ins nächste Buch, das dem Dienstag-Roman auch in seiner Handlung fast unmittelbar folgt. Bis 1985 und ›Eines Tages geht der Rabbi‹ sind die Kinder zu Teenagern herangewachsen, welche die üblichen Schwierigkeiten miteinander haben. »Jonathan ist gemein«, verkündet die mittlerweile dreizehnjährige Hepsibah, die »blond und rosig« aussieht, aber »entgegen dem herrschenden Schönheitsideal klein und pummelig« ist, als der Bruder sie, mit Freunden im Auto, auf der Straße einfach übersieht.

Undenkbar, daß Pater Brown mit seinen Kirchenoberen je über Geld – gar über sein eigenes Gehalt – gestritten hätte. Bei Rabbi Small gehören Geldsorgen zum Alltag. Nicht, daß sich der Rabbi aus Geld oder überhaupt aus Äußerlichkeiten irgend etwas machte. Aber das Leben einer Familie kostet nun einmal Geld, und den eher lebensuntüchtigen Rabbi daran zu erinnern, ist Miriams ungeliebte, aber standhaft ertragene Aufgabe. Gleichwohl ist der Rabbi alles andere als ein Karrierist – und ein Zugvogel ist er schon gar nicht. Über zwei Jahrzehnte hin bleibt er treu und brav in Barnard's Crossing und kämpft nicht nur für seine Gemeinde, sondern ebenso intensiv auch mit ihr. Nur zwei seiner Abenteuer führen aus dem unmittelbaren Gemeindealltag heraus. In ›Am Montag flog der Rabbi ab‹ benutzt der Rabbi einen unbezahlten Drei-Monats-Urlaub zu einem lange ersehnten Besuch in Israel, das ihm nicht unbedingt wie das gelobte Land erscheint und wo er natürlich sofort wieder in einen Kriminalfall hineingezogen wird, weil er einem jungen Amerikaner jüdischer Herkunft helfen möchte, der als Terrorist verdächtigt wird. Und nach seiner Rückkehr aus Israel nimmt der Rabbi einen Aushilfsjob als Dozent für jüdische Ethik an einem benachbarten College an, wo prompt ein Mitglied des Lehrkörpers ermordet wird, das für seine antisemitische Haltung bekannt ist. Der Mord, der eines der komplizierteren Verbrechen der Rabbi-Romane ist und durch die Studentenunruhen jener Jahre zusätzlich verwirrt wird, wird von Rabbi Small wie alle anderen Mordfälle auf seine ruhige, unspektakuläre Weise aufgeklärt. »Im Grunde geht es darum«, erklärt der Rabbi einem Dozentenkollegen seine talmudische Methode, »jeden Aspekt eines Problems von jedem möglichen Blickpunkt aus zu betrachten.«

Mit der Polizei hält der Rabbi dabei gute Freundschaft; wie sonst erhielte er überhaupt die Informationen, die ihn zur Lösung seiner Fälle befähigen. Im allgemeinen ist es der lokale Polizeichef Hugh Lannigan, mit dem Rabbi Small vorzüglich zusammenarbeitet. Aber selbst in Israel gelingt es Small, die Polizeibehörden davon zu überzeugen, daß es ihr Vorteil ist, wenn sie seine Hilfe nicht verschmähen.

Es sind grundsätzlich eher »kleine, bescheidene« Mordfälle mit sehr menschlichen Dimensionen, mit denen der Rabbi in Berührung kommt. Sie werden begangen aus Haß und Neid und Eifersucht – und vor allem deshalb, weil der Täter sich vom Opfer bedroht oder eingeengt fühlt. Das tote Mädchen in ›Am Freitag schlief der Rabbi lang‹ war schwanger, und der Mörder, ein Polizist, der sich inzwischen mit einer anderen verlobt hat, fürchtete einen Skandal. Der ermordete Hochschullehrer im Dienstag-Fall wurde nicht das Opfer von Terroristen, sondern der Rache seiner ehemaligen, sitzengelassenen Braut. In *Sunday the Rabbi Stayed Home* (›Am Sonntag blieb der Rabbi weg‹; 1969) zieht zwar ein Mord den anderen nach sich, und ein wenig Rauschgift ist mit im Spiel. Doch auch hier bleibt die Erklärung für den Mord schließlich ebenso im privaten Bereich wie beim vorerst letzten der Fälle, in dem ein ehrgeiziger Politiker einen kleinen Gangster überfährt, den er zunächst für die Diffamierung eines Konkurrenten gebraucht hat und den er schließlich als gefährlichen Belastungszeugen fürchtet und aus dem Wege räumt.

Keines dieser Verbrechen würde in einer größeren Stadt auf der Vorderseite der Zeitungen landen. Rabbi Small klärt die sprichwörtlichen Morde auf, die jeder begeht. Vielleicht ist es, als Kontrastprogramm zu den vielen grellen Gewalttaten, von denen die Zeitungen wie die Kriminalromane voll sind, gerade das, was die stille Attraktivität der Kemelmanschen Romane ausmacht.

Für den dritten im Bunde unserer geistlichen Detektive gilt just das Gegenteil. Reverend Cesare Paul Randollph, der in einigen Romanen des amerikanischen Methodistenpastors Dr. Charles Merrill Smith[6] auf Gangsterjagd geht, ist ein ausgesprochener Medienheld, und seine Fälle sind ein gefundenes Fressen fürs Fernsehen und für die Zeitungen. Das hängt nicht nur mit dem Vorleben und den Lebensumständen von Reverend Randollph zusammen, sondern auch mit den Fällen selbst, bei denen es nicht einfach nur um x-beliebige Morde geht, sondern im Extremfall – *Reverend Randollph and the Unholy Bible* (›Reverend Randollph und die 6. Todsünde‹; 1983) – gleich um ein besonders kostbares Exemplar einer Gutenberg-Bibel, das sich mehrere auch vor Mord und Entführung nicht zurückschreckende Parteien unter den Nagel reißen wollen. Randollph, von Smith im Jahre 1977 in dem Roman *Reverend Randollph and the Avenging Angel* (›Reverend Randollph und der Racheengel‹) zum ersten Mal auf einen Fall angesetzt, ist nicht gerade das, was man im alten Europa einen klassischen Kirchenmann nennen würde.

Als Student hat Randollph höchst erfolgreich die härteste aller Mannschaftssportarten, American Football, betrieben; als Spielmacher der berühmten »Los Angeles Rams« hat er sich den gewiß ehrenvollen, für einen Kirchenmann allerdings eher zweifelhaften Spitznamen »Tricky« Randollph erworben. Die sportliche Vergangenheit hat Randollph allerdings nicht daran gehindert, ein vorzüglicher Theologe und Experte für Kirchengeschichte zu werden – und schließlich der materiell höchst erfolgreiche Pfarrer der Good-Shepherd-Kirche in Chicago.

Wie Rabbi Small ist Reverend Randollph verheiratet, freilich nicht mit einer blonden Maus, sondern mit einem Paradiesvogel; die schöne Samantha Stack ist Fernsehjournalistin und als solche Gastgeberin einer Talkshow, in der nach einem erfolgreich bestandenen Abenteuer auch ihr Mann auftreten darf.

Das Ehepaar mit den offensichtlichen Star-Qualitäten wohnt in einem sündhaft teuren Penthouse über der mit einem Luxushotel verbundenen

Kirche, und für das leibliche Wohl der beiden sorgt ein britischer Butler mit Namen Clarence, der als Koch einem Meister wie Bocuse Konkurrenz macht.

Ob alle diese snobistischen Attribute, die Smith seinem Helden mitgegeben hat, vielleicht gar kirchenkritisch gemeint sind, lassen die Romane durchaus offen. Es scheint, als ob sowohl der Autor als auch sein Held sich nicht unwohl fühlten in diesem Ambiente aus Jet-Set und kirchlicher High Society, in dem »Tricky« Randollph herumschwimmt wie ein Hecht im Karpfenteich: ein Held von körperlichen wie geistigen wie geistlichen Qualitäten, auch kein unsympathischer Mensch und weiß Gott kein schlechter Detektiv. Aber in der Nachbarschaft von Pater Brown und Rabbi Small wirkt der potente Gemeindehirte aus Chicago doch ein kleines bißchen wie ein Hochstapler oder ein Heiratsschwindler.

[1] Vergleiche das Kapitel über den Detektiv auf Seite 41 ff. dieses Buches.

[2] *Harry Kemelman:* Quiz mit Kemelman, Vorwort. Rowohlt Verlag, Reinbek, 1969, S. 8ff.

[3] *Manfred Brauneck:* Weltliteratur im 20. Jahrhundert, Bd. 1, Rowohlt Verlag, Reinbek, 1981, S. 276.

[4] *G. K. Chesterton:* Verteidigung von Detektivgeschichten, in *J. Vogt:* Der Kriminalroman, Bd. I, München 1971, S. 95ff.

[5] *Julian Symons:* Am Anfang war der Mord. Goldmann Verlag, München 1972. S. 87ff.

[6] Charles Merrill Smith ist nach relativ kurzer Karriere als Krimi-Autor am 23. Februar 1985 an einem Herzinfarkt gestorben; er war 66 Jahre alt. Einen letzten Reverend Randollph-Roman, *Reverend Randollph and the Splendid Samaritan*, den Charles Merrill Smith fast beendet hatte, hat sein Sohn Terrence Lore Smith zu Ende gebracht und herausgegeben. In einem Nachwort zu diesem Buch teilt T. L. Smith mit, daß er die Serie fortzusetzen gedenke; im Gegensatz zu seinem Autor wird Reverend Randollph also noch eine Weile am Leben bleiben.

Ausgewählte Bibliographie

Gilbert Keith Chesterton: *Pater Brown und das schlimmste Verbrechen der Welt*; *Pater Brown und das blaue Kreuz*; *Pater Brown und der Fehler in der Maschine* – Diogenes Verlag, Zürich 1980.
Harry Kemelman: *Am Freitag schlief der Rabbi lang*; *Am Samstag aß der Rabbi nichts*; *Am Sonntag blieb der Rabbi weg*; *Am Montag flog der Rabbi ab*; *Am Dienstag sah der Rabbi rot*; *Am Mittwoch wird der Rabbi naß*; *Der Rabbi schoß am Donnerstag*; *Eines Tages geht der Rabbi* – sämtlich Rowohlt Verlag, Reinbek.
Charles Merrill Smith: *Reverend Randollph und der Racheengel*; *Schwarze Engel – ein neuer Fall für Reverend Randollph*; *Reverend Randollph und die 6. Todsünde* – Goldmann Verlag, München.

Die häßlichen Amerikaner:

James M(allahan) Cain,
James Myers Thompson, James Hadley Chase

Der amerikanische Kriminalroman ist von Anfang an kein abstraktes Rätselspiel gewesen, sondern eine Spezialform des realistischen Romans und ein Vehikel für soziale Kritik. Er handelt nicht von jenen Verbrechen, die angesichts der gesellschaftlichen Umstände im Grunde nicht zu erwarten wären, sondern von jener Kriminalität, die als Folge der gesellschaftlichen Bedingungen heranwächst. Wie der englische Kriminalroman unter feinen Leuten spielt, denen man ein Verbrechen eigentlich nicht zutrauen sollte, so ist sein amerikanisches Gegenstück unter Menschen angesiedelt, denen alles zuzutrauen ist. Aus mancherlei Gründen – von denen der der Leserbindung an eine positive Heldenfigur nicht der geringste ist – hält die Mehrzahl dieser Romane am Detektiv als Zentralfigur fest. Doch eigentlich kann diese Art von Roman ohne den Detektiv auskommen. Sie ist nicht interessiert an der Aufklärung eines Verbrechens und schon gar nicht daran, daß der Täter der Justiz übergeben und seiner Bestrafung zugeführt wird. Sie interessiert nur noch das Verbrechen selbst und die Gesellschaft, in der es stattfindet – und der Verbrecher natürlich, der in dieser Art Roman freilich nicht zum Helden erklärt wird; er bleibt ein mieser Kerl und ein Schurke, auf jeden Fall aber ein armer Teufel, sogar dann, wenn er seine Abenteuer selbst erzählt.

Es ist vermutlich kein Zufall, daß Kriminalromane dieser Art selten in den Großstädten spielen. Ihr Nährboden ist vielmehr das flache Land, irgendwo im Süden oder im mittleren Westen. Ihre Grundvoraussetzung sind dumpfe Köpfe und unaufgeklärte Geister, harte Arbeit und bittere Armut. Sie spielen in winzigen Dörfern, auf einsamen Farmen oder kleinen Städtchen wie jenem texanischen, das in Jim Thompsons Roman seine Einwohnerzahl schon im Titel als Quelle allen Übels bekanntgibt: *Pop. 1280* (›1280 schwarze Seelen‹; 1964).

James Myers Thompson, der 1906 in einem Kaff in Oklahoma geboren wurde, 1976 starb und sich als Autor Jim Thompson nannte, gehörte zu den bedeutendsten jener Autoren, die in ihren Kriminalromanen das häßliche Amerika porträtieren. In einem Atemzug mit Thompson ist James M(allahan) Cain zu nennen: geboren 1892 in Annapolis in Maryland, gestorben im Sommer 1977; trotz seines langen Lebens gehört er, wie Thompson, nicht zu den Vielschreibern der Branche, und wie bei Thompson sind es nur eine Handvoll Bücher, die Cains Ruhm ausmachen.

Cain hat eine halbwegs normale, privat unauffällige Schriftstellerkarriere gehabt, während man von Thompson weiß, daß er in einer Ehe mit einer bigott-katholischen Frau sehr gelitten hat; daß eines seiner drei Kinder geistig behindert war und daß ihn mit eben diesem Kind seine Frau sein Leben lang erpreßt hat: alles Umstände, die seine Bitterkeit erklären und als Schmutz und Elend in seine Romane eingegangen sind, die das Leben in der amerikanischen Provinz in einem Atemzug anklagen und entschuldigen.

Aber wie persönlich oder unpersönlich, wie verschieden auch die privaten Antriebe hinter dem Schreiben von Cain und Thompson gewesen sein mögen: die Geschichten, Perspektiven, Erzählweisen der beiden Autoren ähneln sich außerordentlich. Fast immer erzählen bei ihnen die Täter selbst: in einer harten, ungereinigten Sprache, die bei Thompson hin und wieder zum reinen Slang, durchsetzt mit Four-Letter-Words, entgleist. Natürlich dient diese Sprache den Tätern in erster Linie dazu, ihre Taten und Lebensumstände zu beschönigen, ihre Macken und geistig-moralischen Defekte zu entschuldigen. Eigentlich haben sie es ja gar nicht so gemeint, eigentlich haben die Opfer Schuld mit ihrer Arroganz (oder auch nur ihrem Reichtum), ist es doch völlig normal, wenn sie Leute umbringen oder mit den eigenen Kindern in Blutschande leben. Ihnen will ohnehin jeder übel, meinen sie, und beklagen sich, daß sie nie etwas mitbekämen vom Leben und immer benachteiligt seien. Aber unter all den nur halb gelogenen Entschuldigungen und Beschönigungen ist eine Wahrheit verborgen, welche Cains und Thompsons Täter zwar nicht ins Recht setzt, aber doch mit mildernden Umständen versieht: Es sind schon arme Schweine, wobei freilich die Betonung allemal auch auf dem »Schwein« liegt, bei Thompson sogar in erster Linie.

Eine besonders negative Rolle spielen bei beiden Autoren die Frauen. Sie stehen – als schöne, aufreizende, doch frigide und verluderte Wesen – hinter dem, was die Männer anrichten, als menschliche Venusfliegenfallen sozusagen, die mit ihrer Sexualität locken und eiskalt zuschlagen, wenn die Männer in die Falle gegangen sind. Trotzdem bleiben sie durchweg im Nachteil; am Ende sind wiederum sie es, die die durchweg blutige Zeche bezahlen.

Cain hatte die für einen amerikanischen Krimiautor fast schon traditionelle Karriere hinter sich, als er, relativ spät, durch den Roman *The Postman Always Rings Twice* (›Die Rechnung ohne den Wirt‹, später auch: ›Wenn der Postmann zweimal klingelt‹; 1934) berühmt wurde; er war, nach dem Besuch des Washington College, Journalist und Dozent gewesen. *The Postman Always Rings Twice* erzählt die Geschichte einer mörderischen Leidenschaft eines Liebespaares, das sein Glück auf dem Tod anderer aufbauen möchte und dabei tragisch scheitert. Niedergeschrieben wird diese Geschichte in der Todeszelle, vom überlebenden männlichen Teil des Mörderpaares (die Frau ist bei der Flucht im Auto tödlich verunglückt), »damit Pfarrer McConnel es sich durchlesen kann und mir zeigen, wo's vielleicht ein bißchen geändert werden muß, Interpunktion und so weiter«. Denn: »Wenn sie mich kriegen, dann soll er's nehmen und sehen, ob er wen findet, der es druckt.« Und es endet: »Kein Aufschub. Da kommen sie. Pfarrer McConnel sagt, Gebete helfen. Wenn Sie bis hierher gelesen haben, dann sagen Sie doch eins für mich und für Cora, und bitten Sie, daß wir zusammen sind, wo immer es auch sein mag.«

Cain scheint diese Art Schluß besonders zu lieben. Denn mindestens zwei der wichtigsten seiner Romane aus den vierziger Jahren nehmen ein ähnliches Ende. In *Double Indemnity* (›Den Haien zum Fraß‹; 1943), einer verzwickten Geschichte um überkreuz und fehlgeleitete Gefühle, einen Versicherungsbetrug und einen raffiniert als »Eisenbahnunfall« getarnten Mord, schließt der Mörder den Bericht über seine Taten unmittelbar vor seinem Tod ab. Was einem wortgewandten Versicherungsvertreter, wie es der Mörder in *Double Indemnity* ist, wohl zu Gesicht steht, verlangt Autor Cain in dem Roman *The Butterfly* (›Blutiger Schmetterling‹; 1947) sogar von einem geistig eher simplen Farmer, dem ein Rivale erst die Frau und dann die (vermeintliche) Tochter abspenstig macht und den er schließlich kaltblütig erschießt; er weiß keinen anderen Ausweg. Auch Jess Tyler, der mit Hühnern und Schweinen und Kühen besser umgehen kann als mit Worten, legt kurz vor dem Tod ein schriftliches Geständnis ab, das mitten im Satz abbricht: »Ich bin umzingelt. Ed Blue ist da draußen und«.

Doch Tyler wie allen anderen geständniswütigen Cain-Tätern nimmt der Leser die Niederschrift durchaus ab, weil der Autor ihre Notwendigkeit plausibel begründet. »Aber ich muß es mir auch von der Seele reden«, schreibt Jess Tyler kurz vor dem Ende seines Manuskripts: Cains Bücher sind grundsätzlich eine Art Beichte.

Aus diesem Grunde auch funktioniert das Verfahren weniger gut, sobald Cain die Beicht-Perspektive im Angesicht des Todes aufgibt und die Erzählung einem nur beiläufig oder gar positiv Betroffenem in die Feder oder in den Mund legt. So bleibt *Jealous Woman* (›Mord in Reno‹; 1950), worin der Versicherungsagent Ed Horner einen Doppelmord aufklärt, um die von ihm geliebte Frau zu entlasten, und die Verwicklungen dieses Mordfalls selbst erzählt, eine hübsche, aber vergleichsweise harmlose

Detektivgeschichte, und auch Cains letzter Roman *Rainbow's End* (›Das Mädchen, das vom Himmel fiel‹; 1975), der von Milieu, Tonfall, Anlage und Auflösung der Story her an die frühen Bücher erinnert, entbehrt ein wesentliches Element: die Beglaubigung der absoluten Ehrlichkeit des Erzählers durch die Nähe seines Todes.

Vielleicht war es ein Tribut an das Alter, daß Cain in *Rainbow's End* alles so anlegt, daß es sich zum Guten für den Ich-Erzähler, einen jungen Farmer in den Bergen von Ohio, wendet. Er bekommt das Mädchen, das mit einem Flugzeugentführer per Fallschirm vom Himmel gefallen ist, eine Menge Geld und sogar eine neue Mutter, nachdem die Frau, die er sein Leben lang für seine Mutter gehalten hat, an ihrer eigenen Geldgier erstickt – und dieser Märchencharakter vor allem ist es, der das Cainsche Spätwerk negativ von den starken Frühwerken des Autors abhebt.

Im Werk von Thompson läßt sich ein solcher Niedergang nicht feststellen. Im Gegenteil: Nicht wenige Fachleute schätzen Thompsons – bislang nicht ins Deutsche übertragenen – letzten beiden Romane *Child of Rage* (1972) und *King Blood* (1973) als seine besten überhaupt ein, als die Höhepunkte eines Œuvres von insgesamt nur zwei Dutzend Titeln, die sich über gut drei Jahrzehnte verteilen. Bis Thompson sich mit Romanen wie *Now and on Earth* (1942) und schließlich *The Killer Inside Me* (›Der Mörder in mir‹; 1952) einen bescheidenen Namen zu machen begann, hatte er schon betrachtliche Erfahrung als Autor von Magazin-Geschichten (beispielsweise für »The True Detective Magazine« und »Ellery Queen's Magazine«) gesammelt. Klaus E. R. von Schwarze erzählt[1], Thompson – der als Sohn eines Marshalls in einem Indianerreservat aufwuchs und mütterlicherseits von Indianern abstammte – habe schon mit 14 Jahren zu schreiben begonnen und als 15jähriger seine erste Kriminalgeschichte verkauft. Doch obwohl mehrere seiner Romane von bedeutenden Hollywood-Regisseuren verfilmt wurden (Sam Peckinpah, Stanley Kubrick), blieb Jim Thompson bis heute ein Außenseiter: unter den wichtigen Krimi-Autoren der jüngeren Zeit der unbekannteste.

Mag sein, daß die vergleichsweise geringe Beachtung, die Leser wie professionelle Kritiker Thompson in seiner Heimat und im deutschen Sprachraum zeitlebens geschenkt haben, die Quittung dafür ist, daß seine Bücher und erst recht seine Helden wenig Liebenswertes haben. Thompsons Romane erzählen, durchweg aus der Perspektive der Täter, bitterböse, schmutzige Geschichten. Sie benutzen dazu schmutzige Wörter, verweigern sich jeder moralischen Wertung und geben dem Leser noch nicht einmal die Genugtuung, daß die Bösewichter für ihre Untaten am Ende zur Rechenschaft gezogen werden oder irgendwie bezahlen müssen.

Wie die Geschichten Cains sind auch die Geschichten Thompsons keine Detektivstories; es ist Verbrechensliteratur. Beschrieben wird durchweg ein Ausschnitt aus einem nichtsnutzigen Leben, und dieser Ausschnitt kann zwar mit dem Tode des Nichtsnutzes und Bösewichts enden, muß es aber nicht. Die Grenzen zwischen Gut und Böse sind meistens hoffnungslos verwischt. Die größten Schurken unter Thompsons Zentralfiguren vertreten das Gesetz, wenn auch nicht das Recht. Der Sheriff-Stern, den sie am Hemd tragen, verpflichtet sie zu nichts. Er macht sie lediglich unangreifbar. Ihre brutale Machtausübung versieht er mit dem Anstrich des Legalen.

Ein solcher Mann ist Lou Ford, der Ich-Erzähler von *The Killer Inside Me*. Er ist Hilfssheriff in Central City, einem Ort, der – 1870 gegründet – lange Zeit »nicht viel mehr als eine Verbreiterung einer Durchgangsstraße« war – »bis der Ölboom kam. Da schnellte fast über Nacht die Bevölkerung auf 48000 hoch«. Unter diesen 48000 sind eine Menge verkrachte Existenzen, und Lou Ford ist die verkrachteste von allen. Sein Gesetz heißt Willkür, seine Maxime ist einzig und allein sein eigenes Wohlergehen. Und seine Neigungen sind, gelinde gesagt, ein wenig abartig. Als Kind mag er Fliegen die Beine ausgerissen haben. Als Erwachsener und im Schutze des Sheriffsterns mißhandelt er Penner, schlägt er Untersuchungsgefangene zusammen, verhaut er Frauen, ehe er sie vernascht – und wenn in der Auseinandersetzung zwischen Arbeitgebern und streikenden Arbeitern ein Gewerkschaftler einen Unfall erleidet, der verflixt nach Meuchelmord aussieht, drückt Lou Ford beide Augen zu. Diese Negativseite seines Charakters, die zum Ende hin so stark wird, daß auch seine Vorgesetzten sie nicht mehr übersehen können, verbirgt der Hilfssheriff hinter oberflächlicher Freundlichkeit, die allerdings nur bei flüchtiger Bekanntschaft wirkt: »Sie haben ja nicht einmal eine Kanone«, himmelt ihn die neue Bedienung im griechischen Imbiß an, wo sich Lou Ford für lau den Magen vollzuschlagen pflegt.

Das Auseinanderfallen von Sein und Schein nennt sein deutscher Herausgeber Martin Compart das große Thema, das Thompson ausdauernd umkreist: »Lou Ford scheint ein sympathischer, menschenfreundlicher Deputy Sheriff zu sein und ist doch in Wirklichkeit ein getriebener psychopathischer Killer. Besonders die demokratischen Kontrollinstitutionen und staatlichen Instanzen zeigen sich hinter den Kulissen nicht als das, als was sie gedacht sind. Thompson zeigt in jedem seiner Romane ein schwarzes Bild der Vereinigten Staaten. Er zeigt, wie sehr Gewalttatigkeit, Machtstreben und Korruption mit der amerikanischen, kapitalistischen Gesellschaft verbunden sind.«[2]

Tatsächlich ergibt sich aus Romanen wie *Wild Town* (›Gefährliche Stadt‹; 1957) oder *Pop. 1280* ein fast identisches Bild des ländlichen Amerika; es ist schmutzig, öde und faschistoid. Wie Lou Ford trägt auch die zentrale Figur in *Pop. 1280* einen Sheriffstern und lebt um das Jahr 1920 im amerikanischen Süden. Wie Ford ist auch dieser Corey geil, faul und gefräßig, und seine Gefährlichkeit ist gut getarnt. Er spielt den Dorftrottel perfekt, hat es aber faustdick hinter den Ohren – und wer sich mit ihm anlegt, zieht den kürzeren.

Wild Town dagegen ist eine weitere Lou Ford-Geschichte, und da Ford schon sechs Jahre vorher am Ende von *The Killer Inside Me* im Kugelhagel seiner Verfolger das Zeitliche gesegnet hat, muß sich die Handlung von *Wild Town*, im selben gottverlassenen Texas-Kaff, wohl vorher abspielen. Der eigentliche Held von *Wild Town* ist auch nicht Lou Ford, und ausnahmsweise ist *Wild Town* auch nicht in der ersten, sondern in der objektivierenden dritten Person erzählt. Der Held in *Wild Town* heißt David McKenna, mit Spitznamen »Bugs«, also: Spinner. Thompson beschreibt ihn als »total verrückt« und »völlig humorlos«, als »finster blickend, mürrisch und jähzornig«. Aber er bescheinigt ihm auch »zornig ratlose Augen, die feucht von ungeweinten Tränen schienen und es vielleicht auch waren« sowie das außerordentliche »Talent, immer das richtige zur falschen Zeit zu tun. Seinen Freunden mit Argwohn zu begegnen, seinen Feinden mit Vertrauen.«

Mit David »Bugs« McKenna, den sein Talent, das Falsche zu tun, in *Wild Town* mitten in den Schlamassel bringt, in dem er am Ende von allen Beteiligten (nachdem ihn ein Schlag mit einem Revolverlauf sanft schlafen geschickt hat) einfach vergessen wird, betritt ein zweiter Typ des Thompsonschen Helden die Bildfläche: der große, tapsige Dummerjan, den jeder für seine eigenen Zwecke ausnutzen kann und der, wenn ihm die Sicherungen durchbrennen, beträchtliche kriminelle Energien entwickelt. In *After Dark, My Sweet* (›Nach Einbruch der Dunkelheit‹; 1956) heißt dieser Typ Bill Collins und ist ein ehemaliger Boxer, der offensichtlich ein paar Schläge zuviel aufs Gehirn bekommen hat. Wenn er gereizt wird oder sonst unter Streß gerät, sieht er buchstäblich rot und ist für das, was er tut, nicht mehr verantwortlich zu machen – eine Tatsache, die er als Ich-Erzähler nach Kräften herunterzuspielen bemüht ist.

Bill Collins ist kein schlechter Kerl, nur schrecklich dumm und verführbar – und so gerät er, nachdem er aus einer geschlossenen Anstalt ausgebüxt ist, in die Abhängigkeit eines Ganoven-Pärchens und in eine

Kidnapping-Affäre, die natürlich übel endet; die beteiligten Verbrecher, Collins voran, sind viel zu beschränkt, als daß sie etwas so Kompliziertes wie eine Kindesentführung erfolgreich durchziehen könnten.

Collins endet fast tragisch. Er bringt die Frau, die ihn liebt, dazu, daß sie ihn erschießt – ein Zug zur Selbstvernichtung, der sich auch an den Figuren von Thompsons (durch die Peckinpah-Verfilmung) wohl populärstem Roman ›Getaway‹ (*The Getaway*; 1959) feststellen läßt. Doch über der Geschichte des Verbrecherpärchens, das der Verfolgung durch die amerikanische Polizei durch eine Flucht über die mexikanische Grenze zu entkommen sucht, liegt zugleich auch ein Hauch von sanfter Anarchie und heiterer Resignation, der die Verzweiflung erträglicher macht.

Denn natürlich hätten die Flüchtenden von ›Getaway‹ auch in Mexiko keine ernsthafte Chance. »In Thompsons Welt ist die Kreatur ohnmächtig dem Walten des Schicksals und der gesellschaftlichen Machtverhältnisse ausgeliefert. Bestenfalls kann sie sich durch äußerste Brutalität für einige Zeit einen Freiraum erkämpfen.«[2] Aber diese Brutalität, mit der sie ihre Interessen gegen die anderer durchzusetzen versucht, bleibt immer im Rahmen des gesellschaftlichen Systems; Thompsons Figuren sind, »trotz des Bewußtseins der gesellschaftlichen Machtverhältnisse, so stark konditioniert, daß sie das soziale Gefüge nie in Frage stellen«[2].

Gehört James Hadley Chase in diese Tradition, in dieses Kapitel über die »häßlichen Amerikaner«? Seine Geburtsumstände mögen daran Zweifel aufkommen lassen: Der Mann, der als »James Hadley Chase« beim Leser einen typisch amerikanischen Eindruck hinterlassen mag, ist tatsächlich als René Raymond 1906 in London geboren und hat, bis zu seinem Tod in Vevey am Genfer See am 6. Februar 1985, nie mehr als einige Urlaubs- oder Besuchstage in den Vereinigten Staaten verbracht. Aber auch ohne diesen Geburtsfehler, den er mit Fleiß und Intuition auszugleichen trachtete, scheint James Hadley Chase zunächst wenig mit zwei Autoren zu tun haben, die zwar wie er meistens in der Ich-Form schrieben, doch die Beschreibung der Verbrechensaufklärung ersetzt haben durch die Beschreibung des Verbrechenshergangs und der Vorgänge im Kopf ihrer Figuren. Denn die meisten der Romane von Raymond, der auch unter den Pseudonymen James L. Docherty, Ambrose Grant und Raymond Marshall publiziert hat, stehen in der Tradition des amerikanischen Detektivromans der Hammett-Chandler-Schule. Doch in dieser Nachfolge bilden die Romane von James Hadley Chase, wie Helmut Heißenbüttel festgestellt hat, die »eigentümlichsten Varianten«, weil

»bei ihm die Zwischenstellung zwischen Recht und Unrecht ernst genommen wird«.[3] Das aber ist der entscheidende Punkt, der Hadley Chase von Hammett, Chandler, Macdonald und ihren direkten Nachfolgern trennt und mit Cain und Thompson verbindet: die Verwischung von Recht und Unrecht, Legalität und Verbrechen, letztlich sogar Gut und Böse.

Einer oft kolportierten Anekdote zufolge soll Raymond, der bis dahin als Angestellter in einem Londoner Buchladen, nach anderer Darstellung als Vertreter im Außendienst eines Verlags tätig war[4], die Anregung zum Schreiben durch Cains Erstling *The Postman Always Rings Twice* erhalten und daraufhin, nach akribischer Vorbereitung, an nur sechs freien Wochenenden seinen eigenen Erstling produziert haben: *No Orchids for Miss Blandish* (›Keine Orchideen für Miss Blandish‹); das Buch erschien 1939 und wurde auf Anhieb ein Bestseller. Julian Symons berichtet: »Fünf Jahre nach seinem Erscheinen waren von dem Buch angeblich eine halbe Million Exemplare verkauft, und sicherlich hat keiner seiner weiteren Romane wieder eine derartige Auflage erreicht.«[5]

Symons zitiert, an anderer Stelle, auch eine Untersuchung des Kritikers John Mair, der sich unmittelbar nach dem Erscheinen des Buches die Mühe gemacht habe, die Liste der in ihm enthaltenen Gewalttaten aufzustellen, und zu folgendem Ergebnis gekommen sei:

»Männer getötet	22 (erschlagen 9, erschossen 6, erstochen 3, mit dem Gummiknüppel 2, durch Fußtritte 1, Selbstmord 1)
Männer schwer verletzt	16 (davon 15 im Gesicht oder am Kopf, 1 im Unterleib)
Männer gequält	5 (mit verschiedenen stumpfen Instrumenten 3, mit dem Messer 1, mit der brennenden Zigarette 1)
Mädchen aufs Kreuz gelegt	5 (davon 3 mit ihrem Willen, 1 für Geld, 1 durch Vergewaltigung)«[6].

Der Vorwurf ist klar, der Tatbestand nicht zu leugnen: In den Kriminalromanen von James Hadley Chase erreichen Gewalt und Brutalität einen bis dahin unbekannten Gipfel. Aber vielleicht ist es nicht einmal die Häufung von Brutalitäten, die das Erschrecken des Lesers (und vieler Kritiker) bewirkt, sondern die Ungerührtheit und Mitleidslosigkeit, mit der die Gewalttaten geschildert werden. Speziell in *No Orchids for Miss Blandish*, der von der Entführung einer Millionärstochter erzählt, die anschließend von einem ihrer Entführer, einem bösartigen Psychopathen, unter Drogen gesetzt und über Wochen hin mißbraucht wird, ist mit einer fast unmenschlichen Kühle und Distanz geschrieben. Nicht eine Spur von Sentiment oder gar Mitleid ist auf die Schilderung der Taten und der Opfer verwendet; die Sprache des Buches ist so trocken und zielbewußt wie die Beschreibung einer Bauzeichnung oder eines chemischen Experiments.

Diese kühle, distanzierte Sprache bei gleichzeitiger Häufung von Gewalt ist James Hadley Chase seit dem Erscheinen von *No Orchids for Miss Blandish* zum Vorwurf gemacht worden; doch hat er andererseits immer wieder Verteidiger gefunden, die – wie Heißenbüttel – in der scheinbaren Amoral eine moralische Qualität sehen wollten, eine besonders realistische Perspektive.

Zu den fragwürdigeren Verteidigungen des Werkes von Hadley Chase gehört dagegen die Argumentation, daß Chase mit seiner gesamten Buchproduktion von ungefähr sechzig Titeln einfach ein kommerzielles Interesse verfolgt habe. »Ich wollte schon immer einmal wirkliches Geld in die Hände bekommen«, zitiert Jörg Fauser den Autor, der »immer wieder beteuert« habe, »er sei doch nur ein Kaufmann, der mit Geschichten handle wie andere mit Südfrüchten« und sagte: »Ich schaffte den Durchbruch im Verlagsgeschäft mit Blut, Gewalt und Sadismus. Es war Krieg, und die Leute schienen das lesen zu wollen«[4] – eine Erklärung, die ihrerseits faschistoide Züge trägt.

Dennoch scheint mir James Hadley Chase durchaus in dieses Kapitel zu gehören (und nicht in ein späteres über »Sadisten und Killer«). Denn der mitleidslose Ton, den der Autor in *No Orchids for Miss Blandish* anschlägt, wiederholt sich so extrem nicht wieder. In vielen der späteren Romane nähert sich Hadley Chase – im Erzählstil, in der Perspektive, der Moral und in einigen wenigen Fällen, zu denen vor allem *Lay Her Among the Lilies* (›Die Katze im Sack‹; 1950) gehört, sogar in der literarischen Qualität – den besten Vorbildern der »hartgesottenen Schule«, mit Geschichten, in denen ein Detektiv dem Recht Geltung verschafft, ohne sich von denen einschüchtern zu lassen, die die Macht haben.

Das Problem der Einschätzung des James Hadley Chase im breiten Spektrum der Krimi-Autoren ist denn auch weniger ein moralisches als ein literarisches: Seine Produktion ist in sich außerordentlich ungleichgewichtig. Weit überdurchschnittlichen Romanen wie *A Lotus for Miss Quon* (›Lotosblüten für Miss Quon‹; 1961), der – nur im Titel die Thematik des Erstlings aufnehmend – von den Abenteuern eines Amerikaners erzählt, der im Vietnam der fünfziger Jahre ein unrechtmäßig erworbenes Vermögen an Diamanten aus dem Land zu schmuggeln sucht und sich immer tiefer in die Kriminalität verstrickt, oder dem frühen Nicht-

Kriminalroman *Eve* (›Eva‹; 1945) oder *Cade* (›Cade‹; 1966), worin ein Mann beschrieben wird, dem die Gewalttätigkeit der Welt den Schneid abgekauft hat, steht eine große Menge sehr, sehr durchschnittlicher Krimiware gegenüber, provoziert vermutlich vom kommerziellen Prinzip, das den Ausstoß eines neuen Produktes für den Buchmarkt auch dann befiehlt, wenn dieses Produkt im Grunde noch nicht ausgereift ist. Das Beste, was sich diesen Büchern von James Hadley Chase nachsagen läßt, ist die außerordentliche Direktheit, mit der sie zur Sache kommen, das hohe Tempo, mit dem sie ihre Handlungen abspulen. In diesen »schnellsten Krimis der Welt«, wie die Werbung gern Helmut Heißenbüttel zitiert, zerplatzt der amerikanische Traum vom raschen Reichtum vornehmlich nach Schema F, und die Sexualität, um die Hadley Chase immer ein großes Getöse macht, ist steril bis schablonenhaft: die Frauen durchweg aus einem Hollywood-Besetzungsbüro, blond, großbusig, willig und keimfrei, die Männer breitschultrig und von nichts mehr überzeugt als von ihrer Attraktivität fürs andere Geschlecht, das den Helden die Wünsche schon von den Augen abliest und großzügig erfüllt.

Noch durch die Klischees freilich schimmert immer wieder das handwerkliche Können, das über mehr als vierzig Jahre hin kaum nachläßt. Es findet sich in den letzten beiden Romanen Hadley Chases – *We'll Share a Double Funeral* (›Jagt den Killer‹; 1982) und *Hit Them Where It Hurts* (›Zahltag‹; 1984) – wie in der mittleren Periode, in *Come Easy – Go Easy* (›Rasthaus des Teufels‹; 1960) oder *A Coffin from Hong Kong* (›Ein Sarg aus Hongkong‹; 1962). Und natürlich war es da in frühen Werken wie *Make the Corpse Walk* (›Leichen sind lästig‹; 1946) oder *You're Lonely When You're Dead* (›Tote sind einsam‹; 1949). Es ist dieses handwerkliche Geschick, die große Fertigkeit des Erzählens, die James Hadley Chases Kriminalromane auch dann noch lesenswert machen, wenn ihre moralische Haltung etwas diffus wirkt – nicht, weil sie Recht und Unrecht ineinander verschwimmen ließen, sondern weil sie diese Begriffe in der Eile völlig aus den Augen verloren haben.

[1] Siehe das Nachwort zu Schwarzes Ubersetzung von »After Dark, My Sweet« – ›Nach Einbruch der Dunkelheit‹, Ullstein Verlag, Berlin, 1984, S. 171ff.

[2] *Martin Compart:* Nachwort zu ›Der Mörder in mir‹, Ullstein Verlag, Berlin 1982, S. 154ff.

[3] *H. Heißenbüttel:* Spielregeln des Kriminalromans, in *J. Vogt:* Der Kriminalroman, München 1971, S. 365ff.

[4] Siehe das Nachwort von Jörg Fauser zu J. H. Chases Roman ›Eva‹, Ullstein Verlag, Berlin 1985, S. 293ff.

[5] *J. Symons:* Am Anfang war der Mord. Goldmann Verlag, München 1982, S. 210.
[6] a. a. O., S. 167.

Ausgewählte Bibliographie

James M. Cain: *Wenn der Postmann zweimal klingelt*; *Der Defraudant*; *Blutiger Schmetterling*; *Das Mädchen, das vom Himmel fiel* – Rowohlt Verlag, Hamburg.
Karriere in C-Dur; *Das Baby im Eisschrank*; *Mord in Reno* – Goldmann Verlag, München.
Jim Thompson: *Der Mörder in mir*; *Getaway*; *Gefährliche Stadt*; *1280 schwarze Seelen*; *Nach Einbruch der Dunkelheit*; *Ein süßes Kind*; *Die Absacker*; *Höllenweib*; *Texas an der Kehle* – sämtlich Ullstein Verlag, Berlin.
James Hadley Chase: *Keine Orchideen für Miss Blandish*; *Ein Ticket für die Todeszelle*; *Eva*; *Ein Schlummertrunk vom Boß*; *Leichen sind lästig*; *Tote sind einsam*; *Die Katze im Sack*; *Auge um Auge*; *Der Mann mit dem blauen Gesicht*; *Zu hoch hinaus*; *Die Kanaille*; *Dame mit beschränkter Haftung*; *Rasthaus des Teufels*; *Ein Sarg aus Hongkong*; *Nett wie ein Loch im Kopf*; *Falls Sie Ihr Leben lieben*; *Vier Asse auf einmal*; *Einen Kopf kürzer*; *Cade*; *Jagt den Killer*; *Zahltag* – sämtlich Ullstein Verlag, Berlin.

Sadisten und Killer (I):

Carter Brown und Mickey Spillane – Die Unpolitischen

Von Patricia Highsmith stammt die These, ein Autor müsse etwas von der Phantasie eines Mörders haben, um einen guten Kriminalroman schreiben zu können. Aber eine mörderische Phantasie ist eine Sache und Respekt vor der Würde des Menschen eine andere. Wo das erste vorhanden ist und das zweite fehlt, gerät der harte Krimi rasch auf die schiefe Ebene, und aus der Moral, der der gute Kriminalroman auch dann noch verpflichtet ist, wenn er die Grenze zwischen Recht und Unrecht aufzuheben scheint, wird die Unmoral der Gewaltverherrlichung. Die Verbrecher geben den blutrünstigen Tonfall an, den die Gegenseite – vorgeblich Recht und Ordnung verteidigend – ausgesprochen genüßlich aufnimmt, und das Ergebnis sind Blut-und-Hoden-Geschichten, in denen die Sadisten und Killer dominieren.

Mit diesem Rezept haben einige Autoren aus dem angelsächsischen Sprachraum hohe Auflagen gemacht. Für Carter Brown etwa gibt die Verlagswerbung eine internationale Gesamtauflage von mehr als 50 Millionen Exemplaren an; Mickey Spillanes Gesamtauflage geht, einer Angabe seines Apologeten Jörg Fauser zufolge[1], bereits auf die 100 Millionen-Grenze zu.

Von den beiden Großmeistern des unpolitischen Krimi-Sadismus ist Carter Brown, der als Alan Geoffrey Yates 1923 in Australien geboren wurde und im Mai 1985 gestorben ist, eindeutig der harmlosere. In seinen hunderten von rasch und geradlinig geschriebenen Büchern, die angeblich in 13 Sprachen übersetzt sind, schlagen sich primitive Detektive wie Danny Boyd aus New York mit schießwütigen Ganoven in einem Pappdeckel-Amerika, dessen wichtigstes Charakteristikum die Garnierung mit freizügig oder gar nicht bekleideten Blondinen ist. Die Damen tauchen überwiegend schon im ersten Satz des Buches auf, und in einem Zehn-Zeilen-Absatz ist alles Wichtige über sie gesagt. Der Danny-Boyd-Roman *The Pipes Are Calling* (›L wie Leiche‹; 1976) beginnt in der deutschen Übersetzung zum Beispiel so: »Ihr Name sei Melanie Rigby, stellte sie sich vor. Mit ihren flachen Absätzen war sie etwa einen Meter achtzig groß und strömte Vitalität aus allen Poren. Das dichte blonde Haar fiel ihr locker auf die Schultern herab, die Augen waren tiefblau, und ihr breiter Mund hatte eine hervorspringende Unterlippe, die auf kaum beherrschte Sinnlichkeit schließen ließ. Sie trug eine blaue Hemdbluse, die so knapp über ihren vollen Brüsten saß, daß sich die Brustwarzen darunter abzeichneten. Die Blue Jeans umspannten hauteng das pralle Hinterteil und die festen Schenkel.«

So oder ähnlich, programmiert auf ihre Rollen als Sexualobjekte, werden die Frauen von Carter Brown durchweg beschrieben: Busen und Po, aber möglichst wenig Hirn. Denn – wie es in *The Sad-Eyed Seductress* (›Blonde Engel sind gefährlich‹; 1961) so treffend heißt –: »Geist ist bei hübschen Puppen sowieso meist störend.« Falls die Damen wider Erwarten doch einmal etwas Geist haben, ist das eher ein Nachteil als ein Vorzug. Sie gehören dann nämlich meistens auf die falsche Seite: jene, die der Held im Laufe der Handlung um einige Köpfe kleiner zu machen hat.

Die Geschichten sind stark konfektioniert, nicht selten aus festen Versatzstücken gearbeitet. Der Roman *Remember Maybelle?* (›Memento für Maybelle‹; 1976) beginnt mit dem Satz: »›Sie sind also Rick Holman‹, begrüßte sie mich.« In *Ride the Roller Coaster* (›Blonder Kugelfang‹; 1975) ist der annähernd gleiche Satz an den Anfang des zweiten Absatzes, in die siebte Buchzeile, gerutscht: »›Sie also sind Rick Holman‹, sagte sie, als wir ins Wohnzimmer traten.« Auch in *See It Again, Sam* (›Scharfe Sachen für die Diva‹; 1979) eröffnete das Satz-Stereotyp den zweiten Absatz, allerdings mit einer winzigen Variation: »›Sie sind Holman‹, stellte sie fest.« Und weil diesmal wieder eine kurvenreiche Blondine zu beschreiben ist – statt, wie in ›Blonder Kugelfang‹, eine »kühle Brünette« mit »knabenhafter Figur« –, benötigt Carter Brown für seinen ersten Absatz nunmehr dreizehn anstelle von sechs Zeilen; auf kurvenreicher Strecke fährt sich's halt langsamer.

Die Handlung, so gut wie immer vom Helden in der Ich-Form erzählt, wird durchweg nach der Ruck-Zuck- und Bumm-Bumm-Methode abgewickelt. Reflexionen beschränken sich auf das Nötigste und sind durchweg von der handfest materiellen Sorte. Die Sprache ist eher blumig und voll von schiefen Vergleichen; Busen und Beine sind ihre Reiz-, Schüsse und Küsse ihre Reimwörter. Aber gelegentlich gelingen ihr durchaus treffende Beschreibungen. Da heißt es dann etwa in *The Rip-Off* (›Nepp für Narren‹; 1979): »Das Restaurant strömte jenes wundervolle exklusive Aroma aus, wo Geld keine Rolle spielt, weil es sich andernfalls sowieso niemand leisten könnte, dort zu essen.« Oder – in *Walk Softly, Witch* (›Hexe auf leisen Sohlen‹; 1959) – über einen Gegner, den der Held in die Ecke getrieben hat: »Ich sah die Veränderung kommen. Der Widerwille und die Furcht verschwanden. An ihre Stelle trat eine polierte Kälte, die diamanthart wurde. Er hatte einen Entschluß gefaßt, und jetzt hatte er keine Angst mehr vor mir. Ich konnte seine Gefühle nicht mehr verletzen, was ich auch sagte, was ich auch tat. Irgendwie war ich überwunden, gehörte ich der Vergangenheit an.«

Tatsächlich ist, jenseits der alles überlagernden Atmosphäre des Soft-Pornos, ein gewisser literarischer Ehrgeiz unverkennbar. Die gebildeten Anspielungen stecken zum Teil schon in den (Original-)Titeln: auf Hemingway und sein Motto aus ›Wem die Stunde schlägt‹ in *No Blonde Is An Island* (›Falltür – bitte klopfen‹; 1965), auf den Kultfilm »Casablanca« und auf Woody Allens Schauspiel in *See It Again, Sam*. Auch Titel wie *The Sometime Wife* (›Immer eine Frau auf Eis‹; 1965) oder *The Wayward Wahine* (›Hulamädchen auf Abwegen‹; 1960) sind so übel nicht, und Zweideutigkeiten entstehen häufig erst durch die Übersetzung, wenn beispielsweise aus *The Black Lace Hangover* (1966) eine ›Leiche – oben ohne‹ wird (womit allerdings ausnahmsweise kein entblößter Busen gemeint ist, sondern der Verlust eines Kopfes).

Wie die Romane des Engländers René Raymond alias James Hadley Chase spielen auch die des Australiers Alan Geoffrey Yates alias Carter Brown durchweg in den Vereinigten Staaten: Ganz offensichtlich halten beide Autoren Verbrechen der Art, wie sie sie schildern, und Schilderungen wie die ihren nur in der amerikanischen Gesellschaft für glaubwürdig.

Mickey Spillane dagegen, unter den überharten Autoren der einflußund erfolgreichste, ist gebürtiger Amerikaner. Er braucht seine Geschichten nicht in eine ferne, fremde Gesellschaft zu exportieren. Geboren im letzten Jahr des Ersten Weltkriegs, am 9. März 1918, im New Yorker Stadtteil Brooklyn, ist Frank Morrison »Mickey« Spillane mit der Brutalität des amerikanischen Lebens aufgewachsen; hinter seiner Ästhetik steckt nicht zuletzt auch die Erfahrung des Zweiten Weltkriegs, den Spillane allerdings nicht an der Front, sondern als Ausbilder für Kampfpiloten in der Heimat verbrachte; den größten Teil des Kriegs über lebte er in Greenwood, Mississippi.

Der Krieg, den Spillane beschreibt, spielt sich denn auch nicht im Pazifik oder in Europa ab, sondern auf den Straßen von New York, wo der Privatdetektiv Mike Hammer den American Way of Life gegen Gangster und kommunistische Agenten mit der Waffe in der Hand verteidigt, notfalls auch mit der Maschinenpistole wie im folgenden Beispiel aus *One Lonely Night* (›Menschenjagd in Manhattan‹; 1951): »Sie hörten meinen Schrei und den ohrenbetäubenden Lärm des Maschinengewehrs, sie hörten die Projektile, die Knochen durchschlugen, Fleisch zerfetzten, das war alles. Sie sackten zusammen, während sie zu fliehen versuchten. Ich sah, daß der Kopf des Generals buchstäblich platzte und sich in einen Regen roter Splitter verwandelte, die auf den verschmutzten Fußboden fielen. Mein Freund aus dem U-Bahn-Wagen versuchte, die Kugeln mit den Händen aufzuhalten und löste sich auf in einen Alptraum aus blauschwarzen Löchern.«[2] Es ist wohl diese Szene, auf die Spillane anspielte, als er in einem amerikanischen Interview danach gefragt wurde, ob er von seinen Lektoren gebremst oder gar zensiert werde: »Das einzige Mal, als ich etwas ändern mußte, war in *One Lonely Night*. Da gab es eine Szene am Schluß, wo Mike ein MG auffährt und achtzig Mann umlegt. Meine Lektoren meinten, das sei ein bißchen viel Blutvergießen, und überredeten mich dazu, die Zahl auf vierzig zu drücken.«[3]

Die deutschen Spillane-Ausgaben, immer wieder einmal mit der Bundesprüfstelle für jugendgefährdende Schriften in Konflikt, sind nicht so großzügig wie die amerikanischen. Sie verkaufen Spillanes Sex und Sadismen mit Vorliebe in verdünnter Form, zensiert und entschärft. Das im vorigen Absatz zitierte Massaker aus *One Lonely Night* findet sich in der von uns abgedruckten Form nicht etwa in der deutschen Buchausgabe, sondern lediglich in einem wissenschaftlichen Sammelband: in Umberto Ecos Essay über ›Die Erzählstrukturen bei Ian Fleming‹ (in J. Vogts ›Der Kriminalroman‹), wo er Eco dazu dient, die vergleichsweise kultivierte Schilderung eines von James Bond angerichteten und von Ian Fleming geschilderten Massakers gegen das Beispiel Spillanes positiv abzuheben.

Aber die Entschärfung dieser Szene ist alles andere als ein Einzelfall.

Noch in den späten achtziger Jahren schnappt die Schere der Selbstzensur hörbar zu, und aus der Szene in *The Girl Hunters* (›Die Mädchenjäger‹; 1962), in der Mike Hammer den besiegten Gegner mit einem dicken Eisenpflock durch die Hand am Boden festnagelt, wird in der deutschen Ausgabe eine harmlose Fesselung. Wer sich den Spaß macht, die Schlußszene der beiden Ausgaben des Heyne-Verlags von ›Ich, der Richter‹ (*I, the Jury*; 1947) von 1976 und 1985 zu vergleichen, findet zwei sehr verschiedene Versionen: die eine um erotische, die andere um sadistische Passagen gekürzt.

Während die frühere Ausgabe im Finale Passagen eliminiert, um den Pornographie-Verdacht zu entkräftigen (»Ihre Daumen schoben sich unter den schmalen Bund des Seidenschlüpfers, und sie zog ihn herunter. Dann stieg sie so graziös aus dem Höschen wie aus einer Badewanne«), sorgt sich die jüngere Ausgabe um den Schutz des deutschen Lesers vor Spillanes und Hammers Menschenverachtung. So kommt es zu dem grotesken Ergebnis, daß der Leser die entscheidende Passage (»Charlotte, ich bin jetzt das Gericht – und ich bin der Richter. Und ich habe ein Versprechen zu halten. So schön du auch bist, so sehr ich dich auch fast geliebt hätte, ich verurteile dich zum Tode«) in voller, böser Länge zwar noch in Jörg Fausers Nachwort nachlesen kann, im Romantext aber nur in einer gereinigten Fassung: »So schön wie du bist, so sehr ich dich auch geliebt habe, ich werde dich jetzt der Gerechtigkeit ausliefern«.

Das lesende Publikum hat sich von solchen Szenen, verschmutzt oder gereinigt, nie irritieren lassen; Spillanes Auflagenhöhe spricht eine deutliche Sprache. Doch der Auflagenhöhe entspricht, in direkter Korrelation, das Mißfallen der Kritik. Jörg Fauser sieht Spillane »in gleich zwei Kategorien an der Spitze der Branche: in der Kategorie ›Größte Verrisse‹ und in der Kategorie ›Einsame Bestseller‹«[4]. Dabei unterschied sich die Ablehnung auf beiden Seiten des Atlantiks zunächst kaum. Für den Kollegen Raymond Chandler war Mickey Spillanes Werk »nichts als eine Mischung aus Gewalt und offener Pornographie«, der Autor »ein extremes Beispiel eines sadistischen Schriftstellers«; »ich kann ihn nicht lesen«.[5] Der Kritiker Malcolm Cowley bezeichnete Spillanes Helden Mike Hammer als »a dangerous paranoic«[6], und die New York Times kündigte, durch ihren Kritiker Anthony Boucher, Spillanes *The Long Wait* (›Comeback eines Mörders‹; 1951) mit der Notiz an: »Fair Warning. There is a new book by Mickey Spillane... It may rank as the best Spillane – which is the faintiest praise this department has ever bestowed.«[7]

Umberto Eco attestiert Spillanes Schreibe »rowdyhafte Kraftmeierei«[8]. Hans Christoph Buch meint, »Sex und Sadismus« seien in Spillanes

Romanen zu, immerhin, »brutaler Perfektion gediehen«[9], und Reclams Kriminalromanführer verweigert dem Autor jegliche literarische Qualität. Spillane »schreibt schlecht. Die Handlung ist jeweils völlig unglaubhaft. Mitdenken des Lesers bei der Lektüre wird nicht verlangt«[10]. »Die äußerste Trivialisierung erfährt der Kriminalroman durch Mickey Spillane«, urteilt Manfred Smuda, der ihm im gleichen Atemzug »die Massierung gröbster Effekte« zuschreibt und die Unfähigkeit, »das intendierte konkrete Erscheinungsbild« mit seinen »Allerweltsvergleichen« herzustellen: »Spillanes Schreibweise sagt mehr über die Selbstgefälligkeit des Autors aus. Die Objekte der Beschreibung können nicht getroffen werden, weil die auf sich selbst zurückweisende Geste des Schreibenden dazwischentritt.«[11]

Doch in jüngster Zeit beginnt sich das Blatt zu wenden. Ausgangspunkt einer neuen Sehweise ist natürlich Amerika. Der Krimi-Autor Max Allan Collins, der Spillane zusammen mit dem Kritiker James L. Traylor eine Monographie gewidmet hat[12], berichtet von einer »standing ovation«, die die Autorenkollegen Spillane 1981 auf dem »Bouchercon«, einem – ironischerweise nach Spillanes entschiedenstem Kritiker benannten – Kongreß der Krimi-Literaten bereitet hätten; von da an scheint es ständig aufwärts gegangen zu sein mit Spillanes Reputation.

Collins selbst zählt mittlerweile Spillane – und nicht etwa Ross Macdonald – neben Hammett und Chandler zu den »Großen Drei« der amerikanischen Krimiliteratur, vornehmlich wegen seines präzisen, schnellen Erzählstils und seiner illusionslosen Haltung zu den Realitäten des Lebens, die nun einmal nicht schön seien, sondern eben brutal. Auch Collins wäscht Spillane nicht völlig weiß. Der Autor erscheint bei ihm als der (politisch) Rechte, der er ist, mit verschrobenen Vorstellungen nicht nur über Gesetz und Gerechtigkeit, sondern auch über (körperliche) Liebe und Sexualmoral. Doch das tut Spillanes Größe in den Augen seines amerikanischen Exegeten keinen Abbruch; die Moral eines schriftstellerischen Œuvres erscheint Collins vernachlässigenswert – eine Haltung, die ich angesichts der deutschen Erfahrungen mit dem Faschismus nicht teilen kann.

Natürlich stellt sich die Frage, warum die Rehabilitierung Spillanes gerade in den achtziger Jahren erfolgt: Zufall oder Zeitgeist? Es ist wohl letzteres. Denn jene Neigung zu Selbstjustiz und Gerechtigkeitssuche auf eigene Faust, notfalls über die Hinrichtung von – echten oder vermeintlichen – Aggressoren, die Spillane schon in den späten vierziger und frühen fünfziger Jahren demonstrierte, scheint in den achtziger Jahren große Teile der amerikanischen Nation erfaßt zu haben (wie nicht nur die Vorfälle um den U-Bahn-Todesschützen Goetz erwiesen). Spillane war seiner Zeit offensichtlich voraus; die Realität hat Mike Hammer und seine Art, auf Verbrechen zu reagieren, eingeholt.

Mike Hammer, der das Licht der Welt gleich in dem vor der Veröffentlichung durch E. P. Dutton von sieben anderen Verlagen abgelehnten Erstling *I, the Jury* des damals 29jährigen Comic-Texters erblickt hatte –, Mike Hammer ist der Held in insgesamt elf zwischen 1947 und 1970 erschienenen Romanen Spillanes: Privatdetektiv und oberster Hüter der öffentlichen Moral von eigenen Gnaden.

Sein Autor schickt ihn grundsätzlich mit persönlichen Motiven in seine Fälle. In *I, the Jury* wird zu Beginn ein Kriegskamerad Hammers, sein Lebensretter im Kampf gegen die Japaner, ermordet. An der Leiche schwört Hammer Rache, ungerührt von den Ermittlungen der Polizei: »Ich will den Killer für mich. Wir werden wie immer zusammenarbeiten, aber wenn es soweit ist, werde ich den Finger am Abzug haben.« Da hat Hammer ihn dann auch, obwohl der Mörder kein Mann, sondern eine schöne Frau ist, in die er sich zuvor heftig verliebt. Die Ähnlichkeit mit dem Finale von Hammetts *The Maltese Falcon* ist rein oberflächlicher Natur. Denn in Spillanes Held ist kein Funke Anstand. Er erschießt die geliebte Mörderin und verhöhnt die Sterbende; auf ihre Frage »Wie konntest du nur?« antwortet er zynisch: »Es war ganz leicht.«

Das Schema von *I, the Jury* taucht auch in allen späteren Spillane-Romanen wieder auf. In *The Girl Hunters* (›Die Mädchenjäger‹; 1962) erreicht Mike Hammer, den der scheinbare Verlust der geliebten Partnerin zum Suff und auf den Hund gebracht hat, zu Beginn die Nachricht eines tödlich Verletzten, daß Velma noch lebt, aber umgebracht wird, wenn er sie nicht vor dem großen Unbekannten findet. In *The Snake* (›Die Schlange‹; 1964) trifft sich Hammer mit der glücklich befreiten und wiederaufgetauchten Velma, als ein Killer auftaucht, dessen Attentat Velma und Mike nur knapp entgehen. Doch kündigt sich damit ein neuer Fall an: Offensichtlich ist jemand hinter einem Mädchen her, das sich in Velmas Obhut begeben hat. In *Survival... Zero* (›Flucht ist sinnlos‹; 1970), dem letzten der Mike Hammer-Romane, ruft ein sterbender Freund den Detektiv zu sich und vermittelt ihm eine Nachricht, die nicht nur diesen Mordfall lösen, sondern auch eine die ganze Nation bedrohende Katastrophe verhindern hilft. Auch die Agentenromane, die Spillane um die Mitte der sechziger Jahre schreibt, mögen auf das bewährte Schema nicht verzichten. In *Bloody Sunrise* (›Blut in der Sonne‹; 1965) bekommt Tiger Mann, Spillanes neuer Held, gleich zu Beginn von einem Seemann, dem er einmal einen Gefallen getan hat, einen Hinweis, der ihn später den eigentlichen Hintergrund des Falles erkennen läßt; bei Spillanes Anfängen waltet immer eine höhere Macht, die als Zufall zu bezeichnen schofel wäre.

Auch im weiteren Verlauf der Fälle hat diese höhere Macht, die dem Helden alles zum Guten lenkt, immer wieder ihre Hand im Spiel. Oft mehrmals im Verlaufe eines einzigen Romans steht der Held, scheinbar unrettbar verloren, vor der Mündung einer Waffe, die ein Killer auf ihn richtet. Doch irgendwie entkommt er, zuweilen wohl verletzt, den Nachstellungen. In *The Snake* wird dem Killer, just ehe er abdrücken kann, der Waffenarm von einer aufgehenden Tür abgelenkt, durch die ein weiteres Mörderkommando hereinbricht. In *Survival... Zero* fängt ein Mörder mit seinem Körper die für Mike Hammer bestimmte tödliche Kugel ab. Aber die schönste Rettungsaktion für seinen Helden gelingt Spillane abermals in *The Snake*, wo buchstäblich in letzter Sekunde ein Toter dem Helden beispringt, »gerade noch rechtzeitig, um zu sehen, wie der Mann, den er vor dreißig Jahren getötet hatte, zu Staub wurde und zusammenfiel: Und als er zusammenfiel, da drückte der tote Finger auf den haarfein zugefeilten Abzug des Revolvers, der auf den leisesten Druck reagierte, und aus dem Lauf schoß eine Flamme, die Sonny Motley mitten in die Brust traf, über einen Meter zurückwarf und tot auf den Boden fallen ließ«: irdische Gerechtigkeit à la Spillane.

Sonny Motley, die »Schlange«, ist unter den Gegnern Mike Hammers eher die Ausnahme als die Regel. Das Schema, daß die schönste Frau einer Geschichte – neben der zum ständigen Inventar der Handlung gehörenden Velma – auch der größte Bösewicht des Buches ist, wird fast durchweg ebenso schablonenhaft durchgehalten wie die anderen Aufbauschemata und nimmt den Spillane-Thrillern weitgehend jede Rätselspannung. Denn sobald in der Handlung ein besonders attraktives weibliches Modell auftaucht, leuchtet im Kleinhirn des geübteren Spillane-Lesers die rote Lampe auf: Achtung, Gefahr im Verzug.

Dabei ist das Verhältnis des Spillane-Helden zum anderen Geschlecht eine ganze tiefenpsychologische Analyse wert. Eco vermutet, daß sich im Verhalten Mike Hammers zu Velma und den anderen Frauen, im Verhalten Tiger Manns zu Rondine, die er zu Beginn einer jeden Geschichte vergeblich zu heiraten versucht (immer kommt ein Fall von staatserhaltender Bedeutung dazwischen), die Impotenz des Autors zeige. Der amerikanische Kritiker Malcolm Cowley dagegen unterstellt Spillane eher homosexuelle Neigungen. Beide haben für ihre Meinungen recht gute Argumente. Eine Menge Angst vor der Frau ist auf jeden Fall im Spiel, wenn die Vereinigung der Liebenden trotz großzügiger

Angebote der Frauen vom Helden immer wieder zurückgestellt und aufgeschoben wird – und zwar gerade bei den »guten«, nicht auf der Seite des Verbrechens befindlichen Frauen. Nur im ersten Roman Spillanes versagt sich Mike Hammer auch die Kohabitation mit dem weiblichen Bösewicht. Doch dieses Tabu wird in den späteren Fällen durchbrochen; die schönen Frauen der Gegenseite werden dann von Hammer und Tiger Mann durchweg vernascht und dann erst gekillt.

Daß solche Moral sich früher oder später auch ins Politische wendet, ist kaum überraschend. Neben dem Haß auf das Verbrechen predigt Spillanes Werk schon sehr bald auch den Haß auf die Liberalität, die nach des Autors Werk das Verbrechen erst ermöglicht; die Langhaarfrisur junger Männer steht in den sechziger und siebziger Jahren für die totale Pervertierung der westlichen Welt. Zunehmend breitet sich blinder Antikommunismus in den Romanen Spillanes aus. Und wenn auch Mike Hammer die Jagd auf Agenten grundsätzlich den Washingtoner Geheimdiensten überläßt, so kennt Tiger Mann nur noch einen Gegner: Er ist gezüchtet, dem Feind aus dem Osten an die Kehle zu fahren.

So kosmopolitisch sich diese Agentenromane Spillanes auch geben mögen, auch wenn es um Erdöl im Nahen Osten geht – wie in *The Death Dealers* (›Unter drei Augen‹; 1965) –, ist der Ort der Handlung New York. Spillane bleibt auch hier bei seinen Leisten; aus dem Milieu des »Blue Ribbon«, der Stammkneipe von Hammer wie Tiger Mann, traut er sich nicht heraus. Außerhalb der Schatten von Manhattans Wolkenkratzern, deren rasches Wachsen Spillane durchaus einmal mit Bemerkungen oberflächlicher Zivilisationskritik belegt, fühlt er sich vermutlich ebenso nackt und hilflos, wie sich seine Helden ohne die unvermeidliche »Fünfundvierziger« fühlten, deren Verlust Mike Hammer vermutlich näherginge als der Verlust eines Armes oder Beines. Und das Konzept des Kalten Krieges ist den Handlungen so oberflächlich übergestülpt, wie alles bei Spillane Oberfläche bleibt. Nur in den Behauptungen des Autors sind die Bösen seiner späten Romane Agenten der Sowjetunion. In Wahrheit sind es verkleidete Mafiosi, die mit Unmengen von Theaterblut und Ketchup mörderische Komödien spielen, des schnöden Mammons wegen, der Spillanes Welt regiert, wie er die Welt Hammetts und Chandlers regierte. Aber schon dieser Vergleich ist im Grunde unzulässig.

Mickey Spillane war nie ein sehr produktiver Autor. Nach der Veröffentlichung seines siebten Romans, *Kiss Me, Deadly* (›Rhapsodie in Blei; 1952), macht er eine schöpferische Pause von fast zehn Jahren, ehe 1961 *The Deep* (›Der Panther kehrt zurück‹) erscheint. Seit 1973 und dem Roman *The Last Cop Out* (›Todesschwadron‹) hat Spillane nur ein einziges Buch publiziert, das zehn Kriminalerzählungen aus der Zeit zwischen 1941 und 1973 enthält: *Tomorrow I Die* (›Morgen werde ich tot sein‹; 1984).

Die deutsche Ausgabe des Buches, als »Sensation« und »das erste Buch vom erfolgreichsten Kriminalschriftsteller der Welt« angekündigt, könnte eine neue Phase der Spillane-Rezeption auch in Deutschland einleiten. Denn es zeigt den Autor mindestens tendenziell so, wie ihn Max Allan Collins sieht (der für das Buch ein Vorwort geschrieben hat): als einen ernsthaften, präzisen und keineswegs unmoralischen Erzähler harter Kriminalgeschichten. Aber die Ungeheuerlichkeiten mancher früheren Romane sind damit natürlich nicht aus der Welt.

[1] *Jörg Fauser:* Mein ist die Rache, spricht Mike. Nachwort zu *Mickey Spillane:* ›Ich, der Richter‹, Wilhelm Heyne Verlag, München 1985, S. 239.
[2] Zitiert nach *Umberto Eco:* Die Erzählstrukturen bei Ian Fleming, in *J. Vogt:* Der Kriminalroman, München 1973, S. 279.
[3] Fauser, a. a. O., S. 249.
[4] a. a. O., S. 239.
[5] Zitiert nach Fauser, S. 241.
[6] Zitiert nach *Max Allan Collins/James L. Traylor:* One Lonely Knight. Mickey Spillane's Mike Hammer. Bowling Green, Ohio, 1984, S. 37.
[7] M. A. Collins/J. L. Traylor, a. a. O., S. 24.
[8] U. Eco, a. a. O., S. 280.
[9] *Hans Christian Buch:* James Bond oder Der Kleinbürger in Waffen, in *J. Vogt:* Der Kriminalroman, S. 228.
[10] *A. Arnold/J. Schmidt:* Reclams Kriminalromanführer, Stuttgart 1978, S. 318.
[11] *Manfred Smuda:* Variation und Innovation, in *J. Vogt:* Der Kriminalroman, S. 51–53.
[12] One Lonely Knight. Mickey Spillanes Mike Hammer. Bowling Green State University Press, Bowling Green, Ohio, 1984.

Ausgewählte Bibliographie

Carter Brown: *Hexe auf leisen Sohlen*; *Hulamädchen auf Abwegen*; *Blonde Engel sind gefährlich*; *Millionen-Baby*; *Immer eine Frau auf Eis*; *Leiche – oben ohne*; *Falltür – bitte klopfen*; *Blut ist dicker als Schminke*; *Mörder sterben nicht im Bett*; *L wie Leiche*; *Nepp für Narren* – sämtlich Ullstein Verlag, Berlin.
Mickey Spillane: *Ich, der Richter*; *Rhapsodie in Blei*; *Menschenjagd in Manhattan*; *Die Rache ist mein*; *Comeback eines Mörders*; *Das Wespennest* – sämtlich Heyne Verlag, München. *Die Schlange*; *Die Mädchenjäger*; *Der Tiger ist los*; *Wo Aas ist*; *Sexbomber*; *Blut in der Sonne*; *Unter drei Augen*; *Gangster*; *Der Delta-Faktor*; *Ein Loch zuviel im Kopf*; *Der Ein-Mann-Krieg* – sämtlich Ullstein Verlag, Berlin. *Morgen werde ich tot sein* – Bastei-Lübbe Verlag, Bergisch-Gladbach.

Der Homer des Turfs:
Dick Francis und seine Romane aus dem Reitsportmilieu

Als Dick Francis Anfang der sechziger Jahre seine ersten Kriminalromane vorlegte, hätte mancher wetten mögen: Dem wird der Stoff rasch ausgehen. Denn daß das Milieu des Reitsports mit seinen Millionenbeträgen an Wettgeldern, Siegprämien und Kaufpreisen für vierbeinige Wertgegenstände notwendigerweise verbrechensträchtiger sei als der Handel mit Rosinen oder Babyausstattungen, war zwar leicht einzusehen. Doch daß jemand eine Lebensaufgabe daraus machen (und sogar damit reüssieren könnte), Kriminalromane zu schreiben, die – wie entfernt auch immer – sämtlich mit Pferden und mit dem Reiten zu tun haben, schien unvorstellbar; soviel an Kriminalität und literarischer Spannung konnte das Reitstallmilieu einfach nicht hergeben.

Inzwischen hat Dick Francis alle Zweifler belehrt. In fast zweieinhalb Jahrzehnten hat er gut zwei Dutzend Kriminalromane veröffentlicht, und jeder von ihnen ist ohne Pferde und Reiter undenkbar. Der Stallgeruch ist gewiß nicht immer gleich stark. Bei manchen Geschichten ist er durchdringend. An anderen hängt er nur noch schwach wie ein mondänes Parfüm. Im Kunstschwindel-Krimi *In the Frame* (›Die ganze Palette des Todes‹; 1976) geht es weniger um Pferde als um die Gemälde von Pferden. *Reflex* (›Reflex‹; 1980) könnte seine Erpressergeschichte vermutlich auch in einem anderen als im Rennbahnmilieu spielen lassen, und die Kidnappingfälle von *The Danger* (›Die Gefahr‹; 1983) müßten nicht unbedingt dadurch zusammengehalten werden, daß ihre Opfer sämtlich Reitstallbesitzer sind.

Doch generell scheint Francis' Phantasie beim Ausdenken von Geschichten, die entweder im Pferdesport gründen oder sich wenigstens ohne Schwierigkeiten mit ihm verbinden lassen, unbegrenzt. Noch die Computer-Kriminalität, von der der Roman *Twice Shy* (›Fehlstart‹; 1980) berichtet, hat bei Francis etwas mit dem Pferdesport-Totalisator zu tun – und oft genug hat er die Wirklichkeit vorweggenommen, zuweilen sehr zu seinem Mißvergnügen. Die Entführung des irischen Rennpferds Shergar aus dem Stall des Aga Khan, für das seine Entführer rund 7 Millionen Lösegeld verlangten (und das nie wieder aufgetaucht ist), hat eine so verteufelte Ähnlichkeit mit einem Fall, den Francis in seinem frühen Roman *Blood Sport* (›Grand Prix für Mord‹; 1967) entwickelte, daß der Autor selbst dazu sagte, er hoffe nur, daß die Diebe ihre Idee nicht aus seinem Buch bekommen hätten.

Natürlich ist das Milieu, in dem Francis seine Fälle ansiedelt, auch das Milieu, in dem er sich am besten auskennt; er wuchs in ihm auf. Francis' Elternhaus war eine Farm in der Grafschaft Pembrokeshire in Wales. Seinem Vater unterstanden zahlreiche Ställe, in denen die Rennpferde fremder Eigentümer gepflegt, ausgebildet und trainiert wurden (später gehörten diese Ställe Francis' Vater). Schon als Kind begann Richard Stanley Francis, in dessen Paß der 31. Oktober 1920 als Geburtsdatum angegeben ist, zu reiten. Als 15jähriger verließ er die Schule, um fürs erste in den Ställen seines Vaters zu arbeiten. Eine glatte Reitsportkarriere verhinderte zunächst der Zweite Weltkrieg. 1940 trat der 19jährige Dick Francis in die Royal Air Force ein. Eine Zeitlang gehörte er zum Bodenpersonal. Dann wurde er zum Piloten ausgebildet. In der Luftschlacht um England flog er Bomber und Jagdflugzeuge. 1946 quittierte er den Dienst und kehrt aus der Luft und den Hangars in die Ställe und auf die Rennbahnen zurück.

Wieder im Privatleben, betrieb Francis das Rennreiten zwei Jahre lang als Amateur. Als er 1948 zu den professionellen Jockeys überwechselte, begann eine der erfolgreichsten Karrieren im englischen Reitsport, Abteilung Hindernisrennen. Francis ritt 2305 Rennen und gewann 345 von ihnen; 285mal kam er als zweiter, 240mal als dritter ein. Vier Jahre lang trug er die Farben des Rennstalls der britischen Königinmutter. In der Saison 1953/54 wurde er Champion Jockey als erfolgreichster Reiter über die Hindernisse.

Das Ende von Francis' Jockey-Laufbahn kam just in dem Augenblick, als er den größten Triumph seiner Karriere ansteuerte. Beim »Grand National«, dem schwersten – und umstrittensten – Hindernisrennen der Welt, führte Francis nach der letzten Hürde mit weitem Vorsprung, als sein Pferd, ohne ersichtlichen Grund, kurz vor dem Ziel stürzte und seinen Reiter unter sich begrub. Nicht nur Francis, der bei dem Sturz schwerer verletzt wurde als jemals zuvor in seiner zehnjährigen Reitkarriere und danach das Rennreiten aufgab, argwöhnte eine kriminelle Manipulation. Doch beweisen ließ sich nie etwas.

Kaum ein Zweifel besteht jedoch daran, daß dieser Vorfall auf der Rennbahn von Aintree die Geburt des Krimiautors Dick Francis zur Folge hatte. Sein eigenes Schicksal hatte den ehemaligen Jockey dazu gebracht, viele Ungereimtheiten im Rennsport mit kritischeren Augen zu sehen und als – mindestens potentielle – Kriminalfälle zu betrachten. Von da bis zur Niederschrift realer und fiktiver Fälle aus dem Reitsport war es nur noch ein kleiner Schritt.

Dieser Schritt vollzog sich in Etappen. Zunächst schrieb Francis 1957 seine Autobiographie: *The Sport of Queens*. Nach seiner Genesung wurde er Reitsportreporter beim Londoner »Sunday Express«. Es dauerte weitere fünf Jahre, ehe Francis' erster Kriminalroman erschien: *Dead Cert* (›Aufs falsche Pferd gesetzt‹; 1962).

Das Buch enthält bereits den »kompletten Francis«. In jenem Ich-Ton, den auch alle späteren Francis-Romane aufweisen werden, erzählt es von einem reichen, jungen Amateur-Rennreiter, der zum einzigen Zeugen des manipulierten – tödlichen – Unfalls seines besten Freundes wird und alles daransetzt, die Manipulation zu beweisen und die Mörder zu entlarven. Bei seinen Recherchen kommt er einer Bande auf die Spur, die – aus einer Taxizentrale heraus – den Verlauf von Rennen zu beeinflussen sucht: durch Bestechung, Erpressung und notfalls auch durch Mord. Auch der Held soll mit Drohungen gefügig gemacht werden. Auch er wird in einen manipulierten Rennunfall verwickelt. Doch er entkommt nicht nur diesem Anschlag, sondern auch einer Verfolgungsjagd durch eine ganze Taxiflotte, ehe er die Bande der Polizei ausliefert und auf der Rennbahn den Schlußpunkt setzt, indem er einen Gangster-Jockey beim Schlußspurt vom Pferd kippt, allerdings so, daß Mann und Roß heilbleiben.

Damit ist ein Muster vorgegeben, das Francis über zwei Jahrzehnte hinweg mit außerordentlicher Phantasie und großem handwerklichen Geschick immer wieder variiert hat. Im Gegensatz zu vielen anderen Krimiautoren hat er nie einen seiner Helden zu einer Serienfigur entwikkelt – vermutlich, weil ihn eine solche Serienfigur jener Möglichkeit berauben würde, die zu den auffälligsten Charakteristika der Francisschen Dramaturgie gehört: die persönliche Involvierung des Helden in jeden Fall.

Francis' Helden sind selten detektivische Profis, die für die Lösung eines Falles angestellt und bezahlt werden. Durch ganz persönliche Umstände und Zufälligkeiten werden sie in die Fälle hineingezogen und zu ihrer Lösung vor allem dadurch gezwungen, daß man sie unter Druck setzt und mit Gewalt zur Aufgabe zu zwingen sucht. Wie der gereizte Hund beißt, schlagen Francis' Helden zurück, wenn man sie verletzt und in die Ecke gedrängt hat; die Möglichkeit der Aufgabe wird zwar erwogen, doch niemals akzeptiert.

Fast immer geraten die Helden der Francis-Romane, überwiegend ehemalige Jockeys, die nach Abschluß ihrer Rennkarriere ihr Geld als Journalisten, Agenten oder Sicherheitsbeauftragte verdienen, in Situationen, in denen ihnen die Gegenseite übel mitspielt. Wie Ian Flemings Geheimagent mit der doppelten Null, James Bond 007[1], werden auch

Francis' Amateurdetektive auf dem Weg zur Lösung eines Falles durchweg erst einmal von den Ganoven gequält und gefoltert, ehe sie, mit letztem Einsatz, den Sieg der guten Sache bewirken. Das hat gelegentlich dazu geführt, Francis und seinen Helden »einen offensichtlichen Hang zum Masochismus«[2] zu unterstellen. Doch daß Francis' Helden sich gerne quälen lassen, ist aus Francis' Romanen nirgendwo abzulesen (wie es auch im Falle Bond und Fleming von keiner Textpassage beglaubigt wird). Francis demonstriert mit solchen Szenen – die natürlich nicht zuletzt auch der Spannungserzeugung dienen, weil sie beim Leser die Angst um den Helden schüren – vor allem die Charakterfestigkeit seiner Helden, die sich weder durch Schmerz noch durch Lebensgefahr von ihrem Einsatz für die Gerechtigkeit abbringen lassen.

Gleichwohl sind dies keine strahlenden Helden, die sich mit Pepsodentlächeln und ohne moralische Anfechtungen gegen ihre Gegner durchsetzen. Francis hat es mit den kaputten Typen. Fast immer ist das Privatleben der Francisschen Zentralfiguren – durch eine gelähmte Frau, eine gescheiterte Ehe oder einen Bruder, der zum Alkohol neigt – stark geschädigt. Nicht selten sind die Helden selbst körperlich gehandikapt, verkrüppelt nach schweren Reitunfällen. Sie siegen nur, weil die Gegenseite sie so zornig macht, daß sie blindwütig ihre letzten Kräfte mobilisieren und eine Aufgabe lösen, die eigentlich über ihre Fähigkeiten geht.

Von ferne grüßen die amerikanischen Detektivhelden der harten Schule nicht unbedingt in ihren äußeren Umrissen, aber in ihrem desillusionierten, pragmatischen, unpathetischen Wesen. Vor allem Chandler und Macdonald hat Francis gut studiert. Mindestens im englischen Original klingt der Erzähltonfall zuweilen verblüffend ähnlich: dieselben Wisecracks in den Dialogen, dieselbe genaue Charakterisierung von Menschen, Zuständen und Situationen. Nur die historische Tiefendimension der Amerikaner, die Verwurzelung der Fälle in einer vergangenen Zeit und einer anderen Generation[3], fehlt bei Francis.

Auch im Erotischen sind die Helden von Francis unbefangener als die der amerikanischen Vorbilder; sie gehören eben einer neuen, jüngeren Generation an. Im Erstling *Dead Cert* von 1962 konstruiert Francis noch ein konventionelles Happyend, wie es auch Edgar Wallace eingefallen sein könnte: Der Held heiratet die Nichte des Obergangsters, die von den Verbrechen ihres Onkels nichts gewußt hat. Später sind die Beziehungen nicht mehr ganz so romantisch. Die Helden sind verheiratet oder auch nicht, leiden unter gescheiterten Ehen oder der Krankheit des Partners und sind beiläufigen Affären nicht abgeneigt. Wo Francis in späteren Romanen doch noch einmal die große Liebe probiert, ist es – wie in *The Danger* – eine sehr schwierige, gefährdete Beziehung, belastet mit allen bösen Erfahrungen des (weiblichen) Kidnappingopfers. Doch nicht nur in einem solchen Fall, sondern auch in ihren simpleren sexuellen Abenteuern entwickeln Francis' Helden ein Verantwortungsgefühl für den Partner, das in diesem Genre ungewöhnlich ist. Auch das macht diese Helden über das Übliche hinaus sympathisch.

Nicht nur die große Linie und das Milieu, auch viele Details in Francis' Romanen sind bereits in den Lebensumständen des Autors angelegt. Die Erfahrung mit Flugzeugen bei der Royal Air Force fand in Francis' Büchern – *Flying Finish* (›Mord inbegriffen‹; 1966) – ebenso ihren Niederschlag wie die spinale Kinderlähmung seiner Frau Mary in *Forfeit* (›Jede Wette auf Mord‹; 1969). Reisen in die USA sind in *Blood Sport* verarbeitet, solche nach Australien in *In the Frame*.

In jüngster Zeit allerdings scheint sich Francis mehr und mehr von seinen persönlichen Anstößen freizumachen oder sie jedenfalls auf eine Weise zu verarbeiten, die den biographischen Bezug gerade nur durchschimmern läßt. Der Held in *Reflex* ist unzweifelhaft eine Erinnerung an Francis selbst in jener Lebensphase, als er beschloß, das Reiten aufzugeben und zum Journalismus überzuwechseln. Doch ist die Berufsproblematik nicht nur, mit allen Konsequenzen, von der schreibenden auf die fotografierende Zunft verlagert. Das andere Metier, die Fotografie, sorgt für den eigentlichen Plot der Geschichte, in der ein Sportfotograf die fotografischen Beweise für Tatbestände, mit denen sich Menschen erpressen lassen, aufs raffinierteste in einem Bilderpuzzle verschlüsselt.

Die Computer-Informationen, ohne die *Twice Shy* nicht hätte geschrieben werden können, stammen vermutlich von Francis' Sohn Felix, den der Autor selbst in der Widmung seines Buches als »exzellenten Physiklehrer« bezeichnet. Doch bedient sich Francis hier nur der Kenntnisse, nicht aber des Schicksals einer Person seiner Umgebung, um sich ein neues, hochaktuelles Thema zu erschließen.

Die klassischen Reitsportthemen sind wohl endgültig aufgebraucht. Ob Pferdehandel – wie in *Knock Down* (›Voll Blut‹; 1974) –, Wettschwindel – wie in *Risk* (›Ein Gold-Cup zur Entführung‹; 1977) –, Bodenspekulation mit Rennbahngelände (*Forfeit*) oder Manipulation von Rennen (neben *Dead Cert* und *Reflex* auch *Rat Race*, ›Air Taxi ins Jenseits‹; 1970): Francis hat das alles häufig mehrfach abgehandelt, und die Olympischen Spiele von Moskau, die Francis zu seiner unwahrscheinlichsten Geschichte und seinem schwächsten Buch inspirierten – *Trial*

Run (›Im Galopp in die Falle‹; 1978) –, bleiben wohl eine einmalige Sache.

So bleibt Francis denn gar keine andere Wahl, als dem Reitsportmilieu, das sein Markenzeichen geworden ist und das er offensichtlich um keinen Preis aufgeben möchte, mehr und mehr Stoffe beizumengen, die nur zufällig in dieses Milieu hinüberlappen: den Kunstschwindel von *In the Frame*, die Fotofaszination von *Reflex*, die Computerkriminalität von *Twice Shy*, die Industriespionage von *Slay-Ride* (›Ein Jockey auf Tauchstation‹; 1973). In einem späten Buch wie *Banker* (›Galopp in Gefahr‹; 1982), in dem der Stallgeruch noch einmal ganz kräftig wird, wird ein völlig neues, hochaktuelles Thema aufgegriffen: die Beeinflussung des Erbguts – natürlich von Pferden – durch biologisch-pharmakologische Manipulation. Und *The Danger* von 1983 käme wohl auch ganz ohne Pferde und Pferdenarren aus, wenn nicht das Image des Autors und vielleicht auch die selbstgewählte Vorgabe die Bindung des Kidnapping-Themas an die Welt der Jockeys und Reitstallbesitzer verlangte.

Es spricht für die Kunst des Dick Francis, daß ihm die Verbindung aller dieser Themen mit seinem geliebten Reitsport mühelos gelingt: mit überzeugenden Geschichten und in einer Sprache, die humanes Engagement und aufklärerisches Pathos, die niemals resignierende Hoffnung auch, die Welt sei veränderbar zum Guten durch Courage und individuellen Einsatz, hinter scheinbarer Schnoddrigkeit und Lakonismen verbirgt.

[1] Siehe dazu das Kapitel über Ian Fleming und James Bond auf den Seiten 430ff. dieses Buches.
[2] *A. Arnold/J. Schmidt:* Reclams Kriminalromanführer, Stuttgart 1978, S. 161.
[3] Die Ursachen für die Verbrechen in Ross Mcdonalds Romanen liegen grundsätzlich eine Generation zurück, fanden statt während des Zweiten Weltkriegs oder kurz danach; siehe das Kapitel u. a. über Macdonald auf den Seiten 130ff. dieses Buches.

Ausgewählte Bibliographie

Dick Francis: *Mord inbegriffen*; *Jede Wette auf Mord*, *Roßtausch*; *Im Galopp in die Falle*; *Die ganze Palette des Todes*; *Voll Blut*; *Ein Gold-Cup zur Entführung*; *Mit Fesseln ins Finale*; *Handicap*; *Reflex*; *Fehlstart*; *Galopp in Gefahr*; *Die Gefahr*; *Weinprobe*; *Zahm und zerbrochen*; *Festgenagelt*; – sämtlich Ullstein Verlag.
Aufs falsche Pferd gesetzt; *Grand Prix für Mord* – Goldmann Verlag, München.

Ein schöpferischer Großproduzent?

Der unerklärliche Ruhm des Edgar Wallace

Vermutlich war der 1875 in Greenwich geborene (Richard Horatio) Edgar Wallace »der populärste Thriller-Autor aller Zeiten; man sagt, in den zwanziger und dreißiger Jahren sei jeweils eines von vier in den Bibliotheken entliehenen Büchern ein Wallace-Roman gewesen«[1]. In seinem letzten Lebensjahrzehnt kassierte der uneheliche Sohn einer Schauspielerin, den ein Fischhändler adoptiert hatte, pro Jahr rund 250000 Dollar an Honoraren und Tantiemen, und als er 1932 starb, trauerte die Welt. Als ein britisches Kriegsschiff die Leiche Wallaces aus den USA zurückbrachte, senkten sich im Hafen von Southampton die Flaggen auf Halbmast, und in der Londoner City läuteten die Glocken.

Zu Wallaces Fans gehört, neben anderen Berühmtheiten, Konrad Adenauer, der erste Kanzler der Bundesrepublik Deutschland, und noch heute gilt angeblich das geflügelte Wort der Werbung, es sei »unmöglich, von Edgar Wallace nicht gefesselt zu sein«. Ob dieser flotte Spruch stimmt, hat schon Ernst Bloch bezweifelt, als er befand: »Leider gibt es auch Edgar Wallace, bei dem es trotz einer guten Sache wie dem ›Sechsten Sinn des Mr. Reeder‹ besonders leicht möglich ist, nicht gefesselt zu sein«[2]. Dagegen stehen allerdings andere Meinungen, zum Beispiel die von Julian Symons, für den Edgar Wallace der einzige »Großproduzent« war, »der über ein wirklich schöpferisches Talent verfügte«, und »ein ungestümer Autor mit einer echten Begabung für den Dialog«[3]. Doch selbst Symons muß einräumen: Wallaces »Personen sind, abgesehen von dem jeweiligen Detektiv, zweidimensionale Wesen, obgleich Wallace die Gauner und deren Sprache gut kannte, was er effektvoll auszunützen verstand«.

Doch wie immer man zu Edgar Wallace stehen mag: Sein großer Erfolg läßt sich nicht wegdiskutieren. Ob von seinen oder von den Büchern der Agatha Christie weltweit mehr verkauft wurden, ist eine akademische Frage. Auf jeden Fall aber ist Wallace der fleißigste und produktivste Krimiautor aller Zeiten; selbst Simenon kann da nicht mithalten. In den 27 Jahren zwischen 1905 – als Wallaces erster und, wie viele meinen, auch bester Kriminalroman *The Four Just Men* (›Die vier Gerechten‹) erschien – und seinem Tode schrieb Wallace nicht weniger als 173 Romane, 17 Theaterstücke und rund 1000 Erzählungen; etwa acht umfangreiche Werke plus 40 kürzere Geschichten also pro Jahr.

Eine solche Produktion war natürlich nur durch äußerste Rationalisierung der Arbeit möglich. Wallace, der mit zwölf Jahren die Schule verlassen hatte (offenbar hatte er genug gelernt), mit 18 Jahren Soldat geworden war und am Burenkrieg teilgenommen hatte, pflegte seine Bücher zu diktieren; er gilt als der erste Autor, der ein Diktiergerät benutzte. Während der Arbeit, die er während der Nacht und im Schlafrock in einem ständig überheizten Zimmer ausführte, rauchte er Unmengen von Zigaretten und trank literweise stark gesüßten Tee, den ihm sein Diener alle halbe Stunde frisch brachte (kein Wunder, daß er nur 57 Jahre alt wurde). Das Gerücht will wissen, daß Wallace gelegentlich an mehreren Büchern gleichzeitig arbeitete. Symons zitiert die Aussage von Wallaces Biographin Margaret Lane, »daß er sich kaum Notizen machte, die über eine Namensliste der handelnden Personen hinausgingen, und daß er bei Zeitungsserien selten sagen konnte, was er in der nächsten Fortsetzung geschehen lassen würde. Im Rahmen des Hauptträtsels ließ er wie bei einer Hasenjagd weitere kleinere Rätsel los, die einander überlappen konnten und über eine kurze Distanz verfolgt wurden, wobei jedes neue Rätsel direkt vor der Auflösung des vorhergehenden eingebracht wurde«[3].

Unter diesen Umständen ist es kaum verwunderlich, daß die Romane des Edgar Wallace im wesentlichen nach demselben Strickmuster gefertigt sind. Das Verbrechen ist bei Wallace nur selten eine private Angelegenheit mit persönlichen Motiven, es wird nicht von Menschen wie »du und ich« begangen, sondern von kriminellen Profis, die ihren Job gut durchorganisiert haben. Geheimbünde spielen keine geringe Rolle. Überdimensionale Bösewichter bedienen sich vieler kleiner Ganoven oder erpressbarer Zeitgenossen, um die Londoner Öffentlichkeit zu tyrannisieren.

Dabei gehen sie nicht selten vor wie kleine Jungen beim Indianerspielen. Der Obergangster in *The Fellowship of the Frog* (›Der Frosch mit der Maske‹; 1925) beispielsweise, läßt jedem Mitglied seiner Geheimorganisation einen kleinen Frosch aufs Handgelenk tätowieren, damit die Polizei bei ihren Verhaftungen immer genau weiß, wen sie vor sich hat. Der Drahtzieher in *The Crimson Circle* (›Der rote Kreis‹; 1922) versieht seine Erpresserbriefe grundsätzlich mit eben jenem Zeichen, das er auch als Leberfleck am Hals trägt, während in *Blue Hand* (›Die blaue Hand‹; 1925) das Titelsignet dieselbe Funktion hat: Es soll natürlich die Opfer erschrecken und das Vorhandensein eines mächtigen Geheimbunds suggerieren.

Grundsätzlich gehen die Ganoven mit äußerster Brutalität, großer Raffinesse und noch größerer Dreistigkeit vor, so daß sich viele Verbrechen sozusagen direkt unter den Augen von Scotland Yard abspielen.

Die Polizei wird, ehe sie schließlich doch Erfolg hat, nach allen Regeln der Kunst an der Nase herumgeführt – in *The Crimson Circle*, den Symons für Wallaces besten Kriminalroman hält, zum Beispiel durch den Detektiv Derrick Yale, der sich schließlich als der Chefbösewicht erweist. Wenn man diese Lösung akzeptiert, lösen sich sogar sämtliche Unwahrscheinlichkeiten des Falles auf: ein Mord beispielsweise, der fast unter den Augen des Scotland Yard-Inspektors geschieht, ein Mordversuch an einem Minister, den eine Polizeiagentin nur mit knapper Not vereiteln kann, obwohl sie mit dem Opfer gerade tanzt, die unwahrscheinlichen Voraussagen schließlich, die Derrick Yale als angeblich »psychometrischer Detektiv« beim Berühren eines Gegenstands tun kann, der mit dem Verbrechen in Verbindung steht; schließlich hat er die Verbrechen selbst begangen und kennt alle Umstände des Hergangs.

Anders als in seinen Afrika-Romanen mit den Helden »Sanders« und »Bones« – die gewiß der beste Teil seines literarischen Werkes sind – hat Wallace in seinen Londoner Gesellschafts- und Unterwelt-Krimis nie einen Serienhelden entwickelt. Es gibt brave Scotland Yard-Inspektoren, jugendliche Helden und gerissene Schurken, die sich irgendwie alle ähneln, weil sie sämtlich kein eindrucksvolles Profil besitzen. Am Ende werden die netten jungen Männer entweder als die geheimen Verbrecher entlarvt oder aber mit dem netten Mädchen belohnt, das zuvor als Tochter oder Schwester eines tief in den Fall Verwickelten einige Ängste hat durchstehen müssen, vielleicht sogar selbst in falschen Verdacht geraten ist – auch wenn es nur selten eine so heroische Rolle spielt wie die Inspektorentochter und Polizeiagentin Thalia Drummund in *The Crimson Circle*.

Für den Kritiker Willy Haas entspricht »die Architektur der Welt bei Herrn Wallace« ziemlich genau »der Architektur der alten Mysterienbühne. Oben, im Himmel, steht der König von Groß-Britannien, die Minister, die Polizeibeamten von Scotland Yard (Erzengel; es gibt auch gefallene), der biedere Sheriff, der brave Scharfrichter, der gütige Zuchthausdirektor. Darunter: die Erde mit den handelnden Menschen. Zutiefst: die Hölle der Verbrecher« – und zwischen Erde und Hölle ist für Haas »der bei Wallace psychologisch interessanteste Ort« angesiedelt: »das ›Fegefeuer‹, der Ort der lässigen Sünder«, in der vor allem eine ständig wiederkehrende Figur zu Hause ist: »Der Nicht-Schurke, der alle Schurkereien begeht, der mythologische Zyklop, der die ganze Last der Verbrechen trägt, der schuldig lebt und unschuldig-rührend stirbt wie ein Kind«[4].

Auf der Wallaceschen »Mysterienbühne« spielt, nach Haas, »eine gewisse Anzahl von immer wiederkehrenden, unveränderlichen Typen, jeder ganz genau auf seiner Stelle in einer dieser vier Welten stehend, unbeweglich, unveränderlich, fast automatisch funktionierend und sprechend, jeder luftdicht eingeschlossen in die eigene Existenzform und die seiner Rangstufe, mit einer gewissermaßen nur scheinbaren Kommunikationsart, die in jeder dieser Kriminalgeschichten auftritt«. In eben dieser »metaphysisch genau geordneten, gestuften Welt« sieht Haas eine der Ursachen der Popularität Wallaces; andere sind für ihn die Lösung des Rätsels (wiewohl er für fast jedes Buch »Dutzende ungelöster Widersprüche« bestehen sieht), die innere Logik der Wallaceschen Welt (»daß Ursachen Folgen, Folgen Ursachen haben – was im Menschenleben oft nicht der Fall ist«) und schließlich: »daß der Böse bestraft, der Gute belohnt wird«.

Mindestens letzteres freilich trifft für eines der berühmtesten Bücher von Wallace nicht zu. In *The Ringer* (›Der Hexer‹; 1926) entkommt der geniale Verbrecher allen Nachstellungen von Scotland Yard, und auch bei seiner Wiederkehr in *Again the Ringer* (›Neues vom Hexer‹; 1929) bleibt letztlich offen, ob dem für alle Übeltaten Verantwortlichen am Ende nicht doch die Flucht gelingt.

So jedenfalls erscheint es dem Leser der deutschen Ausgabe (des Scherz Verlags), die wie alle deutschen Edgar Wallace-Ausgaben sehr mit Vorsicht zu genießen ist. Reclams Kriminalromanführer, nach dessen Meinung »anscheinend manche Wallace-Bücher nach 1932 von inkompetenten Lektoren auf die Hälfte ihres Umfangs zusammengekürzt und umgeschrieben worden sind, damit sie auf den 160 oder 192 Seiten eines modernen Taschenbuches Platz fanden«, berichten zum Beispiel von einer Taschenbuchausgabe von *The Three Just Men* (›Die drei Gerechten‹; 1925) aus dem Jahre 1966, die statt 347 nur noch 191 Seiten umfaßte und »mit dem ausgezeichneten Original nur noch den Anfang gemeinsam hat«. Ähnliches gilt für die beiden neuesten deutschen Taschenbuchausgaben des »Hexer« bei Scherz und Heyne[5] aus dem Jahre 1983, von denen die Scherz-Ausgabe behauptet, es handle sich um das ungekürzte Original, während die Heynesche sich als »moderne und erweiterte Neuübersetzung« bezeichnet. Tatsächlich handelt es sich um zwei grundverschiedene Bücher, die nur die grobe Story gemeinsam haben; um aufzuklären, was mit dem Original geschehen ist und zu welchen Anteilen es sich auf die beiden Ausgaben verteilt, bedürfte es einer literarischen Detektivarbeit.

Doch würde eine solche Detektivarbeit lohnen, hier oder in anderen

Fällen: bei *The Squeaker* (›Der Zinker‹; 1927), *The Green Archer* (›Der grüne Bogenschütze‹; 1923), *The Just Men of Cordova* (›Die drei von Cordova‹; 1917), *The Clue of the Twisted Candle* (›Die gebogene Kerze‹; 1916) oder *The Door With Seven Locks* (›Die Tür mit den sieben Schlössern‹; 1926)? Ich habe da, wie Ernst Bloch, meine Bedenken, die freilich Willy Haas nicht teilt. Haas nämlich liest »die Kriminalschmöker von Wallace kaum anders als mit der Autosuggestion, es handle sich um Parodien. Dennoch, wenn ich einmal tief drinstecke, kann ich nicht mehr aufhören«.

Und so fragt er denn, nicht ohne Berechtigung: »Von wie tief muß eine Wirkung kommen, die sogar ungefährdet die Schwelle der unfreiwilligen Lächerlichkeit überschreitet?«[4]

[1] *A. Arnold/J. Schmidt:* Reclams Kriminalromanführer. Stuttgart 1978, S. 343ff.

[2] *Ernst Bloch:* Philosophische Ansicht des Kriminalromans. In: *J. Vogt:* Der Kriminalroman, München 1971, S. 326.

[3] *Julian Symons:* Am Anfang war der Mord. München 1972. S. 215ff.

[4] *Willy Haas:* Die Theologie des Kriminalromans, in *J. Vogt:* Der Kriminalroman, S. 116ff.

[5] Bei Heyne trägt die Übersetzung von »The Ringer« den Titel »Der Unsichtbare« (genannt »Der Hexer«); sie befindet sich in einem Sammelband, der außerdem die Romane »Der Geheimbund des Froschs« und »Die Tür mit den sieben Schlössern« enthält.

Ausgewählte Bibliographie

Edgar Wallace: *Die Bande des Schreckens*; *Die blaue Hand*; *Der Frosch mit der Maske*; *Das Gasthaus an der Themse*; *Die gebogene Kerze*; *Die gelbe Schlange*; *Der grüne Bogenschütze*; *Der Hexer*; *Neues vom Hexer*; *Der rote Kreis*; *Der schwarze Abt*; *Die seltsame Gräfin*; *Die Tür mit den sieben Schlössern*; *Die vier Gerechten*; *Der Zinker* – sämtlich Scherz Verlag, München.

In Harlem ist der Teufel los:

Chester Himes, Ernest Tidyman und die schwarze Kriminalität

Bevor die Bronx zum kriminellen Zerrbild von New York wurde, zum Stadtteil, den kein vernünftiger Tourist einzeln oder gar zu Fuß betritt, ist das schwarze Harlem ein solcher Schauplatz des verbrecherischen Horrors gewesen – kein Wunder angesichts der Armut, in der New Yorks schwarzes Proletariat in manchen Gegenden Harlems zu leben gezwungen ist. Dennoch ist Harlem sehr viel später erst als etwa San Franciscos Chinatown ins Blickfeld des Kriminalromans getreten. Chinatown war geheimnisvoll, Harlem zunächst nur schwarz und dreckig, vor der literarischen Ausbeutung wohl deshalb geschützt, weil das alte Gesetz immer noch nachwirkte, daß wirklich gesellschafts- und literaturfähige Morde nur von Gentlemen begangen werden.

Tatsächlich fand die schwarze Kriminalität erst in den späten fünfziger Jahren des 20. Jahrhunderts ihren literarischen Ausdruck – jedenfalls einen Ausdruck, der über die schwarzen Gettos hinaus und bis nach Europa hinüberreichte. Der Autor, der Harlem auf die internationale Landkarte des Kriminalromans setzte, heißt Chester Himes. Er war selbst ein Farbiger, und seine Sicht auf Harlem ist von keinerlei romantischer Perspektive getrübt. »Unter der Oberfläche« – liest man in Himes' Roman *The Five-Cornered Square* (›Die Geldmacher von Harlem‹; 1959) – »in den Wassern stinkender Wohnungen, zuckt eine Stadt schwarzer Menschen in verzweifeltem Lebensdrang wie das gefräßige Schnappen Millionen hungriger kannibalischer Fischer. Blinde Mäuler fressen an ihrem eigenen Gedärm. Wer eine Hand hineinstreckt, zieht nur einen Stumpf heraus. Das ist Harlem. Je weiter nach Osten es geht, um so schwärzer wird es. Der Ostteil, von der Seventh Avenue bis zum Harlem River, wird the Valley genannt. Von wimmelndem Leben erfüllte Wohnhäuser reihen sich in Elend und Schmutz aneinander. Ratten und Kakerlaken stehen mit räudigen Hunden und Katzen im Wettlauf um die von Menschen abgenagten Knochen«.

Geboren 1909 in Jefferson City in Missouri im amerikanischen Süden, besuchte Himes die Ohio State University. Nach dem Studium wurde er Journalist in Cleveland. Seit Mitte der vierziger Jahre soll er sozialkritische Bücher geschrieben haben. Doch berühmt wurde er erst durch eine Serie von Kriminalromanen aus Harlem, die in New York seit 1957, in Deutschland seit den frühen sechziger Jahren erschienen.

Vom Ansatz her sind Himes' Romane aus Harlem klassische Polizeikrimis. Die Helden sind zwei schwarze Streifenbeamte: Grave Digger Jones und Coffin Ed Johnson. Wie die meisten Polizisten, versuchen die beiden, Verbrechen zu verhindern oder, wenn sie bereits geschehen sind, aufzuklären. Aber die Fälle, mit denen sie befaßt werden, sind anders als anderswo, und deshalb erfordern sie auch andere Methoden der Polizei. »Wir sind hier in Harlem«, erklärt im zweiten Band der Serie, *The Crazy Kill* (›Fenstersturz in Harlem‹; 1959), der Detective Grave Digger Jones: »Hier geht es anders zu als in der übrigen Welt. Hier muß man ganz von vorn anfangen. Weil die Leute in Harlem Dinge tun, auf die niemand sonst in der Welt kommt. Und aus Gründen, die außerhalb von Harlem keiner kapiert«.

Da wird beispielsweise ein Mann mit Platzpatronen erschossen, oder ein Blinder zieht – in Chester Himes' vielleicht berühmtestem Roman *Blind Man With a Pistol* (›Blind, mit einer Pistole‹; 1969) – in der U-Bahn eine Waffe, um auf einen Mann zu schießen, der ihn geohrfeigt hat, ermordet aber einen gänzlich unbeteiligten: eine Aktion, die für den Autor die Sinnlosigkeit aller »unorganisierten Gewalt« symbolisiert.

Es ist eine schmutzige, heiße, gewalttätige Kriminalität, die in den Romanen von Chester Himes durch Harlem tobt. Sie hat viel zu tun mit politischem Aufruhr, nicht zufällig korrespondieren diese Romane zeitlich mit der »Black Power«-Bewegung. Sie ist ein Ventil der sozialen, der Lebensumstände. Sie hat viel zu tun mit Rauschgift – nicht nur in einem Titel wie *The Heat's On* (›Heroin für Harlem‹; 1966) –, mit der Hoffnung auf schnellen Reichtum, der einem ermöglichen würde, das Elend von Harlem hinter sich zu lassen – und mit der Rassendiskriminierung. Denn wenn – wie in dem Roman *Run Man Run* (›Lauf, Nigger, Lauf‹; 1966) – ein weißer Polizist Amok läuft, muß nicht der Täter die Entdeckung fürchten; die schwarzen Zeugen der Tat bangen um ihr Leben.

In dieser Welt also ein Polizisten-Duo: Partner, die miteinander durch dick und dünn gehen. Gleich in ihrem ersten Abenteuer (*The Five-Cornered Square*) kommt es knüppeldick. Beim Versuch, eine Bande von Betrügern zu verhaften, die Leichtgläubige mit einem Koffer voll Golderz ködern, erhält Coffin Ed Johnson eine volle Ladung Säure ins Gesicht. Das Buch endet mit der offenen Frage, ob Coffin Ed sein Augenlicht verlieren wird. Aber im nächsten Roman, *The Crazy Kill*, ist Coffin Ed wieder voll da. Sein Gesicht sieht zwar ziemlich verbrannt und verwüstet aus; doch im Laufe der Zeit wird er Hauttransplantationen vom Oberschenkel ins Gesicht erhalten, und eine Schönheit ist er ohnehin nie gewesen.

Julian Symons erscheinen Grave Digger Jones und Coffin Ed Johnson als »Wilde«[1] und »hartgesottene Rowdys in einer Welt noch viel hartgesottenener Verbrecher«, und dem kann man nur schwer widersprechen. Aber unsympathisch sind sie nicht, und ihres Autors Erklärung ihrer Verhaltensweisen und Aufklärungsmethoden ist zu akzeptieren: »Grave Digger und Coffin Ed« – heißt es in *The Five-Cornered Square* – »waren keine korrupten Polizeidetectives, aber sie waren scharf. Sie mußten scharf sein, um in Harlem arbeiten zu können. Farbige hatten keinen Respekt vor farbigen Polizeibeamten. Aber sie respektierten ihre großen, blinkenden Revolver und einen plötzlichen Tod. In Harlem wurde behauptet, daß Coffin Eds Revolver einen Felsen totmachen und daß Grave Diggers Revolver ihn begraben könne«.

Der Auftritt der beiden in gefährlichen Situationen vollzieht sich immer nach dem gleichen Schema, ähnlich dem, das Himes in *All Shot Up* (›Harlem dreht durch‹; 1960) schildert: »In diesem Augenblick kam Grave Digger von der Straße herein. Ohne einen zweiten Blick zu verschwenden, öffnete er seinen großen Mund und schrie mit voller Lautstärke: ›Ausrichten!‹ Noch ehe der Widerhall seiner Stimme von den Wänden verklungen war, hatte er seinen großen, vernickelten Revolver, das Gegenstück zu Coffin Eds Waffe, in der Hand, jedem sichtbar. Coffin Ed entspannte sich. Ein grimmiges Lächeln spielte um die Winkel seines vernarbten Mundes. ›Abzählen!‹ bellte er mit einer Stimme, die der Grave Diggers entsprach. Um das Maß vollzumachen, feuerten sie vier Schüsse in die frisch gestrichene Decke. Alles erstarrte. Nicht ein Wispern war zu hören, keiner wagte zu atmen. In Harlem hieß es, daß diese beiden schwarzen Detektive eine Leiche in ihrem Sarg umbringen würden, wenn sie sich nur regte«. Selbst in ihrem eigenen Revier kurieren sie Tumulte nach diesem Prinzip, einschließlich der Schüsse in die Decke. Nur ist diese Decke natürlich nie frisch gestrichen.

Aber die beiden können auch sehr nett sein, wenn die Menschen nett sind, mit denen sie es zu tun haben. »Als Grave Digger Mamie in den Raum geleitete« – liest man in *The Crazy Kill* – »schob er ihr den Stuhl, den er als Fußstütze benutzt hatte, bequem zurecht, so daß sie einen Arm auf den Schreibtisch stützen konnte, wenn sie wollte. Dann trat er zum Scheinwerfer und stellte ihn so ein, daß sein Licht sie nicht belästigte«. Mamie allerdings ist eine Person aus Grave Diggers Kindheit; sie hat ihn schon gekannt, als er noch »ein kleiner Lausbub mit kahlgeschorenem Kopf in der 116th Straße« war. Bei der Gelegenheit erfahren wir auch Grave Diggers Alter: Er ist, 1959, 36 Jahre alt.

Den Erfolg der Romane von Himes, der zuletzt in Spanien lebte und im November 1984 starb, macht neben der Kulisse Harlems auch der bittere, sarkastische Humor aus, der die Bücher durchzieht; eine makabre Komik läßt die Lebensumstände der schwarzen Bevölkerung wie die harte Gangart der Helden weniger schlimm erscheinen, als sie tatsächlich sind.

Im Vergleich mit Himes, der ein vergleichsweise realistischer Autor ist (jedenfalls in den Schilderungen der Lebensumstände der schwarzen Bevölkerung), setzt der wesentlich jüngere Ernest Tidyman in seinen

Romanen um den schwarzen Superdetektiv Shaft eher auf »Black Power« und den Snobappeal eines Helden, der an den wildesten weißen Vorbildern orientiert ist und sie an Härte und Lebensart zu übertreffen sucht.

Shafts Geburtsjahr ist 1970; sein Name bildet lakonisch auch den Titel des ersten von Tidymans Romanen mit dieser Figur, den sogar die deutsche Übersetzung übernahm: *Shaft.* In nur einem halben Jahrzehnt entwickelt Shaft eine ziemlich hektische Betriebsamkeit. In *Shaft Among the Jews* (›Shaft und die sieben Rabbiner; 1972) schlägt sich der Detektiv mit Juwelieren und Diamantenhändlern herum; er rettet – so die Verlagswerbung – »ein vaterloses Mädchen aus Israel und das Lebenswerk eines genialen Juden«. Noch im selben Jahr – in *Shaft's Big Score* (›Shaft beim Kongreß der Totengräber‹; 1972) – setzt sich der Held gegen die vereinigten Mafiosi von New York durch; ein Jahr später findet man *Shaft in Africa.* In *Good-bye, Mr. Shaft* (›Shaft und die verlorenen Söhne‹; 1973) räumt Tidymans Supermann in der Londoner Unterwelt auf; nach London kommt er, weil Kidnapper die beiden kleinen Söhne eines US-Senators entführt haben, um ihn zur Aufgabe seiner Präsidentschaftskandidatur zu zwingen. Selbst beim Urlaub auf Jamaica – *Shaft's Carnival of Killers* (›Shafts Karneval für Killer‹; 1974) – lassen Badenixen und Ganoven den braven Detektiv nicht in Frieden leben; wieder daheim tritt er, in *Line of Duty* (›Greifer, Richter, Henker‹; 1974), gegen einen schießwütigen Polizisten an, der möglicherweise ein gedungener Killer ist.

Das könnte ewig so weitergehen; gegen Shaft hat, wie es aussieht, langfristig kein Ganove eine Chance. Doch insgeheim muß Tidyman seines Superhelden ganz schön überdrüssig geworden sein. Er bringt ihn nämlich 1975, nur fünf Jahre nach seiner Geburt, um. *The Last Shaft* (keine deutsche Ausgabe) berichtet von Shafts letztem Abenteuer. Nachdem der Detektiv den Tod seines Freundes, des Polizeioffiziers Anderozzi, noch gerächt hat, erwischt ihn selbst ein Mörder; der Supermann steigt in die kleine Gruppe jener Detektive auf, die ein Opfer ihres Berufes geworden sind.[2]

Solange er freilich lebte, ließ Shaft es sich wohlergehen. Im halbseidenen Milieu an der Nahtstelle zwischen Harlem und Manhattan führte er ein gutes Leben. Er fuhr einen roten Ferrari 365 GT, lebte auf großem Fuße und entwickelte einen starken erotischen Appetit; die Damen, welcher Hautfarbe auch immer, sanken auf seinen Wink gleich serienweise ins Bett.

Es ist nicht so, daß Shafts Haut schwarz gefärbt wäre oder nur oberflächlich gebräunt. Aber tatsächlich gehört er weniger nach Harlem als nach Hollywood: eine Traumfigur mit Aufsteigerqualitäten, in der Amerikas farbige Bevölkerung ihre geheimsten Wünsche erfüllt sehen konnte – vor allem, wenn Shaft auf der Filmleinwand von Richard Roundtree dargestellt wurde, wie in drei Hollywoodstreifen geschehen.

[1] *J. Symons:* Am Anfang war der Mord. München 1972, S. 206ff. Tatsächlich steht dort: »Sicher, auch Coffin Ed und Grave Digger sind Wilde, aber keine als Helden maskierten Ungeheuer wie Mickey Spillanes Mike Hammer.«

[2] Zu den wenigen Detektiven, deren Tod eine Serie beendet, gehört Nicolas Freelings Amsterdamer Kommissar Van der Valk. Dagegen ist es Arthur Conan Doyle nicht gelungen, seinen Detektiv Sherlock Holmes umzubringen (Holmes überstand einen Sturz über die Reichenbach-Wasserfälle in der Schweiz lebend), und der Geheimagent James Bond 007 überstand sogar zwei Anschläge seines Autors Ian Fleming, sehr zur Freude der Fleming-Erben, welche die Abenteuer des Agenten auch nach dem Tode seines Erfinders in Lizenz weiterspinnen lassen.

Ausgewählte Bibliographie

Chester Himes: *Die Geldmacher von Harlem*; *Fenstersturz in Harlem*; *Der Traum vom großen Geld*; *Harlem dreht durch*; *Heroin für Harlem*; *Lauf, Nigger, lauf*; *Heiße Nacht für kühle Killer*; *Blind, mit einer Pistole* – sämtlich Rowohlt Verlag, Reinbek.
Ernest Tidyman: *Shaft*; *Shaft und die sieben Rabbiner*; *Shaft beim Kongreß der Totengräber*; *Shaft und die verlorenen Söhne*; *Shafts Karneval für Killer*; *Greifer, Richter, Henker* – sämtlich Ullstein Verlag, Berlin.

Mylord belieben zu scherzen:

Michael Innes, Edmund Crispin und der englische Schloßturm-Krimi

Wenn es nach manchen Theoretikern des traditionellen Detektivromans geht, gibt es für ein gesellschaftsfähiges Verbrechen, einen Mord, der eines Gentleman würdig ist, nur eine einzige adäquate Kulisse: ein britisches Dorf. Zwischen England, Schottland und Wales als Tatort hat der klassische Autor durchaus die Wahl; auch zwischen einem Schloß, einem Pfarrhof und einer berühmten Privatschule. Aber alles, was danach kommt, ist schon nicht mehr ganz regelgerecht und eher »second hand«; in einem Pub oder auf einem Feldweg würde der wirklich feine Mann schon nicht mehr morden.

Erstaunlicherweise beziehen sich Definitionen dieser Art, wie sie seriöse Germanistikprofessoren allen Ernstes von sich geben, nicht nur auf die glorreiche Vergangenheit viktorianischer oder edwardianischer Zeiten, sondern durchaus auch auf die Gegenwart, jedenfalls solange, wie man den Begriff des Zeitgenössischen nicht allzu eng faßt. Noch in der zweiten Hälfte des 20. Jahrhunderts sind in England Kriminalromane geschrieben worden, welche die Schloßturm- und Public School-Atmosphäre sorgsam pflegen: Bücher, die von ihren Liebhabern hoch geschätzt und von Teilen der Kritik hoch gerühmt wurden.

Selbst John le Carré, der unbestrittene Meister des Spionage-Thrillers, hat sich in seiner Frühzeit an einem Roman dieser Art versucht: in *A Murder of Quality* (›Ein Mord erster Klasse‹; 1962) klärt der Geheimagent George Smiley einen dubiosen Mord an einer berühmten englischen Privatschule auf, in der jedermann Dreck am Stecken zu haben scheint.[1]

Merkwürdigerweise sind es, le Carré eingeschlossen, nahezu ausnahmslos hochgebildete Pseudonyme, die heutzutage in Schlössern und Privatschulen auf Mörderjagd gehen. Michael Innes zum Beispiel, dem die Londoner »Times« eine »Sonderklasse innerhalb der Kriminalliteratur«[2] einräumt, heißt eigentlich John Innes Mackintosh Stewart, ist 1906 in Edinburgh geboren, hat in Oxford Literatur studiert und ist nach Abstechern nach Australien und Irland 1949 als Literaturprofessor nach Oxford zurückgekehrt, wo er unter seinem richtigen Namen einige hochwissenschaftliche Werke veröffentlicht hat.

Zu Innes' Bewunderern gehört, neben der »Times«, auch die »Frankfurter Allgemeine Zeitung«, die von der Werbung auf der Umschlagrückseite der deutschen Ausgabe von *The Mysterious Commission* (›Bilde, Künstler, morde nicht‹[3]; 1974) dahingehend zitiert wird, daß Innes Kriminalromane schreibe, »wie sie kaum ein anderer Autor spannender hingekriegt hat«. Weniger glücklich mit Innes ist der englische Kollege Julian Symons, der sich darüber mokiert, daß Innes seinen Büchern einen dicken »Anstrich von gepflegter, literarischer Konversation«[2] verleihe, und Innes das etwas zweifelhafte Kompliment macht, er sei »vielleicht der geschickteste der Spaßvögel, ein Autor, der aus der Detektivgeschichte eine überzüchtete Farce macht, ein Konversationsstück mit ein wenig Detektion am Rande«. Was den Aufbau und die Durchführung der Innesschen Romanhandlungen angeht, so stoßen Symons und Reclams Kriminalromanführer ins selbe Horn. Innes schreibe »komplizierte und allzu unwahrscheinliche Geschichten«, meint Symons, und die Reclam-Autoren sekundieren mit der Feststellung, Innes habe sich »nach den ersten drei oder vier Romanen wenig um die Wahrscheinlichkeit seiner Plots und die glaubhafte Charakterisierung seiner Personen gekümmert«[4]. Diese ersten Romane, die Reclams Kriminalromanführer vom allgemeinen Verdikt ausnimmt, sind: *Death at the President's Lodging* (1936), *Hamlet, Revenge!* (›Hamlets Rache‹; 1937) und *Lament for a Maker* (1938); die beiden anderen Titel sind in Deutschland bisher nicht erschienen.

Innes' deutscher Ruhm beruht auf einem dreiviertel Dutzend Bücher aus den fünfziger, sechziger und siebziger Jahren, deren mir bekannte Titel eher mit komischen als kriminalistischen Effekten aufwarten und sich ein diskretes Mäntelchen der Kunstkennerschaft umhängen. Der früheste dieser Romane, *Operation Pax* (›Unternehmen Pax‹; 1951) spielt in einer Privatklinik, in der reiche Patienten mit einer Droge so behandelt werden, daß sie jede Lust auf die Realität und die Rückkehr in ihr Privatleben verlieren. Ein mutiges Pärchen klärt den Fall im Universitätsmilieu von Oxford auf. Innes »versucht, ironische Distanz zu halten; aber das melodramatische Element nimmt gegen Ende überhand«[4], so urteilen Arnold/Schmidt über das Buch, das Symons unter die Spionageromane des Autors einordnet, die ihm weit stärker zu sein scheinen als die Krimis; sie vermitteln für ihn »eine romantische, aber zugleich erregende Atmosphäre«, sind aber »zu phantastisch, daß sie völlig überzeugen könnten«.

In *Christmas at Candleshoe* (›Christmas auf Candleshoe‹; 1953) geht es nicht etwa um das Weihnachtsfest, sondern um das Werk eines berühmten englischen Bildhauers, auf das zwei vornehme benachbarte Familien Anspruch erheben. Eine reiche Amerikanerin und ihr Sohn, auf der Suche nach dem britischen Landleben und einem Haus, das sie erwerben könnten, geraten in einen abstrusen Verbrecherüberfall auf eine spinnerte Schloßidylle, in der sich am Ende nach filmreifer Belagerung alles zum Guten für die Guten wendet.

Auch *The Mysterious Commission* und *Honeybath's Haven* (›Ein sicherer Hafen‹; 1977) drehen sich um Kunst und Künstler – wobei in beiden Fällen ein Künstler, der Porträtmaler Charles Honeybath, als Detektiv fungiert. *The Mysterious Commission* beschert dem Maler einen geheimnisvollen Porträtauftrag: Unter umständlichen Sicherheitsvorkehrungen wird Honeybath zu einem abgelegenen Schloß transportiert, wo er vierzehn Tage lang wie ein Gefangener gehalten wird und einen vorgeblich berühmten alten Mann, dessen Geist ein wenig verwirrt erscheint, zu malen hat. Als Honeybath in seine Wohnung zurückkommt, findet er dort die Polizei vor: Einbrecher haben die Wohnung benutzt, um sich von dort aus einen Tunnel in die benachbarte Bank zu graben. So weit, so gut; doch diese Lösung ist Innes zu billig. Der Bankraub ist rasch erledigt; nun geht Honeybath der Frage nach, warum zum Teufel man ihn den alten Mann porträtieren ließ. Als Grund findet der Kunst-Detektiv heraus, daß zwei Verbrecherbanden in einer Art Rechts- und Nachfolgestreit liegen, den die eine Partei mit Hilfe seines Porträts für sich zu entscheiden hoffte – wer sich vom Autor nicht verladen fühlt, ist selber schuld.

In *Honeybath's Haven* versucht der Maler, den Tod eines Freundes und Kollegen aufzuklären, der in einem vornehmen Altersitz (den eigentlich Honeybath hatte beziehen wollen) im Algenbassin einer Mitbewohnerin ertränkt worden ist. Das Mordmotiv ist ein versuchter Kunstschwindel mit nachträglich gemalten, falsch datierten Bildern aus der besten Periode des toten Künstlers – und was das Buch, für mich jedenfalls, fast unlesbar macht, ist der unsäglich gezierte Tonfall, in dem Innes, sozusagen mit zierlich abgespreiztem kleinen Finger schreibend, sich über die Ticks und Marotten seiner Figuren lustig macht, die er der Komik wegen selbst erfunden hat, ganz zu schweigen von der Atmosphäre von Kunstsnobismus und Schickeriatum, die von der intendierten Satire unberührt bleibt.

Da lobe ich mir Edmund Crispin, der sich – Symons zufolge – zwar ausgerechnet an Michael Innes orientiert hat, die meisten der Innesschen Unarten aber nicht aufweist. Auch Crispin ist ein Pseudonym; es steht für den 1921 geborenen Robert Bruce Montgomery, der in Oxford moderne Sprachen studiert hat, dann aber Musiker geworden ist; er »spielt Klavier und Orgel und komponiert«[5]. Crispin, der 1978 gestorben ist, schrieb in den vierziger und fünfziger Jahren insgesamt acht Romane und eine Handvoll Kriminalgeschichten, denen er nach langer Pause kurz vor seinem Tod noch einmal einen neunten Titel folgen ließ: *The Glimpses of the Moon* (›Der Mond bricht durch die Wolken‹; 1977).

Reclams Kriminalromanführer rühmt *Love Lies Bleeding* (›Mit Geheimtinte‹; 1948) als Crispins besten Roman: ein voluminöses, verschlungenes Werk, das in einer Privatschule spielt und in dem sich mehrere verbrecherische Wege kreuzen. Das Alibi des Hauptmörders beruht auf einem raffinierten Trick; ein Lehrer verschafft sich die Zeit, einen Kollegen umzubringen, indem er den Stapel Zeugnisse, die auszufüllen er zu einem bestimmten Zeitpunkt vorgibt, mit geheimer Tinte so präpariert, daß er die Schrift später durch Erwärmen in minimaler Zeit sichtbar machen kann; die gewonnene Zeit nutzt er zum Mord.

In *The Glimpses of the Moon* findet man in einem kleinen Dorf in Devon eine Reihe grauenhaft zugerichteter Leichen, welche die Dorfbewohner in Angst und Schrecken versetzen, zumal, da die Leichenteile an den unmöglichsten Stellen auftauchen. Fast immer sind es ziemlich brutale Verbrechen, mit denen Crispin die Aufmerksamkeit des Lesers erregt. Aber sie werden von ihm auf das kunstsinnigste zubereitet. Lateinische Kapitelüberschriften oder solche im Stil der klassischen englischen Literatur à la Fielding oder Laurence Sterne, sind keine Seltenheit, und Mordmethoden wie Ablenkungsmanöver sind raffiniert ausgeknobelt. Julian Symons billigt Crispins Geschichten »ein sehr individuelles Gespür für das Leichte, Komödienhafte« zu »sowie eine Neigung zu Taschenspielertricks à la Christie. Manchmal ist er schnippisch, in seinen besten Passagen jedoch witzig, und sein gesamtes Werk zeigt eine Laune und Phantasie, wie sie selten ist und wie man sie im Rahmen der Kriminalliteratur nur begrüßen kann«[6].

Fast alle Crispin-Romane laufen am Ende auf eine große Verfolgungsjagd hinaus, die total überdreht ist und ins Surreale abhebt; das Romanfinale wirkt so wie eine Parodie auf die unzähligen Verfolgungsjagden des Kinos. In *Love Lies Bleeding* liefert sich eine kleine Autostaffel, unter ihnen eines jener legendären Fahrzeuge der Marke »Hispano-Suiza«, ein groteskes Rennen über Rasen, Blumenbeet und Feldwege, das mit einem Crash und dem Unfall des Mörders endet: »eine seltsame Mischung aus Posse und Tragödie«. In *The Glimpses of the Moon* steigert Crispin die Jagd durch die Addition von Pferden und Hubschraubern in ein gigantisches Tohuwabohu, in dem es längst nicht mehr um die Festsetzung eines Verbrechers geht, sondern nur noch um die blinde Wollust der Bewegung.

In allen Romanen Crispins wirkt der Professor Gervase Fen als Amateurdetektiv: einer der letzten Krimihelden alter Schule. Fen liest in Oxford – wo auch sonst – über englische Literatur, kennt seinen Chesterton auswendig und schreibt, ganz seriös, an einer Geschichte der englischen Literatur. Doch weil er sich immer wieder von einem Verbrechen vom Studium der Quellen und von der Qual des Schreibens ablenken läßt (und weil sein Autor kurz nach der Vollendung des Abenteuers mit den zerstückelten Leichen in Devonshire starb), wird die »Geschichte der englischen Literatur« von Gervase Fen niemals publiziert werden. Das mag ein Verlust sein. Denn angesichts der interessanten Persönlichkeit des Professors hätte sie gewiß eine Menge origineller, unkonventioneller Einsichten und Anschauungen vermittelt.

[1] Das Hauptwerk le Carrés und die Taten von George Smiley im Zentrum der Spionageabwehr seines Landes, dem »Circus«, werden in den Kapiteln über Agentenromane und Politthriller auf den Seiten 456ff. dieses Buches abgehandelt.
[2] Siehe *J. Symons:* Am Anfang war der Mord, München 1972, S. 129.
[3] Das Buch ist 1980 im Deutschen Taschenbuch Verlag, München, erschienen.
[4] *A. Arnold/J. Schmidt:* Reclams Kriminalromanführer, Stuttgart 1978, S. 207f.
[5] Reclams Kriminalromanführer, S. 126.
[6] *J. Symons:* Am Anfang war der Mord, S. 160.

Ausgewählte Bibliographie

John le Carré: *Ein Mord erster Klasse*, Bastei-Lübbe, Bergisch-Gladbach.
Michael Innes: *Bilde, Künstler, morde nicht*; *Ein sicherer Hafen* – Deutscher Taschenbuch Verlag, München. – *Christmas auf Candleshoe* – Ullstein Verlag, Berlin. – *Gefährliche Rückkehr*; *Der letzte der Allingtons* – Goldmann Verlag, München.
Edmund Crispin: *Mit Geheimtinte*; *Der Mond bricht durch die Wolken*; *Schwanengesang*; *Der Pfarrer und sein Poltergeist*; *Seht das Motiv und nicht die Tat* – sämtlich Goldmann Verlag, München.

Der Terror der Sanftmütigen:

Margot Bennett, Shelley Smith und Philip Maitland Hubbard

Daß manche Etikettierungen dieses Buches die reine Willkür sind: ich wäre der letzte, der es leugnete. Ein Kapitel, bei dem ich mich besonders unwohl fühle, ist das folgende. Denn jeder der drei Autoren, die hier zusammengefaßt sind, hätte auch unter einem anderen Aspekt gesehen werden können, und alle drei zusammen wären vielleicht in einer Unterabteilung des Abschnitts über den Psycho-Thriller am besten aufgehoben, als die wir dieses Kapitel mit einiger Großzügigkeit ansehen wollen.

Am meisten widersetzt sich Margot Bennett der Zuordnung zum Psycho-Thriller. Aber sie paßt eigentlich in keine Schublade – außer eben die, welche sehr oberflächlich mit dem Etikett der Sanftmut beklebt ist – was in ihrem sehr speziellen Fall wenig mehr heißt, als daß sie zurückhaltend ist bei der Knüpfung ihres Plots und der Wahl ihrer künstlerischen sowie der mörderischen Mittel ihrer Figuren: keine Rabauken, keine Ganoven, nur Menschen, die Verbrechen begehen, durchweg mit Stil und Eleganz (aber nicht mit jener versnobten Prätention wie die Figuren jenes Michael Innes, die wir im vorigen Kapitel behandelt haben). »›Wenn wir weiter Champagner trinken‹, sagte Donald, ›wird uns etwas Furchtbares passieren‹«, beginnt *Someone from the Past* (›Jemand aus der Vergangenheit‹; 1958); »Früh um eins kam das kleine Persönchen mit den großmächtigen Brillanten durch die Halle geglitzert, wurde an der Tür samt Brillanten in Nerz gehüllt und ging, leicht federnd wie ein Luftballon, die Treppe hinunter« startet *Farewell Crown and Goodbye King* (›Schatten um den König‹; 1953): zwei für Margot Bennett typische Romananfänge.

Margot Bennetts Beitrag zur Entwicklung des Kriminalromans fällt in die Zeit unmittelbar nach dem Zweiten Weltkrieg. Aber in Deutschland ist sie erst in den achtziger Jahren bekanntgeworden: eine jener unerklärlichen Lücken in der Krimi-Rezeption, auf die man immer wieder stößt. Geboren ist Margot Bennett 1912 in Schottland; ihr Alter stellt sie in die Nachbarschaft mit Kollegen wie dem Italiener Giorgio Scerbanenco (ein Jahr älter) und dem Amerikaner Ross Macdonald (drei Jahre jünger). Diesem Vergleich halten auch ihre besten Romane durchaus stand. Über ihr Leben ist wenig bekannt. In den dreißiger Jahren hat Margot Bennett in Sidney und London den Beruf eines Werbetexters ausgeübt. 1945[1] schrieb sie ihren ersten Roman, *Time to Change Hats*, in dem Graham Greene »die großartigste Evakuiertenfamilie« beschrieben fand, »deren Bekanntschaft ich seit Evelyn Waughs *Put Out More Flags* gemacht habe«[2]. In den nächsten knapp zwanzig Jahren erscheinen insgesamt zehn Romane, acht davon mit Krimihandlungen, zwei Kriminalstories, zwei Theaterstücke, zahlreiche Fernsehspiele und -serien sowie ein Buch mit dem Titel *The Intelligent Woman's Guide to Atomic Radiation* (1964); danach hat Margot Bennett, bis zu ihrem Tod am 6. Dezember 1980, nichts mehr publiziert.

Vielleicht tauchten die ersten Bücher der Margot Bennett so spät auf der deutschen Krimiszene auf, weil sie so gar nicht ins Bild vom englischen Kriminalroman passen: keine Klöppelware, nichts Feingestricktes, auch dann nicht, wenn sie mit Champagner, Nerz und Brillanten beginnen. Bennett ist schwer einzuordnen. Mindestens einer ihrer Romane, *The Widow of Bath* (›Und plötzlich war sie Witwe‹; 1952), vielleicht ihr bester, liest sich, als stamme er von einem britischen Raymond Chandler – wobei das Attribut »britisch« auch meint, daß Chandlers amerikanisch getönte Schnoddrigkeit, das, was wir als »hard-boiled« zu bezeichnen uns angewöhnt haben, bei Margot Bennett von einer kühlen schmallippigen Skepsis abgelöst wurde, die ihre Herkunft von Oxford oder Cambridge nicht verleugnen kann.

Auch wenn einige der Bennettschen Plots auf eine überaus raffinierte Weise gesponnen sind, so ist doch die Grundhaltung eine realistische.

Margot Bennett betreibt den Kriminalroman nicht als abstraktes Denkspiel im luftleeren Raum, sondern als Beschreibung sozialer Wirklichkeit. Sie beobachtet außerordentlich genau und überträgt diese Beobachtungen in Milieuschilderungen von großer Dichte und Dialoge, in denen die schnellen Degengefechte der »sophistication« auf eine empfindliche, Wunden schlagende Spitze getrieben sind.

Julian Symons bescheinigt Margot Bennett »eine bemerkenswerte Geschicklichkeit beim Konstruieren des Handlungsablaufs, welcher niemals ins rein Mechanische abgleitet, wenn das Ergebnis auch manchmal allzu verzwickt erscheint«[2] und rühmt in diesem Zusammenhang besonders *The Widow of Bath*: »Es gibt mindestens ein Dutzend Täuschungsmanöver in diesem Buch, doppelt so viele wie bei den meisten Autoren und sicherlich mehr als genug«. Aber er schätzt auch *The Man Who Didn't Fly* (›Einer blieb zurück‹; 1955), ein Buch, das ironisch und virtuos mit den Versatzstücken der klassischen englischen Krimischule spielt, indem es von einem manipulierten Flugzeugunglück über der Irischen See berichtet. Vier Männer hatten das Flugzeug gemietet, doch anscheinend sind nur drei geflogen. Wer also hat die drei anderen in den Tod geschickt und seinen eigenen Tod vorgetäuscht?

Someone from the Past, der vorletzte Kriminalroman, den Margot Bennett veröffentlichte, arbeitet mit einer handfesten Mordgeschichte. Eine hübsche, etwas flatterhafte Lady wird von einem früheren Liebhaber umgebracht. Einmal[3] erzählt Margot Bennett nicht in der nüchtern-neutralen dritten Person. Die Rolle des Erzählers ist einer in den Fall verwickelten, um ihre Emanzipation kämpfenden jungen Frau anvertraut, die aus dieser Position beträchtliches erzählerisches Kapital schlägt, ehe sie ihre Geschichte ins ruhige Fahrwasser eines Happyends leitet. Sechs Jahre später hat Margot Bennett mit *That Summer's Earthquake* (1964) einen letzten Krimi veröffentlicht, den sie selbst nicht sonderlich erwähnenswert fand. Danach hat sie aufgehört zu schreiben – leider, wie wir mit Julian Symons sagen müssen.

Ein ganz ähnlicher Fall des Rückzugs vom Krimigenre liegt vor bei Shelley Smith, deren wahrer Name Nancy Hermione Bodington lautet, geboren wie Margot Bennett im Jahre 1912; über ihr Leben ist beinahe noch weniger bekannt als über das von Margot Bennett. Reclams Kriminalromanführer teilt über sie mit, daß sie »seit den vierziger Jahren etwa zwanzig Krimis und Thriller verfaßte«[4], bei Symons erfährt man über sie gerade nur: »Sie hat Malerei studiert, verbrachte einige Ehejahre auf einem italienischen Schloß und lebt jetzt in Sussex«[5].

Nach derselben Quelle begann die Autorin »mit konventionellen Geschichten über Frauen in Gefahr, etwas raffinierteren Versionen der unverwüstlichen Rinehart-Romane«[6]. Ein solches Buch ist etwa *Come And Be Killed* (1946), das nie ins Deutsche übersetzt wurde. Das ein Jahr ältere *This Is the House* (›Das Haus auf der Apostelinsel‹; 1945) dagegen, das früheste jener insgesamt nur sechs Bücher von Shelley Smith, die in Deutschland als Taschenbücher herauskamen, »ist ein orthodoxer Kriminalroman, aber immer noch eine ungewöhnliche Geschichte mit zwei Morden in westindischer Umgebung und einem höchst ungewöhnlichen Plot«[5]. Ihr Meisterwerk schrieb Shelley Smith im Jahre 1956: *The Lord Have Mercy* (›Herr, erbarme Dich der Schwachen‹). Fast wie mit den Augen von Patricia Highsmith beschreibt Shelley Smith englisches Dorfleben, das durch einen – möglicherweise gewaltsamen – Todesfall sacht aus der Bahn gerät. Die nicht unbedingt liebenswerte Frau eines Landarztes stirbt an einer Überdosis Schlaftabletten, woraufhin der Witwer allmählich vergammelt, ehe er, fast wider Willen, in eine neue Ehe hineingezogen wird. Ganz leise nur, aber nicht wenig überraschend zischt am Ende die mörderische Pointe eines Buches, welches die Londoner »Times« zu den hundert besten Kriminalromanen aller Zeiten rechnet, vermutlich zu Recht.

Eher noch höher schätzt Julian Symons das drei Jahre ältere *An Afternoon to Kill* (›Das Gift der Bosheit‹; 1953) ein: ein Titel, der, allerdings auf eine raffinierte Weise, mit dem Begriff des Zeittotschlagens spielt. Ein junger Mann soll zu einem Job ins ferne Indien geflogen werden. Doch das Flugzeug, das ihn an Bord nimmt, muß notlanden, anscheinend irgendwo in der persischen Wüste. In einem merkwürdigen, geheimnisvollen Haus wird der Notgelandete von einer, wie er später in einem Brief nach Hause schreibt, »ganz originellen alten Dame« mit einem raffinierten Kriminalfall konfrontiert, dessen Geheimnis sich auf der letzten Buchseite in einer Pointe lüftet, welche die Ernsthaftigkeit des Romans für meine Begriffe entschärft: Die alte Dame ist, so stellt sich heraus, eine berühmte Krimi-Autorin, die dem in ihrem Haus Gestrandeten mit einer spannenden, aber fiktiven Geschichte die Zeit vertrieben hat.

Nach *The Ballad of the Running Man* (›Der zweite Mann‹; 1961) verstummt Shelley Smith für ein ganzes Jahrzehnt, ehe sie in den siebziger Jahren noch einmal zwei Titel veröffentlicht: *A Grave Affair* (›Ein dickes Ding‹; 1971) und *A Game of Consequences* (›Spiel der Konsequenzen‹; 1978), beides keine schlechten Krimis, aber doch wohl nicht ganz auf der Höhe der Meisterwerke aus den fünfziger Jahren.

»Eine Künstlerin und nicht einer der üblichen Handwerker«[5] nennt Symons Shelley Smith; der Satz gilt, wenn man ihn des weiblichen Attributs entkleidet, auch für ihren Landsmann Philip Maitland Hubbard, ebenfalls alles andere als ein Konfektionär des Kriminalromans. Hubbard ist 1910 geboren, hat in Oxford studiert und bis zu deren Auflösung als Beamter in der indischen Kolonialverwaltung Dienst getan. Sein erster ins Deutsche übersetzter Kriminalroman – *A Hive of Glas* (›Tödliches Glas‹) – stammt aus dem Jahre 1965; doch existieren noch zwei frühere Romane Hubbards: *Flush As May* (1963) und *Picture of Millie* (1964).

Erstaunlicherweise taucht die indische Vergangenheit des Autors in keinem seiner Romane auch nur als ferner Reflex auf. Hubbards Tatorte liegen durchweg in der britischen Provinz (doch in dieser Schublade wollen wir ihn nicht ablegen). Seine negativen Helden pflegen extreme Hobbies wie das Sammeln von altem Glas oder die Hirschjagd im schottischen Hochland, und seine Verbrechen kommen leise und unspektakulär daher; sie spielen in gesellschaftlichen Randgruppen außerhalb der dichtbesiedelten Zentren, nicht selten am Wasser, das den Autor zu faszinieren scheint. Von sechzehn Kriminalromanen Hubbards sind sieben ins Deutsche übersetzt; von diesen sieben haben fünf, mehr oder weniger stark, mit Wasser zu tun, einige bereits durch ihren Titel.

Die Verbrechen des Philip Maitland Hubbard, der 1980 gestorben ist, sind denen im Werk der Patricia Highsmith näher als irgendwelchen anderen literarischen Morden. Sie kommen auf Samtpfoten daher, zuweilen als Morde kaum identifizierbar. Nicht selten sind es Verbrechen, für die niemand zur Rechenschaft gezogen wird und die auch gar nicht justitiabel sind: Todesfälle, die der Strafjustiz als bedauerliche Unfälle erscheinen, die aber eindeutig Morde sind, bewußt und gewollt vom Täter, der freilich nie ein Bösewicht oder gar eine Bestie ist, sondern nur ein Mensch mit allenfalls extremen Neigungen, zuweilen auch nur schicksalhaften Verstrickungen erlegen.

Das Antriebsmoment in *A Hive of Glas*, mit dem Hubbard 1968, drei Jahre nach dem Erscheinen der Originalausgabe, bei uns bekannt wurde, ist eine die Grenze des Wahnsinns überschreitende Sammlerleidenschaft sowie eine ungewöhnliche, kostbare Antiquität: eine venezianische »Tazza« aus dem 16. Jahrhundert, die von Hubbard nicht als besonders zerbrechlich und hinfällig beschrieben wird, sondern im Gegenteil als praktisch unzerstörbar: »Glas« – so endet das als Rollenprosa des Täters angelegte Buch – »wird uns alle überleben«.

In *Cold Waters* (›Killereiland‹; 1969) gerät der nicht übermäßig talentierte Mr. Giffard, seiner Arbeit für den Unternehmerverband überdrüssig, auf einer einsamen Insel vor der walisischen Küste in eine mörderische Affäre, aus der er nur mit Glück heil wieder herauskommt: »Sie sind für eine solche Sache eigentlich doch nicht geboren«, heißt es am Ende. In *High Tide* (›Hochwasser acht vor zehn‹; 1970) kommt der aus dem Gefängnis entlassene Peter Curtis, auf einem kleinen Boot an der englischen Küste entlang segelnd, hinter ein finsteres Geheimnis, das ihn und andere lebensbedrohlich gefährdet; beide Bücher – und auch alle anderen Romane Hubbards bis auf *The Quiet River* (›Wenn das Wasser steigt‹; 1978) – überlassen die Erzählung der Geschichte dem Hauptbeteiligten.

In *A Thirsty Evil* (›Ihres Bruders Hüter‹; 1974) baut Hubbard eine komplizierte Beziehung auf. Zwei Schwestern leben auf einem Landgut zusammen mit einem offenbar latent geisteskranken, der liebevollen Pflege bedürftigen Bruder: eine Aufgabe, die sie von jeder Teilnahme am Leben draußen absorbiert. Als in die Pseudoidylle von außen her ein Mann einbricht, der sich in die eine Schwester verliebt, aber mit der anderen ein Verhältnis anfängt, geschieht tatsächlich ein Mord. Das Opfer ist allerdings nicht der Außenseiter, sondern der kranke Bruder, der von dem eigentlich schwächeren Rivalen um die Gunst der Schwestern beim Baden in einem Akt von Notwehr unter Wasser gedrückt wird; aus Spaß wird in einem von Hubbard von Beginn an sorgfältig aufgebauten Spannungsfeld tödlicher Ernst.

In *The Graveyard* (›Blattschuß‹; 1975), im schottischen Hochland angesiedelt, entdeckt der zugewanderte Mr. Ainsley auf einem einsamen Friedhof geheimnisvolle Dinge: Ein junges Mädchen scheint etwas aus einem Versteck zu bergen, und ein Mann scheint an dem versteckten Gegenstand interessiert zu sein. Die klassische Krimisituation wird auf ungewöhnliche Weise entwickelt. Mr. Ainsley klärt zwar ein altes Verbrechen auf, rutscht aber geradewegs in die vermeidbare Katastrophe, die unmittelbar mit dem falschen Bewußtsein des Ich-Erzählers zu tun hat: seiner Freude am Versteckspiel und an der Jagd, seiner Vorstellung auch, die Auseinandersetzung mit einem kriminellen Gegner sei nach Gutsherrenart in der persönlichen Auseinandersetzung zu bestehen.

Hubbard selbst läßt mit keinem Wort erkennen, daß er das Tun und Lassen seines Helden mißbilligt. Er läßt Ainsley reden, nicht denunziatorisch und ohne falschen Zungenschlag. Die Inhumanität – also auch die Schuld des Erzählers – ergibt sich nur aus dem Sprachduktus dieser unsentimentalen Rollenprosa: der Kühle, der unbeteiligten Distanz, mit welcher der Erzähler seine Handlungen, Beobachtungen und Gefühle rekapituliert.

In *The Causeway* (›Der Weg durchs Wasser‹; 1976) verirrt sich ein Vertreter für landwirtschaftliche Maschinen, Peter Grant, neu an der schottischen Westküste, bei einem Segeltrip im zunehmend schlechter werdenden Wetter. Er strandet auf einer kleinen, unbewohnten Insel, die zu bestimmten Zeiten von der Nachbarinsel her zugänglich ist, wo einsam das Ehepaar Barlow lebt. Grant verliebt sich in die schöne Letty Barlow, die ein rätselhafter Vorfall in der Vergangenheit an Mann und Insel fesselt, bis sich Grant auf den Weg durchs Wasser begibt, um Lettys Geheimnis zu erforschen und dabei das Schicksal der drei Hauptfiguren entscheidet.

In praktisch allen seinen Romanen geht es Hubbard weniger um die Schilderung äußerer Spannungen als um die Darstellung menschlicher Verhaltensweisen und psychischer Mechanismen. Exemplarisch zeigt er, wie winzige, uneingestandene Vorurteile, unterstützt von Angst und Egoismus, eine harmlose Situation ins Mörderische eskalieren lassen. Er umkreist die Frage nach dem Entstehen von Schuld: Setzt sie erst ein, wo gehandelt wird, oder vielleicht schon da, wo jemand einem anderen, der sein Glück zu stören scheint, reserviert und mißtrauisch entgegentritt? Hubbards Täter behalten dabei meist ein subjektiv reines Gewissen, weil sie für sich persönlich fast immer eine Entschuldigung bereitliegen haben.

In *The Graveyard* etwa, endet schließlich die Hirschjagd im schottischen Hochland, die eigentlich eine verkappte Menschenjagd ist, mit zwei Toten, über die der in beider Tod verwickelte Ich-Erzähler ungerührt zur Tagesordnung übergeht: »Ich war mir keiner Schuld bewußt, nur eines schrecklichen Irrtums in der Beurteilung, der durch einen kleinen, unvorhersehbaren Zufall tödliche Folgen gehabt hatte«, unter anderem für die Geliebte des Erzählers. Vielleicht ist es diese Gefühlskälte vieler Hubbardscher Figuren, die den ständig ins kalte Wasser geschickten Leser dieser vorzüglichen Romane gelegentlich etwas frösteln läßt.

[1] Reclams Kriminalromanführer, Stuttgart 1978, gibt das Erscheinungsjahr dieses Romans auf S. 69 mit 1946 an.

[2] Siehe *J. Symons:* ›Am Anfang war der Mord‹, München 1972, S. 179ff.

[3] Diese Angabe bezieht sich auf die vier ins Deutsche übersetzten Kriminalromane Margot Bennetts.

[4] Reclams Kriminalromanführer, S. 316.

[5] J. Symons im Nachwort zur deutschen Ausgabe von ›Das Gift der Bosheit‹ (*An Afternoon to Kill*), Ullstein Verlag, Berlin, 1982. S. 126ff.

[6] *J. Symons:* Am Anfang war der Mord, S. 186ff.

Ausgewählte Bibliographie

Margot Bennett: *Und plötzlich war sie Witwe*; *Schatten um den König*; *Einer blieb zurück*; *Jemand aus der Vergangenheit* – sämtlich Ullstein Verlag, Berlin.
Shelley Smith: *Das Gift der Bosheit*; *Herr, erbarme Dich der Schwachen*; *Spiel der Konsequenzen* – Ullstein Verlag Berlin. – *Ein dickes Ding* – Scherz Verlag, München.
P. M. Hubbard: *Tödliches Glas*; *Killereiland*; *Hochwasser acht vor zehn*; *Ihres Bruders Hüter*; *Blattschuß*; *Der Weg durchs Wasser*; *Wenn das Wasser steigt* – sämtlich Rowohlt Verlag, Reinbek.

Reim dich oder ich freß dich:

Stanley Ellin und Henry Slesar, die Pointengierigen

Eine normale amerikanische Schriftstellerkarriere: Stanley Ellin ist 1916 in New York geboren, hat am Brooklyn College studiert und sich in verschiedenen Berufen versucht, ehe er zur US-Army einrückte; nach dem Zweiten Weltkrieg wurde er freier Autor. 1948 erschien sein erstes Buch *Dreadful Summit* (›Befehl des Bösen‹), dem bis zu seinem Tod im Sommer 1986 nicht mehr als ein rundes Dutzend weitere Romane folgten; Reclams Kriminalromanführer bezeichnet ihn als »verhältnismäßig langsamen Arbeiter«[1]. Unter diesen Romanen sind einige höchst beachtliche, auch hoch ausgezeichnete Titel: *The Eighth Circle* (›Im Kreis der Hölle‹; 1958) zum Beispiel, für den er im Erscheinungsjahr einen »Edgar« erhielt, oder *Mirror, Mirror on the Wall* (1972, anscheinend keine deutsche Ausgabe), der 1976 mit dem französischen Grand Prix de Litérature Policière ausgezeichnet wurde. Neben eindrucksvollen Action-Krimis wie *The Luxembourg Run* (›König im neunten Haus‹; 1977) stehen immer wieder auch eher durchschnittliche Romane wie *The Valentine Estate* (›Die Millionen des Mr. Valentine‹; 1968) oder *Star Light, Star Bright* (›Jack the Ripper und van Gogh‹; 1979), eine Parodie auf den Detektivroman der »hartgesottenen« Schule, die auf dem zur Festung ausgebauten Landsitz eines eifersüchtigen, mit einem Filmstar verheirateten Multimillionärs nur ein mäßiger Spaß wird.

Sein Bestes freilich leistet Stanley (Bernard) Ellin, ungewöhnlich genug, auf dem Gebiet der Kriminalstory: auch das ein eher schmales Œuvre, das zwischen 1956 und 1965 erschienen ist. Ellins erste Geschichtensammlung trägt den tiefstapelnden Titel *Mystery Stories* (›Sanfter Schrecken‹; 1956); die beiden folgenden Bände bewegten sich mit Titeln wie *The Blessington Method and Other Strange Tales* (1964[2]) und *Kindly Dig Your Grave, and Other Wicked Stories* (1975) schon eher auf den von der Werbung vorgeschriebenen Bahnen. Die besten dieser Geschichten sind, Patricia Highsmith in Ehren, das vermutlich Raffinierteste und Beste, was je an verbrecherischen Geschichten ersonnen wurde.

Es sind Geschichten, die von der Andeutung leben und nie ganz zu Ende erzählt sind; ein Rest von Geheimnis steckt immer in ihnen. Die Frage, ob es wirklich so böse endet, wie der Leser zu vermuten verführt wird, wird nie wirklich beantwortet. Souverän – wie sonst nur noch, allerdings im Film, der große Alfred Hitchcock – spielt Ellin mit dem Begriff des »suspense«, dem Argwohn des Lesers, und erzeugt so ein Klima von Verdacht, an dem einfach etwas dran sein muß, auch wenn die Pointen niemals kräftig knallen, sondern nur ganz leise zischen, wie Giftschlangen, bevor sie zustoßen.

Nicht alle diese Geschichten sind so heimtückisch wie jene aus den *Mystery Stories*, die dem deutschen Band ›Spezialitäten des Hauses‹ den Titel gibt. Die Erzählung handelt von einem ganz speziellen Restaurant, in dem – wie dem Leser eher unterschwellig suggeriert als wirklich berichtet wird – als besondere Delikatesse das Fleisch ausgesuchter Gäste serviert wird, die die als besondere Ehre geltende Einladung in die berühmte Küche des Hauses mit dem Leben bezahlen müssen. Aber vielleicht ist ja auch alles ganz harmlos – und verbrecherisch ist nur die Phantasie des Lesers, dem der Autor folgenden Schluß aus der Perspektive einer seiner beiden Hauptfiguren offeriert: »Als er sich endlich befriedigt vom Spiegel abwandte, sah er, mit einem letzten Blick, daß Laffler und Sbirro bereits vor der Küchentür standen; Sbirro hielt mit einer Hand die Tür einladend weit auf, während die andere, schier zärtlich, auf Lafflers fleischiger Schulter ruhte«. Kein Wort mehr – und in der Tat wäre jedes weitere Wort zuviel; die Geschichte würde vulgär.

Nicht alle Geschichten Ellins sind von dieser ausgesuchten Raffinesse, die immer mehr verschweigt, als sie ausspricht, und eben hierdurch ein Klima sanften, tödlichen Schreckens schafft. Aber praktisch alle Geschichten Ellins, handwerklich sorgfältig gearbeitet und verschlankt bis zu jenem Stadium, in dem jedes überflüssige Fettpolster aus ihnen entfernt ist, sind hervorragend und von jener Art, die mit tödlicher Sicherheit die Wendung in die größtmögliche Katastrophe nimmt, die Friedrich Dürrenmatt für sich als das Grundelement der Komödie entdeckt hat. Ellins groteske Geschichten sind so komisch, wie sie böse sind; sie leben von den offensichtlichen Disproportionen zwischen Schein und Wirklichkeit, Ursache und Wirkung.

Nun kann man sich eine solche Erzählweise (oder auch eine andere) nicht patentieren lassen, und so schreiben mittlerweile auch andere nach der »Methode Segensreich«, die ihren Bankkonten vorzüglich bekommt. Unter ihnen ist Henry Slesar, geboren 1927 im New Yorker Stadtteil Brooklyn; mit 18 Jahren verdingte er sich bei einer Werbeagentur, seit 1964 »ist er Präsident seiner eigenen Firma«[3]. Slesar debütierte 1959 mit einem Roman, der im Milieu seines eigenen Gewerbes angesiedelt ist[4] und erhielt für diesen Erstling gleich den »Edgar«: *The Grey Flannel Shroud* (›Wer nicht wirbt, der stirbt‹; später auch unter dem deutschen Titel ›Das graue distinguierte Leichentuch‹). Doch danach schrieb Slesar fast nur noch Geschichten, und als Geschichtenerzähler hat ihn das Fernsehen, dem solche Art Proportionierung in kleinen Happen gerade mundgerecht kommt, bei uns bekannt gemacht und zu einer Popularität verholfen, die die des Großmeisters Ellin weit übersteigt.

Im Original heißen Slesars Erzählungsbände etwa *A Bouquet of Clean Crimes and Neat Murders* (1960) oder *A Crime for Mothers and Others* (1962); in Deutschland sind daraus ›Coole Geschichten für clevere Leser‹ oder ›Ein Bündel Geschichten für lüsterne Leser‹ geworden.

Das Verfahren ist prinzipiell dasselbe wie bei Ellin, und unter den Dutzenden von Erzählungen, die Slesar bisher geschrieben hat, gibt es naturgemäß durchaus die eine oder andere gelungene, trickreiche Geschichte. Aber zum einen sind sie meistens ein bißchen zu »tricky«, und zum anderen sind sie alle nach derselben Masche gestrickt. Kennt man eine Geschichte, kennt man alle. Für den, der sich ein wenig eingelesen hat in Slesars Methode, ist die Pointe immer schon von weitem erkennbar, da die Konstruktion der Fabeln nach immer demselben Prinzip erfolgt.

Dieses Prinzip besteht darin, daß jemand sich oder den geliebten Partner just durch die Tat hereinreitet, durch die er sich aus der Klemme befreien oder Glück und Vermögen beschaffen wollte. Also: Der Polizistenmörder erschießt den Apotheker, von dem er sich wiedererkannt glaubt, der ihn aber tatsächlich nur vor der tödlichen Dosis Gift in der Arznei warnen wollte, die er ihm am Nachmittag gemixt hat. Oder: Das Arsen im Essen der kranken Erbtante verhindert deren baldiges Ableben, anstatt es zu beschleunigen. Leichte Variationen arbeiten stärker mit dem Zufall. Die vernachlässigte Ehefrau bandelt ausgerechnet mit dem Polizisten an, der ihren Mann als Schwerverbrecher identifiziert; danach ist sie erst recht einsam. Die beraubte alte Dame überführt durch ihre Anzeige bei der Polizei ihre – an diesem Raub unschuldige Tochter als Ganovin.

Eine solche Raffinesse nach Schema F, ein Handlungsverlauf wie vom Reißbrett, geradlinig um drei Ecken in die schlimmstmögliche Wendung (seltener auch in die für die Gesellschaft ungünstigste, für den Gauner aber optimale Lösung), mindert nicht nur die Lesespannung. Sie läßt auch Rückschlüsse zu auf das Weltbild eines Autors, der offenbar so penetrant an das gerechte Walten eines listigen Schicksals glaubt, daß ihm der Unterhalt von Polizei und Justiz vermutlich schon als eine überflüssige Geldausgabe der öffentlichen Hand erscheint.

[1] *A. Arnold/J. Schmidt:* Reclams Kriminalromanführer, Stuttgart 1978, S. 151.
[2] Für die deutschen Ausgaben hat der Scherz Verlag die Originalsammlungen gesplittet und neu aufgeteilt. Aus *The Blessington Method* entstand nicht nur ›Die Segensreich-Methode‹, sondern auch ›Der Acht-Stunden-Mann‹, aus *Kindly Dig Your Grave* wurden die Bände ›Die Tricks der alten Dame‹ und ›Nagelprobe mit einem Toten‹. Andere Verlage stellten andere Zusammenstellungen her mit Titeln wie ›Der Tag der Kugel‹.
[3] Reclams Kriminalführer, S. 316.
[4] Schon 1933 hatte Dorothy Sayers das Milieu genutzt für *Murder Must Advertise* (›Mord braucht Reklame‹).

Ausgewählte Bibliographie

Stanley Ellin: *Die schöne Dame von nebenan*; *Im Kreis der Hölle*; *Der Zweck heiligt die Mittel*; *Die Millionen des Mr. Valentine* (Romane) – Scherz Verlag, München. – *König im 9. Haus*; *Jack the Ripper und van Gogh* (Romane) – Goldmann Verlag, München. – *Spezialitäten des Hauses*; *Die Methode Segensreich*; *Die Tricks der alten Dame*; *Nagelprobe mit einem Toten*; *Der Acht-Stunden-Mann* (Erzählungen) – Scherz Verlag, München.
Henry Slesar: *Das graue distinguierte Leichentuch*; *Aktion Löwenbrücke*; *Vorhang auf, wir spielen Mord* (Romane); *Ruby Martinson*; *Erlesene Geschichten und makellose Morde*; *Coole Geschichten für clevere Leser*; *Ein Bündel Geschichten für lüsterne Leser* (Erzählungen) – sämtlich Diogenes Verlag, Zürich.

Kostüm und Kulisse (I):

Umberto Eco, Ellis Peters und der Krimi im Mittelalter

Die Spielzeit eines Kriminalromans ist grundsätzlich die Gegenwart seines Autors: heute. Aber wie immer bestätigen Ausnahmen die Regel. Agatha Christie, zum Beispiel, hat mit *Death Comes As the End* (›Rächende Geister‹; 1945) einen Kriminalroman gefertigt, dessen Handlung 2000 Jahre vor Christi Geburt im ägyptischen Theben angesiedelt ist. Der Italiener Umberto Eco hat, berühmtestes und auflagenstärkstes Beispiel der jüngeren Kriminalliteraturgeschichte, einen voluminösen Roman geschrieben, der das Mittelalter als grandiose Kulisse benutzt: *Il nome della rosa* (›Der Name der Rose‹; 1980). Seitdem ist der Appetit des (Krimi-)Publikums auf Mittelalterliches beträchtlich gewachsen.

Der Mailänder Semiologie-Professor, Jahrgang 1932, verlegt die Handlung seines Romanerstlings in das Jahr 1327 und in ein norditalienisches Benediktinerkloster, wo sich die Abordnungen des in Avignon residierenden Papstes, Johannes XXII., und des deutschen Kaisers, Ludwig der Bayer, treffen, um über die weltliche Machtverteilung zwischen Kirche und Staat, speziell über das Armutsgelübde der Franziskanermönche, zu diskutieren. Vorgeblich als Herausgeber fungierend, legt Autor Eco eine fiktive alte Chronik vor, die eine recht verschlungene Geschichte hat; es handelt sich um die italienische Übersetzung einer französischen Übersetzung des verlorengegangenen lateinischen Originals.

Nachdem die kaiserliche Abordnung den Tagungsort erreicht hat, verläßt die Handlung auf 650 Buchseiten die Abtei nicht mehr. Referiert werden die Abläufe von sieben Tagen, nach den Klosterregeln unterteilt in die Stunden des Gebets und der Muße. Und jedem Tag ist sein eigener Mord zugeteilt.

Held der Handlung ist der englische Franziskanermönch William von Baskerville, der schon durch die Namensgebung, die sich am berühmtesten Roman von Arthur Conan Doyle orientiert, als Vorläufer des genialen Detektivs Sherlock Holmes ausgewiesen ist. Auch Williams Gehilfe ist im Hinblick auf Doyle und Holmes benannt; wie Sherlock ein gewisser Dr. Watson assistiert, so dem Herrn von Baskerville ein Adson von Melk in gleicher Funktion. Bereits auf dem Weg zum Kloster, bei der Begrüßung durch eine Abordnung der Benediktiner, gibt William von Baskerville eine Probe seines überragenden Beobachtungs- und Kombinationsvermögens, indem er dem Anführer des Begrüßungstrupps auf den Kopf zusagt, daß er eigentlich aus einem ganz anderen Grunde unterwegs ist: um den wertvollen schwarzen Hengst des Abtes einzufangen, der ausgerissen ist (und von dessen Existenz William von Baskerville vorher nichts wußte, geschweige denn, daß er das Tier gesehen hätte).

Auch bei seiner Ermittlung in den Mordfällen, die sich nach der Ankunft der kaiserlichen Delegation im Kloster ereignen, kommt William von Baskerville zu kühnen Schlüssen, die ihn freilich solange nicht weiterbringen, als ihm die wichtigsten Informationen zum Fall vom Abt des Klosters verweigert werden. Vor allem haben William und Adson keinen Zutritt zur zentralen Institution der Abtei: der labyrinthisch gestalteten Bibliothek, die von dem blinden Jorge von Burgos[1] bewacht wird und das wichtigste Geheimnis des Klosters (und des Buches) birgt: den in Büchern niedergelegten Wissensstand der Epoche, der vor dem Zugriff Unbefugter geschützt werden soll (und wer unbefugt ist, entscheidet der Abt; im Zweifelsfall sind es alle), und speziell ein Manuskript des Aristoteles, seine kryptische zweite Ästhetik, die Komödie und das Lachen betreffend.

Die Kriminalhandlung, die William von Baskerville nach mancherlei Abenteuern im Labyrinth der Bibliothek, in der Klosterküche (wo sein Adlatus Adson der Sünde der Fleischeslust sich anheimgibt) und nicht zuletzt beim großen theologischen Streit mit der päpstlichen Gegenseite schließlich zur Lösung führt (leider mit einem schmerzlichen Verlust: das Kloster samt Bibliothek geht im Finale in Flammen auf), ist Eco im Grunde nur ein Vorwand: ein Ideen-Kleiderständer, den er mit den schicksten historischen Kostümen behängt. Das Buch ist voll von literarischen und politischen Anspielungen aus Geschichte und Gegenwart, ein großes Tableau auch mittelalterlichen Lebens, mittelalterlicher Ethik und mittelalterlicher Geistesgeschichte. Aber »obwohl der Autor seine seltsame Allegorie mit leichter Hand entwirft, ohne Quellen und Tatsachen über die Maßen zu strapazieren, ist das geschwätzige und spitzfindige Konglomerat am Ende doch nicht mehr als ein ambitionöser Gelehrtenscherz«[2].

Vollends überschätzt ist *Il nome della rosa* als Kriminalroman. Das Buch ist ebenso altmodisch erzählt wie konstruiert und lebt vorwiegend von seinem Kulissenzauber sowie der Ehrfurcht, die der gebildete Leser der Gelehrsamkeit des Autors und seiner Figuren entgegenbringt. Doch der Erfolg des Buches beweist, daß es sich von diesen Voraussetzungen herrlich leben läßt.

Eco gilt in der Öffentlichkeit als Erfinder des Genres. Doch diese Ehre kommt ihm tatsächlich nicht zu. Der Mittelalter-Krimi ist drei Jahre älter als des Italieners Rosen-Roman. 1977 publizierte die Britin Ellis Peters, alias Edith Pargeter, 1913 in der Gegend von Shropshire in Wales geboren, ihren ersten Roman mit dem Benediktiner-Bruder Cadfael als Detektiv: *A Morbid Taste for Bones* (›Im Namen des Heiligen‹); 1980, als Ecos Roman erschien, lagen bereits zwei weitere Romane der Serie vor: *One Corpse Too Many* (›Ein Leichnam zuviel‹; 1979) und *Monk's Hood* (›Das Mönchskraut‹; 1980).

Im Vergleich mit Ecos intellektuell-vergeistigtem Detektiv ist Cadfael ein eher irdischer, wenn auch nicht bäuerlicher Typ. Der Hüter des Kräutergartens in der Benediktiner-Abtei Shrewsbury, von walisischem Landadel abstammend, zu Beginn seiner detektivischen Abenteuer im 57. Lebensjahr, ist »erst in späten Jahren Mönch geworden – wie ein angeschlagenes Kriegsschiff, das endlich im stillen Hafen seine Ruhe findet«. Er hat »in seiner Jugend an Kreuzzügen teilgenommen«, war »mit Godfry de Bouillon in Antiochia, als es von den Sarazenen erobert wurde«, fuhr »als Kapitän zur See, als der König von Jerusalem die ganze Küste des heiligen Landes beherrschte« und hat »zehn Jahre lang gegen die Korsaren« gekämpft. In all den Jahren vor seinem Eintritt ins Kloster ist Cadfael, den Ellis Peters als »untersetzten Burschen mit dem schlingernden Seemannsgang« beschreibt, auch den Frauen nicht abgeneigt gewesen; es hat eine Reihe »flüchtige und auch ernsthafte Begegnungen« gegeben, von denen »keine einzige gebrochene Herzen hinterlassen hatte«. Aber immerhin kennt sich Cadfael nun aus in den menschlichen Regungen – und nicht nur in den hohen.

Im ersten Cadfael-Roman, *A Morbid Taste for Bones*, dient die Benediktinerabtei Shrewsbury lediglich als Ausgangspunkt für eine eher unfriedliche Wallfahrt; ein junger Ehrgeizling, der einmal Prior des Ordens werden möchte, und der derzeitige Prior, auch nicht eben ein bescheidener Mann, verbünden sich, um die im fernen Wales ruhenden Gebeine der heiligen Winifred als Reliquien für ihr Kloster zu sichern, und schrecken dabei auch vor Mord nicht zurück. Cadfael begleitet die Expedition als Dolmetscher, Vermittler und schließlich Detektiv; es ist Mai und auf jeden Fall früher als 1138, denn im Frühsommer dieses Jahres findet die Schlacht von Shrewsbury statt, die Cadfael in *One Corpse Too Many* seinen zweiten Fall beschert. Ein privater Killer hat sich unter die offiziellen und legalen Totschläger gemischt: von den 95 Toten auf dem Schlachtfeld ist einer nicht an Schwert, Morgenstern oder Lanze gestorben, sondern hinterrücks stranguliert worden.

Der nächste Mord, mit dem sich Cadfael herumzuschlagen hat, ist ein Giftmord (*Monk's Hood*), und das Gift hat Cadfael aus den Kräutern seines Gartens selbst gebraut: als Arznei; der Mörder hat es gestohlen und zweckentfremdet, zum besonderen Mißfallen des frommen Bruders. Die nächsten Morde ereignen sich im Zusammenhang mit Ereignissen, die eigentlich fröhlich und festlich sein sollten: Hochzeiten, Jahrmärkten, Geburtstagsfeiern. In *The Leper of Saint Giles* (›Der Hochzeitsmord‹; 1981) soll ein junges Mädchen, eine reiche Erbin, mit einem alten Mann verheiratet werden, und ein junger Mann, der sie liebt und vor der Zwangsverheiratung bewahren möchte, wird von der Gegenseite geschickt in den Verdacht gebracht, ein Dieb zu sein. In *Saint Peter's Fair* (›Der Aufstand auf dem Jahrmarkt‹; 1981) rotten sich die Bürger des Städtchens Shrewsbury gegen die Ausbeutung durch das Kloster zusammen, und als ein reicher, fremder Kaufmann ermordet wird, gerät ein junger Mann aus dem Städtchen in Mordverdacht. Bruder Cadfael geht zunächst einmal weit in die falsche Richtung, ehe er schließlich einer politischen Intrige und einem unvermuteten Killer auf die Spur kommt. In *The Virgin in the Ice* (›Die Jungfrau im Eis‹; 1982) verschwinden zwei verwaiste Geschwister in einer klirrenden Frostnacht des Jahres 1139; die Mädchen werden von Cadfael unter dem Eis eines zugefrorenen Flüßchens tot gefunden. The *Sanctuary Sparrow* (›Zuflucht im Kloster‹; 1983) schließlich, das bislang letzte auf Deutsch veröffentlichte Buch der Cadfael-Serie, beginnt mit einer Bitte um Asyl: Ein junger Gaukler, zur Unterhaltung der Gäste von einem reichen Handwerker engagiert und um seinen Lohn betrogen, soll den alten Herrn erschlagen und beraubt haben. Bevor man ihn lynchen kann, flüchtet er sich in die Klosterkirche, wo er für einige Zeit, aber nicht auf Dauer sicher ist; also bleibt Cadfael nichts anderes übrig, als den wahren Mörder zu finden.

In allen diesen Romanen tritt Ellis Peters als Kritikerin der festgefügten religiösen, feudalen und ständischen Ordnungen auf. Das Böse in ihren Romanen entspringt fast immer der Habgier derer, die ohnehin schon alles besitzen: ehrgeiziger Kirchenmänner, intriganter Politiker, raffgieriger Lehnsherren. Und praktisch immer geraten unschuldige junge Leute in Verdacht, häufig Fremde, denen die Mitglieder festgefügter sozialer Strukturen – nicht nur im Mittelalter, aber da gewiß ganz besonders – fast automatisch mißtrauten. Bruder Cadfael, ein echter Humanist und im Grunde ein Liberaler, erweist sich in allen Situationen als ein Anwalt der Bedrohten und Entrechteten, der den Detektiv einfach spielen muß, wenn nicht ein weiteres Unrecht – die Verurteilung, also: Hinrichtung, eines Unschuldigen – auf das auslösende Verbrechen folgen soll. Auf dem Weg zur Aufklärung seiner Verbrechen bringt der gute Cadfael fast immer das eine oder andere junge Liebespaar unter möglichst ungünstigen Umständen dauerhaft zusammen; daß dabei die eine oder andere Ordensregel gestört wird, macht seinem Gewissen niemals zu schaffen. Cadfael ist, sozusagen, ein Heiliger auf Erden (und wäre als solcher, wie die anderen Mönch-Detektive dieses Kapitels, auch in einem anderen Zusammenhang abzuhandeln gewesen[3]); aus einer besonders finsteren Umgebung strahlt er doppelt hell in einem fast überirdischen Glanze, weit märchenhafter als jede Detektivfigur der Gegenwart, sei sie auch noch so human.

Verglichen mit Cadfael ist ein anderer als Detektiv dilettierender Mönch fast eine realistische Figur: der Laienbruder Barnabas, der in dem Roman *Through the Valley of Death* (›Der Tod des Bruders Anselm‹; 1983) einen Mord im Kloster aufklärt. Autor E. M. A. Allison, ein Pseudonym, hinter dem sich ein amerikanisches Schriftsteller-Duo verbergen soll, läßt seine Handlung zeitlich in unmittelbarer Nachbarschaft zu Eco spielen (1379), siedelt sie geographisch aber in der Nähe von Ellis Peters an.

Um theologische Fragen à la Eco kümmern sich die Allisons nicht, und auch das soziale Engagement der Peters ist ihnen fremd. In ihrem Kloster finden sich, ehe starker Schneefall es unzugänglich macht, ebenso illustre wie schwierige Gäste ein: ein Bischof, ein Herzog mit seiner jungen Frau. Und wenig später gibt es eine Leiche. Nahe der Latrine liegt – »hervorquellende Augen, heraushängende Zunge, purpurnschwarze Haut – ein Bild des Grauens« – der Bruder Anselm, vor seiner Strangulierung mit einem Gürtel verantwortlich »für die Anlieferung der Lebensmittel und ihre Lagerung und für das Brotbacken«. Zum Detektiv bestimmt der Prior diesmal keinen Neunmalgescheiten, sondern den bedächtigen, zuverlässigen Laien-Bruder Barnabas, der bald herausfindet, daß die Klostermauern einige Menschen bergen, die Grund hatten, den Bruder Barnabas zu hassen. Denn der, verhältnismäßig spät ins Kloster eingetreten – eine negative Parallele zu Cadfael –, ist in seinem weltlichen Leben ein ziemlich mieser Mensch gewesen und zeichnete sich auch als Mönch nicht eben durch christliche Tugenden aus. Es war im Grunde der Fluch seiner eigenen bösen Taten, der den Bruder Anselm tödlich getroffen hat...

Umberto Eco, Ellis Peters, die Allisons: mehr als die mittelalterliche Kulisse haben diese drei Autoren nicht gemein. Immerhin demonstrieren sie uns, daß das Mittelalter eine ebenso gute Zeit für Morde ist wie die Gegenwart und jede andere Zeit der Weltgeschichte, und ein bißchen Nachhilfeunterricht über diese Epoche kann gewiß auch nicht schaden.

[1] Das Bibliotheks-Labyrinth, das Eco für seine Abtei konstruiert hat, ist der »Bibliothek von Babel« des blinden argentinischen Autors Jorge Luis Borges verpflichtet; der Autor setzt Borges mit der Figur des Wächters augenzwinkernd ein Denkmal.
[2] Alice Vollenweider in ihrer Rezension von Ecos Roman in der Frankfurter Allgemeinen Zeitung vom 9. Oktober 1982.
[3] Siehe das Kapitel über die geistlichen Detektive, »When the saints go marchin' in«, auf den Seiten 266ff. dieses Buches.

Ausgewählte Bibliographie

Umberto Eco: *Der Name der Rose*, Hanser Verlag, München 1982; Deutscher Taschenbuchverlag, München 1986.
Ellis Peters: *Im Namen des Heiligen*; *Ein Leichnam zuviel*; *Das Mönchskraut*; *Der Hochzeitsmord*; *Der Aufstand auf dem Jahrmarkt*; *Die Jungfrau im Eis*; *Zuflucht im Kloster* – sämtlich Heyne Verlag, München.
E. M. A. Allison: *Der Tod des Bruders Anselm*, Rowohlt Verlag, Reinbek.

Kostüm und Kulisse (II):

Max Allan Collins, Stuart Kaminsky, Ed Mazzaro – Der historische Krimi aus den dreißiger und vierziger Jahren

Um die Mitte der siebziger Jahre beginnt in den USA eine neue Mode: die Ansiedlung von Detektivgeschichten in der jüngeren Vergangenheit, den zwanziger, dreißiger und vierziger Jahren dieses Jahrhunderts.

Den Vorreiter macht, mit leider nur zwei Romanen, der Filmkritiker und Drehbuchautor Andrew Bergman, dessen Intimkenntnisse von Hollywood auch in seine beiden Kriminalromane eingegangen sind. Held beider Geschichten, die in den vierziger Jahren spielen, ist der kahlköpfige jüdische Privatdetektiv Jack LeVine, der sich in New York mehr schlecht als recht durchschlägt. Auf den ersten Seiten von *The Big Kiss-Off of 1944* (›LeVine‹; 1974) wird der Detektiv an einem tropisch-heißen Sommermorgen von einer hübschen Blondine engagiert. Die Dame erzählt ihm, daß sie einiger nicht ganz stubenreiner Filme wegen, die sie in der Hoffnung auf die große Kino-Karriere gedreht habe, von ein paar

Gaunern erpreßt werde. LeVine zieht los, um sich einen dieser Burschen vorzuknöpfen, und steht schon auf Seite 13 vor der ersten Leiche: »wirklich eine saubere Arbeit: zwei Treffer in die Brust, einen in die Schläfe«.

Was wie ein simpler Gangster-Krimi anfängt, entwickelt sich zu einem großen politischen Komplott, das den amerikanischen Präsidentschaftswahlkampf jener Jahre beeinflussen möchte. Der Saubermann Thomas Edwin Dewey, Gouverneur des Staates New York, hat F. D. Roosevelt herausgefordert und scheint eine Chance zu haben, die Wahl zu gewinnen. Also sucht die Gegenseite nach Material, das Dewey beim Wähler in Mißkredit bringt; ein Sittenskandal wäre genau das richtige. Die Blondine, die LeVine zu Beginn engagiert hat, entpuppt sich als die Tochter einer der wichtigsten Leute in Deweys Wahlkampfstab; wenn ihre Pornobilder veröffentlicht würden, wäre es um Deweys Chancen wohl schlecht bestellt. Roosevelts Parteigänger, das gesamte politische Establishment der USA, Heer und Geheimdienste eingeschlossen, fahren schweres Geschütz gegen LeVine und seine Klientin auf, die am Ende ihren Kampf gegen die Polit-Mafia gewinnen – vergeblich, wie der Leser weiß; Dewey ist weder bei dieser noch bei der nächsten oder irgendeiner anderen Wahl amerikanischer Präsident geworden.[1]

»Die Nachkriegsjahre waren Spitze für Privatdetektive«, beginnt Jack LeVines zweiter Fall, Andrew Bergmans zweiter und letzter Kriminalroman *Hollywood & LeVine* (›LeVine & Humphrey Bogart‹; 1975). Doch 1947, als die Handlung des Buches beginnt, sind diese guten Zeiten längst vorüber. So ist LeVine ganz froh, als ein Schulfreund ihn nach Hollywood engagiert. Der Drehbuchautor Walter Adrian hat plötzlich Probleme mit seinem Studio, das seine Gage drastisch gesenkt hat. LeVine hat zwar ein ungutes Gefühl; der Fall stinkt ihm von weitem nach Politik. Aber er fliegt doch hinüber an die Westküste, um seine Recherchen aufzunehmen. Auf dem Studiogelände findet er seinen Klienten nur noch tot: erhängt an einem Galgen in einer Westernstadt. Selbstmord, sagt die Polizei; Ende der Recherchen. Doch obwohl der Drehbuchautor ein Motiv für einen Freitod gehabt hätte, da er in die Mühlen von McCarthys berühmt-berüchtigtem Ausschuß für antiamerikanische Umtriebe geraten war, mag der Detektiv an Selbstmord nicht glauben. Er vermutet Schlimmeres und behält recht.

Das Buch endet mit einer klassischen Autoverfolgungsjagd, bei der dem Detektiv im Kampf mit dem Mörder eine der mythischen Figuren des Hollywoodkinos assistiert. Als LeVines Auto bei einer Party so zugeparkt ist, daß er den Killer (der sich die Geliebte des Detektivs als Geisel geschnappt hat) ziehen lassen muß, bietet ihm Humphrey Bogart, unbesorgt um Lauren Bacalls Warnung (»Bogey, spiel nicht den Helden, ja? Paß auf dich auf«), sofort seinen Wagen und sich selbst als Chauffeur an: Voraussetzung für ein rasantes Finale, ein Happyend und einige hübsche Dialoge über Hollywood, Hollywoodstars und Filmdetektive auf dem Weg dahin.

Äußerst geschickt mischt Bergman Fakten und Fiktion, erfundene Figuren mit historischen Personen. Nicht nur Hollywoods Personal, auch der spätere US-Präsident Richard Nixon taucht als handelnde (Neben)-Figur auf in jener Rolle, in der er sich tatsächlich die politischen Sporen verdiente: als Skalpjäger und Kommunistenfresser, unbesorgt um die moralische Legitimierung seiner Aktionen.

In beiden Romanen findet der Leser eine mit großer Genauigkeit rekonstruierte historische Kulisse vor, die allenfalls gestört wird durch eine sexuelle Freizügigkeit in Wort und Tat, die eindeutig erst eine Generation später üblich wurde. Bergman geht es vor allem um die Darstellung der Moral der Herrschenden, was aber der spannenden Handlung der Romane keinen Abbruch tut. Seine Bücher führen zurück in eine Zeit, in der der moralische Niedergang Amerikas begann. Hinter Nixons frühen politischen Taten steht schon der Schatten von Watergate – eine Erfahrung, die womöglich vermeidbar gewesen wäre, wenn man den undemokratischen Anfängen, die beide Romane schildern, rechtzeitig gewehrt hätte. Insofern führt Bergman auch einen Aspekt des Endes vom amerikanischen Traum vor.

In gewissem Sinn knüpft ein anderer Filmhistoriker an Bergmans Romane an. Stuart Kaminsky, Jahrgang 1934, Professor an der North Western University, hat mit dem skurrilen Toby Peters, mit bürgerlichem Namen Tobias Leo Pevsner, einen Detektiv geschaffen, der sich beinahe ausschließlich mit den Problemen von Hollywoodgrößen der vierziger Jahre herumschlägt, mit den politischen Intentionen Bergmans allerdings nicht viel im Sinn hat; selbst wenn Toby – wie in *The Fala Factor* (›Der Fala-Faktor‹; 1984) – von der Gattin des US-Präsidenten engagiert wird, geht es dabei nicht um die hohe oder niedere Politik, sondern um einen Hund.

Kaminsky interessiert sich vor allem für das Hollywood-Ambiente der vierziger Jahre. Die Kulisse einschließlich der in ihr auftretenden Figuren ist ihm das Wichtigste, die Erfindung von Geschichten, die das Image berühmter Filmstars aufnehmen und für eine halbwegs glaubwürdige Kriminal-Story weiterspinnen, seine beste Leistung.

Geboren hat Kaminsky seinen Helden im Jahre 1977 und in dem Roman *Bullet for a Star* (›Mord im Studio‹); ein Jahr darauf folgte der zweite Band der Serie, *Murder on the Yellow Brick Road* (›Hinter Hollywoods Kulissen‹). Toby Peters selbst erzählt seine Geschichte: »Es war der Sommer von 1940, ein heißer Augusttag im San Fernando Valley, und ich war nicht sicher, ob es mein Buick, Baujahr '34, noch bis zu den Studios der Warner Brothers schaffen würde«. Peters, um die vierzig, war vor ein paar Jahren fest bei Warner Brothers angestellt, aber gefeuert worden, weil er den Arm eines Westernstars gebrochen hatte – tatsächlich nicht ganz das, was man von einem Mann erwartet, der zum Personenschutz engagiert ist. Daß man sich seiner bei Warner Brothers erinnert, liegt an seiner Diskretion: von den vielen Affären, mit denen Toby Peters im Laufe der Jahre in den Studios konfrontiert worden war, war nie etwas in die Skandalspalten der Boulevardpresse geraten.

Diesmal – aber das gilt auch für eigentlich alle späteren Fälle – ist Tobys Diskretion besonders gefragt. Man versucht, einen aufstrebenden Star der Warner Brothers zu erpressen, vielleicht auch ganz kaltzustellen: Errol Flynn, gerade mit »Der Herr der sieben Meere« unter die großen Kassenmagneten Hollywoods aufgerückt, soll mit einem Foto kompromittiert werden, das ihn nackt mit einer Minderjährigen bei einer eindeutig strafbaren Handlung zeigt. Toby soll eigentlich nur den Boten spielen, der Foto und Negativ gegen Zahlung von 5000 Dollar vom Erpresser übernimmt. Aber die Sache geht gründlich schief. Der Detektiv erhält einen schweren Schlag auf den Kopf und findet sich, ohne Negativ und mit nur einem Zipfel des Fotos in den verkrampften Fingern, neben einer Leiche; jemand hat den Erpresser erschossen, mit Tobys Pistole. Zu allem Überfluß erscheint auch noch die Polizei; daß Toby nicht als Mordverdächtiger hinter Gittern landet, verdankt er letztlich seinem Bruder, der Lieutenant bei der Mordkommission ist und Toby, trotz eines mehr als nur leicht gestörten Verhältnisses zwischen den Brüdern, letztlich den Rücken freihält.

Das Muster wiederholt sich in seinen Grundzügen in allen Toby Peters-Romanen. Ein scheinbar einfacher Fall kompliziert sich, sobald der Detektiv auf den Plan tritt – und nicht selten kompliziert er sich gerade durch die Aktivitäten des Detektivs, der zwar nicht gerade als ein Tölpel auftritt, aber auch nicht immer die glücklichste Figur abgibt, ehe er seine Fälle klärt, wie es das Gesetz der Gattung befiehlt.

Der nächste Star, dem Toby Peters aus der Patsche hilft, ist Judy Garland. Auf den letzten Seiten von *Bullet for a Star* erhält er ihren telefonischen Notruf und bricht eilends zu ihrer Rettung auf. Doch der Weg von den Studios der Warner Brothers zu denen von Metro Goldwyn Mayer scheint ungewöhnlich weit zu sein. Wir erinnern uns, daß das Errol Flynn-Abenteuer an einem heißen Augusttag begann (und rasch, in wenigen Tagen, zu Ende ging). Doch der Judy Garland-Fall ereignet sich erst Monate später; Kaminsky datiert seinen Anfang auf »Freitag, den 1. November 1940«. Auch hier soll ein Star kompromittiert werden: Jemand hat einen Pornofilm gedreht, dessen weibliche Hauptfigur als Judy Garland identifiziert werden soll (natürlich ist die Gute völlig unschuldig), und als im Studio auch noch ein Liliputaner umgebracht wird, kann nur noch Toby Peters helfen. Der Roman *Murder on the Yellow Brick Road* (›Hinter Hollywoods Kulissen‹; 1978) endet mit einem neuen Auftrag durch Mr. Mayer, den Toby Peters in *You Bet Your Life* (›Nichts geht mehr‹; 1979) ausführt.

Chico Marx, einer der berühmten Komiker-Brüder, ist in die Fänge der Mafia geraten, die 120000 Dollar Spielschulden von ihm einfordert. Chico, der die Schulden nicht akzeptiert, möchte nicht bezahlen, sein Hollywood-Boß Mayer will den Skandal vermeiden. Das beschert Toby Peters eine hübsche Rundreise: zuerst nach Florida, wo er sich der Unterstützung des geistig bereits etwas weggetretenen Al Capone versichert (er trifft ihn beim Angeln), dann nach Chicago, wo die eigentlichen Probleme anstehen.

Den nächsten Fall besorgt dem Detektiv seine geschiedene Frau: Angestellte bei einer Fluglinie, die dem mysteriösen Milliardär Howard Hughes gehört – und Hughes sucht einen Detektiv; so gerät Peters in *The Howard Hughes Affair* (›Die Howard Hughes-Affäre‹; 1979). Für den Detektiv beginnt der Fall zwar in einem Filmatelier. Aber diesmal geht es um Spionage; Hughes, ein genialer Erfinder, bastelt an einigen Projekten herum, an denen auch die Deutschen und die Japaner interessiert sind.

Dann ruft es Toby wieder zurück zum Film; der Dracula-Darsteller Bela Lugosi benötigt seine Hilfe. In *Never Cross a Vampire* (›Vorsicht vor dem Vampir‹; 1980) geht es um Schwarze Messen und Satanskulte sowie um ein paar Morde, als deren Täter der Schriftsteller William Faulkner in Verdacht gerät. Natürlich fängt Toby den richtigen Mörder. Am Ende der Romanhandlung findet Toby die telefonische Notiz eines Freundes vor: »Gary Cooper anrufen. Dringend«. Daraus entwickelt sich der Roman *High Midnight* (›12 Uhr nachts‹; 1981), in dem zwei Gangster Gary Cooper umbringen wollen. Am Ende dieses Buches wiederum ruft ein »Witzbold« an und erbittet Tobys Hilfe gegen einen Unbekannten, der im Zirkus Ringling »mit elektrischem Strom einen Elefanten umgebracht hat.« Aber wie Toby Peters den Fall des Elefantenmörders handhabt, hat der deutsche Leser bislang nicht erfahren; Kaminskys deutscher Verlag hat dieses Abenteuer aus dem Jahre 1982 ebensowenig übersetzen lassen wie ein weiteres von 1985, das am Ende von *The Fala Factor* mit einem ungewöhnlichen Leichenfund beginnt: »Der Tote war Ralph, der Mann meiner Ex-Frau, und der Mann in dem goldenen Badeanzug, der sich bestürzt über ihn beugte, war Joe Louis, der Weltmeister im Schwergewicht«.

Statt den Artisten des Zirkus Ringling läßt Toby Peters in der deutschen Abfolge der Serie der Hollywood-Sexbombe Mae West seine Hilfe angedeihen. In *He Done Her Wrong* (›Aus meinem Leben‹; 1983) hat die im Leben wie im Film recht freizügige Diva ihre Memoiren geschrieben, vor denen nicht wenige Hollywood-Prominente zittern, weil sie fürchten, daß in ihnen recht intime Details ihres Liebeslebens ausgeplaudert werden könnten; Toby tritt auf den Plan, weil das einzig existierende Exemplar des Manuskripts gestohlen worden ist. Das bislang letzte in Deutschland bekanntgewordene Abenteuer von Peters – *The Man Who Shot Lewis Vance* (›Wer erschoß Lewis Vance?‹) – beginnt mit einem Schock für den Detektiv: »Als ich meine Augen aufschlug, sah ich John Wayne eine .38er auf meine Brust richten. Es war meine .38er. Ich schloß die Augen wieder.« Was die Situation erschwert: Neben Toby liegt ein toter Mann, der John Wayne auffällig ähnlich sieht: er ist Waynes Double und hat den Detektiv engagiert, um Wayne aus einer mißlichen Lage zu helfen; angeblich versucht der Filmstar, Geld aufzutreiben, um damit seine Gläubiger zufrieden zu stellen.

Damit Toby den Fall zu einem guten Ende führen und Autor Kaminsky uns den Hinweis auf eine nächste Geschichte mit Albert Einstein in der Hauptrolle (neben Toby, versteht sich) geben kann, benötigt der Detektiv die finanzielle und praktische Unterstützung von Charlie Chaplin; Tobys Hilfstruppen sind eher noch prominenter als seine Klienten. In *Bullet for a Star* gibt ihm Peter Lorre einen guten Tip. In *Murder on the Yellow Brick Road* dient sich Raymond Chandler dem Detektiv als Assistent an, damit er endlich einmal in Berührung mit einem echten Kriminalfall kommt. In *You Bet Your Life* nimmt es Ian Fleming, der James Bond-Erfinder, mit einem ganzen Killerkommando der Mafia auf, um Toby das Leben zu retten. In *The Howard Hughes Affair* identifiziert Bert Brecht auf einem Foto einen bösen Deutschen, erhält von Toby das Lob, er habe damit »vielleicht gerade einen Mord aufgeklärt«, und Brecht brummt: »Hmmmm. Würde mir gefallen«. In *High Midnight* entwickelt sich Ernest Hemingway, zur Unterstützung von Gary Cooper angerückt, eher zum Problem. Toby und der schreibende Großwildjäger können sich vom ersten Augenblick ihrer Bekanntschaft an nicht ausstehen, und schließlich prügeln sie, in einem Hotelzimmer, aber mit Boxhandschuhen, aufeinander ein. Das Ergebnis ist so, daß Hemingway vorschlägt: »Betrachten wir's als ein Unentschieden«, während sich Toby als eindeutiger Punktsieger fühlt, dann aber »das unangenehme Gefühl« nicht mehr los wird, daß Hemingway »vorhatte, später in einem seiner Bücher über mich zu schreiben«.

Daß Toby Peters sich fortwährend in solch erlauchten Kreisen aufhält (und auch an Avancen schöner, reicher und prominenter Frauen keinen Mangel hat), ist eigentlich eher verwunderlich. Denn er selbst ist arm wie eine Kirchenmaus, nicht gerade ein Intellektueller, vom Benehmen eher tapsig und körperlich gewiß kein Apoll. Kaminsky beschreibt ihn als »gut einen Meter fünfundsiebzig« groß und recht kräftig, attestiert seinem Helden die Neigung zu Schweißausbrüchen und lenkt des Lesers Aufmerksamkeit immer wieder auf Tobys Nase: »Mein Nasenbein war wenigstens dreimal gebrochen. Einmal durch einen Baseball, den mein Bruder geworfen hatte, einmal durch den Aufprall auf eine Windschutzscheibe und das andere Mal durch einen Faustschlag meines Bruders – in dieser Reihenfolge«.

Tobys Kleidung ist meistens abgerissen – kein Wunder angesichts der Attacken, denen er ständig ausgesetzt ist; fast jedes Abenteuer führt ihn ins Krankenhaus, zumindest aber in die ambulante Behandlung eines Chirurgen, der neue Wunden an Kopf und Körper zu vernähen hat. Toby trinkt keinen Alkohol, fährt den schon erwähnten schrottreifen Buick und muß während seiner frühen Abenteuer mehrfach die Behausung wechseln, ehe er in Mrs. Plauts Boardinghouse – obwohl es ihm auf die Nerven geht – endgültig zur Ruhe kommt. Sein Büro teilt er mit einem Zahnarzt; seit dem Ende der Howard-Hughes-Affäre steht – »in goldenen Lettern« – auf dem Türschild: »Doktor Sheldon Minck, Zahnarzt, D.D.S., S.D. Schmerzlose Zahnbehandlung seit 1916«, darunter »Toby Peters. Detektiv«. Sheldon Minck ist Tobys Freund (wie überhaupt im Laufe der Jahre ein gewisser Freundeskreis zusammenkommt). Aber wenn eine Gruppe gefährlich aussehender Männer in Tobys Bürohälfte auftaucht, kommt er lieber nicht nachschauen, in welchen Schwierigkeiten der Detektiv gerade wieder steckt. Doch vielleicht kennt er auch das Gesetz der Serie und weiß, daß Toby, wie viele Löcher auch in seinen Kopf geschlagen und wie viele Revolvermündungen auf ihn gerichtet werden, ernstliches Leid nicht geschehen kann; er ist zwar verletzbar, aber im Grunde nicht umzubringen.

Fast gleichzeitig mit Stuart Kaminsky trat ein weiterer amerikanischer Autor mit historischen Kriminalromanen aus dem 20. Jahrhundert auf den Plan: Ed Mazzaro, 1923 in der korsischen Hauptstadt Ajaccio geboren, mit den Eltern in die Vereinigten Staaten ausgewandert, im Zweiten Weltkrieg Pilot der US Air Force, danach unter anderem Jazzmusiker, Rennfahrer, Talkmaster und Journalist, ehe er sich dem literarischen Verbrechen zuwandte.

Der früheste von Mazzaros Romanen, 1976 im Original, zwei Jahre später in der deutschen Übersetzung erschienen, trägt den Titel *One Death in the Red* (›Chicago‹). Das Foto auf dem Titelblatt der deutschen Ausgabe zeigt eine Szene aus Billy Wilders Film »Some Like It Hot«, die das Klima des Buches recht gut wiedergibt; es ist jene Szene, in der eine Gruppe schwarzgekleideter Gangster mit Maschinenpistolen eine Gruppe von Rivalen kaltblütig umnietet. Wir schreiben die zwanziger Jahre: Es ist die Zeit der Prohibition und des Alkoholverbots; zwei Verbrecherbanden haben Chicago unter sich aufgeteilt und beginnen einen netten kleinen Bandenkrieg.

Bootleg Angel (›Capone & Co‹; 1977) ist die direkte Fortsetzung von *One Death in the Red*. Die Gangster, die aus dem Gemetzel am Ende des Mazzaro-Erstlings als Sieger hervorgegangen sind, bekommen nun ihrerseits Zunder; der neue Stern am Chicagoer Mafia-Himmel heißt Al Capone. Noch einmal haut Mazzaro in der Gangster-Metropole am Michigan-See gewaltig auf die Pauke. Doch in diesem dritten Band der Chicago-Serie mit dem Titel *Chicago Deadline* (›Einer gegen Chicago‹; 1978) bricht die Herrschaft der Gangster in sich zusammen, hauptsächlich, weil die Bundespolizei den korrupten politischen Saustall im Rathaus ausmistet, der die Gangster bis dahin gestützt hat.

In allen drei Chicago-Krimis von Mazzaro heißt der Held Bruno Farrell alias Farioli: ein Under-Cover-Agent des FBI, der sich unter Lebensgefahr als Gangster in die Banden einschleicht, das Vertrauen der Top-Ganoven gewinnt und sie mit seinen Informationen ans Messer liefert.

In einer Nebenrolle aber tritt bereits jene Figur auf, die in den späteren Mazzaro-Romanen die Hauptrolle spielen wird: Jason Mettner, Polizeireporter der Tageszeitung »Chicago Globe«. In *Pawn to King's Cross* (›Geigenkästen für Soho‹; 1978), man schreibt inzwischen das Jahr 1936, wird Jason Mettner von seiner Zeitung nach London geschickt; er soll über die Liebesaffäre des damaligen englischen Königs, Edward VIII., mit der zweimal geschiedenen Amerikanerin Wallis Simpson berichten. Die Affäre, die zur Heirat und zum Rücktritt des Königs führt, interessiert Mettner nicht besonders. Aber wie es der Zufall so will, läuft er gleich nach seiner Ankunft in London mitten hinein in eine Kriminalgeschichte: Amerikas Gangster infiltrieren die Londoner Unterwelt, und Jason Mettner, der das Pack von zu Hause kennt, tut sein Bestes, um das zu verhindern.

Ein Jahr später, in *The Melbourne Virus* (›Melbourne-Virus‹; 1983) berichtet Mettner für seine Zeitung aus dem Spanischen Bürgerkrieg. Und wieder kommt eine andere, noch schlimmere Geschichte dazwischen. Ein australischer Geldkurier trägt einen unbekannten Krankheitskeim nach Südfrankreich, der schlimmer wirkt als im Mittelalter die Pest; es gilt, den Mann zu finden, zu stoppen, den Krankheitskeim zu isolieren und ein Gegenmittel herzustellen: eine Rolle, für die – wie man meinen sollte – der Reporter nicht gerade überqualifiziert ist.

In ›Der Diamanten-Deal‹ (1984[2]) schließlich, ist der Zweite Weltkrieg ausgebrochen. Reporter Mettner bewegt sich, als Bürger der noch neutralen USA, zunächst noch einigermaßen frei in dem von den Deutschen besetzten Westeuropa. Doch da er sich im Lauf der Zeit sowohl mit der SS als auch mit der französischen Resistence anlegt, ist das friedliche Leben längst vorbei, als die Amerikaner in den Krieg eintreten; er wird von beiden Seiten gehetzt. Zu allem Überfluß legt sich Mettner noch eine jüdische Freundin zu, die ein pikantes Doppelspiel betreibt; so ist für Abwechslung wirklich gesorgt.

In allen Romanen entwickelt Mazzaro echte Krimihandlungen mit sauberen, logischen Plots. Aber vor allem bei den späteren Titeln wird der Leser das Gefühl nicht los, daß es dem Autor weniger um kriminalistische Spannung und die Entwicklung von Kriminalgeschichten geht als um die Zeit, in der sie spielen. Und im Endeffekt wird sich Mazzaro vermutlich mit der Rolle des Vorläufers für einen Autor begnügen müssen, in dessen Romanen das Chicago der Mafia-Zeit auf eine wirklich faszinierende Weise lebendig wird.

Max Allan Collins ist in Muscatine, Iowa, am 3. März 1948 geboren und hat in seiner Vaterstadt das College besucht, ehe er 1968 an die University of Iowa in Iowa City überwechselte; dort legte er 1970 sein Examen als Bachelor, zwei Jahre später das als Master of Fine Art ab. Noch während seines Studiums arbeitete Collins als Reporter für regionale Zeitungen. Nach dem Examen trat er eine Stelle als Englischlehrer an seinem alten College an. Fast gleichzeitig begann er mit dem Schreiben von Kriminalgeschichten. 1973 erschien sein erster Kriminalroman, *Bait Money*; ein zweiter, *Blood Money*, folgte noch im selben Jahr. Keines der beiden Bücher war eine Detektivgeschichte.

Die Gründe dafür hat Collins in einer autobiographischen Notiz selbst dargelegt: »Schon seit vielen Jahren hege ich eine große Liebe zum Detektivroman: die trockene Prosa, den scharfen Dialog, die tiefstapelnde Poesie, wie ich sie nicht zuletzt in den Werken jener drei Autoren gefunden habe, welche die Form entwickelten: Dashiell Hammett, Raymond Chandler und Mickey Spillane. Doch als ich meine eigenen Kriminalgeschichten in den frühen Siebzigern zu schreiben begann, fühlte ich mich unbehaglich mit dem Privatdetektiv. Meine Helden neigten zum Anti-Heroischen, vielleicht, weil sie die unruhigen Zeiten reflektierten, in denen ich arbeitete. (Und außerdem war ich beeinflußt von den Nicht-Detektiv-Romanen so ›hartgesottener‹ Schreiber wie James M. Cain, Horace McCoy, Jim Thompson und Richard Stark)«.[3]

So ist der Held der beiden ersten Collins-Romane (und von vier weiteren, die in den Jahren 1981/82 erschienen) der Dieb Nolan, ein Geistesverwandter des auf seine Weise ehrlichen Ganoven Parker in den Romanen von Richard Stark alias Donald E. Westlake. In vier anderen Romanen von Collins, in den Jahren 1976 und 1977 erschienen, treibt ein gewisser Quarry sein Unwesen, den sein Autor selbst beschreibt als »stillen psychotischen Vietnam-Veteranen, der seinen Lebensunterhalt als bezahlter Killer verdient«. Doch von ihrem kriminellen Hintergrund abgesehen, hätten beide Figuren – meint Collins – sich bei ihrer Arbeit wie Privatdetektive verhalten. Einen Schritt weiter in Richtung Privatdetektiv führt die nächste Figur, die Collins 1983 schuf und in mindestens vier Romanen verwandte: den Krimi-Schriftsteller Mallory, wie Quarry ein Vietnam-Veteran. Allerdings hat Mallory aus dem legalen Töten im Dschungel andere Konsequenzen gezogen. Ihn bringen Menschenliebe und Gutmütigkeit immer wieder in Situationen, aus denen er sich nur durch die eigene Detektivarbeit wieder herausbringen kann.

Mag sein, daß unter den Schriften, die Collins über die Jahre hin langsam zur Figur des Privatdetektivs als Krimihelden geführt haben, der des Verfassens von Comics nicht der geringste war. Seit 1977 schreibt Collins die Texte für *Dick Tracy*, seit 1979 auch die für *Mike Mist*, und wenn er selbst einräumt, »daß ich meine Arbeit als Comic-Autor als wichtige Nebenrolle meiner Karriere ansehe – und zwar nicht nur im Finanziellen«, dann darf man das wohl auch dahingehend interpretieren, daß Collins die Arbeit am Comic gewisse Skrupel genommen hat, die einer Verwendung der Detektivfigur im klassichen Sinne entgegenstanden.

Alle Skrupel freilich sind nicht beseitigt, als Collins *True Detective* (›Chicago 1933‹; 1983) schreibt und die Figur des Nathan – Nate – Heller ins Leben befördert: »Ich war nicht im Dienst. Ich saß in einem Speak auf der South Clark Street und trank Rum aus einer Kaffeetasse«. Wir befinden uns im Chicago der Prohibitionszeit; Collins ist zeitlich exakt ein halbes Jahrhundert zurückgegangen.

Nate Heller, der in diesem ersten und bislang zwei weiteren Romanen seine Geschichte als Rollenprosa in der ersten Person erzählt, hat als Polizist begonnen. Die Polizeiaktion, die am 19. Dezember 1932 in der Flüsterkneipe auf der South Clark Street ihren Anfang nimmt, spielt eine Schlüsselrolle in der dreibändigen Historie des Detektivs Nate Heller. Chicagos Bürgermeister Anton J. Cermak, alias Zehn-Prozent-Tony, alles andere als ein integrer Politiker, hat beschlossen, seine Stadt vor der anstehenden Weltausstellung, zu der die Welt auf Chicago blickt, ein bißchen zu säubern. Die Gelegenheit scheint günstig. Mafia-Boß Al Capone, dessen Geschäfte der Bürgermeister bislang – gegen entsprechende Schmiergelder – wohlwollend übersehen hat, ist vom FBI wegen Steuerhinterziehung eingebuchtet worden. Wenn es Cermak nun gelingt, Capones Nachfolger Frank Nitti auszubooten, bevor er die Zügel fest in der Hand hält, kann er die Konkurrenz der kleineren Banden mühelos kontrollieren.

So schickt er denn zwei seiner Handlanger los, um Nitti zu eliminieren. Die beiden Polizisten, die sich den Kollegen Nate Heller als dritten Mann an die Seite geholt haben, kennen keine Skrupel; sie schießen Nitti bei der Verhaftung ohne langes Federlesen in den Rücken. Daß der Gangsterboß mit dem Leben davonkommt, hat er Nate Heller zu verdanken, der – am Komplott nicht beteiligt – sofort einen Krankenwagen herbeitelefoniert. Heller selbst erschießt bei der Aktion einen kleinen Ganoven: ein Aspekt, der seinen Widerwillen gegen den Polizeidienst noch verstärkt. Obwohl ihn die Öffentlichkeit als Helden feiert, hat Heller nur noch einen Wunsch: »Raus. Das ist alles. Ich will keine Menschen umbringen. Ich will mich nicht benutzen lassen«.

Heller reicht seinen Abschied ein und gründet seine eigene Detektivagentur. Sein größtes Kapital dabei ist Frank Nittis Wohlwollen. Die Mafia – oder vielleicht auch nur der Mafioso Nitti – hat offenbar einen Ehrenkodex. Der Gangsterboß fühlt sich dem Mann, der ihm das Leben gerettet hat, verpflichtet; er schuldet ihm einen Gefallen, ein Leben – im Zweifelsfall sein eigenes. Das aber ist im Chicago der dreißiger Jahre besser als eine Lebensversicherung, jedenfalls für einen Mann, der seinen Lebensunterhalt mit der Verhinderung und Bekämpfung von Verbrechen verdienen muß. Denn ohne oder gar gegen Frank Nitti läuft in diesen Jahren in Chicago nichts.

Auf merkwürdige Weise kreuzen sich in der Folgezeit die Wege von

Nate Heller und Frank Nitti immer wieder. Heller ist nicht korrupt und wird es nie werden. Er tut seinen Job, so gut es eben geht. Das heißt aber auch, daß er seine Grenzen respektiert – und diese Grenzen beginnen dort, wo die Interessen Nittis und seiner Mafia-Kumpane betroffen sind. Sich mit ihnen ernsthaft anzulegen, würde für jedermann in Chicago den sicheren Tod bedeuten, nicht nur für so ein kleines Würstchen, wie es Nate Heller im kriminellen Gesamtpanorama Chicagos letztlich ist. Zwischen den Fronten von Verbrechern und beamteten Verbrechensbekämpfern hält Nate Heller, auf seine Weise ein Vetter der Hammettschen und Chandlerschen Detektive, sein privates Ehrenschild leidlich sauber. Er organisiert höchst erfolgreich die Taschendieb-Abwehr der Weltausstellung, kann die Ermordung von Chicagos Bürgermeister Cermak auf einer Rooseveltschen Wahlkampfveranstaltung in Florida nicht verhindern und erleidet Schiffbruch bei einer privaten Aufklärung, die sich als Gegenpol zu den politischen Affären durch die Handlung des Romans zieht – eine von langer Hand vorbereitete kühne Pointe, die der gewiefte Leser zwar zu ahnen meint, die ihn im Endeffekt aber doch aufs höchste überrascht.

Nate Hellers zweiter Fall, von Collins in *True Crime* (›Gangsterbräute 1934‹; 1984) ebenso episch ausgebreitet wie die Geschehnisse von *True Detective*, hat ebenfalls eine politische Dimension: Der Detektiv gerät in die große Verfolgungsjagd des FBI auf John Dillinger, Amerikas »Staatsfeind Nr. 1«. Eine große Scharade läuft ab. Die Unterwelt, in ihren Geschäften empfindlich gestört durch die intensiven Bemühungen der Staatsmacht, den Gangster Dillinger zu fassen, beschließt, der Polizei in die Hände zu spielen – oder doch so zu tun, als ob... Das FBI bekommt, für die Öffentlichkeit, was es wollte, die Strukturen der verbrecherischen Organisationen bleiben unangetastet – und Nate Heller kennt zwar die Wahrheit, kann sie aber nicht beweisen.

Am Ende von *True Crime* steht der Detektiv wieder einmal seinem Gönner Frank Nitti gegenüber, berichtet ihm, was sich ereignet hat, und erhält aufs neue die Versicherung: »Mein Gott, ich bin Ihnen wirklich was schuldig, Heller«. Doch diesmal lehnt der Detektiv ab: »Ich meine, ich hab Sie um einen Gefallen gebeten, und ich hab bekommen, was ich wollte – und im gleichen Augenblick hab ich Doc Moran ans Messer geliefert. Und als Cermaks Jungs Sie abknallen wollten, war ich auch dabei. Ich will damit nur sagen, daß Sie mir nichts schuldig sind und ich Ihnen auch nicht. Wir sind quitt. Okay?«

Das allerdings ist ein Irrtum; Nitti und Heller kommen voneinander nicht los. Die dritte Runde findet Jahre später statt, mitten im Zweiten

Weltkrieg. In *The Million Dollar Wound* (›Gangsterkrieg 1942‹; 1985) hat sich Heller, ein bißchen aus Liebeskummer, ein bißchen aus Patriotismus, auf jeden Fall aber im Suff, freiwillig zur Army gemeldet; im November 1942 findet er sich in der Schlacht von Guadalcanal wieder, mitten im dicksten Kampfgetümmel. Der Buchtitel erweist sich als doppelsinnig. Er bezeichnet einmal das, was der Sprachgebrauch der deutschen Landser um dieselbe Zeit als »Heimatschuß« bezeichnete: jene Verletzung, die einen kriegsdienstverwendungsunfähig machte und einem somit das Leben rettete. Zum anderen aber steht er für ein Verbrechen, bei dem es tatsächlich um eine Million Dollar geht; eine ehemalige Freundin Hellers, längst auf der Seite der Mafia, wird umgebracht, weil man glaubt, daß sie diese Million für sich und ihren in Ungnade gefallenen Geliebten beiseite geschafft habe.

Heller erhält auf Guadalcanal keinen »Heimatschuß«. Er wird überhaupt nicht physisch verletzt. Aber er erleidet einen schweren Schock mit totalem Gedächtnisverlust, als er bei einem Stoßtruppunternehmen von den Japanern abgeschnitten wird und mit einer Handvoll Kameraden in einem Bombentrichter tagelange Angriffe des Feindes abwehrt. Im Krankenhaus präsentiert man ihm eine Vorladung: Er soll vor Gericht gegen Frank Nitti aussagen, dem das FBI nun endlich das Handwerk zu legen hofft. Heller befindet sich in einer Zwickmühle. Falls er sich weiterhin auf seinen Gedächtnisverlust beruft, bleibt er in der Klapsmühle. Falls er erreicht, daß man ihn gesund schreibt, muß er vor Gericht – und setzt sich damit der nach wie vor zu fürchtenden Vergeltung der Mafia aus. Natürlich wählt er seine persönliche Freiheit; eine neue Runde im Chicagoer Grabenkampf kann beginnen.

Was das dritte Nate Heller-Buch so aufregend macht, ist die ungeheure Spannung zwischen den äußeren Umständen und der Kriminalgeschichte, der Aberwitz, der sich zwischen dem offiziellen und legalen Töten im Krieg und dem privat merkantilen Morden der Mafia auftut.

Frank Nittis große Zeit, mit oder ohne Hellers Aussage vor Gericht, mit oder ohne Verurteilung, ist vorbei. Wie Nitti seinerzeit Al Capone ausgetrickst hat, um seine Nachfolge anzutreten, sind jetzt neue, jüngere Kräfte dabei, Nitti auszuspielen. Aber im Gegensatz zu Nitti, der Gewalt lediglich funktional eingesetzt hat, zur Verteidigung und zum Ausbau seiner Geschäftsinteressen, sind die neuen Leute skrupellos und gemein. Die guten alten Zeiten Chicagos sind vorüber. Jetzt wird nicht etwa nur brutal gekillt. Jetzt treten Gangster auf den Plan, denen das Umbringen von Leuten, deren Angst und Schmerzen, sogar noch Vergnügen bereiten. Ist das das Ende des »True Detective«?

Was Collins' Nate Heller-Romane einzigartig macht, ist die nicht etwa nur geschickt nachempfundene, sondern exakt recherchierte Historie, deren erwiesene Lücken die Phantasie des Autors ebenso erfinderisch wie wahrscheinlich ausfüllt: So hätte es sein können, damals, in den dreißiger und frühen vierziger Jahren. Auch bei Bergman, Kaminsky und Mazzaro kommen historische Persönlichkeiten vor: die Politiker jener Tage, die Filmstars von gestern. Aber was bei den anderen Autoren geistreichelnde literarische Mimikry ist, zuweilen auch nicht mehr als reines »name dropping«, ist bei Max Allan Collins notwendiger Bestandteil der Handlung, die nur in dieser Zeit und mit diesem Personal so ablaufen kann, wie sie es tut. Wenn Politiker wie Roosevelt, Cermak oder J. Edgar Hoover, Gangster wie Al Capone, Frank Nitti oder John Dillinger, Polizisten wie Eliot Ness oder Melvin Purvis, Film- und Showstars wie die Schönheitstänzerin Sally Rand, die Hollywoodschauspieler George Raft und Robert Montgomery oder der Boxer Barney Ross (der in allen drei Büchern als Nate Hellers Freund und Gönner fungiert) ihren kräftigen Anteil an der Handlung haben, dann nicht, weil sie den Schilderungen einen Hauch von großer Welt und flittrigem Glanz verleihen, sondern weil sie die Zeit maßgeblich geprägt haben und die Handlung ohne sie nicht hätte stattfinden können. Vielleicht ist Collins' Detailversessenheit ja eine Marotte. Aber am Ende führt sie dazu, daß John D. MacDonald – als Schöpfer des Privatschnüfflers Travis McGee gewiß eine Autorität – mit gutem Gewissen sagen kann, die Bücher von Collins seien »eine sehr gut gelungene Beschwörung einer vergangenen Zeit, ihrer Verbrechen und ihrer Gewalt«[4].

[1] 1948, als Dewey gegen Truman antrat, hatte ihn das Gallup-Institut nach einer Meinungsumfrage vorschnell bereits als neuen Präsidenten genannt: ein Fehler, unter dem die Glaubwürdigkeit solcher Umfragen lange gelitten hat. Der Fehler wäre vermeidbar gewesen: Deweys Vorsprung bei der Umfrage war so minimal, daß er innerhalb der mathematischen Fehlergrenzen lag; das Institut hätte keine Voraussage machen dürfen, sondern von einem Kopf-an-Kopf-Rennen sprechen müssen.

[2] In diesem seltenen Fall ist die deutsche Ausgabe etwas wie das »Original«; sie ist auf jeden Fall vor der englischen Originalfassung publiziert worden.

[3] Zitiert nach Twentieth Century Crime and Mystery Writers, St. James Press, London, 1985, S. 186, Übersetzung von Jochen Schmidt

[4] Zitiert nach dem Klappentext der deutschen Ausgabe: M. A. Collins: »Gangsterbräute 1934«, Bastei-Lübbe-Verlag, Bergisch-Gladbach 1986, hintere Umschlagseite.

Ausgewählte Bibliographie

Andrew Bergman: *LeVine*; *LeVine & Humphrey Bogart*, Ullstein Verlag, Berlin 1985.
Stuart Kaminsky: *Mord im Studio*; *Hinter Hollywoods Kulissen*; *Nichts geht mehr*; *Die Howard Hughes-Affäre*; *Vorsicht vor dem Vampir*; *12 Uhr nachts*; *Aus meinem Leben*; *Der Fala-Factor*; *Wer erschoß Lewis Vance?*; *Die Stimme des Mörders* (ohne Toby Peters) – sämtlich Heyne Verlag, München.
Ed Mazzaro: *Chicago*; *Capone & Co.*; *Einer gegen Chicago*; *Geigenkästen für Soho*; *Melbourne-Virus*; *Der Diamanten-Deal* – sämtlich Rowohlt Verlag, Reinbek.
Max Allan Collins: *Chicago 1933*; *Gangsterbräute 1934*; *Gangsterkrieg 1942* (mit Nate Heller); *Ein Veteran kehrt heim*; *Der Einäugige*; *Mord-Kongreß*; *Auch Blumenkinder sterben* (mit Mallory) – sämtlich Bastei-Lübbe Verlag, Bergisch-Gladbach.

Hände weg von heiligen Kühen:
Upfields »Bony«, Keatings Ghote, Melvilles Otani und andere Exoten

Der Detektivroman ist eine weiße Domäne; Detektivhelden mit farbiger Haut sind im Kriminalroman der angelsächsisch-westlichen Welt exotische Ausnahmen. Wir wollen an dieser Stelle nicht darüber spekulieren, ob sich in dieser Vormachtstellung des weißen Detektivs – der ja fast immer ein Held und nur höchst selten ein Trottel ist – der Glaube an die Überlegenheit der weißen Rasse, ein Stück praktischer Rassismus, manifestiert. Wir wollen von einigen der exotischen Ausnahmen von der Regel berichten.

Vielleicht sollte das Kapitel unter diesen Umständen mit Earl Derr Biggers und seinem Charlie Chan beginnen: dem chinesischen Polizeidetektiv im Honululu der zwanziger und frühen dreißiger Jahre. Doch so gewiß Charlie Chan unter die exotischen Detektivfiguren zu rechnen ist, so sicher gehört er zur angelsächsisch-westlichen Krimiwelt, und so soll er uns in diesem Kapitel ebenso wenig interessieren wie die schwarzen Polizisten von Chester Himes oder Ernest Tidymans »Shaft«, die wir an anderer Stelle dieses Buches abhandeln.

Jene exotischen Detektive, die wir nun ins Auge fassen, tun ihre Arbeit im asiatisch-pazifischen Raum, in gewissem Sinne außerhalb der westlichen Zivilisation: Inspektor Ganesh Ghote von der Kriminalpolizei in Bombay, zum Beispiel, Superintendent Tetsuo Otani von der Polizeipräfektur in Kobe, letztlich auch Inspektor Napoleon »Bony« Bonaparte von der Polizei des australischen Staates Queensland, der beste Detektiv im australischen Busch. Alle drei Figuren sind von Engländern erfunden worden, und mindestens in zwei der drei Fälle führt das dazu, daß die Autoren ihre fremdartigen Helden mit einem gewissen amüsierten Lächeln bei mancher ihrer Tätigkeiten betrachten. Letztlich freilich sind alle diese Figuren mit starker Sympathie, wenn nicht gar Liebe gezeichnet; die Zuneigung der Autoren zu den Ländern und Kulturen, in denen sie meist lange gelebt haben, überträgt sich natürlicherweise auf die von ihnen erfundenen Detektivfiguren.

Unsere drei zentralen Beobachtungsobjekte gehören verschiedenen Generationen an. »Bony« löst seine ersten Fälle in der zweiten Hälfte der zwanziger Jahre, zu einem Zeitpunkt also, da der Erfinder des Superintendenten Otani noch gar nicht geboren ist und der des indischen Inspektors noch in den Windeln liegt. So wollen wir chronologisch mit »Bony« und seinem Schöpfer Arthur William Upfield beginnen, der 1888 im englischen Gosport geboren wurde.

In den Biographien, die der Goldmann Verlag auf die Titelrückseiten seiner deutschen Upfield-Taschenbuchausgaben drucken läßt, ist zu lesen: »Mit 19 Jahren ging der junge Upfield zum erstenmal nach Australien und bereiste bis 1914 den ganzen Kontinent«. Reclams Kriminalromanführer berichtet etwas konkreter, Upfield sei »in seiner Jugend ein Tunichtgut«[1] gewesen und deshalb 1907 von seiner Familie nach Australien abgeschoben worden. Auch über die weitere Entwicklung Upfields bestehen keine sachlichen Differenzen, sondern lediglich solche der Perspektive. Wenn die Verlagswerbung vermeldet, daß Upfields bei den Reisen quer durch den Kontinent »als Pelztierjäger, Schafhirte, Goldsucher und Opalschürfer gewonnenen Erlebnisse« später »Eingang in seine Kriminalromane« gefunden hätten, hört sich das stark nach gezielter Autorenausbildung an. Wenn in Reclams Kriminalromanführer zu lesen ist, daß er sich »als Koch, Schafhirt und Farmarbeiter« durchgebracht habe, aber immer wieder »monatelang kreuz und quer durch Australien« getrampt sei, klingt es eher nach Not und Entbehrung, freilich auch nach einer Reiselust, die sich immer wieder gegenüber dem bürgerlichen Leben durchgesetzt hat.

Das Abenteuerleben endet mit dem Ausbruch des Ersten Weltkriegs, den Upfield als Soldat auf nordafrikanischen und europäischen Kriegsschauplätzen verbringt, wird aber nach dem Krieg sogleich wieder aufgenommen; nun arbeitet Upfield als Goldsucher und Fallensteller, und nebenbei unternimmt er erste Ausflüge in die Literatur. 1928 erscheint Upfields erster Roman *The House of Cain*, 1929[2] wurde in *The Barrakee Mystery* (›Bony und der Bumerang‹) der Detektiv geboren, der über fast vierzig Jahre hinweg und in rund dreißig Romanen Upfields Held bleiben sollte; »Bony«, gezeichnet anscheinend nach einem halbblütigen Freund, dem »Tracker« Leon.

Denn auch »Bony« ist ein Halb- oder Viertelblut; er hat, von der Großmutter oder dem Großvater her, das Erbgut der australischen Ureinwohner in der Erbmasse. Das bringt ihn dem Land und denen, die darin weit außerhalb der Zivilisation leben, näher, als es ein aus Europa zugewanderter Detektiv je sein könnte. »Bony« ist ein großer Experte in der Deutung jener Hinweise, welche die Natur gibt. Darauf freilich bildet er sich nichts ein. In *Cake in the Hat Box* (›Der schwarze Brunnen‹; 1955) erläutert er: »Jeder erfolgreiche Kriminalist hat viel der Dame Fortuna zu verdanken... Am Anfang hat keiner Glück, wenn er sich nicht von der Neugierde treiben läßt. Glück, Neugier, dazu ein bißchen logisches Denkvermögen, wenn es zum Beispiel um das Verhalten von Füchsen und Adlern geht, werden jeden Aspiranten an die Spitze der Abteilung bringen«, dorthin, wo »Bony« schon lange ist.

Upfield beschreibt seinen Helden als einen schlanken, drahtigen, immer eleganten Mann, selbst im Busch noch so adrett wie eben möglich; immer wieder einmal werden seine scharfen Bügelfalten und der Glanz seiner gutgeschnittenen Seidenhemden erwähnt. Bonys charakteristischstes Körpermerkmal ist der fast unnatürlich starke Ausdruck seiner »eisblauen Augen«, der jedes andere Augenpaar, dessen Blick sich mit dem seinen trifft, sozusagen in die Knie zwingt.

Aber »Bony« ist nicht nur ein willensstarker Mann, der sehr auf sein Äußeres achtet; er verfügt auch über eine vorzügliche (Universitäts-)Bildung und einen brillanten Verstand. »Seinen Rang bei der Polizei«, erläutert der Arzt einer kleinen Ansiedlung den Mordverdächtigen im Fall des *Cake in the Hat Box*, »hat er verdient, denn er hat mehr gelernt als Schreiben und Lesen. Sehen sie sich nur seinen Schädel an: ein ganz intelligenter Bursche! Falls jemand von ihnen etwas zu verbergen hat, soll er nur aufpassen«.

Was das Verbrechen und die Verbrechensaufklärung angeht, so verfügt »Bony« über eine sehr spezielle Philosophie. Dazu gehört – erklärt Upfield in *Death of a Lake* (›Der sterbende See‹; 1954) – »die Überzeugung, daß der Verbrecher, wenn er sich unmittelbar nach seiner Tat nicht rührt, alle Chancen hat, der Strafe zu entgehen. Und wenn Bony das, selten freilich, bei seinen Ermittlungen feststellte, machte er Gegenzüge, um den Verdächtigen zu Bewegungen zu reizen«.

Auch über die Persönlichkeit der Täter hat »Bony« sehr dezidierte Vorstellungen. »›Fünfundneunzig Prozent der Mörder‹« – erläutert er in *Venom House* (›Die Giftvilla‹; 1953) – »sind ihr Leben lang Sadisten gewesen, auch wenn sie sich in der Außenwelt wie Kavaliere benehmen. Die anderen fünf Prozent morden, weil sie sich von zu großer Furcht oder ähnlichen Gefühlen unterkriegen lassen, und gehen uns hier nichts an. Unsere fünfundneunzig Prozent sind, wie ich schon feststellte, sadistische Bestien, von denen viele einen Heiligenschein der Würde zu tragen verstehen. Alle sind äußerst eitel, und gerade durch ihre Eitelkeit geben sie ihrem Verfolger die Chance, sie zu fassen. Ist das Verbrechen verübt, dann erreicht die Eitelkeit des Mörders ihren Höhepunkt, und der Verfolger braucht nur mit Geduld und Scharfsinn zu warten, bis der Mörder ihm durch alle möglichen Handlungen verrät, wie und weshalb er die Tat begangen hat«.

In gewissem Sinn ist auch der Polizist Napoleon Bonaparte eitel. Ein paar Dutzend Seiten vor seiner Analyse der Persönlichkeitsstruktur von Mördern erklärt er einem wegen Trunkenheit, »Widerstand gegen die Polizei, Angriff auf einen Polizeibeamten, Gebrauch unsittlicher Redensarten, Sachbeschädigung« und anderer Kleinigkeiten festgenommenen Arrestanten »arrogant«, er sei »ja auch kein beliebiger Polizist«, sondern: »›Ich bin Inspektor Napoleon Bonaparte. Ich bin das Schicksal, das Verhängnis‹«. Mir ist »Bony«, ehrlich gesagt, lieber, wenn er nicht ganz so große Töne spuckt – und schweigend und handelnd eigentlich sogar lieber als überhaupt redend: Wenn er auf einer einsamen Ranch den Zureiter spielt (*Death of a Sea*) oder wenn er sich gar in abgelegener Gegend als Pferdedieb ausgibt, um des Mordes an einem Polizisten Verdächtige zu überführen – wie es in *Bony and the Kelly Gang* (›Fremde sind unerwünscht‹; 1960) geschieht.

Über die Jahre hinweg schreibt Upfield ungefähr alle zwölf, vierzehn Monate ein neues Abenteuer seines Helden. Nur in den Jahren zwischen 1948 und 1951, zwischen den Titeln *An Author Bites the Dust* (›Die Leute von nebenan‹) und *The Widows of Broome* (›Die Witwen von Broome‹), klafft eine Lücke von drei Jahren. Es ist die Zeit, in der Upfield für die Australian Geographic Society eine Expedition in die wenig erforschten Gebiete im Norden und Westen des Kontinents durchführt, deren Erfahrungen vor allem in den meisterlichen Büchern der fünfziger Jahre ihren Ausdruck finden.

Denn Bony bleibt bei seinen Fällen keineswegs auf den Staat Queensland im Nordosten des Kontinents beschränkt. Das Detektivspiel führt ihn, im Gegenteil, über den gesamten Kontinent – und mit Vorliebe dahin, wo es einsam ist: in die Wüste, die Steppe, den Busch. Dort ist nicht nur Bony zu Hause. Dort scheint sich auch Upfield wohlzufühlen. Er vermittelt seinen Lesern grandiose Eindrücke eines wilden

Landes, brillant verpackt in spannende Geschichten. Der Kriminalroman wird bei Upfield, ohne seine Spannung, seine Eigenart und sein Aroma aufzugeben, zum Vehikel für Mitteilungen über unerhörte Begebenheiten nicht nur im menschlichen Inneren, sondern auch in der australischen Natur, zum Transportmittel auch zur Aufklärung über die Eigenarten von Menschen, die der europäischen Kultur und ihren Vorschriften, Sitten und Gewohnheiten nicht verpflichtet sind.

Ob Henry Reymond Fitzwalter Keating, der 1926 im englischen St. Leonards-on-Sea geboren ist, mit seinen Romanen um den indischen Polizeiinspektor Ghote so weit gelangt ist, wage ich zu bezweifeln. Doch Keatings Bücher über den Stadtmenschen aus Bombay, der in mancherlei Hinsicht Bonys Gegenteil ist, transportieren neben der oberflächlichen Folkloristik auch manche Einsichten in die Lebensart, wo nicht die Mentalität des indischen Subkontinents – und haben so letzten Endes auch ihren aufklärerischen Effekt.

Erstaunlicherweise findet sich in Keatings Lebenslauf, soweit er für die deutsche Öffentlichkeit publiziert ist, nirgendwo ein Hinweis auf einen längeren Aufenthalt am indischen Tatort: ein anderer Fall Karl May, der den Wilden Westen nie gesehen hatte, als er seine Winnetou-Old Shatterhand-Geschichten schrieb? Die Verlagswerbung teilt mit, Keating sei Rundfunktechniker gewesen und habe dann auf Journalismus umgesattelt; laut Reclams Kriminalromanführer gab er 1960 »seine Stellung bei der *Times* auf und lebt seither als freier Schriftsteller«[3]; ein Jahr vorher war Keatings erster Kriminalroman erschienen.

Die Geburt des Ganesh Ghote als literarische Figur fällt in die Mitte der sechziger Jahre; in dem Roman *The Perfect Murder* (1964) löst Ghote seinen ersten Fall. Da der Roman nie ins Deutsche übertragen wurde, machte der deutsche Leser die erste Bekanntschaft mit Ghote nicht auf indischem Boden, sondern – in *Inspector Ghote Hunts the Peacock* (›Der Pfau muß Federn lassen‹; 1968) – auf der Landetreppe des Londoner Flughafens; Ghote vertritt seinen Chef bei einer internationalen Konferenz über Rauschgiftprobleme und macht zwar am Rednerpult keinen sehr überzeugenden Eindruck, liefert aber den Kollegen von Scotland Yard die entscheidenden Hinweise zu einem großen Schlag gegen die Rauschgiftszene, da er auf eigene Faust und nicht ganz legal Detektiv gespielt hat – nicht aus Besorgnis um die Londoner Jugend, sondern weil ihm eine entfernte Verwandte zusetzte, den Fall eines verschwundenen, und wie Ghote herausfindet, ermordeten, jungen Mädchens aus der eigenen Familie zu klären.

Auch den nächsten Ghote-Roman Keatings, *Inspector Ghote Plays a Joker* (1969) bekommen die deutschsprachigen Leser nie zu Gesicht; erst seit Anfang der siebziger Jahre und beginnend mit *Inspector Ghote Breaks an Egg* (›Finger weg von heiligen Kühen‹; 1970) scheinen die Abenteuer des bescheidenen, fast schüchternen, aber höchst erfolgreichen CID-Inspektors den deutschen Leser komplett und sogar ohne größere Verzögerung erreicht zu haben.

In *Inspector Ghote Breaks an Egg* erlaubt uns der Autor, bevor er den Inspektor in eine kleine Stadt auf dem Lande schickt, einen kurzen Blick in sein Dienstzimmer, wo uns auf dem »von ihm selbst angeschafften Regal mit den Bambuskanten« und dem vom Vorbesitzer stammenden Beschriftungen vor allem eines auffällt: »der auf dem Ehrenplatz auf dem obersten Bord stehende Wälzer *Criminal Investigation* von Hans Groß, stockfleckig, aber meisterhaft«. Das Buch[4] spielt gewiß eine große Rolle für den »modus operandi« des Detektivs Ghote. Aber daß er nun alle Fälle nach Schema F und den Vorschriften des österreichischen Kriminalisten löste, ist ein böses Gerücht, vor dem wir Ghote in Schutz nehmen sollten. Was ihn zu einem guten Detektiv macht, ist zwar nicht die geniale Fähigkeit zum Kombinieren, die wir bei so vielen seiner Vorgänger und Konkurrenten angetroffen haben, aber ein gesunder Menschenverstand, verbunden mit Unvoreingenommenheit, Zähigkeit und Zivilcourage; letztere vor allem – Ghote braucht sie in praktisch allen seinen Fällen.

Denn eines ist grundsätzlich anders in diesen indischen Kriminalfällen des Engländers Keating: Während der Detektiv üblicherweise eine Macht ist, die man fürchtet oder die man doch zumindest respektiert, ist der Inspektor aus Bombay jemand, den man herumschubst und einzuschüchtern sucht: ein Kleiner, der die Gültigkeit des Gesetzes gegenüber solchen behauptet, die in der sozialen Skala durchweg weit über ihm stehen.

In praktisch allen seinen Fällen bewegt sich Ghote in Kreisen, in denen er sich unwohl fühlt. Häufig erreicht ihn ein politischer Auftrag. Vor seinen Vorgesetzten hegt er gebührenden Respekt. Seine eigene Person und deren Qualitäten schätzt er nicht sehr hoch ein. Aber alles das hindert ihn nicht daran, unbeirrt seinen Weg zu gehen und Gerechtigkeit herzustellen, so gut es geht – und daß es ziemlich gut geht, verdankt Ghote zuweilen auch einem freundlichen Geschick, das die Umständlichkeit und Ungeschicklichkeiten, die er sich leistet, zum Guten umbiegt, und nicht zuletzt auch seiner Menschenfreundlichkeit, die ihm zurückgezahlt wird von vielen einfachen Menschen mit Informationen, die ihn der Lösung seiner Fälle näher bringen.

In *Inspector Ghote Breaks an Egg*, zum Beispiel, bringt ihn der Auftrag eines einflußreichen Politikers in die Verlegenheit, einen fünfzehn Jahre alten Mordfall wieder aufzurollen. Der Bürgermeister einer Stadt auf dem Lande hat, sehr zum Mißfallen von Ghotes Auftraggeber, die politischen Fronten gewechselt; nun soll ihm der Inspektor nachweisen, daß er seinerzeit seine erste Frau umgebracht hat, seiner politischen Karriere wegen. Ghote gerät in eine ihm feindselig gegenüberstehende Umgebung: Der Bürgermeister hat die Stadt fest in der Hand. Zur Hälfte des Buches hat Ghote seinem Auftraggeber dennoch genügend politische Munition geliefert, die mit dem Mordfall nichts zu tun hat; so wird er zurückgepfiffen. Aber da ist Ghote eigen; nun will er auch wissen, was damals vor fünfzehn Jahren wirklich geschehen ist, und natürlich schafft er es.

Es sind nicht immer grandiose Fälle, mit denen Ghote sich abzugeben hat. In *Inspector Ghote Goes by Train* (›Inspector Ghote reist 1. Klasse‹; 1971) holt der Beamte einen Weiße-Kragen-Verbrecher von Kalkutta nach Bombay, quer durch ganz Indien; in *Filmi, Filmi, Inspector Ghote* (›Inspector Ghote geht zum Film‹; 1976) entlarvt er einen als landesweites Idol geltenden weiblichen Filmstar als Mörderin eines Kollegen, wird aber der Notwendigkeit enthoben, den Star ausgerechnet bei einer Filmgala zu verhaften, als der – ein früheres Artistenkind – sich aus einer Zirkuskuppel in den Tod stürzt: »Die Lösung des Rätsels von Dhartirajs Tod würde nie mehr sein als eine Eintragung in eine Akte mit der Aufschrift *Streng vertraulich*. Keine Haßausbrüche gegen ihn als Ankläger einer goldenen Heldin. Und kein Ruhm für den Mann, der den Fall des ermordeten Stars gelöst hatte. Öffentliche Rügen für einen scheinbar unaufgeklärten Mord. Vielleicht ein wenig Anerkennung von seinen Vorgesetzten. Ein Ende, das im Sande verlief«.

Nicht immer erhält Ghote wenigstens diese interne Anerkennung. Ein paar Jahre vorher, in *Inspector Ghote Trusts the Heart* (›Geben Sie's auf, Inspector Ghote‹; 1972) hatte ihn am Ende sein Superintendent stark gerüffelt, weil er auf eigene Faust einen verfahrenen Fall von Kindesentführung zum glücklichen Ende geführt hatte: »Sobald ich wieder an meinen Schreibtisch komme, werde ich das entsprechende Formular ausfüllen, das Ihnen mitteilt, daß Sie vor dem Disziplinarausschuß zu erscheinen haben. Niemand, Inspector, entzieht sich Befehlen, die ich ihm gegeben habe, und steckt dann auf eigene Faust seine schmutzigen Finger in meinen Fall«.

Zwei Jahre später, in *Bats Fly Up for Inspector Ghote* (›Inspector Ghote sucht die undichte Stelle‹; 1974), ist Ghote fast so weit, daß er freiwillig aus dem Dienst ausscheidet. Zu Beginn zwar erhält er dickes

Lob von einem Ganoven: »Ghote, das ist der, der das Beweismaterial nie manipuliert«. Doch im Verlaufe des Falles fällt Ghote immer wieder böse auf die Nase. Das ist allerdings kein Wunder, da der Bösewicht im Polizeiapparat selbst sitzt und Ghote ausgerechnet zu einer speziellen Anti-Korruptions-Einheit versetzt wurde, um den Burschen zu schnappen. Und Ghote, der sich nie durch übertriebenes Selbstbewußtsein ausgezeichnet hat und in seiner neuen Umgebung eine Menge Feindseligkeit gegen den Aufsteiger und Außenseiter fühlt, als den er sich selbst auch empfindet, muß durch einen langen dunklen Tunnel, ehe er am Ende das nur mündlich vorgebrachte Entlassungsgesuch zurückzieht und auch mit seiner Frau Protima wieder ins Reine kommt, dann aber auch Lob von allerhöchster Stelle erhält, vom Stellvertretenden Polizeipräsidenten: »›Nun, Ghote‹, meinte Mr. Rao, ›ich sehe, Sie haben gründliche Überlegungen angestellt.‹ ›Ja, Sir‹. ›Sie haben über jede Tatsache nachgedacht, von der sie wußten, und sie auf ihren Wahrheitsgehalt überprüft. Das ist keine leichte Arbeit, Ghote. Sie haben ihre Sache gut gemacht‹«.

Im allgemeinen erfährt der Leser nicht allzu viel über Ghotes Privatleben; wie viele andere literarische Detektive definiert er sich allein durch seine Fragen, Handlungen, Kombinationen. In *Bats Fly Up for Inspector Ghote* macht Keating eine Ausnahme und führt uns sogar in Ghotes Wohnung, läßt uns teilnehmen an einem Familienstreit. Ghotes halbwüchsiger Sohn bekommt Ärger mit seinem vom Dienst genervten Vater, als er ihm mitteilt, daß er den Beitrag für seinen Cricketverein nicht habe bezahlen können; ein Taschendieb habe ihm das Geld stibitzt. Ghote in seiner Verbiesterung argwöhnt, der Junge habe das Geld für Süßigkeiten ausgegeben, und reagiert auf eine Weise, wie man es von ihm sonst selbst im Umgang mit Verbrechern nicht gewohnt ist: ein Zeichen dafür, wie dünn seine Nerven diesmal sind.

Was weiß man sonst über Ghote? In *The Murder of the Maharajah* (›Tod einer hochgestellten Persönlichkeit‹; 1980) liefert scin Autor einige wenige Informationen über seine Herkunft nach. Der Roman spielt ausnahmsweise nicht in der Gegenwart, sondern in der kolonialen Vergangenheit Indiens, exakter: im April 1930; ein indischer Fürst wird auf raffinierte Weise ermordet, und Inspektor Ghote kommt natürlich nicht vor; es gibt ihn noch gar nicht. Aber es gibt seinen Vater, einen sympathischen Dorfschulmeister, der dem Detektiv dieses Buches, dem Engländer Howard, mit Informationen und Ratschlägen zur Hand geht. Und ganz am Ende dieses Buches hören wir Mr. Ghote senior sagen: »Wenn mir jemals zu meinen vier Töchtern noch ein Sohn geschenkt werden sollte, dann darf ich Ihnen folgendes versichern: Dieser Knabe soll, wenn es das Schicksal erlaubt, Polizeibeamter werden«.

Das war, wie gesagt, Anno 1930, und wenn der Knabe in einem der nächsten Jahre geboren ist, müßte er um das Jahr 1980 im besten Detektivalter gewesen sein: irgendwo in seinen Vierzigern. Kein Grund also, ihn aufzugeben oder in Pension zu schicken. Doch der deutsche Leser erlebt Ghote danach nur noch bei einem weiteren Fall – und das nicht einmal in Bombay oder irgendwo sonst in Indien, sondern (als ob es dort nicht schon genug literarische Detektive gäbe) in Kalifornien: in *Go West, Inspector Ghote* (»Inspector Ghote und der Guru in L. A.«; 1981). Wieder steckt der Auftrag einer einflußreichen Persönlichkeit dahinter, wieder muß Ghote seine Ferien opfern[5] – aber irgendwie scheint bei der ganzen Geschichte die Chronologie durcheinander geraten zu sein. Denn als Keating davon spricht, daß Inspektor Ghote, wenn auch nicht gänzlich aus eigenem Antrieb, lieber die heilige Stadt Benares besucht hätte, als im unheiligen Los Angeles eine verschwundene Politikertochter zu suchen, benutzt er die Wendung »mit Protima und dem kleinen Ved«, jenem Sohn also, der in dem sieben Jahre älteren Buch bereits in einer Cricketmannschaft spielte.

Was soll man davon halten? Schreibt der Autor Ghotes Abenteuer nicht in ihrer chronologischen Reihenfolge auf? Hat er, da er so selten mit Ghotes Familie umgeht, die Geburtsdaten der Familienmitglieder nicht im Kopf? Hat er eine alte Geschichte aus der Schublade gezogen, weil ihm neue nicht mehr einfielen? Wie dem auch sei: Wir verlassen Ghote – nein, nicht in L. A. Er hat seinen Fall, samt dem eindrucksvollen Trick, mit dem der Guru den komplizierten Selbstmord beging, wieder einmal geklärt und ist tatsächlich zurück nach Hause und auch nach Benares gekommen, mit Protima, die »ganz in ihrem Element« ist, und dem kleinen Ved, der »mit staunend aufgerissenen Augen« umherläuft. Und so steht er denn, »ein Pilger unter Tausenden anderer Pilger«, noch immer am Ganges und schaut über die Menschenmenge – jedenfalls für den deutschen Leser. Tatsächlich hat nicht etwa Autor Keating mit jener Szene in der heiligen Stadt der Hindus das Interesse an Inspektor Ghote verloren, sondern sein deutscher Verlag. Keating hat in den achtziger Jahren neue Abenteuer für Ghote erfunden, und das jüngste, *Under a Monsoon Cloud* (1986), bringt den Inspektor in ernsthafte Schwierigkeiten. Ghote war fast über Nacht von Bombay abkommandiert worden, um vorübergehend die kleine Polizeistation von Vigatpore, »miles distant from Bombay«, zu übernehmen. Just in diese Zeit fällt die Inspektion der Station durch Ghotes großes Vorbild, den Polizeigeneral »Tiger« Kelkar. Nicht, daß Ghote Kelkars Inspektion füchten müßte. Aber er gerät durch sie mittelbar in die größte Krise seines Lebens. Denn als der General, vor Wut über die Dummheit eines Polizisten explodierend, diesem ein schweres Tintenfaß an den Kopf wirft, trifft er den Trottel so unglücklich, daß er stirbt. Inspektor Ghote ermittelt nicht etwa; er hilft dem »großen Mann« sogar, die Geschichte zu vertuschen und die Leiche verschwinden zu lassen. Schon glaubt er sich, zurück in Bombay, in Sicherheit und ist dabei den Fall zu verdrängen, als ihm eine dienstliche Untersuchung auf die Schliche kommt: zunächst nichts anderes als eine lebensbedrohende Gefahr – denn was soll einer tun, den die Polizei von Bombay unehrenhaft entlassen hat? –, die abgewehrt werden muß, schließlich aber mehr und mehr willkommener Anlaß zum Nachdenken über sein Leben, seine beruflichen Präferenzen und seine soziale Wertigkeiten.

Daß der Japaner Otani jemals in Ghotes Situation kommen könnte, erscheint undenkbar – und das umfaßt sowohl Ghotes Loyalitätszwiespalt nach dem tödlichen Unfall als auch die gegen ihn eingeleitete Untersuchung. Denn während Ghote eine bei aller Klugheit, Effektivität und letztlich auch Integrität simple, naive Persönlichkeit ist, hat man Otani als einen wirklichen Herrn und als Intellektuellen anzusehen, von Haus aus mit einem anderen Hintergrund. Sein Vater war Chemieprofessor und offenbar einer der wenigen, der im Japan der Vorkriegszeit den Kaiser zu kritisieren wagte; er hat für seine liberalen Überzeugungen im Gefängnis gesessen. Otani selbst gilt den strammen Traditionalisten als »dekadent«: »Ein Mann« – wie es in *The Death Ceremony* (›Die Todeszeremonie‹; 1985) heißt – »von unbezweifelbaren Fähigkeiten, mit einem gewitzten, immer forschen Verstand«, aber in seinem Handeln nicht »Prinzipien« folgend, sondern »pragmatischen Einsichten«. Dazu gehört, daß er seine Frau Hanae als gleichberechtigtes menschliches Wesen akzeptiert (was ihn gegenüber strammen Rechten als »unter dem Pantoffel« stehend erscheinen läßt) und seinen Assistenten, den Inspektoren Kimura und Noguchi, erlaubt »zu sagen, was sie dachten, ja, er ermunterte sie, es zu tun, und stets fand er Rechtfertigungen für ihre abscheulichen Verstöße gegen die Disziplin«.

Otani und seine Leute treten zum ersten Mal 1979 in dem Roman *The Wages of Zen* (›Lohn des Zen‹) auf, und von Anfang an läßt der Autor James Melville keinen Zweifel daran, wie er Otani gesehen haben will: als Herrn. Die erste Begegnung des Lesers mit dem Superintendenten der Präfektur Hyogo in Kobe erfolgt bei einer Versammlung des Rotary

Clubs, und während Otani beim Lunch mit anderen Honorationen seinen gesellschaftlichen Verpflichtungen nachkommt, wartet draußen der Dienstwagen mit Fahrer.

Der Autorenname James Melville ist ein Pseudonym für den Briten Peter Martin, Jahrgang 1931. Er hat Philosophie studiert und auch gelehrt, ehe er im diplomatischen Dienst seines Landes die halbe Welt bereiste und zehn Jahre als Kulturattaché in Kyoto und Tokyo verbrachte. Die japanische Kultur hat er in dieser Zeit intensiv kennengelernt, und über den »ethnischen Detektiv«, wie er ihn nennt, hat er sich öffentlich Gedanken gemacht. Im Grunde, meint Melville, hätten die Autoren »seit den frühesten Anfängen dessen, was man heute unter Kriminalliteratur versteht, ihrem Werk Würze beizumischen versucht, indem sie ihre Mordgeschichten vor einem Hintergrund ansiedelten, der auf ihre mutmaßlichen Leser exotisch wirkt«[6]. Melville faßt den Begriff des »ethnischen« Detektivs weiter als wir den des »Exoten« in diesem Kapitel; er rechnet auch Tony Hillermans Navajo-Polizisten, Harry Kemelmans Rabbi Small und John Balls farbigen Virgil Tibbs dazu. Agatha Christies Hercule Poirot, ein Belgier in England, ist für Melville kein »ethnischer Detektiv«, sondern »ein erbärmlich billiger Kunstgriff« – was zeigt, daß der Begriff für Melville ein Ehrentitel ist: »Der wahre Detektiv, wie ich ihn sehe, ist im Gegensatz dazu ein aufrichtiger Förderer kulturellen Austauschs, gegenseitiger Toleranz und Verständnisses. Er oder sie nimmt sich der ewigen und universellen menschlichen Fährnisse an; er oder sie ist eine genau ausgearbeitete, stimmige Figur, mit der der Leser auf bedeutsame Weise mitfühlen und sich identifizieren kann. Andererseits ist der ethnische Detektiv zugleich auf faszinierende Weise anders, entstammt er doch einer fremden Kultur in all ihrer Farbenfreude und Vielfältigkeit, die ihn beeinflußt hat und für die wieder er steht«.

Mit der Formel vom ethnischen Detektiv als aufrichtigem Förderer kulturellen Austauschs kann kaum gemeint sein, daß sich der Detektiv selbst tatkräftig für den Austausch einsetzen müßte. Bei Melville und im Team von Otani gibt es dafür zwar eine spezielle Figur: den smarten, gutaussehenden Inspektor Kimura, der vorzüglich Englisch (und etwas Französisch) spricht, für den Kontakt mit Gästen aus dem Westen offiziell zuständig ist und den Reiz weiblicher Schönheit aus Europa oder Amerika entdeckt hat. Schon während des ersten Falles muß Otani Kimura warnen, nur ja nicht mit einer der beiden des Mordes verdächtigen Amerikanerinnen ins Bett zu steigen; allerdings hätte der gute Kimura in diesem Fall kaum eine Chance gehabt, da beide Frauen Lesbierinnen sind. Später hat Kimura mehr Glück. In *Sayonara, Sweet Amaryllis*

(›Sayonara für eine Sängerin‹; 1983) hat er ein Parallelverhältnis mit der Schwedin Ulla und der Amerikanerin Barbara, und auch bei Lindy Kowalski, die »zehn Jahre früher recht gute Aussichten gehabt hätte, als ›Playmate des Monats‹ in die Faltseiten des *Playboy* zu gelangen«, wäre er im Grunde nicht abgeneigt gewesen.

Die Hauptfigur fördert den kulturellen Austausch eher dadurch, daß sie durch ihre sympathische Fremdheit, die mit einer guten Portion Liberalität und viel Verständnis für Außenseiter gekoppelt ist, die Eigenheiten der fremden Kultur verständlich macht. Auch der Autor dient dem Anliegen des kulturellen Austauschs nur bedingt dadurch, daß er die sozialen und politischen Zustände Japans in einem möglichst günstigen Licht erscheinen läßt. Da auch Melvilles Romane um den Superintendenten Otani und seine Leute von Mordfällen und ihrer Aufklärung handeln, machen sie den Leser automatisch nicht mit den besten, sondern mit den dunkelsten Seiten der japanischen Gesellschaft bekannt. Aber Melville beläßt es nicht bei der wertfreien Darlegung von sozialen Situationen, die zu Mord und Totschlag führen. Die Verbrechen in den ersten sieben Titeln seiner Serie hängen durchweg mit der japanischen Gesellschaftsstruktur direkt zusammen, ihren auch vierzig Jahre nach dem Ende des Zweiten Weltkriegs nicht vollkommen überwundenen militaristischen und feudalistischen Zügen.[7]

Otani selbst zwar und die meisten seiner Leute stehen für das neue Japan; sie sind liberal und versuchen die Menschen mit der Polizei, die bis zum Kriegsende der gefürchtete, bewaffnete Arm der Staatsmacht zur Disziplinierung des Bürgers gewesen ist, zu versöhnen. Aber bei ihren Fällen stoßen sie grundsätzlich auf Relikte der alten Ordnung, die entweder das Verbrechen ausgelöst haben oder aber seine Aufklärung zu verhindern suchen; meistens geht beides Hand in Hand.

Gleich im ersten Fall zum Beispiel, in *The Wages of Zen*, dient ein Zen-Tempel, in dem vor allem Menschen aus dem Westen in die Geheimnisse östlicher Philosophie einzudringen versuchen, als Kontakt- und Ausbildungszentrum japanischer Terroristengruppen, die ihrerseits wiederum mit dem organisierten Verbrechen zusammenarbeiten. Otani muß, um einen letztlich dann doch eher menschlich-moralisch als eindeutig politisch begründeten Mordfall zu lösen, kräftig auf die Zehenspitzen einiger Geheimdienstler treten, die ihn für dumm verkaufen möchten und seine Arbeit behindern. Dafür braucht es, nicht nur in Japan, Mut und geistige Unabhängigkeit; der Superintendent besitzt beides in hohem Maße.

Nicht alle Fälle, mit denen Otani und seine Leute befaßt werden, wurzeln so tief in der jüngeren japanischen Geschichte wie jene, die in den Romanen *The Ninth Netsuke* (›Das neunte Netsuke‹; 1982) und *The Death Ceremony* beschrieben werden. In *The Ninth Netsuke* wird eine philippinische Prostituierte in einem Stundenhotel umgebracht, und Otani, der den Tatort incognito und aus durchaus anrüchigen Gründen gemeinsam mit seiner Frau Hanae als Kunde inspiziert, findet in einer Verkleidung des Betts eine wertvolle Elfenbeinfigur[8] (Netsuke), verschwundener Teil eines ganzen Figurensatzes, der zu den Kostbarkeiten japanischen Kunstbesitzes zählt. Es geht aber nicht um Kunstraub, sondern um Kriegsverbrechen und aktuelle Politik; die Elfenbeinfiguren verraten den Lageplan eines immensen Goldschatzes, den Japans Armee im Zweiten Weltkrieg zusammengestohlen hat und den nun die Neo-Militaristen an sich zu bringen suchen, um ihre politische Position zu stärken. Im Verlauf der Kampfhandlungen wird Hanae gekidnappt und der gute Noguchi gerät in Otanis falschen Verdacht, mit den Rechten unter einer Decke zu stecken; am Ende ist – wie fast immer – gerade er es, der Hanae befreit und den Fall insgesamt zu einem guten Ende führt.

In *The Death Ceremony* wird, während er die traditionelle Tee-Zeremonie durchführt, ein berühmter Meister der Zeremonie von hohem sozialem Ansehen von einem Scharfschützen erschossen. Da auch der britische Botschafter an der Veranstaltung teilnahm, liegt es nahe, an ein Versehen zu glauben und einen terroristischen Anschlag zu vermuten, zumal, da auch noch ein junger Ire aus der Umgebung des Erschossenen verschwunden ist. Am Ende findet Otani heraus, daß es doch eine rein japanische Angelegenheit war, verursacht durch heikle familiäre Beziehungen und verschwiegene Liebesaffären, ermöglicht durch gesellschaftliche Strukturen, die auch im Japan von heute immer noch bedingungslose Gefolgschaften auslösen: eine Erbschaft des Samurai-Denkens früherer Zeiten.

Auch Otani ist dem traditionellen Denken nicht völlig entwachsen. Nirgends fühlt er sich wohler als in Japan und in seinen eigenen vier Wänden. Aber er ist, wenn auch vielleicht nicht lernbegierig, so doch überaus lernfähig, wenn ihn die Umstände dazu zwingen. Ständiger Anlaß Otanischer Lernprozesse ist des Ehepaars einzige Tochter Akiko, zu achtundsechziger Zeiten eine mehr als nur engagierte, nämlich: militante linke Studentin, mittlerweile aber mit einem erfolgreichen Jungmanager verheiratet (der früher ebenfalls Molotowcocktails geworfen hat) und Mutter eines kleinen Sohns. Zwischen den Romanen *Sayonara, Sweet Amaryllis* (›Sayonara für eine Sängerin‹; 1983) und *Death of a Daimyo* (›Tod eines Daimyo‹; 1984) ist die Familie Shimizu offenbar nach

London versetzt worden; auf Einladung von Tochter und Schwiegersohn (und von Hanae überredet) fliegt Otani in *Death of a Daimyo* zu einem Besuch nach London. Dort gerät er prompt in einen Mordfall, weil die japanische Mafia ihre durch den Tod eines mächtigen Bosses entstandenen Nachfolgeprobleme notfalls auch im Ausland rasch und effektiv zu lösen versteht. Die Lösung des Falles erfordert eine Menge Teamwork über die Distanz des halben Erdballs hinweg: Otani in London, Kimura und Noguchi in Kobe. Aber Dank Otanis Scharfsinn, Kimuras Smartness und Noguchis vorzüglichen Beziehungen zur Unterwelt, die sich gerade in diesem Fall wieder hervorragend bewähren, wird der Fall auf eine so elegante Weise gelöst, daß Otani die Heimreise als Ehrenmitglied eines Colleges der Universität von Cambridge antreten darf. Daheim aber bittet er Kimura, der in Otanis Abwesenheit seinen Stellvertreter gespielt hat, um einen Gefallen: »Ach ja, noch eins, ich wünschte, sie würden mich nicht immer ›Chef‹ nennen. In Scotland Yard haben sie einen viel besseren Ausdruck. Würde es Ihnen etwas ausmachen, mich in Zukunft mit ›Guv'nor‹ anzureden?« Keine Frage für Otani (und Melville): Wenn es schon eine westliche Anrede sein muß, dann auf jeden Fall lieber eine englische als eine amerikanische.

Mit weiteren »exotischen« Serien vermag dieses Kapitel nicht aufzuwarten. Aber einer der exotischsten Kriminalromane, die je geschrieben wurden, sollte nicht vergessen werden. Er stammt von der Australierin Charlotte Jay, die 1948, nach einem Kunststudium, nach Neuguinea ging, zahlreiche Reisen ins Landesinnere unternahm und das Leben und die Kultur der wilden Papuastämme studierte. Als Frucht dieser Studien und Reisen erschien 1952 der Roman *Beat Not the Bones* (›Bis auf die Knochen‹), mit dem die Autorin auf Anhieb den amerikanischen Edgar Allan Poe-Preis gewann und der tatsächlich ein richtiger Kriminalroman ist, auch wenn er auf weite Strecken wirkt wie ein Buch über Ethnologie und die rätselhaften, magischen Kräfte der von Zivilisation kaum beleckten Ureinwohner Neuguineas; ehe im Finale alle Nebel verfliegen, die menschliche Habgier absichtsvoll über die Vorgänge in der Vergangenheit und im unzugänglichen Papua-Reservat gelegt hat.

Ein Abenteurer kommt zu einer australischen Behörde auf Neuguinea[9]. Er weist zwei große Stücke geformtes Gold vor, die angeblich aus einem Ritualschatz der Papuas stammen, und verlangt die Erlaubnis, diesen Schatz zu heben. Vor allem aufgrund einer Intervention des Anthropologen Warwick wird ihm die Erlaubnis verweigert. Doch eine Spirale kommt in Gang, an deren Ende eine Katastrophe steht. Warwick nämlich beschließt, sich die seltsamen Goldschätze einer Kultur, der die Behandlung von Metallen angeblich unbekannt ist, selbst anzuschauen und unternimmt eine Expedition ins Landesinnere. Wenig später ist Warwick tot, und seine junge Frau Emma, die aus Australien gekommen ist, um mit ihrem Mann zu leben, steht vor der Alternative, heimzufahren oder die geheimnisvollen Umstände seines Todes aufzuklären. Obwohl eher zart und absolut tropenunerfahren, wählt Emma Warwick die detektivische Recherche...

Beat Not the Bones ist einer der großen unbekannten Romane der Krimi-Literatur: ein Buch voll von Schwüle und vom Geruch der Tropen. Es läßt etwas ahnen von der seltsamen, an Müdigkeit grenzenden Verzauberung, die vielen Weißen in jenen Regionen widerfährt – und von der grenzenlosen Habgier, mit der die weißen Eindringlinge, oft unter dem Vorwand der Hilfe, die Einheimischen ausbeuten.

[1] *A. Arnold/J. Schmidt:* Reclams Kriminalromanführer. Stuttgart 1978. S. 337.

[2] Wiederum gibt es Differenzen bei der Datierung. Reclams Kriminalromanführer nennt 1926 als Erscheinungsjahr für »The House of Cain«, 1928 für »The Barrakee Mystery«.

[3] Reclams Kriminalromanführer, S. 214.

[4] Es handelt sich um *Hans Groß:* Handbuch für Untersuchungsrichter als System der Kriminalistik, Wien 1893, ständige Neuauflagen bis 1954.

[5] Mit den Ferien scheint es bei allen Kriminalbeamten überall in der Welt Probleme zu geben. In nicht wenigen literarisch notierten Fällen müssen lange und fest geplante Reisen verschoben werden, weil ein wichtiger Fall Vorrang hat. Vielleicht bleiben deshalb so viele beamtete Detektive ehelos (bzw. scheitern ihre Ehen): Sie scheuen die ständigen Auseinandersetzungen mit reisewütigen Ehefrauen.

[6] *James Melville:* Der ethnische Detektiv, Nachwort zu: »Das neunte Netsuke«, Ullstein Verlag, Berlin 1987, S. 156-58.

[7] Noch stärker weist ein anderer Roman von James Melville auf Japans verdrängte Vergangenheit hin: »Chrysantheme und Schwert« (Originaltitel: »The Imperial Way«), Ullstein Verlag, Berlin 1987, Hardcover, (Originalausgabe: 1986). In diesem Roman, teils politischer Thriller, teils Krimi, teils Hochliteratur, recherchiert eine junge Amerikanerin japanischer Herkunft über die Lebensgeschichte eines japanischen Industriemagnaten und findet finstere Dinge über das Objekt ihrer Recherchen und seine Familie heraus. Der Roman spielt auf zwei zeitlichen Ebenen: 1986 und 1936.

[8] Um der Wahrheit die Ehre zu geben: Es ist Frau Hanae, die die Elfenbeinfigur findet.

[9] Das heutige Papua-Neuguinea stand nach dem Zweiten Weltkrieg zunächst unter australischer Verwaltung.

Ausgewählte Bibliographie

H. R. F. Keating: *In Schönheit sterben*; *Der Pfau muß Federn lassen*; *Finger weg von heiligen Kühen*; *Inspector Ghote reist 1. Klasse*; *Geben Sie's auf, Inspector Ghote!*; *Inspector Ghote sucht die undichte Stelle*; *Inspector Ghote geht zum Film*; *Inspector Ghote*

unter falscher Flagge; *Inspector Ghote und der Guru in L. A.*; *Tod einer hochgestellten Persönlichkeit* – sämtlich Rowohlt Verlag, Reinbek.
Arthur W. Upfield: *Bony übernimmt den Fall*; *Bony und die Maus*; *Bony und die schwarze Jungfrau*; *Bony und die Todesotter*; *Bony stellt eine Falle*; *Bony wird verhaftet*; *Die Giftvilla*; *Ein glücklicher Zufall*; *Die Junggesellen von Broken Hill*; *Der Kopf im Netz*; *Die Leute von nebenan*; *Mr. Jelly's Geheimnis*; *Der neue Schuh*; *Der schwarze Brunnen*; *Der streitbare Prophet*; *Todeszauber*; *Wer war der zweite Mann?*; *Die Witwen von Broome*; *Der sterbende See* – sämtlich Goldmann Verlag, München.
James Melville: *Lohn des Zen*; *Die Chrysanthemen-Kette*; *Ein alter Samurai*; *Das neunte Netsuke*; *Sayonara für eine Sängerin*; *Tod eines Daimyo*; *Die Todeszeremonie* – sämtlich Ullstein Verlag, Berlin.
Charlotte Jay: *Bis auf die Knochen*, Ullstein Verlag, Berlin 1986.

Abgründe der Provinz

Die Drei aus Neuengland: Ursula Curtiss, Judson Philips und Richard Forrest

Dies wird, zugegebenermaßen, ein Kapitel, das alle jene Autoren des angelsächsischen Sprachraumes sammelt, die in spezielleren Kapiteln nicht unterzubringen waren und die doch nicht fehlen sollen. Einige von ihnen sind recht prominent, manche machen hohe Auflagen, andere haben vereinzelte vorzügliche Bücher geschrieben. Mit anderen Worten: Die Qualität der hier versammelten Autoren verbot es, etwas wie ein »Lumpensammler«-Kapitel an das Ende des angelsächsischen Teils zu hängen; dazu sind die meisten der Autoren in diesem Abschnitt zu wichtig. Daß sie sich hier unter der Sammelüberschrift des Provinzlerischen wiederfinden, ist vermutlich auch nicht der Weisheit letzter Schluß; immerhin leben unsere Autoren, zum Teil hochberühmt, in Metropolen wie New York oder London, und auf die Frage, weshalb Massachusetts Provinz ist, wenn Ursula Curtiss morden läßt, und keine in Robert B. Parkers Romanen, weshalb Florida bei Elmore Leonard provinzieller wäre als bei John D. MacDonald, wüßte ich keine befriedigende Antwort. Sei's drum – das Kind brauchte einen Namen...

Der amerikanische Bundesstaat Connecticut, nördlich von New York und westlich von Boston, ist in seinen ländlichen Regionen noch immer eine ziemlich friedliche Gegend. In den Dörfern bleiben die Autos selbst über Nacht mit dem Schlüssel im Zündschloß im Freien stehen, und die Haustüren werden nur dann verschlossen, wenn man über Nacht wegbleibt. Für das kleine Häuschen mitten im Wald, das wir im Sommer 1979 für ein paar Ferienwochen in einer kleinen Ortschaft im Nordwesten Connecticuts gemietet hatten, existierte nicht einmal ein Schlüssel. Kapitalverbrechen sind in dieser Gegend äußerst selten. Morde kommen kaum vor – und wenn doch, bleiben sie für eine ganze Weile Gesprächsstoff.

Im Sommer 1979 sprach man im Nordwesten Connecticuts von einem Mord an einer älteren Frau. Alle Indizien schienen auf einen Nachbarsjungen als Mörder zu deuten. Die Polizei nahm ihn fest, überführte dann aber einen Landstreicher als Täter, wie es die Bevölkerung die ganze Zeit vermutet hatte.

Gut ein Jahr später wurde ich an den Fall erinnert. Ich fand ihn, leicht verwandelt und mit einer raffinierteren Pointe, als Stoff eines Kriminalromans und war nicht sehr überrascht. Denn Judson Philips, der Autor von *A Murder Arranged* (›Alles deutet auf Tim Ryan‹; 1978), wohnt in dem Städtchen Canaan im Nordwesten von Connecticut. Der reale Mordfall hatte sich praktisch vor seiner Haustür ereignet, und eine solche Chance konnte sich ein Routinier wie Philips wohl nicht entgehen lassen.

Philips, geboren 1903 in Massachusetts, schreibt seit Mitte der dreißiger Jahre Romane (und vorher verdiente er sein Geld bei den »Pulps«); er ist eine ganze Krimifabrik. Sein deutscher Verlag, Rowohlt, spricht von »mehreren Pseudonymen«, Reclams Kriminalromanführer[1] behandelt ihn gleich unter einem solchen als »Hugh Pentecost«; unter diesem Namen hatte Philips, schon in den späten dreißiger Jahren, seine ersten krimiliterarischen Erfolge.

Die Kriminalromane, die Judson Philips unter seinem eigenen Namen veröffentlicht hat, haben seit Anfang der sechziger Jahre immer denselben Detektivhelden: Peter Styles, Journalist und Star-Reporter eines weltberühmten Magazins mit Namen »Newsview«. Styles berichtet über Politik und Verbrechen, und er scheint selbst Gewalttaten anzuziehen wie der Honig die Bienen. Bei einem völlig sinnlosen Gewaltakt, als nämlich ein schwerer Wagen voll mit jungen Leuten sein eigenes Auto von der Straße in einen Abgrund drängt, verliert Styles nicht nur seinen Vater auf dem Beifahrerseitz, sondern auch ein Bein. Ein paar Jahre später, in *The Larkspur Conspiracy* (›Fehlbetrag: 20 Millionen‹; 1973), scheint Styles' Ehefrau Grace unter den Toten eines Flugzeugabsturzes in Asien zu sein; etwas später, in *Backlash* (›Wer sterben soll, bestimme ich‹; 1976) wird sie bei einem politischen Attentat ermordet. Vorfälle wie diese haben Styles zum persönlich motivierten Kämpfer gegen jede Art von Gewalt gemacht. Daß ihm bei diesem Einsatz für den Frieden und gegen die zunehmende Brutalität des täglichen Lebens sein Beruf und seine exponierte Position zu Hilfe kommen, steht außer Frage.

Immer wieder wird Styles persönlich in Fälle involviert, beispielsweise, als ein Schauspieler, der bei ihm gewohnt hat, brutal ermordet wird (*Why Murder?*, ›Bretter, die den Tod bedeuten‹; 1979). Oder weil einem jungen Mädchen, das mit ihrem Freund die Styles besucht hat, auf dem Nachhauseweg der Kopf mit einer Schrotflinte weggeschossen wird

(*The Power Killers*, ›Die höflichen Mörder‹; 1974). Doch die meisten Fälle kommen von außen auf ihn zu. Entweder lockt sein Ruf Menschen an, die sich von ihm Hilfe erhoffen (etwa in *Five Roads to Death*, ›Die Macht von morgen‹; 1977, als ein junges Mädchen ihn in einen Kidnappingfall mit politischen Implikationen hineinzieht). Oder aber seine Zeitung, sein Chefredakteur (und Freund) Frank Devery setzen Styles von vornherein auf einen Kriminalfall an – beziehungsweise auf eine politische Affäre, die sich rasch zu einem Kriminalfall entwickelt, so etwa in *The Vanishing Senator* (›Lösegeld für den Senator‹; 1972) oder in *Death Is a Dirty Trick* (›Manche Zeugen sterben früher‹; 1980).

Auf diese Weise kommt Styles mit zwei sehr unterschiedlichen Arten von Gewaltverbrechen in Kontakt: kleinen privaten und großen öffentlichen. Aber im Grunde unterscheiden sich die beiden Verbrechensarten nur quantitativ. Die Motive sind hier wie da immer die gleichen: Macht und Einfluß, Geld, Eifersucht, Rache. Und die Vermutung, daß die Profis kühler und kaltblütiger zu Werke gehen als die Amateure, läßt sich in den Abenteuern des Peter Styles nur sehr bedingt bestätigt finden.

Fast alle Peter Styles-Krimis von Judson Philips, zwischen 1960 – *Whisper Town* (›Die flüsternde Stadt‹) – und 1982 – *Target for Tragedy* (›Zielscheibe des Bösen‹) – spielen durchweg im Nordosten der Vereinigten Staaten, die meisten in Neuengland, in des Autors unmittelbarer Nachbarschaft. Und zumindest in diesen Büchern ist die Gegend, die Touristen so friedlich, ja idyllisch erscheint, voller Abgründe, anscheinend auch voller Fremdenhaß. Aus purem Spaß bringen Teenager fremde Autofahrer in Lebensgefahr, und aus der scheinbaren Idylle wachsen, wie in dem Roman *Thursday's Folly* (›Fünf kleine Mörderlein‹; 1967), Typen auf, die einem Alptraum entsprungen sein könnten.

Ob all diese Gewalt in den Büchern von Philips reine Phantasie ist oder ob der Tourist nur die harmlose, trügerische Oberfläche sieht, wenn er durch die sauberen Straßen von Canaan fährt, im Red Lion von Great Barrington ißt oder im Jennifer House einkauft, wage ich nicht zu entscheiden. Aber sicher ist, daß die Region in jüngerer Zeit nicht nur einen, sondern gleich mehrere Autoren mit ausgesprochen mörderischer Phantasie hervorgebracht hat. Zu ihnen gehört Richard Forrest, der am 8. Mai 1932 in Orange, New Jersey, geboren ist und seit Ende der fünfziger Jahre in Hartford, der Hauptstadt des Staates Connecticut, lebt, seit 1972 als freier Schriftsteller. In Forrests Romanen, die nach Angabe des amerikanischen Fan-Buchs *Murder Ink*[2] sämtlich mit dem sportlichen Hobby Forrests, dem Ballonfahren, zu tun haben, spielen der Kinderbuchautor Lyon Wentworth und seine Frau Bea die Hauptrollen; in den fünf in deutscher Sprache veröffentlichten Romanen von Forrest kommen die beiden nur im ältesten, *Who Killed Mr. Garland's Mistress?* (›Seitensprung mit Mord‹; 1974), nicht vor. Auch ohne Mr. und Mrs. Wentworth ist *Who Killed Mr. Garland's Mistress?* ein starkes Buch. Gleich der Eröffnungssatz fährt in einer einzigen großen Bewegung das ganze Thema ab, umreißt die Geschichte und läßt einen Abgrund klaffen: »Nachdem sie zwei Stunden lang hingehört hatte, entschied Tavie Garland, daß es mit der Welt besser bestellt wäre, wenn Helen Fraser nicht existieren würde«. Der Satz enthält im Kern schon das ganze Drama des Romans: die Selbstgerechtigkeit und Egozentrik einer scheinbar ganz normalen, bürgerlichen Hausfrau, die einer anderen, ihr unmoralisch erscheinenden Frau, die Lebensberechtigung abspricht und später ohne Gewissensbisse auch das Leben nimmt, weil es ihr eigenes unangenehm berührt. Auf Tonbändern, die ihr Mann von den Interviews mit einer Mörderin mitbringt, über die er ein Buch schreiben will, vermeint Tavie Garland infolge eines Aufnahmefehlers auch den Beweis dafür zu entdecken, daß ihr Mann mit der fremden, kriminellen Frau noch im Gefängnis eine Beziehung angeknüpft hat. Da scheint etwas in der selbstgerechten Bürgerfrau kaputt zu gehen; ein kleiner Motor in ihrem Inneren setzt sie in Bewegung und treibt sie sacht, aber stetig, in die Katastrophe. Natürlich fühlt sich Tavie Garland, die am Ende zwei Menschen umgebracht hat und die Beseitigung eines dritten plant, nicht als Täter, sondern als Opfer, das sich mit vielleicht nicht legalen, aber moralisch gerechtfertigten Mitteln nur seiner Haut wehrt. Schließlich geschehen Tavie, kaum daß die Mörderin nach dem Absitzen ihrer Strafe das Gefängnis verläßt, merkwürdige Unfälle, welche die Polizei und ihr Mann zwar als Zufälle einstufen, die sie selbst aber eindeutig als Mordanschläge erkennt. Da ihr niemand gegen diese Nachstellungen helfen will, greift sie zur Selbsthilfe, mit Gewalt. Ein Rädchen greift ins andere; der Wahn der Tavie Garland entwickelt sich wie ein unaufhaltsamer Sog, aus dem die Zentralfigur, Täter und Opfer, nie mehr herauskommt: ein psychischer Prozeß, wie ihn nur Patricia Highsmith und Margaret Millar besser beschrieben haben.

Die fünf auf Deutsch erschienenen Krimis stammen aus der vergleichsweise kurzen Zeit zwischen 1974 und 1979; im zweiten von ihnen – *A Child's Garden of Death* (›Das Puppengrab‹; 1975) – gibt Mr. Lyon Wentworth, von Beruf Kinderbuchautor, sein Debüt als Detektiv. Auf den Spuren des Kanada-Kaliforniers Ross Macdonald beschreibt Forrest die Geschichte einer großen detektivischen Reise in die Vergangenheit:

die Aufklärung eines Mordes, der dreißig Jahre zuvor begangen wurde. Bei Erdarbeiten auf einem abgelegenen Gelände in Neuengland, wo alle Krimis von Forrest spielen, buddelt ein Bulldozer drei Skelette aus: Mann, Frau und Kind. Man stellt fest, daß die drei in den vierziger Jahren verscharrt wurden, vermutlich zur Zeit des Zweiten Weltkriegs. Doch in dieser Zeit ist kein Fall des Verschwindens einer ganzen Familie bekannt. Schließlich findet die Polizei anhand eines Gebisses heraus, daß die Erwachsenen auf keinen Fall in Amerika geboren sein können. Es müssen Einwanderer aus Europa gewesen sein. Weitere Indizien lassen darauf schließen, daß der Mann ein deutscher Jude war: Ingenieur oder Techniker. Tatsächlich hat ein solcher Mann damals in der Gegend gearbeitet, in einem Werk, das riesige Gewinne machte; heute gehört dem Besitzer die halbe Gegend. Aber die deutsche Familie ist damals nach Kalifornien weitergezogen – oder etwa doch nicht?

Ungefähr um die Mitte des Buches weiß der Leser, wer hinter dem Verbrechen steckt. Aber da der Bösewicht so mächtig ist, daß ihm selbst die Staatsmacht so ohne weiteres nicht ans Leder kann, muß der Held – unser Kinderbuchautor – nach guter alter Westernmanier in den Kampf. Forrests literarische Überzeugungskraft ist so groß, daß der Leser ihm diese Wendung nicht nur abkauft, sondern sie sogar als folgerichtig und sinnvoll empfindet. Wentworth, weniger für Recht und Ordnung als für eine demokratische, menschliche Gesellschaft streitend, ist dem Leser schon in seinem ersten Abenteuer ähnlich sympathisch geworden wie die Detektivhelden Chandlers oder Macdonalds.

Schon in *A Child's Garden of Death* genießt Wentworth die kräftige Unterstützung seiner Frau Beatrice, genannt Bea, die sich politisch betätigt und »zunehmend an politischer Macht im Staate gewann«. Bea, ein wenig hörbehindert, kompensiert mit ihrem politischen Engagement den Verlust der gemeinsamen Tochter, die als Kind gestorben ist, so wie Lyon sich mit dem Entwerfen von Geschichten für Kinder und dem Ballonfliegen tröstet. In *The Wizard of Death* (›Keine Story für die Kleinen‹; 1977) avanciert Bea zur Senatorin des Staates Connecticut. Aber gleichzeitig gerät sie in die Schußlinie eines Attentäters, und Lyon Wentworth legt sein neues Manuskript beiseite, um zusammen mit seinem Freund Rocco, dem örtlichen Polizeichef, den Gangster zu jagen, der auf Bea geschossen, sie aber verfehlt hat. Es handelt sich um eine verzwickte politische Affäre, wiederum mit tiefen Wurzeln in der Vergangenheit eines der Beteiligten – und heftigen Attacken Forrests gegen die Methoden eines Teils der Polizei.

Auf den politischen Thriller läßt Forrest einen reinen Whodunit-

Krimi folgen, dessen spezieller Trick nicht nur eine falsche Mordzeit suggeriert, dem Täter also ein prachtvolles Alibi liefert, sondern das Verbrechen zunächst sogar als Unfall erscheinen läßt. Wentworth, am Morgen seines Geburtstags mit dem neuen Ballon zu einer Probefahrt aufgestiegen, erlebt als Augenzeuge, wie ein Flugzeug mit auffällig bemalten Tragflächen abstürzt. Im Flugzeug scheint Lyons Schulfreund und Rechtsanwalt Tom Giles umgekommen zu sein. Aber wie kann Lyon dann, in der folgenden Nacht, einen Anruf von Tom erhalten, in dem dieser mitteilt, er fürchte, ermordet zu werden? Tom ist später tatsächlich tot, und als Lyon, der eigentlich nie wieder Detektiv hatte spielen wollen, der Sache nachgeht, kommt er einer recht bedeutenden geschäftlichen Gaunerei auf die Schliche. Doch wer Toms Mörder ist, bekommt er erst heraus, als er feststellt, daß und wie man ihn – mit Hilfe eines perspektivischen Tricks mit den buntbemalten Tragflächen – genarrt hat. Forrest schildert diesen klassischen Krimistoff sympathisch unprätentiös: Schritt für Schritt mit logischen Deduktionen an die Wahrheit sich herantastend und mit viel Sympathie nicht nur für den Detektiv und seinen Kreis, sondern sogar für die Täter, die auch nur Menschen sind, also verführbar.

In seinen letzten in Deutschland bekanntgewordenen Fall gerät Wentworth auf recht makabre Weise. Als Lyon in *The Death in the Willows* zu Beginn den Bus von New York nach Hartford, Conn., besteigt, ist auch ein junger Amokläufer im Wagen, der – als der Bus eine andere Route nimmt, als er erwartet hat – durchdreht und eine Passagierin tötet, einen anderen anschießt. Ein Unbekannter schiebt Wentworth unter seiner Zeitung eine großkalibrige Pistole in den Schoß und benimmt sich so, daß der Amokschütze aufmerksam wird; wenn er nicht selbst erschossen werden will, muß Lyon seinerseits sich der Waffe bedienen. Er tut es und erschießt den Amokläufer: Auftakt einer langen, unerfreulichen, komplizierten politischen Kampagne, die seine Frau Bea – mittlerweile Ministerin des Staates Connecticut – die Wahl in den Congress in Washington kostet, genau so, wie es ihre politischen Gegner, mit der Mafia im Bunde, gehofft hatten. Wie in *The Wizard of Death* entwickelt Forrest einen politischen Thriller von hoher Phantasie und nicht allzu großer Entfernung von der Wirklichkeit; wie in allen Büchern zuvor bringt er seine Geschichte mit großem handwerklichen und künstlerischen Geschick zu einem Ende, das überschattet bleibt: »Ein moralisch verderbter Mensch war den Mittelgang eines Busses entlanggegangen und hatte Lyon gezwungen, gegen das zu verstoßen, was für ihn eines der wesentlichsten Dinge war – die Ehrfurcht vor dem Leben. Nachfolgende Ereignisse hatten weitere Leben vernichtet, und für immer und ewig würde ein unklares Schuldgefühl das Leben seines Freundes belasten«. Die Mitteilung, daß die Wunden »nur langsam heilen, aber heilen würden«, weist daraufhin, daß *The Death in the Willows* von Forrest nicht als letztes Abenteuer von Lyon und Bea Wentworth geplant war. Aber die folgenden drei Romane Forrests haben scheinbar den Weg nach Deutschland nicht gefunden.

Der Übergang von Richard Forrest zu Ursula Curtiss ist ziemlich kühn. Denn außer der Tatsache, daß beide Krimis schreiben und mindestens zeitweise in derselben Region wohnten, verbindet sie wenig. Ursula Curtiss, 1923 als Tochter der Krimiautorin Helen Reilly geboren, lebte bis 1960 in Massachusetts und zog dann mit Mann und Familie nach New Mexico, eine Bewegung, die ihre Bücher mitmachen, ohne daß sich doch am Milieu, in dem die Kriminalfälle der Ursula Curtiss spielen, Wesentliches änderte.

Das Milieu der Curtiss ist grundsätzlich gehobener, wohlhabender Mittelstand; Familien, deren verwandtschaftliche Bindungen überdurchschnittlich gut funktionieren, die aber trotzdem nicht eigentlich intakt sind. Es gibt immer eine Menge Neffen und Nichten, Schwägerinnen und Schwiegermütter – und mittendrin eine Frau, die unter dem Eindruck seltsamer Vorfälle sacht aus dem Gleis zu driften droht und den Verstand zu verlieren scheint, am Ende aber immer gerettet wird und ein Happyend erlebt. Gelegentlich sind diese Frauen durch schwere Schicksalsschläge bereits disponiert für die schweren psychischen Krisen, in die sie von übelwollenden Mitmenschen ganz bewußt hineingetrieben werden – wie Kate Barlow in *The Wasp* (›Die Wespen‹; 1963), einem Roman aus Ursula Curtiss' mittlerer Schaffensperiode; Kate Barlow hat ihren Mann auf der Hochzeitsreise durch einen von ihm verschuldeten schweren Verkehrsunfall verloren, bei dem sie selbst schwer verletzt wurde; seitdem ist sie anfällig für Depressionen und geistige Verwirrungen.

Ursula Curtiss hat 1948 mit dem Roman *Voice Out of Darkness* (›Stimme aus dem Dunkeln‹) debutiert und während der nächsten dreißig Jahre ähnlich regelmäßig wie ihr Kollege Judson Philips Jahr für Jahr einen neuen Titel publiziert, von denen um die zwanzig auch in deutscher Übersetzung vorliegen. Ihre Bücher tragen Titel wie *The Iron Cobweb* (›Das eiserne Spinngewebe‹; 1953), *So Dies the Dreamer* (›Träum schön vom Tod‹; 1960), *Don't Open the Door* (›Der Mörder steht vor meiner Tür‹; 1968) oder *The Birthday Gift* (›Alles Böse zum Geburtstag‹;

1976), und in diesen Titeln steckt ein Programm; es handelt sich durchweg nicht um Whodunit-Romane, sondern um Psychothriller, in denen nicht nur die Täter, sondern auch die Opfer einen psychischen Knacks haben und in denen sich sanfter oder grober Terror bis in eine Dimension hinein aufschaukelt, in der Morde als natürliche Konsequenz erscheinen. Keiner von Ursula Curtiss' Romanen zwischen *The Second Sickle* (›Ein Mörder schleicht ums Haus‹; 1950) oder *The Noonday Devil* (›Spuren in der Nacht‹; 1951) und den Spätwerken *The Menace Within* (›Das unheimliche Grauen‹; 1979) oder *The Poisoned Orchard* (›Spieglein, Spieglein, an der Wand‹; 1980) erreicht die Qualität guter Bücher von Patricia Highsmith. Aber in ihren Grenzen sind die Romane von Ursula Curtiss, beispielsweise *The Stairway* (›Schatten an der Wand‹; 1957) oder *Letter of Intent* (›Sturz in die Vergangenheit‹; 1971) sehr ordentliche Psycho-Krimis.

[1] *A. Arnold/J. Schmidt:* Reclams Kriminalromanführer. Stuttgart 1978. S. 276.
[2] *Dilys Winn:* Murder Ink, New York 1984. S. 290

Ausgewählte Bibliographie

Judson Philips: *Ein Pferd für 30 Personen*; *Manche Zeugen sterben früher*; *Bühne frei für Mord*; *Zielscheibe des Bösen*; *Alles deutet auf Tim Ryan*; *Bretter, die den Tod bedeuten*; *Wer sterben soll, bestimme ich*; *Fehlbetrag: 20 Millionen*; *Lösegeld für den Senator*; *Schüsse in Connecticut*; *Fünf kleine Mörderlein*; *Die Zündschnur brennt*; *Die höflichen Mörder*; *Die Macht von morgen* – sämtlich Rowohlt Verlag, Reinbek.
Richard Forrest: *Seitensprung mit Mord*; *Das Puppengrab*; *Keine Story für die Kleinen*; *Der Tod hat bunte Flügel*; *Einmal Friedhof einfach* – sämtlich Scherz Verlag, München.
Ursula Curtiss: *Der Mörder steht vor meiner Tür*; *Schritte im Nebel*; *Träum schön vom Tod*; *Spieglein, Spieglein, an der Wand*; *Die Wespen*; *Das unheimliche Grauen*; *Sturz in die Vergangenheit*; *Schatten an der Wand*; *Der Spielverderber*; *Der Mann mit dem Papageiengesicht*; *Alles Böse zum Geburtstag*; *Die lächelnde Maske*; *Spuren in der Nacht*; *Das eiserne Spinngewebe* – sämtlich Scherz Verlag, München.

New York Snobiety:
Edgar Box, Patrick Quentin, Rae Foley und George Baxt

Der folgende Abschnitt befaßt sich vor allem mit Pseudonymen. Ein prominenter Autor verdeckt mit dem Pseudonym seine Krimi-Sünden. Ein Team verbirgt sich hinter einem einzigen Namen. Eine weibliche Autorin gibt sich, vermutlich aus Gründen des Absatzes, einen männlichen Namen – nichts Ungewöhnliches im Krimi-Gewerbe.

Der prominente Autor heißt Gore Vidal: am 3. Oktober 1925 in West Point im Staat New York geboren und nicht erst seit seiner skandalösen *Myra Breckinridge* (1968) ein Idol der New Yorker literarischen Salons. Vidals Kriminalromane, in den USA wie in Deutschland unter dem Pseudonym Edgar Box publiziert, stammen aus den frühen fünfziger Jahren. Der originellste der Krimis von Box ist, nicht zuletzt wegen seines Milieus, gleich der erste: *Death in the Fifth Position* (›Tod in der fünften Position‹; 1952). Der Titel läßt ahnen: Es handelt sich um einen Krimi aus der Welt des klassischen Balletts. Zu Beginn der New Yorker Saison des »Grand Saint Petersburg Ballet« wird die Ballerina Ella Sutton während der Vorstellung des Balletts »Sonnenfinsternis« das Opfer eines tödlichen Unfalls. Aus 15 Meter Höhe fällt sie auf den Boden und bricht sich das Genick; Mörderhände haben das Kabel angeschnitten, das sie trug. Für den Mord hatten eine Menge Leute ein Motiv: der Dirigent zum Beispiel, Ella Suttons Ehemann. Oder die Konkurrentin, die Ballerina Eglanova. Oder der Regisseur Aljoscha Rudin, Ellas ehemaliger Liebhaber. Dem jungen Presseagenten Peter Sargeant, selbst verliebt in eine Nachwuchstänzerin, wird bei dem Durcheinander hinter den Kulissen »leicht schwindlig. Jeder hatte was mit jedem, entweder offiziell oder inoffiziell. Ich fand nicht mehr ganz durch«. Das freilich ist es, was den Reiz des Romans ausmacht: das Intrigenspiel hinter den Kulissen einer großen Ballettkompanie, zu einer Zeit wohlgemerkt, als Homosexualität noch shocking und Ballett grundsätzlich mit dem Hautgout der Andersartigkeit behaftet war. Box-Vidal mischt als zusätzliches und letztlich entscheidendes Mordmotiv noch ein politisches unter die vielen privaten: Der Mörder, ein berühmter Choreograph, fürchtet, die Ballerina könne verraten, daß er seit den dreißiger Jahren der kommunistischen Partei angehört – für Insider ein deutlicher Hinweis auf den prominenten Choreographen Jerome Robbins, der aus diesem Grunde vor McCarthys Ausschuß für antiamerikanische Umtriebe aussagen mußte und dabei eine sehr schlechte Figur machte.

Die beiden anderen Krimis von Vidal-Box sind nicht so interessant wie der erste. *Death Before Bedtime* (›Tod vorm Schlafengehen‹; 1953) versucht das Prinzip des ersten Buches auf einen politischen Zirkel zu übertragen; was in *Death in the Fifth Position* die geschlossene Gruppe des Balletts, ist in *Death Before Bedtime* der Troß eines Präsidentschaftskandidaten in Washington. Wieder wird der Presseagent Peter Sargeant mit einem Mord konfrontiert; diesmal sprengt eine Bombe im Kamin des Arbeitszimmers den Präsidentschaftskandidaten in die Luft. Wieder ist Peter Sargeant in den Fall auch erotisch involviert, doch diesmal geht Box – nach den vergleichsweise harmlosen Andeutungen des Ballettkrimis – gleich vom ersten Satz an aufs Ganze: »Weißt du, ich bin noch nie im Schlafwagen mit einem Mann ins Bett gegangen«, sagt des Senators Töchterchen, als sie ihre Bluse auszieht. Politisches hat Box mit seinem Buch nicht im Sinn. Das Mordmotiv ist so privat, wie es nur sein kann: Das Töchterchen hat den Papi abgemurkst und muß dafür – wie ihr der Galan und Ich-Erzähler nicht ohne Befriedigung mitteilt – den Rest ihrer Tage »in einer geschlossenen Anstalt verbringen«; die Befriedigung hat ihre Ursache darin, daß Mr. Sargeant eh ein eiskalter Hund ist und daß er mit der Nymphomanin hinter Gittern einer Beziehung entkommt, die er nicht allzu lange durchgehalten hätte.

Sein drittes und letztes Abenteuer bringt Peter Sargeant in die New Yorker Gesellschaft. Eine Millionärin engagiert ihn, damit er ihrer Labor Day-Party den richtigen publizistischen Aufwind verleiht – und wieder stolpert Sargeant über eine Leiche; ein Party-Gast, die Frau eines bekannten Malers, ertrinkt während der Party im nahen Meer. Unfall oder Mord? Die Polizei glaubt, der Ehemann der Ertrunkenen habe den Tod seiner Frau und einen weiteren Mord auf dem Gewissen. Aber Sargeant findet natürlich heraus, wer es wirklich war, und überwältigt auch den Gewalttäter: mit bloßen Fäusten gegen eine geladene Pistole. Aber abgesehen von diesem Kraftakt ist unser Held in *Death Likes It Hot* (›Immer diese Morde‹; 1954) schlaffer als bei seinen beiden vorangegangenen Abenteuern; der alte Schwung ist hin, beim Detektiv wie beim Autor.

Von Patrick Quentin interessiert uns von vornherein nur ein Titel, auch wenn uns Reclams Kriminalromanführer auf einen weiteren Appetit zu machen versucht, indem er die Heldin von *The Green-Eyed Monster* (›Die Wahrheit über Maureen‹; 1960) als eine Frau bezeichnet, »die neben Tennessee Williams' ›Baby Doll‹ bestehen kann«[1].

Patrick Quentin ist das Pseudonym zweier in England geborener Autoren, des 1901 geborenen Richard Wilson Webb und des 1912 geborenen Hugh Callingham Wheeler. Die beiden wanderten in den dreißiger Jahren in die Vereinigten Staaten aus und schrieben dort, teils gemeinsam, teils getrennt, unter verschiedenen Pseudonymen Kriminalromane, seit 1936 auch unter »Patrick Quentin«. In den fünfziger Jahren stellte Webb das Schreiben ein, und Wheeler produzierte allein als Patrick Quentin weiter, zuletzt den Roman *Family Skeletons* (›Familienschande‹; 1965).

Family Skeletons spielt in einer reichen, vornehmen Familie in New York und kombiniert die Vorzüge der englischen mit denen der amerikanischen Detektivgeschichte. Schritt für Schritt deckt Quentin/Wheeler die Hintergründe eines Mordfalls auf, der weit in die Vergangenheit der Beteiligten zurückführt und im wesentlichen damit zu tun hat, daß ein aus Snobismus und Dünkel begangener Fehltritt kaschiert werden muß – koste es, was es wolle. Wenn man Quentins Voraussetzungen akzeptiert, kann man sein Buch nicht hoch genug einschätzen; stilistisch-literarisch wie von der Spannung her zählt es zu den absoluten Spitzenprodukten des Genres.

Daß Krimis schreibende Frauen sich ein männliches Pseudonym zulegen, ist gar nicht so selten. Sie tun es, weil – trotz des großen Erfolges von Agatha Christie, Dorothy Sayers oder Ngaio Marsh, von Highsmith und Millar ganz zu schweigen – die Bücher männlicher Krimiautoren als besser verkäuflich gelten, da Männer gemeinhin für die besseren Kriminalschreiber gehalten werden. Im Fall der Elinore Denniston (1900–1978), die sich als Krimiautorin Rae Foley nannte (und noch ein weiteres männliches Pseudonym, »Dennis Allan«, benutzte), ist die Tarnung allerdings ein wenig komisch. Denn Rae Foleys Krimis sind durch die Bank so weiblich, sanft und verspielt, daß der Männername auf dem Umschlag eigentlich niemanden täuschen kann.

Rae Foley gehört zu den produktiveren Krimiautoren. Gut zwanzig ihrer Romane sind ins Deutsche übersetzt; der älteste von ihnen – *Where is Nancy Bostwick?* (die für die deutsche Ausgabe erstaunlicherweise ihren Vornamen gewechselt hat: ›Wo ist Mary Bostwick?‹) – stammt aus dem Jahre 1958, die beiden jüngsten – *The Slippery Step* (›Herz mit Mördergrube‹) und *The Girl Who Had Everything* (›Reiche Mädchen sterben früh‹) – erschienen 1977, im Jahr vor Elinore Dennistons Tod.

Der letzte Titel ist in gewissem Sinne typisch für die gesamte Produktion von Rae Foley. Im Mittelpunkt fast aller ihrer Bücher stehen reiche amerikanische Erbinnen, denen ihr Vermögen nur für sehr begrenzte Zeit Spaß und Komfort, letztlich aber den frühen Tod bringt. Das heißt: Eigentlich stehen nicht die schönen Reichen im Mittelpunkt, sondern deren arme, unscheinbare Verwandte, welche die Geschichte aus ihrer Perspektive erzählen. »Kay war meine Halbschwester, zehn Jahre älter als ich und mit dreiunddreißig im Zenit ihrer Schönheit«, heißt es am Anfang von *Reckless Lady* (›Die schräge Schwester‹; 1973). Aber Kay macht den Fehler, den falschen Mann zu heiraten, und büßt diesen Fehler mit dem Tode, so daß am Ende die graue Maus Martha, vorübergehend selbst in Mordverdacht geraten, die glücklichere ist.

»Als Mary Ann Rutherford mit Jimmy durchbrannte, verdrängte diese Sensation sogar die Präsidentschaftskampagne aus den Schlagzeilen«, beginnt *The Girl Who Had Everything*. Denn: »Mary Ann war eine Art Phänomen – sagenhaft reich und dazu hübsch, sehr hübsch sogar«. Wie Kay Spalding überlebt sie den Tag ihrer Eheschließung nicht lange. Aber diesmal ist nicht der Ehemann der Schuldige, sondern der reiche Vater, der ein krimineller Gauner ist, und die Erzählerfigur ist nicht die Schwester der toten Schönheit, sondern der zu Unrecht des Mordes verdächtigte Ehemann.

In *Put Out the Light* (›Lösch aus das Licht‹; 1976) verfolgt die böse, körperbehinderte Schriftstellerin die Familie ihres Bruders mit mörderischem Haß, weil sie die Frau des Bruders und Mutter der jungen Erzählerin für ihre Rückgratverletzung verantwortlich macht.

Aus alledem lernt der Leser, daß Reichtum weder glücklich noch auch nur zufrieden macht – und daß die Kombination von Geld und Schönheit wirklich des Teufels ist, der sich der mit beidem Geschlagenen alsbald bemächtigt.

Die Konstellationen bei Rae Foley sind immer die gleichen: hier die reiche Schönheit, dort die bedrängte Unschuld, dazwischen und irgendwie in den Fall verwickelt ein zwiclichtiger, gutaussehender junger Mann, der sich am Ende aber als auf der Seite der Guten befindlich herausstellt und den Siegespreis der Unscheinbaren darstellt, die so unscheinbar nun auch wieder nicht ist. Die Motivationen sind immer ganz privat und direkt: Eine hat Geld, andere wollen es. Ganz selten einmal kommt eine andere Art von Kriminalität ins Spiel. In *The Barclay Place* (›Komm zurück und ruhe sanft‹; 1975) sind die Bösewichter im Grunde gar nicht auf das Erbteil der reichen Waise aus, die ihre Geschichte wieder einmal selbst erzählt. Sie haben nämlich im Anwesen der Abwesenden (sie befindet sich auf jahrelanger Europareise) einen florierenden Rauschgifthandel eingerichtet, der nach der Rückkehr der Erbin aus

Europa in Gefahr gerät; so kommen die schweren Steine des Gewaltverbrechens ins Rollen.

Konsequenter als deutsche »Derrick«- und »Tatort«-Filme spielen die Romane Rae Foleys in »besseren Kreisen«: unter Rechtsanwälten, Vermögensverwaltern, reichen Erbinnen und Showgeschäftsprominenz – womit eine Eselsbrücke gefunden wäre zu einigen Romanen von George Baxt, die dieses Milieu, zuweilen mit einem leichten bohemehaften Einschlag, ebenfalls lieben.

George Baxt ist 1923 in Brooklyn geboren, »begann schon auf der Schule zu schreiben und verkaufte mit achtzehn Jahren sein erstes Manuskript an den Rundfunk«[2]. Als Film-, Funk- und Fernsehautor arbeitet Baxt sowohl in den USA als auch in England, und das macht sich in seinen Büchern durchaus bemerkbar. Von den vier Kriminalromanen Baxts aus der Zeit zwischen 1967 und 1972, die ins Deutsche übertragen wurden, spielen drei in New York und einer in England an der Küste von Cornwall; *The Affair at Royalties* (›Flirt mit Scotland Yard‹; 1971) könnte durchaus von einem Engländer geschrieben sein.

Die beiden ersten der »amerikanischen« Krimis von Baxt haben einen gemeinsamen Helden: den Detektiv Max Van Larsen (auf das »Van« legt Max großen Wert) vom Vermißtendezernat der New Yorker Polizei. *A Parade of Cockeyed Creatures, or Did Someone Murder Our Wundering Boy?* (›Kein Orpheus für die Unterwelt‹; 1967) spielt in einem skurrilen New Yorker Künstlermilieu, das der Unterwelt benachbart ist: Rauschgift und Kunst (oder was sich dafür hält) in den Straßen von Greenwich Village. In *›I‹ Said the Demon* (›Ich! sagte der Dämon‹; 1969) hat sich eine der Figuren des früheren Romans in ihrer sozialen Position stark verbessert und damit die ganze Geschichte auf eine neue gesellschaftliche Ebene gehoben. Max Van Larsens Freundin Sylvia Plotkin hat ein Buch geschrieben, das die erste Position auf der Bestsellerliste der New York Times erreicht, so daß Sylvia nun in Fernseh-Talkshows auftritt und in die Kreise der feineren New Yorker Schickeria gerät. Das wiederum läßt Van Larsen keine Ruhe. Er möchte es Sylvia mit einem Tatsachen-Bericht gleichtun und gerät an einen heißen Stoff: Der Fall des korrupten Richters Mathew Kramer, der mit einer Menge Geld verschwunden ist, hat sich auch nach 36 Jahren nicht abgekühlt.

In *Burning Sappho* (›Ein Brief an Sappho‹; 1972) wartet Baxt mit einem weiblichen Detektiv auf, der seine eher unsympathische Tätigkeit mit einem Mord an einer kleinen Katze beginnt: »Eine ihrer süßen kleinen Pfoten hat mir eine Laufmasche in den Strumpf und eine Schramme ins Bein gerissen. Da hab ich sie am Hals gepackt, um sie durchzuschütteln... Ich dachte, Katzen wären stabiler«. Die Handlung spielt im Milieu einer von Lesbierinnen durchsetzten mondänen Frauenbewegung, die sich freilich Mühe gibt, nicht allzu sehr aufzufallen: »Du weißt genausogut wie ich, daß das lesbische Element unserer Revolution schadet. Dieser Faktor treibt die normale Hausfrau und die anderen heterosexuellen Frauen in die Flucht, die sonst unsere Front stärken würden. Wir müssen diese stumme Mehrheit anlocken«.

Die kriminelle Energie des Buches wird denn auch durch lesbische Eifersüchteleien ausgelöst. Die berühmte Schriftstellerin Sappho Yannopoulos serviert eine ihrer kleinen Freundinnen ab, die aus Rache mit Sapphos Korrespondenz durchgeht, unter anderem mit einem überaus kompromittierenden Brief. Dieser Brief allerdings hat nichts mit der Lesben-Thematik zu tun. Er würde die berühmte Schriftstellerin, sofern er in falsche Hände geriete, nicht als Lesbierin bloßstellen, sondern als ehemalige KZ-Aufseherin: ein nicht ganz fairer Trick, der mit einer ihrer – fiktiven – Galionsfiguren die gesamte Frauenbewegung denunziert.

[1] *A. Arnold/J. Schmidt:* Reclams Kriminalromanführer, S. 286.
[2] Zitiert nach dem Einführungstext zur deutschen Ausgabe von G. Baxt: »Kein Orpheus für die Unterwelt«, Rowohlt Verlag, Reinbek 1970.

Ausgewählte Bibliographie

Edgar Box: *Tod in der fünften Position; Tod vorm Schlafengehen; Immer diese Morde* – Rowohlt Verlag, Reinbek.
Patrick Quentin: *Familienschande* – Diogenes Verlag, Zürich.
Rae Foley: *Bereue, wenn du kannst*; *Bis daß der Tod euch scheidet*; *Einladung zur Beerdigung*; *Die schräge Schwester*; *Reiche Mädchen sterben früh*; *Verbrechen ist kein Happening*; *Das unheimliche Puzzle*; *Komm zurück und ruhe sanft*; *Lösch aus das Licht* – sämtlich Scherz Verlag, München.
George Baxt: *Kein Orpheus für die Unterwelt*; *Ich! sagte der Dämon*; *Ein Brief an Sappho*; *Flirt mit Scotland Yard* – Rowohlt Verlag, Reinbek.

Gemordet wird überall:
Von Elmore Leonard zu Tony Hillerman und Spilken/O'Leary

Das Buch, mit dem der 1925 in New Orleans geborene Elmore Leonard bei uns bekannt wurde, war ein historischer Krimi aus der Prohibitionszeit. Doch *The Moonshine War* (›Schwarzer Schnaps und blaue Bohnen‹; 1969) spielte nicht in Chicago, sondern in einem kleinen Kaff in den Bergen von Kentucky, wo Son Martin – im Jahre 1931 – 150 Fässer schwarzgebrannten Whisky versteckt hat, seine Altersversicherung, wie er glaubt. Dummerweise erzählt Son, wider bessere Einsicht, seinem alten Army-Kumpel Frank Long von dem vergrabenen Schatz – und der taucht eines Tages auf, um den Whisky zu »konfiszieren«. Sagt er jedenfalls. Son Martin hat seine Zweifel, ob Long wirklich in staatlichem Auftrag an seinen Whisky will. Aber wie auch immer, Son Martin hat nicht die Absicht, sich seinen Whisky wegnehmen zu lassen, und so kommt es zu dem, was gleich der erste Satz des Buches lakonisch umreißt: »Der Krieg begann am ersten Samstag im Juni 1931, als Mr. Baylor einen Jungen zu Son Martin schickte und ihm ausrichten ließ, daß eine Razzia auf seine Schnapsbrennerei stattfinden werde«. Das Buch geht aus, wie eine solche Geschichte ausgehen muß: Den Schnaps bekommt keiner von beiden, das Vermögen ist hin – ein mit nüchternem Humor geschriebenes Buch über verlorene Illusionen, falsche Freunde und die meistens trügerische Hoffnung auf raschen Reichtum.

Auch Leonards spätere Krimis erzählen nicht nur von Verbrechen und ihrer Ausführung, sondern auch von vertanen Chancen, von Träumen, kaputten Leben und falschen Lebensentwürfen. Sie erzählen von einer Gesellschaft, die verführbaren Typen die Flausen in den Kopf setzt, sie könnten ein leichtes, schönes Leben auf dem Besitz einer Handfeuerwaffe aufbauen. Und sie machen klar, warum diese Typen scheitern: nicht notgedrungen, weil Gewalt in dieser Gesellschaft prinzipiell der falsche Weg wäre, sondern weil sie zu unbedarft sind, auch zu vertrauensselig, kleine Fische eben, die überdies noch die falsche Art von Gewalt ausüben und sich von gerisseneren Burschen über den Tisch ziehen lassen.

Das zeigt gleich der zweite bei uns bekannt gewordene Krimi von Elmore Leonard: *Fifty-Two Pickup* (›Sein letztes Angebot‹; 1974). Es ist ein Erpresserkrimi. Der Unternehmer Harry Mitchell, Mitte vierzig, mit Frau und Kindern, erlebt eine späte Romanze mit der jungen Cynthia. Doch eines Tages erwarten ihn in dem Apartment, das er Cynthia eingerichtet hat, drei vermummte Männer; sie haben Cynthia umgebracht und wollen ihn erpressen. Aber Mitch spielt dabei nicht mit. Er schlägt zurück und gibt auch nicht auf, als die Gangster schließlich seine Frau kidnappen. Die Ganoven dezimieren sich gegenseitig, den letzten erwischt Mitchell mit einer Bombe; Kerlen wie denen ist er noch allemal überlegen.

Swag (›Dies ist ein Überfall‹; 1976) bereichert das Genre des Überfallkrimis um eine originelle Variante. Der Autoverkäufer Frank Ryan denkt nicht daran, den Mann auf der Anklagebank als den zu identifizieren, der bei seinem Chef ein Auto klauen wollte. Er sucht nämlich einen Kumpel für einen bewaffneten Überfall und glaubt ihn in Stick gefunden zu haben. Die beiden haben mit ihren Überfällen auch Erfolg. In Schwierigkeiten geraten sie erst, als sie – Ironie des Schicksals – ihrerseits überfallen werden, von farbigen Kollegen, die sie fälschlicherweise für leichte Beute halten. Doch wirklich an den Kragen geht es ihnen nicht einmal, als sie sich für das ganz große Ding Profis als Partner nehmen, die sie über den Löffel zu balbieren versuchen. Sie scheitern erst an den bürgerlichen Moralvorstellungen einer Freundin, die sie zwar nicht bewußt hereinlegt, aber durch ihre Naivität die Polizei auf ihre Fährte bringt.

Leonard wohnt – oder wohnte – in der Stadt Birmingham in Michigan, und die meisten seiner Romane aus den siebziger Jahren spielten irgendwo vor seiner Haustür, auch *City Primeval* (›High Noon in Detroit‹; 1980), worin ein Killer, der darauf vertraut, daß sich die Polizei an die Gesetze halten muß, an einen Bullen gerät, dem die Gesetze ziemlich schnuppe sind. *The Hunted* (›Rosen in Israel‹; 1977) allerdings verlegt die Auseinandersetzung um einige hunderttausend Dollar in jenes Land, das die deutsche Ausgabe des Buches schon im Titel führt. Dieser Titel ist insofern doppeldeutig, als »Rosen« keine Blumen meint, sondern der Name eines US-Gangsters ist, der sich vor der Verfolgung in Tel Aviv in Sicherheit gebracht zu haben glaubt, allerdings nur, bis ein dummer Zufall die Verfolger auf seine Spur führt: ein Foto von einem Hotelbrand, bei dem vier Amerikaner ums Leben kommen, erscheint in US-Zeitungen und zeigt Rosen als einen der vom Brand Betroffenen.

Der Zweifel daran, daß bei einer Konfrontation zwischen Bürgern und professionellen Kriminellen grundsätzlich der Bürger den kürzeren zieht, wird mit der Zeit beinahe so etwas wie eine fixe Idee in Leonards Werk. In *The Switch* (›Wer hat nun wen aufs Kreuz gelegt?‹; 1978) entführt eine Bande kleiner Ganoven aus Detroit die Frau eines Bauunternehmers. Die Lösegeldfrage will sie besonders bequem und elegant lösen, indem sie dem Bauunternehmer jene Summen abfordert, die er der Steuer hinterzogen und in die Bahamas transferiert hat. Was aber, wenn dem Ehemann der Entführten die Entführung gerade recht kommt und er die gekidnappte Gattin gar nicht wiederhaben will? Leonard kommt schließlich zu dem Schluß, daß gegen die Unmoral eines Weiße-Kragen-Gangsters nur die Solidarisierung der von ihm Ausgebeuteten hilft, seine eigene Ehefrau eingeschlossen.

Der letzte ins Deutsche übertragene Roman von Elmore Leonard zieht diese Schraube noch eine Drehung weiter an. In *LaBrava* (›LaBrava‹; 1983) verbünden sich zwei sehr unterschiedliche Verbrecher: Eine alternde, schutzbedürftig wirkende Filmschauspielerin und ein brutaler, junger Ex-Polizist wollen gemeinsam sechshunderttausend Dollar ergattern. Das heißt: Die Frau benutzt den Mann und präpariert schon die Falle, die ihn das Leben kosten wird, und kommt selbst unbehelligt aus der Affäre, nicht mit dem Geld zwar, aber mit dem Mann, dem das Geld gehört; die Zeche zahlen die Kleinen, nicht zuletzt, weil der eigentliche Held des in Florida spielenden Romans, der Ex-Agent LaBrava, es nicht übers Herz bringt, sein Filmidol aus Jugendzeiten der Justiz auszuliefern.

Mit DeLoris Stanton, geboren 1923 in Kansas City, die ihre Krimis unter den Pseudonymen Tobias Wells und, vor allem, Stanton Forbes publiziert, begegnet uns wiederum eine weibliche Autorin, die zu einem männlichen Autorennamen gegriffen hat. Ihren Geschichten allerdings kann man, anders als im Fall der Rae Foley, die weibliche Autorenschaft nicht ansehen; in den Büchern der gelernten Journalistin stehen weibliche Charaktere weder im Mittelpunkt, noch erweisen sich die Figuren als besonders zerbrechlich und hilfebedürftig. Wenn die Krimi-Produktion der Stanton Forbes, von der aus der Zeit zwischen 1964 (*The Terrors of the Earth*; ›Am Abgrund von gestern‹) und 1980 (*The Will and Last Testament of Constance Cobble*; ›Das Testament der Constance Cobble‹) fast anderhalb Dutzend Romane ins Deutsche übersetzt sind, überhaupt auf einen Nenner zu bringen wäre, dann den der außerordentlichen Vielseitigkeit; die Autorin ist weder auf einen speziellen Stil noch auf eine bestimmte Thematik, weder auf ein gleichbleibendes Milieu noch auf einen typischen Spielort festzulegen.

Der frühe Roman *A Business of Bodies* (›Totentausch‹; 1966) spielt in einem kleinen Ort im amerikanischen Mittelwesten. Dort arbeitet der 18jährige Bill Beresford, der die Geschichte aus seiner Perspektive erzählt, aushilfsweise in einem Bestattungsinstitut und entdeckt eine überzählige Leiche; offenbar muß zuvor eine unbekannte, dem Institut untergeschobene Leiche verbrannt worden sein. Vermißt wird die junge Frau des Sheriffs, der schließlich als Mörder entlarvt wird: kein Bösewicht, sondern ein armer Teufel, dem eine Ehe schiefgeht und der dann immer tiefer ins Schlamassel gerät – gesehen mit den naiven Augen eines vaterlosen Jungen, dessen Heldenbild vom Sheriff Stück für Stück zerfällt.

Some Poisoned by Their Wifes (›Beruf: Witwe‹; 1967) wartet mit einer ausgesprochen originellen Geschichte auf. Bei der Dienststelle zur Verbrechensbekämpfung im Bereich der Army in Washington kommt man einer raffinierten Mordserie auf die Spur: Innerhalb eines Jahres haben vier verschiedene Soldaten und Offiziere kurz nach ihrer Eheschließung Selbstmord begangen; die Versicherungssumme von jeweils 10000 Dollar wurde den Witwen ausgezahlt. Oder vielleicht: der Witwe? Colonel Jenkins läßt ermitteln...

In ...*If Two of Them Are Dead* (›Ein Kreuz für Schwester Love‹; 1968) baut Stanton Forbes ein gefährliches Dreieck auf: Die 16jährige Dorcas bewahrt im Keller ihres einsamen Hauses die Leiche ihres Vaters auf; die geldgierige Sektenpredigerin Magdalene Love benötigt Dorcas' Hilfe, um durch eine vorgetäuschte Entführung 50000 Dollar zu ergattern, und will die Mitwisserin so bald als möglich beseitigen; der Tramp Joe gerät in voller Absicht zwischen die Mühlsteine und läßt sich erdrükken, als er Dorcas nicht schützen kann. *The Name's Death, Remember Me?* (›Sechsmal Schiffbruch und ein Mord‹; 1969) versammelt sechs alte Schulfreunde auf einer Jacht zu einer Kreuzfahrt in der Karibik, die einer der sechs zu einer Abrechnung benutzt; die Schönheitstänzerin Priscilla Brent wird ermordet aufgefunden. Auch in *The Sad Sudden Death of My Fair Lady* (›Ein Brief aus dem Gefängnis‹; 1971) stirbt eine Schönheitstänzerin. Aber in diesem Fall liegt das Mordmotiv nicht in der Vergangenheit der Frau, sondern in der falschen Moral ihrer Umgebung. Und als in *Bury Me in Gold Lamé* (›Ein Totenhemd aus Goldlamé‹; 1974) eine Nachtklubtänzerin stirbt, ist sie kurz vorher als fünfte Ehefrau und dann als Witwe die Alleinerbin eines Millionärs geworden – was, wie man anzunehmen hat, die Ansprüche der enterbten Kinder und Ex-Gattinnen herausfordert. Alle Krimis von Stanton Forbes sind logisch konstruiert und sauber gearbeitet, in der psychologischen Analyse eher überdurchschnittlich. Doch den ganz großen Thrill bringen sie nicht. Irgendwo fehlt das letzte bißchen zu großer Klasse – vom frühen Roman *A Business of Bodies* vielleicht abgesehen.

Kalifornien ist, immer noch, das Land der Privatdetektive – jedenfalls in der literarischen Fiktion. Doch just damit kann der auf einer Ranch in Kalifornien lebende, allerdings 1923 in Holdrege/Nebraska geborene James McKimmey nicht aufwarten. In seinen fünf Romanen und einem Band Kriminalerzählungen aus der Zeit zwischen 1957 und 1965, die in den sechziger und siebziger Jahren in deutschen Ausgaben erschienen, suchen sich Außenseiter mit Gewalt eine Bresche durch eine nur an ihrem Wohlleben interessierte Gesellschaft zu schlagen, und Vorurteile und Engstirnigkeiten der Rechtschaffenen erweisen sich als beinahe ebenso gefährlich wie die bewußten Rechtsverletzungen der Kriminellen. In *The Perfect Victim* (›Dann schlachten wir den Sündenbock‹; 1957) verliert ein schwangeres Mädchen, als man versucht, es zu vergewaltigen, das Leben, und die beiden Knaben, die für ihren Tod verantwortlich sind, schieben den (Unfall-)Tod einem Handelsvertreter in die Schuhe; diesen Mann, dessen einzige Schuld ein zaghafter Flirtversuch mit dem Mädchen in einer Kneipe gewesen ist, trifft der ganze Zorn der aufgebrachten, lynchbereiten Kleinstadt, deren Sheriff der Sache nicht gewachsen ist.

Am Ende von *The Wrong Ones* (›Die jungen Wilden‹; 1961) stehen zwei Geständnisse. Das erste macht der farbige »Big Mac« Perkins. Aber er hat sich nur aufopfern wollen für den schönen, bedenkenlosen Fürsorgezögling Wanda Mitchell, die dem Jugendpsychologen Alan Decker die Quittung erteilt hat für sein mieses Spiel mit den Nöten der von ihm Abhängigen: ein Mädchen voller Haß auf die ganze Welt, nicht völlig ohne Grund freilich, da diese Welt ihr übel mitgespielt hat.

In *Blue Mascara Tears* (›Tränen an getuschten Wimpern‹; 1965) wendet ein Polizist gegen einen Gangster, der eine kleine Stadt in Nevada mit Gewalt und Korruption beherrscht, dessen eigene Methoden an. Er löst eine Eskalation des Terrors aus, und als er für einen Sekundenbruchteil zur Besinnung kommt, ist es längst zu spät, um noch Halt zu machen: »Es mußte doch alles einen Sinn gehabt haben, dachte Cummings, indem er die Pistole auf dem Türrahmen in Anschlag brachte und durch das geöffnete Fenster zielte. Es mußte, dachte er in diesem letzten Augenblick klarer Überlegung. Dann, in einem allerletzten Sekundenbruchteil klaren Überlegens, dachte er: falsch. Ich hätte schon viel früher Schluß machen sollen. Mit Hilfe des Gesetzes, nicht mit dem Mann da.« James McKimmey hat also lange vor Wambaugh einen »Bullen-Roman« geschrieben, allerdings einen kritischen, ohne das Faible neuerer Autoren für »law and order«.

Verbrechen werden überall begangen, auch in idyllischen Gegenden. Aber es gibt immerhin Flecken auf der Landkarte, wo sie seltener sind als anderswo. Es sind meistens auch jene Gegenden, die nicht besonders dicht besiedelt sind – wozu in den USA etwa die Nationalparks oder die Indianer-Reservate gehören. Und so soll dieses Kapitel denn, der Kuriosität halber, mit einigen Autoren und Titeln enden, die ihre Kriminalfälle in Reservaten und Nationalparks angesiedelt haben.

Tony (Anthony Grove) Hillerman, geboren 1925 und aufgewachsen auf einer Farm in Oklahoma, »besuchte acht Jahre lang als Tagesschüler ein Internat für Indianer«. Es sei, so hat er gesagt, ein »Ein-Mann-Minderheitenproblem« gewesen, »und ich weiß seitdem, wie den Angehörigen einer rassischen Minderheit zumute ist«[1]. In seinen Kriminalromanen, von denen vier ins Deutsche übertragen sind, geht es dem Professor für Zeitungswissenschaft an der University of New Mexico allerdings weniger um Minderheitenprobleme als um die Faszination, welche die Indianerkulturen und -mythen heute noch ausüben – vor allem aber um den Zusammenstoß zwischen der Kultur der Ureinwohner und der Gegenwart des weißen Amerika, das den Indianern sogar dort Schaden zufügt, wo es Unterstützung zu leisten vermeint: bei der Erforschung und Konservierung der Indianer-Kultur. Im ersten der nach Deutschland gelangten Hillerman-Krimis – *The Blessing Way* (›Wolf ohne Fährte‹; 1970) gerät die Navajo-Kultur nicht nur mit der modernsten Militärtechnik aneinander, da man über ihrem Gebiet eine Interkontinentalrakete ausprobieren möchte, sondern auch noch mit einigen Gangstern, die sich des alten indianischen Werwolf-Aberglaubens bedienen, um die Navajos aus einer bestimmten Gegend fernzuhalten. In *Dance Hall of the Dead* (›Schüsse aus der Steinzeit‹; 1973) bringt ein Killer in der Maske einer Zuni-Gottheit zwei kleine Jungen und einen Mann um, und Leutnant Joe Leaphorn von der Navajo-Polizei, der schon in *The Blessing Way* als Detektiv fungierte, sucht den Mörder unter Roten und Weißen, beim Fest der Zuni-Indianer so gut wie bei den Hippies, die vom FBI des Rauschgiftschmuggels verdächtigt werden, und den Wissenschaftlern, die in der Reservation Grabungen machen und eine Theorie über die Besiedlung New Mexicos vor acht- bis zwölftausend Jahren belegen möchten. Am Ende kann Leaphorn zwar den Täter überführen; doch reichen die Beweise nicht aus, um ihn vor einem weißen Gericht anzuklagen. So überantwortet er ihn der Indianergerechtigkeit; auch im Inneren des Detektivs liegen die beiden Kulturen, die indianische und die weiße, im Widerstreit.

Die Vorzüge des Romans liegen weniger in seiner Krimi-Handlung als in der unaufdringlichen Art, in der ethnologisches Grundwissen vermittelt wird. Das geschieht einfach, indem Hillermans Roman eine Flucht beschreibt; der Detektiv folgt der Figur und wird mit Menschen und Ereignissen konfrontiert. Die Krimi-Spannung freilich bleibt immer gewahrt, und so merkt Hillermans lesendes Opfer erst hinterher, daß man ihm zusammen mit der Detektivgeschichte eine ganze Vorlesung über Indianerbräuche untergejubelt hat.

Hillermans jüngster in Deutschland bekannt gewordener Roman *The Ghostway* (›Das Tabu der Totengeister‹; 1984) arbeitet weniger stark mit folkloristischem Motiv wie die früheren. Die Geschichte spielt – in New Mexico und Kalifornien – an der Nahtstelle zwischen indianischer und weißer Kultur: dort, wo die Konflikte besonders zahlreich und mörderisch sind. Einige aus dem Reservat in die Großstadt gekommene, abgerutschte Navajo-Indianer haben sich mit der organisierten Kriminalität eingelassen, und als sie zur Gefahr für die Gangster werden, liquidieren diese sie, auf eine Weise, die zunächst für Nicht-Indianer den Anschein erweckt, es handle sich um indianische Ritualmorde. Obwohl Hillerman engagierter über das Sterben der indianischen Kultur schreibt als je zuvor, ist sein Roman mehr – und ein besserer – Kriminalroman als seine Vorgänger, da seine Geschichte die amerikanische Gegenwart auf geschickte Weise in die im Reservat wie gefroren wirkende Zeit hineinholt.

Aron Spilkens und Ed O'Learys *Burning Moon* (›Fünf Jäger für die Beute‹; 1978) ist nicht an Indianern interessiert, sondern an der weiblichen Gleichberechtigung und an der Landschaft: ein Ergebnis von Feminismus und Umweltschutz. Der Roman der beiden in San Francisco lebenden Autoren spielt im Grand Teton Nationalpark, der sich im Süden an das Yellowstone-Gebiet in Montana anschließt, und läßt in dieser Gegend ausgerechnet einen Raubüberfall stattfinden. Zwei Frauen, die ihr homosexueller Freund an den Tatort gebracht hat, leeren den prallgefüllten Tresor eines großen Ferienhotels; da sie wissen, daß sämtliche Fluchtwege abgeriegelt sein werden, nehmen sie den Weg über die 4000 Meter hohen Berge. Natürlich setzen ihnen die Ranger auch auf diesem Weg nach und holen sie sogar ein; doch überlisten die Frauen die Jäger und entkommen mit der Beute: Womens's Lib triumphiert in den Grand Tetons. Es ist vielleicht kein großes Buch und auch kein bedeutender Krimi. Aber über den feministisch angehauchten, grüngewandeten Zeitgeist sagt Spilken/O'Learys Roman mehr als manche dicke soziologische Abhandlung.

[1] Zitiert nach dem Einführungstext von »Schüsse aus der Steinzeit«, Rowohlt Verlag, Reinbek 1976.

Ausgewählte Bibliographie

Elmore Leonard: *Schwarzer Schnaps und blaue Bohnen*; *Sein letztes Angebot*; *Dies ist ein Überfall* (neuer Titel: *Beute*; nunmehr bei Heyne); *High Noon in Detroit*; *Rosen in Israel* (neuer Heyne-Titel: *Die Gejagten*); *Wer hat nun wen aufs Kreuz gelegt* – Rowohlt Verlag, Reinbek. – *Sie nannten ihn Stick*; *LaBrava*; *Mr. Majestyk* – Heyne Verlag, München. – Hardcover: *Glitz* – Benziger Verlag, Zürich 1986.
Stanton Forbes: *Eine Insel zum Sterben*; *Ich bin nur die Tochter des Sheriffs*; *Ein Totenhemd aus Goldlamé*; *Ein Brief aus dem Gefängnis*; *Totentausch*; *Ein Kreuz für Schwester Love*; *Sechsmal Schiffbruch und ein Mord*; *Beruf: Witwe*; *Das Testament der Constance Cobble* – sämtlich Rowohlt Verlag, Reinbek.
James McKimmey: *Die jungen Wilden*; *Dann schlachten wir den Sündenbock*; *Tränen an getuschten Wimpern*; *Gejagt, gehetzt, gefangen* (Stories) – Rowohlt Verlag, Reinbek.
Tony Hillerman: *Wolf ohne Fährte*; *Schüsse aus der Steinzeit*; *Das Tabu der Totengeister* – Rowohlt Verlag, Reinbek. – *Der Tod der Maulwürfe*; *Karo drei* – Goldmann Verlag, München.
Aron Spilken/Ed O'Leary: *Fünf Jäger für die Beute*. Rowohlt Verlag, Reinbek 1984.

Trügerischer Frieden:
John Bingham, Bill Turner, Mark McShane, Martin Russell und Paula Gosling

Was ein typisch englischer Krimi ist – oder richtiger: was für den englischen Krimi typisch ist –, darüber wird Einigkeit nicht so leicht zu erzielen sein. Braucht es die Idylle des flachen Landes – oder doch vielleicht eher den Nebel an den Londoner Docks? Ist der mit dem Eierkopf und den kleinen grauen Zellen der typische englische Detektiv, Agatha Christies Hercule Poirot, oder doch eher Dorothy Sayers' Lord Peter Wimsey? Oder der Inspector, Superintendent oder gar Assistant Commissioner von Scotland Yard? Ehrlich gesagt: Die Lösung dieser Frage ist uns an dieser Stelle ziemlich gleichgültig. Denn wir sind just auf das Gegenteilige aus. Die typisch englischen Krimis, von Wilkie Collins bis Conan Doyle, Christie bis Sayers, Crispin bis Innes wurden an anderer Stelle abgehandelt. Geblieben sind eigentlich nur noch jene, die in keine Schublade so recht passen wollten und die deshalb jetzt in den Abgründen der Provinz abgeladen werden, wo sich auch nicht alle von ihnen wohlfühlen. Noch einmal: Sei's drum; Abgründiges billigen wir ihnen jedenfalls zu.

Vermutlich haben nur wenige englische Autoren nach dem Zweiten Weltkrieg ein triumphaleres Entree in die Welt des Kriminalromans gehabt als John Bingham mit *My Name Is Michael Sibley* (›Warum haben Sie gelogen, Sir‹; 1952). Julian Symons, der Bingham sehr gefördert hat, nennt diesen Erstling »ein klassisches Beispiel für die neue Richtung des Kriminalromans«; es gelinge Bingham, »das Überraschungsmoment völlig zu vernachlässigen und dennoch eine faszinierende Geschichte zu erzählen«[1]. Auch beim Erscheinen der deutschen Ausgabe überschlugen sich die Rezensenten. In der »Zeit« teilte Martin Beheim-Schwarzbach mit, daß er »diesen Kriminalroman lieber gelesen habe und besser finde als so ziemlich alles, was auf unserem merkwürdigen Markt« anzutreffen sei: »Er ist ungeheuer spannend und einfach und klar geschrieben, von Anfang bis Schluß in richtiger Reihenfolge, mit nur solchen Rückblenden, die die Handlung wirklich verlangt, mit Konflikten, die auch ohne nervenärztliche Beratung zu verstehen sind, obgleich ein nervenärztlicher Konflikt darin obenan steht; mit überschaubaren Charakteren und ohne den geringsten Leerlauf in der Schilderung, ein Meisterstück des erzählerischen Flusses«[2].

My Name Is Michael Sibley, in der Ich-Form erzählt von seiner zentralen Figur, lenkt die Aufmerksamkeit von der Frage der Verbrechensaufklärung auf das Funktionieren des Polizeiapparats – und zwar von der Perspektive eines Betroffenen aus gesehen. Das Buch handelt »von einem Unschuldigen, der die Polizei belügt und über den die Beamten dann herfallen, den sie übel traktieren und Kreuzverhören ohne Ende unterwerfen, wobei sie mit jeder Frage das Netz enger um ihn ziehen... Der Mordfall selbst bleibt inoffiziell ungelöst, und der Leser weiß von Anfang an, daß Michael Sibley unschuldig ist. Die Frage, welche unsere Aufmerksamkeit bereits vom ersten Kapitel an in Anspruch nimmt, lautet hier: Was wird mit diesem unschuldigen Menschen passieren?«[1].

Julian Symons gibt sich mit dieser Charakterisierung wohl etwas naiver, als er sein kann. Denn natürlich kann der Leser, von der ganzen Geschichte des Genres her, niemals sicher sein, daß Binghams Erzähler ihm nicht doch einen Bären aufbindet; schließlich ist er von Beruf Schriftsteller und ein so raffinierter Erzähler, daß wir ihm seine Aura von Unschuld auch glauben würden, wenn sie völlig falsch wäre. Recht hat Symons zweifellos mit der Feststellung, daß ein großer Teil der Faszination des Buches »in seiner genauen Schilderung der Befragungsmethoden der Polizei« liege: »Außerhalb der Grenzen des Falles erfahren wir nicht das Geringste über den Chefinspektor und dessen assistierenden Sergeanten. Sie beide sind die Verkörperung der unter Umständen feindlichen, bedrohlichen Macht des Bürokratismus, eine höflichere Version der Chandlerschen Polizeibeamten, die sich nicht weniger ihrer Macht bewußt sind«. Doch was die Sache spannend macht, ist nicht das Funktionieren der Maschinerie an sich, sondern ihre Beschreibung, die literarische Qualität des Buches, die Bingham nie wieder erreicht hat, auch wenn er gelegentlich noch in ihre Nähe gekommen ist.

Fast erstaunlicher als das Buch selbst ist die Rezeption, die der Erstling und das ganze Werk des John Bingham, der 1908 als einziger Sohn des Lord Clanmorris in York geboren wurde, in Deutschland gefunden hat. Bis die deutsche Ausgabe von *My Name Is Michael Sibley* unter dem Titel ›Warum haben Sie gelogen, Sir?‹ erschien, dauerte es mehr als zehn Jahre, und selbst im Rowohlt Verlag, der später die meisten der Bingham-Krimis auf deutsch herausbrachte, begann die Vorstellung Binghams nicht mit dem berühmten Erstling, sondern mit dem fünf Jahre jüngeren *Marion* (›Marion‹; 1957) im Jahre 1961. Und noch bevor Rowohlt ›Warum haben Sie gelogen, Sir?‹ vorstellte, publizierte Goldmann, 1962, im Sog des beginnenden Leserinteresses am Agentenroman, den mittlerweile völlig vergessenen Bingham-Thriller *Night's Black Agent* (›Finale in Norwegen‹; 1961).

Tatsächlich sind die fünfziger Jahre die große Zeit des Krimiautors Bingham. Auf *My Name Is Michael Sibley* folgt ein Jahr später *Five Roundabouts to Heaven* (›Fünf Kurven in den Himmel‹; 1953). Wieder erzählt ein Mann seine Geschichte und die seines Freundes; wieder muß der Freund sterben. Aber diesmal verfährt Bingham nach einem anderen Prinzip. Peter Harding, der Erzähler, ist ein eiskalter Bursche, der nicht nur im Kampf um die schöne Lorna über Leichen geht, und der Leser muß keineswegs bis zum letzten Satz des Buches warten, um sich darüber klarzuwerden: »Ich war immer besser als Bartels, besser in allen Lebenslagen – auch wenn es sich darum handelte, einen Mord zu begehen.«

In Binghams nächstem Roman *The Third Skin* (›Die dritte Haut‹; 1954) steht im Zentrum des Interesses ein junger Mann aus der unteren Mittelklasse, der sich von einem Flittchen in ein Verbrechen hineinziehen läßt und bei der Verfolgung durch die Polizei tödlich verunglückt. Es ist eine vergleichsweise konventionelle Geschichte um Habgier und Verrat, mit einem kritischen Blick auf eine Gesellschaft, die sich mit dem oberflächlichen Anschein von Gerechtigkeit zufriedengibt, und Bingham erzählt sie diesmal in der dritten Person. Von *The Paton Street Case* (›Es brennt in der Paton Street‹; 1955) meint Julian Symons, dieser Roman werde »von manchen Lesern noch höher bewertet«[1] als Binghams Erstling. In

Marion (1957) erzählt wieder ein Mann in der ersten Person, und der Mörder wird schon in der zweiten Zeile des Romans dingfest gemacht; wiederum interessiert Bingham an der Tätersuche vor allem das Wie – und im übrigen vorwiegend die Psychologie seiner Figuren. Wenig später, im Vorwort zu *Murder Plan Six* (›Der sechste Plan‹; 1958), erläutert Bingham selbst seine Ästhetik des Kriminalromans – »und hier meine ich Romane, in denen das Verbrecherische eine Rolle spielt; nicht das sattsam bekannte Puzzlespiel der Jagd nach dem Täter« – dahingehend, daß er beschlossen habe, sich »auf die Motive und äußeren Umstände zu konzentrieren, die zu dem Verbrechen führen, auf die Charaktere der handelnden Personen und ihre unterschiedlichen Reaktionen vor und nach dem Hauptereignis, und auf geschickt verborgene Spuren und Hinweise ebenso zu verzichten wie auf Lösungen, die auf einem Überraschungseffekt basieren. Daran habe ich mich fast immer gehalten«.

Erst in den sechziger Jahren weicht Bingham von diesem Vorsatz ab – und zwar gleich mehrfach. Sowohl in *A Fragment of Fear* (›Wo sind die Beweise, Sir?‹; 1965) als auch in *I Love, I Kill* (›Warum sagen Sie das jetzt erst, Sir?‹; 1968) spielt Bingham mit falschen Karten; besonders eklatant in *I Love, I Kill*, worin der Ich-Erzähler bis kurz vorm bitteren Ende suggeriert, er oder zumindest doch seine Geliebte hätten einen Mord begangen, den schließlich sozusagen der sprichwörtliche Gärtner verübt hat, ein deutliches Anzeichen dafür, daß Bingham sich allmählich auszuschreiben beginnt.

Offensichtlich versucht er, der Routine zu entgehen, indem er sein Interesse auf Agentenromane verlagert. 1966 erscheint *The Double Agent* (›Der Doppelagent‹), dann jeweils in Fünf-Jahres-Abständen *Vulture in the Sun* (›Geier in der Sonne‹; 1971) und *God's Defector* (›Des lieben Gottes Deserteur‹; 1976). Das sind leise, melancholische Agentengeschichten, in denen die Geheimdienstarbeit nicht als aufregendes High Life mit schönen Frauen in eleganter Kulisse erscheint, sondern als eher triste, graue Routinearbeit, die noch ihre Triumphe nicht genießen darf, im Grunde ein Job wie jeder andere – nur härter, brutaler, illusionsloser. »Keiner in der Runde wagte zu lachen«, endet der Roman *God's Defector*. Der Satz könnte fast als Motto über Binghams Thrillern stehen.

Mit *The Marriage Bureau Murders* (›Die Hochzeitsnacht erlebst du nicht‹; 1977) und *Brock* (1981) greift Bingham noch einmal auf die Prinzipien seiner Anfänge zurück, verzichtet allerdings in beiden Fällen auf die Ich-Erzähler, deren stimmige Prosa zu den Stärken der frühen Bingham-Romane gehört hatten. Der Tonfall ist weiterhin nicht ohne unterkühlten Witz. Doch der Humor geht schon etwas in die Breite, und immer mehr sieht es so aus, als wolle Bingham etwas beweisen – und sei es nur die Relativität von Ansichten. »›Was siehst du da unten?‹ fragte der ältere schwarze Teufel«, heißt es in der Einleitung zu *Brock*; der Buchtitel ist nichts anderes als der Name des Detektiv-Superintendenten, der soeben in seine Geburtsstadt versetzt wurde, die »Gefahr lief, von einer Welle der Kriminalität überspült zu werden«. – »›Ich sehe eine friedliche Provinzstadt, bewohnt von freundlichen Bürgern, die ehrlichen Beschäftigungen nachgehen‹, sagte der junge graue Teufel enttäuscht. ›Falsch‹, erwiderte der andere lächelnd. ›Völlig falsch‹.«

Das Bild vom Scheinfrieden, hinter dem sich Abgründe des Verbrechens auftun, ist so allgemeingültig, daß es auch auf die meisten anderen Klein- und Mittelstädte paßt, die irgendwo in der Welt von Krimiautoren als Tatorte von Verbrechen ausgemalt werden – und sogar für die Großstadt Leeds, die in den Romanen von Bill Turner als Schauplatz überdurchschnittlich brutaler Morde und Sexualverbrechen fungiert.

Turner, 1927 als Sohn schottischer Eltern in England geboren, schreibt realistische Polizeikrimis, von denen fünf aus der Zeit zwischen 1967 und 1972 ins Deutsche übersetzt wurden; doch Polizeiarbeit und Polizisten werden in diesen Büchern durchaus kritisch gesehen. Zwei der auf deutsch vorliegenden Romane, *Bound to Die* (›Für die Katz‹; 1967) und *Another Little Death* (›Das letzte Grab für dich‹; 1970) sind aus den wechselnden Perspektiven der Beteiligung erzählt; doch benutzt nur das letzte der beiden Bücher auch die Ich-Form.

Der zentrale Detektiv in vieren der fünf Bücher ist der Detective Sergeant Louis Solden, ein ruhiger, verläßlicher Mann jüdischer Herkunft, der seine Fälle nicht mit Intuition, sondern mit Fleiß und Hartnäckigkeit löst. Es sind schmutzige Fälle, mit denen Turner Solden konfrontiert. In *Bound to Die* tappt er vor allem deshalb so lange im dunkeln, weil er einfach nicht glauben mag, daß der Mörder eine 14jährige ist. In *Sex Trap* (›Zwei Köder für die Falle‹; 1968) muß sich Solden, auf der Suche nach einem Massenmörder, der seine Opfer unter Plastiktüten ersticken läßt, als Zuhälter ins Nuttenmilieu einschleusen lassen, wo er ganz nebenbei auch mit den Sünden seiner Kollegen konfrontiert wird, die sich von den Prostituierten nicht nur umsonst bedienen lassen, sondern im Extremfall an ihnen auch noch ihre sadistischen Gelüste ausleben. In *Circle of Squares* (›Trau keinem unter dreißig‹; 1969) entpuppt sich eine Bürgerwehr, die dem Treiben jugendlicher Rockergruppen ein Ende bereiten will, als die Idee eines Perversen, der die friedliche Vereinigung als Deckmantel für seine sexuellen Verirrungen benutzt, und in *Solden's Women* (›Solden und die Damen‹; 1972) ist Solden einem Triebtäter auf der Spur, den er mit Hilfe eines Lockvogels zu entlarven hofft. Alle Romane haben stark mit fehlgeleiteter Sexualität zu tun, die weniger erotisierend als vielmehr schmutzig ist. Solden und sein Autor versuchen wacker, gegen diesen Schmutz anzukämpfen, machen sich die Sache aber wohl doch ein bißchen zu leicht mit Ideen wie dieser aus *Sex Trap*: »Wenn man sich im Land dazu aufraffen könnte, eine Art nationales Pflichtjahr einzuführen, in welchem jeder junge Mann ein Jahr Polizeidienst ableisten müßte, würde die Verbrecherquote rapide abnehmen, überlegte Louis. Die Leute würden die Polizei nicht mehr so schief ansehen, wenn sie den Dienst aus eigener Erfahrung kannten... Warum gehen wir nur nicht ein bißchen von der verlangten körperlichen Mindestgröße herunter, fragte sich Louis. Es mußte Tausende von jungen, gesunden Männern geben, die nur nicht genommen wurden, weil sie einen Fingerbreit zu klein waren«. Ja, wenn es so einfach wäre...

Auch in den Romanen von Martin Russell, 1934 geboren und im Hauptberuf Journalist (weshalb auch in einigen von Russells Geschichten der Journalist Jim Larkin zum eigentlichen Helden wird), gibt es den einen oder anderen Sexualmörder und ihre ziemlich üblen Triebtaten. Doch ist dieser Aspekt der Kriminalität im Werk von Russell nur einer unter anderen. In seinen frühen Romanen scheint Russell vor allen Dingen an großen Geldsummen interessiert und an den Gefahren, in die durchschnittliche Menschen geraten können, wenn sie allzu schlau sein möchten. In *No Return Ticket* (›Ohne Rückfahrkarte‹; 1966) findet sich ein Prokurist einer Londoner Baufirma in einem nächtlichen Zug – ohne Gedächtnis, aber mit einem Koffer voller Geld. In *Danger Money* (›Keine Schlagzeile für Mr. Hobbs‹; 1968) läßt sich ein kleiner Bankkassierer zum Schein auf das Angebot einiger Ganoven ein, mit ihnen bei einem Bankraub zusammenzuarbeiten. Er möchte sie durch sein Eingehen auf ihre Forderungen um so sicherer überführen, wird aber von ihnen hereingelegt und steckt, als der Banküberfall früher stattfindet, als er erwartet, ganz hübsch in der Klemme.

Hunt to Kill (›Das Blut an meinen Kleidern‹; 1969) ist der Bericht eines Sexualmörders, der selbst nicht versteht, was eigentlich mit ihm los ist, und der die Niederschrift seiner Erlebnisse dazu benutzen möchte, mit sich selbst ins reine zu kommen: die nüchterne, unspektakuläre Selbstanalyse eines Unverantwortlichen. *Deadline* (›Vor Redaktionsschluß‹; 1971) setzt sich anhand eines Frauenmörders vor allem mit gewissen

Auswüchsen im Sensationsjournalismus auseinander; *Concrete Evidence* (›Blutiger Beton‹; 1972) geht der kriminellen Verflechtung von Baulöwen und städtischer Politik nach, wie er mittlerweile auch in Deutschland zum Alltag zu gehören scheint, schafft es allerdings nicht, das Thema Wirtschaftskriminalität ohne eine kräftige Beimengung von Blut zu behandeln. In *Double Hit* (›Der bescheidene Erpresser‹; 1973) kommt sogar ein Anflug von hoher Politik ins Spiel; mindestens löst der ganz geheime staatliche Forschungsauftrag, an dem der Physiker Nevil West einmal beschäftigt war, die Erpressergeschichte aus, die Nevil in einen Alptraum versetzt.

In *Crime Wave* (›Die Schläger‹; 1974) inszenieren Unbekannte eine Menge sinnloser Straftaten, in denen ihr eigentliches Ziel raffiniert verborgen ist. Zwei Frauen werden zusammengeschlagen und beraubt, danach ein Journalist, der über den Fall recherchiert, dann ein hübsches Mädchen; schließlich gibt es einen Toten. Eine Reihe gesellschaftlicher Außenseiter gerät in Mordverdacht: eine Zigeunersippe, eine Rockergruppe. Aus Vorurteilen und scheinbaren Indizien braut sich jene Stimmung zusammen, die jederzeit zur Lynchjustiz führen kann. Derweil sind die wahren Täter unter der Tarnkappe bürgerlicher Ehrbarkeit nahezu unsichtbar und nur durch Zufall und die scharfen Augen des Journalisten Jim Larkin zu überführen.

Das alles – und auch spätere Romane wie *Double Deal* (›Doppeltes Spiel‹; 1976) oder *Backlash* (›Meine Leiche, deine Leiche‹; 1981) – sind eher solide als aufregend, ebenso gutgemeint wie leidlich unterhaltsam: tatsächlich Provinz-Krimis – ganz wie die Romane von Mark McShane, die ungefähr parallel zu denen Russells entstanden und auch auf deutsch erschienen.

Mark McShane ist 1930 in Australien geboren, aber in England aufgewachsen; er hat studiert und auch ein paar Jahre in den USA gelebt. 1959 übersiedelte McShane nach Mallorca, wo er zu schreiben begann; schon ein Jahr später erschien sein erster Krimi *The Straight and Crooked* (›Krumm und gerade‹; 1960). Seitdem sind fast zwanzig seiner Bücher auch in deutscher Übersetzung erschienen. Die frühen Romane McShanes – etwa *The Crimson Madness of Little Doom* (›Stirb, weil du kein Mörder bist‹; 1966) oder *Ill Met by a Fish Shop on George Street* (›Alte Feindschaft rostet nicht‹; 1968) – sind dem Genre des Psychothrillers zuzurechnen; sie handeln von Menschen, deren fixe Ideen ins Mörderische eskalieren. In McShanes Krimis der siebziger Jahre sind die Hauptfiguren dann zwar überwiegend Polizisten, die damit beschäftigt sind, Morde aufzuklären und Täter zu finden. Aber sie gehen dabei einigermaßen unkonventionell vor. Inspector Wain in *The Othello Complex* (›Der Voyeur‹; 1974) kommt ohnehin erst im letzten Viertel der Handlung ins Spiel; lächelnd schaut er zu, wie der Fall Benson – ein Mann entdeckt, daß ihm nichts größere Lust bereitet als das Beobachten erotischer Aktivitäten seiner Frau mit fremden Männern; so zwingt er sie mit telepathischen Kräften in ein Verhältnis hinein, bringt ihren Liebhaber aber um – sich sozusagen von selbst löst. Inspector Cartland in *Dreamers in a Haunted House* (›Träumen, träumen, vielleicht auch sterben‹; 1975) weiß schließlich kein anderes Mittel zur Lösung seines schwersten Falles, als die Ermordete in einer spiritistischen Séance nach dem Namen ihres Mörders zu fragen. Inspector Reed schließlich, in *And They Say You Can't Buy Happiness* (›Und da heißt es, Glück kann man nicht kaufen‹; 1979) versucht, sich exakt wie die Kollegen im Fernsehen zu verhalten – und wundert sich dann, wenn der Erfolg ausbleibt.

Vielleicht die sympathischsten unter den Romanen von Mark McShane, die in bester englischer Tradition eher auf die private Macke als auf die soziale Bedingtheit einer Psychose setzen, sind jene zwei komischen Agententhriller, die der Australier auf Mallorca in den frühen achtziger Jahren geschrieben hat. Sowohl in *Spy on the Run* (›Agenten-Marathon‹) als auch in *The Spy with His Head in the Clouds* (›Killer in der Manege‹; beide 1982) ist die Hauptfigur ein fast zwei Meter großer Agentenlehrling: Appleton Porter, genannt »Apple«. In *Spy on the Run* setzt man den jungen Mann mit den Riesenschritten bei einem internationalen Marathonlauf ein, bei dem ihm der Russe Kasow unauffällig eine Botschaft übermitteln soll. In *The Spy with His Head in the Clouds* schlägt sich Apple im Zirkusmilieu mit den Kollegen vom sowjetischen KGB herum und versucht unauffällig, das Überlaufen eines russischen Wissenschaftlers zu bewerkstelligen. Beide Bücher nehmen das Agentengewerbe und seine literarische Ausbeutung ironisch auf die Schippe, und mindestens *The Spy with His Head in the Clouds* wartet auf dem Weg zum Finale mit einer der hübschesten Ideen auf, die ein Autor in diesem Gewerbe je hatte: Um mit seiner überragenden Länge beim verabredeten Treffpunkt in der U-Bahnstation nicht jedem Agenten der Gegenseite aufzufallen, organisiert Apple in der U-Bahnstation ein Treffen der langen Kerls, bei dem sich Basketballer, Hochspringer und ähnliche Zwei-Meter-Kerle ein Stelldichein geben beim haushohen Sieg von Apple über die bösen Jungs aus Moskau.

Doch auch mit Apple möchten wir die Gegenwart des englischen Krimis nicht beschließen – und für den Schluß haben wir uns noch einmal ein wirkliches Talent aufgespart, das freilich – wie McShane und mancher andere – in London nur Gastrecht genießt: die in Amerika geborene Paula Gosling, seit mehr als zwei Jahrzehnten in England ansässig.

Die fünf bislang auf deutsch vorliegenden Kriminalromane der am 12. Oktober 1939 in Detroit geborenen, im englischen Bath lebenden Paula Gosling sind zwischen 1978 und 1986 entstanden. Sie sind nach Themen, Stil und Handlungsverläufen außerordentlich verschieden. Doch jeder dieser Romane übertrifft das gängige Mittelmaß des Genres um ein gutes Stück.

A Running Duck (›Töten ist ein einsames Geschäft‹; 1978) spielt in San Francisco. Eine junge Frau könnte einen Killer identifizieren; als das dem Gangster klar wird, versucht er die Zeugin ebenfalls umzubringen. Eine doppelte Jagd beginnt. Der Killer möchte die Frau erwischen, der Polizist den Killer. Aber beider Denkweise ist verflixt ähnlich.

The Zero Trap (›Die Falle im Eis‹; 1979) ist ein ungewöhnlicher Politthriller. Eine amerikanische Militärmaschine mit einer Handvoll Menschen an Bord, unter ihnen der junge Wissenschaftler David Skinner und die Generalstochter Laura Ainslie, wird entführt, im Polargebiet ausgesetzt und bleibt scheinbar unauffindbar. Die Suche nach dem Flugzeug wird zum Wettlauf mit der Zeit. Den Entführern geht es um einen Mikrofilm mit wichtigen Informationen im Kalten Krieg, der Autorin eher um die Atmosphäre von Gefahr und Abenteuer, das Verhalten von Menschen in extremen Streßsituationen – und ein wenig auch um die Kritik an einem Geschäft, das sich als staatserhaltend versteht und deshalb meint, auf Menschen keine Rücksicht nehmen zu können.

Loser's Blues (›Mord in Concert‹; 1980) offeriert eine fast klassische Mordgeschichte aus dem Musikermilieu, die im Finale in den reinen Klamauk einer Auto-Verfolgungsjagd à la Hollywood abdriftet. Die Ex-Freundin eines Konzertpianisten, nunmehr liiert mit einem reichen Antiquitätenhändler, wird grausam erschlagen. Um sich selbst vom Mordverdacht zu befreien, ermittelt der Musikus, natürlich erfolgreich, auf eigene Faust. Bei der Charakterisierung ihres Helden, der sich mit der Grazie eines Elefanten seine Bahn durch einen Rauschgift-Dschungel bricht, hat Paula Gosling ihrem Reitsportkrimi-Kollegen Dick Francis ein wenig über die Schulter geschaut: ein kleiner Mann oho. Aber der Geschichte ist das nicht schlecht bekommen.

The Woman in Red (›Die Dame in Rot‹; 1983) beginnt die Irreführung des Lesers gleich im Titel. Es gibt nicht eine, sondern zwei Damen in Rot, eine sehr lebendige und eine tote, vielleicht sogar fiktive: Sie ziert ein Gemälde des großen Malers Goya, und hinter diesem Bild scheinen die Hauptbeteiligten des Romans her zu sein. Die Jagd nach dem Bild hat eine Menge Leute, vorwiegend in Spanien ansässige Amerikaner und Engländer, auf die Beine gebracht. Aber abgesehen von der jungen rothaarigen Witwe, dem netten englischen Konsulatsbeamten, der ihr hilft, und ihrem des Mordes angeklagten kranken Schwiegervater ist niemand der, der er zu sein vorgibt – einschließlich des spanischen Kriminalbeamten, der den sturen Typ darstellt und höchst raffiniert die Falle stellt, in welche die Bösewichter hineintappen.

Obwohl eher schwächer als die drei vorangegangenen Romane der Paula Gosling, hat auch *The Woman in Red*, dessen Rätsel sich im Finale nach einem mehrfachen erzählerischen Salto Mortale ebenso elegant wie überraschend lösen, etwas durchaus Originelles. Zwischen den Häkelkrimis der englischen Ladies und den realistischen Abenteuern der hartgesottenen Amerikaner hält das Buch einen soliden Mittelweg, der ausnahmsweise doch zum Ziel führt.

Mit der Zeit freilich scheint sich im Schaffen der Paula Gosling doch der Einfluß ihrer englischen Umgebung stärker durchzusetzen. *The Wychford Murders* (›Blut auf den Steinen‹; 1986) ist so englisch, wie ein Krimi nur sein kann. Die Hauptrolle spielt im Grunde nicht eine Person, sondern ein Haus: der Landsitz Peacock Manor in der Nähe des Örtchens Wychford. In diesen Landsitz verliebt sich ein mittelloser Gentleman, der daraufhin der vermeintlichen Besitzerin den Hof macht und sie heiratet. Dummerweise hat die Lady den Besitz ihrem Sohn überschrieben, und diese Tatsache kostet nicht nur sie, sondern auch eine zweite, jüngere Frau das Leben; der Erbschleicher hat beschlossen, die Ermordung seiner Frau als Teil einer Mordserie eines wahnsinnigen Schlächters erscheinen zu lassen. Natürlich klärt Chief Inspector Luke Abbot, zur Aufklärung der Mordserie in seine Vaterstadt zurückgekehrt, den Fall, der durch die verzwickten personalen Beziehungen in Wychford hübsch kompliziert wird (wobei er ein bißchen vom Zufall unterstützt wird). Gemessen an Paula Goslings früheren Romanen ist ›Blut auf den Steinen‹ ein Rückschritt, allerdings kein unsympathischer.

1 *J. Symons:* Am Anfang war der Mord. München 1972. S. 180ff.
2 Zitiert nach den Werbeseiten der deutschen Ausgabe von John Binghams ›Wo sind die Beweise, Sir?‹, Rowohlt Verlag, Reinbek 1967.

Ausgewählte Bibliographie

John Bingham: *Warum haben Sie gelogen, Sir?*; *Es brennt in der Paton Street*; *Die dritte Haut*; *Der sechste Plan*; *Marion*; *Wo sind die Beweise, Sir?*; *Warum sagen Sie das jetzt erst, Sir?*; *Geier in der Sonne*; *Des lieben Gottes Deserteur*; *Der Doppelagent*; *Die Hochzeitsnacht erlebst du nicht*; *Brock* – sämtlich Rowohlt Verlag, Reinbek. – *Fünf Kurven in den Himmel* – Goldmann Verlag, München.
Bill Turner: *Für die Katz*; *Zwei Köder für die Falle*; *Trau keinem unter dreißig*; *Das letzte Grab für dich*; *Solden und die Damen* – Rowohlt Verlag, Reinbek.
Martin Russell: *Tod am Straßenrand*; *Ohne Rückfahrkarte*; *Keine Schlagzeilen für Mr. Hobbs*; *Das Blut an meinen Kleidern*; *Stimme ohne Gesicht*; *Vor Redaktionsschluß*; *Blutiger Beton*; *Der bescheidene Erpresser*; *Die Schläger* – Rowohlt Verlag, Reinbek. – *Die Mandantin*; *Doppeltes Spiel*; *Mister T.*; *Meine Leiche, deine Leiche* – Goldmann Verlag, München.
Mark McShane: *Handwerk hat doppelten Boden*; *Stirb, weil du kein Mörder bist*; *Alte Feindschaft rostet nicht*; *Party zu Fünft*; *Séance für zwei*; *Der Voyeur*; *Findet Kingsford!*; *Träumen, träumen, vielleicht auch sterben*; *Und da heißt es, Glück kann man nicht kaufen* – Rowohlt Verlag, Reinbek. – *Schuldig bin ich, geh zur Ruh*; *Ein Sommer zum Sterben*; *Die magischen Augen*; *Agenten-Marathon*; *Killer in der Manege* – Scherz Verlag, München/Bern.
Paula Gosling: *Töten ist ein einsames Geschäft*; *Die Falle im Eis*; *Mord in Concert*; *Die Dame in Rot*; *Blut auf den Steinen* – Rowohlt Verlag, Reinbek.

Geheimdienst und Politgeschäfte

Kampf dem Kaiser:

Erskine Childers, John Buchan und die Anfänge

Die Grenzen zwischen Detektivroman, Kriminalroman, Spionageroman und Politthriller sind fließend; die Setzung der Grenzpfähle im ästhetischen wie im zeitlichen Bereich ist also ein reiner Willkürakt. Während etwa Peter Nusser die eigentliche Trennungslinie zwischen Detektivroman und ›Thriller‹ legt (wobei unter »Thriller« dann alles firmiert, was nicht unter der Rubrik »Detektivroman« abzulegen ist), und den Spionageroman nur »thematisch, nicht aber strukturell von anderen Erscheinungsformen des Thrillers unterschieden«[1] sieht, ist Julian Symons der Ansicht, daß sich innerhalb der »hybriden Form« der gesamten Kriminalliteratur »die Detektivgeschichten und Kriminalromane ganz deutlich von den Spionageromanen und Thrillern«[2] unterscheiden. Wir schließen uns, nicht zum ersten Mal, Symons an und behandeln im folgenden Abschnitt den Spionageroman und den – politischen – Thriller, zwei Genres, die kaum je wirklich sauber zu trennen sind (so daß wir den untauglichen Versuch einer Trennung auch unterlassen).

Wenn schon die ästhetischen Grenzen offen sind, besteht natürlich auch über den Zeitpunkt Unklarheit, von dem an man von einem Spionage-Genre sprechen kann. Nusser dekretiert: »Die Geschichte des Spionageromans als eines eigenen Genres beginnt dort, wo sich das Thema Spionage mit den Strukturen des Thrillers verbindet«[1]; die deutsche Literaturwissenschaft liebt in ihren Thesen zur Kriminalliteratur die tautologischen Definitionen. Daraus folgt natürlich: »Unter dieser Voraussetzung ist nicht etwa Rudyard Kiplings *Kim* (1902), in dem der Werdegang eines Spions erzählt wird, der erste Spionageroman, sondern Erskine Childers' *The Riddle of the Sands* (1903)«. Symons will auch gar nicht auf Kiplings *Kim* hinaus. Er feilscht nicht um Monate, sondern setzt die Geburt des Genres bereits gute 80 Jahre früher an: mit James Fenimore Coopers *The Spy* (›Der Spion‹; 1821). Dieser

Roman, so eng er auch den Begriff der Spionage und des Spions aufs rein Militärische begrenze, nehme doch »in mancher Hinsicht die Doppeldeutigkeit der modernen Spionageromane voraus«[2], bleibe allerdings für lange Zeit allein auf weiter Flur: »Bis zum Ende des 19. Jahrhunderts hat kein einziger Autor die Gestalt des Spions erneut aufgegriffen und zum Mittelpunkt des Buches gemacht.«

Das »Ende des 19. Jahrhunderts« bedeutet allerdings noch nicht das Jahr 1903. Als Childers *The Riddle of the Sands* (›Das Geheimnis der Sandbank‹) vom Stapel ließ, waren die Wegweiser für das neue Genre bereits gesetzt – und zwar durch William Tufnell Le Queux, der 1864 in London geboren wurde und 1927 starb, nachdem er mehr als hundert Bücher geschrieben hatte, »zum Teil utopische Spionageromane«[3]. Le Queux war im Hauptberuf Journalist und arbeitete anscheinend nebenbei als Geheimagent für den Britischen Secret Service, ein Geschäft, das mehr Geld kostete, als es einbrachte, so daß er seine Bücher – wie sich Symons mokiert – zunächst nur schrieb, weil er mit den Honoraren aus dem Buchgeschäft »die hohen Ausgaben bestreiten wollte, die eine Spionagetätigkeit mit sich brachte«[2].

Le Queuxs erster Roman *Guilty Bonds* erschien 1890[4] und ist offenbar nie ins Deutsche übersetzt worden. Der Autor, soeben von einer Rußlandreise zurück, von der er für die »Times« berichtet hatte, erzählt von einer Verschwörung gegen den russischen Zaren (woraufhin das Buch in Rußland sofort verboten wurde).

Schon die frühen Spionageromane Le Queux' hatten eine Eigenart, die sich später als Charakteristikum einer ganz bestimmten, politisch affirmativen Spezies der Gattung herausstellen wird: Sie geben die politischen Vorurteile ihrer Entstehungszeit exakt wieder; das jeweilige Feindbild wird getreu reproduziert. So ist der gefährlichste Gegner des britischen Imperiums vor der Jahrhundertwende Frankreich, dann – nach dem verhängnisvollen deutschen Entschluß, den Briten mit einer Flotte auf den Weltmeeren Konkurrenz zu machen – wird immer mehr das kaiserliche Deutschland zum Feind Nr. 1. In *Spies of the Kaiser* (1909) warnt Le Queux den Leser, daß England »in nicht allzu ferner Zukunft mit der Gefahr einer deutschen Invasion«[5] zu rechnen habe, und ein Jahr später nimmt er in *The Invasion of 1910* diesen britischen Alptraum als fiktive Realität vorweg.

Zu diesem Zeitpunkt freilich war Le Queux als politischer Prophet wie als literarischer Spion bereits zweite Wahl. Sieben Jahre zuvor hatte Erskine Childers *The Riddle of the Sands* (›Das Rätsel der Sandbank‹; 1903) publiziert, das Buch, das in vielen Literaturgeschichten als das erste Exemplar des neuen Genres existiert, das Genre sicherlich zur Literatur erhoben hat, vielleicht auch den Boom auslöste, der ihm folgte.

Der Autor der »Sandbank« führte ein abenteuerliches Leben und fand einen tragischen Tod. Erskine Childers wurde 1870 in London geboren, wuchs aber nach dem frühen Tod der Eltern in Irland auf, bei Verwandten, »die eine Jacht besaßen und bei denen er das Segeln lernte«[6]. Er studierte in Cambridge, gehörte nach dem Studium zum Stab des englischen Unterhauses, nahm am Burenkrieg teil und schrieb Bücher darüber. 1911 machte er sich selbständig; als Waffenschmuggler für die irische Unabhängigkeitsbewegung befuhr er die Nord- und Ostsee. Nach dem Ersten Weltkrieg, in dem er, zuletzt als Major, für England gekämpft hatte, schloß er sich der illegalen irisch-republikanischen Armee an, wurde gefangengenommen, verurteilt und standrechtlich erschossen.

Für das Werk eines Autors, der die Engländer auf Seiten der irischen Freiheitsbewegung so aktiv bekämpfte, ist *The Riddle of the Sands* ein Buch von erstaunlich englisch-vaterländischer Gesinnung. Die Stoßrichtung ist eindeutig: gegen das kaiserliche Deutschland, das schon bei Childers, wie später bei Le Queux, eine Invasion der britischen Inseln vorbereitet.

The Riddle of the Sands spielt nicht auf einem Kriegsschiff, sondern auf einer winzigen Segeljacht. Als Touristen getarnt, versuchen sich zwei junge Engländer an der Entdeckung eines finsteren deutschen Geheimnisses: eines Hafens und einer speziell konstruierten Flotte von Landungsbooten, mit der die befürchtete Invasion durchgeführt werden soll. Natürlich bleibt das Abenteuer nicht auf den Kampf mit Winden und Wellen, Untiefen und Nebelbänken beschränkt. Die beiden sympathischen Helden haben einen Gegenspieler, einen englischen Verräter, der seine Heimat den bösen Deutschen ausliefern möchte, von den Helden Davies und Carruthers – von denen einer in des Verräters unschuldige Tochter verliebt ist – aber rechtzeitig enttarnt wird (woraufhin er Selbstmord begeht, ehe ihn die jungen Engländer auf die Insel zurückbringen können).

Das moralische Problem hat Childers schon sehr früh gelöst. Die beiden jungen Leute gehen als Amateure in ihr Segelabenteuer, das man heute als eine Aktion von Gegenspionage bezeichnen würde, und irgendwann taucht bei ihnen die Frage auf, ob sie bei ihrer Aufgabe vielleicht »selbst zu wirklichen Spionen werden« könnten. Davies (und offenbar auch sein Autor) betrachtet es so: »Der Mann ist Engländer, und wenn er auf Seiten Deutschlands steht, ist er uns gegenüber ein Verräter, und wir als Engländer haben das Recht, ihn zu entlarven. Wenn wir es ohne zu spionieren nicht schaffen, haben wir auf eigenes Risiko das Recht dazu...«

Die Formel »right or wrong – my country« wird bis auf weiteres die moralische Legitimation aller Spionagehelden, unter denen die des Erskine Childers für eine ganze Weile die sympathischsten und sogar skrupulösesten bleiben. Sie agieren in einer hübsch altmodischen Geschichte, die von antideutschen Vorurteilen und englischem Chauvinismus keineswegs frei ist. Aber noch mehr als 80 Jahre nach seiner Entstehung liest sich der Roman frisch und spannend: tatsächlich ein Klassiker unter den Spionagegeschichten, gerühmt von einem Nachfolger wie Eric Ambler, der in Childers' dickleibigem Roman nicht nur »eine gute Abenteuergeschichte« sieht, sondern auch »eines der schönsten Bücher über kleine Segelboote, die je geschrieben wurden«[7].

Mit *The Riddle of the Sands* war die Marschrichtung des englischen Spionageromans – und gab es einen erwähnenswerten anderen Spionageroman in jenen Jahren? – für die nächsten Jahrzehnte angegeben. Die Deutschen sangen, sie führen, führen gegen Engeland. Die englischen Autoren von Spionagethrillern rächten sich, indem sie deutsche Spione gleich serienweise enttarnten.

Dabei wurden literarisch nicht immer erste Standards gehalten und häufig nicht einmal mittelmäßige erreicht. Symons konstatiert, vor allem nach dem Ausbruch des Ersten Weltkriegs, »einen einheitlich nationalistischen Ton und eine Orientierung an der politischen Rechten«, unterscheidet aber grundsätzlich zwei Möglichkeiten: »Manchmal wurden diese Gefühle so maßvoll wie bei John Buchan ausgedrückt, manchmal so ruppig wie bei ›Sapper‹, doch unterschwellig waren sie stets und überall vorhanden«[2].

Hinter dem Pseudonym »Sapper« verbirgt sich der 1888 geborene Herman Cyril McNeile, im Ersten Weltkrieg Offizier der Britischen Armee, in der er es bis zum Oberstleutnant brachte. 1920 erscheint »Sappers« erster Spionageroman, in der ein gewisser Bulldog Drummond die Russen und vor allem die Deutschen bekämpft und diesem Roman auch den Titel gibt; weitere Bulldog Drummond-Romane folgen mit *The Female of the Species* (1928) und *Challenge* (1937), in McNeiles Todesjahr. »Sappers« Bücher sind für Symons »primitive, blutige Kolportage«; sie »zeigen einen bemerkenswerten, chauvinistischen Haß gegen alles Fremde, Ausländische und sind eine einzige Ansammlung von Klischees, was die Ausdrücke, aber auch die Situationen betrifft«.

Anders John Buchan, von dem sich auch ein kritischer Kopf wie Raymond Chandler angetan zeigte[8]. Buchan, geboren 1875 im schottischen Perth als Sohn eines Vikars, hatte ein ähnlich stürmisches Leben wie Erskine Childers, fand aber ein friedliches Ende im Bett. Er studierte in Glasgow, Oxford und London, arbeitete in einem Verlag und machte während des Ersten Weltkriegs, als Direktor der Agentur Reuter, im Nachrichtenwesen Karriere. Er war Kriegskorrespondent der »Times«, später angeblich sogar Geheimdienstchef, und 1927 wurde er ins Unterhaus gewählt. Als First Baron Tweedmuir reiste er 1935 nach Kanada, wo er fünf Jahre lang, bis zu seinem Tode, als Generalgouverneur in Montreal residierte. Die vier Romane, die ihn berühmt machten, erschienen binnen eines Jahrzehnts, zwischen 1915 und 1924; insgesamt allerdings hat Buchan 15 Romane geschrieben.

Held eines Quartetts von Büchern, das mit *The Thirty-Nine Steps* (›Die neununddreißig Stufen‹; 1915) beginnt, ist der Heeresoffizier Richard Hannay, der seine Abenteuer in der Ich-Form erzählt. Auch Hannays Gegner sind die Deutschen, mit denen Großbritannien im Krieg lag, während die ersten drei der Hannay-Romane geschrieben wurden. In *The Thirty-Nine Steps* geht es um eine ähnliche Sache wie bei Childers: den Verrat von britischen Marine-Geheimnissen, hier durch eine schier allmächtige, aber schließlich von Buchans Helden doch besiegte Geheimorganisation in deutschen Diensten.

Auch bei *Greenmantle* (›Grünmantel‹; 1916), das viele für Buchans bestes Buch halten, stehen die Deutschen im Hintergrund. Der Krieg ist ausgebrochen; Major Hannay erholt sich in der Etappe von den Strapazen einer Schlacht – da erreicht ihn ein Ruf aus dem Außenministerium, der »mit Soldatenpflicht nicht das allergeringste zu tun hat«: Er wird in den Vorderen Orient geschickt, um eine von den Deutschen gesteuerte islamische Verschwörung gegen die Alliierten zu bekämpfen, quasi als eine andere Art Lawrence von Arabien. Nachdem er sich »drei Monate lang beim Feind herumgetrieben« hat, gelingt Hannay der Sieg über die schöne Abenteurerin, welche die Rolle des Propheten usurpiert hat...

Mr. Standfast (›Mr. Standfast oder im Westen was Neues; 1919), ein Jahr nach dem Ende des Ersten Weltkriegs erschienen und »der hochgemuten Kumpanei der Offiziere und Mannschaften der Südafrikanischen Infanteriebrigade an der Westfront« gewidmet, ein voluminöser Band von 450 Taschenbuchseiten, spielt wiederum an der europäischen Front: in Frankreich, in Italien, auch in Österreich. Mr. Hannay kommt viel herum in der Welt, und wenn sein Leben auch nicht ganz so glanzvoll ist wie das seines späteren Nachfahren James Bond 007, so verweist doch schon manches in Buchans Büchern auf den berühmtesten aller literarischen Spione.

Da der Krieg aus ist, muß sich Buchan für *The Three Hostages* (›Die drei Geiseln‹; 1924), den letzten von Buchans Hannay-Romanen, einen neuen Gegner suchen für seinen Helden, der mittlerweile mit Frau und kleinem Sohn seßhaft geworden ist: »Ich war tief zufrieden, denn ich hatte etwas gefunden, wonach ich mich mein ganzes Leben lang gesehnt hatte. Kurz nach dem Krieg hatte ich Fosse Manor gekauft, als Hochzeitsgeschenk für Mary, und seit zweieinhalb Jahren wohnten wir hier. Mein Sohn, Peter John, war schon fast fünfzehn Monate alt, ein nachdenkliches Kind, so gesund wie ein Fohlen und so drollig wie ein Terrierwelpe«. Doch bekanntlich kann der Frömmste nicht in Frieden leben, wenn es dem bösen Nachbarn nicht gefällt. Hannay wird reaktiviert, um einen Fall von terroristischer Geiselnahme zum – natürlichen guten – Ende zu bringen. Sein Gegner ist ein Mann aus der besten englischen Gesellschaft, Gesellschaftslöwe und Abenteurer, der mit Gewalt und allerei magischen Tricks kaum weniger als die Weltherrschaft anstrebt. Hannay schleicht sich bei ihm ein, widersteht seinen magischen Künsten und bringt ihn zu Fall. Das schlechte Gewissen seines Helden ob des Vertrauensbruchs gegenüber seinem Gastgeber beschwichtigt Buchan auf dieselbe Art, mit der schon Childers seine Segler sich beruhigen ließ: »Ich mußte Ihre Gastfreundschaft mißbrauchen – nicht sehr anständig von mir, mögen Sie sagen, aber ich hatte es ja mit einem Schurken zu tun«.

Der Schurke Medina steht in einer großen Tradition. Nach rückwärts verweist er auf Verbrecherfiguren wie Sherlock Holmes' berühmtesten Gegner Professor Moriarty, nach vorne auf jenen Mr. Blofeld, der dem Agenten James Bond 007 immer dann zusetzt, wenn der Kalte Krieg gerade keinen passenden Gegner bereithält. Das Prinzip ist dasselbe: Schon bei Buchan flüchtet der Spionageroman in dem Augenblick in eine phantastische Märchenhandlung, in dem die Wirklichkeit, die politische und soziale Realität selbst, so beschaffen ist, daß in ihr das große Abenteuer – wie es Krieg und vorkriegerische Spannungszeiten massenhaft bereithalten – nicht verfügbar erscheint.

Dahinter steht natürlich die Vorstellung vom Agentenleben als permanentem Abenteuer – eine Idee, die erst ein Außenseiter zur Strecke bringt; mit Folgen für das gesamte Genre. Dieser Außenseiter heißt William Somerset Maugham und ist ein berühmter Literat, einer der meistgelesenen englischen Romanciers dieses Jahrhunderts. Maugham hat aber auch Geheimdiensterfahrungen; er hat während des Ersten Weltkriegs als britischer Agent in der neutralen Schweiz gearbeitet, wo auch große Teile seines Episoden-Romans (oder: seines Erzählungszyklus) *Ashenden* (›Ein Abstecher nach Paris‹; 1928) spielen.

Der Titel des Buches, das Raymond Chandler »allen Spionagegeschichten, die je geschrieben wurden, weit voraus«[9] erscheint, ist auch der Name des Helden, eines Schriftstellers, der in der ersten Episode von R, dem britischen Geheimdienstchef, angeworben wird. Über die Vorzüge der Maughamschen Darstellung ist sich ausnahmsweise die gesamte Sekundärliteratur einig. »Was die Episoden auszeichnet«, sagt Reclams Kriminalromanführer, »ist die kühle, objektive Haltung des Autors, der ein ungeschminktes Bild des Agentenlebens vermittelt«[10]. »Durchaus überzeugend«, sekundiert Kindlers Literaturlexikon, »legt er dar, daß das Leben eines Geheimagenten nicht so sehr aus heroischen Taten als aus dem ständigen Kampf gegen Langeweile und monotone Routineaufträge besteht«[11]. »Die menschliche Kälte und Gefühllosigkeit«, so Symons, »von Ashendens Chef ›R‹, dazu die geringe Empfänglichkeit Ashendens für die Geschichten von ›R‹, wie die von der Blondine, die den Drink des Ministers präparierte und dann seine Geheimpapiere stahl, zeigen schon, daß Maugham versucht, die Spionage mit mehr Realismus zu schildern, als das bisher geschehen war und für möglich gehalten wurde«[2]. Dazu gehört auch, daß die allzu eilfertigen moralischen Qualifizierungen der handelnden Personen aufgegeben sind. Wer für die Briten arbeitet, ist nicht automatisch gut, der Mann oder die Frau auf der Gegenseite sind nicht automatisch amoralische, nichtsnutzige Scheusale, sondern können durchaus tragische Figuren sein – wie das Ehepaar Caypor, das in Luzern für die Deutschen arbeitet und ein Opfer seiner Aufgabe wird; als Grantley Caypor nach England geht, dort erwischt und hingerichtet wird, wartet seine Frau in der Schweiz verzweifelt auf Nachricht von ihrem Mann.

Mag sein, daß die Schilderung der Figuren »noch nicht übermäßig subtil« ist (wie Symons meint), das Buch als Ganzes aus heutiger Sicht unter die wirklich großen Spionagegeschichten noch nicht einzuordnen ist. Aber mit *Ashenden* liegt das Material vor, aus dem die bedeutenden Agentenstories gestrickt werden können. Fehlt nur noch der Autor, der diese Materialien zusammenfaßt. Er wird knapp zehn Jahre nach *Ashenden* auf der literarischen Bühne erscheinen: Eric Ambler.

1 *Peter Nusser:* Der Kriminalroman. Stuttgart 1980, S. 121 ff.
2 *Julian Symons:* Am Anfang war der Mord, München 1972, S. 227 ff.
3 *A. Arnold/J. Schmidt:* Reclams Kriminalromanführer. Stuttgart 1978, S. 226.
4 Das Jahr 1890 wird von Symons genannt, während Reclams Kriminalromanführer das Jahr 1891 annimmt.
5 Zitiert nach *J. Symons:* Am Anfang war der Mord, S. 230.
6 *A. Arnold/J. Schmidt:* Reclams Kriminalromanführer, S. 109.
7 Die Quelle für dieses Zitat ist, leider, lediglich der Schutzumschlag der deutschen Ausgabe von Childers' ›Das Rätsel der Sandbank‹, Diogenes Verlag, Zürich 1975.
8 Am 28. Dezember 1949 schreibt Chandler an James Sandoe: »Vielen Dank für ›The 39 Steps‹... Mir gefiel die Widmung, in der Buchan vom ›romantischen Roman‹ spricht, ›wo die Ereignisse die Wahrscheinlichkeit herausfordern und sich gerade noch innerhalb der Grenzen des Möglichen bewegen‹. Das ist eine ziemlich gute Formel für den Thriller jeder Art«. Nachzulesen in R. Chandler: »Die simple Kunst des Mordes«. Diogenes Verlag, Zürich 1975. – Leider ist Buchans Widmung in der deutschen Ausgabe der »Neununddreißig Stufen« des Diogenes Verlags nicht abgedruckt.
9 In einem Brief an Hamish Hamilton am 4. Dezember 1949, abgedruckt in *R. Chandler:* Die simple Kunst des Mordes, S. 101.
10 *A. Arnold/J. Schmidt:* Reclams Kriminalromanführer, S. 254.
11 Kindlers Literaturlexikon, Bd. I, A-Cn, Zürich 1965, S. 1000.

Ausgewählte Bibliographie

Erskine Childers: *Das Rätsel der Sandbank* – Diogenes Verlag, Zürich 1975.
John Buchan: *Die neununddreißig Stufen*; *Grünmantel*; *Mr. Standfast oder im Westen was Neues*; *Die drei Geiseln* – sämtlich Diogenes Verlag, Zürich.
W. Somerset Maugham: *Ein Abstecher nach Paris* – Ullstein Verlag, Berlin 1970; Diogenes Verlag, Zürich 1976.

Die Korruption des Geldes:

Eric Ambler, der Klassiker schlechthin

1986 könnte Eric Ambler ein Jubiläum feiern: Vor fünfzig Jahren erschien sein erster Roman *The Dark Frontier* (›Der dunkle Grenzbezirk‹). In diesen fünfzig Jahren sind weitere siebzehn Romane gefolgt, die von einer erstaunlich gleichmäßigen Qualität sind. Es gibt in ihnen »keinen Ausfall, kein Absinken, nichts Beiläufiges. Über 17 Romane hinweg wird der gleiche erzählerische Atem gehalten«[1]. Und allen Romanen eignet derselbe aufklärerische Impetus: »Eric Amblers Beitrag zur Roman-Literatur des 20. Jahrhunderts bestand darin, daß er diese widersinnigen Schablonen, die das Genre des Spionagethrillers erstickten, ad acta legte und dafür eine glaubwürdige Welt schuf, eine schäbige, rauhe, verschlagene, bedrohliche, aber faszinierende Welt«[2]. Ambler selbst sieht es nüchterner: »Ich versuche den Leuten zu erklären, wie es zugeht auf dieser Welt«[3]. Ein bißchen aufklärerische Absicht gesteht er sich selbst schon zu: »Ich bin ein Humanist. Ein Humanist, der gerne schreibt«[4]. Und dieses Schreiben zielt nicht nur auf den Leser: »Ich schreibe, um mich zu unterhalten«.

Mit Unterhaltung hatten es schon die Eltern; die freilich, Alfred Percy und Amy Madeleine Ambler, unterhielten das Publikum von der Bühne aus; sie waren Schauspieler, Musikanten, Entertainer. Eric, geboren am 28. Juni 1909 in London, schlug zunächst aus der Art. Nach dem Besuch der Golfe's Grammar School erhielt der aufgeweckte Knabe schon als Fünfzehnjähriger ein Stipendium für die Universität London. »So bin ich«, hat Ambler später in einem Interview erzählt, »Ingenieur geworden, habe Maschinenbau studiert und kam als technischer Berater zu einer Firma. Es gab aber damals schon Rezession, und so wurde ich Texter in dieser Firma. Da habe ich nun schreiben gelernt. Denn wenn man nur wenige Zeilen zur Verfügung hat, um alles zu sagen, muß man denken, nach richtigen Worten suchen, das treffende Wort finden«[5].

Er war, erinnert sich Ambler, kein schlechter Texter, und er glaubte durchaus, daß er sein »Leben verbringen könnte mit originellen Einfällen und damit einen Haufen Geld verdienen«. Aber Geld war eigentlich nicht das, was er wollte. Denn: »Die große Gefahr des Geldes ist eben die, daß man von ihm korrumpiert wird und andere korrumpieren kann. Also hängte ich meine Copywriterkarriere an den Nagel und ergriff die brotlose Kunst des Schreibens«[5].

Er war 26, als *The Dark Frontier* erschien, ein Buch, von dem er sich heute maßvoll distanziert: »Ich würde das Buch nicht mehr schreiben, ich wollte, ich hätte es nie geschrieben. Es ist etwas vereinfacht, wenn man die Welt in good men und bad men einteilt. Zudem ist der Held ein Dummkopf«[5]. Aber das ist natürlich nur die eine Seite der Medaille. Ein bißchen stolz ist Ambler doch auch auf dieses Werk. In einem Vorwort, das er 1972 für eine Neuausgabe seines Erstlings schrieb, entschuldigt er sich zwar gleich im ersten Satz für die »Unzulänglichkeiten seines Frühwerks«. Aber dieses Vorwort endet mit verhaltenem Stolz: »Wenn ich auch keinen Anspruch auf Voraussicht erhebe, so steht mir doch, glaube ich, eine Auszeichnung zu. Als Verfasser des ›Dunklen Grenzbezirks‹ muß ich zu den frühesten Mitgliedern der ›Ban-the-Bomb‹-Bewegung gehören, der Atombombengegner. Vielleicht war ich sogar der erste«.

Amblers Vermutung könnte zutreffen. Denn 1936, drei Jahre vor Ausbruch des Zweiten Weltkriegs und neun Jahre vor den ersten Atombombenabwürfen auf Hiroshima und Nagasaki, dachte außer ein paar Physikern und Militärs gewiß noch niemand an die Atombombe. Auch Amblers Vorstellung war, gemessen am heutigen Wissensstand, natürlich absurd. Er läßt die Bombe nicht in den Laboratorien und Waffenfabriken einer der Großmächte und führenden Industrienationen entstehen, sondern bei einem Kleinstaat auf dem Balkan[6]. Dieser Staat mit dem Phantasienamen Ixanien hat ein physikalisches Genie hervorgebracht, das an den führenden Universitäten der Welt studiert hat, dann aber nach Hause zurückgekehrt ist, weil ihm in Deutschland oder Amerika niemand die Mittel für den Bau einer Atombombe anvertrauen wollte, da man ihn für übergeschnappt hielt. Nun baut der unheimliche Professor die Bombe in der Abgeschiedenheit von Ixanien, und das ruft die größten politischen Verwicklungen hervor. Denn nicht nur sieht die reaktionäre Regierung in Ixanien die Chance, ein bißchen Großmachtpolitik zu betreiben, während eine revolutionäre Gruppe im Lande ein demokratisches Ixanien schaffen möchte. Auch das internationale Kapital greift ein, verkörpert von den Abgesandten der englischen Waffenfabrik Cator & Bliss, die auch in späteren Romanen eher eine Schurkenrolle spielt.

Durch Cator & Bliss kommt auch der Held ins Spiel: ein englischer Atomphysiker namens Barstow, den die Waffenfabrikanten für ihre Zwecke einspannen möchten. Unter Umständen, die Ambler absichtsvoll im Dunklen läßt, erleidet Barstow offenbar eine Gehirnerschütterung und Persönlichkeitsumwandlung. In der Rolle eines britischen Geheimagenten macht sich der Professor auf den Weg in die Schluchten des Balkan, um dem Erfinderkollegen, einer geheimnisvollen, schönen Gräfin (in die er sich prompt verliebt), und nicht zuletzt den internationalen Waffengangstern die todbringenden physikalischen Formeln abzujagen.

Insgesamt spielt *The Dark Frontier* zweifellos eher in einer fiktiven Kulissenwelt als in jenen schlimmen Realitäten, welche die späteren – und vor allem die späten – Romane Amblers ihrem Publikum durchschaubar machen möchten. Doch abgesehen davon ist in diesem ersten Ambler-Roman schon alles vorhanden, was die spätere Meisterschaft ausmacht, von der leisen Ironie bis hin zur verschlungenen, aber logischen Handlungsführung. Sogar das literarische Verfahren, das später in Werken wie *The Mask of Dimitrios*, *The Intercom Conspiracy*, *Doctor Frigo* oder *Send No More Roses* Triumphe feiert, wird schon benutzt. *The Dark Frontier* besteht aus verschiedenen Dokumenten, die sich gegenseitig beleuchten – und wenn diese Beleuchtung kuriose Effekte ergibt, ist es nicht die Schuld dessen, der die Dokumente vorlegt.

Auf den Erstling folgen, bis zum Ausbruch des Zweiten Weltkriegs, in rascher Folge fünf weitere Romane: *Uncommon Danger* (›Ungewöhnliche Gefahr‹; 1937), *Epitaph for a Spy* (›Nachruf auf einen Spion‹; 1938), *Cause for Alarm* (›Anlaß zur Unruhe‹; 1938), *The Mask of Dimitrios* (›Die Maske des Dimitrios‹; 1939) und *Journey into Fear* (›Die Angst reist mit‹; 1940). »Alle diese Vorkriegsromane Amblers«, analysiert Helmut Heißenbüttel, »spielen mehr oder weniger unmittelbar im Einflußbereich des Faschismus, und ich kenne, um dies schon hier zu sagen, keine andere so konkrete Analyse des Verhältnisses von Hitler-Deutschland zu Mussolini-Italien aus dieser Zeit wie die in den Roman ›Anlaß zur Unruhe‹ eingeschlossene«[1].

›Anlaß zur Unruhe‹ spielt 1937 in Mailand. Der Filialleiter einer englischen Waffenfabrik in Italien wird ermordet; ein neuer Mann, der denselben Namen trägt wie der Detektiv des Raymond Chandler (der aber erst zwei Jahre später das Licht des Buchhandels erblickt), wird nach Mailand geschickt und erzählt seine und des Wissenschaftlers Beronelli Geschichte. Nick Marlow wird von den Italienern nicht nur zu Wohlverhalten und wirtschaftlicher Zusammenarbeit erpreßt, sondern auch zu einer Art geheimdienstlicher Tätigkeit, derer er sich durch die Erfindung von Nachrichten entledigt. Professor Beronelli jedoch, den Marlow erst gegen Ende der Handlung kennenlernt, flüchtet sich aus der Realität in eine Fiktion, indem er die physikalischen Gesetze für ungültig erklärt und das Perpetuum mobile konstruiert – natürlich ein unbrauchbares. Der sympathische sowjetische Geheimagent Zaleshoff, mit Marlow befreundet, kommentiert die Geschichte so: »Was für eine Tragödie! Wir sind entsetzt. Aber zum Teufel! Beronelli mußte wahnsinnig werden, weil es über seine Kraft ging, in einer verrückten Welt normal zu bleiben. Er mußte einen Ausweg finden und sich seine eigene Welt aufbauen, eine Welt, in der er etwas galt, eine Welt, in der ein Mensch mit seinen Gaben arbeiten kann und weiß, daß ihn niemand daran hindern darf. Sein Geist hat diese Lüge für ihn konstruiert, und jetzt ist er glücklich. Er ist aus dem allgemeinen Wahnsinn in seinen eigenen geflüchtet. Aber Sie und ich, Marlow, wir sind noch bei den anderen Wahnsinnigen. Der einzige Unterschied zwischen unserem Wahnsinn und dem Beronellis ist, daß wir unseren mit den anderen Bürgern Europas teilen. Wir hören noch immer Kerlen zu, die uns erzählen, daß Friede und Gerechtigkeit nur durch Krieg und Unrecht zu erreichen sei, daß der Fleck Erde, auf dem ein Volk lebt, mystischerweise besser sei als der, auf dem sein Nachbarvolk lebt und daß ein Mensch, der Gott mit anderen Worten preist als wir, unserer geborener Feind ist«.

Der kommunistische Agent Zaleshoff weiß sogar ein Mittel, die Welt zu verbessern: »Wenn man etwas nur oft genug sagt und es glauben will, dann *muß* es ja wahr sein. So funktioniert das! Nur nicht denken, laßt uns unseren Bäuchen folgen! Nieder mit der Intelligenz! Die menschliche Natur läßt sich nicht ändern – und damit *basta*. So ein Unsinn! Als ob die menschliche Natur nicht ein Bestandteil des sozialen Systems wäre. Ändere das System, und der Mensch wird sich ändern. Wenn Ehrlichkeit sich wirklich lohnt, wird jeder ehrlich. Wenn für den Mitmenschen arbeiten heißt, auch für sich selbst zu arbeiten, dann wird Brüderlichkeit zur Tatsache. – Aber das glauben wir noch lange nicht, nicht wahr, Marlow. Wir hätscheln immer noch unsere Illusionen...«

In der Tat glaubt Marlow dem kommunistischen Freund Zaleshoff nicht (er schläft über seiner langen Rede ein), und auch der Autor Ambler bleibt gegenüber jeder Heilslehre skeptisch. Er war zwar in seinen frühen Jahren, wie er bekannt hat, ein Anhänger des Marxismus. Aber der analytische Historiker Friedrich Engels, so hat er auch gesagt, sei ihm schon immer lieber gewesen als der auf Utopie eingeschworene Theoretiker Karl Marx, der an die Veränderung der Welt und der Menschen zum Guten geglaubt hat.

»Wenn Ambler eine Handlung anlegt«, hat Aurel Schmidt festgestellt, »dann geht er dabei fast durchweg nach der gleichen bewährten Methode vor. Die Helden seiner Bücher geraten in eine Situation, aus der sie nicht mehr herauskommen: sie werden gezwungen mitzumachen, ohne daß sie in der Lage wären, sich diesem Zwang zu entziehen«[4]. In *Uncommon Danger*, dem ersten der beiden Bücher, die zwischen *The Dark Frontier* und *Cause for Alarm* entstanden, übernimmt der Journalist Kenton von einem Fremden, der sich ihm als von den Nazis verfolgter Jude vorstellt, im D-Zug von Frankfurt nach Linz den Transport wichtiger Wertpapiere, weil er das ihm angebotene Geld braucht. In *Epitaph for a Spy*, dem anderen, gerät ein einfacher Mann an der Riviera durch die zufällige Vertauschung eines Fotoapparates in den Verdacht, die Sicherheit Frankreichs zu gefährden. Dem Staatenlosen Joseph Vadassy bleibt gar nichts anderes übrig, als das Spiel der Polizei mitzuspielen: ein hilfloses Opfer der Staatsmacht und derer, die sich ihrer bedienen, anstatt ihr zu dienen.

Die nächsten Daten im literarischen Schaffen des Eric Ambler fallen zusammen mit politischen Daten erster Ordnung. Parallel zum Ausbruch des Zweiten Weltkriegs erscheint 1939 der berühmteste seiner frühen Romane, *The Mask of Dimitrios*, während *Journey into Fear*, wie er später bei einem Interview betont hat, exakt an dem Tag herauskommt, an dem die französische Kapitulation vor den Deutschen erfolgt: für literarische Erfolge nicht eben die günstigsten Voraussetzungen.

Auch und erst recht im »Dimitrios« triumphiert das Prinzip, die zentralen Figuren der Handlung weniger als Handelnde, denn als Getriebene agieren zu lassen, als »Beobachter, Opfer und Eingelassene, manchmal das eine und das andere zugleich. Ihre Psychologie ist nicht ablösbar von der politischen Diagnose«, und im speziellen Fall ergibt sich tatsächlich das eine aus dem anderen: »Aus dem Dossier, das zur Identifizierung eines politischen Abenteurers und Verbrechers ausgebreitet wird, setzt sich sowohl die Figur des Dimitrios zusammen als auch die politische Entwicklung des südlichen Balkanraums nach 1918«[1].

Francis Lacassin weist auf strukturelle Ähnlichkeiten der »Dimitrios«-Handlung sowohl mit dem französischen »nouveau roman« als auch einem der berühmtesten Filme jener Jahre, Orson Welles' *Citizen Kane* (der zwei Jahre nach *The Mask of Dimitrios* entstand) hin: »Die wirkliche Hauptperson ist Dimitrios, aber der ist tot. Er kann nicht in die Handlung eingreifen, sondern nur als Gegenstand (einer Untersuchung) fungieren. Ein Gegenstand, dessen Natur sich unaufhörlich, je nach Blickwinkel ändert. Dimitrios existiert nur durch die bruchstückhaften Erinnerungen der Zeugen, in deren Gedächtnis er ständig herumspukt, und in den lakonischen Aufzeichnungen von Archiv-Akten, denen zufolge sein Schicksal geklärt zu sein scheint. Seine Person formt sich, verformt sich neu unter den Augen des Lesers, so, wie (des fiktiven Schriftstellers) »Latimers Objekt-Roman, den er tastend zusammenstellt«[7].

Mit Ausbruch des Krieges beginnt für Ambler eine – elfjährige – Periode des literarischen Schweigens. Freiwillig tritt er 1940 als gemeiner Soldat in die britische Army ein. Er avanciert zum Offizier, verläßt die Armee 1946 im Rang eines Obersten, hat seine Karriere aber wohl vor allem hinter der Front gemacht: als Produktionsleiter von Propaganda- und Durchhaltefilmen. Nach dem Krieg bleibt er zunächst im Gewerbe; für die J. Arthur Rank Organisation produziert er Filme und schreibt Drehbücher; einige von ihnen stuft er selbst als »nicht schlecht« ein.

Erst 1951 erscheint wieder ein Roman: *Judgment on Deltchev* (›Der Fall Deltschew‹), eine vehemente Abrechnung mit dem Stalinismus anhand eines Schauprozesses gegen das Staatsoberhaupt eines nicht genau bezeichneten kommunistischen Satellitenstaates auf dem Balkan.

Es ist vermutlich dieser Roman, wenn nicht einer der früheren, auf den sich Raymond Chandlers Vorwurf bezieht, Ambler habe sich »zwischen zwei Stühle gesetzt« bei dem Versuch, den Thriller »auf einem Niveau zu halten, das dem halbgebildeten Publikum zugänglich ist«, und ihm »zugleich ein paar intellektuelle und künstlerische Obertöne zu verleihen, die das Publikum weder sucht noch verlangt noch am Ende überhaupt wahrnimmt«[8].

Zwei Jahre später kommt ein Buch heraus, das Motive aus dem Vorkriegsroman *The Mask of Dimitrios* wieder aufnimmt: *The Schirmer Inheritance* (›Schirmers Erbschaft‹; 1953). Die Handlung des Buches setzt mit den napoleonischen Kriegen in Deutschland ein, als ein Ansbacher Dragoner von der preußischen Armee desertiert, sich mit seiner Frau ins Elsaß durchschlägt und später, als das Elsaß preußisch wird, seinen Namen ändert. Mehr als hundert Jahre später, nach dem Zweiten Weltkrieg, wird ein Nachkomme dieses Franz Schirmer für eine amerikanische Erbschaft gesucht. Ein amerikanisches Anwaltsbüro entsendet eine neugierige Nachwuchskraft nach Europa, und Eric Ambler hängt an diesem Fall, in einem seiner besten Bücher, zwei Jahrzehnte europäischer Geschichte auf: zunächst die deutsche, dann die griechische (denn Schirmers Erbe ist, wie sein Urahn, von den deutschen Truppen desertiert und nun in Griechenland in die Kämpfe um den Aufbau einer neuen Ordnung verwickelt).

Es folgen zwei Bücher, die in Südost-Asien spielen und den Zusammenbruch der Kolonialreiche und die aus ihnen erwachsenden Kämpfe zum Thema haben. *The Night-Comers* (›Besuch bei Nacht‹; 1956) spielt in Indonesien, *Passage of Arms* (›Waffenschmuggel‹; 1959) in Malaysia – und *The Night-Comers* gelingt ein literarisches Husarenstück insofern, als die Handlung das Penthouse, in dem der englische Ingenieur Steve Fraser vor seiner Rückkehr in die Heimat die letzten Tage mit einem einheimischen Mädchen verbringt, nicht einen Augenblick verläßt, gleichwohl aber die ganze Geschichte eines Staatsstreichs unangestrengt hereinholt. Dazu bedarf es nur einer einzigen Vorbedingung: Das Penthouse, das ein Freund Fraser für ein paar Tage überlassen hat, liegt auf einem Hochhaus, in dem sich auch der Rundfunksender der Stadt befindet – natürlich das erste Ziel der Putschenden, die im Hochhaus ihr Hauptquartier aufschlagen.

Nur zwei von Amblers Romanen haben dieselbe Hauptfigur[9]: *The Light of Day* (›Topkapi‹; 1962) und *Dirty Story* (›Schmutzige Geschichte‹; 1967); zwischen beiden Titeln liegt der Roman *A Kind of Anger* (›Eine Art von Zorn‹; 1964). Der Held der beiden erstgenannten Geschichten ist Arthur Abdel Simpson, eine der gelungensten Figuren des Amblerschen Figurenkosmos, allerdings auch eine der schäbigsten: »ein Schelm, ein Auswurf, ein Feigling, ein Angeber, ein Opfer des Gesetzes der Welt, das andere machen, nicht einer, der das Leben spielend meistert«[4]. Simpson, über den Ambler einer amerikanischen Fernsehjournalistin gesagt haben soll, er trage Züge seiner selbst, ist einer der klassischsten Romananfänge Amblers in den Erzähler-Mund gelegt: »Write it on the walls. *H. Carter Gavin, Her Britannic Majesty's Vice-Consul in Athens, is a shit*«[10]. Er zahlt immer drauf, bleibt aber am Leben und denkt nicht an Resignation. In *The Light of Day* gerät er in eine doppelte Falle. Einerseits wirbt ihn der türkische Geheimdienst an. Andererseits wird er von einer Ganovengruppe erpreßt, beim Einbruch ins Topkapi-Museum in Istanbul Handlangerdienste zu leisten. In *Dirty Story* kämpft er hartnäckig um einen überall akzeptierten Paß, der ihn in dieser Welt erst zum Menschen macht, und am Ende hat er ihn auch bekommen, und sein zu Beginn so erregter Tonfall hat sich besänftigt: »Der derzeitige Preis für einen Panlibhonco-Paß beläuft sich in Athen auf zwölfhundert US-Dollar. Das finde ich schändlich. Bei meinem neuen Paß beträgt der Preis nur fünfhundert US-Dollar oder deren Gegenwert in jeder frei konvertierbaren Währung. Das finde ich fair und vernünftig«.

Nach *Dirty Story* werden Amblers Geschichten immer komplizierter. Aber nach wie vor findet Ambler seine Stoffe in der Realität, gleichsam beim Zeitunglesen. *The Intercom Conspiracy* (›Das Intercom-Komplott‹; 1969) taucht tief hinein ins Gestrüpp der Geheimdienste, die sich auf neutralem Schweizer Boden eine Schlacht liefern – und wie im »Dimitrios« heißt der fiktive Autor Latimer; er recherchiert über die Arbeit der Geheimdienste und kommt ihnen wohl auch auf die Spur, geht aber schließlich spurlos verloren, so daß ein anderer seine Recherchen fortsetzen und seine Aufzeichnungen, wie fragmentarisch und gültig auch immer, komplettieren muß.

The Levanter (›Der Levantiner‹; 1972) greift den israelisch-arabischen Konflikt auf. Wieder gerät ein harmloser, unbeteiligter Mensch, der Kaufmann Michael Howell, der in Damaskus eine »Agence Commerciale et Maritime« führt, zwischen die Fronten. Eine von Howells Fabriken wird von einem radikalen Palästinenserführer okkupiert, er selbst mit Gewalt zur Unterstützung der Terroristen gepreßt. Bald sitzt er zwischen allen Fronten, von den Syrern ebenso mißtrauisch beobachtet wie von den Israelis. Ambler serviert seinen Lesern den Fall aus einer dreifachen Perspektive. Die Erzählung des entnervten Kaufmanns, der sich in immer larmoyanteren Entschuldigungen ergeht, wird durch die um Objektivität bemühten Berichte eines Journalisten sowie durch die Mitteilungen von Howells Freundin ergänzt, die sich im Verlauf der Affäre mehr und mehr von Howell entfernt. Der Kaufmann Howell wird, ohne seine Individualität zu verlieren, zu einem Symbol für die Haltung des Westens in der gesamten Nahost-Frage: Sein Versuch, sich aus einem Konflikt herauszuhalten, mit dem er unmittelbar konfrontiert ist, endet mit einem Fiasko.

Wie in *The Levanter* verwischt Ambler auch in seinem nächsten Roman *Doctor Frigo* (›Doktor Frigo‹; 1974) die moralischen Standpunkte bis zur Unkenntlichkeit. Der Roman spielt in der Karibik, im Spannungsfeld zwischen einheimischen Diktaturen und den Geheimdiensten der Großmächte – worunter diesmal freilich nicht die Amerikaner zu verstehen sind, sondern die Franzosen, welche die schmutzige Arbeit für den großen Verbündeten erledigen. Die Zentralfigur des Buches, Doktor Frigo, ist der Sohn eines ermordeten Diktators jener Region; er arbeitet als Arzt auf einer französischen Antilleninsel und legt sein Manuskript als ein Dokument an, das ihn notfalls vor politischen und kriminellen Vorwürfen schützen soll: ein, wie sich zeigt, höchst notwendiges Unternehmen. Denn trotz aller Beteuerungen seiner Uninteressiertheit an politischen Fragen, steckt er schließlich mittendrin in einer politischen Affäre, und am Ende ist der Mörder seines Vaters einem politischen Attentat zum Opfer gefallen. Ob Doktor Frigo, trotz aller Beteuerungen, daß ihm der Gedanke an Rache fern liege, dabei seine Hände nicht zumindest entfernt im Spiel hatte: Wer will das wissen? Frigo hat, seine Aussagen sorgsam frisierend, jeden Verdacht in diese Richtung zu zerstreuen versucht, und der Zyniker Ambler läßt ihn gewähren, voller Vertrauen auch darauf, daß der Leser sich selbst einen Reim auf Frigos Geschichte machen wird.

Gänzlich zum Spiegelkabinett wird der nächste und bislang vorletzte Roman Amblers: *Send No More Roses* (›Bitte keine Rosen mehr‹; 1977). Amblers Thema ist diesmal die Wirtschaftskriminalität großen Stils; über einen internationalen Schwindler recherchiert ein Soziologieprofessor, der über die Praktiken der Gangster eine wissenschaftliche Arbeit schreiben möchte und sich mit den Ganoven in einer Villa an der Cote d'Azur trifft. Wiederum liefert Ambler nicht unverrückbare Fakten, sondern nur parteiliche Aussagen: Darstellungen und Gegendarstellungen, unter denen sich der Leser selbst die Versionen heraussuchen muß, denen er – möglicherweise fälschlich – Glauben schenkt. Ambler beschreibt nicht einfach den Nebel, in dem sich die internationale Wirtschaftskriminalität abspielt; er gestaltet ihn nach, so raffiniert, daß der Leser sich in diesem Nebel hoffnungslos verirren muß.

Amblers bislang letzter Roman – *The Care of Time* (›Mit der Zeit‹;

1981) – scheint die politischen Probleme der Gegenwart zu summieren. Terrorismus, chemische Kriegsführung, Öl, strategische Stützpunkte in der Golfregion, der Wettkampf der Geheimdienste: Alles gehört zusammen und arbeitet gegeneinander, nichts ist so, wie es auf den ersten Blick erscheint. Allerdings scheint die Schurkenrolle diesmal deutlicher definiert als sonst bei Ambler; sie wird übernommen von einem arabischen Scheich, der letzten Endes aber bei einem großen Fernsehinterview vom Helden und Ich-Erzähler der Geschichte, einem amerikanischen Journalisten, ausgetrickst wird.

Auch in einer anderen Sache ist Ambler von einem Prinzip abgewichen. Während er Sex üblicherweise ansieht als »die Privatangelegenheit meiner Helden, die mich nichts angeht«[5] und ihn in den Romanen entsprechend ausspart, legt er dem Helden von *Care of Time* auch schon einmal ein williges Mädchen ins Bett, freilich ohne die Situation groß auszumalen: »Ich brauchte ein, zwei Sekunden, bis ich begriff, daß sie aus ihren Hosen stieg, daß sie gerade erst geduscht hatte und daß die Seife, nach der sie duftete, nichts mit dem von der Direktion kostenlos zur Verfügung gestellten bain-moussant zu tun hatte. Als sie sich vollends ausgezogen hatte, glitt sie zu mir unter die Decke. Es wurde nichts mehr gesagt. Viel mehr schien nicht mehr zu sagen zu sein. Ich wurde für gutes Betragen belohnt«.

[1] *Helmut Heißenbüttel:* Eric Ambler. Kühle Kunst des Killens. Die Weltwoche, Zürich. 2. April 1975. Zitiert nach: Über Eric Ambler, Diogenes Verlag, Zürich 1979, S. 76ff.

[2] *Paxton Davis:* Die Welt in der wir leben oder Die Romane Eric Amblers. In: Über Eric Ambler, S. 45ff.

[3] Über Eric Ambler, S. 5.

[4] *Aurel Schmidt:* Wie es zugeht auf der Welt. In: Über Eric Ambler, S. 95 ff.

[5] *Walter Hertenstein:* Ambling with Ambler. Tagesanzeiger Magazin Zürich, 13. Dezember 1975. Zitiert nach: Über Eric Ambler, S. 117ff.

[6] Mittlerweile hat die Realität den Propheten Ambler offenbar eingeholt; auch kleine Staaten sind in der Lage, Atombomben herzustellen – was das Gefühl der Sicherheit in dieser Welt nicht eben stärkt.

[7] *Francis Lacassin:* Eric Ambler und der nouveau roman. In: Über Eric Ambler, S. 50ff.

[8] In einem Brief an Bernice Baumgarten am 16. April 1951. In R. Chandler: Die simple Kunst des Mordes, Zürich 1975. S. 69.

[9] *The Mask of Dimitrios* und *The Intercom Conspiracy* wollen wir in diesem Fall außer acht lassen. Beide Bücher, im Abstand von dreißig Jahren erschienen, bestehen im Kern aus fiktiven Papieren des fiktiven Schriftstellers Latimer, der jedoch in beiden Fällen eine Nebenfigur bleibt, auch wenn er in *The Intercom Conspiracy* unter mysteriösen Umständen verschwindet.

[10] Die deutsche Übersetzung von Günter Eichel riskiert den drastischen Tonfall des

Originals nicht ganz. Sie macht aus dem »shit« einen »Scheißkerl« und mildert ihn damit ab.

Ausgewählte Bibliographie

Eric Ambler: *Der dunkle Grenzbezirk*; *Ungewöhnliche Gefahr*; *Nachruf auf einen Spion*; *Anlaß zur Unruhe*; *Die Maske des Dimitrios*; *Die Angst reist mit*; *Der Fall Deltschew*; *Schirmers Erbschaft*; *Besuch bei Nacht*; *Waffenschmuggel*; *Topkapi*; *Eine Art von Zorn*; *Schmutzige Geschichte*; *Das Intercom-Komplott*; *Der Levantiner*; *Doktor Frigo*; *Bitte keine Rosen mehr*; *Mit der Zeit* – sämtlich Diogenes Verlag, Zürich.

Am Abgrund des Lebens:
Graham Greene und der Thriller als Vehikel des Metaphysischen

Daß der 1904 in Berkhamsted, in der englischen Grafschaft Hertfordshire, geborene Graham Greene zu den wichtigen Thriller-Autoren gehört, scheint den meisten Literaturhistorikern eine unumstößliche Tatsache. Strittig ist allenfalls, ob sein Gesamtwerk oder lediglich Teilbereiche der Thrillerliteratur zuzurechnen sind. Der Autor selbst hat seine Werke in »entertainments« und wesentlichere »novels« eingeteilt. Für Manfred Brauneck sind »die ersteren meist spannende Kriminalromane mit oft internationaler politischer Akzentuierung«[1] (also just das, was wir als Thriller zu bezeichnen uns angewöhnt haben), während laut Reclams Kriminalromanführer »die meisten Werke beider Gruppen als Krimis bezeichnet werden«[2] können. Dieser letzten Meinung scheint sich auch Klaus-Dieter Walkhoff-Jordan anzuschließen. Seine Krimi-Bibliographie[3] enthält offenbar alles, was an Greeneschen Werken im Taschenbuch auf deutsch erschienen ist, darunter nicht nur Romane wie *The Power and the Glory* (›Die Kraft und die Herrlichkeit‹; 1940), *The Comedians* (›Die Stunde der Komödianten‹; 1966), in denen die politische Problematik das Feld beherrscht, sondern auch reine Komödienstoffe wie *Loser Takes All* (›Heirate nie in Monte Carlo‹; 1955) und *Travels with My Aunt* (›Die Reisen mit meiner Tante‹; 1969) – für mein Gefühl denn doch ein recht groteskes Mißverständnis.

Doch eine gute Handvoll der Romane Graham Greenes ist auch bei etwas strengeren Maßstäben der Kriminalliteratur zuzurechnen. Es sind Bücher vorwiegend aus den dreißiger und dann wieder aus den fünfziger Jahren, zwischen denen *The Ministry of Fear* (›Zentrum des Schreckens‹;

1943), ein Spionageroman aus dem London der Kriegszeit, nicht nur wegen seiner Entstehungszeit eine Zwischenstellung einnimmt.

Wenn wir bei unserem System der Unterscheidung von Kriminalroman (mit der Untergattung Detektivgeschichte) und Politthriller (mit der Unterabteilung Agenten- oder Spionageroman) auch im Falle Graham Greene bleiben wollen, geraten wir gleich in mehreren Fällen in Schwierigkeiten.

Eindeutig als Agentenromane einzuordnen sind wohl nur die späten Romane Greenes *The Quiet American* (›Der stille Amerikaner‹; 1955) und *Our Man in Havanna* (›Unser Mann in Havanna‹; 1958), sowie *Brighton Rock* (›Am Abgrund des Lebens‹; 1938) und *The Third Man* (›Der dritte Mann‹; 1950) als Kriminalromane. Aber *The Third Man* ist im Œuvre Graham Greenes bei aller Popularität nicht mehr als ein Nebenwerk, aus einem Filmdrehbuch hervorgegangen (und an Qualität durchaus hinter Orson Welles' Film zurückbleibend). *Brighton Rock* aber ist eines jener Werke Greenes, welche die Form wie die Thematik des Kriminalromans lediglich benutzen, um über die spannende Handlung hinaus in andere Dimensionen vorzudringen: »Oberflächlich betrachtet kann man ›Brighton Rock‹ als einen realistischen Thriller bezeichnen, in dem die Schäbigkeit und Verkommenheit der Welt, in der er spielt, und das Idiom ihrer Bewohner treffend wiedergegeben werden. Doch ist dieser Realismus nur Mittel zu dem Zweck, einen bestimmten Aspekt der modernen Zivilisation zu beleuchten und die Atmosphäre des Bösen, Unreinen und Verzweiflungsvollen zu verdichten, die den ganzen Roman prägt«.[4]

Ausgesprochen schwierig ist es, einen Roman wie *A Gun for Sale* (›Das Attentat‹; 1936) einer bestimmten Kategorie der Kriminalliteratur zuzuordnen. Die Handlung beginnt mit einem politischen Attentat. In einem nicht genannten Land auf dem Kontinent erschießt der gedungene Mörder Raven, den gleich der erste Satz des Romans – »Auf einen Mord kam es Raven nicht an« – als einen skrupellosen Killer charakterisiert, einen Minister; der Mord scheint, wie 1914 das Attentat von Sarajewo, geeignet, Europa in einen neuen Weltkrieg zu stürzen.

Doch im Verlauf der Haupthandlung (die in England spielt, wo der Killer wie seine Auftraggeber zu Hause sind), tritt der internationale Aspekt des Bubenstücks mehr und mehr hinter das reine Kriminalgeschehen und die Frage der moralischen Verantwortlichkeit zurück. Ravens Auftraggeber begehen den Fehler, ihn mit Geld zu bezahlen, das aus einem Raub stammt und dessen Seriennummern notiert sind. So kommt die Polizei wegen einer Tat, an der er unschuldig ist, auf des

Mörders Spur, und Raven, ein simples Gemüt aus armen Verhältnissen, wird zum Gejagten. Auf seiner Flucht gerät er, wie das Leben im Krimi so spielt, zufällig an die Verlobte des Scotland Yard-Offiziers, der die Jagd auf ihn leitet. Das Mädchen, zunächst als Geisel benutzt, wird schließlich mehr und mehr zur Komplizin des Attentäters und führt ihn auf die Spuren seiner Auftraggeber: reiche Kapitalisten, die von einem Krieg zu profitieren hoffen und die Raven umbringt, ehe die Polizei ihn erschießt.

Die Romanhandlung wirkt reichlich konstruiert: Zufall häuft sich auf Zufall. Aber offensichtlich kommt es Graham Greene auf die Handlung wenig an. Er diskutiert die Frage von Schuld, Sühne, Verantwortlichkeit und benutzt dazu als Ideenträger keine Stabpuppen, sondern außerordentlich scharf und differenziert gezeichnete Charaktere, wie sie im politischen Thriller jener Jahre nur eine Parallele haben: in Amblers *The Dark Frontier*, der im selben Jahr wie *A Gun for Sale* erscheint.

Auch *The Confidential Agent* (›Jagd im Nebel‹; 1939) spielt am Vorabend des Zweiten Weltkrieges. Als Beauftragter der rechtmäßigen sozialistischen Regierung eines bereits im (Bürger-)Krieg befindlichen kontinentalen Staates – ganz offensichtlich ist Spanien das Vorbild – kommt der Literaturprofessor D. nach England, um ein Konsortium von Industriellen zur Lieferung einer größeren Menge Kohlen zu bewegen, ohne die seine Regierung den Krieg nicht lange führen kann. Gleichzeitig hat auch die aristokratische Gegenseite ihre Agenten losgeschickt, um ihn an der Erfüllung seiner Aufgabe zu hindern und die Kohlelieferung selbst an Land zu ziehen. Der Professor gerät von Beginn an in gefährliche Situationen. Im Nebel versäumt er seinen Zug von Dover nach London, und als er sich von einem betrunkenen Mädchen, ausgerechnet der Tochter seines künftigen Geschäftspartners, einen Wagen für die Weiterfahrt ausborgt, wird er von deren übereifrigen Freunden zusammengeschlagen. Auch seine Anlaufstellen in London, ein billiges Stundenhotel und eine Art Esperanto-Schule, erweisen sich als wenig vertrauenswürdig. Ein 14jähriges Zimmermädchen, das ihm hilft, wird in den Selbstmord getrieben; er selbst vermasselt den ihm anvertrauten Auftrag, weil man ihm die Papiere stiehlt, die ihn legitimieren sollen, bringt einen gegnerischen Agenten um (der Mann stirbt vor Schreck, als ein Schuß kracht, ohne ihn zu treffen) und bringt auch den Bergarbeiterstreik, den er anzetteln will, um die Kohlelieferung an die Faschisten zu verhindern, nicht zustande.

Doch am Ende ist er dennoch erfolgreich und erhält die Tochter des Lords, die ihn von der ersten trunkenen Begegnung an durch die Fährnisse des englischen Nebels geleitet hat (in dem Graham Greene die Konturen Londons und der britischen Inseln verschwimmen läßt und so fremd macht, bis sie von Amblers Balkan nicht mehr zu unterscheiden sind), zum Geschenk. Greene verweist mit den Figuren dieses Romans weit voraus auf ein wesentlich populäreres späteres Werk, *Our Man in Havanna*, in dem die im Grunde unsinnige, aber letztlich doch sich selbst bestätigende Arbeit der Geheimdienste zum offenen Komödienstoff wird.

Our Man in Havanna hat zum Helden einen Mann, Mr. Jim Wormold, den ein Agent für den britischen Geheimdienst anzuwerben sucht und der aus finanziellen Gründen – um seiner hübschen, bedenkenlosen 17jährigen Tochter Milly jenen Luxus bieten zu können, den sie ganz selbstverständlich in Anspruch nimmt – auf diese Anwerbung eingeht. Von einem Freund (der, wie sich herausstellt, selbst einem anderen Geheimdienst angehört) auf die Idee gebracht, versorgt der Staubsaugerhändler Wormold die Zentrale in London mit Geheiminformationen aus dem Kuba des Diktators Batista, die er sich von A–Z aus den Fingern gesogen hat; die Bauzeichnungen einer ganz geheimen militärischen Anlage im Sperrgebiet in den Bergen, mit denen er seine profitablen Märchen untermauert, sind den Konstruktionsplänen seiner Staubsauger nachempfunden.

Das Dumme ist nur: Nicht nur der britische Geheimdienst in London, sondern auch die in Kuba ansässige Konkurrenz fällt auf den Schwindel herein. Und so entwickelt sich um den entgeisterten Zauberlehrling ein echter Agentenkrieg mit echten Toten, aus dem der Urheber samt Tochter und neuer Geliebter – eigentümlicherweise haben praktisch alle zentralen Männerfiguren Graham Greenes gescheiterte, wenn auch (meistens aufgrund des katholischen Glaubens der Partnerinnen) nicht geschiedene Ehen hinter sich – allerdings wohlbehalten entkommt.

Graham Greene hat sich selbst später darüber verwundert gezeigt, daß sein Roman »bei den neuen Herren Kubas wenig Anklang« gefunden habe: »Indem ich mich über den britischen Geheimdienst lustig machte, hatte ich den Terror des Batista-Regimes abgeschwächt. Für eine leichtbeschwingte Komödie hätte ich nämlich keinen allzu düsteren Hintergrund brauchen können. Doch wer die Jahre der Diktatur miterlebt hatte, von dem konnte man die Einsicht erwarten, daß mein eigentliches Thema die Lächerlichkeit des britischen Secret-Service-Agenten war und nicht die Gerechtigkeit ihrer Revolution«.[5]

Tatsächlich verdirbt der Komödienton das Buch zwar nicht als Roman, aber doch als Thriller, weil er das Moment ernsthafter Gefahr nie aufkommen läßt. Doch einige grandiose Szenen bleiben unvergeßlich – allen voran der groteske Vergiftungsversuch der Gegenseite beim Gala-Essen des Verbandes Europäischer Geschäftsleute und die Schachpartie zwischen Wormold und dem Polizei-Offizier Segura mit Miniatur-Whisky-Fläschchen und der Regel, daß jede geschlagene Figur vom Gewinner sogleich auszutrinken sei.

Graham Greenes bester, weil reifster und ernsthaftester Agentenroman bleibt denn auch *The Quiet American*, drei Jahre vor *Our Man in Havanna* entstanden. Das Buch spielt in Vietnam zu jener Zeit, als dort die Franzosen ihre kolonialen Rückzugsgefechte schlugen – und die Amerikaner begannen, ihre Finger in die vietnamesischen Angelegenheiten zu stecken, um das Land für die westliche Demokratie zu retten.

Der Ich-Erzähler – in Graham Greenes Thrillern eher selten; im Kriminalroman *The Third Man* wirkt die Einführung eines Ich-Erzählers, der die Handlung aus Fremdmaterialien rekonstruiert, weniger überzeugend als störend – ist ein englischer Journalist, dem in dem amerikanischen Gesandtschaftsangestellten Pyle ein Konkurrent um die Zuneigung der schönen Vietnamesin Phuong erwächst. Doch nicht die Tatsache, daß Phuong zu Pyle übersiedelt, weil der sie vorgeblich heiraten will (was dem Erzähler, den seine Frau in England nicht freigibt, verwehrt ist), macht Feinde aus den beiden Männern. Es ist die Kenntnis, daß Pyle eine anarchistische Partisanenarmee mit Sprengstoff versorgt und somit für deren Attentate und den Tod vieler unschuldiger Menschen in Hanoi verantwortlich ist, die den Erzähler zum Mordkomplizen derer macht, die ihrerseits glauben, Pyle aus dem Verkehr ziehen zu müssen.

Aus der Verknüpfung privater Motive und großer Politik wird bei Graham Greene in *The Quiet American* ein großer Roman, der für den Thriller das schafft, was Raymond Chandler für den Kriminalroman vorschwebte: ein Buch, das die Würze des Genres bewahrt und das »tatsächlich zugleich Charakter und Atmosphäre bietet, mit einem Oberton aus Gewalttat und Furcht«[6] – von politischer Moral gar nicht zu reden.

[1] *M. Brauneck:* Weltliteratur im 20. Jahrhundert. Autorenlexikon. Rowohlt Verlag, Reinbek 1981. Bd. 2, D–J, S. 501.

[2] *A. Arnold / J. Schmidt:* Reclams Kriminalromanführer. Stuttgart 1978, S. 180.

[3] *K.-D. Walkhoff-Jordan:* Bibliographie der Kriminalliteratur. 1945–1984. Ullstein Verlag, Berlin 1985. S. 224/25.

[4] Kindlers Literaturlexikon, Zürich/München 1965. Bd. I, A–Cn, S. 1886.

[5] Greene schrieb für die deutsche Gesamtausgabe seiner Werke nachträglich ausführliche Vorworte zu fast allen seinen Romanen, die die Entstehungsumstände seiner Bücher

schildern und manche Frage klären. Diese oben abgedruckte Passage findet sich in Graham Greene, »Gesammelte Werke«, Band 4 (»Das Schlachtfeld des Lebens«; Der stille Amerikaner«, »Unser Mann in Havanna«). Zsolnay Verlag, Wien 1963. S. 426/27.

[6] R. Chandler in einem Brief an Bernice Baumgarten am 21. April 1949. In: R. Chandler: »Die simple Kunst des Mordes«, Zürich 1975. S. 62.

Ausgewählte Bibliographie

Graham Greene: *Orientexpreß*; *Das Attentat*; *Im Abgrund des Lebens*; *Jagd im Nebel*; *Zentrum des Schreckens*; *Der dritte Mann*; *Der stille Amerikaner*; *Unser Mann in Havanna* – sämtlich Rowohlt Verlag, Reinbek.

Zeit des Übergangs:

J. P. Marquands japanischer Mr. Moto und die Agenten des Peter Cheyney

»William Le Queux' (1864–1927) von internationalen Intrigen beherrschte ›cloak-and-dagger‹-Romane werden heute nicht mehr so häufig gelesen, aber seine literarischen Nachfolger, von Erskine Childers (*The Riddle of the Sands*; 1903) und John Buchan (*The Thirty-Nine Steps*; 1915) bis zu Ian Fleming, Len Deighton und John le Carré bestimmen die Unterhaltungsliteratur des 20. Jahrhunderts«[1]: In der Sekundärliteratur zum Thema Spionage- und Agentenroman sieht es meistens so aus, als sei zwischen den Spätviktorianern und den Zeitgenossen ein großes Loch, das allenfalls notdürftig gefüllt werde von Autoren, die dazu neigen, das Genre in Richtung auf größere Höhen zu verlassen – Eric Ambler, Graham Greene und Somerset Maugham.

Davon kann natürlich keine Rede sein. Der Agentenroman, einmal geboren, blühte auch zwischen den beiden Weltkriegen (und erst recht während des Zweiten Weltkrieges) munter weiter – und zwar sowohl diesseits als auch jenseits des Atlantik. Wir wollen uns auf zwei Beispiele beschränken: den Amerikaner John Phillips Marquand und den Briten Peter Cheyney, die beide eine gewisse Gemeinsamkeit haben; sie wählten sich Helden aus fremden Nationen.

Den kühneren Griff tat dabei der Amerikaner. Während sich Cheyney als Serienfigur einen Alliierten auswählte, hauptsächlich wohl deshalb, weil der amerikanische Slang, dessen sich der Ich-Erzähler vom FBI bedient, eine kess-saloppe Erzählweise erlaubte, holte sich Marquand für seine Bücher die zentrale, immer wiederkehrende Figur beim potentiellen Gegner. Mr. Moto, Chef des japanischen Geheimdienstes in insgesamt sechs zwischen 1935 und 1957 erschienenen Büchern Marquands, ist meines Wissens der einzige Geheimagent der Welt, dem von der anderen Seite ein Denkmal gesetzt wurde – und sogar ein durchaus faires und ehrenvolles.

John Phillips Marquand – geboren am 10. November 1893 in Wilmington, Delaware, Absolvent der Harvard University, Frontoffizier in Frankreich während der letzten beiden Jahre des Ersten Weltkriegs und seit 1922 freier Schriftsteller – schrieb die ersten drei Moto-Romane in relativ kurzer Zeit während der Jahre 1935 und 1936; es ging ihm damals finanziell wohl nicht besonders gut, und er hat sich kurz vor seinem Tod, auf diese Bücher angesprochen, von ihnen distanziert: »Mr. Moto ist mein persönlicher literarischer Schandfleck. Ich habe diese Bücher geschrieben, um Kleidung für mein Kind kaufen zu können. Ich weiß nicht, warum die Leute sich immer noch an sie erinnern«.[2] Vermutlich ist bei dieser Distanzierung ein Gutteil Snobappeal im Spiel, den sich der erfolgreiche Autor mittlerweile leisten konnte; nachdem Marquand 1938 – drei Jahre nach dem Erscheinen seines ersten Agentenromans, *Your Turn, Mr. Moto* (›Ihr Zug, Mr. Moto‹; 1935) – den Pulitzer-Preis bekommen hatte, brauchte er sich um Nahrung und Kleidung für seine Familie keine Sorgen mehr zu machen.

Immerhin brach Marquand die Serie auch nicht ab, nachdem er den begehrten Pulitzer-Preis erhalten hatte, so sehr die politischen Umstände dafür gesprochen hätten. Aber wer weiß: Vielleicht hat gerade dieser Widerspruch zwischen der öffentlichen Stimmung und seiner persönlichen politischen Haltung, auch seiner Auffassung von Fairness, den Literaten gereizt? 1936, als der Krieg zwischen Japan und den Vereinigten Staaten zwar noch ein ganzes Stück entfernt war, sich aber mindestens für Marquand bereits als unvermeidlich abzeichnete, erschienen die Bände zwei und drei der Serie: *Thank You, Mr. Moto* (›Besten Dank, Mr. Moto‹) und *Think Fast, Mr. Moto* (›Guter Rat, Mr. Moto‹). Zwei Jahre später, immer noch vor dem Krieg, kam *Mr. Moto Is So Sorry* (›Kein Mitleid, Mr. Moto‹; 1938) heraus. Aber bis der nächste Band der Serie *Last Laugh, Mr. Moto* (›Gut gelacht, Mr. Moto‹; 1942) aus der Druckerpresse kam, war der japanische Überfall auf Pearl Harbour längst erfolgt, und die beiden Staaten lagen miteinander in einem erbitterten Krieg, der sich bei Marquand allerdings, merkwürdigerweise, nicht an der Pazifik-Front, sondern in der Karibik abspielte; zusammen mit Nazi-Agenten sind in *Last Laugh, Mr. Moto* auch die Japaner in die Vorbereitungen zu einer Invasion Amerikas verwickelt. Danach läßt

Marquand, es ging wohl auch nicht anders, die Serie zwölf Jahre lang ruhen, ehe er einen letzten Moto-Roman schreibt: *Right You Are, Mr. Moto* (›Ganz recht, Mr. Moto‹; 1957); die beiden Nationen versuchten, den Krieg zu vergessen, und Mr. Moto paßte nunmehr recht gut in die politische Landschaft, ohne daß Marquand an seinem Charakter viel hätte ändern müssen.

Es ist eine eigenartige personelle Konstellation, die Marquand für die vier vor dem Krieg erschienenen Bände gewählt hat. Der Mann, der die Fäden zieht und sämtliche Abenteuer zu einem guten Ende bringt, ist Mr. I. A. Moto, »ein kleingewachsener dunkler Mann mit preußischem Haarschnitt«, immer gut, wenn nicht elegant gekleidet: seines Zeichens Chef (oder mindestens doch hochgestellte Persönlichkeit) des kaiserlichen Geheimdienstes. Er vermag, nicht nur in Tokio, sondern im gesamten japanischen Einflußgebiet, Dinge rasch und lautlos zu arrangieren, ist geschickt im Umgang mit Schlagetots und anderen gefährlichen Menschen, taucht immer auf, wo man ihn nicht erwartet, und vermag sogar japanische Armeegeneräle herumzukommandieren (wobei allerdings kommandieren eine Vokabel ist, die zur Beschreibung von Mr. Motos Verhalten absolut nicht paßt; er sagt nie ein lautes Wort, entschuldigt sich unaufhörlich und findet alles »nice«). Amerikaner kann er ihrem Akzent nach einer bestimmten Stadt oder Region des Landes zuordnen. Selbst attraktive westliche Frauen erscheinen ihm wenig begehrenswert, und amerikanische Männer überrascht er gern mit einer Einladung zum Whisky-Trinken, weniger wohl, weil er selbst diesem Laster verfallen wäre, als vielmehr weil er es als amerikanischste aller Eigenschaften vermutet; er selbst nippt eigentlich immer nur an seinem Glas mit Whisky-Soda.

In jedem frühen Buch der Serie wird Mr. Moto mit einem anderen – durchweg jungen – Amerikaner konfrontiert, dem er entweder hilft (wenn auch natürlich nie ganz uneigennützig) oder für seine – also des japanischen Kaiserreiches – Zwecke zu manipulieren sucht. In ›Ihr Zug, Mr. Moto‹ ist dieser junge Amerikaner ein trunksüchtiger, abgewrackter Flieger, der seine unglaublichen Abenteuer für die Akten des US-Geheimdienstes im Tonfall des harten amerikanischen Detektivromans selbst niederschreibt (diese Erzählattitüde gibt Marquand allerdings nach dem zweiten Versuch auf; von *Thank you, Mr. Moto* an sind die Romane aus der Perspektive des allwissenden Erzählers in der dritten Person erzählt). Der Flieger, Kriegsheld und Friedensversager, nach Tokio gekommen, um zu Reklamezwecken den ersten Nonstop-Allein-Flug über den Pazifik durchzuführen, wird – als der amerikanische Sponsor in richtiger Einschätzung des physischen und psychischen Zustands des Helden abspringt – mit dem Versprechen, nunmehr würden ihm die Japaner ein Flugzeug für seinen Pazifikflug zur Verfügung stellen, in ein Spionageabenteuer in das von Japan teilweise besetzte China gelockt. Eine schöne, etwas undurchsichtige Russin ist mit von der Partie: des längst wieder trockenen Fliegers praktisch einzige Unterstützung in seinem Kampf gegen Japans Staatsmacht und Chinas Unterwelt. Es geht um eine phantastische Erfindung, die der Vater der schönen Kombattantin gemacht und vor seinem Tode gut versteckt hat: einen Supertreibstoff, der den Japanern bei einem künftigen Krieg mit den USA die Überlegenheit ihrer Flotte wie ihrer Luftflotte sichern würde.

In *Thank you, Mr. Moto* ist der amerikanische Held ein junger Rechtsanwalt, der sich das exotische Leben in China zum Anlaß für ein Aussteigen aus dem »American way of life« genommen hat, eher ein Verbündeter als ein Gegner Motos. Die Handlung spielt in Peking, das in dieser Zeit ein Machtvakuum darstellt (die Japaner scheuen sich, einzurücken, Chinas staatliche Macht ist kaum noch existent) und folglich anfällig ist für jeden Angriff regionaler Bandenchefs. Der Amerikaner wie der Japaner geraten durch unglückliche Verkettungen in die Gewalt eines dieser Banditen; eine schöne junge Amerikanerin, die für ein Museum chinesische Kunstwerke aufkauft, vielleicht aber auch eine Agentin oder Verbrecherin ist, gehört zum weiteren Personal. Gemeinsam siegt, natürlich, die amerikanisch-japanische Allianz, und nicht nur für die Beteiligten, sondern auch für den Weltfrieden werden die bösesten Folgen abgewendet.

Die frühen Moto-Romane spielen sämtlich im Fernen Osten, aber innerhalb dieser Weltregion sind die Spielorte recht verschieden. Die Handlung von *Think Fast, Mr. Moto* beginnt zwar in Schanghai, verlagert sich aber bald nach Honolulu auf Hawaii. Der Juniorchef einer amerikanischen Bank, vorgeblich recht unerfahren, wird mit einem Routineauftrag losgeschickt; er soll einer entfernten Kusine, dem schwarzen Schaf der Familie, ein Spielcasino abkaufen, das sie – shocking! – unter dem guten Namen der Familie (der auch der Name der Bank ist) betreibt.

Rasch merkt der junge Banker, daß in dem Casino nicht alles koscher ist. Steckt das Kusinchen mit Gangstern unter einer Decke? Mr. Moto, der überraschend auftaucht, glaubt für einen kurzen Augenblick sogar, auch der Banker und sein Familieninstitut seien an geheimen Aktionen gegen die Japaner beteiligt. Schließlich stellt sich heraus, daß die örtliche Bankfiliale und das Casino als Geldwaschanlage für eine Partei von Chinesen und Russen dienen (und das Kusinchen fungiert für die bösen Politgangster unwissentlich als Feigenblatt). Gemeinsam nehmen sich amerikanisches Kapital und japanisches Knowhow der Sache an – und das war schon damals eine ziemlich erfolgversprechende Mischung.

Mr. Moto Is So Sorry führt, überwiegend per Eisenbahn, von der koreanischen Küste durch China in die Innere Mongolei, wo ein regionaler Prinz, nicht einmal aus Eigennutz, sondern weil er weiß, daß er gegen die Großmächte ohnehin keine Chance hat, dabei ist, sein Land an den zu verscherbeln, der ihm das beste Angebot macht, und Chinesen und Russen um die Hegemonie streiten. Mr. Moto bedient sich diesmal eines jungen Amerikaners, der aus ziemlich ehrpusseligen Gründen auf der Suche nach dem Leiter einer wissenschaftlichen Expedition ist, um den Russen eine geheime Botschaft zuzuspielen; mehrere andere Parteien, auch eine zweite, reaktionäre japanische, versuchen die Übermittlung der Botschaft zu verhindern.

Gerade in diesem Roman beschreibt Marquand Mr. Motos Qualitäten besonders einleuchtend. Vorübergehend erscheint er undurchschaubar; als spiele er ein Spiel auf eigene Kosten und gegen die japanischen Interessen. Aber in Wahrheit zeigt sich, wenn die kühne Pokerparty schließlich gewonnen ist, daß Mr. Moto der wahre Patriot ist, der unter Einsatz seines Lebens die Russen aus dem Felde geblufft hat. Motos besonderes Kunststück dabei ist, daß seine Raffinesse das Kriegsrisiko jederzeit minimal hält; die Gefahr, daß Japan die Mongolei an die Russen verliert, besteht zwar lange Zeit. Aber daß Japan und Rußland – zu diesem unerwünschten Zeitpunkt – kriegerisch aneinandergeraten, ist praktisch ausgeschlossen; Moto hält alle Fäden jederzeit fest in seinen geschickten Händen.

Der kleine, elegante Mann ist eine geglückte literarische Figur, und John Phillips Marquand ist ein erstklassiger Thriller-Autor, der raffinierte Plots zu ersinnen und mit kühler, tiefstapelnder Eleganz exotisch funkelnde Geschichten zu erzählen vermag. Seine Serie hatte wohl nur einen Fehler: Sie schätzte die Machtverteilung im japanischen Staatsapparat offensichtlich falsch ein. Die Motos waren, leider, weniger mächtig als jene Kommißköppe, die in den Romanen gelegentlich dem Spott preisgegeben werden. Hätten Männer vom Schlage Mr. Motos tatsächlich so viel Einfluß auf die japanische Politik der dreißiger und vierziger Jahre gehabt, wie Marquand ihnen zubilligt: Es hätte den Überfall auf Pearl Harbour und den japanisch-amerikanischen Krieg nie gegeben.

Der Engländer Peter Cheyney, 1896 in London geboren, 1951 gestorben, hat ungefähr zehnmal so viele Kriminal- und Agentenromane geschrieben wie der Amerikaner Marquand; sein erster Krimi *This Man Is Dangerous* (›Dieser Mann ist gefährlich‹) kam 1936 heraus; rund 60 weitere folgten. Die besten Romane Cheyneys stammen aus der Zeit des Zweiten Weltkriegs, und ihr Held ist – nein, nicht Lemmy Caution, der doch eher ein literarisches Leichtgewicht darstellt – ein gewisser Everard Peter Quayle, der den Einsatz der englischen Geheimagenten gegen die Aktivitäten der Nazi-Spione koordiniert. Quayle ist die Hintergrundfigur einer Reihe von Romanen, die sämtlich die Vokabel »dark« im Titel tragen: *Dark Duet* (1942); *The Stars Are Dark* (›Unter dunklen Sternen‹; 1943), *The Dark Street* (›Die dunkle Straße‹; 1944); *Dark Wanton* (›Eine Jungfrau liegt selten allein‹; 1948) oder *Dark Bahama* (1950; deutsch unter dem selben Titel). Die während des Krieges erschienenen Romane spielen durchweg in London und Umgebung; bei den späteren verlagert sich die Handlung auch schon einmal nach Amerika oder in die Karibik; der Gegner ist jetzt bereits der sowjetische KGB.

Obwohl Cheyney besonderen Wert auf Quayles Unauffälligkeit legt (»Er bevorzugte es, in Menschenansammlungen nicht zu sehr aufzufallen, ein Teil der Szenerie zu bleiben und als solcher nicht zuviel Aufmerksamkeit zu erregen«), liefert er doch genügend Hinweise für eine Personenbeschreibung. Quayle ist »groß, geschmeidig, gut gebaut. Er kleidete sich dezent« *(The Dark Street)*. Trotz seiner Größe bewegt er sich »leicht und rasch. Sein rundes Gesicht wirkte intelligent und konnte, je nach Wunsch, schwach oder stark aussehen« (*The Stars Are Dark*). »Sein Oberkopf war kahl. Der noch verbliebene Haarkranz verlieh ihm das Aussehen eines Mönches mit Tonsur« (*The Dark Street*). Doch Quayle führt nicht das Leben eines Mönches, sondern eher das eines gewöhnlichen Geschäftsmannes, wenigstens nach außen. Die meiste Zeit des Tages verbringt er »in einem Büro der Export Trust Company... Diese Gesellschaft bestand bloß dem Namen nach, sie bildete eine praktische Tarnung für die Aktivitäten Quayles« (*Dark Wanton*). Diese Aktivitäten gehen rund um die Uhr. Aus Quayles Fünf-Zimmer-Wohnung führt eine geheime Tür im Wandschrank des Spülraums direkt ins Büro; dort stehen auf dem Schreibtisch »drei Telefone mit Spezialhörern«, über die er sein Agentennetz dirigiert und auch Verlustmeldungen entgegennimmt. Solche Verlustmeldungen gehen Quayle ziemlich nahe und bringen ihn in eine melancholische Stimmung: »Das Leben, so dachte Quayle, war ziemlich lächerlich – auf tragische Weise lächerlich«. Stimmungen dieser Art ändern aber nichts daran, daß Quayle seinen Job mit großer Effizienz erledigt: »eine Beschäftigung, die der Krieg notwendig gemacht hatte, der Krieg und seine grausigen Mechanismen, Pläne, Komplotte, Machenschaften, heimtückischen Taktiken und schmutzigen Morde; all jene Dinge, die einen modernen Weltkrieg ausmachen, der nicht nur aus Luftkämpfen und Waffengeklirr zwischen der Infanterie besteht« (*The Dark Street*).

Quayle und die Seinen befinden sich nicht im Angriff, sondern in der Verteidigung; sie gehören zur Spionageabwehr. Die aktive Truppe, von Quayle in Marsch gesetzt, besteht aus drahtigen jungen Männern und – durchweg ausgesprochen attraktiven – jungen Frauen, die bereit sind, für den Schutz Englands nicht nur ihr eigenes Leben zu riskieren, sondern auch fremde Leben ohne große Skrupel zu nehmen; wenn der Gegner die Chance hätte, würde er gewiß keine Skrupel an den Tag legen.

Man führt kleine Kommandos in einsamen Meeresbuchten, in denen die Deutschen bei Nacht und Nebel ihre mit phantasievollen Tarngeschichten eingeschleusten Agenten aus dem Land zu bringen versuchen. Man arrangiert einen Autounfall, wenn man einen gewaltsamen Todesfall für die Öffentlichkeit auf harmlos schminken möchte. Quayles Leute führen ein Doppelleben. Für ihre guten Bekannten, zuweilen selbst für die eigene Ehefrau, sind sie unauffällige Mitglieder der »lower middle class« oder gar des Proletariats, die sich, wenn sie sich ins Vertrauen des Gegners einschleichen, auch schon mal als Enttäuschte ihres Gesellschaftssystems ausgeben. Doch auf der anderen Seite führen sie ein Leben der glitzrigen Oberfläche, verkehren in Bars und Nachtklubs, wie das in des kleinen Mannes Phantasie Agenten eben zu tun pflegen.

Das Personal rund um Quayle wechselt ständig. Es ist tapfer, einsatzfreudig bis zur Selbstverleugnung, fast durchweg gutaussehend und immer idealistisch; gelegentlich wird jemand verwundet oder muß ins Gras beißen. Nicht zuletzt wegen ihrer hohen Sterberate sind sie austauschbar, müssen sie austauschbar sein. Tatsächlich ähneln sich Cheyneys junge Frauen und Männer vom Typ her außerordentlich; zuweilen will es scheinen, als habe unser Autor von einem Buch zum anderen lediglich die Namen ausgetauscht. Nur einer kommt, wenn ich es richtig sehe, zweimal vor – und das ist ein Typ, dem man nicht gerne allein und im Dunkeln begegnen möchte: der Belgier Ernest Guelvada, der während des Krieges für Quayle auf dem Kontinent im Untergrund gearbeitet hat und später der Mann fürs Grobe geworden ist, fix im Denken und fix mit dem Messer. Aber das ist bereits nach dem Krieg (in *Dark*

Wanton und *Dark Bahama*), und die Anforderungen, die man an die moralische Qualifikation eines englischen Geheimagenten stellt, scheinen niedriger geworden zu sein; der Krieg hat auch hier seine Spuren hinterlassen.

Wäre das ein eleganter Übergang zu Lemmy Caution, der wohl berühmtesten und populärsten Figur, die Peter Cheyney in seinem Schriftstellerleben eingefallen ist? Nein, eher nicht. Denn Lemmy ist eigentlich doch ein netter Kerl, auch wenn er ständig eine Handbreit unter Whisky steht, eine große Klappe hat und vor allem bei seinen Nachkriegsabenteuern so trottelig agiert, daß man sich als Leser nur wundern kann, daß die Vereinigten Staaten – die Lemmy schützen soll – nicht schon längst von den cleveren Russen geklaut worden sind.

Lemmy taucht gleich im ersten Krimi von Reginald Southhouse Peter Evelyn Cheyney auf: Er ist der Titelheld von *This Man Is Dangerous* (›Dieser Mann ist gefährlich‹; 1936). »Dank Caution und einem anderen Privatdetektiv namens Slim Callaghan konnte Cheyney allein im Jahre 1944 mehr als eineinhalb Millionen Exemplare seiner Bücher verkaufen«[3] – kein schlechter, vor allem aber ein permanenter Erfolg.

Über die Qualität der Lemmy-Caution-Bücher kann man geteilter Meinung sein. Für die Reclam-Professoren Arnold und Schmidt sind die Caution-Romane »amüsante stilistische Bravourstücke«, in einer »saloppen, cockney-haften Sprache, in der Ich-Form und im Präsens«[4] erzählt. Für unseren englischen Gewährsmann Julian Symons dagegen, der sich vor allem über den Erfolg seines Landsmannes in den Vereinigten Staaten wundert, sind Cheyneys Caution-Dialoge »häufig in einem fast lächerlichen Pidgin-Amerikanisch geschrieben«[3]. Aus der Erinnerung neigte ich dazu, Arnold und Schmidt zuzustimmen. Doch beim Wiederlesen nach dreißig Jahren schlug ich mich eindeutig auf Symons' Seite (und vermute nun fast, daß meine Erinnerung an Lemmy Caution gar nicht von Cheyneys Büchern geprägt ist, sondern von Eddie Constantines spröde-charmanter Darstellung in vielen Filmen, die bei der Wiederbegegnung allerdings auch etwas von ihrem Nußknacker-Charme einbüßen).

Der Lemmy Caution der ersten Stunde war offenbar noch Privatdetektiv. Am Anfang des Krieges, in *Your Deal, My Lovely* (›1:0 für Lemmy‹; 1941) ist Lemmy bereits zum FBI übergewechselt (das damals offenbar noch im Ausland arbeiten durfte) und nach Kräften bemüht, das Vaterland zu retten. Und das liest sich dann beispielsweise so: »Ich ziehe einen schicken Zweireiher an, dazu ein Seidenhemd und klingele dann mein Frühstück herbei. Nachdem ich mir sechs Spiegeleier verpaßt und meinem Verbrennungsmotor noch einen Whisky hinterhergeschickt habe, rufe ich Herrick an« (*»Your Deal, My Lovely«*). Ohne Whisky geht gar nichts. Lemmy putzt die Zähne mit Whisky, gurgelt mit Whisky – und mit besonderer Vorliebe trinkt er Whisky, wenn er Auto fährt; daß er, bis obenhin voll, wie er ständig ist, auf den engen englischen Straßen nicht dreimal pro Abenteuer mit einem Baum kollidiert, ist ein Wunder.

Der amerikanische »G-Man« Caution arbeitet vornehmlich in England. Er jagt gegnerische Agenten, die ihm eine Falle gestellt haben (*I'll Say She Does* (›Wer Lemmy eine Grube gräbt‹; 1945), einen verlorengegangenen, auch von der Gegenseite gesuchten Erfinder (*Your Deal, My Lovely*), mit besonderer Vorliebe aber »kesse Damen«, auch die mit guten detektivischen Gründen: »Die weiblichen Wesen, die ich gejagt habe, waren meistens die gerissensten Schmuckstücke, die so prächtig verkommen sind, daß jeder, in den sie sich verknallen, lieber ohne Gasmaske in ein Faß mit Tränengas hopsen sollte« – O-Ton Lemmy in *Never a Dull Moment* (›Lemmy läßt die Puppen tanzen‹; 1942).

Das Konstruktionsschema der Lemmy-Caution-Romane ist verhältnismäßig einfach. Immer treten mehrere gutaussehende Damen und relativ vertrauenerweckende Herren auf, und die wichtigste Frage ist, wer von ihnen zu den Hilfstruppen und wer zur Gegenseite zählt. An die Damen macht Lemmy sich grundsätzlich heran: im Extremfall fünfmal die große Liebe auf 200 Buchseiten. Trotzdem kommt Lemmy mit kaum einer in die Horizontale; es bleibt grundsätzlich bei den Präliminarien. Der gute Lemmy ist nämlich vor allem ein Maulheld; vielleicht macht das seinen größten Charme aus. Sie wissen ja: Hunde, die bellen, beißen nicht.

[1] *Jens P. Becker:* Der englische Spionageroman, in: Die Horen, Zeitschrift für Literatur, Kunst und Kritik, 32. Jahrgang, Band 4/87, Ausgabe 148, S. 162.

[2] Zitiert nach »Lockende Ferne«, dem Nachwort von Frieder Middelhauve zur deutschen Ausgabe von J. P. Marquands ›Ihr Zug, Mr. Moto‹, Ullstein Verlag, Berlin 1987, S. 153.

[3] *J. Symons:* Am Anfang war der Mord, Goldmann Verlag, München 1972/82, S. 210/11.

[4] *A. Arnold/J. Schmidt:* Reclams Kriminalromanführer, Stuttgart 1978, S. 108.

J. P. Marquand: *Ihr Zug, Mr Moto*; *Besten Dank, Mr. Moto*; *Guter Rat, Mr. Moto*; *Kein Mitleid, Mr. Moto*; *Gut gelacht, Mr. Moto*; *Ganz recht, Mr. Moto* - sämtlich Ullstein Verlag, Berlin.
Peter Cheyney: *Unter dunklen Sternen*; *Die dunkle Straße*; *Eine Jungfrau liegt selten allein*; *Dark Bahama*; *Dieser Mann ist gefährlich*; *Rote Lippen, blaue Bohnen*; *1:0 für Lemmy*; *Wer Lemmy eine Grube gräbt*; *Lemmy läßt die Puppen tanzen*; *Achtung, Kurven*; *Tanz ohne Musik*; *So oder so ist das Leben* - sämtlich Heyne Verlag, München

Right or wrong – my country:

Ian Flemings Geheimagent James Bond 007

Im Jahre 1953, auf dem Höhepunkt des Kalten Krieges, publizierte der Brite Ian Fleming, geboren 1908 in London, ehemaliger Geheimdienstler, Reuter-Korrespondent in Moskau, literarisch lediglich durch Reportagen über »Thrilling Cities« hervorgetreten, den Spionageroman *Casino Royale*. Mit der sechsten Zeile dieses Buches, der ersten des zweiten Absatzes, erblickt eine der interessantesten Figuren des gesamten Thriller-Genres das Licht der Welt: James Bond 007, beamteter Killer im Geheimdienst ihrer Königlich-Britischen Majestät.

Es war kein triumphales Entree. Der Satz, mit dem Ian Fleming seinen Geheimagenten mit der zum Töten nach eigenem Gutdünken berechtigenden Dienstnummer mit der doppelten Null einführte, lautet: »James Bond suddenly knew that he was tired«.

Dieser Müdigkeit zum Trotz hat Mr. Bond in den folgenden zwölf Jahren, bis zum Tod seines Originalautors[1], ein hübsches Arbeitspensum erledigt. Noch in *Casino Royale* bringt er den sowjetischen Agenten Le Chiffre am Spieltisch zur Strecke. In *Live and Let Die* (›Leben und sterben lassen‹; 1954) befreit er die westliche Welt von Mr. Big, dem farbigen Boß der russischen Spionage in den USA. In *Moonraker* (›Mondblitz‹; 1955) verhindert er, daß ein wahnsinniger deutscher Nazi mit einer V-Rakete London in die Luft jagt. In *Diamonds Are Forever* (›Diamantenfieber‹; 1956) legt er einem internationalen Diamantenschmugglerring das Handwerk.

Inzwischen hatten die Erfolge des Agenten den russichen Geheimdienst Smersh so aufgebracht, daß dieser – in *From Russia with Love* (›Liebesgrüße aus Moskau‹; 1957) – beschließt, sich des Störenfrieds zu entledigen. Das Unternehmen scheint zu glücken. Da sich der Schalldämpfer von Bonds Beretta-Pistole in der Kleidung verfängt, die Waffe sich also nicht ziehen läßt, erwischt Rosa Klebb, die böse alte Smersh-Chefin, Bond mit dem vergifteten Dorn, der in die Spitze ihres Schuhs eingebaut ist. »Bond pivoted slowly on his heel and crashed headlong to the wine-red floor«, schließt der Roman.

Daß Bond nicht tot ist, erfahren die Leser erst ein Jahr später, als Fleming den von langer Krankheit genesenen Bond ausziehen läßt, in Jamaica einen scheinbaren Routinefall zu klären, wobei er auf Doctor No (»James Bond jagt Dr. No«; 1958) stößt. Wegen des Debakels mit der Beretta läßt der Geheimdienstchef M – für Umberto Eco der »Träger der totalen Information«, Maß der nationalen Werte und Schutzherr, der »von Anfang an Grenzen und Möglichkeiten der Gestalt Bond festlegt und die einzelnen Handlungen auslöst«[2], der eigentliche Gegenpol des Agenten – den Waffenfetischisten Bond umrüsten. In einem eigenen Kapitel muß er die geliebte Pistole – »he thought of his fifteen years' marriage to the ugly bit of metal« – abliefern und sich auf ein anderes Modell, die Walther PPK, umstellen[3]. Bond erledigt, nicht mit der Walther, Dr. No und, ein Jahr später, auch Mr. *Goldfinger* (›Goldfinger‹; 1959), der im östlichen Auftrag das Gold der westlichen Welt aus Fort Knox stehlen soll.

Was Bond im Jahre 1960 trieb, ist nicht ganz klar. Sein Autor publizierte unter dem Titel *For Your Eyes Only* (›Riskante Geschäfte‹)[4] einen Band mit fünf 007-Abenteuern, die der Held offensichtlich zwischen den größeren Abenteuern absolviert hatte. 1961 jedoch ist Bond wieder voll da. Mit Bravour bringt er die Aktion *Thunderball* (›Feuerball‹) gegen das Gangstersyndikat »Spectre« zum blutigen Ende, dummerweise jedoch, ohne den eigentlichen Drahtzieher zu erwischen. Das kostet Bond in *On Her Majesty's Secret Service* (›Im Dienst Ihrer Majestät‹; 1963) seine soeben angetraute Frau Tracy; Spectre-Chef Ernst Stavro Blofeld, den Bond zuvor etwas außerhalb der Legalität aus seiner Alpenfestung in der Schweiz vertrieben hatte, erschießt Tracy auf der Autobahn München-Salzburg, als Bond eben mit ihr in die Flitterwochen fahren will.

You Only Live Twice (›Du lebst nur zweimal‹; 1964) ist folglich ganz der Rache gewidmet. In Japan stößt ein ziemlich demoralisierter Bond erneut auf Blofelds Spuren. Der Verbrecher residiert dort in einem Schloß, dessen Parkanlagen er durch die Ansiedlung der giftigsten Tiere und Pflanzen zu einem »Garten des Bösen« gemacht hat. Bond tötet Blofeld und dessen Mordgehilfin Irma Blunt – doch nun scheint der Augenblick gekommen, da der Autor, wie ein halbes Jahrhundert vor ihm Conan Doyle, seines Helden endgültig überdrüssig wurde. Allerdings läßt Fleming sich, eingedenk vielleicht der Leserproteste nach dem vermeintlichen Tod von Sherlock Holmes, gleich ein Hintertürchen offen: Bond, der das Gedächtnis verloren hat, als Blofelds Schloß in die Luft flog, ist – in einem winzigen Boot von Japan nordwärts gen Wladiwostok paddelnd – auf dem Meer verschollen; die »Times« bringt einen Nachruf auf den tapferen Commander.

Doch Bond erscheint wieder. In *The Man with the Golden Gun* (›007 James Bond und der goldene Colt‹; 1965) taucht er, aus russischer Gefangenschaft kommend, wieder in London auf und versucht seinen alten, halb und halb ohnehin gehaßten Chef M zu ermorden; 007 war einer Gehirnwäsche unterzogen worden. M läßt seinen besten Mann erneut »umkrempeln« und schickt ihn, zur Bewährung und zur Strafe, wieder einmal nach Jamaica, wo er den im östlichen Solde stehenden Freelance-Killer Scaramanga zu liquidieren hat. Bond erledigt auch diesen Auftrag, den letzten, der ihm von Ian Fleming zugeteilt wurde; Ian Fleming starb, kaum daß er das Scaramanga-Abenteuer seines Agenten niedergeschrieben hatte, im Alter von 56 Jahren.

Bond-Experten werden bemerkt haben, daß im »Lebenslauf« des Helden ein Abenteuer bislang fehlt. Im Jahre 1962, zwischen *Thunderball* und *On Her Majesty's Secret Service*, leistete sich Ian Fleming ein – wenig geglücktes – Experiment. Vorgeblich als Herausgeber fungierend legte er den Bericht einer Frau über seinen Helden vor. *The Spy Who Loved Me* (›Der Spion, der mich liebte‹) sollte Bond, den Vielgeliebten, mit den Augen einer Frau zeigen. Der Agent, der erst im letzten Drittel des Romans auftaucht, befreit die junge Kanadierin Vivienne Michel aus den brutalen Händen zweier amerikanischer Gangster, für ihn ein en-passant-Abenteuer, für sie ein wildes Erlebnis. Obwohl *The Spy Who Loved Me* entgegen Flemings Willen dem Bond-Bild neue Züge nicht hinzufügt, zeigt es doch sehr gut, wie Fleming seinen Helden gesehen haben möchte: als James, den Drachentöter.

Der Fall der Vivienne Michel ist denn auch typisch für eine ganze Reihe von Frauen, mit denen es Bond bei seinen Abenteuern zu tun hat. Wie Vivienne danken sie ihm für ihre Rettung aus Todesnot mit schwärmerischer Verehrung, baldiger Hingabe und nahezu sklavischer Liebe. In diese Gruppe gehört die schöne Solitaire aus *Live and Let Die* ebenso wie die amazonenhafte Honeychild Rider aus *Doctor No*, Judy Havelock aus der Erzählung *For Your Eyes Only* und, last not least, La Contessa Teresa di Vicenzo, die für Stunden Bonds rechtmäßige Frau wird.

Eine zweite Gruppe von Bond-Gespielinnen besteht aus gegnerischen Agentinnen, die der Männlichkeit ihres Kontrahenten zum Opfer fallen und aus Liebe zur gerechten Sache überlaufen. Tiffany Case aus *Diamonds Are Forever* ist ein solcher Fall, Tatjana Romanova aus *From Russia with Love* ein anderer, Dominetta Vitali aus *Thunderball* der dritte, und ein Doppelsalto gelingt Fleming und Bond in *Goldfinger*, wo der Held die Dame Pussy Galore nicht nur von ihrer Anhängerschaft zum bösen Ostagenten, sondern auch von ihren lesbischen Neigungen heilt, denen sie seit einer Vergewaltigung durch ihren Onkel im zarten Alter von zwölf Jahren angehangen hatte.

Kategorie III der 007-Liebhaberinnen rekrutiert sich aus den eigenen Hilfstruppen. Es sind durchweg die blassesten Figuren in Fleming-Bonds Liebesspiel: Mary Goodnight aus *Man with the Golden Gun*, Mary Ann Russel aus der Erzählung *From a View to a Kill* und Gala Brand aus *Moonraker*, die eine große Ausnahme, das Mädchen, das von Bond nicht vernascht wird; es heiratet einen völlig bürgerlichen Typ.

Zwei Bond-Heroinen wollen in keines der Schemata passen. Kissy Suzuki, die Perlentaucherin aus *You Only Live Twice*, ist weder eine gegnerische noch eine befreundete Agentin noch ein armes Mädchen, dem Bond hilft; das Gegenteil ist der Fall. Und Vesper Lynd, (Bett-)Genossin des ersten 007-Abenteuers *Casino Royale*, steht mit je einem ihrer hübschen Beine in Kategorie zwei und drei; sie ist eine Doppelagentin und büßt es mit dem Tode, was Bond zynisch kommentiert mit »The bitch is dead now«.

Bonds Mädchen, die in den seltensten Fällen erobert werden müssen, vielmehr beim bloßen Anblick des (Lady-)Killers dahinschmelzen, sind vom Typ her einigermaßen ähnlich. Die Haarfarbe zwar spielt vom hellsten Blond über alle Tönungen des Roten und Brünetten bis ins tiefste Schwarz. Doch sind die Haare immer schulterlang und werden offen getragen. Die Statur der Frauen ist kräftig bis athletisch. Sie benutzen kein Make-up, sondern lediglich Lippenstift, schneiden ihre Fingernägel kurz und lassen sie unlackiert; Frauen mit langen, lackierten Fingernägeln sind bei Fleming immer verdächtig. Auffallend oft hat die Schönheit einen minimalen, aber deutlichen Makel. Honeychild Rider ziert, seitdem ein Wüstling ihr das Nasenbein brach, eine Boxernase. Dominetta Vitali hinkt, weil ein Bein kürzer ist als das andere. Noch häufiger aber eignet den Bond-Gespielinnen ein psychischer Knacks, der durch einfaches Making Love mit dem Helden geheilt wird; Bonds Bett ersetzt die Couch des Psychiaters.

Flemings Romane spiegeln die sexuelle Revolution der letzten Jahrzehnte deutlich wieder. Noch zwanzig Jahre früher, im Nazifilm beispielsweise, war es üblich, daß die positiven Helden sich sexueller

Enthaltsamkeit befleißigten; nur der Gegner hatte ein »Triebleben«. Dagegen hat Bond, was man heutzutage ein gesundes Sexualleben nennt, während der Gegner zum sexuellen Neutrum wird, dem zur vollen Menschlichkeit ein wichtiger Bestandteil fehlt, oder gar zum abartigen »Untermenschen«. Nicht nur die von Bond bekehrte Pussy Galore ist Lesbierin. Auch die widerliche Rosa Klebb hat lesbische Züge. Scaramanga ist ebenso homosexuell wie die beiden – direkt auf Hemingway zurückverweisenden – Killer aus *The Spy Who Loved Me*.

Der jeweilige Stand des Kalten Kriegs läßt sich an Flemings Romanen exakt ablesen. 1953, auf dem Höhepunkt des Korea-Kriegs, beginnt Bond seinen Kreuzzug gegen die Widerlinge vom sowjetischen Geheimdienst Smersh. Der Kampf gegen die Russen dauert, wenn man die Ausnahme *Moonraker* abzieht, bis 1959. Dann sucht sich Fleming einen anderen, unpolitischen Widersacher für seinen Agenten. Doch nach der Kuba-Krise, 1964, steuert er sogleich wieder voll hinein ins politische Fahrwasser. Und immer werden nur die offiziellen Feindbilder reproduziert. Nicht ein Mal fragen Fleming oder sein Held nach der moralischen Legitimation für ihr Tun. Ihr Land, die westliche Zivilisation, führen einen Krieg: das genügt ihnen. Es gilt die alte Devise: »right or wrong – my country«.

Den Erfolg der Bond-Romane freilich bringt weniger die Ideologie: ihn schaffen die modischen Accessoires einer mit schönen Frauen bevölkerten exotisch-mondänen Welt. Der Agent 007 – in *Live and Let Die* fühlt sich Fleming bemüßigt, für Bonds Lebensstil eine Erklärung zu liefern: »Es gibt Aufgaben, die ein solches Auftreten förmlich verlangen, Gelegenheiten, bei denen er (der Spion) Zuflucht zu einem guten Leben nimmt, um der Erinnerung an die Gefahr und die Schatten des Todes zu entfliehen« – lebt (sofern er sich nicht gerade zwischen zwei Aufträgen in seiner Junggesellenbehausung im vornehmen Londoner Stadtteil Mayfair von einem Kater erholt) nahezu ausschließlich in Luxushotels, speist in den besten Feinschmeckerlokalen vom Teuersten, gewinnt und verliert horrende Summen am Spieltisch, fährt einen vornehmen Bentley[5], trägt – als eine Art Uniform einen dunkelblauen Anzug, dazu »a sleeveless white cotton shirt and a black knitted tie« – exklusive Kleidung und ist überhaupt, wo er geht und steht, von Wohlstandssymbolen umgeben.

Bond hat genau das Auftreten, von dem der kleine Mann immer träumt, jenes Gemisch aus Lässigkeit und Anmaßung, Selbstvertrauen und Snobismus, verbunden mit Kenntnis und – durchaus – Geschmack, der ihn die Flasche 46er Dom Perignon und das halbe Kilo Beluga-Kaviar bestellen läßt, als äße und tränke er so alle Tage; was auch Bond nicht tut: Daheim in London lebt er, Fleming verrät es in *On Her Majesty's Secret Service*, weitgehend von »grilled soles, oeufs cocotte and cold roast beef with potato salad«.

Bond ist zum Siegen angetreten. Doch manchmal gelingt ihm das erst nach mehreren Anläufen. Daß Bond siegt, bedeutet, daß der Gegner stirbt; nicht zufällig trägt der Agent die Nummer mit der Doppelnull, die ihn zum ungestraften Töten berechtigt, wann immer sein Auftrag oder seine Sicherheit es erfordern. Statistiker in England haben seine Opfer gezählt; sie kamen, wenn ich mich recht erinnere, auf die nicht eben runde Zahl von neunundvierzigeinhalb – wobei das halbe Opfer wohl der Mann ist, den Bond in *Live and Let Die* den Haien vorwarf, die zuvor seinen Freund Felix Leiter vom US-Geheimdienst fast gekillt hätten; die andere Hälfte besorgten die Fische.

Fast immer gerät Bond, ehe er seinen Auftrag erledigen kann, in die Gewalt des Feindes[6], der ihn zunächst einmal foltert. Die grausamste dieser Folterprozeduren, die Flemings Romanen den Ruf eintrugen, sie seien, unter anderem, sado-masochistisch, findet sich gleich in *Casino Royale*, wo Monsieur Le Chiffre eine sinnreiche Apparatur in Bewegung setzt, die Bond kräftig auf die Genitalien klopft. In *Live and Let Die* läßt Mr. Big – »Which finger do you use least, Mr. Bond?« – dem Agenten genüßlich den kleinen Finger der linken Hand brechen. Goldfinger legt Bond, mit ausgebreiteten Beinen, unter eine Kreissäge[7], und Blofeld setzt ihn in *You Only Live Twice*, auf einen dressierten Vulkan.

Von Sadismus Bonds kann bei alledem keine Rede sein (eher schon von Masochismus; doch findet sich keine Zeile, die belegte, daß Bond das Gequältwerden Spaß machte). Ein wenig Lustgewinn für den sich gruselnden Leser zwar möchte schon sein. Aber in der Hauptsache geht es Fleming bei solchen Szenen um die Verteufelung des Gegners: Der Leser soll sich leichter mit einem Helden identifizieren, der dieses brutale, abartige Gesindel ausrottet.

Es ist keine Frage, daß Bonds Gegner auch rassisch diskriminiert werden. Allerdings ist Flemings Rassismus eher vage und weniger gegen Schwarz oder Gelb als gegen alles Nicht-Britische gerichtet: vornehmlich gegen die Deutschen. Die bösesten unter Bonds Gegnern sind deutscher Herkunft. Blofeld ist in Danzig geboren, und auch seine Mordkumpanin Irma Blunt hat deutsches Blut in den Adern. Sir Hugo Drax aus *Moonraker* ist – wie die Mordgesellen aus *For Your Eyes Only* – ein übriggebliebener deutscher Nazi, und sogar Dr. No ist nur zur Hälfte Chinese, zur anderen Hälfte aber Deutscher.

Deutsche Kritiker haben aus der Tatsache, daß Bond immer nur mit einer Pistole oder einem Drink, einer Zigarette oder einem Kartenspiel, nie aber mit einem Buch in der Hand anzutreffen ist – außer in *From Russia with Love*; doch gehört dieses Buch nicht Bond, sondern seinem Gegner, und Bond zweckentfremdet es zu einer Fackel –, herauslesen wollen, Bond sei ein geistig unterentwickelter Mensch. Doch das ist unrichtig. Bond verfügt nicht nur über eine ausgezeichnete Erziehung (Eton und ein schottisches College von guter wissenschaftlicher Reputation), sondern tatsächlich auch über eine passable Allgemeinbildung.

Es gibt Belege dafür, daß 007 sich einigermaßen auskennt in Kunstgeschichte, und zahlreiche Assoziationen, die beweisen, daß Bond nicht nur lesen kann, sondern auch – zumindest gelegentlich – Gebrauch von dieser Fähigkeit macht. Das zynische Augustinus-Zitat aus *Goldfinger* (»Herr, gib mir Keuschheit. Doch gib sie nicht sofort«) zeigt darüber hinaus, daß es nicht die schlechtesten Autoren sind, die Bond liest, wenn er liest. Bond ist gewiß kein Intellektueller. Aber er ist auch kein Primitivling wie Mickey Spillanes Holzhammer-Detektive, in denen mancher Bonds Ahnen sieht.

Schließlich hat sich Bond, obwohl alterslos und im ersten wie im letzten der dreizehn Fleming-Bände, die ihn in Aktion zeigen, ein besterhaltener Mittdreißiger[8], in den zwölf Jahren von *Casino Royale* bis *Man with the Golden Gun* charakterlich einigermaßen verändert. Der Mann, der 1953 seiner freiwillig aus dem Leben geschiedenen Geliebten den Nachruf widmet, das Biest sei nun tot, beginnt 1960, in *For Your Eyes Only*, erstmals an der Gerechtigkeit seiner Sache zu zweifeln, und 1965 bringt er es nicht mehr übers Herz, den gefährlichen Killer Scaramanga zu erschießen, ohne ihm, mehrmals, eine gute Chance zu geben, ihn seinerseits zu erwischen.

Preisfrage: Wäre aus Bond etwa noch einer jener gebrochenen Geheimdiensthelden à la le Carré oder Len Deighton geworden, wenn sein Autor nur lange genug gelebt hätte?

Jene Autoren, die im Auftrag der Fleming-Erben bis in die achtziger Jahre hinein neue Bond-Abenteuer ersannen, haben sich die Chance, einen moralisch gewandelten 007 zu zeigen, natürlich – vielleicht auch: notgedrungen – entgehen lassen. In ihren Romanen lebt James Bond 007 als sein eigenes Denkmal weiter: eine Heldenfigur ohne Alter, ohne Falten und sogar ohne Charakter.

[1] Nach Ian Flemings Tod, 1964, schrieben die Autoren Robert Markham und John Gardner weitere Bond-Romane, die anfangs unter dem Autorennamen James Bond publiziert wurden.

[2] *Umberto Eco:* Die Erzählstrukturen bei Ian Fleming. In *J. Vogt:* Der Kriminalroman. München 1971. S. 255.

[3] Laut O. F. Snelling – »James Bond. A Report«. London 1964. S. 46 der Panther-Taschenbuchausgabe – benutzt Bond mindestens noch zwei weitere Handfeuerwaffen: einen .38er Colt Police Positive und, mit der ausdrücklichen Anmerkung »for heavier use«, einen Smith and Wesson Centennial Aireweight Revolver, ebenfalls Kaliber .38.

[4] Der deutsche Band ›Riskante Geschäfte‹ enthält nur drei der fünf Erzählungen von *For Yours Eyes Only* (es fehlen: *From a View to a Kill* sowie *The Hildebrand Rarity*); dazu kommt die Titelgeschichte des Erzählungsbandes *Octopussy* (publiziert 1966 in London) auf deutsch unter dem Titel ›Der stumme Zeuge‹. Alle Geschichten sind, wie sämtliche frühen deutschen Fleming-Ausgaben, stark bearbeitet und geben nur einen schwachen, äußerlichen Eindruck vom Original.

[5] Bonds erster Bentley, ein Viereinhalb-Liter-Coupé mit Kompressor aus dem Jahre 1930, fällt dem Anschlag von Sir Hugo Drax in *Moonraker* zum Opfer; am Ende des Bandes kauft sich Bond einen neuen Bentley: einen Mark VI von 1953, »schlachtschiffgrau, wie das Coupé gewesen war, diesmal freilich ein Kabrio«. Die Bond-Filme haben den Agenten nie mit klassischen Autos dieser Art ausgestattet, sondern mit futuristischen Wunderwerken, die im Ernstfall versagten. Leider sind auch die Buchautoren nach Flemings Tod diesen Weg gegangen. In John Gardners *For Special Service* (›Moment mal, Mr. Bond‹; 1982) fährt der Agent einen Saab 900 Turbo, der nicht nur rennwagenreife Leistungen produziert, sondern auch Öllachen auf die Straße setzen kann (und ähnliche Scherze mehr) – für Bond-Fans eine geradezu lächerliche Vorstellung.

[6] Da sich Bond, um den Feind auszuspionieren, in mehreren Fleming-Romanen – *On Her Majesty's Secret Service; The Man with the Golden Gun* – unter falscher Flagge beim Gegner einschleichen muß, nimmt es nicht Wunder, daß Bond immer wieder in die Bredouille gerät. In den Bond-Romanen der Fleming-Nachfolger wird dieses Einschleichen, Entdecktwerden und aus der Bedrängnis heraus Zuschlagen sogar etwas wie ein Modus operandi des Agenten.

[7] Im Film ist die Kreissäge, idiotischerweise, durch einen optisch wesentlich weniger ergiebigen Laser-Strahl ersetzt. Wie sie die klassischen Bentley-Autos durch futuristische Fahrzeuge ersetzt haben, neigen die Verfilmungen auch in den Folterszenen zur Übertechnisierung, die sie ihrer wirksamsten Mittel beraubt.

[8] Snellings »James Bond. A Report« druckt auf den Seiten 26/27 eine fiktive Aktennotiz des sowjetischen Geheimdienstes über Bond ab, in der es unter anderem heißt: »This man is a dangerous professional terrorist and spy. He has worked for the British Secret Service since 1938 and now (see Highsmith file of December 1950) holds the secret number ›007‹ in that service. The double o numerals signify an agent who has killed and is privileged to kill on active service. There are believed to be only two other British agents with this authority. The fact that this spy was decorated with the C. M. G. in 1953, an award usually given only on retirement from the Secret Service, is a measure of his worth«. Und zu Bonds Person heißt es da: »First name: James. Height: 183 centimeters; weight: 76 kilograms; slim build, eyes: blue; hair: black; scar down right cheek and left shoulder; signs of plastic surgery on back of right hand; all-round athlete; expert pistol shot, boxer, knife-thrower; does not use disguises. Languages: French and German. Smokes heavily (N. B.: special cigarettes with three gold bands); vices: drinks, but not to excess, and women. Not thought to accept bribes«.

Ausgewählte Bibliographie

Ian Fleming (Romane): *Casino Royale*; *Leben und sterben lassen*; *Mondblitz*; *Diamantenfieber*; *Liebesgrüße aus Moskau*; *James Bond jagt Dr. No*; *Feuerball*; *Goldfinger*; *Im Dienst ihrer Majestät*; *Du lebst nur zweimal*; *James Bond und der goldene Colt*; *Der Spion, der mich liebte* – sämtlich Scherz Verlag, München.
Erzählungen: *Riskante Geschäfte*; *Der Tod im Rückspiegel* – Scherz Verlag, München.
Robert Markham: *James Bond 007. Liebesgrüße aus Athen*; (Colonel Sun) – Scherz Verlag, München.
John Gardner: *007 James Bond. Countdown für die Ewigkeit* (Licence Renewed) – Scherz Verlag München.
Moment mal, Mr. Bond (For Special Services) – Marion von Schröder Verlag, Düsseldorf.
Role of Honor; London 1984.

Sadisten und Killer (II):
Hamiltons Matt Helm, Nick Carter und der Protoagent John Eagle

Daß der ungeheure Erfolg der Fleming-Romane und ihres Helden James Bond 007 die Nachahmer auf den Plan rufen würde, war vorauszusehen; das Gegenteil wäre verwunderlicher gewesen. Einer der ersten, der auf den fahrenden Zug sprang, war der 1916 im schwedischen Uppsala geborene Donald Hamilton, der mit seiner Familie im Alter von 8 Jahren in die USA kam, an der University of Chicago Chemie studierte und nach dem Zweiten Weltkrieg, den er in der US-Army verbrachte, zu schreiben begann. Hamiltons erste Kriminalromane erschienen in der zweiten Hälfte der vierziger Jahre. Doch bekannt wurde er erst durch eine Serie mit dem Geheimagenten Matt Helm, die in den sechziger Jahren zu erscheinen begann.

Hamilton lebte in Santa Fé in New Mexico, und auch sein Held ist dort zu Hause. In seinen ersten Abenteuern hat Matt Helm auch sonst noch manche Eigenschaft mit seinem Autor gemeinsam. In *The Wrecking Crew* (›Die Zerstörer‹; 1960) erfährt der Leser, daß Helm – »es gibt nicht viele Agenten, die dieser Sprache mächtig sind« – Schwedisch spricht und wegen dieser Sprachkenntnisse von seinem Chef »Mac« nach Schweden geschickt wird, um dort, als jagdinteressierter Fotoreporter getarnt, einen wichtigen Agenten der Gegenseite zur Strecke zu bringen. »Mac« – »ein grauhaariger Mann unbestimmten Alters, mit buschigen, pechschwarzen Brauen und dunklen stechenden Augen« – ist für Helm, was »M« für Bond ist; er residiert in Washington und leitet einen nicht näher bezeichneten, aber sehr offiziellen Geheimdienst.

Matthew L. Helm ist eigens für den Schweden-Job vom Geheimdienst reaktiviert worden, nach 15 Jahren Pause. Er ist sechsunddreißig Jahre alt, hat blonde Haare und blaue Augen. Er mißt 1 Meter neunzig und hat beim vorbereitenden Training fünfzehn Kilo abgenommen, wird als »dürre Hopfenstange« beschrieben, bringt aber immer noch 90 Kilo auf die Waage. Kurz vor seinem Einsatz hat ihn seine Frau verlassen, so daß er nun erotisch ungebunden ist – eine Tatsache, die er in diesem und in späteren Abenteuern weidlich ausnützt.

Das schwedische Abenteuer bleibt freilich Episode. In der Folgezeit wird Matt Helm etwas wie ein Spezialist für den amerikanischen Raum. Sein Aktionsraum sind die USA und ihre unmittelbaren Nachbarn, Mexiko und Kanada – und wenn der Duft der großen, weiten Welt einmal ganz exotisch und berauschend wird, handelt es sich um einen Ausflug in den 50. Staat der USA, nach Hawaii also, und der erste Eindruck – Hamilton beschreibt es am Anfang von *The Betrayers* (›Die Verräter‹; 1966) – ist eher enttäuschend: »Am Flugplatz von Honolulu empfingen mich keine hübschen Mädchen mit Blumenkränzen; nur eine lehrerinnenhaft aussehende Dame reichte mir ein Glas Ananassaft, als ich das Abfertigungsgebäude betrat.« Aber Matt soll auf Hawaii ja auch keinen Urlaub machen; er ist hier, wie überall, um die Vereinigten Staaten und mit ihnen die ganze Welt gegen die Anschläge der bösen Kommunisten zu verteidigen. Und, wie er selbst klagt, in *The Ravagers* (›Der Unerbittliche‹, später auch als ›Manche lieben's eiskalt‹; 1964): »Uns bleiben nur die Aufträge, die kein anderer haben will.«

In *The Ravagers* ist das die Rolle eines tumben Privatdetektivs, der den östlichen Spionen, unter ihnen die böse Naomi mit der Säurepistole, die schließlich nach hinten losgeht, falsches Material unterjubelt, das eines ihrer neuesten Atom-U-Boote in die Luft jagt. In *The Interlopers* (›Der Todeskurier‹; 1969) ist es die Rolle eines Toten; er soll in dieser Rolle einen östlichen Killer anlocken, der den Auftrag hat, den amerikanischen Präsidenten zu ermorden. In *The Removers* (›Koks und Knallbonbons‹; 1961) hindert er die Gegenseite daran, mit einer radioaktiven Minibombe in den Vereinigten Staaten Angst und Schrecken zu verbreiten.

Bei alledem geht Matt Helm nicht eben zimperlich vor. Der Gegner wird, welchen Geschlechts auch immer, nur dann geschont, wenn der Auftrag, die Staatsraison, es erfordern. Andernfalls macht Helm kurzen Prozeß: »›Dem muß abgeholfen werden‹, sagte ich und schoß Martell eine Kugel durch den Kopf« (*The Removers*). Doch gelegentlich kommen auch schon einmal Zweifel auf, ob das alles auch moralisch einwandfrei sei, und unter den Profis beider Seiten entwickelt sich zuweilen fast so etwas wie ein kollegiales Verhältnis. *The Menacers* (›Die Scharfmacher‹; 1968) – Helm verdirbt den Russen in Mexiko die hübsche Idee, die Amerikaner mit vorgetäuschten »Unfällen« und aggressiven Akten geheimer Flugkörper beim Nachbarn in Mißkredit zu bringen – ist voll von Kritik am Dschungelkampf der verschiedenen amerikanischen Geheimdienste, und ab und an bietet der Roman überraschende Einsichten. »Wir waren«, teilt Ich-Erzähler Helm dem Leser über eine Autofahrt mit einer sowjetischen Agentin mit, die eigentlich nur zum Abendessen führen soll, schließlich aber doch mit einem Blutbad endet, »keine Menschen, wir waren Roboter, die für zwei verschiedene Gesellschaftssysteme arbeiteten. Aber bis zum bitteren Ende konnten wir wenigstens so tun, als wären wir normale Menschen.«

Einsichten dieser Art sind bei »Nick Carter« kaum zu erwarten. Nick Carter ist ein recht berühmter Name im amerikanischen Kriminalroman: der Name eines Super-Detektivs, der 1886 von John Russell Coryell (1851–1924) in der Erzählung *The Old Detective's Pupil; or, The Mysterious Crime of Madison Square* erfunden wurde und sechs Jahre später, 1891, zum Helden einer Heftchenserie avancierte, die – seit 1906 auch in Deutschland veröffentlicht – jahrzehntelang erschien.

Mit diesem Nick Carter hat jener Geheimagent, der Ende der sechziger Jahre auf der literarischen Spionage-Bühne erschien, nur noch den Namen gemein. Die Bücher erscheinen, unter dem Namen ihres Helden, anonym; die Rechte liegen bei einer gewissen »Universal Publishing and Distribution Corporation«, die ihren Namen später in »Universal Award House« ändert. Nick Carter ist in ihnen »ein blutrünstiger Agent des staatlichen amerikanischen Gemeindienstes, der überall den Kommunismus bekämpft, indem er dessen Anhänger abknallt«[1] – was Reclams Kriminalromanführer zu der nicht unberechtigten Vermutung verleitet, »daß die CIA den Vertrieb der Büchlein fördert«[1].

Die Behörde, die Nick Carter beschäftigt, heißt freilich nicht CIA (die ist gelegentlich als Konkurrenzunternehmen aufgeführt), sondern AXE; sie residiert in einem »kleinen, schäbigen Office am Dupont Circle« in Washington und wird von einem älteren Mann »mit schmalen Lippen« und dem Namen David Hawk geleitet; das Office verfügt über einen »einzigen Besucherstuhl« und »billigen Bodenbelag« sowie über eine Sekretärin mit Namen Della Stokes[2]. Die frühesten Nick Carter-Romane, die nach Deutschland gelangt sind, stammen aus dem Jahre 1968. Sie sind in keiner Beziehung zimperlich.

Temple of Fear (›Der blutige Buddha‹; 1968), zum Beispiel, beginnt mit einem »Seminar für sexuelle Verhaltensforschungen«, in dem – unter dem Vorwand, die Russen hätten »seit einiger Zeit Sex-Schulen errichtet, in denen Agenten ausgebildet werden« – die US-Spione in der modernsten Form der Nachrichtenbeschaffung unterrichtet werden: »Am leichtesten lassen sich Informationen während des erregenden Vorspiels erlangen, weil dann das Sprechen besonders leichtfällt – oder auch in der Phase der Erschöpfung, die dem Orgasmus folgt.«

Nick wird in den Kursus geschickt, weil er »dabei noch allerlei lernen« könnte; ihm wie dem Leser scheint das ziemlich unwahrscheinlich, ganz abgesehen davon, daß Carter nicht der Typ Spion ist, der seiner Seite mit der Erlangung höchst geheimer Information dient. Er ist »Killmaster«, mit der Geheimnummer N 3; die Chiffre bestimmt ihn noch wesentlich eindeutiger zum Töten als die Doppelnull im Falle Bond. Dieses Töten aber vollzieht sich in einer Sphäre des Halb- und Dreiviertel-Pornographischen; Nick Carters Autoren[3] rühren einen dicken Brei aus Blut und Sperma zusammen. In gewisser Weise ist das Arrangement aus dem frühen *Temple of Fear* bereits typisch: »Killmaster hatte das Gefühl, daß ihm eine böse Überraschung bevorstand – aber es kam noch schlimmer. In der kleinen Schachtel lag auf einem weißen Wattebausch eine blutige Frauenbrust. Sie war äußerst geschickt mit einem Skalpell abgetrennt worden.«

Dabei geht es selten um Kleinigkeiten: ein Attentat auf den Papst in *Vatican Vendetta* (›Vandalen im Vatikan‹; 1974); ein Versuch, den sowjetischen Premierminister bei einem Besuch der USA zu ermorden in *The Nichovev Plot* (›Menschenopfer für die Todesgöttin‹; 1976); die Auslösung eines neuen Nahost-Kriegs zwischen Israel und Ägypten durch Interkontinentalraketen, die ein Verrückter mit Namen Cesare Borgia von Eritrea aus auf die Hauptstädte der beiden Staaten abfeuern will, in *The Z Document* (›Der Löwe von Eritrea‹; 1975); die Sprengung einer Konferenz der großen Fünf – USA, Großbritannien, Bundesrepublik Deutschland, Italien, Israel – durch arabische Terroristen in *The Green Wolf Connection* (›Attentat am Ölturm‹; 1976).

Seine Aufträge führen den Killmaster N 3, der seine Lieblingswaffen, eine Pistole und ein Stilett, mit den Kosenamen »Wilhelmina« und »Hugo« bedenkt, in die exotischsten Gegenden der Welt. Nepal, zum Beispiel, ist die Kulisse für *The Katmandu Contract* (›Diamanten für Katmandu‹; 1975). In der Karibik vor Martinique findet das Schlußgefecht von *Dr. Death* (›Dr. Totenkopf‹; 1975) statt. Saigon und Hongkong sind die Schausplätze für *The Vulcan Desaster* (›Die Drachenlady von Hongkong‹; 1976). In der Sahara entscheidet sich das Geschehen von *Six Bloody Summer Days* (›Sechs blutige Sommertage‹; 1975). Gelegentlich gibt es Ausflüge in den Nahbereich der Science fiction. In *The Aztec Avenger* (›Take-Off in den Tod‹; 1974) hat ein deutscher Wissenschaftler künstliches Heroin erfunden, und eine Gangsterbande will damit den US-Markt erobern. In *Moscow* (›Fischmenschen‹; 1970) machen die Sowjets schauerliche Experimente im Institut für Meeresforschung. Und in *Ice Trap Terror* (›Die Eiszeitfalle‹; 1974) hat ein Wissenschaftler, mit einem schönen Gruß von Hans Dominik[4], eine Erfindung gemacht, die der Welt eine neue Eiszeit bescheren könnte; schon tickt die »Eisbombe« (und die Geheimdienste beider Hemisphären geben sich ein Stelldichein, um sie zu entschärfen).

Es sind diese utopischen Elemente, welche die Eigenart einer weiteren Serie ausmachen, deren Produkte um die Mitte der siebziger Jahre – genauer: zwischen 1973 und 1975 – auf den amerikanischen Markt geworfen wurden, von wo aus sie dann mit zwei- bis dreijähriger Verspätung zum deutschen Leser gelangten. Anders als bei Carter werden die Romane mit Protoagent John Eagle außer unter dem Namen ihres Helden auch unter einem Pseudonym, Paul Edwards, publiziert. Doch wie bei Carter sind mehrere Autoren für die Figur verantwortlich: Manning Lee Stokes, Robert Lory, Paul Eiden[5] (wobei auffällt, daß zumindest in dem in Deutschland publizierten Roman-Dutzend Lory die Jahre 73 und 74 dominiert und Eiden die Mehrzahl der 75er-Titel geschrieben hat, während Manning Lee Stokes in der frühen und in der Spätphase größeren Einfluß nahm).

Als Figur ist Eagle gewissermaßen eine Kombination von Bond und Carter, ins Überdimensionale gesteigert. Wie Bond ist er – ein Prolog im ersten Band der Serie *Needles of Death* (›Die Todesnadeln‹; 1973 – Autor: Manning Lee Stokes) gibt über Eagles Herkunft ausführlich Auskunft – der Sohn schottischer Eltern. Doch was ihn hart macht, ist die Tatsache, daß Eagle – ganz, als lebten wir noch im 19. Jahrhundert – unter Indianern aufwuchs, als Ziehkind der Apachen, die einen großen Krieger aus ihm machten, ehe Eagle in die Welt der Weißen zurückging und dort, auf »einer berühmten Universtität«, seine Examina mit Auszeichnung bestand.

Für gutes Geld hat sich Eagle, nachdem er einige Prüfungen auf Leben und Tod mit ähnlicher Bravour wie seine Universitätsexamina bestand, als Agent auf Zeit bei einer Art privatem Geheimdienst verdingt. Dieser Geheimdienst wird geleitet von einem geheimnisvollen Mr. Merlin, einem an den Rollstuhl gefesselten Multimillionär, der seine Einsatzzentrale in einem »wie eine Kreuzritterburg« auf einem erloschenen Vulkan thronenden 40-Zimmer-Haus nahe der Hawaii-Insel Maui hat. Merlin erledigt, auf seine Kosten, jene Dinge, die der Präsident und der Verteidigungsminister der Vereinigten Staaten gern erledigt hätten, leider aber – aus Kostengründen oder weil sie von allzu humanen Gesetzen daran gehindert werden – nicht in Angriff nehmen können.

Fünf Jahre lang zahlt Merlin Eagle steuerfreie 100000 Dollar Jahressalär; dann ist Eagle, falls er's überlebt, ein freier Mann und bekommt eine weitere Million Dollar, eine Riesenranch und einige weitere Kleinigkeiten, die ihm einen finanziell sorgenfreien, geruhsamen Lebensabend sichern sollen, für den dieser Mann freilich nicht geschaffen ist.

Sein Geld ist John Eagle allemal wert. Er erledigt seine Aufträge, durchweg hinter den feindlichen Linien, meist fernab jeglicher Zivilisation, schnell, präzise und diskret, hinterläßt dabei allerdings eine deutlich blutgeränderte Spur. Eagles Kampfkraft ersetzt eine ganze Armee. Seine Auftraggeber haben ein Waffenarsenal für ihn entwickelt, das nicht nur so sinnvolle Dinge enthält wie die lautlos tötende CO_2-Pistole oder Spreng- und Brandbombensätze, die per Flitzebogen zu verschießen sind (dabei kommt dem Protoagenten seine indianische Ausbildung natürlich zugute). Sie haben ihm auch einige uralte Menschheitsträume erfüllt und, neben einer Art von Sieben-Meilen-Stiefeln, einen Anzug konstruiert, der den Träger nicht nur schußfest, sondern auch praktisch unsichtbar macht; nur gegen das Licht bleibt leider noch eine Silhouette sichtbar.

So ausgerüstet geht Mr. Eagle auf seine inoffiziellen Missionen für die Freiheit Amerikas und der westlichen Welt. Sie führen ihn in alle Ecken der bewohnten und vor allem der unbewohnbaren Welt: nicht – wie Bond oder Carter – in die Oasen des Jet-Set, sondern vorzugsweise an die Ränder der Zivilisation: in Wüsten, Gebirge und an andere unwirtliche Orte. Gleich bei seinem ersten Abenteuer landet Eagle in der Inneren Mongolei. In *The Brain Scavangers* (›Die Gehirnverwerter‹; 1973 – Autor wiederum Manning Lee Stokes) ruft Eagle der schwache Funkspruch eines Verschollenen in die sibirische Arktis; in *The Fist of Fatima* (›Fatimas Faust‹; 1973) die Bekämpfung eines arabischen Terrorkommandos in die afrikanische Wüste. Am Himalaya jagt Eagle in *The Deadly Cyborgs* (›Die Killer-Kyborgs‹; 1975) ferngesteuerte Kunst-Menschen. Im Dschungel von Panama sucht er – in *The Death Devils*

(›Die Mordteufel‹; 1974) – die Züchter eines winzigen Insekts, das die Kornvorräte der westlichen Welt vernichten soll. In den verlassenen Tempelstädten des mexikanischen Südens stöbert er – in *The Glyphs of Gold* (›Die vier Zeros‹; 1974) – einen unermeßlich reichen Goldschatz der Mayas auf, mit dessen Hilfe ein machtbesessener Irrer die Welt auf den Kopf zu stellen hofft.

Da die Gegner in der Wahl ihrer Mittel nicht zimperlich sind, muß Eagle es auch nicht sein. Da werden dem Gegner, einem Tuareg, der sich ihm zum Zweikampf stellt, nicht nur beide Hände mit scharfem Schwert abgehackt; dem Toten muß auch noch die Kehle rituell aufgeschlitzt werden. Und zur Belohnung nach solchen Heldentaten genießt der Agent die Freuden der Erotik, im speziellen Fall gleich mit zwei Schwestern, Töchtern seines Gastgebers, »die respektvoll auf ihn warteten. ›Ja, beide von euch‹, sagte er, als er zwischen ihnen auf die Hütte aus Palmwedeln zuging. ›Aber diesmal Nagia zuerst.‹«

Potent wie in diesem Fall erweist sich der Protoagent in allen seinen Abenteuern; falls es nicht zwei sind, die er beglückt, beglückt er die eine um so öfter und intensiver. Denn eines muß man ihm lassen: In der Liebe denkt Mr. Eagle nicht nur an sich, sondern tatsächlich auch an seine Partnerin(nen). Man muß bescheiden sein. Aber gemessen an Bond und Carter ist das doch schon ein echter Fortschritt. Auch für den Agentenroman ist die Frauenbewegung offenbar nicht ohne Bedeutung gewesen.

[1] *A. Arnold / J. Schmidt:* Reclams Kriminalromanführer. Stuttgart 1978, S. 98.

[2] Nicht zu verwechseln mit Perry Masons fabelhafter Sekretärin Della Street.

[3] Klaus-Dieter Walkhoff-Jordans »Bibliographie der Kriminalliteratur 1945–1984«, Ullstein Verlag, Berlin 1985, ein sehr nützliches Buch, das (mit winzigen Versäumnissen) sämtliche in vierzig Nachkriegsjahren in der Bundesrepublik erschienenen Krimis auflistet, benennt mehr als ein Dutzend verschiedener Autoren, darunter auch ansonsten leidlich seriöse wie Martin Cruz-Smith, der etwa für *Code Name, Werewolf* (»Corrida der Killer«; 1973) oder *The Inka Death Squad* (»Duell im Inkatempel«; 1972) verantwortlich zeichnet, sowie jenen Manning Lee Stokes, der uns auf den nächsten Seiten auch als einer der Autoren der Abenteuer des »Protoagenten« John Eagle begegnen wird. S. 98ff.

[4] Hans Dominik (1872–1945) war ein deutscher Autor von Zukunftsromanen, der zu seinen Lebzeiten sehr populär war; in »Die Spur des Dschingis-Khan« (1923) beschreibt er den Versuch eines asiatischen Welteroberers, mit Hilfe einer gigantischen Eismaschine die Europäer in die Knie zu zwingen.

[5] Auch diese Angaben sind K.-D. Walkhoff-Jordans »Bibliographie der Kriminalliteratur«, S. 171/172, entnommen.

Ausgewählte Bibliographie

David Hamilton: *Die Zerstörer*; *Koks und Knallbonbons*; *Manche lieben's eiskalt*; *Die Verräter*; *Die Scharfmacher*; *Der Todeskurier*; *Mafia-Blut* – sämtlich Scherz Verlag, München.
Nick Carter: *Der blutige Buddha*; *Jet nach Java*; *Im Harem des Teufels*; *Countdown auf den Bahamas*; *Die Eiszeitfalle*; *Vandalen im Vatikan*; *Die Sklaven der Kobra*; *Diamanten für Katmandu*; *Der Löwe von Eritrea*; *Die Drachenlady von Hongkong*; *Attentat am Ölturm*; *Kamikaze der Jumbos* – sämtlich Ullstein Verlag, Berlin.
John Edwards: *Die Todesnadeln*; *Die Gehirnverwerter*; *Fatimas Faust*; *Der lachende Tod*; *Die Mordteufel*; *Die vier Zeros*; *Die Killer-Kyborgs*; *Die grüne Göttin*; *Tödlicher Mohn*; *Der Klimakrieg*; *Stahlschädel* – sämtlich Ullstein Verlag, Berlin.

Die Lady will es anders:

Peter O'Donnell und seine Comic-Figur Modesty Blaise

Natürlich hätte man Peter O'Donnell und Modesty Blaise auch im vorigen Kapitel behandeln können, als ausgedehnte Fußnote oder hübschen Nachtrag zu Matt Helm, Nick Carter und John Eagle. Denn der Modus operandi der einzigen Frauenfigur von Rang im Agententhriller unterscheidet sich nicht sehr von dem ihrer männlichen Kollegen; sie ist mörderisch effektiv wie jene und wenn es um die Exekution eines Bösewichts geht, hat sie ebensowenig Bedenken wie Helm, Carter oder Eagle.

Aber wenn sie auch unter die Killer-Agenten einzustufen wäre: Als Sadisten kann man weder sie noch ihren Autor bezeichnen. Und überdies ist sie nicht nur eine Frau, sondern auch ein Wesen aus einer gleichsam anderen Welt: eine Comicstrip-Figur nämlich, die sich erst allmählich zur (gewiß doch: Trivial-)Literatur verfestigt hat und in neun Romanen und einer Handvoll Geschichten ihr Unwesen treibt.

Von Peter O'Donnell, der 1920 in London geboren wurde, wird berichtet, daß er seine – nur durch den Krieg unterbrochene – schriftstellerische Laufbahn bereits als 16jähriger begann. Nach der Entlassung aus der englischen Territorial-Armee schrieb er Comics für die Londoner Tageszeitungen »Daily Sketch« und »Daily Mirror«. 1962 erschien im »Evening Standard« seine erste Geschichte um Modesty Blaise, der drei Jahre später der erste Roman mit dieser Figur folgte. Der Titel läßt vermuten, daß an eine Serie zunächst nicht gedacht war; doch war *Modesty Blaise* (›Modesty Blaise – Die tödliche Lady‹; 1965) ein solcher Erfolg, daß O'Donnell bis in die siebziger Jahre praktisch Jahr für Jahr einen neuen Modesty Blaise-Roman folgen ließ; 1972 erschien darüber hinaus noch ein Band mit Kurzgeschichten – *The Modesty Blaise Short Stories* (›Modesty Blaise – Die Lady macht Geschichten‹), der einige kleinere Abenteuer der Heldin versammelt.

Unter den Thriller-Helden ist Modesty Blaise nicht nur aufgrund ihres Geschlechts die ungewöhnlichste Figur. Als einzige positiv gemeinte Zentralfigur des Genres hat sie eine offen zugegebene kriminelle Vergangenheit, über die immer mal wieder berichtet wird. »Nennen wir das Kind beim Namen: Ich war kriminell«, erklärt Modesty selbst dem Chef des Pariser Geheimdienstes (mit dem sie mittlerweile befreundet ist) in *I, Lucifer* (›Die Lady reitet der Teufel‹; 1967). »Ich war zwar wählerisch in den Methoden, aber sie waren zweifelsohne nicht legal.« Und ihrem zeitweiligen Freund Stephen Collier erzählt sie ein paar Seiten später: »Ich komme von irgendwo auf dem Balkan. Als Kind war ich allein und auf der Flucht vor dem Krieg, viele Jahre lang. Dann kam ich in den Nahen Osten – in ein Flüchtlingslager, Beduinenlager. Immer unterwegs... Mit achtzehn war ich Bandenführerin in Tanger. Eine kleine Bande, die ich nach und nach international ausgebaut habe. Sie hieß ›Das Netz‹. So wurde ich reich und zog mich zurück.«

Zur Laufzeit ihrer Geschichten, in den sechziger Jahren, ist Modesty sehr reich; doch mit dem Rückzug ins ruhige Privatleben ist das so eine Sache. Die offenbar alterslose, schöne, mit großem Geschmack begabte Rolls-Royce-Fahrerin, die in einem luxuriösen Penthaus in London wohnt und über die ganze Welt verstreut ihre Absteigequartiere hat, wird von der Vergangenheit nicht losgelassen. Immer wieder einmal stolpern sie oder ihr getreuer Ekkehard, Willie Garvin, in einen Fall hinein, der ihr Eingreifen unbedingt erfordert – und sei es deshalb, weil Sir Gerald Tarrant, Modestys väterlicher Freund und von Beruf Chef des Britischen Geheimdienstes, im Kampf gegen den internationalen Terrorismus, seltener gegen östliche Geheimdienste, nicht mehr aus noch ein weiß.

Nur Modesty und Willie nämlich sind in der Lage, den großen Diamantenraub zu verhindern, der die Briten eine wichtige Ölkonzession im Nahen Osten kosten würde (*Modesty Blaise*). Nur die beiden können – in *Sabre-Tooth* (›Die Lady bittet ins Jenseits‹; 1966) – den Frieden am Golf gegen ein ganzes schwerbewaffnetes Söldnerheer retten oder die Gangster stoppen, die sich in der Sahara einen unermeßlichen Goldschatz unter den Nagel reißen wollen und dazu Geiseln aus aller Welt zu willenlosen Sklaven machen (in: *A Taste for Death*, ›Ein Gorilla für die Lady‹;

1969). Auch die Erpresserbande, die mit Hilfe eines mit übersinnlichen Fähigkeiten begabten Mediums, notfalls aber auch mit Mord und Totschlag, Riesensummen von Firmen und Politikern ergaunert (in *I, Lucifer*), kann natürlich von keiner anderen Macht der Welt besiegt werden als von O'Donnells Heldenpaar, das in einer merkwürdigen Beziehung zueinander steht. Die Intimität zwischen Modesty und Willie nämlich besteht in der gemeinsamen Arbeit: im Entschärfen einer Bombe, im gemeinsamen Kampf gegen aufs äußerste entschlossene Gegner, bei dem sie einander blind vertrauen. Diese Gemeinsamkeit wollen sie im Bett keinesfalls aufs Spiel setzen; so hat denn jeder seine eigenen Sexualpartner.

Willie bleibt lange ohne konkrete Vergangenheit. Erst der Mitte der achtziger Jahre nachgelieferte Roman *Dead Man's Handle* (›Modesty Blaise – Die Lady läßt es blitzen‹; 1985) erzählt, wie Modesty und ihr getreuer Paladin zusammengekommen sind: Die Lady trieb den ziemlich heruntergekommenen Willie in einem Kittchen in Bangkok auf, löste ihn mit einem kleinen Bestechungsgeld an die Polizei aus und schickte ihn mit einem anscheinend harmlosen, aber wichtigen Auftrag nach Hongkong, der sich zu einem lebensgefährlichen Abenteuer in Rot-China auswuchs. Weil Modesty ihm vertraut hatte, würde sich Willie für seine Chefin umbringen lassen (oft genug ist es kurz davor); doch Willies Treue wird von Modesty mit dem besten belohnt, was sie hat: ihrer Keuschheit.

Ansonsten ist Modesty mit ihrem Körper nicht pingelig. Am Nacktstrand von Sylt zwar trägt sie, in *I, Lucifer*, einen einteiligen schwarzen Badeanzug. Doch ansonsten bewegt sie sich in der totalen Nacktheit völlig natürlich; ob sie nun einem Bildhauer Modell sitzt (in einer der Geschichten des Erzählbandes) oder ob sie vor Hunderten von Augen zu einem tödlichen Degenkampf gegen einen Meisterfechter antritt, der selbst durch ein Kettenhemd geschützt ist. Doch sie stellt ihren Körper nicht nur bedenkenlos zur Schau, wo sie es für notwendig erachtet oder als natürlich ansieht: Sie schenkt ihn auch her, wann immer es ihr gefällt (was natürlich vor allem meint: sie schenkt ihn dem, den sie liebt oder doch wenigstens mag), und selbst wenn sie mißbraucht und vergewaltigt wird, bekommt sie deshalb keinen psychischen Knacks; schon als Kind hat sie gelernt, daß das (Über-)Leben wichtiger ist als die äußerliche Vorstellung von unversehrter Tugend.

So ist denn auch ihr Körper Modestys gefährlichste Waffe. Zwar schießt sie vorzüglich mit jeder Art von Feuerwaffe, speziell dem Revolver (während Willies Spezialität das Messer ist). Aber sie ist auch ganz ohne Waffe für jeden Gegner gefährlich: eine Expertin in allen fernöstlichen Kampfsportarten. Das angeborene Talent freilich wird nach Kräften trainiert; fast jedes Buch enthält eine ausführliche Beschreibung irgendeines Kampftrainings, das sie im eigens dazu hergerichteten Keller ihres Hauses mit Willie betreibt – und wie es der Zufall will, ist es fast immer die gerade antrainierte Spezialbefähigung im Schießen oder im Körperkampf, die beim großen Schlußkampf gegen einen eigentlich überlegenen Gegner den Ausschlag gibt.

Wie James Bond fällt auch Modesty Blaise bei den meisten ihrer Abenteuer dem Gegner in die Hände, ehe sie ihn schließlich doch bezwingt. Daß man sie, obwohl jeder Gegner um ihre Gefährlichkeit weiß, nicht gleich umbringt, hängt entweder damit zusammen, daß man ihren Tod möglichst sadistisch hinauszögern oder daß man mit ihr als Geisel den Partner Willie anlocken möchte: eine Rechnung, die niemals aufgeht, so viel Mühe sich die Bösen auch mit ihrer Ruhigstellung geben. Gegen ein Gas, das sie gefügig machen soll, schützen sich Modesty und Willie, indem sie Atmung und Kreislauf gegen Null stellen (in *A Taste for Death*). Die in den Muskel implantierte Blausäurekapsel, die sich mit einer drahtlosen Fernsteuerung sprengen läßt, wird von Willie gerade noch rechtzeitig operativ entfernt (*I, Lucifer*).

Dennoch kommt es praktisch in jedem Abenteuer am Ende zu einem regelrechten Showdown wie in einem Westernfilm: zum Kampf Mann gegen Mann gegen einen an sich übermächtigen Gegner. Fast immer gehen Modesty und Willie gehandikapt in einen solchen Kampf gegen besonders üble Killerfiguren – die siamesischen Zwillinge in *Sabre-Tooth*, der gorillastarke Delicata in *A Taste for Death*, den freilich Willie zu überwinden hat, vornehmlich um sein angeknackstes Selbstvertrauen wiederzugewinnen –; geschwächt durch Verletzungen und Entbehrungen, mit bloßen Händen gegen tödliche Waffen.

Im Töten ihrer Gegner sind Modesty und Willie fast so bedenkenlos wie die Kollegen Helm, Carter oder Eagle. Aber während man bei den Geschöpfen der Autorenteams und sogar bei Hamilton das Gefühl nicht los wird, daß ihnen das Töten Spaß macht, ist das Töten für Modesty und Willie eine lästige Pflicht; sie muß getan werden nicht aus Rache, sondern um die Welt vor weiteren Untaten der entmenschlichten Bösewichter zu bewahren. Mag sein, daß Peter O'Donnell gleichwohl kein ganz gutes Gefühl dabei hat. Denn neben den vielen beiläufigen Erläuterungen zu Modestys und Willies Haltung zur Frage von leben und sterben lassen, dient eine ganze Geschichte des Erzählungsbandes[1], »Ein besserer Tag zum Sterben«, nichts anderem als der moralischen Rechtfertigung seiner Heldin, die in Mexiko dabei ist, als eine Gruppe minderjähriger Mädchen von Banditen entführt wird; als es zum Kampf um das Leben und die körperliche Unversehrtheit der Kinder kommt, greift schließlich sogar der Pfarrer ein, der Modesty zuvor erhebliche Vorwürfe wegen ihrer Unmoral gemacht hat.

Es sind freilich nicht diese Versuche einer Exkulpation, die O'Donnell und seine Heldin vom Vorwurf der Unmoral und der Mordlust freisprechen. Tatsächlich ist die ganze Figur samt ihren Abenteuern auf eine Weise angelegt, die sie von vornherein aus der Wirklichkeit entfernt. Modesty Blaises Abenteuer lesen sich wie moderne Märchen. Der Widerstreit von Gut und Böse ist auf seine Archetypen zurückgeführt; die Realität in den unglaublichsten Vorkommnissen aufgehoben. So übersteht Willie Garvin in *The Impossible Virgin* (›Modesty Blaise – Die Goldfalle‹; 1971) selbst den Hinauswurf aus einem Flugzeug über den Alpen; der Stuhl, an den ihn die Bösewichter gefesselt haben, rutscht einen Hang hinab und landet sanft in einer Schneewehe. Aber dahinter steckt natürlich die Idee, daß die »Prinzessin« Modesty Blaise und Willie-Lieb Garvin ohnehin kugelfest, und von den paar Kratzern abgesehen, ernsthaft unverletzlich sind.

[1] In eben diesem Erzählungsband unternimmt O'Donnell auch ein einziges Mal den Versuch, Modestys und Willies ansonsten in der objektiven dritten Person geschilderte Abenteuer durch die subjektive Brille der handelnden Personen zu sehen. Die Geschichte ›Rendezvouz mit Lady Janet‹ wird von Willie Garvin erzählt, ein Experiment, das für die Sicht des Lesers auf die Figuren noch weniger einbringt als Ian Flemings aus der Perspektive einer Frau erzählte James Bond-Geschichte ›Der Spion, der mich liebte‹.

Ausgewählte Bibliographie

Peter O'Donnell: *Modesty Blaise – Die Tödliche Lady*; *Die Lady bittet ins Jenseits*; *Die Lady reitet der Teufel*; *Ein Gorilla für die Lady*, *Die Goldfalle*; *Die Lady macht Geschichten*; *Die Lady fliegt auf Drachen*; *Die silberne Lady*; *Heiße Nächte für die Lady*; *Die Lady will es anders*; *Die Lady läßt es blitzen* –sämtlich Rowohlt Verlag, Reinbek.

Crime does pay:
Frederick Forsyth, Robert Ludlum und andere bestsellernde Schreibtischmörder

Mit einem Paukenschlag erschien 1971 ein neuer Autor auf der Szene des politischen Thrillers: Frederick Forsyth. *The Day of the Jackal* (›Der Schakal‹) beschreibt ein fiktives – oder vielleicht auch nicht fiktives – Attentat auf Charles de Gaulle, das im letzten Augenblick verhindert wird. Seitdem ist Forsyth – Jahrgang 1938, laut Verlagswerbung »mit 17 Stierkämpfer in Spanien, mit 19 jüngster Jet-Pilot der Royal Air Force« – ein internationaler Bestsellerautor. Seine Gesamtauflage für ein halbes Dutzend Romane, eine längere Erzählung und den Geschichtenband *No Comebacks* (›In Irland gibt es keine Schlangen‹; 1982) wird mit über 20 Millionen Exemplaren angegeben, die freilich zu einem beträchtlichen Teil in Deutschland zusammengekommen sein muß; schon 1979 bezifferte der Klappentext der deutschen Ausgabe des Romans *The Devil's Alternative* (›Des Teufels Alternative‹; 1979) die deutschen Auflagenhöhen für den »Schakal« mit 1,7 Millionen, »Die Akte Odessa« mit 900000 und »Die Hunde des Krieges« mit einer Million Exemplare.

Diese Auflagenzahlen sind schwer verständlich. Denn Forsyths Romane zeichnen sich vor allem durch eines (negativ) aus: Sie sind von spannungshemmender, nervtötender Umstandskrämerei und erstaunlichem erzählerischen Ungeschick.

The Day of the Jackal, der Forsyths Weltruf begründete, bedient sich der im Kriminalroman gängigen Technik, die Wege des präsumtiven Opfers und des Täters in einer immer enger geschnittenen Montage aufeinander zulaufen zu lassen, bis sie sich im Finale schließlich kreuzen. Forsyths Problem ist nicht nur, daß der Leser weiß, daß ein Attentat auf den wirklichen de Gaulle in der Realität nicht mit der Ermordung des Staatsmannes geendet hat (und nach den Regeln des Genres auch nicht enden darf). Forsyths Problem ist vor allem, daß er die Wege und Umwege bis zum Finale glaubt, mit einer Akribie beschreiben zu müssen, die im Extremfall bis zur unfreiwilligen Komik führt. Ein Satz wie der folgende (aus der Darstellung der – historisch verbürgten – Entführung des OAS-Chefs Argoud aus einem Münchner Hotel durch französische Geheimagenten) ist in mancherlei Hinsicht typisch: »Auf bis heute nicht geklärte Weise hatte ihn der Aktionsdienst in der vorhergegangenen Nacht über die Grenze gebracht, und der anonyme Anruf bei der Polizei wegen des auf ihrem eigenen Parkplatz hinterlegten ›Pakets‹ war nur ein für die vom Aktionsdienst bevorzugte Art von Humor kennzeichnender Scherz gewesen.«

Das Schlimmste freilich an *The Day of the Jackal* wie an den folgenden Forsyth-Romanen ist die offensichtliche Sympathie, welche der Autor seinen zentralen Killerfiguren entgegenbringt. Forsyths Faible für die Gewalt und seine Bewunderung für die, welche Gewalt ausüben, ist unübersehbar. Ob sie nun de Gaulle heißen und an der Spitze des Staates stehen, ob sie Geheimdienstler zu Folterungen abkommandieren, Mörder dingen oder für Geld Morde ausführen: mit Forsyths Zuneigung können sie rechnen, sofern sie nur ihr Geschäft verstehen – und das, wie spätere Romane Forsyths beweisen, sogar dann, wenn sie auf der falschen, der östlichen Seite stehen. Vermutlich hätte Forsyth auch dem Bedienungspersonal der Gaskammern und Krematorien von Auschwitz seinen professionellen Beifall nicht versagt, sofern sie nur effizient und geschickt gearbeitet hätten.

So bleibt die Moral wölfisch, gleichgültig, ob Forsyth nun – mit *The Odessa File* (›Die Akte Odessa‹; 1972) – in die Geschichte des Nazi-Staats zurücksteigt, sich mit *The Dogs of War* (›Die Hunde des Krieges‹; 1974) der Gegenwart eines Söldnerkriegs in Afrika widmet oder gar in die Zukunft schaut. *The Devil's Alternative* (›Des Teufels Alternative‹) spielt drei Jahre nach dem Erscheinen des Buches, im Sommer 1982: Eine exil-ukrainische Untergrundorganisation erpreßt Ost und West mit der Drohung, die Nordsee mit Millionen Tonnen von Öl zu verschmutzen, ermordet sowjetische Spitzenpolitiker und ihre Angehörigen und hofft auf das Aufflammen eines großen Volksaufstandes in der Sowjetunion, in der Tauben und Falken um die Macht ringen. Auch *The Fourth Protocol* (›Das vierte Protokoll‹; 1984) siedelt seine Geschichte wiederum in der nahen Zukunft an. Voraussetzung der Thrillerhandlung ist diesmal die fiktive Annahme, daß die Großmächte ein Geheimabkommen geschlossen haben, welches das Einschmuggeln und Zünden von Atombomben in fremden, gegnerischen Ländern verbietet, und daß sich der oberste sowjetische Bösewicht, der alte, kranke Generalsekretär der KPdSU, nicht an dieses Abkommen hält, sondern seine besten Sabotage-Agenten nach England schickt, mit dessen Abkoppelung von der atlantischen Allianz die »Destabilisierung« des Westens in Angriff genommen werden soll. Bei der Durchführung greift Forsyth auf das Prinzip zurück, das sich in *The Day of the Jackal* bewährt hat: den trichterförmigen Handlungsverlauf, der diesmal Saboteur und Sabotageabwehr aufeinander zuführt.

Durch alle Bücher aber zieht sich wie ein roter Faden das Hohelied auf den autoritären Helden und die anhaltende, wenn auch mit der Zeit leicht nachlassende Umstandskrämerei. So wird in *The Dogs of War* der Söldnerheld, der für einen Londoner Bergwerkskonzern einen Umsturz in einem linksgerichteten afrikanischen Zwergstaat mit noch geheimen reichen Platinvorkommen bewerkstelligen soll, folgendermaßen beschrieben: Er »denkt unkonventionell«, »hat eine Menge Mut«, »versteht es, bis ins letzte Detail zu organisieren« und ist wie ein väterlicher Patriarch zu seinen Männern wie zu seinen Mädchen, die er notfalls auch einmal vertrimmt, bis sie ihm aus der Hand fressen. »Fünf Minuten lang waren in der Wohnung nur zweierlei Geräusche zu hören: das protestierende Kreischen des Mädchens und das laute Klatschen seiner Hand«; Autorität muß sein, und wer sein Kind liebt, der züchtigt es. Ab und zu ist dieser harte Mann durchaus zu Scherzen aufgelegt. Dem Intimfeind Roux – Ausländer natürlich, im Gegensatz zum Helden, der britisch-irischer Herkunft ist – legt er den Kopf des auf ihn angesetzten, natürlich erfolglosen Killers in den offenbar geräumigen Briefkasten; kleine Geschenke erhalten die Freundschaft.

Die Umstandskrämerei Forsyths ist kein Unfall, sondern erklärte Absicht; sie kommt durch übergroße Neigung zur Authentizität zustande, die sich als Detailgenauigkeit im Unwesentlichen mißversteht. So wird in *The Devil's Alternative* nicht nur exakt beschrieben, wie der Tanker gebaut wurde, den die ukrainischen Terroristen gekapert haben. Der Leser ist auch eingeladen zum Stapellauf und erfährt, wie der Kapitän zu seinem Kommando kommt. Forsyth begnügt sich nicht mit der Mitteilung, daß ein ukrainischer Schiffbrüchiger im Schwarzen Meer den Terroristen den ersten Anhaltspunkt für ihre Aktionen liefert. Ausführlich schildert er auch die Gemütsverfassung und die geistigen Fähigkeiten des italienischen Matrosen, der den Schiffbrüchigen aus dem Wasser zieht. Dahinter steht vermutlich die Illusion, so käme »große Literatur« zustande. Doch tatsächlich macht die Anhäufung überflüssiger und uninteressanter Materialien die Romane Forsyths nicht reich, sondern lediglich fett und schwerfällig, so daß sich der kritische, gelangweilte Leser immer wieder bemüßigt fühlt, ganze Abschnitte rasch zu überblättern, welche die Information über die Fortschritte unangenehm und unangemessen unterbrechen.

Doch offenbar unterliegt einem Fehlurteil, wer die Sache auf diese Weise betrachtet. Daß die literarische und moralische Qualität keine Rolle spielt, daß sich Verbrechen auszahlt, Schreibtischmorde lohnen, sofern nur der Autor die Morde hübsch auftürmt (und vielleicht gar noch mit Sex appetitlich garniert), dafür stehen nicht nur Forsyth, Nick Carter und Mickey Spillane, sondern speziell auf Forsyths Territorium auch eine Reihe anderer Autoren, die gute, wenn auch vielleicht nicht überragende Auflagen (und einträgliche Verfilmungen ihrer Bücher) erreichen.

Einer dieser Autoren ist der 1923 geborene Raymond Harold Sawkins, der seine Romane unter dem Pseudonym Colin Forbes publiziert. Forbes ist bei uns mit Übersetzungen seiner Romane *Target 5* (›Target 5‹; 1973) und *Year of the Golden Ape* (›Tafak‹); 1974) bekannt geworden; es sind Bücher, welche die aktuellen politischen Spannungen trivialliterarisch ausschlachten; die vorgegebenen Feindbilder etwa gegen arabisch-palästinensischen Terrorismus oder das sowjetische KGB vergrößert reproduzieren.

Besonders typisch für Forbes' Arbeitsweise ist der Roman *Avalanche Express* (›Lawinenexpreß‹; 1977), dessen Handlung auf zwei ziemlich unwahrscheinlichen Voraussetzungen beruht. Zum einen läuft ausgerechnet der Chef des sowjetischen Geheimdienstes KGB in den Westen über. Zum anderen läßt die Wetterlage Flüge in die USA (wohin der Überläufer möglichst umgehend gebracht werden muß) nur von einem einzigen kontinentalen Flughafen, dem holländischen Schiphol, zu. So setzt sich also von Oberitalien aus rheinaufwärts ein Expreßzug in Bewegung, in dem sich die westlichen Agenten mitsamt dem Überläufer verschanzt haben, während sich die vereinten Kräfte der teuflischen Sowjets zwischen Mailand und Rotterdam verschworen haben, um den Zug zu stoppen und zu vernichten, ohne Rücksicht auf irgendwelche Unbeteiligte.

Natürlich besteht der Zug samt Spezialfracht alle Anschläge bravourös; nur viele unwichtige Reisende und so gut wie alle bösen kommunistischen Agenten lassen ihr Leben. Denn die westlichen Geheimdienste, zumal Engländer und Amerikaner, sind mächtig auf Draht. Sie benutzen die Angelegenheit gleichsam zum »Großreinemachen« und exekutieren an Roten, was ihnen vor die MP kommt – natürlich etwas außerhalb der Legalität und ohne die demokratisch Verantwortlichen auch nur zu fragen. Denn die sind ohnehin Schlappschwänze und könnten ihre Zustimmung zur fröhlichen Kommunistenhatz ja auch verweigern.

Das schlechte Beispiel der Erfolge, die sich mit Thrillern dieser Art erzielen lassen[1], verdirbt offenbar auch bessere Sitten. So hat der 1933 in Rhodesien geborene Wilbur Smith, der heute in Kapstadt lebt und sich mit Abenteuerthrillern wie *The Diamond Hunters* (›Die Diamanten-Erben‹; 1971) und *The Eye of the Tiger* (›Das Geheimnis der Morgenröte‹; 1975) einen guten Namen gemacht hatte, mit dem Terroristen-Thriller *Wild Justice* (›Entscheidung Delta‹; 1979) ein Buch vorgelegt, das oberflächlich zwar eindeutig gegen Brutalität und Terror Stellung bezieht, untergründig aber den Terrorismus mit einem solchen Firnis von Erotik überzieht, daß die scheinbar gute Intention des Romans fragwürdig, wenn nicht in ihr Gegenteil verkehrt wird.

Als neuer Großmeister der literarischen Schreibtischtäter allerdings hat Robert Ludlum zu gelten: »Amerikas Erfolgsautor No 1«.[2] Ludlum, geboren 1927, war in den fünfziger Jahren ein erfolgreicher Hollywoodschauspieler und Produzent, ehe er, schon über vierzigjährig, zu schreiben begann. Wie bei Forsyth wurde auch bei Ludlum gleich der erste Roman, *The Scarlatti Inheritance* (›Das Scarlatti-Erbe‹; 1971), zum internationalen Bestseller; im Herbst 1983 gab sein deutscher Verlag die Gesamtauflage Ludlums mit »über 35 Millionen Exemplaren«[3] an.

The Scarlatti Inheritance spielt gegen Ende des Zweiten Weltkriegs und handelt von einer gewaltigen Verschwörung der Nazis, denen ein riesiges amerikanisches Vermögen zufallen soll, mit dessen Hilfe sie endgültig die Weltherrschaft erringen könnten. Von dieser Verschwörungskonstellation läßt Ludlum hinfort nicht mehr ab. Die Nazis zwar werden als Gegner, soweit ich sehe, nur ein einziges Mal noch aktiviert: *The Holcroft Covenant* (›Der Holcroft-Vertrag‹; 1978) verlegt die Gefahr eines Endsiegs der Nazis allerdings in die Gegenwart, da ihre einstigen Führer angesichts der bevorstehenden Kriegsniederlage weitblickend und raffiniert genug waren, ausgewählte arische »Sonnenkinder« in die Aristokratie der Siegermächte einzuschleusen, von wo aus sie, eine Generation später, die Weltherrschaft antreten.

Die übrigen Romane Ludlums spielen durchweg in den Vereinigten Staaten, deren demokratische Verfassung von den Bösewichtern der Ludlum-Geschichten ausgehöhlt und abgelöst werden soll; die Erfahrung von Watergate und die der Ermordung der Kennedys ist nicht zu leugnen. In *The Matlock Paper* (›Die Matlock-Affäre‹; 1973) suggeriert Ludlum dem Leser die Existenz eines geheimen Verbrecherkartells, das von einer kleinen Universitätsstadt in Neuengland aus mit Drogen und Spielhöllen das Land beherrscht und die alteingesessene Mafia und das Justizministerium gleichermaßen nervös macht. Ein brillanter junger Dozent wird vom FBI ausgewählt, die Organisation »Nimrod« zu knakken und gerät in einen Alptraum von Terror und Mord. *The Chancellor Manuscript* (›Das Kastler-Manuskript‹; 1977) übernimmt den Vorwurf der Geheimdienst-Verschwörung hinter den Morden an Kennedy und Martin Luther King noch unverblümter. Der Roman unterstellt, daß das FBI – was immerhin denkbar wäre – über alle amerikanischen Persönlichkeiten von Belang Dossiers angelegt hat, deren Inhalt J. Edgar Hoover nach eigenem Ermessen benutzt, um die Politik in seinem Sinne zu lenken: »Auf dem Schreibtisch des höchsten Gesetzbeamten im Land lagen die Akten eines jeden wichtigen schwarzen Bürgerrechtsführers: King, Abernathy, Wilkins, Rowan, Farmer. Es waren ganze Bände voll Schmutz – Gerüchte, unbestätigter Klatsch, Aufzeichnungen von abgehörten Telefongesprächen, aus dem Zusammenhang gerissene Worte, die aufrührerisch wirkten – moralisch, sexuell und im juristischen und philosophischen Sinn.« Nach Hoovers Tod bringt ein hoher Richter die Papiere an sich, um mit ihnen seinerseits die Gegenseite unter Druck zu setzen, und ein junger Schriftsteller, der einen Zipfel der Geschichte erwischt und von diesem Zipfel her die ganze Sache aufzudröseln sucht, löst eine Terrorhandlung aus, in der die staatlichen Stellen keine gute Figur machen.

Hinter solchen Geschichten scheint ein Impetus zu stecken, der die demokratischen Freiheiten zu verteidigen trachtet. Aber wenn dem so sein sollte, so ist dieser demokratische Ansatz in einem Überbau aus Brutalität und Gewalt abhanden gekommen. Tatsächlich ist die Haltung Ludlums eher antidemokratisch und faschistoid; die Lust am Morden und an Verschwörung – welche die Romane der Gegenseite unterschieben – beherrscht tatsächlich den Autor.

In fünfzehn Jahren hat Ludlum aus der immer gleichen Art von Geschichten eine einträgliche Masche und etwas wie ein Markenzeichen gemacht. Schon die Titel verfahren nach immer dem gleichen Prinzip; sie kombinieren fast grundsätzlich einen Namen mit einem Sachverhalt. Auf *The Osterman Weekend* (›Das Osterman-Wochenende‹; 1972) folgt *The Rheinmann Exchange* (›Der Rheinmann-Tausch‹; 1974), auf *The Gemini Contenders* (›Das Jesuspapier‹; 1976) *The Matarese Circle* (›Der Matarese-Bund‹; 1979). Und wie die Titel ähneln sich die Geschichten, für die sie stehen. Wer einen Roman von Robert Ludlum gelesen hat, kennt sie alle.

[1] Der Klappentext der deutschen Ausgabe von »Lawinenexpreß«, Marion von Schröder, Düsseldorf 1978, zitiert eine amerikanische Pressestimme: »The State Columbia«, nach der »Colin Forbes inzwischen eine Beliebtheit wie Frederick Forsyth und John le Carré« habe; die Gleichsetzung der beiden Autoren und wiederum der Vergleich von Forbes mit ihnen hat durchaus etwas Skandalöses.

[2] Überschrift der rückwärtigen Umschlagseite der deutschen Taschenbuchausgabe mehrerer Ludlum-Romane im Heyne Verlag, München.
[3] Zitiert nach der Presseinformation und dem Klappentext zur deutschen Hardcover-Ausgabe von »Der Holcroft-Vertrag«, Hestia Verlag, Bayreuth 1983.

Ausgewählte Bibliographie

Frederick Forsyth: *Der Schakal*; *Die Akte Odessa*; *Die Hunde des Krieges*; *Des Teufels Alternative*; *Das vierte Protokoll*; *Der Lotse*; *In Irland gibt es keine Schlangen* (Erzählungen) – sämtlich Knaur Verlag, München.
Colin Forbes: *Target 5*; *Tafak*; *Nullzeit*; *Lawinenexpreß* – Heine Verlag, München.
Wilbur Smith: *Die Diamanten-Erben*; *Das Geheimnis der Morgenröte*; *Der Sonnenvogel* – Heyne Verlag, München. *Entscheidung Delta* – Bastei-Lübbe Verlag, Bergisch-Gladbach.
Robert Ludlum: *Das Scarlatti-Erbe*; *Das Osterman-Wochenende*; *Die Matlock-Affäre*; *Der Rheinmann-Tausch*; *Der Gandolfo-Anschlag*; *Das Jesus-Papier*; *Das Kastler-Manuskript*; *Der Matarese-Bund*; *Der Borowski-Betrug* – sämtlich Heyne Verlag, München.

Die Strategie des Bauernopfers:

John le Carré, Len Deighton und andere Geheimdienstkritiker

Die fünfziger Jahre heben den Spion, den Geheimagenten auf ein Podest; er erscheint, James Bond 007 allen anderen voran, als der makellose Held, der die westliche Zivilisation gegen die Barbaren des Ostens, rot oder gelb, verteidigt. In den siebziger Jahren wandelt sich das Bild. Ernüchterung tritt ein, noch vor der Ermordung John F. Kennedys; die Sicht auf die Geheimdienste wird merklich kritischer.

Das Hauptverdienst an dieser neuen Perspektive kommt zwei Engländern zu, die – ungefähr gleichaltrig – zu Beginn der sechziger Jahre ihre ersten Romane publizieren: John le Carré (der eigentlich David J. Moore Cornwell heißt) und Len (Leonard Cyril) Deighton. Deighton ist am 18. Februar 1928 in London geboren; nach einem Kunststudium hat er als Koch, Kellner und Stewart, aber auch als Bahnarbeiter, Lehrer, Art Director und Fotograf gearbeitet. Ehe er als Thriller-Autor Furore machte, schrieb Deighton für den »Observer« übers Kochen. Dagegen kommt le Carré, geboren am 19. Oktober 1931 in Poole, Dorset, aus einer Akademikerlaufbahn und dem Diplomatischen Dienst. Er studierte Deutsch in Bern und Philosophie in Oxford, war 1956 bis 1958 Deutschlehrer in Eton, und von 1959 bis Mitte der sechziger Jahre Diplomat, von 1961 bis 1964 Zweiter Sekretär der Britischen Botschaft in Bonn, danach Konsul in Hamburg.

Schon während le Carrés Zugehörigkeit zum diplomatischen Dienst erschienen seine ersten Thriller. *Call for the Dead* (›Schatten von gestern‹; 1961) führt gleich ins Geheimdienstmilieu, während *A Murder of Quality* (›Ein Mord erster Klasse‹; 1962) noch einmal einen Schritt zurück in die Alltagswelt tut; George Smiley, der Held in den meisten Romanen le Carrés, klärt einen Mord in seiner alten Privatschule auf, die in diesem Buch in einem eher schlechten Licht erscheint; die Spekulation, le Carré habe in *A Murder of Quality* seine eigenen Erfahrungen in Eton literarisch verarbeitet, liegt natürlich nahe. Der Roman, der le Carré literarischen Durchbruch bringt und ihm ermöglicht, die Schriftstellerei als Beruf zu betreiben, erscheint ein Jahr später. *The Spy Who Came in from the Cold* (›Der Spion, der aus der Kälte kam‹; 1963) setzt neue Maßstäbe für die Spionagegeschichte; er zeigt, daß die eigentlichen Kämpfe nicht mit Waffen, sondern mit Täuschungen der Gegenseite ausgefochten werden, nicht auf der Szene, sondern hinter den Kulissen – und daß ein Menschenleben auf beiden Seiten nicht einen Pfifferling wert, das Leben eines Spions von der eigenen Seite beinahe ebenso stark bedroht ist wie von der Gegenseite.

The Spy Who Came in from the Cold beginnt und endet an der Berliner Mauer. Zu Beginn erwartet der englische Held des Buches, Leamas, einen Informanten aus der Ost-Berliner Regierung, der sich in den Westen absetzen will. Am Ende versucht er selbst, über die Mauer zurück in den Westen zu gelangen. Beide Versuche scheitern; der ostdeutsche Überläufer wie der britische Agent sterben unter den Schüssen der Vopos. Doch beide waren, wie sich herausstellt, nur Schachfiguren im großen Spiel des englischen Geheimdienstes: Bauern, die unbedenklich geopfert werden, um einen Offizier im Spiel zu schützen. Eine doppelte Intrige wird in Szene gesetzt: Als Überläufer soll Leamas in Ost-Deutschland anscheinend Mißtrauen säen gegen den DDR-Geheimdienstchef Mundt und ihn seinem eigenen Apparat ans Messer liefern. Doch Mundt gelingt es, das Komplott aufzudecken und Leamas als den »agent provocateur« zu entlarven, der er tatsächlich ist. Als Leamas begreift, was wirklich gespielt wird, daß er nämlich Mundts Position nicht untergraben, sondern im Gegenteil unangreifbar machen soll (denn in Wahrheit ist Mundt ein Doppelagent der Briten), ist es für ihn und das von beiden Seiten kaltblütig benutzte Mädchen Liz zu spät.

Deutlicher als in irgendeinem anderen Spionageroman wird in *The Spy Who Came in from the Cold* die Frage der Moral angeschnitten und ausdiskutiert. Bei seinen Gesprächen mit Fiedler, dem jüdischen Verhörspezialisten aus Mundts Abteilung, dem Leamas den Floh des Verdachts gegen Mundt ins Ohr setzen soll, wird Leamas von Mundt mit der Frage konfrontiert, welche Philosophie hinter seinen und seiner Auftraggeber Handlungen stehe. Für Fiedler ist die Sache klar: Seine Abteilung ist der lange, bewaffnete Arm der Partei, die Partei kämpft für den Sieg des Sozialismus, und in diesem Kampf sind alle Mittel erlaubt, auch die inhumanen, menschenverachtenden, menschenvernichtenden, wenn sie nur der kommunistischen Sache nützen. Aber was legitimiert den britischen und andere westliche Geheimdienste, die Schutztruppen keiner kommunistischen, sondern einer »christlichen« Gesellschaft? Da sie an die Menschenwürde und die Heiligkeit des Lebens glauben: was befähigt sie zu Mord und Folter für ihre Sache? Leamas weicht aus, indem er anführt, man müsse sich schließlich verteidigen – und im übrigen sei er an solchen philosophischen Diskussionen ebensowenig interessiert, wie es Stalin gewesen sei, auf den Fiedler sich unbedenklich berufen hatte.

Aber im Grunde ist Fiedler, auch ohne daß Leamas' Mädchen es gegen Schluß eigens betonen müßte, der einzige ehrliche Mensch in der ganzen Intrige (das Mädchen Liz ausgenommen), an deren Ende der Agent Leamas auch deshalb stirbt, weil er in einem System wie diesem nicht weiterleben kann; er weiß, daß er – indem er den faschistoiden, antisemitischen Mundt aus Gründen der Staatsräson schützte – für die falsche Seite gearbeitet, die falschen Menschen geopfert hat.

So kritisch wie in diesem frühen Roman wird le Carré die Tätigkeit der westlichen Geheimdienste nie wieder sehen, obwohl seine Beschreibung von Spionage und Gegenspionage grundsätzlich mit einem Trauerrand versehen ist. Die Tonlage ist immer Moll statt Dur. Die Gefahr geht nie von irgendwelchen Schlagetots aus, sondern von gebildeten, zurückhaltenden Menschen, die jedoch leider für die Gegenseite tätig sind, aus ideologischen oder finanziellen Gründen. Für die heroischen Amateure, die noch bei Eric Ambler die Kartoffeln aus dem Feuer holten, sind Professionals nachgerückt, die ihr Gewerbe profihaft betreiben. Und zum Professionalismus gehört unabdingbar die Tarnung. Le Carrés Romane sind gespickt mit Doppelagenten, mit Menschen, die beiden Seiten dienen und beide Seiten verraten – wie der Ostdeutsche Mundt in *The Spy Who Came in from the Cold*.

In späteren Romanen freilich sitzen die Verräter und Doppelagenten, der Inbegriff des Bösen, vorzugsweise in den Reihen der Briten, in deren Terrain sich die Handlungen verschieben. Da gibt es, neben den Verrätern, eine Menge großspuriger Snobs und eine Menge Trottel; in sinnlosen Machtkämpfen wird ein Teil der Kraft jener Behörde verschlissen, die bei le Carré als der »Circus« firmiert. Mit der Zeit freilich bekommen mindestens einige Figuren des »Circus« positive Umrisse, »Control« zum Beispiel, der weise alte »Circus«-Chef der frühen Romane, der aufrechte »Skalpjäger« Peter Guillem, der zapplige, effektive Tony Esterhase, mit dem man im Zweifel Pferde stehlen kann.

Der eigentliche Held allerdings in einem runden halben Dutzend le Carré-Romanen, in *The Spy Who Came in from the Cold* nur am Rande auftauchend, an der moralisch fragwürdigen Intrige zugunsten des Bösewichts Mundts freilich auch beteiligt, ist ein gewisser George Smiley, der so gar nicht dem üblichen Klischee eines Spionage-Helden entspricht. In *Tinker, Tailor, Soldier, Spy* (›Dame, König, As, Spion‹; 1974), den le Carré nach fast zehnjähriger Abstinenz vom Spionage-Genre und Ausflügen in die ›seriöse Literatur‹[1] vorlegt, beschreibt er seinen Helden folgendermaßen: »Der kleine, rundliche und, schonend ausgedrückt, mittelalte Mann gehörte dem Aussehen nach zu Londons Sanftmütigen, die nicht das Erdreich besitzen werden.«

In *Tinker, Tailor, Soldier, Spy* ist Smiley der tragische Held einer überaus feingesponnenen Fabel, einer Art Netz, das der Autor in mehreren Schichten übereinandergelegt hat und nun vor den Augen des Lesers Schicht um Schicht entfernt wie ein Restaurator die Übermalungen auf einem alten Gemälde. Am Ende fügen sich die Bruchstücke der Geschichte zwar zu einem Mosaik zusammen. Aber dieses Mosaik scheint wie von einem Verrückten gefertigt. Es glitzert spiegelnd und weist zwischen den Spiegelflächen manche trübe Stelle auf; die Wahrheit, falls sie es ist, hat trübe Flecken.

Was an der Geschichte »Action« ist, wird in Rückblenden rekonstruiert: ein wahnwitziges Spionageabenteuer des »Circus« in der Tschechoslowakei, das den Briten hatte Aufschluß geben sollen über einen Doppelagenten in der eigenen Führung, das aber auf deprimierende Weise schiefging. Daß der Fall nachträglich noch einmal aufgerollt wird, ist einer russischen Spionin irgendwo in Asien zu verdanken, die sich bei einer schmierigen Liebesaffäre mit einem zweifelhaften englischen Agenten verplappert.

Solche Affären haben bei le Carré eine eindeutige Funktion: Sie demonstrieren die Abhängigkeit, in die jeder Agent gerät, der eine persönliche Bindung eingeht. Er wird ein Sicherheitsrisiko, erpreßbar oder blind für die Gefahr – wie le Carrés unheldischer Held Smiley. Er nämlich ist am vollkommensten auf die Tarnung des Doppelagenten hereingefallen; nie wäre er auf die Idee gekommen, daß der gute Freund, der mit seiner, Smileys, schönen Frau Ann ein Verhältnis begonnen hat, ihn und die Geheimdienstkollegen auch politisch betrügen könnte. Der Maulwurf und sein ferner Lenker im Kreml, der Sowjetagent »Karla«, haben die Reaktion ihres gefährlichsten Gegners exakt berechnet: Sein privater Zorn absorbiert einen eventuellen dienstlichen Verdacht total.

Auf solche Weise spielen bei le Carré die Geheimdienstler miteinander Schach – wobei das Teuflischste dieser Methode ist, daß sie die natürlichsten und menschlichsten Verhaltensweisen benutzt, in die Gehirnwindungen des Gegners kriecht und vorweg weiß, was der andere demnächst wird denken wollen. Der Schauer, den le Carré mit der Schilderung solcher Praktiken erzeugt, ist subtil und tiefgehend. Das System, von dem er handelt, ist so perfekt, daß es schon wieder human zu sein scheint. Die Eliminierung des Gegners durch Mord ist, im allgemeinen, kein angestrebtes Ziel mehr, sondern, im Gegenteil, ein Betriebsunfall. Normalerweise werden die Agenten nach ihrer Enttarnung nicht liquidiert, sondern »umgedreht« oder ausgetauscht – es sei denn, ihr Tod bringt dem Täter einen Vorteil. Sonst leben die Opfer weiter – mit gebrochenem Rückgrat.

Das Verfahren, den Gegner an seiner empfindlichsten, seiner menschlichsten Stelle zu packen, funktioniert durchaus nicht nur in die eine Richtung, von Ost nach West. Auch als George Smiley, zwischendurch längst aus dem »Circus« verabschiedet (den er für eine ganze Weile auch schon kommissarisch geleitet hatte) und vermutlich mit seinem stillen Hobby, der deutschen Barockliteratur, beschäftigt[2], seinen großen Gegenspieler »Karla« endlich in die Knie zwingt, gelingt das durch das Ausnutzen einer Schwäche des Russen, der seine wilde, unbotmäßige Tochter in einer Schweizer Klinik unterbringt und für ihre Versorgung Risiken eingeht, die ihn für Smiley angreifbar machen. Es ist – von le Carré geschildert in *Smiley's People* (›Smileys Leute oder Agent in eigener Sache‹; 1980) – eine Auseinandersetzung von beinahe mythischen Dimensionen, bei der es Smiley weniger um Rache als um eine quasi religiöse Aufrechnung von Schuld und Sühne zu gehen scheint. Tatsächlich findet dieser Kampf auch ein vergleichsweise humanes Ende. Mit der – von Karla, nicht von Smiley – in die Schweiz gebrachten Tochter zieht und preßt Smiley Moskaus Spitzenmann Karla in den Westen, zwingt ihn zum Überlaufen. Die Kapitulation erfolgt an der Stelle, an der in *The Spy Who Came in from the Cold* Überläufer wie Agent scheiterten: an der Berliner Mauer. Doch diesmal geht es ganz undramatisch zu: »Plötzlich stand er da, wie ein Mann, der unbemerkt in eine belebte

Halle gleitet. Seine kleine rechte Hand hing flach und bloß an der Seite herunter, die Linke hielt die Zigarette schüchtern vor der Brust. Ein kleiner Mann, barhäuptig, mit einer Werkzeugtasche. Er trat einen Schritt vor, und im Lichtschein sah Smiley sein Gesicht, gealtert, müde und gezeichnet, das kurze Haar vom Schnee weiß gestäubt. Er trug ein schmuddeliges Hemd und eine schwarze Krawatte: ein armer Mann, der zum Begräbnis eines Freundes geht.«

Es ist natürlich Karlas eigene Beerdigung, die da stattfindet. Aber doch nur im übertragenen Sinn. Kein Schuß fällt diesmal an der Mauer, Karla gelangt unversehrt in den Westen und in Smileys und seiner Leute Hände. Die anderen, Toby Esterhase zum Beispiel, empfinden das als großen Sieg. Aber Smiley kann sich nicht einmal freuen. »›George, Sie haben gewonnen‹, sagte Guillem, als sie langsam zum Wagen gingen. ›Wirklich?‹ sagte Smiley. ›Ja. Ja, es sieht wohl so aus.‹«

Das Spionagegeschäft ist in den späten Romanen le Carrés nicht nur in eine professionelle Phase eingetreten, sondern auch in eine metaphysische. Die Auseinandersetzung spielt sich ab auf einem fast schon geistigen Niveau, und am Ende eines Kampfes, wie ihn Smiley jahrzehntelang gegen Karla führt, steht nicht Freude noch Befriedigung, sondern tiefe Erschöpfung und wohl auch Mitleid mit dem Gegner, an dessen Stelle man selbst sein könnte, wenn die Umstände ein wenig anders gewesen wären.

Le Carrès jüngster Roman *A Perfect Spy* (›Ein blendender Spion‹; 1986) geht noch einen Schritt über die Smiley-Bücher hinaus. In *Tinker, Tailor, Soldier, Spy* oder *Smiley's People* ermöglicht die Liebe den Verrat. In *A Perfect Spy*, der in der Ich-Form erzählten Geschichte eines Doppelagenten, wird die Liebe geradezu als Grundvoraussetzung des Verrats angesehen und beschrieben. »Liebe ist, was man noch verraten kann«, philosophiert die Zentralfigur des Buches, der »Aussteiger« Magnus Pym, in einer Kernszene des Romans, denn: »Verrat üben kann man nur, wenn man liebt.« Und wie diese seelische Disposition als Basis jeglichen Verrätertums angesehen wird, so eine gewisse Veranlagung zum Hochstapler – die Magnus von seinem Vater Ricky Pym geerbt hat – als Voraussetzung zum Beruf des Geheimagenten. Mit einem gelassenen Lächeln, ganz ohne pharisäische Anmaßung, beschreibt le Carré in seinem wohl besten, nach eigener Bekundung stark autobiographisch getönten Buch die Sünden und Schwächen seiner Figuren, ihre kleinen Siege und großen Marotten. So entsteht eine phantastische Comédie humaine, in der die Geheimdienste sozusagen den äußersten Rand der menschlichen Gesellschaft bilden: jenen Bereich, in dem die menschliche Torheit notwendigerweise kulminiert, weil jedermann besonders gerissen sein möchte. Und gerade die Gerissensten fallen am leichtesten über den Rand: in einen Abgrund, der tödlich bleibt, wie entspannt er auch beschrieben sein mag.

Absolut parallel verläuft die Entwicklung bei Len Deighton nicht. Aber es gibt, von Beginn an, erstaunliche Parallelen, die über die prinzipiell kritische Haltung zur Geheimdienstarbeit noch hinausgehen. Wie bei le Carré ist auch bei Deighton von Beginn an die gewalttätige, terroristische Aktion ersetzt durch raffinierte Täuschungsmanöver hinter den Kulissen sowie eine Haltung, die in der skrupellosen, menschenverachtenden Durchsetzung staatlicher (und zuweilen auch persönlicher) Interessen die eigentliche Gefahr sieht.

Deightons Durchbruch erfolgt bereits vor dem le Carrés und gleich mit dem ersten Roman: *The Ipcress File* (›Ipcress – streng geheim‹; 1962). Die zentrale Szene ist der Versuch einer Gehirnwäsche an Deightons Helden, der nur scheinbar in einem Land jenseits des Eisernen Vorhangs stattfindet, tatsächlich aber in einem Haus in London. Wie bei le Carré führen auch die Gegner ein Doppelleben, und die eigentlich unsympathische Figur, ein Wissenschaftler, der die Gehirnwäsche-Experimente unternimmt, wird nicht zur Rechenschaft gezogen, sondern für die eigene Seite engagiert, weil seine unmenschlichen Forschungen einen Vorteil im (Kalten) Krieg der Spione bedeuten könnten.

Auch Deightons Helden sind bei ihren Aktionen nicht zimperlich. Wenn es ihr Auftrag erfordert und ein Angriff abgewehrt werden muß, werfen sie durchaus auch einmal eine Bombe. Aber Spaß macht ihnen das nicht, im Gegenteil. Der Held von *The Ipcress File* erbricht sich nach seinem ersten mörderischen Einsatz, und sein Boß beruhigt ihn: »Dalby kam wieder in Hörweite und sagte: ›Niemand tut es gern.‹

›Am Anfang‹, antwortete ich.

›Nie, wenn Sie mit mir arbeiten.‹«

Auch bei Deighton sind Profis an der Arbeit, und deren Verhaltenskodex erlaubt zwar, daß jemand nach einem Kampf, in dem es Tote gegeben hat, Gemütsregungen zeigt. Doch Emotionen wie Rachsucht oder dergleichen sind verpönt. Als – in Deightons zweitem Buch *Horse Under Water* (›Fische reden nicht‹; 1963), in dem verschiedene Gruppen hinter einem Nazi-Schatz an der portugiesischen Küste herjagen – eine junge Frau aus dem britischen Geheimdienst äußert, sie »könnte den umlegen, der Joe ermordet hat«, belehrt sie der Held: »Wenn du weiter in der Abteilung arbeiten willst, darfst du so etwas nie auch nur denken, geschweige denn sagen. In einer gut funktionierenden Abteilung ist kein Platz für Heldentum, Rachegelüste und ähnliche Melodramen. Man gibt dir einen Auftrag, es wird auf dich geschossen, du machst ruhig weiter... Benimm dich wie eine Erwachsene, oder ich lasse deine Sicherheitseinschätzung heruntersetzen.«

Deighton gelingen in dieser Phase – die neben den schon erwähnten die Romane von *Funeral in Berlin* (›Finale in Berlin‹; 1964) bis *An Expensive Place to Die* (›Tod auf teurem Pflaster‹; 1967) umfaßt – Spionagegeschichten, die für Julian Symons »poetische Regionen« erreichen: »Wenn man sein meisterhaftes und hervorragendes Werk ›*The Billion Dollar Brain*‹ (›Das Milliarden-Dollar-Gehirn‹; 1966) kennt, wird man sich voll Bewunderung an das Handlungsgerüst erinnern, das so sinnvoll konstruiert ist wie ein gutes Sicherheitsschloß, an die Figur des clownhaften Doppelagenten Harvey Mewbigin, aber vor allem an die Beschwörung von General Midwinters verdrehter, neofaschistischer Organisation in Texas und die großartige Szene, wie Harvey im Schnee vor dem russischen Eisenbahnzug erschossen wird.«[3]

In *Spy Story* (›Eiskalt‹; 1974), dem ersten Spionageroman nach einer Pause von sieben Jahren und Ausflügen in einige andere Genres[4], hat sich die kritische Haltung gegenüber den Winkelzügen der eigenen Seite noch verstärkt. Der Roman geht von der Fiktion aus, daß sich die Siegermächte des Zweiten Weltkriegs in Kopenhagen mit den besiegten Deutschen treffen, um endlich einen Friedensvertrag abzuschließen, in dessen Gefolge auch eine deutsche Wiedervereinigung möglich, wenn nicht wahrscheinlich wäre. Und dieses wiedervereinigte Deutschland hätte niemandem in den Kram gepaßt, schon gar nicht den Engländern, Franzosen und Amerikanern. Folglich inszenieren die Amerikaner und Briten zusammen eine komplizierte Geheimdienstaktion, die den Russen vorspiegeln soll, daß einer ihrer hohen Offiziere, ein Admiral, in den Westen überlaufen will – und das nur deshalb, weil man annimmt, daß die Russen mit dem zu Unrecht angeschwärzten General auch dessen Schwester abservieren werden, welche die Friedenskonferenz leitet, die dadurch zum Platzen gebracht würde. Daß dabei auf die Menschen der Gegenseite, den General und seine Schwester, keine Rücksicht genommen wird, ist vielleicht noch verständlich, auch wenn der Held aufbegehrt und seinen Chef anklagt: »Und Ihnen macht es nichts aus, daß Sie hier mitgeholfen haben, ein paar völlig unschuldige Menschen ins Gefängnis zu bringen?« Doch wie bei le Carré wird auch auf die eigenen Leute nicht die mindeste Rücksicht genommen; schließlich geht es ja um eine gute, den Interessen der Briten und Amerikaner nützliche Sache.

Entschuldigungen finden Deightons Täter immer, auch wenn sie einmal auf eigene Faust tätig werden. So erklärt Champion, der ehemalige Geheimdienstler, der sich in *Yesterday's Spy* (›Nagelprobe‹; 1975) mit arabischen Terroristen eingelassen hat und sie mit mörderischen Waffen versorgt: »Mit Atom*bomben* würde ich mich niemals befassen – die sind viel zu ungenau, was das Ziel angeht. Aber Atom*granaten*, Charlie, das sind rein taktische Atomwaffen. Man kann sie haargenau auf einer Fahrzeugansammlung landen lassen oder in einem Sprengstoffdepot. Keine radioaktiven Strahlen und höchste Zielgenauigkeit« – von dem Geld, das sie Champion einbringen, ganz zu schweigen.

1978 schreibt Deighton sein vielleicht überraschendstes Buch: etwas wie rückwärtsgewandte Science fiction. *SS-GB* (die deutsche Ausgabe verwendet denselben Titel) schildert die fiktive Geschichte der deutschen Invasion der britischen Inseln: Was wäre passiert, wenn die Nazis tatsächlich 1941 England erobert hätten? Die vier Initialen des Titels geben in Kurzform einen Hinweis auf die Situation. In London herrscht die SS. Der englische König ist abgesetzt und wird gefangengehalten; die Engländer passen sich, weitgehend, der neuen Lage an. Nur ein paar Widerständler planen die Befreiung des Königs und seine Ausschiffung in die USA, wo er als Symbol eines neu entfachten Freiheitskampfes gelten würde.

Erstaunlicherweise hat sich Deighton für *SS-GB* einem völlig neuen Stil verschrieben. Während seine Spionageromane durchweg in der ersten Person vom Helden erzählt werden, in einem lakonisch kessen Tonfall, der sich entfernt an den Vorbildern der amerikanischen Schule des »hartgesottenen« Detektivromans orientiert, hat Deighton die Krimihandlung von *SS-GB* in der objektiven dritten Person wiedergegeben und Personen und Ereignisse in einem bewußt altmodischen Stil beschrieben, der an die Welt der Agatha Christie erinnert. (Christies Bücher dienen dem Helden von *Spy Story* als Heizmaterial). So entsteht zwischen der kühnen Handlung und der eher betulichen Schilderung ein sehr reizvoller Kontrast, den der Autor zweifellos beabsichtigt hat.

In den achtziger Jahren verfeinert sich Deightons literarisches Instrumentarium in ähnlicher Weise, wie es mit dem le Carrés seit *Tinker, Tailor, Soldier, Spy* geschehen ist. Zwischen 1983 und 1985 erscheint eine Trilogie, die im Grunde eine einzige große Geschichte ist. Die drei Romane tragen ihre Schauplätze bereits im Titel: auf *Berlin Game* (›Brahms Vier‹; 1983) folgen *Mexico Set* (›Mexiko-Poker‹; 1984) und *London Match* (›London Match‹; 1985) – Stationen einer großen Auseinandersetzung zwischen Ideologien, Staaten und Individuen.

In *Berlin Game* (und weniger ausgeprägt auch in *London Match*) sind der britische und der sowjetische Geheimdienst samt ihren jeweiligen deutschen Verbündeten beteiligt; doch schätzt Deighton den Status der Deutschen offenbar nicht sehr hoch ein. Selbst auf ihrem eigenen Territorium sind sie nicht mehr als von den wirklichen Gegnern gnädig geduldete Hilfskräfte.

Die Handelnden sind von Anfang an in ein kompliziertes System einander widerstrebender Kräfte eingebunden. Wieder sitzt ein »Maulwurf« in der Zentrale des britischen Geheimdienstes, der den Osten mit geheimstem Material über britische Agenten und Aktionen versorgt und so auch jenen Mann gefährdet, dessen Deckname – »Brahms Vier« – den deutschen Titel des ersten Bandes der Trilogie bildet. Doch nicht »Brahms Vier« ist der Held des Romans – und der gesamten Trilogie –, sondern sein englischer Führungsoffizier Bernard Samson.

Deightons Agenten bekämpfen sich weniger mit Taten als mit Worten: doch haben diese Worte, sofern sie nur die richtige falsche Adresse erreichen, dieselben mörderischen Wirkungen wie Pistolenkugeln. Kaum ein Wort oder eine Handlung ist eindeutig. Das gesamte soziale Klima, sämtliche Beziehungen, beruflich oder privat, sind von Grund auf vergiftet. Das alte Muster des Genres, wonach dem Bettgenossen am wenigsten zu trauen ist, wird von Deighton auf eine bislang noch geheiligte Institution ausgedehnt. Der »Maulwurf«, zeigt sich, ist Samsons Ehefrau Fiona; in *Berlin Game*, *Mexico Set* und *London Match* ist auch die Ehe nichts anderes als ein Schlachtfeld des Kalten Krieges, und noch die gemeinsamen Kinder dienen als Druckmittel zur politischen Erpressung. Die Desillusionierung des vordem oft romantisch verklärten Agentenbetriebs wird von Deighton auf eine allerletzte Spitze getrieben. Das Mißtrauen richtet sich gegen jedermann; nur eine einzige der vielen ehelichen oder eheähnlichen Verbindungen der Trilogie ist intakt.

Wie bei le Carré erhält die Spionagegeschichte derart eine neue Dimension. Sie handelt nicht mehr nur und nicht in erster Linie vom Kalten Krieg, der Auseinandersetzung der Geheimdienste. Sie handelt von einer Zeit, in der die Beziehungen der Menschen verkommen sind zu einer Sache des körperlichen Komforts und des temporären psychischen Wohlbefindens. Die Liebe ist ein Gesellschaftsspiel und Verrat eine kühl kalkulierte Karrierefrage; zum jeweils günstigsten Zeitpunkt werden die Seiten gewechselt.

Die drei Romane führen beredte Klage über den Verfall einer Zivilisation, in der es immer weniger Spaß macht zu leben, geschweige denn, daß sie großer Verteidigungsanstrengungen wert wäre. Daß es zu dieser westlichen Zivilisation, für die die Stadt Berlin als doppeldeutige Chiffre von Glanz und Elend steht, keine Alternative gibt (oder doch nur eine, die noch verabscheuungswürdiger ist), macht die Perspektive nicht erfreulicher.

Mexico Set setzt die Geschichte von *Berlin Game* fort. Samson und sein Geheimdienstkollege Dicky Cruyer begeben sich nach Mexico City, um einem anscheinend zum Überlaufen bereiten Spitzenagenten der Sowjets einen letzten Stoß in Richtung Westen zu geben. Doch während sie selbst zu ziehen glauben, werden sie ihrerseits ebenfalls gezogen. Von Fiona Samsons intimen Kenntnissen über ihren Ex-Ehemann unterstützt, bauen die Russen eine eindeutige Indizienkette auf, die Samsons Überlauf-Absichten in den Osten zu belegen scheint, so daß er schließlich, weil ihm die Engländer nicht mehr trauen, tatsächlich zum Überlaufen gezwungen werden könnte.

Auf beiden Seiten des Eisernen Vorhangs sitzen Zyniker – und das bietet sogar die Möglichkeit zu einer gewissen Verständigung zwischen Ost und West. *Mexico Set*, wie die beiden anderen Bücher von Bernard Samson in der Ich-Form erzählt, endet mit der Feststellung einer gemeinsamen Abneigung des englischen und des schließlich übergelaufenen sowjetischen Spions, vordergründig gegen einen weiteren russischen Agenten, den Oberst Moskwin. »›Moskwin ist ein Schreibtischhengst, stimmt's?‹ ›Ja‹, sagte Stinnes. ›Und ich hasse Schreibtischhengste.‹ ›Ich auch‹, sagte ich. ›Sie sind verdammt gefährlich.‹«

Aber weil in Deightons Roman-Trilogie nichts so ist, wie es aussieht, wird im Endeffekt nicht der »Schreibtischhengst« Moskwin dem »Überläufer« Stinnes (der tatsächlich nur versucht, die Engländer hereinzulegen und zu irritieren) gefährlich. Es ist vielmehr Moskwin, der am Ende von *London Match* ins Gras beißen muß, weil er allen im Wege steht, am meisten Stinnes und Fiona, den Top-Leuten der östlichen Seite.

Und wer hat schließlich gewonnen? »›Fiona hat uns reingelegt, Bernie, aber total. Fiona ist einfach schlauer als wir, auf der ganzen Linie‹«, glaubt Samsons deutscher Freund Werner Volkmann; »›Spiel, Satz, Sieg an Fiona, Bernie.‹« Aber Bernard, dessen Freundschaft zu Werner Volkmann zu den wenigen intakten Beziehungen der ganzen Geschichte gehört, sieht das anders: »Klar, es hat Wunden gegeben, klar, es werden Narben zurückbleiben, aber Spiel, Satz und Sieg gehen nicht an Fiona, gehen weder an die eine noch an die andere Seite. So klare Ergebnisse gibt's in unserem Spiel nie.«

Im Gegensatz zu le Carré und Deighton, deren Ansatz von Anfang an ein geheimdienst-kritischer ist, kommt der 1923 in Westmoreland, England, geborene Desmond Bagley (gestorben 1983) vom Abenteuerroman; der Ausgangspunkt und das Movens seiner Bücher ist immer die sich überschlagende Aktion. In den sechziger Jahren hat Bagley, der sich im ganzen britischen Empire zwischen Südafrika, Kanada und Australien herumgetrieben hat, einige vorzügliche Action-Thriller geschrieben, die dem klassischen Abenteuerroman nahekommen und immer einen leicht kriminellen Einschlag haben: *The Golden Keel* (›Der goldene Kiel‹; 1963), worin ein südamerikanischer Segler versucht, einen geheimnisvollen Goldschatz der SS aus Italien hinauszuschaffen; *Wyatt's Hurricane* (›Im Sog des Grauens‹; 1966), der die blutigen Wirren eines Bürgerkriegs auf einer Karibikinsel mit der Naturkatastrophe eines Tornados kombiniert; *The Vivero Letter* (›Verhängnisvolle Botschaft‹; 1968), worin zwei verfeindete Schatzgräberparteien im mexikanischen Dschungel nach einem versunkenen Goldschatz der Mayas forschen.

1970 erscheint Bagleys erster Spionageroman *Running Blind* (›Blindlings‹); das Buch setzt ungefähr da ein, wo le Carres *The Spy Who Came in from the Cold* aufgehört hatte. *Running Blind* spielt in Island, wo die Briten einen mörderischen Agentenkrieg entfesseln. Ein längst aus dem Geheimdienst ausgeschiedener Agent wird von seinem alten Chef dazu erpreßt, während seiner Ferien auf Island ein Päckchen an einen unbekannten Adressaten zu übergeben. Der unfreiwillige Bote ahnt Komplikationen; doch kommt es natürlich viel dicker, als er ahnen konnte. Wie le Carré zeigt Bagley, daß in den Geheimdiensten eine wölfische Moral herrscht und im Zweifelsfall nicht einmal auf die eigene Seite Verlaß ist. Bagleys Held hat seinen Auftraggeber mehr zu fürchten als die Gegenseite – und das nicht nur, weil dieser Auftraggeber ein Doppelagent ist, der seine eigene Haut retten möchte. Die ganze Geschichte ist ohne Rücksicht auf des Boten Gesundheit und Leben ausgeknobelt; der erpreßte Agent dient nur als Hase, als lebende Zielscheibe.

In seinem nächsten Roman *The Freedom Trap* (›Lebenslänglich mit Rückfahrkarte‹; 1971) wirft Bagley den kritischen Realismus seines ersten Spionagethrillers zugunsten einer rasanten Comicstrip-Aktion über Bord. Eine Geschichte wie von Peter O'Donnell für Modesty Blaise geschrieben, unbesorgt um jede Wahrscheinlichkeit. Ein albanischer Spion hat sich in jahrzehntelanger Camouflage in England zum Großkapitalisten und Unterhausmitglied gemausert, gleichwohl aber von seinen Weltrevolutionsplänen nicht abgelassen. Mit eingebürgerten Chinesen und Albanern hat er eine Zentrale für Landesverrat aufgezogen und zu allem Überfluß noch einen russischen (!) Meisterspion aus dem englischen Knast geklaut. So wird in einem überraffinierten Drei-Stufen-Plan ein Superagent in die feindliche Organisation geschleust, der den Bösewicht zur Strecke bringt und das Vaterland rettet.

Auch in *The Tightrope Men* (›Kidder‹; 1973) ist die Grundidee nicht unbedingt überzeugend. Dem Filmregisseur Giles Denison wird im fernen Skandinavien mit Hilfe einer Gehirnwäsche und einer kosmetischen Operation zwangsweise eine neue Identität verpaßt, damit er in der Rolle eines finnischen Wissenschaftlers wichtige Dokumente aus seiner Heimat hinter dem Eisernen Vorhang für den britischen Geheimdienst sicherstellt. Für Denisons Verwandlung und die meisten anderen Teufeleien der Handlung sind nicht die ebenfalls an den Dokumenten interessierten Russen oder Amerikaner verantwortlich; der Schuldige ist ein zweites, konkurrierendes englisches Geheimdienstteam, das den Wissenschaftler ermordet hat und mit Hilfe des manipulierten Filmregisseurs an die Dokumente zu kommen hofft. Auch hier die totale Verwischung der Fronten; wo der wahre Feind steht, ist kaum noch auszumachen.

Im nächsten Roman *The Enemy* (›Der Feind‹; 1977) ist diese Frage konsequenterweise das einzige Thema, in eine hinreißend konstruierte Thrillerhandlung verpackt. Es geht um Gentechnologie und biologische Waffen, um Doppelagenten und das Umschlagen von konservativfixen Ideen in mörderischen Wahnsinn. Ganz nebenbei wird eine glänzende Idee in Szene gesetzt: Eine riesige Modelleisenbahn, automatisch gesteuert, fungiert als Computer, der Spionageergebnisse speichert und auf raffinierte Weise vom Helden der Geschichte, einem Mann der britischen Spionageabwehr, geknackt wird. Hinter einer brillant konstruierten, glänzend geschriebenen Geschichte steckt eine pessimistische Erkenntnis: daß nämlich der wahre Feind längst nicht mehr in einer östlichen Kommandozentrale oder in einem Spionage-U-Boot sitzt, sondern überall dort anzutreffen ist, wo aus Haß oder übertriebener, von Angst gespeister Vorsicht jemand sich Machtmittel aneignet, die geeignet sind, die gesamte Menschheit zu vernichten – eine Möglichkeit, mit der der politische Thriller schon seit den sechziger Jahren lebt.

The Enemy ist Bagleys bestes Buch – zumal, da Bagley danach die Spionagethematik zunächst wieder fallenläßt und zu seinen unpolitischen Anfängen zurückgeht. In *Flyaway* (›Atemlos‹; 1978) setzt er einen jungen Briten auf die Spur seines vierzig Jahre früher bei einem Wettflug in der Sahara tödlich abgestürzten Vaters. *Bahama Crisis* (›Bahama-Krise‹, 1980) erzählt vom heldenhaften Kampf eines Hotelmanagers gegen böse Sowjetagenten, die durch die Vergiftung des Trinkwassers von Luxushotels mit Krankheitskeimen die amerikanische Ferienregion der Karibik »destabilisieren« wollen. Erst *Windfall* (›Die Erbschaft; 1982) schließt wieder an die großen Spionagethriller der siebziger Jahre an mit einer Geschichte, die aus London nach Kenia führt und den südafrikanischen Geheimdienst als Drahtzieher hinter einem Millionenschwindel beschreibt, der strategische Projekte der Burenrepublik beim nördlichen Nachbarn finanzieren soll. Praktisch alle Romane Bagleys, so wacklig gelegentlich ihre Grundvoraussetzungen sein mögen, sind vorzüglich erzählt und voller Action-Spannung; doch bleibt Bagley, abgesehen von *The Enemy*, mit allen seinen Büchern innerhalb jener Grenzen, die le Carré und Deighton für das Spionage-Genre abgesteckt haben.

Der erste, der diese Grenzen überschreitet[5], ist vermutlich der Brite Gavin Lyall, der 1932 in Birmingham geboren ist, in seiner Militärzeit (1951–53) Pilot war und nach dem Studium als Journalist arbeitete, ehe 1961 sein erster Roman erschien: *The Wrong Side of the Sky* (›Die harte Seite des Himmels‹), die Geschichte zweier Piloten, die in die Wirren des Nahostkriegs geraten. Auch in einigen späteren Romanen Lyalls spielen Piloten, die sich in mehr oder weniger krumme Sachen verwickeln lassen, die Hauptrolle – so in *Judas Country* (›Land der Verräter‹; 1975), der in Zypern und Israel spielt und sich um eine antike Kostbarkeit von unermeßlichem Wert, das Schwert von Richard Löwenherz, dreht, und in *The Most Dangerous Game* (›Das gefährliche Gegenüber‹; 1963), der an der finnisch-sowjetischen Grenze angesiedelt ist und vom Goldschmuggel in dieser Region sowie den Aufzeichnungen eines toten russischen Ingenieurs handelt.

In *The Most Dangerous Game* – wie in den späteren Romanen *Midnight Plus One* (›Mitternacht plus eins‹; 1965) und *Blame the Dead* (›Schuldig sind die Toten‹; 1972) – ist der Held ein Mann, der dem britischen Geheimdienst einmal angehört hat, aber nunmehr auf gehörige Distanz zu seinen früheren Kollegen gegangen ist, hauptsächlich, weil ihm deren Methoden maßlos stinken. Schon dieses frühe Buch bringt Lyalls große Abrechnung mit dem britischen Geheimdienst. Auf die Frage einer jungen Frau, ob dieses zynische Spiel mit Menschenleben, das der Secret Service da getrieben habe, »die gute alte britische Vorstellung von Fair Play« sei, antwortet der Held noch mit einer Gegenfrage: »Wer hat dir gesagt, die Arbeit des Secret Service sei fair?« Doch als der Agent des Service mit der Feststellung assistiert, seine Arbeit sei »nur geheim« – »und natürlich nützlich«, hält sich der Held nicht länger zurück: »Ganz gleich, wie man ihn ausstaffiert, der Secret Service ist nationales Gangstertum. Wo immer er operiert, ist es gegen das Gesetz. Was ist daran fair? Wo sind die Regeln? Es muß nur geheim bleiben, das ist alles. Er hält seine Erfolge geheim – und seine Fehler.«

Früher einmal, noch während des Zweiten Weltkriegs, muß es jedoch bestimmte Regeln gegeben haben. Beispielsweise die, daß Gewalt, daß Drohungen und Schußwaffen verpönt waren. So glaubt der Held, daß ihn sein Gegner vom Secret Service nicht mit Waffengewalt gefügig machen werde: »Wie ich mich erinnerte, liebte der SIS solche Sachen nicht. Sie hatten mir mit dem größten Vergnügen erklärt, sie seien ein Nachrichtendienst, keine Exekutive. Pistolen rangierten unter ›Exekutive‹. Aber das war einmal.« Bald steht der brave Bill Cary vor einer Pistolenmündung; »der SIS hatte sich verändert, seit ich nicht mehr drin war« – und nicht zum besseren.

Natürlich wirkt sich die allgemeine Verrohung der Sitten auf alle aus, die mit ihr konfrontiert werden; der Niedergang zieht Kreise. Lyalls Helden, die sich von ihrer Geheimdienst-Karriere bewußt distanzieren, haben beim Secret Service immerhin soviel gelernt, daß sie jetzt auf eigene Rechnung arbeiten, nicht unbedingt und gänzlich legal, aber immerhin noch nach einem Ehrenkodex, der im Dienst fürs Vaterland längst nicht mehr existiert.

Erst in den achtziger Jahren hat Gavin Lyall mit Major Maxim, der in den Romanen *The Secret Service* (›Bis zum tödlichen Ende‹; 1980) und *Conduct for Major Maxim* (›Auftrag für Major Maxim‹; 1982) die Hauptrolle spielt, wieder eine Figur entwickelt, die sich in der Lage sieht, im Rahmen des öffentlichen Dienstes zu arbeiten. Doch auch als Sicherheitsoffizier in White Hall – wo er »nicht mal mehr pinkeln gehen« kann, ohne sich Sorgen zu machen, »ob das wohl Anfragen im Parlament zur Folge hat« (*Conduct for Major Maxim*) – bleibt Maxim ein Außenseiter, und den Fall des fahnenflüchtigen Corporal Blagg, der sich zu einer großen Überläufer-Affäre auswächst, löst er natürlich nicht mit Hilfe des Apparats, sondern gegen ihn. Der Glaube an den Apparat ist nämlich auch bei denen längst dahin, die sich seiner gelegentlich noch bedienen.

[1] 1968 publiziert le Carré *A Small Town in Germany* (»Eine kleine Stadt in Deutschland«), den – vom Aufkommen der NPD genährten – Alptraum einer dem Faschismus verfallenden Bundesrepublik: durchaus ein Polit-Thriller, jedoch kein Agentenroman. Le Carrés nächstes Buch aber ist ein reiner Künstlerroman: *The Naive and Sentimental Lover* (›Der wachsame Träumer‹; 1971).

[2] Genaueres über das Privatleben des fiktiven Geheimagenten Smiley erfährt der Leser bei Rudi Kost: »Über George Smiley. Biographische Skizzen«. Kabinett der Detektive

bei Poller. Stuttgart 1985. In der Reihe sind außerdem biographische Skizzen von Kommissar Maigret, Philip Marlowe, Pater Brown, Miss Marple und C. Auguste Dupin erschienen.

[3] *J. Symons:* Am Anfang war der Mord. München 1972. S. 245/46.

[4] Tatsächlich brilliert der Autor Deighton nicht nur auf dem Felde des Thrillers. Er gilt als »anerkannter Militärhistoriker« (Manfred Brauneck: »Weltliteratur im 20. Jahrhundert«, Reinbek 1981) und hat mehrere Bücher über den Zweiten Weltkrieg verfaßt, darunter *The Assassination of President Kennedy* (1967), *Fighter* (›Unternehmen Adler‹; 1977), *Airshipwreck* (1979) und *Blitzkrieg* (1979, deutsche Ausgabe unter demselben Titel). Daneben hat Deighton mehrere Kochbücher geschrieben, unter anderem *Ou est le garlic; or, Len Deighton's French Cookbook* (1965).

[5] Über andere Autoren, die über le Carré und Deighton hinausreichen, etwa der Amerikaner Ross Thomas, die Briten Ted Allbeury und Brian Freemantle – werden die nächsten Kapitel dieses Buches berichten.

Ausgewählte Bibliographie

John le Carré: *Schatten von gestern*; *Ein Mord erster Klasse*; *Der Spion, der aus der Kälte kam*; *Krieg im Spiegel*; *Eine kleine Stadt in Deutschland* – sämtlich Rowohlt Verlag, Reinbek, und Bastei-Lübbe, Bergisch-Gladbach. – *Dame, König, As, Spion*; *Eine Art Held*; *Smileys Leute – Agent in eigener Sache* – Knaur Verlag, München. – *Die Libelle* – Heyne Verlag, München. – *Ein blendender Spion* – Kiepenheuer & Witsch, Köln.

Len Deighton: *Ipcress – streng geheim*; *Finale in Berlin*; *Fische reden nicht*; *Nagelprobe*; *Eiskalt*; *Tod auf teurem Pflaster*; *Das Milliarden-Dollar-Gehirn*; *Komm schon, Baby, lach dich tot*; *Sahara-Duell*; *SS-GB*; *Blitzkrieg* (Sachbuch); *Luftschlacht über England* (Sachbuch) – sämtlich Heyne Verlag, München. – *Brahms Vier*, *Mexiko-Poker*; *London Match* – Ullstein Verlag, Berlin.

Desmond Bagley: *Lebenslänglich mit Rückfahrkarte*; *Im Sog des Grauens* – Rowohlt Verlag. – *Blindlings*; *Kidder* – Bastei-Lübbe, Bergisch-Gladbach. – *Erdrutsch*; *Die verhängnisvolle Botschaft* – Goldmann Verlag, München. – *Die Gnadenlosen*; *Der Feind*; *Atemlos*; *Bahama-Krise*; *Der goldene Kiel*; *Die Erbschaft* – sämtlich Heyne Verlag, München.

Gavin Lyall: *Die harte Seite des Himmels*; *Das gefährlichste Gegenüber*; *Venus mit Pistole*; *Bis zum tödlichen Ende*; *Mitternacht plus eins* – sämtlich Heyne Verlag, München. – *Land der Verräter*; *Schuldig sind die Toten*; *Auftrag für Major Maxim* – sämtlich Ullstein Verlag, Berlin.

Skepsis und Zynismus:

Ross Thomas, Margaret Truman und der amerikanische Politthriller nach Watergate

Den ersten Schock versetzte den Amerikanern die Ermordung Präsident Kennedys (sowie seines Bruders Robert und des Führers der schwarzen Bürgerrechtsbewegung Martin Luther King) in den frühen sechziger Jahren. Den zweiten erhielten sie durch die Vorfälle von Watergate. Bis dahin stand, was immer auch geschah, das Amt des Präsidenten – und natürlich seine Person – außerhalb jeder Debatte. Doch nun wurde er nicht nur kritisierbar, sondern beinahe verdächtig; zumindest im amerikanischen Politthriller war dem amerikanischen Präsidenten plötzlich so gut wie alles zuzutrauen. Einen absoluten Gipfelpunkt dieser Mentalität bringt schon 1973 Edward Stewarts *They've Shot the President's Daughter* (›Sie haben auf die Tochter des Präsidenten geschossen‹), der das von Watergate gespeiste Mißtrauen gegen das Präsidentenamt auf den schlimmstmöglichen Nenner bringt. Stewart läßt mehrere Attentate auf die einzige Tochter eines fiktiven Präsidenten verüben (die junge Frau überlebt schwer verletzt), Zeugen kidnappen, umbringen, foltern – und am Ende ist für alle Untaten keine kriminelle Gruppierung verantwortlich und nicht einmal die Opposition, sondern der Präsident selbst, der die amerikanische Demokratie in einen faschistoiden Polizeistaat verwandeln möchte. Dieselben Intentionen hat in Irving Wallace *The R Document* (›Geheimakte R›; 1976) zwar nicht der Präsident, aber jemand aus seiner engsten Umgebung: der FBI-Direktor Tynan, der die Konzentrationslager für alle Gegner seiner Herrschaft schon errichtet hat. Daß ein rechter Staatsstreich unmittelbar bevorstehe, mutmaßt der fragwürdige Held von H. H. Dooleys *Last Rights* (›Staatsbegräbnis‹; 1980); als letzten Ausweg versucht ein todkranker Intellektueller die Ermordung des (nach Nixon-Vorbild) wegen moralischer Verfehlungen aus dem höchsten Amt gedrängten Politikers, den seine Anhänger rehabilitieren und erneut in Position bringen möchten.

Wo Derartiges am grünen Holze möglich ist, brennen die dürren Hölzer der Geheimdienste erst recht lichterloh. Schon 1976 macht sich George La Fountaine in *Flashpoint* (›Der rollende Sarg‹) einen Reim auf die Kennedy-Ermordung, der das ausspricht, was viele denken, daß das FBI nämlich seine Fingerchen im Spiel hatte und alles vertuscht, was auf seine Spur führen könnte. Aus solchen Vorstellungen ist eine ganze Flut von Verschwörungsthrillern erwachsen, die freilich überwiegend keine aufklärerische Tendenz hatten, sondern eher im Verschwörungsnebel im Trüben fischen wollten – am eindeutigsten in den Büchern von Robert Ludlum, die in einem der vorangehenden Kapitel dieses Buches behandelt sind.[1]

Trotz allen Mißtrauens in die amerikanischen Geheimdienste und ihre offensichtlichen Verstrickungen in internationale Affären ist der Spionagethriller jedoch lange eine britische Domäne geblieben. Bis in die achtziger Jahre hinein läßt sich den führenden britischen Autoren nur ein einziger Amerikaner an die Seite stellen – und der benötigte kein Watergate, um das Vertrauen in die Geheimdienste zu verlieren. Ross (Elmore) Thomas, geboren am 19. Februar 1926 in Oklahoma City, Teilnehmer am Zweiten Weltkrieg auf den Philippinen, während der Jahre 1958–59 als Journalist in Bonn, heute wohnhaft in Beverly Hills, Kalifornien, ist ein in der Wolle gefärbter Skeptiker. Gleich sein erster Roman *The Cold War Swap* (›Der Ein-Weg-Mensch‹; 1966) erwartet von den Geheimdiensten jeder Couleur nur das Schlechteste und vertritt mit Ironie die These, daß man im Spionagedschungel am besten nur sich selbst und allenfalls noch einigen ausgesuchten Freunden vertraut – und im Notfall sich eher auf gesunde Habsucht und die Überzeugungskraft einer größeren Menge Dollars verläßt als auf hehre, womöglich gar patriotische Ideale.

Die Ausgangsposition in *The Cold War Swap* ist die, daß die amerikanische Regierung einen Spezialagenten, den sie »abgeschrieben« hat wie ein Wirtschaftsunternehmen ein Investitionsgut gegenüber dem Finanzamt, dem Osten ausliefern möchte, um im Gegenzug zwei übergelaufene Wissenschaftler zurückzuerhalten. Die Helden des Romans winden sich mit einigen Blessuren aus der Falle. Was sie nicht umbringt, macht sie härter, und auch die Skepsis des Autors gegenüber den anerkannten Autoritäten und den Zufällen des Lebens nimmt gewiß nicht ab.

In den rund zwanzig Jahren, die seit dem Erscheinen jenes Erstlings verstrichen sind, hat Thomas – zum Teil auch unter dem Pseudonym Oliver Bleeck[2] – um die zwanzig Agenten- und Kriminalromane veröffentlicht. Für die meisten von ihnen hat er sich nicht nur neue Geschichten und neue Schauplätze gesucht, sondern – zum Leidwesen mancher Leser – auch neues Personal. Nur in zwei weiteren von Thomas' Romanen – *Cast a Yellow Shadow* (›Der Tod wirft gelbe Schatten‹; 1967) und *The Backup Men* (›Was ich nicht weiß, macht mich nicht kalt›; 1971) – fungiert Mac McCorkle, der Ex-Agent und Wirt von »Mac's Place«, wie in *Cold War Swap* als Ich-Erzähler.

Das Lokal freilich steht längst nicht mehr in Bonn-Bad Godesberg, sondern in Washington, D. C. Für diese Verlegung der Operationsbasis gibt es einen simplen biographischen Grund. Autor Thomas, von Hause aus Journalist, ist von einem längeren Aufenthalt am Rhein in die Heimat zurückgekehrt und hat sein Thriller-Personal mitgenommen. Das gesamte deutsche Personal von »Mac's Place« ist von Bonn nach Washington übergesiedelt, einschließlich der neben McCorkle und seinem Partner Padillo wichtigsten Figur: der deutschen Journalistin Dr. Friedl Arndt, ihres Zeichens politische Korrespondentin einer großen Frankfurter Zeitung, »der intellektuellen übrigens«, und mittlerweile mit Mr. McCorkle verheiratet. Thomas scheint diese Zeitung nicht nur zu mögen, sondern auch lesend zu verfolgen. In *The Backup Men* erfährt man beispielsweise, daß die Zeitung »in ihren Leitartikeln immer noch sorgenvolle Überlegungen anstellte, ob England in den gemeinsamen Markt aufgenommen werden sollte«.

Solche Akribie im Detail sorgt dafür, daß die Geschichten von Thomas prall gefüllt sind nicht nur mit Realität, sondern mit dem Duft und dem Klima der Zeit und der jeweiligen Schauplätze. Man muß in seinen Büchern nicht erst lange nach Jahreszahlen und datierbaren Großereignissen suchen, ehe man weiß, wann sie spielen. Meistens genügt es vollauf, ein paar Seiten zu schmökern.

Yellow Dog Contract (›Geheimoperation Gelber Hund‹) etwa breitet gleich auf den ersten paar Seiten ein ganzes Lebenspanorama aus. Der Held, wie fast immer bei Thomas sein eigener Erzähler, berichtet, wie eine Geheimdienstabordnung bei ihm vorfährt, um ihn für einen Spezialauftrag, den er nicht möchte, zu reaktivieren. »Ich sah mich erst nach ihnen um, als sie Tupamaro, oder präziser seine Grabstätte, passiert hatten. Es schepperte und krachte, und dann quietschten die Bremsen. Fünf Meilen schneller und mindestens ein, wenn nicht zwei Stoßdämpfer wären hinüber gewesen, vielleicht noch die Vorderachse. Aber genau dafür war Tupamaros Grab gemacht – zu verhindern, daß die Autos unsere fünf Hunde, acht Katzen, zwei Ziegen, sechs Enten und das Pfauenpaar, übrigens das unverschämteste im Umkreis von mindestens hundert Meilen, überfuhren.«

Da braucht man kaum ins Impressum des Buches zu schauen, um festzustellen, daß dieser Romananfang aus dem Jahre 1976 stammt. Ohne die neue Umweltbewegung, die ersten Erfahrungen mit der Generation der Aussteiger, aber auch die Kenntnis revolutionärer Kämpfe und Praktiken in Südamerika, wäre er kaum möglich.

Ohne einen gewissen sarkastischen Humor allerdings auch nicht. Thomas ist ein Zyniker, der sich bei allem Bewußtsein von den miesen Praktiken, die er schildert, ein Gefühl für die Komik bestimmter Situationen bewahrt hat und diese Komik auch voll auskostet. So wird in *The Seersucker Whipsaw* (›Urne oder Sarg, Sir?‹; 1967), in dem Thomas eigene Erfahrungen als Wahlkampfmanager eines schwarzafrikanischen Politikers verarbeitet, ein amerikanischer Public-Relations-Fachmann von einer Werbeagentur für einen Wahlkampf auf dem schwarzen Kontinent engagiert, und als er sich danach erkundigt, was für eine Agentur das denn sei, erfährt er folgendes: »›Genaugenommen ist es keine Agentur‹, antwortete Duffy und beobachtete Shartelles Gesicht gespannt. ›Wer ist es denn?‹ ›Die CIA.‹« Viel Vergnügen also...

Sehr schön auch die zynisch-skeptische Passage, mit der McCorkle in *The Backup Men* erklärt, weshalb er und Padillo in Chicago, New York, Los Angeles oder San Francisco weitere Kneipen aufmachen wollen: »Der einzige Grund, weshalb wir an eine Erweiterung dachten, war der Rat unserer Buchprüfer gewesen, wir sollten mit unserem Gewinn etwas unternehmen, sonst würden wir bald ein neues atomares Raketenabwehrsystem oder Napalm oder etwas ähnlich Nützliches mitfinanzieren. Eine weitere Kneipe erschien uns sinnvoller, und obgleich keiner von uns beiden ein leidenschaftlicher Expansionist war, fanden wir es doch ganz nett, im Lande herumzureisen.«

Einige der Thomasschen Helden kommen nicht übel herum – und zwar nicht nur im eigenen Lande. *The Singapore Wink* (›Sing sing Singapur‹; 1969) schildert, wie der Held von der Mafia nach Südostasien gehetzt wird. *The Mordida Man* (›Der Bakschischmann‹; 1981) sieht den zentralen Agenten auf den Spuren libyscher Polit-Kidnapper in halb Europa und Nordafrika. Der Anfang von *Missionary Stew* (›Mördermission‹; 1983) sieht den Journalisten Citron Morgan in einem afrikanischen, ein Abschnitt kurz vor Schluß des Romans in einem mittelamerikanischen Knast.

Doch um Exotik geht es dabei nicht. In *Missionary Stew* sind die Zielrichtung von Thomas' Kritik nicht die politischen Verirrungen der Dritten Welt, sondern die miesen Praktiken der amerikanischen Geheimdienste; in Romanen wie *The Fools in Town Are on Our Side* (›Unsere Stadt muß sauber werden‹; 1970) oder *Chinaman's Chance* (›Umweg zur Hölle‹; 1978) nimmt Thomas die Verfilzung von Geschäft und Politik in der konkreten Situation amerikanischer Städte, in *The Money Harvest* (›Die Millionenernte‹; 1975) das Wechselspiel von Big Business und politischer Macht in Washington unter die Lupe.

In allen diesen Fällen bewirken nicht Polizisten oder beamtete Agenten den Umschwung zum Guten, sondern Privatleute: Außenseiter, die ebenso mit den Privatdetektiven der Hammett-Chandler-Schule wie mit den illusionslosen Ex-Agenten Gavin Lyalls verwandt sind. Nie drängen sie sich nach ihrer Aufgabe. Viel lieber möchten sie gemütlich leben. Aber immer wieder werden sie in gefährliche Unternehmungen hineingezogen. Man erpreßt sie, entführt ihre Frauen, treibt sie in die Enge. Dann freilich werden sie nicht nur sehr böse, sondern auch ziemlich gemein. Und sehr, sehr effektiv. Denn sie haben eine harte Schule hinter sich, sind gut in Form und kennen alle Tricks. Ihnen macht niemand etwas vor – oder wenigstens nicht für sehr lange. Aber gern tun sie ihre mörderische Aufräumarbeit, durchweg zu fremdem Nutzen und ohne Dank, niemals und nirgendwo. Ihr Traumziel ist eher das Leben mit Hunden und Katzen und Pfauen als Grußpostkartendichter – oder auch das, was der Schluß von *The Fools in Town Are on Our Side* beschreibt: »Ich lebe jetzt in Mexiko; ich habe das Rauchen aufgegeben und besitze einen kleinen Laden am Hafen, wo ich den Touristen Bücher über Mexiko verkaufe. Das Leben in Mexiko ist billig, und der kleine Laden gestattet mir und meiner Frau ein angenehmes Leben. Meine Frau heißt Carol, und ihre beste Freundin ist eine dreiundzwanzigjährige, charmante Frau, deren Mann ein Passagierschiff besitzt. Manchmal gehe ich mit diesem Mann in irgendeine Cantina, um mit ihm und dem rothaarigen Polizeichef des kleinen Ortes ein Glas Bier zu trinken... Manchen Nachmittag sitzen wir dort und unterhalten uns über das Verbrechen in fernen Ländern und Städten. Aber wir reden niemals über einen Ort namens Swankerton« – jenen Ort, mit dem sie alle ihre kriminellen Erfahrungen gemacht haben. Nicht nur in dieser Passage macht der bewußte Märchenton die rauhe Wirklichkeit erträglicher.

Ross Thomas bleibt – mit Romanen wie *Briar Patch* (›Schutzwall‹; 1984) oder *Out On the Rim* (1987) – auch in den achtziger Jahren der erste Mann des Genres in den USA. Aber er steht nun nicht mehr ganz allein auf weiter Flur. Noch in den siebziger Jahren macht der Kalifornier Dan Sherman, Reporter bei Untergrundzeitungen, Texter für die Popgruppe »The Incredible String Band«, auf sich aufmerksam. In Shermans Roman *The Mole* (›Operation Octopus‹; 1977), in dem es sowohl um die Entlarvung eines »Maulwurfs« in der CIA geht als auch um die Diskreditierung der illegalen Überwachungspraktiken, mit denen »die Firma« das Land bespitzelt, wird die CIA beschrieben als »ein Club«, zu dem zunächst nur »die Söhne von Gentlemen, ihrem Rang entsprechend erzogen«, Zutritt hatten: »Wohlstand und gute Herkunft waren sein Markenzeichen«. Doch die Gewalt ist der Institution CIA gleichwohl »eingeboren«, und die guten Manieren der Clubmitglieder hindern sie nicht daran, daß sie »dich jedesmal bescheißen«. Sie werden, erklärt ein Freund dem Helden – der aus einem nicht ganz so guten Stall kommt – am Ende des Buches »mit deinen Träumen Backgammon und mit deiner Seele Squash spielen«.

Gegen eine solche Haltung, die die CIA als ein quasi privates Unternehmen ansieht, das vor allem der Wohlfahrt seiner Mitglieder dient, läuft in Shermans *Dynasty of Spies* (›Dynastie der Spione‹; 1980) ein Mitglied der Firma Amok. Angewidert von dem Zynismus, mit dem sein Vater den Kalten Krieg zu seinem eigenen Vorteil nutzt, versucht der junge Jessie Dancer, die spezielle – nur den Eingeweihten an beiden Enden des Drahtes dienende – Verbindung zwischen den Männern seiner Familie und ihren Kontaktleuten in der Sowjetunion auffliegen zu lassen: Auftakt zu einem mörderischen Kampf hinter den Linien der CIA.

Auch in den Romanen von Charles McCarry, Jahrgang 1929, Journalist, Geheimdienstmann, Redenschreiber für US-Präsident Eisenhower, sind die Fronten verwischt. In *The Miernik Dossier* (›Das Miernik-Dossier‹; 1973), von Eric Ambler bezeichnet als »das intelligenteste und fesselndste Werk, das ich seit sehr, sehr langer Zeit gelesen habe«[3], berichten fiktive Dokumente von einer vielfach verschlungenen Geheimdienstoperation, die ein Grüppchen von UN-Diplomaten (in Wahrheit sämtlich Geheimagenten) von Genf aus ins Innere Afrikas führt und schließlich den Polen Miernik das Leben kostet. In *The Miernik Dossier* bespitzelt jeder jeden, und der Schwächste muß dran glauben: nur eventuell ein ganz gerissener Agent, den die Russen eingeschleust haben, damit er einen prokommunistischen Putsch im Sudan leite, in Wahrheit wohl ein ganz armes Schwein, das die Suppe auslöffeln muß, die andere angerichtet haben: die Russen, die Sudanesen – und vor allem wohl seine vorgeblichen Freunde aus dem Westen.

Auch in *The Secret Lovers* (›Codewort Liebe‹; 1977) steckt ein privates Drama hinter dem scheinbaren Ost-West-Konflikt, der auf klassische Weise einsetzt: Bei der Übergabe eines Päckchens, das ein Kurier durch die Berliner Mauer gebracht und bereits übergeben hat, wird der Kurier – und nicht der Mann, der das Päckchen erhielt – auf einer Westberliner Straße von einem Auto angefahren und getötet. Bei den Recherchen, die ein Augenzeuge des Vorfalls, der amerikanische Geheimdienstagent Paul Christopher, der auch in McCarrys früherem Roman eine Rolle spielt, anstellt, kommt ein Fall ans Tageslicht, dessen Wurzeln bis in den spanischen Bürgerkrieg zurückreichen. An seinen blutigen Verwicklungen tragen individuelle Leidenschaften mindestens ebensoviel Schuld wie die Politik.

Der wohl ungewöhnlichste unter den neueren amerikanischen Autoren von Politthrillern ist eine Frau: Margaret Truman, Jahrgang 1924, tatsächlich die Tochter des früheren amerikanischen Präsidenten Harry S. Truman. Seit 1980 hat Frau Truman mit schöner Regelmäßigkeit jedes Jahr einen neuen Roman publiziert, der einen Mord in einer der großen amerikanischen Institutionen im Titel und zum Thema hat. Sie begann mit *Murder in the White House* (›Mord im Weißen Haus‹; 1980), ließ *Murder on Capitol Hill* (›Die Mauer des Schweigens‹; 1981) folgen, und machte den Obersten Gerichtshof der Vereinigten Staaten zum nächsten Tatort, in *Murder in the Supreme Court* (›Mord an höchster Stelle‹; 1982). Weitere Schauplätze für Margaret Trumans prominente Morde sind das Washingtoner Smithsonian Museum im unmittelbaren Dunstkreis der Regierungsgebäude (*Murder at the Smithsonian*, ›Mord im Museum‹; 1983), das Hauptquartier des FBI (*Murder at the FBI*, ›Mord im FBI‹; 1985) und Washingtons Nobelviertel Georgetown (*Murder in Georgetown*, ›Mord in Georgetown‹; 1986) – eine Sammlung von Schauplätzen, an denen in der Realität der amerikanischen Hauptstadt die Kriminalitätsrate eher minimal sein dürfte.

Margaret Trumans Geschichten beginnen durchweg als simple Mordgeschichten, die rasch eine politische Dimension annehmen. Ob ein Botschafter (der britische) ins Gras beißen muß (*Murder on Embassy Row*, ›Mord im Diplomatenviertel‹; 1984) oder der Assistent des Präsidenten des Obersten Bundesgerichts ausgerechnet auf dem Amtssessel des Präsidenten erschossen wird: Die Fälle weiten sich sogleich zum Politskandal aus. In Margaret Trumans Washington ist jeder mit jedem verbandelt, und von den Nachfolgern ihres Vaters und ganz allgemein von der Washingtoner Bürokratie scheint die Tochter des 33. US-Präsidenten nicht viel zu halten. Sie zeichnet ein düsteres Bild von den Zuständen in den Stuben und Salons der amerikanischen Zentralregierung und ihrer Behörden, und das, was den – überwiegend als Ehrgeizlinge beschriebenen – Politikern vermutlich am wenigsten schmecken wird, sind Unterstellungen wie jene, daß Amerikas Rechtsprechung nicht frei sei, sondern abhängig von der Regierung, respektive vom Präsidenten (*Murder in the Supreme Court*), oder daß politische Mordfälle stillschweigend reguliert würden, aus Staatsräson.

Auf dem Weg zu einer Lösung ihrer verschlungenen Fälle wäscht Margaret Truman – mit wieviel Berechtigung auch immer – für gewöhnlich so viel schmutzige politische Wäsche, daß man es in Washington vermutlich lieber sähe, wenn sie Wäsche für irgendwelche Enkelkinderchen strickte anstatt raffinierte Kriminalromane mit politischen Implikationen und staatskritischer Gesinnung zu häkeln.

[1] Zu Robert Ludlum s. die Seiten 450ff.
[2] Für die fünf Romane, die Ross Thomas unter dem Pseudonym Oliver Bleeck publiziert hat – *The Brass Go-Between* (›Bonbons aus Blei‹; 1969), *The Procane Cronicle* (›Das Mordpatent Procane‹; 1972), *Protocol for a Kidnapping* (›Kopfpreis für eine Million‹; 1971), *The Highbinders* (›Ein scharfes Baby‹; 1974) und *No Questions Asked* (›Schreie im Regen‹; 1976) –, hat der Autor immer dieselbe Zentralfigur benutzt: den Ex-CIA-Agenten Philip St. Ives, der als professioneller Mittelsmann zwischen Ganoven und Geschädigten (beispielsweise bei hochkarätigen Kunstdiebstählen) fungiert, gelegentlich aber auch von seinen alten Arbeitgebern als Spezialagent benutzt wird, praktisch immer gegen seinen Willen.
[3] Zitiert nach: C. McCarry: »Das Miernik-Dossier«, Ullstein Verlag, Berlin 1986, Klappentext auf der Rückseite des Umschlags.

Ausgewählte Bibliographie

George La Fountaine: *Der rollende Sarg* – Scherz Verlag, München 1979.
Edward Stewart: *Sie haben auf die Tocher des Präsidenten geschossen* – Knaur Verlag, München 1981.
Irving Wallace: *Geheimakte R.* Bastei-Lübbe, Bergisch-Gladbach 1978.
H. H. Dooley: *Staatsbegräbnis* – Rowohlt Verlag, Reinbek 1982.
Ross Thomas: *Der Ein-Weg-Mensch*; *Der Tod wirft gelbe Schatten*; *Urne oder Sarg, Sir?*; *Sing sing Singapur*; *Unsere Stadt muß sauber werden*; *Was ich nicht weiß, macht mich nicht kalt*; *Wahlparole Mord*; *Nur laß dich nicht erwischen*; *Die Millionenernte*; *Geheimoperation Gelber Hund*; *Umweg zur Hölle*; *Vierzig Riesen für den Zwerg*; *Der Bakschischmann*; *Mördermission*; *Schutzwall*. – Als Oliver Bleeck: *Bonbons aus Blei*; *Das Mordpatent Procane*; *Kopfpreis eine Million*, *Ein scharfes Baby*; *Schreie im Regen* – sämtlich Ullstein Verlag, Berlin.
Dan Sherman: *Operation Octopus*; *Dynastie der Spione* – Ullstein Verlag, Berlin.
Charles McCarry: *Das Miernik-Dossier*; *Codewort Liebe* – Ullstein Verlag, Berlin.
Margaret Truman: *Mord im Weißen Haus*; *Mauer des Schweigens*; *Mord an höchster Stelle*; *Mord im Museum*; *Mord im Diplomatenviertel*; *Mord im FBI*; *Mord in Georgetown* – sämtlich Goldmann Verlag, München.

Schatten der Spione:

Ted Allbeury, Brian Freemantle und die neue politische Dimension

Manche Autoren, in welchem Genre auch immer, sind gleich mit ihrem ersten Buch voll da. Andere brauchen einige Anlaufzeit. Einer von den letzteren ist Ted (Theodore Edward le Bouthillier) Allbeury, geboren am 24. Oktober 1917 in Stockport, Cheshire, in England. Von 1940 bis 1947 gehörte Allbeury zum Intelligence Corps, dem Geheimdienst der britischen Armee; nach seinem Ausscheiden aus dem Geheimdienst betätigte er sich als Kaufmann und in der Werbung, schließlich als Leiter eines Piraten-Rundfunksenders, ehe 1972 sein erster Spionageroman *A Choice of Enemies* (›Agenten sind treue Feinde‹) erschien. Es ist kein schlechtes, aber auch kein wirklich gutes Buch; zu Recht ordnet Frieder Middelhauve es irgendwo in der Nähe von Ian Flemings Bond- und Donald Hamiltons Matt-Helm-Romanen ein. Auch die nächsten Romane Allbeurys – *Snowball* (›Operation Schneeball‹; 1974) und *Palomino Blonde* (›Der Omega-Minus-Prozeß‹; 1975) – sind noch nicht wesentlich stärker: konventionelle Thriller mit einem konventionellen Feindbild, nicht schlecht geschrieben, im Grunde aber oberflächlich: »von menschlicher Tiefe, dem Ausloten menschlicher Charaktere ... ist in seinen drei ersten Werken noch nicht viel zu spüren«[1].

Allbeurys Politthriller der mittleren Phase sind gekennzeichnet durch kühne Grundideen, in denen sich ein neues, unkonventionelles Denken andeutet. In *The Man with the President's Mind* (›Phantomhirn für den Präsidenten‹; 1977) versetzen die Russen einen Mann, dessen körperliche, geistige und charakterliche Eigenschaften fast identisch sind mit denen des amerikanischen Präsidenten, in eine Umgebung, die der des US-Präsidenten wie eine Kopie ähnelt, füttern ihn mit denselben Daten, arrangieren ihm, mit einem Wort, ein fast identisches Leben – und erhalten von ihm dieselben Entscheidungen, die im Ernstfall auch der US-Präsident trifft; die amerikanische Politik wird für die Russen also genauestens berechenbar. *The Twentieth Day of January* (›In der Hand des Kreml‹; 1980) suggeriert sogar, daß die Russen – angesichts der ungeheuren Bedeutung, welche die Werbung in der amerikanischen Politik spielt – einen eigenen Kandidaten ins Weiße Haus bringen könnten. Dagegen arbeiten die Romane *The Alpha List* (›Die Alpha-Liste‹) und *Consequence of Fear* (›Die Saat der Angst‹; beide 1979) mit atomaren Schreckensvisionen. *The Alpha List* geht davon aus, daß ein sowjetischer

Atomschlag gegen die britischen Inseln unmittelbar bevorstehe und ausgesuchte britische Überläufer bereit seien, die Regierung des demoralisierten Landes für die Russen zu übernehmen: ein Verschwörungsthriller, der den amerikanischen Ängsten im Gefolge der Kennedy-Morde und der Watergate-Affäre eine europäische Horrorvision noch größeren Ausmaßes zur Seite stellt. *Consequence of Fear* dagegen spielt mit der makabren Möglichkeit, daß die Russen im eigenen Land eine (kleinere) Atombombe öffentlich getestet haben könnten, um die Auswirkungen im Ernstfall eines Krieges zu studieren. Ein Journalist aus der DDR bietet den westlichen Geheimdiensten Dokumente an, mit denen sich der Test, vorgeblich, beweisen ließe. Die Briten reaktivieren einen ehrenhaften, patriotischen ehemaligen Abwehroffizier, um Dokumente und Informanten aus dem Ostblock herauszuschmuggeln. Moskaus KGB, längst informiert, hält dagegen, so daß das mörderische Ende des Falles programmiert ist.

In *Palomino Blonde*, 1975, kamen Allbeury erste Zweifel, ob der Kalte Krieg der westlichen Geheimdienste gegen den Osten wirklich ein heiliger sei, in dem der gute Zweck alle schlechten Mittel rechtfertige. Vier Jahre später ist er ziemlich sicher, daß beide Seiten im Unrecht sind. Allbeury ist ins Stadium der Reife gelangt. Bereit für die wirklich bedeutenden Romane, die nun folgen.

Gleich der nächste Roman setzt neue Maßstäbe: *The Other Side of Silence* (›Die andere Seite des Schweigens‹; 1981) rechtfertigt vermutlich sogar Desmond Bagleys Superlativ: »Das ist der beste Spionageroman, den ich je gelesen habe, und dabei nehme ich John le Carré nicht aus, der überragende Bücher geschrieben hat. Aber ›Die andere Seite des Schweigens‹ kann auf mehreren Ebenen gelesen werden: Es ist gut als Spionageroman, es ist gut als psychologische Studie, es ist sogar gut als Biographie. Nach allen Maßstäben ist es ein überragendes Buch und ein echtes Werk der Literatur.«[2]

Allbeurys Ausgangspunkt ist diesmal keine Spekulation über eine denkbare Teufelei der östlichen oder eine Inhumanität der westlichen Geheimdienste, sondern ein historischer Fall: der jenes Kim Philby, der – zeitweise Chef der englischen, für Auslandsaufklärung und Gegenspionage zuständigen Geheimdienstabteilung MI 6 – während des Zweiten Weltkriegs für die Russen zu spionieren begann, dem westlichen Bündnis, auch als »Führungsoffizier« der sowjetischen Atomspione Burgess und Maclean, unschätzbaren Schaden zufügte und sich Anfang der sechziger Jahre, von einem Abschiedsposten in Beirut aus, spektakulär nach Moskau absetzte.

Über Philbys Motive und die Umstände seines Verrats ist nie Genaues bekanntgeworden. Hier setzt Allbeury ein. Mit der Hypothese, der alt gewordene Philby wolle aus sentimentalen Gründen aus Moskau zurück ins heimatliche England, bringt er fiktive Recherchen über Philbys Verhalten während seiner Zeit bei MI 6 in Gang. Die Lücken in der Kenntnis der Realität werden mit Fiktion gefüllt. Doch die Fragen nehmen nicht ab. Wer verriet eigentlich wen – und weshalb? War Philby ein überzeugter Kommunist, verstrickte er sich lediglich in antifaschistische Gutmütigkeiten – oder war er vielleicht gar nur enttäuscht von seinen eigenen Leuten, die ihn schlecht behandelten? Strebte er, politisch naiv, ein Gleichgewicht der Kräfte an, das er zugunsten des Westens gestört sah? War er am Ende gar kein Doppel-, sondern ein Dreifachagent, von den Briten nach Moskau eingeschleust, von wo er sie mit Nachrichten aus dem inneren Zirkel der Sowjetmacht versorgte?

Allbeury gibt nicht vor, das Rätsel Philby lösen zu können. Er spekuliert, wie es gewesen sein könnte – und erhält am Ende ein höchst glaubhaftes Bild einer tragischen Figur: das eines Mannes zwischen allen Stühlen, der am Ende selbst nicht mehr weiß, wohin er gehört; wenn er es je gewußt haben sollte, hat er es im Moskauer Exil vergessen.

Ein Buch wie dieses schreibt auch ein erstklassiger Autor nicht alle Tage. Aber Allbeury gelingt es, seine literarische Qualität auf außerordentlich hohem Niveau zu stabilisieren, bei zunehmend stärker hervortretendem Pessimismus hinsichtlich der Moral derer, die vorgeblich die westliche Freiheit verteidigen, vor allen Dingen also der westlichen Geheimdienste.

Die Handlung von *The Secret Whispers* (›Seitenwechsel‹; 1981) nimmt wieder in der Zeit des Zweiten Weltkriegs ihren Ausgang. Ein junger deutscher Spion, Erich Richter, als Elsässer von den Deutschen zu ihren Diensten gepreßt, wird von der englischen Abwehr gefaßt und »umgedreht«; von da an arbeitet er für die Briten. Doch nach dem Krieg werden alle seine Daten beim Geheimdienst gelöscht, und man schleust Richter nach Deutschland zurück, wo er in der Ost-Berliner Hierarchie ein hohes Tier wird. Als er, nunmehr in der Gegenwart, in Schwierigkeiten kommt, wird jener Mann, der ihn seinerzeit überführt hat, Miller, beauftragt, Richter – nunmehr Staatssekretär und zuständig für die Geheimdienste der DDR – aus Ost-Berlin auszuschleusen. Das Unternehmen gelingt. Aber Miller, ein braver, patriotischer Mann mit familiären Problemen, bleibt dabei auf der Strecke; er wird, noch in Ost-Berlin, von seinen eigenen Kollegen umgebracht: »Erst im letzten Moment sah er die Pistole in Parsons' Hand, als sich auf dem dicken Schalldämpfer ein

Lichtstrahl brach. Er öffnete den Mund und wollte etwas sagen, doch da traf ihn die erste Kugel zwischen die Augen. Der zweite Schuß fuhr ihm in die Brust und schleuderte ihn zurück. Er gab keinen Laut von sich und lag auf der nassen Straße auf dem Rücken, während die Hinterräder auf dem glatten Asphalt durchdrehten, als der Fahrer Gas gab und mit dem Jeep davonjagte.«

Was hier noch wie die Verfehlung eines einzelnen schwarzen Schafes aussehen könnte (aber tatsächlich nicht so erscheint), wird in Allbeurys übernächstem Roman *Pay Any Price* (›Jeder Spion hat seinen Preis‹; 1983) zu einem geplanten und sorgfältig organisierten Defekt des gesamten Systems. In diesem Roman gibt es bei der amerikanischen CIA eine ganz geheime Unterabteilung, die inoffiziell für jene Dinge zuständig ist, die nicht mehr nur illegal, sondern offen kriminell sind. Mit Hilfe zweier Psychiater, die etwa auf dem Niveau des deutschen KZ-Arztes Mengele stehen, richten sich diese CIA-Leute einige psychisch Anfällige durch Hypnose zu willenlosen Helfern ab: seelische Zombies, die auf bestimmte Code-Worte hin die unglaublichsten Verbrechen begehen (etwa die Ermordung der Kennedys) und danach völlig normal weiterleben, weil sie allenfalls in einer sehr tiefen, gelegentlich leck werdenden Schicht ihres Unterbewußtseins wissen, was sie getan haben.

Allbeury geht es nicht darum, den Fall Kennedy wieder aufzurollen. Er kümmert sich um die Täter: die wissentlichen und die unbewußten. Als der CIA der Boden zu heiß wird nach dem Kennedy-Mord, schickt man die beiden Psychiater erst einmal nach Schottland ins Versteck. Dort entdeckt sie der britische Geheimdienst, bringt sie aber nicht etwa zur Strecke, sondern bedient sich ihrer für seine eigenen finsteren Zwecke. Daß irgendwann ein aufrechter Mann im US-Geheimdienst den kriminellen Aktivitäten der Kollegen auf die Spur kommt, ist keine große Erleichterung. Denn was soll ein einzelner gegen die völlig verkrusteten Machtstrukturen der wildgewordenen Geheimdienste schon ausrichten?

Mit *All Our Tomorrows* (›Und morgen die Zukunft‹; 1982) entwirft Allbeury, wie Len Deighton es in »SS-GB« für die Vergangenheit getan hat, die Alptraumvision der von einer fremden Macht besetzten und regierten britischen Inseln. Natürlich sind diesmal die Sowjets die Besatzer, nach bewährtem historischem Vorbild von der britischen Regierung, die bei inneren Unruhen nicht mehr ein noch aus weiß, selbst ins Land gerufen. Für Allbeurys Schaffen in den achtziger Jahren ist *All Our Tomorrows* ein eher untypisches Buch. Das große Interesse des Autors gilt sonst einem einzigen Thema, das die besten seiner Romane in mannigfache Richtung variieren: die Auseinandersetzung des einzelnen mit dem gefährlichen Kraken Geheimdienst, der nicht mehr aus den Fängen lassen möchte, was einmal in seine Reichweite geraten ist.

Die Chancen des Individuums auf Erfolg in diesem Kampf werden dabei durchaus unterschiedlich beurteilt. 1984 überwiegen die positiven Aspekte; sowohl in *The Girl from Addis* (›Das Mädchen aus Addis‹) als auch in *No Place to Hide* (›Rennie‹) gelingt es den Helden, sich gegen die Dienste – und zwar nicht die gegnerischen, sondern die, denen man selbst einmal angehört hat – durchzusetzen.

In *The Girl from Addis* versucht der MI 6, seinen Ex-Agenten John Grant, den er zunächst noch einmal in seine Dienste gepreßt hat, in Abessinien zu verschaukeln. Doch mit Hilfe eines einheimischen Mädchens und seiner Freunde gelingt es dem Helden, den Staatsschützern ein Schnippchen zu schlagen. Gegen ihre Rachsucht abgesichert, läßt er sich am Schluß des Romans mit seiner einheimischen Frau am Rande der Wüste nieder; ein Postskriptum teilt mit, daß »wer London satt hat«, bedenken soll, »daß täglich eine Maschine von Rom aus Mogadischu anfliegt« – für ausstiegswillige Agenten vielleicht doch eine zu exotische Lösung ihres Problems.

In *No Place to Hide* hat der Titelheld Rennie für den britischen Geheimdienst SIS jahrzehntelang ohne Fragen und Klagen die schmutzigen Sachen erledigt, die Hinrichtung von Feinden eingeschlossen. Doch dann wird es auch Rennie zuviel. Daß man von ihm verlangt, die Kinder eines reichen Arabers zu entführen, obwohl längst feststeht, daß der erpreßte Vater auf das Terrorkommando im Hintergrund nicht den mindesten Einfluß hat, hält der erzkonservative Agent Rennie für sinnlos. Er erledigt seinen Auftrag zwar. Doch danach kündigt er an, daß er bei Operationen dieser Art in Zukunft nicht mehr mitmachen werde. Von heute auf morgen wird er selbst zum Gegner, an dem der SIS alle schmutzigen Tricks austobt – letztlich allerdings ohne Erfolg; Rennie gelingt es, die alten Kollegen schachmatt zu setzen und in Zukunft von ihnen, auf seiner Farm in Kanada, in Ruhe gelassen zu werden. Aber um derart erfolgreich zu sein gegen einen Geheimdienst, braucht man – neben einer guten Portion Glück – auch ein ausgesprochen dickes Fell und gute Nerven.

Dieses dicke Fell hat der Held in Allbeurys Roman *The Lonely Margins* (›Am Rande der Einsamkeit‹; 1981), in England veröffentlicht unter dem Pseudonym Patrick Kelly[3], leider nicht. Ihn hat man während des Zweiten Weltkriegs von England nach Frankreich geschickt, damit er auf dem Kontinent die Führung eines mit Sabotageakten beschäftigten

Widerstandsnetzes übernehme. Von Beginn an geht alles schief. Seine Leute werden gefaßt und liquidiert. Er selbst gerät in die Hände der SS, wird gefoltert und nach Deutschland ins Konzentrationslager geschickt, überlebt aber das Ende des Krieges mit knapper Not.

Nach dem Krieg in England, von seinen äußeren Verletzungen genesen, beginnt Allbeurys Held ein neues Leben. Er wird Kriminalbeamter und macht Karriere. Doch als er Mitglieder seines alten Spionagenetzes trifft, stellt er fest, daß ihm die Leute – soweit sie überhaupt überlebt haben – mißtrauen; er gilt als der Verräter, der sie damals hat hochgehen lassen. So beginnt er zu recherchieren und stellt fest, wie es wirklich gewesen ist. Die Londoner Führung hat damals, vorgeblich um wichtigere Agenten zu schützen, den Helden und sein Netz der SS zum Fraß vorgeworfen, als Ablenkungsmanöver. Allbeurys Held verwindet das nicht. Von seinen eigenen Leuten hätte er diese Unmoral niemals erwartet. So schwingt er sich selbst zum Richter und Rächer auf, indem er den Verantwortlichen umbringt, bevor er selbst aus dem Leben scheidet.

Drei Jahre später, in *The Judas Factor* (›Der Judas-Faktor‹; 1984) findet Allbeury eine scheinbar positivere Lösung. Der Held des Romans, Ted Anders, vom SIS wegen einer Überreaktion gefeuert, für eine Spezialaufgabe aber wieder angeheuert, von einem Doppelagenten verraten, jedoch aus KGB-Haft gegen einen wichtigen Ost-Spion wieder ausgelöst –, fühlt sich vom SIS zum zweiten Mal verraten und rächt sich, indem er einem entführten KGB-Agenten zur Flucht verhilft. Im Gespräch mit einem der höheren Beamten des SIS klagt er an: »Ihr arbeitet es aus wie eine Bilanz. Soll und Haben. Aber es fehlt etwas in eurer Rechnung. Niemand berücksichtigt die Wünsche des Mannes in der Falle. Ihr befriedigt euer Gewissen, indem ihr uns warnt, daß ihr keinen Finger für uns krumm macht, wenn wir einmal in der Tinte sitzen. Der KGB tut mehr für seine Agenten als ihr.« Das gilt allerdings wohl nur für den Fall, daß der KGB einen Agenten noch braucht. Den Mann, den Anders freigelassen hat, braucht niemand mehr, und so fällt er in West-Berlin einem Unfall zum Opfer...

Der wohl subtilste Roman Allbeurys neben *The Other Side of Silence* trägt den Titel *The Seeds of Treason* (›Saat des Verrats‹; 1986): ein Buch, das den Vergleich mit le Carrés *A Perfect Spy* durchaus aushält. Sein Held, Jan Massey, ist Chef der Berliner Außenstelle des britischen Geheimdienstes, und dieser Berliner Posten »war eine der Schlüsselstellungen des SID.« Mit dem KGB, der GRU, dem militärischen Nachrichtendienst der Sowjets, und dem ostdeutschen Sicherheitsdienst in Rufweite auf der anderen Seite der Mauer, war Berlin eine Drehscheibe der Spionage und Gegenspionage nicht nur der Briten, sondern auch anderer europäischer Länder und der USA. Jan Massey macht seinen Job gut. Sicher bewegt er sich durch die »diplomatischen Minenfelder« und nutzt seine in intensiver Ausbildung geschulte »Fähigkeit, in der russischen Seele zu lesen« geschickt, so daß »ein wahrer Strom wichtiger Informationen« nach London fließt.

Aber eine Schwachstelle hat jeder, und bei Massey sind es – vielleicht wegen des von der Mutter ererbten polnischen Temperaments – die Frauen. Er verliebt sich rasch und heftig, zuweilen in die falsche. Seine erste Ehe wird »eine Katastrophe«. Doch als Sicherheitsrisiko gilt Massey deshalb nicht. Dazu wird er erst, als er sich wieder verliebt: ausgerechnet in die polnische Ehefrau des Mannes auf der Gegenseite, des KGB-Chefs in Ost-Berlin.

Es ist nicht einmal eine Falle. Masseys Gefühle werden erwidert; Anna Kolkow liebt Massey wirklich. Die beiden treffen sich, knüpfen eine Beziehung an; natürlich entdeckt man sie. Und dann wird eine Falle daraus. Um Anna zu helfen in einer Situation, in der die Russen sie und ihn in der Hand haben, tut Massey dem Gegner einen winzigen Gefallen, und mit diesem Schritt wird er ein für alle Mal erpreßbar; die Russen haben einen Fuß auf der Schwelle des zentralen Nervensystems der westlichen Spionageabwehr.

Im Dschungelkampf der Geheimdienste, zeigt Allbeury, sind Gefühle – weil ausnutzbar – das reine Gift, und beide Seiten benutzen sie mit brutalem Zynismus als ihre stärkste Waffe, ebenso tödlich wie eine Pistole. *The Seeds of Treason* ist Spionagegeschichte und Psychodrama. Es handelt von Menschen, die – indem sie es bedienen – ins Räderwerk eines Systems geraten, das ohne Menschenopfer nicht funktionsfähig bleiben kann. Es berichtet von einer Perversität: dem Glauben, daß dieses System, um viele Menschen zu schützen, wenige schonungslos vernichten dürfe, ja, müsse – hüben wie drüben.

Auch das Werk von Brian Freemantle, geboren am 10. Juni 1936 im englischen Southampton, macht zwischen den Gegnern im Grabenkampf der Geheimdienste keine nennenswerten Unterschiede. Der israelische Geheimdienst, der in einem der ersten Freemantle-Romane, *The Man Who Wanted Tomorrow* (›Rächer kennen kein Erbarmen‹; 1975), mit Russen und Neonazis um einen Nazi-Schatz und eine Kiste mit Dokumenten aus der Nazizeit kämpft, ist in seinen Methoden ebenso unbedenklich wie die Gegenseite, und in *Deaken's War* (›Deakens Krieg‹; 1982) verbündet er sich, wie in der Realität, ohne Skrupel mit den Staatsschützern Südafrikas; die unheilige Allianz kostet den eigentlichen Helden, einen gegen die Apartheid streitenden Anwalt, den die Entführung seiner Frau zum aktiven Handeln zwingt, das Leben. In *The Solitary Man* (›Hartmanns Dilemma‹; 1980) gelingt es der Hauptfigur, einem aussteigewilligen Doppelagenten, zwar, sich mit seinen beiden Arbeitgebern, den Russen wie den Amerikanern, zu arrangieren; das Leben kostet ihn die Tatsache, daß er sich bei einem seiner letzten Fälle auch mit dem deutschen Rechtsradikalismus angelegt hat.

Freemantle, der als Auslandskorrespondent verschiedener englischer Zeitungen in dreißig Ländern gearbeitet hat und seine Bücher auch unter den Pseudonymen Jonathan Evans, John Maxwell und Jack Winchester publiziert, ist ein thematisch sehr vielseitiger Autor; ein Zweig seiner Produktion, für die der Autorenname Jonathan Evans steht – *The Midas Men* (›Die Midasmänner‹; 1981); *Monopoly* (›Monopoli‹; 1984); *The Laundryman* (›Die Geldwäscher‹; 1985) – befaßt sich, in der Art von Harold Robbins, mit internationalen Finanzspekulationen und krummen Geldgeschäften, an denen durchaus auch der Ostblock mit fähigen Kräften beteiligt ist. Aber als Kernstück seines schriftstellerischen Œuvres müssen die (bislang sechs) Charlie Muffin-Romane angesehen werden: Agentenromane reinsten Wassers und bitterböse Satiren auf die Welt der Geheimdienste. Das Roman-Sextett beschreibt, was einem geschieht, der gegen die Dienste rebelliert, was die Männer an der Spitze der staatsschützenden Organisationen anstellen, um ihre persönlichen Mütchen zu kühlen und ihre privaten Rachegelüste zu befriedigen – und wie man sich, nach einem Haufen Leichen auf beiden Seiten, schließlich auch arrangiert, wenn man darin einen Vorteil sieht; Pack schlägt sich, Pack verträgt sich.

Bei seinem Eintritt ins literarische Leben, in dem Roman *Charlie Muffin* (›Agentenpoker‹; 1977), steht der Held durchaus noch auf der Gehaltsliste des britischen Geheimdienstes. Freemantle stellt ihn als ungewöhnlich erfolgreichen Feldagenten dar, der zwanzig Jahre lang für seine Bosse in der Londoner Zentrale die Kohlen aus dem Feuer geholt hat; jetzt aber soll er geopfert werden. Die Szene, mit der Charlies Geschichte beginnt, erinnert ganz bewußt an die Eröffnungs- und Schlußsequenz in le Carrés *The Spy Who Came in from the Cold*; eine negative Tradition wird beschworen.

Daß Charlie geopfert werden soll, dient nicht einmal einem höheren strategischen Zweck. Der Entschluß, den Kollegen Muffin dem Osten ans Messer zu liefern, entspringt reiner Menschenverachtung. Die neuen Kollegen in der Zentrale mögen Charlie nicht; er ist ihnen einfach nicht fein genug, trägt nicht ihre Eton-Krawatten, näselt nicht mit ihrem »Oxbridge«-Akzent, läßt nicht bei ihren Schneidern in der Bond Street arbeiten. Charlie ist nämlich kein Rasse-Wauwau; er ist ein simpler Straßenköter, ohne jeden Stammbaum. Seine Mutter – erfährt der Leser in *The Inscrutable Charlie Muffin* (›Charlie Muffins Schachzug‹; 1979), dem dritten Roman der Serie – war eine Amateurnutte, und irgendeiner der vielen Männer, mit denen sie nicht des Geldes wegen schlief, sondern um des bißchens Wärme willen, das dabei für sie abfiel, muß wohl sein Vater gewesen sein. Charlie wuchs auf als das Mitglied der Unterklasse, das er ist und bleibt: auf Straßen, Hinterhöfen und in öffentlichen Schulen, immer bemüht, nicht untergebuttert zu werden. Das schärft die Sinne, stärkt den Überlebenswillen wie die Fähigkeit zum Überleben – und während des Krieges und in der »heroischen« Zeit des Kalten Kriegs waren diese Fähigkeiten gefragt, auch beim britischen Geheimdienst, dessen Ränge sich in dieser Zeit mit Menschen von Charlies Schlag durchsetzten: Außenseitern, die von verständnisvollen Insidern mehr als nur geduldet wurden, weil man ihre Qualitäten und ihre Loyalität schätzen gelernt hatte.

Doch der Zweite Weltkrieg ist lange vorbei, und auch der Kalte Krieg spielt sich mittlerweile auf einer Ebene ab, auf der die Muffins so wenig brauchbar sind, wie es ein Dinosaurier als Reittier wäre. Das britische Establishment erobert seine Vormachtstellung in den Geheimdiensten zurück und fühlt sich im trauten Tête-à-tête der Eingeweihten von Typen wie Charlie nur gestört. Die jüngste politische Entwicklung ist ein Klassenkampf innerhalb des Geheimdienstes, von oben nach unten geführt – und mit einer Erbitterung, die der der offiziellen Gegner im Osten in nichts nachsteht.

Charlie, obwohl loyal zu denen, die loyal zu ihm stehen, ist alles andere als ein netter Kerl oder gar jener aufrechte Märchenritter, als der der Detektiv im harten Kriminalroman und der Agent der frühen Jahre der Spionageliteratur gezeichnet ist. Er ist wirklich ein Straßenköter, stinkend und rachsüchtig – wäre er anders, hätte er sich in seinem Job nie über die Jahre hin behaupten können.

Charlie entgeht der Falle, welche die Kollegen an der Berliner Mauer für ihn aufbauen. Doch schon bei seinem Ausweichmanöver muß er seinerseits einen unbeteiligten Dritten, einen jungen Ostberliner, opfern. Er stirbt an Charlies Stelle, ohne daß der große Gewissensbisse hätte; die professionelle Verrohung nimmt Freemantles Zentralfigur keinen Augenblick aus.

Die Sache ist damit freilich nicht erledigt. Strafe muß sein, meint

Charlie, und inszeniert ein großes, falsches Spiel gegen alle, die ihm ans Leder wollten: die vereinigten britischen und amerikanischen Geheimdienste, deren Chefs er den Sowjets in die Hände spielt. Er gewinnt dieses Spiel, ohne sich über die bitteren Konsequenzen im klaren zu sein; hinfort werden ihn die westlichen Geheimdienste durch die ganze Welt jagen, mit großer Phantasie von seiten der Briten, mit beträchtlicher krimineller Energie von seiten der Amerikaner.

In *Here Comes Charlie Muffin* (›Jagd auf Charlie Muffin‹; 1978) gerät der Held von allem Anfang an elend in die Klemme. Die Gegner auf der anderen Seite kennen nicht die mindesten Skrupel. Sie benutzen nicht nur alle legalen Machtmittel zu Charlies Verfolgung und Bekämpfung, sondern zusätzlich auch die illegalen. Was sie ansonsten anwenden, um den ideologischen Gegner im Osten das Fürchten zu lehren, setzen sie nun in ihrem eigenen Land und in ihrem privaten Rachefeldzug ein. Sie begehen Bankeinbrüche und Versicherungsbetrug und schrecken auch vor Mord nicht zurück; daß Charlies Frau Edith im Verlauf der Kampfhandlungen von der CIA umgebracht wird, ist zwar nur ein Versehen, aber im Grunde konsequent.

Nach der biblischen Methode des »Auge um Auge« zahlt Charlie es seinen Gegnern heim. Auf einen Schelm setzt er anderthalb (oder noch mehr); für Ediths Tod muß gleich ein Dutzend Menschen büßen, darunter auch einige unschuldige, als Charlie nämlich mit einer Zeitzünderbombe ein Flugzeug vom Himmel holt. Das ist das Deprimierendste an dieser Auseinandersetzung und der zunehmenden Pervertierung der Moral: daß auch die Sympathischen, die eigentlich im Recht Befindlichen, von der Verrohung und Inhumanität angesteckt werden und die wirklich positiven Helden aussterben. Der Leser verliert die Identifikationsfigur oder ist, noch schlimmer, gezwungen, sich mit dem kleineren Übel – Charlie Muffin – anzufreunden.

In den Muffin-Romanen Freemantles sind die westlichen Geheimdienste so sehr mit ihren privaten Kleinkriegen beschäftigt, daß man sich verwundert fragt, ob und wie sie unter diesen Umständen ihrer eigentlichen Aufgabe noch gerecht werden wollen. Tatsächlich werden sie als nicht sehr erfolgreich geschildert. Ihr einziger großer Erfolg, die Enttarnung und Überführung des »Schläfers« Berenkow, liegt noch vor dem Zeitpunkt, da die aktuelle Handlung der vier Romane anfängt, und geht noch auf Charlies Konto; danach folgen nur noch Fehlschläge.

Die Gegenseite ist aber nicht nur effektiver, sie ist bei Freemantle auch sympathischer – ein Zug, der schon in Freemantles erstem Thriller überhaupt, *Goodbye to an Old Friend* (›Die Schliche der Taube‹; 1973), zu beobachten ist. Nicht daß die Russen und die Chinesen, die in *The Inscrutable Charlie Muffin* dem Helden helfen, einen Versicherungsbetrug in der britischen Kronkolonie Hongkong aufzuklären, irgendwelche Skrupel hätten, wenn es um die Durchsetzung ihrer Ziele geht. Aber im Gegensatz zu den Engländern und Amerikanern, bei denen jeder nur noch um die Befriedigung der eigenen Ansprüche kämpft und alle das Gemeinwohl längst aus dem Auge verloren haben, verfügen Chinesen und Russen – bei Freemantle[4] – noch über ein Mindestmaß an Loyalität. Agenten werden von ihnen nicht schlicht geopfert, sondern, wenn möglich, ausgetauscht; daß dadurch die Moral der Spione ins Wanken komme, ist einer jener inhumanen Sprüche, mit denen Charlies Vorgesetzte ihre eigene Haltung zu rechtfertigen suchen.

Während der ersten vier Romane wird Charlies Gemütszustand von Buch zu Buch problematischer – ein Vorgang, der sich an den Buchschlüssen exakt ablesen läßt. Am Ende des ersten Abenteuers steht noch ein Toast auf Charlies Wohl aus dem Munde eines Sowjetagenten, mit der Geste »Vergessen Sie's« zurückgenommen. Im Finale des zweiten Buches kniet Charlie am Grabe seiner toten Frau, während der Schluß des dritten alle Hoffnung sammelt, die unter solchen Umständen noch aufzubringen ist: »Mehr konnte er nie erwarten, sagte sich Charlie. Die Oberhand behalten. Mit einer gezinkten Karte.« *Charlie Muffins Uncle Sam* (›Eine Flasche für Charlie Muffin‹; 1980) aber endet lakonisch mit Charlies Feststellung »Scheiße«; es ist sein Kommentar angesichts eines Geschenks, einer Flasche Wein, »Aloxe-Corton besten Jahrgangs«, den ihm offenbar seine alten Freund-Feinde vom KGB haben zukommen lassen.

Doch Geschenken des KGB sollte man immer mißtrauen. Im nächsten Muffin-Roman Freemantles, *Madrigal for Charlie Muffin* (›Abgesang auf Charlie Muffin‹; 1981), soll Charlie – mittlerweile völlig versoffen und heruntergekommen – dem KGB als wohlfeiler Sündenbock dienen. Ein geschickter Schachzug lockt Charlie nach Rom und präsentiert ihn dort – anstelle eines echten Doppelagenten – seinen eigenen Leuten als Verräter; nur ein winziges Detail und Charlies angesichts der Gefahr etwas allzu rasch wiederkehrende Schlitzohrigkeit retten am Ende Charlies Kopf.

Dennoch steht Charlie auf den letzten Buchseiten vor den Schranken eines englischen Gerichts. Er hat zwar einen Deal mit dem neuen Chef des englischen Geheimdienstes gemacht. Aber ob die Gegenseite ehrlich spielt, bleibt offen. Wieder ein melancholisches Finale. »Charlie erwartete jetzt irgendeinen Hinweis, doch der Geheimdienstdirektor drehte sich nicht zur Anklagebank hin. Wann, zum Teufel, würden sie ihm Bescheid geben? Er hatte überlebt, dachte Charlie. Aber wofür?«

Das wußte wohl auch sein Autor Freemantle nicht so recht – und so läßt er Charlie, jedenfalls für den Leser, nicht weniger als vier Jahre lang vor den Schranken des Gerichts stehen, ehe er ihm in *Charlie Muffin and Russian Rose* (›Eine Rose für Charlie Muffin‹; 1985) das Urteil verkündet. Natürlich steckt hinter dieser Verurteilung zur Höchststrafe eine Intrige des britischen Geheimdienstes, und Charlies einzige Chance ist es, bei dieser Geschichte mitzuspielen. Langfristig bekommt er einen ebenfalls verurteilten sowjetischen Doppelagenten, einen ziemlich penetranten britischen Überläufer – genau den Typ, den Charlie auf den Tod nicht ausstehen kann – zum Zellengenossen. Und wie das in solchen Geschichten so ist: Gemeinsam brechen die beiden mit russischer Hilfe aus, werden vom KGB außer Landes geschleust und nach Moskau geschafft; der britische Geheimdienst ist am Ziel seiner Wünsche.

Natürlich ist Charlies Aufgabe die gezielte Desinformation des Gegners. Natürlich ist er erfolgreich, auf seine Weise. Wieder spielt der Geheimdienst mit Charlie ein böses Spiel, indem er ihn als Feigenblatt und Ablenkungsmanöver vor den eigentlichen Coup setzt. Wieder setzt Charlie Freund und Feind schachmatt, diesmal allerdings so, daß kein Anschein von Schuld an ihm hängen bleibt; der Leser darf auf eine Fortsetzung von Charlies Geheimdienstkarriere hoffen.

Von allen Charlie Muffin-Romanen ist *Charlie Muffin and Russian Rose* vielleicht der brillanteste: mit verblüffender Logik um die Ecke gedacht, von den ersten fünf Bänden unterschieden durch die optimistischen Silberstreifen, die sich am Geheimdiensthorizont abzeichnen – auch wenn Charlie am Ende wieder in alle Fettnäpfe tritt. Denn natürlich hat sich Freemantles Held auch im Erfolg nicht geändert. Er bleibt der Straßenköter, der in alle Hände beißt, mit Vorliebe in die, die ihn füttern und streicheln.

[1] F. Middelhauve im Nachwort zu einem 1986 im Berliner Ullstein Verlag erschienenen Band, der drei frühe Allbeury Romane ›Agenten sind treue Feinde‹, ›Operation Schneeball‹ und ›Quadrille mit tödlichem Ausgang‹ – zusammengefaßt. S. 378.

[2] Zitiert nach dem Text auf der Umschlagrückseite der deutschen Ausgabe, Ullstein Verlag, Berlin 1982.

[3] Außer »Patrick Kelly« benutzt Allbeury ein weiteres Pseudonym: Richard Butler.

[4] In der Realität mag das speziell unter den Mitgliedern der sowjetischen und chinesischen »Nomenklatura« sehr viel anders aussehen; wie realistisch Freemantles Romane und die seiner Kollegen sind, kann wohl nur ein unvoreingenommener Experte aus dem inneren Zirkel der Geheimdienste wirklich beurteilen.

Ausgewählte Bibliographie

Ted Allbeury: *Agenten sind treue Feinde*; *Operation Schneeball*; *Der Omega-Minus-Prozeß*; *Quadrille mit tödlichem Ausgang*; *Phantomhirn für den Präsidenten*; *Vergangenheit ist nie zu Ende*; *Die Alpha-Liste*; *Die Saat der Angst*; *In der Hand des Kreml*; *Die andere Seite des Schweigens*; *Seitenwechsel*; *Im Schatten der Spione*; *Jeder Spion hat seinen Preis*; *Am Rande der Einsamkeit*; *Das Mädchen aus Addis*; *Unternehmen Sonderkollekte*; *Ein nützlicher Deutscher*; *Rennie*; *Und morgen die Zukunft*; *Saat des Verrats*; *Der Judas-Faktor* – sämtlich Ullstein Verlag, Berlin.

Brian Freemantle: *Die Schliche der Taube*; *Labyrinth mit Minen*; *Rächer kennen kein Erbarmen*; *Strategie des Skorpions*; *Agentenpoker*; *Jagd auf Charlie Muffin*; *Charlie Muffins Schachzug*; *Eine Flasche für Charlie Muffin*; *Deakens Krieg*; *Eine Rose für Charlie Muffin*; *Die Geldwäscher*; *Die Midasmänner*; *Monopoli*; *Flucht aus Vietnam*; *Hartmanns Dilemma* – sämtlich Ullstein Verlag, Berlin.

Unser Mann in Camelot:

Anthony Price und die gelehrten Geheimdienstler um Dr. Audley

Er habe zu schreiben begonnen mit dem Ziel, Elemente des Spionage-Thrillers mit der Detektivgeschichte zu verschmelzen, hat Anthony Price – geboren am 16. August 1928 im englischen Herfortshire, zur Schule gegangen in Canterbury, Geschichtsstudium in Oxford – dem amerikanischen Nachschlagewerk »Twentieth Century Crime and Mystery Writers«[1] zu Protokoll gegeben. Das ist natürlich nicht falsch. Aber es ist auch kaum mehr als ein Gemeinplatz, der letztlich auf jeden besseren Autor von Agentenromanen nach le Carré zutrifft. Wesentlich wichtiger ist da schon Prices andere Aussage, wonach der Rahmen oder Hintergrund einer jeder seiner Geschichten jenes private Thema oder Hobby reflektiere, mit dem er sich gerade beschäftige: römische Geschichte, zum Beispiel, in *Colonel Butler's Wolf* (›Colonel Butlers Wolf‹; 1972), der Erste Weltkrieg in *Other Paths to Glory* (‹Umwege zum Ruhm‹; 1974), der britische Seekrieg gegen Napoleon in *The Old Vengeful* (›Das Vengeful-Komplott‹; 1982). Tatsächlich ist es die – zuweilen bis über den Rand der Manie getriebene – Verquickung von Historie und Gegenwart, die die bislang fünfzehn ins Deutsche übersetzten Romane des studierten Historikers und passionierten Journalisten Anthony Price[2] so einzigartig und unverwechselbar macht.

Alle fünfzehn Romane sind miteinander verbunden: Von *The Labyrinth Makers* (›Labyrinth‹; 1970) bis *Here Be Monsters* (›Unter Ungeheuern‹; 1985) sind sie eine einzige große Serie mit immer demselben

Personal, aus dessen Mitte allerdings mal dieser, mal jene stärker in den Vordergrund tritt; jedes Jahr – mit Ausnahme von 1977 – erschien ein neues Buch, ein »work in progress«, wenn man so will, das sich allerdings nicht völlig chronologisch entwickelt, sondern gelegentlich unerwartete Seitentriebe hervorbringt. Tatsächlich wird der chronologisch korrekte Anfang der Serie erst im achten und elften Band der Reihe, *The '44 Vintage* (›Die Chandos-Falle‹; 1978) und *Soldier No More* (›Kein Platz für Krieger‹; 1981) nachgeliefert, und *The Hour of the Donkey* (›Aufmarsch der Esel‹; 1980) greift zeitlich sogar zurück bis zum Beginn des Zweiten Weltkriegs und läßt sich nur mit sehr viel gutem Willen gerade noch als Vorläufer der Serie einordnen. Denn im Grunde ist dieser Roman keine Spionagegeschichte, sondern eine Tragikomödie aus ernster Zeit, und seine Beziehung zu Prices anderen Büchern besteht allein darin, daß die Hauptfigur der Serie, der geniale, eigenwillige Dr. David Audley, einmal in einem Klammersatz erwähnt wird: als einziger Sohn des couragierten (aber für die Erzählung auch nicht sonderlich wichtigen) Major Audley und als hochbegabter Schüler von Audleys Regimentskollegen, dem ehemaligen Lateinlehrer, nunmehr Captain Willis, der beim Kampf gegen die wie der Blitz nach Westen vorstoßenden deutschen Panzerverbände gemeinsam mit dem tumben Captain Bastable hinter die deutschen Linien gerät, einem dicken Verrat auf die Spur kommt und zusammen mit Bastable zum unfreiwilligen Helden wird.

Frieder Middelhauve hat das Personal, das die Abenteuer von Prices fünfzehn Romanen erlebt, mit dem »Ensemble eines Theaters« verglichen[3]. Zwar gibt es eine zentrale Figur, doch tritt in jedem neuen Band ein anderer Darsteller in den Mittelpunkt des Geschehens, und immer wieder einmal tauchen völlig neue Figuren auf, entweder um – gelegentlich auch durch ein gewaltsames Ende – rasch wieder aus dem Gesichtskreis des Lesers zu entschwinden oder aber um sich dauerhaft seiner Aufmerksamkeit zu bemächtigen.

Price beschreibt keine der gängigen Abteilungen des britischen Geheimdienstes, sondern hat eigens eine neue erfunden: das »Department for Research and Development«. Der Amerikaner Howard Morris, als Audleys Vertrauensmann bei der CIA eine der permanenten Nebenfiguren der Serie, bezeichnet das Department, in *Sion Crossing* (›Spione am Kreuzweg‹; 1984), als eine Abteilung, die nur aus »Häuptlingen« besteht: »Keine Indianer... keine gewöhnlichen Sterblichen... keine Studenten, nur Akademiker und andere hohe Tiere... Ihre Kriegstrupps sind gedungen... von anderen Stämmen. Den blutdürstigsten.«

Leiter der Abteilung ist zunächst Sir Frederick Clinton, ein guter

Chef, der loyal zu seinen Leuten steht, aber im Grunde nie ein eigenes Profil gewinnt. Ziemlich genau in der bisherigen Mitte der Serie geht Freddie Clinton in Pension, und der Kampf um seine Nachfolge setzt ein; er beherrscht den Roman *Tomorrow's Ghost* (›Geister von morgen‹; 1979). Natürlich wäre David Audley der optimale Nachfolger für Clinton an der Spitze der Abteilung. Aber Audley will ums Verrecken nicht Chef werden, und so fällt der Posten schließlich an Colonel Jack Butler, einen ruhigen, zuverlässigen, nicht genialen, aber souveränen Mann, stur und ehrlich, aber kein Kommißkopf, patriotisch, aber nicht dumm, verwitwet und Vater dreier Töchter, die im Verlauf der Serie heranwachsen und ihrem Vater manchen Kummer machen, aber kaum echten Verdruß bereiten.

Zum stellvertretenden Direktor der Abteilung rückt Oliver St. John Latimer auf: ein kleiner, dicker, überaus ehrgeiziger und auch etwas intriganter Mann, intelligent und gerissen; in *Sion Crossing* darf er sich, auf dem fremden Gelände der amerikanischen Südstaaten, als Feldagent bewähren, ganz gegen seine natürliche Veranlagung. In den frühen Romanen spielt Hugh Roskill eine wichtige Rolle, ein schneidiger Air Force-Offizier, der allerdings schon im Finale von *The Alamut Ambush* (›Hinterhalt‹; 1971) eine schwere Beinverletzung erleidet und danach nur noch unterstützende Aufgaben übernehmen kann; in *Sion Crossing* spielt er, inzwischen nach Amerika abgeschoben, die Rolle der Latimer rettenden Kavallerie (wobei er allerdings kein Pferd benutzt, sondern ein Fluggerät, einen Hubschrauber).

In *Other Paths to Glory* führt Price Dr. Paul Mitchell in die Handlung ein: einen studierten Militärhistoriker, der die Rätsel der Somme-Schlachtfelder mit Hilfe seines Spezialwissens löst und in der Folge zur wichtigsten Serienfigur neben Audley und Butler heranreift. Mitchell hat Charme, Ehrgeiz, Durchsetzungsvermögen, von seiner hohen Intelligenz nicht zu reden; im Department for Research and Development steht er für eine neue, saloppere Dienstauffassung (die freilich nichts mit Schlamperei oder geringerer Effizienz zu tun hat); ein Zivilist unter den vielen Soldaten, die das Bild der Abteilung in der ersten Stunde geprägt haben.

Eine unterschwellig erotische Beziehung verbindet Mitchell mit Frances Fitzgibbon, die in *Our Man in Camelot* (›Unser Mann in Camelot‹; 1975) und *War Game* (›Ein Spiel für Profis‹; 1976) Nebenrollen spielt und in *Tomorrow's Ghost* in die zentrale Position rückt, im Finale des Buches allerdings von Price geopfert wird; sie war, offenbar, den Anforderungen doch nicht gewachsen. An ihre Stelle tritt, in *The Old Vengeful*, die kühle

Elizabeth Loftus, Tochter eine englischen Seehelden, die auch selbst einen höchst heldenhaften Einstand gibt: Beim Schluß-Showdown bringt sie den bösen Doppelagenten um, indem sie ihm bei hoher Geschwindigkeit ins Lenkrad greift und das Fluchtauto gegen ein Hindernis steuert, nachdem sie zuvor des Bösewichts Sicherheitsgurt gelöst hat; sie selbst überlebt dabei mit kleineren Verletzungen: »Drei gebrochene Rippen, ein paar Blutergüsse... und natürlich ein kleiner Schock«. Als der Schock überwunden ist (und die Verletzungen geheilt sind), tritt sie gegen Mitchells Willen, der sich in sie verliebt hat, ins Team ein. In *Here Be Monsters* avanciert sie zur Hauptfigur.

Aber wer immer auch im Vordergrund einer Geschichte die Kastanien aus dem Feuer holt: Im Hintergrund hockt immer, wie die Spinne im Netz, Dr. David Audley, der ungewöhnlichste, intellektuellste Geheimagent aller Zeiten, le Carrés grandiosen Smiley durchaus eingerechnet.

In *Soldier No More* beschreibt Price ausführlich Audleys Entwicklung. Captain David Roche, von seinem britischen Arbeitgeber zur Rekrutierung Audleys erpreßt, recherchiert in Audleys Vergangenheit; zur wichtigsten Quelle seiner Informationen wird jener Schulmeister »Wimpy« Willis, der im vorangegangenen Roman zum Kriegshelden wider Willen geworden war.

David Audleys Mutter ist gestorben, als er noch ein Baby war; sein Vater, Nigel Audley, kommt 1940 ums Leben, als die Waffen-SS, auf der Suche nach dem »Geheimnisträger« Willis, das ganze Regiment ausrottet. Der junge Master Audley muß ein sehr stilles Kind gewesen sein, ein Bücherwurm, der Angst vor dem Telefon hatte und Kipling über alles liebte. Er kann freilich, beim Tod seines Vaters, so ganz jung nicht mehr gewesen sein. Denn bei der alliierten Invasion in Frankreich ist er als Soldat dabei, fährt zunächst einen Panzer, bekommt dann Kontakt mit dem Geheimdienst und arbeitet zum ersten Mal für jenen Frederick Clinton, der ihn jetzt wieder an die Angel zu nehmen sucht. Clinton hätte Audley schon 1945 gern behalten. Aber der studierte lieber erst einmal Geschichte in Cambridge und setzte sich auch 1949 und 1952, als der Geheimdienst wieder an ihn herantrat, energisch zur Wehr. Erst die Geschehnisse von 1956, der russische Einmarsch in Ungarn und die vorangegangenen politischen Turbulenzen, das englisch-französische Suez-Abenteuer vor allem, lassen Audley dann doch zu seiner eigentlichen Berufung finden. Der Experte für mittelalterliche Geschichte entwickelt sich im Geheimdienst zum Experten für den Nahen Osten, mit deutlichen Sympathien für die Sache Israels. Schon früh sagt Audley die Entwicklungen voraus, die um die Mitte der sechziger Jahre zum Sechs-Tage-Krieg zwischen Israel und Ägypten führen. Aber er sagt es so, daß seine Vorgesetzten verprellt werden – und so findet er sich denn, strafversetzt, als Beobachter des Kreml und des KGB wieder, eine Aufgabe, bei der er seine wahren Fähigkeiten erweist.

Privat ist der kräftige, kantige Dr. Audley, dessen Gesicht deutliche Spuren von Verletzungen zeigt, die er sich als ziemlich brutaler Rugby-Spieler zugezogen hat, lange Zeit ein Hagestolz geblieben. Doch gleich in seinem ersten Roman *The Labyrinth Makers* bringt Price seinen Helden unter die Haube. Bei seinen Recherchen nach dem Geheimnis eines Flugzeugwracks, das in einem versehentlich trockengelegten See nach 23 Jahren wieder aufgetaucht ist (die Geschichte spielt im Jahre 1968, ihre Wurzeln reichen bis September 1945 zurück), stößt Audley auf die Tochter des Bruchpiloten, rettet sich mit ihr vor einem Angriff des KGB in ein Versteck und läßt sich dort von ihr verführen; der rasch folgenden Ehe entspringt eine einzelne Tochter: Cathy. In einigen der frühen Romane, bis zu *October Men* (›Oktobermänner‹; 1973), bezieht Price Mrs. Faith Audley, geb. Jones recht ausführlich in die Handlung ein. Später scheint er ein wenig das Interesse an ihr zu verlieren, ohne daß das Verhältnis des Ehepaars darunter litte.

Jener Erstling *The Labyrinth Makers*, in dem David Audley seine Frau findet, ist ein vergleichsweise konventioneller Agententhriller. Die zeitliche Distanz zwischen aktueller Handlung und historischem Hintergrund ist noch ziemlich gering, der Plot nicht so verzwickt, die Handlung nicht entfernt so um die Ecke gedacht wie in späteren Romanen von Price. Das Auftauchen des Flugzeugwracks löst in zwei Geheimdienstzentralen, in Moskau und London, fieberhafte Aktivitäten aus. Offenbar trug die Dakota bei ihrem letzten Flug oder unmittelbar vorher eine kostbare Fracht: einen trojanischen Goldschatz aus den Berliner Museen, von den sowjetischen Besatzern offenbar auf dem Schwarzmarkt verscherbelt und von der Dakota-Besatzung nach Großbritannien transportiert.

Das Wrack allerdings erweist sich als leer; der Schatz ist verschwunden. Die Suche nach ihm gerät zu einem mörderischen Wettlauf zwischen Briten und Russen. Das Interesse der anderen Seite erscheint mindestens David Audley merkwürdig. Würde der KGB auf fremdem Terrain eine Aktion dieses Ausmaßes starten, wenn es nur um einen Schatz von zweifelhaftem Wert ginge, der nie wirklich Eigentum des russischen Reiches gewesen ist? Natürlich hat Audley recht. Die Russen sind weniger an Hektors goldenem Trinkbecher interessiert als an einer Kiste Akten, die die Dakota ebenfalls transportiert hat: die historischen Dokumente von Stalins Schauprozeß gegen den Sowjetmarschall Tuchatschewski, aus denen sich die Grabenkämpfer um die Macht im Kreml explosive Munition erhoffen.

Es ist selten oder nie das Offensichtliche, um das die Kämpfe in den Spionage-Thrillern von Anthony Price entbrennen. In *The Alamut Ambush* kommt ein Feuerwerker des englischen Geheimdienstes bei der Überprüfung eines gestohlenen Autos durch eine Bombe ums Leben. Unmittelbar vor der Explosion muß er noch etwas Merkwürdiges gesehen haben – am Auto oder vielleicht ganz woanders? Am Ende stellt sich heraus, daß der Techniker, bei einem Besuch seines Elternhauses, per Zufall eine Beobachtung gemacht hatte, die – den richtigen »falschen« Leuten übermittelt – einen großen politischen Coup hätte verhindern können: eine Annäherung zwischen Israel und Ägypten, von zwei hohen Geheimdienstoffizieren beider Lager auf eigene Faust betrieben.

In *Colonel Butler's Wolf* gilt der Kampf des britischen Geheimdienstes wiederum dem KGB. Der hat ins berühmte King's College in Oxford, wohl wissend, daß nach der Philby-Mclean-Affäre mit britischem Nachwuchs aus Universitätskreisen nicht mehr zu rechnen sei, einen seiner Leute eingeschleust: einen brillanten jungen Mann, der – einmal auf den politischen Karrierepfad gesetzt – alle Chancen gehabt hätte, bis in die Herzkammern politischer Macht vorzustoßen.

Womöglich noch verzwickter wird es in *October Men*. David Audley erhält bei einem privaten Essen Informationen, die ihn schließen lassen, daß ein großer sowjetischer Coup am Ölmarkt bevorsteht. Hals über Kopf begibt er sich samt Frau, Tochter und Kindermädchen nach Italien, wo er in ein Komplott gerät, das seine Wurzeln noch den italienischen Frontverläufen zu Mussolinis Zeiten verdankt. Abtrünnige KGB-Agenten spielen auf eigene Faust um hohen Einsatz, kidnappen auch Audleys Frau Faith und müssen dafür bezahlen; Audley läßt den KGB, dem er gezielte Informationen zuspielt, die Schmutzarbeit erledigen.

Hintergrund für *Other Paths to Glory* sind die Somme-Schlacht des Ersten Weltkriegs und die aktuelle Politik. In einem »sicheren Haus« auf dem historischen Schlachtfeld soll ein Gipfeltreffen stattfinden, das politische Terroristen in ein Blutbad verwandeln wollen. Denn das »sichere Haus« ist nicht sicher; es liegt in einem Gelände von Kreidefelsen, das von historischen Stollen unterminiert ist – Kleinigkeit, das Haus in die Luft zu sprengen.

In *Our Man in Camelot* lanciert der KGB-Stratege Nikolai Andrejewitsch Panin, Audleys Gegner seit *The Labyrinth Makers*, Informationen, wonach der geplante Ausbau eines amerikanischen Luftwaffenstützpunktes in England unschätzbaren archäologischen Schaden anrichte, da er den Platz, auf dem einmal die Tafelrunde des mythischen Königs Artus mit den Rittern Lancelot, Parzival und der schönen Königin Ginevra getagt habe, ein für alle Mal zubetoniert. Ein Medienwirbel um den archäologischen Skandal soll einen Keil zwischen die atlantischen Verbündeten treiben; die Sicherheit der westlichen Welt wäre gefährdet, wenn Audley und die Seinen Panins teuflischen Plan nicht verhinderten.

War Game setzt mehrere Etagen tiefer an. Ein linker Revoluzzer erbt einen historischen Besitz und findet auf ihm einen Goldschatz, den Generationen von Schatzsuchern, angefangen mit Oliver Cromwell, nicht entdecken konnten, hat aber auf dem Weg zu Erbe und Schatzfund offenbar einen Verwandten umbringen lassen, während Historienfans an den alten Tatorten die große Schlacht zwischen Republikanern und Royalisten im Jahre 1643 nachspielten. Audley muß den Mörder überführen, um politischen Schaden zu verhindern; ganz nebenbei findet er heraus, daß und wie Moskaus Mann den Schatzfund – mit echtem spanischem Gold, vom KGB zur Verfügung gestellt – getürkt hat.

Nach *War Game* scheinen Price die Themen auszugehen; jedenfalls liefert er, in drei der vier nächsten Bücher, ältere Geschichten nach: die Kriegsgroteske mit den unfreiwilligen Helden und der beiläufigen Erwähnung Audleys in *The Hour of the Donkey*, Audleys erste Bewährung in *The '44 Vintage* und seine Rekrutierung für den Geheimdienst in *Soldier No More*, ironischerweise ausgerechnet durch einen Doppelagenten, den sympathischen Captain Roche, den der KGB anhand seines Schuldkomplexes und seiner Rachegefühle führt wie ein Bauer den Bullen mit einem Ring durch die Nase.

Zwischen den drei Retrospektiven ein merkwürdiges Buch: *Tomorrow's Ghost*, das die Sicherheitsüberprüfung von Colonel Butler durch Frances Fitzgibbon (sie vor allem) zum Thema hat; jemand in der Spitze des Geheimdienstes versucht die Beförderung von Butler zum Direktor von »Research and Development« – oder vielleicht doch eher die von David Audley? – zu verhindern, indem er ihm einen Mordverdacht anhängt. Hat Butler seine vor Jahren unter geheimnisvollen Umständen verschwundene, nie wieder aufgetauchte französische Frau vielleicht umgebracht? Frances' Recherchen erbringen Butler ein Alibi. Aber indem sie Butler einen Persilschein ausstellt, macht Frances den Colonel zum Ziel für den irischen Killer O'Leary; um Butlers Leben zu retten, muß sie sich selbst als Ersatzopfer anbieten.

Nicht nur in diesem Buch läßt Autor Price seine Agenten, hüben wie drüben, um sieben Ecken herum denken. Ablenkungsmanöver, die so raffiniert sind, daß sie dem durchschnittlichen Geheimagenten alten Stils nicht nur nicht als solche erscheinen, sondern als gegnerische Aktionen nicht einmal auffallen würden, lenken vom eigentlichen Ziel eines Angriffs ab; die Gefahr entsteht – schon in einem Roman wie *Our Man in Camelot* – erst dadurch, daß die klugen Leute von »Research and Development« wie Pawlowsche Hunde auf jene winzigen Spurenhappen reagieren, die Panins KGB ausgelegt hat. Ein Musterbeispiel für einen solchen Plot bietet *The Old Vengeful* (‹Das Vengeful-Komplott‹; 1982), in dem Audley und Paul Mitchell den Geheimnissen historischer Segelschiffe auf die Spur zu kommen trachten, ehe sie schließlich feststellen, daß es die Russen – die einen Doppelagenten in der Abteilung plaziert haben – auf ein neues Atom-U-Boot abgesehen haben, das die Tradition des Namens »Vengeful« fortführt.

In *Gunner Kelly* (›Gunner Kelly‹; 1983) startet Audley wieder einmal eine seiner einsamen Aktionen. Offiziell in Urlaub, gräbt er in Duntisbury Royal, wo sich Hasen und Füchse Gutnacht sagen, römische Ruinen aus. Tatsächlich untersucht er den gewaltsamen Tod eines pensionierten Generals, muß die Lösung des Falles aber einem jungen deutschen Kollegen vom BND überlassen, der sich – merkwürdig genug – in dem von Price angelegten Irrgarten aus englischer Historie, Kriegsgeschichte, irischem Terrorismus und KGB-Aktivitäten besser zurechtfindet als der alte Fuchs Audley, der dem Chef der Abteilung am Ende sein Abschiedsgesuch schickt, das natürlich nicht akzeptiert wird.

In den nächsten beiden Romanen von Price, immerhin, tritt Audley in den Hintergrund. Aber da das auch früher schon der Fall gewesen ist, wäre der Schluß wohl voreilig, daß Audley bei seinem Autor in Ungnade gefallen ist. In *Sion Crossing* versucht ein toter Amerikaner, Ex-CIA-Mann, noch nachträglich, Audley in eine Intrige hineinzuziehen: einerseits, um sich an Audley zu rächen, andererseits aber, um sich postum zu rehabilitieren, indem er einen »Schläfer« des KGB in den USA enttarnt. Durch Zufall und eigenen Ehrgeiz gerät an Audleys Stelle der dicke Latimer in die Falle, aus der er sich, auch mit Hilfe der Kollegen, höchst ehrenhaft befreit.

Hier – wie schon in *Gunner Kelly* – spukt im Hintergrund die sowjetische »Operation Debrecen«: ein Ausbildungsprogramm für Agenten, die im Westen so lange inaktiv bleiben, bis sie sich in höchste gesellschaftliche und politische Positionen vorgearbeitet haben, aus denen sie dann der kommunistischen Sache unauffällig helfen können. Die Furcht vor »Schläfern« der »Operation Debrecen« beherrscht vor allem aber das letzte der bislang ins Deutsche übersetzten Bücher von Price: *Here Be Monsters* (›Unter Ungeheuern‹). Der Tod – der Leser weiß: Mord – eines alten US-Majors an der französischen Atlantikküste löst in England eine interne Sicherheitsüberprüfung im Geheimdienst aus: eine Aufgabe, der sich die junge Elizabeth Loftus nach Audleys Meinung mit allzu großer Lust unterzieht, auch wenn sie ihn selbst – und Latimer – als unverdächtig von der Liste streicht. Trotzdem empfiehlt Audley Butler, Miss Loftus weitere Sicherheitsüberprüfungen vornehmen zu lassen, vor allem, um der jungen Dame Aufschluß über sich selbst zu geben: »Wenn sie mit Haddock Thomas fertig ist – und er mit ihr, wird sie wissen, was sie ist, Ungeheuer oder nicht Ungeheuer.« Soll heißen: ob ihr die Macht zu Kopf gestiegen ist oder nicht.

Denn daß von der Macht verantwortungsvoll Gebrauch gemacht wird, zeichnet nach Prices – in den jüngsten Büchern wohl nicht mehr ganz so unangefochtener – Meinung die westlichen vor den östlichen Geheimdiensten immer noch aus. In seinem Statement für »Twentieth Century Crime and Mystery Writers« hat Price bekannt, daß er in der Beziehung einen ganz altmodischen Standpunkt einnimmt: »Unsere Seite, mit allen ihren Auswüchsen und allen charakterlichen Defekten meiner Helden und Heldinnen, ist gut, ihre Seite, welche Tugenden auch immer sie haben mag, ist böse.«[4] David Audley sagt es Colonel Butler (am Ende von *Here Be Monsters*) kaum weniger pathetisch: »Ehe ich 1958 mit der Debrecen-Liste begann, war ich auf dem besten Wege, ein ziemlich blutrünstiger Bursche zu werden. Ich bin mir gar nicht mal sicher, ob mich der alte Fred Clinton nicht vielleicht deswegen darauf angesetzt hat – und mich dadurch der Tretmühle erhielt… un mich nämlich zu lehren, daß wir, wenn es zwischen denen und uns keine Unterschiede gibt, gleich die Seite wechseln und die Sache abschließen können.«

[1] »I started out with the aim of combining elements of the spy thriller with the detective mystery, through a group of characters who would appear und reappear in the series«: *A. Price* in: Twentieth Century Crime and Mystery Writers; St. Martin's Press, 2nd Ed., New York, 1985, S. 728.

[2] Price hat seit 1952 für die »Westminster Press« geschrieben; seit 1972 gibt er die »Oxford Times« heraus.

[3] *F. Middelhauve:* Nachwort zu *A. Price:* Spione am Kreuzweg, Ullstein Verlag, Berlin 1987, S. 297.

[4] »I take the (old-fashioned?) view, also, that ›Our Side‹, with all its warts and all the character defects of my heroes and heroines, is Good, and ›Their Side‹, whatever virtues

they may have, is Bad. Of course, things are never quite as simple as that in practice. But that, for me, where it all begins and ends«: *A. Price* in: Twentieth Century Crime and Mystery Writers, a. a. O.

Ausgewählte Bibliographie

Anthony Price: *Labyrinth*; *Hinterhalt*; (als *Die Bombe* 1973 bei Goldmann); *Colonel Butlers Wolf*; *Oktobermänner*; *Umwege zum Ruhm*; *Unser Mann in Camelot*; *Ein Spiel für Profis*; *Geister von morgen*; *Aufmarsch der Esel*; *Kein Platz für Krieger*; *Das Vengeful-Komplott*; *Gunner Kelly*; *Spione am Kreuzweg*; *Unter Ungeheuern* – sämtlich Ullstein Verlag, Berlin – *Die Chandos-Falle* – Rowohlt Verlag, Reinbek 1984.

Abseits der angelsächsischen Hauptstraße

Ganz schön raffiniert:

Boileau/Narcejac und der französische »roman policier«

»Der Detektiv interessiert sich für das Problem, der Polizist für den ›Fall‹«[1], meinen die Autoren Pierre Boileau und Thomas Narcejac und ordnen diesen Phänomenen zusätzlich noch zwei nationale Entwicklungen zu: »Die Angelsachsen begeistern sich ganz generell mehr für den Detektiv, und die Franzosen ziehen den Polizisten vor.« Auch wer Boileau/Narcejac bis hierher gefolgt ist, wird jedoch Schwierigkeiten haben, wenn sie den französischen und den angelsächsischen Kriminalroman auf dieselbe Stufe stellen: »Kaum geboren, entwickelt sich die Geschichte des Detektivromans in zwei Richtungen, die den Nationaltemperamenten entsprechen. Es ist nicht übertrieben, von einer angelsächsischen und einer französischen Schule zu sprechen.«

Dennoch ist Boileau/Narcejacs Charakterisierung des französischen Kriminalromans hilfreich, jedenfalls für eine bestimmte historische Phase (bis ungefähr zur Mitte des 20. Jahrhunderts) – und sofern man über der eingestandenen Zuneigung der Franzosen für den Polizisten die absolut gegenteilige Zuneigung nicht vergißt. Fast von Beginn des Genres an gilt in Frankreich dem Verbrecher eine positive Aufmerksamkeit, die über das Interesse an der Psychologie des Falles weit hinausgeht und durchaus Züge von Sympathie trägt; der Liebe zur Ordnung, die sich in der Neigung zum Polizisten als zentralem Aufklärer des Detektivromans ausdrückt, entspricht eine mindestens ebenso große Begeisterung für das Anarchische, für das der Verbrecher steht. Nicht zufällig sind zwei der berühmtesten Verbrecherfiguren der gesamten Krimi-Literatur (neben dem englischen Einbrecher Raffles[2]) französischen Ursprungs. Auf den erst allmählich zum patriotischen Abenteurer mutierten Arsène Lupin des Maurice Leblanc folgt 1911 der Supermann Fantomas, eine Erfindung der Herren Marcel Allain (1885–1969) und Pierre Souvestre (1874–1914), die vor allem in der Zeit vor dem Ersten Weltkrieg in Frankreich ungeheuer populär war (binnen fünf Jahren haben Allain und Souvestre nicht weniger als 32 Fantomas-Romane geschrieben; weitere schrieb Allain allein nach Souvestres Tod), vermutlich weil die omnipotente Fantomas-Figur allgemein einen Wunschtraum vieler wahrmachte, nicht nur, indem sie – wie Robin Hood – den Reichen nahm und den Armen gab.

Wenn Boileau/Narcejac hinsichtlich der generellen Neigung der Franzosen zur Figur des Polizisten recht haben, dann hat diese Seite des französischen Nationalcharakters in den Maigret-Romanen von Georges Simenon, die natürlich der französischen Literatur zuzurechnen sind, obwohl sie von einem Belgier stammen, ihren treffendsten Ausdruck gefunden. Andererseits mag es sein, daß eben dieser Maigret die Vorherrschaft des Polizeiromans in der französischen Kriminalliteratur nicht nur gekrönt und vollendet, sondern auch beendet hat – und zwar nicht etwa deshalb, weil die Franzosen über der mächtigen Maigret-Figur ihre Liebe zur Polizei verloren hätten, sondern weil sich kaum ein Autor noch traute, gegen Simenons Beispiel anzuschreiben; der Schlagschatten, den Autor und Figur warfen, war zu bedeutend.

Jedenfalls fällt auf, daß der beamtete Detektiv, welchen Ranges auch immer, im französischen Kriminalroman nach Simenon keine große Rolle spielt. Zwei sehr konträre Schulen – konträr sowohl zueinander als auch zum großen Beispiel Simenon – beherrschen das Bild. Die eine läßt sich als psychologisch-literarische Schule bezeichnen; ihr geht es sowohl um die Opfer als auch um die Täter, und ihre führenden Vertreter sind Boileau/Narcejac selbst. Die andere Schule ist die des Gangsterromans. Sie richtet ihr Augenmerk fast ausschließlich auf das Verhalten der Täter, die ihrerseits freilich selbst als Opfer der sozialen Verhältnisse angesehen und nicht selten zum Opfer der spezifischen Umstände und der eigenen Auseinandersetzungen werden; ihre führenden Vertreter sind Albert Simonin und Auguste Le Breton.

Sowohl Simonin, geboren 1905, als auch Le Breton, geboren 1913 in Lesneven, sind Phänomene der fünfziger Jahre. Beide kommen aus dem Milieu, das sie beschreiben, beide benutzen sprachlich das Argot (den Slang) der Unterwelt, beide publizieren 1953 ihre ersten Romane und werden mit ihnen schlagartig bekannt. Sogar die Handlungen ähneln sich, und die Moral ist in beiden Fällen identisch: Verbrechen zahlt sich nicht aus.

In Simonins *Touchez pas au grisbi!* (›Wenn es Nacht wird in Paris‹; 1953) kämpfen zwei verfeindete Verbrecherbanden um eine Menge Geld. Die Seite der »Guten« – also derer, die sich an einen gewissen Ehrenkodex halten – bilden der Ich-Erzähler Max und seine Freunde

Riton und Le Gros-Pierrot. Die Gegenseite wird verkörpert von einer Bande, deren Mitglieder fast ausschließlich italienische, spanische und nordafrikanische Namen tragen; auch die Unterwelt hatte ihren Chauvinismus. Nachdem Max lange versucht hat, das Spiel möglichst cool zu spielen, bringen ihn die Methoden der Gegenseite und die Ermordung seiner Freunde schließlich so in Rage, daß er ein Blutbad unter den Fredos und Angelos, Alis und Kebabs anrichtet.

In Auguste Le Bretons *Du rififi chez les hommes* (›Rififi‹; 1953) begeht zunächst eine Diebesbande einen besonders raffinierten Einbruch in ein Juweliergeschäft, indem sie dort durch die Decke einsteigt. Um die Beute entwickelt sich ein mörderischer Bandenkrieg, weil einer der Einbrecher einen Stein für sich zurückbehalten hat und ihn einer Hure schenkt, in die er sich verliebt hat; das Mädchen gehört aber zu einer anderen Bande, die nun mit Kidnapping, Folter und Mord auf die ehrsamen Diebe Jagd macht. Am Ende sind alle Gangster beider Parteien tot; das große Verbrechen hat sich nicht ausgezahlt.

Le Breton, der in Waisenhäusern und Jugendstrafanstalten aufwuchs und darüber in zwei autobiographischen Büchern berichtet (*Les hauts murs*, 1954, und *La loi des rues*; 1955), schrieb während der fünfziger und sechziger Jahre ein Dutzend weiterer Romane mit ähnlichem Strickmuster, die nicht zuletzt den zur Bezeichnung einer ganzen Gattung gewordenen Begriff des »rififi« (Kampf bis aufs Messer) zu vermarkten suchten, so etwa: *Du rififi au Mexique* (1963), *Du rififi à Hong-Kong* (1964) oder *Du rififi à Barcelone* (1964). Auch Simonin schrieb weitere Kriminalromane, die Schema und Titel seines erfolgreichen Erstlings fortzuführen suchten, so etwa: *Grisbi or not grisbi* (1955). Doch insgesamt war das Konzept des Einbruchs mit Millionenbeute und anschließendem Gangsterkampf im Film wesentlich erfolgreicher als in der Kriminalliteratur, ein Faktum, das nicht nur mit der Sogwirkung von Jules Dassins erfolgreicher Verfilmung von Le Bretons *Rififi* zu tun hat, sondern auch mit den Möglichkeiten der Spannungserzeugung, die sich dem Kino bei der Beobachtung komplizierter Einbruchhandlungen erschließen. So blieb der Gangsterroman à la *Rififi* letztlich eine vergleichsweise kurzlebige Erscheinung, während der literarisch-psychologische Kriminalroman, dessen Grundlage Claude Aveline bereits in den dreißiger Jahren mit einem Roman wie *Voiture 7 place 15* (›Wagen 7, Platz 15‹; 1937) schuf, seine Vormachtstellung über Jahrzehnte hinweg behauptete.

Für sich selbst haben die Großmeister Pierre Boileau, geboren 1906 in Paris, und Thomas Narcejac, geboren 1908 in Rochefort-sur-Mer, beide als Autoren bereits erfolgreich, ehe sie sich 1950 zu einem Team zusammenschlossen, ausführlich Rechenschaft über ihre Interessen als Krimiautoren abgelegt. In ihrer Grundlagenschrift *Le roman policier*[3] berufen sie sich ausdrücklich auf Patricia Highsmith, der sie freilich einen »gewissen Überhang zum reinen Roman« ankreiden, »dessen Wesen die Kenntnis der Menschen ist, während der Detektivroman eher das schmerzliche Erstaunen gegenüber den Dingen wäre«. Mehr oder minder bedürfe der Detektivroman »des Problems; er kann auf die Ermittlung nicht verzichten, wenn er sich nicht selbst aufgeben will. Der Grund dafür: Er will etwas Elementares wiedergeben, und dieses Elementare ist vielleicht das Scheitern gegenüber der Tat.«

Bei ihrer eigenen Arbeit seien sie sich Schritt für Schritt bestimmter Schwierigkeiten bewußt geworden: »Wir mußten einerseits die Ermittlung und damit das Problem bewahren, aber andererseits als Zentralgestalt das Opfer beibehalten. Mit anderen Worten, wir fühlten, daß es möglich wäre, den Problemroman zu erneuern, unter der Bedingung, daß die Polizisten, die Verdächtigen, die Indizien, der gesamte traditionelle Inhalt daraus verbannt würde. Die Spannung kostet diesen Preis.«

Natürlich taucht an dieser Stelle von Boileau/Narcejacs Überlegungen sofort die Frage auf, von welcher Art Spannung hier die Rede ist. Jene »plumpe Spannung«, die man durch künstliche Verlangsamung des Erzählrhythmus erreicht, »indem man den Eintritt eines erwarteten und befürchteten Ereignisses unnatürlich lange hinausschiebt«, lehnen die Autoren für sich ab: »Uns reizt im Gegenteil eine andere Art von Spannung, die an die Person selbst und nicht mehr an die Episode gebunden war. Denn diese Spannung kann die Erwartung von etwas sein, *dessen Natur man nicht kennt*, dessen Natur vielleicht unerforscht ist und sich in rätselhafter, für den Verstand nicht faßbarer Weise äußern wird.«

Die Erklärung der Spannung freilich darf nicht völlig aufs Metaphysische reflektieren. »Wenn es *jede* vernünftige Erklärung untersagt, verliert der phantastische Aspekt wegen seines Übermaßes an Wert; und wenn es jedes Schlaglicht auf eine gewisse ›Surrealität‹ in Acht und Bann tut, so wird die Erklärung selbst platt vernünftig. Anscheinend muß sich der Detektivroman stets einer doppelten Interpretation stellen können: einer logischen, aber ungenügenden Deutung und einer poetischen, aber verschwommenen Deutung; beide Interpretationen sind gleichermaßen gültig, stützen sich gegenseitig, entsprechen der doppeldeutigen Natur der zugleich als menschlich und unmenschlich, das heißt magisch aufgefaßten Realität.«

Von daher kommen die beiden dann zu der Auffassung, »daß man, um

Geheimnis und Klärung unauflöslich zu vereinen, um aus dem Detektivroman einen wirklich verhexten Roman zu machen, den Roman des Opfers schreiben mußte... *Der Detektivroman muß, anstatt den Triumph der Logik zu bezeichnen, nun den Bankrott des Denkens zelebrieren*; und gerade deshalb ist sein Held das Opfer. Er kommt nicht dazu, das Geheimnis zu ›bedenken‹, er muß es einfach ›erleben‹, und der Leser erleidet zur gleichen Zeit wie er und durch ihn diese ›Infragestellung der Welt‹, die ihn körperlich und geistig martern wird.«

Noch immer freilich finden Boileau/Narcejac ein Haar in der eigenen Suppe. »Unbewußt« hatten sie den Kern des traditionellen Kriminalromans bewahrt: das möglichst perfekte, rational geplante Verbrechen. Doch sie wollten zurück zum Alltäglichen. »Folglich hätten wir auf das perfekte Verbrechen verzichten müssen.« In ihrer Not erfanden sie einen Ausweg: »Wir wählten unseren Standort nicht nach dem Verbrechen, sondern vor dem Verbrechen, und das genügte, um alle Perspektiven zu verändern. Dennoch blieb der Tod des Opfers von vornherein beschlossene Sache; er nahm allmählich Gestalt an, das perfekte Verbrechen belebte unsichtbar, aber zwangsläufig alle Episoden des Romans.« Auch das hatte negative Konsequenzen: Die Intrige steuerte die Gestalten fern und machte sie zu Robotern. Boileau/Narcejac sahen sich in einer Zwickmühle: »Das Gesetz des Romans ist die Spontaneität; das der Detektivgeschichte ist die Notwendigkeit. Das eine ist biologischer, das andere mechanischer Natur. Wenn wir diese Schwierigkeit beheben wollten, mußten wir dem Opfer totale Freiheit lassen.«

So wurde die Idee des perfekten Verbrechens aufgegeben und das Opfer nur mehr zufällig in ein Verbrechen verwickelt. Damit war alles möglich. Aber: »Wie sollte man fortan eine zusammenhängende Handlung konstruieren?« In dieser Sitution brachte ein Geistesblitz den entscheidenden Durchbruch: »Es handelte sich nicht mehr darum, eine vorfabrizierte Psychologie einer festgelegten Handlung anzupassen, sondern von Personen auszugehen, die sich in einer kritischen Lage befanden, und das Kräftesystem zu berechnen, welches das Gerüst der Handlung bilden würde. Die Aufgabe war sehr viel schwieriger, aber es war das einzige Mittel, einer Detektivgeschichte den Atem des Romans zu lassen und dennoch den Täuschungseffekt zu retten, den der Leser vom Detektivroman verlangt.«

In der Theorie mag das funktionieren. Aber in der Praxis hat das System durchaus seine Tücken. Man muß nicht so weit gehen wie der Engländer Julian Symons, der Boileau/Narcejac und ihrem Landsmann Sébastien Japrisot »krankhafte Sucht nach Originalität«[4], »haarsträubende Täuschungsmanöver«, und zwar raffinierte, aber »an die Grenzen der Glaubwürdigkeit« gehende Handlungskonstruktionen vorwirft, um von den beiden Franzosen zunehmend stärker gelangweilt zu sein.

Deren große Zeit liegt zweifellos eine ganze Weile zurück: in den fünfziger Jahren, die überhaupt als die Blütezeit des französischen Kriminalromans gelten dürfen. Damals schrieben sie unter anderem *Celle qui n'était plus* (›Tote sollten schweigen‹[5]; 1952), *Les visages de l'ombre* (›Gesichter des Schattens‹; 1953), *D'entre les morts* (›Aus dem Reich der Toten‹[6]; 1956), *A cœur perdu* (›Mord bei 45 Touren‹; 1959) – Romane, die zum Besten gehören, was in diesen Jahren irgendwo in der Welt an Kriminalromanen geschrieben wurde. Zwei gute Beispiele für Boileau/Narcejacs Technik sind *Celle qui n'était plus* und *D'entre les morts*; beide haben als Grundvoraussetzung ein großes Täuschungsmanöver, mit dem nicht nur die Leser, sondern auch die Hauptfiguren der Handlung getäuscht werden. In *Celle qui n'était plus* scheinen ein Mann und eine Geliebte die Ehefrau des Mannes ermordet zu haben, die sich dem Tode jedoch offenbar hartnäckig widersetzt; immer wieder erscheint die scheinbar Ermordete ihrem Mörder, der schließlich Selbstmord begeht. Das scheinbar Unerklärliche aber findet eine relativ einfache Erklärung: Mireille Ravinel ist nie tot gewesen, sondern hat, im Einverständnis mit der Geliebten ihres Mannes, die Symptome einer Wasserleiche nur vorgetäuscht, das Komplott galt dem Mann, der am Ende auch tatsächlich das Opfer ist. In *D'entre les morts* engagiert der reiche Paul Gévigne seinen Schulfreund Roger Flavières, einen abgewrackten Privatdetektiv, vorgeblich, damit der Gévignes junge Frau Madeleine »beschattet«. Gévigne erklärt dem Detektiv, er habe nicht wirklich Angst um Madeleine; doch habe sich seine Frau in jüngster Zeit merkwürdig verändert, möglicherweise werde sie versuchen, Selbstmord zu begehen. Der Detektiv nimmt den Auftrag an. Er folgt der jungen Frau auf Schritt und Tritt, verliebt sich in sie – und wird praktisch Zeuge ihres Selbstmords; während er ihr aufgrund seiner Höhenangst nicht auf die Leitern eines Kirchturms folgen kann, scheint sie von der Spitze des Kirchturms in den Tod gesprungen zu sein; jedenfalls findet man unten ihre Leiche. Tatsächlich handelt es sich um einen raffiniert getarnten Mord; der Detektiv, dessen Höhenangst die Grundvoraussetzung des gesamten Plans bedeutete, war lediglich engagiert worden, um dem Mörder und seinen Gehilfen ein perfektes Alibi zu liefern.

Falls diese Arrangements bedenklich sind, so werden sie jedenfalls durch die subtile Erzählkunst der beiden Autoren legitimiert. Später nimmt die Künstlichkeit der Konstruktionen stark zu; von den siebziger

Jahren an gewinnt sie die Oberhand. Ein Roman wie *Maléfices* (›Das Geheimnis des gelben Geparden‹; 1961) schafft es noch grandios, einen Nebel aus schwarzer Magie über die Ereignisse zu legen, der sich schließlich als raffinierte Inszenierung entpuppt, allerdings erst, nachdem die geheimnisvolle junge Frau, die zusammen mit ihrem Geparden in einem einsamen Haus an der französischen Atlantikküste lebt, auf der Dammstraße zwischen Insel und Festland in einem Sturm umgekommen ist. Doch schon *... et mon tout est un homme* (›Mensch auf Raten‹; 1965) strapaziert die Gutgläubigkeit des Lesers mit einer Schauergeschichte, welche die Probleme der Organtransplantation an eine abstruse Frankenstein-Story verschenkt. Noch einmal erreichen Boileau/Narcejac beachtliche Qualität in *La mort a dit peut-être* (›Parfüm für eine Selbstmörderin‹; 1967); danach werden die Handlungen zunehmend abstruser. In *Les Veufs* (›Die trauernden Witwer‹; 1970) versucht der Schriftsteller Serge Mirkine den Geliebten seiner Frau umzubringen, erwischt aber den Falschen, während seine Frau dummerweise ohne seine Schuld zu Tode kommt, was wiederum den Liebhaber auf die Palme bringt: ein wenig viel der Zufälligkeiten. In *La tenaille* (›Wenn eine Tote mit zwei Männern lebt...‹; 1975) übernimmt eine junge Frau nach einem Flugzeugabsturz die Identität ihrer umgekommenen Kusine, weil sie deren durch das Unglück geistesverwirrtem Vater, ihrem Onkel, die Nachricht vom Tod seiner Tochter ersparen will. Doch als sie ihren Mann, nunmehr offiziell Witwer, in der Rolle ihrer Kusine erneut geheiratet hat, entdeckt sie auf der Heiratsurkunde, daß auch ihr Mann eine fremde Identität besitzt; die Raffinesse im Spätwerk von Boileau/Narcejac geht um immer mehr Ecken. In *Mamie* (›Mamie‹; 1983) reicht eine einfache Kindesentführung bei weitem nicht aus; als die Entführer statt des Sohnes reicher Eltern das Kind der mittellosen Amme erwischen, versuchen die Eltern, um beide Kinder zu schützen, das Spiel der Entführer mitzuspielen und steuern den Kidnappingfall durch die doppelte Täuschung erst recht in die Katastrophe.

Die zusätzliche Komplikation wird geradezu zum Merkmal der Fälle, die Boileau/Narcejac nun schildern. In *L'âge bête* (›Rache mit 15‹; 1978) entführt ein Schüler die ungeliebte Lehrerin; dummerweise stirbt der Haupttäter bei einem Verkehrsunfall, und ein Dritter hat das Kidnappingopfer auf dem Hals. In *Terminus* (›Abschied von Lucienne‹; 1980) teilt ein Speisewagenkellner seiner Frau mit, daß er sich von ihr scheiden lassen will. Wenig später verunglückt sie, und als sie im Koma im Krankenhaus liegt, muß ihr Mann feststellen, daß sie die ganze Zeit über ein Doppelleben als Callgirl geführt hat – woraufhin er die am Tropf Hängende umbringt und sich der Polizei stellt.

Sobald die Konstruktionen simpler werden, steigt die Glaubwürdigkeit. In *Box Office* (›Werthers zweiter Selbstmord‹; 1981) treiben Ehefrau und deren Liebhaber einen labilen Schauspieler zum Selbstmord, indem sie des Schauspielers bereits vorhandene Selbstmordneigungen trickreich nutzen: eine Möglichkeit, die in der Figur selbst bereits angelegt ist und mindestens den Anschein der Logik für sich hat.

In allen Fällen herrscht eine extrem subjektive Sicht, noch dann, wenn das Geschehen nicht von einem der Beteiligten in der ersten Person, sondern scheinbar objektiv in der dritten erzählt wird. Doch in vielen Fällen müssen Briefe und Dokumente herhalten, um die subjektive Perspektive zu erzeugen. »Mir war bewußt« – beginnt der Roman *La lèpre* (›Ein Heldenleben‹; 1976) –, »daß dies ein langer Brief werden würde, aber wie lang, merke ich erst jetzt«: Ein Mörder setzt an zu seiner Rechtfertigung. »Lieber, Freund, Sie haben mich also wiedergefunden«, lautet die Eröffnung von *Les intouchables* (›Die Unberührbaren‹; 1980): Ein Opfer versucht, seinen Verfolger gnädig zu stimmen. »Weißt Du noch, mein Lieber? Du hast mir schon oft gesagt: ›Was du so alles erlebt hast, das gibt Stoff für eine umwerfende Geschichte. Wenn du mir deine Erinnerungen überläßt, dann mach ich einen Roman draus‹ – so der Anfang von *Les eaux dormantes* (›Ohne Spuren‹; 1983) –: Ein Betroffener offeriert einem Freund eine Familiengeschichte und scheint gleichzeitig so etwas wie sein Testament zu überliefern; für den Fall, daß auch ihm etwas zustößt.

Es geht dabei freilich, schon weil die Autoren ihre Position *vor* dem Mord gewählt haben, nie um die Rekonstruktion eines Verbrechens aus der Aktenlage, sondern eher um die Verfälschung oder Verschleierung von Fakten. Boileau/Narcejac benutzen die subjektive Darstellung in der Art, wie Agatha Christie sie in *The Murder of Roger Ackroyd* verwandt hat: zur absichtlichen Verwischung der Spuren. Literarisch freilich gehen sie dabei wesentlich ambitionierter zu Werke als die Christie. Ihre Kriminalromane sind zweifellos beeinflußt vom »nouveau roman«, ohne doch die literarische Stringenz von Autoren wie Robbe-Grillet oder Nathalie Sarraute zu besitzen. So erhält ihr Werk bei aller stilistischen Könnerschaft[7] und Raffinesse einen Stich ins Prätentiöse. Der Kriminalroman, der allzu offensichtlich über seine eigenen Grenzen hinausstrebt, bleibt letztlich hinter seinen eigenen Möglichkeiten zurück.

Der Kriminalroman à la Boileau/Narcejac bleibt für Jahrzehnte das große Stil- und Klimavorbild des französischen Kriminalromans, deren früheste und beste Beispiele in der »Crime Club«-Reihe des Verlags

Denoel erschienen, die mit Boileaus *Celle qui n'était plus* eröffnet worden war. Schon 1960 legt der 1928 in Paris geborene Hubert Monteilhet in dieser Reihe seinen Roman *Les mantes religieuses* (›Tödliche Ehen‹) vor, der das Konzept des aus Dokumenten unterschiedlicher Art und Perspektive collagierten Romans raffiniert abwandelt und mit vorgeblichem Understatement so beginnt: »Die Lektüre der besten Autoren, die ich von Jugend an gelesen habe, hat meine Selbstkritik geschärft: ich traue mir nicht genügend Talent und Phantasie zu, um dem Leser eine eigenhändig geschriebene Arbeit vorzulegen.« So begnügt sich der Autor mit einer Auswahl von Dokumenten, »die ein neues Licht auf einen Mordfall werfen, der vor kurzem die Öffentlichkeit beschäftigte«. Es geht um den Mord an einem Geschichtsprofessor und seinem kleinen Sohn, der seine zweite Frau in den Besitz einer hohen Versicherungssumme bringt; beider Tod hat die Frau des Professors mit ebenso großer Grausamkeit wie Raffinesse so inszeniert, daß eigentlich kein Verdacht auf sie fallen kann. Doch natürlich geht die Sache durch einen Zufall schief; am Ende begeht die Mörderin Selbstmord, indem »ich in die Garage gehe, den Motor meines Rolls-Royce anlasse und mich hineinlege: in einen Sarg, der meinem Staub angemessen ist«.

Der 1931 geborene Jean Baptiste Rossi, dessen Autorenpseudonym Sébastien Japrisot lautet, machte sich vor allem durch zwei Kriminalromane einen Namen: seinen Erstling *Piège pour Cendrillon* (›Falle für Aschenbrödel‹; 1962) und *La dame dans l'auto avec des lunettes et un fusil* (›Porträt einer Dame im Auto mit Brille und Gewehr‹; 1966). In *Piège pour Cendrillon* verliert eine junge Frau bei einem Unfall durch Verbrennungen nicht nur ihr Gesicht, sondern auch ihr Gedächtnis. So stellt sich ihr und dem Leser die Frage: Ist sie nun Michèle oder Domenica, die Arme oder die Reiche? Und hat sie, möglicherweise, die andere umgebracht? Auch hier sind subjektive und objektive Erzählpassagen raffiniert gemischt, ein Prinzip, das Japrisot auch für *La dame dans l'auto* anwendet. Diesmal borgt sich eine junge Frau aus einer Werbeagentur heimlich den Sportwagen ihres Chefs aus, um eine Spritztour an die Riviera zu machen – »Ich habe das Meer nie gesehen« –, entdeckt im Kofferraum eine Leiche und das Gewehr, mit dem der Tote erschossen wurde, und gerät in einen Alptraum aus Psychoterror und nackter Gewalt. In beiden Fällen dient der ständige Perspektivenwechsel zur Verunsicherung des Lesers und zur Erzeugung einer – zugegeben – starken Oberflächenspannung, die sich am Ende, etwas vage, in ein banales Happy-End auflöst.

Spätere Romane Japrisots sind zum Teil gleich wie Drehbücher angelegt, ihre Verfilmung stand offenbar von vornherein fest, und der Autor hat sich gar nicht mehr die Mühe gemacht, die für den Film bestimmten Dialoge mit Atmosphäre zu unterfüttern. In *Adieu l'ami* (›Weekend im Tresor‹; 1968) knacken Gangster einen Panzerschrank, der nicht nur die erhofften 2 Millionen Francs Beute nicht enthält, sondern auch noch zuklappt und sich von innen nicht mehr öffnen läßt; die Geldschrankknacker sind in eine mörderische Falle geraten. In *La course du lièvre á travers les champs* (›Lauf, wenn du nicht schießen kannst‹; 1972) unterschneidet Japrisot ein Kinderspiel in Marseille mit einem tatsächlichen Raubüberfall im kanadischen Quebec; was in René Cléments Film durch die Poesie der Kamera funktionieren mag, wirkt im mageren Dialog des Pseudoromans dünn, gekünstelt und fade.

Die von Boileau/Narcejac vorgegebenen Muster finden sich auch bei jüngeren französischen Autoren, bis in die siebziger und achtziger Jahre hinein. Der 1917 geborene Paul Andréota läßt die Ereignisse in seinem Roman *Zigzags* (›Mord im Zickzack‹; 1970) aus doppelter Perspektive schildern. Zunächst fungiert der junge Ehemann der Hauptverdächtigen als Erzähler; seine Frau Christiane hat zugegeben, den Modefotografen Vajda, ihren früheren Geliebten, erstochen zu haben. Dann berichtet ihr Verteidiger und lenkt den Verdacht auf eine andere junge Frau. In *Schizo* (›Schizo‹; 1977) findet der Kommissar, der einen gewaltsamen Todesfall untersucht, bei dem eine Geistesverwirrte eine Freundin der Familie in einen Abgrund gestürzt zu haben scheint, im Tagebuch der Täterin einen winzigen Hinweis, der ihn auf die Spur eines wesentlich raffinierteren Verbrechens führt.

Auch die 1936 in Paris geborene Janine Oriano, Journalistin und Hausfrau, erzählt ihre Romane *B comme Baptiste* (›B wie Baptiste‹; 1971) und *O. K. Léon!* (›Okay, Léon!‹; 1972) aus subjektiver Perspektive. In *B comme Baptiste* wird der Schallplattenverkäufer Yves Marie Préjean, der seine Geschichte – »Ich hatte ohnehin eine Stinklaune« – selbst erzählt, von einer schönen jungen Frau, die ihn in einer Metrostation anspricht, in einen Kriminalfall hineingezogen; Sandrine, eben noch nackt und verführerisch, wird umgebracht, während der eingeschläferte Gimpel in ihrem Bett den Sündenbock für den Mörder abgibt. Der Erzähltonfall ist leicht schnoddrig, die Handlung etwas angeschmuddelt – und mindestens der Tatbestand der Schnoddrigkeit gilt auch für *O. K. Léon!*, den anderen Roman der Oriano. Ein junger Mann, wie Monsieur

Préjean der Erzähler eines Alptraums mit für ihn glücklichem Ausgang, wird für den Kumpel eines toten Verbrechers gehalten, der ihm – wie eine Menge Leute zu glauben scheinen – vor seinem Ableben das Versteck eines ergaunerten Vermögens anvertraut habe, um das bald ein Bandenkrieg losbricht. Die unfreiwillige Parodie eines Gangsterromans ist nicht mehr weit.

Das Autorenpaar Jean-Paul Rouland und Claude Olivier fällt nicht nur dadurch aus dem Rahmen, daß es seine Romane wie Boileau/Narcejac gemeinsam schreibt. Es hat auch eine weibliche Kommissarin entwikkelt, die in bislang drei ins Deutsche übersetzten Romanen die Fälle löst. Aber damit hört die Originalität auch schon auf. Das Muster ist in zwei von drei Fällen identisch; sowohl in *Le prélon* (›Mord vor 1000 Zeugen‹; 1976) als auch in *La fouine* (›Mein Papa, der Mörder‹; 1977) wird ein Kriminalfall aus dreifacher Perspektive geschildert. In *Le prélon* erzählen der Mörder und zwei Detektive, in *La fouine* kommt zum Täter und der Kommissarin Tanquerel noch ein Kind als Erzähler dazu. *Poulet à l'italienne* (›Die Kommissarin und der Mann, der Witwer werden wollte‹; 1980) ist dagegen ein konventionell in der dritten Person erzählter Roman, in dem ein Mann, dessen Frau bei einem Verkehrsunfall umgekommen ist, einen privaten Rachefeldzug startet, an dessen Ende er selbst ums Leben kommt.

Dominique Roulet schließlich, von der bislang zwei Romane in deutscher Übersetzung vorliegen, könnte beinahe ein neues Pseudonym für die Sechziger-Jahre-Autoren Japrisot oder Monteilhet sein. Sowohl *Le crime d'Antoine* (›Antoines Verbrechen‹; 1979) – die Geschichte eines Mannes, der durch eine Heiratsannonce in ein schmieriges Verbrechen hineingezogen wird – als auch *Une mort en trop* (›Gegenmaßnahmen‹; 1982) – in dem aus dem Kampf um das Wohnrecht in einem Haus, das den Spekulanten großen Gewinn bringen soll, eine Geschichte von Mord und Totschlag erwächst – arbeiten mit Briefen, Dokumenten und subjektiven Erzählpassagen, deren kunstfertige Montage ständig nach Höherem zu streben scheint, ohne daß das Ergebnis den stilistischen Aufwand voll rechtfertigte.

In Jean-Francois Coatmeurs *Les sirènes de minut* (›Sirenen um Mitternacht‹; 1976) verbirgt sich ein privates Verbrechen – der Doppelmord an einem reichen Ehepaar, dessen männlicher Partner im Rollstuhl saß – hinter den Aktionen eines fiktiven politischen Widerstands; in Frankreich hat ein Rechtsputsch stattgefunden, den anarchistische Elemente bekämpfen. In *La bavure* (›Nur kein Skandal‹; 1980) läuft ein Opfer gegen die Spitzen der Gesellschaft Amok; der Weinvertreter Albert Laugel klärt, fast in Mickey-Spillane-Manier, auf eigene Faust den Mord an seiner Ex-Frau und seinem kleinen Sohn auf, der von den Killern aus bester Gesellschaft sozusagen aus Versehen mit abgeschlachtet worden war: »Die beiden Pistolen fuhren aus den Jackentaschen hervor und spien Feuer, abwechselnd auf Brust, Gesicht und Bauch zielend. Der Senator wurde rückwärts geschleudert, wirbelte um die eigene Achse und brach über dem Tisch in einem Getöse von zersplitterten Gläsern zusammen. Um Laugel herum herrschte heillose Panik... ein stolzer Offizier robbte behende aus der Schußlinie, ein Herr aus der Fleisch- und Wurstwarenbranche, Ritter der Ehrenlegion, auf allen vieren im Kies, auf der Suche nach seiner verlorengegangenen Ordensbandschleife; ein Staatsanwalt flehte lauthals um Erbarmen; einem bekannten Staranwalt versagte – für einmal – völlig die Stimme, und überall Blutspritzer und schäumender Champagner, überall Ahs und Ohs und Rufe wie: Gnade! Und: Keine Panik!« Es wird auch nicht besser, wenn Coatmeur, anstatt sich über die Angst derer zu mokieren, die einem durchgedrehten Killer und seinen Pistolen gegenüberstehen, einen lyrischen Anlauf nimmt. *La nuit rouge* (›Blutige Nacht‹; 1984), eine an sich gutgemeinte Geschichte um Ausländerhaß und seine blutigen Folgen, beginnt folgendermaßen: »Der Regen trommelte sein Liedchen auf das wie von Lepra zerfressene Autodach. *Pic, poc, tuc, bamm*... Zidore schnarchte rasselnd. P'tit Gall schlief nicht; er lauschte auf diese Melodie, die eine Erinnerung in ihm wachrief – ein Bild, das sehr fern war und viele Jahre zurücklag: Quagadougou in Obervolta; er ging noch zur Schule, und ein großer Schwarzer im kanariengelben Überwurf kauerte im Schneidersitz auf der roten Erde, hielt zwei schwarze Stöckchen in den Händen und schlug damit eine Reihe von hölzernen Plättchen an: *Pic, pic, bamm, poc, tuc*... Afrika. Sonne, schreiende Farben. Schwere Gerüche. Benommenheit.« Wer mag angesichts derart verschmockter Hilflosigkeit noch weiterlesen?

Ein eigenes Profil auf gutem Niveau entwickeln vornehmlich zwei Autoren: Francis Ryck und Pierre Maldonado – wobei sich das Urteil des deutschen Lesers im Falle Maldonado allerdings nur auf einen einzigen Roman gründen kann: *Le septième cercle* (›Der siebte Kreis‹; 1976).

Die Prätention dieses Romans steckt vornehmlich im Titel und der von ihm ausgehenden Symbolik; in Dantes *Divina Comedia* ist der siebte

Kreis der Hölle jenen Sündern vorbehalten, die sich gegen Gott aufgelehnt haben: Tyrannen, Mördern und Selbstmördern. ›Der siebte Kreis‹ ist zwar mit einigem literarischen Anspruch, aber doch ohne falsche Prätention erzählt: natürlich in der Ich-Form. Doch erinnert der Tonfall beinahe stärker an amerikanische als an französische Vorbilder. Das Erzähler-Ich ist jedoch kein Detektiv, sondern ein am Rande in den Fall verwickelter Nachtklubbesitzer. Die Handlung spielt weder in Paris noch an der Mittelmeerküste (wo insgesamt gewiß mehr als 90 Prozent aller französischen Kriminalromane angesiedelt sind), sondern in der Provinzstadt Nantes. Ein wertvolles modernes Gemälde, das den Titel des Romans trägt, ist von einiger Bedeutung. Kunst, Sexualität und sehr viel Geld ergeben auch an der französischen Atlantikküste eine Art soziales Nitroglyzerin, das bei der leisesten Erschütterung in die Luft fliegt und dessen Explosion im speziellen Fall die Gesellschaft der lokalen Honoratioren durcheinanderbläst.

Francis Ryck, 1920 in Paris geboren, als Globetrotter durch die halbe Welt getrampt, steht im Prinzip der Schule der Boileau/Narcejacs wesentlich näher als Maldonado. Rycks erster Roman *Drôle de pistolet* (›Ein Sender im Gepäck‹; 1969) erzählt eine halbwegs konventionelle Agentengeschichte: Der sowjetische Geheimagent Yako, der den Briten in London einige Informationen von Interesse überliefert hat, wird im einsamen französischen Bergland von seinen früheren Kollegen gehetzt, mit Hilfe der Engländer, die mit dem KGB auf Yakos Kosten ein weiteres Spiel treiben wollen; sein zweiter – *Les chasseurs de sable* (›Wie Sand zwischen den Fingern‹; 1971) – versucht sich auf dem Gebiet des Unterweltromans.

Doch beginnend mit *Le compagnon indésirable* (›Flieh nicht mit Fremden‹; 1973) entwirft Ryck seltsam gebrochene Charaktere, bei denen die Todessehnsucht konsequent zum gewaltsamen Ende führt. In *Voulez-vous mourir avec moi?* (›Wollen Sie mit mir sterben?‹; 1973) beschreibt Ryck einen Mörder, für den das Umbringen ihm wildfremder Menschen etwas wie einen Akt der schrittweisen Selbstaufhebung bedeutet: mit jedem Mord wird ein Teil des eigenen Todes vorweggenommen. Der Mörder, ein junger Kanadier, reist durch Europa und bringt Mädchen um. Es sind nicht eigentlich Sexualmorde; er tötet sie, wie eine Katze Mäuse umbringt: langsam, genüßlich und ohne Empfindung für die Qual der Opfer. In Paris dann stößt er auf ein Mädchen, dem der Tod willkommen wäre und das er leben läßt. Gemeinsam setzen die beiden fort, was er allein begann: ein Mordversuch hier, ein vollendeter Mord da, aus keinem anderen Grund als der Sucht nach einem extremen Gefühl. Im

Finale treibt Ryck das Motiv der Selbstzerstörung ins Extrem. Sie tötet ihn und zerstört dadurch sich selbst, wagt es aber nicht, ihrem eigenen Leben ebenfalls ein Ende zu setzen.

Wie die Mörder dieses Romans sind die meisten zentralen Figuren Rycks sehr verzweifelt, sehr verwirrt, sehr weit außerhalb der Gesellschaft. Fast ohne Gemütsbewegung sind sie in der Lage, ein ganzes Dutzend Menschen mit der Maschinenpistole niederzumähen – wie der Bankräuber in *Effraction* (›Sterben, das ist nicht so wichtig‹; 1975), der für ein paar Jahre in Saus und Braus gern in die Hölle marschiert. Doch für den Menschen, den sie lieben, würden sie buchstäblich alles tun – wie der Segler Daniel Fabien in *Le prix des choses* (›Der Preis der Dinge‹; 1973) für seine kleine Tochter Natascha, die eine skrupellose Schmugglerbande benutzt, um ihn gefügig zu machen.

Manchmal aber reicht es völlig aus, wenn Ryck eine Handvoll labile Personen in falscher Kombination zusammenbringt, um zu Mord und Totschlag zu gelangen – sei es, daß es eine Handvoll Ganoven sind, denen ein Coup entgleist, wie in *Prière de se pencher au-dehors* (›Ehrlich währt am kürzesten‹; 1978), sei es, daß ein Vater mit seiner Tochter und deren Freundin aus der Nervenheilanstalt auf Tour geht, wie in *Le piège* (›Eine Falle für drei Personen‹; 1981). Bei Ryck gibt es selten ein Happy-End. Mit offenen Augen, unaufhaltsam und womöglich sogar aus vollem freiem Willen rennen seine Figuren in ihr Unglück, ihren Tod.

1 *P. Boileau/T. Narcejac:* Émile Gaboriau. Aus Boileau/Narcejac: ›Der Detektivroman‹. Zitiert nach *J. Vogt:* Der Kriminalroman, München 1971. S. 75.

2 Die Figur des Gentleman-Verbrechers Raffles, eine Erfindung des englischen Autors E. W. Hornung, ist in dem Kapitel »Der Gangster als Held«, S. 240ff. dieses Buches, behandelt.

3 Die Zitate sind hier und im folgenden dem bereits in der Fußnote 1 angegebenen Buch von J. Vogt, »Der Kriminalroman«, entnommen; sie finden sich auf S. 293ff. Zu bedenken wäre, daß es sich bei dem im Text immer wieder vorkommenden Begriff des »Detektivromans« um die Übersetzung des französischen »roman policier« handelt, so daß die korrektere Lesart grundsätzlich »Kriminalroman« wäre.

4 *J. Symons:* Am Anfang war der Mord. München 1972. S. 192/193.

5 Der Stoff ist unter dem Titel der Verfilmung von Clouzot wesentlich bekannter geworden: »Die Teuflischen«.

6 Für seine Verfilmung des Stoffs wählte Hitchcock den Titel »Vertigo«.

7 Diese Könnerschaft erweist sich nicht zuletzt auch an einigen Romanen, die Boileau/Narcejac gleichsam mit fremder Feder geschrieben haben. Für *La poudrière* (›Die Affäre Mareuse‹; 1974) und drei weitere Romane schlüpfte das Autorenpaar in die Rolle von Arsène Lupin; der Geschichtenband *Usurpation d'identité* (›Identitätlichkeiten‹; 1980) erhält Parodien im Stile von u. a. Conan Doyle, Leblanc, Chesterton, Sayers, Christie, Ellery Queen, Simenon, Stout und einigen französischen Kollegen.

Ausgewählte Bibliographie

Claude Aveline: *Wagen 7, Platz 15*; *Der Briefmarkenhändler*; *Das Tigerauge* – sämtlich Rowohlt Verlag, Reinbek.
Boileau/Narcejac: *Tote sollten schweigen*; *Gesichter des Schattens*; *Aus dem Reich der Toten*; *Die Gleichung geht nicht auf*; *Mord bei 45 Touren*; *Das Geheimnis des gelben Geparden*; *Mensch auf Raten*; *Parfüm für eine Selbstmörderin*; *Die trauernden Witwer*; *Leiche auf Urlaub*; *Bruder Judas*; *Wenn eine Tote mit zwei Männern lebt*; *Ein Heldenleben*; *Rache mit 15*; *Auf dem Abstellgleis*; *Die Unberührbaren*; *Abschied von Lucienne*; *Werthers zweiter Selbstmord*; *Mamie*; *Ohne Spuren* – sämtlich Rowohlt Verlag, Reinbek.
Francis Ryck: *Ein Sender im Gepäck*; *Wie Sand zwischen den Fingern*; *Flieh nicht mit Fremden*; *Wollen Sie mit mir sterben?*; *Der Preis der Dinge*; *Die Testamentsvollstrecker*; *Sterben, das ist nicht so wichtig*; *Ehrlich währt am kürzesten*; *Eine Falle für drei Personen* – sämtlich Rowohlt Verlag, Reinbek.
Pierre Maldonado: *Der siebte Kreis* – Rowohlt Verlag, Reinbek 1980.
Sébastien Japrisot: *Porträt einer Dame im Auto mit Brille und Gewehr*; *Falle für Aschenbrödel*; *Mord im Fahrpreis inbegriffen*; *Weekend im Tresor*; *Lauf, wenn du nicht schießen kannst*; *Blutiger Sommer* – sämtlich Rowohlt Verlag, Reinbek.
Hubert Monteilhet: *Tödliche Ehen*; *Der Asche entstiegen* – Rowohlt Verlag, Reinbek.
Paul Andréota: *Mord im Zickzack*; *In Schutt und Asche*; *Schizo* – Rowohlt Verlag, Reinbek.
Dominique Roulet: *Antoines Verbrechen*; *Gegenmaßnahmen* – Rowohlt Verlag, Reinbek.
Janine Oriano: *B wie Baptiste*; *Okay, Léon!* – Rowohlt Verlag, Reinbek.
Rouland/Olivier: *Mord vor 1000 Zeugen*; *Mein Papa, der Mörder*; *Die Kommissarin und der Mann, der Witwer werden wollte* – Rowohlt Verlag, Reinbek.
Jean-Francois Coatmeur: *Sirenen um Mitternacht*; *Ein gewisser Johnny*; *Nur kein Skandal*; *Blutige Nacht* – Rowohlt Verlag, Reinbek.

Die Moral der Unmoral:

Giorgio Scerbanenco, Leonardo Sciascia und der Krimi in Italien

Daß es keine italienische Schule des Kriminalromans gebe (wie die Franzosen Boileau/Narcejac behaupten), mag durchaus stimmen. Es gibt aber eine Handvoll italienischer Autoren von Kriminalromanen allerersten Ranges, die sämtlich eines gemeinsam haben: ihre überaus kritische Perspektive gegenüber der Unmoral der (italienischen) Gesellschaft. Darüber hinaus verbindet sie wenig. Einige von ihnen, wie der Sizilianer Leonardo Sciascia oder der in Rom lebende Paolo Levi, haben nur wenige Bücher geschrieben, die sich als Kriminalromane bezeichnen lassen. Der in Kiew geborene und in Mailand gestorbene Giorgio Scerbanenco gehörte mit einem Gesamtwerk von rund sechzig Kriminalromanen und einigen hundert Kriminalgeschichten zu den produktivsten Autoren seines Faches.

Einer gängigen Auffassung zufolge ist Italien das Land des »Verbrechens aus Leidenschaft«; erotische Verwicklungen müßten demzufolge zu den meisten Morden führen. Doch für den italienischen Kriminalroman scheint diese These nicht zu gelten. Leonardo Sciascia macht sich im ersten seiner Kriminalromane, *Il giorno della civetta* (›Der Tag der Eule‹; 1961), geradezu lustig über die Neigung vor allem der Sizilianer, bei jedem Mord zunächst einmal das Motiv der Leidenschaft als ausschlaggebend zu vermuten; es erscheint wie ein bewußt verbreiteter, jedenfalls aber bequemer Nebel, hinter dem man gewichtigere – politische – Motive leicht verbergen kann. In *Il giorno della civetta* soll die »Fährte der Leidenschaft« den Detektiv ganz bewußt von den wahren Hintergründen des Verbrechens ablenken: »Vielleicht hatte sich der Journalist bei seinem Aufenthalt in S. von Don Ciccio rasieren lassen, und dessen Erzählung von den Liebesbanden zwischen Nicolosis Frau und Passarello hatte seine Phantasie beflügelt. *Cherchez la femme*, das war es schließlich, was dieser Journalist als echter Journalist und Sizilianer sagte. Und der Hauptmann war gerade der Ansicht, man solle nicht nach der Frau suchen. Und er hätte sich gewünscht, daß man das in Sizilien der Polizei zur Vorschrift machte. Denn schließlich fand sie sich immer, und zwar zum Schaden der Gerechtigkeit. Das Leidenschaftsdelikt, dachte der Hauptmann Bellodi, entspricht in Sizilien nicht wahrer und echter Leidenschaft.«

Wie Hauptmann Bellodi und sein Autor Sciascia denken im wesentlichen auch die anderen italienischen Autoren von Kriminalgeschichten. Tatsächlich spielt bei ihnen zwar das Motiv der Sexualität eine große Rolle. Aber es ist eine pervertierte, zur Ware gewordene Sexualität, die zum Verbrechen führt. Ihre Grundlage ist nicht Liebe, sondern Besitzanspruch, ihr Kernübel eine verlogene Moral, die jede Perversion erlaubt, sofern sie nur von einer respektablen Fassade abgedeckt wird und verborgen bleibt. Es ist diese kirchlich verordnete Doppelmoral, die viel mit der Unauflöslichkeit der katholischen Ehe (die lange auch die italienische Ehe gewesen ist) zu tun hat, in der viele der wesentlichen italienischen Kriminalromane aus der Zeit nach dem Zweiten Weltkrieg spielen.

Die Anfänge von Giorgio Scerbanencos Werk liegen allerdings noch in der Zeit des Faschismus. Der 1911 in Kiew geborene Autor, Vater Russe, Mutter Italienerin, kam nach dem Ausbruch der Oktoberrevolution nach Italien, wo er in ärmlichen Verhältnissen aufwuchs. Er arbeitete in verschiedenen Jobs, ehe er, um das Jahr 1940, zu schreiben begann. Von Scerbanencos frühen Büchern ist nur eines ins Deutsche übersetzt worden: *L'antro dei filosofi* (›Zu reich zum Leben‹; 1942); interessanterweise spielt es nicht in Italien, sondern in einem nicht übermäßig konturenreich gezeichneten Amerika, wo ein schüchterner Polizeiarchivar einen Doppelmord im Hause des Philosophieprofessors Jeremy Steve aufzuklären hat.[1]

Der nächste jener acht Romane Scerbanencos, die ins Deutsche übersetzt worden sind, ist fast zwanzig Jahre jünger: *La sabbia non ricorda* (›Venedig sehen und sterben‹; 1963). Am Strand der Adria, in der Nähe eines Campingplatzes, wird ein kleiner sizilianischer Ganove, Erpresser und Strizzi, ermordet aufgefunden: mit einem Messer umgebracht. Die Polizei verdächtigt eine deutsche Touristin, die mit dem Toten ein flüchtiges Verhältnis gehabt hat (und die der Roman in der ersten Szene neben dem Toten präsentiert, wie sie die Mordwaffe ins Meer schleudert). Der Freund des Toten hat einen Berufsverbrecher in Verdacht, der es auf die Schwester des Toten abgesehen hatte und sich revanchiert haben könnte; so folgt er dem Gesetz der »vendetta« (Blutrache) und bringt seinerseits diesen Gangster um. Der Mörder aber ist ein junger Nichtsnutz aus gutem Hause, der seine gesamte Umgebung täuscht und den Verdacht lange raffiniert von sich ablenkt.

Der Roman enthält bereits viele Ingredienzien späterer Meisterwerke Scerbanencos: die moralische Korruption des Bürgertums, die verqueren Ehrbegriffe ganzer Gesellschaftsschichten, die verlogene Sexualmoral, die zum mörderischen Sprengstoff werden kann, die Existenz einer einflußreichen Unterwelt, die mit dem Bürgertum durch mannigfache Geschäftsinteressen verbunden ist. Doch noch fehlt das, was die großen Romane Scerbanencos entscheidend prägen wird: die Figur des Detektivs.

Scerbanenco entwickelt sie während des Jahres 1966 in zwei Romanen: *Venere privata* (›Leichte Mädchen sterben schwerer‹) und *Traditori di tutti* (›Doppelt gekillt hält besser‹). Dr. Duca Lamberti ist eine der ungewöhnlichsten Figuren der gesamten Kriminalliteratur: ein ehemaliger Arzt, der drei Jahre im Gefängnis gesessen hat, weil er einer krebskranken alten Frau in einem Fall von Euthanasie die tödliche Spritze gesetzt hat, und der sich auch später als Polizist als eine Art Arzt am kranken Leib der Gesellschaft versteht. Die beiden Fälle des Jahres 1966 löst Duca Lamberti noch als Privatmann, wenn auch in enger Zusammenarbeit mit der Polizei, mit der er in Verbindung steht, nicht nur durch seinen Freund Dr. Carrua, der Lamberti deckt und schließlich als

Kriminalisten einstellt, sondern schon durch seinen Vater, der von Lamberti selbst (in *Venere privata*) beschrieben wird als »Kriminalbeamter, ein gesetzestreuer Römer, der mit kalter Leidenschaft über Ordnung und Recht wachte; das war der Sinn und Inhalt seines Lebens«. Lamberti senior gelingt es, »nach Sizilien geschickt zu werden, wo er endlich etwas gegen die Mafia tun wollte«. Doch er »überspannte den Bogen«, wird von einem Mafiakiller angegriffen und durch Messerstiche an der linken Schulter schwer verletzt: »Alle wichtigen Sehnen und Muskeln waren durchgetrennt, und der Arm blieb für immer fast gelähmt. Darauf wurde er hier nach Mailand versetzt und konnte nur noch im Büro arbeiten.« Das Schicksal des Vaters hat auch für den Sohn Konsequenzen: »Vielleicht wollte er mich aus Angst, daß ich auch so zugerichtet werden könnte, nicht zur Polizei gehen lassen. Ich sollte Arzt werden, das war sein höchster Ehrgeiz, und ich wurde es.« Es bedurfte erst der privaten Tragödie, die Lamberti nicht aus moralischen Gründen, sondern »nur wegen der himmelschreienden Dummheit, die sie enthüllte«, tief bedauert, um den Doktor zu seiner eigentlichen Berufung finden zu lassen: der Verbrecherjagd.

In *Venere privata* wird der aus dem Ärzteregister gestrichene Arzt Duca Lamberti drei Tage nach seiner Entlassung aus dem Gefängnis von einem Industriellen als eine Mischung aus Kindermädchen und Psychotherapeut engagiert: Er soll den hünenhaften 22jährigen Sohn des Industriellen beschützen, womöglich heilen, der – anscheinend wegen eines tiefen seelischen Kummers – als Säufer und Herumtreiber zu verlottern droht. Lamberti findet heraus, daß sich David in eine junge Frau verliebt hatte, die kurz nach der Begegnung mit ihm anscheinend Selbstmord beging. Sein Selbstvorwurf geht dahin, daß er sie hätte retten können, wenn er sich nur genügend um sie gekümmert (und sie nicht auf einem Autobahnparkplatz aus seinem Auto geworfen) hätte. Um seinem Schützling zu helfen, versucht Duca die Todesumstände des Mädchens aufzuklären – und stößt auf einen Mord, begangen vom Killer einer Organisation, die sich mit Pornographie, Prostitution und Mädchenhandel in großem Stil befaßt; das Mädchen, ein Freizeit-Aktmodell, hatte aus dieser Organisation aussteigen wollen.

Bei der Aufklärung des Falles trifft Lamberti auf die Frau, die für die Zukunft der wichtigste Bezugspunkt seines Lebens wird: Dr. Livia Ussaro, ihres Zeichens Soziologin. Livia stellt sich Duca als Lockvogel zur Verfügung und büßt es mit einer Verstümmelung ihres schönen Gesichts: Die Ganoven zerschneiden es ihr mit dem Messer und behandeln die Wunden so, daß die Narben niemals heilen werden. Aus wissenschaftlichem Ehrgeiz (und natürlich auch aus erotischer Neugier) hat Livia, die ihre Doktorarbeit über das Phänomen der Prostitution geschrieben hat, auch selbst einige Experimente mit der Prostitution unternommen – und was sie erlebt hat, gab ihr »den letzten Beweis, daß die private Prostitution nicht möglich ist. In meinen Abhandlungen darüber habe ich geschrieben: Die Frau ist eine zu stark gefragte Ware, mit anderen Worten ein zu bedeutender wirtschaftlicher und sozialer Faktor, als daß sie außerhalb eines Netzes weitverzweigter, ineinandergreifender Interessen bleiben könnte.«

Es ist dieses Netz weitverzweigter, ineinandergreifender Geschäftsinteressen, in das die Figuren von Scerbanencos Kriminalfällen verflochten sind. Rauschgift- und Waffenhandel, Diebstahl, Betrug und immer wieder Prostitution: ein Reigen der kommerziellen Kriminalität, die auf dem Boden sozialer Ungleichheit wächst und durch die charakterlichen Defekte, angeborene wie anerzogene, zur Blüte kommt. Der Begriff der Blüte freilich ist insofern falsch, als an diesen Verbrechen absolut nichts Faszinierendes ist; sie sind so grau, bösartig und schmutzig wie nirgendwo sonst.

In *Traditori di tutti* nimmt Duca Lamberti, immer noch nicht offiziell im Dienst der Polizei, einen ärztlichen Auftrag an, wie er nur in Gesellschaften mit absolut verlogener Sexualmoral üblich ist: Er flickt einer Amateurnutte, die bereits dreimal abgetrieben hat, das Jungfernhäutchen zusammen, damit ihr künftiger Ehemann, ein reicher Metzger, im Hochzeitsbett eine »Jungfrau« vorfindet. Der Auftrag, nur übernommen, um das Vertrauen bestimmter Personen im »Milieu« zu gewinnen, führt Lamberti mitten hinein in eine Mordserie der abgefeimtesten Art, an deren Beginn freilich ein Doppelmord steht, dessen Opfer niemand bemitleidet. Das erste Opfer ist ein altes Ganovenpärchen, das seit den Tagen des Faschismus jeden verraten, betrogen und, notfalls, auch umgebracht hat, dessen Übervorteilung den mindesten Gewinn brachte. Sie werden – mit einem Auto im Kanal ersäuft – umgebracht von der Tochter eines ihrer Opfer, die sich anschließend der Polizei stellt und zehn bis fünfzehn Jahre Gefängnis zu erwarten hat, sehr zum Mißvergnügen des Detektivs, der ihr allerdings das Geständnis abringt, daß sie sich von ihrem Rachegefühl habe fehlleiten lassen: »Niemand darf das Recht in seine eigenen Hände nehmen.«

Beim nächsten Racheakt ist Lamberti, der am Ende von *Traditori di tutti* in den Polizeidienst eintritt, nicht mehr auf der Seite des Mörders. In *I ragazzi del massacro* (›Mord stand nicht im Stundenplan‹; 1968) geschieht etwas wirklich Abscheuliches: Eine ganze Klasse von Abendschülern, »die meisten waren schon im Jugendgefängnis gewesen«, vergewaltigen und foltern eine junge Lehrerin zu Tode. Die Sache scheint klar: Unter dem Einfluß von Alkohol ist eine Gruppe von ohnehin haltlosen Jugendlichen durchgedreht; ein gruppendynamischer Prozeß ist zum Kriminellen hin aus den Fugen geraten. Doch mit dieser allzu simplen Erklärung gibt sich Duca Lamberti nicht zufrieden. Er vermutet ein Muster, einen Plan hinter dem Verbrechen, der den simplen Gruppensexualmord an Scheußlichkeit weit übertrifft. Und er behält recht. Schicht für Schicht entfernt er den Tarnanstrich von einem wirklich teuflischen Plan, kommt er einer Mörderin auf die Spur, die sich der labilen Jugendlichen bedient hat, um private Rache zu üben. Die Lehrerin hatte seinerzeit eine Frau bei der Polizei angezeigt, die sich einiger Schüler der Klasse als Rauschgiftkuriere bediente und sie so von der Schule abhielt und ins kriminelle Milieu zurückzog; im Gefängnis, in das man die Frau und ihren männlichen Partner damals gesteckt hatte, war der Mann gestorben.

Es ist ein heilloser Sumpf, in dem Duca Lamberti sich bewegt, ohne jede Chance, ihn trockenlegen zu können; er ist gerade nur bemüht, die schlimmsten Auswüchse zu bekämpfen. Eltern, die ihre eigenen Kinder rauschgiftsüchtig machen, Mütter, die ihre Söhne zu Vergewaltigungen animieren, Zwölfjährige, die über ihre jüngeren Schwestern herfallen, Kinder und Erwachsene, die sich für eine kleine Handvoll Lire-Scheine bedenkenlos verkaufen; was sollen sie sonst auch tun. Nur wenige Autoren würden bei der Beschreibung solcher Zustände der Gefahr entgehen, ihre Leser wenigstens ein bißchen am Unterleib zu kitzeln, das viele Fleisch, das überall so offen angeboten wird, zur Erotisierung zu benutzen. Nicht so Scerbanenco. Wie Duca Lamberti und sein Chef Carrua, die »alle unnötigen Vulgaritäten haßten«, gebraucht er für die Beschreibung dessen, was vorgeht, »saubere technische Ausdrücke«. Er nennt die Dinge offen beim Namen, anstatt sie mit einer Schicht des Schmierigen oder Glibberigen zu überziehen. Für Euphemismen ist kein Platz; was Scerbanenco in seinen Duca-Lamberti-Romanen beschreibt, ist auch ohne falsche Beschönigungen schlimm genug.

In *I Milanesi ammazzano al sabato* (›In Mailand mordet man samstags‹; 1969) wird eine schöne, schwachsinnige Riesin mit enormem Sexualtrieb aus der Wohnung ihres Vaters entführt, zur Prostitution angehalten, eine Weile rücksichtslos ausgebeutet und schließlich, als sie in ihrem Jammer Schwierigkeiten macht, bestialisch umgebracht. Ohne die Distanz der Erzählung in der dritten Person aufzugeben, fährt Scerbanenco bei der Beschreibung des Falles und seiner Aufklärung zweigleisig. Zum einen schildert er das Verhalten des Vaters des Mädchens, eines einfachen alten

Mannes, eines ehemaligen Lastwagenfahrers. Zum anderen beschreibt er die Polizeiarbeit: wie Duca Lamberti, wie immer begleitet von seinem treuen Adjutanten Mascaranti, voller Ingrimm die Mailänder Unterwelt durchforstet, hier einen Zuhälter in die Zange nimmt, dort eine Prostituierte oder einen ihrer Kunden ausquetscht – und sich so allmählich auf die Spur des unglücklichen Mädchens und ihrer Mörder vortastet.

Naturgemäß kommt Lamberti dabei langsam vom Fleck. Schließlich weiß der Vater früher, wer die Mörder sind als die Polizei, und als er, eher aus dem naiven Wunsch nach Erkenntnis als aus Rachegelüsten, die Gangster mit seiner Kenntnis konfrontiert, kommt es zu einer neuen Stufe der Gewalttaten: einem Schlußkampf zwischen dem Vater und den Mördern, der so gar nichts von der Glorie an sich hat, die solche Abrechnungen im Westernfilm immer besitzen.

Der Roman endet melancholisch. Duca Lamberti, im Grunde gescheitert bei der Lösung des Falls, erhält einen offiziellen Brief, der seine »bedingungslose Wiederaufnahme« in die Ärztekammer mitteilt; er kann also, wenn er will, in seinen gelernten, angesehenen Beruf. Dennoch macht er ein finsteres Gesicht: »Weil ich weder ein guter Arzt bin noch ein guter Polizist.« Natürlich widerspricht ihm die geliebte Livia: »Unsinn... Du bist jetzt nur müde. Komm, wir gehen ein bißchen an die frische Luft.«

Was Lamberti hinfort tun wird, bleibt offen. In dem Jahr, in dem *I Milanesi ammazzano al sabato* in Italien erschien, ist Giorgio Scerbanenco, erst 58jährig, gestorben. Zwei Romane aus dem Nachlaß – *Ladro contro assassino* (›An einem kühlen Tag um fünf‹; 1971) und *Al mare con la ragazza* (›Mit den Augen einer Toten‹; 1975) – handeln nicht von Duca Lambertis Kampf gegen die Kriminalität im Sumpf der Millionenstadt Mailand, sondern jeweils von jungen Leuten, wie sie in den Lamberti-Romanen nur ganz am Rande vorkommen: Kleinkriminellen, die durch unglückliche Umstände um den Traum ihres Lebens gebracht werden; dem Taschendieb, der mit seiner Verlobten eine lange erträumte Reise nach Orvieto macht, wird von einem verschmähten Liebhaber auf dem Domplatz die Geliebte umgebracht; die Freundin des Autodiebs, der mit ihr auf eine kleine Spritzfahrt ans Meer gehen möchte, wird von einer verirrten Pistolenkugel des wütenden Autobesitzers tödlich getroffen. Doch ob diese Romane von Scerbanencos Resignation am Ende seines Lebens künden oder noch aus einer früheren Phase stammen, als er noch nicht zu Duca Lamberti und seiner besten literarischen Form gefunden hatte, ist – mir jedenfalls – nicht bekannt.

Wir haben bisher, von wenigen Ausnahmen abgesehen, die Kriminalerzählung völlig vernachlässigt und Autoren, die nicht allein durch Kriminalgeschichten zur Entwicklung des Genres beigetragen haben[2], so gut wie ausschließlich anhand ihrer Romane behandelt. Der Grund dafür ist höchst simpel: Die Kriminalerzählung ist so schwierig, daß nur wenige Autoren auf diesem Gebiet Besseres geleistet haben als auf dem Gebiet des Romans – oder auch nur Vergleichbares. Eine dieser Ausnahmen ist Giorgio Scerbanenco, dessen Geschichten in Italien vor allem in zwei Bänden zusammengefaßt sind: *Milano Calibre 9* (erschienen in seinem Todesjahr 1969) und *I cento delitti* (1970); ein weiterer Band, *La notte della tigre* (›Die Nacht des Tigers‹[3]) erschien 1975.

Bei den Erzählungen von *Milano Calibre 9* handelt es sich um zwei Dutzend längere Geschichten, während *I cento delitti* aus langen und sehr kurzen Geschichten zusammengesetzt ist; just diese Mischung macht einen der Hauptreize des Bandes aus. Die kürzesten von Scerbanencos Erzählungen werden – in den deutschen Ausgaben – nur durch Setzer- und Umbruchkünste über mehr als eine Seite gestreckt. In ihrer lakonischen Präzision an die kurzen Zwischentexte in Hemingways Erzählungsband *In Our Time* erinnernd, geben diese Miniaturen Momentaufnahmen von vertrackten menschlichen Beziehungen, kriminellen Situationen, Gewalttätigkeiten aus Gedankenlosigkeit sowie, vor allem, Querschnitte durch Bewußtseinslagen. Was Scerbanenco in seinen Geschichten interessiert, sind nicht die sorgsam geplanten, perfekt organisierten Gangsterstücke, sondern die Alltagskriminalität der Dutzendverbrechen. Was ihn magisch anzieht, sind die sozialen, moralischen und geistigen Hintergründe einer Tat, sind die dummen, kleinen, zuweilen tragikomischen Pannen, an denen Verbrechen (auch ihre Aufklärung) scheitern, die Momente, in denen ein Mißverständnis oder eine falsche moralische Qualifikation eine harmlose Situation in eine mörderische verwandeln.

Scerbanenco ist absolut uninteressiert an der Feinmechanik krimineller Abläufe. Er will wissen, wie die Menschen beschaffen sind, die Verbrechen begehen oder in Verbrechen hineingeraten: was sie antreibt, wie sie reagieren, ob die Tat sie belastet oder ob sie jede Erinnerung an sie abschütteln wie ein Hund die Wassertropfen. Mehr noch. Scerbanenco interessiert das Verhalten der Menschen schlechthin, auch wenn sie noch weit davon entfernt sind, ein Verbrechen zu begehen.

Einige der traurigsten von Scerbanencos traurigen Geschichten berichten von ganz banalen Alltäglichkeiten: von einer Sekretärin, die ihren Chef wegen einer Unterschlagung anzeigt, nachdem er sie wegen einer Jüngeren entlassen hat; von einem Mann, der seine zuvor eifersüchtig bewachte Frau vernachlässigt, nachdem man ihr eine Brust amputierte; von einem Manager, der am selben Tag einen Traum-Job und die Nachricht seiner unheilbaren Erkrankung erhält und von der Familie nur nach dem beruflichen Erfolg gefragt wird.

Im Grunde sind es immer solche Tragödien von der Stange, von denen Scerbanencos Geschichten handeln. Er beschreibt sie scheinbar kühl und distanziert; das Mitgefühl mit den Menschen, die – auch wenn sie handeln – immer nur Opfer der Verhältnisse sind, steckt zwischen den Zeilen und Worten, mit denen der Autor ganz sparsam und unrhetorisch umgeht.

Soweit ich sehe, ist Giorgio Scerbanenco der einzige Kriminalroman-Profi von Rang, den Italien hervorgebracht hat – abgesehen vielleicht von Antonio Perria, dessen drei in Deutschland bekanntgewordene Romane sämtlich aus der Mitte der siebziger Jahre stammen, einer Zeit also, als die Stimme Scerbanencos bereits verstummt war.

In einem gewissen Sinn setzt Perria die Linie Scerbanencos fort. Seine Geschichten spielen im selben Mailänder Milieu: an der Nahtstelle zwischen Gesellschaft und Unterwelt. Doch seine Kritik bezieht Polizei und Justiz mit ein. Wo Duca Lamberti sich wie ein Berserker für diese Institutionen und ihre Werte in die Bresche warf, ist Perrias Kommissar Saro Madonna jederzeit bereit, fünfe gerade sein zu lassen, wenn es seiner beruflichen Karriere dient. In *Incidente sul lavoro* (›Selbstmord mangels Beweises‹; 1974) führt Perria den Kommissar mit dem Doktortitel (aber nicht Medizin, sondern Jura; Studium in Palermo) mit dem Satz ein: »Er fand Leichen gräßlich.« Später berichtet er von ihm, Madonna habe seinen ersten sizilianischen Posten einem »leicht Mafia-verdächtigen Onkel« zu verdanken, sei »nach Mailand gekommen mit der Gemütsverfassung eines Menschen, der auf eine Eroberung auszieht«, seine Gefühle seien durch »vernünftiges Rechtsdenken« noch nie erschüttert worden, und langhaarige junge Männer seien ihm ein Greuel: »Beseitigen sollte man sie! Beseitigen! So bald wie möglich.«

Am Ende wird Madonna die Verdachtsmomente gegen einen reichen Ingenieur aus besten Kreisen in einem Homosexuellen-Fall unter den Tisch kehren und ruhig zuschauen, wie die Tat einem Unschuldigen angelastet wird, der sich im Gefängnis das Leben nahm: »Im Grunde genommen waren nicht die objektiven Erfolge das zu erreichende Ziel, sondern seine Laufbahn.« In einen zweiten Saro Madonna-Roman – *Giustizia per scommessa* (›Auch in den besten Kreisen‹; 1975) – greift sogar die Mafia zugunsten der Gerechtigkeit helfend ein. Onkel Beniamino, der nämliche wohl, dem Madonna seinen ersten Posten verdankte, läßt den Neffen wissen, daß seine Organisation nichts dagegen hätte, wenn jener kleine Mafioso, auf den Madonna im Zuge seiner Ermittlungen in einem Entführungs- und Mordfall gestoßen ist, von den Mühlen der Justiz kleingemahlen würde; der Bursche hatte nämlich auf eigene Rechnung gearbeitet, die allmächtige Mafia also betrogen.

Wir sind damit schon ganz nah bei der Thematik von Leonardo Sciascia, den man nicht eigentlich einen Krimi-Autor nennen kann; er ist tatsächlich ein Autor, der auch Kriminalromane geschrieben hat. Geboren am 8. Januar 1921 in der sizilianischen Ortschaft Racalmuto, von 1949 bis 1957 Volksschullehrer in seinem Geburtsort, begann Sciascia Anfang der fünfziger Jahre zu publizieren. Praktisch alle seine Bücher handeln von Sizilien, seinen Menschen und seinen Problemen – und so ist es im Grunde nur konsequent, daß er irgendwann auch einmal über die Mafia und ihre Verbrechen zu schreiben beginnt, Siziliens größtes Problem. 1961 erscheint *Il giorno della civetta* (›Der Tag der Eule‹), der erste Teil eines Romanquartetts[4] zu diesem Thema; es folgen *A sciascuno il suo* (›Tote auf Bestellung‹; 1966), *Il contesto* (›Die Macht und ihr Preis‹; 1971) und *Todo modo* (›Todo Modo oder Das Spiel um die Macht‹; 1974).

Il giorno della civetta berichtet von einem Mafia-Mord. Mit einer Schrotflinte wird, an einem frühen Morgen in einem sizilianischen Dorf, ein Mann erschossen, der sich gerade auf das Trittbrett eines Busses schwingen will – und angeblich hat niemand etwas gesehen. Wenig später verschwindet ein zweiter Mann aus dem Dorf, und jeder, seine Frau eingeschlossen, hält ihn, zu Recht, für tot: Zufall oder Zusammenhang? Dem ermittelnden Polizeioffizier, kein Sizilianer, sondern ein Mann aus Parma, versucht man, für den zweiten Fall ein Verbrechen aus Leidenschaft zu suggerieren. Doch er entdeckt, daß der Verschwundene den Mafia-Killer des ersten Mordes gesehen und erkannt haben muß, findet die Leiche und die Mörder, ja sogar ihre Auftraggeber. Doch natürlich werden sie nie zur Rechenschaft gezogen. Politiker in Rom und Palermo ziehen einige Fäden, die Mafia läßt eine Menge ehrenwerte Zeugen aufmarschieren, die den des Mordes Angeklagten perfekte Alibis geben. Die Mörder und ihre Auftraggeber verlassen als freie Männer den Gerichtssaal; der Ermittler aber, Hauptmann Bellodi, beschließt trotz seiner Frustration, daß er nach Sizilien zurückkehren und weiter gegen die Mafia kämpfen wolle: »Ich werde mir den Kopf daran einrennen.«

In einem Nachwort teilt der Autor mit, er habe »ein volles Jahr, von einem Sommer zum anderen, darauf verwendet, diesen kurzen Roman zu kürzen« – und zwar nicht etwa aus ästhetischen Gründen, sondern um jegliche Ähnlichkeiten mit der Realität zu entfernen. »Denn in Italien darf man bekanntlich weder über weltliche noch über geistliche Obrigkeit scherzen. Und wenn man es nun gar, anstatt zu scherzen, durchaus ernst meint...« Jedenfalls habe er sich »ans Streichen gemacht, immer wieder ans Streichen«, als er entdeckte, »daß meine Phantasie sich nicht gebührend an die Grenzen gehalten hatte, die die staatlichen Gesetze beobachtet wissen wollen, und mehr noch als die Gesetze die Empfindlichkeit derer, die für die Befolgung der Gesetze sorgen«. Insgesamt habe er die Geschichte »nicht in jener vollen Freiheit geschrieben, die ein Schriftsteller... genießen sollte«[5].

In *A sciascuno il suo* – auch ein Werk an der Grenze zwischen langer Erzählung und kurzem Roman – geschieht zu Beginn ein Doppelmord; zwei Jagdfreunde, von denen einer die Mafia herausgefordert hat, werden auf brutale Weise umgebracht. Ein Lehrer verfolgt die richtige Spur und wird von den Mördern in die Falle gelockt, indem sie ihm ein erotisches Abenteuer versprechen. Vom Rendezvous mit der Konkubine des Bösewichts kehrt der Lehrer nicht zurück; der Nachruf auf ihn besteht aus einem einzigen, verächtlichen Satz: »Er war ein Idiot.«

In *Il contesto*, vom Autor als eine Parodie bezeichnet, betreibt ein Mann, der unschuldig im Gefängnis saß, einen Rachefeldzug: Er erschießt Richter und Staatsanwälte. Die Handlung ist in einem nicht näher definierten Land angesiedelt und erreicht philosophische Dimensionen, als nicht nur die »Geheimpolizei« den Fall benutzt, um unter extremistischen Gruppen kräftig aufzuräumen, sondern der Detektiv, die Hauptfigur, nahe daran ist, sich zu identifizieren mit dem Attentäter, »der Gewalt und Unrecht mit den Waffen von Gewalt und Unrecht zu treffen sucht«[6], und die Auseinandersetzung in einen großen Streit zwischen diesem Detektiv und dem Gerichtsvorsitzenden mündet, in dem die Urteile der Justiz von letzterem zu unfehlbaren Wahrheiten erklärt werden, sogar dann, wenn ein Richter sich nachweislich irrt.

In allen diesen Romanen Sciascias wird das Prinzip des Kriminalromans im Grunde auf den Kopf gestellt. Zwar klären die Helden der Bücher die Mordfälle irgendwie auf. Aber gleichzeitig mit dem Prozeß der Aufdeckung läuft ein Prozeß der Verschleierung ab, der die Gerechtigkeit verhindert. Die Destruktion des Genres ist in Sciascias Büchern wohl am weitesten vorangetrieben – freilich nicht aus ästhetischen Erwägungen, sondern aus tiefem Pessimismus hinsichtlich der Wirklichkeit jener Region, in der Sciascia zu Hause ist und in der seine Romane spielen.

Auch Paolo Levis Romane *Il caso Pinedus* (›Der Fall Pinedus‹; 1954) und *Indirizzo sconosciuto* (›Empfänger unbekannt verzogen‹; 1965) handeln von Justizskandalen. Doch *Ritratto di provinzia in rosso* (›Du springst nur einmal‹; 1975) ist ein klassischer Kriminalroman, der ungefähr auf der Linie Scerbanencos liegt: voll von giftigem Morast, aber nicht gänzlich ohne Hoffnung, daß der Sumpf irgendwann einmal trockengelegt werden könnte.

Levi, 1919 in Genua geboren, war gegen Kriegsende nach Brasilien emigriert und lebt heute in Rom; bevor er sich als Autor einen Namen machte, war er ein angesehener Theaterkritiker. *Ritratto di provinzia in rosso* beginnt mit einem theatralischen Coup, wie ihn auch Agatha Christie ersonnen haben könnte. Die Frau des zu Ermordenden hat ein Verhältnis mit einem Arzt. Der Mörder verschafft sich ein Alibi, indem er – als vorgeblicher Ehemann der Arzt-Geliebten – den Mediziner konsultiert und später in das Hochhaus lockt, aus dessen Fenster er den Ehemann der Frau aus dem Fenster stürzt. Doch was wie ein blutleerer Häkelkrimi beginnt, entwickelt sich zu einem blutvollen sozialkritischen Roman im Kleinstadtmilieu des Südens. Levis Detektiv, ein eher uninteressierter, aus Rom in die Kleinstadt und in die Verstrickungen seiner Jugend zurückgekehrter Polizeioffizier, entdeckt unter einer dünnen Kruste von Wohlanständigkeit und gesellschaftlichen Spielregeln eine total verderbte Welt, in der schon zwölfjährige Mädchen von ihren armen Eltern zur sexuellen Nutzung verkauft werden. Es ist eine Welt, in der das Idealbild der madonnenhaft reinen Frau zur Folge hat, daß ehrenwerte Männer ihr Heil in der käuflichen Liebe suchen (müssen), und eine Welt, die beherrscht wird vom Geld einer einzigen Familie, die noch in ihren Perversitäten, ja: ihren Verbrechen, alle Vorteile auf ihrer Seite hat.

[1] Ob diese Lokalisierung der Handlung auf einen Aufenthalt Scerbanencos in den USA schließen läßt oder ob der Autor mit ihr lediglich Schwierigkeiten aus dem Wege ging, den ein literarischer Mord mit sozialkritischen Untertönen in Italien während des Faschismus für den Autor hätte mit sich bringen können, entzieht sich meiner Kenntnis.

[2] Als Beispiel wäre Edgar Allan Poe zu nennen, aber auch Gilbert Keith Chesterton, dessen Father Brown nur in Erzählungen seine Fälle löst; siehe die entsprechenden Kapitel dieses Buches auf den Seiten 73 ff. und 266 ff.

[3] Für die deutschen Ausgaben sind die Erzählungen Scerbanencos aus ihrer ursprünglichen Kombination gerissen worden. Der Rowohlt Verlag hat die Geschichten von *Milano Calibre 9* auf drei Bände verteilt, die folgende Titel tragen: »Stirb bei tiefgekühlten Fischen«, »Die Signorina ohne Revolver«; »Ein kleines Hotel für Sadisten«. Der Scherz Verlag hat die hundert Fälle von *I cento delitti* auf mindestens drei Bände verteilt, die später beim Kaiser Verlag in Klagenfurt auch noch unter anderen Titeln erschienen sind.

Die Scherz-Titel lauten: »Amore ohne Gnade«, »Eine feine Dame« und »Das Beste vom Bösen«. Unter diesen Umständen ist die deutsche Ausgabe von *La notte della tigre* unter dem Titel »Die Nacht des Tigers« mit Vorsicht zu genießen. Sie enthält nur acht Geschichten und wäre, wenn komplett, die einzige deutsche Ausgabe mit Scerbanenco-Erzählungen, die dem Original entspräche.

[4] Es sind dies die einzigen »Kriminalromane«, die Sciascia geschrieben hat. *La scomparsa di Majorana* (»Der Fall Majorana«; 1975), der sich selbst als einen »philosophischen Kriminalroman« bezeichnet, ist tatsächlich eine phantasievolle Rekonstruktion des – historischen – Verschwindens des Physikers Majorana, der laut Sciascia über die Möglichkeit des Atombombenbaus so verschreckt war, daß er sich freiwillig in ein Kloster zurückzog. *Il consigno d'egitto* (»Der Abbé als Fälscher«; 1963) ist eher ein historischer Roman mit einigen kriminellen Elementen.

[5] Ein Jahrzehnt später, im Nachwort zu *Il contesto*, wird Sciascia den Sinn dieser Erklärung wieder aufheben, indem er sie zur literarischen Pointe erklärt: »Ich hatte sie als eine Art Moral von der Geschichte hingesetzt: indem ich so tat, als hätte ich aus Angst vor dem Gesetz nicht in voller Freiheit über die Mafia geschrieben, einer Angst, von der die Mafiosi nicht geplagt wurden.«

[6] Nino Erné in seinem Nachwort »Leonardo Sciascia – Siziliens menschliche Stimme«, in der deutschen Ausgabe von »Sizilianische Verwandtschaft« (Gli zii di Sicilia), Ullstein Verlag, Berlin 1983, S. 232.

Ausgewählte Bibliographie

Giorgio Scerbanenco (Romane): *Zu reich zum Leben*; *Venedig sehen und sterben*; *Doppelt gekillt hält besser*; *Leichte Mädchen sterben schwerer*; *Mord stand nicht im Stundenplan*; *An einem kühlen Tag um fünf*; *Mit den Augen einer Toten* – sämtlich Scherz Verlag, München. – *In Mailand mordet man samstags* – Rowohlt Verlag, Reinbek 1977. Erzählungen: *Stirb bei tiefgekühlten Fischen*; *Die Signorina ohne Revolver*; *Ein kleines Hotel für Sadisten* – Rowohlt Verlag, Reinbek, 1972/73. – *Die Nacht des Tigers* – Ullstein Verlag, Berlin, 1977. – *Amore ohne Gnade*; *Eine feine Dame*; *Das Beste vom Bösen* – Scherz Verlag, München.
Antonio Perria: *Selbstmord mangels Beweises*; *Ein Romeo im Alfa*; *Auch in den besten Kreisen* – Rowohlt Verlag, Reinbek.
Leonardo Sciascia: *Der Tag der Eule* – Walter Verlag, Olten, 1964. *Die Macht und ihr Preis*; *Todo Modo oder Das Spiel um die Macht* – Ullstein Verlag, Berlin. – *Tote auf Bestellung* – Deutscher Taschenbuchverlag, München 1971.
Paolo Levi: *Du springst nur einmal* – Scherz Verlag, München 1980.

Der alltägliche Schrecken:
Poul Ørum, Lars Molin und der skandinavische Kriminalroman abseits von Sjöwall/Wahlöö

Der Erfolg des schwedischen Autorenpaars Maj Sjöwall und Per Wahlöö hat das Interesse der Krimileser auf eine Region gelenkt, die in der Geschichte des Kriminalromans nicht eben als bedeutend gilt: Skandinavien. Zwar liest man in Reclams Kriminalromanführer, hinter den Sjöwall/Wahlöös stehe »eine schwedische Tradition des Krimi, die bis zu den Anfängen des 20. Jahrhunderts zurückgeht und in der alle Variationen des Genres anzutreffen sind«[1]. Für die übrigen skandinavischen Länder, mit Ausnahme von Finnland, ließen sich »die Anfänge der Kriminalliteratur bis ins 19. Jahrhundert zurückverfolgen«. Doch scheinen diese Anfänge bis weit ins 20. Jahrhundert hinein eher provinzieller Natur gewesen zu sein, jedenfalls im Vergleich zu jener Weltgeltung, die die »seriöse« skandinavische Literatur der Ibsen, Strindberg, Hamsun in ihrer Zeit gehabt hat.

So ist trotz Autoren wie dem Schweden S. A. Duse, der schon 1913 einen Privatdetektiv Leo Carring erfand und durch ein rundes Dutzend Bücher spuken ließ, oder dem Norweger Sven Elvestad alias Stein Riverton (1884 bis 1934), dessen Detektiv, Asbjørn Krag, »wie Sherlock Holmes ein Meister der Verkleidung und ein Individualist«[2] gewesen sein muß, der erste skandinavische Krimi-Autor, der über seinen eigenen Sprachkreis hinaus Geltung errang, ein Finne: Mika Toimi Waltari, geboren am 19.9.1908 in Helsinki und am 26.8.1979 in seiner Vaterstadt gestorben, Autor des historisierenden Weltbestsellers ›Sinuhe, der Ägypter‹ (1945).

Drei von Waltaris Kriminalromanen, ausnahmslos aus der Zeit, bevor ihn der Ägypten-Roman berühmt machte, sind auch ins Deutsche übersetzt worden: *Kuka murhasi rouva Skrofin* (›Warum haben Sie Frau Kroll ermordet‹; 1939), das Werk, mit dem Waltari im Erscheinungsjahr des Buches den »Nordischen Kriminalstory-Wettbewerb« gewann, *Tähdet Kertovat, Komisario Palmun?* (›Komissar Palmun‹; 1940) und *Komisario Palmun erehdys* (›Gefährliches Spiel‹; 1940).

Held dieser Kriminalromane ist der pensionierte Kriminalkommissar Palmun, den man immer dann zu Hilfe holt, wenn das Morddezernat von Helsinki nicht weiterweiß. In *Tähdet Kertovat, Komisario Palmun?* wird die Leiche eines erschlagenen Landstreichers gefunden, und bald stellt sich heraus, daß der Mord an ihm mit einem anderen unaufgeklärten Todesfall zusammenhängt. Einige Zeit vorher ist die Frau des reichen Kriegshelden und Unternehmers Vandenblick durch einen Sturz aus dem Fenster ihrer Villa ums Leben gekommen – doch damit nicht genug: Bis der Mörder von Kommissar Palmun, knapp ehe er sich mit Zyankali selbst das Leben nehmen kann, verhaftet wird, müssen noch drei weitere Menschen in seiner Umgebung ins Gras beißen; der Landstreicher, mit dem alles angefangen hatte, war ein Erpresser gewesen, der den Mord an der Ehefrau beobachtet hatte.

Erzählt wird die Geschichte in der Ich-Form, aber nicht etwa vom Helden, sondern von seinem ziemlich trotteligen Vorgesetzten, dem Mann, der fortwährend die Fehler macht. Man hat diesen Mann an die Spitze der Abteilung befördert, weil er dort, so glaubt man, die Arbeit am wenigsten behindert, und seine Absicht ist es nun, »eine Art Verteidigungsschrift zu verfassen«, um zu beweisen, daß er »nicht gerade schwachsinnig« ist. Der überlegene Palmun zwingt seinen eitlen Vorgesetzten gleich im zweiten Kapitel des Buchs, sich »nicht allzusehr als Unschuldslamm« hinzustellen, sondern seine Fehler offen einzugestehen – was von vornherein einen selbstironischen, bemüht komischen Erzählstil bedingt. Die Konstruktion ist schwerfällig, die Erzählweise betulich: »Ich beginne mit Fräulein Kaino Pelkonen, deren Alter – nach ihrer eigenen Angabe – neunundvierzig Jahre beträgt. An jenem denkwürdigen 30. September, lange vor Sonnenaufgang, warf ihr Scotch-Terrier, der auf den effektvollen Namen Turva Toveri of Abercombie-Cooke hört, eindringliche Blicke auf seine Herrin, die noch im Bett lag und schlief.« Wer sich von diesem umstandskrämerischen Stil nicht abschrecken läßt, wird mit einer leidlich spannenden und durchaus sozialkritischen Geschichte entschädigt.

Tatsächlich ist Sozialkritik das vorherrschende Element jener skandinavischen Kriminalromane, die seit dem Zweiten Weltkrieg[3] in deutschen Übersetzungen bekannt wurden. Am wenigsten gilt diese generalisierende Feststellung wohl für den 1937 geborenen Dänen Anders Bodelsen, der nach dem Abschluß eines Literaturstudiums seit 1960 als Journalist für verschiedene Kopenhagener Zeitungen arbeitet und auch in anderen literarischen Gattungen auffällt.[4] Die drei Romane Bodelsens, die – neben der Geschichtensammlung *Lov & orden* (›Profis und Amateure‹; 1973) – bei uns erschienen, gehören unterschiedlichen Krimi-Genres an und sind in unterschiedlichen Stilen geschrieben, ganz so, als probiere Bodelsen immer noch aus, welcher Stil ihm selbst angemessen wäre.

Der früheste der drei Romane, *Taenk på et tal* (›Geld zum zweiten Frühstück‹; 1968), erzählt von einem ungewöhnlichen Bankraub. Als in einer kleinen dänischen Bank ein Räuber mit Pistole vom Kassierer den Kasseninhalt fordert, packt der nur einen winzigen Teil des Kassenbestandes in die Tasche des Räubers; den Löwenanteil hat er selbst vorher auf die Seite gebracht. Doch dann mischt sich eine junge Dame ein: die Freundin des Bankräubers, die sich auf die Seite dessen schlägt, der das Geld hat. Da sie jung und hübsch ist, könnte das Glück des Kassierers vollkommen sein. Aber die traditionelle Krimimoral ist dagegen. Irgendwann taucht auch der rachelüsterne Bankräuber auf, und als das Pärchen sich seiner zu entledigen trachtet, erwischt es per malheur den falschen Mann, einen Kriminalbeamten, während das vorgesehene Mordopfer die Tat fotografiert und hinfort jede Krone von dem Bankbeamten erpressen wird, sofern er nicht wegen Mordes gefaßt wird.

Von ganz anderer Art ist *Straus* (›Straus oder der zweitbeste Kriminalschriftsteller von Dänemark‹; 1971), ein Buch, das einer brillanten Krimiparodie recht nahe kommt. Diesmal geht es von Anfang an um Mord; er wird bereits in der vierten Zeile des ersten Absatzes als unmittelbar bevorstehend angekündigt, allerdings erst rund siebzig Seiten später ausgeführt. Ein Mann drückt seiner geschiedenen Frau, die er auf einer Party wiedergetroffen hat und mit der er noch einmal ins Bett gestiegen ist, die Kehle zu. Mordmotiv Eifersucht – aber nicht jene simple erotische Eifersucht, sondern Eifersucht der feinen literarischen Art. Straus, der Mörder, neidet einem anderen den Ruhm, der beste Kriminalschriftsteller Dänemarks zu sein, und hegt die irre Idee, mit einem echten statt einem beschriebenen Mord sei der andere wenigstens einmal zu schlagen.

Offen bleibt allerdings, wieweit das alles, einschließlich des scheinbar realen Mordes, eine einzige literarische Erfindung ist. Bodelsen betreibt in *Straus* ein Vexierspiel mit dem Leser. Er schlüpft in die Masken von mindestens zwei weiteren Krimiautoren, von denen sich der zweite wiederum nach dem Mord zwei weitere Identitäten zulegt, am Schluß, mit Perücke und künstlichem Busen, sogar die einer Frau. Nach dem Vorbild von Vladimir Nabokov, dessen Roman *Pale Fire* sein mehrfach gespaltener, schizophrener Autor vergeblich zu übersetzen sucht, wechselt Bodelsen die Schreibstile, die Zeiten, die Erzählebenen und die Perspektiven wie einer, der auf der Flucht ist und seine Spuren verwischen möchte. Übergangslos gleitet er, oft innerhalb eines Absatzes, hin und her zwischen erster und dritter Person, und am Ende leistet er sich sogar den Spaß seiner eigenen Rezension. Das Produkt ist ein oberflächlich brillanter, zuweilen auch sehr witziger Roman, äußerst kunstfertig, aber doch substanzlos: wie ein Feuerwerk, das in der Luft verpufft.

Noch einmal ein Stilwechsel in *Borte, borte* (›In guten und bösen Tagen‹; 1980): Realismus diesmal – und so gut wie keine Effekte. Der Kopenhagener Musikalienhändler Möller hat sich geschäftlich übernommen. Er sitzt auf einem großen Lager taiwanischer Heimorgeln, für die sich in der Wirtschaftskrise kein Käufer findet. Da tritt ein junger Mann an Möller heran mit dem Angebot, er wolle, gegen Entgelt, Möllers Lager in Flammen aufgehen lassen: Versicherungsbetrug. Möller ist, an sich, ein ehrenwerter Mann. Aber seine Lage macht ihn verführbar. Er willigt ein in den merkwürdigen Handel und gerät in einen Alptraum, der mehrere Menschen das Leben kostet. Präzise und einfühlsam beschreibt Bodelsen das psychologische Umfeld der Tat. Es geht weniger um äußerliche Spannung als um die Untersuchung von Schuld und Sühne im Alltag des bürgerlichen Mittelstands.

Wesentlich stärker ist die politische Komponente im Werk des 1942 geborenen Schweden Lars Molin, der wie Bodelsen fürs Fernsehen und für die Bühne geschrieben hat; auch von ihm sind drei Romane ins Deutsche übersetzt. Im ersten von ihnen – *Sommarmord* (›Der Fremde in der Stadt‹; 1977) – benutzt Molin den Sexualmord an einem jungen Mädchen als Auslöser nicht nur einer polizeilichen Untersuchung, sondern vor allem auch einer kritischen Schilderung schwedischen Kleinstadtlebens. Es ist wie mit dem sprichwörtlichen Stein, den jemand ins Wasser wirft: Das Verbrechen zieht konzentrische Kreise. Unter dem Druck des Verdachts gegen praktisch jeden Mann im Ort brechen die atavistischen Neigungen des Kollektivs auf; Fremdenhaß und Vorurteile suchen sich ihr Opfer. Da kaum eine unter Molins Romanfiguren für ihr Sexualleben einen emanzipierten Mittelweg zwischen anerzogener Prüderie und modischer Promiskuität gefunden hat, kommt der Mord letztlich fast einem kollektiven Verbrechen gleich, für das auch niemand persönlich haftbar zu machen ist. Hinter solcher Auffassung steht eine ausgesprochen pessimistische, Sjowall/Wahlöö vergleichbare Grundhaltung zur Gesellschaft, die sich in einer ziemlich negativen Einstellung zur Polizeiarbeit äußert und in den folgenden beiden Romanen – *Bomben* (›Die Bombe‹; 1980) und *Korset* (›Der Kreuzzug‹; 1982) – zu beinahe anarchistischen Ergebnissen führt.

Korset beginnt mit einer Trauerfeier für ein Heroinopfer; siebzehnjährig ist Eva-Maria Brännström, die sich das Geld für die Droge als Gelegenheitsprostituierte verdiente, an einer Dosis verunreinigten Stoffs gestorben. Daraufhin dreht ihr Vater durch. Der Elektriker Birger Brännström rächt den Tod seiner Tochter und den Zerfall seiner Familie an drei Männern, die – seiner Meinung nach – direkt oder indirekt mit Rauschgift zu tun haben: Er schlägt seine Opfer nieder und nagelt sie bei lebendigem Leibe an die Türen öffentlicher Gebäude. Brännströms privater Rachefeldzug ist nur das Äquivalent zu einer staatlichen Aktion. In einer aus vier Phasen bestehenden Geheimaktion versucht sie das Land von den Folgen einer allzu liberalen Politik zu säubern: »Juni, Phase II, in der Mittsommernacht – Insgesamt 18000 Polizisten waren bei den Razzien am Abend und in der Nacht im Einsatz. Festplätze und Zeltstädte im ganzen Land wurden vom Rauschgift gesäubert. Tausende von Haschpfeifen und große Mengen von Haschisch und Marihuana wurden beschlagnahmt... Viele Menschen, die festgenommen oder kontrolliert werden sollten, leisteten Widerstand, aber die Polizei ließ sich nicht beirren...«

In Phase drei werden alle staatlichen Schnapsläden geschlossen, in Phase vier alle irgendwie Süchtigen in Konzentrationslager zwangseingewiesen, liberale Künstler und Politiker interniert: die Demokratie ist ausgesetzt, eine neue faschistoide Regierung tritt an, den Saustall auszumisten, den Jahrzehnte sozialistischen Wohlfahrtsstaates hinterlassen haben. Es ist wie in den zwanziger Jahren in Italien und 1933 in Deutschland: Eine Woge der Begeisterung trägt die neue Politik. Und Molin läßt keinen Zweifel, wohin sie führen wird: in dieselbe Richtung, in die die deutsche Politik des Nazi-Reichs gegangen ist.

Natürlich ist das Buch als Warnung vor einem Putsch von rechts zu sehen. Doch in erster Linie enthält es die Kritik an den Zuständen, die diesen Rechtsputsch erst ermöglichen. Wie Sjöwall/Wahlöö meint auch Molin, daß eine jahrzehntelange schwedische Politik »ohne Inhalte« die Moral des Landes zutiefst zerstört hat. *Korset* mahnt zur Umkehr, indem er die Folgen prognostiziert für den Fall, daß alles beim alten bliebe.

Nicht nur die Anzahl seiner ins Deutsche übersetzten Romane – nämlich: neun – macht den 1919 geborenen Poul Ørum aus deutscher Perspektive zum wichtigsten skandinavischen Krimi-Autor neben Sjöwall/Wahlöö, deren Qualität er in seinen besten Werken durchaus erreicht. Ørum ist ein außerordentlich einfühlsamer Psychologe, brillanter Erzähler und verzweifelter Moralist; die Wahrheit seiner Romane ist durchweg kein simples Muster, sondern eine schwierige, zuweilen nicht zu beantwortende Frage.

Ørum schreibt seit Anfang der fünfziger Jahre, und sein erster Kriminalroman scheint *Slet dine spor* (1958) gewesen zu sein[5]; doch ist das Buch, dessen Titel mit »Tilge deine Spur« zu übersetzen wäre, anscheinend nie ins Deutsche übertragen worden. Der erste, mit starker Verspätung in Deutschland bekannt gewordene Kriminalroman Ørums ist *Skyggen ved din højre hånd* (›Der Schatten neben dir‹; 1959[6]), ein Psychothriller fast im Stile der Patricia Highsmith. Zwei Menschen sterben, weil jemand, ohne auch nur einen einzigen bewußten Schritt zu tun, aus der grauen Tristesse einer verkorksten Ehe auszubrechen versucht. Die Bosheit eines Dritten bringt unmerklich einen Stein ins Rollen, der Schuldige wie Unschuldige gleichermaßen erschlägt, ohne daß ein justitiabler Fall daraus würde. Am Ende wissen selbst die Beteiligten nicht so recht, was eigentlich passiert ist. Doch Ørums Leser sind Zeugen einer jener kleinen kriminellen Katastrophen geworden, an denen just diejenigen kleinbürgerlichen Milieus so reich sind, in denen scheinbar nie etwas geschieht.

Unter den neun ins Deutsche übersetzten Romanen sind einige in die Kategorie des Psychothrillers einzuordnen. Zu ihnen zählen die vergleichsweise frühen Romane *Ukendt offer* (›Blinde Fenster‹; 1967) und *Det 11. bud* (›Das elfte Gebot‹; 1972) ebenso wie das bislang jüngste der ins Deutsche übersetzten Bücher Ørums: *Bristepunktet* (›Am kritischen Punkt‹; 1978). In *Bristepunktet* wird niemand umgebracht, und es fällt kein Schuß. Die Kriminalität, die ganz sacht in die Geschichte einsickert, ist von jener unsensationellen Art, die in der Zeitung allenfalls eine Notiz im Lokalteil auslöst. Ein paar Wohnungen werden demoliert, ein paar Menschen bedroht; aus einem Supermarkt werden hochwertige Konsumgüter gestohlen. Am Ende ist nichts geschehen, was nicht mit ein paar Wochen Haft gesühnt werden könnte. Doch ein Mann ist, Schritt für Schritt, aus einer bürgerlichen Existenz in eine kriminelle abgeglitten – und das nicht deshalb, weil ihm das Verbrechen Spaß machte, sondern weil ihm die Verhältnisse nur eine andere Chance ließen: vor die Hunde zu gehen. Ørum beschreibt das Abgleiten seiner Zentralfigur Johan Holman als eine logische Konsequenz der sozialen Verhältnisse. Holman trifft nicht einmal eine Entscheidung. Er rutscht einfach die Schräge hinab, auf der ihm nichts einen Halt bietet.

Doch nur auf den Psychothriller läßt sich Ørum nicht festlegen. *De uforsonlige* (›Wissen ist Mord‹; 1975) ist ein Gangsterkrimi nach Art der französischen Rififi-Romane[7], doch wesentlich gedämpfter, unblutiger und psychologisch glaubwürdiger. Drei Männer überfallen eine Bank. Einer von ihnen wird, weil vorbestraft, also identifizierbar, prompt erwischt. Als er wieder aus dem Gefängnis herauskommt, ist das gut versteckte Geld verschwunden, mit ihm einer seiner beiden Kumpane, während der andere wohlhabend geworden ist. Bis dahin folgt Ørum den Regeln, um nicht zu sagen: den Klischees der Gattung. Dann verläßt er die ausgetretenen Pfade. Zwar versucht der Ex-Häftling herauszukriegen, was mit dem Geld und den alten Freunden geschehen ist. Aber er wirkt nicht als Racheengel, sondern als Katalysator; sein Fragen und Forschen löst eine Lawine aus, die am Ende einiges unter sich begräbt. Über die ungewöhnliche Handlungsführung hinaus imponieren die psychologische Feinzeichnung und die Moral. Nicht die Toten oder gar das Töten interessieren den Autor, sondern die Frage, wie die Lebenden mit ihren Problemen und Belastungen – kurz: ihrer Schuld – fertig werden.

Zu den wesentlichen Bestandteilen von Ørums kriminalistischem Œuvre gehört eine Gruppe von Detektivromanen, in denen ein Polizeiteam an der Arbeit ist, das sowohl mit Sjöwall/Wahlöös Polizisten als auch mit des Holländers van de Wetering Detektiv-Duo Grijpstra/de Gier[8] geistesverwandt ist, aber ein sehr eigenes Profil besitzt. Die sympathischere Hälfte des Duos, der Kriminalassistent Jonas Mørk, taucht in *Hjemkomst til drab* (›Nach Einbruch der Dunkelheit‹; 1970) zum ersten Mal auf, spielt aber in diesem – wie viele der Psychothriller – aus der Perspektive eines Beteiligten erzählten Buch lediglich eine Nebenrolle. Mørk, der in der zweiten Hälfte des Romans mit seinen Ermittlungen beginnt, wird als ein etwas linkischer, zuweilen zerstreut wirkender Beamter beschrieben, der allerdings »oft äußerst präzise in der Wahl seiner Worte« ist. Er ist verheiratet und versucht sich gerade mit Hilfe einer Meerschaumpfeife, die er »mißbilligt«, das allzu starke (Zigaretten)-Rauchen abzugewöhnen.

Zwei Jahre später, in *Synderbuk* (›Einer soll geopfert werden‹; 1972), spannt Ørum Mørk zum ersten Mal mit Knut Ejnarsen zusammen, läßt aber durchblicken, daß die beiden schon seit geraumer Zeit ein Team bilden. Die beiden entsprechen in gewisser Weise dem üblichen Polizistenklischee des amerikanischen Krimis: der Harte und der Sensible, die zusammen unschlagbar sind. Ejnarsen, der in einer ziemlich deprimierenden Ehe lebt, kompensiert seinen privaten Frust durch Härte im Dienst und setzt Zeugen und Verdächtigen recht brutal zu. Mørk dagegen ist höflich, gebildet und verständnisvoll; ihm geht es immer um Gerechtigkeit und Wahrheit, mit anderen Worten: um Menschen, nicht um Fälle.

Synderbuk beginnt damit, daß die Mørks – wieder einmal – ihren Urlaub verschieben müssen (was vor allem Marie Mørk nicht eben lustig findet) und daß Jonas Mørk in eine politische Demonstration gegen den Vietnamkrieg hineingerät, bei der seine uniformierten Kollegen mit aller Brutalität gegen Menschen vorgehen, die ihre verfassungsmäßigen Rechte wahrnehmen, und selbst schwangere Journalistinnen mit Gewalt traktieren. Voller Empörung berichtet Jonas seiner Frau: »Was ist nur los in unserem Lande? Wie kann auch hier bei uns so etwas passieren? Du hättest sie mal ausrücken sehen sollen, sowohl die Leute von der Bereitschaftspolizei als auch die von den Revieren, und obendrein noch eine Gruppe von Anwärtern von der Polizeischule. Die haben verdammt guten Anschauungsunterricht bekommen und wie die Verrückten dreingeschlagen.«

Der Fall führt Mørk und Ejnarsen nach Jütland, wo eine junge Krankenschwester nach einem beruflichen Einsatz nachts in einem Wäldchen umgebracht worden ist, anscheinend von einem geistig zurückgebliebenen 22jährigen, der am Tatort gesehen wurde und auch sonst einen schlechten Leumund hat. Ejnarsen nagelt den Jungen, kein Kunststück, fest, doch Mørk, dem diese Lösung zu einfach scheint, findet den wirklichen Mörder, der zu dem jungen Mädchen in einer außerordentlich komplizierten Beziehung steht und gleichsam durchdreht, als er erfährt, daß sie mit einem verheirateten Mann, dem Arzt eines Nachbardorfes, ein Verhältnis hat. Dem geistesschwachen Jungen allerdings nützt das nicht mehr viel. Er hat im Untersuchungsgefängnis einen psychischen Zusammenbruch erlitten und wird die geschlossene Anstalt, in die man ihn einwies, vielleicht nie mehr verlassen.

Noch diffiziler sind die beiden nächsten Fälle, die Mørk und Ejnarsen zu klären haben. In *Kun sandheden* (›Was ist Wahrheit‹; 1974) werden sie auf die Insel Fünen gerufen, um in einer kleinen Ortschaft den Mord an einem Zeitungsredakteur aufzuklären, der ein rechtes Ekel gewesen sein muß und von mehr als nur einer Person gehaßt wurde. Am Ende haben die beiden zwar ein Geständnis, das allen Vorurteilen gerecht wird. Aber ob dieses Geständnis die Wahrheit an den Tag bringt oder sie nur verschleiert: Die Justiz wird es nie herausbekommen.

Noch stärker sind die Skrupel des Autors und seiner Figur Mørk in *Tavse vidner* (›Stumme Zeugen‹; 1976) geworden, der die beiden Detektive wieder einmal nach Jütland führt. Ørum konfrontiert sie mit dem Mord an einer jungen, lebenslustigen Frau, für den vier Verdächtige in Frage kommen: der Ehemann, natürlich, der derzeitige und der verflossene Liebhaber sowie die Frau des letzteren, die wiederum mit dem Ehemann der Toten eng liiert ist. Die Mordaufklärung wird zum Kampf des Beamten Mørk nicht nur mit den Zeugen und dem Täter, sondern auch mit den eigenen Bedenken und Vorbehalten, die durch den Ausgang des Falles gewiß nicht geringer werden. Denn Mørk faßt nicht nur einen Mörder. Er wird auch schuldig am Tod eines Mannes, der sich erhängt, als Mørk ihn mit der Wahrheit über seine Frau konfrontiert.

1 *A. Arnold/J. Schmidt:* Reclams Kriminalromanführer. Stuttgart 1978. S. 390.
2 Marianne Lafon in »Reclams Kriminalromanführer«, S. 392.
3 Mika Waltaris Roman *Kuka murhasi rouva Skrofin?* ist, K.-D. Walkhoff-Jordans »Bibliographie der Kriminalliteratur« zufolge, bereits 1943 ins Deutsche übersetzt worden.
4 Bodelsen hat neben Romanen und Kurzgeschichten auch Theaterstücke und Fernsehspiele geschrieben; für ein Hörspiel erhielt er den Prix d'Italia.
5 Siehe Marianne Lafon in »Reclams Kriminalromanführer«, S. 392.
6 Die deutsche Ausgabe im Rowohlt Verlag kam erst 1983 heraus; doch scheint sich die Datierung 1959 nur auf die Erteilung des Copyrights, nicht aber auf die erste dänische Ausgabe zu beziehen, die nach dem Impressum der deutschen Ausgabe erst im Jahre 1973 erfolgt ist.
7 Siehe das Kapitel über den französischen »roman policier« auf den Seiten 505 ff. dieses Buches.
8 Siehe den Abschnitt über van de Wetering im Kapitel über den zeitgenössischen Polizeiroman auf den Seiten 211 ff. dieses Buches.

Ausgewählte Bibliographie

Mika Waltari: *Kommissar Palmun* – Bastei-Lübbe, Bergisch-Gladbach 1980. – *Die Blutspur (Warum haben sie Frau Kroll ermordet?)*; *Gefährliches Spiel* – Signum Verlag, Gütersloh, 1960/1961.
Anders Bodelsen: *Geld zum zweiten Frühstück*; *Straus oder der zweitbeste Kriminalschriftsteller von Dänemark*; *In guten und bösen Tagen*; *Profis und Amateure* (Kriminalgeschichten) – Rowohlt Verlag, Reinbek.
Lars Molin: *Der Fremde in der Stadt*; *Die Bombe*; *Der Kreuzzug* – Rowohlt Verlag, Reinbek.
Poul Ørum: *Der Schatten neben dir*; *Blinde Fenster*; *Nach Einbruch der Dunkelheit*; *Das elfte Gebot*; *Einer soll geopfert werden*; *Was ist Wahrheit*; *Wissen ist Mord*; *Stumme Zeugen*; *Am kritischen Punkt* – sämtlich Rowohlt Verlag, Reinbek.

Der Gourmet im Sumpf:

Der Spanier Vázquez Montalbán und sein Detektiv Carvalho

Die spanische Literatur kennt eine große Tradition: die des »pikaresken«, des Schelmenromans, ein Vorläufer des Abenteuerromans. Die Helden dieser in der zweiten Hälfte des 16. Jahrhunderts entstandenen Gattung, vom Lazarillo de Tormes eines anonymen Autors (1554) bis zu Mateo Alemáns Guzmán de Alfarache (1599), nehmen in mancher Beziehung einen bestimmten Typ des Krimi-Helden schon vorweg: den ehrbar-gewitzten Gauner à la Raffles und Arsène Lupin. Von daher – so wäre mindestens zu vermuten – müßte man eine gewisse Affinität der spanischen Literatur zu dieser Spielart des Kriminalromans herleiten können. Doch davon kann keine Rede sein. Auf der Landkarte des Kriminalromans bleibt Spanien bis in die jüngste Zeit ein weißer Fleck. Erwähnenswerte Kriminalromane werden in Spanien weder im 19. noch in der ersten Hälfte des 20. Jahrhunderts geschrieben. Die Lust des Lesers auf den Kriminalroman wird mit Übersetzungen vor allem aus der englischen und der französischen Sprache gestillt. »Das Geheimnis des ausbleibenden Krimis«[1] nennt Reclams Kriminalromanführer stilgerecht dieses spanische Phänomen.

Eine Änderung erfolgte erst in den letzten Jahrzehnten, nach dem spanischen Bürgerkrieg; »eine an den amerikanischen, englischen und französischen Geschmack gewöhnte Generation verlangte nun auch nach einem ›Eigenprodukt‹«.[1] Durán/Monegal nennen in diesem Zusammenhang als »sicher stärkstes Talent« den 1919 in Kastilien geborenen Francisco García Pavón, der den Polizeidetektiv Plinio erfunden hat. Doch diese Einschätzung kann der deutsche Leser nur schwer nachprüfen. Denn von Pavón ist bislang lediglich ein Bändchen mit Kriminalgeschichten[2], jedoch kein Roman ins Deutsche übertragen.

So wird denn – und auch dies erst seit allerjüngster Zeit – die spanische Krimi-Literatur auf dem deutschen Markt praktisch allein von Manuel Vázquez Montalbán und seinem Detektiv José Carvalho Larios repräsentiert: ein ausgesprochen profiliertes Paar nicht nur in Relation zu der Tatsache, daß die beiden literarisch vater- und traditionslos aufgewachsen sind.

Vázquez Montalbán ist 1939 in Barcelona geboren. Er hat Philosophie, Literatur und Journalismus studiert und redigiert heute, als Chefredakteur, die Wochenzeitschrift »Por Favor«. Der Brillenträger mit dem Schnauzbart und der hohen Stirn gilt in seiner Heimat als außerordentlich vielseitiger Schriftsteller; in Spanien schätzt man seine politischen Essays ebenso wie seine Lyrik. Hervorgehoben wird überall, daß er ein großer Feinschmecker sei – eine Eigenschaft, die Vázquez Montalbán auch seinem Helden mitgegeben hat, den der Leser immer wieder recht ausführlich nicht nur essend, sondern auch kochend und über das Kochen philosophierend vorgeführt bekommt. Dem deutschen Leser ist Vázquez Montalbán zuerst mit dem Roman ›Carvalho und der tote Manager‹ (*La soledad del manager*; 1977) vorgestellt worden; doch ist von den vier bislang ins Deutsche übertragenen Kriminalromanen von Vázquez Montalbán der zuletzt – nämlich 1985 – erschienene ›Carvalho und die tätowierte Leiche‹ (*Tatuaje*; 1976) vor dem Fall des toten Managers entstanden.

Auch wenn man den Autor Vázquez Montalbán auf keinen Fall mit seinem Detektivhelden gleichsetzen sollte, so tut man ihm doch gewiß kein Unrecht, wenn man ihn als einen einstmals Linken bezeichnet, den der Verlust seiner Illusionen zum liberalen Skeptiker gemacht hat. Für einen Autor dieser Couleur, zumal, wenn er nicht aus Madrid, sondern aus Katalanien stammt, kam als Held einer Serie von Kriminalromanen in der Nach-Franco-Zeit ein Polizeidetektiv wohl kaum in Frage; dazu hat sich die spanische Polizei durch das faschistische Franco-Regime in rund dreißig Jahren allzu bereitwillig korrumpieren lassen. José »Pepe« Carvalho ist denn auch, gleichgültig, ob die spanische Realität einen Helden dieser Sorte zulassen würde, konsequent und entschieden als Privatdetektiv nach amerikanischem Vorbild angelegt. Bewußt lebt dieser »Pepe« Carvalho in einer Gegenwart, die dadurch gekennzeichnet ist, daß die spanische Nation den demokratischen Ernstfall probt; er schlägt sich mit allen Problemen herum, die Spanien und den Spaniern durch diesen Demokratisierungsprozeß entstehen. Dabei scheinen sein Habitus und seine Manieren ganz darauf zugeschnitten, daß er ein Kontrastprogramm zur Law-and-order-Mentalität der Franco-Zeit abgibt: ein etwas unordentlicher Mensch, der den Individualismus auf die Spitze getrieben hat.

Dazu gehört, daß er sich um die »guten Sitten« fast demonstrativ nicht kümmert. Die Dame Charo, Carvalhos Geliebte vom ersten Abenteuer an, ist auf gut Deutsch eine Hure; als freischaffendes Callgirl geht sie dem horizontalen Gewerbe nach. Doch schon Carvalhos Vergangenheit ist höchst dubios und anrüchig. In jungen Jahren hat er sich von den Amerikanern als Spanisch-Dozent anstellen lassen und sich als Agent des Geheimdienstes CIA wiedergefunden, dem er danach jahrelang treu gedient und bei dem er einige schlechte Manieren gelernt hat. Zu seinen ausgesprochen schlechten – aber nicht bei der CIA erworbenen – Angewohnheiten gehört es, den Kamin in seiner kleinen, architektonisch verunglückten Villa in einer der besseren Wohngegenden Barcelonas mit herausgerissenen Buchseiten anzuheizen; je literarischer und esoterischer das Gedruckte ist, desto besser. Da Carvalhos Bibliothek einige tausend Bände umfaßt, wird er diesem Hobby auch ohne Neukäufe noch eine geraume Zeit nachgehen können.

José Carvalho, der sich selbst als »Ex-Polyp, Ex-Marxist und Gourmet« bezeichnet, beschäftigt von seinem zweiten Abenteuer an einen Bediensteten, Biscuter, als Mädchen für alles (Assistenten wäre wirklich zuviel gesagt). Größere Honorare bringt er, um nicht in Versuchung zu kommen, sie für allerhand überflüssige Dinge (und vor allem: gutes Essen und gute Getränke) sogleich wieder auszugeben, brav aufs Sparbuch, das den geplanten frühen Rückzug aus dem Erwerbsleben finanzieren soll. Vorübergehend, in dem Roman *Los mares del Sur* (›Tahiti liegt bei Barcelona‹; 1979), holt er sich eine junge Hündin, Bleda, ins Haus. Doch Bleda überlebt das Abenteuer nicht. Rachsüchtige Ganoven schneiden ihr die Kehle durch – ein Akt der Barbarei, den ihr Herr, nachdem er sie auf der letzten Seite des Romans gefunden und begraben hat, mit einem Schrei tiefer Wut kommentiert: »›Dreckige Schweine! Dreckige Schweine!‹« Anschließend leert er eine ganze Flasche Weinbrand und erwacht »um fünf Uhr morgens, hungrig und durstig«.

Carvalhos Beziehungen zu Frauen schwanken zwischen grandioser Ritterlichkeit und purem Sexismus, sind aber durchweg eher beiläufiger Natur. Alle Liebe (?) zu Charo, die übrigens von keinerlei Eifersucht auf ihre zahlenden Kunden getrübt ist, hindert den Detektiv nicht daran, pro Abenteuer mindestens eine weitere Bett-Affäre auf- und rasch wieder abzubauen; zu mehr als einem schnellen, wenn auch genießerischen Akt der körperlichen Hygiene langt es selten. Nicht immer behandelt Carvalho die Partnerinnen solcher Seitensprünge wie ein Kavalier, und auf jenes sexuelle Ethos, das Chandlers ehrpusseligen, allerdings auch aus einer anderen Gesellschaft stammenden und vierzig Jahre älteren Detektiv Philip Marlowe auszeichnete, pfeift er gern und laut. Wenn sie denn es unbedingt möchte, vernascht er auch schon mal die drogenabhängige junge Tochter einer Klientin. Gelegentlich bringt ihm sein Hang zur Promiskuität durchaus auch Ärger ein. Während er seinen bislang letzten Fall untersucht – in *Asesinato en el Comité Central* (›Carvalho und der Mord im Zentralkomitee‹; 1981) –, findet er sich plötzlich im falschen Lotterbett mit einer ihm unterschobenen Minderjährigen wieder;

die kompromittierenden Fotos sollen ihn den Forderungen der Gegenpartei geneigter machen, den Fall in eine ihr genehme Richtung zu lösen.

Pressionen dieser Art auf den Detektiv kommen immer wieder einmal vor. Im Manager-Fall vertrimmen bezahlte Experten nicht nur den Detektiv, sondern auch seine Charo sorgsam und gekonnt auf eine Weise, daß es zwar äußerst weh tut, aber kaum bleibende Spuren hinterläßt. Carvalho hat nämlich ein ausgesprochenes Talent dafür, immer ausgerechnet in Fälle hineinzustolpern, die besonders schmutzig, kompliziert und gefährlich sind, hauptsächlich deshalb, weil diese Fälle durchweg in beste gesellschaftliche, ökonomische oder politische Kreise (was meistens ein und dasselbe ist) hineinspielen und weil es in ihnen außer um den guten Namen immer auch um viel Geld, Einfluß und politische Macht geht.

Eine Ausnahme von dieser Regel macht eigentlich nur Carvalhos erster Fall: der mit der tätowierten Leiche. Das Verbrechen ist hier eher im kleinbürgerlichen Milieu zu Hause, benachbart der Unterwelt. Aber entgegen allem Anschein geht es letzten Endes nicht um Rauschgift, sondern um einen ganz privaten Eifersuchtsfall, und Carvalhos Reise nach Holland in die Vergangenheit des Toten, eines attraktiven Ganoven, bringen den Detektiv nicht weiter bei der Lösung des Falles, die vor der Haustür liegt. Sie versorgt aber die Geschichte mit viel Atmosphäre und holländischem Kolorit. Carvalhos zweiter, der Manager-Fall, nimmt seinen Ausgang in des Detektivs eigener Vergangenheit. Umgebracht wird der Manager eines internationalen Konzerns, den Carvalho noch in seiner amerikanischen Zeit kennengelernt hat. Alle Indizien weisen darauf hin, daß der Tote umkam, als er ein sexuelles Abenteuer im Nuttenmilieu suchte und dabei vermutlich mit einem Zuhälter Streit bekam. Nur die Witwe gibt sich mit diesem Anschein nicht zufrieden und beauftragt Carvalho, die wahren Todesumstände ihres Gatten aufzuklären. Carvalho geht den Fall unter Ausnutzung aller gesellschaftlichen Beziehungen an und kommt einer ungeheuren politischen Intrige auf die Spur, die der Ermordete per Zufall entdeckt haben muß und die ihn das Leben kostete und nun auch das des Detektivs bedroht, der sich allerdings besser absichert als der Ermordete.

In *Los mares del Sur* ereilt der Tod einen schwerreichen Industriellen, der bereits seit einem Jahr verschollen war; seine Familie hatte ihn auf Tahiti oder anderswo in der Südsee vermutet. Doch der Ausstieg hat Stuart Pedrell – wie der von der Familie engagierte Carvalho herausfindet – nicht weiter als bis in die Vororte von Barcelona gebracht, wo er als einfacher Arbeiter sein Leben fristet und in einen familiären Ehrenhandel gerät, der ihn das Leben kostet.

Der zweifellos »größte« unter Carvalhos Fällen ist der Mordfall im Zentralkomitee der Kommunistischen Partei: an sich ja nicht eben ein Fall für einen Privatdetektiv, schon gar nicht für einen aus der, von Madrid aus gesehen, Provinzstadt Barcelona. Doch die Polizei sieht gute Chancen, sich an dem Fall die Finger zu verbrennen, und überträgt ihn deshalb an einen Außenseiter, der überdies noch alte Beziehungen zum inneren Zirkel der Partei hat; natürlich hofft sie (die politische Polizei) auch, daß Carvalho ihr Ergebnisse liefern wird, mit denen sich die ungeliebten Kommunisten kräftig unter Druck setzen lassen, und drängt den Detektiv nachdrücklich in diese Richtung.

Carvalhos Ermittlungen freilich dienen nicht der politischen Opportunität (und gewiß nicht einer reaktionären Partei): sie dienen der Wahrheit. Mag auch seine Sexualmoral etwas unorthodox sein (oder schlechter) – seine Detektivarbeit leistet er tadellos und unbestechlich. Dabei geht es ihm kaum um irdische Gerechtigkeit und gewiß nicht um Strafe für den Täter. Daß er an die Männer in den Schlüsselpositionen der wirtschaftlichen Macht nicht herankommt, ist ihm klar, und an der Bestrafung eines Eifersuchtstäters hat er, selbst wenn er die Umstände des Verbrechens eher abscheulich findet, kein persönliches – also: nicht das mindeste – Interesse. Sein detektivischer Antrieb ist ein doppelter – und beide sind privat. Carvalho setzt seinen äußersten Ehrgeiz darein, den Auftraggeber zufriedenzustellen und ihm jene Information zukommen zu lassen, nach der er geschickt war (weil nur das seine Bezahlung sichert und damit das Ende der ungeliebten Detektivtätigkeit beschleunigt). Aber er läßt sich auch nicht gern abbringen von einer Aufgabe, die er sich selbst gestellt hat. Insofern ist er letztlich, bei allen Eigenheiten und bei allem spanischen Anstrich, doch ein würdiges Glied jener Kette von Detektiven, in die sein Autor ihn eingeklinkt hat: Sam Spade, Philip Marlowe, Lew Archer, José »Pepe« Carvalho.

So ganz allerdings haben Carvalho und sein Autor das Niveau nicht halten können, mit dem sie Mitte der siebziger Jahre gestartet sind. Mit *Los pájaros de Bangkok* (›Die Vögel von Bangkok‹; 1983) scheint Vázquez Montalbán die Lust zu verlieren, stringente Krimihandlungen zu entwickeln. Statt dessen verliert er sich in labyrinthischen Landschaften, auch solchen der Erinnerung, durch die sein Held streift wie einst die Helden des pikaresken Romans.

Los pájaros de Bangkok nimmt die Jagd auf den Spuren eines Verbrechens nur als Vorwand für etwas anderes: eine Mischung aus Fernweh und Flucht vor dem Schicksal. Ein ominöses Telegramm einer verflossenen Freundin lockt den Detektiv, der in Barcelona eher lustlos in den Untiefen eines Mordfalles unter Lesbierinnen herumstochert, nach Bangkok, wo die Absenderin des Telegramms mit einem einheimischen Liebhaber spurlos verschwunden ist. Im exotischen Dreck von Thailand versucht Carvalho, das untergetauchte Paar zu erwischen, ehe das der Polizei oder einer von den Flüchtigen betrogenen Gangsterorganisation gelingt. Vergeblich jagt Carvalho hinter dem Pärchen her bis nach Malaysia. Er findet sie schließlich daheim, kommt aber zu spät, um sie zu retten; die Gangster haben die Liebenden am Ende in Spanien aufgetrieben, und ihr Schicksal erfüllt sich. »Los pájaros de Bangkok« ist ein schönes, lebendiges und todtrauriges Buch. Ein Kriminalroman ist es nur ganz am Rande.

Im folgenden Buch, *La Rosa de Alejandria* (›Die Rose von Alexandria‹; 1984), veranlaßt Carvalhos Geliebte Charo den Detektiv, den Mörder einer entfernten Verwandten zu finden, die man nicht nur umgebracht, sondern nach ihrem Tode »grauenhaft« verstümmelt hat: »Die Genitalien fehlten«, erklärt Carvalho Auftraggebern und Lesern, »und zwar die inneren und die äußeren, das heißt, man hatte sozusagen eine Totaloperation vorgenommen, ich wiederhole, eine Totaloperation der Sexual- und Fortpflanzungsorgane.«

Widerwillig macht sich Carvalho an die Untersuchung des Mordfalls. Am Ende hat er zwei Schuldige: einen Mörder und einen Schlächter, einen, den die Justiz belangen kann, und einen, der frei ausgehen wird. Aber irgendwie ist der Mordfall weniger wichtig als das, was am Rande geschieht, nicht zuletzt Carvalhos Erinnerungen an frühere Zeiten. Der Leser erfährt, daß der Knabe Carvalho eifersüchtig gewesen ist auf seinen Vater, als der aus dem Gefängnis zurückgekommen war und den Jungen aus dem Bett seiner Mutter verdrängt hatte; daß der Dichter Carlos Fuentes, den Carvalho in seiner Zeit beim FBI auf einer Party getroffen hatte, den Detektiv grundlos schlecht behandelte; daß Charo, die nuttige Geliebte, es abgelehnt hat, wenigstens probeweise zu Carvalho zu ziehen (was diesem andererseits auch wiederum recht ist). Der Leser erfährt schließlich von Carvalhos Vorfreude auf eine Kur, die der Detektiv anzutreten gedenkt, allen Bedenken seines Faktotums Biscuter zum Trotz. »Ich möchte einfach gerne einmal zur Kur fahren, bevor ich sterbe«, sagt Carvalho – und so geschieht es: in dem Roman *El Balneario* (›Manche gehen baden‹; 1986). Natürlich gerät Carvalho auch dort, im berühmten Institut der Herren Faber & Faber, in einen Mordfall, was sage ich, in eine Mordserie: sieben Tote in wenigen Tagen.

Da kann das Mordmotiv natürlich nicht simple Leidenschaft oder Geldgier sein; im Hintergrund spukt die politische Historie. In einem geheimen Raum der Kurklinik haben alte Nazis wichtige Dokumente versteckt, und unter den Gästen wie den Betreibern der Klinik gibt es Leute mit undurchsichtiger Vergangenheit. Fast möchte man meinen, daß Vázquez Montalbán seine Leser auf den Arm nehmen möchte – so weit bleibt *El Balneario* unter des Autors besten Möglichkeiten. Aber vermutlich hat er lediglich eine Krimiparodie versucht und ist an diesem schwierigen Genre ebenso gescheitert wie unzählige andere Autoren vor ihm.

[1] *Manuel Durán/Rodriguez Monegal:* Der Kriminalroman in der Weltliteratur: Spanien und Lateinamerika, in *A. Arnold/J. Schmidt:* Reclams Kriminalromanführer, Stuttgart 1978, S. 394ff.
[2] *Francisco Garcia Pavón:* Kriminalgeschichten, Reclam Verlag, Stuttgart 1980.

Ausgewählte Bibliographie

Manuel Vázquez Montalbán: *Carvalho und die tätowierte Leiche*; *Carvalho und der tote Manager*; *Tahiti liegt bei Barcelona*; *Carvalho und der Mord im Zentralkomitee*; *Manche gehen baden*; *Die Vögel von Bangkok*; *Die Rose von Alexandria* – sämtlich Rowohlt Verlag, Reinbek.

Aus deutschen Landen

Göttliche Gerechtigkeit:

Der deutsche Kriminalroman und seine Historie

Anno 1986 bedarf es keiner unmäßigen rhetorischen Anstrengungen, um die eine Hälfte von George Bernard Shaws Diktum zu widerlegen, die Deutschen hätten für zweierlei kein Talent: für die Revolution und für den Kriminalroman. Die deutschen Revolutionen zwar sind alle gescheitert. Aber der Kriminalroman hat in Deutschland in den letzten zwanzig Jahren, nicht nur im Quantitativen, eine erstaunliche Blüte erlebt. Mögen seine Spitzen auch immer noch ein gutes Stück unterhalb dessen bleiben, was Angelsachsen, Skandinavier, Holländer oder Italiener als Maßstäbe setzen, so hat sich im Lauf der Zeit doch eine recht breite, solide Basis entwickelt, auf der auch das Überdurchschnittliche immer wieder einmal wächst und irgendwann einmal auch das Außerordentliche wachsen könnte: Romane, die denen von Patricia Highsmith oder Sjöwall/Wahlöö, von Ross Macdonald oder Scerbanenco, von Simenon oder van de Wetering, le Carré oder Ross Thomas an die Seite gestellt werden könnten.

Daß diese Blüte des deutschen Kriminalromans in den letzten beiden Jahrzehnten, wie relativ sie auch sein mag, aus einer Situation von kriminalliterarischer Wüste heraus erfolgt ist, wird von niemandem ernsthaft bestritten. Strittig ist allenfalls die Frage, ob eine gewisse Tradition, die es im 19. Jahrhundert in Deutschland gegeben habe, in der ersten Hälfte des 20. Jahrhunderts abgerissen sei – oder ob bereits die Existenz dieser Tradition, herrührend, wie denn auch anders, von Schillern und Goethen, eine Legende sei, die zur frühen Kriminal- oder gar Detektivgeschichte ernannte, was tatsächlich nur ein spezieller Fall von Verbrechensliteratur gewesen ist?[1]

Der Literaturwissenschaftler Volker Ladenthin zum Beispiel hat ein Buch mit »Deutschen Criminalgeschichten«[2] herausgegeben, das G. B. Shaws im Nachwort zitierte Behauptung von der deutschen Unfähigkeit zum Krimi bereits mit einer Handvoll historischer Beispiele widerlegen möchte. Es sind Geschichten aus einer Zeit, in der die Kriminalgeschichte einer allgemeineren Übereinkunft zufolge noch gar nicht existierte[3], so daß dem Leser der Zirkelschluß nahegebracht wird, die Deutschen seien letztlich die eigentlichen Erfinder der Gattung – wie stehen wir wieder einmal da, mindestens vor der literarischen Welt?

Von den elf deutschen »Criminalgeschichten«, die in Volker Ladenthins Anthologie versammelt sind, erschienen nur zwei später als Edgar Allan Poes Detektivgeschichte *The Murders in the Rue Morgue*, die wir als erstes Exemplar der Gattung anzusehen uns angewöhnt haben: *Die Judenbuche* von Annette von Droste-Hülshoff im Jahre 1842 und Friedrich Halms *Die Marzipanliese* (1856). Die anderen neun Erzählungen sind bis zu fünfzig Jahre älter – muß also die Frühgeschichte der Kriminalliteratur neu geschrieben werden?

Kein Gedanke: Was der Band versammelt, sind alles alte Bekannte, genau die halt, die immer in der Diskussion auftauchen, wenn in gelehrten Kreisen von frühen deutschen Kriminalgeschichten die Rede ist. Schillers *Verbrecher aus verlorener Ehre* steht neben Goethes *Geschichte vom Ferdinand* aus den »Unterhaltungen deutscher Ausgewanderter«, Kleists *Der Zweikampf* (wenn auch nicht »Michael Kohlhaas«), Hebbels Geschichten vom Zundelfrieder, Grillparzers *Das Kloster bei Sendomir*, dazu ein bißchen von E. T. A. Hoffmann (ausnahmsweise nicht *Das Fräulein von Scudéri*, sondern *Die Marquise de la Pivardiere*), Clemens Brentano, Eduard Mörike und Wilhelm Hauff. Es sind weiß Gott keine schlechten Geschichten, und mit Verbrechen haben die meisten von ihnen auch zu tun. Aber werden sie deshalb gleich zu Kriminalgeschichten oder, wie Ladenthin kühn von Kleists *Zweikampf* behauptet, gar zu Detektivgeschichten?

In den meisten dieser Novellen, bei der Droste, bei Grillparzer, bei Halm und Mörike, letztlich auch bei Kleist, wird berichtet, wie die göttliche Gerechtigkeit auf verschlungenen Wegen den Urheber eines Verbrechens, meist eines Mordes, ereilt – und wenn der Täter so unsympathisch, seine Tat so unverständlich nicht ist (wie bei Grillparzer), wird die Sühne zur Schuld gleich mitgeliefert; im Kloster büßt der Täter – der, nach einer Rahmenhandlung, seine Tat selbst erzählt – für ein Verbrechen, zu dem man ihn förmlich herausgefordert hat.

Die ungewöhnlichste Geschichte des ganzen Bandes stammt von Wilhelm Hauff: *Abner, der Jude, der nichts gesehen hat*. Ein Verbrechen kommt in dieser Geschichte nicht vor (es sei denn, man begreift die unberechtigten Strafen, mit denen die Obrigkeit den Helden überzieht, als Verbrechen des Staates). Dafür freilich liefert Hauff tatsächlich die Beschreibung der deduktiven detektivischen Methode, mit der die berühmtesten Detektive der Weltliteratur – von Sherlock Holmes bis zu Umberto Ecos William von Baskerville – ihre Fälle lösen, bereits sechzehn Jahre vor Edgar Allan Poe und fast sechzig Jahre vor Arthur Conan Doyle. Allerdings: Der Scharfsinn des Juden Abner, der das entflohene Pferd des Kaisers von Marokko[4] zu beschreiben vermag, ohne daß er es gesehen hätte, liegt sozusagen brach. Er wird nicht in die Lösung einer Detektivgeschichte eingebracht – und das erst zählt, das erst begründet die Gattung; nicht schon die zweckfreie Deduktion des deutschen Autors.

Sosehr man auch die Sache dreht und wendet: Schiller und Goethe, Kleist und Droste-Hülshoff, Grillparzer und Mörike haben keine Kriminalgeschichten in dem Sinn geschrieben, in dem wir ihn in diesem Buch verstanden haben; auf die größten Autoren deutscher Sprache als Ahnherren muß der neue deutsche Kriminalroman verzichten. Die Frage ist, ob sich eventuell in späteren Zeiten – etwa in der ersten Hälfte des 20. Jahrhunderts – doch noch Texte finden, mit denen sich etwas wie eine deutsche Krimi-Tradition vor dem Entstehen des neuen deutschen Kriminalromans begründen ließe?

Im allgemeinen sind es drei Bücher, die als Belege für einen literarisch wertvollen deutschen Kriminalroman in der ersten Hälfte des 20. Jahrhunderts immer wieder zitiert werden: Ricarda Huchs *Der Fall Deruga* (1917), Jakob Wassermanns *Der Fall Maurizius* (1928) und Werner Bergengruens *Der Großtyrann und das Gericht* (1935). Alle drei Romane handeln unzweifelhaft von Verbrechen, sogar von Tötungsdelikten, aber Kriminalromane in unserem Sinne sind sie etwa im selben Maße, wie Dostojewskis ›Schuld und Sühne‹ ein Kriminalroman ist.

Ricarda Huch erzählt in *Der Fall Deruga* die Geschichte einer Euthanasie. Der Arzt Sigismondo Enea Deruga wird trotz seines anfänglichen Leugnens überführt, seiner von ihm geschiedenen, unheilbar an Krebs erkrankten Frau auf ihre Bitten hin Gift eingeflößt zu haben, um ihr weitere Qualen zu ersparen. Deruga zeigt aber keine Reue, sondern krönt sein Geständnis mit der Feststellung: »Ich fühlte menschlich genug, um ihre Bitte zu erhören.« In Wassermanns *Der Fall Maurizius* wird eine gerichtlich abgeschlossene Mordgeschichte durch den fanatischen Gerechtigkeitswillen des 16jährigen Sohnes des Staatsanwalts, Etzel Andergast, nachträglich wiederaufgerollt. Der Privatdozent Maurizius soll, einer (falschen) Zeugenaussage des polnischen Juden Waremme zufolge, seine Ehefrau umgebracht haben, weil sie seinem ehebrecherischen Verhältnis zu ihrer Schwester im Wege stand. Der junge Andergast findet selbst heraus, daß Maurizius im Sinne der Anklage unschuldig ist, und bringt auch seinen Vater dazu, sich erneut mit dem Fall zu beschäftigen. Das Ergebnis dieser erneuten Prüfung der Tatbestände durch den Staatsanwalt ergibt schwere erotische Verstrickungen und tiefe moralische Schuld bei allen Beteiligten, veranlaßt aber den Staatsanwalt zur Einreichung eines Gnadengesuchs für den verurteilten Maurizius. Maurizius kommt zwar frei, vermag aber mit dieser Freiheit nichts mehr anzufangen und begeht Selbstmord.

Bergengruens Roman *Der Großtyrann und das Gericht*, während der Hitler-Zeit geschrieben und veröffentlicht, spielt in einem italienischen Stadtstaat zur Zeit der Renaissance. Der Mönch Angostini, in den Diensten des Herrschers, ist ermordet aufgefunden worden; zur Aufklärung des Verbrechens setzt der »Großtyrann« seiner Polizei eine Frist von drei Tagen. In ihrer Angst produziert die Polizei eine tote Selbstmörderin als vorgeblich Schuldige; in der Atmosphäre allgemeiner Furcht und Verdächtigungen folgen weitere Anschuldigungen, auch Selbstbezichtigungen. Die Widersprüche werden schließlich bei einer Gerichtsverhandlung vom Großtyrannen selbst aufgelöst, indem er erklärt, er habe den Mönch aus Gründen der Staatsräson selbst umgebracht und die Aufklärung der Tat nur gefordert, um seine Untertanen zu »prüfen«. Woraufhin ihn der Priester Luca der gefährlichsten aller Sünden beschuldigt: Er habe »dies widergöttliche Spiel« angezettelt, um »in Gleichheit Gottes die Schicksale der Menschen zu bewegen und zu beschauen und endlich als ein Weltenrichter über sie zu befinden«.

Für alle drei Romane gilt, was Wassermann für seinen »Fall Maurizius« in Anspruch nahm: Er habe »viel Größeres« darstellen wollen als eine Kriminalhandlung, nämlich: »Es ist die Idee der Gerechtigkeit, die den Herzpunkt im ›Fall Maurizius‹ bildet.«[5] Bei Ricarda Huch und dem »Fall Deruga« ist dieses »viel Größere« die Frage nach der Freiheit des Individuums, über sein Leben und seinen Tod, und auch über die Frage, was Gut und was Böse ist, selbst zu bestimmen. Bergengruen hat in seinem Roman – dem das Vater-Unser-Motto »ne nos inducas in tentationem«[6] vorangestellt ist – die aktuelle Diskussion über das Führerprinzip und den geistigen Terror der Hitler-Diktatur verschlüsselt. So erheben sich einerseits alle drei Romane bereits durch ihren Anspruch bewußt über das Genre, dessen – im besten Fall – strenge Logik und kristalline Strukturen sie andererseits durch philosophische Abschweifung und theoretisierend-rhetorische Tiraden verwässern.

Natürlich ist es nicht so, daß in deutscher Sprache über die Jahrzehnte hinweg gar keine Kriminalromane geschrieben wurden, das ganze Genre schlechthin tot war. In Ordean A. Hagens amerikanischer Krimi-Enzyklopädie *Who Done it?* findet sich sogar der Hinweis, neben den Franzosen seien die Deutschen von alters her auf dem Gebiet des Detektiv- wie des Kriminalromans am besten repräsentiert[7], und auch Reclams Kriminalromanführer nennt in den beiden Aufsätzen seiner Autoren Josef Schmidt und Armin Arnold zur deutschen Situation[8] eine ganze Reihe von Autoren, die – knapp vor oder nach der Jahrhundertwende – Kriminalromane verfaßt haben. Doch im Grunde bleibt es bei der Aufzählung von Namen, die niemand mehr kennt (und selbst die Lexikonautoren offenbar nur vom Hörensagen): Joseph Treumann beispielsweise, der schließlich »zum Kriminalroman und zur Humoreske hinab(gekommen)«[9] sei; Fritz Brentano (1840–1914), der sich dagegen »zu Kriminalromanen aufgeschwungen habe«, Wilhelm Wölfert (1854–1925) oder Ernst Moser (1863–1927).

So bleibt als einziger, der eine deutschsprachige Krimitradition begründet haben könnte, ein schweizerischer Autor, der in den dreißiger Jahren ein halbes Dutzend Kriminalromane geschrieben hat und gelegentlich als »Schweizer Simenon« bezeichnet wird: Friedrich Glauser. Seine Bücher um den Berner Fahnder-Wachtmeister Studer gehören zu den erstaunlichsten Kriminalromanen der Weltliteratur. Aber sie sind reine Einzelstücke und zur Gründung einer Schule wenig geeignet. Tatsächlich haben sie auch literarische Konsequenzen im deutschen Sprachraum und Auswirkungen auf den deutschen Kriminalroman nicht erreicht. Der deutsche Kriminalroman ist gleichsam in der Wüste über Nacht aufgeblüht – und wenn man partout einen Regenmacher benennen möchte, dessen Zauberkünsten das frische Grün zu verdanken ist, wird man vermutlich nicht auf einen Autor stoßen, sondern auf einen Lektor: Richard K. Flesch, der die rororo-Thriller-Reihe seit 1962 betreute und das zarte Pflänzchen »neuer deutscher Kriminalroman« über die Jahre hin sorgsam gepflegt und kräftig begossen hat, so lange, bis ein ansehnlicher Rasen daraus geworden ist. Aber so weit sind wir noch nicht.

[1] Wir haben diese Frage bereits in den Eröffnungskapiteln dieses Buches erörtert. Siehe S. 19ff.

[2] *V. Ladenthin:* Deutsche Criminalgeschichten. Insel Verlag, Frankfurt/Main 1985.

[3] Edgar Allan Poes Erzählung *The Murders in the Rue Morgue*, die für uns die erste Kriminalgeschichte der Neuzeit darstellt, erschien 1841 in »Graham's Magazine« in Philadelphia.

[4] Ungefähr 150 Jahre später wiederholen Umberto Eco und William von Baskerville, der Held in Ecos Kriminalroman *Der Name der Rose*, das wohlfeile Kunststück, indem

sie das William unbekannte entlaufene Lieblingspferd des Abtes in jenem Kloster beschreiben, in dem von Baskerville mit seiner Delegation erwartet wird.

[5] Zitiert nach Kindlers Literaturlexikon, Zürich 1965, Band II, Co-Fk, S. 2692.

[6] »Und führe uns nicht in Versuchung«.

[7] *O. A. Hagen:* Who Done it? A Guide to Detective, Mystery and Suspense Fiction. New York 1969, S. 632.

[8] *A. Arnold/J. Schmidt:* Reclams Kriminalromanführer, Stuttgart 1978, S. 371 ff.

[9] Arnold zitiert hier durchweg nach Adolf Bartels: »Deutsche Literaturgeschichte«, 3. Auflage, 1928, der sich seinerzeit wiederum auf ein »Lexikon der deutschen Dichter und Prosaisten des 19. Jahrhunderts« von Franz Brümmer bezieht, wodurch sich – meine eigenen Zitate eingeschlossen – der Fall von Überlieferung aus fünfter Hand ergibt.

Ausgewählte Bibliographie

Ricarda Huch: *Der Fall Deruga* – Ullstein Verlag, Berlin 1980.
Jakob Wassermann: *Der Fall Maurizius* – Moewig Verlag, München 1981.
Werner Bergengruen: *Der Großtyrann und das Gericht* – Ullstein Verlag, Berlin.

Der Fahnder von Bern:

Friedrich Glauser und sein Wachtmeister Studer

Vielleicht liegt Friedrich Glausers Unbehaustheit tatsächlich schon in seiner Biographie begründet. Er hat immer zwischen allen Stühlen gesessen, nirgendwo so recht hingehört. Geboren ist er 1896 in Wien, »von österreichischer Mutter und Schweizer Vater«, wie er über sich selbst schreibt. Der Großvater väterlicherseits sei »Goldgräber in Kalifornien gewesen«, der »mütterlicherseits Hofrat«: »schöne Mischung, wie?« In Wien hat Glauser die Volksschule und drei Klassen des Gymnasiums besucht. Dann ist wohl die Mutter gestorben, nach Ansicht von Glausers Biographen das einschneidendste Ereignis in seinem Leben. Danach verbringt er drei Jahre im Landerziehungsheim Glarisegg in der Schweiz, weitere drei Jahre am Collège de Genève. Dort warf man ihn kurz vor dem Abitur hinaus, weil er »einen literarischen Artikel über einen Gedichtband eines Lehrers am dortigen Collège verfaßt hatte«. In Zürich holt er das Abitur nach. Er studiert ein Semester Chemie und gerät in die Kreise von »Dada«, wird anscheinend auch rauschgiftsüchtig. Weil »mein Vater mich internieren lassen und unter Vormundschaft stellen« wollte, flieht Glauser nach Genf. Für ein Jahr, 1919, sperrt man ihn in die Heilanstalt Münsingen. Von dort flieht er nach Ascona, verbringt dort ein Jahr, wird wegen Morphiumsucht wieder verhaftet und soll für schizophren erklärt werden. Die Jahre 1921 bis 1923 verbringt er mit der französischen Fremdenlegion in Marokko. In Paris spielt er Tellerwäscher, in Belgien Krankenpfleger. 1926 schließt er, wieder in der Schweiz, eine Gärtnerlehre ab. Er ist Handlanger in einer Baumschule, Gärtner in Basel; in Paris probiert er eineinhalb Jahre lang das Leben eines freien Schriftstellers aus.

Aber immer wieder gerät er in Konflikt mit dem Gesetz. In Mannheim, wo er den Vater besucht, buchtet man ihn ein, weil er Rezepte gefälscht hat. Zwangsweise schickt man ihn zurück in die Schweiz, wo er die Jahre zwischen 1932 und 1936 wieder in der Anstalt verbringt. Zwischen Entwöhnungskuren und psychiatrischen Behandlungen entstehen die ersten seiner insgesamt sechs Kriminalromane, von denen als erster *Wachtmeister Studer* erscheint, als Fortsetzungsroman in der »Zürcher Illustrierten«, ab dem 24. Juli 1936. Ein gutes halbes Jahr vorher, am 6. November 1935, hatte Glauser in Zürich zum ersten Mal öffentlich aus dem Manuskript gelesen, das damals noch den Titel trug, der auf der Akte des Mordverdächtigen steht: *Schlumpf Erwin Mord*. Kurz vor der Publikation von *Wachtmeister Studer* in der »Zürcher Illustrierten« am 18. Mai 1936 wird Glauser aus der geschlossenen Anstalt in der Waldau, in die man ihn nach einer Flucht aus der liberalen »Kolonie Schönbrunn« eingeliefert hatte, entlassen. »Einmal möchte man doch wieder ein wenig anders leben«, sagt er seinem Vormund. Es bleiben ihm dazu ungefähr zweieinhalb Jahre. Glauser stirbt, erst 42jährig, am 8. Dezember 1938 im italienischen Nervi bei Genua; ein Teil seines kleinen literarischen Œuvres, darunter zwei seiner Kriminalromane, ist zu diesem Zeitpunkt noch nicht publiziert.

Die Unordentlichkeit dieses Lebens überträgt sich in die Entstehungsgeschichte der Glauserschen Werke, die sozusagen eine doppelte Chronologie haben. Ordnet man die sechs Romane nach der Reihenfolge ihres Erscheinens in Buchform, kommt man auf folgende zeitliche Ordnung: Nach dem *Wachtmeister Studer*, aber noch im selben Jahr, 1936, erscheint *Matto regiert*. 1938 kommen *Die Fieberkurve* und *Der Chinese* heraus. *Der Tee der drei alten Damen* erschien als Buch erstmals 1940, nachdem er im Sommer 1939 von der »Zürcher Illustrierten« in Fortsetzungen abgedruckt worden war. *Krock & Co.* verzeichnet 1941 als Erscheinungsjahr.

Diese Reihenfolge entspricht aber nicht der tatsächlichen Entstehungsabfolge der Romane. Auf eine auffällige Weise unterscheidet sich *Der Tee der drei alten Damen* vom restlichen kriminalliterarischen Werk Glausers; auch ohne Kenntnis der näheren Umstände leuchtet dem Leser augenblicklich ein, daß dies nur der erste Kriminalroman Glausers sein kann: ein tastender, von mancherlei wilden Vorbildern vor allem angelsächsischer Provenienz beeinflußter Anfängerversuch, sich die geheimnisvolle Welt der Verbrechen und der Verbrecher, der Detektive und Agenten zu erschließen.

Nicht nur, daß *Der Tee der drei alten Damen* die Figur des Detektivs noch nicht erhält, ohne die die späteren Romane Glausers undenkbar sind. Der Roman selbst ist eine wilde Schauergeschichte, in der kommunistische und kapitalistische Geheimagenten auf schweizerischem Territorium um die Ölquellen eines indischen Maharadschas streiten, ein ehrgeizig-geldgieriger Wissenschaftler sich seiner botanischen Kenntnisse und des Aberglaubens einiger naiver Damen der Gesellschaft zur eigenen Bereicherung bedient, und ein aus England importierter Detektiv, in Liebe entbrannt zur schönen Unschuld, mit Hilfe eines jugendlichen Assistenten und eines abgeklärten Genfer Politikers eine geheimnisvolle Mordserie aufklärt und den Bösewicht in den Freitod treibt. Der junge Mann, der dem englischen Detektiv bei der Aufklärung des Falles Handlangerdienste leistet, soll ein Selbstporträt des Autors sein: so wie er war in seinen Genfer Jahren kurz vor dem Abitur. Aber sonst ist keinerlei Beziehung zum Leben des Friedrich Glauser erkennbar, abgesehen vielleicht von einem Hinweis auf eine »Heil- und Pflegeanstalt Bel-Air«, in der die drei alten Damen des Titels ihren Lebensabend verbringen. Das Buch ist ein reines Produkt der schriftstellerischen Phantasie, so synthetisch wie – später – die Abenteuer des James Bond 007; allenfalls als Spurenelemente finden sich Einsprengsel aus dem wirklichen Leben, so wie Friedrich Glauser selbst es erlebt und erlitten hat. Aber das soll sich rasch ändern.

Vom »Tee der drei alten Damen« zum *Wachtmeister Studer*, zwei Romanen, die unmittelbar nacheinander entstanden sind, ist eine beinahe unglaubliche Veränderung erfolgt. Was vorher nur als vage und wabernde Vorstellung vorhanden war, überlagert offenbar von der aufgepropften, von Autoren wie Edgar Wallace bezogenen Vorstellung, wie ein Kriminalroman auszusehen habe, ist plötzlich ganz fest. Glauser schreibt von den Erfahrungen, die er selbst gemacht hat: in der Schule, in der Anstalt, in der Fremdenlegion. Seine Handlungsträger sind elternund heimatlose Heranwachsende, Jugendliche, die überall nur herumgestoßen werden, bigotte, aber angesehene Honoratioren, freundliche und hilfsbereite, aber auch stumpfsinnige Pfleger, sind Menschen, denen die sozialen Umstände so zusetzen, daß sie zu Opfern oder zu Tätern werden (und nicht selten beides in einem). Zusammengehalten aber wird der Kosmos dieser Geschichten von ihrem Detektivhelden, dem Studer, einem Mann, der in seinen knorrigen Umrissen und seinem Verständnis für die Menschen ein wenig an Simenons Maigret erinnert (wobei ich bezweifle, daß Glauser ihn überhaupt gekannt hat), der aber eine ganz eigenständige und überaus originelle Figur ist, den größten Detektiven des angelsächsischen Sprachraums menschlich gleichrangig.

»Köbu« Studer, verheiratet mit der ausgeglichenen Frau Hedy, die auch die größten Gemütsschwankungen ihres Gatten heiter zu ertragen vermag, nähert sich allmählich der Pensionsgrenze; trotz seiner offenbar weit überdurchschnittlichen Qualitäten[1] hat er es bei der Polizei nur zu einer recht bescheidenen Position gebracht: Er ist Wachtmeister und »Fahnder« bei der Bundespolizei in Bern. Eine größere Karriere hat sich Studer verbaut durch einen peinlichen Zwischenfall im Anfangsstadium seiner Karriere, als er »Kommissär bei der Stadtpolizei« gewesen ist. Sämtliche Studer-Romane Glausers raunen dunkel von dieser »Bankaffäre«, die sie gleichwohl mehr oder weniger im dunkeln lassen; selbst *Matto regiert*, der Roman, in dem die Figur auftaucht, für die Studer damals den Kopf hat hinhalten müssen, wird nicht wirklich deutlich, sondern begnügt sich mit Andeutungen: »Caplaun? Caplaun hatte doch sein alter Freund geheißen, der Oberst, der an jener Schiebung in der Bankaffäre beteiligt gewesen war, jener Bankaffäre, die den damaligen Kommissar Studer von der Stadtpolizei den Kragen gekostet hatte.«

Wie dem auch sei: Studer, der bei einigen der größten europäischen Koryphäen der Kriminalistik das Handwerk gelernt hat, ist nach der Bankaffäre »in Ungnade gefallen« und hat »wieder von unten anfangen müssen« – ein Sachverhalt, der den Wachtmeister jedoch offenbar nicht sehr beeindruckt, jedenfalls nicht irre macht in seinem Eintreten weniger für den Wortlaut des Gesetzes als für eine höhere Gerechtigkeit, und auch nicht unbedingt vorsichtiger in seinen unkonventionellen Methoden. »Der Köbu spinnt«, ist ein geflügeltes Wort unter den Berner Kollegen, wenn Studer wieder einmal ein Verbrechen sieht, wo niemand sonst auch nur einen Verdacht schöpft, oder einem Verdächtigen viel Leine gibt, den jeder für einen Mörder hält.

Studers besondere Zuneigung gilt jungen Leuten, die er gleichsam adoptiert und unter seine Fittiche nimmt: elternlose, von der Gesellschaft ausgestoßene Heranwachsende beiderlei Geschlechts, denen er durch seine Unterstützung neuen Lebensmut gibt, wenn er ihnen nicht gar das Leben rettet.

Gleich der *Wachtmeister Studer* beginnt mit dem Versuch eines Selbstmords, den Studer eben noch verhindern kann. »Einer will nicht mehr mitmachen«, heißt der erste Satz des Manuskripts, eine Kapitelüberschrift; der Erwin Schlumpf, den der Wachtmeister soeben erst als Mordverdächtigen ins Gefängnis eingeliefert hat, versucht, sich am Fenstergitter seiner Zelle mit seinem ledernen Gürtel zu erhängen. Studer knüpft den Erwin Schlumpf nicht nur rechtzeitig ab von seinem selbstgewählten Galgen. Er weist auch nach, daß er den merkwürdig komplizierten, verwickelten Mord an seinem zukünftigen Schwiegervater im kleinen Örtchen Gerzenstein nicht begangen hat. Ein Mörder zwar wird niemals dingfest gemacht. Aber Studer hat ihn entdeckt und dermaßen in die Enge getrieben, daß der ehrenwerte, wohlangesehene Mörder selbst die Konsequenzen gezogen hat, auf eine Weise übrigens, die Studer selbst um ein Haar das Leben gekostet hätte.

Der zweite der Studer-Romane, *Die Fieberkurve*, beginnt in Paris. Der trinkfeste Wachtmeister, auf Besuch bei Kollegen von der Pariser Polizei, erfährt, daß er Großvater geworden ist: »Meine Tochter hat einen Sohn bekommen.« Außerdem lernt er einen Mann kennen, der sich als katholischer Pater ausgibt und um Hilfe in einer Familienangelegenheit bittet. Studer findet den Mann unecht – und läßt sich dennoch von ihm (und einem jungen Mädchen, das offensichtlich seine Hilfe braucht) in einen Mordfall hineinziehen, der bis in die Fremdenlegion und nach Marokko hinüberspielt. Es ist eine Geschichte voll von Fernweh und exotischen Gerüchen und Farben; der Duft Afrikas und das Licht der Sahara ist in ihr spürbar über fünfzig Jahre hinweg.

Die nächsten Abenteuer Studers spielen in wesentlich begrenzterer Umgebung. *Der Chinese* handelt von mehreren zusammenhängenden Morden in einem kleinen Ort, aus dem die eine der beiden dort angesiedelten Institutionen – und zwar die »Armenanstalt«, nicht die Gartenbauschule – die wohlhabenden Gäste vertrieben hat. *Matto regiert* hat sogar eine geschlossene (Irren-)Anstalt zum Schauplatz, wo das alte repressive und das neue liberale Prinzip der Behandlung psychisch Erkrankter hart und mörderisch aufeinanderprallen: Prinzipien, die Glauser aus nächster Nähe und am eigenen Leib studiert hat und die er beschreibt wie kein anderer, mit Kompetenz und humanem Impetus gleichermaßen.

Auf den Leser üben alle diese Abenteuer des motorradfahrenden, schlechte Zigarren der Marke »Brissago« rauchenden Wachtmeisters,

um Gottes willen gedacht? Du verteufelst uns ja den schönsten Herrenabend.‹«

Im Hörspiel, das allerdings schon ein Jahr vor der Erzählung geschrieben (und erst später veröffentlicht) wurde, steigt der Vertreter Traps, nachdem er seinen Rausch ausgeschlafen hat, am nächsten Morgen in seinen inzwischen reparierten Wagen, auf nichts bedacht als auf künftige Geschäfte: »Muß komisches Zeug zusammengeredet haben letzte Nacht... Bildete mir ein, einen Mord begangen zu haben. So ein Unsinn... Na, vorbei. Habe andere Sorgen, wenn man so mitten im Geschäftsleben steht. Dieser Wildholz! Rieche den Braten. Fünf Prozent will der abkippen, fünf Prozent. Junge, Junge. Rücksichtslos gehe ich nun vor, rücksichtslos. Dem drehe ich den Hals um. Unnachsichtlich!!« In der Komödie greift Dürrenmatt dann wieder auf das Ende der Erzählung zurück; nur hängt Traps jetzt nicht im Fensterrahmen, sondern »im Lüster«.

»Man könnte«, hat Hans Mayer zur »Panne« ausgeführt, »Dürrenmatt nicht unsinniger mißverstehen als durch die Annahme, er habe als Moralist am Fall des Generalvertreters der Hephaiston demonstrieren wollen, ein Mensch begehe in seinem Leben oft wirkliche Verbrechen, selbst wenn diese nach dem Buchstaben des Strafgesetzbuches nicht geahndet würden«[3]. Was aber dann? »Die Tragödie«, sagt Dürrenmatt selbst, »setzt Schuld, Not, Maß, Übersicht, Verantwortung voraus. In der Wurstelei unseres Jahrhunderts, in diesem Kehraus der weißen Rasse, gibt es keine Schuldigen und auch keine Verantwortlichen mehr. Alle können nichts dafür und haben es nicht gewollt. Es geht wirklich ohne jeden. Alles wird mitgerissen und bleibt in irgendeinem Rechen hängen. Wir sind zu kollektiv schuldig, zu kollektiv gebettet in die Sünden unserer Väter und Vorväter. Wir sind nur noch Kindeskinder. Das ist unser Pech, nicht unsere Schuld: Schuld gibt es nur noch als persönliche Leistung, als religiöse Tat.«[4] So ist es im Grunde auch gleichgültig, ob Traps am Ende lebend davongeht oder sich erhängt hat; in der »Panne«, die dem Kriminalgenre unterzuordnen ich Schwierigkeiten habe, erklärt Dürrenmatt das Zeitalter der individuellen Freiheit für beendet.

Die drei Romane bleiben näher am klassischen Schema der Kriminalgeschichte. Alle drei sind, wenn man so will, »Polizei-Krimis«: In den ersten beiden heißt die zentrale Figur Bärlach und ist Kriminalkommissar in Bern. Bärlach ist, in beiden Romanen, ein schwerkranker Mann; in seiner Jugend hat er im Ausland Dienst getan, zunächst in der Türkei, später in Deutschland (Frankfurt), wo seine Tätigkeit beendet war, als er nach der Machtübernahme durch die Nazis einen seiner neuen Vorgesetzten ohrfeigte.

Der Richter und sein Henker (1950), der erste Kriminalroman des damals Dreißigjährigen, am 5. Januar 1921 als Pfarrersohn im schweizerischen Konolfingen bei Bern geborenen Autors, beginnt mit einem ermordeten Polizisten. Der Polizeileutnant Ulrich Schmied, Bärlachs bester Mann, ist offensichtlich erschossen worden, als er einen schwerreichen Geschäftsmann observierte – fragt sich nur: von wem? Der Geschäftsmann, Gastmann, ist Bärlachs lebenslanger Gegner gewesen, seit der Polizist – vierzig Jahre früher, während einer betrunkenen Nacht in Istanbul – sich zu einer makabren Wette mit dem Edelganoven hat hinreißen lassen: einer Wette, »die wir trotzig in den Himmel hineinhängten, wie wir etwa einen fürchterlichen Witz nicht zu unterdrükken vermögen, auch wenn er eine Gotteslästerung ist, nur weil uns die Pointe reizt als eine teuflische Versuchung des Geistes durch den Geist«. Voraussetzung der Wette war Bärlachs Glaube an die menschliche Unvollkommenheit gewesen; »die Tatsache, daß wir die Handlungsweise anderer nie mit Sicherheit voraussagen und daß wir ferner den Zufall, der in alles hineinspielt, nicht in unsere Überlegungen einzubauen vermögen«, war für den jungen Bärlach der Grund zu der Annahme gewesen, daß »die meisten Verbrechen zwangsläufig« ans Tageslicht kommen müßten. Gastmann hatte nicht nur dagegengehalten mit der These, »daß die Verworrenheit der menschlichen Beziehungen es möglich mache, Verbrechen zu begehen, die *nicht* erkannt werden könnten, daß aus diesem Grund die überaus größte Anzahl der Verbrechen nicht nur ungeahndet, sondern auch ungeahnt seien, als nur im Verborgenen geschehen«. Er hatte am nächsten Morgen auch gleich in Bärlachs Gegenwart einen Mord begangen, dessen man ihn nicht überführen konnte, indem er einen Geschäftsmann, der – wie er wußte – zuvor Selbstmordabsichten geäußert hatte, von einer Brücke ins Wasser stieß, wo er ertrank.

Seitdem hat Gastmann ungezählte Verbrechen begangen, mehr aus teuflischer Lust als aus einem anderen Grund, und Bärlach hat ihn ein Leben lang vergeblich gejagt. Doch nun, da Bärlach erfährt, daß er höchstens noch ein Jahr zu leben hat, arbeitet er mit den gleichen Mitteln. »Es ist mir nicht gelungen, dich der Verbrechen zu überführen, die du begangen hast«, teilt er dem Gegner mit. »Nun werde ich dich eben dessen überführen, das du nicht begangen hast.« Als Henker für Gastmann benutzt der Kommissar den Mörder des Polizisten Schmied (den Gastmann tatsächlich nicht umgebracht hat); damit der Verdacht nicht auf ihn fällt, muß der Mörder Schmieds auch Gastmann umbringen, dem alsdann der erste Mord in die Schuhe geschoben wird.

Das Buch endet mit einem existentiellen Seufzer Bärlachs. »›Nur noch ein Jahr‹, hörte Lutz[5] den zum Fenster hinaus in den gläsernen Morgen starrenden Alten sagen. ›Nur noch ein Jahr.‹«

Wenn Dürrenmatts zweiter Kriminalroman, *Der Verdacht* (1952), einsetzt, sind nur wenige Wochen verstrichen und der Gesundheitszustand Bärlachs hat sich kaum verändert. Nach einer Operation, die ihm noch genau dieses eine Jahr an Lebenserwartung geben soll, liegt er in Bern in einem Krankenhaus, als seinem Arzt Dr. Hungertobel und dann auch dem Kommissar beim Anblick eines Fotos in der amerikanischen Illustrierten »Life« ein schrecklicher Verdacht kommt: daß der KZ-Arzt, der auf dem »Life«-Foto gerade einen Häftling ohne Narkose operiert, als angesehener Klinikchef nun in der Schweiz arbeitet. Bärlach, der ohnehin nicht mehr viel zu verlieren hat, läßt sich in die Klinik des Verdächtigen verlegen. Bald bekommt er Gewißheit, daß sein Verdacht berechtigt ist. Aber er muß befürchten, daß er und sein Freund Dr. Hungertobel von dem KZ-Arzt ebenso beseitigt werden wie andere Mitwisser zuvor. Als Killer hält sich der KZ-Arzt eine grausige Figur: einen noch im Konzentrationslager von ihm abgerichteten Zwerg. Im Finale freilich wechselt der Zwerg die Fronten, als er auf eine Figur trifft, mit der ihn mehr verbindet als nur die Angst und die Dressur, den riesigen jüdischen Rächer Gulliver nämlich, eine gänzlich mythologische Figur, die den Bösewicht bestraft und dem Kommissar sanft die Leviten liest: »›Man kann heute nicht mehr das Böse allein bekämpfen, wie die Ritter einst allein gegen irgendeinen Drachen ins Feld zogen. Die Zeiten sind vorüber, wo es genügt, scharfsinnig zu sein, um die Verbrecher, mit denen wir es heute zu tun haben, zu stellen. Du Narr von einem Detektiv; die Zeit selbst hat dich ad absurdum geführt.‹«

Wie in der »Panne« das Schema von Edgar Wallaces frühem Roman *The Four Just Men* aufschimmert, so variiert *Der Verdacht* den Plot von Edgar Allan Poes *The Murders in the Rue Morgue*; der Zwerg als Mörder ist die bewußte Trivialisierung jenes Affen, der in der ersten Detektivgeschichte der Weltliteratur den Mord im verschlossenen Raum begeht.

Für seinen dritten und letzten Kriminalroman *Das Versprechen* (1958) erfindet sich Dürrenmatt, da Bärlach inzwischen wohl gestorben ist, einen neuen Detektiv: den Oberleutnant Matthäi von der Zürcher Kantonspolizei, studierter und promovierter Jurist, »in gewissen Kreisen, die mit ihm ›beruflich‹ in Berührung kamen«, »Matthäi am letzten« genannt, von seinem Vorgesetzten schlicht als »Genie« bezeichnet.

Auch diesmal geht es wieder um die Probleme der Logik und des Zufalls, um den »Schwindel« der üblichen Kriminalgeschichten, gegen die der Rahmenhandlungs-Erzähler, ein ehemaliger hoher Polizeibeamter, scharf zu Felde zieht: »›Ihr baut eure Handlungen logisch auf; wie bei einem Schachspiel geht es zu, hier der Verbrecher, hier das Opfer, hier der Mitwisser, hier der Nutznießer; es genügt, daß der Detektiv die Regeln kennt und die Partie wiederholt, und schon hat er den Verbrecher gestellt, der Gerechtigkeit zum Sieg verholfen. Diese Fiktion macht mich wütend. Der Wirklichkeit ist mit Logik nur zum Teil beizukommen.‹« Und so erzählt Dr. H. die Geschichte des Oberleutnants Matthäi, den der Glaube an die detektivische Logik zum Narren macht und dem er das Leben zerstört. Matthäi, der bei der Zürcher Polizei ausgeschieden ist, um einen hohen Posten bei der Polizei in Jordanien anzutreten, gerät unmittelbar vor seiner Abreise noch an einen Sexualmord: Ein kleines Mädchen ist in einem Wald zwischen zwei Dörfern umgebracht worden. Die Volksmeinung macht einen Hausierer für die Tat verantwortlich, der sich auch bei der Polizei verdächtig macht, nach einem scharfen Verhör die Tat gesteht und sich dann in seiner Zelle erhängt – für Matthäi, der nur die Voruntersuchungen, nicht aber das Verhör geführt hat, ein äußerst unbefriedigendes Ergebnis.

Da er den Eltern des ermordeten Mädchens das Versprechen gegeben hat, den Mörder zu finden, gibt er sich mit dem Anschein der Wahrheit nicht zufrieden. Statt nach Jordanien zu fliegen, ermittelt er auf eigene Faust weiter, bald auch außerhalb des Polizeiapparates. Auf einer Zeichnung des toten Mädchens hat Matthäi die Figur eines merkwürdigen Riesen gefunden, dessen Eigenschaften er von einem Psychoanalytiker bestimmen läßt. Bald bekommt er, indem er auch andere ungeklärte Fälle von Sexualmorden an Kindern einbezieht, ein Schema für das Vorgehen des Mörders, der sich unter ganz bestimmten Umständen auf einer ganz bestimmten Strecke an immer wieder denselben Mädchentyp heran macht. Matthäi mietet eine Tankstelle, treibt eine alleinstehende Frau mit einer Tochter dieses Typs auf und veranlaßt Mutter und Tochter, bei ihm zu wohnen: ein Köder, auf den der Mörder früher oder später stoßen muß.

Doch Matthäi fängt seinen Mörder nie und wird darüber völlig apathisch. Denn kurz bevor der Mörder, der exakt jene Eigenschaften besitzt, die Matthäi ihm unterstellt hat und der sich an die ihm präsentierte Beute bereits herangemacht hat, den schon geplanten Mord ausführen kann, fällt er einem Verkehrsunfall zum Opfer; der Kommissar denkt, der Zufall – Gott? – aber lenkt, und zwar so, daß die Logik der Ermittler ad absurdum geführt wird.

Dürrenmatt hat *Das Versprechen* ein »Requiem auf den Kriminalroman« genannt und danach auch keinen weiteren Kriminalroman mehr geschrieben. Ich fürchte allerdings, daß er es sich mit der Pointe des Verkehrsunfalls ein wenig leicht gemacht hat und daß seine Geschichte, auch wenn der Detektiv durch den dummen Zufall des Unfalls seinen Mann nie zu fassen kriegt, das System der Logik als konstituierendes Prinzip des Kriminalromans nicht außer Kraft setzt, sondern – im Gegenteil – nur bestätigt. Denn es ist ja nicht so, daß Matthäi mit seinen scharfsinnigen Schlüssen auf einer falschen Fährte gewesen wäre. Er hatte vielmehr nur zu recht, und seine Methode wird nicht etwa dadurch widerlegt, daß ein Zufall ihre ausdrückliche Bestätigung verhindert. Das Fiasko der detektivischen Logik macht erst ein Fall wie jener deutlich, den die Schweden Sjöwall/Wahlöö in ihrem Roman *Det slutna rummet* schildern, wo die polizeiliche Logik zu einer Reihe von Ermittlungsfehlern führt, die sich in ihrer Summe wieder aufheben, so daß die Täter zwar erfaßt und bestraft werden, doch für Verbrechen, die sie nicht begangen haben.

Bleibt die Frage, was für ein Weltbild hinter den Dürrenmattschen Kriminalfällen steht, deren Lösung sich nur noch durch Gewalt (in *Der Richter und sein Henker*), durch mythologische Travestie (*Der Verdacht*) oder gar nicht mehr (*Das Versprechen*) bewerkstelligen läßt und in denen eine persönliche Schuld notfalls einfach konstruiert wird (*Die Panne*). Günther Waldmann hat das kriminalliterarische Werk Dürrenmatts generell als ein »Requiem auf die Vernunft« bezeichnet; der Standpunkt dieser Werke sei »anti-rationalistisch, sie repräsentieren Anti-Aufklärung«[6]. Doch diese anti-aufklärerische Haltung Dürrenmatts, so befindet Waldmann weiter, entspringe weder einer fatalistischen noch einer existentialistischen Philosophie – und ein Moralist sei Dürrenmatt auch nicht, weil Moralisten die Welt verändern wollten, während Dürrenmatt sie, mit einem Grinsen eher als mit einem Lächeln, hinnehme, wie sie sei. Waldmann findet schließlich »den Sinn der Darstellung einer grundsätzlichen Fragwürdigkeit des Menschen in Dürrenmatts Kriminalromanen« in einer religiösen, spezifisch christlichen Haltung: »Der Mensch erweist für Dürrenmatt durch seine Endlichkeit die Unendlichkeit Gottes« – eine Auffassung, die ich hier referiere, die mir aber einige Schwierigkeiten bereitet.

Völlig einig allerdings gehe ich mit Waldmanns Antwort auf die Frage, was denn »Dürrenmatts anti-aufklärerischer christlicher Kriminalroman« (der allein im Fall von *Der Richter und sein Henker* auf eine deutsche Taschenbuchauflage von fast 3 Millionen Exemplaren kommt) eigentlich leiste »für die Darstellung und Bewußtmachung der wissenschaftlichen Zwänge und Probleme unserer spätkapitalistischen Industriegesellschaft«: »so gut wie nichts«. Denn: »Zwischen der religiös aufgefaßten Ohnmacht des privaten Ich und dem diese Ohnmacht herstellenden« Zufall steht bei Dürrenmatt nur die literarische Geste; von der Realität ist seine Art von Roman noch weiter entfernt als die von ihm und seinen Helden mißachtete logisch-deduktive Spielart.

[1] *J. Symons:* Am Anfang war der Mord. Goldmann Verlag, München 1972, S. 190ff.
[2] *F. Dürrenmatt:* Dramaturgische Anmerkungen zu den ›Wiedertäufern‹, Nachwort zu »Die Wiedertäufer«, Verlag Die Arche, Zürich 1967, S. 102.
[3] *Hans Mayer:* »Die Panne« von Friedrich Dürrenmatt, in *H. Mayer:* Zur deutschen Literatur der Zeit, Rowohlt Verlag, Reinbek 1967, S. 214ff.
[4] Zitiert nach H. M., »Zur deutschen Literatur der Zeit«, S. 216/17.
[5] Dr. Lucius Lutz ist Bärlachs Vorgesetzter: ein sehr moderner Kriminalist, »der auch auf der Universität über Kriminalistik las«. Er ist »Hundebesitzer und tierliebend« und hält die schweizerische Polizei, sich selbst ausgenommen, für »kriminalistisch völlig ahnungslos. Wenn ich da an Chicago denke, sehe ich unsere Lage völlig trostlos.«
[6] *Günther Waldmann:* Kriminalroman – Anti-Kriminalroman. Dürrenmatts Requiem auf den Kriminalroman und die Anti-Aufklärung. In *J. Vogt:* Der Kriminalroman, München 1971. Bd. I, S. 206ff.

Ausgewählte Bibliographie

Friedrich Dürrenmatt: *Der Richter und sein Henker*; *Der Verdacht* – Rowohlt Verlag, Reinbek. – *Das Versprechen* – Deutscher Taschenbuchverlag (dtv), München, 9. Aufl. 1985. – *Die Panne* – Diogenes Verlag, Zürich 1980.

Gefährliche Neugier:

Hansjörg Martin, Friedhelm Werremeier und die Anfänge des neuen deutschen Kriminalromans

Die Anfänge liegen zwar nicht im dunkeln. Aber die Frage ist natürlich, wo man den Strich macht. Beginnt der neue deutsche Kriminalroman mit Liselotte Appel, die zwischen 1962 und den späten siebziger Jahren für den Goldmann-Verlag unter dem nicht zufällig englisch klingenden Pseudonym L. A. Fortride anderthalb Dutzend Häkelkrimis schrieb und 1963 den Edgar Wallace-Preis für ihren Roman »Die Wohnung gegenüber« erhielt? Die Meinung läßt sich wohl nicht ernsthaft vertreten.

Auch mit Ernst Hall, der im selben Jahr wie Liselotte Appel den Wallace-Preis für seinen Erstling *Glocken des Todes* entgegennahm, oder mit Gerhard Baumrucker, dessen erster Kriminalroman *Schwabinger Nächte* schon 1964 erschien, läßt sich die Geburt des neuen deutschen Kriminalromans kaum feiern.

Vielleicht sollte man als Geburtsstunde des neuen deutschen Kriminalromans generell nicht das Erscheinungsjahr eines Buches bezeichnen, sondern jenen Augenblick, in dem Richard K. Flesch, der 1962 die Herausgeberfunktion von Rowohlts Thriller-Reihe übernommen hatte, mit der systematischen Pflege deutscher Krimiautoren begann, an deren ersten er eher durch Zufall gekommen war. Hansjörg Martin, so erzählt Flesch selbst die Geschichte, habe seinen Erstling *Gefährliche Neugier* (1965) zunächst als Fortsetzungsroman bei der Illustrierten »Stern« untergebracht und »bot danach den Roman bei Rowohlt an. Ich nahm ihn an und wurde fürchterlich beschimpft: Man nimmt kein Buch an, das wochenlang in einer großen Illustrierten gelaufen ist und von dem man deshalb obendrein keinen Vorabdruck mehr verkaufen kann.«[1]

Martin erzielte, in den nächsten zwanzig Jahren und mit um die 30 Titeln, eine deutsche Gesamtauflage von mehr als eineinhalb Millionen Exemplaren, gut 50000 Exemplare also durchschnittlich pro Titel. Und nicht nur die Leser, auch die Kritiker zogen mit. Vom Erstling meinte die Illustrierte »Annabelle«, er halte »den Vergleich mit USA- und englischem Überdurchschnitt aus«[2]. Martins zweiter Krimi, *Kein Schnaps für Tamara* (1966), veranlaßte die FAZ zu der Feststellung, er sei eine Ausnahme von der Regel, wonach die Deutschen für Revolutionen und Kriminalromane nicht besonders begabt seien: »Die Atmosphäre stimmt«, schrieb Rudolf Stähle, »die Landschaft, die norddeutsche Kleinstadt mit Geruch, mit Bahnhofswirtschaft und Vereinsleben; es stimmt der geschilderte kleine deutsche Alltag; es stimmt die Sprache, so reden hierzulande die Leute.«[2] Martins nächsten Kriminalroman, *Einer fehlt beim Kurkonzert* (1966), fand wiederum »Annabelle« überaus »spannend und unterhaltsam«; selbst die »komplizierte Lösung« sei »nicht störend, da alles so gut beschrieben«[2].

Martins Beispiel, Fleschs Autorenpflege, machte Schule. Gegen Ende der sechziger Jahre versammelte sich in der rororo-Thriller-Reihe, teilweise von anderen Verlagen herübergenommen, eine Reihe junger Autoren, deren Werke zusammengenommen zum ersten Mal so etwas wie einen eigenständig deutschen Krimi ahnen ließen: nicht nur in deutscher Sprache geschrieben und mit deutschen Versatzstücken hantierend, sondern wirklich in der bundesdeutschen Gesellschaft angesiedelt und von ihren Problemen und Deformationen, ihren Komplexen, Narben, Wünschen und Begierden handelnd. Diese Autoren hießen Irene Rodrian und Michael Molsner, Thomas Andresen und Friedhelm Werremeier, der sich damals freilich noch Jacob Wittenbourg nannte; erst Werremeiers dritter Kriminalroman, *Der Richter in Weiß* (1971), erschien unter seinem richtigen Namen.

Vermutlich gibt es für das überraschende Aufblühen des deutschen Kriminalromans in der zweiten Hälfte der sechziger Jahre keine monokausale Erklärung. Vielleicht war es tatsächlich so, daß mit dem fast explosionsartigen Anstieg der deutschen Reiselust die Neigung zu möglichst weit entfernten Landschaften sich in der Realität befriedigte statt im literarischen Ersatz; plötzlich waren Hamburg und München, das Dorf in Schleswig-Holstein und in Oberbayern als Krimikulissen exotischer als Kalifornien oder die Riviera. Das Fernsehen scheint dem deutschen Krimi eher genützt als geschadet zu haben. Fleschs sorgsame Autorenpflege kam dazu, vielleicht auch Martins Beispiel – und sei es in dem Sinn, daß sich manch einer sagte: Das kann ich auch!

Seinen eigenen Antrieb hat Martin zwanzig Jahre später auf eine Weise stilisiert, die wenig glaubwürdig anmutet. Er habe damals, »lange bevor ich selbst mit bescheidenen Schreibversuchen begann«, Autoren wie Raymond Chandler und Patricia Highsmith gelesen, ihre Qualität im Verhältnis zu den deutschen Krimiautoren natürlich erkannt und ganz bewußt versucht, »ob es nicht möglich ist, diese Lücke zu schließen«[3] – ein Vorhaben, das – wenn es wirklich von Beginn an so geplant war – gewiß nur zum Teil gelungen ist; die Lücke zwischen den Produkten der angelsächsischen (französischen, schwedischen, holländischen) Meister des Genres und dem deutschen Kriminalroman ist seit der Mitte der sechziger Jahre zwar unzweifelhaft schmaler geworden. Doch geschlossen worden ist sie weder von Martin noch von jenen Autoren, die er nach sich zog; der qualitative Bruch zwischen den besten deutschen und den besten internationalen Kriminalromanen existiert, leider, bis auf den heutigen Tag.

Martin, der am 1. November 1920 in Leipzig geboren ist und schon eine ganze Reihe von Berufen zwischen Clown und Lehrer, Schaufensterdekorateur und Dramaturg durchprobiert hatte, ehe er mit dem Schreiben von Kriminalromanen begann, erwies sich in der Folge als ungewöhnlich produktiver Autor. In guten Jahren schrieb er zwei oder auch drei Romane: 1968 *Cordes ist nicht totzukriegen*, *Meine schöne Mörderin* und *Rechts hinter dem Henker*; 1972 *Feuer auf mein Haupt* und den Erzählungsband *Tod im Dutzend*; 1973 *Mallorca sehen und dann sterben* und *Bei Westwind hört man keinen Schuß*. Diese frühen Geschichten sind gut, wenn auch relativ simpel konstruiert; sie sind flott geschrieben in einem saloppen, ironischen Tonfall, der sich amüsant liest. In einigen – nicht in allen – dieser frühen Martin-Krimis geht der Oberkommissar Leo Klipp von der Hamburger Mordkommission auf Verbrecherjagd, ein Mann, der von sich sagt, daß er Mord verabscheut (»Ich halte diese Form der menschlichen Auseinandersetzung für völlig indiskutabel«), sich aber »manchmal einer gewissen Bewunderung nicht erwehren (kann), wenn Verbrechen so raffiniert geplant und ausgeführt werden, daß die gesamte, gut geölte Kriminalpolizeimaschinerie leerläuft oder gar ins Stocken gerät«. Klipp erzählt seine Abenteuer in der Ich-Form, und zuweilen hat man bei ihm das Gefühl, daß er eigentlich nichts lieber wäre als ein Privatdetektiv im Land der unbegrenzten Möglichkeiten. Klipp ist ein sympathischer Luftikus, dessen Abenteuer schon mal mit einem erotischen, aber jugendfreien Traum beginnen (»Ich ließ das außerordentlich hübsche Mädchen, von dem ich gerade träumte, sofort los«), und kein übermäßig korrekter Beamter; seine detektivischen Erfolge verdankt er nicht selten dem Kollegen Zufall. Bei den Damen ist Klipp durchaus erfolgreich. Doch ein Ladykiller ist er nicht – und ein Bullentyp schon gar nicht, eher ein Außenseiter, jemand, mit dem sich auch der systemkritische Leser identifizieren kann.

Bis in die achtziger Jahre hinein bleibt Klipp Martins bevorzugter Detektiv; immer mal wieder – in *Wotan weint und weiß von nichts* (1976), in *Spiel ohne drei* (1978) oder *Die grünen Witwen von Rothenfelde* (1982) – schickt der Autor seinen Klipp auf die Suche nach der Wahrheit, und manchmal schreibt er des Kommissars Maxime gleich ins Motto des Buches: »Auf der Suche nach der Wahrheit kommt man nicht immer ohne Lügen aus.«[4]

Doch seltsam: Wenn Martin über sein Handwerk theoretisierend nachdenkt, distanziert er sich eher von Klipp und seinen anderen Kommissaren. Er sieht sich nicht als »Interpreten der Jäger, sondern als Beobachter, Analytiker oder gar Chronisten der Täternot. Mir scheint diese, die Gejagten-Seite, auch viel faszinierender, spannender, aufregender als die Detektiv-, Kommissar- und Jäger-Seite. Ich vermag mich leichter mit dem zu identifizieren, der ohne Ausweg zum Verbrecher getrieben wird, als mit dem, dessen Ehrgeiz es ist, viele Skalpe an den Gürtel seines Rechtsglaubens zu heften.«[3]

Es mag dieses Mißvergnügen am Treiben der Jäger sein, das Martin mit der Zeit mehr und mehr in eine Richtung lenkt, die später mit dem Begriff des »Sozio-Krimis« belegt werden wird: ein Versuch, jedes Verbrechen allein auf gesellschaftliche Ursachen zurückzuführen. Doch dieser Sparte des neuen deutschen Kriminalromans soll später ein eigenes Kapitel dieses Buches gewidmet sein. So lassen wir Hansjörg Martin mit seiner Zuneigung für die Gejagten einstweilen im Regen stehen und wenden uns statt dessen einem Autor zu, der seit den späten sechziger Jahren nie etwas anderes geschrieben hat als Polizeiromane und dies offenbar auch ganz ohne schlechtes Gewissen tut. Mit dem rauhbauzigen (Haupt-)Kommissar Paul Trimmel, der wie Martins Klipp in Hamburg zu Hause ist, hat Friedhelm Werremeier die vielleicht einzige Figur eines deutschen Seriendetektivs geschaffen, die wirklich populär geworden ist, wenn auch vielleicht erst auf dem Umweg über die Darstellung Walter Richters in den »Tatort«-Filmen der ARD.

Werremeier, geboren am 30. Januar 1930 in Witten, ist gelernter Journalist. Seit 1953 arbeitete er als Gerichts- und Polizeireporter für einige große Illustrierte, und seinen Kriminalromanen gingen kriminalistische Sachbücher voraus. Für die ersten beiden Kriminalromane, *Ich verkaufe mich exklusiv* (1968) und *Taxi nach Leipzig* (1970) benutzt Werremeier als Autorennamen noch das Pseudonym Jacob Wittenbourg; er gibt es auf, als diese Romane Erfolg haben.

Den Kommissar Trimmel, der alles in allem zu einem deutschen Verwandten von Simenons Maigret zurechtgeschminkt ist, hat Werremeier von Anfang an als Serienfigur angelegt. In Werremeiers Erstling, *Ich verkaufe mich exklusiv*, kommt Trimmel jedoch nur am Rande vor. Dort findet sich allerdings bereits folgende Beschreibung des Kommissars: »Sein Schädel ist vierkantig. Kurzes, eisgraues Haar. Mitte oder Ende vierzig mag er sein. An der Wand ein gerahmter Spruch: Der Beamte hat immer recht. Ob der Beamte wirklich Humor hat, kann ich einstweilen nicht feststellen.« Der dies sagt oder denkt, ist nicht der Autor Werremeier, sondern der Ich-Erzähler des Romans: jemand, der Trimmel als Täter gegenübersitzt, unter falschem Mordverdacht zwar, aber durchaus nicht unschuldig; er hat eine Million Mark unterschlagen und hofft, natürlich vergeblich, sich damit einen komfortablen Lebensabend gesichert zu haben.

Werremeier hat seinen Erstling konsequent aus der Täterperspektive geschrieben: als einzigen seiner Romane. Schon *Taxi nach Leipzig* sieht den Autor als allwissenden Erzähler und den Helden in der dritten Person, dafür freilich ruckt er – der Kommissar Trimmel – auch konsequent in den Mittelpunkt der Handlung. Trimmel ist ein Brocken von einem Mann, gemütlich und bärbeißig zugleich, keineswegs unmenschlich und gewiß kein Bürokrat, aber doch leicht autoritär: ein Mann mit etwas ungeordneten Verhältnissen (er lebt ohne Trauschein mit einer Dame zusammen, die er bei der Aufklärung eines Falles kennengelernt hat), aber mit einem gesunden Gefühl für Ordnung – oder vielleicht doch eher für Recht (das auch für den Kommissar Trimmel nicht immer identisch sein muß mit den Buchstaben des Gesetzes).

Natürlich steht Trimmel an der Spitze eines Teams. Aber mit der Zeit wird er mehr und mehr zum Alleinunterhalter. Das drückt sich schließlich auch in den Titeln von Werremeiers Romanen aus. Vom fünften Band an steht Trimmel in jedem Romantitel: *Ein EKG für Trimmel* (1972), *Platzverweis für Trimmel* (1972), *Trimmel macht ein Faß auf* (1973), *Treff mit Trimmel* (1974), letzteres ausnahmsweise kein Roman, sondern ein Band mit Kurzgeschichten. Was alle diese Trimmel-Stoffe – neben der handwerklich sauberen Verarbeitung, den logisch-intelligenten Lösungen – auszeichnet, ist das ungewöhnliche, fast prophetische Gespür des Autors für aktuelle Stoffe, zuweilen sogar für solche, die erst aktuell werden sollen, die in der Luft liegen und geschehen könnten. So befaßt sich *Ein EKG für Trimmel* mit dem Problem der Organtransplantation (die in einem Kriminalroman natürlich ins Kriminelle eskaliert); *Trimmel macht ein Faß auf* setzt sich mit den Gefahren der Giftmüllbeseitigung auseinander, lange bevor dieses Thema Zeitungsschlagzeilen machte, und *Platzverweis für Trimmel* ahnt sogar den Bestechungsskandal der Fußball-Bundesliga voraus; wo so viel Geld im Spiel sei, hat Werremeier sinngemäß in einem Rundfunkinterview mit dem Autor dieses Buches gesagt, habe es früher oder später einfach zu kriminellen Handlungen kommen müssen.

Um die Mitte der siebziger Jahre geschieht etwas Seltsames mit Werremeier und seinem Trimmel: Die beiden geraten an Fälle, in denen die zuvor eher positiv geschilderte Polizei alles andere als eine gute Figur macht. In *Hände hoch, Herr Trimmel* (1976) dreht einer von Trimmels Assistenten, der Kriminalhauptmeister Edmund Höffgen, plötzlich durch; die Liebe, die bekanntlich eine Himmelsmacht ist, verleitet ihn zu mehr als nur Dummheiten. Höffgen gerät an ein sogenanntes »Klasseweib«, das ihn in eine Erpressungsaffäre hineinzieht, aus der nur durch glückliche Umstände keine Mordgeschichte wird. Um seiner in die Klemme geratenen Helga zu helfen, hetzt Höffgen in Ausübung seines Amtes, aber weit außerhalb des Legalität, zwei Ganoven aufeinander, und Trimmel hat alle Hände voll zu tun, um seinen Assistenten zu stoppen und einen Mord oder Doppelmord zu verhindern.

Fraglich freilich ist, ob diese Geschichte polizeikritisch gemeint ist.

Denn Höffgen, der sich derart rechtswidrig verhält, wird von Werremeier ganz nebenbei mit einer Gloriole umgeben, indem er fast en passant einen Mord aufklären darf. Er ist eben ein tüchtiger Mann, dieser Höffgen, und da muß man schon einmal fünf gerade sein lassen – oder?

Noch im selben Jahr macht Trimmel sich selbst Vorwürfe. *Trimmel hält ein Plädoyer* (1976) konfrontiert den Kommissar mit einer verzwickten Serie von Mädchenmorden, für die offenbar zwei Täter in Frage kommen. Am Ende hat Trimmel seinen Fall natürlich aufgeklärt. Aber er hat auch den Selbstmord eines Mannes auf dem Gewissen, eines zu lebenslanger Haft Verurteilten, dem Trimmel Hoffnung auf einen Freispruch im Wiederaufnahmeverfahren gemacht hatte und der dann enttäuscht wurde, allerdings nur durch ein dummes Mißverständnis, nicht etwa durch Trimmels Schuld.

Ganz augenfällig ist in diesem Roman die Kritik an der Rechtspflege, am Treiben der Strafverteidiger, der Star-Anwälte, von denen Werremeier mit seinem Roland Zanck (nomen est omen) ein ziemlich mieses Exemplar vorführt: impertinent, geschickt, tüchtig und an nichts anderem interessiert als an der Publicity, die sich aus einem Fall herauskitzeln läßt. Zum ersten Mal freilich wird auch, in Maßen, Trimmels Image etwas angekratzt. Ist Werremeier sein eigener Held in seiner Gottähnlichkeit, ist ihm die von ihm geschaffene Übervaterfigur langsam unheimlich geworden?

Wenn dem so war, so drückt sich das Unbehagen Werremeiers weniger in seinen künftigen Büchern aus als in einem deutlichen Rückzug vom Krimi-Schreiben. Während Werremeier zwischen 1968 und 1976 zehn Romane und einen Band Kurzgeschichten veröffentlicht hat, erscheinen nach 1976 nur ein Band mit Geschichten (*Trimmel hat Angst vor dem Mond*; 1977) und, nach fünfjähriger Pause, zwei Romane: *Trimmel und das Finanzamt* (1982) und *Trimmel und Isolde* (1983); sie zeigen Werremeier erneut fern von allen Zweifeln an der Polizeiarbeit, aber auch auf der Höhe seiner Möglichkeiten, vor allem *Trimmel und das Finanzamt* zählt, sehr logisch und glaubwürdig entwickelt, mit gleich mehreren raffinierten Plots und Pointen, trotz eines konventionellen Happyends am Schluß einer erpresserischen Kindesentführung, zu Werremeiers besten Arbeiten.

Werremeier selbst hat eigentlich immer *Der Richter in Weiß* (1971) für sein bestes Buch gehalten, den ersten Roman, der unter seinem richtigen Namen erschienen ist. Es ist eine große Auseinandersetzung mit der Rolle des Psychiaters im Strafprozeß, vorgeführt anhand eines Mordfalls, in dem eine reiche junge Frau ihren Ehemann erschießt: aus Notwehr, wie sie sagt; weil sie zur Tatzeit unzurechnungsfähig war, wie – aus eigennützigen Gründen – der Star-Psychiater Kemm, mit dem Trimmel um eine Verurteilung der Täterin kämpft, dem Gericht klarmacht – das daraufhin die schöne Killerin freispricht, aber der psychiatrischen Obhut des Professors anvertraut, ganz wie der das geplant hatte.

Was Werremeier dem Berufsstand der Psychiater mit dem »Richter in Weiß« und dem negativen Helden Kemm angetan hat, macht er mit den drei Erzählungen des Bandes *Trimmel hat Angst vor dem Mond* (1977) wieder gut. Denn in diesen Erzählungen liefert der Psychiater Dr. Lorff, seinerzeit Kemms Assistent, dem Kommissar Trimmel anhand der Tatspuren Psychogramme der Täter, die letztlich zu ihrer Ergreifung führen[5], wenn auch erst nach einigen mit großer Logik und hoher Phantasie ausgeschrittenen Irrwegen.

Als Antrieb seines Schreibens hat Werremeier immer die reine »Lust am Schreiben« und am Erzählen spannender Geschichten bezeichnet. An sozialer Kritik ist er allenfalls insofern interessiert, als es ihm als »ein gravierender Kunstfehler« erschiene, »politische oder soziale etc. pp. Gegebenheiten« an seinen bewußt in der Gegenwart der Bundesrepublik angesiedelten Geschichten »vorsätzlich oder auch nur fahrlässig zu unterschlagen«[6]. Als Autor schöpft er bewußt »aus dem Fundus meiner jahrzehntelangen Reportererfahrungen«: »Von Fall zu Fall recherchiere ich auch heute noch in eindeutig journalistischer Manier; ich lege nach wie vor Wert darauf, daß sich meine Geschichten in der von mir vorgelegten Form zumindest ereignet haben *könnten*.«[6]

[1] *R. K. Flesch:* Vom Chief Inspector zum Genossen Oberleutnant. In *K. Ermert/W. Gast:* Der neue deutsche Kriminalroman. Rehburg-Loccum 1985, S. 147ff.

[2] Ich zitiere diese frühen Pressestimmen nicht nach dem Original, sondern nach Rowohlts Verlagswerbung in Martins 1968 erschienenem Roman *Cordes ist nicht totzukriegen*, Rowohlt Verlag, Reinbek, S. 124.

[3] *H. J. Martin:* Medizin in Bonbonbeuteln oder: Die Situation des deutschen Krimis und seiner Autoren«, in *Ermert/Gast:* Der neue deutsche Kriminalroman, S. 81ff.

[4] Das komplette Motto, das dem Roman *Die grünen Witwen von Rothenfelde* vorangestellt ist, lautet: »Das ist das alte Dilemma: Auf der Suche nach Wahrheit kommt man nicht immer ohne Lügen aus!« Leo Klipp.

[5] Die Idee zu dieser Tätersuche per Psychogramm hat Werremeier möglicherweise bei Dürrenmatt gefunden; in *Das Versprechen* geht Dürrenmatts Kommissar Matthäi einen ähnlichen Weg.

[6] *F. Werremeier:* Der neue deutsche Kriminalroman – eine subjektive Positionsbestimmung, in *Ermert/Gast:* Der neue deutsche Kriminalroman, S. 103.

Hansjörg Martin (frühe Titel): *Gefährliche Neugier*; *Kein Schnaps für Tamara*; *Einer fehlt beim Kurkonzert*; *Bilanz mit Blutflecken*; *Cordes ist nicht totzukriegen*; *Meine schöne Mörderin*; *Rechts hinter dem Henker*; *Blut ist dunkler als rote Tinte*; *Einer flieht vor gestern nacht*; *Feuer auf mein Haupt*; *Mallorca sehen und dann sterben*; *Bei Westwind hört man keinen Schuß* – sämtlich Rowohlt Verlag, Reinbek bei Hamburg.

Friedhelm Werremeier: *Ich verkaufe mich exkluxiv*; *Taxi nach Leipzig*; *Der Richter in Weiß*; *Ohne Landeerlaubnis*; *Ein EKG für Trimmel*; *Platzverweis für Trimmel*; *Trimmel macht ein Faß auf*; *Treff mit Trimmel* (Stories); *Trimmel und der Tulpendieb*; *Hände hoch, Herr Trimmel*; *Trimmel hält ein Plädoyer*; *Trimmel hat Angst vor dem Mond* – sämtlich Rowohlt Verlag, Reinbek (Neuauflagen zum Teil bei Heyne); *Trimmel und das Finanzamt*; *Trimmel und Isolde* – Heyne Verlag, München.

Damen-Solo:

Richard Hey und seine Kommissarinnen Katharina Ledermacher und Marianne Buchmüller

»Seit einigen Tagen schlief Katharina Ledermacher in den frühen Morgenstunden unruhig«: Normalerweise beginnt so die Beschreibung eines Opfers. Doch der Satz, mit dem Richard Heys Kriminalroman *Ein Mord am Lietzensee* (1973) anhebt, beschreibt die Lebensgewohnheiten eines Polizisten, genauer: einer Polizistin. Katharina Ledermacher, 36 Jahre alt, (wenn man von ihrem dritten Abenteuer, *Ohne Geld singt der Blinde nicht* – 1980 – zurückrechnet), ist Kommissarin bei der Berliner Mordkommission: »eine schlanke Frau mit etwas zuviel Hintern, mit kindlich gerundeten Schultern« und etwas zu kurzen Beinen, ansonsten aber körperlich recht gut beieinander. Ihre Augen werden in *Ein Mord am Lietzensee* als grau, in *Ohne Geld singt der Blinde nicht* als »groß und dunkel« beschrieben, ihre Haare durchgehend als dunkel und in eine Pagenfrisur gebracht. Dagegen heißt es von ihren Brüsten in *Ein Mord am Lietzensee*, daß sie selbst sie »in Ordnung« findet, während sie ihr sieben Jahre später als »unnötig« erscheinen, »da sie niemanden zu säugen hatte«; immerhin waren sie »nicht aufdringlich, hielten sich gut«, und Katharina »berührte sie gern«.

Die zweifellos ungewöhnlichste unter allen Detektivfiguren des neuen deutschen Kriminalromans – gelegentlich kopiert, aber selbst vom eigenen Autor, der ihr später mit der Mainzer Kommissarin Marianne Buchmüller eine Kollegin folgen läßt, nie wieder erreicht – ist geschieden und hat eine herangewachsene Tochter; Kathinka, die während des »Lietzensee«-Abenteuers noch beim Vater in der Schweiz gelebt haben muß, taucht in Katharina Ledermachers zweitem Fall *Engelmacher & Co.* (1975) plötzlich in Berlin auf, mischt sich unter die linke Hausbesetzerszene und macht ihre ersten sexuellen Erfahrungen; in *Ohne Geld singt der Blinde nicht* ist sie Mutter eines Sohnes, Jan, den die Großmutter Katharina dann aufzieht.

Im Amt gilt Katharina Ledermacher zunehmend als »Sicherheitsrisiko« – nicht nur, weil sie mit einem linken Lehrer zusammenlebt, der schon einmal in die Fahndung gerät, wenn die politische Polizei nach der Entführung des Berliner CDU-Politikers Lorentz mit wenig zimperlichen Methoden auf Terroristenhatz geht. Auch Katharinas eigene Ansichten gelten als, gelinde gesagt, unkonventionell. Sie ist sozusagen radikal-demokratisch und pocht auf die Einhaltung der Grundrechte gerade durch die Polizei. So rasselt sie immer mal wieder mit ihren Vorgesetzten zusammen, und es ist nur konsequent, wenn sie – wie der schwedische Kollege Kollberg[1] – schließlich den Dienst quittiert und einen Kündigungsbrief schreibt; zum Schaden des neuen deutschen Kriminalromans tut sie diesen Schritt allerdings schon nach ihrem dritten Fall, anstatt wie Kollberg die dreifache Anzahl von Fällen abzuwarten.

Die drei Fälle der Katharina Ledermacher aber sind zweifellos das beste, was dem neuen deutschen Kriminalroman geglückt ist. Zwar benutzt Hey – geboren am 15. Mai 1926 in Bonn; Träger des Schiller-Preises 1955, des Gerhart-Hauptmann-Preises und des Hörspielpreises der Kriegsblinden 1965 – für seine Kriminalromane eine konventionelle Erzählstruktur; sie sind nach traditioneller Weise in der dritten Person geschrieben. Aber von der Figur der Polizistin bis zum Milieu, von der Sprache bis zur gedanklichen Reflexion, von den Fällen und Fallösungen bis zum sozialkritischen Impetus des Autors ist alles ein bißchen anders – und besser – als gewohnt. Auch Hey bewegt sich zwar noch nicht auf dem erzählerischen Niveau eines Raymond Chandler, Eric Ambler oder der Sjöwall/Wahlöös.[2] Doch kein anderer deutscher Autor ist diesen großen internationalen Vorbildern des Kriminalromans so nahe gekommen wie Hey mit seinen drei Ledermacher-Romanen.

In *Ein Mord am Lietzensee* wird zu Beginn ein alter Mann in den Parkanlagen des Sees ermordet aufgefunden. Der erste Verdacht fällt auf eine Rockerbande, welche die Stadt terrorisiert. Später scheint sich etwas wie ein politischer Mord abzuzeichnen. Doch am Ende sitzt die Ledermacherin vor einem Täter, dem sie vermutlich nicht das geringste wird anhaben können: dem Anführer einer Gruppe militanter alter Leute, die sich das Geld zur Finanzierung eines geruhsamen Lebensabends auf Mallorca mit Banküberfällen ergaunert hat (wobei die Steigerung des Lebensgefühls, welche die kriminelle Aktivität für die alten Leute mit sich bringt, nicht das geringste unter ihren Motiven ist, fast genauso wichtig wie das Geld).

In *Engelmacher & Co.* findet man ein totes Mädchen im Kellerraum einer Villa am Wannsee, die soeben durch die Polizei von ihren Besetzern zwangsgeräumt worden ist. Die Leiche ist so arrangiert, als sei sie mit einem abgebrochenen Fahnenmast erschlagen worden; doch stellt sich rasch heraus, daß das Mädchen einem mißlungenen Abtreibungsversuch zum Opfer gefallen ist und mit den Hausbesetzern nichts zu tun hat. Von Anfang an laufen die Fäden von zwei Fällen nebeneinander her: die Hausbesetzer- und die Abtreibungsgeschichte. Und beide Fälle erweisen sich letzten Endes nicht als private Dramen, sondern als Teile von kriminellen Handlungen großen Stils, als (gut-)organisierte kommerzielle Verbrechen. In der Hausbesetzer-Sache lassen sich naive Linke vor den Karren raffinierter Geschäftsleute spannen, indem sie unter Denkmalschutz stehende Häuser so verwohnen, daß sie – spätestens nach der Zwangsräumung durch die Polizei, spätestens nach der gewaltsamen Nachhilfe durch einen agent provocateur mit einer Handgranate aus britischen Heeresbeständen – für den Abriß reif sind. Für die Abtreibung aber ist ein Unternehmen verantwortlich, das – von alternativen Gruppen und sogar von Theologen empfohlen – die Engelmacherei als lukratives Geschäft zu organisieren begonnen hat; aus scheinbarer Wohltat ist längst eine Plage geworden, die hohen Gewinn abwirft und von den Organisatoren mit allen Mitteln, notfalls auch Morden, verteidigt wird.

Ohne Geld singt der Blinde nicht beginnt mit einem toten Rauschgiftsüchtigen und einem ermordeten Rauschgiftfahnder in Berlin sowie einer weiteren Leiche in Italien, der eines soeben erst aus der DDR in den Westen übergesiedelten Chemieprofessors. Katharina Ledermacher, die eigentlich mit ihrem geliebten Robert – er setzt langsam etwas Fett an, weil er sich zu wenig bewegt und zu gern kocht und ißt – nach Schweden in Urlaub fahren möchte, wird von ihren Vorgesetzten, inoffiziell, nach Italien geschickt, damit sie dort, als Touristin getarnt, den Hintergründen der Morde auf die Spur komme.[3] Natürlich hat die Kommissarin bei ihren Recherchen, für die sie bald einheimische, vorwiegend weibliche Hilfstruppen findet, Erfolg, der auch den Gangstern nicht verborgen bleibt; mit falschem Belastungsmaterial spielen diese die inkognito nach Italien gereiste Deutsche der italienischen Polizei in die Finger. Die sperrt sie prompt mit einem Haufen Nutten in eine stinkende Zelle, aus der sie zunächst durch einen Gefangenenaufstand, dann aber durch Intervention ihrer deutschen Vorgesetzten befreit wird.

In Italien ist Katharina Ledermacher einer internationalen Verbrecherbande auf die Spur gekommen, die den Schmuggel von Rauschgift und Menschen als Riesengeschäft betreibt. Sie hat auch Hinweise auf den Urheber der drei Morde gefunden, die ihre Ermittlungen auslösten, und bringt ihn schließlich daheim in Berlin zur Strecke: den Sohn, ausgerechnet, eines Mannes, der eine private Klinik betreibt, in der Suchtkranken geholfen wird; da für die Klinik das Geld fehlte, hat der Sohn beschlossen, es dem Vater durch seinen Einstieg in den Rauschgifthandel zu besorgen. Doch es kommt noch schlimmer: Beim Weiterbohren findet Katharina Ledermacher heraus, daß auch die politische Polizei, der Staatsschutz, seine Finger im bösen Spiel hat; indem sie die linke und terroristische Szene mit Rauschgift versorgt, hofft die politische Polizei, die Linken zu destabilisieren und die Gesellschaft vor ihren Aktivitäten zu schützen. Was dabei an unschuldigen Opfern mit dran glauben muß, kümmert die Staatsschützer – unter ihnen Frau Ledermachers ehemaliger Assistent Zobel – so wenig, wie es den Sohn des Klinikchefs kümmerte; wo gehobelt wird, so ihr Motto, fallen halt Späne.

Diese unglaubliche Erfahrung ist der letzte Anstoß: Katharina Ledermacher kündigt, bei einer Organisation, die selbst kriminelle Handlungen nicht nur deckt, sondern begeht, mag sie nicht länger arbeiten.

Hey freilich hat sich ein Hintertürchen offengelassen. Schon in *Ohne Geld singt der Blinde nicht* hat er die Mainzer Oberkommissarin Marianne Buchmüller eingeführt, die mit der Ledermacherin – die sie auf einem Lehrgang kennengelernt hat – befreundet ist. In *Feuer unter den Füßen* (1984) geht die neue Kommissarin auf Verbrecherjagd. Der Fall, der ihr schlaflose Nächte bereitet, beginnt als eher harmlose Vortäuschung einer Straftat, führt zum eiskalten Mord an zwei armen Teufeln und hat eine aktuelle und eine historische Seite: Der Fremdenhaß, der sich mörderisch Luft macht, wurzelt bei Hey tief in Deutschlands brauner Vergangenheit. Gemessen an den Ledermacher-Romanen ist die Schilderung knapper, die Handlungsführung sprunghafter, die Reflexion flacher, die Konstruktion wackliger; man merkt dem Buch deutlich an, daß hier ein Fernsehspiel-Drehbuch nachträglich zu einem Roman aufgewertet wurde. Dennoch ist *Feuer unter den Füßen* ein Krimi weit über dem bundesdeutschen Durchschnitt; daß auch ein schwächerer Hey das meiste übertrifft, was sonst an deutschen Kriminalromanen geschrieben wird, macht Heys Abkehr von diesem Genre nach nur vier Büchern zu einem beklagenswerten Ereignis.

Man wird Hey freilich glauben müssen, daß er sich als Krimi-Autor von Beginn an in einem Dilemma sah: »Was erreichen wir denn an tatsächlicher Aufklärung hinter der Aufklärung? Der Autor, vielmehr sein Stellvertreter, der Polizei- oder Privatdetektiv, kriecht, mit schwacher Taschenlampe ausgerüstet, durch finstere menschliche Abgründe, die Abgründe der Justiz, der Klassengesellschaft, der Produktionsverhältnisse, der Begierden, der Leiden. Wobei zu den Regeln des Denkspiels Krimi gehört, daß er immer wieder in den tiefsten Tiefen wohlbefestigte Wege findet, auf denen er herausgelangt. Daß der Fall gelöst wird. Jeder gelöste Fall aber macht die Abgründe zur Attrappe, zur gemalten Wolfsschlucht aus dem ›Freischütz‹. Das heißt, der Kriminalgeschichten-Autor vernichtet durch die von ihm verwendete Methode gerade das, was er mit Hilfe der Methode deutlich machen wollte. Läßt er aber die Abgründe so, wie sie in Wahrheit sind, unberechenbar, unzugänglich, fast nur durch Zufall, selten der kausal nachforschenden Logik erschließbar, dann ruiniert er das Denkspiel, und das geht ihm gegen die Ästhetik. Der Konflikt ist nicht zu vermeiden, und er ist der Kern des Irrationalen schon in der Form des Kriminalromans.«[4]

Im Grunde, meint Hey, könne ein Krimi-Autor, der das »bisherige, nunmehr kapitalistisch-kommunistisch-religiös betonte, vor Untauglichkeit und Heuchelei krachende moralische System in Ost und West« nicht bedienen wolle, den klassischen Detektiv »überhaupt nicht gebrauchen, weil der mit einem Bein an die überkommene Vorstellung von Recht und Unrecht gebunden ist und mit dem anderen an Byron. Ihn würde es zerreißen wie Rumpelstilzchen. Weder romantisch noch aufklärerisch genug für unsere Probleme, gehört er zum Inventar der gewaltigen Selbstzerstörungsmaschine, die wir durch Jahrtausende entwickelt haben. Nie kann er uns helfen, sie in den Abgründen des Irrationalen zu entdecken und womöglich aufzuhalten.«[4]

Weshalb Hey selbst dann Kriminalromane in der klassischen Struktur, mit einem Detektiv, der den als Ausgangspunkt genommenen Mordfall aufklärt, überhaupt geschrieben hat? »Zum Irrationalen im Kriminalroman gehört, daß der Autor partiell unfähig sein muß, seinen Einsichten zu folgen.« Diese Schizophrenie läßt sich wohl nur für eine bestimmte Zeit ertragen, nicht aber auf Dauer.

[1] Siehe die Kriminalromane des schwedischen Autorenteams Maj Sjöwall und Per Wahlöö, die in einem früheren Kapitel dieses Buches, auf den Seiten 211ff. behandelt werden.

[2] Merkwürdigerweise hat die deutsche Kritik Hey mit allen diesen Kollegen, so verschieden sie untereinander auch sein mögen, verglichen.

[3] Hey leistet sich im Zusammenhang mit Italien einen hübschen Scherz, indem er des italienischen Krimi-Kollegen Giorgio Scerbanencos Detektiv-Figur Duca Lamberti von der Mailänder Polizei – siehe im entsprechenden Kapitel dieses Buchs auf den Seiten 519ff. – als eine reale Figur behandelt, auf die immer wieder einmal angespielt wird: Lamberti sei in diesem Fall leider nicht zuständig; er hat aber offenbar ganz am Rande doch seine Hände im Spiel.

[4] *R. Hey:* »Byron, Bogart & Gebrodel. Zum Irrationalen im Kriminalroman«, in K. Ermert/W. Gast: »Der neue deutsche Kriminalroman«. Rehburg-Loccum 1985, S. 69ff.

Ausgewählte Bibliographie

Richard Hey: *Ein Mord am Lietzensee*; *Engelmacher & Co.*; *Ohne Geld singt der Blinde nicht*; *Feuer unter den Füßen* – sämtlich Rowohlt Verlag, Reinbek (Neuauflagen z. T. Heyne Verlag, München).

Die Misere des Sozio-Krimis:

Horst (Bosetz)-ky, der späte Martin und andere Gesinnungstäter

In dem – zusammen mit dem Kollegen Peter Heinrich – unter dem Pseudonym »-ky & Co.« verfaßten Roman *Die Klette* (1984) leistet sich der Berliner Soziologieprofessor Horst (Bosetz)-ky einen kleinen Insider-Scherz. In einem jener Briefe, die zusammen mit Zeitungsausschnitten und Protokollen die Geschichte erzählen, schreibt die Zentralfigur an einen Freund und Kollegen: »Ich sitze hier in Utas Zimmer und suche in den Reihen der von ihr aus Berlin mitgebrachten Bücher nach jenen Bänden, die sie sich einmal angeschafft hat, um ihren Schein in einer Übung des Kollegen Nusser zu machen – etwas über die sozialkritischen Tendenzen im modernen deutschen Kriminalroman. Du weißt ja, daß ich selber nichts von dieser Gattung halte und Krimis als ein Stück wenig erbaulicher Trivialliteratur geradezu verabscheue, insbesondere, wenn sie sich krampfhaft bemühen, mehr sein zu wollen als pure Unterhaltung.«

Natürlich zielt Bosetzky, dessen Identität der Rowohlt Verlag ein rundes Jahrzehnt lang wie ein Geheimnis hütete, mit dieser Passage ironisch auf sich selbst; auf daß jeder sehe, wie souverän der Autor – am 1. Januar 1938 in Berlin geboren und ebendort seit 1973 an der Fachhochschule für Verwaltung und Rechtspflege über Soziologie dozierend – mit den gegen ihn gerichteten Vorwürfen umgehe.

Dabei geht der zitierte Kollege Nusser mit dem Autor -ky noch vergleichsweise milde um. In seinem Beitrag zu Karl Ermerts und Wolfgang Gasts Aufsatzsammlung zum neuen deutschen Kriminalroman vergleicht Nusser -ky, als dessen Hauptthema er die Frage bezeichnet, »wie die Glieder der Gesellschaft mit dem Verbrechen fertig werden, das in ihrer Mitte entsteht und geschieht«[1], mit dem Italiener Leonardo Sciascia, und auch sonst hält sich seine Kritik in Grenzen: »So werden rätselhafte Fälle zwar ›gelöst‹, jedoch nur vordergründig. Die Welt kommt nicht mehr in Ordnung, wie im klassischen Detektivroman; die Aufklärung über die inhumane Gesellschaftsstruktur, in der er lebt, bleibt für den Leser ein beunruhigendes Moment[2] – zumal die Alternative eines humanen Sozialismus von -ky nicht formuliert wird, sondern höchstens aus der ironischen Gestaltung der das Gesellschaftssystem kritisch reflektierenden Figur eines ›linken‹ Journalisten erschlossen werden kann.«[3]

Die professionelle Kritik wird deutlicher. »Wenn sich die Kritiker des neuen deutschen Krimis jemals einig waren«, schreibt Michael Bengel, »dann darin, daß bei -ky und Co. entschieden zuviel räsoniert wird«, und eine Menge sprachliches »Gestelze« und logischen »Unsinn« hat er auch entdeckt: »Mit einer flotten Schreibe und einer Prise von gebremsten Sex, der sich quer durch die Romane und quer durch die verfeindeten Parteien in einer voyeuristischen Vorliebe für ›bronzene Schenkel‹ artikuliert, soll das, was da erzählt wird, leichter zu genießen sein, und so hangelt -ky sich denn in vielen seiner Bücher von Kalauer zu Kalauer.«[4]

Der Vorwurf ist tatsächlich ein doppelter (und er läßt sich nicht nur an -kys Werk belegen, sondern am gesamten Untergenre): Die vorgeblich kritische, tatsächlich nur gegen links hin blinde Perspektive macht die Geschichte sowohl flach als auch langweilig; eine pseudo-muntere Schreibe soll die den einfallslosen Konstruktionen und vorhersehbaren Lösungen innewohnende Langeweile überwinden. Bei -ky wie beim späten Hansjörg Martin, die als die Protagonisten des deutschen Sozio-Krimis gelten dürfen, ist überdies ein zunehmendes Qualitätsgefälle feststellbar; mit jedem neuen Buch werden die Klischees zahlreicher und steriler, verkommt die Sprache stärker. Bosetzky, von dem so verräterische Aussprüche überliefert sind wie, daß ihm – tatsächlich sagte er »uns« – der Krimi »doch nur das Vehikel (sei), um unsere Gesellschaft zu reparieren«, und daß er sich den Kriminalroman ausgesucht habe, als er merkte, »daß ich den großen Roman des 20. Jahrhunderts doch nicht schaffen würde«, debütierte 1971 mit dem Roman *Zu einem Mord gehören zwei*. Es ist die Geschichte eines Bankraubs, die in einen perfekten

Mord umklappt; Kommissar Mannhardt ahnt zwar, was geschehen ist, kann aber den Tätern die Tat nicht nachweisen.

Zu einem Mord gehören zwei spielt – wie mehrere andere Kriminalromane -kys, zum Beispiel *Ein Toter führt Regie* (1974); *Einer will's gewesen sein* (1978); *Feuer für den großen Drachen* (1984); *Friedrich der Große rettet Oberkommissar Mannhardt* (1985); auch der Kinder-Krimi *Heißt du wirklich Hasan Schmidt?* (1984) – in Berlin. Die zentrale Detektivfigur dieser Romane ist der in -kys bislang letztem Krimi in den Titel geratene Oberkommissar Mannhardt: ein Beamter, der mit der Zeit immer mehr aus den geistigen Fugen gerät und, nachdem er sich nach zwanzig Jahren Ehe von seiner Frau getrennt hat, das Ende des Friedrich-der-Große-Romans nur deshalb nicht in einer Nervenheilanstalt erlebt, weil er auf der vorletzten Seite des Romans aus dieser Anstalt ausbricht, um seine fixe Idee weiterzuverfolgen.

Doch berühmt geworden ist -ky im Grunde mit seinen Bramme-Romanen – wobei Bramme der Name einer fiktiven norddeutschen Kleinstadt ist, in der -ky seine Geschichten spielen läßt. Dieses Bramme bekommt mit der Zeit auch ein zunehmend deutlicheres Gesicht – was sich nicht nur in den zunehmend längeren Lexikon-Einträgen zeigt, die -ky zu Beginn der meisten Bramme-Romane liefert. »Bramme an der Bramme, Stadt in Niedersachsen«, heißt es beispielsweise auf der ersten Seite von *Stör die feinen Leute nicht* (1973), »mit (1965) 81300 Einwohnern, hat Amtsgericht, höhere und Berufsfachschulen, Freilichttheater, Heimatmuseum, Industrie: Maschinen, Bekleidung, Nährmittel, Möbel, Fertighäuser«. 1979, sechs Jahre später also, ist die Bevölkerung des fiktiven Bramme auf 75600 zurückgegangen; dafür aber ist der Fachschule eine »PH-Abt.« angegliedert worden. Außerdem hat die Stadt eine bis ins Jahr 3000 v. Chr. (»erste Besiedlung der Uferdüne der B.«) zurückgehende Historie erhalten; insgesamt hat sich der lexikalische Eintrag von dreieinhalb auf achteinhalb Zeilen verlängert (in *Kein Reihenhaus für Robin Hood*). Bramme, möchte Autor -ky dem Leser suggerieren, sei eine typische deutsche Kleinstadt: eng und spießig, von einem immer noch nachwirkenden latenten Faschismus geprägt. Manche von -kys Bramme-Geschichten haben deshalb Wurzeln, die weit in die Vergangenheit zurückreichen. Die Studentin Corinna zum Beispiel, Zentralfigur von *Stör die feinen Leute nicht*, fährt nicht nur nach Bramme, um für ihre Diplomarbeit soziologische Feldstudien zu betreiben. Sie möchte auch herausfinden, wer ihre Mutter 1949 vergewaltigt und geschwängert hat (ein Verbrechen, dem sie selbst ihr Leben verdankt). Und Bertie Plaggemeier, der in *Es reicht doch, wenn nur einer stirbt*

(1975) eine ganze Gymnasialklasse als Geiseln nimmt, damit sich der Bösewicht stellt, der seine Braut überfahren und dann Fahrerflucht begangen hat, ist trotz seines niederdeutschen Namens ein Farbiger, genauer gesagt: ein Mischlingskind, Sohn eines amerikanischen GI und eines Mädchens aus Bramme, mit einem Leben voller Frustrationen und Diffamierung.

In allen diesen Romanen ist die Moral eindeutig: Die Bösewichter sind immer die »feinen Leute«, die Mitglieder der etablierten Gesellschaft. »Wer kauft«, fragt der Kritiker Bengel, »im Sex-Shop zu Bramme das schnellwirkende Erekta-Fix: Der fünfzigjährige Architekt Werner Falldorf BDA«. Und wer so etwas tut, der lügt, der stiehlt und brät auch kleine Kinder auf dem Grill, den die Spießbürger von Bramme auf ihren Partys in Betrieb setzen.

Das alles wäre vielleicht erträglicher, wenn nicht der Anspruch von Wirklichkeitsnähe und literarischer Qualität gleichermaßen so penetrant erhoben würde und wenn -ky ein bißchen besser schreiben könnte. Kaum einer der frühen -ky-Romane kommt ohne den Hinweis aus, der die Fiktionalität der geschilderten Ereignisse behauptet und just dadurch die Realitätsnähe für sich reklamiert: »Dies ist ein Roman« – heißt es in *Es reicht doch, wenn nur einer stirbt* –; »die geschilderten Ereignisse sind ebenso frei erfunden wie die Personen, die in sie verwickelt sind. Der Autor bedauert, daß die Zeitläufte erforderlich machen, eigens darauf hinzuweisen« (was nicht nur eine Anmaßung ist, sondern auch noch schlechtes Deutsch). Dem Roman *Kein Reihenhaus für Robin Hood* sind einige Verse von Hermann Hesse vorangestellt: »Im Leeren dreht sich, ohne Zwang und Not/Frei unser Leben, stets zum Spiel bereit,/Doch heimlich dürsten wir nach Wirklichkeit,/Nach Zeugung und Geburt, nach Leid und Tod.« Und in *Ein Toter führt Regie* wird im Motto Helmut Heißenbüttels Lob des Kriminalromans anmaßend an die eigene Brust geheftet: »Es war und ist die Aufgabe des Krimis, Märchen zu erzählen, die jedoch die ganze Bitterkeit und Problematik des Lebens im 20. Jahrhundert in sich schließen. Das macht sie so lebenswert.«

Ob -kys Romane je »lesenswert« waren, ist eine Streitfrage; sicherlich war ihr Unterhaltungswert immer stark eingeschränkt durch die Tatsache, daß die sich kritisch gebende Moral des Autors die Aufmerksamkeit des Lesers stets in eine Richtung lenkte und dadurch die mögliche Spannung minderte. Doch die jüngeren Romane -kys sind nur noch albern, dahingekalauert mit einer Unbedarftheit, die den Leser zum Kumpan bei einem angetrunkenen studentischen Bierabend zu machen sucht. In *Friedrich der Große rettet Oberkommissar Mannhardt* zeigt sich der Autor so verliebt in seine eigenen Kalauer, daß er sie gleich mehrfach wiederholt. Den Satz »Glück hat eben nur der Süchtige« habe ich nicht weniger als dreimal gefunden, ohne daß ich nach ihm gesucht hätte; mag sein, er steht noch einige Male öfter in dem stupiden Text.

Was in den letzten Abschnitten dieses Kapitels über -ky gesagt wurde, gilt grundsätzlich auch für die späteren Romane von Hansjörg Martin, den wir um die Mitte der siebziger Jahre verlassen haben, als seine Bücher sich noch einigermaßen amüsant lasen, seine Geschichten noch mit einiger Logik und ohne allzu große Vorurteile entworfen waren. Doch mit Titeln wie *Wotan weint und weiß von nichts* (1976), *Dein Mord in Gottes Ohr* (1982), *Betriebsausflug ins Jenseits* (1980) oder *Das Zittern der Tenöre* (1982) ging es stufenweise bergab.

Praktisch jedes neue Buch von Martin wurde banaler als das vorige. Seine Ich-Erzähler witzelten sich von Kalauer zu Kalauer (und wo die Rollenprosa durch die Objektivität der Erzählung in der dritten Person ersetzt ist, wird es auch nicht besser). Martins Plots wurden von Mal zu Mal durchsichtiger. Vorurteile traten an die Stelle von Soziologie (und äußerten sich gelegentlich schon im Titel: *Der Kammgarn-Killer*; 1980). Den Täter konnte selbst ein ungeübter Krimileser oft schon nach wenigen Seiten dingfest machen: Es war und ist immer der Unsympathischste, der Mann mit der dicksten, grundsätzlich unrechtmäßig gefüllten Brieftasche. Den einen oder anderen Krimi von Martin muß man nicht einmal lesen, um herauszufinden, wer der Mörder ist; es genügt ein Blick in das Personenverzeichnis, das Rowohlt seinen Thrillern vorauszuschicken pflegt.

Bei einem Autor wie Ernst Hall kommt zu sprachlicher Unbedarftheit und einseitig schräger Perspektive noch die Unfähigkeit, eine spannende Geschichte mit einem auch nur halbwegs raffinierten Plot zu ersinnen; wie auf Schienen fahren seine Romanhandlungen einem vorhersehbaren Ende zu. Hall, am 20. September 1922 in Komotau im Sudentenland geboren, als Kriegsgefangener längere Zeit in Rußland und seit 1955 Journalist in der Bundesrepublik, erhielt 1963 für seinen Erstling *Glocken des Todes* einen Edgar Wallace-Preis; zwei Jahre später publizierte er den Roman *Höllenflug* (1965). Danach folgt eine Pause von mehr als einem Jahrzehnt, ehe er 1978 den Krimi *Das Ohr* vorlegt, der in mancher Hinsicht typisch für seinen Stil ist, auch wenn die Erzählstruktur des Romans einmalig bleibt.

In einer Rahmenhandlung vertieft sich der Justizsekretär Franz Liebscher in die Akten eines Mordfalls, hauptsächlich, weil das Mädchen, das er heiraten möchte, aus dem Ort stammt, in dem der Mord geschah, und Liebscher möglichst viel über die Atmosphäre des Ortes wissen möchte, in den er vielleicht übersiedeln wird. Dort soll der Student Josef Kniehelm den angesehenen Bürger Franz Georg Ohnegartner ermordet haben. Doch läßt die Anlage des Romans von vornherein keinen Zweifel daran zu, daß Kniehelm keinen Mord begangen haben kann; daß es entweder Notwehr gewesen sein muß oder vielleicht auch ein Unfall. Die vorgebliche Besessenheit, mit der sich der Justizsekretär durch die Akten frißt, als hinge von seiner Lektüre für irgendwen irgend etwas ab, wirkt unfreiwillig komisch; der ganze Roman ist mindestens so spießig, wie das von Liebscher-Hall beschriebene Dorf, in dem der Sekretär mit seiner Gerda nicht leben möchte.

Halls nächste Romane sind von einfacherer Erzählstruktur und ebenso simplem Gemüt. In *Galgenfrist* (1981) wird ein junger Rocker wegen eines Mädchenmordes angeklagt, den tatsächlich der geile, mittelalte Nachbar des Mädchens begangen hat. Vom Leser, der von vornherein über den Sachverhalt aufgeklärt ist, verlangt Hall Anteilnahme an den Gewissensqualen eines von der Justiz unbehelligten Mörders, den er selbst fortlaufend diffamiert. In *Sie werden sagen, es war Mord* (1981) läßt sich ein naiver Junge von Rechtsradikalen einspannen, nach einer Auseinandersetzung zwischen Neonazis und Linken platzt im Versammlungslokal der Rechten eine Bombe und tötet die Wirtin, und der brave Lokalredakteur Brendl ermittelt gegen sämtliche Vorurteile: die seines Chefs, die der Polizei, die des gesamten Ortes. In *Es lohnt sich nicht mehr* (1983) versteckt sich ein junger Mann, den das Personenverzeichnis als »mieses kleines Stück Malheur« ausweist, das an seiner Misere freilich »nur sehr bedingt schuld« sei, im Schrebergarten eines Rentners und gerät dort weniger mit dem Gartenbesitzer als mit dem Andenken an dessen längst verstorbene Frau in einen Konflikt, der für den Jungen wie für den Alten tödlich endet. Beide Romane sind, wie auch die früheren und die von -ky und dem späten Martin, ausgesprochen gut gemeint, aber ebenso dilettantisch konstruiert und erzählt: zwei fade Leitartikel in schlechtsitzender Krimi-Verkleidung.

Kenner werden in diesem Kapitel zwei Namen vermissen: den von Irene Rodrian und, mit Sicherheit, den von Michael Molsner. Doch beide mag ich, nicht nur aus Gründen der Qualität, mit -ky, Martin und Hall nicht in einen Topf werfen und dem Sozio-Krimi nicht subsumieren, dem Teile ihres Werks unzweifelhaft angehören. Irene Rodrian scheint mir wesentlich besser aufgehoben in jenem Abschnitt, der sich mit der deutschen Version des Psycho-Thrillers à la Patricia Highsmith befaßt.[5] Molsner aber, dessen Werk in mehrere vor allem vom soziologischen und kriminalistischen Ansatz her unterschiedliche Perioden zerfällt, wird das folgende Kapitel dieses Buches gewidmet sein.

[1] *P. Nusser:* Kritik des neuen deutschen Kriminalromans, in *K. Ermert/W. Gast:* Der neue deutsche Kriminalroman, Rehburg-Loccum, 1985, S. 19ff.
[2] Wenn es so wäre, wäre der Autor -ky nicht hoch genug zu rühmen; doch das beunruhigende Element, das Nusser in -kys Romanen aufgefunden hat, entdeckt sich offenbar nur dessen sensiblem Instrumentarium.
[3] *P. Nusser:* Der Kriminalroman, Stuttgart 1980, S. 151.
[4] *M. Bengel:* Einer soll's gewesen sein. Bemerkungen zu -ky und dem Bindestrich-Krimi in Deutschland, in *Ermert/Gast:* Der neue deutsche Kriminalroman, S. 110ff.
[5] Siehe die Seiten 593ff.

Ausgewählte Bibliographie

-ky: *Zu einem Mord gehören zwei*; *Einer von uns beiden*; *Von Beileidsbesuchen bitten wir abzusehen*; *Stör die feinen Leute nicht*; *Ein Toter führt Regie*; *Es reicht doch, wenn nur einer stirbt*; *Einer will's gewesen sein*; *Kein Reihenhaus für Robin Hood*; *Feuer für den großen Drachen*; *Aus der Traum*; *Die Klette*; *Heißt du wirklich Hasan Schmidt?*; *Mitunter mörderisch*; *Von Mördern und anderen Menschen*; *Mit einem Bein im Knast* (die letzten drei Titel sind Erzählungsbände) – sämtlich Rowohlt Verlag, Reinbek.
Hansjörg Martin: *Geiselspiel*; *Wotan weint und weiß von nichts*; *Spiel ohne drei*; *Dein Mord in Gottes Ohr*; *Der Kammgarn-Killer*; *Betriebsausflug ins Jenseits*; *Herzschlag*; *Das Zittern der Tenöre*; *Gute Messer bleiben lange scharf*; *Die grünen Witwen von Rothenfelde*; *Heiße Steine* – sämtlich Rowohlt Verlag, Reinbek.
Ernst Hall: *Das Ohr*; *Galgenfrist*; *Sie werden sagen, es war Mord*; *Es lohnt sich nicht mehr* – sämtlich Rowohlt Verlag, Reinbek. – *Die Radikalkur* – Goldmann Verlag, München 1986.

Schwarze Seelen, weiße Westen:

Die vier Arbeitsphasen des Michael Molsner

Wie Friedhelm Werremeier hat der 1939 in Stuttgart geborene Michael Molsner als Journalist begonnen; er bringt einige Jahre Erfahrung als Gerichtsreporter ins Krimigeschäft ein. Die journalistische Erfahrung prägt zumindest Molsners frühe Romane. Von den drei ersten Krimis Molsners spielt einer, *Harakiri einer Führungskraft* (1969), komplett im Zeitungsmilieu. Ein anderer, *Rote Messe* (1973), hat einen Journalisten als Erzähler und positiven Helden. Alle drei Romane aber spielen in der fiktiven Stadt Ährenfurth im Württembergischen. In Molsners Erstling, *Und dann hab ich geschossen* (1968), wird diese Stadt als Kreisstadt bezeichnet; sie wirkt relativ klein. Doch ganz so klein kann sie nicht sein, wenn sie – wie die nächsten Bücher zeigen – einen größeren Zeitungsverlag beherbergt und in ihr regelmäßig Handelsmessen veranstaltet werden; auch eine Universität gehört zu Ährenfurths Einrichtungen.

Die ersten Morde, die Molsner in Ährenfurth geschehen läßt, sind Lust-, wenn auch nicht Sexualmorde im strengen Sinn; in *Und dann hab ich geschossen* begeht sie ein 19jähriger Fabrikantensohn mit völlig verklemmter Psyche. In *Harakiri einer Führungskraft* wird ein Attentat auf einen Verlagsdirektor verübt, in dem der neue Star-Redakteur des Massenblattes jenen Feldgendarmen wiedererkannt hat, der in den letzten Kriegstagen seinen Freund, einen 16jährigen »Volkssturm-Mann«, zu Tode getrampelt hat. In *Rote Messe* schließlich geschehen zwei sehr unterschiedliche Morde. Ein italienischer Gastarbeiter, Anführer seiner in Elendsquartieren untergebrachten, Wuchermieten zahlenden Landsleute und Arbeitskollegen, wird von seinem Arbeitgeber und Vermieter umgebracht; eine linke Agitatorin wird von ehrbaren Ährenfurter Bürgern gelyncht. »Sehr geschickt veranschaulicht der Autor durch verschiedene Szenen zumindest Teilaspekte der Brutalisierung einer kleinstädtischen Bevölkerung. Kriminalität wird damit nicht als technisches Problem behandelt, auch nicht als juristisches, sondern als politisches. Sie wird interpretiert als eine Folgeerscheinung sozialer Abhängigkeiten, des nur auf materiellen Gewinn bedachten Konkurrenzdenkens, der Angsterzeugung durch die Massenmedien, der Intoleranz gegenüber Andersdenkenden.«[1]

In einem Referat, das er auf einer Tagung der Evangelischen Akademie Tutzing zum Thema »Tatort: Kriminalroman« im September 1984 gehalten hat, hat Molsner berichtet, daß ihm Richard K. Flesch, Herausgeber der Rowohlt-Thrillerreihe, bei den Verhandlungen über seinen Erstling gesagt habe, »mit diesem Manuskript könne ich auch in der E-literarischen Abteilung des Verlags landen«[2] – ein Ansinnen, das Molsner damals aus grundsätzlichen Erwägungen ablehnte: Er wollte nicht in »schöngeistiger« Umgebung herauskommen.

Tatsächlich ist das Auffallendste an den drei ersten Kriminalromanen Michael Molsners nicht einmal ihre gesellschaftskritische Haltung, aufgrund derer sie ohne Frage dem »Sozio-Krimi« zuzurechnen wären, sondern ihre vergleichsweise komplizierte Erzählstruktur. In *Und dann hab ich geschossen* wird die Rollenprosa des noch jugendlichen Lustmörders, der seine Geschichte durchaus in exkulpierender Absicht erzählt und sich dabei immer tiefer in den Fiktionen eines nicht zuletzt durch eine bigotte religiöse Erziehung genährten Wahns verliert, immer wieder von Fahndungsersuchen, Protokollfetzen und Zeitungsausschnitten unterbrochen. In *Harakiri einer Führungskraft* setzt sich der Text aus subjektiven, wenn auch in der dritten Person niedergeschriebenen Erzählpassagen sowie Gedächtnisprotokollen eines Detektivs zusammen, den der Journalist – der schließlich aus dem zusammengebrochenen Mordverdacht gegen sich und seinen Erfahrungen mit der Polizei den großen Knüller für sein Blatt macht – mit Ermittlungen über das Vorleben seines Chefs beauftragt hat. In *Rote Messe* laufen zwei subjektive Erzählstränge nebeneinander her; abwechselnd berichten ein Student und der Journalist Jakob Nestor, der sich gegenüber dem fast namensgleichen Kollegen aus dem vorhergehenden Roman charakterlich recht positiv verändert hat.

Die ausgesprochen anspruchsvolle, wo nicht gar schwierige Erzählstruktur dieser frühen Molsnerschen Kriminalromane[3] wird aufgegeben, als Molsner, nach einer längeren Pause, gegen Ende der siebziger Jahre weitere Romane vorlegt; die Frage stellt sich, ob die Vereinfachung der Erzählweise ursächlich mit der Tatsache zu tun haben könnte, daß Molsner in dieser Zeit begonnen hat, für die »Tatort«-Serie des Fernsehens zu schreiben.[4] Tatsächlich ist mindestens der Roman *Tote brauchen keine Wohnung* (1980), in dem Molsner die kriminellen Praktiken auf dem Wohnungsmarkt zum Ausgangspunkt einer Mordgeschichte gemacht hat, erst nach dem Drehbuch entstanden, das Molsner für den Bayerischen Rundfunk und einen Film von Wolfgang Staudte entwickelt hat.

Schauplatz der neuen Romane ist das Dorf Schmalfeld in der Nähe von München, und die Polizei, die – vertreten durch den Oberkommissar Sommerfeld und seinen Kriminalmeister Katz – in den ersten Romanen nur ganz am Rande der Handlung angesiedelt war, rückt jetzt ins Zentrum der Handlung. Die Beamten Veigl, Brettschneider und Lenz – letzterer legt eine spürbare Antipathie gegen seinen Chef Veigl an den Tag – bekommen deutliche Konturen; für Veigl konstruiert Molsner in *Das zweite Geständnis des Leo Koczyk* (1979) sogar eine Liebesaffäre mit der Rechtsanwältin Gaby Sarstedt, die sich ausnimmt wie für den Blick der Kamera und uns Voyeure am Fernsehschirm entworfen: »Er legte sich dann zuerst ins Bett und sah zu, wie sie sich auszog. Sie drehte sich etwas zur Seite, offenbar wollte sie es nicht wie einen Striptease aussehen lassen... Als sie sich zu ihm legte, war er betroffen von ihrer Schönheit. Er konnte kaum glauben, daß er es war, zu dem sie kam.«

Der »Leo Koczyk«-Roman, in dem ein aus der DDR in den Westen emigrierter Landwirt einen Versicherungsschwindel inszeniert, eine Baumaterialienfabrik in Schwierigkeiten gerät und beides zusammen zum Mord an einer lebenslustigen jungen Frau führt, endet mit Gaby Sarstedts und Veigls Bettszene, ohne daß sich daraus eine weiterführende Beziehung ergäbe; in *Tote brauchen keine Wohnung* kommt die schöne Juristin Gaby nicht einmal vor. Die beiden Romane liegen qualitativ immer noch über dem Durchschnitt der bundesdeutschen Produktion, weisen gegenüber den früheren Werken jedoch eine spürbare Qualitätsverschlechterung auf, obwohl sie dem Verlangen des Lesers nach äußerer Spannung besser nachkommen als die frühen Bücher. Denn während – besonders auffällig in *Und dann hab ich geschossen* – in Molsners Frühwerk die Spannung eher in der psychologischen Entwicklung der Charaktere als in der Suche nach dem Täter oder einer möglichst raffinierten Mordaufklärung liegt, bedient Molsner von den späten siebziger Jahren an sein Lesepublikum mit geradezu klassischen Krimilösungen.

Die Handlung freilich bleibt auf Dauer nicht in München und in der Nähe des Bayerischen Rundfunks; in einer nächsten Phase siedeln Molsners Krimis von der Isar an den Main über – und mit der Umgebung wechseln die Charaktere der Geschichten, wenngleich es dabei bleibt, daß Polizisten im Mittelpunkt der Handlung stehen. In Romanen wie *Die Schattenrose* (1982) und *Ausstieg eines Dealers* (1983) sind Offenbach und Frankfurt die Schauplätze von Molsners Mordgeschichten, und ihr Held – der Kriminalhauptkommissar Karl Borowik – hat schon von seinem Alter her einen gänzlich anderen Hintergrund wie Veigl.

Veigl, gewiß alles andere als ein »Bulle«, war noch Fähnleinführer bei den Nazis gewesen. Borowik gehört zur Generation der 68er; vor fünfzehn Jahren hat ihn sein jetziger Chef Hagen Radke, Polizist mit juristischem Hochschulstudium, »beim Zündeln an einem Stand der Frankfurter Buchmesse erwischt« und den Sünder nicht ins Präsidium vor-, sondern privat eingeladen; von daher stammt die solide Freundschaft der gegensätzlichen Polizisten-Typen. Ich bin nicht sicher, ob Borowik und sein Autor Molsner die Behauptung gelten lassen würden, daß Borowik einer jener Linken sei, die sich auf den langen Marsch durch die bundesdeutschen Institutionen begeben haben. Auf jeden Fall versucht er nicht, die demokratischen Einrichtungen der Bundesrepublik zu unterminieren – im Gegenteil: Er tut sein Bestes, um eine Institution wie die Polizei mit einem Minimum an Humanität und demokratischem Geist zu erfüllen.

Molsner hat in den frühen achtziger Jahren jene Themen am Wickel, die in den Medien Schlagzeilen machen (wogegen ja gewiß nichts zu sagen ist): das Sekten(un)wesen in *Die Schattenrose*; das Rauschgiftgeschäft in *Ausstieg eines Dealers*. In *Die Schattenrose* spielt allerdings jene Art von Kriminalität herein, die um die Mitte der achtziger Jahre Molsners bevorzugtes Thema werden wird: die Kriminalität der weißen Kragen, die Wirtschaftskriminalität. Der Roman beginnt mit dem Mord an einem Finanzberater, der – wie sich rasch herausstellt – in die unsauberen Geschäfte einer fernöstlich angehauchten Sekte verwickelt ist, allerdings auch in die wesentlich großzügiger angelegten Betrügereien privater Banker. In *Ausstieg eines Dealers* wird eine rauschgiftsüchtige junge Frau ermordet aufgefunden, und als erster Verdächtiger gilt der Polizei ihr früherer Freund, ein Klein-Dealer, der die Rauschgiftbranche in Richtung Film und Fernsehen verlassen möchte. Molsner stellt den Text des Film-Treatments, das »der Mann in Schwarz« den Kripoleuten übergibt, um seine eigene Unschuld zu beweisen und die Polizei auf die richtige Spur hinzulenken, der Haupthandlung seines Romans in diesem ersten Fünftel voran. Doch bekommt das Buch dadurch eher einen gewissen prätentiösen Schick als eine zusätzliche Dimension; weder *Die Schattenrose* noch gar die frühen Krimis werden qualitativ erreicht.

Mit dem Titel *Der Castillo-Coup* (1985) wird das Konzept des Polizeiromans wieder aufgegeben. Auf den ersten Blick scheint sich Molsners Interesse wieder auf die Täter zu richten, allerdings auf eine andere Art als in seinem Frühwerk. Die Helden in *Der Castillo-Coup* – und auch in den sich anschließenden Romanen *Gefährliche Texte* (1985) und *Der ermordete Engel* (1986) – beginnen als ungleiches Gaunerpärchen. Die Richterin Corinna Castrup läßt sich von dem Hallodri Markus Stauder, von Beruf Sportlehrer und Animateur, vom Weg des Gesetzes abbringen und ergaunert mit ihm ein paar Millionen Mark. Doch bringen die beiden das Geld nicht etwa in der Karibik durch. Sie gründen eine Firma, ein »Euro-Ermittlungsbüro« – also: eine Art Detektei, die das auf dem Schweizer Konto in Sicherheit gebrachte Geld legal vermehren und wohl auch zum Segen gesellschaftlich Unterprivilegierter einsetzen soll.

Von Beginn an sind die beiden Hauptfiguren nicht nur recht originell, sondern auch recht liebenswert gezeichnet. Der Bankraub an der spanischen Küste, in den Molsner sein ungleiches Duo verwickelt, ist keineswegs das simple Superding, als das alle Beteiligten und auch der Autor es zunächst erscheinen lassen möchten, sondern eine höchst komplizierte Kiste mit doppeltem Boden, bei der Corinna und Markus, auch wenn sie sich selbst bereichern, als Handlanger einer höheren Gerechtigkeit erscheinen. Auch bei der Schiebung mit den »Gefährlichen Texten«, wenn sich die beiden »Euro-Ermittler« mit den Staatsschützern im anderen Teil Deutschlands anlegen, liegt die Sympathie des Lesers durchaus bei dem ungleichen Paar, das in *Der ermordete Engel* vollends reputierlich wird, als es die Interessen einer deutsch-türkischen Familie vertritt und dabei in die politischen Auseinandersetzungen gerät, die sich rechtsradikale und liberale Türken, auch auf deutschem Boden, um die künftige Gestaltung der türkischen Gesellschaft liefern.

Auch Molsner gelingt es im Grunde noch nicht, das Wesen der Weiße-Kragen-Kriminalität ohne die klassischen Hilfsmittel sichtbar zu machen. Aber immerhin braucht er kein Blut und keine Morde, um jene Spannung zu erzeugen, die den Leser auch dann bei der Stange hält, wenn es nicht mehr um handfeste, für jedermann greifbare Verbrechen geht, sondern um die komplizierte Materie der Wirtschaftskriminalität, bei der Millionenbeträge auf eine so unverfängliche Weise ergaunert werden, daß nicht nur die Autoren mit ihren Fiktionen, sondern auch die Staatsanwälte im wirklichen Leben ins Schwitzen geraten.

[1] *P. Nusser:* Kritik des neuen deutschen Kriminalromans, in *K. Ermert/W. Gast:* Der neue deutsche Kriminalroman. Rehburg-Loccum 1985, S. 26.

[2] Der Vortrag ist abgedruckt und wird hier zitiert nach Ermerts und Gasts Anthologie, S. 97; Molsners Text ist »Die Trivialität der Träume. Erfahrungen mit der populären Kultur« überschrieben.

[3] In Nussers bereits zitiertem Aufsatz findet sich in diesem Zusammenhang sogar der Hinweis, bei Molsner werde »sichtbar, mit welchen Einbußen an Unterhaltung eine fundierte Gesellschaftskritik, wenn sie mit der Perspektive des Täters verbunden wird, erkauft werden muß«; der Wissenschaftler unterstellt dem Autor also einen bewußten Verzicht auf Spannung zugunsten einer glaubwürdigen gesellschaftskritischen Perspektive.

[4] Vermutlich würde eine Untersuchung, die sich mit dem Einfluß der »Tatort«-Serie des ARD-Fernsehens auf den neuen deutschen Kriminalroman befaßte, das Faktum zutage fördern, daß die dominierende Rolle des Kommissars, also des Polizeiromans, der spezifischen, den Autoren von außen aufgezwungenen Form der Fernsehserie zu verdanken ist. Denn die »Tatort«-Strukturen, die den Polizisten als beinahe einzig möglichen Detektiv weit über die literarische Notwendigkeit hinaus betonen, üben einen doppelten Einfluß auf den in Buchform erscheinenden Krimi aus: als (schlechtes) Beispiel und als eine von den Autoren bereits beim Schreiben eines Romans mitberücksichtigte, lukrative Variante.

Ausgewählte Bibliographie

Michael Molsner: *Und dann hab ich geschossen*; *Harakiri einer Führungskraft* – Rowohlt Verlag, Reinbek, später Heyne Verlag, München. – *Rote Messe* – Fischer Verlag, Frankfurt, später Heyne Verlag, München. – *Das zweite Geständnis des Leo Koczyk*; *Tote brauchen keine Wohnung*; *Wie eine reißende Bestie*; *Die Schattenrose*; *Ausstieg eines Dealers*; *Mit unvorstellbarer Brutalität* – sämtlich Heyne Verlag, München. – *Der Castillo-Coup*; *Gefährliche Texte*; *Der ermordete Engel* – Goldmann Verlag.

Barfuß über Scherben:

Irene Rodrian, Thomas Andresen und andere Adepten des Psychothrillers

Wenn sich – was gar nicht so selten geschieht – die deutschen Krimi-Autoren treffen, um über Theorie und Praxis ihrer Arbeit zu sprechen, schwebt der Geist der Patricia Highsmith schillernd über allen Abgründen. Neben den Schweden Sjöwall/Wahlöö ist es vor allem die amerikanische Königin des Psychothrillers, die es den deutschen Krimiautoren als Vorbild angetan hat, um Längen vor Chandler, Hammett oder Ambler. In vielen Fällen ist nicht recht auszumachen, was einen speziellen Autor am Psychothriller so fasziniert, wenn er doch selbst in eine ganz andere Richtung schreibt. Aber in einigen Fällen wird der Versuch einer Nachfolge schon sichtbar, und in seltenen Fällen ist sogar ein gewisser Erfolg solcher Nachfolgeversuche feststellbar.

Zu denen, die zugeben, daß sie von den ausländischen »Großmeistern« des Genres nicht unbeeinflußt blieben, gehört die am 12. Januar 1937 in Berlin geborene Irene Rodrian; allerdings nennt sie als Anreger neben der Highsmith auch Hammett, Chandler und Ambler, deren Spuren in ihrem Werk nur schwerlich aufzufinden sind. Zusammen mit Martin, Werremeier, Molsner, -ky und Hey gehört Irene Rodrian zu jener Handvoll Autoren, die den deutschen Kriminalroman gegen Ende der sechziger, Anfang der siebziger Jahre zu einem Markenartikel machten; bereits 1967 gewann sie den Edgar-Wallace-Preis für ihren Erstling *Tod in St. Pauli*.

Tod in St. Pauli ist die Geschichte des kleinen Ganoven Paul Petersen, der – wie, wird nie genau erklärt – bei einem Einbruch mitmacht und für einen Totschlag bestraft wird, den er nicht begangen hat; die lieben Gangsterfreunde machen ihn zum Sündenbock. Die Romanhandlung beginnt, als Paul aus dem Knast kommt und sich an seinen Ex-Freunden zu rächen sucht, die ihm ihrerseits bereits auflauern; so beginnt in einem sehr poweren Milieu von St. Pauli ein Kampf unter Gaunern, der mit einem etwas krummen Happyend endet; Paul entledigt sich nicht nur seiner Peiniger, sondern schließt auch seinen Frieden mit der Polizei und der Gesellschaft.

Mit den kleinen Leuten, die ohne ihr Zutun – oder doch allenfalls durch ihr Zaudern und Schweigen – in kriminelle Affären geraten, die ihnen das Kreuz zu brechen drohen, hält Irene Rodrian es auch in den meisten ihrer folgenden Romane, bis 1986 immerhin ungefähr anderthalb Dutzend. In *Bis morgen, Mörder!* (1969) erhält der Werbeassistent Theo Freitag in der Frühe einen Telefonanruf, der ihn auffordert, nicht in die Firma zu gehen, da er sonst für den Mörder – welchen Mörder? – gehalten werde. Im Büro findet er tatsächlich eine Leiche und läßt sich breitschlagen, bei der Beseitigung der Leiche mitzuhelfen – schwupp, sitzt er mittendrin im Schlamassel. In *Wer barfuß über Scherben geht* (1970) erschlägt der Unglücksrabe Robert Eschberg in Notwehr seinen Bruder Erich, den Herausgeber des Skandalblattes »Der Schlüssel«; aus Angst vor den Folgen flüchtet er und beschafft sich ein falsches Alibi. In *Finderlohn* (1971) – Schauplatz ist eine kleine spanische Insel – wird die Leiche des reichen Widerlings Max Baumann ausgerechnet von einem jener Menschen gefunden, die Baumann schwer begaunert hat; prompt gerät der Finder in Mordverdacht und hinter schwedische Gardinen. In *Ein bißchen Föhn, und du bist tot* (1975) schlägt die Freundschaft eines Autorengespannes, von dem der eine nicht schreiben kann und der andere keinen Namen hat, allmählich in Haß um; die Atmosphäre wird so explosiv, daß ein Funke genügt, im einsamen Bauernhaus im Voralpenland die Katastrophe auszulösen. In *Die netten Mörder von Schwabing* (1975) beobachtet eine Kriminalschriftstellerin vom Fenster ihrer Wohnung aus einen brutalen Banküberfall, bei dem ein Bankangestellter erschossen wird, und erkennt auch einen der Räuber. Aus ihr selbst nicht ganz einsichtigen Gründen verschweigt sie ihre Beobachtung der Polizei; die selbstgebaute Falle beginnt zuzuschnappen.

Das sind die Stoffe, aus denen auch -kys Sozio-Krimis und Molsners[1] Analysen sozialer Konflikte entstehen. Doch Irene Rodrians Perspektive ist anders. Sie sieht immer das Individuum, dem sie in ihren frühen Romanen gegen Ende gern aus der Patsche hilft; am Ende ihrer Geschichten steht überwiegend nicht der Abgrund oder die totale Katastrophe, sondern ein Hoffnungsschimmer; ihre Helden haben zumindest die Chance zu überleben.

Sie selbst hat ihre Einstellung folgendermaßen geschildert: »Gesellschaftliche Analyse im Krimi halte ich für unmöglich. Was mich daran fasziniert, ist die Möglichkeit, Zustände zu zeigen. In einer Geschichte. Überdeutlich wie unter einer Lupe. Ich habe einen Horror vor Unterdrückung und Gewalt, ich versuche herauszufinden, was einen Menschen dazu bringen kann, einen anderen zu verletzen, zu töten. Whodunits interessieren mich nicht, nur das Wie-konnte-es-dazu-kommen. Dabei gehört meine Sympathie immer dem Opfer, das kann auch der Täter sein. Schön wäre es, wenn es mir gelingen sollte, den Leser dazu zu bringen, klarer zu sehen, nachzudenken, sich mit einer Figur zu identifizieren, die er im wirklichen Leben nicht mit der Feuerzange anfassen würde, die er vielleicht irgendwo unbewußt und verdrängt zum Teil selber ist«.[2]

Diesen Blick auf das Opfer, das zuweilen mit dem Täter identisch ist, hält Irene Rodrian konsequent durch. Doch die Gläser der Brille, durch die die Autorin schaut, verdunkeln sich mehr und mehr. Ihre Geschichten werden immer auswegloser. Arnold Langthaler, der sich in *Du lebst auf Zeit am Zuckerhut* (1976) mit einem Koffer voll von ergaunertem Geld nach Brasilien absetzt, verliert dort nicht nur die Moneten, sondern auch seine Moral; er wird zum Mörder und wird nach Deutschland zurückexpediert: ins Gefängnis. Der Studienrat Zauner, den man in *Der Tod hat hitzefrei* (1976) verdächtigt, einen Schüler umgebracht zu haben (der in Wahrheit Selbstmord begangen hat), kommt, in die Enge getrieben, bei einem Unfall ums Leben. Der Journalist Gerd Wolff in *Schlaf, Bübchen, schlaf* (1980), der sein Leben lang alle Mißerfolge in sich hineingefressen hat, vernichtet mit dem Totschlag an einem unschuldigen Kellner nicht nur dessen, sondern auch sein eigenes Leben. Die hübsche Gina, die sich in *Schlagschatten* (1983) zwischen dem erfolgreichen Kurt und dem Außenseiter Robert nicht entscheiden kann und den einen heiratet, den anderen liebt, hat schließlich beide verloren, einen von ihnen allerdings selbst umgebracht. Und auch der Lehrer Harald, der – in *Das Mädchen mit dem Engelsgesicht* (1986) – mit seiner minderjährigen Schülerin ein neues Leben beginnen möchte, richtet sich selbst zugrunde und begeht einen Totschlag, der ihn nicht nur seine neue Liebe, sondern auch alles kostet, was er eben noch aufgeben wollte: »Schule aus, Karriere aus, Haus weg, Freunde weg. Und für wie lange muß ich deiner Ansicht nach in den Knast?«

Schlaf, Bübchen, schlaf ist wohl Irene Rodrians bestes Buch. Die Handlung geht vom Verbrechen nicht aus; sie steuert auf es zu. Jahrelang frißt der Journalist Gerd Wolff allen Ärger und Verdruß in sich hinein, ehe er schließlich aus scheinbar nichtigem Anlaß explodiert und einen Menschen umbringt. Die Gewalttat ist eine Ersatzhandlung: das Aufbegehren einer geschundenen Kreatur nicht gegen die, die ihn systematisch zerstört haben, sondern gegen einen armen Teufel ähnlich ihm selbst; ein Kellner in einem italienischen Restaurant muß büßen, was Gerd Wolff in Beruf und Familie an Kränkungen widerfahren ist, ohne daß er je die Kraft gefunden hätte, dagegen aufzubegehren.

Nicht ganz so fein wie die Highsmith, aber doch mit viel Gespür für Nuancen, Abstufungen und Valeurs, für seelische, psychische Schwebezustände, beschreibt Irene Rodrian, wie einer sacht und fast unmerklich in die Isolation abgleitet und nach und nach die Schattenlinie bürgerlicher Unbescholtenheit überschreitet. Ein kleines Meisterstück ist der Anfang, der ein simples Duschbad beschreibt und über Gerüche und Assoziationen mit Kindheitserinnerungen ganz unaufdringlich schon die Disponiertheit der Zentralfigur entwickelt: die Möglichkeit, daß aus bestimmten Abhängigkeiten Böses erwachsen könnte. Das Buch ist mehr Fallstudie als Kriminalroman; die Beschreibung einer Mittelmäßigkeit, die fast notwendigerweise mit der Zerstörung zweier Leben endet: dem des Opfers und dem des Täters.

Die anderen Romane der Irene Rodrian bleiben mehr oder weniger weit unter dieser ihrer Bestleistung. Die Neigung zu »reißerischen Szenen«, die nach Ansicht von Peter Nusser »den Leser an die Erzählung binden«[3] sollen, vermag ich zwar nicht zu entdecken; da sind wir doch mittlerweile anderes gewöhnt. Es geht auch nie unter ein gewisses mittleres Niveau. Aber dieses mittlere Niveau wird auch nur selten und nie wesentlich überschritten. Bravheit und Biederkeit beherrschen Konstruktion und Sprache – und an das erklärte Vorbild, Patricia Highsmith, darf man nicht einmal denken; im Verhältnis zum mikroskopisch feinen Raster, mit dem die Highsmith arbeitet, besteht der der Irene Rodrian nicht einmal aus Millimeter-, sondern eher aus Dezimeterpapier (wenn es so etwas denn gäbe). Doch auf welchen von Frau Rodrians deutschen Kollegen träfe dieses Verdikt nicht zu?

Der am 19. 9. 1934 in Flensburg geborene Thomas Andresen, hauptberuflich Oberarzt an einer Klinik in seiner Heimatstadt, ist fast ebenso lange im Krimi-(Neben-)Beruf wie Irene Rodrian. Er hat auch fast ebenso viele Romane (und überdies noch zahlreiche Kriminalhörspiele) geschrieben wie seine Kollegin – die vom Schreiben lebt – und hatte einen ungewöhnlichen (quantitativen) Höhepunkt im Jahre 1972, als nicht weniger als fünf Kriminalromane aus seiner Feder erschienen: *Der Schrei*; *Schmutziger Herbst*; *Die Spur des bösen Bruders*; *Geisterstunde* und *Wachs in den Händen*[4].

Andresens erste Romane – *Der Anonyme* und *Hörst du den Uhu?* – sind 1969 erschienen, und wer sie heute wieder liest, wird das Gefühl nicht los, daß da einer seine sozialkritischen Anliegen in ziemlich hanebüchene Geschichten verpackt, etwa in die von dem Arzt, der von seiner eigenen Geliebten entführt wird, um in einer Nacht-und-Nebel-Operation das Leben eines unschuldigen Mädchens zu retten, das bei Auseinandersetzungen in einer pervertierten Politikerfamilie (die bereits ein Menschenleben gekostet haben) einen Bauchschuß erhalten hat. Mit Nacht und Nebel und den Honoratioren norddeutscher Kleinstädte füllt Thomas Andresen viele seiner Romane; in *Der Nebel wird dichter* (1970) entwickelt sich ein mörderisches Drama im engsten Freundeskreis von vier Männern und einer jungen Frau, alle aus bestem Hause, wie Andresens Täter durchweg.

Mit seinen jüngsten Romanen, *Träume von Liebe und Mord* (1987) und *Die Klinge im Haus* (1988) rutscht Andresen eher noch weiter ab. Des Autors Versuch, aus den erotischen Phantasien seiner Figuren und ihren Träumen vom leichtverdienten Geld das große bürgerliche Drama zu entbinden, wird weder von seiner Sprache noch von seiner Vorstellungskraft gedeckt; das Ergebnis sind Schicki-Micki-Dramen wie aus der Regenbogenpresse. Reale Stoffe, die in den Medien Schlagzeilen gemacht haben – etwa in der Art: »Millionärstochter von eigener Mutter als Lohn für den Killer ausgesetzt« –, werden nach dem Muster trivialer amerikanischer Vorbilder, doch ohne deren handwerkliche Perfektion aufgearbeitet. Larmoyanz und klischierte Gefühle (Beispiel aus *Träume von Liebe und Mord*: »›Ein weißer Sportwagen! Super!‹ Sie schlang ihre Arme gierig um ihn«) müssen Stringenz und echte Leidenschaften ersetzen.

Daß Andresen Mediziner ist, zeigt sich in der Häufung medizinischen Personals in seinen Romanen – und nicht immer machen die Ärzte in Andresens Krimi eine so gute Figur wie der junge Jan Frank Mortensen in *Hörst du den Uhu?*. In Büchern wie *Wer badet nachts in meinem Swimmingpool?* (1975) oder *Nur über Meiners Leiche* (1976) schrumpfen die Halbgötter in Weiß sogar auf ein ziemlich bescheidenes Format zusammen. In *Eine Tote früh um fünf* (1977) hat Andresen nicht seine Standeskollegen, sondern die Polizei kritisch am Wickel. Ein Kommissar läßt einen Frauenmörder laufen, weil die Wahrheit über die schmutzige Affäre auch ihn selbst in den Fall verwickeln würde. Der Öffentlichkeit wird als Sündenbock ein zufällig erschossener kleiner Sittlichkeitsverbrecher präsentiert; die tatsächliche, ins Politische führende Dimension des Skandals wird unter den Teppich gekehrt.

Ein Überzeugungstäter also auch der Dr. Andresen? Ich denke, daß er eher die Spannung da sucht, wo er sich auskennt: im norddeutschen Kleinstadtmilieu also und bei Ärzten und anderen Honoratioren. Daß die feinen Leute von Schleswig-Holstein dabei gelegentlich in ein etwas schlechtes Licht geraten, wird eher billigend in Kauf genommen; schließlich ist ja niemand persönlich gemeint. Ohnedies geht es Andresen stärker ums Psychologische als ums Sozialkritische; sein Blick auf den Täter – der ihn allemal mehr interessiert als der Detektiv, der nur als Täter interessant wird – hat etwas Freudianisches; wie der Psychoanalytiker, dem es ja auch nicht um Schuld und Sühne, sondern lediglich ums Verstehen (und Heilen) von Schuld- und anderen Komplexen geht, richtet der Krimi-Autor Andresen seinen Blick auf die Abgründe der menschlichen Seele, zu deren wirklich guter Beschreibung ihm allerdings das sprachliche Sensorium und Instrumentarium fehlt.

Daß es Andresen nicht in erster Linie um Sozialkritik geht, zeigt nicht zuletzt sein wohl anspruchsvollster Roman, *Fünf Herren, einander belauernd* (1978). An der Oberfläche ist dies ein realistischer, sozialkritischer Roman. Fünf ehrenwerte Bürger einer norddeutschen Kleinstadt – ein Arzt, ein Politiker, der Kripo-Chef und zwei Kaufleute – haben zwanzig Jahre zuvor, nach der Ermordung einer Schauspielerin, Selbstjustiz geübt und einen mordverdächtigen Gastarbeiter zu Tode gefoltert. Jetzt kommt die Vergangenheit wieder hoch. Das Quintett reduziert sich nach der Methode der zehn kleinen Negerlein – durch den Rachefeldzug eines Außenstehenden oder durch einen Killer im Freundeskreis (der möglicherweise auch die Schauspielerin umgebracht hatte)?

Der Hauptteil des Romans besteht aus Teilen eines Manuskripts, das ein Anonymus dem Herausgeber einer Krimireihe zuschickt, angeblich, um sich gegen die Mordabsichten eines Unbekannten abzusichern. Der Autor des Manuskripts, so stellt sich heraus, ist Insasse einer Heilanstalt. Aber muß er deshalb ein Spinner sein – und seine Geschichte erfunden?

Geschickt spielt Andresen mit den literarischen Möglichkeiten. Am Ende steht der Leser da wie der Zuschauer in Michelangelo Antonionis Film »Blow up«. Er hat zugeschaut, wie Leute ohne Schläger und Bälle Tennis spielten; er war Augenzeuge eines Kunststücks. Dieses Kunststück blieb im Werk des Thomas Andresen ein einmaliger Fall; ein vergleichbares Buch hat er nicht wieder geschrieben.

Wie Irene Rodrian und Thomas Andresen ist auch Paul Henricks[5] ein Autor aus der ersten Stunde des neuen deutschen Kriminalromans. Aber trotz der eher überdurchschnittlichen Qualität seiner Bücher hat man ihn zum inneren Zirkel dieser Autoren nie gerechnet, vielleicht auch deshalb, weil er nur eine Handvoll Krimis geschrieben hat[6]; die meisten von ihnen überdies, bevor der neue deutsche Kriminalroman als Gattung wirklich Furore machte.

Henricks debütierte 1966 mit dem Roman *Sieben Tage Frist für Schramm*, einem Buch, das die wesentlichen Elemente von Henricks' Thematik und Stil bereits enthält. Die Geschichte wird berichtet von einem Ich-Erzähler, der in den Fall nur als Beobachter verwickelt ist. In einer höheren Schule im Norddeutschen wird ein Schüler tot im Duschraum gefunden. Seinen Tod hat ausströmendes Gas verursacht: Unfall oder Mord? Wenig später wird ein Lehrer der Schule, Schramm, vor Gericht gestellt und verurteilt – allerdings nicht wegen des Todes des Schülers, sondern wegen seiner Nazi-Vergangenheit; Schramm war Arzt in einem Konzentrationslager. Als er nach seiner Entlassung aus dem Gefängnis an seine alte Schule zurückkehrt, um anhand der seltenen Bücher in der Schulbibliothek eine wissenschaftliche Arbeit abzuschließen, rollt ein Kollege, der Erzähler, den Fall wieder auf. Er findet heraus, daß der tote Schüler als erster die Information über Schramms SS-Vergangenheit besaß und von Schramm vermutlich getötet wurde, damit er sein Wissen nicht ausplaudern konnte. Der überführte Mörder begeht Selbstmord.

Der Generationenkonflikt und die Auseinandersetzung mit Deutschlands brauner Vergangenheit kehren in Henricks' folgenden Romanen immer wieder. Dabei liegt das Interesse des Autors grundsätzlich nicht bei der Detektivarbeit und der Aufklärung eines Rätsels (obwohl er die Spannung nie leichtfertig verschenkt, sondern ein Stück Geheimnis immer mitführt), sondern eher bei der Erforschung der Motive und der psychischen Situation der Täter. Lediglich Henricks zweiter Krimi, *Der Toteneimer* (1967) erzählt eine halbwegs konventionelle Whodunit-Geschichte mit einem Detektiv im Mittelpunkt. Der Justizreferendar Raue, ein angehender Staatsanwalt, begibt sich als Fahrgast auf ein in der Ostsee verkehrendes Motorschiff, um einen Mord aufzuklären, den die offizielle Justiz längst aufgeklärt hat. Der Mord allerdings hat auch wieder mit dem Generationenkonflikt zu tun: Bei Henricks stehen sich Väter und Söhne (oder auch Töchter) grundsätzlich mißtrauisch bis feindlich gegenüber, und überwiegend eskaliert der Konflikt ins Mörderische.

Der Ameisenhaufen (1969) beginnt mit der Leiche eines älteren Mannes, der anscheinend – vom eigenen Sohn, von einem jungen Mann, den er wie seinen Sohn geliebt hat? – erschossen worden ist. Später stellt sich heraus, daß der Tote Selbstmord begangen hat, weil er nicht darüber hinwegkam, daß er in den letzten Kriegstagen einen Mann – seinen militärischen Vorgesetzten – hat sterben lassen, obwohl er seinen Tod hätte verhindern können. Auch zwischen den Söhnen der beiden Männer kommt es zu einer Auseinandersetzung – und diesmal schaut der Sohn des früheren Opfers tatenlos zu, wie sein Gegner im Moor versinkt: eine etwas aufdringliche Parallele.

Auch in *Pfeile aus dem Dunkel* (1971) und *Keine Stimme für Krüss* (1980) ist der Generationenkonflikt zentrales Thema. Im früheren der beiden Bücher findet die Auseinandersetzung zwischen Söhnen und Vätern gleich zweimal statt. Der siebzehnjährige Sohn eines hohen deutschen Offiziers, dem die DDR durch eine hübsche Spionin wichtige Nato-Geheimnisse entlockt, hilft der Geliebten des Vaters aus Eifersucht zur Flucht in die DDR. Beim Herumzigeunern an der Riviera gerät er in einen ähnlichen Konflikt in einer Malerfamilie, der ihn zu einem makaberen Abenteuer, aber auch zur Erkenntnis seines eigenen Fehlverhaltens zwingt – für den Vater freilich zu spät. In *Keine Stimme für Krüss* verbrennt bei einem Brandanschlag im Rathausarchiv einer norddeutschen Kleinstadt eine Studentin, die im Archiv Material für eine Examensarbeit über »Die Jahre 1933 bis 1945 im Spiegel einer Kommunalgeschichte unserer Gemeinde« gesucht hatte. Der Bürgermeister, der die Geschichte in einer Art Tagebuch ausbreitet, vermutet Brandstiftung und hat auch recht mit diesem Verdacht. Nur das Motiv ist ein anderes, als er vermutet – und es hat mit ihm selbst zu tun; unmerklich enthüllt sich in seinen Aufzeichnungen seine eigene Verstrikkung.

Wie Henricks' Erstling spielt auch *Eine Maßnahme gegen Franz* (1977) im Schulmilieu. Der Erzähler, dem eine gewisse Ähnlichkeit mit dem Autor Henricks nicht abzusprechen ist, berichtet, er habe als Deutschlehrer »an der Oberstufe unseres Gymnasiums« einen »Kurs in Literatur geleitet. Das Thema lautete: Theorie und Praxis des Kriminalromans. Es war meine Absicht, nicht nur gängige Krimis zu behandeln, sondern auch Romane wie Dostojewskis ›Schuld und Sühne‹. Aus der Kenntnis guter Kriminalliteratur sollten die Schüler die Fähigkeit gewinnen, Klischees festzustellen und Gutes von Trivialem zu unterscheiden.« Und die zentrale Aufgabe für die Kursteilnehmer – »Heute kommt es mir makaber vor, nachdem ich weiß, wie die Dinge gelaufen sind« – war das Schreiben eines Krimis mit einem Siebzehnjährigen als Leiche; der Junge sollte – Mord oder Unfall? – auf der Rückreise von einer Klassenfahrt aus dem fahrenden D-Zug gestürzt sein. Wenig später ereignet sich die Fiktion in der Wirklichkeit; bei der Rückreise von einer Klassenfahrt nach Kopenhagen stirbt ein Junge aus der Klasse auf die Art, die man sich zuvor im Literaturkurs ausgedacht hatte.

Henricks – der in seinen Roman die Passagen aus einigen Schülerarbeiten einbaut, die er tatsächlich zu diesem Thema hat schreiben lassen – entwickelt aus dem Stoff einen Krimi, der für die kriminelle Energie junger Leute vor allem die Gesellschaft verantwortlich macht, die »unbedingtes Streben nach Erfolg« auf die Spitzenposition ihrer Werte gesetzt hat. Und wenn es diesmal auch nicht der Täter ist, dessen Psyche ihm die eingehendste Analyse wert ist, so doch ein durchaus Beteiligter: der Lehrer, der mit seinen gutgemeinten Leitlinien das Drama auslöst und auch im Finale kräftig, aber erfolglos mitmischt; eine Art Schreibtischtäter, dessen Schuld die Ahnungslosigkeit darstellt.

Auch Helga Riedel war Lehrerin, bevor sie sich mit ihren zwei Söhnen und ihrer Tochter auf die nordfriesische Insel Föhr zurückzog – dies ist eine biographische Angabe ihres Verlages und zugleich das einzige, das außer ihren bislang drei Kriminalromanen über sie bekannt ist. Unter den – wesentlichen – Autoren des neuen deutschen Kriminalromans zählt Helga Riedel zu den Newcomern; ihr erster Roman *Einer muß tot* erschien im November 1983; exakt zwei Jahre später wurde sie für diesen Erstling und ihr zweites Buch *Wiedergänger* (1984) mit dem ersten Deutschen Krimipreis des Bochumer Kriminal-Archivs ausgezeichnet.

Einer muß tot erzählt von der merkwürdigen, mörderisch endenden Beziehung zwischen der deutschen Lehrerin Anna Wildenbruch und dem Türken Ahmet Adanir, der illegal in die Bundesrepublik kam, um Geld zu verdienen. Anna, deren hohe Intelligenz, große Moral und außerordentliche soziale Verantwortlichkeit auf eine Weise geschildert werden, als handle es sich mindestens um die höchste Heilige der Frauenbewegung, verstrickt sich in eine Liebes- und Leibesaffäre mit Ahmet, verspricht ihm, ihn zu heiraten, um ihn vor der Abschiebung zu retten, fühlt ihre Liebe zu ihm erkalten – und erschlägt ihn (anscheinend; der Staatsanwalt, in Anna verliebt, kann einen Täter zweifelsfrei nicht feststellen); anschließend wird sie ihrerseits von Ahmets Verwandten umgebracht.

Einer muß tot fordert offenbar extreme Reaktionen heraus. Während viele Kritiker in ihm eines der wichtigsten Werke des neueren deutschen Kriminalromans sehen und in der Autorin Helga Riedel eine der begabtesten, originellsten Autorinnen des Genres, erscheint mir das Buch beinahe unerträglich prätentiös: eine kitschige Ikone der Frauenbewegung, deren schizophrene Denkweisen für mich durch die simplen Sprach- und Denkmuster nie beglaubigt werden.

Und ganz ähnlich geht es mir mit Helga Riedels anderen beiden Romanen *Wiedergänger* und *Ausgesetzt* (1985). In *Wiedergänger*, einer verqueren Mischung aus realen Vorgängen und Spökenkiekerei, schlägt meines Erachtens nicht die Phantasie, sondern der Glaube an den Zufall unglaubhafte Kapriolen mit der Geschichte um die alleinstehende Freda Bahnsen, die mit ihren Söhnen Meikel und Till in eine Räuberpistole gerät, in der ein toter Ex-Ehemann, eine unbekannte Frauenleiche und eine Kindesentführung wichtige Rollen spielen. In *Ausgesetzt* dagegen, einem Buch, das weitgehend aus Briefen und Dokumenten zusammengesetzt ist, wird der Essener Frauenarzt Ernst-August von Müller von seiner Tochter Karin mit dem eigenen Auto überfahren, möglicherweise, weil er gestolpert war, als seine Tochter zurücksetzte, um besser in die eigene Garage einparken zu können. Der tote Arzt war zur Nazi-Zeit stellvertretender Chefarzt in einer jener »Euthanasie«-Kliniken, wo die eintreffenden Kranken umgehend vergast wurden; er war unmittelbar vor seinem Tod wegen seiner Handlungen in dieser Klinik vor Gericht gestellt, jedoch freigesprochen worden. Hat also seine Tochter jene Gerechtigkeit an ihm geübt, die das ordentliche Gericht aus Verfahrensgründen nicht vollziehen konnte? War von Müllers Tod kein Unfall, sondern Mord? Ein junger Psychiater, der Karin von Müller schon vorher behandelt hat, forscht dem Fall hinterher; offensichtlich ist er an der Patientin nicht nur beruflich interessiert. Am Ende hat die junge Frau auch noch den Mediziner umgebracht, und die Autorin stilisiert sie zu einer Art moderner Medea, die sich lediglich dagegen wehrte, nach den Vorstellungen einer patriarchalischen Gesellschaft zu leben, hierin durchaus ähnlich der Heldin des ersten Buches, die ihre zwischenmenschlichen Beziehungen auch nicht anders als mit Gewalt regulieren zu können glaubt.

[1] Hinsichtlich -ky und Molsner siehe die vorangegangenen Kapitel dieses Buches, Seite 581 und 587ff.

[2] *Irene Rodrian:* Profil des deutschen Krimis: Provinz. In *K. Ermert/W. Gast*: Der neue deutsche Kriminalroman. Rehburg-Loccum 1985, S. 99.

[3] *P. Nusser:* Kritik des neuen deutschen Kriminalromans. In *Ermert/W. Gast*: Der neue deutsche Kriminalroman, S. 26.

[4] Die Massierung von Andresen-Publikationen in diesem einen Jahr läßt den Schluß zu, daß einige dieser Romane früher entstanden sind; sie wurden vermutlich aus der Schublade herausgeholt, als die ersten Romane des Autors einigermaßen erfolgreich waren.

[5] Tatsächlich ist der Name »Paul Henricks« ein Pseudonym, das wir der Einfachheit halber beibehalten wollen. Es steht für den 1925 in Rendsburg geborenen Studiendirektor und Kommunalpolitiker Dr. Edward Hoop, der in seinen Geschichten eigene Erfahrungen verarbeitet.

[6] Andererseits würde die geringe Anzahl von Kriminalromanen auch gegen Richard Hey sprechen, der gleichwohl von seinen frühesten Anfängen an zu diesem Zirkel gehört hat und auch heute noch, nachdem er längst aufgehört hat, Kriminalromane zu schreiben, zu den Juroren des Krimi-Preises der deutschen Autoren gehört – gemeinsam mit Irene Rodrian, -ky, Molsner, Werremeier und Stefan Murr.

Ausgewählte Bibliographie

Irene Rodrian: *Tod in St. Pauli*; *Ein bißchen Föhn, und du bist tot*; *Die netten Mörder von Schwabing*; *Du lebst auf Zeit am Zuckerhut*; *Der Tod hat hitzefrei*; *Trägt Anstaltskleidung und ist bewaffnet*; *Bis morgen, Mörder*; *Schlaf, Bübchen, schlaf*; *Wer barfuß über Scherben geht*; *Küßchen für den Totengräber* – sämtlich Rowohlt Verlag, Reinbek. – *Hausfrieden*; *Vielliebchen*; *Schlagschatten*; *Handgreiflich*; *Die Frau mit dem Jaguar*; *Das Mädchen mit dem Engelsgesicht*; *Bei geschlossenen Vorhängen*; – sämtlich Heyne Verlag, München.
Thomas Andresen: *Der Anonyme*; *Hörst du den Uhu?*; *Der Schrei*; *Schmutziger Herbst*; *Die Spur des bösen Bruders*; *Geisterstunde*; *Wachs in den Händen*; *Der Nebel wird dichter*; *Großartig wie der Teufel*; *Herr Struxdorf und das Spiel mit Blut*; *Herr Struxdorf und die Hierarchie der Leichen* – sämtlich Goldmann Verlag, München. – *Nur über Meiners Leiche*; *Eine Tote früh um fünf*; *Fünf Herren, einander belauernd*; *Wer badet nachts in meinem Swimmingpool*; *Die zweite Chance* – sämtlich Rowohlt Verlag, Reinbek. – *Träume von Liebe und Mord*; *Die Klinge im Haus*; – Bastei-Lübbe Verlag, Bergisch-Gladbach.
Helga Riedel: *Einer muß tot*; *Wiedergänger*; *Ausgesetzt* – sämtlich Rowohlt Verlag, Reinbek.

Üb' immer Treu und Redlichkeit:

Stefan Murr, Detlef Wolff und andere Routiniers

So wenig – auf sportlichem Gebiet – ein einzelner Hundertmeterläufer, Tennisspieler oder Golfer den Rang einer Nation in einer bestimmten Sportart bestimmt, so wenig besagt die Existenz des einen oder anderen Autors von Weltrang über das Gesamtniveau einer nationalen Literatur oder eines ihrer Teilgebiete, des Kriminalromans, zum Beispiel. Der Rang des amerikanischen Kriminalromans ist also weniger durch die Tatsache festgelegt, daß er Autoren wie Hammett, Chandler oder Patricia Highsmith hervorgebracht hat, als durch die Qualität seiner mittleren Autoren, jener Routiniers, von denen in literarischen Diskussionen kaum je die Rede ist.

Auch die Reputation des neuen deutschen Kriminalromans geht nicht in erster Linie auf die Leistung einiger weniger Autoren wie Hey oder Molsner zurück. Daß der deutsche Kriminalroman überhaupt diskussionswürdig geworden ist, verdankt er eher dem allgemeinen Qualitätsanstieg der Basis, die sich zunächst gegen Ende der sechziger und dann noch einmal in den achtziger Jahren spürbar verbesserte. Dennoch zeigt gerade ein Vergleich einiger deutscher Routiniers mit ihren ausländischen Kollegen, wieweit der deutsche Kriminalroman dem angelsächsischen immer noch unterlegen ist – und man muß dabei nicht einmal an jene beiden Namen denken, die dem Durchschnittsleser zuerst einfallen, wenn von deutschen Routinekrimis die Rede ist: Herbert Reinecker und Hans Hellmut Kirst.

In der Tat verdankt Reinecker seinen Namen als Krimiautor ja weniger dem Medium des Romans als dem des Fernsehens, das dem am 24. Dezember 1914 in Hagen geborenen Autor zwei seiner erfolgreichsten Krimi-Serien verdankt: »Der Kommissar« und »Derrick«. In beiden Serien wird die Szene beherrscht vom Typ des väterlich-autoritären Polizei-Detektivs, der aus dem, was ihm seine jungen Leute an Indizien zusammengetragen haben, schließlich die mehr oder weniger überraschende Lösung des Falles intuitiv erschließt. Die Fälle spielen überwiegend in einem (münchnerischen) Schickeria-Milieu unter wohlhabenden Leuten der besseren Gesellschaft, ohne daß sich aus der Tatsache, daß Reineckers reiche Leute auf eine weit überdurchschnittliche Mordrate kommen, der geringste Hinweis auf Gesellschaftskritik ablesen ließe. Das Milieu ist gewählt, weil Villen in Schwabing oder Grünwald einfach fotogener sind als Reihenhäuser in Sendling, eine Schauspieler- oder Industriellenfamilie mehr hermacht als die Familie eines kleinen Angestellten im öffentlichen Dienst.

Tatsächlich aber ist Herbert Reinecker, mit Büchern, die aus den Fernsehdrehbüchern abgeleitet sind, auch einer der kommerziell erfolgreichsten deutschen Roman-Krimiautoren; sein Œuvreverzeichnis, speziell mit Abenteuern des »Kommissar« und seines österreichischen Gegenstücks Karwenne, beläuft sich auf an die dreißig Titel: durchweg routinierte Durchschnittsware ohne größeren literarischen Anspruch, allerdings auch ohne allzu gravierende Macken (wenn man vom autoritären Weltbild einmal absieht). Erstaunlich freilich ist des Autors Aussage, daß ihn die Figur des Detektivs im Grunde gar nicht interessiere, sondern nur belaste; sein eigentliches Interesse gelte den Tätern wie den Opfern eines Kriminalfalles[1]. Da fragt sich natürlich jeder, der ein paar Fälle von »Derrick« oder dem »Kommissar« gesehen hat, weshalb von dieser Neigung so gar nichts auf dem Fernsehschirm zu sehen ist: nur eine Anpassung an die schlechten Sitten und schlimme Ästhetik der TV-Redaktionen?

Bei Reinecker, immerhin, stimmt das Handwerk – und wenn man das von Hans Hellmut Kirst sagen könnte, wäre man schon glücklich. Kirst, der – am 5. Dezember 1914 in Osterode in Ostpreußen geboren – als Filmkritiker und Romanautor in München lebt[2], begann in den frühen siebziger Jahren mit dem Schreiben von Kriminalromanen, die wie Reineckers Fälle durchweg in der Münchner Schickeria spielen. Kirsts erster Kriminalroman *Verdammt zum Erfolg* (1971) dreht sich um einen Mord an einer Prostituierten und eine kleine Bauschiebung, die beide einem aufrechten Architekten mit treuem Hund in die Schuhe geschoben werden sollen; das erste Delikt von Staatsanwaltschaft und Polizei, das andere von seinem Schwiegervater, einem Gangster und Baulöwen, wie er sonst nur in linken Büchern vorkommt. Kirst versucht sich an einer relativ anspruchsvollen Erzählweise; Erzählteile, Vernehmungsprotokolle, Zeitungsberichte und Aktennotizen werden zu einer literarischen Collage zusammengesetzt. Leider beherrscht Kirst seine Methode ungefähr so gut wie ein »BILD«-Volontär im ersten Lehrjahr. Dementsprechend ist der Roman ausgefallen: eine Müllhalde von verbrauchten Klischees, abgenutzten Vorurteilen, dümmlich vorgebrachter Sozialkritik und sprachlicher Stümperei.

Dasselbe gilt auch für den dritten von Kirsts München-Krimis, *Verfolgt vom Schicksal* (1973)[3], in dessen Mittelpunkt, laut Verlagswerbung, ein »ungewöhnliches Verbrechen« steht. »Ein ›ästhetischer Täter‹ muß ermittelt werden, um den zu erwartenden Mord dieses Psychopathen an einem Mädchen zu verhindern«. Der Fall, so noch einmal der Waschzettel, spiele »überraschend in die höheren Gesellschaftskreise, ja in die Landespolitik hinein«; die dümmsten Klischees aus Vulgärfreudianismus und Gesellschaftskritik sind in winzigen Bruchstücken zusammengeklebt zu einer wirren Collage, deren kompositorisches und erzählerisches Ungeschick nur noch übertroffen wird von der Höhe ihres literarischen Anspruchs.

Diese also – Kirst und Reinecker – sind nicht die, welche wir als die Routiniers des neuen deutschen Kriminalromans ansehen wollen; ein zugegebenermaßen unscharfer Begriff in jedem Fall, dem sich ohne weiteres und mit dann sehr viel positiverem Ergebnis auch Autoren subsumieren ließen, die in anderen Kapiteln untergebracht sind: Friedhelm Werremeier zum Beispiel.

Stefan Murr, der uns als Prototyp des sozusagen wertneutralen, weder zum Positiven noch zum Negativen hin sonderlich auffallenden Routiniers gelten soll, steht Werremeier geistig sogar ein bißchen nahe: ein

Autor ohne sozialkritische Absichten und mit rein unterhaltendem Impetus; verglichen mit Werremeier bleibt die Komponente der Polizeiarbeit, obwohl eigentlich immer vorhanden, stärker im Hintergrund. Murr[4] hat nach eigenem Eingeständnis Ende der fünfziger Jahre aus Verärgerung über ein schlechtes Kriminalhörspiel zu schreiben begonnen; aus dieser Frühzeit stammen drei Romane, die ich nur als Titel aufführen kann: *110 – Hier Mordkommission* (1959); *2 Uhr 30 – Mord am Kai* (1961) und *Tödlicher Sand* (1963).

Ins Rampenlicht trat Murr mit seinen Kriminalromanen aus den frühen siebziger Jahren, seitdem wird er der erweiterten Spitzengruppe der deutschen Krimiautoren zugerechnet. In *Nummer fünf – so leid es mir tut* (1973) sind die meisten jener Ingredienzien, aus denen Murr seine Krimis zusammenbraut, bereits vorhanden. Es gibt bereits die Inspektoren Ketterer und Hornschuh, die hier – »infolge eines Denkfehlers« – eine Mordserie aufklären, und es gibt zwei voneinander unabhängige Verbrechen, welche die Ermittlungen erschweren. Der Roman schildert eine Serie von Mädchenmorden, wartet dann mit einem zweiten Täter auf, dessen Motiv zunächst Habgier und dann die Verschleierung vorangegangener Verbrechen ist; klar, daß die Polizei bei so »unsauberer« Sachlage ihre Schwierigkeiten hat. Auch *Der Tod war falsch verbunden* (1974), Murrs nächster Roman, mag auf eine Serie von Mädchenmorden nicht verzichten, verknüpft sie aber diesmal mit einem Verbrechen, das in der deutschen Vergangenheit seine Wurzeln hat: Ein Unternehmer bringt während des Krieges einen deutschen Erfinder um und verkauft seine Erfindung an die Engländer, ohne Rücksicht auf die vielen Landsleute, denen diese Erfindung den Tod bringen wird.

Vorsicht – Jaczek schießt sofort (1975) ist die Geschichte eines Doppelspiels. Schon einmal hat der Ganove Jaczek mit einem Kumpel einen Geldtransport überfallen; dabei war der Fahrer des Wagens umgekommen und Jaczeks Kumpan, dem Jaczek den Mord an dem Fahrer in die Schuhe geschoben hat. Diesmal läßt Jaczek zwei Kumpane zwei Geiseln nehmen und für ihre Freilassung zwölf Millionen Mark erpressen; doch verrät er die Kumpane gegen Zahlung von 500000 Dollar an die Polizei. Da unrecht Gut nun einmal nicht gedeiht, kommt der Gangster mit seiner Beute wieder nicht davon; die Polizei schnappt ihn, als er eben das Flugzeug nach Übersee besteigen will.

Die Motive des Jaczek-Romans nimmt Murr, leicht verändert, mindestens zweimal wieder auf. In *Blutiger Ernst* (1981) entführen ein paar junge Leute keinen Geldtransport, sondern eine Ladung überaus gefährlicher Chemikalien, deren Einschleusung ins Trinkwasser für Zehntausende von Menschen einen qualvollen Tod bedeuten würde. Natürlich werden die mißratenen Knaben, die mit ihrer tödlichen Beute die Öffentlichkeit erpressen können, von der Polizei gestoppt, bevor sie größeres Unheil anrichten können, hauptsächlich dank der Arbeit jenes ziemlich misanthropischen Kommissars Jochner, dem Jaczek einst das Bein derart zerschossen hat, daß Jochner heute nur noch humpeln kann. In *Ein Toter stoppt den 6 Uhr 10* (1981) knobeln zwei Gangsterpärchen einen ziemlich raffinierten Bankraub aus, der ihnen einige Millionen Mark einbringen soll. Selbst die Tatsache, daß die beiden Männer erwischt werden und ins Gefängnis wandern, bringt den Plan nicht wesentlich durcheinander, da die Beute wohlverwahrt in Sicherheit ist. Als die beiden Bankräuber dann aus dem Gefängnis ausbrechen, beginnt eine Mordserie; das Geld reicht offenbar nur dazu aus, zwei Menschen einen aufwendigen Lebensstil zu ermöglichen. Diesmal kommen die Gangster bis auf die Kanarischen Inseln, wo sie das Schicksal in Gestalt von Kommissar Ketterle ereilt.

Wie in *Vorsicht – Jaczek schießt sofort* spielt ein Bankdirektor eine recht unrühmliche Rolle. Wie in anderen Murr-Romanen sind dezente erotische Szenen eingebaut, die keinen anderen Sinn zu haben scheinen als die Unterhaltung eines potentiellen Fernsehzuschauers. Und im Vollgefühl des Sieges und der Freude über die Aufklärung des Falles läßt Murrs Inspektor einige Töne heraus, die – unkommentiert, wie sie stehenbleiben – nicht nur die fiktive Kommissarsfigur, sondern auch den Autor Murr einigermaßen desavouieren. Der Mörder, sagt Kommissar Ketterle am Ende zur Erläuterung der doch recht beträchtlichen kriminellen Energie des Täters, sei »ein geborener Verbrecher, ein griechisch-türkischer Mischling von atavistischer Triebhaftigkeit, der für Unabhängigkeit und eine blonde Nordländerin sogar Frau und Bruder ums Leben bringt«. So deutlich haben sich rassische Vorurteile im neuen deutschen Kriminalroman selten artikuliert.

Es sind freilich nicht nur solche Töne, die gegen Stefan Murr und seine Romane einnehmen. Was als Einzelstück gelegentlich durchaus eine gute Figur macht (der Jaczek-Roman zum Beispiel, der wohl auch Murrs bester Krimi ist), entblößt dem, der mehrere von Murrs Romanen hintereinander liest, weniger literarisch-kompositorische Qualitäten als geschickte Strategien und die passable Verarbeitung immer derselben Muster und Maschen; noch in einem Roman wie *Auf den Tag genau* (1982), der die bei Murr vorherrschende Thematik des Außenseiters auf dem kriminellen Holzweg zu raschem Reichtum in eine politische Dimension ausweitet, dominieren die bekannten Vorstellungen und Klischees. Selbst wenn Murr an einer schwärenden Wunde kratzt, ist er zu dezent, zu vorsichtig und wohl auch zu konservativ, um statt des reichlich verwendeten Theaterbluts echtes Blut fließen zu lassen.[5]

Verglichen mit Reinecker, Kirst und auch Murr gehört der 1934 im Harz geborene Detlef Wolff zu einer neuen Generation. Der Redakteur einer Bremer Tageszeitung kam erst zum Krimi, als das Genre bereits fest etabliert war: Ende der siebziger Jahre. 1978 erschien sein erster Roman: *Die ungeliebte Leiche*. Den Detektiv Gernot Katenkamp, der den Fall der »Ungeliebten Leiche« aufklärt, hat Wolff dann durch die ersten zehn Romane mitgeschleppt und erst im elften, *Was sagen wir der Witwe?* (1986), durch eine Detektiv spielende Ärztin ersetzt, der man im Job der Verbrechensaufklärung keine große Zukunft vorhersagen kann.

Der Detektiv Gernot Katenkamp ist ein Kind jener Stimmung, die vom dominierenden Polizeidetektiv die Nase voll hat. So ist denn Wolffs Held aus dem Polizeidienst ausgeschieden und als Hausdetektiv eines großen Hamburger Warenhauses tätig, als ihm die erste von mehreren Leichen serviert wird. Auf der Herrentoilette im 3. Stock des Warenhauses liegt ein toter Mann: zweimal in den Rücken geschossen. Katenkamp ermittelt sozusagen in Idealkonkurrenz mit seinen alten Kollegen von der Mordkommission. Daß er schneller ist, liegt wohl an den Verhältnissen. Schließlich kennt er seinen obersten Chef, den er als Mörder entlarvt, besser als die Kripo.

Auch die Leiche, die in *Auch Geld hinterläßt Spuren* (1979) zu Katenkamps zweitem Fall führt, hat unmittelbar mit Katenkamps Job zu tun. Diesmal ist der neue Kaufhausdirektor nicht der Mörder, sondern das Opfer. Kaum daß er seinen neuen Job angetreten hat, wird Direktor Triebach in der benachbarten Tiefgarage ermordet aufgefunden. Katenkamps Ermittlungen ergeben, daß der Tote erpreßt wurde und sich kurz vor seinem Tod in der Hamburger Unterwelt einen Revolver besorgt hat. Mit knapper Not entgeht der Detektiv selbst einem Mordanschlag; beim Bohren in des Toten Vergangenheit findet er heraus, daß Triebach ein ziemlich mieser Kerl war: Betrüger, Brandstifter, Mörder sogar, sein Tod die späte Rache eines Mannes, dessen Existenz der Ermordete in gemeinsamen Studienzeiten vernichtet hat. Auch der Mörder ist also ein Opfer, wie es der neue deutsche Kriminalroman so gern hat. Doch Katenkamps Suche nach der Lösung und seines Autors Vorgehen sind nicht ungeschickt. Ziemlich clever und raffiniert werden amerikanische Krimistereotypen so mit bundesdeutschem Alltag verschmolzen, daß Hamburg als eine Stadt erscheint, in der die Kriminalität und sogar ein Morde aufklärender Kaufhausdetektiv wie zu Hause wirken.

Allerdings muß sich Detlef Wolff nunmehr wohl gesagt haben, daß ein dritter Kaufhausmord in Hamburg nicht mehr gut zu verkraften wäre. So wird Katenkamp, erfolgreicher Detektiv, der er ist, für seinen dritten Fall – *Katenkamp sammelt halbe Wahrheiten* (1980) – von seinem Warenhauskonzern nach Frankfurt abkommandiert, wo ein wichtiger Mann mit streng geheimen Papieren verschwunden ist. Es ist Katenkamps letzter Kaufhaus-Fall; im nächsten Roman – *Ein blondes Risiko* (1980) – erhält er von seinem Intimfeind Hoppenberg die Kündigung und ist froh, daß er von einer kleinen Detektei einen Privatjob bekommt. Doch bahnt sich in diesem Buch bereits eine Art von Happyend an. Katenkamps Rückkehr in den Polizeidienst wird vorbereitet und im nächsten Titel, *Katenkamp, dein Freund und Helfer* (1981), auch vollzogen. Im Revier Bergedorf tut Katenkampf den Dienst eines Schutzpolizisten, und wenn er sich auch über seine Gefühle beim Anblick der neuen Uniform »nicht im klaren« ist, so erweist er sich doch wieder als erstklassiger Detektiv, als er den Mord an einer alten Frau aufklärt. Bei diesem Fall geht der Polizist Gernot Katenkamp auch eine neue private Beziehung ein: zu einer Lehrerin mit heranwachsendem Sohn; Jonathan wird später, im Terroristen-Fall von *Katenkamp und der tote Briefträger* (1982), eine entscheidende Rolle spielen. Im vorhergehenden Roman *Damenopfer* (1982) bleibt Jonathan eine Randfigur, seine Mutter freilich wird zum wichtigen Diskussionspartner für Katenkamp, der – immer noch in Uniform, doch der ewigen Fahrraddiebstähle von Bergedorf bereits müde – diesmal in einem scheinbar ganz eindeutigen Fall ermittelt: Eine Frau erschießt eine Frau auf einer Party und gibt die Tat auch ohne Leugnen zu; doch steht hinter dem *Damenopfer* keine private Streitigkeit, kein Eifersuchtsfall, sondern ein Fall von organisiertem Verbrechen, an dem das Opfer wie die auf tückische Weise fremdbestimmte Täterin beteiligt sind.

So schafft sich Katenkamp allmählich wieder in die Mordkommission; aus einem, der die deutsche Krimiwelt als Außenseiter erobern wollte, wird ein richtiger Kommissar. Doch irgendwie scheinen auch für Kommissare die interessanten Fälle nicht auf Bäumen zu wachsen. Denn von Katenkamps nächsten drei Fällen spielen gleich zwei im Ausland. In *Katenkamp in Kenia* (1983) leiht Wolff seinen Detektiv als Instrukteur an die Polizei des afrikanischen Landes aus, und wieder stolpert der Detektiv unversehens über ein paar Leichen. In *Der Richter und sein Fixer*

(1985) läßt sich Katenkamp, mittlerweile verheiratet, bei einem Urlaub in Bangkok von einem deutschen Richter in eine Mord- und Rauschgiftaffäre hineinziehen, die er mit Hilfe der einheimischen Unterwelt zu einem leidlich guten Ende bringt. Zwischen seinen beiden Auslandsfällen klärt Wolffs Detektiv in *Katenkamp und die große Schweinerei* (1984) einen Doppelmord am Hamburger Stadtrand auf, der mit Borstenvieh und unsauberen Geschäften zu tun hat und Katenkamp – da auch einer seiner Chefs Dreck am Stecken hat – zu der Überlegung bringt, ob er nicht vielleicht den Dienst quittieren solle.

In seinem nächsten Roman, *Was sagen wir der Witwe?* (1986), verzichtet Wolff auf seinen Polizei-Detektiv Katenkamp; nur dessen alter Kumpel Weber, pensioniert und stark gealtert, spukt ein wenig im Hintergrund herum. Doch die Vermutung, Wolff werde sich nunmehr in eine völlig neue Richtung orientieren, trifft nicht zu. In *Sterben auf eigene Rechnung* (1987) ist Katenkamp samt Anhang wieder da. »Da ist wieder einer ermordet worden«, sagt der Gefährtin Erika Sohn Jonathan, »wollen wir wetten«, als bei den Katenkamps das Telefon an einem Sonntagmorgen läutet, und diese Vermutung ist natürlich richtig; das Problem ist nur, wie Papi den Mörder überführen soll in einem klassischen Fall von verschlossenem Raum: Der Schlüssel befindet sich in der Tasche des Toten.

Ein bißchen haben sich Katenkamp und sein Autor Detlef Wolff in *Sterben auf eigene Rechnung* wieder gefangen. Aber generell haben sich beide, nach guten Ansätzen in den ersten beiden Romanen und einer halbwegs passablen Vorstellung in *Katenkamp und der tote Briefträger* eher zurück- als weiterentwickelt. Die anfangs reizvolle Mischung aus literarischen Klischees und realistischer Beschreibung ist mit der Zeit mehr und mehr zugunsten der Klischees verschoben worden; vor allem die beiden Fernweh-Krimis von Wolff strotzen von Vorurteilen und angelesenen Platitüden. Allerdings: *Was sagen wir der Witwe?* ist eher noch schlimmer; eine solche Anhäufung von Stereotypen – von der Nutte, die sich den reichen Geschäftsmann geangelt hat, bis zur lesbischen Ärztin, vom der Spielleidenschaft verfallenen Chefarzt bis zum erbschleicherischen Neffen – findet man selten auf einem Haufen. Wolff schreibe »weder gut noch schlecht, er schreibt halt nur irgendwie«[6], befindet Hanns-Peter Karr über den Krimi-Autor Detlef Wolff. Dieses Urteil scheint mir treffend für Wolffs Produktion der achtziger Jahre (mit Ausnahme des »Briefträger«-Romans) und zu hart für seine Anfänge. Für den Roman ohne Katenkamp ist es eher noch geschmeichelt.

[1] Reinecker tat diese Äußerung auf einer Tagung zum Thema »Die deutschen Schriftsteller und die Spannung«, zu welcher der Schriftstellerverband im Herbst 1976 nach Regensburg geladen hatte.
[2] Mit seiner Romantrilogie *Null-acht-fünfzehn – Kennwort für Stumpfsinn und Einerlei beim Kommiß* – um die Abenteuer des Gefreiten Asch im Zweiten Weltkrieg gehört Kirst zu den bestverkauften deutschen Romanciers.
[3] Kirsts zweiten München-Krimi muß ich irgendwie verpaßt haben; auf weitere habe ich dann keinen Wert mehr gelegt.
[4] Das Pseudonym Stefan Murr steht für den 1919 geborenen Nürnberger Juristen Dr. Bernhard Horstmann, einen Enkel des Schriftstellers Ludwig Ganghofer.
[5] Über Stefan Murrs Politthriller siehe im Kapitel über den deutschen Agentenroman auf den Seiten 634ff. dieses Buches.
[6] *H.-P. Karr:* Wer war's? Lexikon der deutschen Krimischriftsteller, in: Broschüre der »Krimi-Tage in Gladbeck« (22.–24.11.1985), herausgegeben von *R. Jahn* und *W. Puchalla*, Gladbeck 1985, S. 13ff.

Ausgewählte Bibliographie

Herbert Reinecker: *11 Uhr 20* – Goldmann Verlag, München; *Das Mädchen von Hongkong*; *Der Kommissar läßt bitten: Drei Tote reisen nach Wien*; *Der Kommissar greift ein: Keiner hörte den Schuß*; *Der Kommissar und das Messer im Rücken: Fünf Fälle für den Kommissar* – sämtlich Scherz Verlag, München.
Hans Hellmut Kirst: *Alles hat seinen Preis* – Knaur Verlag, München; *Die gefährliche Wahrheit* – Heyne Verlag, München; *Die letzte Karte spielt der Tod*; *Verfolgt vom Schicksal* – Rowohlt Verlag, Reinbek.
Stefan Murr: *110 – Hier Mordkommission*; *Tödlicher Sand*; *Ein Toter stoppt den 6 Uhr 10*; *Ringfahndung*; *Mord im September*; *Blutiger Ernst*; *Auf den Tag genau*; *Der Josephson-Coup* – sämtlich Heyne Verlag, München. – *Nummer fünf – so leid es mir tut*; *Der Tod war falsch verbunden*; *Vorsicht – Jaczek schießt sofort* – Rowohlt Verlag, Reinbek.
Detlef Wolff: *Die ungeliebte Leiche*; *Auch Geld hinterläßt Spuren*; *Katenkamp sammelt halbe Wahrheiten*; *Ein blondes Risiko*; *Katenkamp, dein Freund und Helfer*; *Damenopfer*; *Katenkamp und der tote Briefträger*; *Katenkamp in Kenia*; *Katenkamp und die große Schweinerei*; *Der Richter und sein Fixer*; *Was sagen wir der Witwe?*; *Sterben auf eigene Rechnung* – sämtlich Rowohlt Verlag, Reinbek.

Auf der Alb da gibt's a Sünd:

Felix Huby, Lydia Tews und die Gemütlichkeit der Provinz

Der deutsche Krimi – so das harsche Urteil der Autorin Irene Rodrian – »hat sehr wohl ein eigenes klares Profil. Und das heißt mit wenigen Ausnahmen: Provinz«. Verständlich, daß sie zu den Ausnahmen sich selbst und ihre Kollegen aus der Anfangszeit des neuen deutschen Kriminalromans rechnet: »Hey, -ky, Martin, Molsner, Werremeier etc.«. Die Jüngeren, meint sie, schrieben überwiegend »langweilig brave Geschichten, langweilig brav erzählt; die Schauplätze könnten irgendwo und nirgends sein, die Personen sind aus Plastik, die Plots aus der Mottenkiste. Es sind nicht einmal spannende Märchen darunter. Keine Spur mehr vom Aufbruch der 60er Jahre, von den Versuchen, etwas Neues zu machen, etwas aufzuzeigen«[1].

Mir scheint dieses Urteil nur halb gerechtfertigt, weil es natürlich sehr vor der eigenen Haustür kehrt; es ist, denke ich, kein Problem, jedem erstklassigen Buch aus dem ersten Jahrzehnt des neuen Kriminalromans ein gleichgewichtiges aus den letzten zehn Jahren entgegenzustellen, für jeden wichtigen Autor der ersten Phase einen ebenso wichtigen aus jüngerer Zeit zu nominieren. Richtig ist sicher: Weil unvergleichlich viel mehr geschrieben wird, kommt auch mehr Schrott aus den Druckerpressen; das Niveau an der Spitze ist ungefähr gleich geblieben (und das der frühen Jahre war gewiß überschätzt). Doch darum soll es uns in diesem Abschnitt gar nicht gehen. Die Frage stellt sich, ob es sinnvoll ist, den Begriff der »Provinz« und des Provinziellen so abschätzig zu gebrauchen. Denn erwächst nicht alle große Literatur letztlich aus der lokalen Anbindung, aus dem »Provinziellen«? Man muß dabei nicht einmal an Thomas Manns Lübeck oder James Joyces Dublin denken, an den köllschen Mutterboden bei Böll oder den Danziger Geruch bei Grass. Auch im Krimi sind die wirklich bedeutenden Werke unverwechselbar mit einer Region verbunden: das von Hammett und Chandler mit Kalifornien, das von Simenon mit Paris, das der Sjöwall/Wahlöös mit Stockholm, das von Glauser mit der eigenartig welthaltigen Enge der Schweiz. Und was wären, um im engeren Umkreis zu suchen, Hey und seine Ledermacherin ohne Berlin, Werremeier ohne Hamburg, der frühe Molsner ohne das fiktive Ährenfurth, -ky, nun ja, ohne das niederdeutsche »Bramme«?

Tatsächlich verwendet Irene Rodrian das Schimpfwort Provinz auch gar nicht zur Kennzeichnung von Geschichten, die in einer sehr engen, lokal begrenzten Welt angepflanzt sind, sondern – im Gegenteil – für Geschichten, die überall und nirgendwo spielen, mit Personen »aus Plastik«, auswechselbar und nirgendwo zu Hause. Sie meint nicht jene, die sich in der Gemütlichkeit der Provinz tief eingegraben haben und den provinziellen Mief ebensosehr ausbeuten wie kritisieren. Sie kann nicht Autoren meinen wie Felix Huby und Lydia Tews, weil die – auch wenn man ihre Produkte nicht gleich für große Krimi-Literatur hält – doch zu den erfreulicheren Erscheinungen unter den provinziellen deutschen Autoren zählen. Schwer zu sagen, ob ihre Qualität ursächlich auch mit der schwäbischen Landschaft zu tun hat, in der sie ebenso leben wie ihre Krimi-Figuren. Thomas Forster hat eine ähnliche Atmosphäre im Norddeutschen beschworen mit seinen Romanen *Lehre mich, daß es ein Ende mit mir haben muß* (1981) und *Wer Zwietracht sät* (1984); es hat nicht funktioniert.

Felix Huby[2] hat 1977 mit dem Roman *Der Atomkrieg in Weihersbronn* debütiert; seitdem existiert auch der Stuttgarter Hauptkommissar Ernst Bienzle, der so schwäbisch ist, daß er vermutlich auch noch im Dialekt träumt. Bienzle dient in allen sieben Kriminalromanen Hubys als Detektiv, und mit der Zeit bekommt er eine richtige Biographie. Wie die meisten deutschen Kommissare hat er ein etwas unordentliches Privatleben. In den frühen Romanen lebt er, anscheinend nicht unglücklich, mit seiner Frau Hanna zusammen, die in *Tod im Tauerntunnel* (1977) den Tisch gedeckt hat, wenn Bienzle, nach vorherigem Anruf, daß der Fall gelöst sei, nach Hause kommt, und ihrem Mann sagt, sie sei froh, daß er wieder da ist; Bienzle, besagt der letzte Satz des Romans, »ist, wenn er ehrlich ist, auch froh darüber«.

Aber auf die Dauer scheint solche Normalität dem Autor und seinem Kommissar doch langweilig geworden zu sein. In *Sein letzter Wille* (1979) lernt der brave, gemütliche Bienzle eine junge Dame namens Hannelore (Schmiedinger) kennen. In *Schade, daß er tot ist* (1982) erfährt der Leser beiläufig, daß sich Bienzle von seiner Frau getrennt hat und in einer Pension wohnt, und in *Bienzle und die schöne Lau* (1985) ist es Hannelore, die ihm die Post ans Bett bringt.

Bienzles Lieblingsausspruch »Oh, du liabs Herrgöttle« hat sich in all den Jahren nicht geändert (nur pflegt sein Autor die Fortsetzung dieses Spruches, »wia hent di d' Mucka verschissa«, nun nur noch selten mitzuteilen). Auch dem Trollinger und anderen Rebsorten seiner schwäbischen Heimat ist Bienzle treu geblieben, und die berufliche Liaison mit dem Assistenten Gächter, der es in knapp einem Jahrzehnt vom Kriminalmeister zum Kommissar gebracht hat, obwohl ihm anfangs nachgesagt wird, er habe zwar Nerven, aber keine Phantasie, ist ohnehin weder scheid- noch kündbar.

Auch wenn sie so martialisch anheben mit einem *Atomkrieg in Weihersbronn*: Die Fälle, die Bienzle – von seinem Autor selbst zum »Nesenbach-Maigret« erhoben – zu klären hat, sind nie wirklich weltbewegend, sondern eher bescheiden, »provinziell« halt. Aber es zeigt sich in ihnen durchaus der Zeitgeist einer Epoche, in der das Politische sacht verrauscht und die privaten, meinetwegen auch: egoistischen Interessen der Menschen wieder wichtiger werden. Die Linie, die bei Huby von den Kernkraftgegnern in Weihersbronn zu den Liebhabern der schönen Hanna Laible, genannt Lau, führt, beschreibt im Kleinen den Weg, den die bundesdeutsche Gesellschaft im Großen genommen hat: aus der Politik ins Private.

Das heißt nicht, daß die Verbrechen weniger scheußlich wären, auch wenn sie gleichsam »idyllischer« werden. Beim *Atomkrieg in Weihersbronn* geht es noch um Atommüll auf der Müllkippe und einen Versuch von als Idealisten getarnten Ganoven, mit gestohlenem radioaktivem Material einige Millionen Mark von der Öffentlichkeit zu erpressen. In *Tod im Tauerntunnel* wird ein zwielichtiger Juwelier auf besagter Wegstrecke umgebracht, und die Geschichte riecht nach organisiertem Verbrechen, stellt sich aber schließlich als eine sehr private Freveltat heraus. In *Ach wie gut, daß niemand weiß* (1978) wird der Kommissar Bienzle, von der Mordkommission ins Dezernat für Wirtschaftskriminalität strafversetzt, von den Kollegen in der Kleinstadt um Amtshilfe gebeten; in Seestadt hat sich der junge Schauspieler Frédéric Meister umbringen lassen und damit die Vorstellung des Stadttheaters geschmissen – anscheinend ein ganz privates Verbrechen, tatsächlich eines, in das das Big Business des Verbrechens tief verwickelt ist: Rauschgifthandel, Falschgeld und so weiter.

In *Sein letzter Wille* (1979) geht es wieder einmal um viel Geld und ein bißchen Korruption – und um einen gewaltsamen Todesfall; der Mann, der sich als einziger einem protzigen Bauvorhaben in einer Kleinstadt entgegengestellt hat, wird erschossen aufgefunden. Die Sache verläuft allerdings nicht nach Schema F. Mindestens juristisch war es kein Mord, sondern Selbstmord, und Bienzle findet dafür die Beweise, macht allerdings auch öffentlich klar, wo die moralisch Verantwortlichen sitzen: in den besten Kreisen der Stadt. In *Schade, daß er tot ist* (1982) scheint sich eine Art türkische Mafia in der Stuttgarter Unterwelt breitzumachen, und ein türkischer Freund Bienzles, Verbindungsmann zwischen seinen Landsleuten und den deutschen Behörden, wird ermordet. In *Bienzle und die schöne Lau* schließlich muß ein Höhlentaucher elendiglich ersticken, weil ein anderer Taucher ihm in einer Höhle den Sauerstoff aus der Reserveflasche gelassen hat, und um viel Geld und eine schöne Frau gibt es am Ende einen kleinen Volksaufstand.

Huby kritisiert das heldenhafte Kommissarsklischee gleichsam von innen heraus. Sein Bienzle ist weder groß noch stark und im Grunde auch nicht überaus intelligent. Er macht eine Menge Fehler und löst seine Fälle ein bißchen wie sein großes Vorbild Maigret: indem er sich mit den beteiligten Personen, ihren Charakteren und Eigenheiten möglichst gut vertraut macht. Da gehört die lokale Atmosphäre, das Milieu, ganz automatisch dazu. Bienzles Fälle sind ohne die lokale Komponente, ohne das Provinzelle nicht vorstellbar – und ihre Lösungen sind es schon gar nicht.

Wenn Lydia Tews, die gelegentlich als die jüngste Autorin des neuen deutschen Kriminalromans gilt[3], überhaupt mit Huby zu vergleichen ist, dann über das Milieu und die Liebe zu überschaubaren, »provinziellen« Strukturen. »In meinen Büchern«, hat Lydia Tews zu Protokoll gegeben, »jongliere ich mit Extremsituationen, in die ich meine handelnden Personen geraten lasse. Die Belastbarkeit des Individuums, Verdrängungsmechanismen, Identifikationsprobleme, Abstraktion von den eigenen Problemen sind Bereiche, die ich möglichst gewissenhaft auslote. Ich wecke nicht Verständnis für das Verbrechen, sondern erkläre die Umstände, die dazu führen. Meine Geschichten spielen im Kleinstadtmilieu. Dort siedele ich ein soziologisch überschaubares Beziehungsgeflecht mit seiner Vetternwirtschaft an, in das sich der Leser leicht hineinfühlen kann. Es soll Modellcharakter haben. Unbestimmt auch nach dem Motto: Wenn es in einer vermeintlich heilen Welt schon so zugeht, wie sieht es dann erst im Großen aus«[4].

Die studierte Kommunikationswissenschaftlerin, die in der Kleinstadt Schwäbisch-Gmünd die alternative Stadtzeitung »Gegen-Druck« herausgibt, macht keinen Hehl daraus, daß die reine Unterhaltung sie wenig interessiert: »Der politische Aspekt ist Teil meiner Motivation. Mich interessiert die Frage: Was steckt hinter einem Verbrechen? Was ein Verbrechen ist – dafür hat unser Rechtsstaat ja gesetzliche Kategorien. Ich spiele also Detektiv in Grauzonen und spüre einer eventuellen Täter-Opfer-Verschiebung nach. Vielleicht ist der Täter letztendlich das Opfer? Oder anders ausgedrückt: Inwieweit ist ein Täter Zwangsmechanismen durch Erziehung, Rollenfixierung, Normen und tradierte Werte ausgesetzt, denen er hilflos ausgeliefert ist? Gleichzeitig möchte ich gegenüberstellen, wieviele Verbrechen täglich stattfinden, die das Wohlergehen und die Sicherheit der Mitmenschen gefährden, aber in unserer Gesellschaft einen ›guten Ruf‹ genießen. In diese Rubrik fällt die Wirtschafts- und Umweltkriminalität, für die es rechtlich oft keine oder nur unzureichende Maßnahmen gibt«.[4]

Das klingt nach Sozio-Krimi, unterscheidet sich in der Praxis dann aber doch um einiges von den Produkten der Überzeugungstäter -ky und Martin, hauptsächlich deshalb, weil Lydia Tews ihre theoretischen Maximen eher zurückhaltend als aufdringlich in ihre Handlungen eindringen läßt. Vielleicht hat es bereits damit zu tun, daß Lydia Tews sich generell zwar an die Regeln der Spannungserzeugung des Whodunit hält und sogar Polizeiromane schreibt, die Regeln aber, ähnlich wie Richard Hey, mit sanfter Kritik von innen her unterminiert.

Der Vergleich mit Hey resultiert natürlich nicht zuletzt aus der Tatsache, daß Lydia Tews ebenso wie Hey mit einem weiblichen Detektiv arbeitet. Ihre Kommissarin – Hauptkommissarin und Leiterin der Stuttgarter Mordkommission – heißt Elfriede Schuhmann. Sie sieht aus »wie ein kleiner Vogel, der aus dem Nest gefallen war«; aber das täuscht: Elfriede Schuhmann kann durchaus energisch sein und weiß sich durchzusetzen. Sie ist das einzige Kind einer Flüchtlingsfamilie (Ostpreußen), hat Abitur und ist verheiratet. Doch läuft die Ehe wohl eher schlecht als recht; ihr Mann ist »im Außendienst«, also häufig abwesend, und bereits bei ihrem ersten Abenteuer – *Sie sind ein schlechter Bulle, gnädige Frau!* (1982) – hat Elfriede Schuhmann eine Affäre ausgerechnet mit dem Hauptverdächtigen; wie intensiv, bleibt offen. Die Kommissarin raucht, erwärmt sich für alternative Lebensweisen – und ist in ihrem Beruf erfolgreich, »weil sie eine gute Psychologin war und die Stimmungen der Menschen hervorragend taxieren konnte«.

Ihr erster Fall führt die Hauptkommissarin Schuhmann in die schwäbische Provinz. Dort ist in einem Auto eine junge Frau tot aufgefunden worden: kein Unfall, sondern Mord (oder Totschlag). Lydia Tews nimmt diesen Mordfall zum Anlaß für einen Streifzug durch die alternative Szene. Sie schaut mit ihrer Kommissarin bei einer Gruppe von Aussteigern aus der Leistungsgesellschaft herein, diskutiert die Gastarbeiterproblematik und bringt ihren Fall auch mit dem Dilemma der Umweltzerstörung in Berührung. Das alles mag ein bißchen viel für eine einzige, zuweilen auch etwas betulich erzählte Geschichte sein; bis Hey jedenfalls ist ein weiter Weg. Aber das Buch liest sich gleichwohl ausgesprochen sympathisch, und das gilt auch für ihre beiden nächsten Krimis, *Leichen brauchen kein Make-up* (1983) und *Störung der Totenruhe* (1984). In diesen beiden Büchern entwickelt die Autorin »ihre Fähigkeiten zu ausgefeilten und glaubwürdigen Handlungskonstruktionen weiter«, und »ihr Gefühl für das Menschliche verhindert platte Thesenhaftigkeit«. So wirkt sie »aufklärerisch, ohne plakativ zu sein«[5].

Erstaunlicherweise hat die Rhein-Ruhr-Region Autoren und Werke dieser ganz im lokalen Kolorit verwurzelten Art praktisch nicht hervorgebracht. Das Ruhrgebiet speziell scheint sich mit Fernsehserien zu begnügen; vor dem Duisburger Schmuddelkind Schimanski hatte es bereits ein gewisser Haverkamp aus Essen zu einiger Popularität als Fernsehkommissar gebracht. Erwähnenswert in diesem Zusammenhang vielleicht überhaupt nur Hanns-Peter Karrs erster Krimi ... *beziehungsweise Mord* (1985) über eine Serie von Sexualmorden mitten im Ruhrgebiet, bei dem die Handlungskonstruktion ebenso stimmt wie die Psychologie der Figuren, das Ruhrgebiet aber freilich nicht viel mehr als Kulisse ist für eine Geschichte, die ebensogut in Hamburg oder New York City spielen könnte.

[1] *I. Rodrian:* Profil des deutschen Krimis: Provinz. In *K. Ermert/W. Gast:* Der neue deutsche Kriminalroman, Rehburg-Loccum 1985, S. 99.
[2] Felix Huby ist das Pseudonym des 1938 in Schwaben geborenen Journalisten Eberhard Hungerbühler, der für die Zeitschriften »DM« und »Der Spiegel« gearbeitet hat, seit 1979 lebt er in Stuttgart als freier Schriftsteller.
[3] Hanns-Peter Karrs kleines »Lexikon der deutschen Kriminalschriftsteller« in der Broschüre der »Krimi-Tage in Gladbeck«, 22.–24. November 1985, gibt das Geburtsjahr von Lydia Tews mit »um 1950« an; begnügen wir uns damit.
[4] *L. Tews:* Was steckt hinter einem Verbrechen? in: *Ermert/Gast:* Der neue deutsche Kriminalroman, S. 101.
[5] *H. P. Karr:* Wer war's. Lexikon der deutschen Kriminalschriftsteller, in: »Krimitage in Gladbeck«, Gladbeck 1985, S. 36.

Ausgewählte Bibliographie

Felix Huby: *Der Atomkrieg in Weihersbronn*; *Tod im Tauerntunnel*; *Ach wie gut, daß niemand weiß*; *Sein letzter Wille*; *Schade, daß er tot ist*; *Bienzle stochert im Nebel*; *Bienzle und die schöne Lau* – sämtlich Rowohlt Verlag, Reinbek.
Lydia Tews: *Sie sind ein schlechter Bulle, gnädige Frau*; *Leichen brauchen kein Make-up*; *Störung der Totenruhe* – Knaur Verlag, München.
Thomas Forster: *Lehre mich, daß es ein Ende mit mir haben muß*; *Wer Zwietracht sät* – Rowohlt Verlag, Reinbek.
Hanns-Peter Karr: ... *beziehungsweise Mord*, Westarp Verlag, Mülheim 1985.

Wider den Polizistenroman:
Fred Breinersdorfer, Uwe Friesel und andere Außenseiter

»Neben der ›gebrochenen Täterfigur‹« – so die richtige Feststellung des Autors Fred Breinersdorfer – »steht im modernen deutschen Kriminalroman auch regelmäßig die Figur eines ebenso von Gut und Böse behafteten Ermittlers. Sie ist sogar zum Stereotyp geworden. Gleichgültig, ob es nun ›Trimmel‹ ist, ob es ›Bienzle‹, ›Mannhardt‹ und natürlich auch die ›Kommissarin Ledermacher‹ sind, die auf Verbrecherfang ausgehen: Sie sind desillusionierte Funktionäre in einem bürokratisch organisierten System auf einer kleinen Insel von Menschlichkeit, die hinter einem scheinbar trutzigen und hohen Wall verborgen wird, aber – ganz nach dem Motto ›harte Schale, weicher Kern‹ – den Polizisten zum Sympathieträger Nr. 1 im Kriminalroman macht.«[1]

Das schmeckt Breinersdorfer ganz und gar nicht. »Nicht weil ich der Überzeugung bin (und ich bin dieser Überzeugung!), daß die Bundesrepublik einem reaktionären Polizeistaat eher zudriftet als einer verwalteten liberalen Demokratie, nicht weil ich Angst vor der Polizei habe…, sondern weil mir der gute, polternde und gerechte Hauptkommissar schlicht zum Hals heraushängt«[2], macht Breinersdorfer als Leser, Autor und Theoretiker gegen die Dominanz des Kommissars im neuen deutschen Kriminalroman Front: »Ich bin gegen den Polizistenkrimi«[2].

Breinersdorfers eigene Kriminalromane, von denen der erste – *Reiche Kunden killt man nicht* – 1980 entstand, kommen denn auch von Beginn an ohne den Kommissar aus, glauben aber überwiegend nicht, auf einen Detektiv verzichten zu können. So hat Breinersdorfer also eine Zentralfigur entwickelt, hinter deren Umrissen man die Figur des Autors selbst mindestens im Ansatz zu erkennen glaubt. Jean Abel, der Breinersdorfers Fälle löst, stammt »aus einer einfachen Familie«, meldet sich nach dem Abitur erst einmal freiwillig zum Militär und lernt bei den Fallschirmspringern das Saufen. Während des Jura-Studiums in Tübingen wird Abel Mitglied einer Burschenschaft, schließt sich dann aber »einer der damals aufkeimenden politischen Studentengruppen an«. Aus dieser Zeit rührt »eine Vorstrafe wegen Landfriedensbruchs, die jedoch später unter die Amnestie gefallen war«. Nach »schludrigen Vorbereitungen« meldet sich Abel im 16. Semester zum 1. Staatsexamen und fällt prompt durch die Prüfung. Im zweiten Anlauf besteht er die Prüfung zwar »zu aller Erstaunen mit einem schwachen Ausreichend«; doch verfolgt er seine Justizkarriere zunächst nicht weiter, sondern wird in Stuttgart Gelegenheitsjournalist und schließlich Privatdetektiv.

Als Privatdetektiv, dem der Klient umgebracht wird, löst Abel, immer im Konflikt mit der Polizei und mit einem Fuß im Kittchen, seinen ersten Fall. Doch rasch sehen Abel und sein Autor ein, daß die Sache so nicht funktionieren kann. »War nichts, dieser Job als Privatdetektiv«, erklärt Abel zu Beginn von Breinersdorfers zweitem Krimi *Das kurze Leben des K. Rusinski* (1980) dem Staatsanwalt Luther, dem seine weitere juristische Ausbildung als Referendar anvertraut ist: »Bei den Amis ist das besser. Die haben dort Lizenzen, Autorität. Nein, bei uns taugt das nichts. Da fällt nur ab und zu eine Ehegeschichte ab, schmieriger Kram, stundenlang vor Hotels im Auto rumhängen, bis man ein Foto schießen kann oder...«

So ermittelt Abel, von der Staatsanwaltschaft an die Terroristenfahndung ausgeliehen, in Sachen Rusinski-Mord faktisch als Polizist, wenn auch auf eine wenig konventionelle Weise. Und er bekommt heraus, daß der Tunichtgut Klaus Rusinski, arbeitsloser und vorbestrafter Automechaniker, Rauschgiftdealer, Hehler und so weiter (den Abel aus seiner Tübinger Studentenzeit kennt), nicht einem Fememord politischer Kumpel zum Opfer gefallen ist, sondern einer ganz privaten Komplikation; ein Erpressungsopfer aus der besten Gesellschaft hat den Quälgeist umgebracht.

Auch diese Arbeit im Auftrag der Staatsanwaltschaft kann langfristig natürlich kein Job sein für einen Unangepaßten wie Abel. Und so finden wir ihn denn in Breinersdorfers drittem Roman in seinem drittem Beruf, diesmal in seinem endgültigen; er hat auch das zweite juristische Examen geschafft und sich in Stuttgart als Rechtsanwalt niedergelassen. Das Anwaltsbüro Abel ist in *Frohes Fest, Lucie* (1981) noch nicht gerade das Gelbe vom Ei; die Kanzlei in einer ehemaligen Papiergroßhandlung dient dem frischgebackenen Anwalt gleichzeitig auch als Wohnung. Aber sie ist doch schon so etwas wie die Keimzelle einer bürgerlichen Existenz; die Figur Abel beginnt, sich ihrem Erfinder anzunähern, der, 1946 in Mannheim geboren, seit 1977 als erfolgreicher Anwalt (Spezialgebiet: Fragen des studentischen Numerus Clausus), in Stuttgart arbeitet. Sogar ein Hund (mit Namen Paul Schmitz) und eine Freundin (mit Namen Jane Kerschbaum, von Beruf Journalistin und mit vorzüglichem familiärem Hintergrund) bereichern Abels Privatleben; der Held ist zwar immer noch ein volljähriges Schmuddelkind, aber unzweifelhaft auf dem Weg nach oben in einer von ihm nur halbwegs akzeptierten Gesellschaft.

In *Frohes Fest, Lucie* wird Abel von einer jungen Frau, Lucie Kerst, engagiert, damit er sich für sie gegen die Erhebung von stattlichen Erschließungsbeiträgen für das einsam stehende Haus einer Tante zur Wehr setze: ein mysteriöser Auftrag, der zunehmend aus der Bahn läuft, als Lucie selbst von unerklärlichen Unfällen, Bedrohungen und Attentaten betroffen wird. Breinersdorfer rühmt sich, er sei in diesem absichtsvoll in dreizehn Kapitel unterteilten Buch »mit ein paar Verkehrsordnungswidrigkeiten und einer nicht strafbaren Form der Körperverletzung ausgekommen, ohne daß mir einer meiner Leser gesagt hätte, das Buch sei langweilig gewesen«[2]. Was die Spannung angeht, so hat der Autor mit dieser Feststellung durchaus recht. Lucie und er spielen ein ziemlich raffiniertes Spiel mit dem Rechtsanwalt Abel, der sich zeitweilig benutzen läßt und am Ende – soviel zur Frage der kriminellen Dimension dieses Falles – nur mit viel Glück und dank der Hilfe von Paul Schmitz ein Säureattentat verhindert, das – wäre es gelungen – nicht als Ordnungswidrigkeit abzuhandeln gewesen wäre.

Von Buch zu Buch entfernt sich Jean Abel weiter von seinen unordentlichen, ausgeflippten Anfängen. Von Fall zu Fall scheint Breinersdorfer seinem Ideal näherzukommen, Abel zu einem deutschen Perry Mason zu entwickeln. Auch in *Noch Zweifel, Herr Verteidiger?* (1983) nimmt sich Abel zwar ein wenig deplaziert aus in der besseren Gesellschaft, in die sein neuer Fall hineinspielt. Aber so ruppig er sich auch manchmal geben mag; sein sozialer Aufstieg ist nicht aufzuhalten.

Die reiche Frau eines Heilpraktikers ist an einer Steilstelle der B 27 im Siebenmühlental bei Stuttgart mit ihrem Auto verunglückt, weil ihre Werkstatt bei der Reparatur der Bremsen schlampig gearbeitet hatte; an den Spätfolgen des Unfalls ist sie im Krankenhaus gestorben. Oder etwa doch nicht? Abel, der den vorbestraften Automechaniker im Strafprozeß zu verteidigen hat, entwickelt mit der Zeit seine Zweifel. Hat vielleicht nicht nur der Mechaniker, sondern auch das Krankenhaus schlampig gearbeitet? Ist die Frau des Heilpraktikers an einem ärztlichen Kunstfehler gestorben – oder ist sie vielleicht gar ermordet worden, des Geldes wegen?

Das sind Fragen, wie sie auch ein ganz konventioneller Krimi aufwirft. Aber Breinersdorfer stellt sie nicht, um dem alten »Whodunit«-Schema zu genügen. Die Ermittlung des Täters und selbst die »psychosoziale Reflexion der Hintergründe« ist ihm erst in zweiter Linie interessant. »Da aber« – führt er in einem ungefähr parallel zu *Noch Zweifel, Herr Verteidiger?* entstandenen Vortrag aus – »das eigentliche Interesse bei der Behandlung von Straftaten der Art und Weise gehört, wie wieder

Gerechtigkeit herzustellen ist, nachdem einmal die Rechtsordnung gebrochen wurde, dürfte das Spannungsverhältnis zwischen formalem Recht und materieller Gerechtigkeit als Thema künftiger Kriminalromane attraktiv werden«[1]. So erzählt sein nächstes Buch, in dem Jean Abel und sein Freund von Paloff nur untergeordnete Rollen spielen, eine Reihe von Geschichten, die allesamt das Thema illustrieren sollen, das der Buchtitel umreißt: *Das Netz hat manchmal weite Maschen* (1983). Mit dem Netz ist natürlich das Netz des formalen Rechts gemeint, durch dessen Maschen in den Erzählungen der ehemaligen Schulkameraden, die sich zu einem feuchten Klassentreffen versammelt haben, so mancher scheinbar ehrsame Kriminelle schlüpft.

Die Spannung zwischen formalem Recht und materieller Gerechtigkeit prägt die nächsten beiden Kriminalromane Breinersdorfers. *Der Dienstagmann* (1984), Breinersdorfers wohl bestes Buch, erzählt von einem Fall von Vergewaltigung, bei dem Jean Abel, gegen die eigene Überzeugung und erst recht gegen den erklärten Willen seiner Freundin Jane Kerschbaum, den Angeklagten verteidigt. Daß dieser Angeklagte, der unscheinbare, geschiedene, in starker Mutterbindung lebende Angestellte Sigurd Hiltsch ein mieser Kerl ist, steht außer Frage: ein Voyeur, ein Spanner, einer, der sich in seinem Keller ein ganzes Arsenal von Sexutensilien eingerichtet hat. Aber ebenso klar ist, daß nicht Hiltschs Charakter zur Anklage steht, sondern nur die brutale Tat, die ihm – nach Abels Meinung – nicht zweifelsfrei nachgewiesen werden kann. Abel kämpft, indem er Hiltsch verteidigt, weniger für seinen Mandanten an sich als für das Prinzip des Rechtsstaats, das seiner Meinung nach ein Dutzend falsche Freisprüche eher verträgt als eine einzige Fehlverurteilung. Aber speziell in diesem Fall ist die Entscheidung nicht einfach, und Breinersdorfer, der sein Buch so reich instrumentiert und so sorgfältig geschrieben hat wie keines sonst, macht sich und dem Leser die Entscheidung nicht leicht.

Weniger Glück hat er, für mein Verständnis, mit *Notwehr* (1986), in dessen Fabel zwei Fälle allzu offensichtlich »zum Beweis« der These verbunden sind: daß in gewissen Fällen eine richterliche Entscheidung, so knifflig sie sein mag, nach allen Regeln der Kunst gefällt werden kann (und auch gefällt wird), während in anderen, wichtigeren Fällen Gesetz und Recht schlicht versagen. Im einfacheren Fall geht es um die Verfügung über eine teure Werkzeugmaschine, die ein Lieferant vor dem Konkurs einer maroden Firma in seine Gewalt zurückbringen und anderweitig veräußern möchte; ein kniffliges und von beiden Seiten mit allen Tricks betriebenes juristisches Unternehmen. Im anderen Fall geht es buchstäblich um Leben und Tod, die Frage, wie eine junge Frau gegen alle rechtlichen Regelungen – und vor allem: gegen die ärztliche Bürokratie – an ein neues, noch in der Erprobung befindliches Medikament herankommen könnte, mit dem das Leben ihres Kindes, vielleicht, zu retten wäre. In ihrer Verzweiflung entführt die junge Frau die kleine Tochter eines Arztes, der nicht einmal etwas dafür kann, daß ihr das Medikament verweigert wurde, und nur Abels Einsatz hält sie davon ab, das fremde Kind umzubringen. Das Ganze ist eine Konstruktion wie in der analytischen Geometrie, mit Zirkel und Lineal; ich sehe weniger wirkliche Menschen in dramatischen Verwicklungen als juristische Prinzipien und ihre seminaristischen Hilfsfiguren im melodramatischen Widerstreit.

Das gilt nicht für Breinersdorfers bislang ungewöhnlichste Kriminalgeschichte, den »dokumentarischen« Roman *Der Hammermörder*, den der Autor 1986 im Eigenverlag herausgebracht hat. Auf den Spuren von Truman Capotes *In Cold Blood* versucht er sich an der Rekonstruktion einer Mordserie, bei der ein Polizeibeamter zwischen dem Frühjahr 1984 und Ende 1985 – vermutlich – drei wildfremde Menschen ermordete, um deren Autos zu Banküberfällen zu benutzen, und schließlich, nach seiner Entlarvung, auch seine beiden Kinder, seine Frau und sich selbst umbrachte. Breinersdorfer hat aufgrund einer Dokumentation der Journalistin Elke R. Evert die Tatumstände so sachlich wie möglich rekonstruiert, die Lücken zwischen den bekannten Fakten aber mit Spekulationen, beispielsweise über Psyche und Verhalten des Mörders gefüllt. Beim Ausfüllen der Lücken stößt der Schriftsteller Breinersdorfer an ästhetische Grenzen (die auch bei den meisten seiner Romane bemerkbar sind): Er neigt zur melodramatischen Überpointierung. Typisch die Schlußszene des Buches, die beschreibt, wie der mutmaßliche Hammermörder Poehlke seinen kleinen Sohn Gabriel und sich selbst umbringt: »Wie ein Mann, der sich lässig zur Seite beugt, um ein Feuerzeug aus der Tasche zu ziehen, drehte er sich ein wenig – riß die Waffe heraus und richtete sie auf den Kinderkörper. Sein Gesicht zeigte etwas wie Besorgnis, als er schnell zielte. Dann krachte der Schuß. Die Detonation zerriß ihm schier die Trommelfelle, blauer Pulverqualm breitete sich im Auto aus, Poehlke zog die Waffe zurück, legte sich hin und schob sich den heißen Lauf in den Mund, biß mit den Zähnen zu und drückte ab.« Das ist, mit Verlaub, sentimentaler Kitsch, und er hat nicht zufällig denselben Beigeschmack wie das Finale von Frederick Forsyths *The Dogs of War*. Es nützt eben noch nichts, wenn man sich vornimmt, »hinsichtlich der überkommenen, für die Gattung oft sehr typischen Handlungsmuster und Erzählweisen kritischer«[1] zu werden und für den Mord »als das verwerflichste Verbrechen überhaupt... mehr und differenzierte Fragen« aufzuwerfen »als nur die nach der Urheberschaft, und allenfalls noch nach dem sozialen Milieu und der Persönlichkeit des Kriminalbeamten«[1]. Man muß – und daran hapert es bei vielen deutschen Krimi-Autoren, die ihre Nichtzugehörigkeit zur Gilde der hauptberuflichen Schriftsteller als Vorzug empfinden – auch in der Lage sein, diese Fragen nebst notwendigen Antworten künstlerisch hinreichend zu formulieren.

Das Problem freilich, das Breinersdorfer mit dem Polizeiroman hat, findet sich bei zahlreichen seiner Kollegen. Bei Uwe Friesel, dem 1939 in Braunschweig geborenen Schriftsteller-Profi, führt es dazu, daß der Autor zwar einen Polizei-Detektiv erfindet, ihn aber von Anfang an nur mit schlechtem Gewissen an die Aufklärungsarbeit schickt und schon bald den Dienst quittieren, danach aber weiterhin mit den alten Methoden und nach dem überkommenen Schema arbeiten läßt.

Für den Leser ergibt sich durch die etwas vertrackte Publikationsweise ein besonders unübersichtliches Bild. Im Taschenbuch erschien zunächst eine Sammlung mit fünf Kriminalgeschichten, *Lauenburg Connection* (1983), in der der Detektiv, Gudi Blankenhorn, als »Kriminalrat« bei der Hamburger Polizei eingeführt, in der zweiten Geschichte aber bereits als »Polizeirat a. D.« bezeichnet wird; sein Abschied von der Polizei wird mal als »Entfernung aus dem Staatsdienst« beschrieben, mal als ein Frührentnertum »im gegenseitigen Einvernehmen«. Die Gründe für Blankenhorns Abschied von der Polizei werden in dem Roman *Spiegel verkehrt* (1984) nachgeliefert. Blankenhorn klärt in diesem Roman die Ermordung seines unmittelbaren Vorgesetzten auf, von der jedermann annimmt, daß sie im Zusammenhang stehe mit einem von ihm bearbeiteten Fall, bei dem der hohe Kripomann Großkriminellen zu nah auf den Pelz gerückt sei. Tatsächlich aber steckt hinter der Ermordung des Beamten ein homosexuelles Liebesdrama, und Friesel hat wenig mehr im Sinn, als der Polizei zu unterstellen, daß ihre Führung und ihre Mehrheit aus unpolitischem Law-and-Order-Denken die Einführung des totalen Polizeistaats propagiere, in dem zunächst die Homosexuellen, später dann jeder andere Staatsbürger mit einer sozial abweichenden Neigung kenntlich gemacht und jederzeit aus dem Verkehr gezogen werden könne.

In dem Roman *Sein erster freier Fall*, der zwar erst 1985 als Taschenbuch, aber schon 1983 in einer Hardcover-Ausgabe erschien, arbeitet Blankenhorn, wie schon in den letzten vier Geschichten des »Lauenburg«-Bandes als eine Art Privatdetektiv. Auf Sylt gerät er in eine heftige Affäre mit einer reich verheirateten Jugendliebe, die ihn später bittet, ihr bei der Auslösung ihres anscheinend entführten halbwuchsigen Sohnes behilflich zu sein: eine Aufgabe, die Blankenhorn auf die Spur einer neonazistischen Terrororganisation führt, die mit dem Erlös aus dem vorgetäuschten Kidnapping ihre Umsturzpläne finanzieren möchte.

In *Das gelbe Gift* (1988) ermittelt Blankenhorn, mehr oder weniger aus Neugier, in einem dicken Fall von Umweltkriminalität. Am Ende benötigt der Privatier doch die Polizei, damit der Autor wenigstens einen halbwegs akzeptablen Schluß hinbekommt; gleichwohl versackt der Roman in Resignation. Gegen Umweltkriminalität ist eben kein Kraut gewachsen, nicht einmal das Kraut des kritischen Journalismus, das Friesel vergeblich bemüht.

Bei Friesel liegt die künstlerische Problematik eindeutig in einer Diskrepanz zwischen formalem Schreibtalent und der Fähigkeit zu logischem Denken (ohne die ein Krimi-Autor, auch wenn sein Anliegen eigentlich ein politisches ist, nicht auskommen kann): Seine Bücher lesen sich flott, sind aber hanebüchen konstruiert, die Plots an den Haaren herbeigezogen.

An dieser Stelle, es läßt sich nicht leugnen, geraten wir wieder einmal in die Falle unseres Systems. Die Abhandlung von Autoren wie Hans Werner Kettenbach, Werner Waldhoff, Ulf Miehe oder Jörg Fauser würde diesem Kapitel gut zu Gesicht stehen; sie passen genau ins Bild einer antiautoritären Strömung im neuen deutschen Kriminalroman. Doch möchten wir uns gerade diese Autoren für ein eigenes Kapitel aufsparen – und so muß sich der Rest dieses Kapitels mit einigen Kleinmeistern begnügen, die der Einfachheit halber in alphabetischer Reihenfolge abgehandelt werden sollen.

Der 1947 geborene Robert Benesch, Werbetexter in einer Düsseldorfer Agentur, hat für seinen Krimi-Erstling *Außer Kontrolle* (1983) den Detektiv Tallinger erfunden, Privatermittler (also detektivischer Gehilfe) bei einem Berliner Staranwalt. Im Berliner Grunewald stirbt, in einem offenen Kabriolet, eine dunkle Existenz: ein Schweizer Staatsbürger balkanischer Herkunft mit Namen Brantinau. Weil der tote Brantinau hoch versichert war, möchte seine Versicherung wissen, ob sie zahlen muß. Tallinger findet bald heraus, daß bei dem vermeintlichen Verkehrsunfall kräftig nachgeholfen wurde. Recht bald ist klar, daß der Fall eine politische, geheimdienstliche Dimension hat. Brantinau war Agent, vielleicht sogar Doppelagent, also könnten beide Seiten, mit denen er

Geschäfte gemacht hat, ein Interesse daran gehabt haben, ihn zum Schweigen zu bringen. Viel weiter freilich läßt man Tallinger nicht ermitteln; für die Lösung des Falls sind private Detektive wie er nicht mehr zuständig. Das ist vermutlich eine äußerst realistische Lösung, wie vieles bei Benesch sehr »realistisch« ist: die abgerissenen Fäden, die Figuren im Halbdunkel, die Menschen, die auftauchen und wieder verschwinden. Doch nach einer Lektüre, die ausgesprochen spannend ist, fühlt sich der Leser am Ende doch etwas flau: gut unterhalten zwar, doch um eine Pointe betrogen, die ihm ein erstklassiger angelsächsischer Thriller nicht versagen würde.

Gisbert Haefs, am 9. Januar 1950 in Wachtendonk am Niederrhein geboren, hat den Detektiv Balthasar Matzbach erfunden, der sich genialisch über alle Anforderungen der Realität hinwegsetzt und dem Vorbild des amerikanischen Detektivmonsters Nero Wolfe ungeniert nachempfunden ist. Matzbach ist ein fetter, reicher Snob von ein Meter neunzig Größe, der seine schlechten Manieren mit Arroganz tarnt und seine Fälle nach der Methode Sherlock Holmes löst: durch Anstrengung der kleinen grauen Gehirnzellen. Matzbach, als dessen Watson meistens der als freischaffender Philosoph firmierende Henry Hoff zu dienen hat, taucht gleich in Haefs' Erstling *Mord am Millionenhügel* (1981) auf und hat seitdem einige nicht ohne Pfiff konstruierte und gewollt geistreiche Krimi-Rätsel gelöst, in *Mörder & Marder* (1985) beispielsweise einen Mordfall in einem einsamen, zugeschneiten Landhaus in der Eifel, wo acht sexbesessene Typen der Society versammelt sind: eine Szenerie wie geschaffen für Ellery Queen oder Hercule Poirot.

Eine vergleichbar bunte Figur hat Joachim Jessen, nach Angaben von Hanns-Peter Karr »in der Verlagsbranche« tätig und zusammen mit seinem Partner Detlef Lerch für insgesamt vier Krimis verantwortlich, für seinen ersten eigenen Roman *Der Flug des Vogels* (1985) als Detektiv erfunden. Philip Freyberg ist zigfacher Millionär und hätte es eigentlich überhaupt nicht nötig, einem Broterwerb nachzugehen. Doch schon in jungen Jahren hat er eine Polizeiausbildung hinter sich gebracht und betätigt sich jetzt als Journalist. In *Der Flug des Vogels* trifft sich Freyberg in einem Café mit einer ihm unbekannten jungen Frau, die ihm von anonymen Todesdrohungen berichtet und noch während dieses Treffens im Café erschossen wird. Jessen schildert einen Fall aus der Münchner Snobiety, jener Schicht, die vorzugsweise auf Parties und in den Klatschkolumnen der Boulevardblätter zu Hause ist. Schauplätze sind fade Bars und andere Treffpunkte der Schickeria. Vor der Gefahr, entsetzlich flach und oberflächlich zu sein, rettet Jessen seinen prätentiösen Stoff aber mit einer für deutsche Verhältnisse recht unprätentiösen, straffen Schreibe und einer unkonventionellen Heldenfigur, ehe ihm der Stoff im melodramatischen Finale dann doch noch wegkippt.

Der Journalist Wolfgang Schweiger, 1951 im oberbayerischen Traunstein geboren, veranstaltet in seinem Erstling *Durch die Nacht* (1984) Wildwest in der bayrisch-österreichischen Grenzregion. Seine eher negativen Helden sind zwei gegensätzliche Studienfreunde, die wie zwei Lebensprinzipien auf Beinen durch die Landschaft wandern. Als beide von einer scheinbar harmlosen Frau in ein lebensgefährliches Abenteuer gezogen werden, paßt sich der alternative Schriftsteller mit linksradikaler Vergangenheit duckmäuserisch an, während der Ex-Major der Bundeswehr voll zulangt: Im Zweifel, so suggeriert Schweiger mit seiner nach dem Eingreifen der Polizei mit einem richtigen »Showdown« endenden Geschichte, ist natürlich letzteres die einzig wahre Lebensphilosophie.

Auch Schweigers nächste Romane – *Schatten der Gewalt* (1985), *Wall City* (1986) und *Auf gefährlichem Boden* (1987) – funktionieren nach dem Prinzip, daß das Leben und der Krimi allemal am spannendsten seien, wenn viel passiere. In bayerischen Städten und Bayerns Fluren geht es zu wie im Gangster-Dschungel amerikanischer Großstädte. An Blut und Toten ist kein Mangel, und neben manchem harten Knochen, der sich für Geld mit dem Teufel anlegt, bleibt auch die Realität gern auf Schweigers Strecke.

Martin Willing, Jahrgang 1943, ist ebenfalls Journalist; sein bemerkenswerter Erstling *Die Blinden in Platons Höhle* (1981) erzählt auf literarisch vergleichsweise anspruchsvolle Art von einer politisch motivierten Mordserie in einer Kleinstadt am linken Niederrhein. Willing wartet mit einer ziemlich halsbrecherischen Pointe auf, die wie Hitchcocks Film »Psycho« nach der detektivischen Lösung noch ein rundes Dutzend Buchseiten braucht, auf der die psychologischen Erklärungen nachgeschoben werden. Davon abgesehen: ein Debüt von Interesse; leider ist ihm bislang kein weiterer Versuch gefolgt.

Und noch ein Journalist: Der 1936 in Schlesien geborene Axel Winterstein wuchs in Flensburg auf, studierte in Köln und arbeitet seit 1982 bei einer Münchner Tageszeitung. Wintersteins Erstling *Tod in der Dämmerung* (1983), ausgezeichnet mit dem von Richard Hey, -ky, Molsner, Murr, Werremeier und Irene Rodrian vergebenen »Krimi-Preis der deutschen Autoren«, orientiert sich an einem großen amerikanischen Vorbild: James M. Cains *The Postman Always Rings Twice*. In einem Café treibt die schöne, junge Unternehmerin Ingrid Heinze den Universitätsassistenten Klaus Wallner auf und überredet ihn, ausnahmsweise ihr zu assistieren: bei der Ermordung ihres Verlobten, den sie aus geschäftlichen Gründen zu heiraten gezwungen ist. Der Verlobte ist blind, und Wallner, der ihm ähnlich sieht, lernt den Blinden zu spielen, um der Frau – gegen ein Entgeld von 500000 Mark – ein Alibi zu geben. Der Mord glückt, doch das Schicksal läßt nicht mit sich spaßen. Bei einer Auseinandersetzung mit Wallner, der sich um seinen Lohn gebracht glaubt, stürzt die Frau so unglücklich, daß sie stirbt; zu spät begreift der Mordgehilfe, daß es der Komplizin nie ums Geld, sondern immer nur um ihn gegangen ist. Winterstein ist kein schlechter Erzähler, *Tod in der Dämmerung* kein schlechter Krimi. Aber das Vorbild schimmert immer durch – und es bleibt unerreicht.

[1] *Fred Breinersdorfer:* Zur Typologie des modernen deutschen Kriminalromans. Entwicklung – Inhalte – Formen – Autoren. Vortrag anläßlich einer Fortbildungsveranstaltung der VBB-Landesgruppen Baden-Württemberg und Bayern am 19.3.1983, abgedruckt in der Zeitschrift »Buch und Bibliothek«, Ausgabe 7/8 1983, S. 605ff.

[2] *Fred Breinersdorfer:* Wider den Polizistenroman, in *K. Ermert/W. Gast:* Der neue deutsche Kriminalroman, Rehburg-Loccum 1985, S. 64ff.

Ausgewählte Bibliographie

Fred Breinersdorfer: *Reiche Kunden killt man nicht*; *Das kurze Leben des K. Rusinski*; *Frohes Fest, Lucie*; *Noch Zweifel, Herr Verteidiger*; *Das Netz hat manchmal weite Maschen*; *Der Dienstagmann*; *Notwehr*; *Schlemihl und die Narren* (Erzählungen) – sämtlich Rowohlt Verlag, Reinbek; *Der Hammermörder* – FactorVerlag, Stuttgart.
Uwe Friesel: *Spiegel verkehrt*; *Lauenburg Connection*; *Sein erster freier Fall*; *Das gelbe Gift* – sämtlich Heyne Verlag, München.
Robert Benesch: *Außer Kontrolle* – Diogenes Verlag, Zürich 1983.
Gisbert Haefs: *Mord am Millionenhügel*; *Und oben sitzt ein Rabe*; *Das Doppelgrab in der Provence*; *Mörder & Marder*; *Das Triumvirat und andere kriminalistische Geschichten* – sämtlich Goldmann Verlag, München.
Wolfgang Schweiger: *Durch die Nacht*; *Schatten der Gewalt*; *Wall City* – sämtlich Heyne Verlag, München.
Martin Willing: *Die Blinden in Platons Höhle* – Rowohlt Verlag, Reinbek 1981.
Axel Winterstein: *Tod in der Dämmerung*; *Freier Fall* – Heyne Verlag, München.
Joachim Jessen: *Der Flug des Vogels*; *Der Zahltag*; *Zwei Streichhölzer*; *Ladenschluß*; *Bis zum bitteren Ende* – sämtlich Heyne Verlag, München.

Die Fremdgänger:

Detlef Blettenberg und der deutsche Krimi auf Reisen

In der guten alten Zeit vor 1960, als der deutsche Krimi auf den Namen Jerry Cotton hörte und in Heftchenform herauskam, war sein normaler Tatort Übersee, wo auch anders sollte ein Detektiv des amerikanischen FBI auf Verbrecherjagd gehen? Besondere Vorliebe entwickelten die Jerry-Cotton-Autoren für die Stadt New York als Kulisse ihrer Untaten – nicht, weil sie diese Stadt besonders gut gekannt hätten, sondern weil von New York immerhin verläßliche Stadtpläne aufzutreiben waren, so daß sich allzu offensichtliche Fehlplazierungen vermeiden ließen; die Atmosphäre, das Milieu, glaubten die Autoren ohnehin vom Kino her zu kennen.

Mittlerweile sind die Deutschen als reiselustiges Volk bekannt, wo nicht gar verschrien, und die Chancen wären gut (oder jedenfalls: besser als je zuvor), deutsche Krimihelden durch die große weite Welt spazieren zu lassen, die nicht wenige Autoren mittlerweile aus eigener Anschauung kennen. Doch die Verhältnisse, sie sind nicht so. Vielleicht, weil die meisten deutschen Krimi-Autoren schon beim Entwurf einer Romanhandlung an die spätere Verfilmbarkeit denken (und den Fernsehanstalten das Geld für einige Drehwochen an fernen Gestaden so leicht doch nicht zu entlocken ist), vielleicht, weil sie eingesehen haben, daß Trimmel oder Mannhardt in Bombay oder auf Hawaii doch keine ganz so gute Figur machen würden – ein deutscher Kommissar verirrt sich relativ selten dienstlich ins Ausland. Zugegeben: Detlef Wolffs aus dem Warenhaus in die Reihen der Polizei zurückgekehrter Katenkamp ist, vermutlich in Begleitung seines Autors, nach Kenia und Bangkok gereist und hat dort sogar kriminalistisch gearbeitet[1]. Doch so etwas bleibt die absolute Ausnahme.

Im allgemeinen handelt es sich bei Büchern, die ihre Fälle jenseits der deutschen Grenzen ansiedeln, um Grenzfälle auch des Genres. Ich denke da zum Beispiel an *Eines der verwunschenen Häuser* (1983), den vorwiegend im Tessin angesiedelten Romanerstling des Arztes Hans Weigold: im Grunde eher die Geschichte einer großen romantischen Passion als ein Kriminalroman im engeren Sinne. Ich denke an Jürgen Thorwalds durch den italienischen Apennin schlitterndes Konvolut *Die Monteverdi-Mission* (1982), die sich nicht nur die Verschwörungsmasche des Amerikaners Ludlum zu eigen macht, sondern den Kriminalfall mit einer Unmenge von Zusatzgeschichten und -informationen behängt, unter denen der eigentliche Anlaß fast verschwindet. Ich denke an einen Titel wie Johannes Mario Simmels *Die Antwort kennt nur der Wind* (1973), die dem Leser nicht nur eine vorgeblich sozialkritische Thrillergeschichte liefert, sondern vor allem Einblicke in das Leben und Treiben der Superreichen an der französischen Côte d'Azur, und über dieser Teilhabe per Schlüsselloch die Kriminalhandlung weitgehend aus dem Auge verliert.

Bei Thorwald wie bei Simmel (nicht jedoch bei Weigold) erscheint das fremde, glitzernde Milieu als ein bewußt und mit Raffinesse verwandtes Mittel, eine ansonsten graue und unscheinbare Geschichte »aufzupeppen« – und in ganz ähnlicher Weise wird die Exotik der Ferne auch von Claus Fischer benutzt; sei es, daß ein Roman wie *Davids Rio Bar* (1986) gleich im fernen Brasilien angesiedelt wird (obwohl es um ein sehr deutsches Problem geht), sei es, daß das Exotische der Zentralfigur in die Bundesrepublik nachläuft wie in dem Roman *Der Sicherheitsmann* (1986). Dabei geschieht in allen Fällen eine verräterische Aneignung: Ein amerikanisches Muster wird in die deutsche Geschichte herübergeholt. In Fischers *Der Sicherheitsmann* geht das bis an die Grenze des bewußten Plagiats, wenn sich der Held Michael Kleist in einem mit dem Bild des französischen Sängerschauspielers Serge Reggiani beklebten Spiegel mustert und dazu (ohne daß es als Zitat irgendwie kenntlich gemacht wäre) den berühmten Schluß von Raymond Chandlers *The High Window* variiert: »Du und Reggiani, dachte er«[2]. Die Sache wird nicht besser dadurch, daß das Verfahren, weil es so schön war, gegen Ende des Romans ein zweites Mal benutzt wird: »Ich und Ernest Hemingway, dachte Georg Demski, während er dem Schwarzen folgte«.

Verglichen mit Simmels, Thorwalds und auch Claus Fischers Verfahrensweisen hat ein Roman wie *Zyankali nimmt den Schmerz* (1985), der Krimi-Erstling der aus Essen stammenden Kunsthistorikerin Sandra Waltzing (ein Pseudonym), etwas geradezu rührend Naives. Er erinnert an die Methode Jerry Cottons und die Zeit, als deutsche Autoren noch glaubten, spannende Geschichten mußten in Amerika spielen, um Leser zu finden. Denn Sandra Waltzings ausladende Geschichte von dem Serienmörder, der sein Gift in Form von Schmerztabletten scheinbar wahllos an die Opfer bringt, spielt in Chicago und hat als Helden einen Polizeidetektiv italienischer Abstammung. Daß man dennoch nie das Gefühl hat, einen amerikanischen Kriminalroman zu lesen (und auch keinen deutschen), sondern etwas absolut Synthetisches, liegt einmal daran, daß der Schauplatz Chicago niemals mehr wird als eine schwache Bühnendekoration, in der auch noch das falsche Stück gespielt wird: eine englische, nicht eine amerikanische Krimihandlung. Zum anderen aber kommt es daher, daß man Handlungsverläufe wie diesen aus manchem früheren Krimi bereits kennt – und meistens aus weniger betulich geschriebenen.

Aus alledem – von Wolffs Ausflügen nach Kenia und Bangkok bis zu Waltzings Chicago-Abenteuer – wird deutlich, daß es schon sehr intimer Landeskenntnisse eines Autors bedarf, wenn die Ansiedlung eines Kriminalfalls in fremder Kulisse gelingen soll[3]; nicht zufällig verdanken die angelsächsischen Thrillerautoren, die mit diesem Problem ständig konfrontiert sind, ihre exakten Detailkenntnisse einer durchweg langjährigen Erfahrung oder aber intensiven Recherchen vor Ort. Der einzige deutsche Krimi-Autor, der so intensive Auslandserfahrung hat, daß er es sich leisten kann, seine Romane im – exotischen – Ausland spielen zu lassen, heißt Detlef Blettenberg. Blettenberg ist 1949 in einem Dorf im Westerwald geboren und hat nach seinem Studium beim Deutschen Entwicklungsdienst angeheuert, für den er zwischen 1972 und 1976 in Ecuador und während der achtziger Jahre in Thailand tätig war. Diese Erfahrung findet ihren Niederschlag in allen drei Kriminalromanen Blettenbergs, am stärksten aber in den beiden ersten, die in Südamerika spielen.

Weint nicht um mich in Quito (1981), Blettenbergs mit dem Edgar-Wallace-Preis ausgezeichneter Erstling, verwickelt einen deutschen »Sozialtechniker«, Wolf Straßner, in die ecuadorianische Innenpolitik, die von Mord und Terror gekennzeichnet ist. Für einen deutschen Geschäftsmann bringt Straßner, gegen Honorar und auf Empfehlung eines Amerikaners, »dem ich vor drei Monaten ein paar bestöhnte Tonbandkassetten wiederbesorgt hatte«, ein wertvolles Gemälde zurück, das dem reichen Onkel auf offener Straße aus seinem Mercedes geraubt worden ist. Bei der Erledigung seines Auftrags findet Straßner heraus, daß der Dieb des Gemäldes ein Killer ist, der ansonsten für die militante Rechte unter den Gewerkschaftsführern Ecuadors aufräumt; der Mann hat ein bißchen auf eigene Rechnung gearbeitet, als er das Gemälde mitgehen ließ. Etwas politischer Druck sorgt dafür, daß er seine Beute zurückerstattet. Aber Straßner, der der politischen Linken näher steht als den rechten Militärs, ist damit nicht zufrieden, sondern bringt den Gangster eigenhändig um. Und einem Freund aus der Gewerkschaft stellt er bei seiner Abreise seine Wohnung zur Verfügung, von der aus freies Schußfeld besteht auf die Residenz des Innenministers und letztlich auch auf den Innenminister selbst.

Obwohl Straßner beim Rückflug nach Deutschland bei der Zwischenlandung in Bogotá vom Sicherheitsdienst verhaftet wird (der Gewerkschaftsfreund war wohl allzu flink mit seinem Attentat auf den Innenminister), trifft ihn der Leser in Blettenbergs zweitem Roman *Agaven sterben einsam* (1982) wieder, wenn auch unter neuem Namen. Richard Braunschweig alias Wolf Straßner hat den Beruf des Sozialtechnikers mittlerweise an den Nagel gehängt; gegen Honorar killt er im Auftrag der revolutionären Linken rechte Politiker. Daß sich aus solchem Material auf die Dauer keine positiven Helden schneidern lassen, hat Blettenberg offenbar selbst bemerkt. Denn am Ende seines zweiten Abenteuers stirbt Straßner an den Folgen seines erotischen Appetits; eine Kollegin von der anderen Seite, mit der er sich – natürlich in Unkenntnis ihrer Identität – auf eine Bettgeschichte eingelassen hat, erwischt ihn in einem unvorsichtigem Augenblick: als er sich nach dem Duschen vor dem Waschbecken ohne Spiegel die Zähne putzt.

Gegen beide Bücher gibt es moralische wie ästhetische Einwände. Die moralischen liegen auf der Hand: Der bezahlte Killer, in wessen Auftrag auch immer, ist so ziemlich die letzte Figur, der die Heldenrolle eines ernstzunehmenden Kriminalromans angemessen wäre. Im Ästhetischen leiden Blettenbergs erste zwei Romane darunter, daß sich ihr Autor nicht entscheiden kann, aus welcher Perspektive er seine Fälle schildern soll. Vor der Frage, ob er den Kuchen lieber aufessen oder behalten möchte, entscheidet er sich für beides, beide Romane sind, immer abwechselnd, in der ersten und dritten Person erzählt. Blettenberg versucht so, die Identifikation des Lesers mit dem Ich-Erzähler zu erreichen, ohne die Position des allwissenden Autors aufgeben zu müssen. Doch er hat dabei nur teilweise Erfolg. Besonders grotesk wird es, wenn – in *Agaven sterben einsam* – der Held sein eigenes Ende erzählt: »Da war ein Geräusch, hinter mir. Ich hob den Kopf, aber über dem Becken war nur die blanke Wand. Kein Spiegel. Die Sekunden bis zur Explosion in meinem Hinterkopf waren lange genug, um den Fehler einzusehen[4]. Santander hatte recht gehabt. Zumindest, was mich und die Frauen anging«.

Unberührt von solchen grammatikalischen Stilblüten und perspektivischen Fehlern bleibt freilich die Authentizität im Faktischen, die Blettenbergs Romane vermitteln; den Eindruck, daß sein Südamerika eine Theaterkulisse sei, erhält der Leser nie.

Zwischen der Publikation von Blettenbergs zweitem und drittem Kriminalroman liegen drei Jahre, in denen der Autor große erzählerische Fortschritte gemacht hat. *Barbachs Bilder* (1984) spielt auch nicht mehr in Südamerika, sondern – jedenfalls mit seiner Haupthandlung – in Berlin; allerdings berichten ausführliche Rückblenden immer wieder einmal von – vor allem erotischen – Abenteuern der Hauptfigur in fernen Ländern. Auch Barbach ist Entwicklungshelfer, allerdings im Heimatdienst; er arbeitet bei einer Berliner Behörde. Und wie mancher Angestellte sein wahres Leben im Kino verbringt, holt sich auch Barbach die Anregung, die er braucht, aus der Anschauung fremder bewegter Bilder. Seine Filme allerdings sind die Realität. Zu nächtlicher Stunde verläßt Barbach seine Wohnung und streift durch die Stadt; Barbach ist ein Spanner, ein Voyeur. Allerdings kein gewöhnlicher. Er ist keineswegs auf die Beobachtung nackter Haut oder gar sexueller Akte aus. Ihm reicht auch die Beobachtung eines alten Mannes oder einer Familie mit Kindern.

Doch eines Abends erlebt er auf seiner Lieblingstour einen Mord (oder glaubt es wenigstens). Hilflos, aus dem Treppenhaus eines Nachbarhauses, sieht er zu, wie ein Besucher eine junge Frau umbringt. Und von nun an wird die Aufklärung des – echten, vermeintlichen? – Mordes für Barbach zur fixen Idee, über der sich sein Geist mehr und mehr verwirrt und in eine mörderische Psychose steigert.

Blettenberg berichtet den Fall Barbach weitgehend aus der Perspektive eines aus dem Dienst ausgeschiedenen Polizeibeamten, der sich in den Fall verrannt hat wie Barbach in seine Streifzüge und Bilder. Er holt weit aus und führt den Leser, ohne daß der knappe Roman dadurch ausuferte, bis in Barbachs Kindheit und Jugend zurück, seine Zeit bei der Wehrmacht, im Beruf. Als eigentlich Verantwortlichen für Barbachs Abdriften in den Wahn und in die Kriminalität macht er, nun ja, das Leben in der modernen Großstadtgesellschaft dingfest: »Begriffe wie Frust, Langeweile, Leerlauf, mangelnde Befriedigung auf allen Ebenen, in allen Bereichen, kennzeichnen das mörderische Klima unserer Zeit. Sie sind die eigentlichen Killer«. Aber diese eher banale Erkenntnis wird auf eine ungemein farbige, faszinierende Weise in eine ungewöhnliche Krimi-Handlung umgesetzt. Mit *Barbachs Bilder* hat sich Blettenberg in die erste Reihe der jüngeren deutschen Krimi-Autoren vorgeschrieben. Er muß, eine weitere positive Entwicklung vorausgesetzt, zu den eher dünn gesäten deutschen Hoffnungen des Genres gerechnet werden.

Mit *Siamesische Hunde* hält er dieses Niveau nicht ganz, vielleicht weil er sich von der Exotik seines Schauplatzes Bangkok allzu sehr gefangennehmen läßt. Blettenberg erzählt in *Siamesische Hunde* nicht eine einzelne, sondern mehrere miteinander verwobene Geschichten, kaleidoskopartig ineinander montiert. Der deutsche Entwicklungshelfer Brandau ist auf die schwarze Liste der Rauschgifthändler geraten, weil er mit einem Teil seines Etats ein Projekt der Rauschgiftfahndung unterstützt hat. Neben Brandau steht der deutsche Journalist Dombrovsky im Zentrum der Handlung. Dombrovsky ist vor allem an einer – nicht fiktiven – Geschichte interessiert: Am Geheimnis des Amerikaners Jim Thompson, der im Seidenhandel Millionen verdiente und dann über Nacht verschwand; niemand weiß, wo er geblieben ist oder was ihm geschah.

In Blettenbergs Roman tauchen eine Menge Personen auf und unter: Rauschgifthändler, Geheimdienstleute, Besucher aus Europa mit sehr unterschiedlichen Interessen. Am liebevollsten sind die einheimischen Hilfskräfte gezeichnet, unter denen der alte Khun Bao eine Sonderstellung einnimmt: ein ehemaliger Hundefänger, den Brandau als Nachtwächter einstellt. Er stellt seine ganze Loyalität in den Dienst des neuen Herrn, schützt ihn vor Mordanschlägen und rächt die Ermordung seiner Geliebten, die er nicht hat verhindern können.

Die Hauptrolle in Blettenbergs Roman spielt die Stadt Bangkok. Blettenberg schildert sie und ihre Schauplätze, die Straßen, Kanäle, Hotels, mit einer gewissen Haßliebe. Das Faszinosum Bangkok wird nicht verklärt, sondern vor allem als ein tropischer Asphaltdschungel vorgestellt: eine Stadt, die buchstäblich in der Erde und in ihrem eigenen Dreck versinkt. Noch dieses Gemisch aus Dreck und feuchter Hitze, aus Blut, Sperma, Schweiß und Küchendünsten hat einen eigentümlich erregenden Geruch. Es ist ein Parfüm der Dekadenz, das dem Leser aus Blettenbergs Roman *Siamesische Hunde* entgegenweht. Es beflügelt seine Phantasie und bringt dem, der sie kennengelernt hat, die Erinnerung an die Stadt Bangkok zurück.

[1] Über Wolff und Katenkamp siehe das Kapitel »Üb' immer Treu und Redlichkeit« auf den Seiten 603ff. Die Abenteuer Katenkamps in Übersee sind in den Romanen *Katenkamp in Kenia* und *Der Richter und sein Fixer* beschrieben.

[2] Bei Chandler spielt Philip Marlowe, überaus deprimiert nach der Lösung seines Falles, am Ende in seiner Wohnung eine Schachpartie des Weltmeisters Capablanca nach: »Neunundfünfzig Züge. Schönes, kaltes, gefühlloses Schach, es war fast unheimlich in seiner schweigenden Unversöhnlichkeit. Als ich fertig gespielt hatte, lauschte ich eine Zeitlang am offenen Fenster und roch die Nacht. Dann trug ich mein Glas in die Küche hinaus und spülte es aus und füllte es mit Eiswasser und stand vor dem Spülstein, ich trank es aus und sah mein Gesicht im Spiegel an. ›Du und Capablanca‹, sagte ich.« Ein schönerer Krimi-Schluß ist nie geschrieben worden.

[3] Jörg Fausers von Malta über Frankfurt nach Amsterdam verlaufende Geschichte einer Flucht, *Der Schneemann*, wollen wir uns ebenso für das Kapitel »Neue Farben, neue Töne« (S. 646ff.) aufsparen wie Hans Werner Kettenbachs *Minnie oder Ein Fall von Geringfügigkeit*, worin ein Amerikareisender aus Deutschland mit dem amerikanischen Rassenproblem und seinen eigenen Vorurteilen konfrontiert wird.

[4] Eine hübsche Vorstellung, daß die Sekunden in der Lage sein sollen, ihren Fehler einzusehen. Normalerweise regen wir uns über solche und ähnliche grammatikalischen Fehlkonstruktionen auch in den Werken berühmterer, literarischerer Autoren ja gar nicht mehr auf – von der Reihung solcher Fehler in mittelmäßigen Übersetzungen einmal ganz abgesehen.

Ausgewählte Bibliographie

Detlef Blettenberg: *Weint nicht um mich in Quito*; *Agaven sterben einsam*; *Barbachs Bilder*; *Siamesische Hunde* (Hardcover) – sämtlich Ullstein Verlag, Berlin.
Claus Fischer: *Tulpen aus Amsterdam*; *Davids Rio Bar*; *Der Sicherheitsmann* – Heyne Verlag, München.
Sandra Waltzing: *Zyankali nimmt den Schmerz* – Goldmann Verlag, München.
Hans Weigold: *Eines der verwunschenen Häuser* – Diogenes Verlag, Zürich.
Jürgen Thorwald: *Die Monteverdi-Mission* – Droemer-Knaur Verlag, München.
Johannes Mario Simmel: *Die Antwort kennt nur der Wind* – Knaur Verlag, München.

Erfindergeist:

Peter Schmidt und der deutsche Politthriller

Agentenroman und Politthriller sind keine deutschen Genres. Im Grunde ist es nicht einmal gelungen, sie einzudeutschen. Die großen Spannungsromane über die deutsche Teilung, den Kalten Krieg im Spionageuntergrund eines von einem Todesstreifen durchzogenen Landes an der Nahtstelle zweier verfeindeter ideologischer Systeme: Sie sind über Jahrzehnte hinweg nicht in deutscher, sondern in englischer Sprache, nicht von deutschen, sondern von angelsächsischen Autoren geschrieben worden. Selbst die Bedrohung durch den hausgemachten Terrorismus der »Roten Armee Fraktion« und ihrer Nachfolgeorganisationen sowie die den demokratischen Freiheitsraum einschränkenden Gegenmaßnahmen des Staats und seiner Beschützer haben die deutschen Spannungsschreiber nicht sonderlich motiviert.[1] Der deutsche Thriller befaßte sich über die Jahre hinweg eher mit fernen und zuweilen auch mit abseitigen Problemen; Bücher wie Henry Kolarz' *Kalahari* und Igor Šentjurcs *Gottes zornige Hand* sind in gewissem Sinne typisch für seine Entwicklung.

Kalahari (1977) spielt in Südafrika und beginnt mit einem großen Diamantenraub. 400000 Karat Rohdiamanten werden bei de Beers erbeutet und sollen mit Hilfe der Sowjetunion auf den Weltmarkt geschleust werden; ihr Erlös soll die Befreiungsbewegung von Zimbabwe mit Waffen versorgen und eine zweite Front gegen die weißen Rhodesier aufbauen helfen. Doch der große Coup verläuft nicht ganz nach Plan; der Chef der Befreiungsfront muß mit den Diamanten über der Wüste Kalahari abspringen und wird sowohl vom südafrikanischen Geheimdienst BOSS als auch vom Sicherheitsdienst der Minengesellschaft gejagt. Im Hintergrund zieht die Sowjetunion an geheimen politischen Fäden und schließt ein Arrangement mit den offiziell verteufelten Südafrikanern, das die Opferung des aus taktischen Erwägungen nutzlos gewordenen Rebellenchefs vorsieht.

Unter solchen Umständen hätte der Flüchtende in einem angelsächsischen Thriller und erst recht in der Realität keine Chance. Doch Henry Kolarz, 1927 in Berlin als Sohn einer armenischen Mutter und eines österreichischen Vaters geboren, Illustrierten-Reporter und Fernseh-Drehbuchautor[2], schickt dem sympathisch gezeichneten Rebellen einen Schutzengel in Gestalt eines deutschen Entwicklungshelfers. Dieter Hahn agiert so beflissen hilfreich, arglos, menschenfreundlich, unheldisch-heldenhaft und tumb, daß er nicht nur als fleischgewordenes Symbol der deutschen Entwicklungshilfe, sondern auch als Sinnbild des deutschen Thrillers gelten kann, der ebenso lieb und brav und ungeschickt durch die politischen Landschaften der Gegenwart stapft wie die Hauptfigur dieses Romans durch die Wüste Kalahari.

In Igor Šentjurcs *Gottes zornige Hand* (1983) beschließt ein vom Schicksal gebeutelter Geschichtsprofessor – sein Hund wird von einem schießwütigen Jagdaufseher abgeknallt, seine Frau von einem Autofahrer totgefahren (und überdies hat sie ihn seit Jahren betrogen) – aus Rachsucht, die ganze Welt zu vernichten. Der Zufall gibt dem Historiker, der mit einem Biochemiker befreundet ist, die Mittel dazu an die Hand: eine Kultur sogenannter »Omega-Viren«, deren bösartige Mutationen jedes Leben auf der Erde vernichten. So macht sich der Professor noch ein paar schöne Wochen in Rio, Toronto und Moskau, ehe er seine Killer-Viren auf die Menschheit losläßt: ein wahnsinniges Monster, das sich zur rächenden Hand Gottes aufschwingt und die Menschheit für ihre vielen Sünden, vor allem in Sachen Umweltzerstörung, bestrafen will. Der Roman ist gleichzeitig spießig und visionär, von muffiger Provinzialität und einer durchaus globalen Perspektive: eine Mischung, die sich in nicht wenigen deutschen Politthrillern findet.

Der Bund (1978) zum Beispiel, der zweite Roman des Wiener Fernsehdramaturgen Ernst Brauner, handelt von Terrorismus und Anarchie in der Bundesrepublik Deutschland; man vermutet konservative Drahtzieher, die über den terroristischen Umweg elitärreaktionäre Ordnungsvorstellungen durchsetzen wollen. Doch spielt sich das Ganze gleichsam als Sturm im Wasserglas der niederbayerischen Provinz ab, auf dem politischen Niveau von Biertisch und Pfadfinderverschwörung. Eine altväterliche Betulichkeit, gegenüber der Bergengruens *Der Großtyrann und das Gericht* fast schon wie ein rasanter Action-Thriller wirkt, wickelt ein Minimum an konkreter Handlung in ein Maximum an theoretischer Überlegung. Der als Rollenprosa eines mit dem Recherchieren des Falles beschäftigten Journalisten aufgezäumte Text besteht beinahe nur aus der Aufzeichnung von Dialogen und Diskussionen, nicht zu reden von einem eingeschobenen Text über Gullivers fünfte Reise in ein Land, in dem die Wahlstimmen wie bei Preußens gewichtet werden, allerdings nicht nach dem Vermögen, sondern nach dem Intelligenzquotienten des Stimmberechtigten. Eher aus ästhetischen als aus politischen Absichten ist Brauners unfreiwillige Parodie eines Thrillers so vage und verschwommen, daß nicht einmal klar wird, ob nicht auch der Autor lieber in einem Land leben würde, in dem die Besitzer eines höheren IQ bestimmen dürfen, was für die Leute mit niedrigem IQ gut ist.

In den achtziger Jahren sind gegenüber diesen und ähnlichen Weltanschauungs-Thrillern durchaus Fortschritte festzustellen. Doch ein unbewältigter Rest bleibt, der fast immer auf die allzu guten politischen Absichten oder die allzu großen literarischen Ambitionen der Autoren zurückzuführen ist; gelegentlich vermischt sich beides zu einem auf den ersten Blick nicht unattraktiven, bei genauerer Lektüre ziemlich penetranten Gemisch aus Geheimnistuerei und politischer Naivität.

So hat Stefan Murr neben seinen Kriminalromanen[3] in jüngerer Zeit auch einige Politthriller geschrieben, in denen die Aufarbeitung deutscher Vergangenheit mit aktuellen politischen Themen gekoppelt wird, ohne daß die Romane dadurch jene Dimension von Tiefe gewännen, die beispielsweise den Krimis von Ross Macdonald eigen ist. In *Affäre Nachtfrost* (1982) versucht der sowjetische Geheimdienst KGB einen Panzerexperten im Bundesbeschaffungsamt, Fritz Seyfried, mit seiner Vergangenheit dazu zu erpressen, dem Osten geheime Informationen über den Panzer Leopard II und sein elektronisches Raketenleitsystem zu liefern. Seyfried nämlich soll – als Obersturmbannführer der Waffen-SS und unter einem anderen Namen – in Kriegsverbrechen verwickelt gewesen sein. In *Die Toten der Nefud* (1984) starten die Israelis ein Kommandounternehmen gegen die irakischen Kernkraftwerke, deren Produktion an spaltbarem Material die Sicherheit Israels entscheidend schwächen würde, und die Vergangenheit der Hauptfiguren wird bis in die Nazi-Zeit und ein deutsches Konzentrationslager zurückverfolgt. Die Spannung ist in beiden Büchern nicht unbeträchtlich. Doch das Ergebnis leidet unter kompositorischen und darstellerischen Unzulänglichkeiten, auch unter einer naiven Moral, die sich in Passagen wie dieser (aus dem Finale von *Affäre Nachtfrost*) äußert: »›Ob das alles denn niemals ein Ende nimmt‹, murmelte sie. ›Nicht, solange es Menschen gibt‹, sagte Fritz. ›Was hat das alles mit Menschen überhaupt noch zu tun?‹ fragte Anne. Es ist nicht bekannt, was Fritz Seyfried seiner Frau auf diese Frage geantwortet hat.«

Auch Peter Zeindlers Roman *Der Zirkel* (1985) leidet stark unter Ambitionitis. Der 1934 in Zürich geborene Autor, der bei Emil Steiger über den »negativen Helden im Drama« promoviert hat[4] und neben Theaterstücken auch Hör- und Fernsehspiele geschrieben hat, wartet in seinem dritten Buch zwar mit einem brisanten Thema und einer spannenden Geschichte auf. Aber er verdirbt sich alles, weil er sich nicht mit dem Erzählen der Geschichte zufriedengibt, sondern um jeden Preis »Literatur« produzieren möchte.

Im »Zirkel« geht Zeindler von der Möglichkeit aus, daß es in beiden deutschen Staaten Persönlichkeiten gebe, denen an der Wiedervereinigung wirklich gelegen ist und die darüber nachsinnen, wie man sie bewerkstelligen könne – auch und gerade um den Preis eines Austritts aus den politischen Machtsystemen. Natürlich gibt es auf beiden Seiten andere Politiker, denen die Aussicht auf ein wiedervereinigtes, aber neutrales Deutschland garstiger erschiene als das Bild des Leibhaftigen und die deshalb jeden, der auf geheimen diplomatischen Kanälen die Wiedervereinigung betriebe, mit allen legalen und illegalen Mitteln bekämpfen. Zeindler baut eine Front auf, die so ganz anders verläuft, als sie in den politischen Nachrichten erscheint: gesamtdeutsche Patrioten auf beiden Seiten von Mauer und Stacheldraht gegen die Staatsmacht beider Seiten, deren Exponenten ihrerseits wiederum insgeheim sich die Hände gereicht haben zu einer unheiligen Allianz gegen die, die an den etablierten Machtstrukturen rütteln.

Das ist eine hochinteressante Ausgangssituation, die einen vorzüglichen Thriller abgeben könnte. Doch Zeindler verdirbt die Geschichte durch die Beimengung allzu ambitionierter, ja prätentiöser Zutaten aus der Kunstwelt. Der Leser wird mit Bilderrätseln und literarischen Codes traktiert, die ihre Geheimnisse niemals preisgeben; der Autor hat mit ihnen schlicht geblufft. Der Leser muß eine Menge dunkler Geschehnisse und rätselhafter, vom Autor auch nachträglich niemals einsichtig gemachter Wendungen schlucken und bleibt am Schluß mit nicht wenigen unverknüpften Fäden ziemlich ratlos zurück. Letzten Endes liest sich *Der Zirkel* wie eine deutsche Abart jener Verschwörungsthriller, die ein Markenzeichen des amerikanischen Autors Robert Ludlum[5] sind – geschrieben freilich nicht von einem handfesten, aber faschistoiden Spannungstechniker, sondern von einem Mann mit außerordentlichem, dem Leser nachdrücklich ins Auge geriebenen literarischen Ehrgeiz, der den Thriller *Der Zirkel* letztlich verdorben hat.

Auch Zeindlers nächstes Buch, wiederum mit dem deutschen Agenten Konrad Sembritzki vom Bundesnachrichtendienst in Pullach als Helden, ist nicht frei von literarischer Prätention. Dennoch ist *Widerspiel* (1987) ein deutlicher Schritt in die richtige Richtung. Sembritzki ist alles andere als ein deutscher James Bond. Eigentlich Antiquar von Beruf, lebt er im schweizerischen Bern als Inhaber eines kleinen, feinen Ladens: Doch immer wieder einmal muß er für die Pullacher Staatsschützer die Kohlen aus dem Feuer holen – ein Intellektueller, der sich auf verhängnisvolle Weise in die Welt der Geheimdienstler verirrt zu haben scheint, dort aber keine schlechte Figur abgibt.

Die *Widerspiel*-Handlung beginnt mit einem privaten Hilferuf. In Breslau liegt Sembritzkis Tante im Sterben und möchte den Lieblingsneffen vor ihrem Tode noch einmal sehen. Dritte nehmen Einfluß auf seine Entscheidung. Unaufhaltsam wird der Privatmann Sembritzki in Polen in einen Untergrundkampf hineingezogen, der in und um Breslau und Krakau im vollen Gange ist. In der Auseinandersetzung zwischen polnischen Regimegegnern und -anhängern mischen der deutsche Bundesnachrichtendienst, das sowjetische KGB und die amerikanische CIA kräftig mit, spielen ihr eigenes Spiel, teils mit-, teils gegeneinander, auf jeden Fall aber auf Kosten der Polen, die wieder einmal die Gelackmeierten sind; die Großen schneiden, wie so oft in der Geschichte, Riemen aus der polnischen Haut.

Sembritzki und Zeindler spielen Wildwest im europäischen Osten. Der Geheimagent wider Willen wird zum Spielball der widerstreitenden Kräfte. Der Leser folgt ihm auf geheime Treffs mit polnischen Widerstandskämpfern und erlebt ihn auf der Flucht vor Häschern der unterschiedlichsten Couleur, vor ernsthaften Schäden geschützt dank eines labilen Gleichgewichtszustands, der Ost und West vor dem vereinbarten Austausch wichtiger Agenten alles vermeiden läßt, was die Ruhe nachhaltig stören könnte.

Aktion und Reflexion, Literatur und Spionage sind diesmal besser im Lot als in *Der Zirkel*. Zwar verhalten sich Autor und Held, gemessen an guten angelsächsichen Vorbildern, immer noch etwas amateurhaft

Aber das macht auch einen Teil des Charmes aus, den Zeindlers Roman zweifellos besitzt.

Durchaus sympathisch auch ein kleiner, ganz unprätentiöser und unambitionierter deutscher Agentenroman: Helmut Kobuschs *Der Mann, der zuviel weiß* (1984). Im Jargon der Klappentexter liest sich Kobuschs Story ziemlich konventionell: »Der Atomwissenschaftler Bosler hat eine Erfindung gemacht, die die Spionagezentralen in höchste Alarmbereitschaft versetzt. Also jagen sie ihn ins Niemandsland der tödlichen Grenze, erbarmungslos wie einen Hasen.« Tatsächlich ist der sowjetische Atomwissenschaftler Bosler, der in den Westen überlaufen will, nicht die Zentralfigur, sondern nur der Katalysator der Handlung, und auch die Geheimdienste beider Seiten sind nur insofern wichtig, als sie die wahren Helden zu vielen hübschen Kunststückchen verleiten, mit denen den Jägern ein Schnippchen geschlagen wird.

Die wahren Helden, das sind Mitglieder einer Organisation, die ein bißchen so arbeitet wie das Rote Kreuz, nur geheimer und origineller. Menschen, die auf die eine oder andere Art in die Patsche geraten sind und durch die Hilfe von Mitmenschen wieder herausgefunden haben, helfen ihrerseits uneigennützig, wenn Hilfe gebraucht wird. Den nicht eben sympathischen Russen, der einen Weltkrieg auslösen könnte, verstecken sie so lange vor seinen Häschern, bis sie beiden Seiten seine wissenschaftlichen Erkenntnisse vermitteln können und somit das atomare Patt wieder hergestellt ist.

Das Versteckspiel geht quer durch die deutsche Provinz, von der Zonengrenze im Hessischen bis an den Rhein. Das Heldenpaar aus dem Märchenbuch – eine knackige Dänin und ein Deutscher aus der Werbebranche – kollidiert auf sehr komische Weise mit der deutschen Wirklichkeit. Mit ausgesprochen pfiffigen Einfällen – Köpfchen statt Kanone – beißen sich die beiden immer wieder durch, ohne auf die große Agentenpauke zu hauen. Kobuschs Roman von der umständlichen Reise mit dem »Mann, der zuviel weiß« durchs bundesdeutsche Agentenunterholz, liest sich so vergnüglich wie kein anderer deutscher Politthriller, ist freilich reine, synthetische Fiktion: ein Spiel mit den ironisch unterlaufenen Versatzstücken des Genres, das auf die Abbildung von Wirklichkeit nie erpicht ist.

Wenn Kobuschs Roman die sprichwörtliche Schwalbe ist, die noch keinen Frühling macht, so gibt es doch immerhin einen »ganzen« Autor, mit dem der deutsche Politthriller angelsächsisches Niveau erreicht: den 1944 im münsterländischen Gescher geborenen Peter Schmidt. Schmidt hat als Dekorateur und in der Möbelwerbung gearbeitet[6], im zweiten Bildungsweg die Hochschulreife erworben und in Bochum Literaturwissenschaft und Philosophie studiert. Seit Ende der siebziger Jahre lebt er als freier Schriftsteller in Gelsenkirchen; 1981 erschien sein erster Thriller, *Mehnerts Fall*. Es ist – wenn man den Politthriller als Untergenre des Kriminalromans versteht – das wichtigste Debüt im deutschen Krimi seit dem Erscheinen von Richard Heys Erstling 1973.

»Als könne man erst von der britischen Insel aus den Wald wieder vor lauter Bäumen sehen« – so hat Peter Schmidt unlängst in einem noch unveröffentlichten »Plädoyer für den Polit-Thriller« geschrieben – hätten die deutschen Autoren »ein seit dem Zweiten Weltkrieg so ureigenes Thema wie die deutsche Teilung mit all ihren Problemen – Mauerbau, Fluchthilfe, Kalter-Krieg-Mentalität, Bundesrepublik als Tummelplatz der Agenten, ideologische und wirtschaftliche Gegensätze, menschliches Auseinanderleben –« den le Carrés, Deightons und Allbeurys überlassen, und aus dieser Feststellung den Schluß gezogen, es stehe einem deutschen Politthriller »denn auch noch das ganze weite Feld des Aufklärens, Aufdeckens, der Warnung und Verdeutlichung offen«, auch die »Darstellung dessen, was in Ansätzen bereits angelegt ist« – und zwar: »durch das Mittel der Fiktion – denn Politthriller müssen keine Schlüsselromane sein«. Tatsächlich hat Peter Schmidt das weite Brachfeld des deutschen Politthrillers zumindest zu kultivieren begonnen.

Seit 1981 hat Peter Schmidt neun Romane veröffentlicht, von denen sieben lupenreine Politthriller sind.[7] Die meisten von ihnen beschäftigen sich mit dem Ost-West-Konflikt und dem auf dem Boden dieses Konfliktes gewachsenen, unkontrolliert-perversen Innenleben der Geheimdienste; der 1984 erschienene Roman *Die Regeln der Gewalt* liefert eher die Innenansicht einer Terroristengruppe, deren Verhalten ebenso fremdbestimmt ist wie das ihrer Verfolger und Jäger.

Schmidts Erstling *Mehnerts Fall* erzählt von einer Aktion des Ost-Berliner Geheimdienstes, die von fern an den historischen Fall Guillaume erinnert (als die DDR einen Agenten im Vorzimmer von Bundeskanzler Willy Brandt installiert hatte). Diesmal versucht Ost-Berlin, den Fraktionsvorsitzenden der Regierungspartei aus dem politischen Geschäft zu entfernen. Ein Komplott wird inszeniert; als Führungsoffizier dient ein eingeschleuster Mann aus der Ost-Berliner Zentrale, der freilich bald mit seinen eigenen Leuten in Konflikt gerät. Es ist der Fall dieses Agenten mehr als der des Politikers, der den Autor interessiert. Peter Schmidt schildert, wie der Spion, verunsichert von einer ungewohnten Umgebung, allmählich aus dem Ruder läuft und auf Kollisionskurs geht. Die westliche Welt erscheint dabei wie mit fremden Augen beobachtet: die vielleicht größte literarische Leistung Schmidts in diesem Roman.

Auch in Schmidts zweitem Thriller, *Die Trophäe* (1982), spielen die Geheimdienste Pingpong. Als Bälle benutzen sie winzige Pillen: Psychopharmaka, die der westliche Geheimdienst in östliche Nervenkliniken einschleust, damit die »Politischen« unter den Insassen den Verhören des KGB besser widerstehen können; dummerweise schädigt das Zeug die Gehirnzellen und verändert sogar die Erbanlagen. Wie bei le Carré und Deighton werden Agenten wie Schachfiguren hin und her geschoben und im Zweifelsfall bedenkenlos geopfert. Denn die Drahtzieher, durchaus auch im Westen, sind längst Opfer ihrer eigenen Denkzwänge geworden. »Ich habe bereits der Kommission gegenüber erklärt«, erläutert einer der obersten Schreibtischmörder sein Verhalten, »daß in der Agentenabwehr ähnliche Zwänge herrschen wie in der Atomrüstung. Das geringste Ungleichgewicht bringt den Laden durcheinander – von unserer moralischen Verpflichtung gegenüber sowjetischen Dissidenten einmal abgesehen: Wir *mußten* einfach gleichziehen.«

Ein Jahr später setzt *Augenschein* (1983) dieses Thema fort. Gleich mit dem ersten Satz wird der Leser eingestimmt: »Ich nahm an, daß man Tofler auf die übliche – unauffällige – Weise beseitigen würde«, beginnt ein skrupelbehafteter Ich-Erzähler – sowohl *Mehnerts Fall* als auch *Die Trophäe* sind in der dritten Person erzählt – den Bericht über seine Tätigkeit für einen deutschen Geheimdienst. Der ehemalige, verkrachte Staatsanwalt Cordes prüft bei Überläufern aus dem Ostblock, ob sie eingeschleuste Agenten sein könnten. Seine Erkenntnisse dienen seinen Auftraggebern als Rechtfertigung für die Ermordung von Menschen, deren Schuld möglich, aber zweifelhaft ist: im Zweifelsfall immer gegen den Angeklagten. Im Fall des polnischen Ideologen Tofler scheint festzustehen, daß der Überläufer kein trojanisches Pferd ist. Doch als denkbarer Führer einer neuen demokratischen Linken ist Tofler in den Augen der Staatsschützer auf jeden Fall eine Bedrohung für die Staatsmacht der Bundesrepublik, und so widerfährt ihm, was der Erzähler bereits im ersten Satz des Buches vermutet. Schmidts Geschichte, mit kühler Distanz geschrieben, verzichtet auf jeden mörderischen Knalleffekt. Die Spannung ist ganz nach innen verlegt: ein leises, böses Buch von hoher Sprengkraft.

Die Regeln der Gewalt (1984) fällt in gewisser Weise aus Schmidts Thematik heraus. Der Roman beschreibt eine Terroristengruppe, die unter dem Druck der Fahndung immer mehr in die Enge gerät. Äußerliches Movens der Handlung ist die Absicht, den Zentralcomputer des Bundeskriminalamts in Wiesbaden außer Gefecht zu setzen, mit Hilfe eines französischen Computerspezialisten, der für seine Beteiligung am Überfall eine halbe Million Mark verlangt. Doch der Coup ist sinnlos, die Gruppe ist längst vom Staatsschutz unterwandert. Die einen verhandeln mit der amerikanischen CIA, die anderen mit einer Spezialeinheit des Bundesnachrichtendienstes, und weil keiner dem anderen mehr traut, reibt sich am Ende die Gruppe selber auf; *Die Regeln der Gewalt* haben wieder einmal Gerechte und Ungerechte, Idealisten und Kriminelle in die Knie gezwungen.

Mit *Ein Fall von großer Redlichkeit* (1985) kehrt Schmidt ins angestammte Milieu zurück, wählt als Schauplatz eines großen Teils der Handlung allerdings zum ersten Mal die DDR: speziell die Stadt Leipzig. Der Roman beginnt aber im Rheinland, wo der arbeitslose Sprachwissenschaftler Wolfhard Papst mit einem sonderbaren Kumpel durch Bars und Bordelle zieht, bis der Freund im Puff ein böses Ende findet: Anscheinend verbrennt er mitsamt einer Gespielin im Bett. Wenig später geht Papst, ein naiver, vielleicht sogar törichter Zeitgenosse, den unpopulären Weg von West nach Ost; als ihm die Leipziger Karl-Marx-Universität einen Arbeitsplatz für seine ausgefallenen Forschungen anbietet, übersiedelt er ohne lange Überlegungen in die DDR. Natürlich war der Arbeitsplatz ein Lockangebot: Beide Seiten benutzten Papst skrupellos als Spielball. Unerbittlich wird er ins Räderwerk der Geheimdienste gezogen und zermalmt; gegen die Profis des Kalten Krieges hat ein redlicher Mann wie Papst nicht die Spur einer Chance. Schmidt hat seinem Roman den Satz vorangestellt: »Eine Geschichte wie diese, hofft der Autor, kann nur erfunden sein.«

Die Handlung seines folgenden Thrillers, *Erfindergeist* (1985), sieht Peter Schmidt jedoch von der Wirklichkeit schon weit übertroffen. »Hätte ein – halbwegs kompetenter – Lektor für Kriminalliteratur« – schreibt er in dem Aufsatz »Plädoyer für den Polit-Thriller«, aus dem wir schon einmal zitiert haben – »die Kießling-Affäre als Exposé eines Polit-Thrillers auf den Schreibtisch bekommen, dann wäre sie vermutlich mit dem Argument abgelehnt worden, sie sei zu unwahrscheinlich. Daß ein bundesdeutscher Verteidigungsminister den zweithöchsten Nato-Offizier ohne genaue Akteneinsicht wegen der Gefahr der Erpreßbarkeit entläßt, die seinen angeblichen homosexuellen Neigungen zuzuschreiben ist, klingt in der Tat wie dem Szenario eines Reißers entnommen«. *Erfindergeist* läßt sich denn auch nicht von der Kießling-Affäre inspirieren und nicht einmal vom »Fall Tiedge«[8]. Ausgehend von den Skandalen und Fehlleistungen in den deutschen Geheimdiensten denkt sich Schmidt vielmehr den Fall aus, daß ein besonders skandalträchtiger Geheimdienst einem anderen organisatorisch unterstellt würde, und er stellt die Frage: »Wie würde man aus dieser Klemme herauszukommen versuchen? Wie würde man, was ganz natürlich ist, sich die Macht erhalten wollen, die Rollen, die Funktionen?«[9] Bei der Erledigung dieser selbstgestellten Aufgabe beweisen Schmidts Staatsschützer ebensoviel Phantasie wie Energie. Aber es ist eine Phantasie, die dem demokratischen Staat nicht nützt, sondern schadet, und die freigesetzte Energie ist absolut kriminell; sie wird rücksichtslos und zynisch nur eingesetzt zum persönlichen Vorteil.

Vielleicht das listigste Buch, das Peter Schmidt je geschrieben hat, ist der Thriller *Die Stunde des Geschichtenerzählers* (1986). Der Autor selbst hat von diesem Buch gesagt: »Es geht darin diesmal unter anderem um Konflikte in der Dritten Welt. Aber auch um deutsche Geheimdienstler.«[9] Ungewöhnlich ist vor allem der Schauplatz: nicht Berlin, nicht Bonn, kein tropischer Staat, sondern ein kleines Dorf in Niedersachsen, das als Alterssitz für Agenten im Ruhestand fungiert; in einem kleinen Häuschen, einem simplen Geschäft verzehren sie ihre Pension.

Zu Karlsbeck, einem der Agenten im Ruhestand, kommt eine junge hübsche Frau von einer Insel vor der ostafrikanischen Küste. Karlsbeck hat auf dieser Insel gearbeitet in der Zeit ihrer Unabhängigkeitskämpfe und eine recht wichtige Rolle in der Geschichte des jungen Staates gespielt. Diana Hirsch möchte von Karlsbeck einige nur ihm bekannte Details aus dieser Zeit erfahren, angeblich für eine wissenschaftliche Arbeit, tatsächlich aber als Material für den politischen Grabenkampf; die junge Dame ist auch eine Agentin, die für die noch unterdrückten linksrevolutionären Kräfte auf der Insel arbeitet.

Karlsbeck durchschaut ihr Spiel sofort. Aber er wirft sie nicht hinaus, sondern fesselt sie an sich, weil sie etwas Leben, Wärme, Spannung in sein langweiliges Alter bringt. Er schließt mit ihr einen Vertrag: Information gegen Zuneigung, Zuwendung. Geschickt hält er sie hin und bringt sie schließlich sogar dazu, ihn zu heiraten. Doch dann geht der Kampf erst richtig los. Karlsbeck erzählt, Diana hört zu; mit Geschichten von zweifelhaftem Wahrheitsgehalt erkauft sich die männliche Scheherazade zwar nicht das Leben, aber ein bißchen Lebenslust. Der Spaß freilich ist nicht ungefährlich. Immer mehr wird die Geschichte zu einem mörderischen, wenngleich lautlosen Duell. *Die Stunde des Geschichtenerzählers* ist ein Thriller von der sanften Sorte, durchaus in Ambler-

Nähe; seine Attraktivität ein sehr subtiler, in diesem Genre – und erst recht in Deutschland – ganz ungewöhnlicher Reiz.

Schmidts nächster Roman *Der EMP-Effekt* (1986) knüpft in seinem Pessimismus eher an Schmidts frühe Romane an. Der deutsche Elektro-Ingenieur Robert Karga hat eine Erfindung gemacht, deren Wert ihm selbst nicht bewußt ist. Doch den Geheimdiensten in Ost und West ist klar, daß Kargas Einfall – in der Hand nur einer Seite – das Gleichgewicht des Schreckens zum Kippen bringen kann. So verwickeln sie den Erfinder, daheim in Köln, in mysteriöse kleine Unfälle und ziehen ihn allmählich in einen kafkaesken Alptraum, aus dem er sich nur dadurch befreien zu können glaubt, daß er sich ganz in die Hand einer Seite begibt: der westlichen. Doch damit hat er nur die Wahl seiner Peiniger selbst getroffen. Der Terror hält unvermindert an. Er besteht nicht aus grober Brutalität, sondern aus raffinierten psychischen Tricks und Zwängen. Ein Entkommen gibt es nicht – und das macht Schmidts Roman vielleicht realistischer, aber auch düsterer als die Agentengeschichten der Briten und Amerikaner, deren Niveau *Der EMP-Effekt* annähernd erreicht.

Auch in *Der Agentenjäger* (1986), in dem Schmidt den Radius seines Erzählens bis in die Karibik ausdehnt, ohne den Problemen des Ost-West-Konflikts zu entkommen, klappt am Ende die Falle für das Opfer zu, das zwischen den Geheimdiensten beider Seiten einen Weg für seine privaten Interessen gesucht hat. Was bei Allbeury gelegentlich noch möglich ist, erlaubt Schmidt seinen Figuren nicht. Man kann vielleicht zur anderen Seite überlaufen. Aber seinem Verhängnis entgeht keiner, der sich mit den Diensten erst einmal eingelassen hat.

[1] Zu den wenigen Ausnahmen, die wir nicht in diesem Kapitel behandeln werden, gehört Werner Waldhoffs Roman *Der Schattenboxer*, den wir ins folgende Kapitel genommen haben, sowie Heinrich Bölls *Die verlorene Ehre der Katharina Blum*, von dem ein deutscher Bundespräsident sagte, daß sein Autor es unter dem Pseudonym Katharina Blum zur Verteidigung des Terrorismus verfaßt habe.

[2] Kolarz ist nicht zuletzt durch das Drehbuch zum Fernseh-Serienkrimi *Die Gentlemen bitten zur Kasse*, einer Adaption der englischen Postzugräuber-Geschichte, bekannt geworden.

[3] Über Murrs Kriminalromane siehe das Kapitel »Üb' immer Treu und Redlichkeit« auf den Seiten 603 ff. dieses Buches.

[4] Wir verdanken diese Informationen wieder einmal Hanns-Peter Karrs »Wer war's«-Lexikon der deutschen Kriminalschriftsteller in der Broschüre der »Krimi-Tage in Gladbeck«, November 1985.

[5] Über den Autor Robert Ludlum siehe das Kapitel »Crime Does Pay« auf den Seiten 450 ff. dieses Buches.

[6] Experten wissen: Die Tätigkeit in der Werbung verbindet Peter Schmidt nicht nur mit

Dorothy Sayers, sondern auch mit Dashiell Hammett, zwei Kollegen, mit denen er ansonsten nicht eben viel gemeinsam hat.

[7] 1984 publizierte Schmidt den Detektiv-Krimi *Eiszeit für Maulhelden* als nicht sehr erfolgreichen Versuch, die Komik in den deutschen Kriminalroman einzuführen. 1986 kam sein Science-Fiction-Roman *Das Prinzip von Hell und Dunkel* heraus, der im Grunde eine Fortschreibung seiner Politthriller in die Zukunft bedeutet; die Geschichte eines mörderischen Ost-West-Konflikts mit biologischen Waffen, den nur wenige Menschen überlebt haben und den vielleicht ein Gen-Konzern bewußt vom Zaun gebrochen hat, weil er einen neuen, genetisch maßgeschneiderten Menschentyp durchsetzen wollte.

Der Kriminalroman *Linders Liste* (1988) diskutiert die Frage nach dem Verhältnis von Realität und Fiktion auf einer halb parodistischen, halb metaphysischen Ebene. Schmidts fiktive Zentralfigur, der in Kanada lebende deutsche Krimi-Autor Linder, hat aus Wut über die ständige Ablehnung seiner Manuskripte einen Roman, »Linders Liste«, geschrieben, in dem während der Frankfurter Buchmesse sieben Verleger von Linder in ihrem Luxushotel umgebracht werden. Schmidts Roman ist die fiktive Verteidigungsschrift Linders gegen die Anklage, die sieben Verleger so umgebracht zu haben, wie er es in seinem Manuskript zuvor beschrieben hat. Die Verteidigungsschrift ändert unter der Hand ihren Charakter. Mit der Zeit plädiert Linder nicht mehr auf »unschuldig«; er wirbt um Verständnis für seine Tat, ja er kämpft um sein Recht, die miese Realität seiner Fiktion anzupassen.

[8] Für Vergeßliche: Im »Fall Tiedge« lief einer der höchsten bundesdeutschen Agenten der Spionageabwehr, trotz schwerer Alkoholprobleme über Jahre hinweg nie als Sicherheitsrisiko eingestuft, mitsamt seinen Kenntnissen der gesamten westdeutschen Spionageabwehr in den Osten über.

[9] Aus einem Interview, das Peter Schmidt am 23. August 1985, gegen 14.30 Uhr, einer Magazin-Sendung von Radio Luxemburg gegeben hat.

Ausgewählte Bibliographie

Henry Kolarz: *Kalahari*; *Der Tod der Schneevögel* – Heyne Verlag, München.
Igor Šentjurc: *Gottes zornige Hand* – Meyster Verlag, München 1983.
Ernst Brauner: *Der Bund* – Zsolnay Verlag, Wien 1978.
Stefan Murr: *Affäre Nachtfrost*; *Die Toten der Nefud* – Kindler Verlag, München.
Peter Zeindler: *Tarock*; *Die Ringe des Saturn* – Knaur Verlag, München; *Der Zirkel* – Benziger Verlag, Zürich 1985. *Widerspiel* (Hardcover) – Zsolnay Verlag, Hamburg.
Helmut Kobusch: *Der Mann, der zuviel weiß* – Scherz Verlag, München 1984.
Peter Schmidt: *Mehnerts Fall*; *Die Trophäe*; *Augenschein* – Ullstein Verlag, Berlin. – *Die Regeln der Gewalt*; *Ein Fall von großer Redlichkeit*; *Erfindergeist*; *Die Stunde des Geschichtenerzählers*; *Der EMP-Effekt*; *Der Agentenjäger*; *Linders Liste* – sämtlich Rowohlt Verlag, Reinbek.

Neue Farben, neue Töne:
Ulf Miehe, Jörg Fauser,
Hans Werner Kettenbach, Werner Waldhoff,
Jakob Arjouni und Werner Schmitz

Immer wieder einmal will es die Fama wissen, mit diesem oder jenem Titel habe der deutsche Krimi endgültig Weltruhm errungen. Am hartnäckigsten rankt sich dieses Gerücht um Ulf Miehes *Puma* aus dem Jahre 1976. »Große Meriten« bescheinigte ihm die »Welt am Sonntag«; das Buch zeige, »daß auch deutsche Autoren mit großzügiger Hand weltläufige Abenteuer zu säen wissen«[1]. In der »Zeit« sekundierte Hans C. Blumenberg mit der Feststellung, »Miehes Bewußtsein von der Künstlichkeit seiner aus liebevoll und sorgfältig befolgten Traditionen konstruierten Umwelt (sic!) erhebt ›Puma‹ weit über das Niveau der ansonsten hierzulande üblichen Krimi-Schreiberei«[1].

Was ist dran an diesen Lobsprüchen? Ist ein Buch schon »weltläufig«, weil es nicht nur in Hamburg und München spielt, sondern auch in New York und London? Weil seine handelnden Personen nicht der Schwiegermuttermörder von nebenan und der Hauptkommissar aus Stuttgart sind, sondern ein haftentlassener Landsknecht aus Frankreich, ein (sein Mütterchen zärtlich liebender) Killer aus New York, ein Hilfsganove aus England und eine blonde deutsche Millionärstochter, die mit ihrem ekelhaften Papi überkreuz ist? Hat es Niveau, weil es beim französischen Gangsterfilm, vor allem bei dem Regisseur Jean-Pierre Melville, eine blasiert-eiskalte Pose abgeschaut hat, die sich um Schmerz und Tod nicht zu kümmern vorgibt?

Richtig ist: Miehes umfänglicher Kidnapping-Krimi ist insofern ein Unikum, als seine Sympathien nicht beim Opfer liegen, sondern eindeutig bei den Tätern, die allesamt Berufsverbrecher sind, wenn auch von unterschiedlicher Moral und krimineller Energie; während dem Killer etwas wie »Gewissen« kaum als Begriff bekannt ist, spürt der Landsknecht wenigstens ab und an kleine menschliche Regungen, die ihn bei der Abwicklung seiner kriminellen Pläne jedoch kaum behindern. Man könnte diese fatale Sympathiezuweisung als eine Frage der Moral ansehen und verurteilen. Doch tatsächlich scheint hinter der Haltung des 1940 geborenen Drehbuchautors und Filmregisseurs Miehe etwas anderes zu stecken: nicht nur der totale Mangel an Kenntnissen in Täter- und vor allem Opfer-Psychologie, sondern auch die völlige Unfähigkeit, sich die psychischen Qualen auch nur vorzustellen, die ein Kidnappingopfer erduldet. Wo dieses Vorstellungsvermögen fehlt, kann nur eine tote Imitation echter Gefühle und Haltungen herauskommen – und genau das ist Miehes *Puma* geworden: ein völlig synthetisches und nicht einmal besonders virtuos, sondern gerade nur durchschnittlich geschriebenes Buch, dem das Bewußtsein seiner Künstlichkeit auch nicht viel weiterhilft, weil Miehe aus diesem Bewußtsein nicht die mindeste Konsequenz zieht, schon gar nicht in Richtung auf die Infragestellung seiner abgeschauten Haltungen.

Ulf Miehes *Puma* also kann kaum als Beleg dafür gelten, daß der deutsche Krimi mit den Arbeiten guter angelsächsischer oder skandinavischer Autoren mithalten kann. Aber wenn nicht Miehe – wer dann?

Zwei seiner besten Autoren sind dem deutschen Kriminalroman nach verhältnismäßig kurzer Zeit wieder abhanden gekommen. Der eine, Hans Werner Kettenbach, schreibt keine Krimis mehr, der andere, Jörg Fauser, ist in der Nacht nach seinem 43. Geburtstag bei einem Unfall in der Nähe von München ums Leben gekommen. Auch die Thriller – Kriminalromane? – von Fauser, der »nach verschiedenen Tätigkeiten im In- und Ausland« und einer Zeit als »freier Schriftsteller und Journalist in Berlin« als Zeitschriftenredakteur in München seßhaft geworden zu sein schien, als ihn der Tod ereilte –, auch Fausers Bücher leben vor allem von der Anverwandlung fremder Vorbilder, vor allem der harten amerikanischen Schule von James Hadley Chase bis Mickey Spillane, denen der Theoretiker Fauser Elogen gewidmet hat. Aber bei Fauser ist, anders als bei Miehe, das Gefühl für die Realität hinter den übernommenen Haltungen und Klischees jederzeit spürbar, und die Anverwandlung und Ausschlachtung der Vorbilder geschieht virtuos; daß Fauser, auf eine vollmundige, großsprecherische, saloppe Weise, schreiben konnte, bedarf keiner Diskussion.

Der Schneemann (1981) beschreibt eine Flucht. Auf Malta gerät der kleine Ganove Siegfried Blum durch Zufall an fünf Pfund Kokain. Da beginnt er, von einer sorgenfreien, paradiesischen Zukunft auf den Bahamas zu träumen, aus der natürlich nie etwas werden wird. Denn fünf Pfund Kokain, die einem naiven kleinen Taugenichts wie Blum in den Schoß fallen, sind eher ein Danaergeschenk als ein gefundenes Fressen; man wird unversehens zum Freiwild nicht nur für den wahren (wenn auch illegalen) Eigentümer, sondern auch für jene Gangster, deren geschäftliche Kreise man stört, wenn man die Droge abzusetzen sucht – nicht zu reden von den linken Manövern derer, die das Rauschgift ihrerseits ergattern wollen, ohne den von Blum festgesetzten Preis zu bezahlen. Blums fluchtähnliche Reise führt von Malta über München und Frankfurt nach Amsterdam und schließlich Ostende. Er trifft allerlei merkwürdige Typen und verkehrt überall in denselben halbseidenen Kreisen: zwischen Schickeria und Unterwelt. Und natürlich bleibt vom großen Geld nicht ein Fitzelchen an seinen Fingern kleben. Am Ende steht er da wie zuvor: »Er hatte wieder die Qual der Wahl. Manche Firmen gingen bankrott, und andere machten weiter. Manche Menschen verloren, aber damit hatten die anderen noch nicht gewonnen. Er warf seine Kippe in den Wind und blickte auf die Uhr. ›Ich seh mir die Show in der Roxy-Bar an‹, sagte Blum.«

Das Schlangenmaul (1985) ist eher noch virtuoser geschrieben, allerdings auch prätentiöser; hinter einem hochtrabenden Motto aus der Geheimen Offenbarung[3] versucht der Roman die Etablierung des harten amerikanischen Detektivs auf dem deutschen, speziell: dem Berliner Kriegsschauplatz. Das Milieu ist ungefähr das, welches anno '85/86 die politischen Schlagzeilen der Gazetten verseuchte: Politik und Unterwelt, Bordelle und Sektenaberglauben – und mittendrin der Illustrierten-Schreiber Harder, 38 Jahre alt und ohne Job, mit der Steuerfahndung im Nacken, der sich als »Bergungsexperte für außergewöhnliche Fälle« versucht; neben anderen hat Fauser auch seinen John D. McDonald und dessen Helden Travis McGee[4] gut studiert. Harder wird von einer schönen reichen Frau aus dem Hannoverschen auf die Spur ihrer durchgebrannten, gerade volljährigen Tochter Miriam gesetzt; er fragt und säuft und bumst und droht sich durch einen Dschungel von Korruption und Perversität, wie er so schön sonst nur im Lande der unbegrenzten Möglichkeiten gedeiht, immer cool, immer mit Haltung: »Ich nahm den Scheck und betrachtete ihn. Wiglaff leckte sich die Lippen. Drüben krachte es wieder. ›Der ist leider faul‹, sagte ich und zerriß den Scheck.« Wozu braucht Heinz Harder auch große Summen? Die würde ihm ohnehin nur die Steuer abnehmen.

Fausers letztes Buch trägt den lakonischen Titel *Kant* (1987), nach seinem gleichnamigen Helden. Der bezeichnet sich selbst als »freischwebenden Ausputzer«; er ist nicht auf den gelben Seiten des Telefonbuchs unter den Detektiven verzeichnet und hält es beruflich »mit meinem bekannten Namensvetter aus Königsberg: Ich übernehme alles mit einem kategorischen Imperativ.«

Man sieht: der Autor wie sein Held legen Wert auf literarische Bildung; beide pflegen eine gewisse Verachtung fürs Bürgertum, ohne sich ganz von dessen Neigungen distanzieren zu können. Kant beispielsweise widmet sich, wenn es bei seinem Beschattungsauftrag tote Zeiten gibt,

»dem Wirtschaftsteil der FAZ«, obwohl die Börsenkurse für ihn vermutlich keine persönliche Bedeutung haben. Der Fall, in dem Kant ermittelt, spielt allerdings eher in der Halbwelt: dort, wo sie in die Unterwelt übergeht. In Kants Domizil im ersten Stockwerk eines China-Restaurants erscheint ein etwas derangierter Manager, angeblich, um Kant zur Überwachung seiner Frau zu engagieren. Doch diese Überwachung erweist sich lediglich als Test. Tatsächlich geht es darum, die verschwundene, angeblich entführte minderjährige Tochter des Ehepaares wiederzufinden; der Vater vermutet, daß man ihn mit der Tochter als Geisel erpressen will, Material herauszugeben, das er über seine Geschäftspartner gesammelt hat.

Natürlich ist auch das nicht die wahre Dimension des Falles, der – wie Kant herausfindet – ein Gutteil schmutziger ist, als er zunächst erschien: ein Sumpf von Sex und Verrat, Brutalität und Dummheit. So mag ein Teil unserer Realität tatsächlich aussehen, und daß sich Fauser von diesem Teil der Realität anzogen fühlte, war seine Sache. Im Fall »Kant« hat das zu einem guten Krimi geführt: direkt und ohne Umschweife, so »schnell« geschrieben wie einige von Fausers amerikanischen Vorbildern, ein Buch wie ein Handkantenschlag oder ein Tritt in den Unterleib. Was wäre dabei herausgekommen, wenn dieser Mann einmal in aller Ruhe und ohne Druck einen Roman hätte in Angriff nehmen können? Es ist müßig, darüber zu spekulieren.

Hans Werner Kettenbach, 1928 im rheinischen Bendorf geboren, ist im Hauptberuf politischer Journalist. Für den Kölner Stadtanzeiger beobachtete er ein Jahrzehnt lang die politische Szenerie in Bonn, und einige Zeit lang war er auch Korrespondent seines Blattes in Amerika. Sowohl die Bonner als auch die New Yorker Korrespondentenzeit spiegeln sich in Kettenbachs Büchern wieder. Kettenbachs erster Kriminalroman[5] *Grand mit Vieren* (1978), noch vor dem Erscheinen mit dem Jerry-Cotton-Preis des Bastei-Lübbe-Verlags ausgezeichnet, spielt im Bonner Journalisten- und Ministerialbürokraten-Milieu. Sein dritter Krimi, *Minnie oder ein Fall von Geringfügigkeit* (1984), handelt von einem Deutschen, dem auf der Reise von Nashville, Tennessee, zur amerikanischen Ostküste einige alptraumhafte, beinahe kafkaeske Geschehnisse widerfahren.

Grand mit Vieren beginnt mit einer Bombenexplosion in einem Pariser Hotel; ein deutscher Journalist im Troß eines EG-Ministertreffens zum Thema Terrorismus wird von dieser Bombe in Stücke gerissen. Der Mann allerdings hatte eben sein Zimmer mit einem Beamten gewechselt, der als ein besonders eifriger Terroristenjäger gilt. Ist er also einer Verwechslung zum Opfer gefallen? Stehen politische Motive hinter dem Anschlag oder private? Neben der Polizei ermittelt ein Journalist, ein Freund des Toten, und dessen Rolle wird besonders plausibel dadurch, daß sich dieser Detektiv in die Freundin des Toten verliebt, eine verheiratete Frau. Kettenbach beschreibt, zuweilen haarscharf am Rande, aber niemals jenseits des Kitschigen, eine verrückte Liebe, läßt aber niemals die Gesetze der kriminalistischen Logik außer acht; sein Erstling ist vielleicht nicht übermäßig originell, zeugt aber bereits von einer erstaunlichen Beherrschung des krimiliterarischen Handwerks.

Kettenbachs nächster Krimi, *Glatteis* (1982), verzichtet auf die etwas pubertäre Liebesgeschichte und gewinnt ungewöhnliche Intensität aus einem eher tristen Milieu. Ein Mann verbeißt sich in die fixe Idee, daß sein Chef jene Frau umgebracht habe, der die Firma und das ganze Geld gehörte. So setzt er alles daran zu beweisen, und sei es um den Preis der eigenen Existenz, daß der vermeintliche Unfall ein besonders raffinierter Mord war. Der Vorzug des Romans besteht vor allem darin, daß er das Kunststück fertigbringt, seinen Helden als eine ziemlich miese Figur darzustellen und ihm gleichwohl die Sympathie des Lesers zu erhalten. Das rheinische Milieu, in dem die Handlung spielt, ehe sie sich in einer großen Fluchtbewegung an die holländische Küste verlagert, ist mehr als nur der Schutzanstrich auf einer Geschichte, in der das Tragische gegenüber dem oberflächlich Spannenden immer mehr die Oberhand gewinnt.

Letzteres gilt in verstärktem Maße auch für Kettenbachs bislang letzten Kriminalroman *Minnie oder ein Fall von Geringfügigkeit*. Das Buch erzählt die Geschichte eines deutschen Rechtsanwalts, der wegen einiger Schallplattenverträge in Nashville in den USA zu tun hat und nach getaner Arbeit ein paar Urlaubstage im Mietwagen anhängen möchte. Auf der vierten Seite des Romans wird Wolfgang Lauterbach Augenzeuge eines Banküberfalls, und fast augenblicklich gerät er in einen Alptraum. Ein alter Straßenkreuzer verfolgt ihn, überholt ihn und verwickelt ihn in einen Unfall, dem er nur durch Fahrerflucht entkommt: Soll der Augenzeuge beseitigt werden? Im einsamen Motelzimmer wird der Deutsche mit der überbordenden Phantasie Ohrenzeuge einer heißen Party im Nachbarzimmer: die Siegesfeier der Bankräuber? Eines der an der Party beteiligten Mädchen scheint spurlos verschwunden: Haben ihre Komplizen die Frau umgebracht?

Mehr als alles andere nervt den Reisenden ein farbiges Mädchen, das er sich trotz seiner Rassenvorurteile als Mitfahrerin aufgelesen hat. Auf der Flucht vor seinen Verfolgern läßt sich Lauterbach von Minnie auf abenteuerliche Seitenwege lotsen, und mehr und mehr verstrickt er sie in seine Geschichte und in seine Mutmaßungen. Bald schließt der Verdacht Minnie ein: Ist sie ein Bandenmitglied auf der Suche nach dem verlorenen Beutegeld, dessen Versteck auch Lauterbach schließlich aufzuspüren sucht? Der Alptraum endet für beide, nach einem stümperhaften Einbruch, im Kittchen. Dem Deutschen bereitet das gewiß ein paar unangenehme Stunden. Für Minnie aber – Lauterbach mag gar nicht daran denken, versagt ihr aber auch jede Hilfe – ist das vermutlich eine Katastrophe, als Schwarze im Klu-Klux-Klan-Land.

Im allgemeinen ist es kein Kompliment, wenn man einem Krimi bescheinigt, er sei keiner mehr. Doch Kettenbachs Roman erfüllt die Regeln, ohne sich damit zufrieden zu geben. Ihm geht es weniger ums Verbrechen (und schon gar nicht um seine Aufklärung) als um die Erforschung von Menschen. Vom durchschnittlichen Whodunit entfernt er sich ein gutes Stück in Richtung Patricia Highsmiths und ihres sanften Schreckens. Auf diesem Weg ist Kettenbach der Meisterin des Psychothrillers so nahe gekommen wie kein anderer deutscher Autor. Aber danach hat er das Schreiben von Kriminalromanen aufgegeben; die Hoffnung, daß er den letzten Schritt auch noch tun werde, hat sich bislang mindestens nicht erfüllt.

Auch Werner Waldhoff, eine große Hoffnung seit Jahren, hat den entscheidenden Durchbruch bislang nicht geschafft. Waldhoff, geboren 1943 in Breslau, hatte bereits ein recht bewegtes Leben hinter sich, als er 1979 seinen ersten Roman *Spurensicherung* vorlegte: die Geschichte eines Menschen, der allmählich ins Kriminelle abdriftet. Waldhoff »absolvierte nach dem Abitur eine Bundeswehrkarriere mit stark abfallender Tendenz und wandte sich dann der christlichen Seefahrt zu: Amerika, Afrika, Südostasien. Dann studierte er Physik, Wirtschaftswissenschaft und Informatik, jobbte als Lastwagenfahrer und Übersetzer, kam wegen versuchter Gefangenenbefreiung ins Gefängnis und wurde dann Schriftsteller«.[6] Angesichts eines solchen Lebenslaufes sollte man Waldhoffs literarisches Œuvre in ziemlich exotischen Bezirken vermuten. Doch das ist zum Glück nicht der Fall. Man spürt zwar immer die Lebenserfahrung, und noch im Extremfall ist klar: Der Mann weiß, wovon er schreibt. Doch Waldhoffs Krimis versuchen nicht, sich mit fernen Schauplätzen interessant zu machen; seine Bücher sind Bestandsaufnahmen der bundesdeutschen Gegenwart.

Der Sozio-Krimi allerdings findet in Waldhoff keinen neuen Adepten. Gleich Waldhoffs Krimi-Debüt *Des einen oder anderen Glück* (1983) beschert dem Genre einen gänzlich neuen Tonfall. Es handelt sich um keinen Mord-, sondern um einen Betrügerkrimi, der außerdem noch ganz unangestrengt komisch ist. Zwei schräge Vögel, weder ungebildet noch unsympathisch, aber etwas leger in Sitten und Rechtsempfinden, geraten in eine ungewöhnliche Familienaffäre: die als Kidnapping getarnte Auseinandersetzung zwischen einem konservativen Politiker und seiner schönen, jungen, anderweitig verliebten Frau. Zwei unterschiedliche Arten von Gaunern, der kleine Hallodri und der große Dunkelmann, versuchen sich gegenseitig aufs Kreuz zu legen, stehen am Ende jedoch beide als Gelackmeierte da, weil das vermeintliche Opfer, mit einem schönen Gruß von Donald E. Westlakes *Jimmy the Kid*, alle übertölpelt.

Waldhoffs nächster Kriminalroman *Ausbruch* (1984) schildert die Geschichte einer mörderischen Selbsttäuschung. »Penn«, in dem man durchaus etwas wie ein Selbstporträt des Autors unter anderen Umständen sehen könnte, ist immer gerade dabei, den großen Coup zu landen: jenes dicke Ding, das ihm den Ausstieg aus der Kriminalität und den Einstieg in ein komfortables bürgerliches Leben sichern soll. Und immer wieder geht die Sache schief; immer wieder landet Penn im Kittchen. Doch er wird aus seinen Schäden nicht klug. Die logische Konsequenz von Verbrechen, Ertapptwerden und Bestrafung leuchtet Penn nicht ein. Für ihn ist es einfach »Pech«, daß er immer wieder erwischt wird. Aus dem Gefängnis versucht er auszubrechen, vergebens natürlich; und wieder in Freiheit, legal diesmal, stolpert er gleich in den nächsten Coup, seinen letzten: »Drei Monate nach seiner Entlassung unternahm er einen spektakulären Raubüberfall, der ihm annähernd zwei Millionen eingebracht hätte. Der Raubüberfall mißglückte. Es war einfach nur Pech. Er saß hoffnungslos in der Falle, ein großes Polizeiaufgebot hatte die Gegend hermetisch abgeriegelt. Trotzdem schoß er – bis zur vorletzten Patrone.« Es ist das konsequente Ende eines Lebens, das ein falsches Bewußtsein und die Sehnsucht nach schnellem Reichtum so konsequent verdorben haben wie eine Droge und das Waldhoff in einer Mischung aus objektiver und subjektiver Prosa nicht ohne Verständnis schildert, aber fernab von jedem Versuch zu seiner Rechtfertigung.

Vielleicht das Sympathischste an den fünf Kriminalromanen, die Waldhoff bis zum Frühjahr '86 vorgelegt hat, ist die Tatsache, daß jeder von ihnen thematisch und stilistisch ein völlig eigenes Gesicht hat; auf Serieneigenschaften, die seinen Büchern bessere Marktchancen eröffnen könnten, hat sich Waldhoff bislang nicht festlegen lassen.

Der Schattenboxer (1984) ist einer der wenigen deutschen Kriminalromane zum Thema Terrorismus, der Held des Buches allerdings weder

Terrorist noch Terroristenjäger, sondern etwas wie ein Sympathisant – oder nicht einmal das. Der Schriftsteller Bernhard Stroga, dessen Ehrung mit einem bedeutenden Literaturpreis bevorsteht, wird durch eine Terroristengruppe in einen Kidnappingfall gezwungen, der wie eine Mischung aus den authentischen Fällen Moro und Schleyer anmutet. Die Terroristen, zum Teil Gesinnungstäter, zum Teil simple Kriminelle, haben den Fraktionsführer der Regierungspartei entführt und verlangen, neben der Haftentlassung einiger Komplizen, ein hohes Lösegeld; Stroga, in dessen unwirtlichen Burgruinenwohnsitz sich die Gruppe zurückgezogen hat, soll zwischen ihr und der Regierung vermitteln. Doch der Schriftsteller bekommt mit der Zeit Spaß an seiner Rolle – und das ist einer der Gründe, weshalb die Sache tragisch endet. Der Hauptgrund freilich liegt in der Unmoral der Herrschenden, die sich nicht einig werden darüber, ob sie den entführten Politiker tatsächlich gerettet sehen wollen oder ob er ihnen als Märtyrer wichtiger ist; der Zynismus feiert, auf allen Seiten, Triumphe.

In *Querschläger* (1985) scheint Waldhoff einige seiner früheren Themen zu variieren, auf eher zweifelhafte Weise angereichert mit der aktuellen Umweltschutzproblematik. Die Rechtsanwältin Annie versucht, die Ansprüche von Geschädigten gegen die umweltverseuchende Firma Phentax durchzusetzen, scheitert aber auf der ganzen Linie. Ihr Freund, der arbeitslose Lehrer Buff, läßt sich von Freunden aus der kriminellen Szene zur Teilnahme an einem Bankraub gewinnen, der letztlich auch Erfolg hat, allerdings einen der Beteiligten das Leben kostet. Doch am Ende liegt Annie, die an einer Protestaktion gegen die Phentax nach Greenpeace-Manier teilgenommen hat und dabei das Opfer eines »Betriebsunfalls« geworden ist, mit irreparablen Schäden im Krankenhaus, und Buff legt sich, um sie zu rächen, mit einem Scharfschützengewehr in den Anstand für den Phentax-Präsidenten: eine eher fragwürdige Lösung, die Waldhoffs schwächstes Buch darstellt als die einzig mögliche Konsequenz.

Ende der Autobahn (1985) zeigt den Autor nur im ersten Kapitel auf vertrauten Wegen, als zwei 16jährige im gestohlenen Auto auf der Flucht vor der Polizei sind, die nur einen von ihnen erwischt; der andere entkommt, weil er den Freund verrät. Gut zwanzig Jahre später sind die Rollen ähnlich verteilt. Der uneheliche Paco dient, nach einem abenteuerlichen Herumtreiberleben vor allem in Südamerika, dem Polizisten Erik als Spitzel in Unterweltkreisen – und wird am Ende von Erik wiederum aufs Kreuz gelegt: Mit den drei Millionen Mark aus einem großen Rauschgiftdeal, mit denen Paco sich eine Existenz in Südamerika aufbauen möchte, verschwindet nicht er, sondern der Beamte, zu einem allerdings auch nicht eben erstrebenswerten Leben unter Palmen und Tropensonne: »Er nimmt noch einen Schluck. Von hier aus hat man einen herrlichen Ausblick. Er schaut hinaus auf die endlose Fläche des Wassers. Das Meer ist sehr blau. Sonst nichts.«

Den deutschen Bullenroman, den – wenn schon – der Kollege Breinersdorfer in seinem Pamphlet »Wider den Polizistenroman«[7] fordert: Waldhoff hat ihn mit *Ende der Autobahn* auf eine höchst subtile Weise geschrieben. Nur das erste und das gerade eine Buchseite umfassende letzte Kapitel sind in der dritten Person verfaßt. Den Hauptteil der Handlung erzählen Paco und Erik jeweils aus ihren Perspektiven, immer abwechselnd. Waldhoffs Prosa ist so kühl und elegant wie in keinem anderen seiner Bücher, und wenn die Rollenprosa des Polizisten auch verräterisch ist, so ist sie doch nicht unfair oder auf billige Weise denunziatorisch. Gezeichnet wird ein Mann, der sich – ganz wie die Ganoven – mit einer Durchschnittsexistenz im bürgerlich-kapitalistischen System Bundesrepublik nicht zufriedengeben mag und sich des Staates und seiner Machtmittel bedient, um seine eigenen Interessen durchzusetzen. Die Figur kommt dem Leser merkwürdig bekannt vor. Typen wie dieser Erik, nicht unsympathisch in ihrer Schlitzohrigkeit, lächeln dem Betrachter jeden Tag von den Seiten der Gazetten entgegen: als erfolgreiche Geschäftsleute, Politiker oder Beamte.

Waldhoffs bislang jüngster Roman *Das Gesicht unter Wasser* (1988) beginnt fast so, wie sein Vorgänger endete – mit dem Anblick der karibischen See: »Das Meer war sehr blau.« Aber die Urlaubsstimmung hält nicht lange vor. Erik Foyner, der auf eine nicht legale, aber offenbar auch nicht justitiable Weise daheim einige Millionen ergaunert hat, die er jetzt im Luxus durchbringt, vermißt seine Geliebte und findet eine Leiche. Die einzige Spur führt zurück nach München; so beschließt der Ex-Polizist Foyner, in seiner alten Heimat nach Laura Stratten zu suchen.

Eine Weile scheint es, als sollte Waldhoff der große Wurf endlich gelingen. Seine Geschichte ist locker erzählt und voller Atmosphäre. Aber je näher sie der Auflösung kommt, desto mehr zerbröselt sie dem Autor unter den Fingern. Am Ende steht der Leser enttäuscht vor einem schlecht geschürzten Knoten, und der Autor rettet sich in bürgerliche Verhaltensweisen. Die letzte Geste des Helden ist die Anmeldung eines Telefongesprächs aus der Karibik nach München. Am anderen Ende der Leitung wird eine alte Freundin und Kollegin sein: »Ich wußte immer noch nicht, was ich wirklich wollte, aber es würde guttun, ihr das zu sagen und ihre vertraute Stimme zu hören. Vielleicht genügte das erstmal.«

Für die Krimi-Oberstufe genügt es wieder einmal nicht. Werner Waldhoff – ein ewiges Talent?

Inzwischen haben zwei Jüngere nachdrücklich auf sich aufmerksam gemacht: der 1948 in Bochum geborene Werner Schmitz und der 1964 in Frankfurt geborene Jakob Arjouni.

Schmitz war »fünfzehn Jahre Kommunalbeamter, bevor er aus dem öffentlichen Dienst gedrängt wurde«[8]; seitdem arbeitet er als Verlagsangestellter und Journalist im Ruhrgebiet. Sein Debüt als Krimi-Autor gab Schmitz 1984 mit dem Roman *Nahtlos braun*; der Titel spielt nicht auf nackte Blondinen an, sondern auf alte Nazis. Der alte Emil Strothkämper, Kommunist und Widerstandskämpfer, erleidet einen schweren Verkehrsunfall mit seinem Moped, und im Krankenhaus erwischt es ihn dann endgültig. Die Polizei schöpft keinen Verdacht. Aber Strothkämpers Enkelin Ulla Schulte wird mißtrauisch und beginnt mit Nachforschungen auf eigene Faust, unterstützt von ihrem Freund und bald auch einem alten Rechtsanwalt, der vor den Nazis emigriert war. Geduldig gräbt das ungleiche Trio in Strothkämpers Vergangenheit, macht erstaunliche Entdeckungen in der Bochumer Geschichte der frühen dreißiger Jahre und stößt schließlich auf einige SS-Bonzen von damals, die sich von Strothkämper, der einen von ihnen wiedererkannt hatte, in ihrer Altersruhe gestört fühlten. *Nahtlos braun* ist ein Roman, der die wichtige Aufarbeitung von verdrängter politischer Geschichte in die Form eines Thrillers gebracht hat, die Thrillerform aber nicht als Vorwand benutzt; schon dieser Erstling läßt das meiste, was parallel dazu an deutschen Kriminalromanen geschrieben ist, sowohl dramaturgisch als auch sprachlich um einiges hinter sich.

Doch Schmitz weiß sich zu steigern. Sein nächster Krimi, *Dienst nach Vorschuß* (1985), beginnt mit einem Mord im Paternoster des Bochumer Rathauses und handelt von kriminellen Machenschaften im Baugeschäft: Korruption bei der Baubehörde, Steuerhinterziehung, Betrug und Menschenhandel mit Leiharbeitern von seiten der Baufirmen. Zwar läßt der Autor diesmal nicht nur Privatleute, sondern ganz offiziell auch die Polizei ermitteln. Doch großes Zutrauen in die Effizienz ihrer Arbeit hat er nicht. Daß Kommisar Wegener, dem die Kollegen kräftig Knüppel zwischen die Beine werfen, am Ende seinen Mörder erwischt, ist reiner Zufall; die Vorarbeit hat ohnehin ein Privatmann geleistet.

So ist es kein Wunder, daß Schmitz als Detektiv in seinem dritten Roman *Auf Teufel komm raus* (1987) einen Journalisten wählt, der in den Fall fast zufällig hineinstolpert. Eigentlich ist Hannes Schreiber, Reporter für ein alternatives Ruhrgebietmagazin, nur auf eine Story aus. Teufelskulte im Pütt – das wäre doch ein Thema. Und daß es da »in Bochum einen ungeklärten Todesfall unter den Satanisten gegeben« habe, wie Schreiber gleich zu Beginn seiner Recherchen erfährt, macht die Sache allenfalls etwas pikanter. Doch wie das so geht in einem Krimi: Plötzlich steckt der recherchierende Reporter mitten in einem Mordfall und dessen Untersuchung, die ihn auf den Spuren der Teufelsanbeter kreuz und quer durchs Ruhrgebiet und bis in die Toskana führt. Der Plot des Romans ist ganz nach dem Muster der harten amerikanischen Detektivgeschichte gestrickt. Schmitz füllt dieses Muster mit viel Spannung und lokaler Atmosphäre; die Denkweise und Diktion der Menschen an Ruhr und Emscher ist exakt getroffen. Das alles hebt *Auf Teufel komm raus* aus der Masse der deutschen Kriminalromane weit heraus: einer der besten Krimis, die in den letzten Jahren in deutscher Sprache geschrieben wurden.

Der größte Konkurrent für Schmitz um den Titel des besten Newcomers im deutschen Krimilager scheint mir Jakob Arjouni zu sein, der mit *Happy birthday, Türke!* (1987) auf noch höherem Niveau beginnt als Schmitz. Arjouni, der heute in Berlin lebt, seine Romane aber im Frankfurter Milieu spielen läßt (in dem er aufgewachsen ist), hat die ungewöhnlichste Detektivfigur erfunden, die je in einem deutschen Krimi zu Hause war: Kemal Kayankaya, Arjounis Held, ist türkischer Herkunft, allerdings, nach eigener Auskunft, »Staatsbürger der Bundesrepublik«. Seine Mutter, erzählt er einem Klienten, »ist bei der Geburt gestorben. Mein Vater hat mich nach Deutschland mitgenommen. Lange hat er es auch nicht gemacht, und so wurde ich von einer deutschen Familie adoptiert. So lange ich denken kann, bin ich in diesem Land.« Mindestens angefangen hat Kayankaya als Idealist. »Ich mach meinen Job«, sagt er, »weil es zum Anwalt nicht gelangt hat. Ich hatte geglaubt, Privatdetektiv wäre so eine Art Hausarzt. An den großen Schlachtereien und dem allgemeinen Dreck ändert er zwar nichts, aber für den einen oder anderen kann es vielleicht doch wichtig sein, daß er da ist.« Ein paar Illusionen hat er mit der Zeit verloren: »Inzwischen weiß ich auch, es ist vollkommen egal, ob ich da bin oder nicht. Ich mache meine Arbeit, so gut es geht, das ist alles.«

Ein bißchen Understatement ist bei dieser Auskunft schon dabei. Denn mehr als nur seinen Job tut Kemal Kayankaya allemal – jedenfalls in Arjounis ersten beiden Romanen mit diesem Helden.

In *Happy birthday, Türke!* wird Kayankaya, ausgerechnet an seinem

Geburtstag, von einer jungen Türkin engagiert. Er soll den Tod ihres Ehemanns untersuchen, der mit einem Messer im Rücken im Bahnhofsviertel gefunden wurde; die Polizei interessiert sich nicht sehr für diesen Mord im Milieu. Oder hat sie vielleicht andere Gründe? Kayankaya stößt bei seinen Ermittlungen auf einige Merkwürdigkeiten. Nicht nur der Ehemann der jungen Türkin, sondern auch ihr Vater ist vor einiger Zeit eines gewaltsamen Todes gestorben: bei einem Verkehrsunfall. Kayankaya sucht eine Augenzeugin und erfährt: Auch sie lebt nicht mehr; angeblich wurde sie von einem vom Dach fallenden Ziegelstein (nicht: einer Dachpfanne) erschlagen. Und merkwürdig: In allen Fällen nahmen dieselben Polizisten das Protokoll auf, ob sie nun zuständig waren oder nicht. Kayankaya kommt einer dicken Sache bei der Polizei auf die Spur: Rauschgifthandel, Erpressung, Nötigung, Mord. Nur: Jenen Mord, den Kayankaya zu untersuchen ursprünglich ausgezogen ist, haben die Gangsterpolizisten nicht auf dem Gewissen, obwohl Kayankaya damit, um den wahren Täter zu decken, ihr Konto belastet; er ist halt mehr an höherer Gerechtigkeit interessiert als an simplem Recht.

Bei seinem zweiten Abenteuer, in dem Roman *Mehr Bier* (1987), soll Kayankaya die Haut von vier gewalttätigen Umweltschützern retten, die des Mordes an einem Chemiefabrikanten angeklagt sind. Die vier geben zwar zu, ungefähr zur Mordzeit auf dem Gelände des Chemiewerks einen Sprengstoffanschlag verübt zu haben, leugnen jedoch ihre Beteiligung an dem Mord ganz entschieden. Anscheinend decken sie einen geheimnisvollen fünften Mann, den Kayankaya zunächst einmal aufzutreiben versucht. Kaum hat er mit seinen Recherchen begonnen, wird er – wie schon im Verlauf von *Happy birthday, Türke!* – schwer zusammengeschlagen; bis zur Lösung des Falles muß der Detektiv einiges einstecken.

Aber was Kayankaya nicht umbringt, macht ihn härter. Klug und zäh, wie er ist, kommt er schließlich einer verflixt miesen Geschichte auf die Spur: halb Gesellschaftstragödie, halb Umweltskandal, von den deutschen Obrigkeiten, Polizei und Politik, eher gedeckt als verfolgt. Der Filz ist undurchdringlich, und Kayankaya verfängt sich in ihm.

Beide Romane spielen in und um Frankfurt und könnten wohl nirgendwo anders spielen als in dieser Atmosphäre aus Äppelwoi-Gemütlichkeit und eiskaltem Geschäft, aus Hochhäusern und Butzenscheiben, Puffs und Snobismus, aus grün-linkem Aktionismus und konservativer Arroganz. Arjounis Held erzählt seine Geschichten in der Ich-Form, zwar im Stil des harten amerikanischen Detektivromans, aber mit großem Gespür für den main-hessischen Tonfall, und was immer ihm auch widerfährt: Nie wird er wehleidig oder gar weinerlich. Noch wenn er seine Verzweiflung im Bier ertränkt, bleibt Kemal Kayankaya eine ehrliche Haut – und sein Erfinder eines der größten Talente, das der deutsche Kriminalroman seit langer Zeit aufweisen kann.

[1] Sowohl »Die Zeit« als auch die »Welt am Sonntag« sind hier zitiert nach dem Klappentext der Taschenbuch-Ausgabe von *Puma* im S. Fischer Verlag.
[2] Die Zitate sind entnommen dem Klappentext der Taschenbuch-Ausgabe von *Der Schneemann* im Rowohlt Verlag.
[3] »Und es ward ausgeworfen der große Drache, die alte Schlange, die da heißt Teufel und Satanas, der die ganze Welt verführt, und ward geworfen auf die Erde, und seine Engel wurden dahin geworfen«: kleinere Münze war offenbar gerade nicht vorhanden.
[4] Über Travis McGee und seinen Autor siehe das Kapitel über die MacD(d)onalds auf den Seiten 130 ff. dieses Buches.
[5] 1979 erschien Kettenbachs erster Roman ohne Krimi-Handlung, *Der Pascha*, bei Zsolnay in Wien, zwei Jahre später folgte, ebenfalls bei Zsolnay, *Hinter dem Horizont*.
[6] *H. P. Karr:* Wer war's – Lexikon der deutschen Kriminalschriftsteller in der Broschüre der Krimi-Tage in Gladbeck, November 1985.
[7] *F. Breinersdorfer:* Wider den Polizistenroman, in: *K. Ermert / W. Gast:* Der neue deutsche Kriminalroman, Rehburg-Loccum 1985, S. 64 ff.
[8] Zitiert nach *W. Schmitz:* Nahtlos braun. Pahl-Rugenstein Verlag, 2. Auflage, Köln 1988, S. 5.

Ausgewählte Bibliographie

Ulf Miehe: *Ich hab noch einen Toten in Berlin*; *Puma* – Bastei-Lübbe Verlag, Bergisch-Gladbach. *Lilli Berlin* – Piper Verlag, München.
Jörg Fauser: *Der Schneemann* – Rowohlt Verlag, Reinbek. *Das Schlangenmaul*; *Rohstoff* – Ullstein Verlag Berlin. *Kant* – Heyne Verlag, München.
Hans Werner Kettenbach: *Grand mit Vieren*; *Glatteis* – Bastei-Lübbe Verlag, Bergisch-Gladbach. *Minnie oder ein Fall von Geringfügigkeit* – Diogenes Verlag, Zürich.
Werner Waldhoff: *Des einen oder anderen Glück*; *Ausbruch*; *Der Schattenboxer*; *Querschläger*; *Ende der Autobahn*; *Das Gesicht unter Wasser* – sämtlich Rowohlt Verlag, Hamburg.
Werner Schmitz: *Nahtlos braun*; *Dienst nach Vorschuß*; *Auf Teufel komm raus* – Pahl-Rugenstein Verlag.
Jakob Arjouni: *Happy birthday, Türke!*; *Mehr Bier* – Diogenes Verlag, Zürich.

Getretner Quark:

Die Unbedarften und die Prätentiösen

Wie jedes andere potentielle literarische Kunstwerk kann man auch einen Kriminalroman auf zweierlei Weise verderben: durch Unbedarftheit und durch Prätention. Die unbedarften Autoren sollten im Grunde natürlich schon im Sieb der Lektorate hängen bleiben; wer mit der deutschen Sprache nicht umgehen, wer keine logischen Geschichten konstruieren kann, von Psychologie nichts versteht, hat in einem Verlagsprogramm von einigem Anspruch eigentlich nichts zu suchen. Aber die Reihen, in denen der Krimi in Deutschland zu Hause ist, wollen schließlich bedient sein, der eine oder andere Autor von zweifelhafter stilistischer Qualifikation mag sich ganz passabel verkaufen, und letztlich ist ja auch literarische Qualität vor allem eine Glaubensfrage; was der eine Lektor für indiskutabel hält, gefällt gerade dem anderen oder reicht ihm mindestens so weit aus, daß er fünf gerade sein läßt und das kritische Auge zudrückt. So gerät denn manches in die Reihen und in die Regale, was dem Kritiker auf den ersten Blick mißfällt, zuweilen derart, daß er mit der Lektüre über die ersten Seiten nie hinauskommt, sondern das Buch bei jedem neuen Anlauf erzürnter in die Ecke donnert.

Ein Extrembeispiel für ein solches Buch ist für mich Jani Möllers *Wann stirbst du endlich, Liebling* (1984), »die Geschichte einer eiskalt berechnenden Frau, die über Leichen geht«[1]. Wie die Geschichte konstruiert ist und verläuft, vermöchte ich nicht einmal zu sagen. Schon auf den ersten drei Seiten ärgern mich so viele kleine sprachliche Details, daß ich mich zu weiterer Lektüre nie überwinden konnte. Da starrt die negative Heldin sinnend »ins lebhafte Kaminfeuer«, natürlich »mit unschönen Falten auf ihrer sonst so glatten, weißen Stirn«. Da fällt ein »nicht enden wollender Nieselregen vom tiefverhangenen Himmel« der Côte d'Azur, und wenn der stinkreiche Ehemann der Dame, die keine Dame ist, sondern offenbar eine ehemalige Nutte, vom Börsenteil der »Times« aufblickt, sagt er: »Die Super-Oil-Aktien sind wieder gefallen« und greift »nach dem halbleeren Whiskyglas«. Alles ist so, wie sich Klein-Fritzchen die große Welt vorstellt; soll also Klein-Fritzchen lesen, was »die Schweizer Schriftstellerin, die ihre Romane unter dem Pseudonym Jani Möller veröffentlicht»[1], sich an Bösem aus der Welt der Superreichen und Perversen ausgedacht hat.

Ein Gebiet, das der Beschreibung offenbar besonderen Widerstand entgegensetzt und deshalb besonders häufig mit haarsträubenden Klischees bedient wird, ist das Gebiet der Sexualität. Und weil sich in den Kriminalroman, gerade auch in die auf bessere Verkäuflichkeit schielende Konsumware, in den letzten Jahren sehr viel Sex eingeschlichen hat, finden sich hier die auffallendsten Sünden wider den Geist des literarischen Geschmacks. Theodor J. Reisdorfs Roman *Jadedistel* (1986) zum Beispiel, kommt gleich im ersten Kapitel voll zur Sache. Die junge Frau eines Oberstudiendirektors in Wilhelmshaven hat erfahren, daß ihr Mann homosexuell ist. Nun gibt sie sich auf einer Karnevalsparty, bei der sie »wie eine Feder über die Tanzfläche« gehüpft ist, demselben jungen Mann hin, mit dem sie vorher ihren Mann im erotischen Clinch erwischt hatte: »Sie fühlte, wie er ihr das Mieder öffnete und den Hexenrock über das Gesäß streifte. Ein wärmendes Gefühl der Genugtuung überflutete sie, als sie spürte, wie Haralds Männlichkeit auf ihre fraulichen Reize reagierte, und dieses Gefühl ließ sie erbeben in einem Meer von Farben, über das Hexen auf Besen ritten und in dem es für einen Räuber Hotzenplotz nichts mehr zu holen gab.« Reisdorf, Jahrgang 1935, kann allerdings nicht nur keine Sexszenen schreiben; er ist auch unfähig, eine sinnvolle Krimihandlung zu konstruieren. Seine Idee hat er sich bei Agatha Christie[2] aufgelesen; doch geht er nicht so weit, den arroganten, autoritären und homosexuellen Leiter des Wilhelmshavener Jade-Gymnasiums einem gemeinschaftlichen Mord zum Opfer fallen zu lassen. Sein Plot ist fast noch blöder: In einer Redaktionskonferenz der Schülerzeitung »Die Jadedistel« wird der Mord am Direktor beschlossen: »Gemäß den Ergebnissen unserer heutigen Sitzung – siehe Protokoll Tagesordnungspunkt eins bis sechs – verurteilen wir Doktor Heinrich Cadena zum Tode. Der Vollstrecker ist verpflichtet, die Tat so auszuführen, daß sie unaufklärbar bleibt. Allerdings hat er der Redaktion ein Zeichen zu hinterlassen.« Angeblich stecken in *Jadedistel* die Erfahrungen von zwanzig Jahren, »die ich als Lehrer vor Klassen vieler Schulformen verbrachte«[3]. Der Autor hat sie an einen Halbporno glatt vergeudet.

Verglichen mit Reisdorfs »Jadedistel« sind die Krimis von Uwe Erichsen fast schon Literatur, so simpel und anspruchslos, auf reine Oberflächenspannung erpicht sie auch geschrieben und konstruiert sein mögen. Aber ein Gutteil handfeste Spekulation steckt immer in Erichsens Romanen, »die harte action-Geschichten aus der Halb- und Unterwelt nach amerikanischem Muster in Deutschland anzusiedeln suchen«[4]. Ob ein zu Unrecht verurteilter entlassener Strafgefangener sich an dem Mann zu rächen versucht, dem er die Strafe und den Verlust der geliebten Frau verdankt (*Ein Mann kommt raus*; 1978), ob ein brutaler, tyrannischer Vater die Wohngemeinschaft seiner geliebten Tochter durch das Unterschieben von Rauschgift platzen lassen möchte und dabei in einen Mordfall gerät (*Höhenrausch*; 1984), ob der Autor einen Polizisten in seiner Freizeit nicht nur den Retter, sondern auch den Rächer seiner »in die Hand eines skrupellosen Zuhälters«[5] geratenen Schwester werden läßt (*Schade um Maria*; 1985) oder einen Hamburger Kriminalbeamten mit der jüngeren Schwester einer früheren Freundin auf eine Reise nach Südfrankreich schickt, um die ältere Schwester vor den Nachstellungen eines Hamburger Gangsterbosses mit guten Verbindungen ins Polizeipräsidium zu schützen (*Lockvogel, flieg!*; 1986): Es ist eine absolut synthetische Welt mit immer denselben, routiniert zusammengeschusterten Fertigteilen, in der Erichsens Krimihandlungen spielen. Das Prinzip der Jerry-Cotton- und Westernhefte, mit denen die Schriftstellerkarriere des 1936 in Rheydt geborenen Autors begann, ist lediglich in deutsche Kulissen übertragen, die allerdings vom tatsächlichen sozialen Klima in Deutschland nicht das mindeste mitteilen.

Ein Routinier ist auch Walter G. Pfaus, Jahrgang 1943, im Hauptberuf Buchhändler, der seit 1976 ungefähr zehn Kriminalromane geschrieben hat. »Pfaus' Romane und Stories sind in ihren besten Fällen durchschnittliche Variationen gängiger Kriminalstoffe ohne besondere Kennzeichen. Seine Personen bleiben flach, die Handlung ist durch übergroße, unglaubwürdige Gefühle motiviert, das Plot meist wenig tragfähig.«[4] Von frühen Büchern wie *Liebe ist auch ein Gift* (1979) oder *Der Teufel hat die Hand im Spiel* (1981) über *Das Ende einer Musterfrau* (1982) oder *Tote mit Lebenswandel* (1986) zieht sich allerdings durch alle Romane wie ein roter Faden das Motiv der großen, verzehrenden Liebe, die ins Mörderische eskaliert. Praktisch immer sind Pfaus' weibliche Zentralfiguren verführerisch schöne Frauen, die ihre Liebhaber durch ihre Ansprüche ruinieren, auf kriminelle Abwege bringen und am Ende auch noch fallenlassen; für einen Psychiater ist Pfaus' Krimi-Produktion, auch wenn ihr eigentlicher Antrieb die Hoffnung auf gute Verkäuflichkeit mit Hilfe merkwürdig prüder Liebesgeschichten sein sollte, vermutlich ergiebiger als für den Soziologen, den Kritiker oder den anspruchsvollen Krimileser.

Autoren wie Pfaus oder Erichsen würde ein wenig mehr Ambition nicht schaden. Andere Autoren haben eher zuviel davon – und das Ergebnis sind zuweilen noch ärgerlichere, fast unlesbare Bücher, verdorben ausgerechnet dadurch, daß ihre Autoren viel zuviel – oder auch das Falsche – erreichen wollten und ihre Mittel für ihren Anspruch nicht ausreichten.

Ein solches Buch ist *Der Weg zum Glasbrunnen* (1983), der erste Kriminalroman des 1935 geborenen Schweizer Schrifstellers und Übersetzers Sam Jaun, den noch vor seinem Erscheinen das Sextett der »bekanntesten« deutschen Krimiautoren (Hey, -ky, Molsner, Murr, Werremeier und Irene Rodrian) des Krimi-Preises der deutschen Autoren für würdig erachteten. Jauns Roman berichtet von einer Wette, die einen Privatdetektiv im schweizerischen Biel zum Spielball eines reichen Auftraggebers macht. Peter Keller soll, angeblich, herausfinden, wer den tödlich in eine Schlucht gestürzten Schriftsteller Hansmartin Joppe umgebracht hat; tatsächlich aber wird er von dem Industriellen Zacharias Kahn mit falschen Informationen und auch Angriffen auf seine Person nasgeführt (und einen Mord an Joppe, glaubt wiederum fälschlicherweise der Auftraggeber, hat es nie gegeben). Der Fall führt, um mehrere sorgsam konstruierte Ecken, in des Detektivs eigene traumatische Vergangenheit und an manchem aktuellen kriminalistischen oder sozialen Problem entlang: von den Schwierigkeiten homosexueller oder sonstiger Außenseiter bis zum Rauschgifthandel. Das Buch leidet darunter, daß Jaun um jeden Preis literarisch sein möchte und, wenn er sich schon einmal auf das Niveau des Kriminalromans einläßt, mindestens so gut – also vor allem: so tief – sein möchte, wie eine ganze Handvoll der besten Autoren des Genres zusammengenommen: Glauser plus Dürrenmatt plus Chandler plus Simenon... Darüber wird der Roman praktisch ungenießbar. Denn, wie schon Goethe im »West-östlichen Divan« befand: Getretner Quark wird breit, nicht stark.

Annähernd dasselbe Problem hat Dieter Hasselblatt, 1926 im estländischen Reval geboren, Abteilungsleiter im Bayerischen Rundfunk und hochgeschätzt als Fachmann und Kritiker neuer Spiele. An Hasselblatts erstem Thriller *Figurenopfer* (1980) rühmt Peter Nusser die »konsequent aus der Perspektive eines irrtümlich von einer Terroristenbande gejagten Mannes«[6] das Geschehen schildernde Erzählweise, merkt jedoch kritisch an, das geschehe leider nicht, um sich auf die von Boileau/Narcejac »aufgeworfene Identitätsproblematik einzulassen, sondern ebenfalls nur um vordergründiger Spannungsmomente willen. Der Einfall, den Bedrohten sich endlich wehren zu lassen, beschränkt sich auf die Dechiffrierung einer Botschaft und auf einige Reflexbewegungen bei handgreiflichen Auseinandersetzungen.«

Hasselblatts zweiter Krimi, *Was ich weiß, macht mich heiß* (1985), berichtet vom Mord an einem Callgirl, der Medizin- und Philosophie-Studentin Natascha Dromdorfer, die sich im Schickeria-Milieu von Schwabing mit sexuellen Hand- und Spanndiensten ein komfortables Leben finanziert, solange, bis – anscheinend – einer ihrer handverlesenen Kunden ihrem nützlichen Leben ein Ende setzt. Am Ende war es zwar nicht der Gärtner, sondern die Putzfrau: ein durchsichtiger, nicht sehr gut motivierter Plot, der die Geschichte als den Vorwand entlarvt, der er tatsächlich ist; es geht Hasselblatt im Grunde überhaupt nicht um den Kriminalfall und eigentlich nicht einmal um Kritik am Milieu und die verlogene Moral der in ihm Verkehrenden und an ihm Partizipierenden, sondern vorwiegend um ein eher geistreichelndes als geistreiches Spiel, ein Ausbreiten seiner Bildung und Kultiviertheit – nicht ganz so schlimm wie Stephan Kaisers Literatur-Krimi *Der Mord als schöne Kunst betrachtet* (1977), der vorwiegend Seminarwissen zum Thema Tübingen und seine Dichter vor dem in Ehrfurcht erstarrenden Leser ausbreitet, aber immerhin noch prätentiös genug, um einem die Lektüre gründlich zu verleiden.

Die Reihe läßt sich fortsetzen nicht zuletzt mit einigen Wiener Beispielen, etwa dem Roman *Verweile doch* (1983) des Kritikers Hans Heinz Hahnl[7]. Bei Hahnl sucht die Wiener Polizei zwei sehr unterschiedliche Verbrecher: einen aus der Haft entflohenen Unterweltler mit den Qualitäten eines Don Juan und einen geistig defekten Killer, dessen höchste Befriedigung darin liegt, Menschen im Augenblick ihrer höchsten Lust umzubringen. Am Ende ereilt beide Verbrecher ihr verdientes Schicksal, und einer der an der Jagd beteiligten Polizisten tut den klugschnackerischen Ausspruch: »Alle Kriminalfälle gehen trist und unbefriedigend aus.« Daß *Verweile doch* so trist nicht nur ausgeht, sondern auch verläuft, liegt aber einzig an Hahnls Unfähigkeit, eine wirklich tragfähige Krimihandlung zu erfinden, und an seiner Prätention, die simplen Verbrechen ins Mythische zu überhöhen (ganz zu schweigen von einer gewissen klebrigen Altmännererotik, die noch aus schnuppernden Hunden »Troubadoure des Vaginalgeruchs« macht). Wenn es so leicht wäre, wie es sich der Intellektuelle unter Hahnls Detektiven in einer privaten Theorie des Kriminalromans vorstellt: »Als Krimiautor« könnte er »mit den Klischees der Welt gleichsam ihr Ordnungsgerippe geben und dieses dann hinter dem Wirbel der Details wieder verschwinden lassen«. Doch in Krimis wie dem von Hahnl läßt nicht der Wirbel der Details die Ordnung der Welt verschwinden, sondern lediglich der Qualm der Geistreicheleien jedes noch so kleine Detail von Wirklichkeit.

1 Verlagswerbung auf dem Cover der Taschenbuchausgabe.
2 In Agatha Christies Roman *Mord im Orientexpreß* begeht eine ganze Schlafwagenbesatzung einen gemeinsamen Mord an einem Bösewicht, den man zuvor privatim zum Tode verurteilt hatte, weil die Justiz außerstande war, seine Freveltaten zu bestrafen.
3 Autor Reisdorf in einem Widmungsvorwort seines Romans *Jadedistel*.

[4] *H. P. Karr:* Wer war's – Lexikon der deutschen Kriminalschriftsteller, in der Broschüre der »Krimi-Tage in Gladbeck«, November 1985, S. 13ff.
[5] Aus der Verlagswerbung für den Roman im Anhang zu Erichsens *Lockvogel, flieg.*
[6] *P. Nusser:* Kritik des neuen deutschen Kriminalromans, in *K. Ermert/W. Gast:* Der neue deutsche Kriminalroman, Rehburg-Loccum 1985, S. 30.
[7] Andere Beispiele wären Alfred Paul Schmidts *Der wüste Atem* und Ingrid Puganiggs *La Habanera*, die – zusammen mit dem an anderer Stelle behandelten *Jogging* von Ernst Hinterberger – 1984 die erste Lieferung einer vom Medusa Verlag, Wien-Berlin, neu ins Leben gerufenen Reihe darstellten, mit der sich eine »Vienna School of Crime« hätte etablieren sollen.

Ausgewählte Bibliographie

Jani Möller: *Tödliche Post*; *Wann stirbst du endlich, Liebling* – Goldmann Verlag, München.
Theodor J. Reisdorf: *Jadedistel* – Bastei-Lübbe Verlag, Bergisch-Gladbach 1986.
Uwe Erichsen: *Ein Mann kommt raus*; *Schlafende Hunde*; *Schnee von gestern*; *Höhenrausch*; *Das Leben einer Katze*; *Ein Eisen im Feuer*; *Schade um Maria*; *Lockvogel, flieg* – sämtlich Bastei-Lübbe Verlag, Bergisch-Gladbach.
Walter G. Pfaus: *Liebe ist auch ein Gift*; *Der Teufel hat die Hand im Spiel*; *Blindekuh*; *Das Ende einer Musterfrau*; *Leiche auf Abwegen*; *Tote mit Lebenswandel* – sämtlich Bastei-Lübbe Verlag, Bergisch-Gladbach.
Sam Jaun: *Der Weg zum Glasbrunnen*; *Das Dorf am falschen Ende des Emmentals* – Heyne Verlag, München.
Dieter Hasselblatt: *Figurenopfer* – Rowohlt Verlag, Reinbek. – *Was ich weiß, macht mich heiß* – Heyne Verlag, München.
Hans Heinz Hahnl: *Verweile doch* – Europa Verlag, Wien 1983.
Stephan Kaiser: *Der Mord als schöne Kunst betrachtet* – Rainer Wunderlich Verlag, Tübingen 1977.

Genossen und Ganoven:

Ein Blick über den Zaun auf den Krimi der DDR

»So einen Dreck lesen Sie?« fragte der Zöllner mich bei der Einreise in die Sowjetunion auf dem Flughafen von Leningrad; er hatte in meinem Reisegepäck eine Taschenbuchausgabe von Raymond Chandlers *The Long Goodbye* gefunden (und war höchst verblüfft, daß ich mich gar nicht schämte, sondern ihm klarzumachen versuchte, daß sein literarischer Geschmack höchst fragwürdig sei). Die Erfahrung mag punktuell und zufällig sein. Sie ist gleichwohl typisch. Im real existierenden Sozialismus tut man sich schwer mit dem Kriminalroman – oder tat es doch wenigstens lange Zeit.

»Es gibt keinen sozialistischen Detektivroman«: die Feststellung stammt allerdings noch aus vor-sozialistischer Zeit. Erich Thier machte sie 1940, als er die »nationalsozialistische Volksordnung« verteidigte gegen »ein spezifisches Erzeugnis der bürgerlichen Gesellschaft, kapitalistischer, westlicher und vor allem angelsächsischer Prägung«[1]. Aber in sozialistischen Kreisen hat sich über Jahrzehnte hinweg dieselbe Meinung gehalten. Als »Kind des Kapitalismus« sah 1962 der DDR-Literaturwissenschaftler Ernst Kaemmel den Detektivroman, und seine rhetorische Frage, warum es »in der kapitalistischen Welt geradezu eine ›Schwemme‹ dieser Art Literatur gebe« und, von wenigen Ausnahmen abgesehen, »nichts Vergleichbares im sozialistischen Lager«, beantwortete er selbst mit dem Hinweis auf den moralischen Niedergang des Genres »unter den Bedingungen des verfaulenden Imperialismus in den USA«: »Plötzlich erscheinen, was in klassischen Detektivromanen unmöglich ist, ausführliche Darstellungen des Mordes und der brutalen Mißhandlung, Polizisten und Detektive werden als amoralische Gangstertypen geschildert, das gesellschaftliche Leben erscheint als Sumpf der Korruption. Der Typ des Helden wandelt sich zum unromantischen Zyniker. Negative Erscheinungen des gesellschaftlichen Lebens werden als bloße Fakten ohne jede Relevanz angenommen. Meist erscheint in den Detektivromanen der Hard-boiled nicht ein einziger sauberer, anständiger oder tüchtiger Mensch; der Leser gerät in eine turbulente Ansammlung krimineller Typen, die sich gegenseitig ausräuchern. Der Übergang zum Gangstermilieu ist vollzogen.«[2]

Daß »eine Detektiv-Literatur dieser Art in einem sozialistischen Staat nicht denkbar ist«, leuchtet auch uns ein. Zweifelhaft erscheinen allenfalls Kaemmels Begründungen (»vor allem ›mangels‹ entsprechender gesellschaftlicher Erscheinungen«) sowie vor allem seine Schlußfolgerung, wonach der Krimi mit dem Untergang des Kapitalismus »eines Tages ebenfalls verschwinden« werde. Immerhin räumt sogar Kaemmel ein: »Bleiben und entwickeln wird sich möglicherweise eine Literatur, die unter Verwendung einiger technischer Mittel des klassischen Detektivromans kriminelle Vergehen verschiedenster Art zum Gegenstand nimmt, d. h. rechts- und gesellschaftswidrige Taten in einer literarischen Handlung entdeckt und enthüllt ... Aber die Methode, etwa die erfolgreiche Suche nach dem Täter, wird sich von der klassischen Detektivliteratur so unterscheiden, wie sich die Gesellschaftsordnungen selbst unterscheiden, denn es ist schwer denkbar, daß die Ermittlungen eines Verbrechens in einer sozialistischen Gesellschaft die Alleintat eines Privatmannes, eines Außenseiters, womöglich gegen die kollektive Arbeit der

Polizei und der Staatsorgane, ja gegen die Mitarbeit der Bevölkerung sein kann. Und in diesem Sinne ist auch eine Entwicklung von der klassischen schematischen Detektivliteratur zu einer wirklich modernen Kriminalliteratur denkbar, deren Hauptgesichtspunkt dann nicht mehr Zeitvertreib und Nervenkitzel wäre. Sie hätte eine Erkenntnis vermittelnde, und somit erstmalig eine gewichtige literarische Funktion erhalten.«[2]

Seitdem sind mehr als zwei Jahrzehnte vergangen, und in der DDR scheint sich so etwas wie eine eigenständige Krimiliteratur etabliert zu haben. Mit Horst Bastian, Karl Heinz Berger, Klaus Möckel, Barbara Neuhaus, Hans Pfeiffer, Heiner Rank und C. U. Wiesner hat Richard K. Flesch in Rowohlts Thriller-Reihe seit den späten siebziger Jahren ein gutes halbes Dutzend jüngerer Krimiautoren aus der DDR vorgestellt, und in dem Geschichtenband *Genossen contra Ganoven* (1985) mit Erzählungen aus der Zeit von 1976 bis 1984 hat er noch einmal neun neue Namen nachgeschoben. So ergibt sich zumindest der Anschein, daß der DDR-Krimi – wenn schon kein kräftig blühender Zweig des ostdeutschen Literaturbetriebs – mehr sei als eine quantité négligeable.

Flesch – dem der DDR-Krimi bei oberflächlicher Bekanntschaft zunächst »grau in grau« erschien: »riecht nach Kohlsuppe, Zweitaktgemisch und schlechtverbrannter Braunkohle« – fand in diesen Romanen letztlich »die alte, wohlbekannte Leichenliteraturlandschaft«[3]. Die Unterschiede zum westlichen Krimi liegen für Flesch, soweit er überhaupt welche findet, »im wesentlichen in Äußerlichkeiten, im Organisatorischen, im Rankenwerk. Die Autoren wollen hüben wie drüben das gleiche: erzählen, spannend erzählen, wie und wieso Menschen sozial entgleisen, aus dem Ruder laufen, Verbrecher werden – und wie und mit welchen Mitteln sich die Gesellschaft dagegen zur Wehr setzt.«[4]

Wenn Flesch recht hat, wäre die sozialistische Wirklichkeit über das Postulat des Theoretikers hinweggegangen (wobei sich eine nicht zu unterschätzende Differenz bereits aus dem unterschiedlichen Ansatz der beiden Beobachter ergibt; während Kaemmel den »kapitalistischen« Krimi nur als billiges, pervertiertes Trivialprodukt zu erkennen vermag, weiß der Rowohlt-Lektor natürlich, daß die Kaemmelsche Forderung nach einem »Erkenntnis vermittelnden« Kriminalroman bei den besseren Hervorbringungen des westlichen Krimis, von Schweden bis Italien, Kalifornien bis West-Berlin, längst erfüllt ist.) Aber hat Flesch völlig recht – oder verstellt ihm die Liebe zu einem etwas schwierigen Findelkind ein wenig auch die klare Sicht?

Wie präsentiert sich uns der DDR-Krimi – und zwar im Spiegel jener zwei Hände voll Bücher, die Flesch in den vergangenen zehn Jahren in seine Thriller-Reihe aufgenommen hat?

Grundsätzlich ist demnach der DDR-Krimi ein Polizei-Roman; lediglich unter den Geschichten des Bandes *Genossen contra Ganoven* findet sich das eine oder andere – Ingrid Hahnfelds *Blaue Katzen* zum Beispiel –, das sich mit viel gutem Willen in die Kategorie des Psychothrillers einordnen ließe. Offiziere der Volkspolizei übernehmen die Detektivfunktion. Meist ist der Chefermittler ein Oberleutnant; in Horst Bastians *Die Brut der schönen Seele*[5] (1976) ist dieser Oberleutnant sogar weiblichen Geschlechts. Die Teamarbeit wird betont; in C. U. Wiesners *Das Möwennest* (1979) ist dem Hauptdetektiv, einem Hauptmann, als Assistent ein weiblicher Unterleutnant (mit abgeschlossenem Hochschulstudium) beigeordnet; in Klaus Möckels *Drei Flaschen Tokaier* (1976) gerät der Leutnant Kielstein, laut Personenverzeichnis, »manchmal auf den Holzweg«, und der Hauptmann Bothe »hilft ihm dann aus der Sackgasse«; in Hans Pfeiffers *Tote Strombahnen* (1974) bilden ein Oberleutnant und ein Gerichtsmediziner ein Team, das Informationen sammelt über die »Katastrophe eines Mannes, dessen Leben, oder ich sollte besser sagen, dessen menschliche Beziehungen allmählich abgestorben sind, verödet«.

Natürlich kann von einer kritischen Perspektive auf die Volkspolizei im DDR-Krimi keine Rede sein. Das im Westen fast nur noch ironisch verwandte Wort »Polizei, dein Freund und Helfer« trifft für die Vopo-Detektive im DDR-Krimi in vollem Umfang zu. Sie sind nicht nur überaus tüchtig. Sie sind auch überaus anständig, korrekt, ja: human. Die Rechte eines Verdächtigen, auch des überführten Verbrechers, sind bei ihnen in den besten Händen; auf die Idee, einen Verdächtigen einem hochnotpeinlichen Verhör des dritten Grades zu unterziehen, würden sie niemals kommen. Vielleicht sind sie gelegentlich ein bißchen phantasielos, und grundsätzlich sind sie für den westlichen Geschmack erotisch allzu neutral; wo kämen wir denn da hin, wenn ein Oberleutnant, männlich, mit einem Unterleutnant, weiblich, etwas wie eine Liebesaffäre hätte?

Bei allem Verständnis für die Volkspartei und ihre Arbeit bleiben gesellschaftskritische Töne im DDR-Krimi dennoch nicht vollständig außen vor. Tatsächlich hat sich eine literarische Form entwickelt, die solche Kritik an gesellschaftlichen Mängeln und Fehlentwicklungen ermöglicht. Praktisch alle von Flesch bei Rowohlt herausgegebenen DDR-Krimis sind aus mehreren Perspektiven erzählt; von denen eine grundsätzlich die des Detektivs ist, während die andere entweder dem Täter oder einem am Rande in den Fall verwickelten Dritten zugestanden wird.

Der Polizist denkt natürlich brav in den vorgeschriebenen Bahnen. In Wiesners *Das Möwennest* tut er sogar etwas zuviel der Parteitreue, wenn er ohne Not den Ruhm der Funktionäre verkündet: »Dafür ist die junge Frau mir gegenüber handfeste DDR-Wirklichkeit: Dr. Ingrid Börnicke, Parteisekretärin des Instituts. Das sind die Lichtpunkte meines Berufs, mitten im Dienst Leute zu treffen, bei denen man es bedauert, sie nicht zu seinen paar privaten Freunden zu zählen. Da findest du weder die kühle Reserviertheit des Intelligenzlers noch die unnatürliche Katzbuckelei des geistigen Kleinbürgers oder gar die mit Hohn und Unsicherheit durchwachsene Ablehnung, wie sie bestimmte junge Menschen uns ›Bullen‹ gegenüber von vornherein zur Schau tragen. Hier hast du das Gefühl, mit einem Partner auf gleicher Ebene zu sprechen, der sofort begreift, um was es dir geht.«

Kritische Töne dürfen dagegen die Nicht-Polizisten in ihren subjektiven Passagen absondern. Gelegentlich verkehren sich diese kritischen Töne dann ins Gegenteil, etwa in Heiner Ranks *Die letzte Zeugin*, wenn die aufmüpfigen Worte ausgerechnet von der Mörderin kommen und somit ihrerseits als überaus fragwürdige Äußerungen kenntlich gemacht sind. Ansonsten dienen sie als Ventil; über die schlechte Versorgungslage, über schlampige Arbeitsmoral der Werktätigen darf, ganz im Sinne der Partei, durchaus gelästert werden. Grotesk wird es, wenn – wiederum in Wiesners »Möwennest« – der kritische Ansatz zur Lobhudelei auf die politische Führung verkommt: »Das Wort Scheiße« – resümiert der Schriftsteller Marcus Bockmühl, der im übrigen permanent siebenpfündige Hechte aus dem Fischladen im Kochtopf hat – »wurde von Jahr zu Jahr mehr seines dinglichen Gehalts beraubt. Ich könnte mir sogar vorstellen, daß es unser Generalsekretär im stillen Kämmerlein benutzt, wenn ihn einige meiner Verbandskollegen immer mal wieder vom Regieren abzulenken suchen, indem sie behaupten, den Weltgeist tuckern zu hören. Er wäre aber nie so ungerecht zu sagen: Scheißschriftsteller.« Aber warum soll es »die unnatürliche Katzbuckelei des geistigen Kleinbürgers« nicht auch unter den Krimi-Autoren der DDR geben?

Zugeben muß man freilich, daß die DDR-Krimis nur selten die große ideologische Auseinandersetzung mit dem Klassenfeind im Westen suchen. Hie und da einmal ein kleiner Schlenker gegen Westflüchtlinge – am penetrantesten, wen wundert's, wieder im »Möwennest«, wo die in den Westen geflohene geschiedene Frau des Schriftstellers als bedenkenlos promiskuitiv denunziert wird; ansonsten ist der Gegner eher jenes rückständige Subjekt, das auch nach Jahren im real existierenden Sozialismus noch nicht von den alten kapitalistischen Vorstellungen lassen kann. Das Verbrechen, so subjektiv es auch psychologisch motiviert sein mag, wird dadurch grundsätzlich zum sozialschädlichen Verhalten; wer stiehlt, betrügt oder mordet, fügt nicht nur dem direkt Betroffenen, sondern dem gesellschaftlichen Ganzen, dem Volk, einen Schaden zu. Gegen eine solche Auffassung ist vom ideologischen oder moralischen Standpunkt aus nichts zu sagen. Doch führt die konsequente Anwendung des Prinzips gelegentlich zu einer gewissen Langeweile in der Handlung insofern, als ein Delikt, das – zumindest aus westlicher Perspektive – als so schwerwiegend nicht angesehen werden kann, in den Mittelpunkt eines umfangreichen Romans rückt.

Ein besonders typischer Fall dafür ist *Ich bitte nicht um Verzeihung* (1984) von Barbara Neuhaus, in dem einige kleine Diebstähle zum kapitalen Verbrechen aufgebauscht werden; der Thriller, der – jedenfalls im Ansatz – die Erkundung der Psyche des Täters sowie seines sozialen Umfelds mit vergleichsweise diffizilen Mitteln versucht, bringt sich durch seinen geringen kriminellen Anlaß weitgehend selbst um seine Wirkung.

Aus Büchern wie diesen weht dann auch wieder jener Mief herüber, den Flesch bei nur oberflächlicher Betrachtung empfunden hatte: vielleicht nicht gerade der Geruch von Kohlsuppe, aber doch ein Anflug des Ungelüfteten, Engen, Provinziellen – noch weit über das hinaus, was auch im bundesdeutschen Krimi immer wieder an der Tagesordnung ist. Es ist nicht einmal der materielle Mangel, die Kulisse von Wartburg-Autos und Exquisit-Läden, die sich negativ bemerkbar macht. Es ist eine geistige Enge, die bis auf die Baustelle von Horst Bastians *Nicht jeden Tag ist Beerdigung* (1980), bis in die die Kuranlagen von Bad Wiedehopfen in Karl Heinz Bergers *Vergangenheit geteilt durch drei* (1977) spürbar ist. Beim Lesen bekommt man – bekomme ich – ein Gefühl, das mich selbst in Friedrich Glausers Alpendörfern, sogar im Irrenhaus von *Matto regiert*, nie angekommen ist: ein Empfinden von Klaustrophobie.

[1] *Erich Thier:* Über den Detektivroman. In: »Die Bücherei 7«, 1940. Zitiert nach *J. Vogt:* Der Kriminalroman. München 1971. S. 483ff.

[2] *Ernst Kaemmel:* Literatur unterm Tisch. Der Detektivroman und sein gesellschaftlicher Auftrag. In: »Neue deutsche Literatur 10«, 1962. Zitiert nach *J. Vogt:* Der Kriminalroman, S. 516ff.

[3] *Richard K. Flesch:* Vom Chief Inspector zum Genossen Oberleutnant, in: *K. Ermert/W. Gast:* Der neue deutsche Kriminalroman, Rehberg-Loccum 1985. S. 151.

[4] *Richard K. Flesch:* Vorbemerkung zum Geschichtenband »Genossen contra Ganoven«, Reinbek 1985, S. 6.
[5] Bastians Roman ist bei Rowohlt, 1981, unter dem Titel *Das Märchen vom Prinzen im Rollstuhl* erschienen.

Ausgewählte Bibliographie

Genossen contra Ganoven – Kriminalgeschichten aus der DDR. Her. von Richard K. Flesch. Rowohlt Verlag, Reinbek.
Horst Bastian: *Das Märchen vom Prinzen im Rollstuhl*; *Nicht jeden Tag ist Beerdigung*. Karl Heinz Berger: *Vergangenheit geteilt durch drei*; Klaus Möckel: *Drei Flaschen Tokaier*; Barbara Neuhaus: *Ich bitte nicht um Verzeihung*; Hans Pfeiffer: *Tote Strombahnen*; Heiner Rank: *Die letzte Zeugin*; C. U. Wiesner: *Das Möwennest* – sämtlich Rowohlt Verlag, Reinbek.

Bibliographie

Allgemeines, Nachschlagewerke

Arnold, Armin/Schmidt, Josef: *Reclams Kriminalromanführer*. Philipp Reclam jun., Stuttgart 1978.
Ball, John (Hrsg.): *The Mystery Story*. University of California Extension, San Diego 1976. Deutsch als: *Morde, Meister und Mysterien*. Die Geschichte des Kriminalromans, Ullstein Verlag, Frankfurt/Berlin 1988.
Carr, John C.: *The Craft of Crime*: Conversations With Crime Writers. Houghton Mifflin, Boston 1983. Deutsch als: *Mord ist ihr Geschäft*. Gespräche mit Krimi-Autoren. Ullstein Verlag Frankfurt/Berlin 1986.
Ermert, Karl/Gast, Wolfgang (Hrsg.): *Der neue deutsche Kriminalroman*. Beiträge zu Darstellung, Interpretation und Kritik eines populären Genres. Evangelische Akademie Loccum, Rehburg-Loccum 1985.
Hubin, Allen J.: *The Bibliographie of Crime Fiction 1749–1975*. University of California Extension, San Diego 1979.
Mandel, Ernest: *Ein schöner Mord*. Sozialgeschichte des Kriminalromans. Athenäum Verlag, Frankfurt 1987.
Nusser, Peter: *Der Kriminalroman*. J. B. Metzlersche Verlagsbuchhandlung, Stuttgart 1980.
Reilly, John M. (Hrsg.): *Twentieth Century Crime and Mystery Writers*. St. Martin's Press, Second Edition, New York 1985.
Symons, Julian: *Bloody Murder. From The Detective Story to the Crime Novel*. Faber and Faber, London 1972. Penguin Books, London 1985. Deutsch als: *Am Anfang war der Mord*, Wilhelm Goldmann Verlag, München 1972, Goldmann Verlag, 1982.
Vogt, Jochen: *Der Kriminalroman. Zur Theorie und Geschichte einer Gattung*. 2 Bände, Wilhelm Fink Verlag, München 1971.
Walkhoff-Jordan, Klaus-Dieter: *Bibliographie der Kriminalliteratur 1945–1984 im deutschen Sprachraum*. Ullstein Verlag, Berlin 1985.
Winn, Dilys: *Murder Ink*. Workman Publishing, New York 1977 und 1984.

Autobiographisches

Ambler, Eric: Ambler by Ambler, Diogenes Verlag, Zürich 1986.
Macdonald, Ross: On Crime Writing. Capra Press, Santa Barbara 1973.
Chandler, Raymond: Die simple Kunst des Mordes. Diogenes Verlag, Zürich 1975.
Thompson, Jim: Bad Boy. Eine amerikanische Jugend. Ullstein Verlag, Berlin 1987.

Monographien

Amis, Kingsley: Geheimakte 007. Die Welt des James Bond. Ullstein Verlag, Frankfurt/Berlin 1986.
Bresler, Fenton: Georges Simenon. Ernst Kabel Verlag, Hamburg 1985.
Compart, Martin (Hrsg.): Das Sherlock Holmes-Buch. Ullstein Verlag, Frankfurt/Berlin 1987.
Collins, Max Allan/Traylor, James L.: One Lonely Knight. Mickey Spillane's Mike Hammer. Bowling Green State University Popular Press, Bowling Green, Ohio 1984.
Johnson, Diane: Dashiell Hammett. Eine Biographie. Diogenes Verlag, Zürich 1985.
Haffmanns, Gerd (Hrsg.): Über Eric Ambler. Diogenes Verlag, Zürich 1979.
Kost, Rudi: Über George Smiley. Biographische Skizzen. Horst Poller Verlag. Tübingen 1985.
Lutze, Kristian: Mein Freund Marlowe. Das einsame Leben des Raymond Chandler. Rasch und Röhring Verlag, Hamburg 1988.
Morgan, Janet: Agatha Christie. Eine Biographie. Ernst Kabel Verlag, Hamburg 1986.
Nolan, William F.: Dashiell Hammett. Eine Biographie. Ullstein Verlag, Frankfurt/Berlin 1985.
Schmölders, Claudia/Strich, Christian. Über Simenon. Diogenes Verlag, Zürich 1978.
Snelling, O. F.: James Bond. A Report. Neville Spearman Limited and the Holland Press Limited, London 1964, Panther Books, London 1965.
Das Agatha Christie-Lesebuch (ohne Herausgeberangabe). Scherz Verlag, Bern-München-Wien 1986.

Periodika

Die Horen, Zeitschrift für Literatur, Kunst und Kritik, Nr. 144 IV/1986: »Leichen aus der Schreibmaschine. Aspekte zur deutschen Krimi-Literatur«; Nr. 148, IV/1987: »Von Killer-Ladies, Lady-Killern und tödlichen Phantasien. Aspekte zur Kriminalliteratur«.
Klugmann/Mathews: *Schwarze Beute*, Thriller-Magazin, Nr. 1 Mai 1986, Nr. 2 Mai 1987, Nr. 3 1988, Rowohlt Verlag, Reinbek.
.38 Special – Ein Kriminalmagazin, Neue Stories, Interviews und Informationen aus der Welt der Kriminalliteratur. Nr. 1 Oktober 1987; Nr. 2 Januar 1988; Nr. 3 April 1988.

Anhang

Personenregister

Originaltitel

Übersetzte Titel

Bitte beachten Sie
die folgenden Seiten:

Jim Thompson

Bad Boy

Eine amerikanische Jugend

Ullstein Buch 36539

Der amerikanische Krimi- und Drehbuchautor Jim Thompson erzählt hier von seiner Jugend in der texanischen Provinz. Zerrüttete Familienverhältnisse, Glücksspiel, Alkoholismus und schließlich Kriminalität – der Autor gerät in die Fahndung des FBI, als er für Al Capone illegal Alkohol in einem Hotel verkauft – waren jene grundlegenden Erfahrungen, die Thompson als junger Mann machte. Und die er später auf so beeindruckende Weise in seinen knallharten Actionromanen – »Der Mörder in mir«, »Getaway« oder »Ein süßes Kind« – zu Literatur verarbeitete. »Bad Boy« ist eine Entdeckung – keineswegs nur für eingeschworene Jim Thompson-Fans.

populäre Kultur

Sue Grafton

A wie Alibi

Detektivroman

Ullstein Buch 10446

Ullstein
Kriminalroman

Name: Millhone
Vorname: Kinsey
Alter: zweiunddreißig
Ehestand: geschieden (2x)
Wohnhaft: Santa Teresa, Kalifornien
Beruf: Privatdetektiv
Anmerkung: Mrs. Millhone erledigte bislang kleinere Fälle für Versicherungsunternehmen. Aber jetzt meint sie offenbar, als Frau in die harte Welt der Sam Spades und Phil Marlowes eindringen zu müssen. Dabei kommt sie bereits bei ihrem ersten großen Auftrag beinahe ums Leben.
Vorsicht: Mrs. Millhone ist bewaffnet.

Ross Thomas

Schutzwall

Polit-Thriller

Ullstein Buch 10387

Der Schauplatz: Eine Stadt im Südwesten der USA, nicht korrupter, schmutziger und zerstörter als alle anderen großen Städte im Lande.
Das Klima: Mörderisch heiß, Brotmesserwetter, wie der Detective der Mordkommission meint, bevor er mit seinem Auto in die Luft fliegt.
Die Hauptpersonen: Zwei ehemalige CIA-Agenten, ein ehrgeiziger Senator und ein trauernder Regierungsangestellter.
Das Motiv: Der letzte Stein, der den Schutzwall unüberwindbar machen soll.

»Dieser Ross Thomas ist ein Muß.«

Frankfurter Neue Presse

Ullstein
Kriminalroman